中国计算机审计研究报告 2014

中国审计学会计算机审计分会

国家审计信息化持续发展研究报告（下）

REPORT SERIES OF IT AUDIT RESEARCHES IN CHINA

主　编：石爱中

副主编：周德铭　王智玉　杨蕴毅

中国时代经济出版社

目　录

第三类：持续推进现代审计组织管理方式发展研究

非结构化数据分析技术审计应用研究及其实现

审计署昆明特派办 蒋超博 成光普
赵 辉 陈顺辉 朱立辉

【摘要】 企事业单位的非结构化数据占总数据的80%，充分利用被审单位大量非结构化数据为审计服务具有重要意义。本文讨论了非结构化数据的审计价值，数据采集的范围和方法，数据分析的工具和思路，并通过非结构化数据分析方法查处串标的案例讲述如何利用好非结构化数据。最后，提出“统一标准、统一存储、统一管理、统一利用、统一维护”五个统一需求和平台应用架构、技术架构来探讨如何构建非结构化数据分析管理平台。

【引言】 目前，在审计过程中面临的数据基本上分为结构化数据、非结构化数据这两种类型，结构化数据通常存储在ORACLA或SQL SERVER等这样的关系数据数据库中，其具有一定二维逻辑结构和物理结构，是我们审计过程中利用最多的数据，如车辆、房产、公积金等数据就是结构化数据；非结构化数据通常不方便使用二维逻辑表来表现，通常也不存储在关系数据库中，而是以各种类型的文本形式存放，如被审单位的会议文件、规章制度、档案、凭证、发票、报表、标书、单据、发展规划、工作报告等。据统计，企业中结构化数据占数据总量的20%，非结构化数据占数据总量的80%。如何利用好被审单位大量的非结构化数据文件为审计服务，是目前我们审计面临的一个非常突出并且具有实用意义的课题。

一、非结构化数据的审计价值

在审计中通过分析各类文件、各类会议记录、纪要、各部门的年度计划和总结、领导人员的述职报告、重要岗位人员的交接记录，以及注册会计师、上级主管部门、国家有关执法部门、内部监督部门的审计报告、检查结论等能挖掘出大量审计线索。如对标书进行分析，能够挖掘出串标线索；对工程的立项批复进行分析，能挖掘出程序违规线索；对内控制度进行分析，能挖掘出经手人员通过内控薄弱环节产生的违法线索；对企业资产评估、产权变更、资产转让文件进行分析，能挖掘出国有资产流失线索；对会议记录（纪要）、决策事项、收发文本等进行分析，能挖掘出被审计单位重大经济决策得失的线索。上述这些分析都可以用非结构化数据分析技术手段来实现，而非结构化数据分析通常会涉及非结构化数据采集、整理、分析、管理。

二、非结构化数据采集与整理

（一）非结构化数据采集的范围

被审单位的非结构化数据贯彻于被审单位业务中的各个环节，非结构化数据格式主要包括 Word、Excel、PPT、PDF、CEB、TXT、JPEG、压缩文件、Cad 图纸等，这些数据不方便用 ORACLA、SQL SERVER 这样的关系数据库来存储。审计中，非结构化审计数据的业务对象主要包括规章制度、收发文件、公文、年度工作报告、会议纪要及记录、以前年度审计报告、报表、发票、标书、技术规范书、设计图、可研估算书、批复文件、生产文档、结算文档、图纸策划等。由于单位企业所拥有的非结构化数据是不同的，所以不同审计项目面临的非结构化审计数据的范围也不相同，数据采集的重点也不同。如对工程进行审计，则重点采集工程的可研报告、会议纪要、招标书、投标书、设计图、技术规范书等。

（二）非结构化数据的管理方式

在采集非结构化审计数据之前，必须了解非结构化数据管理方法，目前被审单位对非结构化数据的管理方式主要有文件系统、关系数据库、非结构化数据库 3 种[1]。

1. 文件系统对非结构化数据的管理

这里文件系统就是指 Windows XP、Win7、Windows SERVER 2003 等系统，很多被审单位的数据就保存在装有这些系统的 PC 电脑上，或者放置服务器上。

2. 关系数据库对非结构化数据的管理

一些被审单位的非结构化数据存放在关系数据库中，如被审单位的 OA 系统、门户网站等数据就放在 ORACLA、SQL SERVER、DB2 等关系数据库上。这种管理特点就是对文件的存储是通过大数据格式来实现，字长是固定的，弊端就是检索效率不高，不支持全文检索。

3. 非结构化数据库对非结构化数据的管理

对于非结构化数据变长和结构部不固定的特点来说，关系数据库的数据定长和结构不易变化对非结构化数据的存储是一种弊端，而非结构化数据则恰恰相反，它支持数据变长存储，能够支持全文检索，在处理非结构化数据方面有着关系数据库不可比拟的优势，具有代表性的非结构化数据库是国信贝斯（iBase）。像中国移动、中国建设银行等大企业就是使用非结构化数据库构建非结构化数据分析管理平台对企业内部和外部产生的大量非结构化数据进行管理。

（三）非结构化数据采集过程

审前调查。采集非结构化数据前要对数据的文件对象、文件格式、文件数量、文件存储方式、文件业务处理流程等进行详细了解。要从审计业务需求的角度考虑需要哪些数据，要从数据安全的角度考虑如何获取所需数据，从数据真实的角度考虑如何确保采集数据的真实性、完整性，避免由于对被审单位非结构化数据了解不深而导致采集的数据无效、失真或造成被审单位系统数据丢失。

数据采集。对于存放在 Windows XP 或 Win7 等这样的文件系统和存放在 ORACLE、SQL SERVER 等这样的关系数据库存储的非结构化数据采集比较简单，文件系统直接复制即可，关系数据库采集非结构化数据的方法和采集结构化数据的方法大体相同，可以直接从后台备份出来，或者直接导出。如果遇到采用非结构化数据库存储数据的情况，鉴于目前审计署并没有非结构化数据库，也没有相关的采集非结构化数据的软件，原则上审计人员应将审计所需数据与被审单位进行沟通，由被审计单位协助进行数据采集。在数据采集前，视情况被审单位自身业务系统的运行情况，要求进行数据备份，以防数据采集过程中出现失误或不准确操作，导致数据丢失或系统崩溃等，给被审单位造成损失，影响被审单位的正常工作。审计人员要对其被审单位提供的数据进行随机抽样复核，以此确保采集的数据全面且准确。此外，一方面要要求被审计单位对其提供的数据的真实性、完整性做书面性承诺，另一方面要要求审计人员严格遵守保密制度，防止数据流失或泄密。

数据整理。非结构化数据分类方式，如果是以文件系统或关系数据库对非结构化数据进行存储，通常是按照业务对象来进行分类的，比如将会议纪要归为一类、规章制度归为一类。如果采用非结构化数据库存储数据，通常会支持国际标准（ISO－2709，MARC，CCF）和国内标准（CCFC）格式，会根据业界的信息采集、信息分类算法，通过系统自身对信息的理解，将信息依照用户的需求，充分有效地集成为整体[2]。而后通过系统提供的前端工具，为用户提供所需的主题、类别等信息，因此采集完这类数据，整理时一定要充分结合当时的业务需求进行，可以参考被审计单位对非结构化数据的分类进行整理。

三、非结构化数据分析

对非结构化数据的分析，主要是运用对比、关联、统计等方法，结合某一关注事项进行信息检索，为确定审计重点提供帮助和线索[3]。在审计实践中，被审单位的非结构化数据多数是以 DOC、PDF、EXCEL、PPT 这样的文本文件形式出现，然而要采集、存储、分析和利用起这些非结构化数据并非易事，要利用起这些非结构化数据，不仅需要专业的非结构化数据分析工具，还需要有非常清晰且有针对性的非结构化数据分析思路，二则缺一不可。

（一）非结构化数据分析工具

能对非结构化数据进行检索或挖掘的工具既可能是独立的软件，也可能是某些大型软件的组成部分。市场上专业文本挖掘软件有如 IBM 和 ORACLE 公司提供数据库软件，Autonomy 公司提供的企业搜索引擎，Inxight 公司和 Stratify 公司提供的专门文本挖掘工具，Interwoven 公司和 SAP 公司提供内容管理软件，SAS 公司和 SPSS 公司提供的数据挖掘工具[4]。前面提到的非结构化数据库（iBASE），其内嵌全文检索引擎，采用倒排档索引技术，能对整个子字段、关键词、自由词、位置词和全文任意词进行单项或组合检索，检索效率非常高，不仅可以处理 TXT 文本，DOC、PPT、EXCEL、PDF 等文件类型数据，还能对视频、音频、图像等非结构化数据进行处理[5]，几乎覆盖了所有的文档类型数据。此外还有平时经常接触的 Word、PDF、Excel、PPT 等工具只要带有检索功能的都能够用来做非结构化数据分析，只是分析效率及效果不如专业软件或工具好。

（二）非结构化数据分析思路

在审计实践中，面临大量的各式各样的非结构化数据，如何从成千上万的非结构化数据中找到想要的内容，如何将这些有价值的内容抽取出来，有序地组织起来是审计人员在审计过程经常面临的问题。可以这样对审计人员分析问题的思路进行描述：首先审计人员要提出审计业务问题，比如是找串标的证据还是找内部控制的薄弱环节，是找决策的依据还是找评估的依据；其次，明确问题后要紧密结合被审单位相关业务数据、业务知识、业务流程等来采用非结构化数据分析软件或工具进行非结构化数据分析，从而获取有价值的审计线索来达到审计目的，分析逻辑和图1所示。

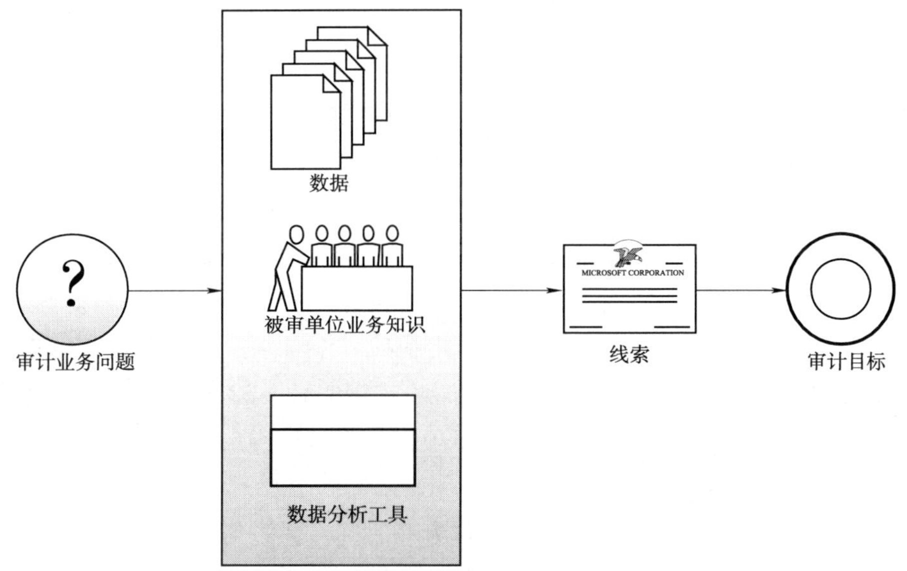

图1 非结构化数据分析逻辑

非结构化数据分析的思路是根据不同业务需要制定的，千差万别，在此探讨一种基于关键字检索的分析思路[3]。分析思路如下：

步骤一：确定要检索的关键字。关键字的确定有两种方法：一是根据审计的实际情况拟定关键字，比如查询××单位的情况，可以以“××单位”作为关键字；二是在没有明确查询意图的情况下，可以通过算法统计出现频率最高的名词作为备选查询关键字。关键字可以有多个，排在最前面的关键字优先查询，而且结果优先展示。

步骤二：根据关键字从DOC、EXCEL、PDF等文档从抽取关键信息段。其中DOC、EXCEL、PDF等文档按照文件业务类型分类，比如分为会议纪要、规章制度、报告等，业务类型可以按照重要性进行赋值（如会议纪要赋予值1，规章制度赋予值2，报告赋予值3），根据赋值大小进行排序，值越小表示越重要，抽取的结果就排在前面。

步骤三：将步骤二抽取的关键信息段自动整合在一个表格里面，表格的字段需要包含序号、关键字、关键字出现次数、关键信息段内容、抽取文件来源、抽取文件重要性的赋值。关键信息段表格可以支持二次检索，并且支持根据关键字排序或关键字出现次数排序。

步骤四：将抽取的关键信息段表格整理成标准二维表导入 SQL SERVER 或 ORACLE 等关系数据库中。

（三）非结构化数据分析案例

非结构化数据分析的思路是千差万别的，根据审计项目的实际情况而定，前面介绍了一种基于关键字检索的分析方法，在此介绍一个真实案例，通过该案例来了解非结构化数据分析的思路和方法的差异性和共同性。

在 2012 年保障性安居工程跟踪审计项目中，笔者通过运用文件属性分析、相似度对比分析、错别字检测技术等非结构化数据分析法，对保障性住房施工招投标电子文件中雷同、错漏一致等问题进行分析，突破串标问题审查“瓶颈”，经审计发现某保障性安居工程项目中，两家投标单位的标书存在 35 处错漏一致或雷同的情况，其中 3 处错误一致、32 处雷同。经某省建设工程招标投标管理办公室对其中标事项情况进行调查后认定，两家公司串通投标。分析思路如下：

首先，文件属性分析，锁定标书作者和时间。通过对比文件属性的作者来判断标书是否由同一家公司制作，是否在同一台电脑上编写，光盘是否在同一台电脑上刻录，以作者来判断投标人之间是否存在串标嫌疑。通过文件属性创建时间来判断投标文件是在投标截止时间前创建，还是之后创建，以创建时间来判断招标人和投标人之间是否存在串标嫌疑。

其次，相似度对比分析，查找标书雷同之处。人工翻阅标书找出雷同之处工作量大，通过相似度对比分析可以快速地找出不同投标文件中的相同部分。不同投标文件中相同的部分一则是串标的直接证据，二则可以通过相同的部分来查找共同的错别字。首先，利用 Word 2010 的对比工具对比标书。在比较文档工具中将中标单位的投标书作为原文件，将其他单位的投标书作为修订的文件，比较两个投标文件。其次，处理比较结果。比较结果的文件中有紫、黑、蓝三种颜色，其中紫色表示其他投标人的标书与中标人的标书不一致的地方；黑色表示其他投标人的标书与中标人的标书一致的地方；蓝色表示其他投标人的标书具有的内容在中标人的标书上没有。黑色字体部分是两份标书雷同之处，是串标的直接证据。最后，提取雷同部分。将黑色的部分记录提取出来，放到新的 Word 文件中，形成标书雷同部分文档。

最后，错别字检测分析，甄别错漏一致内容。在实际审计中，标书的雷同之处还未必能落实串标问题，如果在雷同之处再出现相同的错漏一致则证据更加充分。运用 OA 系统（审计管理系统），打开错别字检测工具，将上述检测出来的雷同部分拷贝到错别字检测工具中进行检测，该工具会对检测出的错别字进行统计，之后，将雷同部分、错别字与原始文件进行核对，找到原始文件中雷同、错漏一致之处。

该方法和关键字检索分析方法的共同性体现在核心都是比较检索出共同的部分，差异性体现在前者根据实际情况进行了文件属性分析、错别字检测分析。

四、非结构化数据分析管理平台探讨

目前审计署还没有类似 AO2011 对非结构化数据进行采集、分析、管理的系统或软件，前面探讨的非结构化数据的数据采集方法、分析思路都比较零散，没有有效地整合在一起。在此，笔者根据审计实践围绕需求分析、平台应用架构和技术架构等方面对非结构化数据分析管理平台做一个探讨。

（一）平台需求分析

非结构化数据分析管理平台的业务需求划分为 5 个部分：统一标准需求、统一存储需求、统一管理需求、统一利用需求、统一运维需求[6][7]，需求如图 2 所示。

统一标准需求：统一标准主要是为了方便审计署的数据中心对署机关、各派出机构采集到的数据进行统一的存储、统一管理和统一利用。统一标准主要是统一数据归集标准、数据采集接口标准、数据导出接口标准。

统一存储需求：是指具有能将署机关、各派出单位采集大数据量的非结构化数据在审计署数据中心进行集中存储及存储优化的能力，这是非结构化数据分析管理平台的基本需求，涉及存储管理和存储安全。存储管理主要包含存储设备管理、存储优化、文件存储管理、内容库管理。存储安全主要涉及数据安全、系统安全、设备安全、传输安全。

统一管理需求：统一管理主要包括元数据管理、数据分类管理、文档管理、数据归集管理、用户权限管理、用户身份管理。

统一利用需求：审计机关、各派出机构按照统一需求对采集的非结构化数据进行统一存储、统一管理，在此基础上实现对非结构化数据的统一利用。

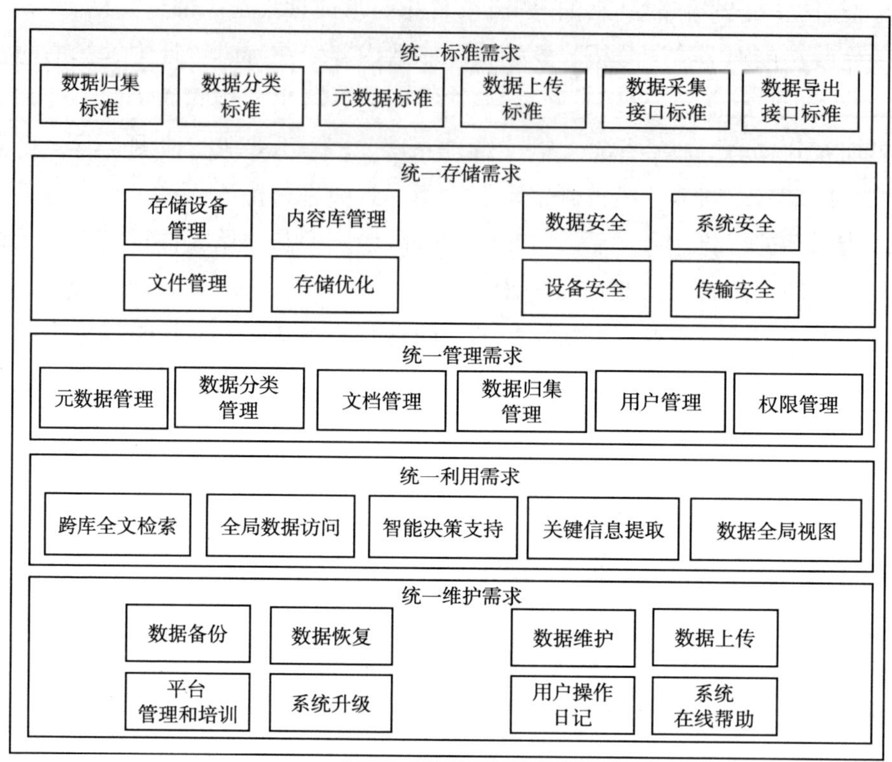

图 2　平台需求分析

统一运维需求：是指平台提供从上而下，全方位的运维，保障平台有序正常运行的需求。运维包括平台管理和培训、数据备份、数据恢复、数据上传、用户操作日记、系统维护和升级、系统在线帮助等。由署数据中心统一进行平台管理和培训，进行系统维护和升级，对数据进行备份和恢复，各派出机构负责数据上传。

（二）平台应用架构

应用架构描述非结构化数据分析管理平台的功能逻辑，描述平台各项功能间的层级关系，是对平台需求分析的进一步深化[4]。非结构化数据分析管理平台的应用架构如图 3 所示。

开发平台接口主要包含 JAVA APIs、C# API、Web service、HTTP/HTTPS、ActiveX。

平台服务主要包含内容获取、内容存储、内容管理、公共基础组件。内容获取主要途径是从文件系统、关系数据库、非结构化数据库获取。数据上传会涉及异步传输、压缩传输、断点继存。内容存储主要包含单库访问、跨

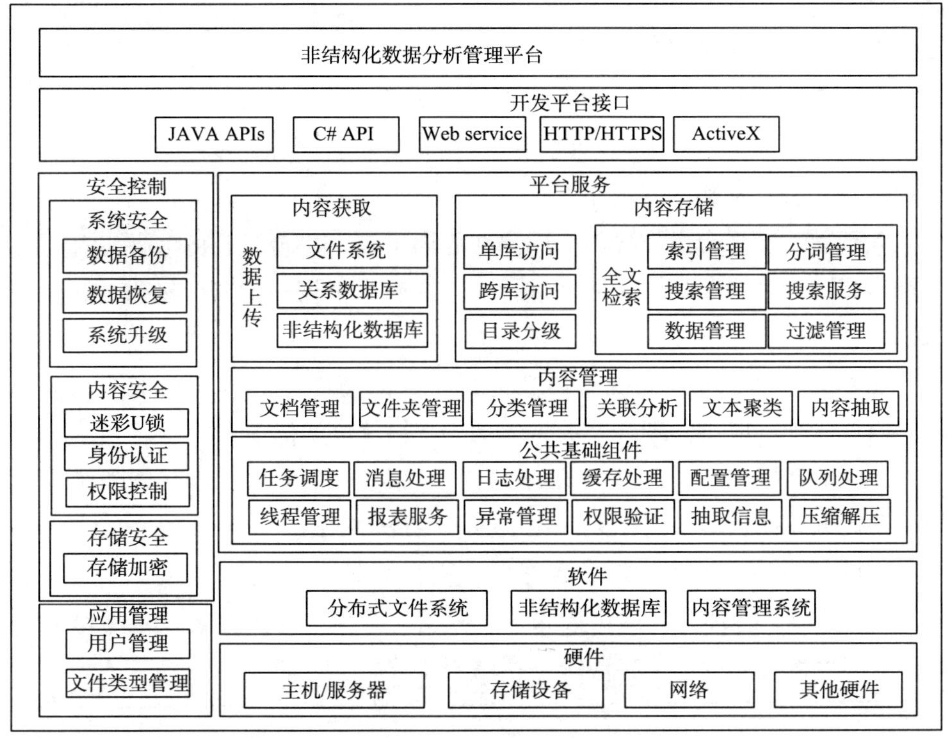

图 3　平台应用架构

库访问、目录分级、全文检索。全文检索又包含索引管理、分词管理、搜索管理、搜索服务、数据管理、过滤管理。内容管理主要包含文档管理、文件夹管理、分类管理、关联分析、文本聚类、内容抽取。公共基础组件包含一些常用的组件如消息处理、缓存处理、异常管理、权限验证、线程管理等。

安全控制包含系统安全、内容安全、存储安全。系统安全表现为要为数据进行备份，在出现意外的时候能恢复数据，能及时发现系统存在的 bug 或更新业务需要，安装补丁对系统进行升级。内容安全指用户访问需要使用迷彩 U 锁通过专网，而且在被授权的情况下访问数据。存储安全指某些被审单位的数据可能是涉密的，需要进行加密。

应用管理主要是后台数据库管理使用，比如对用户管理，添加、删除、修改用户信息，对文件类型进行添加修改、删除等。

软件主要是平台运行需要的软件环境，最为重要的是分布式文件系统、非结构化数据库、内容管理系统。

硬件环境主要是主机/服务器、存储设备、网络，还有像显示器、鼠标等其他硬件设备。

（三）平台技术架构

技术架构是对应用架构的进一步技术落实。技术架构分为表现层、业务层、数据层，为了更好地理解数据层，在此将数据层分为逻辑数据层和数据存储层，平台技术架构见图4。

表现层，即平台操作界面。用户在界面上点击平台具有的业务功能，发出操作指令与底层非结构化数据进行交互，底层根据操作指令操作后将结果反馈给用户。

业务层。业务层是实现具体功能的层，前面提到的内容获取、内容存储、内容管理、应用管理涉及的具体功能都在这一层体现。

逻辑数据层。用于各业务在非结构化数据分析管理平台存储的逻辑映射，支撑大数据量非结构化数据在平台上的逻辑存储。

数据存储层。该层主要由数据库、文件系统、存储设备（SNA、NAS、CAS）等组成，管理非结构化数据、元数据、索引，支撑大数据量非结构化数据在平台的物理存储，实现统一存储的需求。

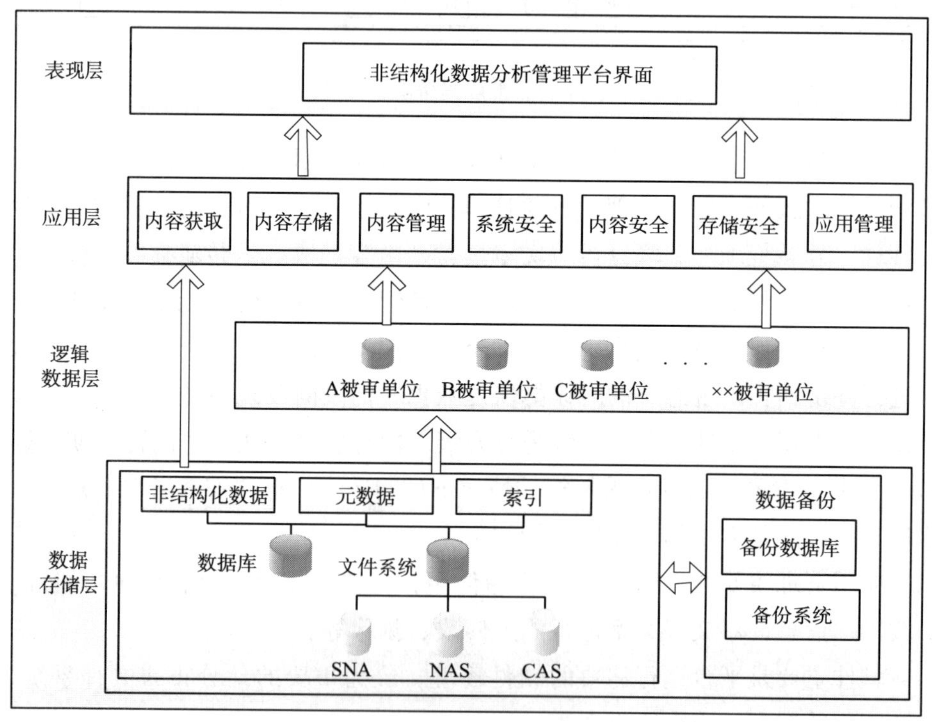

图4　平台技术架构

参考文献

［1］文龙．XML与非结构化数据管理［J］．电脑知识与技术，2009，9（5）．

［2］蒋波．非结构化数据管理与知识提炼［N］．中国计算机报，2003－6－2（D05）．

［3］赵辉，范志成，等．基于关键字检索的方法在非结构化数据分析中的运用［J］．中国内部审计，2010（10）．

［4］周青．文本挖掘工具实现非结构化数据价值［N］．计算机世界，2004，8，16（B06）．

［5］瞿晓静．结构化数据库技术综述［J］．农业图书情报学刊，2004，7（7）．

［6］程志华，倪时龙等．企业级非结构化数据分析管理平台研究及实践［J］．ELECTRIC POWER IT，2012，10（3）．

［7］冯宇．非结构化数据分析管理平台研究与检索［J］．ELECTRIC POWER IT，2012，10（2）．

［8］田万鹏，王建民．一种基于特征的非结构化数据演化管理建模框架［J］．2010，6（47）．

地质雷达无损检测技术在隧道衬砌质量审计中的应用

审计署兰州特派办　杨溢来　赵彦强

【摘要】 结合A铁路2011年度财务收支和项目执行情况审计，利用地质雷达无损检测技术对隧道工程质量进行检测，有效解决了传统审计方法无法对隧道衬砌等隐蔽工程质量进行无损检查的难题，用SQL查询语言提高了分析汇总的效率，并从材料耗用的角度对检测结果进行了验证，查出了隧道衬砌存在的质量问题和安全隐患，形成了系统的利用地质雷达对隧道衬砌进行无损检测的审计方法。

【引言】 根据审计署统一安排，某审计机关对在建的A铁路20××年度财务收支和项目执行情况进行了跟踪审计。A铁路正线建筑长度为800多千米、建筑总长度1000多千米，初步设计批复总概算800多亿元，全线新建隧道200多座，累计长度近600千米，占建筑总长度的50%左右，其中10千米以上的特长隧道近10座。

据铁道部统计资料显示，部分运营隧道的病害问题相当严重，甚至已危及到行车安全。据资料记载，宝中线、成昆线、襄渝线、宝成线等均发生过隧道衬砌掉块，险些造成严重的行车事故[1]。由于A铁路隧道占比高，投资额大，而且地质条件复杂，对工程质量要求很高。因此，对隧道工程质量进行检查成为审计的重点。

隧道衬砌是隧道的主要承载结构，也是隧道防水的重要工程，其施工质量的好坏对隧道长期稳定、使用功能的正常发挥具有很大的影响。目前，隧道混凝土衬砌常见的质量问题有衬砌背后脱空、衬砌背后回填不密实、衬砌厚度不足、衬砌强度不够、钢支撑数量不足等。隧道病害的发展具有一个过程，如果能在隧道病害恶化之前发现，及时对隧道衬砌存在的缺陷进行处理，从而预防质量事故的发生，大大提高铁路运营隧道的安全性。因此，在隧道通车前进行隧道工程质量审计是非常必要的。由于隧道衬砌工程为隐蔽工程，传统的审计方法很难对其施工质量进行全面的检查，传统的检测一般都是依靠经验，采取定性化的方法，在实际的操作过程中很容易受人为因素的影响，不同的工程技术人员可能会根据各自的经验得出差别较大的判别结果；随着技术的进步，仅仅采用定性化指标对隧道病害状况进行描述分析已不能满足目前的使用和养护要求[2]。

受专业及经验的限制，如何科学、有效地对工程质量进行检查，成为摆在审计人员面前的一项难题。经过反复查阅资料及同有关专业人员的积极沟通求教，我们了解到针对隧道施工中可能出现的质量问题，可以采用雷达检测技术，对混凝土衬砌中出现的脱空、回填不密实、衬砌厚度、钢支撑数量等进行检测，为消除隐患提供依据，对隧道施工质量起到有效的审计监督。

经过 A 铁路项目中对的工程质量审计实践，笔者认为利用地质雷达无损检测技术对隧道工程质量进行检测，有效解决了审计对隧道等隐蔽工程质量无损检查的难题，取得了较好的审计成效，具有广泛的推广应用价值。

一、地质雷达无损检测技术简介及优点

（一）地质雷达无损检测技术简介

地质雷达无损检测是利用介质对电磁波的反射特性，对衬砌厚度、衬砌背后的回填密实度和衬砌内部钢架、钢筋分布进行探测的方法[3]。

地质雷达的工作原理是：高频电磁波以宽频带、短脉冲形式，通过发射天线定向送入地下，经过存在电性差异的地下介质反射后返回地面，由接收天线接收[4]。地下介质相当于一个复杂的滤波器，高频电磁波在介质中传播时，介质对电磁波不同程度的吸收以及介质不均匀性质，使得雷达发射出去的电磁脉冲在到达接收天线时，综合了地下不同介质的物理信息，表现为波幅减小、频率降低、相位和反射时间发生变化等，其路径、电磁场强度与波形随着通过的介质的电性特性及几何形态而变化，波形变得与原始反射波形有较大的差别，通过对时域波形的采集、处理和分析，可确定地下介质的空间位置及结构[1]。

存在电性差异是地质雷达应用的前提条件。隧道结构的层状结构和各层之间介电常数存在明显差异，能形成良好的电磁波反射界面，这是地质雷达适用于隧道结构检测的重要原因[4]。

下面简要介绍衬砌厚度检测的原理（图 1），当电磁波在地下介质中的波速为已知时，可以根据精确测得的双程走时计算出衬砌厚度，衬砌厚度由下列公式确定：

$$z=\frac{\sqrt{t^2v^2-x^2}}{2}\approx\frac{1}{2}vg \quad 或 \quad z=\frac{0.3t}{2\sqrt{\xi_r}}$$

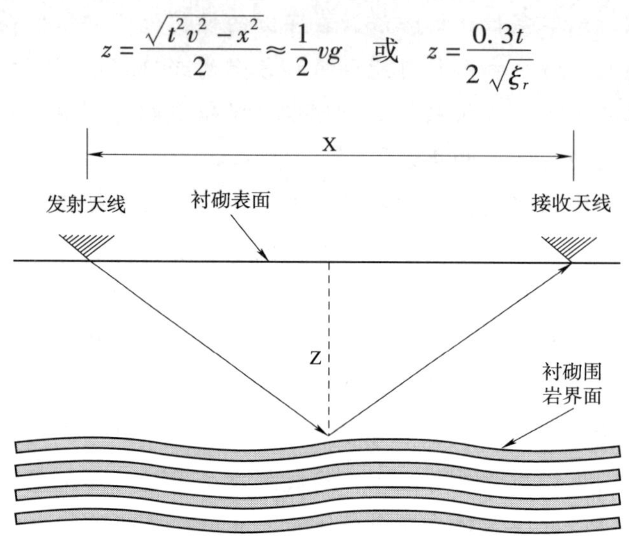

图 1　隧道衬砌厚度检测原理

其中：z 为反射层厚度即衬砌厚度；x 为收发距即接收与发射天线中心的距离，是与天线有关的固定值；v 为电磁波在截至中的传播速度；t 为雷达波在介质中的双程旅行时间；ξ_r 为相对介电常数。

电磁波速因衬砌的厚度和混凝土的龄期不同而不同[5]，检测前应对衬砌混凝土的介电常数或电磁波速做现场标定，且每座隧道不少于 1 处，每处实测不少于 3 次，取平均值为该隧道的地介电常数或电磁波速。当隧道长度大于 3km、衬砌材料或含水量变化较大时，应适当增加标定点数[3]。

（二）利用地质雷达技术对隧道衬砌工程质量进行检测的优点

（1）无损伤。钻孔取芯法、回弹法等传统检测对防水要求极为严格的隧道衬砌结构造成破坏，而地质雷达检测法是利用高频电磁波来检测目标和结构，因而其检测具有非破坏性，不影响隧道的使用寿命。

（2）具有连续性，检测效率高。地质雷达仪器具备从数据采集到处理成像一体化的功能，采样迅速，检测效率高，而且地质雷达检测为连续扫描，可以在较短时间内完成大量的隧道质量检测任务；同时，测点密度不受限制，可以根据审计的需要抽样检测或者普查。

（3）检测精度高。地质雷达检测具有高精度数据采集的特点，检测精度显著高于传统检测方法，因此，采用该方法对隧道衬砌进行检测可获得连续、准确的结果，准确地检测出隧道衬砌施工中存在的各种缺陷，将各种缺陷消灭于萌芽状态中，避免给后期营运造成安全隐患。

（4）抗干扰能力强。地质雷达的天线通常是封装于只对接触面开口的金属壳内，只能接收接触面直达波和来自接触面以下的回波信号，其他外界电磁干扰很难进入系统，所以地质雷达工作稳定性好，适应性强，审计中可以利用地质雷达在各种环境下进行检测。

二、地质雷达无损检测技术在铁路衬砌检测领域的应用研究综述

西南交通大学于2000年就开始研究地质雷达在铁路隧道衬砌质量检测中的应用，通过实际对铁路隧道衬砌进行现场检测及数据分析处理，证明了使用地质雷达检测隧道衬砌的厚度以及背后的缺陷中的作用；同时也提出，在我国应用地质雷达检测方法开展隧道施工质量检测还处于初期阶段，在经验、理论和雷达图像判识方面还存在诸多不足，有待进一步的探讨和研究[5]。

引入地质雷达后，国内一些学者相继对地质雷达检测的原理、应用方法、分析方法等进行了研究和介绍。王红霞论述了地质雷达探测铁路路基病害的原理、规律及特点[6]。梁缄鑫结合渝怀线施工实际，系统阐述了地质雷达检测衬砌质量的原理、应用的方法、检测结果及缺陷的类型的分析[7]。郭有劲介绍了地质雷达检测方法的基本原理、方法、参数设置以及在铁路隧道衬砌检测应用中遇到的不同波形加以分析阐述，确信该方法对及早消除隧道病害起着非常重要的作用[8]。

在工程检测实例方面，国内的工程人员和研究人员也进行了大量的实践和研究。宋明艺、王立国在简述地质雷达基本原理及工作方法的基础上，阐述了地质雷达的信号识别在铁路、公路等检测中的可行性及准确性，并对地质雷达的实测资料进行了处理及分析。结果表明，地质雷达检测技术能有效地判断隧道衬砌厚度、衬砌中金属构件的分布、衬砌缺陷部位以及衬砌结构空洞情况，对隧道衬砌的质量起到监控作用[2]。贾华强主要研究了地质雷达探测铁路隧道衬砌的厚度，通过大量的工程检测实际，论证了地质雷达检测混凝土厚度是可靠的[9]。周黎明、王法刚研究了地质雷达检测隧道衬砌混凝土质量的应用效果，主要分析了地质雷达检测衬砌混凝土的密实性、脱空和厚度等，认为地质雷达能较好地给出除强度以外的检测结果，同时，与实际

相比，结果具有一定的偏差，例如脱空区的高度等只能给出一个大概值[10]。雷鸣、龚书林经过研究认为地质雷达作为一种快速、高效的探测技术，在喷射混凝土体内部的空洞位置和规模的检测中具有良好的效果，能够清晰地分辨出喷射混凝土背后的脱空情况。但是，在围岩较好且喷射混凝土结合较好的地方对厚度的探测会存在一定的误差，这主要是由于围岩与喷射混凝土的介电常数差异不明显造成的[11]。刘柱以六武高速公路安徽段隧道建设中采用地质雷达仪进行无损检测的工程实例，通过对采集到的大量雷达图像进行整理、分析，总结出隧道内各种介质在雷达图像中所反映的特征图形，同时针对不同的图形分别进行了比较，从理论上阐述了图形的成因，而且还针对雷达图像解释中容易出现误判的情况，用几个典型的雷达图像进行分析，指出了它与一般雷达图像的差异所在，提出了正确的雷达图像分析方法，为雷达图像解释水平的提高积累了经验[12]。

李志顺对铁路隧道检测的测线布置、天线选择、资料处理及判释依据进行了一系列论述[13]。周青研究铁路各种路基信息的雷达图像特征，并编制了实用铁路路基地质雷达处理程序，在努力提高软件的专业性方面进行了有意义的尝试[14]。

三、地质雷达无损检测技术在工程审计中应用的审计方法

（一）检测前确定待测隧道的设计参数

设计参数是判断检测结果的标准，在实施前必须先根据设计图纸监督施工单位编制待检测隧道设计参数表（表1）。

表1 隧道设计参数表

隧道名称	起点里程	终点里程	钢架间距	钢筋间距	二衬厚度	围岩类型
隧道25	60300	60301	50	25	40	Ⅳ
隧道25	60301	60302	50	25	40	Ⅳ
隧道25	60302	60303	50	25	40	Ⅳ
隧道25	60303	60304	50	25	40	Ⅳ
隧道25	60304	60305	50	25	40	Ⅳ

（二）检测的组织、实施及数据采集

（1）标定介电常数。检测前应对衬砌混凝土的介电常数或电磁波速做现场标定。

（2）标记里程。在检测前一天通知施工单位在抽查隧道进行里程标记，每5~10米进行一次标记。

（3）检测设备及工作台准备。检测前一天组织施工单位工程管理人员、检测人员和审计人员一起到检测现场，根据检测专业人员要求焊接工作台，并调试检测设备。

（4）培训检测工人。调试好设备后由检测专业人员对进行检测操作的技术工人进行操作培训，指导其掌握操作要领，同时进行试检测，直到工人、检测平台及检测人员的协同程度满足检测规范。

（5）正式检测，记录检测结果。检测天线应移动平稳、速度均匀，移动速度宜为3~5km/h。在检测过程中会出现不可预见的检测雷达抬起，同时隧道衬砌表面存在可能对测量产生电磁影响的物体（如下锚段、渗水、电线、钢筋等障碍物），这些因素都会影响检测结果，检测时必须及时对影响因素、影响长度、里程及电子文件名进行记录。由于每次检测会产生一个检测电子文件，因此，在检测过程中必须及时记录检测生成电子文件与5条检测线路（图2）具体里程段的对应关系，以利于后续分析和查找整改，如检测仪器硬盘中的文件001对应左拱腰DK880+120-DK881+310。

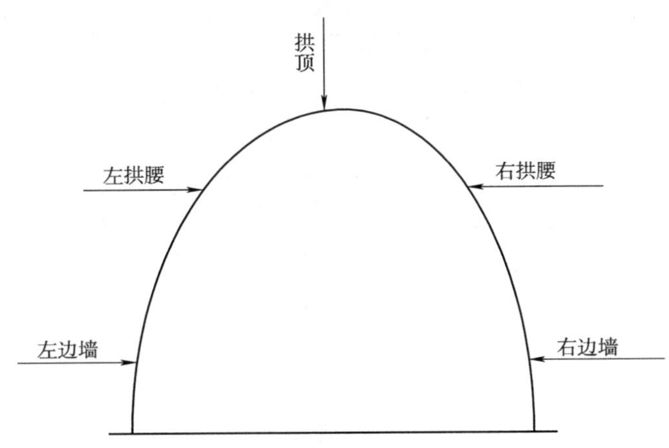

图2 检测线路分布图

（6）及时存储原始检测结果。每次检测结束，审计人员应及时拷贝检测结果电子文件至审计组的U盘等存储设备，以防检测结果被替换。

（三）检测结果分析

根据检测采用地质雷达的类型，选择配套的地质雷达专用分析软件对地质雷达检测结果进行处理，将经过处理后的滤波图结合设计参数分析后找出隧道衬砌质量不符合设计要求的里程段。分析过程见图3。

由于混凝土衬砌与围岩、脱空区中的空气、钢架及钢筋有明显的介电常数差，在检测结果滤波图中，不同介质之间有明显的反射波，根据反射波可以分析出衬砌的厚度、钢筋和钢架的间距以及衬砌背后是否存在脱空。

对检测结果滤波图的解释应符合下列规定：①解释应在掌握测区内物性参数和衬砌结构的基础上，按由已知到未知和定性指导定量的原则进行；②根据现场记录，分析可能存在的干扰未知与雷达记录中异常的关系，准确区分有效异常与干扰异常[3]。

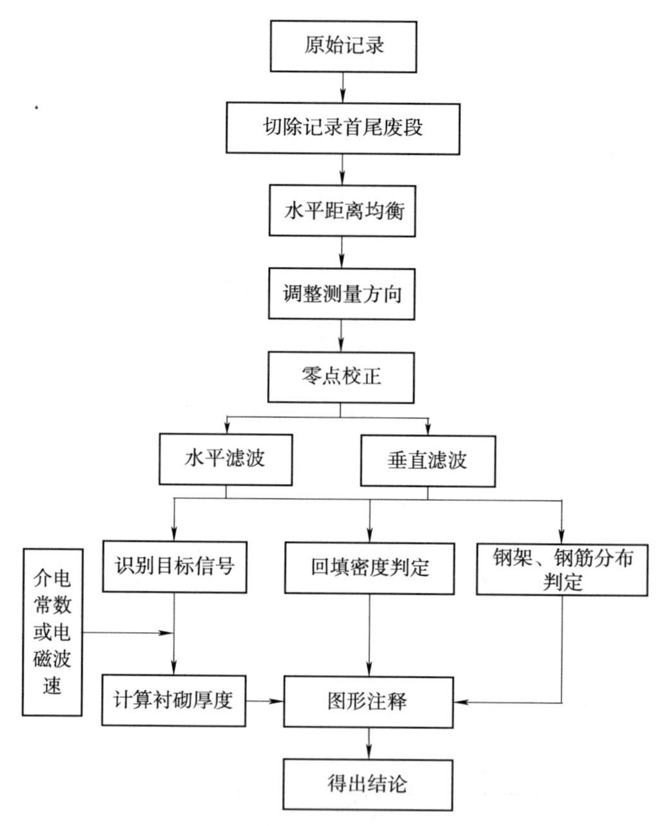

图3 地质雷达检测结果滤波图分析流程

衬砌背后回填密度的主要判断特征应符合下列要求：①密实：信号幅度较弱，甚至没有界面反射信号；②不密实：衬砌界面的强反射信号同相轴呈绕射弧形，且不连续，较分散；③空洞：衬砌界面反射信号强，三振相明显，在其下部仍有强反射界面信号，两组信号时程差较大[3]。

衬砌内部钢架、钢架位置分布的主要判定特征应符合下列要求：①钢架：分散的月牙形强反射信号；②钢筋：连续的小双曲线形强反射信号[3]。

（四）衬砌典型病害滤波图分析方法

现将厚度不足、衬砌脱空及内部钢筋缺陷等几种隧道衬砌检测中发现的几类典型问题的滤波图分析方法介绍如下：

1. 隧道衬砌厚度不足，小于设计值

隧道衬砌与围岩材料存在明显的介电差异，因此，只需追踪地质雷达回波中分层界面反射波同相轴的位置，即可得出衬砌的厚度。由于衬砌混凝土与初期支护、围岩在电性方面存在差异，隧道衬砌以混凝土为主，波形特征为强反射，而围岩一般为岩土，反射相对较弱，因此衬砌混凝土与初期支护能产生出明显的反射界面，可以准确找出衬砌与围岩的接口，从而以此为依据判断隧道的衬砌厚度[2]。

如图 4 所示，直线 AA’为隧道衬砌表面，抛物线形状的波为衬砌中的钢架，沿着钢架画出的直线 BB’和 CC’之间的曲线为初次支护和二次衬砌之间的界面。从图 4 中可以看出，点 B’处，设计厚度为 40，实际 AB 的长度只有 20，小于设计值。

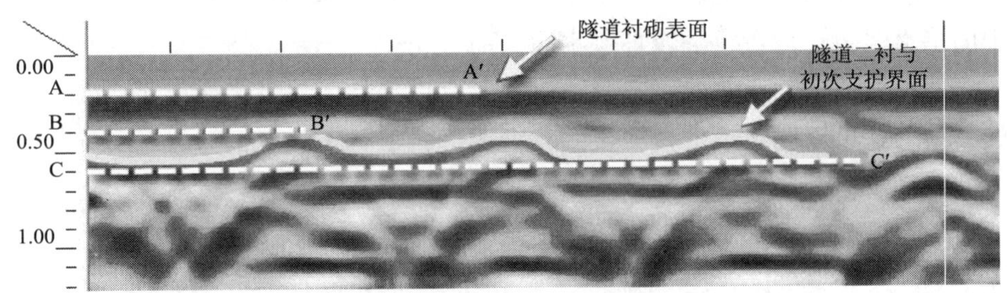

图 4　衬砌厚度分析图

2. 隧道衬砌背后回填不密实，存在脱空

隧道混凝土衬砌在喷砼或浇注施工中，由于灌注初衬时无法灌满、混凝土固化收缩或其他原因，常常在衬砌内部或衬砌与围岩结合之间造成空洞、空腔、空区及浆砌回填不密实等缺陷，这些缺陷的存在降低了衬砌的承载能力并可能造成衬砌的早期损坏，直接影响隧道的使用寿命[2]。脱空通常是由于混凝土、隧道围岩或衬砌之间不密实产生的空气层。地质雷达探测时，脱空层与周围岩体间存在空气而发生折射，因此在脱空区形成若干异常反射，且空气与岩体波阻抗差异明显，反射波正反相间，波相白灰相间，反射强烈，极易辨别[15]。

如图 5 所示，在箭头标记处由于混凝土与空洞内空气两种不同介质因电性差异较大，在该处雷达波表现出强的反射波，电磁波在空洞中振幅呈现出不衰减的特征。根据上述依据可判断隧道的空洞范围。在解读滤波图时，发现明显的异常波时（图 5），结合设计参数进行确定，如果设计此处没有预埋管等基本可以确定为衬砌脱空。

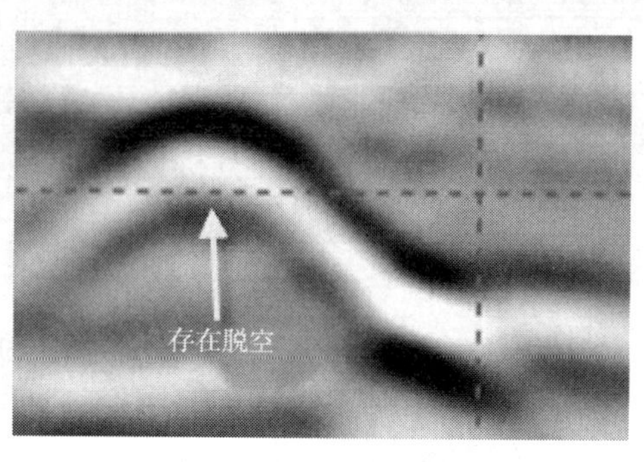

图 5　存在脱空的滤波图

3. 隧道衬砌中钢筋分布不满足设计要求

隧道衬砌施工中，对某些软弱围岩段架设钢支撑，提高衬砌的承载能力和衬砌的抗压强度、韧性。钢支撑主要包括钢架、钢筋和钢筋网等，钢支撑的间距、位置以及它们与围岩接触关系，如钢支撑的间距偏大与变形等，都会不同程度地降低衬砌支撑能力，引发质量隐患。在雷达剖面上，钢支撑表现为多条“弧形”反射呈上下叠置状，如图 6 和图 7 所示，以此来判断施工中的钢支撑布置是否符合设计要求[2]。

如图 6 所示，二次衬砌中没有钢筋的反射波，而设计参数表明此段设计的有钢筋，可以确定本里程段设计有钢筋，施工时未放置钢筋。

图 6　设计有钢筋实际无钢筋的滤波图

如图 7 所示，图中每一个小的波代表一环钢筋，相邻两个波峰之间的距离即为钢筋间距。根据设计参数，此里程段设计钢筋间距为 20 厘米，通过测量发现此里程段钢筋间距为28～40厘米，明显大于设计值。

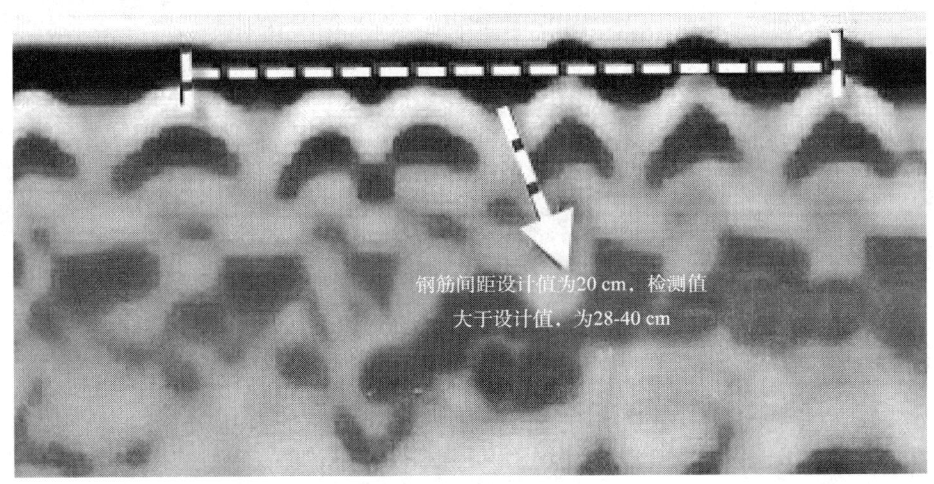

图7 钢筋间距大的滤波图

（五）汇总分析检测结果，确定审计结论

通常，检测的结果的分析工作量较大。以A铁路项目本次检测为例，共检测6千米隧道5条测线，累计检测30千米，分析过程是一米一米进行的，为了保证审计结论的准确性，应该在对检测结果滤波图进行分析的同时将检测结果录入检测结果表（表2）。待检测结果分析完成后，利用SQL语言查询出存在衬砌缺陷的隧道名称、检测部位、缺陷位置、缺陷类型，为确定审计结论做好精确的统计，也有利于被审计单位进行整改。

表2 隧道检测结果表

隧道名称	起点里程	终点里程	钢架间距	钢筋间距	二衬厚度	脱空	围岩类型
隧道××	60300	60301		25	40	0	Ⅳ
隧道××	60301	60302		25	40	0	Ⅳ
隧道××	60304	60305		25	40	0	Ⅳ
隧道××	60305	60306	50		40	0	Ⅳ
隧道××	60306	60307	50		40	0	Ⅳ

（六）利用SQL语言查询常见问题

1. 对比隧道检测结果表与隧道设计参数表中的钢筋间距，找出设计有钢筋实际检测而没有钢筋的隧道及具体里程段

```
SELECT * FROM 隧道设计参数表 A JOIN 隧道检测结果表 B ON A.隧道名称=B.隧道名称 AND A.起点里程=B.起点里程 AND A.终点里程=B.终点里程 WHERE B.钢筋间距 IS NULL AND B.围岩类型！="Ⅲ"
```

2. 对比隧道检测结果表与隧道设计参数表中的钢筋间距，找出检测钢筋间距大于设计钢筋间距的隧道及具体里程段

```
SELECT A.隧道名称,A.起点里程,A.终点里程,A.钢架间距,A.钢筋间距,B.钢筋间距 FROM 隧道设计参数表 A JOIN 隧道检测结果表 B ON A.隧道名称=B.隧道名称 AND A.起点里程=B.起点里程 AND A.终点里程=B.终点里程 WHERE A.钢筋间距<B.钢筋间距 ORDER BY A.起点里程
```

3. 对比隧道检测结果表与隧道设计参数表中的钢架间距，找出检测钢架间距大于设计钢架间距的隧道及具体里程段

```
SQL查询语言:SELECT A.隧道名称,A.起点里程,A.终点里程,A.围岩类型,A.钢架间距 AS 设计钢架间距,B.钢架间距 AS 实际钢架间距 FROM 隧道设计参数表 A JOIN 隧道检测结果表 B ON A.隧道名称=B.隧道名称 AND A.起点里程=B.起点里程 AND A.终点里程=B.终点里程 WHERE A.钢架间距<B.钢架间距
```

4. 对比隧道检测结果表与隧道设计参数表中的隧道衬砌厚度，找出检测二次衬砌厚度小于设计二次衬砌厚度的里程段

```
SQL查询语言:SELECT A.隧道名称,A.起点里程,A.终点里程,A.钢架间距,A.钢筋间距,A.二衬厚度,B.二衬厚度 FROM 隧道设计参数表 A JOIN 隧道检测结果表 B ON A.隧道名称=B.隧道名称 AND A.起点里程=B.起点里程 AND A.终点里程=B.终点里程 WHERE A.二衬厚度>B.二衬厚度 ORDER BY A.起点里程
```

5. 在隧道检测结果表中查询衬砌背后脱空（脱空字段为1）的隧道及具体里程段

```
SQL查询语言:SELECT * FROM 隧道检测结果表 WHERE 脱空=1 ORDER BY 起点里程
```

（七）利用SQL语言以材料耗用量进行验证

衬砌厚度不足、钢支撑密度不够等都会造成材料的实际耗用量低于设计值（双侧壁导坑工法开挖每延米主要材料耗用量见表3）。为了进一步验证

地质雷达检测结果，可以计算各隧道设计耗用材料量并与材料实际领用量进行对比，分析上一步检测出的衬砌存在缺陷的隧道是否同时存在偷工减料的问题，对地质雷达检测结果进行验证。

1. 获取双侧壁导坑工法开挖每延米耗用主要材料表，根据各隧道已完工长度和目前采用的开挖方法每延米耗用主要材料量计算设计耗用材料量，并生成隧道设计耗用材料量表

SQL 查询语言:SELECT 隧道名称,材料名称,贯通米数 * 单位延米耗用数量 AS 耗用量

Into 材料实际领用量表 FROM 可测隧道基本情况表 JOIN 双侧壁导坑工法开挖每延米耗用主要材料表 on 1 = 1

2. 获取材料领用表，根据领用材料名称和领用材料隧道汇总计算各隧道自开工截止审计之日实际领用每种材料的量，生成材料实际领用量表

SQL 查询语言:select 领用隧道,领用材料名称,SUM(领用数量) AS 材料实际领用量 Into 隧道设计耗用材料量表 FROM 材料领用表 GROUP BY 领用隧道,领用材料名称

表 3　双侧壁导坑工法开挖每延米耗用主要材料表

序号	材料名称	单位	单位延米耗用数量
1	普通水泥 32.5 级	kg	55229.6
2	普通水泥 42.5 级	kg	56978.21
3	原木	m^3	0.035
4	锯材	m^3	0.627
5	碎石 16 以内	m^3	35.368
6	碎石 25 以内	m^3	0.21
7	碎石 31.5 以内	m^3	55.98
8	中粗砂	m^3	85.78
9	细砂	m^3	0.16
10	钢筋混凝土管 d600	m	5.058
11	圆钢 Q235 – A Φ6 ~ 9	kg	655.67
12	圆钢 Q235 – A Φ18 以上	kg	600.54

续表

序号	材料名称	单位	单位延米耗用数量
13	螺纹钢 Φ18 以上	kg	45.12
14	型钢	kg	6285.37
15	钢板 Q235 – A δ = 7 ~ 40	kg	677.3
16	无缝钢管	kg	2936.98
17	无缝钢管 D108 × 6	m	57.997
18	无缝钢管 D159 × 7	m	0.12
19	焊接钢管 DN100 × 4	m	0.06
20	焊接钢管 DN150 × 4.5	m	0.11
21	定型钢模板	kg	13.99
22	EVA 复合防水板 δ = 1.5/400g/m	m^2	33.005
23	土工织物	m	57.945
24	速凝剂	t	0.93

3. 将计算出的实际领用量和设计用量进行对比，找出实际领用量与设计耗用量存下显著差异的隧道，并与地质雷达检测结果进行对比，分析地质雷达检测出的衬砌存在质量缺陷的隧道是否同时存在偷工减料的问题，对地质雷达检测结果进行验证

SQL 查询语言:SELECT A. 领用隧道,A. 领用材料名称,A. 材料实际领用量 – B. 耗用量 AS 材料量差 FROM 材料实际领用量表 A JOIN 隧道设计耗用材料量表 B ON A. 领用隧道 = B. 隧道名称 AND A. 领用材料名称 = B. 材料名称

四、应用成果

利用地质雷达抽查 A 铁路 J、K 等 6 座隧道进行了衬砌质量无损检测，发现部分隧道衬砌工程未按设计要求进行施工，存在严重的质量问题和安全隐患。

（1）部分衬砌无钢筋。抽检发现，J 隧道衬砌中有 2 段共 12 米设计有钢筋，检测无无钢筋。

（2）钢筋间距过大。抽检发现，2 座隧道衬砌中 5 段共 57 米钢筋间距大于设计值，部分里程段钢筋间距达到设计值的 2 倍。

（3）部分衬砌厚度小于设计值。抽检发现，5 座隧道中有 11 段共 37 米的衬砌厚度小于设计厚度。

（4）部分衬砌背后回填密实度不够。抽检发现，3 座隧道有 15 处共 18.5 米的拱腰、拱顶处衬砌背后回填密实度不够，存在脱空。

参考文献

［1］薄会申．铁路隧道衬砌质量检测与评价地质雷达技术实用手册［M］．北京：地质出版社，2006.

［2］宋明艺，王立国．地质雷达在隧道衬砌质量检测与监测中的应用［J］．工程地球物理学报，2009，6（4）．

［3］中华人民共和国铁道部．铁路隧道衬砌无损检测规程．2004.

［4］曾昭发，刘四新，王者江，等．探地雷达方法原理及应用［M］．北京：科学出版社，2006.

［5］刘胜峰．地质雷达应用于公路隧道衬砌无损检测的实验研究［D］．长沙理工大学，2007.

［6］王红霞．地质雷达探测铁路路基的原理与应用研究［D］．同济大学，2001.

［7］梁缄鑫．地质雷达检测技术在隧道衬砌质量检测中的应用［J］．铁道建筑，2005，11.

［8］郭有劲．地质雷达在铁路隧道衬砌质量检测中的应用［J］．铁道工程学报，2002（2）．

［9］贾华强．探地雷达方法在铁路隧道衬砌质量检测中的应用［D］．西南交通大学，2002.

［10］周黎明，王法刚．地质雷达法检测隧道衬砌混凝土质量［J］．岩土工程界，2003，6（3）．

［11］雷鸣，龚书林．隧道初衬背后空洞地质雷达探测研究［J］．公路，2009，12.

［12］刘柱．地质雷达无损检测隧道施工质量的图像分析方法［J］．公路交通科技，2010，2.

［13］李志顺．地质雷达探测技术在铁路工程质量检测中的应用［J］．铁道勘测，2004，1.

［14］周青．地质雷达探测铁路路基数据处理技术研究［D］．同济大学，2001.

［15］郭小凤．地质雷达应用技术及雷达图像处理方法研究［D］．中北大学，2012.

浅议连续审计技术的运行原理及其在国家审计中的应用

辽宁省抚顺市审计局　索　超

【摘要】　连续审计是信息化时代国家审计发展的必然趋势，电子政务的发展，特别是金审工程的持续推进，为连续审计技术的应用提供了现实的可行性。本文通过分析其运行原理，探讨连续审计技术在我国国家审计中现实应用的可行性和必要性，并就连续审计技术的推广应用提出建议。

【引言】　随着信息技术的发展，人类社会开始迈入经济知识化和全球化的新时代，信息技术成为经济组织发展的主要驱动力，企业等经济组织对信息及时性的要求越来越强，从而对审计的时效性也提出了更高的要求。传统审计只是对经济业务进行周期性的抽样复核分析，不能满足人们对商业活动的连续、实时、全面、独立的监控的高要求。

“连续审计”（Continuous Auditing，也称为持续审计）正是为了适应信息社会发展需要而产生的新方法。它发轫于内部审计，并且在外部审计中得到不断的创新和发展。AICPA/CICA（1999）将其定义为，“连续审计是独立审计师用以对委托项目的相关事项以一系列实时或短时间内生成的审计报告，对其提供书面鉴证的一套审计方法”。近些年来，国际社会对连续审计予以了广泛关注，国际内部审计师协会（IIA）分别于 2003 年、2005 年和 2006 年就连续审计在内部审计中的应用进行了研究，其内容集中于连续审计实践中使用的工具、存在的障碍以及未来发展潜力，连续审计的概念、模型、方法以及可行的技术等。

连续审计技术基于计算机辅助审计工具与技术，即 CATTs（Computer Aided Tools and Techniques）或 CAATTs（ComputerAidedAudit Tools and Techniques），它是用来辅助审计过程、进行事务分析与内部控制的工具与技术的统称。它主要采用持续进行自动控制和风险评估的审计方法，是审计策略从传统的交易样本的周期性复核向对所有交易进行持续测试的转变。它改变了以往对交易进行抽样测试的方式，转而对所有交易进行全面的关注。与传统审计相比，连续审计报告更为及时迅速，更具有决策相关性。

近些年来，我国信息化进程取得了重大发展，以信息化促进工业化，实现跨越式发展，已经成为我们国家的一项战略部署。绝大多数政府部门和企业都为信息化建设做了多方面的准备，信息基础设施建设水平提高，信息化应用环境得以改善。可以预见的是，随着信息化程度的发展，业务数据、业务流程复杂度也会不断提高，交易信息和管理信息不断膨胀，传统审计手段对信息化后出现的新问题无法控制，迫切需要审计部门使用高科技手段提高审计水平。同时，金审工程的稳步推进，联网审计等技术方法不断应用，为连续审计技术在国家审计中应用提供了必要的技术基础。本文拟从连续审计技术的运行原理出发，对如何使连续审计技术在国家审计中发挥更大的作用，提出一些具体的建议。

一、连续审计技术的运行原理

（一）系统目标

（1）系统总体目标。基于广义电子政务网络平台，建立与相关被审计单位的网络连接，审计部门实时获取相关的电子数据，实现连续实时审计。

（2）系统应用目标。实现审计方法从“对样本的抽样审计”向“对全部业务的全面审计”转变；实现审计时间从事后审计向事前风险控制、事中合理合规性审计转变；实现审计过程从手工处理向自动化处理转变；实现审计人员工作中心从纠错和发现舞弊向评价和测试被审计单位的管理与绩效转变。

（3）系统功能目标。①审计项目管理：实现审计人员根据特定的审计对象及审计内容定义审计项目，以满足实现不同审计目标的需要。②数据采集：实现通过网络自动地实时采集、安全传输被审计单位的电子数据。③数据转换：通过清理、转换和对应等数据处理过程，实现被审计单位的异构数据的标准化处理。④自动分析测试：实现按预定程序自动进行被审计单位业务处理数据与预定标准的分析核对，完成所有业务数据的检查与测试，区分正常与异常情况。⑤例外报告：实现将自动分析测试过程中发现的例外情况数据和疑点数据实时报告，并提供情况分析与说明。⑥跟踪反馈：实现对已发现的所有问题的审计结论、整改建议和实际整改情况的跟踪与反馈。⑦统计分析：实现对业务数据的多维统计分析，满足审计人员了解被审计单位的资金收支情况、结构比例及变动趋势以及评价管理与绩效的需要。⑧信息查询。

（二）技术路径及应用模型

连续审计系统应用于国家审计应当主要考虑两个方面的技术问题：一是连续审计系统与电子政务系统对接的实现方法；二是连续审计模型的选择。

连续审计系统与电子政务系统对接的实现方法主要有两种：一是采用代理模式（ET），即主要通过网络服务器实现审计，审计系统从被审计系统中独立出来，审计端有自己的操作系统、数据库和审计系统，当对客户端进行审计时，将被审计数据传送到审计端；另一种是采用嵌入模式（EAM），即将连续审计系统作为审计模块嵌入至电子政务系统，实现连续审计。由于ET模式与电子政务系统分离，对被审单位系统影响较小，从而相对于EAM模式，造成系统不稳定性的可能性较低。而嵌入式却存在很多问题，比如模块的通用性差、占用被审计系统资源以及对被审计系统安全和控制造成技术和管理上的挑战等。但采用代理模式技术相对复杂，成本高昂。

连续审计模型的选择，理论界当前提出了诸如基于智能Agent的持续审计模型、基于XBRL和Web Services的持续审计模型等模型。模型的多样化为我们在国家审计中运用连续审计提供了更多的选择。笔者认为，应当基于不同部门政务系统的应用现状和技术特征灵活采用。

（三）系统的实现路径

连续审计技术应用于国家审计的实现路径主要有：连续审计系统的开发、信息共享平台的构建。

1. 连续审计系统的开发

连续审计系统在整个连续审计技术运用于国家审计过程中起着关键性的作用，它的运行原理是：它与信息共享平台对接，实时获取并分析审计对象信息。连续审计系统对信息进行分析后，如果能够直接得出结论，则自动把相关结论发布在信息共享平台，并通过电子邮件或其他有效途径反馈给相关人员或部门，进而采取相应的措施；对于连续审计系统不能直接得出结论的例外情况，系统把相关信息反馈给审计人员，审计人员做出专业判断后再通过系统发布审计结果。审计系统应当不断地完善，努力建立一套严谨而完整的逻辑规则，使审计系统能够尽可能多地根据审计对象信息分析作出审计结论，验证信息的真实性，对不一致或不真实的信息发出不同等级的预警信息给相应职责的人员，从而减少审计人员主观判断事件，进而使审计结果更加客观、及时。总之，连续审计系统类似于专家系统和神经网络系统，能够尽可能地实现自动化，系统的有效性依赖于获取信息的速度、整套逻辑规则的完善性以及信息传输的安全性。

简而言之，该系统应当包括：可自动将被审计单位易出错的交易或事项信息输入系统以供查核的审计模块；即时将异常情况通知审计人员的报告模块；对不同交易或事项资料进行标注以便复核处理的交易标注模块。

2. 构建信息共享平台

该平台主要包括专门的数据库、信息发布平台和管理信息系统等。作为连续审计系统与电子政务系统对接的中转站，为连续审计系统架构在电子政务系统提供支持。

（1）数据库。连续审计技术作为一个过程而存在，审计结果、审计对象信息、预警信息及相关部门的整改意见反馈信息等信息量都是巨大的，同时这些信息又会被连续审计系统实时、反复地调用，因此，使用专门的数据库存储这些海量信息非常必要。

（2）信息发布平台。主要是及时地发布审计结论、整改情况、相关单位根据审计结论处理情况的反馈信息，甚至可以是审计项目的计划、进展情况等信息，从而实现连续审计过程的公开、透明。

（3）管理信息系统作为信息共享平台的核心，它的接口可以与电子政务系统、其他相关系统以及连续审计系统相对接，从多渠道获取信息，结合数据挖掘技术，使审计系统更容易地识别出虚假或不一致的信息，进而向相关人员发出预警通知。它主要负责：实时审计对象信息的收集、传输、加工、储存、更新和维护；将连续审计系统的审计结果和处理意见反馈到电子政务系统，在信息发布平台进行相应的公告，相关数据存入数据库，以利于以后的不断反复利用；最后，由于连续审计技术基于联网技术，因此整个系统及数据的安全性及稳定性应当处于突出的地位，管理信息系统应当为整个系统构建网络防火墙及杀毒系统，屏蔽外部非法干扰和入侵。

二、连续审计技术在我国国家审计中应用的理论依据、必要性及可行性

（一）连续审计技术在我国国家审计中应用的理论依据

国家审计最初被赋予查错纠弊的监督职能，随着社会经济环境的变化和

人们对审计本质认识的深化，国家审计许多潜在的功能逐渐被人们在实践中发掘和发现。审计署刘家义审计长（2008）在中国审计学会五届三次理事会暨第二次理事论坛上提出审计本质上是一个国家经济社会运行的“免疫系统”的论断。审计“免疫系统”是指国家审计机关受人民的委托，依法、独立、专门、主动去预防、揭示和查处问题，促进国家经济社会健康、安全运行。现代国家审计有责任更早地感受风险，发现问题，调动国家资源和能力去解决问题，抵御“病害”。及早感受风险，需要审计机关采取必要的技术方法，及时获取必要的信息，采取相应的审计程序，进而更好地发挥预防、揭露和抵御的功能。因此，国家审计应当考虑使用连续审计。

（二）连续审计技术在我国国家审计中应用的必要性

1. 国家审计“免疫系统”对于发现识别问题的时效性要求

国家审计要发挥“免疫系统”的作用，也应对国民经济运行情况进行实时的监控，一旦发现异常，立即做出相应的反应。这对国家审计的审计模式提出了新的要求，要求能够对审计情况做出及时的反馈。传统审计模式因其事后反应，而不能满足这一要求。而连续审计与传统审计模式的最大区别是，它可以使审计报告与事件同步发生。同时，连续审计的实时性表现在三个环节：第一，信息证据收集的实时性；第二，监控分析的实时性；第三，发布审计报告的实时性。连续审计的实时性，可以帮助国家审计实时地进行审计证据收集、监控与分析、提交审计报告。

2. 国家审计“免疫系统”对关注对象的全面性要求

我国国家审计的审计范围很广，包括政府部门、国家金融机构，国有企业、基本建设单位的财政财务收支，有关经营管理活动以及经济效益等。国家审计要发挥“免疫系统”的功能与作用，则需对国家经济运行体系、各个审计对象进行全面关注，而且要对各个审计对象的各个经济事项进行全面关注。由于审计人员有限，这一要求在传统审计模式下难以实现。国际内部审计师协会（IIA）在 2005 年发布的全球审计技术指南（Global Technology Audit Guide，GTAG）中指出，连续审计是利用技术自动执行控制与风险评估的方法，是审计策略从传统的交易样本的周期性复核向对所有交易进行持续测试的转变。因此，连续审计改变以往对交易进行抽样测试的方式，转而对所有交易进行全面的关注，这一模式，可以满足国家审计“免疫系统”对于全面监控的要求。

3. 国家审计“免疫系统”对关注对象的连续性要求

审计系统要发挥“免疫系统”的功能与作用，必须通过日常的持续性的监督、检查，通过对各种潜在的风险、问题的及时防范与化解，防止、避免各种重大风险的爆发、各种严重后果的出现与重大损失的形成。GTAG 不仅强调了连续审计是对于所有交易的控制与测试，同时也强调了其是从周期性复核向持续测试的转变。这说明连续审计模式是可以达到国家“免疫系统”对于相关事项日常的持续性的监控要求。

基于网络信息技术的、连续的、实时的、动态的连续审计技术往往会使被审计单位违规的成本和风险都大幅上升，大大提升了审计监督的威慑力。连续审计不仅能够发现、甄别及纠察出违规经济事项，更重要的是，它还能从源头增加被审计单位违规的成本和难度，从而达到审计的预防作用，实现国家审计的“免疫系统”功能。

（三）连续审计技术在我国国家审计中应用的可行性

1. 被审计单位的信息化

早在 20 世纪 80 年代，传统手工审计遇到了来自计算机技术的挑战。民航、铁道、电力、石化以及金融、财政、海关、税务等关系国计民生的重要行业和部门开始广泛运用计算机、数据库、网络等现代信息技术进行管理，国家机关、企事业单位会计电算化趋向普及，政府部门广泛采用电子政务系统。因此，被审计单位的信息环境满足了连续审计的要求，为连续审计技术实施提供了可行性。

2. 法律规定的支持

对于国家审计来说，被审计单位有义务接受审计单位的监督，而且，我国在法律上做了相关的规定。我国 2006 年修订后的审计法第三十一条增加了审计机关可以要求被审计单位提供“运用电子计算机储存、处理的财务收支、财务收支电子数据和必要的电子计算机技术文档”的权限。同时，第三十二条规定，审计机关进行审计时，有权检查被审计单位“运用电子计算机管理财政收支、财务收支电子数据的系统”。可见，我国国家审计“免疫系统”应用连续审计技术有着法律的支持。

3. 审计技术条件的逐步具备

我国从 2001 年开始的金审工程为国家审计“免疫系统”连续审计模式的实现提供了良好的技术条件。金审工程的总体目标是：建成对财政、银行、税务、海关等部门和重点国有企业事业单位的财务信息系统及相关电子数据进行密切跟踪，对财政收支或者财务收支的真实、合法和效益实施有效审计监督的信息化系统；逐步实现审计监督的三个“转变”，即从单一的事后审计转变为事后审计与事中审计相结合，从单一的静态审计转变为静态审计与动态审计相结合，从单一的现场审计转变为现场审计与远程审计相结合；增强审计机关在计算机环境下查错纠弊、规范管理、揭露腐败、打击犯罪的能力，维护经济秩序，促进廉洁高效政府的建设，更好地履行审计法定监督职责。

通过金审工程 2002 年至 2004 年的一期工程建设，审计信息化已经完成了应用系统建设、局域网建设和安全系统建设，为连续审计实施提供了必需的基础系统、有效的互联系统以及安全系统的保证，连续审计实施的基本技术条件已经具备。同时，金审工程二期基本建成满足中央和地方业务协同、信息共享的国家审计数据中心和省级地方数据中心，包括信息资源目录体系，审计信息资源交换体系，以及数据存储、数据录入、数据交换、数据备份等等。这将进一步为持续审计获取数据信息并进行数据处理提供了更多的便利，同时也为审计报告安全和及时准确传递提供了可能。2011 年 11 月，审计署推出联网审计基础版，包括部门预算执行审计基础版、地方税收审计基础版和社会保险审计基础版。联网审计软件的推出，也为连续审计的进一步实施提供了保障。虽然连续审计所需的数字审计代理程序与计算机联网审计存在一定的区别（前者是实时的监控，后者是事后的监控），但在联网审计的基础上，进行数字审计代理程序的开发则更易于进行。对于系统的可靠性与网络的安全性，审计人员可以通过开展计算机系统审计来测试与评价。

4. 部分行业内审对连续审计技术的初步探索

目前，连续审计技术并不适合在所有行业应用推广，它主要适合在一些 IT 基础设施比较好的行业推广，如金融、电信、证券等领域。我国这些行业的内审工作者也对连续审计技术的应用做了有益的探索。如我国部分商业银行运用连续审计技术，通过对信贷资产风险状况进行连续性的审计监督，关注信贷资产整体性、系统性的重大风险问题，评价信贷风险与管理效果，促使信贷业务的内部控制与风险管理得到进一步改进和提高。

5. 审计人员素质的提高和审计标准规范的建设

金审工程建设非常重视审计人员信息技术知识培训，不断开展的计算机基础知识和操作技能培训、计算机审计中级培训，提高了审计人员专业技能，从而满足了持续审计对审计人员的素质要求。审计机关坚持以 AO（现场审计实施系统）为平台，加强审计项目管理信息化和审计技术信息化的创新，大部分审计人员已经掌握了基本的计算机审计理论知识，具备了一定程度的计算机审计的技能，积累了一定的计算机审计工作经验。

同时，金审工程也非常重视审计标准规范建设。强调以国家关于电子政务标准体系框架为指导，以确保网络互联互通、信息资源共享为目标，按照“有国标用国标，无国标定署标”的原则，制定金审工程需要的审计准则、审计操作指南，审计机关、审计事项、被审计单位、违纪违规行为等标准代码。标准规范建设为连续审计实施提供了遵循的基础，一定程度上弥补了现阶段持续审计执业标准的欠缺。

三、我国国家审计应用连续审计技术的具体建议

连续审计模式以其自身特有的优势，可以满足国家审计成为国民经济运行“免疫系统”的条件，而我国国家审计经过几十年的发展，已经具备了运用连续审计技术的初步条件。笔者认为，在现阶段，推进连续审计技术的应用，应该从以下几个方面开展工作。

（一）建立连续审计的理念

随着我国经济社会的快速发展，连续审计技术必将很快进入实践和推广阶段，国家审计部门的广大审计人员，要认识到连续审计代替传统审计的必然趋势，建立连续审计的先进理念；审计署应有意识扶持和推进连续审计的相关配套建设，加快审计现代化建设的步伐以适应新形势的发展。

（二）联合相关单位，全面推进连续审计系统的研发和推广

连续审计技术的运用关联到很多方面的专业知识，审计部门要联合财政部门、科研院所、信息产业主管部门作为合作伙伴，同时吸引专业软件开发企业加入研发，共同建设平台，推进连续审计系统的实施和发展。

（三）制定连续审计相关法律法规

连续审计技术有其自身优势，但正因为如此，它的具体运行模式、权力边界、审计风险都有别于传统审计。目前，对连续审计具体实施的法律法规尚属空白，这成为制约连续审计技术应用的又一桎梏。因此，连续审计技术在国家审计中推行需要相应的法律法规提供保障。

（四）重视理论研究和实践总结，制定连续审计技术的专业标准及审计准则

在我国，虽然连续审计思想已在政府审计中得以体现，但人们对连续审计的认识还很模糊，连续审计理论研究尚处于起步阶段。发表在各种专业杂志上有关持续审计方面的论文非常有限，涉及连续审计理论研究的文章更

少，缺乏理论指导的实践是很难发展的，因此需要加强连续审计理论方面的研究。

同时，“理论来源于实践”，作为一种审计方法，连续审计如何实施是关键。在推广应用进程中，对连续审计实践进行总结非常重要。只有不断总结实践，才能发现新情况、新问题，推进其进一步深化和发展。

另外，无论是国家审计，还是内部审计、注册会计师审计，连续审计实施面临的一个重要难题就是缺乏相应的审计准则，因此需要对传统审计准则体系重新审视和思考，进行适当修正，形成更加有利于指导连续审计实践的标准。同时，连续审计应当建立相应的标准，这种标准包括信息技术标准和审计标准。其中信息技术标准主要包括连续审计的技术途径、实现模型、数据交换语言和协议、技术安全措施等信息技术方面的标准；审计标准主要是规范执业人员的职业标准、连续审计的审计风险评估等关于审计方面的标准。

（五）继续稳步推进信息化建设

连续审计的应用要求被审计单位建立信息技术平台，实现信息化管理。但是在目前，信息化进程虽然很快，从办公自动化到后来的管理信息化，以及如今的电子商务和电子政务，信息化观念已经被越来越多的政府部门和企业所接受。但是总体来说我国信息化进程还存在严重的不平衡现象，在金融、电信、教育、制造业等领域，信息化水平相对较高，而旅游、环保、社会保险、交通等行业，信息化发展明显滞后于需求。另外，我国政府部门在信息化建设中，必须借鉴 ERP 中业务、财务一体化核算与控制系统的思想与理念，建立基于业务流程的集预算、核算、控制、分析、决策于一体的在线管理信息系统，在实现纠错和防止舞弊的基础上评估、测试风险，提供决策支持。

因此，推广连续审计技术的应用首先需要提高我国政府部门的信息化水平，审计部门也应该积极参与和推动相关部门的管理信息系统的建设和完善。

（六）加强审计人员的职业培训

国家审计的从业人员应通过上级部门发放的资料和主办培训课程获得连续审计的入门和基础培训，加强审计信息化复合型人才培养；各相关院校在审计专业里要拓展信息化知识的深度与广度，要把连续审计技术引入教学内容中。

参考文献

［1］何芹．持续审计在我国政府审计中的应用分析［J］．会计之友，2009（1）．

［2］李江涛，宋华杨，黄海．连续审计技术在国家审计中的应用探讨［J］．会计之友，2012（11）．

［3］徐磊，李勤，何世宏．全部政府性资金连续审计系统研究［J］．机电工程，2009（5）．

可视化技术在审计数据分析中的应用研究

上海市审计局　李　强

【摘要】 可视化技术是指利用计算机的图形图像处理技术，把各种数据信息转换成的合适的图形图像在屏幕上展示出来，以便于人们接受、理解原始数据、信息的技术方法。近年来，可视化技术在商业、科研等领域得到广泛应用。审计事业发展过程中，随着被审计单位业务的高速发展，对信息系统的依赖日益增强。面对海量的电子数据，传统的验证型审计方式在审计宽度、审计深度方面都面临较大风险，利用可视化技术实现审计工作向发掘型审计方式转变是可行的途径。

【引言】 随着计算机技术在经济活动中的广泛应用，客观上要求审计人员的作业方式必须做出相应的调整，信息系统审计成为必然。作为信息系统审计的重要组成部分，数据分析是为了把隐没在海量的、杂乱无章的电子数据中的信息集中、萃取和提炼出来，揭示其内在规律，为评价被审计单位经济活动和相关资料的真实性、合法性、效益性提供有力的线索或直接的证据。

审计实践中，审计人员已广泛应用 Excel、Access、SQL Server、现场审计实施系统（AO）等软件开展数据分析。这些方法能初步达到数据审计的要求，但在审计过程中，审计人员往往无法预先把握整体业务情况，只能依据抽象的业务流程提出审计思路，计算机人员再根据其思路在浩瀚的数据海洋中反复地验证审计思路的可行性。某种程度上来说，审计过程有些“误打误撞”，不仅数据分析工作量大，计算机技能要求高，审计质量也难以控制。

可视化技术的发展使其在数据审计中的应用大有可为。基于可视化技术，业务审计人员在一定程度上可摆脱数据库 SQL 编程语言的束缚，通过鼠标操作就能得到直观的图形化分析结果。审计人员依据图形化展现的总体业务情况，能选定审计重点，有效地约束审计范围，查找审计线索，提炼审计思路，控制审计质量。

一、可视化技术概述

文献中通常将现代可视化技术分为以下四类：科学计算可视化、数据可视化（Data Visualization）、信息可视化（Information Visualization）和知识可视化（Knowledge Visualization）[1]。这四类可视化的主要区别在于可视化处理对象以及目的的不同。科学计算可视化主要用于处理科研领域实验产生和收集的海量数据，力求真实的反应数据原貌，利于模拟实验的进行；数据可视化较为笼统，一般用于处理数据库和数据仓库中储存的数据，目的在于以可视化的方式呈现数据，利于使用者观察；信息可视化是指利用计算机支撑的、交互的，用抽象数据的可视表示，来增强人们对非物理抽象信息的认知；知识可视化是指将人们的个体知识以图解的手段表示出来，形成能够直接作用于人的感官的知识外在表现形式，从而促进知识的传播和创新[2][3]。

早在20世纪初，人们已经将表格和统计图等原始的可视化技术应用到了科学数据分析中。在1986年10月美国国家科学基金会举办的图形、图像处理和工作站讨论会上，科学计算可视化（Visualization in Scientific Computation）概念第一次被正式提出[4]。现代可视化技术的概念更为宽泛，指的是利用计算机的图形图像处理技术，把各种数据信息转换成的合适的图形图像在屏幕上展示出来并进行人际交互，以便于人们接受、理解原始数据、信息的技术方法。作为一门交叉学科，它涵盖了计算机图形学、计算机视觉、计算机辅助设计、几何学、感知心理学和人机交互等技术[5]。

四种可视化技术互有区别又相互联系。其从处理对象来看，数据到知识是一个不断抽象的过程，数据是信息的载体，信息是数据的涵义，知识又是信息的结晶[6]，它们的抽象层次是逐渐增高的。科学计算可视化属于一种广义上的数据可视化，数据、信息和知识在一定程度也是相通的，它们彼此之间都有交叉（图1）[7]。

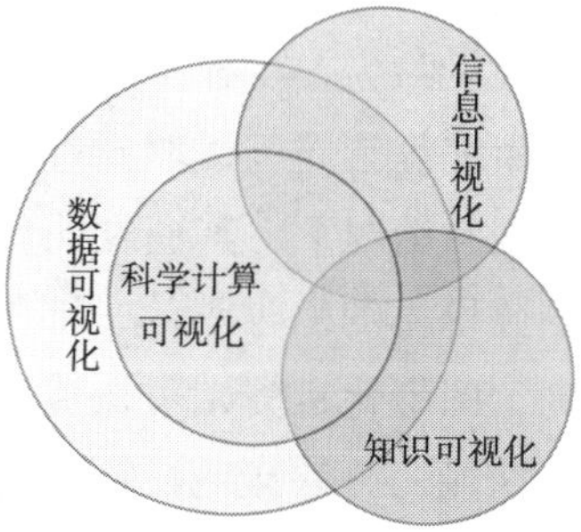

图1　可视化技术关系图

二、审计中应用可视化技术进行数据分析的方法

在审计中，可视化数据分析方法一般可分为以下几个步骤（图 2）：首先，识别数据可视化需求，选取可视化分析软件。审计人员通过分析数据可视化的需求，判断所需的可视化功能，选取合适的软件工具。其次，进行数据预处理去除冗余、无效的数据，并导入选取的软件。再次，凭借丰富的色彩、缩放、视角、层次等可视化数据展现功能从多角度、多层次立体地观察数据隐含的规律，缩小审计范围，查找审计思路。最后，借助可视化建模工具构建曲线、曲面、点云、网格等多样的数学模型，并借力图形化的比对分析、偏差分析、曲率分析等分析工具提取疑点数据。

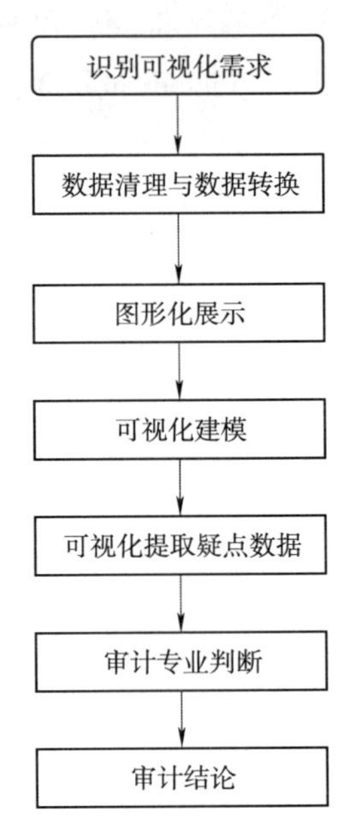

图 2　可视化数据分析流程图

与传统的数据分析技术相比，可视化数据分析技术的特点表现在：一是具有友好的人机交互能力，可视化数据分析的所有操作完全通过鼠标人机交互完成，即便无计算机专业背景的审计人员也能轻松应用。二是具有丰富的图形展示功能，有助于审计人员把握整体情况，缩小审计范围，节省审计资源。尤其适合于地理信息、人口信息、基建工程、医学图像、机械制造等数据的立体展示及数据分层（分类）汇总。三是具有强大的图形分析功能，可交互地构建和调整曲线、曲面、点云等数学模型。适合于对海量数据进行趋势分析，为查找异常提供线索。四是具有多样图形运算功能，可替代部分数据库编程工作，提取异常数据。如两个信息系统间数据的模糊匹配，在海量数据的情况下，其速度比传统的数据库编程方式快几万倍；又如按地理位置划分税率的税收审计，如城建税、土地使用税等，数据库编程根本无法实现，图形化运算则可快捷实现。五是部分可视化分析软件提供丰富的工程核算功能，可快捷地计算不规则形体的面积、体积、质量、密度等，若通过数据库编程计算不仅工作量大而且准确性差。此技术尤其适合于投资审计领域的工程量核算、退耕还林检查、建设征地核查等。

随着计算机操作技术的培训和普及，审计人员已经能熟练运用 Excel 等

软件进行可视化数据分析，Excel 软件操作简单，提供了基本二维图形分析能力，能处理最多 32000 个数据点。计算机基础较好的审计人员，通过培训可逐步掌握运用 MatLab，Mathematics，SPSS 等科学计算可视化软件进行图形化分析的技能，这些软件提供了更为强大的数学建模与数值计算能力。目前，市场主流的地理信息系统软件有 ArcInfo，MapInfo 等，它们具有充分展示数据的空间地理位置信息的能力，与关系型数据库紧密集成，且具有可视化的 SQL 查询功能，非常适合对与地理位置相关的测绘测量数据的分析，如 GPS、遥感遥测、国土资源、环保农业、以地域划分的税种的审计。另外，成熟的计算机辅助设计软件 AutoCAD，Revit Architecture，Imageware 具有强大的三维图形运算能力与工程核算能力，能处理千万级的大规模数据点，通过图形运算自动计算工程数据，适用于海量数据的趋势分析以及基建项目的工程核算。

三、可视化技术在审计数据分析中的应用

（一）应用可视化技术明确审计思路

在 2009 年院前急救系统审计项目中，为评估其业务效益以解决长期以来群众反映强烈的“叫车难、等车时间长”等问题，审计人员决定分析其业务系统。据了解，该单位的业务系统由调度系统和 GPS 系统组成，两个系统中均包含海量、无序的空间地理位置数据。应用传统的 SQL 编程方法处理速度慢，无法提前把握业务的整体情况，审计只能采用“边走边看”的形式，审计质量难以控制。于是审计人员决定通过图形化直观的展示，以提前把握业务的整体情况，缩小审计范围，节省审计资源。具体步骤如下：

（1）准备数据并导入可视化软件。首先，审计组取得了被审单位的调度系统、GPS 系统的数据库备份；然后审计组在数据清理的基础上，将 2006 年至 2009 年的呼救位置、急救站位置等信息导入可视化分析软件中，数据以年份分层、属性分类的方式组织。

（2）多样化展示数据，捕获审计线索。审计人员按年份（2006 - 2009）、车辆用途（急救、非急救、转院）、关键时刻点（呼救时刻、调度开始时刻、调度结束时刻、出车时刻、到达现场时刻、病人上车时刻、到达医院时刻）等属性分类叠加地展示急救车、急救站的地理位置数据，并通过放大/缩小、视角旋转等功能详细展示可疑区域（图 3）。通过直观的展示，审计人员敏锐地捕捉到可疑线索。例如，急救呼叫位置集聚于火车站、老居民小区集中带等特殊区域；急救需求远高于非急救和转院的需求；急救车接

受任务出车时刻大多在途中而非在急救站；调度系统中记录的待送往医院的位置与 GPS 系统中急救车实际送达位置不一致。

图 3　2009 年急救呼救位置的可视化展示

（3）依靠可视化分析功能，支撑审计评价。审计人员利用“偏差分析”功能分析急救呼叫位置与急救站的偏差（图 4.1），审计人员观察到急救呼叫位置对急救站的集聚性特征，于是利用统计功能计算出集聚于各个急救站的急救呼叫的次数，以判断急救站配备的急救车辆的数量是否适当；根据集聚性特征，审计人员利用“区域抽取”功能分割开集聚于各个急救站的急救呼叫的位置，然后，利用“同心度”分析功能计算各分割块的重心（图 4.2），以初步评价急救站的选址是否科学。

图 4.1　偏差分析

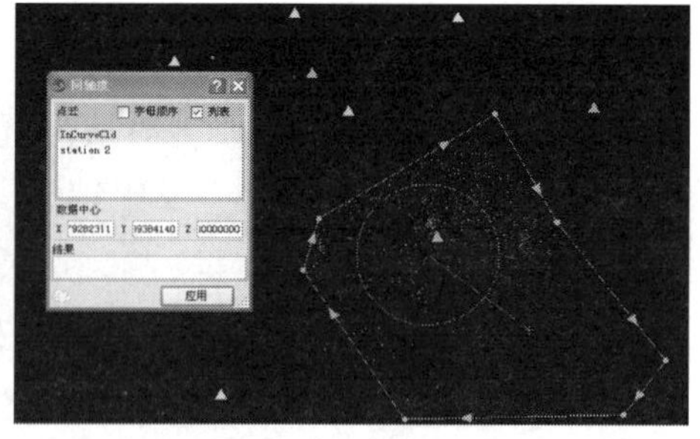

图 4.2　同心度分析

图 4　可视化分析

（二）应用可视化技术查找异常

依然使用前面院前急救系统审计项目的案例。为核查数据展示时发现的“调度系统中记录的待送往医院的位置与 GPS 系统中急救车实际送达位置不一致”的问题，考虑到急救车实际送达位置的 GPS 值与医院的 GPS 值之间肯定有细微误差，需要对两个系统中的相关数据进行“模糊匹配”。若使用 SQL 编程方法进行“模糊匹配”，不但计算量大且速度慢，审计人员利用了图形运算功能（“布尔运算”）进行“模糊匹配”，设定模糊误差为 Delta，用调度系统中的地理位置数据（图 5.1）“减去”GPS 系统中的地理位置数据（图 5.2），轻松快速地得到了疑点数据（见图 5.3）。进而，审计人员形成了“急救车司机可能提前按键缩短任务执行时间以提高绩效考核数据”的审计思路，接着，审计人员利用刚刚得到的疑点数据核查急救车在相关任务执行中的实际情况。

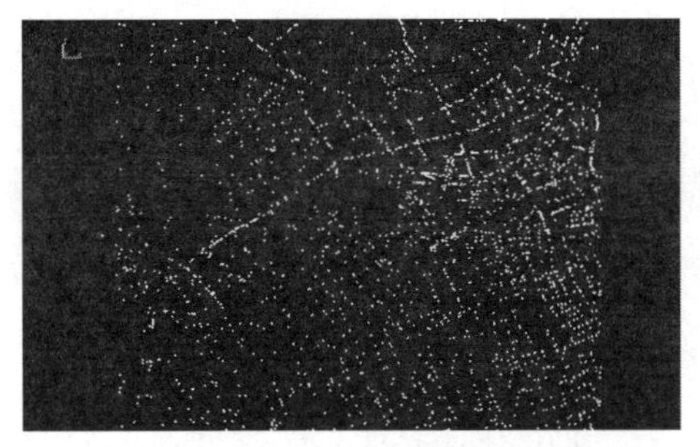

图 5.1 调度系统（甲）

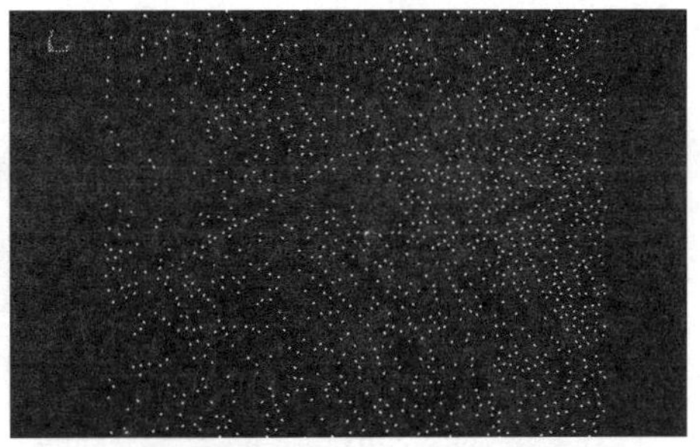

图 5.2 GPS 系统（乙）

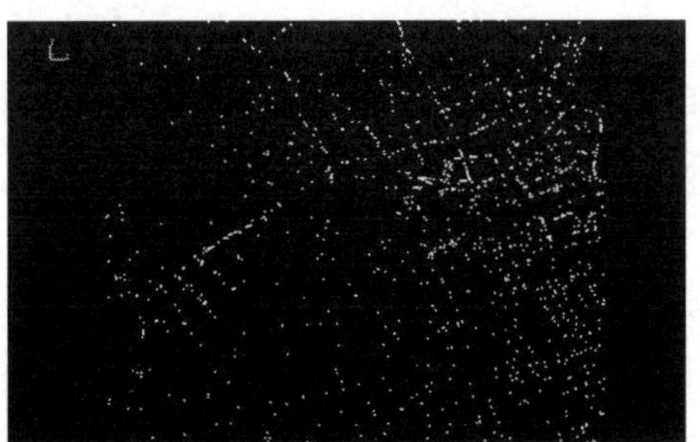

图 5.3 甲“减去”乙

图 5 模糊匹配（误差为 Delta）

（三）应用可视化商业智能技术进行趋势分析

商业智能技术是数据仓库、多维分析、数据挖掘等综合运用以支持商业决策的技术。近年来，各级审计机关在多维分析技术在审计中的应用方面进行了持续不断的探索，将商业智能运用到审计中则实现了验证型审计方式和发掘型审计方式的结合，从一定程度上，审计工作从“瞎子摸象”转变为“纵观全局、有的放矢”。

1. 商业智能技术在审计应用中的瓶颈

多维数据分析是以海量数据为基础的复杂分析技术，它可以对以多维形式组织起来的数据进行上卷、下钻、切片、切块、旋转等各种分析操作，通过对数据进行剖析，可以从多个角度、多个侧面观察数据库中的数据，迅速找出数据反映的各类信息。近年来，我国审计机关在多维数据分析方面进行了不断的探索，取得了较好的效果。然而，多维分析技术的瓶颈问题也日渐凸显：一是缺乏数据挖掘的能力。二是部署专业技能要求高、部署周期长。三是数据分析模型的构建需要较深的专业知识，需要计算机专业人员编写程序，然而计算机专业人员与审计人员对需求的理解和分析结果的展示方式经常出现差异，无法充分发挥多维数据分析的效益。四是审计业务涉及的行业众多、业务变化快，使得数据源的数据结构多样、多变，使得难以部署可复用的多维分析技术，使用率不高却不得不重复部署。五是多维分析技术要求“维”数据和“度量”预先定义，调整工作量大，因而其难以适应审计工作中数据分析需求持续变化的特点。

2. 可视化商业智能技术的特点

传统的商业智能技术部署周期长、计算机知识要求高，而审计业务涉及的行业众多、业务变化快、数据源异构，因而数据分析的需求差异大、变化快、数据结构多样。引入可视化商业智能技术，基于内存的数据引擎技术，审计人员无须关注数据结构的差异，轻松部署数据仓库，且“维”数据和“度量”数据不需预先定义，能根据需求变化及时调整，数据分析运算快，结果实时呈现。

异于传统的建模技术，可视化商业智能技术不再依赖于数据分析人员编写 SQL 程序，审计人员能完全通过图形化用户界面构建审计模型，这较好地解决了审计人员与数据分析人员在分析需求的理解上经常出现差异的问题。同时，可视化商业智能技术能根据数据的特点智能识别审计人员的可视化需求，自动寻求合适的图形化展示方式，提高审计工作效率。

近年来，可视化商业智能解决方案快速崛起，如 Grapheur，Spotfire，Omniscope，PowerPivot，QlikView 等。这些解决方案部署周期短、适应性强，能根据实际需求快速进行调整变换。此外，基于数据可视化技术，融入可视化智能建模技术的便捷型商业智能解决方案能智能地识别用户的需求，图形化的建模且自动产生合适的图形化展示，即使非计算机专业人员也能快速掌握并熟练运用。

3. 情景案例

某市教育资源库建设项目是该市教育信息化重大应用项目，建设目标是为全市教育单位和教师提供优质丰富的教育资源，成为“校长管理的参谋、教师教学的助手、学生学习的工具和终身教育的课堂”。在资源教育库审计项目中，作为资源库建设效益评价的一个方面，审计人员运用 Tableau Desktop 软件对资源库访问的时序特征趋势进行了统计分析。以 2008 年为例，审计人员综合利用“切块”操作将 2008 年分成寒假、暑假、第一学期、第二学期等四个阶段，然后利用“上卷”操作对各阶段按周汇总资源的访问量，最后生成“折线图”来可视化分析展现资源访问的趋势性特征（图 6）。

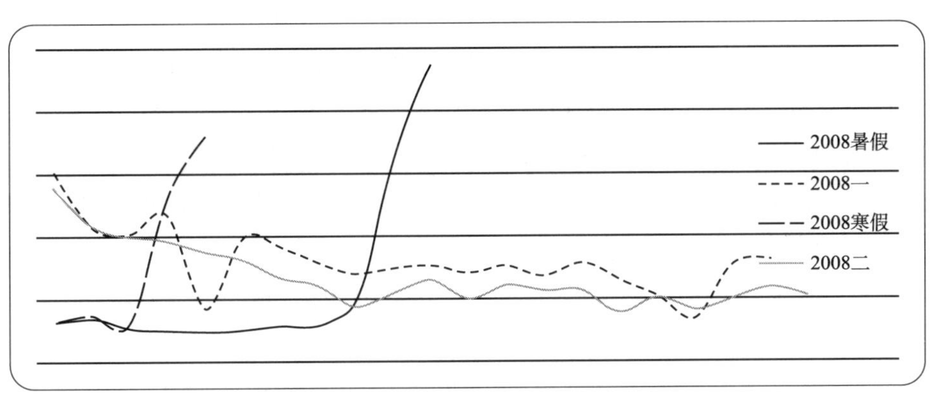

图 6　基础教育资源分周平均操作次数时序对比图

审计人员观察该时序图即发现，对教育资源的访问明显集中在寒、暑假的最后一个星期，即开学前的一个星期。审计人员推测教师在学期开始前和前期备课时使用需求大，经过与部分教师的访谈，核实了此项推测。资源库“教师教学的助手”的定位目标部分得到验证。

可视化分析技术是数据趋势分析方法中较理想的一种，在提供审计思路、验证审计疑点方面有着简单、直观的优势。

四、结论与展望

可视化数据分析技术提供了直观的数据展示方法和便捷的数据处理方法，在多个审计项目的实践中，有效地提高了工作效率，提升了审计质量，取得了令人欣喜的审计效果，是审计工作实现从“验证型”审计方式向“发掘型”审计方式转变的可行途径。

当前，可视化数据分析技术在审计中的应用还处于摸索阶段，该技术的应用还存在以下难点：一是当前的可视化数据分析软件往往侧重于具体的应用领域，市场上还没有针对审计专用的可视化数据分析软件；二是部分传统的数据分析技术依然不可取代，如可视化技术不适用于“平行模拟”类型的数据分析；三是可视化数据分析软件的培训和普及工作还有待加强。但实践已初步表明其在审计工作中有着广泛的应用前景，研究如何将其深入应用于数据审计是计算机审计今后需要持续探索的一个课题。

参考文献

［1］MCCORMICK B H, DEFANTI T A, BROWN M D, et al. “Visualization in Scientific Computing［J］. Computer Graphics, 1987, 21（6）：1103－1109.

［2］陈建军，于志强，朱昀．数据可视化技术及其应用［J］．红外与激光工程，2001，30（5）：339－342.

［3］刘波，徐学文．可视化分类方法对比研究［J］．情报杂志，2008（2）：28－30.

［4］朱耀华．可视化技术简述［J］．电脑知识与技术，2012，6（8）：1402－1419.

［5］张卓．可视化技术研究与比较［J］．现代电子技术，2010，17：133－138.

［6］刘惟锦，章毓晋．基于 Kalman 滤波和边缘直方图的实时目标跟踪［J］．清华大学学报（自然科学版），2008，48（7）：1104－1107.

［7］Oppenheim A V, Lim J S. The Importance of Phase in Signals［J］. IEEE, 1981, 69：529－541.

基于动态推荐模型的审计资源共享模式研究

上海市审计局　刘　锦

【摘要】　在当前各级审计机关正在按照金审工程的要求加快建设审计数据中心、交换中心的大形势下，本文的研究是对审计数据资源利用和共享模式的一次有意义探索。本文提出了一种基于动态推荐模型的审计共享模式，这种共享模式依靠审计人员在审计过程中的不同审计行为或者审计人员对不同审计资源的评级水平来预测其他审计人员对该项审计资源的偏好和亟须程度，以一种自动化的方式共享审计资源，具有一定的创新性。

【引言】　随着审计信息化的发展，审计机关开展了对审计全过程的管理、审计文书、审计成果等方面数据归集和整合，目前多数审计机关已实现审计项目管理工作的全过程数字化，审计法规库、知识库、案例库、宏观经济库、方法库、审计报告、事项库等审计资源库已初具规模，尤其是在“金审工程（二期）”建设的带动下，部分省市已开展建设审计数据分中心，审计资源数据的集中和整理又有了新的突破。伴随着数据量的增长和审计人员对资源共享的迫切需求，如何更好地利用审计人员辛苦积累审计资源，更加方便、有效地为审计人员服务是审计信息化工作者所要解决的重要问题。

本文提出了一种基于动态推荐模型的审计资源共享模式。基于此种模式的资源共享系统，可以作为一个智能助手，在审计项目过程管理和控制方面，可根据审计人员目前所处的工作环节和任务状态，利用审计资源库收集的信息，以多种可视化形式提示审计人员当前所处的状况、目前所拥有的审计资源、下一步需要完成的工作任务；在具体审计事项实施方面，可根据当前审计项目特点和审计事项特点，提供所能获得的审计资源如审计案例、同类型项目的常见问题、历年审计报告、相关审计事项、相关风险控制措施、相关法律法规、行业指标、可用的审计方法、可延伸的单位清单等。

一、相关概念

（一）审计资源

审计资源指的是能够帮助审计人员完成审计任务的所有信息的总称，可分为结构化、半结构化和非结构化的数据资源。根据审计项目管理的周期，将这些资源进行了分类和整理，参见表1。

表1　审计资源类型表

审计阶段	审计资源	资源种类	备注
审计计划阶段	历年计划信息、计划周期表、社会热点信息、历年审计报告、审计结果公告、审计信息、统计台账等	非结构化、半结构化	
调查了解	政策法规、项目风险、被审单位信息、风险评估指标、案例、社会舆论、历年审计报告、审计事项等	结构化、半结构化、非结构化	
审计实施	法律法规、行业指标、审计案例、历年审计报告、延伸单位、审计问题、审计方法、被审单位数据等	结构化、半结构化、非结构化	
审计报告	审计底稿、定性及处理处罚依据、历年审计报告等	非结构化、半结构化	
审计归档	审计档案等	非结构化、半结构化	

（二）推荐系统

推荐系统最初是电子商务企业利用积累的客户购买信息和浏览信息，预测客户可能购买的商品，向客户提供商品信息和建议，帮助用户决定应该购买什么产品，模拟销售人员帮助客户完成购买过程。

一般的推荐系统有3个重要的模块：推荐对象建模模块、用户建模模块、推荐算法模块。通用的推荐系统模型流程如图1所示。推荐系统把用户模型中兴趣需求信息和推荐对象模型中的特征信息匹配，同时使用相应的推荐算法进行计算筛选，找到用户可能感兴趣的推荐对象，然后推荐给用户。

（三）审计资源推荐

审计资源推荐指的是审计资源共享系统按审计人员当前的审计工作状态、分配的审计事项、审计工作的阶段等信息，自动推荐相关事项、方法、经验、法律法规、行业指标、流程指引、操作规范等，以图形化的方式对审

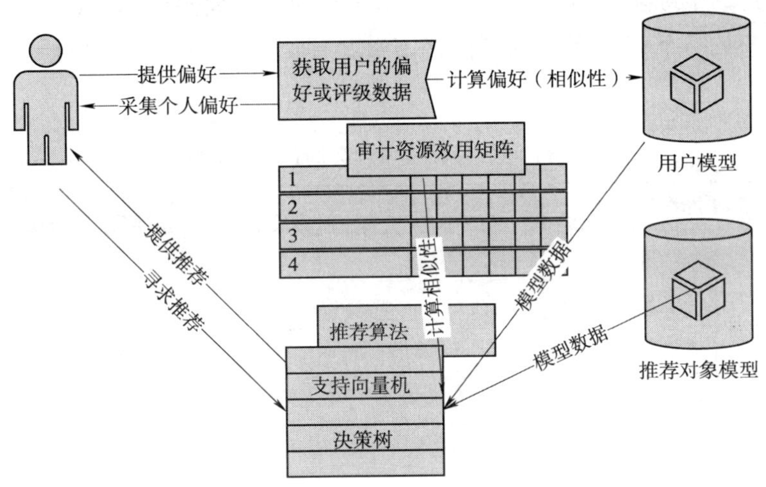

图1 推荐系统模型

计人员可能用得到的审计资源对象集中展现、分类和关联。

审计资源推荐从审计人员使用审计资源的行为中了解审计资源的使用情况，评价审计资源的质量，并能以较高的精度预测审计人员实际拥有的资源和共享需求，能有效利用审计数据中心和相关审计资源，是一种新型的审计资源共享和协同工作模式。

二、基于动态推荐模型的审计资源共享

基于动态推荐模型的审计资源共享模式的核心是以所有审计人员在审计实施过程中对审计资源的需求为基础进行分析、预测，并将这些资源以一种自动化的方式共享给其他审计人员。

要建立这种审计资源推荐模型，同样必须解决三个方面的问题：审计资源的建模、审计人员的建模、审计资源推荐算法。其中审计资源的建模和审计人员的建模是核心问题，是决定动态推荐模型优劣的关键因素。

（一）审计资源效用矩阵

在审计资源推荐模型中，存在两类核心元素：一类为审计人员，另一类为审计资源。审计人员会偏爱某些资源，或者说审计人员亟须某些资源，这些偏好和需求要求从审计资源库中梳理出来。审计资源本身会被表示成为一个效用矩阵，该矩阵中每个“审计人员－资源项”对所对应的元素值代表的是当前审计人员对该项资源的偏好或亟须程度。这些喜好程度来源于一个有序集合，比如1～10的整数集合，代表着用户对某项审计资源的评级。在审

计资源共享系统建设的期初，该矩阵是稀疏的，即大部分的元素都未知，这表示对于某一个审计人员，我们还不清楚他对某项审计资源的偏好和需求程度。

表 2　审计资源（审计案例）效用矩阵

	案例 1	案例 2	案例 3	案例 4	案例 5	案例 6
张三	9					
李四	5			9	3	
王五		9			3	9
刘六			3			
赵七				9		
徐八		3		3		3
丁九	9			1		

表 2 给出一个审计资源效用矩阵的例子，该矩阵代表审计人员对某个审计案例集合的评价和喜好（1～10 级，其中 10 级最高）。空白代表审计人员未对该项资源进行评级或者审计人员不了解该资源的存在。

审计资源共享系统的资源推荐模型目标就是要预测审计资源效用矩阵中的空白元素。比如需要知道张三是否对案例 4 有兴趣，怎么预测呢？例如，表 2 中没有任何的证据来证明张三是否对案例 4 有兴趣。在设计审计资源推荐模型时，考虑到审计人员和审计案例的属性，比如审计人员的业务处室、案例的类型、案例中被审单位的名称、类型或者甚至是案例名称的相似度，例如，如果张三、李四、赵七来都来自固定资产投资审计部门，在李四、赵七对此案例评价较高的情况下，可以认为张三也会给一个较高的评价，那么将案例 4 推荐给张三的理由就存在了。

（二）审计资源效用矩阵的填充

审计资源的效用矩阵是进行审计资源推荐的基础。然而审计资源效用矩阵的数据获取往往十分困难。本文提出了两种方法可以用来发现审计人员对审计资源的需求。

1. 系统提供功能以邀请审计人员对审计资源进行评级

在全新建立的审计资源系统时，审计资源的评级可以通过这种方式获得，然而考虑到很多审计资源已经存在审计资源库（例如办公自动化 OA 系统）中，审计人员首先需要快速搜索定位到这些资源，在对这些资源进行使用之后根据自身的需求对这些资源进行评级。这种方法的效果相对有限，因为通常而言，审计人员不大愿意提供反馈，或者说对其他审计人员的成果或者结论不愿意提供评价，因此最终得到的评级信息会由于它们主要来自于那些愿意提供反馈的审计人员而带有部分的偏向性。若要在推荐模型中使用这种方式，一种可行的方式是采用匿名的评分制度，可以减少审计人员对于评分的抵触。

2. 系统需要根据用户的行为来推理

如果审计人员在审计实施过程中，使用到了某个资源，如将某个审计方法进行修改、收藏了某个审计案例、引用部分法律条文、导入某行业指标进行对比等，那么就有理由认为审计人员很看重这些资源，认为这些资源是有价值的，审计人员对其评级也应当相对较高。设计时，可以假设这种评级结果只有一个值即1，它表示审计人员喜欢这样的资源。在这种效用矩阵模式下，会发现那些只被浏览或者未被浏览的审计资源被标记成为0。但是这里的0并不代表这个资源的好坏，只能表示该资源没有被评级。实际上，这些浏览的信息仍然可以被用来作为推荐给审计人员的依据。例如，如果某个审计人员浏览了某个审计风险评估程序操作指南，系统就可以认为他对某项风险进行了关注，与这个风险相关的案例和审计事项就可以作为待推荐的内容，即使这个审计人员并未参照这个风险评估程序去执行。

（三）基于审计资源内容的推荐

审计资源动态推荐模型主要有两类基本的结构。

一是基于审计资源内容的推荐模型。该类型模型集中关注审计资源的属性。属性之间的相似度通过计算他们之间的属性之间的相似度来确定。

二是审计人员协同过滤推荐模型。该类型模型集中关注审计人员和审计资源之间的关系。审计资源之间的相似度通过对他们进行评价的审计人员的所有评级结果之间的相似度来确定。

1. 审计资源模型

在一个基于审计资源内容的系统中，必须为每个审计资源建立一个模型，即用于代表该项资源重要特征的一条或者多条记录。在多数情况下，审计资源模型由一些很容易发现的特征所构成。例如，考虑审计资源库中的审计报告的如下特征：

（1）审计报告标题。包含审计报告年份、单位名称、报告类型等信息。

（2）审计单位名称和类型。审计人员会关注某个单位的所有审计报告或者关注某类行业的所有审计报告。

（3）审计报告类型。审计人员会关注某种类型的审计报告，如投资审计人员更多地关注竣工决算审计报告、经济责任审计人员更多地关注经济责任审计报告等。

对于审计报告而言，还有一些其他的特征可以使用。比如审计发现的被审计单位违反国家规定的财政收支、财务收支行为和其他重要问题的事实、定性、处理处罚意见以及依据的法律法规和标准；审计发现的移送处理事项的事实和移送处理意见；以往审计决定执行情况和审计建议采纳情况等信息，但这些特征要从审计报告的内容中进行提取，这要求对审计报告中的内容进行拆分，如将“审计查出的主要问题及审计意见”段拆分成不同的部分，拆分成单个的审计问题和建议集，如图 2 所示。

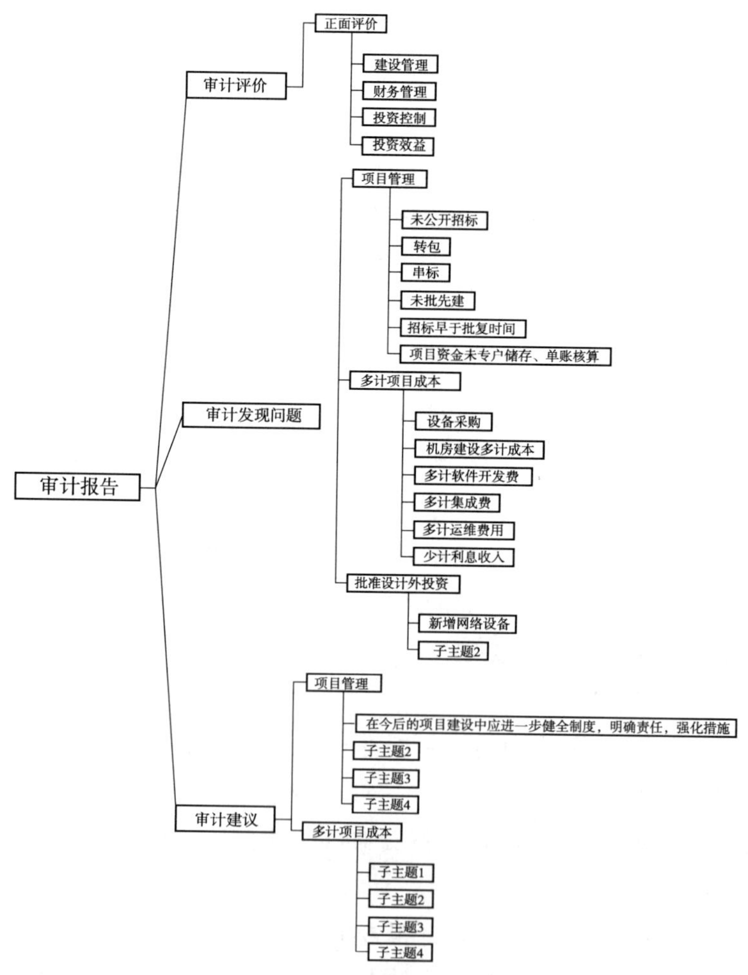

图 2　审计报告特征分类图

对于不同的审计资源类型，要采用不同的特征提取方式，对于结构化的数据，一般提取结构化数据中的核心字段内容作为其特征，半结构化的文档信息可进行初步梳理后筛选出可以结构化的内容，进行特征提取，对于非结构化的内容采用文档特征提取方法；对于非结构化的图像数据采用基于标签的模型特征提取。表3给出了部分可能的审计资源清单，以及其主要特征和采用的特征分类方式。

表3 审计资源特征采集方式表

审计资源对象	审计阶段	特征	结构化特征	文档特征	标签特征
审计报告	调查了解	被审计单位	√		
	调查了解	审计年度	√		
	调查了解	项目类型	√		
	调查了解	审计发现问题		√	
	调查了解	审计建议		√	√
	调查了解	审计评价		√	
	调查了解	……			
审计案例	审计实施	被审单位类型	√		
	审计实施	审计发现问题	√	√	√
	审计实施	审计线索			
	审计实施	……			
风险评估指南	调查了解、审计实施	评估类别	√		
	调查了解、审计实施	操作程序		√	
	调查了解、审计实施	评估表格字段	√		
	调查了解、审计实施	适用单位	√		
	调查了解、审计实施	……			
审计方法	审计实施	行业领域	√		
		被审计单位	√		
		适用范围		√	
		方法描述		√	
		法律法规		√	
		……			

续表

审计资源对象	审计阶段	特　征	结构化特征	文档特征	标签特征
法律法规	调查了解、审计实施、审计报告	法律名称	√		
		发布时间	√		
		出台部门	√		
		到期时间	√		
		法规条文		√	√
		……	……	……	……
行业指标	审计实施	行业名称	√		
		指标类型	√		
		指标描述		√	
提供的材料	审计实施	材料扫描件			√
		……	……	……	……
互联网－新闻	调查了解	标题	√	√	
		涉及单位	√	√	
		涉及人员			
		……	……	……	……
微博	调查了解	标题	√		
		发布人	√		
		相关人	√		
		链接新闻		√	
		微博内容		√	
……		……	……	……	

审计资源在不同的审计阶段的价值是不同，对于外部的一些审计资源如互联网新闻、微博、舆情系统的检测结果一般在调查了解阶段用来对项目的风险进行评估，这个阶段审计人员需要的是全面的、广泛的信息；在审计实施阶段，审计人员需要制订详细的审计步骤，编写审计方法来对可能的问题查深查透，这时需要的是其他审计人员处理类似问题的经验。推荐模型要能满足不同审计阶段的不同需求，这要求对审计资源模型进行分类，根据不同的审计阶段推荐不同的信息。

2. 文档的特征发现

经常会遇到一些非结构化的文档和图像资源，比如从互联网上搜索到的关于某企业的新闻、被审单位提供的会议纪要的扫描件等。这些类型的审计资源的特征取值并不会立即显现。这里集中讨论基于文字的文档特征发现，后面会介绍针对图像的特征发现方法。

每天都有很多新闻和信息发布，但是我们无法一一阅读。新闻网站或者移动新闻 APP 程序中的推荐系统可以推荐给用户可能感兴趣的文章。但是如何才能区分文档的不同主题呢，是审计相关的？还是只是娱乐新闻呢？互联网上有大量的关于审计的文档资源，数据中心中有大量和某种审计业务相关的文档，系统能否推荐给审计人员他想看的网页和文件？

值得一提的是这些文档特征信息并不明显。目前，可行的做法是从文档中找出能够刻画主题的关键词，对审计工作来说，类似违规、招投标、预算、财政等词语是相对合适的主题词。首先，要去掉部分的虚词和介词，即那些与文档主题关系不大的常见词，如“的、这样、可以……”。其次，对于剩余的词，则采用一种计算中文词语在中文文档中重要性的 TF. IDF 法[1]（词项频率、逆向文档频率），计算他们在文档中的 TF. IDF 值，那些具有最高得分的词作为文档的关键特征。具体的计算方法不在这里论述，目前有很多工具和程序可以协助计算，实际上在设计审计资源推荐和共享系统时可直接应用目前已有的模块和应用来完成。

通过上述过程可以将得分 TF. IDF 得分超过一定的阈值的词语集作为文档的特征集。这样可以将所有的审计资源文档表示成词语的集合。我们期望这些词语能表达这项审计文档资源的主题或者主要思想。例如在一篇调查某公司财务丑闻的新闻报道中，我们期望 TF. IDF 最高的分词为文章中讨论的公司、人名、所描述事件的独特属性（如舞弊、贪污等）和事件发生的地点的报告信息。图 3 展示了某单位审计信息化资料的部分文档特征一个实例：

在审计资源文档特征提取后的基础上，可以利用一些计算特征值距离的方法来找出相似的文章和信息。通常采用的计算方法包括：文档词集之间的 Jaccard 距离和向量的集合之间的余弦距离[2]。文档特征的发现技术对于利用已存放在数据中心中的非结构化文字数据具有重要意义，也是审计资源推荐所依赖的审计资源效用矩阵初始化的重要环节。

3. 基于标签的特征获取

本节主要说明那些文本图像（以图片形式存储的文件，一般多为扫描件）的特征获取方法。图像的问题在于他们的数据通常由像素组成，这些数

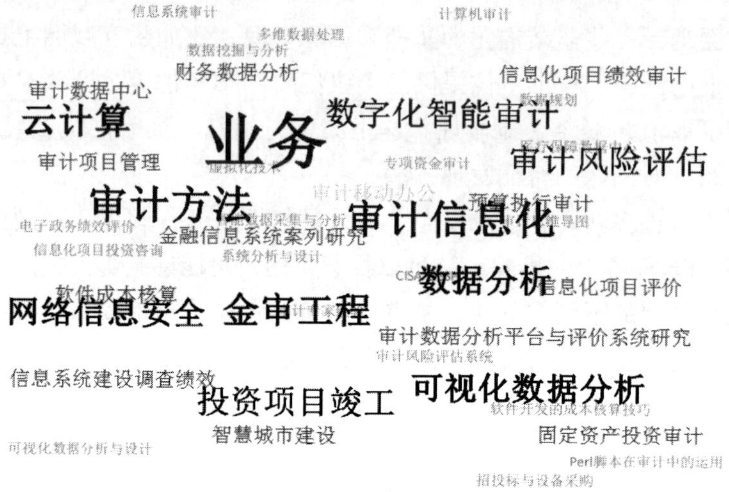

图 3　基于文档特征发现的某信息化材料特征

据无法给出任何有用的特征信息，需要额外的信息来对图像的特征进行识别，这些额外信息指的就是图像的标签。审计资源信息对象在采集过程中需要系统提供功能邀请审计人员采用短语或词语对图像资源进行标记。

实际上几乎所有的审计资源对象都使用可以基于标签的特征发现。上述提到的结构化的审计资源对象和非结构化的审计资源对象都可以采用“手动 + 自动”自动标记的方法，然后进行标签集合的相似性计算，推荐给审计人员那些含相同标签的审计资源对象给他。这种“手动 + 自动”标记方法中的人工标记指的审计人员可以在浏览任何审计资源的时候根据需要将这些资源进行标记，自动标记指的是审计人员在使用到某项审计资源时，系统会根据这项资源使用的目的及审计项目的阶段状态等信息自动对这项资源进行标记。例如，审计人员浏览了某个建设项目违规分包和转包审计的案例，审计人员可以在浏览后将对这篇文章标记为“违规分包和转包”“建设项目”“地铁”等；或者系统在了解到该审计人员正在进行一项地铁投资项目的竣工决算审计项目，系统会自动将该项审计资源标记为“地铁”“投资项目”。进一步来讲，若当前审计人员已经分配了审计事项（审查是否存在违规分包和转包），而其审计事项又处在正在执行的状态，那么系统又可根据这些信息增加标记“违规分包和转包”，以此类推。值得一提的是，上述的人工标记方法过程的问题在于，只有审计人员愿意不厌其烦地构造标签时，上述过程才有效，并且标签的数量也要足够大以保证偶然的错误标签不会对系统造成太大的影响。

有了这些标记，审计资源推荐模型就可以使用这些标签，如果发现某个审计人员使用了包含某个标记的标签集合的审计资源对象，就可以将其他包含同样标签的审计资源推荐给他。

4. 审计资源模型的表示

基于审计资源内容的推荐中，最终的目标是构建由“审计资源特征 - 值”对构成的审计资源项模型，并基于审计资源效用矩阵的每一行构建反应审计人员的偏好或者亟须程度的模型。这里使用 0 和 1 的向量来进行表示某个审计资源，1 表示某个 TD. IDF 得分的词语在文档中出现或则某篇文章存在某个词语的标签。由于文档中的特征词都是中文词语，采用这种方式来表示模型相对简单。将其扩展开来可以表示任何离散的特征集合。例如，竣工决算审计报告中的一个特征是项目管理问题集合，假设对每种类型问题都有一个元素，一旦该问题在此报告中出现则对应的元素设置为 1，否则为 0。例如表 4。

表 4　审计资源（审计报告）模型表示

审计报告	未公开招标	串标	违规分包	转包	资质问题	…
P1	1	0	1	1	0	
P2	0	1	1	0	1	
P3	1	1	0	0	1	

上表反映了对三篇竣工决算审计报告中项目管理类问题的模型向量，分别对应的三个向量 P1（1，0，1，1，0）、P2（0，1，1，0，1）、P3（1，1，0，0，1）。

有一类型的特征不太容易通过 0、1 向量的方式来表示。例如，使用之前提到的审计人员对此报告的平均评级分值作为一个特征时，这个数值特征用绝对数值（如 8 分、4 分等）来表示，但是如果将这个平均值作为一个元素并不一定有意义，并且这样做会导致数字中隐含的结构信息丢失，也就是说，两个相似但不相等的评分结果会比差距大的评分之间的相似度更高。数值特征的可以在审计资源对象的向量中通过单个分量来表示。这些分量重存放的是特征的真实值，同一个向量中的某些元素是布尔值（0，1），有些是整数或者实际数值。这一点并没有什么问题，反而可以增加一定的灵活性。具体来讲，仍然可以计算向量之间的自然距离（这里使用余弦距离），只是在计算中要考虑到对这些绝对数值特征进行适当的缩放变换[3]，从而使它们既不完全主导计算过程也不完全无关。接着上一个例子来讲，比较两篇审计报告 P1 和 P2 的项目管理类审计问题资源特征表示：

表 5　包含评级信息的审计资源模型

审计报告	未批先建	串标	违规分包	转包	资质	评分
P1	1	0	1	1	1	5α
P2	0	1	1	0	1	4α

上述向量的最后一维给出的是此报告的平均评级得分，这里使用了一个未知的缩放因子 α。在此基础上计算向量的夹角余弦。向量的内积为（1，0，1，1，0，5α）*（0，1，1，0，1，4α）$=2+20\alpha^2$，而两个向量的大小分别为$\sqrt{4+25\alpha^2}$和$\sqrt{3+16\alpha^2}$，因此上两个向量的夹角余弦为

$$\frac{2+20\alpha^2}{\sqrt{12+139\alpha^2+400\alpha^4}}$$

缩放因子 α 不同取值时的夹角余弦不同，如表 6 所示。

表 6　不同缩放因子的相似度

缩放因子 α	P1，P2 的夹角余弦	备　注
0. 5	0. 826	1/2 的缩放因子
1	0. 937	直接取值平均分的真实值
2	0. 982	2 倍缩放因子

虽然看起来夹角余弦随着因子的增大而增大，但实际上无法确定到底哪一个 α 取值是最合适的，但是可以看到数值特征缩放因子的取值会影响最后关于审计资源内容相似度的确定。

5. 审计人员模型

目前已经为审计资源对象建立了模型，下一步工作是建立审计人员的模型，将审计人员的属性和偏好表示为同一空间下的向量。之前提到过在审计资源效用矩阵中的那些非空元素可以代表审计人员曾利用过这些资源，也可以表示审计人员对某项资源的评分或者亟须程度的任意数字。

要预测审计人员亟须那些信息或者偏好哪些信息，可以采用的方法是对这些资源的模型进行累计。如果效用矩阵仅包含 1，那么最自然的方式的累计方式就是在审计资源效用矩阵为 1 的所有向量求平均值。例如使用之前提

到的审计报告集，通过审计报告中的审计发现的问题类别构成布尔向量来表示，如果用户看过某篇审计报告，则效用矩阵对应的元素为1，否则为空白，审计人员－审计报告效用矩阵如表7所示。

表7 审计资源（审计报告）效用矩阵

	P1	P2	P3	P4	P5	P6	P7－pN
张三	1		1	1	1		…
李四	1			1	1		…
王五		1		1	1	1	…
刘六		1	1		1	1	…
赵七		1		1			…
徐八		1		1	1	3	…
丁九	1			1			…

结合审计资源的模型表示，如果某审计人员张三看过的25%的审计报告中包含违规分包和转包，那么该审计人员的模型中对违规分包和转包的对应量分别为0. 25，审计人员对应的审计报告模型分量如表8所示。

表8 审计人员对应的审计资源（审计报告）模型

	未批先建	串标	违规分包	转包	资质	其他
张三	0. 1	0. 1	0. 25	0. 1	0. 1	…
李四				0. 13	0. 25	…
王五		0. 29	0. 25	0. 12	0. 31	…
刘六	0. 1				0. 11	…
赵七	0. 25	0. 23		0. 04	0. 07	…
徐八		0. 18			0. 1	…
丁九	0. 12		0. 04		0. 25	…

另外一种情况，如果审计资源效用矩阵中的元素不是布尔值，而是评分的绝对数值，那么可以通过效用值计算资源表示向量的权重。通过减去审计人员的平均分来对效用值归一化是有效的方法，这种方法对于低于平均分的资源项会得到一个负权重，而高于平均分的项会有一个正权重。例如考虑审计报告的信息，但假设资源效用矩阵中的非空元素是1～10之间的评分，如表9所示。

表 9 审计人员对审计报告的评分效用矩阵

	P1	P2	P3	P4	P5	P6	P7 ~ pN
张三	9		8	7	4	2	…
李四	6	2		8	2		…
王五		5		9	7	2	…
刘六		4	1		7	1	…
赵七		4		9	4		…
徐八		4		7	4	1	…
丁九	7	3		7			…

假设张三对审计报告的平均得分为 6 分。在其中的三篇报告中出现了违规分包转包的问题，且这几篇报告的评分为 9 分、8 分、7 分。于是在审计人员的模型中，违规分包转包对应的分量应为 3、2、1，平均值 2。

6. 审计资源项的推荐算法

在审计资源项模型和审计人员向量模型的基础上，可以通过计算这两个向量的距离来估计审计人员偏好某种资源或者亟须某种资源的程度。

另一个完全不同的使用审计资源模型和审计资源效用矩阵的方法是将资源推荐看成一个机器学习的问题，可以将给定的审计资源数据看成训练集，然后对每个审计人员建立一个分类器来预测它对所有审计资源的评分，各种不同的分类器数目很多，例如贝叶斯分类器、决策树分类器、支持向量机分类器[4]。这里不是本文讨论的重点，只提醒系统在实际设计过程中要意识到推荐模型的分类器有多重选项，如果要在审计资源共享的动态推荐模型中使用分类器的话，要关注在系统设计过程中留有支持多种分类器的接口。

（四）审计人员协同过滤系统

审计人员协同过滤系统是和基于审计资源内容推荐显著不同的方法。与使用资源特征来确定审计资源的相似度不同，该方法集中关注不同审计人员评分之间的相似度，而是将审计资源的模型向量替代为在审计资源效用矩阵中的列。此外，不再设法为审计人员建立模型向量，取而代之利用审计人员在效用矩阵中的行来进行表示。如果按照某种距离计算方法（Jaccard 距离或者余弦距离[2]）得到两个用户的向量相似度较大，那么用户之间很相似，那么在对审计人员 A 进行推荐时，可以考察与之最相似的审计人员，并将这些人员的关注和偏好的资源推荐给审计人员 A。一般来讲，识别相似的用户然后给予相似用户进行推荐的过程叫作协同过滤。

实际上在目前以审计业务处为划分的职能型组织结构中，每个业务处内的同时关注和偏好同一领域的审计资源是比较常见的，因此在简化设计的情况下，可以利用审计人员的部门信息来确定审计人员的相似度，基本上可以认定同一部门的审计人员的相似度较高，而可以减少对审计人员相似度的计算。表 10 展示了一个协同过滤推荐的例子。

表 10 附有额外部门信息的审计人员审计报告效用矩阵

部门	审计人员	P1	P2	P3	P4	P5	P6 ~ pN
投资处	张三		8	7	4	2	…
金融处	李四	2		8	2		…
社保处	王五	5		9	7	2	…
投资处	刘六	9	7	6	5	1	…
环保处	赵七	4		9	4		…
外资处	徐八	4		7	4	1	…
财政处	丁九	1		2	9	9	…

观察张三和刘六，当问到 P1 报告是否对张三有用时，在具有审计人员部门信息时，可直接推荐 P1 给张三，因为刘六和张三都是投资处的成员，刘六评价高的报告，可直接推荐给部门中其他成员；当不具备部门信息时，如果直接采用自然距离计算（Jaccard 和余弦距离计算[2]）张三、刘六、丁九之间的相似度，结果表明张三和丁九更相似，其结果和直观结论不一致，这种情况下要求对评分进行归一化处理，即将每个评分减去每个审计人员的平均分值，将低分值转换为负数，而高评分转换为正数，然后在此计算夹角余弦。例如表 11 就展示了这种计算方法。

表 11 归一化处理后的效用矩阵

审计人员	P1	P2	P3	P4	P5	P6 ~ pN
张三		2. 75	1. 75	-1. 25	-3. 25	…
李四	-2. 00		4. 00	-2. 00		…
王五	-0. 75	-5. 75	3. 25	1. 25	-3. 75	…
刘六	3. 40	1. 40	0. 40	-0. 60	-4. 60	…
赵七	-1. 67		3. 33	-1. 67		…
徐八	0. 00		3. 00	0. 00	-3. 00	…
丁九	-4. 25		-3. 25	3. 75	3. 75	…

计算夹角余弦的结果表明，张三和刘六的相似性最高。这样的结论具有直观的意义，张三和刘六对于某类型的报告评分观点基本一致，而和丁九在这些报告的评分上差异较大。

（五）基于动态推荐模型的架构设计

在完成了上述的模型构建之后就是设计实现系统的问题了，本文给出了一个可扩展的基于动态推荐模型的审计资源共享系统框架，其结构如图 4 所示。

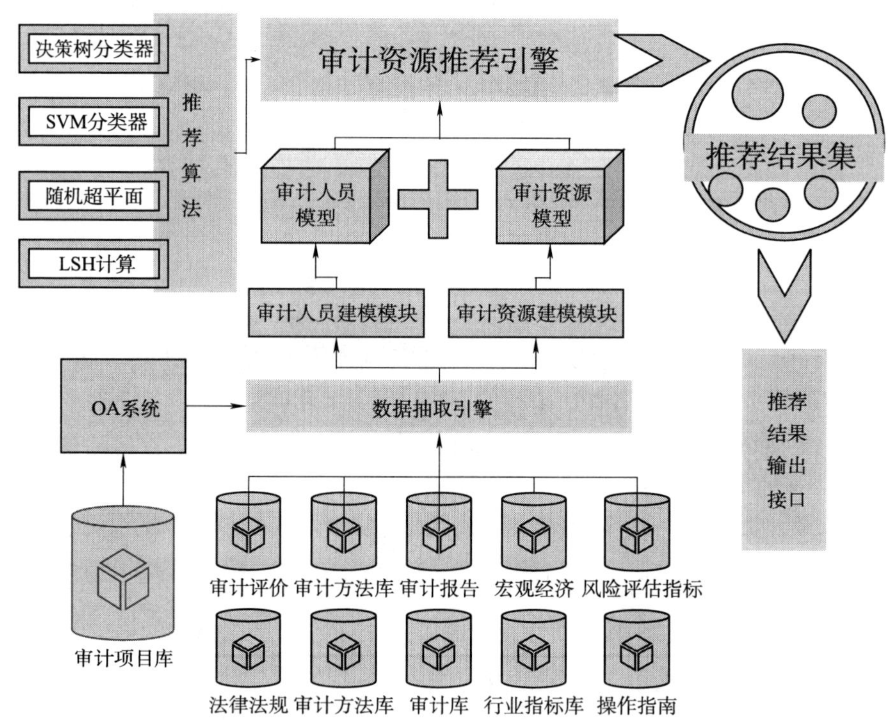

图 4　基于动态推荐模型的资源共享系统架构设计图

三、在审计信息化工作中的应用

（一）审计思维导图

审计思维导图借助了思维导图的概念，其目的是充分利用审计信息化积累的审计内部资源（审计事项、审计底稿、审计报告、审计案例、审计方法、整改报告、审计方法等）和外部资源（行业指标、当前热点、法律法规），按照审计人员的使用习惯将审计项目管理、过程管理中的具体要求以及审计实施过程中的经验、方法、知识进行图形化的分类、整理、关联和展示，如图5所示。

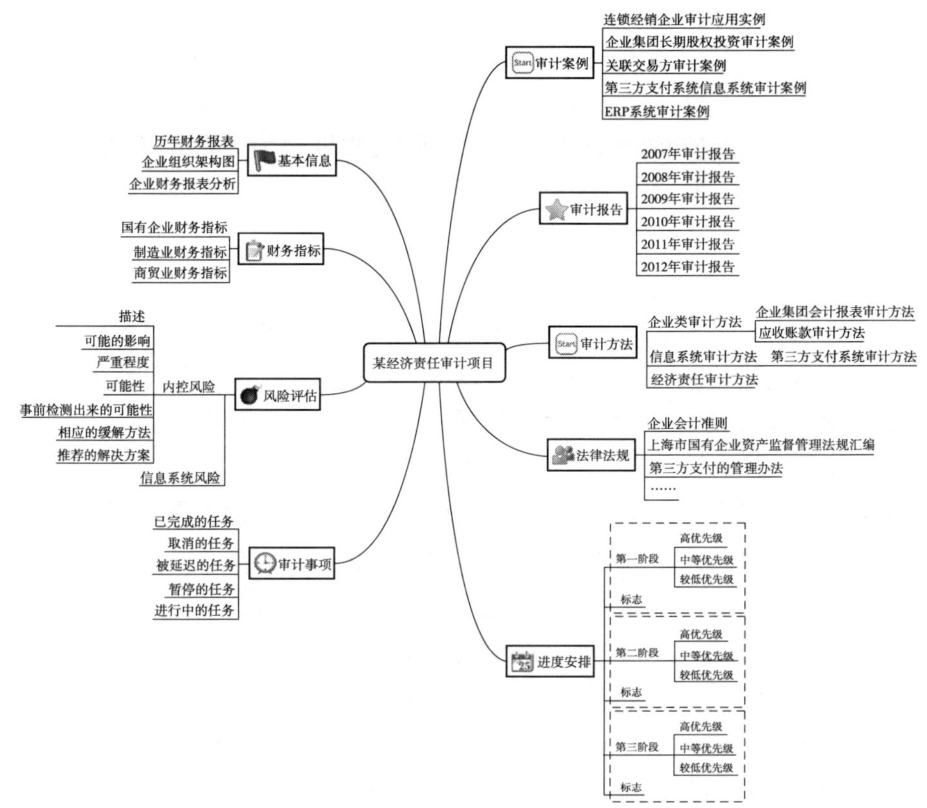

图5 审计思维导图

基于动态推荐模型的审计资源共享模式可以作为支撑思维导图的一类数据源，提供一种智能化的、自动化的、网络化的思维导图建模。思维导图工具可利用推荐模型中的输出将这些审计资源加入每个人审计人员的审计资源树中，方便审计人员查看和学习。在这种学习和共享模式下，每个审计人员的审计过程、参考资料、审计方法都可以很快地被其他审计人员知晓和学习，形成一种高效的团队学习和共享方式。

（二）模拟审计实验室

模拟审计实验室是金审工程建设的一部分内容，包括以下五项功能：学习专家经验、学习审计程序、学习审计方法、专题模型回放、实战演练。

基于推荐模型的审计资源共享模式可以部署在模拟审计实验室中用以对系统推荐效果进行检验，并使用模拟审计实验室中记录的过程数据来加强对审计资源的推荐准确度。具体来讲，为了更加有效地学习专家经验，进入审计实验室的审计人员首先输入个人的基本信息和需要进行模拟的审计项目，基于推荐模型的共享系统首先为其推荐合适的经验、程序和方法等资源，在模拟审计实施过程中要求参与模拟审计的人员对推荐的资源进行评级或评分，同时参与模拟审计项目的人员所创建的新方法、经验等资源，可以在项目进行时共享给其他参与项目的人员，这种过程进一步培养了审计人员之间的团队协作和共享意识。

四、结束语

本文提出了一种基于动态推荐模型的审计共享模式，这种共享模式依靠审计人员在审计过程中的不同审计行为或者审计人员对不同审计资源的评级水平来预测其他审计人员对该项审计资源的偏好和亟须程度，以一种自动化的方式共享审计资源，具有一定的创新性。尤其是在当前各级审计机关正在按照金审工程的要求加快建设审计数据中心、交换中心的大形势下，本文的研究是对审计数据资源利用和共享模式的一次有意义探索。

参考文献

[1] Salton, G. and Buckley, C. 1988 Term – weighting Approaches In Automatic Text Retrieval. Information Processing & Management 24 (5): 513 – 523.

[2] P. N. Tan, M. Steinbach & V. Kumar, "Introduction to Data Mining", Addison – Wesley (2005), ISBN 0 – 321 – 32136 – 7, Chapter 8; Page 500.

[3] 徐沛娟，李雄飞，惠玥．中文文本分类相关算法的研究与实现［J］．吉林大学学报（理学版），2009（4）．

[4] 刘红岩，陈剑，陈国青．数据挖掘中的数据分类算法综述［J］．清华大学学报（自然科学版），2002，42（6）．

铁路桩基无损检测方法的审计实践研究

审计署武汉特派办　顾　嘉

【摘要】 铁路工程作为重大的投资项目，事关国计民生，工程项目是否按照设计要求施工、是否存在偷工减料问题也历来是审计关注的重点。在某铁路项目审计过程中，审计人员创新运用无损检测和信息化处理分析方法辅助审计工作，为揭示施工单位未按设计要求施工、偷工减料等一系列问题提供了积极帮助，大大提高了审计效率和效果。

一、无损检测技术相关内容概述

（一）无损检测技术的含义

无损检测技术即非破坏性检测，就是在不破坏待测物质原来的状态、化学性质等前提下，利用物质的声、光、磁和电等特性，使用相关设备检测被检对象中是否存在缺陷或不均匀性，给出缺陷大小、位置、性质和数量等信息，进而判定被检对象所处状态（如合格与否、剩余寿命等）的检查方法。

（二）无损检测特点

与破坏性检测相比，无损检测具有以下显著特点：第一，具有非破坏性，也就是说在检测时不会损害被检测对象的使用性能，不具有物理上的破坏性；第二，具有全面性，由于检测是非破坏性，因此必要时可对被检测对象进行100%的全面检测，这是破坏性检测难以做到的；第三，具有全程性，破坏性检测一般只适用于对原材料进行检测，对于产成品和在用品，除非不准备让其继续服役，否则一般不进行破坏性检测。正是由于无损检测这些特性，不仅可对原材料，各中间工艺环节和最终产成品进行全程检测，也可对服役中的设备物品进行检测。

（三）无损检测的主要方法

目前无损检测方法门类繁多，除了超声检测、射线检测、磁粉检测、渗透检验、涡流检测等常规的检测方法外，还包括诸如声发射、红外检测、泄漏试验、微波检测和激光全息检测等其他无损检测技术方法。在张俊哲先生编著的《无损检测技术及其应用》（第二版）一书中，介绍的无损检测技术内容就包括渗透、磁粉、录磁和漏磁、磁记忆、电位、涡流、X 射线、γ 射线、高能射线、X 射线成像检测与工业 CT、中子照相、声阻、超声、非线性超声和相控阵超声、超声衍射时差法、声发射检测、激光全息摄影等几十种无损检测技术，涉及的领域极为广泛。

不同的无损检测方法，其应用的领域也不尽相同，检测方法的选取需同检测对象、检测内容以及期望实现的目标紧密结合。比如超声检测可应用于对金属板材、管材和棒材，铸件、锻件和焊缝以及桥梁、房屋建筑等混凝土构建的检测；射线检测主要用于机械兵器、造船、电子、航空航天、石油化工等领域中的铸件、焊缝等的检测；磁粉检测可应用于金属铸件、锻件和焊缝的检测；声发射检测主要应用于锅炉、压力容器、焊缝等试件中的裂纹检测以及隧道、涵洞、桥梁、大坝、边坡、房屋建筑等的在役检（监）测。

二、无损检测技术同审计实践的联系

（一）无损检测方法的适用性

工程质量历来是工程基建项目审计关注的重点内容之一。在审计实践中，工程质量和财务收支都是必须关注的内容，但由于工程建设活动同财务活动的性质不同，其特点也有差异，两者存在互为补充的关系。通常情况下，财务收支往往反映资金活动，但难以反映真实工程物资使用状态和质量，财务资金流的形成同工程量的形成并非完全保持一致，因此只有通过工程和财务互相结合来观察项目建设情况才是完整的，否则就会产生一定的局限性，加大审计风险。举个例子，比如建设一栋房屋，通过财务收支审计或造价审计，或许能够获取总的工程量和费用支出金额，但往往难以反映房屋的建造质量，尤其当审计过程中面对大量已完工的工程甚至是隐蔽工程时，如果单从财务收支方面分析，发现质量方面的问题并不容易，尤其审计往往会面对大量虚假的财务资料和工程施工资料，突破比较困难，在这种情况下，利用无损检测等工程技术手段来揭示工程质量情况就成为一个有效选择。

无损检测方法的运用，是审计思维逆向性的体现，不失为一种辅助查核问题的行之有效的手段。通过对比项目设计和施工标准，直接获得工程质量方面的结论性数据，快速揭露工程质量问题，进而亦可倒推反映项目管理和财务收支方面的问题甚至是重大违法违规线索。利用这种方法，一方面，可以为审计组提供直接的突破点，揭露工程质量问题，根据检测揭露的问题，也可以反向追溯相关的工程施工及财务收支情况，做到有的放矢，提高审计的效率和效果；另一方面，无损检测方法往往不会破坏工程现场，不会影响项目进度，也能够减少被审单位抵触情绪，使审计工作开展更加顺利。

（二）开展无损检测需要关注的重点

无损检测方法在使用时也有很多的注意点，考验审计组的现场组织和管理能力，通常关注的重点内容有以下内容。

1. 注意检测目标的选择

对于检测目标的选择必须要慎重。检测标的的选择同审计成果的体现具有很强的关联性，目标是否科学选择甚至决定了检测的最终成败。审计组需要事先实现经过充分研究分析，同项目设计施工图相结合，选择容易发生问题的路段或是部位开展检测，检测选择往往选取难以直观发现的部位（比如隐蔽工程），这样容易提高成功率。

同时，如何选择目标可以考虑借鉴相关领域专家的建议，科学地选择检测目标；应高度重视被审单位的态度，对于被审单位极力推荐检测的目标反而应尽量回避。

2. 无损检测要考虑经济性

当前审计机关基本不具备专业的无损检测设备和人员，因此多数情况下需聘请外部技术力量和人员来实现检测工作。由于无损检测属于高技术，利用专业机构或人员的设备和技术支持的过程是有偿的，有些检测的费用较为昂贵，因此审计组需要充分考虑检测的涉及范围和次数，做到一方面能够节约成本，另一方面又能提高检测的成功率。

3. 检测技术及队伍的选择

一方面，要选择适当的检测技术。由于部分无损检测方法对实地检测现场的布置、仪器的调试和数据采集分析提出较高要求，不恰当的测试布置方法和数据分析手段也会给检测带来一定误差，因此在技术选择上，要结合项目实地的情况选择合适的方法，关注技术和设备是否先进，防止出现因设备技术水平不足影响检测成果的问题。

另一方面，要选择业务素质和政治素质均过硬的队伍。审计组应选择具备相应检测资质且在业内口碑较好、诚信度高的单位进行检测，适当了解检测单位或人员同被审单位是否存在密切的业务往来关系，建立相应的聘用合同关系，约束双方的权利义务，确保检测工作顺利开展。

4. 注重加强全程的监督管理

审计组应当进行全程监督和管理。开展检测的全过程应当进行统筹考虑，不仅要注重检测现场的布置，还要尽量避免被审单位对检测单位造成不必要的干扰；对于检测安排和专业人员信息要尽可能做到保密，防止后期带来麻烦；要密切注意对检测结果和报告的跟踪，对于出现的异常情况应当高度重视，防止被审单位同检测单位事后进行特殊的“沟通”，影响检测结果的真实可靠性。

下文简要介绍几种无损检测方法在某铁路桩基检测中的实践运用情况。

三、项目背景及具体检测方法介绍

（一）项目背景

在某高速铁路审计项目实施过程中，审计组重点关注铁路的施工质量和材料使用情况，并对铁路路基中的水泥桩是否按照设计的深度和密度进行施工、是否存在偷工减料等问题开展调查。审计组为了摸清施工质量问题，同样采取多种手段进行核查，一方面及时进行工程量及财务收支核算，另一方面查阅各类现场施工资料和监理资料。经过调查，审计初步判断施工单位存在工程资料不完整、财务数据不真实的情况，但短时间从财务收支和工程量核算上难以发现工程量清单和设计标准间的明显差异，偷工减料等问题不易反映。

为了更好地取得证据，审计人员拟开展实地现场的查验。审计组认真分析了工程建设情况后发现：抽查的路段大部分因地质原因，需要通过浇筑旋喷桩、粉喷桩和搅拌桩等技术手段来稳固路基，且当时路基已经基本成型，桩群上层也已覆盖了砂石料及土层，路面经过了压实和一定的沉降处理，路面下的各种桩基已然成了隐蔽工程，审计人员无法直接进行观察和取样。

面对这类隐蔽工程，是否能取得直接的证据是审计组面临的最直接困难，也就是要落实在检测方法的选择上。若采取现场开挖、取样检测的方法，虽然效果直接，但易使路基受到破坏且影响工程建设进度，而且从统计学角度看，抽样检测也存在局部抽样能否客观反映整体分布的风险。若能运用其他手段进行无损查验，则是较为理想的手段。

通过分析研究，审计组创新方法，决定结合信息技术的运用并辅以第三方机构的设备和力量，运用地质雷达法及地震波法等无损检测方法进行综合检测，以此作为验证桩基深度及分布的一项重要辅助手段。

（二）主要操作步骤

为了顺利完成检测，审计组精心准备，通过查看图纸、现场查看、专家建议等方式，反复研究并确定最终方案后开展无损检测，其主要的流程步骤参见图1。

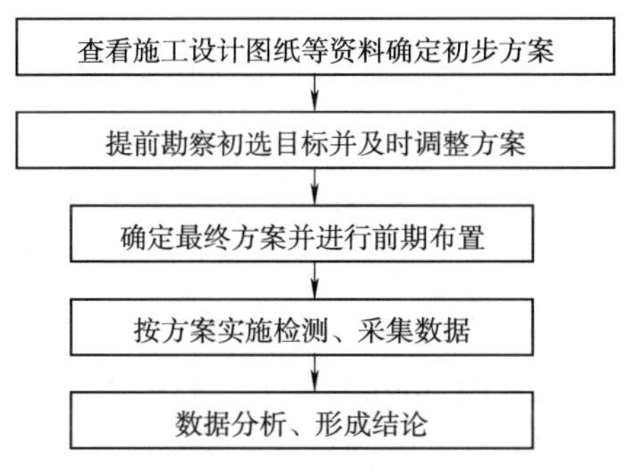

图1　主要流程图

步骤一，查看施工设计图纸等工程资料定初步方案。审计人员需要了解项目设计和施工情况，通常可咨询或聘请专业人员，对施工设计图纸进行分析，并翻阅相关技术文件，确定初选目标和地点。此案例中，审计人员便在专家指导下，初步对路基下的粉喷桩、旋喷桩等水泥桩基进行分析，结合路基实际建设状况，按照设计深度和分布特点，初步确定较为合适的检测路段和方法。

步骤二，提前勘察初选目标并及时调整方案。检测前，需要通过实地查勘，确认现场的状况是否适合检测，并结合实际地质条件对原方案进行必要调整甚至重新选择地点，结合前期了解的该地区工程施工实际状况（如路面桩基实际的施工深度、分布等），由专家最终确定使用的技术方法和仪器。在该案例实践中，专家为保证质量，综合采用了地质雷达检测和地震波检测相结合的技术方法。

步骤三，确定最终方案并准备前期布置。通过勘察和分析，审计组研究检测的最终方案，包括检测时间、地点、技术手段、审计人员和专业检测人员分工、被审单位现场参与和沟通等事项，并准备进场实施检测。

步骤四，按照方案进行现场检测。现场检测中，审计人员按照制订的方案要求实施，并由专业人员按照仪器特点和地质情况进行布线和实施，由专业仪器采集数据。数据采集完成后进行现场保存。

步骤五，数据分析并形成结论过程。现场采集的数据由专业人员带回实验室后，通过专业软件进行分析并得出结论，出具专业的检测报告。

（三）地质雷达检测方法简介

1. 检测原理

地质雷达是由发射天线、接收天线、信号接收系统和处理系统组成。发射天线向目标物体内发射高频电磁波，当电磁波到达检测体中两种不同介质分界面时（如衬砌界面、空洞、不密实区、钢结构物等），由于上下介质的介电常数不同而使电磁波发生发射和折射，且入射波、反射波和折射波的传播规律遵循反射定律和折射定律。反射回地面的电磁波由接收天线所接收并传送到主机放大和初步处理，最后信号存储在计算机中，作为采集的原始数据。在室内把采集的原始数据通过专业分析软件处理，得到雷达时间剖面图，通过波速校正，可以转换为深度剖面。图谱再经滤波等处理，可使不同层面清晰地反映出来，同时根据波形特征分析存在的缺陷和目标物的类型，其原理见图 2。

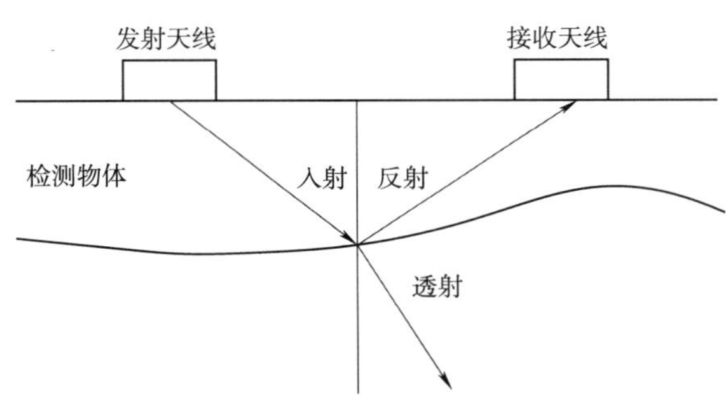

图 2　地质雷达检测原理示意图

2. 检测布置

此次审计组运用地质雷达检测了 2 个区段，分别标记为 1 号地段和 2 号地段，并安排好测线，每一组测线能够形成一组检测数据，以此来反映该测线附近的桩群分布情况。

（1）仪器设备及参数设置。本实例中采用瑞典制造的 RAMAC 型地质雷达，该仪器具有采集速度快、分辨率高、抗干扰性强等特点。

（2）数据信息化处理及解释。据专家介绍，此次雷达采集的数据采用

“REFLEXW”软件进行处理，处理流程为：数据输入→文件编辑→去直流漂移→带通滤波→自动增益调节→时深转换→图形编辑→注释→输出雷达剖面。

雷达资料的地质解释步骤分为反射层拾取和时间剖面的解释。反射层拾取，即根据勘探孔与雷达图像的对比分析，建立各种地层的反射波组特征，而识别反射波组的标志为同相性、相似性与波形特征等；时间剖面的解释，即在充分掌握区域地质资料、了解测区所处地质结构背景的基础上，研究重要波组的特征及相互关系，掌握重要波组的地质结构特征，其中要重点研究特征波的同相轴变化趋势。同时还应分析时间剖面上的常见特殊波（如绕射波和断面波等），解释同相轴不连续带的原因等。

（3）测线的布置。由于地质雷达能够对雷达经过的位置下方断面情况进行反映，因此测线的布置是一个重点。此次审计中运用地质雷达检测的目的，并不是单纯去探测了解地下未知的地质情况，其实际目的是去证明地下桩基分布的真实准确性，是在有参照的前提下进行的带有验证性的检测活动。

每条测线即是地质雷达移动探测的路径，因此在测线布置过程中，审计组按照专家建议，只要有桩基的区域，尽可能全覆盖，包括路基两侧护坡区域。

审计查看施工设计方案后，了解到探查路面区域的桩基是按照等边三角形连续排列的，因此在确定方案过程中，首先在施工单位的配合下，对照施工图等资料，选择有桩基的位置，并在垂直该桩基上方的路面确定雷达移动路径，同时记录下该桩基的设计深度，以便同后期检测数据进行分析对比。为了提高准确性，防止测线下方并无桩基，需要多安排测线进行探查。

最终，审计组在1号地段布置了6条测线，测线号为L1－1～6，测线布置如图3所示。在2号地段布置了11条测线，测线号为L2－1～11，测线布置如图4所示。测线上箭头代表测线方向。每条测线都能够最终形成相应的垂直路面的地质剖面图。

（四）地震波检测简介

1. 检测原理

地震波勘探是检测和记录人工地震在选定时间、地点的反射与折射能量，并对记录的数据处理和反演，推断地下地质层的边界、形状以及地下物质的属性，是一种最有效的近代地球物理勘探方法，广泛应用于水利、电

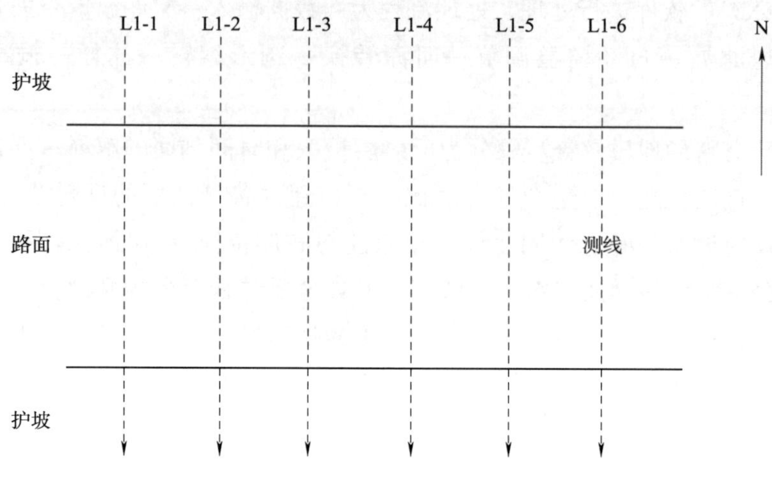

图 3　一号段测线布置示意图

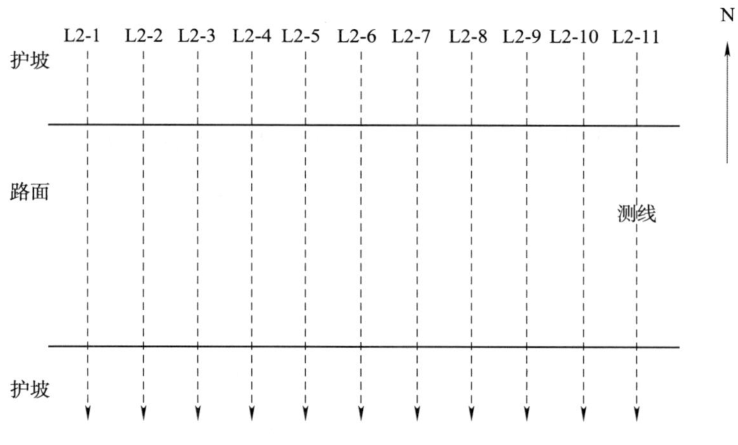

图 4　二号段测线布置示意图

力、铁路、桥梁、城建、交通等工程地质勘探领域，也适用于石油、煤田、铀矿及地下水等资源勘探领域。

地震勘探野外数据采集系统由地震仪、震源、检波器和电缆组成。由震源激发产生地震波，当地震波在地下发生反射和折射，反射回地面的地震波由检波器接收并通过电缆传送到主机放大和初步处理，最后信号存储在计算机中，成为野外采集的原始数据。在室内把采集的原始数据通过专业分析软件处理，得到地震解释剖面图，以此反映出地下分界面的位置。图 5、图 6 为地震法检测原理示意图。

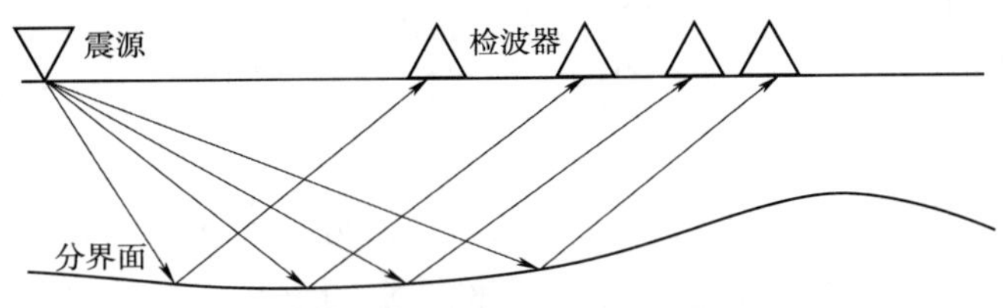

图5　检测原理示意图1

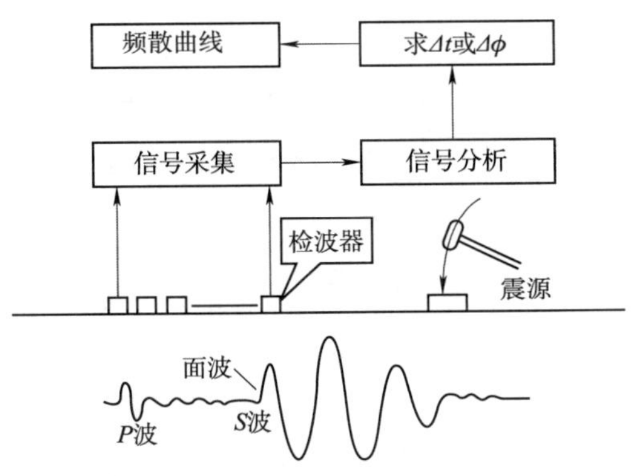

图6　检测原理示意图2

2. 检测布置

此次地震波检测涉及2个区段，分别标记为1号地段和2号地段，并安排好测线位置，每一条测线能够形成一组剖面检测数据来反映该测线下的桩群分布情况。

（1）仪器设备及参数设置。据了解，本次地震波检测的设备采用的是美国Seistronix公司RAS－24数字地震仪，该仪器为24道、高分辨率、信号增强型地震仪，用于浅层折射和反射勘探。

检测单位给出的参数设置如下：Lin1－Lin2，偏移距4m，道间距0.5m，24道接收，单边放炮，采样率为1ms，记录长度为4s. Lin3－Lin8，偏移距4m，道间距0.5m，24道接收，双边放炮，采样率为1ms，记录长度为3s。

（2）数据信息化处理。地震采集的数据使用某大学教授开发的地震波解释处理软件，处理流程为：炮参数设置（文件）→数据格式转换（预处理）→显示炮集记录（显示）→道间均衡（预处理）→废道处理（预处理）→道内均衡（预处理）→频谱分析（预处理）→数字滤波（预处理）→二维谱分析及滤波（预处理）→多炮文件另存为（文件）→抽道集（处理）→求速度参数（处理）→动校正（处理）→水平叠加（处理）→显示水平叠加剖面（显示）。

（3）测线布置。地震波检测中，同样需要确定测线安排，也就是各个地震波信号接收仪器的位置安排，其思路同采用地质雷达探测基本是一致的，也事先需要确定检测仪器下放对应的桩基设计分布情况。一般来说，测线走向应为直线，也就是数字地震仪的各个检波器应当分布在直线上。考虑到检测的覆盖面，在测线走向选择上，审计组考虑了横向和纵向两种不同走向进行检测。

最终，审计组在 1 号地段布置了 2 条测线，测线号为 L1 ~ L2，纵向垂直路面进行检测，测线布置如图 7 所示。在 2 号地段布置了 6 条测线，测线号为 L3 ~ L8，同路面走向平行，测线布置如图 8 所示。测线上箭头代表测线方向。

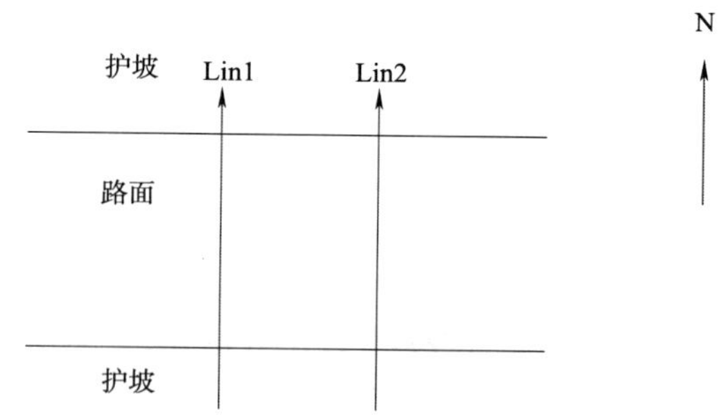

图 7　一号段测线布置示意图

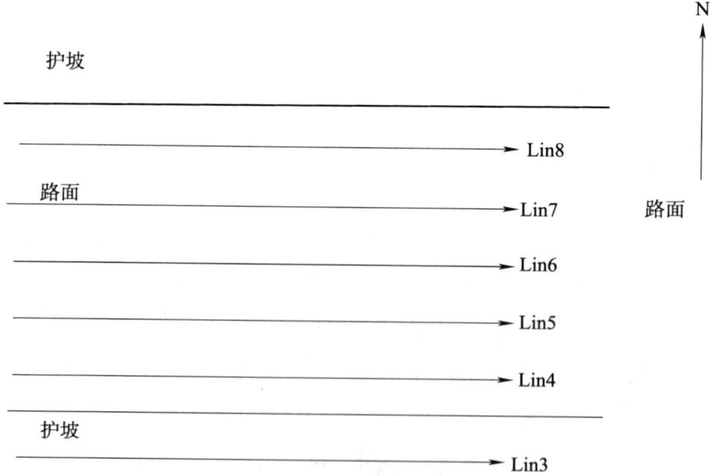

图 8　二号段测线布置示意图

四、检测结果分析及启示

（一）检测结果分析

1. 地质雷达检测结果

此次地质雷达检测共有 2 个号段合计 17 条测线，测试实施完毕后共生产 17 份地质雷达信号成像图，在此不一一列示。

通过专业机构对各个区段测线检测成像图的综合分析，发现在检测路段中部分剖面或剖面区段有电磁波反射信号，判断确为路基旋喷桩群所致，但是桩群分布的位置同施工图设计的位置存在不一致且深度达不到要求的情况，尤其是路基护坡部分的桩基数量和深度存在不足，也就是说存在不按规范施工、偷工减料的情况。

比如，根据某测线形成的地质雷达信号成像图（图 9）反映，该测线图反映出在水平位置 9～28 米，深 2～11 米处出现强反射，属于水泥桩群的反映，但路基两侧反射强度不足，大致可以判断属于桩基数量密度不足的情况。

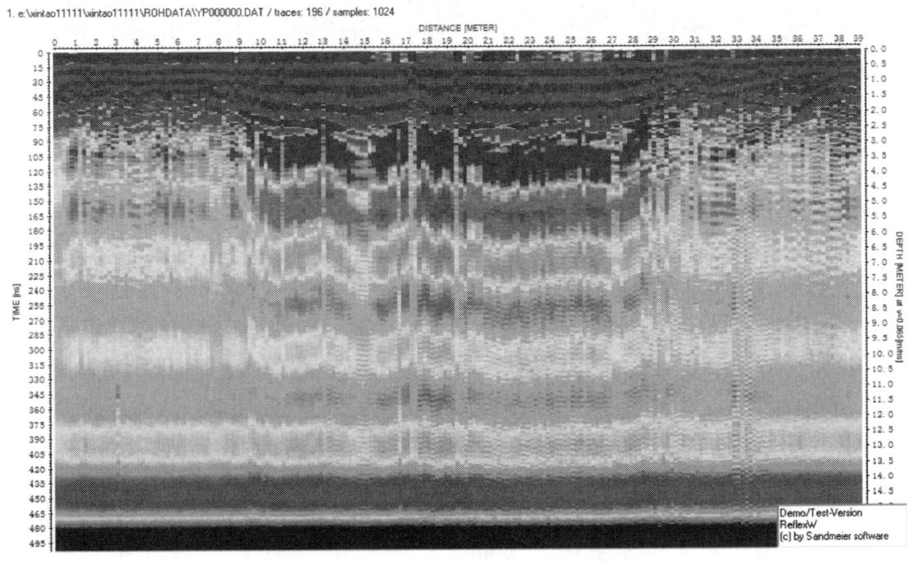

图 9　某测线地质雷达信号成像图

2. 地震波检测结果

此次地震波检测共有 2 个号段合计 8 条测线，每次检测后，各条测线根据地震反射波法计算生成相应的地震波法检测成果成像图。通过综合分析，也同样可以发现存在桩基数量和分布同设计要求不符的问题。

以某采样点地震反射波法检测成果成像图（图 10）为例，经过专家的分析，发现对应位置深度约 15～16 米处出现强反射，推测为水泥桩群的底部，但是该深度同桩基设计深度存在明显不符，极可能出现未按设计施工的问题。

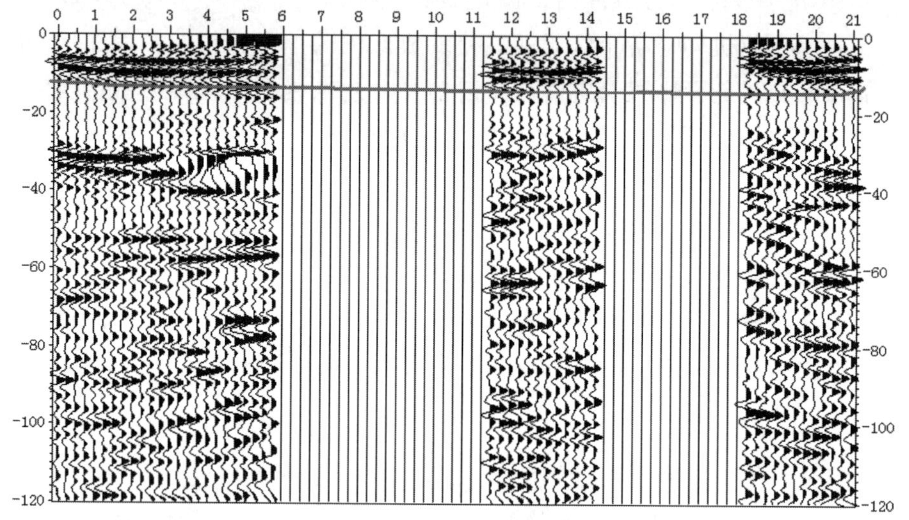

图 10　某处地震反射波法检测成果成像图

（二）小结

通过上述地质雷达检测法和地震波检测法的运用以及相关地质专家的帮助，审计组已基本可以断定该铁路部分路段施工过程中存在水泥桩基深度和密度不足的问题，提振了审计信心，下一步将对相关的工程及财务资料进行有针对性的分析，进一步确认和揭示各种施工质量问题，确定相关涉及虚增的工程量金额，最终揭示出单位偷工减料、虚报工程量等一系列问题。

作为高效的辅助手段，地质雷达检测法和地震波检测法等多种无损检测方法凭借其优良的性能，已在各种重大工程项目中得以广泛运用，不仅适合建设单位使用，同样也给工程项目审计带来了新的思路。事实证明，该项结合了信息化手段的创新性无损检测方法取得了良好的效果，为审计组提供了大量有效信息，极大地促进了审计成果的发挥。

参考文献

［1］张俊哲．无损检测技术及其应用（第二版）［M］．北京：科学出版社，2010.

［2］杨新安．地质雷达检测铁路路基新技术［J］．中国铁路，2004（6）．

［3］李志华，潘瑞林．路基稳定性无损检测方法技术研究［J］．铁道工程学报，2007（2）．

［4］周婷婷．瞬态瑞雷面波法在公路工程质量检测中的应用［J］．科技信息，2009（21）．

［5］胡敏玲．瑞雷波法在路基密实度无损检测中的应用［J］．交通科技与经济，2006（3）．

动态 OLAP 技术在审计中的应用

云南省楚雄州审计局　段加平

【摘要】　OLAP 技术是近年来数据库领域和人工智能领域研究的热点，它通过对海量数据进行分析和处理，得到隐含在这些数据背后有价值的信息和知识。在审计领域中，传统的审计手段是以手工查账为主，已经越来越难以从会计电算化等大规模应用所产生的海量数据中查找出需要的审计数据，而如今的社会已大多进入了“无纸化”时代，原有的审计方法已无法适应处理当今日益增多的信息数据，将动态 OLAP 技术用于审计中，目的是提供在海量数据中进行审计的全新技术手段。

一、研究背景

在信息化迅速发展的今天，经济活动数据记录的处理技术已经向电子化、集成化、广域化、数字化和无纸化的方向发展，导致审计对象发生了根本性变化，即从传统的对手工账审计转到对电算化会计账以及业务数据进行审计，因此所面临的系统观景远比手工账簿更为复杂，由此出现了一些针对时候拷贝的、部分的财务数据副本的静态单机版审计系统。当审计数据量尚小时，静态单机版审计系统确实能为审计人员提供一定的辅助功能，但已经无法对海量电算化信息进行有效的审计，传统的审计方法必须有新的突破，才能满足海量审计的要求。特别是随着被审计单位 ERP、CRM 等系统广泛应用，仅仅局限于部分财务数据的静态单机版审计辅助软件已经无法对海量财务及业务信息进行有效的审计，传统审计分析方法必须有新的突破，才能满足海量信息审计的要求。因此，动态联机分析审计信息技术的广泛应用，已成为突破当前传统审计分析困境的必然选择，本文结合近年来审计人员积极尝试和探索动态联机分析技术，以云南地税审计系统为例进行阐述，云南地税审计系统项目依托国家金审工程研发了省市县三级地税联网审计系统，实现了全省地税联网审计组织模式、统一采集数据、集中分析、发现疑点、分散核查、远程审计等功能。

二、当前审计系统中存在的主要问题

随着会计电算化的推广，传统的审计系统随着发展已有很多年的历史，可在应用上相对于国外来说却一直没有取得较大的成果，造成这种结果的原因有多方面的因素，其中，从技术上来看，国外已经大量应用动态联机分析等技术，而国内还处于传统的技术阶段。目前我国审计系统还存在如下主要问题。

数据格式不兼容。传统审计系统所需财务数据是从特定的数据源中获取原始审计数据，可现在数据格式多种多样，当遇到格式不同的数据则无从下手。

数据分析角度狭隘。传统审计系统只能从指定的角度去分析被审数据，当要进行多维数据分析时则无法满足需求。

对可疑数据不能进行追踪。在审计过程中，相关审计人员需要对可疑数据进行追踪，传统审计模式无法提供该追踪功能。

上述几个问题还导致了传统审计系统几个明显的不足。

（一）传统审计技术对审计环境的适应能力较差

在传统的审计工作中，已经建立了一整套审计标准和准则，如审计一般准则、现场操作准则、审计报告准则以及职业道德规范、质量检查标准等，这些准则在过去审计环境中对指导审计工作可能是很有益的。但随着审计信息化的发展，在计算机特定的工作环境中所出现的新情况和可能产生的新问题，使得原来的审计标准和准则很难有效地指导新环境下的审计工作。

（二）传统审计技术效率较低

在传统审计中，因为技术的原因不能实现资料共享，审计中所需资料都是分散的、零星的存在，有些资料存在于少数部门或者是个人享有。传统审计技术首先没有建立统一的对象数据库，因此就不能记载对象的组织结构、内部管理系统、经费运行情况以及历年审计事项摘要等；其次没有建立财政资金基金数据库，包括财政资金预算分布、审计监督机制以及历年审计情况记录；再次没有建立全区域审计成果数据库，包括各专业审计的方式方法、各种共性的违纪违规行为、审计评价指标体系以及审计的难点和热点。

（三）传统审计技术准确性较差

传统审计技术很难采取适当的处理控制措施，以此来保证数据处理准确性，例如，是否只有经过授权批准的人才能执行登账、对账、结账等处理操作；系统是否具有防止非法篡改的功能等。

综上所述，为了克服上述不足，需要积极开展动态联机分析处理技术在审计中的应用。动态联机分析处理技术是以海量数据为基础的计算机复杂分析技术，它支持审计人员从不同的角度，灵活快捷地对被审计单位的电子数据进行挖掘分析，并以直观易懂的形式展示分析结果。相较于传统的 SQL 查询，多维数据分析所使用的多维概念和表现模式更符合人的思维习惯，更适宜于高效地聚合、检索、观察和分析数据。本文以云南地税审计系统为例，以审计人员的视野，对税收数据进行动态多维分析，从而更好地把握税收征管情况和发展趋势，形成审计重点和疑点，快速实现审计目标，从而提高税收审计的效率和质量。

三、审计系统中的动态联机分析技术

动态联机分析处理（OLAP）技术有 3 个核心特征：多维观察、数据钻取、CUBE 运算，恰好与审计业务的特点相吻合。

对被审计数据进行动态多维度的分析。在审计过程中，对遇到的各种问题进行分析的时候，即使对同样的现象，通常也会从多个角度去分析考虑，并且有时候还需要从多维度综合起来进行分析，比如说纵向分析、横向分析等。这就是 OLAP 分析最基本的概念：从多个观察角度的灵活组合来观察数据，从而发现数据内在规律，找出数据的可疑之处。

OLAP 将数据分为两种特征：一种为表现特征，还有一种为角度特征。前者是被观察的对象，OLAP 术语称之为“度量数据”，后者为观察视角，OLAP 术语称之为“维数据”。维度一般都包含了层次关系，每个层次包含一个或多个维成员，它为实现底层概念映射到高层概念提供了方法，也为数据的上钻和下钻操作提供了基础。

对被审计可疑数据进行钻取。在分析被审计数据过程中，我们可能需要对现有可疑数据进行进一步的分析细化，改变维的层次，变换分析粒度，以便获得更准确的资料，找出存在的问题。这就是 OLAP 中“数据钻取”的概念。审计中对可疑数据进行追踪的特点，恰好可用 OLAP 中数据钻取功能来满足。

创建多维数据集，提高审计效率。多维数据集是 OLAP 中的主要对象，是一项可对数据仓库中的数据进行快速访问的技术。多维数据集是一个数据集合，通常从数据仓库的子集构造，并组织和汇总成一个由一组维度和度量值定义的多维结构。在审计过程中，为了能顺利地利用 OLAP 技术来多维度监察、数据钻取功能来提高审计效率，需要提前创建足够多的多维数据集，也就是说需要预先准备足够多的被审资料，以供随时调用。数据收集是一个庞大的工作量，需要很大的人力、物力和财力，需要由计算机来完成这些工作，OLAP 技术的预先创建数据立方体的技术恰好可以解决这些问题。

OLAP 分析所需的原始数据量非常庞大，在一个分析模型中，常常会涉及很多的数据，然而在分析模型中包含多个维数据，这些维又可以作任意的提取组合，结果大量的实时运算导致时间延滞。审计人员在分析过程中如果对对维组合次序进行调整，增加或者减少某些维度的话，又将是一个新的计算过程。这可能存在耗时环节，OLAP 技术可以预先创建多维数据集来解决上述产生的耗时问题，保证审计人员无须花费过多时间等待数据计算结果。

从以上分析可以看到，OLAP 的 3 个核心特点与审计业务的特点相吻合，但是在利用 OLAP 的这几个功能支持审计工作的过程中，依然需要审计人员的较高的职业判断能力，因为 OLAP 只能提供高效快捷、准确详细的数据，但无法提供对被审计数据的判断，OLAP 技术只有与审计人员的专业判断相结合，才能发挥技术手段支持业务开展的功能。

数据挖掘技术不应该直接用于替代审计人员的专业判断上，而是应该通过对审计人员在审计过程的各种复杂行为进行详细数据积累分析，并对积累得足够充分的审计人员行为数据进行数据挖掘，渐渐形成可以模拟审计人员思路的智能模型。

要获得这些有价值的审计人员行为数据，需要审计人员的判断活动基本上可以在一个被审计原始数据足够充分的审计信息系统里进行，而且该系统有合适的途径对这些数据进行记录。基于 OLAP 的审计信息系统能完全满足这些业务要求，并且为创建下一代能模仿审计人员思路的审计信息系统奠定了重要的数据基础。

四、OLAP 技术在审计中的实际运用

根据前面的分析，从审计人员角度来看，基于 OLAP 的审计核心技术业务结构如图 1 所示。

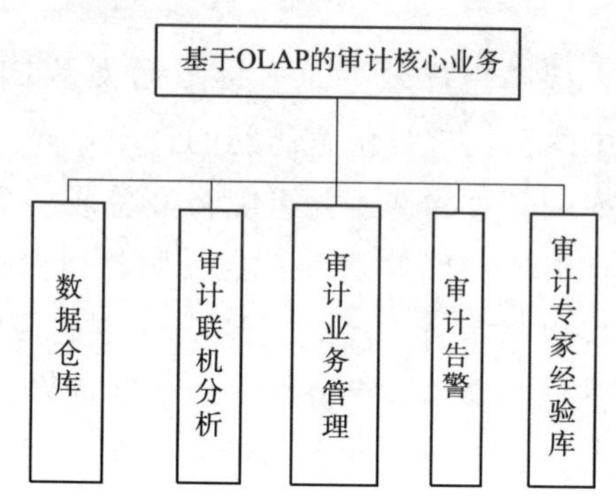

图 1　基于 OLAP 的审计核心技术业务结构图

根据实际审计中所涉及的业务，分为数据仓库、审计分析支持、审计业务管理、审计告警、专家经验库（审计方法库）5 个部分。下面以云南地税联网审计系统为例，就上述五个模块分别作简单介绍：

（1）数据仓库部分主要负责提供有效的数据来源，对用户而言，该部分是不可见的，但从整个审计业务运行的角度来看，数据仓库是整个业务的核心。这里提到的数据仓库子模块包含数据仓库本身、OLAP 引擎、规则引擎 3 个部分。

（2）审计联机分析模块主要包含审计分析、审计计算、审计查询、抽样等数据分析功能，其所需数据由数据仓库提供。

（3）审计业务管理模块包括形成审计日记、工作底稿、审计报告等业务管理功能，为用户提供完整的审计业务处理环境。

（4）审计告警模块是对从企业动态采集到的数据，应用数据分析规则，对异常数据向审计人员发出警报；帮助审计人员缩小可疑的审计范围，提高审计效率。

（5）专家经验库（审计方法库）模块主要保存被审计单位的历史采集数据、有关告警内容、计算指标、审计形成的有关文档和结论等，为新的审计告警指标提供参考的依据。

下面从地税审计人员视角对基于 OLAP 的审计核心技术业务中涉及的 5 个模块分别进行介绍。

（一）数据仓库

在地税审计过程中，对税务征收、管理、稽查、监测、评估等业务数据进行各种类型的分析是非常重要的一个环节。数据仓库是专门用于支持数据分析型应用的，可以很好地满足审计人员在审计过程中对数据分析的需求，审计数据仓库是在税务征管基础数据的基础上建设的，数据的存储方式采用星型模型，更适合于审计人员对其进行各种分析，如图 2 所示。

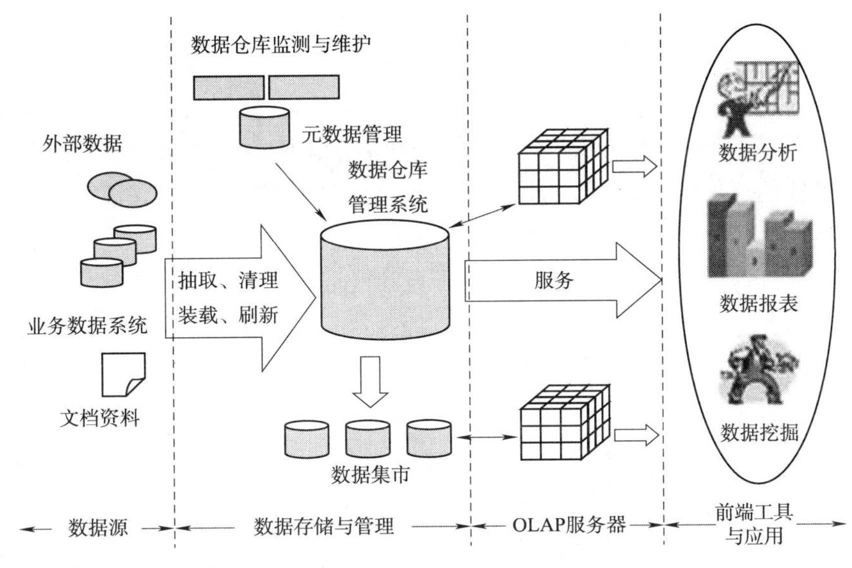

图 2

（二）审计联机分析

在审计业务流程中，最主要的环节是对财务数据和业务数据进行分析，从中找出疑点，确定审计的重点，联机分析处理为数据分析提供强有力的审计分析工具。

审计智能分析是以审计数据仓库中的信息模型为数据支撑，利用数据仓库多维数据模型的优势，使用户能以更快和更方便的交互方式从数据仓库中获得信息，从不同角度对当前和历史数据进行观察和分析，采用交互式图形分析方式观察和分析数据间的关系，可直接利用图或表进行钻取等操作，按照各种层次关系、隶属关系、相关关系分层次展示数据。配有丰富的图形显示，可以显示饼图、线图、散点图、堆积条图以及用户定制的其他图或复杂图。利用动态联机分析工具，实现对财务数据的多角度、多层次的动态立体分析。

（三）审计业务管理

审计工作的实施一般分为三个阶段，即准备阶段、实施阶段和终结阶段。计算机的审计也可以按这三个阶段组织进行。在审计过程中，根据计算机审计的具体要求，运用本身所特有的方法，进行审查和评价。

（1）准备阶段。计算机审计在准备阶段，主要是对被审计单位的计算机会计系统进行初步的调查，制订审计的工作计划，做好准备工作。计算机审计工作计划是在初步调查的基础上，结合被审计单位的情况制订的。其内容包括：被审单位的基本情况；审计的目的、范围和起止时间；审计项目的安排、内容和具体要求；审计工作的组织分工、时间进度和日程安排等。

（2）实施阶段。实施阶段是审计工作的主要阶段。在这个阶段，应对被审计单位的有关情况进行详细的调查，在此基础上进行审查和评价；采集相关的数据，通过转换或重新定义，作为测试依据；对内部控制制度的建立和执行情况进行调查分析，测试评价；在审计抽样的基础上对数据及其处理流程进行符合性测试及实质性测试；最后汇总实施阶段的有关资料记录并生成审计工作底稿。

（3）终结阶段。审计终结阶段，主要是根据审计工作底稿编写审计工作报告。为此，首先对审计工作底稿进行分析总结，提出工作中发现的问题，进行必要的会计调整，重新编写会计报表，提出相应意见和建议等。

审计业务就是根据审计工作的三个阶段来开展工作的进行，其功能架构如图 3 所示。

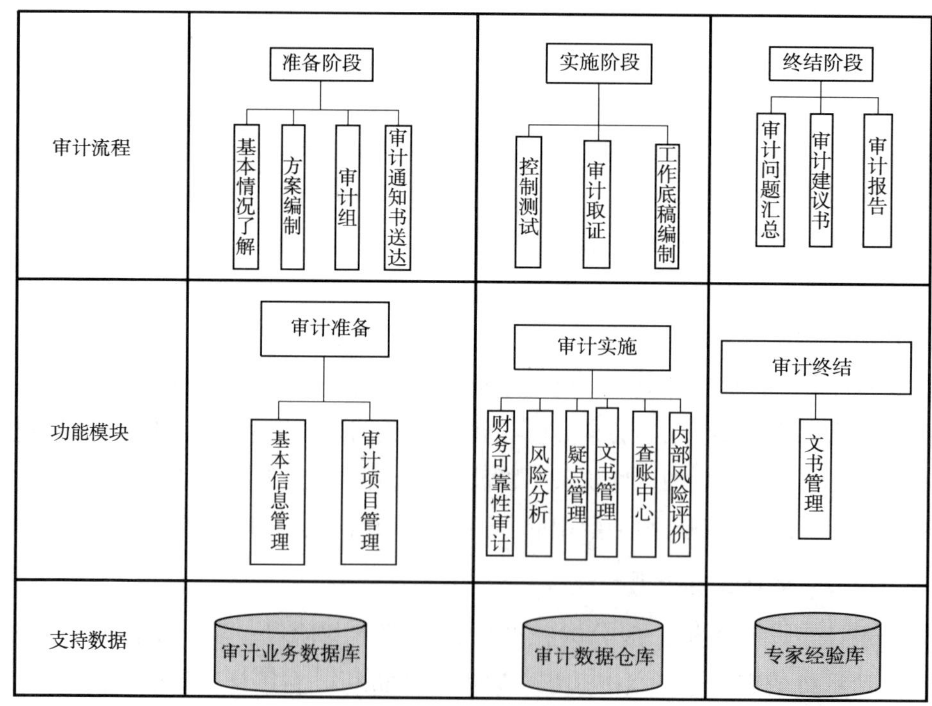

图 3　审计业务示意图

审计业务主要包括以下功能模块：

（1）审计项目管理。对建立的审计项目信息进行管理。

（2）基本信息管理。主要是审计前对企业的调查资料进行远程收集和集中管理。

（3）内部风险评价。对被审计单位的业务进行内部调查和评价，初步判别各项业务的风险。

（4）风险分析。对审计风险进行评估，并采取相应的测试措施，将风险降至可接受的程度。

（5）财务可靠性审计。对财务的可靠性进行审计，保证财务数据没有被篡改，在保证电子化环境下财务数据准确性的基础上进行审计。

（6）查账中心。提供对各类财务账、证的联合查询。

（7）文书管理。在远程辅助审计中，会使用到多种审计文书，包括审计实施方案、审计证据、审计日记、审计工作底稿、审计报告等。审计文书的撰写可以贯穿审计的全过程。文书管理就是对这些文书进行全程管理。

（8）疑点管理。审计疑点库是审计人员存放审计过程中自动或手动发现的各种问题的数据库，疑点库可以分门别类地管理，以方便审计人员的操作。

（四）审计告警

审计告警包含了以下几个方面的内容：

（1）告警级别。告警的级别可以自定义，如优秀、值得关注、严重等，并且用户可以为每个定义的级别设置特殊标记，如以颜色来反应告警级别等级，绿色代表优秀，黄色代表值得关注，红色代表严重等。

（2）告警指标界定。告警的标准主要是用来判断标准对应哪个或哪些参考指标，可以自定义。

（3）告警阈值。阈值是指告警的指标值范围，一般是以百分数来界定阈值，如 >90% 为优秀，<10% 为严重等。

（4）告警应用规则。在年或月或指定的某段时间内应用，或对指定的行业应用，或对具体某个表应用。

（5）告警显示。对超出预警范围的数据，按设置级别时所对应的特殊颜色，将数据以对应的颜色显示。

（6）预警信息传递。预警信息传递可采用多种形式进行传递，比如我们常用的短信、E－mail、消息等方式等都可以。

（五）专家经验库

专家经验库是包含专家经验和自动分析两种。通过对审计人员在审计过程的各种复杂行为进行详细数据积累，以便将来可以对积累得足够充分的审计人员行为数据进行数据挖掘。

（1）专家经验。专家经验是文本资料，提供了审计人员常用的审计系统，可以通过向导和帮助两种形式为审计人员提供专家经验的使用指引。专家经验模块可以独立使用，也可以在远程审计中方便地调用。疑点库的内容也是形成专家经验的重要来源。

（2）自动分析。当一些静态的专家经验可以提炼为一些可由计算机语言解释的规则时，可以由系统的规则引擎进行规则定义和规则执行监控，把这些静态的专家经验变为可以由系统执行的自动分析规则。通过对被审计单位有关数据全面扫描，生成待查疑点库，由审计人员进行详查确定。自动分析可以根据实际的审计工作，不断地扩充。

五、结束语

本文以云南地税联网审计系统为例，所提出的动态 OLAP 技术在审计中的应用，突破了传统审计的局限，在审计领域是可行的，而且便捷高效。它不仅提供了更为智能的分析方法和途径，还为审计分析人员提供了新的视角和手段，来挖掘出更多数据背后隐藏的有用的审计数据，从而提高了工作效率和质量，降低了审计风险。

参考文献

［1］蒋益俊．计算机审计数据处理方法探讨［J］．商业会计，2006（9）．

［2］刘汝焯．计算机审计技术和方法［M］．北京：清华大学出版社，2004.

［3］罗振宇．基于动态联机分析的审计信息系统．中国管理信息化（会计版），2007.

［4］毕健萍，王建中．会计信息化审计方法初探——传统审计与信息化审计的比较［J］．财会通讯，2009（28）．

［5］肖章大，张孝兰．会计电算化对传统内部审计的影响及对策研究［J］．湖南环境生物职业技术学院学报，2006（12）．

浅析人工智能在计算机审计中的应用

云南省玉溪市审计局　唐文有

【摘要】　本文概括介绍了人工智能、计算机审计的发展，通过对计算机审计中具体的数据挖掘技术和计算审计的分析实例，深入浅出地阐述了人工智能在计算机审计中的应用。同时，分析论述了当前人工智能应用于计算机审计存在的问题和不足，并针对存在问题，提出了如何解决问题的对策，为促进人工智能在计算机审计中的应用发展，提供了一定的借鉴和启示。

【引言】　随着经济社会的快速发展，信息技术得到了迅猛的发展和广泛应用，审计对象和范围越来越大，审计业务越来越复杂，传统的手工方法和单纯依靠一些计算机软件、工具功能的审计方式，已不能胜任当前的审计任务，必须把人工智能应用于计算机审计。如何引入人工智能，辅助审计高效开展工作，就成了当前摆在我们审计人员面前亟待研究解决的重要课题。

一、人工智能与计算机审计的发展

人工智能是研究、开发用于模拟、延伸和扩展人的智能的理论、方法、技术及应用系统的一门新的技术科学。主要目标是使机器能够胜任一些通常需要人类智能才能完成的复杂工作。计算机审计始于20世纪90年代后期，是一种以计算机为先进的审计工具，执行经济监督、鉴证和评价职能的审计方式。我国人工智能应用于计算机审计主要经历了三个阶段。

第一阶段：实用工具和应用软件阶段。这是计算机审计的初始阶段，主要是利用一些软件、工具提供的功能来辅助审计，如Excel的表格制作和统计功能，某些小型数据库软件的查询功能等。这一阶段审计人员对实用工具和应用软件依赖性很强，计算机仅作为审计的辅助工具，还没有真正引入人工智能。

第二阶段：灵活运用计算机审计技术和方法阶段。随着审计业务日益复杂，人们开始探索和研究审计中间表创建技术、计算机审计质量控制技术并开始结合审计思路，构建模型进行数据分析，通过计算机语句的运行实现对电子数据的处理，得到所需的结果。SQL Server 查询是这个阶段主流分析技术，这一阶段引入了部分人工智能，但强调的仍然是利用计算机审计技术来辅助审计，人工智能仍然没有真正意义上应用于计算机审计。

第三阶段：人工智能应用于计算机审计的阶段。这一阶段计算机审计开始使用人工智能技术，主要是模拟优秀审计人员的审计思维和审计技能，借鉴人工智能核心技术之一的搜索技术，通过对普遍性、规律性的审计方法和行之有效的审计经验进行知识表示、记忆储存和数据的挖掘，并应用联想推断、甄别筛选等技术，实现审计技能的程序化、数据查询的精准化，达到提高审计工作效率、减少审计工作强度、计算机审计智能化的目标。这个阶段的审计是真正科学意义上的计算机审计，是人工智能应用于计算机审计方式的真正形成。它的主要表现方式是：一是审计思维和审计技能的知识表示、记忆储存。知识表示是指将知识因子与审计思维和审计技能关联起来，以便于审计人员识别和理解。二是查询的联想推断。联想是指由于某概念而引起其他相关的概念，推断是指根据事实或前提进行推理判断事实的因果关系，将联想推断应用于审计工作，对查询关键字进行适当的联想和扩展，以实现模糊查询，查询的关键是合理联想推断。三是应用相关性分析进行查询结果的甄别。查询结果的甄别是指对查询结果进行选择性地淘汰，审计工作需要的留下，反之，则抛弃。

二、人工智能应用于计算机审计的前提条件

（一）被审单位的财务管理软件及数据环境是基础

计算机审计，要求数据环境良好、数据需求稳定，并且能被审计人员采集、转换和应用。一是被审单位的财务管理软件规范，数据能直接导出为通用数据库格式（如 mdb，xls，txt 等），诸如用友、金蝶等，因为一些著名的财务软件为证明自己的“开放性”“兼容性”等特征，都具备“数据可被第三方软件使用”这一功能，并且版本越高，此项功能越明显。而且从审计实际情况看，不少行政企事业单位大都使用上述软件。二是被审单位、企业（财务）管理软件数据自动备份功能较完善，审计人员可直接使用后台数据管理工具备份数据，也可以直接拷贝被审计单位的备份数据。因为几乎所有

的企业（财务）管理软件都具有数据的备份和恢复功能。我们可以将数据的备份带回，进行数据转换，形成审计分析数据。三是被审计单位使用的软件原始数据库表能被审计人员或开发商专业工程师直接导出，提供审计员进行查询分析，如 SQL Server 等，直接使用专业库的管理工具，将审计人员所需数据导出。从审计实践看，数据环境是审计人员开展计算机审计的基础。

（二）审计软件的不断开发和发展应用是必要手段

在会计电算化条件下，会计资料的归集和反映，与手工处理系统时发生了巨大变化，传统的审计方式已很难适应新的变化，为适应被审计对象会计电算化水平，以及先进快速的数据库管理系统和数据的海量积累，这就要求审计系统不断开发、应用新的审计软件，以适应形势的变化。

（三）审计人员的计算机应用水平是关键

在会计电算化条件下，审计工作能否顺利开展，很大程度上取决于审计人员的计算机技能、数据库知识和较系统的审计理论及实践经验等多方面的综合应用水平。这就要求审计人员在具备审计理论和审计实务知识基础上，全面掌握计算机和电算化会计方面的知识和技能，不断更新知识结构，以适应新形势下计算机审计工作的需要。

三、人工智能在计算机审计中的具体应用

（一）人工智能在计算机审计中的数据挖掘应用

计算机审计技术已经成为现代审计人员完成审计任务所不可缺少的技能。随着数据库管理系统和先进快速的数据采集技术的广泛应用，被审单位的数据积累量也迅速增长，被审单位提供的大量数据中涵盖着极其丰富的信息。但是要对这些以不同形式存储的数据资料所蕴含的信息进行充分的了解，依靠传统的数据检索查询机制和统计分析方法来对被审计单位经济活动所产生的电子数据进行分析是非常困难的，因此需要审计人员结合被审计单位的实际情况、审计达到的目标、被审计单位财务会计电算化及信息系统运用状况等，进行数据分析和思考，并在审计系统中采用数据挖掘技术为现代化审计提供新的思路和方法，大大地提高了审计工作效率和质量。如聚类分析方法，通过从数据集中找出相似的数据并组成不同的簇，同一簇中的对象尽可能相似，而不同的对象尽可能相异。通过聚类，我们能够容易地识别密集的和稀疏的区域，发现全局的分布模式和数据属性之间的相互关系。应用聚类分析，按数值进行排序，最大值和最小值能够一目了然，根据简单序列，

审计人员就可确定数据值域，确定数据最大值和最小值的差额和数据的分布情况，确定事件、特定值的发生频率等。计算机审计中数据挖掘技术的具体操作步骤如下：

1. 审计人员确定对象与审计目标

在开始知识发现之前，最先的同时也是最重要的要求就是了解采集的数据和具体的审计业务问题。通过了解的相关背景知识，明确要分析的问题，为挖掘准备数据。如：某单位收费情况的审计，由于单位收费项目较多，且存储的数据量大，审计人员不可能采集所有的数据对全部收费项目进行审计分析。首先，了解被审计单位的业务系统和信息系统，向被审计单位收集信息系统的需求分析报告、数据结构设计报告、用户使用手册等必要的技术资料，为采集、分析数据做好准备；其次，审计人员结合单位业务工作实际，应用计算机对单位近三年的各项收费信息记录进行排序分析，将收费总额占比较大的收费项目作为审计重点，确定需要从信息系统中采集的数据表，为下一步分析审查单位是否存在违规收费情况作准备；最后，在审前调查的基础上，根据审计的目标要求，理清思路，制订详细的计算机审计实施方案，取到事半功倍的效果。

2. 数据的采集在建立模型前

首先，审计人员将财务数据和业务管理数据导入审计人员电脑。其次，综合数据词典和数据库说明等技术文档对数据的含义，对审计业务、审计业务流程的理解等方面的认知情况，对业务数据和财务数据全面深入的认识，并进行数据分析，通过分析找到与要分析的主题相关的数据表和数据字段，预测对分析结果影响较大的数据，如对某车辆检测站的审计，审计人员的目标是通过财务数据与业务数据关联，审查单位是否存在收费未入账的情况，审计人员找到车辆检测业务系统的收费记录表，对收费数据进行初步分析统计，与财务数据反映的车辆检测费进行对比分析，分析数据之间的差异。最后，在分析的基础上，为建立模型选择变量、选择记录，并将数据进行适当的变换，使之成为适合于数据挖掘的形式。

3. 数据的整理及甄别

由于数据可能是不完全的、随机的、复杂的数据结构，所以审计人员要对数据进行初步的整理，清洗整理不完全的数据，做初步的描述分析，选择与数据挖掘有关的信息记录。如：审计人员想了解某医院静脉采血服务收费情况，那么，在数据的整理中，与静脉采血收费相关的数据表，表与表之间的关联字段，数据表中的收费目录、收费名称、收费标准等信息记录是审计人员最需要的，审计人员要从海量数据中甄别出最需要、最希望的记录，防止有用信息被“淹死”或“饿死”。

4. 建立模型

建立模型是一个反复的过程，在实际工作中，要结合人工智能和计算机的应用，分析主题和数据情况，考虑用哪一种孤立点分析方法对要解决的问题最有效，有时需要根据实际情况，在已有的挖掘算法基础上，结合各类算法的优点，形成新的改进算法。而且，在数据挖掘过程，并不是写好算法后剩下的一切就可以由计算机自动完成，任何一个模型都需要各类人员的参与，不仅是设计人员，同时也包括经验丰富的审计人员。对建立好的模型要在审计工中进行试用，由对被审单位业务熟悉的人员对挖掘结果进行评价，在某些模型中还需要由熟悉业务的专家提供建议，随后，应根据模型分析的结果，对模型以及模型的输入参数的值等进行反复的修正和完善。

5. 评价和解释结果

应用计算机挖掘工具提供可视化的挖掘结果，最后需要结合人工智能对该结果进行分析、评价，并合理解释挖掘的结果。结果不理想时，可以寻求其他计算方法，或调整挖掘算法的有关参数。挖掘结果为审计人员提供的问题线索，审计人员仍需根据线索进一步追踪检查相关资料，落实问题。

（二）人工智能在计算机审计中的数据分析实例

人工智能就其本质而言，就是使机器去做那些由人来做并需要智能的工作，它是对人脑处理信息过程的模拟，人的智能的物化，其功能在于预测、分析和判断，即根据人工设想的规则和实践经验，从数据库中推测、查询、筛选出人们最需要的、最希望的结果。下面以“某医院违规收费”审计事项为例，介绍人工智能在计算机审计中的应用（为表述方便，仅以某医院采血收费为例）。

整个查询分析过程的审计思维用流程图如图 1 所示。

具体分析步骤表述如下：

（1）审计人员通过分析，采集审计需求数据。针对当前老百姓关心的“看病难，看病贵，医院福利高”等热点问题，某医院是否存在擅自增设收费项目、未提供相关收费服务项目收取费用、多计费用或无收费标准乱收费等现象，就是审计重点关注的审计事项，但由于医疗机构使用的收费管理系统软数据库大，结构复杂，审计人员在有限的时间内不可能一一审计，根据“全面审计、突出重点”的审计原则，采集医院“门诊费用 2011 年记录表”

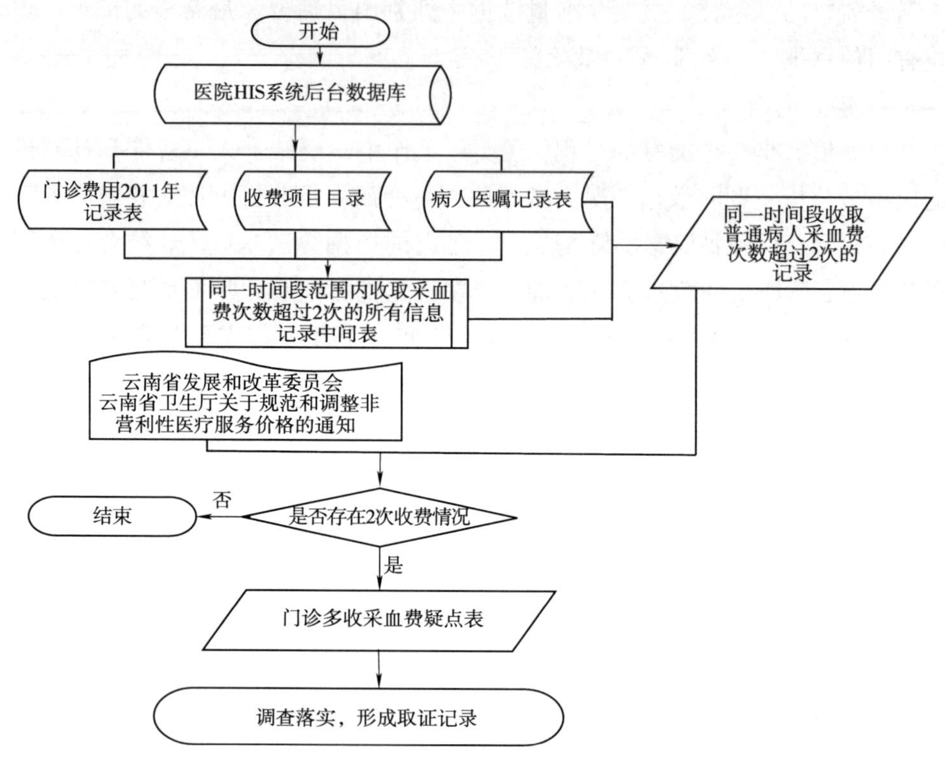

图1　审计思维流程图

“病人医嘱记录表”和“收费项目目录表”，为下一步的查询分析作准备。

（2）审计思维设想的具体表现。根据规定，医院按照采血次数收取费用，普通病人一次抽取多管血样进行化验，医院按照规定只收取病人一次采血费，同一病人一天抽血化验和收费信息，医院“病人医嘱记录表”和“门诊费用2011年记录表”均有记录，通过计算机关联相关采集的信息表，首先，筛选出“同一时间段范围内收取采血费次数超过2次的所有信息记录中间表”。其次，利用形成的中间表与“病人医嘱记录表”关联，剔除糖尿病人和需要单独到核医学科检验的特殊病人信息记录，形成“同一时间段收取普通病人采血费次数却超过2次的记录”。

（3）计算机查询结果的甄别。当进行数据查询时，查询引擎首先将筛选出同一病人同一时间段进行过2次及以上抽血化验并收费的所有记录。其次，筛选出不包含糖尿病人和需要单独到核医学科检验的特殊病人信息的所有记录。最后，对筛选记录进行甄别，由医院相关部门对筛选数据，按照收费的执行部门，并结合收费的相关规定，进行核对，确认查询分析结果。

（4）审计人员根据核对后的结果，计算多收病人的采血费用，同时分析原因，提出审计建议。

四、目前人工智能应用计算机审计存在的问题

（一）计算机数据挖掘技术和查询分析技能水平有待进一步提高

（1）数据挖掘是从大量的数据中提取隐含在数据中的、先前未知的并有潜在价值的知识的过程，数据挖掘主要用于发现一些异常的数据和行为，数据挖掘的许多知识对于审计工作来说未必都是有用的。这就要求我们审计人员在计算审计工作中，要能正确区分、判断数据中对审计工作中有用的信息，来检查一些舞弊、违背规律和规定的行为，如某医院审计项目，正常情况病人住院费用期间，只可能发生于病人住院当天至办理出院手续前，但审计人员关联病人基本情况、病案主页、住院费用记录等信息，通过数据挖掘分析出单位住院费用发生在病人入院前的异常数据记录有4514条，通过数据的异常分析，审计人员一方面审查出某医院信息与网络工作部未履行审批登记手续，为方便与医保结算，存在人为修改部分患者入院时间，医院信息系统修改权限内部控制不严的情况；另一方面通过延伸调查，发现单位存在人为操作，将属于当期的住院期费用计入病人下期费用的情况。但在实际工作中由于大多数审计员计算机数据应用水平只能满足于简单查询分析，计算机数据挖掘技术和查询分析技能应用水平还较低，隐藏在大量正常数据下的不符合常规的异常数据，不能被挖掘出来，影响了审计工作质量，带来不必要的审计风险。

（2）计算机技术应用于审计工作，使用的核心技术是数据查询。如对被审计单位的财务等结构化数据进行总体分析、趋势分析、结构分析，及对会议纪要、收（发）文记录、音像视频等非结构化数据进行分析或查询等。数据查询的实质是关键字搜索，即用查询关键字与数据库数据的某一或所有字段进行比对并将适合条件的记录筛选出来的过程。由于现行的数据查询分析工具因其智能化程序不高、人为机械匹配及计算机应用水平差异等原因，查询结果常会遗漏审计需要的记录或包含大量无用记录甚至两者并存。这既影响了审计质量，也制约着计算机审计的发展。主要表现在以下两个方面。

①查询关键字及条件难以准确地确定和设定。审计工作不同于一般的、程序性的行政工作，它依赖于审计人员的审计能力（即审计思维过程和审计技能、技巧等智能行为）。优秀审计人员能够根据审计工作方案的要求、被审计单位的行业特点、积累的审计经验及审前了解的情况，有针对性、有选

择性地查阅有关资料，从而在较短的时间获得有价值的审计线索。但刚刚从事审计工作或从事审计工作时间较短的人员却很难做到这一点，因为他们对被审计单位行业特点的判断、审计经验的积累都比较缺乏。同时，现行的计算机审计还不能将优秀审计人员的审计能力融入计算机技术，进行数据查询或数据分析最基本的工作——查询关键字的确定，仍依赖于审计人员本身的选择和判断。即使是具有计算机专业背景、非常熟悉计算机技术的审计人员，也会因审计技能的缺乏，而难以确定查询关键字及设立查询条件，这既影响了审计效率的提高，也大大延长了审计人员的成长周期。

②查询过程中的人为机械匹配。假设某单位财务数据反映的接待费支出，根据审计工作实际，审计人员查询该单位的财务数据时，查询与“接待费”有关的记录，“接待费”有可能被财务人员记录为“招待费”“餐费”，由于审计人员查询过程是将查询关键字与财务数据中的“摘要”字段进行机械匹配，查询结果只是摘要中包含“接待费”的记录，而含有“招待费”“餐费”关键字的记录将被遗漏。这在非结构化数据查询中更为常见，因在以关系数据库为典型代表的结构化数据中，表的字段类型、长度及取值范围均有严格的定义，同时，用户还可以通过表外关键字约束部分数据的取值；但非结构化数据突破了关系数据库中字段类型、长度及取值范围的定义，并支持重复字段、子字段、变长字段等功能，同一对象取值不一致现象更为突出。如将“2001 年 1 月 1 日”写成“2OO1 年 1 月 1 日”（“O”是大写英文字母），在结构化数据中，当用户给类型为“日期”的某字段赋该值时，数据库引擎会提示：“数据类型错误”；在 DOC 文档、TXT 文本文档等非结构化数据中，则不会有错误提示。但当审计人员使用关键字“2001 年 1 月 1 日”进行查询时，包含“2OO1 年 1 月 1 日”（“O”是大写英文字母）的文档将被遗漏。

（二）计算机审计技术的应用和发展不平衡

目前，计算机审计的推广和应用在地区之间、层级之间、行业之间存在较大差异。审计署、特派办及省审计厅的计算机普及程度和应用水平较高，财政、金融、税务领域计算机审计成效显著。但地州市一级计算机应用水平相对较低，特别是县一级应用水平更低，应用计算机审计技术发现并查出严重违法违规问题和重大案件能力较弱，基本只能利用计算机提供的检索、关联、计算等基本功能开展审计，还达不到利用计算机将审计人员思维、经验、技巧、方法等智能化的应用水平，由于受主客观环境、人员技术等原因的制约，一些行业审计至今仍停留在手工审计阶段，人工智能与计算机审计就无从谈起。

（三）计算机审计信息不对称

一方面，计算机审计信息不完整，没有形成统一的计算机审计信息资料库，没有对有限的信息资源进行充分管理和使用。应用计算机审计技术已历时多年，人工智能在计算机审计的技术含量也日益提高，但在收集整理被审计单位数据信息、综合分析利用审计成果方面相对滞后，审计信息管理的缺失影响信息利用的层次和水平。另一方面，计算机审计信息共享程度低，影响审计资源的有效整合。财政、金融、税务等领域的计算机审计应用水平化程度较高，但由于上下审计机关之间、审计机关内部职能部门之间没有形成一个有机整体，信息难以共享，一些部门、审计机关之间已经形成的计算机审计经验，得不到进一步的推广和应用，这在一定程度上制约了人工智能在计算机审计中的应用水平。

五、解决问题的工作建议

（一）努力提高审计人员的计算机应用水平

人工智能要真正应用于计算机审计，人是关键，目前审计机关掌握现代审计理论与技术又精通计算机知识与技能的复合型人才相对较少，随着信息技术的发展，审计人员计算机应用水平直接影响计算机审计在审计内容、审计查询分析、数据挖掘等方面的功能作用。因此，作为基层审计机关，一是要充分利用好审计署 AO 推广应用这一契机，进一步增强计算机知识与技能的培训，培育一支具有一定计算机审计理论水平，掌握计算审计技术的复合型人才，是推进计算机审计事业发展的根本出路。二是在抓好全员计算机培训的基础上，重点加强审计业务骨干中高级培训，培训不仅仅是单纯计算机应用培训，要将近年来应用计算审计取得显著成效的优秀项目作为培训的素材，结合审计人员的查询分析思路，进一步拓展计算机审计的应用领域，更深层次挖掘分析数据，为同一行业审计的其他项目提供参考依据，以提升审计质量和水平。

（二）进一步缩小计算机审计技术应用水平的差距

由于受审计机关所处的层面、地域、环境、接触的被审计对象等因素影响，计算机应用水平参差不齐，从审计机关所处的层级之间来看，审计署及特派办、省一级整个计算机应用水平较高，从应用的领域看，财政、金融、税务领域计算审计的应用相对较为广泛、取得的成效明显，形成的审计的经验和方法较多，一方面审计系统之间应通过相互学习和交流，共享审计工作中已经取得的成果，不断推广应用，缩小差距；另一方面审计机关内部，审计人员与计算机专业人员要优势互补，整合审计资源，通过审计实践，磨炼、培养一批审计业务和计算机专业知识娴熟的复合型人才。

（三）加强计算机审计信息资源的综合开发利用

人工智能与计算机巧妙结合是今后审计工作的主要发展方向和趋势，人工智能与计算机巧妙结合在审计工作中取得的先进经验是计算机审计实践、摸索、研讨的基础上不断积累起来的精华。当前，传统的审计方法、信息的整理和归集，已不适应审计工作新的发展，审计人员应加强学习、转变观念，在认真总结、提炼实践中获得的计算机审计宝贵经验的基础上，进一步拓展人工智能在计算机审计中的应用，不断加强计算机审计信息资源收集整理，切实推动计算机审计工作有序、高效发展，为经济社会发展服务。

参考文献

［1］汪加才，朱艺华．面向计算机审计的移动数据挖掘服务研究［J］．计算机系统应用，2006，12（3）：39－42.

［2］陈文伟．数据仓库与数据挖掘教程［M］．北京：清华大学出版社，2006.

［3］余汉铭．浅谈人工智能的发展［J］．科技创新导报，2010（25）.

［4］廖轶．基于孤立点的数据挖掘研究及其在计算机审计系统中的应用［D］．北京交通大学，2007.

［5］孙吉贵，刘杰，赵连宇．聚类算法研究［J］．软件学报，2008，19（1）：48－61.

［6］董化礼．计算机审计数据采集与分析技术［M］．北京：清华大学出版社，2002.

分析性复核与计算机技术结合在审计中的应用研究

浙江省青田县审计局　蒋　萍

【摘要】　分析性复核是审计中成本最低、最容易发现舞弊和差错的一种审计方法。但在审计实务中，审计人员认为分析性复核的审计方法只是纸上谈兵，无法发现确定的审计证据，因此很少采用。但实际上，只要很简单地分析一下被审计单位的报表、账簿及科目间或财务数据与业务数据的关系，就能发现数据中存在的异常现象和疑点数据，从而确定审计重点，达到事半功倍的效果。本文主要解决在现代审计条件下将分析性复核与计算机技术相结合在实践中如何应用，并实现审计效率提升的问题。

【引言】　2003年12月15日审计署令第5号发布《审计机关分析性复核准则》，该准则所称分析性复核，是指审计人员对被审计单位有关财政收支、财务收支、经济指标进行研究分析，并对异常变动和异常项目予以重点关注的审计方法。准则中提到的常用分析性复核方法有比较分析、比率分析、趋势分析和结构分析等，但并没有对分析的具体过程进行说明，且此类分析主要应用于针对财务数据的分析。而审计署出版的审计干部职业教育系列教材《审计技术方法》中提到的分析性复核是指审计人员对被审计单位重要的金额、比率或趋势进行比较和分析，并对异常变动和异常项目予以重点关注的审计方法。该书中提到的审计方法包括趋势分析法、比率分析法、简单合理性分析法、时间序列分析法、回归分析法五种方法，也主要应用于对财务数据的比较分析。本文研究的分析性复核，是在审计过程中，在计算机应用和实践的基础上，对这两种方法体系进行了扩展和完善，使分析性复核不仅在财务数据、业务数据或财务数据与业务数据结合，甚至在财务数据、业务数据、计划数与外部数据等不同来源数据相结合的全方位数据分析的基础上，获得被审计单位存在的重大舞弊、错漏等问题的间接的疑点证据。

一、分析性复核的特点

（一）广泛性

分析性复核可以广泛应用于审计的全过程，所以具有广泛性的特点。例如准备阶段，可以通过符合性测试，利用分析性复核确定审计的重点内容，编制有针对性的审计方案；在审计实施阶段，分析性复核可以直接作为实质性测试程序，收集审计证据，虽然通过分析性复核取得的审计证据并不能直接发现问题金额，但却能很快找到疑点数据，并通过进一步核实，确定最终结果；而在审计报告阶段，分析性复核可以用于对审计内容整体合理性作最后的审查，以确定所取得的审计证据是否符合真实性、准确性、合理性的要求。

（二）效益性

现代计算机技术的发展、会计电算化的普及，使被审计单位的财务、业务资料往往以电子的形式储存在计算机中，审计人员利用审计软件可以迅速地对单一数据的发展趋势或存在因果关系的数据进行对比和分析，从而发现存在联动关系的同一来源数据和不同来源数据之间的异常状态，根据数据间的发展趋势，计算预期结果和实际结果的差异，并分析该差异是否在可接受的范围之内，对超出范围的疑点数据则需采取其他审计手段进行进一步确认，从而确认审计重点范围，选择适当审计策略，迅速确定发现的疑点问题，有利于审计成本的降低和审计效率的提高。

（三）合理性

分析性复核主要对数据的合理性进行分析，通过审计人员的职业判断，确定是否存在重大舞弊或错漏的疑点。传统的审计取证方法针对的大部分是单个项目、科目或单笔业务，获取的审计证据证明的也只能是该单个科目或单笔业务的真实性、完整性、准确性等，而分析性复核所针对的是反映被审计单位的整体情况的财务数据和业务数据，通过将反映整体的数据与从其他来源获得的数据或信息资料如行业数据、计划数据等进行趋势比较分析来判断其合理性。由于单一数据存在容易被篡改的问题，而不同来源的数据因为关系复杂，有关人员不可能同时对所有的关系数据进行篡改，所以通过这种方式获得的证据可以有效证明数据的总体合理性。

（四）可预期性

要进行分析性复核，必须确定所审查的数据或事项具有可预期性，不能预期的数据或事项不能作为分析性复核的对象，可预期性是分析性复核的必要条件。首先，作为分析性复核的对象和所依据的数据之间必须存在某种相互联动和互为因果的关系，只有存在某种关联关系的数据才有可以作为分析性复核的对象和依据。其次，这种依存关系必须是可预期的。可预期是指分析性复核所分析的数据间存在因果关系或关联关系是明确的、稳定的、可预测的。不稳定、不可预测的数据关系不能作为分析性复核的基础。再次，用来作为分析性复核依据的数据或资料必须具有可靠性，如果分析性复核所用的依据不准确、不可靠，那么由此做出的分析性复核就没有意义的，不能作为支持审计结论的间接证据。最后，分析性复核存在着一个基本的假定，即在不改变现状的情况下，财务数据之间、财务数据与非财务数据间及非财务数据间将继续保持各种可预期的联动关系。如果被审计单位外部环境变化较大，或单位内部发生结构性的调整，或相关政策发生重大变化，那么这种预期关系可能会被打破，分析性复核的结果将失去证明力。

（五）辅助性

分析性复核多数情况下是为进行其他审计程序和获取其他审计证据提供疑点的间接证据，而非直接证据，具有辅助性的特点。分析性复核只能对被审查数据进行合理性判断，只能判断数据的变化是否存在不合理因素，作为进一步核实的依据，却无法准确计算出违规金额的准确值。对于性质比较重要、风险较高的科目、数据，需要通过函证、监盘等其他传统审计取证方法取得直接证据对分析性复核的疑点加以证实或排除。否则，分析性复核提供的也只是中间证据，不能作为支持审计结论的依据，也无法发挥应有的作用。

二、分析性复核与计算机技术结合的应用

经过多年审计经验的积累，笔者在以往审计过程中，总结出趋势分析法、简单合理性分析法、相互印证分析法、比率分析法和配比分析法共五大类分析性复核的方法，有别于传统财务审计下的分析性复核的五种方法，不光是对财务数据实施分析性复核审计，而是结合计算计审计分析，针对财务数据之间、财务数据和业务数据以及不同来源数据间的联动关系，分析不同科目、数据之间的变化情况，并对其中的畸形、异常、疑点数据进行进一步审查，迅速确定审计疑点，极大地提高了审计效率。审计过程中发现了“小金库”、串换药品、虚列管理费用套取资金发放奖金补贴等重大违规问题。

（一）趋势分析法

趋势分析法也叫时间序列分析法，指观察或记录一组按时间先后顺序排

列起来的数据，分析数据随时间推移变化的规律，并以此作为预期值，确定合理的数据区间，对于超出合理数据区间的数据确认为可疑数据的方法。如针对总账明细账科目、同一科目在不同的会计年度、不同科目在同一会计年度的发展变化情况，判断其中的异常变动是否属于收入不实、不完整、转移隐匿以及虚列支出、扩大支出范围等问题。趋势分析主要有总分类趋势分析和单一数据的变动趋势分析等。

1. 总分类趋势分析

财务数据上有总账明细账，业务数据也有汇总数据与明细数据，由于总账科目由明细科目组成、汇总数据由明细数据组成，明细科目或数据的变动必然引起总账科目或汇总数据的联动变化，如果总账科目或汇总数据发生不合理的变化，则需要追本溯源，追查具体是哪个明细科目或数据的变化造成，并进一步核实疑点，并确定是否存在问题。利用计算机技术将财务数据转换成图表，让数据能够以一种更直观的表现形式体现，使审计人员迅速锁定疑点。如在对某单位进行审计时首先对其总账科目管理费用的合理性进行审查，对管理费用出现的异常情况延伸其明细的三大类费用即经营管理费用、工资性支出、折旧及摊销费用进行趋势对比分析，从而发现疑点所在。审查发现该单位2011 年12 月工资性支出明显偏高，应考虑12 月发放职工工资奖金情况及是否及时足额缴纳个人所得税问题。利用计算机技术分析业务及管理费变化趋势，见图 1。

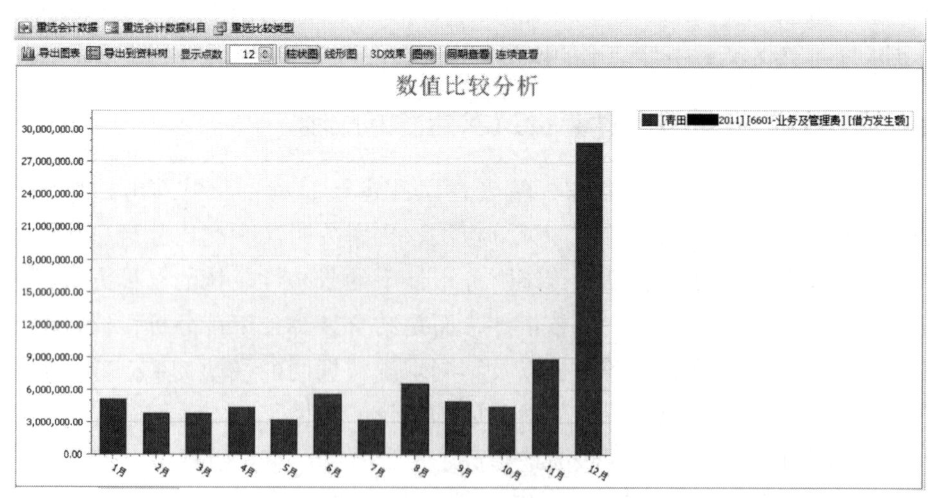

图 1　业务及管理费变动趋势图

针对总账的业务及管理费用，重点对 12 月业务及管理费用的明细科目经营管理费用、工资性支出、折旧及摊销费用进行对比分析，见图 2。审查发现三项费用对比显示，12 月工资收入明显偏高。

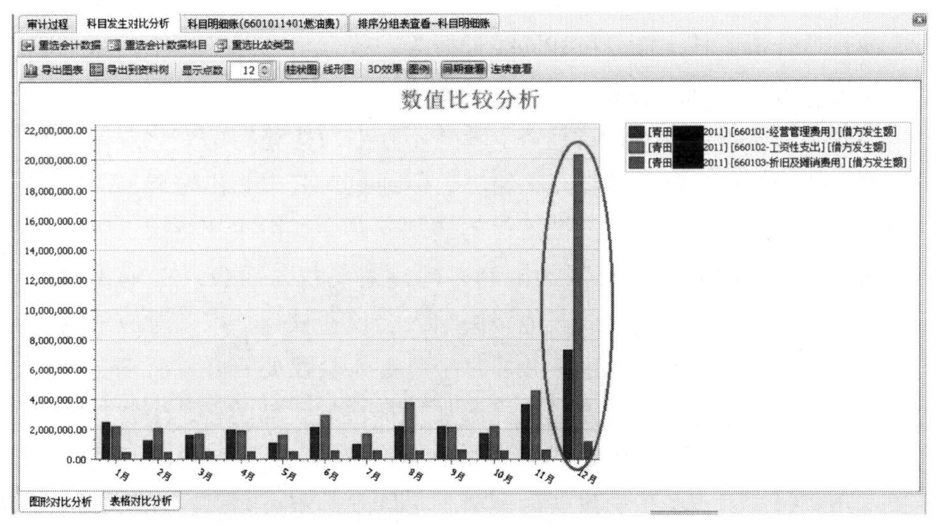

图 2　业务管理费明细科目变动趋势图

审计结论：工资性支出在 12 月异常变动，应延伸审查是否及时足额缴纳个人所得税。

2. 单一数据的变动趋势分析

对某一年度或不同年度间的科目或数据的变化进行长期分析，可以了解数据或科目变动的规律。例如有些生产企业生产周期中存在季节性因素，每个年度某些科目都会因季节性变动而产生变化，对于违反这一规律的数据，即是分析性复核重点关注的内容，并作为进一步核实的依据。如对自来水厂多年的费用支出分析后发现，水厂每年的夏季电费会比其他月份更高，主要是因为夏季河水水位比较低，需要利用水泵从河流中抽水再运送到千家万户，所以增加了电费支出，而其他月份的电费则呈平稳变化趋势。如果某一月的电费支出违反了这一规律，比如春季或秋季的电费甚至比夏季的电费还要高则需要查明原因，证实是否存在重大舞弊问题。

（二）简单合理性分析法

简单合理性分析法是指分析存在联动关系的数据间的变动是否处在合理的区间范围内，确定超出合理范围区间的数据即为疑点数据，需要进行延伸审查。简单合理性分析主要针对超出常理的数据进行审查，因而在审计过程中审计人员应注意审计经验的总结和积累，重点关注可能存在舞弊或错漏的事项或数据，同时注意收集与该事项或数据有关的不同来源的数据，因为外部数据是最好的佐证依据，被审计单位内部数据可能会被篡改，但他们对外部数据无能为力。所以，简单合理性分析法又可以分为单一项目合理性分析、同行业分析、核定额分析和同类分析等。

1. 单一项目合理性分析

某些单一科目或项目，从趋势上看并不存在较为稳定的变化规律，所以不能用趋势分析法确定其是否存在错弊，但通过对其中超出合理范围的数据进行分析，仍然可以发现可能被掩盖的违规问题。如由于招待费、职工福利等费用在企业纳税调整时有限额限制，超额需纳税，而会议费则无相关规定，所以很多单位将招待费或其他费用纳入会议费核算，以逃避应纳的企业所得税。一般会议费的变化由于并非每个月都有会议要召开，所以会议费有可能并不存在很稳定的趋势性变化，但如果存在超大额的、超出常规的、不合理的会议费用，则很可能是将原本应在招待费列支的费用计入了会议费，所以在审查时应重点关注会议费的大额支出情况，审查是否存在将其他费用在会议费列支问题，重点关注支出异常或畸形的月份。如图 3 中某被审计单位 2 月份会议费近 80 万元，明显超出了正常范围，引起了审计人员的重视。

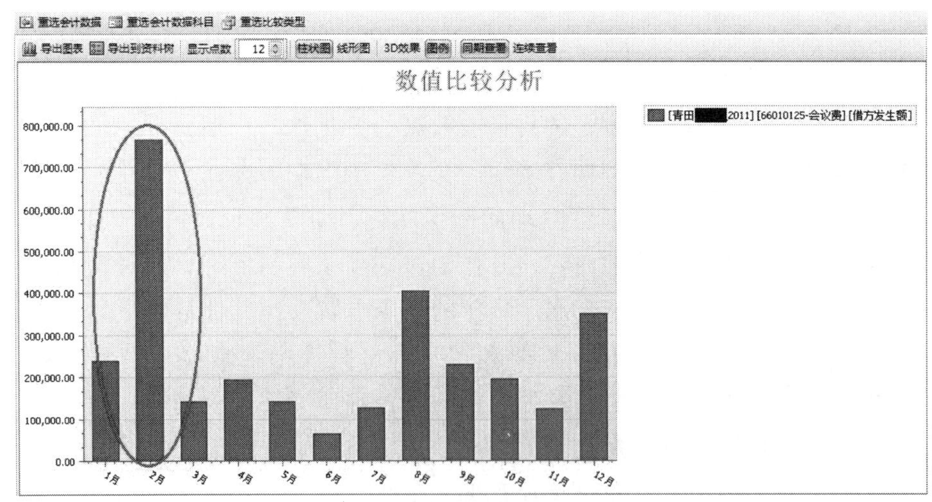

图 3 会议费变动趋势图

审计结论：针对上图，审计人员重点对 2 月会议费进行重点审查。核实 2 月会议费支出畸高的原因是因为过年期间在会议费中列支了职工家属慰问费，应调整所得税纳税额（图 4）。

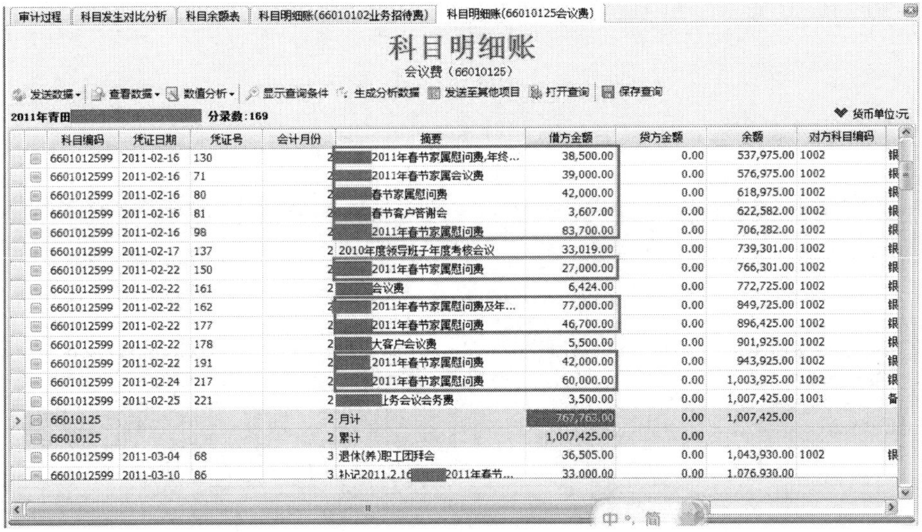

审计过程 | 科目发生对比分析 | 科目余额表 | 科目明细账(66010102业务招待费) | 科目明细账(66010125会议费)

科目明细账

会议费（66010125）

发送数据 · 查看数据 · 数值分析 · 显示查询条件 · 生成分析数据 · 发送至其他项目 · 打开查询 · 保存查询

2011年青田[illegible] 分录数：169　　货币单位：元

科目编码	凭证日期	凭证号	会计月份	摘要	借方金额	贷方金额	余额	对方科目编码	
6601012599	2011-02-16	130	2	2011年春节家属慰问费,年终…	38,500.00	0.00	537,975.00	1002	银
6601012599	2011-02-16	71	2	2011年春节家属会议费	39,000.00	0.00	576,975.00	1002	银
6601012599	2011-02-16	80	2	春节家属慰问费	42,000.00	0.00	618,975.00	1002	银
6601012599	2011-02-16	81	2	春节客户答谢会	3,607.00	0.00	622,582.00	1002	银
6601012599	2011-02-16	98	2	2011年春节家属慰问费	83,700.00	0.00	706,282.00	1002	银
6601012599	2011-02-17	137	2	2010年度领导班子年度考核会议	33,019.00	0.00	739,301.00	1002	银
6601012599	2011-02-22	150	2	2011年春节家属慰问费	27,000.00	0.00	766,301.00	1002	银
6601012599	2011-02-22	161	2	会议费	6,424.00	0.00	772,725.00	1002	银
6601012599	2011-02-22	162	2	2011年春节家属慰问费及年…	77,000.00	0.00	849,725.00	1002	银
6601012599	2011-02-22	177	2	2011年春节家属慰问费	46,700.00	0.00	896,425.00	1002	银
6601012599	2011-02-22	178	2	大客户会议费	5,500.00	0.00	901,925.00	1002	银
6601012599	2011-02-22	191	2	2011年春节家属慰问费	42,000.00	0.00	943,925.00	1002	银
6601012599	2011-02-24	217	2	2011年春节家属慰问费	60,000.00	0.00	1,003,925.00	1002	银
6601012599	2011-02-25	221	2	业务会议会务费	3,500.00	0.00	1,007,425.00	1001	备
66010125			2	月计	767,763.00	0.00	1,007,425.00		
66010125			2	累计	1,007,425.00	0.00			
6601012599	2011-03-04	68	3	退休(养)职工团拜会	36,505.00	0.00	1,043,930.00	1002	银
6601012599	2011-03-10	86	3	补记2011.2.16[illegible]2011年春节…	33,000.00	0.00	1,076,930.00		

图4　会议费明细图

2. 同行业分析

同行业平均数据或相同规模、同类性质单位的可比信息是作为佐证的最好辅助证据，被审计单位的数据如果与同行业数据相去甚远则应引起审计人员的重视，确认是否存在手工违规操作的痕迹。但一般来说，在审计人员对单个被审计单位进行审计的时候很难取到同行业平均数据或可比信息，所以同行业分析对比适用于对某一个行业或对同一个行业的多家单位进行的专项审计调查。

同行业数据的对比分析主要针对能取得行业性数据的专项审计调查，如审计人员在医疗保险基金审计时发现，由于医保报销过程中，每月划入个人医保卡中的金额是固定的，参保人员住院需要先行列支个人账户中的金额，超出部分才由医保统筹基金列支，导致一些参保人员为了充分列支个人账户金额，要求药店以医保药品报销的名义出售非医保药品；也存在一些药店为了扩大销售量，允许参保人员以医保药品的名义报销非医保药品的情况，扩大了医保费用支出范围。为此，审计人员通过汇总各药店全年出售药品数量和金额并按数量进行降序排列，对排名靠前的几家药店和药品进行延伸，与其进货、库存、销售量进行对比，审查医保报销数量远远超出该药店可销售数量的情况；或对未能全部提供药品进货数量、库存货销售数量的药店，可与全县平均数进行对比，对远远超出全地区其他药店平均销售数量，甚至出现高于全地区销售总量的情况，或存在参保人员一次性购买药品的数量存在不合理因素等情况，应采取进一步的审计手段延伸审计确定疑点。

审计人员利用计算机技术，对各药店销售的各种医保药品分不同单价按销售数量的降序排列（图 5），选取数量排在最前列的养 × 堂药店的乌鸡白凤丸和双黄连合剂，作为重点延伸对象。

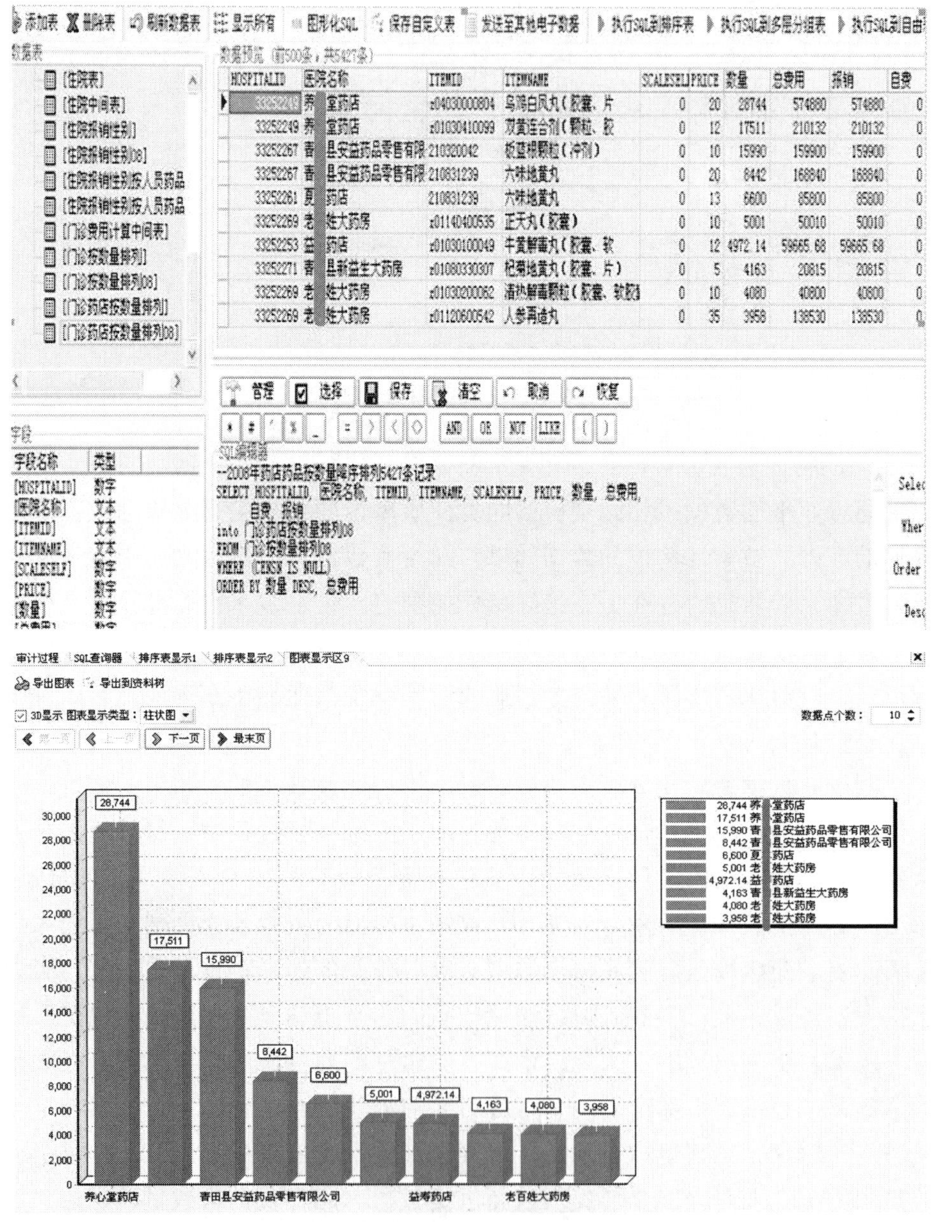

图 5　药品数量倒序排列图

利用计算机语句计算出2008年全地区其他药店销售的相同价格的乌鸡白凤丸和双黄连合剂总量仅为204盒和5067盒，而养×堂提供的各种价格的乌鸡白凤丸2008年全年进货数量仅为220盒，双黄连仅为710盒，由于该单位无法提供年初和年末的存货数量，假定均为0，且所有数量均由医保销售，也与养×堂实际销售数量28744盒和17511盒相去甚远，见表1。

表1　养×堂与全行业销售数量对比表

药品名称	其他药店家数	价格	其他药店销售数量	其他药店总费用	平均年销售数量	养×堂销售数量	与全部销售数量的差额	与平均数的差额	养×堂进货数量	养×堂进出数量差额
乌鸡白凤丸	6	20	204	4080	34	28744	-28540	-28710	220	-28524
双黄连口服液	5	12	5067	60804	1013	17511	-12444	-16498	710	-16801

由于存在不合理因素，审计人员利用计算机语句将每人每次购买乌鸡白凤丸超过300元的记录筛选出来，发现2008年在养×堂销售乌鸡白凤丸超过300元的有507笔，金额合计为152220元。甚至存在同一参保人员连续几天购买的情况，如某单位邹某某于2008年3月9日至20日每天（除了3月14日）购买15盒乌鸡白凤丸，共计165盒3300元，见图6。

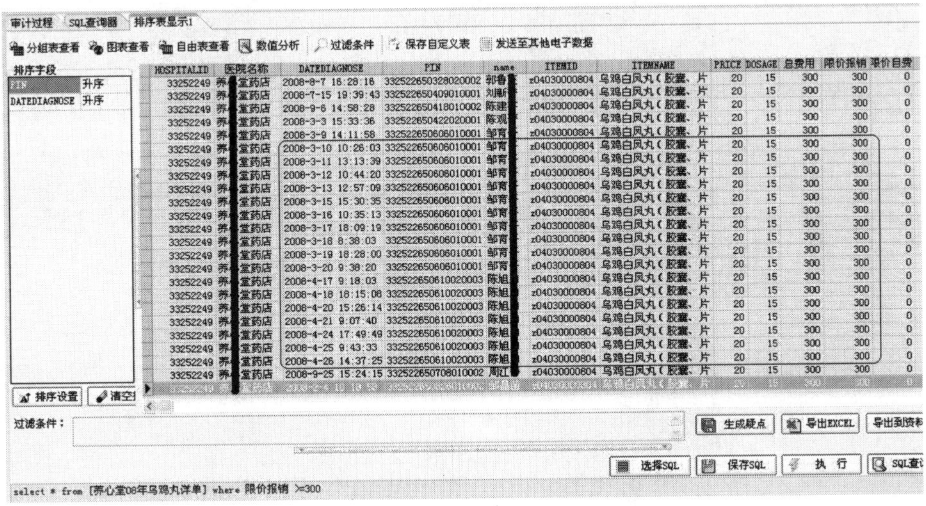

图6　养×堂乌鸡白凤丸连续销售图

审计结论：经过上述2个步骤的审查，该单位负责人无法对两种药品超常规销售做出合理解释，承认这部分连续几天报销的记录均为医保参保人员将医保卡由该单位保管，为避免社保部门审查，每天从医保卡中刷出一部分用于购买高档滋补品，最后审计人员认定其为医保销售时违规串换医保药品。

3. 核定额分析

核定额分析主要指对于分支机构众多的大型企业或存在多个下属单位的行政事业单位来说，为控制费用开支，上级机构对下属单位的费用开支在年初都有开支计划，确定费用核定额，要求各下属单位根据核定额控制费用开支，以达到开源节流的目的。在审查某单位时，由于其下属单位众多，审计人员要求该单位提供对下属单位年初核定的明细费用计划数，并编写语句计算核定数与实际执行数的差额，利用图表查看功能，审查核定额执行情况。

```
Sql 执行语句
Select a. 机构号,a. 机构名称,a. 车船使用费,b. 车辆使用费核定额,a. 车船使用费 - b. 车辆使用费核定额 as 车船费超支,
a. 合计 as 费用合计,c. 某某费上限 + b. 总费用核定数 as 费用上限,
a. 合计 -(c. 某某费上限 + b. 总费用核定数) as 管理费用超支
into 各下属单位 2011 年费用超支情况
From [2011 年各下属单位费用]a inner join [各下属单位储费用计算]c on a. 机构号 = c. 机构号
inner join [2011 年费用核定数]b
on a. 机构名称 = b. 单位
order by (a. 车船使用费 - b. 车辆使用费核定额) desc
```

语句执行及结果见图 7、图 8。

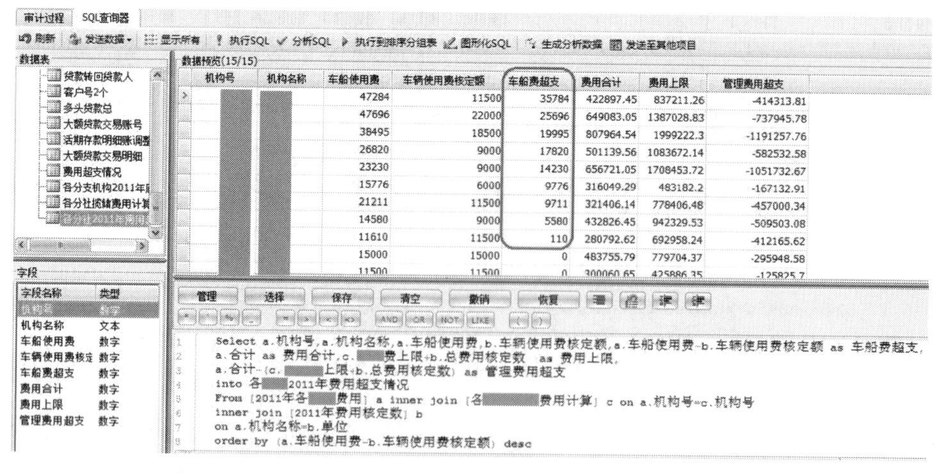

图 7　车船费超支语句执行图

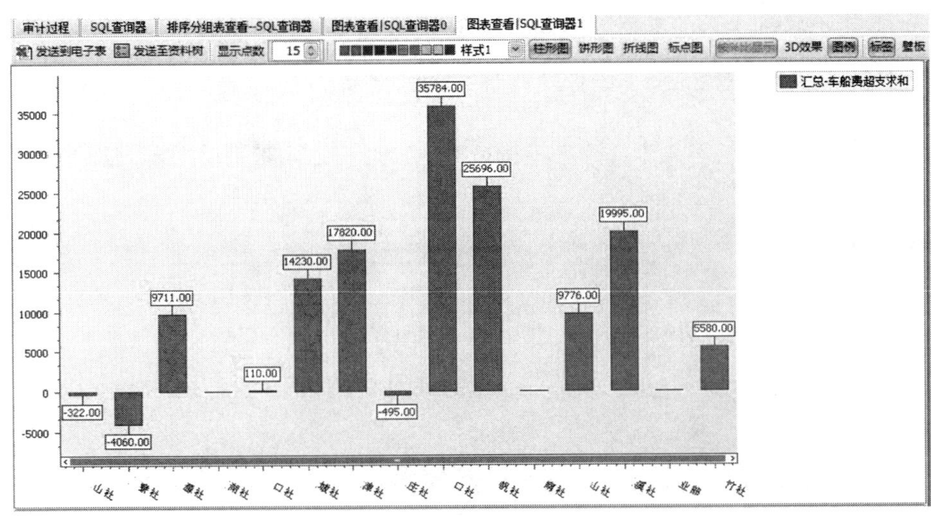

图 8　车船费超支结果图

审计结论：延伸审查证实部分下属单位超支的车船使用费为购买的汽油卡，用于发放给客户及上级检查组等。

4. 同类项目分析

同类分析法是指对于同一经营活动中同一类型的数据，虽然并没有规定其相互间存在一定的依存关系，但在实践中其中一种数据的变化会导致另一种数据的相应变化，所以导致两类数据间具有差不多相同的变化频率。通过这种同类科目之间的对比，可以证实数据的真实性、完整性，进一步验证数据间的一致性，这一方法主要应用于对费用的真实性审查。

（1）燃油费和过路费。燃油费和过路费因为都是车辆行驶过程中需要缴纳的费用，而行驶路线越长燃油费就越高，缴纳的汽车过路费也越高，所以应该具有差不多相同的变化频率，或即使有变化，差距也不会太大，通过这两种费用间的对比，验证费用的真实性，见图 9。

通过对 2011 年某单位燃油费和过路费进行对比，发现停车过路费全年并无太大变动，但 11 月和 12 月燃油费存在明显畸形变动状态。对燃油费明细账进行深入审查，发现 11 月、12 月报销汽油费比前几个月报销费用呈几何倍数增长，经核查该单位总共只有 9 辆汽车，其分支机构并没有配备相应车辆，而 9 辆车花费的汽油费是 2054721 元，相当于一辆车一年的汽油费就达到 20 多万元，从每辆车的行驶公里数上看也不可能有这么多汽油费（其中一辆猎豹牌运钞车的行驶公里数甚至为 0），且仅 11 月一个月燃油费支出

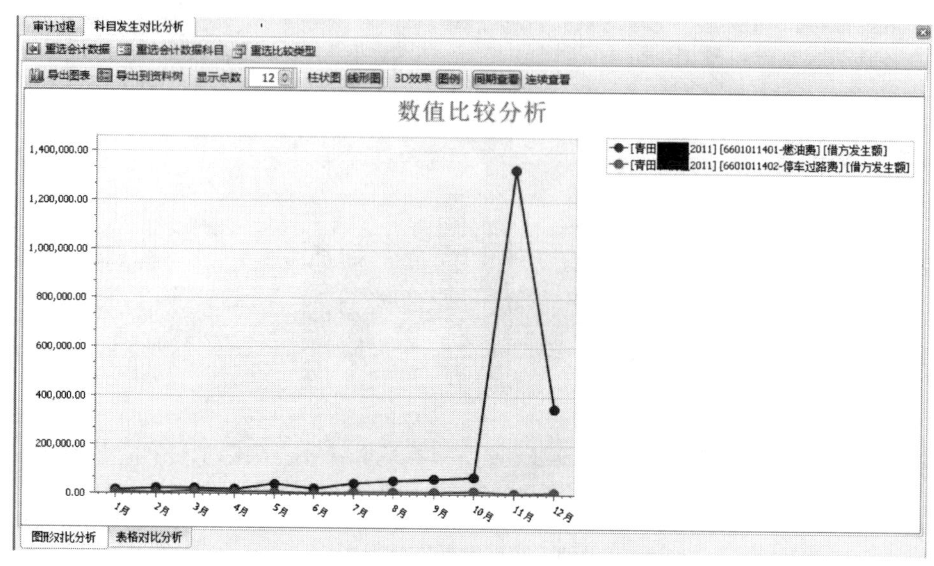

图 9 燃油费和过路费对比图

就达 1328011 元，12 月 351793 元，超高额的燃油费用引起了审计人员的注意，认为其报销的异常高额的燃油费存在虚列支出套取资金的嫌疑，见表 2。

表 2 车辆使用情况表

序号	使用单位	车辆名称	购置时间	固定资产原值	行驶公里数	车牌号
1	青田县 ****	奥迪轿车	2005/6/27	412758	203680	浙 KD ** 30
2	青田县 ****	本田雅阁轿车	2002/6/30	314786	217320	浙 KW ** 48
3	鹤城 ****	本田雅阁轿车	2005/12/21	249800	195000	浙 KB ** 73
4	青田县 ****	迪马运钞车	2006/11/30	250885	48370	浙 KR ** 97
5	青田县 ****	奥迪轿车	2008/7/22	382000	186360	浙 KD ** 28
6	青田县 ****	别克商务轿车	2008/7/22	369000	150880	浙 KB ** 08
7	青田县 ****	别克君越轿车	2009/8/17	271258	63180	浙 KR ** 19
8	青田县 ****	猎豹牌运钞车	2010/12/14	231204.07	0	浙 KR ** 62
9	青田县 ****	帕萨特轿车	2012/1/17	243531.33	5250	浙 KW ** 95

经过审计人员的仔细询问并说明其中存在的不合理因素，财务人员终于承认了 11 月和 12 月报销的燃油费中大部分为以汽油费名义报销员工的补贴。经核实，该单位在燃油费中列支员工交通费补贴共计 145.86 万元。该

单位提供了发放员工交通费明细，见表3。

表3 2011年12月部分员工交通费

序号	柜员号	姓 名	交通费	序号	柜员号	姓 名	交通费
1	932000 *	董 * 洪	7200	11	932011 *	林 * 峰	7200
2	932000 *	厉 * 勤	7200	12	932002 *	朱 * 伟	7200
3	932016 *	杜 * 华	7200	13	932000 *	郭 * 静	6000
4	932023 *	吴 *	7200	14	932007 *	王 * 平	7200
5	932009 *	汤 * 强	7200	15	932012 *	蒋 * 崇	6000
6	932007 *	傅 * 斌	6000	16	932000 *	邓 * 华	7200
7	932004 *	孙 *	7200	17	932001 *	邱 * 琴	7200
8	932006 *	孙 * 波	6000	18	932001 *	吴 * 云	7200
9	932007 *	林 * 英	7200	19	932016 *	徐 * 雄	7200
10	932016 *	李 * 华	7200	20	932001 *	叶 * 荣	7200

审计结论：该单位在燃油费中列支员工交通费补贴共计145.86万元，少缴个人所得税17077元，少缴企业所得税364650元。

（2）科研经费和技术交流款等。因为在某单位以往的审计过程中发现该单位存在将赞助费、回扣、返利等违规收入分别纳入科研经费、技术交流款、培训基金等科目核算等问题，故利用计算机审计，编写SQL语句，将科研经费、技术交流款、培训基金等收入汇总，审查该单位此类款项的收入是否完整。

```
Sql执行语句
SELECT (CAST(会计年份 AS varchar) +'年'+ (CASE WHEN 会计月份 <'10' THEN LEFT('0'+ CAST(会计月份 AS varchar),2) ELSE CAST(会计月份 ASvarchar)end) +'月')AS 时间,科目编码,科目名称,SUM(贷方金额) AS 金额
FROM 凭证库 WHERE LEFT(科目编码,5) ='30304' AND 贷方金额 >0 AND (摘要 LIKE '%公司%' OR 摘要 LIKE '%赞助%' OR 摘要 LIKE '%科研%' OR 摘要 LIKE '%技术交流%' OR 摘要 LIKE '%培训基金%' OR 摘要 LIKE '%厂%' OR 摘要 LIKE '%回扣%' OR 摘要 LIKE '%赠送%' OR 摘要 LIKE '%赞助费%' OR 摘要 LIKE '%返利%') AND (摘要 NOT LIKE '%拨入%')
GROUP BY 会计年份,会计月份,科目编码,科目名称
ORDER BY 会计年份,会计月份
```

审查赞助款三年分月变化，最后得到一张 2008 年至 2011 年的科研经费、赞助款等收入分月变化情况图，见图 10。

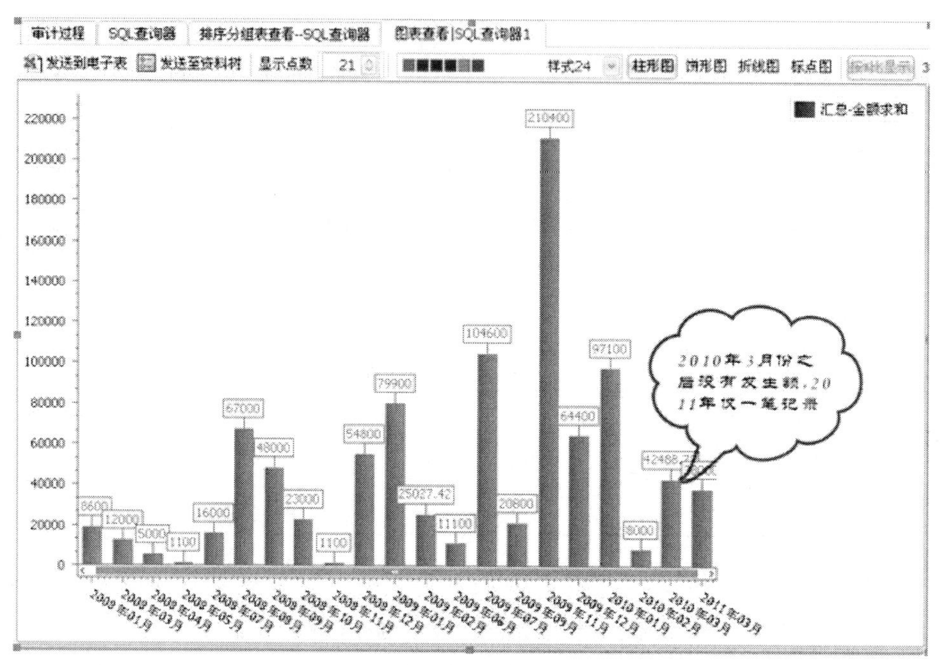

图 10　业务回扣等变动趋势图

分析上述图表的数据完整性，可以清晰地看到 2008 年和 2009 年科研经费、赞助款等收入在账中几乎每个月都有发生额，且这两年总数额较大，而 2010 年 3 月之后，几乎没有产生发生额，直到 2011 年 3 月只发生了一笔记录，且金额并不大。这种现象进一步引起了审计人员的注意，由此怀疑赞助款收入有转移核算的可能。

审计结论：通过延伸审计，发现该单位在 2010 年 3 月以后为逃避上级部门的检查，将账内的赞助费、回扣收入等近六十万元转入另行开设的协会账套，成立“小金库”用于相关人员的奖金福利开支等，而 2011 年 3 月的收入是对方单位因疏忽划入老账号产生。

（三）相互印证分析法

相互印证分析法是指利用不同来源的数据印证同一事项的准确、完整与否。为保证数据的准确性，仍然需要考虑是否因存在时间差的原因导致同一会计期间不同来源的数据产生差异，所以应尽量在分析核对不同来源数据的基础上，利用汇总后的数据，进一步验证不同数据间的一致性。这一方法主要应用于对收入、支出的完整性审查。如某基金收入可以通过财务数据、业务数据和地税征缴数据三个途径反映，那么通过这三个数据之间的汇总数据的对比，可以互相印证基金收入的完整性。因此，审计人员通过汇总财务每月收入入账数、业务数据每月实收收入和地税每月征缴数据，将财务数据、业务数据和地税征收数据进行跨数据库对比，审查收入是否及时入账，收入是否完整等情况。

通过计算机语句按月汇总某基金收入，并分别按照财务、业务和地税征缴三数据进行趋势分析对比，执行结果见图 11。

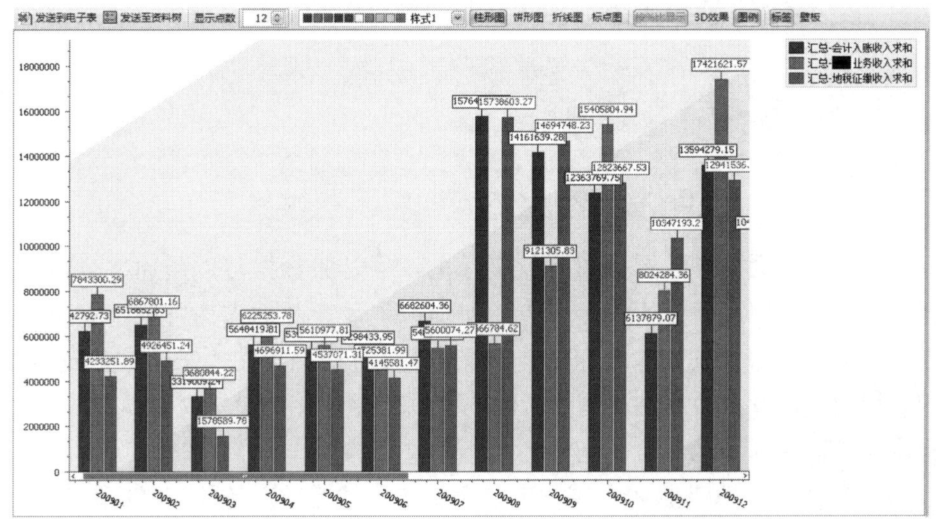

图 11　财务、业务、征缴收入分月对比图

其中 8 月和 9 月业务数据中收入比财务和地税征缴数据少，8 月业务数据中基金收入甚至比财务和地税征缴数据少了 1000 万元，但 10 月和 12 月业务数据中基金收入较财务和地税征缴数据中的基金收入多。为验证是否是因为入账上的时间差异，分年汇总财务、业务和地税征缴三方数据，审查全年数据的差额。执行结果见图 12。

审计结果：执行结果表明，按年汇总后则三方数据对比相差不大，证实了数据存在差异确实是因为存在时间差的原因。

（四）比率分析法

《审计技术方法》一书中，一般的比率分析法是指利用被审计单位的财务数据，计算一些通用的财务比率，并将这些比率与人们普遍认为合理的标准进行比较的方法。常用的财务比率主要有流动比率、速动比率、现金比率

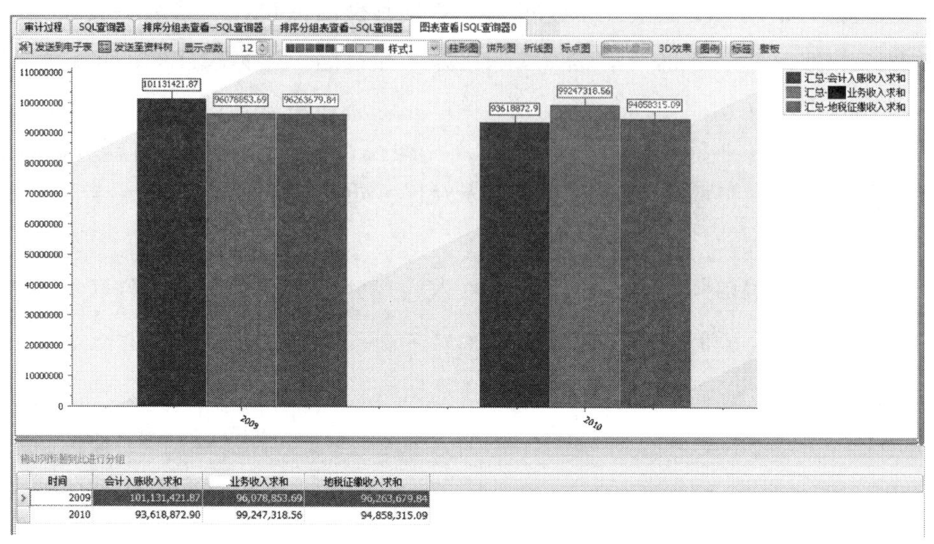

图 12 财务、业务、征缴收入汇总对比图

等对企业单位的财务数据分析。但实际上除了财务数据可以用比率分析法，业务数据也能用比率分析确定疑点。如国家审计涉及的多为行政事业单位、专项资金等，部分政策对经费支出、专项资金管理也存在关于比例方面的规定，利用针对业务数据的比例分析法，可以了解有关部门对文件执行到位的程度。如对基本养老保险调剂金与基本养老保险基金总额的比率关系审查。根据《浙江省城镇企业职工基本养老保险调剂金征集、使用和管理试行办法》（浙劳社险〔2000〕43 号、浙财社〔2000〕43 号）第三条规定“基本养老保险调剂金按各地征缴的基本养老保险基金总额的 1% 提取”，针对这一比例，审查不同会计期间上解的养老调剂金是否已经全部根据养老金收入的 1% 计提并上解。

利用计算机语句审查 2009 年至 2010 年社保调剂金收入每月收缴比例的变动情况（执行结果见图 13），2009 年 8 月以前，每月的调剂金比例基本上在 1% 左右，而 8 月以后，调剂金比例出现了比较大幅度的变动，如 11 月份甚至达到了 2%。

审计结果：经最终确认，比率变动的原因是因为 2009 年浙江省人民政府出台了《关于印发浙江省企业职工基本养老保险省级统筹实施方案的通知》（浙政发〔2009〕34 号），该通知第四条第（六）款规定为提高基本养老保险省级调剂补助能力，从省级统筹实施之月起，省级调剂金上缴比例统一调整为当期基本养老保险个人账户记账额以外缴费部分的 2%。由于图 13

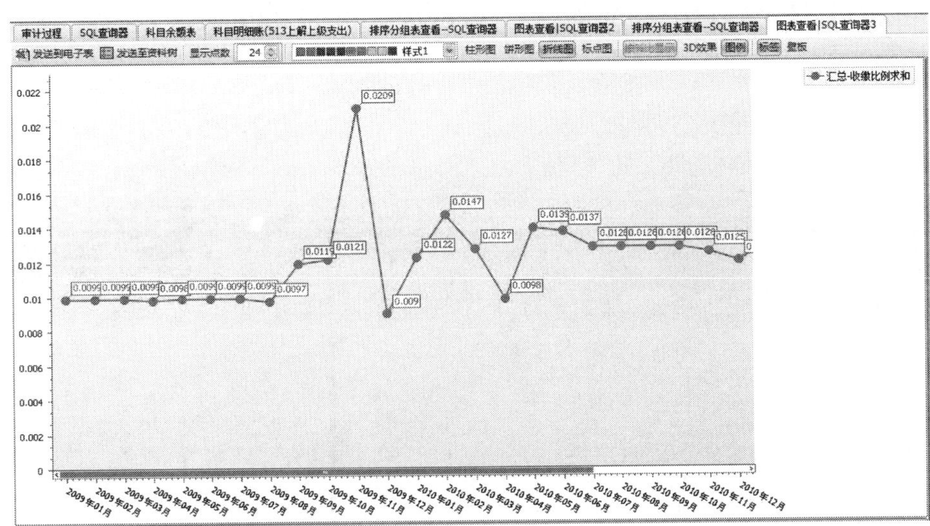

图 13　养老调剂金征缴比例变动趋势图

是根据基本养老保险基金总额计算的比率，而政策调整后的计算依据为当期基本养老保险个人账户记账额以外缴费部分，计算依据发生了改变；而 11 月因记账错误在 12 月调整，所以导致 11 月和 12 月图形出现较大幅度的变动。审计人员在审计时应随时根据政策的变化，调整分析性复核的预期值，避免因信息不正确而产生错误的分析结果。

（五）配比分析法

配比分析法是指审计数据中存在一部分按照法律规定存在一定联动关系相互依赖、相互影响的、可利用公式或模型、回归方程计算的科目和数据，通过计算，确定数据间变动是否在预期的区间范围内，从而确认审计疑点的方法。如收入和个人所得税、固定资产和累计折旧、基金等，审计人员可以通过审查这类数据在不同会计期间变动情况，分析累计折旧、个人所得税的计提等计算的正确与否。

1. 固定资产和累计折旧

在累计折旧计提政策不变的情况下，固定资产和累计折旧根据法律规定也存在联动关系和相应的计算公式，所以这类科目也可以通过回归分析对科目变动是否正常做出判断。如通过对某单位三年固定资产和累计折旧的图形变化情况发现 2007 年该单位 11 月有一笔近 4000 万元的固定资产入账，当期计提了一笔累计折旧，但其后累计折旧又有回落，而根据累计折旧的计提规律，除非有固定资产增加或报废，否则累计折旧将会在一定的会计期间保持固定数值，次月并没有固定资产的报废，累计折旧的减少引起了审计人员的注意，见图 14。

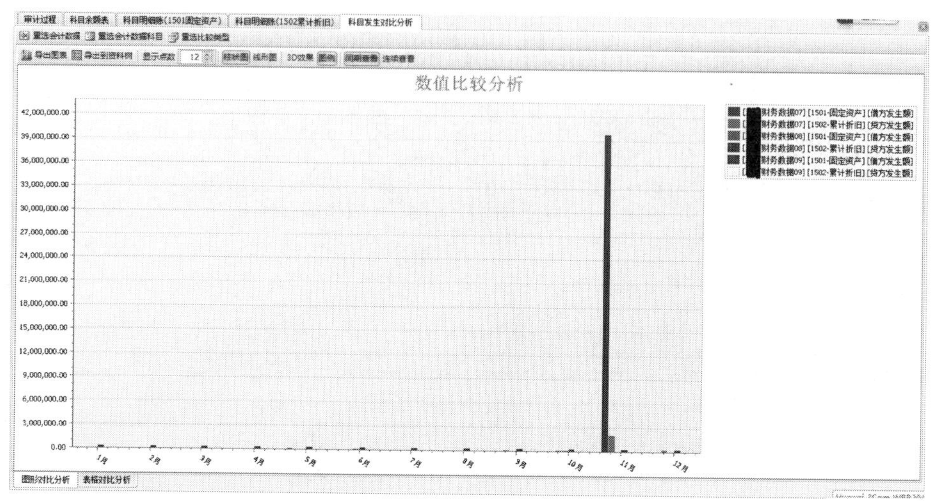

图 14　固定资产、累计折旧对比图

审计结论：经过审查，发现该单位 2007 年 11 月扩建工程一期固定资产入账 3976 万元，当月计提了当年 1 至 11 月的累计折旧 198 万元。该行为违反了《企业会计制度》（财会〔2000〕25 号）第三十七条关于“企业一般应按月提取折旧，当月增加的固定资产，当月不提折旧，从下月起计提折旧；当月减少的固定资产，当月照提折旧，从下月起不提折旧”的规定，2007 年 1 月至 11 月计提的一期工程折旧 198 万元应增加当期收益，补缴企业所得税 65 万元。

2. 工资和个人所得税

个人所得税是根据职工工资的一定比例计算缴纳的，当职工工资增加时会相应引起个人所得税的变动，所以这两类数据之间存在可计算关系。针对前述趋势分析法中职工工资性支出偏高情况，将该单位工资性支出中各明细科目进行分析对比（图 15）。审查发现 12 月职工工资畸高，所以重点应关注 12 月个人所得税缴纳情况。

将员工工资、福利费和应缴代扣所得税的借方发生额进行对比，由于当月发放的工资、奖金、补贴在次月扣缴，所以应将当月工资福利与次月个人所得税进行对比，9 月和 12 月应代扣代缴个人所得税并没有因 8 月和 11 月职工工资的增加而增加，而 12 月工资大幅度增长由于审计取得数据仅为 2011 年数据，需要延伸是否足额缴纳了个人所得税，见图 16。

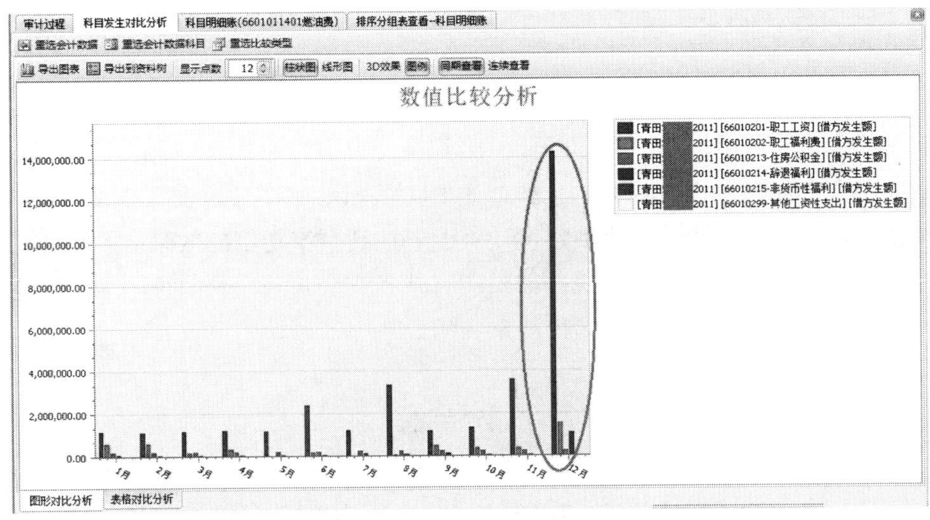

图 15　工资类明细科目对比图

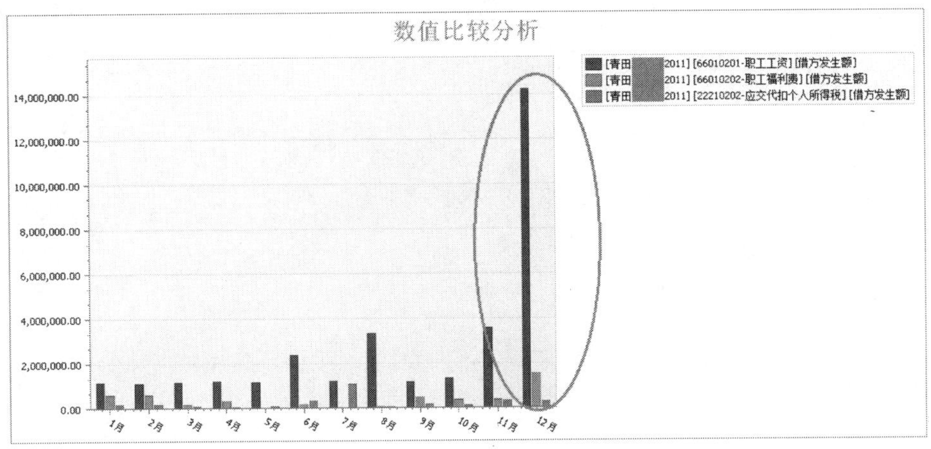

图 16　工资与所得税对比图

审计结论：审计人员对 8 月、11 月、12 月发放的职工工资和福利费个人所得税的扣缴情况进行重点延伸核实，发现 2011 年 12 月该单位发放职工年终奖，2012 年 1 月 20 日代扣员工 2011 年年终奖个人所得税 67 万元，7 月 31 日代扣领导 2011 年年终奖个人所得税 6.5 万元，个人所得税共计 73.5 万元未缴纳，审计发现后于 2012 年 9 月 11 日补缴。

三、研究结论

在实际情况中，分析性复核的各种方法并不是只能独立使用，而是可以相互融合、配合使用的，如趋势分析法和简单合理性分析法相结合、趋势分析法和比率分析法相结合等，合理、谨慎、熟练地运用分析性复核结合计算机技术进行审计，能够迅速锁定审计疑点，达到事半功倍的效果。

总之，对于审计人员来说，如果能够游刃有余地将分析性复核和计算机技术结合进行审计，将会大大提高审计的效率和效果。

参考文献

[1] 董大胜．审计技术方法[M]．北京：中国时代经济出版社，2005.

[2]《企业审计制度方法和技术建设》课题组．信息化环境下企业审计的技术方法［M］．北京：中国时代经济出版社，2011.

浅析投资联网审计的实现途径和发展趋势

审计署郑州特派办　陈四良
审计署计算机技术中心　曹洪泽
审计署投资审计司　宋　晖　蒋　沙

【摘要】　《审计署“十二五”信息化发展规划》中主要任务之一就是“积极探索和实施联网审计”，本文根据目前我国开展联网审计的现状，结合作者在投资审计工作中探索通过联网跟踪审计以促进工程建设合法、合规、有效等的具体做法和体会，从开展投资联网审计的背景、实现途径和发展趋势三方面进行了初步探析，推进投资联网审计的发展，充分发挥审计在维护政府投资安全方面的“免疫系统”作用。

【引言】　《审计署“十二五”信息化发展规划》中主要任务之一就是“积极探索和实施联网审计”，审计署要在中央部门预算执行、海关、税收、银行、企业、大型投资项目等重要行业实施联网审计，积极探索对中央财政预算执行、国家公共财政管理和公共产品服务、全国社会保险等重要内容的动态审计监测。而相比金融、企业、财政等审计领域，投资审计具有业务复杂、专业性强以及被审计单位涉及设计、施工、监理多个主体等特点，在投资审计领域开展联网审计的实现途径更复杂、面临的困难更大，实现投资联网审计的发展需要更大的推动力。

一、开展投资联网审计的背景

联网审计是信息化飞速发展的产物，不仅涉及审计手段的改变，而且对审计理念、审计方法、审计流程，甚至对审计人员的工作方式、思维方式都将产生深远的影响。审计署早在金审工程一期建设中，就提出了信息化建设要实现“从单一的事后审计到事中审计和事后审计相结合、从单一的静态审计到动态审计和静态审计相结合、从单一现场审计到现场审计与远程审计相结合”这三个转变的目标，这里的“远程审计”就是联网审计的雏形。同时，在中央预算执行审计中提出了采用“预算跟踪+联网核查”的模式，开始了联网审计探索。在金审工程二期建设中，开展了联网审计系统工程化，即在中央预算执行联网审计系统的基础上，进一步提升联网审计系统的功能，建设可适用多个审计专业的系统，探索海关、税务等财政审计业务以及金融、企业、社保审计业务的联网审计技术，并都取得了一定成效。

从我国开展联网审计的实践来看，在政府审计中启用联网审计的模式一般需要具备一些条件。第一，被审计单位信息化建设及应用水平较好，与财政财务收支有关的经济活动的开展要依赖于业务或财务信息系统来完成；第二，与被审计单位之间的审计关系需要保持一定的审计周期进行连续审计，或针对一个在建项目的周期进行有针对性的跟踪审计等；第三，联网审计要具备一定的技术条件，如数据量适中、采集周期内的增量数据适合用网络线路远程传输，或者被审计单位生产系统有忙时与闲时的切换、可从备份系统中导出数据、满足时效性的要求等；第四，开展联网审计的审计队伍需要配备一些有专业技术背景的审计人员或技术人员，按照审计目标与方案的要求开展联网审计数据的采集与分析；第五，联网审计一般要与现场审计充分结合，在联网审计数据分析平台上通过运行审计模型发现异常，检索问题线索，再去现场核查取证，落实审计情况，最终形成审计结论等。

在固定资产投资审计领域，审计对象往往涉及设计、施工、监理多个主体，信息化手段的运用受到各个被审计主体息化建设发展不平衡的制约；而审计内容又围绕很多项目竣工决算审计开展，决算完成后项目封闭，数据无需持续获取与持续监督检查，因此在投资审计领域对于联网审计的尝试较少。随着我国审计监督模式的变革，审计工作由事后审计向事后审计与事中审计相结合转变，审计署高屋建瓴地提出要对大型重点建设项目进行跟踪审计，这就为在投资审计业务领域开展联网审计提供了可能。同时，依托金审工程建设，也逐步积累了一定的投资审计信息化建设成果，发布了包括基础数据、测评数据、管理数据、行业数据、财务数据和审计数据 6 类数据标准的《投资审计数据规划》（计算机审计实务公告第 23 号），和包含建设项目投资决策审计、建设项目准备审计、建设项目建设管理审计、建设项目竣工审计、建设项目造价审计、建设项目财务收支审计、投资效益评价、行业审计方法和其他投资审计方法 9 类计算机审计方法的《固定资产投资计算机审计方法体系》（计算机审计实务公告第 43 号）等，一定程度上具备了开展联网审计工作的基础。

近年来，审计署投资审计司也选择在信息化系统管理较为完善、数据量较为适中的某集团公司工程建设项目审计中开始尝试开展联网审计，通过联网跟踪审计以促进工程建设合法、合规、有效，提高项目管理水平和资金使用效益，充分发挥审计的“免疫系统”作用，取得了一定成效，开启了投资联网审计的探索。

二、实现投资联网审计的主要技术途径

联网审计流程一般包括审计组网、数据采集与标准化、审计数据库建设、数据分析与处理、预警模型创建以及贯穿审计过程始终的联网审计安全支撑体系建设等，国家电子政务统一平台的建设，为联网审计创造了便利的条件，其中部分审计组网及审计安全支撑体系建设均可依托国家电子政务平台。投资联网审计就可以依托金审工程平台，主要连接业主单位网络和重点建设单位系统，随着社会信息化程度的普及逐步扩展到立项审批、初步设计、工程监理等单位，开展大型重点政府投资项目的审计工作，主要技术实现途径可归纳为审计组网、审计数据库创建、审计预警模型创建、审计落实取证四个步骤。

（一）审计组网

审计组网的重点是联网审计架构设计与环境搭建，是开展联网审计的先决条件，主要包括通过建立审计机关与被审计主体单位的信息系统连接通道的网络架构设计，和实现对投资行业联网审计应用统一作业平台的软件架构设计，主要为审计组提供联网审计环境。

1. 联网审计网络架构设计

网络架构设计是指在联网审计过程中，将审计与被审计单位之间通过网络，利用合理的拓扑方式进行物理连通，支持网络作为渠道实现数据采集、分析及预警的过程。由于审计人员直接操作被审计单位数据库，存在审计风险，一般应用在被审计单位端设置审计前置机的模式，在业主、施工、设计等项目管理主体单位机房安放审计前置机，前置机的一个网卡与主体单位内网相连，另一个网卡与审计机关相连，并通过单刀双掷网络开关的闭合方向来进行控制。在需要采集数据时，连接主体单位的内网；在需要回传数据包时，经广域网络互连专线连接至审计机关。审计组驱动前置机，按照事先设置的计划任务定期进行数据的自动采集、加工处理及传输。审计组按照安全

管理要求，将审计应用服务器及数据服务器放置在审计机关，并为审计组成员配置客户端权限，进行数据分析及模型编制，真正实现（亚）实时异地远程联网审计。

2. 联网审计软件架构设计

联网审计软件架构设计就是要建立审计作业统一平台，主要包括统一支撑平台层、可复用组件层、联网审计应用层等，实现对投资行业的联网审计应用。其中审计作业统一支撑平台提供基础框架，并允许在此之上扩充和定制功能；可复用组件层为审计过程的每一个环节相应提供了一批可复用的工具组件，包括数据采集组件、审计预警组件、审计分析组件、资料管理组件、报告组件、疑点组件等；联网审计应用层建立在审计作业统一支撑平台和各种可复用的工具组件的基础上，根据具体业务需求，订制开发专业应用工具从而形成行业联网审计应用。

（二）审计数据库建设

审计数据库建设的重点是标准数据库的建立与审计数据的入库，是开展联网审计的基础，主要包括符合《投资审计数据规划》（计算机审计实务公告第 23 号）统一标准的投资审计数据库建设、被审计单位投资项目的工程和财务等电子数据采集并标准化转换到审计数据库等，主要为审计组提供联网审计资料。

1. 统一标准投资数据库创建

投资数据库创建是按照投资审计业务的特点，以现代审计理论为指导，通过业务建模与数据建模的结合，抓住同一业务类型审计数据的共性特征，选择、抽取、关联出适当的符合行业审计思路的数据，按照投资审计数据规划整理完善建立标准的投资审计数据库的过程。审计署发布的《投资审计数据规划》（计算机审计实务公告第 23 号）为统一标准投资数据库创建提供了依据，分为基础数据、测评数据、管理数据、行业数据、财务数据和审计数据 6 类数据标准，比如基础数据包括项目审批、业主、勘查设计、施工、监理、供货商等单位基础信息以及项目类型的基础信息等，行业数据包括对铁路、公路、民航、水利、电力等不同行业分别建立标准数据指标。

2. 联网审计数据采集入库

联网审计数据采集实现采集工程管理的进度、质量、合同、财务、设计、文档、物资设备、安全、施工区、成本等各方面各阶段重点数据，并转化为符合投资审计数据规划的标准数据，导入投资审计数据库的过程。在投资联网审计数据采集的过程中开发审计数据采集接口程序起着极其重要的作用，实施联网审计监督的主要特点是时效上的亚实时性，审计人员可根据被审计单位元数据预制表结构，开发专用的数据采集转化工具实现审计数据的定时或时时自动转换入库。审计数据采集接口一般放置在审计前置机上，作为从被审计信息系统向审计应用系统传送审计信息的规范和程序，建立获取被审计单位原始数据的通道。审计数据采集接口程序实现的主要功能包括由时间触发定期检测被审计单位数据变动情况、有计划地采集数据、同步增量数据、验证数据的完整性、数据转换与标准化、传输标准数据到审计应用服务器等。

（三）审计预警模型创建

审计预警模型创建的重点是实施审计分析与固化审计经验实现在线审计，是联网审计的实施阶段，主要包括对审计数据库中采集到的数据进行审计分析、初步得出审计结论，并把分析过程建立为审计模型，实现对新增数据进行自动审计预警，主要是审计组实施联网审计的过程。

1. 数据分析与处理

联网审计中的数据分析与处理是在审计数据库建设的基础上进行的联机查询分析，通过对数据信息的多种可能的观察形式进行快速、稳定、一致和交互性的读取，来为审计人员提供数据决策的依据。同时，结合现场审计落实数据分析结论的可靠性，并把审计结论正确的数据分析过程形成计算机审计方法，为实现审计预警提供支撑。目前《固定资产投资计算机审计方法体系》（计算机审计实务公告第 43 号）已经包含建设项目投资决策审计、建设项目准备审计、建设项目建设管理审计、建设项目竣工审计、建设项目造价审计、建设项目财务收支审计、投资效益评价、行业审计方法和其他投资审计方法 9 类若干计算机审计方法，可以初步建立投资审计预警指标，实现投资联网审计。

2. 审计预警机制建立

审计预警功能是联网审计区别于常规审计的最重要体现，主要是实现审计经验的复用与共享，对被审计单位信息系统数据进行实时或者亚实时的核查并动态预警，能够体现联网审计的优势，有效发挥审计的预防性作用。在联网审计环境下，预警功能的技术实现途径主要有数据验证、多维数据分析和数据挖掘三种方式。

数据验证技术适用于对结构性比较好的数据、算法明确的问题进行预警分析：一是根据法律法规的具体规定，设置筛选、分组、统计等条件，建立预警模型对反应具体业务内容的特定字段用数据库查询语言对数据进行检索，以判断数据所反映的行为是否符合法律法规的规定，如先签合同后施工，设定两个日期字段进行判断等；二是对存在某种明确钩稽关系的数据，按照内在联系进行相互验证，方便、快捷地进行复算、核对，达到分析问题、发现线索、发出预警的目的，如资产负债表的资产合计应等于负债与所有者之和等。

多维数据分析技术是对审计数据进行多角度的观察，以多个角度的灵活组合来观察数据，获得对数据的更深入了解的一类软件技术。多维数据分析技术从多个角度进行数据分析的特点，恰恰与审计最常用的分析性复核测试程序的业务特征相吻合，所以多维数据分析技术是一种有效支持审计业务的技术。运用多维数据分析技术能够从不同角度对当前和历史数据进行趋势分析、对比分析、相关分析、结构分析等，实现对有关数据的多角度、多层次的动态立体探查，以发现不符合业务规则的指标。多维数据预警分析模型主要是根据被审计单位业务逻辑关系建立预警模型，利用被审计单位某些业务指标在一定时期相对稳定的特点来设立预警指标，如对不同标段、不同厂家同类物资设备价格指标进行分析判断，发现异常波动，从而达到发现审计线索的目的。多维数据分析能够有效解决半结构化问题的预警问题，其预警指标的选择与被审计单位的业务特点密切相关，预警指标参数值并不固定，需要运用数理统计等方法估计预警指标参数值，或者根据审计人员的经验来确定。

数据挖掘技术是一个利用各种分析工具，在海量数据中发现模型和数据间关系的过程，数据挖掘具有良好的自组织、自学习和自适应能力，因而特别适用于处理复杂问题和开放系统。数据挖掘借助人工神经网络、遗传算法、决策树等数据挖掘技术和方法，来挖掘这些数据的关联规则、特征规则、分类规则、聚类规则、离群数据、序列模式，或者进行数据总结、趋势分析、偏差分析和回归分析，以发现可疑数据，并进一步对可疑数据进行审计。与数据验证技术相比，数据挖掘技术对非结构化问题分析更加有效，但在审计实践中数据挖掘技术还处于初步的探索阶段。

审计预警功能的实现主要是将计算机编程技术与审计建模思路融合，将审计数据分析与处理过程通过编程进行固化，形成审计专家的审计判断经验模型，嵌入投资联网审计系统实现审计预警。

（四）审计落实取证

审计落实取证阶段是将投资联网审计分析预警的疑点结果结合现场审计进行落实，取得审计准则规定的审计证据，是开展联网审计的成果体现，可以包括疑点落实、现场取证以及审计问题的跟踪整改等事项，与常规审计基本一致。

通过上述四个技术步骤，实现了联网审计的方法设计，之后的在线审计过程就可以实现自动运行，利用在前置机上部署的数据采集接口程序的定时作业，首先调用网闸切换程序，将网络连接切换到被审计端，开始采集原始数据或者增量数据；采集成功后再进行数据加工，生成满足数据规划条件的数据库；网闸切换程序将网络连接切换到审计端；前置机软件将压缩的数据包通过 FTP 回传到投资联网审计的数据库服务器上；在数据库服务器上的数据装载程序定时启动，解压数据包并将数据包装载到投资联网审计的业务数据库中；投资审计联网审计系统服务的计划任务定时对查询模型中所使用的临时表进行更新、执行预警模型产生预警结果；最后审计人员通过审计终端登录投资审计联网审计系统，就能通过运行查询模型、多维模型、预警模型查看最新的数据，及时发现审计疑点，完成审计任务，真正实现（亚）实时异地远程联网审计。

三、投资联网审计的发展趋势探析

联网审计通过网络互联，借助现代信息技术，采用人机结合，对被审计单位进行远程审计，代表了现代审计发展的方向，随着审计信息化的发展和投资行业信息化水平的不断提高，投资联网审计代表了信息化环境下投资审计的真正未来。

（一）投资项目管理行业信息化水平逐步均衡发展，投资联网审计的实施环境不断优化

项目单位信息化水平的高低，是实现投资联网审计模式的决定条件，只有财务和业务信息通过信息系统电子化管理，使得数据信息得以共享和交流，联网审计才有可能实施。而投资项目建设包括可行性研究、立项、设计、施工、监理、竣工决算等过程，被审计单位除了业主之外，涉及多个主体单位，目前我国各个单位的信息化建设在地区之间、层级之间、行业之间存在较大差异，特别是施工、监理企业多数都仍是手工管理，信息化发展极为不平衡，极大地阻碍了投资联网审计的发展。随着我国各行业信息化建设的深入发展，以及审计也在不断推进政府、企业的信息化建设，要求各被审计单位在开发自己的信息系统时，对于所有涉及经济和财务会计业务处理的计算机系统要为经济监督部门提供数据接口等，投资联网审计的实施环境将

得到不断优化。

（二）投资联网审计标准数据库建设逐步完善，投资联网审计的实施范围不断扩大

联网审计环境下，审计的主要对象是从被审计单位信息系统中采集来的原始数据，数据质量的优劣直接决定审计质量。根据投资联网审计实践，不断完善投资审计数据规划，加快建设完善投资审计标准数据库，可以使审计机构规范投资审计项目的数据采集，提高数据质量。同时，投资联网审计的主要目标就是建立审计预警模型，实现审计经验的复用与共享，实现自动审计预警，而审计预警模型必须是建立在标准的数据库基础之上，逐步完善投资联网审计标准数据库建设，可以使审计机构更有效地固化审计经验，完成审计任务。随着投资联网审计标准数据库的建立，以及投资管理信息化水平的不断提高，可以编写铁路、公路、电力、水利等不同投资项目数据采集接口，把多行业的财务和业务数据转换导入标准的审计数据库中，逐步实现投资项目联网审计的全覆盖，极大地提高审计质量和效率。

（三）投资联网审计技术培训不断加强，胜任投资联网审计的复合型人才队伍不断壮大

目前我国审计信息化经过十多年的发展，计算机技术已经广泛应用于审计人员的日常审计过程中，但是很多审计人员的审计理念还停留在传统的审计方法和模式上，开展联网审计的意识还不强；同时联网审计又是会计、审计、信息系统、网络技术和计算机应用的交叉学科，与开展联网审计要求相适应的兼具工程、审计、计算机等综合技能的投资审计人员紧缺。要推动联网审计的发展，就必须统筹规划在职人员培训和未来人才培养，一是对在职审计人员的培训，要加强计算机审计技术的学习，加强计算机审计骨干培训和计算机审计高级人才的培养相结合，打造一支素质较高、梯次健全、适应计算机环境下联网审计工作要求的审计干部队伍；二是对未来审计人员的培养，应在高校会计审计等专业教学计划中增加联网审计的内容，培养联网审计观念和思维，最终培养一支具有一定联网审计理论水平，并掌握网络审计技术的新型复合型审计人才队伍，不断推进我国审计事业的发展。

（四）投资联网审计立法研究逐步深入，投资联网审计制度体系不断规范

相对于传统审计模式，联网审计的对象、方法、流程、结果等各方面都

发生了变化，使原有的审计准则体系和法律法规体系已不能完全适应、指导和规范联网审计的实践。如按照现有审计法规，审计机关是否具有与被审计单位联网的权力、是否具有随时获取被审计单位数据并进行审计的权力等，被审计单位是否有配合联网采集数据的义务、是否有接受审计发现问题整改的义务等，都是联网审计工作中应重视的法律问题。目前我国有关计算机审计的规范也大多是原则性的，难以完全解决网络活动中出现的新问题，随着联网审计的逐步深入，将逐步在原有的审计标准和准则的基础上，建立一系列与新情况相适应的联网审计标准和准则，加强联网审计的立法工作的力度和进度，使联网审计工作有法可依、有章可循。一是坚持在审计实践的基础上，研究制定联网审计的标准与规范，逐步建立和完善适应信息化要求的审计业务操作管理标准和联网审计制度体系；二是在制定标准和准则时考虑我国国情，政府应结合联网审计的实践，遵循国际规则和标准，使其制定的联网审计各种规范既能指导联网审计的发展，又不会抑制联网审计实践的创造性。

投资联网审计工作有起点没有终点，是根据审计发展需求循序渐进、持续发展的过程，投资联网审计促进项目管理信息化水平的提升，项目管理信息化水平的提升又对投资联网审计提出了更高的要求，两者相互促进、共同提高。随着全球信息化浪潮的不断扩大，传统的审计监督职能经历了来自被审计单位信息化建设迅猛发展的挑战，审计机关应紧紧抓住审计信息化平台建设带来的网络化和数据集中化等有利条件，积极探索开展投资联网审计工作的方式，建立统一的政府投资项目审计目标、审计内容、审计流程、审计模式，集中采集审计数据，建立共享数据库，更好地履行审计监督的职责，维护规范工程建设领域市场秩序，为维护政府投资安全和国家经济可持续发展做出积极的努力。

参考文献

［1］曹洪泽，刘强．联网审计及其关键技术研究［J］．北京理工大学学报，2006（7）．

［2］宋英．联网审计初探［J］．审计与理财，2011（8）．

［3］陈伟．联网审计技术方法与绩效评价［M］．北京：清华大学出版社，2012.

第三类：持续推进现代审计组织管理方式发展研究

浅议信息化条件下审计业务模式应用

安徽省宿州市埇桥区审计局　王　伟

【摘要】　信息化的飞速发展在审计信息化建设中的应用，伴随着技术环境的变化，推进了审计业务的发展，审计模式也发生了变革。本文主要以信息化条件下审计业务为中心的审计管理模式进行探索，通过科学化、规范化、制度化、人性化的现代审计管理体系，构造以审计业务流为核心的全新审计管理模式。

【引言】　信息化是人类社会实现可持续发展的必由之路。信息化的飞速发展在审计信息化建设中的应用，伴随着技术环境的变化，推进了审计业务的发展，审计模式也发生了变革。

一、审计业务模式的含义

审计业务模式，主要是指审计主体在信息化条件下运用现代管理手段，对审计业务活动及其所体现的审计关系所进行的计划、组织、指挥、协调和控制，包括审计计划模式、审计业务管理模式、审理工作模式等。

利用审计业务管理模式进行审计，有利于避免或减少审计风险，保证审计工作的质量，提高审计工作效率等。

二、信息化条件下审计业务模式应用的必要性

发挥国家审计“免疫系统”功能是国家审计目标的新定位，要求国家审计从维护公平正义为主的“制约性”审计向维护公平正义的“制约性”审计与关注责任和绩效的“建设性”审计并举转变，要站在更加宏观的层面，

及时发现、化解和防范影响经济社会健康安全运行的各类风险，发挥更具建设性的作用。

信息化条件下审计业务模式的发展正在形成和深入应用阶段，在审计资源集成、信息集成、功能集成、过程集成和组织集成基础上，通过整合与优化，建立一体化的集成系统；在完整、先进的信息技术解决方案基础上，实现审计机关在审计监督、审计管理、电子政务以及信息交流等环节的一体化，全面提高审计业务与审计管理的质量与效率。

（一）提高审计工作效率

管理学认为，保证效率的关键在于合理的组织架构、科学的流程设计、有效的信息反馈机制。具体到目标既定的审计项目，审计管理的重点是利用有效的审计信息反馈机制确保审计项目按科学的流程实施。

（二）保证审计成果有效产出

审计成果的有效产出即是审计成果的有效应用与转化。管理学认为，一个产品只有符合市场需求才能转化为商品，实现价值，而产品满足需求的程度，关键是产品质量。因此，保证审计成果有效产出，实现审计价值，关键是提供符合需求的审计成果，并将其满足需求程度作为评判审计质量的标准。一直以来，不少人片面地认为，按程序规范操作就能确保审计质量。其实，按程序规范操作只是保证了审计成果的产出有效，高质量的审计成果还要求必须能最大限度地满足使用者的需求。研究审计成果使用者的需求、保证审计成果效益最大化是确保审计质量、建立科学审计质量控制体系的基础。

（三）保证“免疫系统”功能充分发挥

保证国家审计“免疫系统”功能充分发挥，必须将国家审计总体目标分解落实到每个具体的审计项目中，保证具体审计项目围绕总体审计目标发挥作用，其中科学的审计计划决策机制和审计成果应用机制是分解落实总体目标的关键环节。

可见，科学的审计业务流程、有效的质量控制体系、健全的审计信息反馈机制、合理的组织架构及科学的审计计划决策机制和审计成果应用机制是实现审计业务有效管理的关键。

三、信息化条件下审计业务模式应用

（一）信息化条件下审计计划模式应用

审计计划是审计机关组织管理审计业务活动的主要依据，也是体现审计管理水平的重要标志。在信息化条件下，建立以审计计划管理为龙头的科学的审计业务管理模式，审计机关应紧紧围绕党委、政府工作中心，准确把握审计工作重点，科学制订审计项目计划，提高审计计划管理水平，充分发挥审计计划在推进审计转型升级中的龙头作用。

1. 建立完善的审计资料数据库

建立审计资料数据库，是制定审计机关年度工作计划的需要，通过对被审计单位实际情况的分析，查找出影响经济运行的关节点，找准经济运行过程中存在的主要问题，有针对性地制订具体的审计项目计划，统筹安排力量，把审计的重点放在风险较大的单位和部门，充分发挥审计监督的作用。数据库具体内容有被审计单位（项目）名称、法人代码、单位性质、管理体制、机构设置、人员编制、财政财务隶属关系或国有资产监督管理关系、职责范围或经营范围、历年审计时间、审计类别等相关内容。另外，可以利用现代网络信息技术收集资料数据。审计机关和人员通过从互联网上搜集一些有关单位相关信息，补充数据库；同时，还要积极争取金审工程网络工程建设，在不远的将来可以与金财、金税、金保等网络工程对接，以便审计机关直接从专业网络上获取审计相关数据资料。

2. 编制科学的年度审计计划

审计计划管理的核心是计划编制，计划编制的原则和要求就是“围绕中心、服务大局”。审计计划要紧紧围绕国家经济工作重心、地方党委政府的中心工作、上级审计机关的工作重点和经济社会生活中的热点、难点等事关人民群众切身利益的民生问题展开，有效发挥审计服务政府决策的参谋助手作用；充分考虑现有的审计力量情况，制订与实际审计力量相符的审计项目计划，并根据具体审计任务来合理配置审计资源，为科学编制审计计划奠定坚实的基础；同时广泛征求听取各级各阶层对年度审计项目计划的意见建议，特别是充分利用信息化手段，拓宽与审计计划相关的信息渠道，广泛收集信息，编制科学合理年度审计计划，不断提高审计计划工作的质量和水平，更好地发挥审计监督作用。

3. 实行动态管理审计计划

制订年度审计项目计划执行情况动态表，主要有审计项目名称、审计开始时间、审计结束时间、审计类型、审计组人员组成及分工情况等内容。对所有审计项目计划实行全程记录，能够直观地反映审计项目计划现场实施动态情况，实行定期公开通报执行情况制度，以便实时进行质量控制。同时，对现场审计实施系统 AO 与审计管理系统 OA 交互情况进行检查，强化审计机关对审计现场的调控能力，切实加强审计计划执行的动态管理。

（二）信息化条件下审计业务管理模式应用

信息化条件下，审计业务管理的模式实行复合型组织结构模式，组织内部机构进行整合创新。

1. 整合优化审计资源

实现审计资源整合的最优化，审计资源整合是将审计资源进行合理配置，使审计资源形成最优化组合，其目的是便于审计机关制定出适合审计工作发展的有效策略和计划。信息化条件下合理整合审计资源，是信息化发展的必然要求。根据审计资源的分类，审计资源整合在信息化条件下应包括以下几个方面的内容：一是建立审计信息资源库。审计信息资源是信息化条件下审计工作赖以生存的信息资源，是保证审计工作顺利进行的前提和基础，信息资源库必须按照不同的要求组织好各类审计信息，使其成为有序的信息群，最大限度地向各部门提供其所需的信息。同时，通过信息资源库的信息管理与共享，有利于实现审计机关内部的电子化和网络化，审计机关部门之间的信息共享和实时通信以及审计机关与被审计单位等之间的信息交互。二是合理设置审计信息化条件下的审计组织机构。随着计算机信息处理技术应用的普及和日趋成熟，所有的经济活动都将通过计算机处理，所有的审计人员都必须具有审计任何一种计算机会计信息系统的能力，传统的计算机辅助审计下将计算机审计管理机构作为一个独立部分已不适应时代发展的要求，信息化条件下应该将计算机审计部门与审计小组融为一体，因此，建立完全的计算机审计机构是信息化条件下审计管理创新的发展目标。三是加强审计人力资源的整合。信息化条件下，审计人员要熟悉审计的基本理论和方法，能够利用规范和先进的审计技术，还要掌握一定的信息系统的软件和硬件的开发、运营、维护、管理和安全知识。所以，针对信息技术的快速发展，要不断对现有偏重审计业务的审计人员进行计算机技术的培训，对偏重计算机操作的人员进行审计理论与方法的培训，使每个人都成为复合型的审计人才，能够出色地完成审计任务。

2. 实行联网审计

目前审计机关已经开始实现对具备条件的被审计单位在网络互联环境下开展联网审计。现阶段，基层审计机关联网主要有两种：一是与集中会计核算、集中资金管理的数据大、集中的信息系统进行联网，如县区财政的联网等；二是审计机关与被审计单位进行联网。联网审计实现了实时审计和远程审计，能更加高效率地进行数据采集和分析，使审计监督逐步从事后审计向事后与事中审计相结合转变，从静态审计向静态与动态审计相结合转变，从现场审计向现场与远程审计相结合转变。这些转变有利于优化审计资源配置，提高审计工作质量和成效。

3. 构建财政审计大格局，推进政府绩效评价和决策管理水平

构建财政审计大格局是贯彻科学发展观的具体体现，是加强和深化财政审计工作，落实审计工作五年发展规划提出的财政审计目标的重要举措，是克服目前财政审计力度不够、资源分散、层次不高等问题，最大程度发挥审计“免疫系统”功能的迫切需要，是促使财政审计从体制、安全、绩效的角度来审视国家财政运行系统，推动财政体制改革、保障财政安全、提高财政绩效水平的重要途径。

4. 推进审计整改制度

为推进审计整改制度化、规范化，建议各级审计机关建立健全分级负责、报告、联动、核查、督查、问责、公开、考核的“八项机制”，实现责任落实、工作推进和结果运用的全覆盖。审计机关采用审计专题报告形式向政府和人大报告、联合督导和查处等多种方法手段，提高审计整改到位率，扩大审计影响，树立审计形象，提高审计公信力，维护审计监督的权威性和严肃性。坚持“四项制度”，加大审计整改力度。一是实行审计整改报告制度。要求被审计单位将审计决定的执行情况和审计整改结果报告书面报告审计机关，并提供佐证材料，促使审计发现问题整改落实到位。二是实行审计整改联动制度。建立由政府主管领导牵头，纪检监察、财政、人社等部门参加的整改工作联席会，依据审计决定等法律文书提出的意见，研究审计整改工作的难点问题，落实审计整改责任。三是实行审计整改跟踪检查制度。在审计报告、审计决定书和审计移送处理书送达之日起 90 日内，对审计整改情况进行跟踪督促检查，并深入被审计单位调查核实，填写《审计落实情况督察表》存入项目档案。四是实行审计整改问责制度。对不按规定期限和要求进行审计整改的单位，将相关情况通报，由监察部门进行责任追究。对审计查出问题整改落实不力、造成重大影响或损失的部门和单位，按照相关规定对有关责任人进行问责，坚持整改到位，促进审计整改工作有效落实。

5. 推进审计结果公告制度

实行审计结果公告是推进依法治国、依法行政，促进审计监督职能充分发挥的重要手段，它有利于社会公众及时了解审计结果，增强审计的透明度，扩大审计的影响力，对审计的发展具有非常重要的意义。由于审计署的

强势推动，这在审计理论界和实务界都达成了共识：审计结果公开是民主法制建设的重要内容，是促进依法行政的得力手段，审计结果全面公开是一种必然趋势。

虽然建立完善的审计结果公开制度体系还需要相当长一段时期，但是近几年来，审计署的审计报告都是第一时间在审计署官方网站上全文公布审计和审计调查结果，审计发现问题的整改情况一年比一年好，从中看到了审计署施行审计结果公告坚实有力的步履，也看到了审计结果公告对民主与法制建设的巨大推动作用。这个实实在在的效果，让地方的人大、政协机关也要求政府上行下效，公告审计结果，审计结果公告的政治生态环境趋向优化。

实行审计结果公告制度，一方面可以增加审计的透明度，增强审计行为的公开性，扩大审计影响，使得社会各界更加了解审计；另一方面实施审计公告制度以后，对审计本身也是一种强有力的监督。因此，做好审计结果公告，具有一定的现实意义。①实行审计结果公告制度是审计机关贯彻落实《中华人民共和国审计法》的实际行动，对促进政府部门依法行政具有积极的促进意义。公众的知情权、参与管理权和对政府工作的监督权要保护，政府的办事程序、办事效果等应该让公众知道，落实到审计机关就是实行审计结果公告。②实行审计结果公告制度是提高审计质量和促进审计干部提高业务素质的需要。审计公告制度的推行对审计人员的工作质量和工作要求提出了更高的要求，审计的程序，审计的定性，审计的处理、处罚等必须合法、准确和适度，向社会公布的审计报告必须保证事实确凿、证据充分，所作出的审计评价和结论经得起社会公众的推敲，处理、处罚宽严尺度的把握、一致与公正经得起社会公众的检验，这就从客观上要求审计人员提高业务素质和工作水平，提高审计工作质量。③实行审计结果公告是监督审计结果执行的重要途径。审计是综合经济监督部门，审计决定书具有无条件执行力，但现实情况是有部分审计决定得不到有效执行，有的审计意见落不到实处，审计的权威性和审计的成果体现不了。实行审计结果公告依靠人民群众和社会舆论监督，在某些时候比靠审计机关加强跟踪检查和督促、催办更具有威慑力。

（三）信息化条件下审计审理工作模式应用

审计质量是审计工作的生命线。认真贯彻执行审计法实施条例和国家审计准则的规定，是加强质量控制的现实需要。

1. 整合审计资源，合理调配审理力量

科学调整人员分工，充实审理人员，增加审理人员比例，增强审理力量，进一步推进审理工作。一是扩大审理队伍，让大量具备专业资质和丰富经验的兼职审理人员参与到审理工作中来，将会提升审理工作的专业性和权威性；二是注重集体决策，建立集体审定审议制度，按照民主集中制原则对审定审议事项实行集体讨论，注重展现和吸收不同意见，确保做出的结论科学合理、符合客观实际，保障了科学决策、民主决策，增强审理意见的权威性和公信度。

2. 实施二次审理

一是审计项目实施二次审理制度，实现过程、结果双控制，审理工作分为前置审理和二次审理两个阶段。前置审理是以审计实施方案为基础，重点关注审计现场实施资料，即审计证据的获取、调查了解记录及审计工作底稿的编制等资料。在审计组提交征求意见书之前进行审中控制，为审计质量的把握提前了时间；同时，可在审计组进点一个星期后安排审理人员对项目现场审计工作开展跟踪审理，确保在现场审计过程中完成对审计人员执行审计实施方案、审计程序情况和取得的审计证据、编制的审计工作底稿的审理。现场审计实施工作结束后，要充分利用前期跟踪审理工作结果，对审计报告的各项内容和征求、采纳被审计单位意见情况进行认真审理，提高审计报告审理的工作效率。二次审理是在前置审理的基础上，以审计文书类资料为核心，复核审计结果类文书的合法、合规性，文书使用的法律法规准确、恰当性。二次审理实现了审中及审后环节的“双复核”制度，从而进一步规范审计行为，提升审计项目质量。三是全面推行审计项目全过程的电子化管理，实施审计项目电子化流程管理“审理+复核”制度。在审计过程中，审计组根据审计机关制定的《AO－OA 交互使用手册》，利用 AO 与 OA 的交互功能上报现场审计资料，交互内容包括审计取证记录、工作底稿及其他有关资料等，对项目实施过程中各项交互内容进行上报，并将交互情况作为审计项目质量评估、评选优秀项目的重要依据，使领导和审理复核人员能及时了解审计现场情况，掌握项目进度，指导现场工作，增强对现场审计实施的可控性，促进审计人员强化质量意识、风险意识，增强责任感，确保审计目标的实现。

3. 应用信息技术，不断拓展审理信息化平台，完善审理资料查询系统平台，大力推进计算机技术与审理业务的全面融合

充分利用计算机系统进行辅助审理，通过计算机网络查阅被审计单位有

关信息及法律法规，将审理资料通过计算机专网进行传递，实现审理人员在网上审理审计项目，从而节约审理时间，提高审理工作电子化水平及审理效率。

审计业务模式的深化应用是审计信息化建设的核心，通过规范审计管理和审计业务实施流程、审计人员在工作中严格执行，加强信息互通，满足信息化环境下的审计工作业务模式，应用有了成果，能够取得实效，才能真正深入推进审计信息化应用，提升审计信息化应用水平。

参考文献

［1］胡志勇．国家审计管理系统创新研究［M］．北京：中国时代经济出版社，2010.

［2］王智玉．审计信息化与审计组织方式［J］．审计研究，2011（4）．

［3］审计署兰州办．审计署兰州办构建财政审计大格局［EB/OL］．中华会计网校，2010.

［4］叶秀玲，胡斌．关于推进审计结果公告制度的几点思考［EB/OL］．黄岩区审计局网站，2008.

基于财政信息化平台
建立财政安全审计预警机制

审计署成都特派办　石　磊　曹　晟

【摘要】　国家审计作为国家经济安全保障体系的重要组成部分，对于维护国家经济安全有着重要的作用。随着财政系统信息化水平的不断提高，本文提出在常规财政审计的基础上，充分利用审计取得的数据资源，通过对政府债务情况、财政赤字情况、宏观税率以及政策执行效果四个方面多角度的分析，建立一套财政安全审计预警机制，并通过对财政数据几个重点指标的检测，动态性地反馈财政安全风险。

【引言】　国家审计作为国家经济安全保障体系的重要组成部分，对于维护国家经济安全有着重要的作用。随着审计信息化的发展，对提高国家审计的监督能力、实现审计工作方式的转变以及推动国家审计发展将提供坚强的技术保障和能力支撑，因此，深入研究国家审计信息化发展与国家经济安全的相关问题，对于充分发挥国家审计“免疫系统”功能，保障我国经济持续、健康、稳定发展有着重要的意义。

一、财政安全与国家审计监督

财政安全直接关系着国家经济的健康运行，影响着国家上层建筑的生存，是最为基本的经济安全问题。国家审计的主要任务是对政府财政收支进行审计监督，有利于支持和促进政府财政部门和其他预算执行部门依法有效地履行职责，促进财政职能的更好实现，充分发挥国家审计维护国家经济安全、保障经济社会健康运行“免疫系统”的功能。

目前，我国虽然没有爆发财政危机，但财政安全风险存在不断扩大之势，对财政安全进行监测预警势在必行。国家审计在完成财政审计工作基础上，应该建立一套审计预警机制，充分利用各种数据资源，对财政安全的风险严重程度进行报警，将财政安全监督由审计事后监督转变为事中发现问题，及时预警，达到最大限度上降低安全风险，更好地发挥审计职能。

二、财政信息化建设情况及财政审计现状

财政部于2004年启动了以应用支撑平台为基础，构建财政管理一体化大系统的建设工作，以实现数据的高度集中和有效集成。经过近十年的发展，基础功能已经发展得较为完善，但在数据深度应用方面仍值得挖掘。一方面，可以利用财政信息化集中的系统和数据，建立国家宏观经济预测系统以及相关的数据分析模型，对财政数据集中分析，多层次利用现有财政信息资源；另一方面，以财政数据为基础，结合外部统计数据，建立财政安全综合分析的审计预警机制。目前，财政信息化平台无法针对财政安全问题或者安全隐患做出预判，本文将从审计的角度来讨论建立财政审计监督预警机制，利用财政信息化平台已有资源，辅以财政审计中获取的相关数据，建立预警分析模型，监测重点指标，对财政安全给出评估，并给出适当的安全预警，以降低财政安全风险。

三、建立财政审计监督预警机制

（一）构建财政审计监督预警模型

随着财政信息化建设的不断深入与推进，本文提出在充分利用信息化条件完成财政审计基础上，建立审计监督预警模型，实现对财政安全风险的监控。这样既是纵向深化财政审计成果的利用，又是将审计的事后监督向事前和事中推进的需求，同时，也是充分发挥国家审计维护国家财政安全的功能。

在完成财政预决算执行情况等常规审计工作外，利用财政信息化平台以及审计采集获取的数据资源，预警模型采集财政收支总体情况，以及政府债务情况、先行宏观税率、财政收支及赤字情况、宏观调控政策效果四个方面指标数值，计算出财政安全评估指标，反馈财政安全风险，模型架构见图1。若能实时获取上述指标数值，通过预警模型分析，则可以动态性地反馈财政安全风险，在出现高风险情况时，实现风险预警。

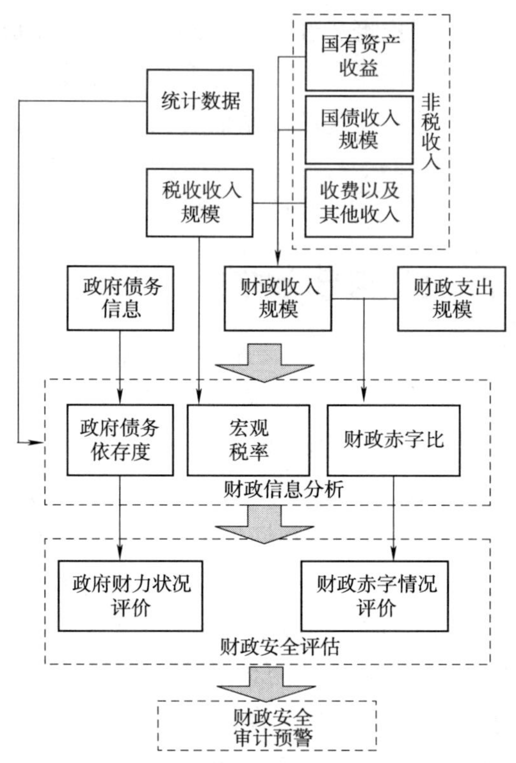

图 1　财政审计监督预警模型

（二）建立国家财政安全审计预警指标体系

通过财政信息化平台获取当地以下数据：财政收入规模及结构、政府债务规模及结构、财政预算支出及保留预算支出、财政赤字金额等，按照预警模型分析思路，从财政赤字以及收支两条线的资金结构、政府债务以及政府财力评价、财政政策与货币政策之间的关系等方面入手分析，从而评价国家财政安全态势。

1. 政府财力综合评价指标

在无重大变故的情况下，威胁国家财政安全最直接的因素是政府债务积累过高，政府财力不足，无法负担高额债务，进而导致政府无法正常履行职能。政府财力状况指标与国家财政安全态势和整体经济安全形势是一致的，因此，分析政府财力评价指标是分析财政安全问题的基本出发点。

衡量政府财力及财政状况指标体系从财政收支状况、债务状况和财政收支与债务关系三个层面构建，见表 1。

表1 政府财力指标体系及权重[3]

一级指标	二级指标	三级指标	权重（‰）（λ_{nmi}）
财政收支状况	财政与经济运行协调性	财政收入弹性	117
		税收增长弹性	63
	财政收支规模	财政收入	128
		财政收入增长率	42
		可支配财力	40
	财政收支结构	预算收入/总收入	65
		税收收入/预算收入	69
		可支配财力/总收入	75
债务状况	债务与经济总量协调性	债务负担率	63
		债务依存度	27
		直接债务比率	33
	债务规模	债务余额	58
		当年应还债务额	17
政府偿债能力	债务与政府财力关系	债务余额/总收入	146
		政府偿债率	54

财政收入弹性、税收增长弹性分别说明了财政收入增长额、税收增长幅度与 GDP 增长比关系，是财政与经济密切性的主要指标。按照国际通行惯例，税收增长弹性应基本保持在大于 1 的水平，若低于 0.8 说明税收对于经济增长的影响过于低。财政收入增长弹性系数应在 1 附近波动，大于 1 和小于 1 则分别代表有利于增加财政收入和有利于涵养税源。

债务依存度，即指当年政府债务收入占当年财政支出总额的比重，反映了财政支出对公债的依赖程度，直接说明财政赤字在政府总支出中所占比重。政府债务依存度过高是引发财政安全问题的根源之一。

债务负担率，即累计债务余额与当年 GDP 之比，是长期积累的结果，直接影响政府融资能力和履行政府职能的选择余地。债务负担率过高，可能会导致政府无法按期履行还债责任，不仅影响政府声誉，也使财政财务状况更趋恶化。从历史发展来看，国家财政危机一般是直接从债务负担率过高开始的。

考察政府偿债能力方面，重点考察政府偿债率，政府债务当年需要还本付息的总额占财政收入的比重，是衡量财政收入对政府债务的支持能力。偿债率是判断政府负债的安全性、反映财政安全风险程度的重要指标。

上述指标均可以从财政部部署的《地方政府性债务管理系统》中获取或者计算得出，按照下述公式（1）得到政府财力评价指标 PFI（Public Finance Index）。

$$PFI = \sum \lambda_{nmi} \cdot W_{nmk} \tag{1}$$

其中，W_{nmk}表示 20 项三级指标参数值，λ_{nmi}表示指标权重。

2. 财政赤字评价指标

财政赤字率，即财政赤字绝对值占当年 GDP 的比重，直接反映了国家财政赤字的相对大小，是衡量财政风险的一个重要指标。随着赤字和国债的增加，将会对未来的经济发展产生负效应，如果情况恶劣会酿成国家财政安全的隐患。参考国际公认的赤字警戒线，财政赤字率一般情况下应控制在 3% 以内。

在地方财政收支审计或者财政预决算审计中都可以获取当地综合财力及收入结构、财政支出总额及支出结构、地区 GDP 总额等指标，按照下述公式（2）得到财政赤字率 FDR（Finance Deficit Ratio）。

$$FDR = \frac{FR - FE}{GDP} \times 100\% \tag{2}$$

其中，FR 表示财政收入（Financial Revenue），FE 表示财政支出（Financial Expenditure）。

在经济低迷时期 FDR 应该大于 0，有助于扩大需求，带动产业发展，刺激经济回升的表象，但应该警惕的是 FDR 值偏高可能增加政府债务负担，引发财政危机，甚至可能诱发通货膨胀。因此，应结合当前的财政政策、货币政策，分析 FDR 指标值的走势，从而给出财政安全预警。

3. 基于信息化平台工作流程

审计预警机制关键在于通过财政审计获取财政信息化数据，通过信息化手段，分析地方政府综合财力、地方政府性债务水平、财政赤字情况等，按照指标是否超过国际公认安全值范围以及指标值走势与相应财政政策、货币政策调控目标一致性，给出风险预警，并可以进一步从财政多个角度分析威胁国家财政安全的风险因素，财政安全预警机制流程见图 2。

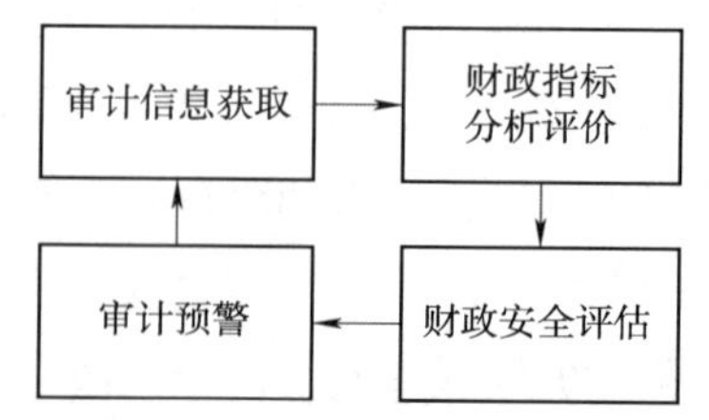

图 2　财政安全审计预警机制流程图

4. 预警机制信息化实现

预警机制信息化的实现要依托于现有的财政信息化平台以及审计信息化平台。一方面，从财政信息化平台中获取基础数据，用于计算相应的指标值，对地方财政总体情况以及相应的风险指标有定量的分析和记录；另一方面，结合财政审计的成果及审计获取的数据，对财政指标进行分析评价，并根据实际情况不断修正各项指标权重参数，给出符合地方实际情况的风险预警。通过上述两个方面数据资源的不断更新，从而实现动态化的风险预警。

在现有财政信息化平台基础上，以省为单位，以财政信息化平台数据后台为数据支撑，建立财政审计预警系统，通过上级财政对下级财政的数据集中分析、跨区域交换数据，实现基础数据的收集，为预警系统提供数据基础。要充分利用其他部门信息资源及数据接口，数据之间形成对比，以保证数据质量，从而保证预警系统的风险预警质量，防止误报警。

四、总结

本文提出一种信息化的财政安全审计预警机制，旨在多维度、深层次利用财政审计获取的数据资源，建立信息化数学分析模型，通过对重点财政指标的监测，动态性地反馈财政安全风险。由于财政风险的过程性特点、隐藏性强，我们应该尽可能地将财政安全预警的过程前移，充分利用现有财政信息化系统，深入挖掘数据，减少财政安全风险的累计，助力于保证国家财政安全。

参考文献

［1］蔡春，李江涛，刘更新．政府审计维护国家经济安全的基本依据、作用机理及路径选择［J］．审计研究，2009（4）．

［2］叶卫平．国家经济安全的三个重要特性及其对我国的启示［J］．马克思主义研究，2008（11）．

［3］伊淑彪．地方政府债务评价指标体系构建及实证分析［J］．地方债务研究，2011（4）．

［4］王亚芬，梁云芳．我国财政风险预警系统的建立与应用研究［J］．财政研究，2004（11）．

［5］许涤龙，何达之．财政风险指数预警系统的构建与分析［J］．财

政研究，2007（11）.

［6］雷家骕．国家经济安全：理论与分析方法［M］．北京：清华大学出版社，2011.

［7］刘秀丽，朱锦余．试论政府审计与国家经济安全［J］．科技创业月刊，2009（1）.

项目审计框架下的信息系统审计模式及其运用

浙江省宁波市海曙区审计局　周学军

【摘要】　服务于项目总体目标，结合审计项目进度开展的信息系统审计，通过对与项目审计目标相关的一般控制和应用控制的有效性进行评价，从而为项目审计提供支持。本文结合开展的 A 市水资源和城市供水专项审计调查项目中开展信息系统审计的思路和过程，探讨了项目审计框架下的信息系统审计路径及其实现方式。

【引言】　信息系统审计作为国家审计机关的一项重要工作，是信息化发展到一定程度的必然结果。它既有传统审计条件下的审计内容，又有与信息技术紧密联系的审计内容。近几年，大家对审计风险有了一定的认识。尽管目前还未发现因审查电子数据产生重大疏漏的例子，但随着信息化发展步伐的加快，如果不对信息系统给予足够的关注，计算机数据审计也会有潜在的风险。

一、项目审计框架下的信息系统审计模式构建

一般来讲，现阶段信息系统审计的组织方式主要有两类：一是与财务审计相结合，即在财务审计的过程中，通过对与财务收支审计目标相关的一般控制和应用控制的有效性进行评价，从而为财务收支审计提供支持，并根据需要将信息系统审计的内容体现在财务审计报告中。二是专门进行信息系统审计，即项目经过单独立项、单独实施并单独出具审计报告。本文所指及案例讨论的是第一种类型。

（一）总体目标

1. 服务于审计项目

首先，开展信息系统审计的根本目的是为审计项目服务，及对与项目相关的被审计单位的信息系统的内部控制情况进行测试并评价。其次，信息系统的具体工作也要围绕着项目审计目标来展开，为项目审计提供有价值的线索。

2. 促进被审计单位提高完善

信息系统审计的最终目标也是促进被审计单位提高和完善，只不过就审计信息系统审计来说，主要是信息系统相关管理及内部控制制度的完善。

3. 向上级审计机关报送相关案例

开展信息系统服务，一方面，能为项目审计提供切实有用的帮助；另一方面，也可应上级审计机关要求报送相关案例，将一些经验做法推而广之。

（二）信息系统审计对象的选择

信息系统审计项目的选择和确定除了要遵循传统审计项目的立项原则外，还应当重点考虑以下影响因素来综合确定：被审计单位核心业务是否高度依赖于信息系统，信息系统的规模和复杂程度，信息系统当前所处的生命周期阶段，审计组自身人力资源及审计力量，审计时间等因素。一般来说，具备以下两方面条件时，可考虑开展信息系统审计：一是具备开展信息系统的条件，即被审计单位使用业务管理软件等信息系统，主营业务等经济活动信息以电子数据形式存在；二是审计人员具有开展信息系统的能力，能保证被审计单位信息系统安全且不影响被审计单位日常工作。

（三）信息系统审计的具体目标

总体上，信息系统审计要服从于项目审计的总目标。但就信息系统本身而言，可以从以下六个方面来考虑信息系统具体审计目标。

1. 合法合规性

审查和评价信息系统的开发、管理、运营是否符合法律、法规、规章等。

2. 安全性

审查和评价信息系统的硬件、软件、网络和数据资源是否得到妥善保护，不因自然和人为的因素而遭到破坏、更改或者泄露系统中的信息。相关安全制度是否齐全，执行是否到位等。

3. 可靠性

审查和评价信息系统的硬件、软件、网络是否能够准确、稳定运行，是否有效保证业务的正确运行。

4. 有效性

审查和评价信息系统的功能是否满足业务目标的需要，是否达到了信息系统建设的设计目标。

5. 真实性

审查和评价信息系统的内部控制是否完善，是否能为所产生的业务数据和财务数据的真实、完整、准确性提供合理保证。

6. 效率和效益性

审查和评价信息系统是否通过较低的资源投入而获取合理的预期收益或达到预期目标。也就是投资是否合理，是否充分发挥了信息系统的作用。

（四）信息系统审计的主要内容

信息系统审计也包括对信息系统的合法合规性审计、效益性审计等。但与传统的审计项目相比，信息系统审计最基本的内容是对信息系统的控制审计。

信息系统控制审计通常包括对信息系统的一般控制（GC）审计和业务流程层面相关的应用控制（AC）审计。

1. 一般控制审计

一般控制是指对整个信息化环境要素及信息系统实施的，对所有的应用系统或功能模块具有普遍影响的控制措施。对信息系统一般控制的审计主要考虑以下内容：一是总体 IT 控制环境审计；二是基础设施控制审计；三是信息系统生命周期控制审计；四是信息安全控制审计；五是信息系统运营维护控制审计；六是其他一般控制审计。

2. 应用控制审计

应用控制是针对某个具体业务系统的敏感环节和特殊要求，为保证数据处理的完整性、准确性而建立的内部控制。应用控制的设计要结合具体业务和具体的应用系统。对信息系统应用控制的审计应考虑以下内容：一是业务流程控制，主要包括业务流程的授权与审批控制、数据输入、数据处理、数据输出环节相关的控制活动等方面；二是数据控制，主要包括系统主数据、重要信息以及系统参数设置的完整性与准确性等方面；三是接口控制，主要包括系统的界面接口、数据接口、应用接口的设计与控制等方面；四是系统外控制，主要包括系统外的补偿性控制措施，比如人工控制；五是其他应用控制。

（五）信息系统的审计方法

在检查信息系统相关审计事项时，面谈询问法、调查问卷法、文件审阅法、实地观察法等常规审计方法仍可使用。在使用这些方法时，要注意与检查信息系统相关审计事项的内容紧密结合。此外还要结合检查工作的需要，有所选择地学习、采用检查信息系统相关审计事项所特有的审计方法，主要有以下方法。

1. 流程图检查法

通过绘制或者检查被审计单位提供的流程图，加深对信息系统结构的理解，分析信息系统的运行过程，关注信息系统控制节点和控制条件，追踪业务样本，从而评估信息系统控制是否存在明显错误或者缺陷。

2. 测试数据法

根据审计人员对被审计单位信息系统业务或者管理流程的理解，设计专门的测试数据，在系统中模拟业务处理的全过程，并将处理结果与预期处理结果进行比较核对，从而判断信息系统的功能与控制是否存在明显错误或者缺陷。

3. 平行模拟法

把被审计单位的真实业务数据分别用被审计单位在用程序、审计人员自有的程序进行处理，查看两者结果是否一致，从而判断逻辑处理功能是否存在明显错误或者缺陷。

4. 源代码检查法

有重点地抽查若干程序源代码的片段，从而判断金额计算、业务授权等关键数据处理是否存在明显错误或者缺陷。

5. 日志分析法

运用数据审计技术和软件，对信息系统自动记录的日志进行筛选分析，检查有无未经授权的进入、非法修改删除数据等异常操作，从而判断信息系统的运行管理是否存在明显错误或者缺陷。

（六）项目审计框架下的信息系统审计模式

以笔者参与的A市水资源和城市供水情况审计调查供水为例，其审计模型见图1。

模式说明：

1. 信息系统审计的目标及主要工作内容由项目审计总目标决定；

2. 项目审计的部分疑点、重点及延伸点由信息系统审计结果提供。

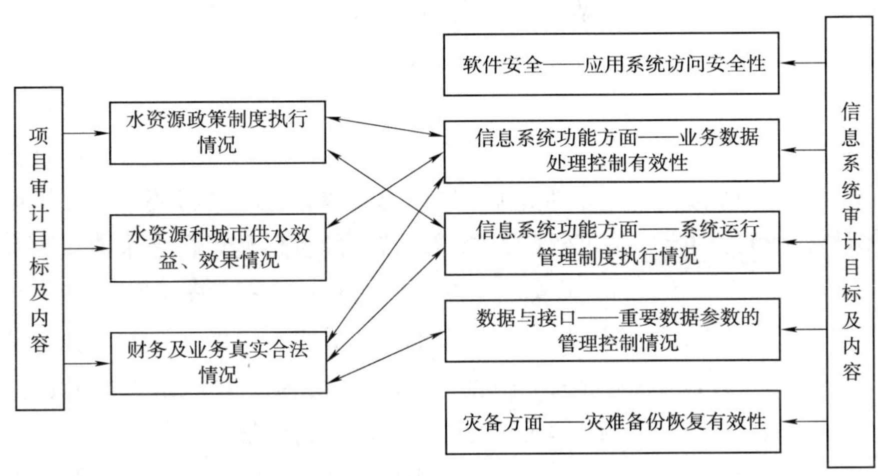

图1　A市水资源和城市供水情况的审计模型图

（七）项目审计框架下的信息系统审计模式

根据前面表述，项目审计框架下的信息系统审计模式及其流程可以归纳如下：

1. 分析项目审计总目标及主要工作内容；
2. 分析总目标及内容中需要由信息系统审计实现的功能；
3. 开展信息系统审计；
4. 信息系统审计结果反馈；
5. 分析问题产生原因

原因分析应区别是属于信息系统本身缺陷还是其他方面问题，从而采取不同的应对措施；

6. 提出信息系统完善的建议。

二、项目审计框架下的信息系统审计实施——以A市水资源和城市供水情况审计调查为例

（一）审计概况

2010年7月至11月，对A市水资源和城市供水情况进行了专项审计调查。通过本次审计调查，着重摸清全市水资源供需的总体情况以及城市供水的管理现状，分析并揭示水资源保护、管理以及供水管理过程中存在的主要问题，促使有关部门通过合理开源、优化配置、严格管理、加强保护和节约

用水等各项措施，进一步提高水资源的保障能力和用水效率，使有限的水资源发挥更大的经济效益、社会效益和环境效益。

作为城市供水的主体，对B供水集团供水情况进行评价，从而衡量水资源节约利用效果，是十分必要的一环。B供水集团的主营业务对营业收费系统有较强的依赖性，因此对该系统开展信息化审计是十分必要的。根据项目总体目标和审计内容，确定营业收费系统审计的目标是对自来水营业收费信息系统的安全性、可靠性、有效性和效率性进行审查和评价，关注B供水集团对信息系统的管理是否有完善的管理制度，管理、升级、维护、备份是否正常、合规。营业收费系统的业务流程是否正确，系统功能是否存在缺陷。

在审计过程中，审计组运用多种技术方法（访谈法、文档查阅法、实地观察法、测试数据法等），对B供水集团营业收费信息系统进行了多个审计事项（应用系统访问安全性、业务数据处理控制有效性、系统运行管理制度执行情况、重要数据参数的管理控制情况和灾难备份恢复有效性等）的审计。

（二）信息系统审计重点内容及审计事项

1. 软件安全——应用系统访问安全性

（1）具体审计目标。检测营业收费信息系统访问是否控制严密。

（2）审计测试过程。与B供水集团系统管理员交流，查看系统维护、更新、升级授权及人员登录日志等情况，检测营业收费信息系统访问是否控制严密。

2. 信息系统功能方面——业务数据处理控制有效性

（1）具体审计目标。对水价和抄表业务数据处理控制的有效性进行审查。包括验证水价标准调整执行的有效性和抄表数据的有效性。

（2）审计测试过程。一是水价标准调整执行的有效性验证。

本测试过程使用访谈法和文档查阅法了解到，物价局文件规定B供水集团水费收取执行分类售水价格。售水分类为：居民生活、非经营性（行政事业）、经营性（一般工商企业）、经营性（水环境影响企业）、特种行业、中高层二次供水及转供用水等。2007～2009三年中，物价局仅在2007年12月份对非经营性、经营性、特种行业和转供用水性质的售水价格进行了调整。因此，可以通过测试数据法测试水价调整时间节点的边界，分不同的用水性质进行有效性验证。验证思路见图2：

①居民生活售水价格调整执行有效性审计。

②非经营性售水价格调整执行有效性审计。

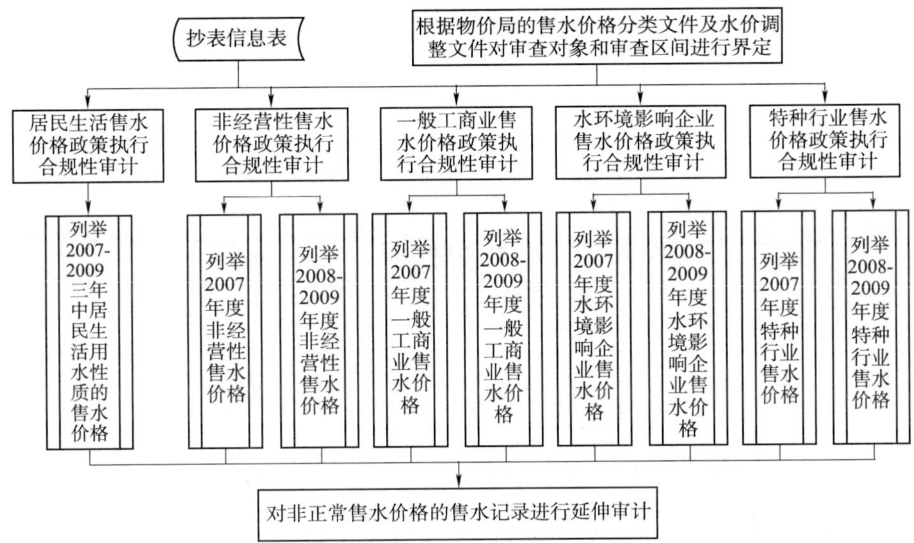

图2 水价标准调整执行的验证图

③一般工商业售水价格调整执行有效性审计。

④水环境影响企业售水价格调整执行有效性审计。

⑤特种行业售水价格调整执行有效性审计。

二是抄表数据处理控制有效性。

①长期未抄表水表管理审计。

②长期抄见水量为零水表管理审计。

3. 信息系统运行——系统运行管理制度执行情况

（1）具体审计目标。B供水集团的营业收费系统运行管理制度中包含对水费减免的相关规定。本项审计主要审查水费减免的合规性。

（2）审计测试过程。本测试过程使用访谈法和文档查阅法了解到，在抄表信息表中存在抄见水量和实收水量两个字段。抄见水量通过本次抄表数减去上次抄表数计算所得。实收水量为实际进行收费的水量。本项审计通过提取抄见水量与实收水量不一致的记录，进行原因分析和延伸审计。具体审计思路见图3。

①将2007－2009年度每月抄表信息数据中抄见水量与实收水量不一致的记录插入“抄见实收不一致”表。

②分析抄见水量与实收水量不一致原因。

③对总分表情况进行审计。

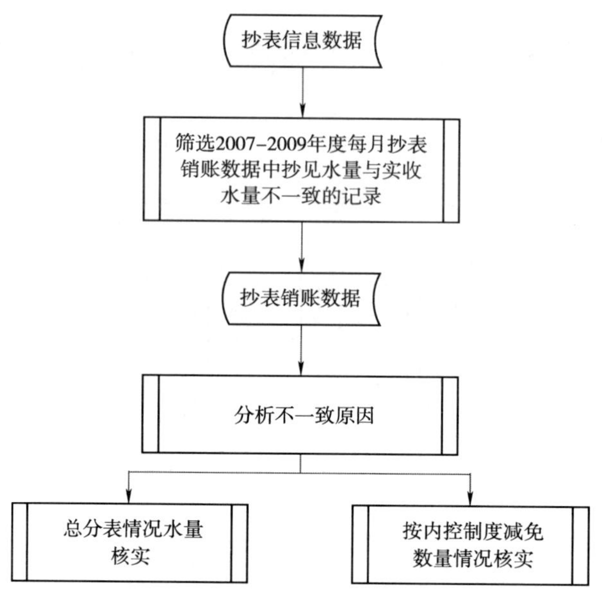

图3　水费减免的合规性审计思路图

④剔除总分表情况后，对抄见水量与实收水量的差额水价大于 1000 元的情况进行审计。

4. 数据与接口——重要数据参数的管理控制情况

（1）具体审计目标。对营业收费系统中的重要数据参数（用水性质）的管理控制情况进行审计。

（2）审计测试过程。本测试过程使用访谈法和文档查阅法了解到，物价局对用水性质界定标准有明文规定。根据物价局对水价分类的规定，将营业收费系统后台用户数据与工商局提供的特种行业企业数据、环保局提供的水环境影响企业数据进行对比；从营业收费系统后台居民阶梯用户数据中审查户名为企业的用户；审查 B 供水集团及下属分公司所用水表的用水性质界定，从而对用户用水性质管理控制情况进行审计。具体审计思路见图 4。

①审查营业收费系统中特种行业用水性质界定合规性。

②审查营业收费系统中水环境影响企业用水性质界定合规性。

③审查营业收费系统中居民阶梯用水性质界定合规性。

④审查 B 供水集团自用水用水性质界定合规性。

5. 灾备方面——灾难备份恢复有效性

（1）具体审计目标。检测 B 供水集团营业收费信息系统灾难恢复控制是否有效。

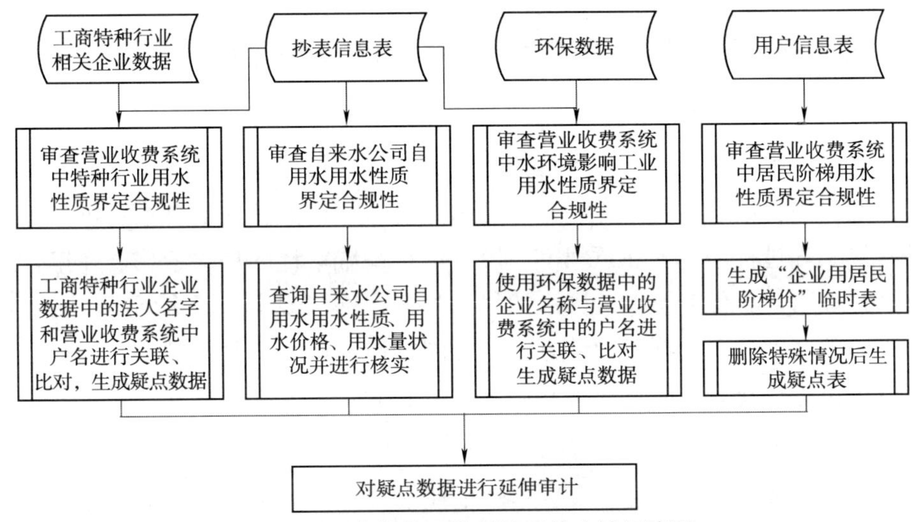

图 4　重要参数管理控制情况的审计思路图

（2）审计测试过程。采用访谈、查看备份恢复日记等方式，了解 B 供水集团营业收费系统备份方式和策略。

（三）审计结果及后续

通过技术和方法的综合运用，审计发现营业用水收费系统中的抄表数与实收数不一致、部分用户长期未抄表、一些用户未按新的水价标准收费等问题。审计人员对问题存在的原因进行了深入分析，认为除部分属人为因素外，很大程度是由于营业用水收费系统本身设计不够科学，维护不够及时。比如在宏观方面，存在系统设置与水价政策的相关规定不尽一致，未能有效反映政策层面变化，不能为管理层决策提供有效服务等问题；在微观层面，存在着用户名等基础数据不准确，部分水表拆表及销户信息没有及时在系统反映，水价分类、水价变更等关键业务信息历史记录缺失，未对关键业务过程做日志以便将来进行追溯等问题。

针对审计反映问题，B 供水集团高度重视，在与审计部门多次沟通的基础上，决定对城市营业收费系统进行重新审计。通过公共资源交易平台公开招标，并经专家评审后，确定由 C 公司为新系统设计中标单位。在开发过程中，B 供水集团及软件开发设计单位相关人员还专程来到审计部门征询意见，以便新系统能更好地体现科学性、前瞻性和严密性，更好地服务于公司决策和日常管理。

对信息系统审计发现的特种用水方面存在的问题，以专报形式向市领导汇报，得到 A 市有关领导批示，要求有关部门认真研究，堵塞漏洞。

三、项目审计框架下的信息系统审计保障机制

（一）制度保障

目前，我国信息系统审计法律法规、标准和规范较为缺乏，在国家相关部门逐步完善信息系统审计法律法规的同时，审计人员在信息系统审计项目的具体实施过程中，要注意找准、用好信息系统审计的相关依据。在审计中可选择被审计单位应遵循的国家法律、法规、部门规章、国家标准、行业标准、内部制度，以及项目设计方案、合同等作为审计评价标准，并注意与被审计单位进行充分沟通，取得共识。

（二）技术保障

信息系统审计应由熟悉信息系统构成、具有计算机专业知识技能的人员实施；实施检查时，要审慎地执行信息系统的控制评估与测试操作。参与审前调查的人员，应当具有适当的计算机知识和技能。必要时审计机关可以调动本机关计算机审计专业人员或者聘请外部计算机专业技术人员参加。

（三）同步开展

审计机关在开展财政财务收支审计、绩效审计项目或者专项审计调查项目时，需要检查信息系统相关审计事项的，应当将其有关内容写入审计工作方案和审计实施方案，审计实施时一并进行，对信息系统方面需要纠正和完善的地方，写入审计报告，同审计发现的其他问题一道督促整改，从而发挥审计效益。

（四）适度公开

鉴于信息系统存在缺陷的敏感性，在公开的审计报告中尽量不描述系统漏洞、检查方法等相关细节，以免对被审计单位系统运行带来不必要的烦扰。

参考文献

［1］刘家义．刘家义视察南京办时指出：信息系统审计要把握三个关键点［EB/OL］．http：//www.audit.gov.cn/n1057/n1072/n258889/1778436.html，2009年03月24日．

［2］审计署关于印发检查信息系统相关审计事项指导意见的通知（审计发〔2010〕48号）．

［3］王娜．信息系统审计：审计发展的新路径——石爱中副审计长访谈［J］．中国审计，2008（3）．

［4］浙江省审计厅关于加强信息系统审计工作的指导意见（试行）（浙审计〔2010〕24 号，2010 年 3 月 26 日）．

深化“统一分析、分散核查”审计模式应用研究

山东省审计厅 陈 东

【摘要】 随着被审计单位数据集中的趋势越来越明显，传统审计工作模式面临严峻挑战，我们通过近几年来开展的全国性大项目——地债审计、社保审计，总结出了具有山东审计特色的“统一分析、分散核查”审计工作模式。但这个审计模式在应用中仍然存在很多的问题，本文尝试对这些问题进行分析，探讨问题的解决方案，推动“统一分析、分散核查”审计模式更加深入的应用。

【引言】 近年来，随着被审计单位信息化程度日益提高，数据大集中的趋势越来越明显，传统审计工作方式面临着严峻的挑战。长期以来，审计工作一直处于“散兵游勇”式的审计模式，各个处室分头作战，各审计组既要按审计时限完成规定任务，又要面对海量电子数据，一线审计人员普遍面临“时间紧、任务重、工作细、人手少”的严峻局面，如何才能在现有资源下，取得更好的审计效果是我们亟待解决的问题。特别最近两年，面对全国债务审计、社保审计、全省商业银行审计等大型审计项目，这个矛盾就更加突出。从目前的形势来看，我们认为，最有效的方式就是从组织方式上进行破解，改“运动战”为“阵地战”，改“散兵游勇”为“兵团作战”，采用“统一分析、分散核查”的审计模式开展审计工作，这样可以有效地集中资源，调动各力量，实现“集中兵力、同心协力、优势互补、全面开花”的显著效果。

这种审计模式的采用是开展大项目审计的必然选择，但由于这种审计模式仍然在创新和探索阶段，在具体执行中还存在很多问题。本文拟对在社保审计运用这种工作模式存在问题进行探讨，对这种审计模式在今后审计工作中进一步深入应用的方式进行研究。

一、“统一分析、分散核查”审计模式及其在社保审计应用中存在的问题

进行数据统一分析首先要做到的就是搭建数据分析平台，为数据分析提供软硬件环境。我们组建了十台高性能服务器集群和容量达 15T 的存储设备，服务器之间以千兆网络连接，在各服务器上配置了数据库软件，为数据分析提供了良好的软硬件环境。然后将全省数据集中存储并划分了数据权限供数据分析团队使用；在数据汇缴入库时积极探索运用新的技术手段，大大提高了数据入库的效率。一是采用 USB3.0 新的接口标准，提高数据传输的效率；二是采用数据高速拷贝软件工具，实现多线程、可断点续传的数据拷贝方式；三是数据分析平台全部网络实现千兆网络连接。通过这三种技术手段充分挖掘了硬件系统的传输能力，提高数据入库效率十倍；我们从全省抽调业务骨干和计算机骨干五十余人成立数据分析团队，集中进行数据分析，又组织其中的精英力量设计数据分析模型五十余个，最终查出涉及 34 类问题的上千万条线索。“分散核查”使数据统一分析所获得的疑点有效地转化为最终的审计成果。将数据统一分析的疑点按各审计组所辖区域划分，由各市县审计组对疑点进行落实的工作模式充分调动了全省的审计力量，通过制定统一疑点核查标准，实现了对疑点落实进度和质量的有效控制。下面就按照数据分析的脉络来分析在这个过程中还存在哪些问题。

（一）全省数据采集和汇缴入库阶段

组织全省性的数据采集和汇缴入库难度非常大，我们要同时面对全省十几个市、上百个县的多家单位的数据采集任务，在这种情况下统一规范的数据标准就显得非常重要。在这一阶段主要存在以下两个问题。

1. 数据库格式的规范性问题

组织全省性的数据集中采集，数据格式的规范性非常重要，它关系到数据集中入库的工作量、最终数据分析的效率。我们在组织全省社保审计数据采集时，在这方面就显得经验不足。开始我们按照审计署的数据采集标准执行，要求既可以报送 SQL SEVER 数据库文件又可以报送文本文件，而由于数据采集方案还要求数据分年度、分县区、进行切分，因此一个地市按文本文件最终报的数据总共有几千个文件，这给我们数据入库工作造成很大难度。后来我们要求各单位将数据汇总导入 SQL SEVER 数据库中再进行重新

提报，这就增加了数据采集工作量，影响了采集效率。因此，制定合理、规范的数据格式就显得尤为重要。

2. 数据验收标准的合理性问题

组织大规模的数据采集，进行全省数据的集中入库，如果不执行数据入库前的验收，那入库后的数据质量是很难保证的。在社保审计数据入库过程中我们主要执行以下几项标准：一是对目录结构进行校验；二是对文件数据完整性进行检查；三是对数据质量进行校验。在实际工作中主要以审计署推荐的校验工具校验为主，再进行分析审核。对于目录校验和文件数据完整性校验的问题无可厚非，如此大量的数据文件存放标准非常重要，规范化的目录结构是数据可用性和易用性的基础，但在进行数据质量校验时就存在很大的问题了，主要是数据质量校验的标准很难把握。本次社保审计就存在数据过度校验和修正的问题，某些地市报上来的数据，我们校验后发现一个错误都没有，这也十分异常，也就是说应当改的错误改正了，不应当改的错误也改了。

（二）全省数据统一分析阶段

由于本次社保审计任务重、时间紧、人手少，虽然采用全省数据统一分析的方式组织数据分析在很大程度上提高了工作效率，但是还是未能充分挖掘数据的潜力、数据分析方法潜力，主要表现在以下几个方面。

1. 数据统一分析前的准备工作不够充分

数据全省统一分析时所用的数据分析方法，在全省范围内既一致又有差别。一致是指的我们分析的思路、方法基本上是一致的，但由于各地市在执行具体政策时总有细微差别，因此我们统一建立的数据分析模型在思路上是适用的，但又不能完全套用。这就反映出我们在数据统一分析前的准备工作做得不够充分。

2. 原始数据运用不够充分

本次社保审计既采集了标准表数据又采集了原始数据，而在具体应用时仅涉及了标准表数据，没能对原始数据进行有效利用。

3. 数据统一分析的分析方法挖掘不够

数据统一分析在占有数据资源的优势上不言而喻，很多以前无法实现的分析，在数据统一分析的模式下都能够开展，但本次社保审计由于种种条件的制约，没能够对这些优势进行完全充分的利用，数据统一分析的分析方法挖掘深度还很欠缺。

4. 数据统一分析的人才资源优势未能充分发挥

数据统一分析占有人才资源的优势非常明显，能不能充分挖掘利用好人才资源优势就显得非常重要。由于这次社保审计任务重时间紧迫，数据统一分析人才资源的优势未能充分发挥出来。

5. 数据安全问题值得重视

由于采用数据统一分析的模式，这样就会采用数据集中存储的模式，全省的数据在数据中心集中存储。在社保审计中，我们不仅采集了社保的数据，还采集了个人房产、车辆、户籍、工商登记、税务、公积金等外围数据，很多数据都涉及个人的隐私，数据的安全性问题就会显得尤为重要。怎样搭建安全的数据统一分析环境，是值得我们深入研究的一个问题。

（三）疑点分散核查阶段

1. 指挥中心功能未充分发挥

首先指挥中心在大项目组织中的作用是毋庸置疑的。大型审计项目必须要有强有力的指挥调度系统做保障。我厅借助金审工程建设成果建立了畅通的全国社保审计专用通道，明确专人负责通过 RTX 软件与审计署社保办随时进行沟通，及时了解全国社保审计工作动态，通过 RTX 短信实现与审计署社保办的业务交流，另外，在省厅审计管理系统上设立了 120 多个专门邮件用户，通过邮件及时进行文件、资料的上传下达，确保上级有关文件、报表资料在第一时间传送到审计人员。我们还充分发挥了视频会议系统的作用，通过视频会议完成培训、动员、工作进度调度等工作，大大提高了工作效率，节约了成本。但我厅的网络建设始终存在一个遗憾，就是由于安全保密的原因，厅办公网络建立在了电子政务内网上，未能与审计署保持一致，建立在电子政务外网上。这样就给我们的应用造成很大的问题，特别是面对大项目审计时，指挥中心的作用就大打折扣。存在的主要问题：一是我省的网络未能实现与审计署的互通；二是由于受电子政务内网所限，我们的审计网络仅延伸到市县审计机关，未能实现延伸到审计现场。这就造成了两个点的信息传递障碍，一个是审计署发的信息不能直接转发到市县，再一个是省厅发的信息不能直接到达审计现场。

2. 分散核查中实施质量控制与审计工作效率的矛盾

“统一分析、分散核查”投入的规模大、范围广，能否高质量地完成审计任务，全面客观地揭露和查处审计资金管理中存在的各类问题，形成完整的质量控制规范就非常重要。我们在统一分析的基础上，制定了一套疑点核查标准，通过各地市报送“数据统一分析疑点问题汇总表”能够及时掌握全省疑点落实进度，对疑点落实质量实现有效的控制。在报表汇总阶段，我们除了运用审计署的校验工具校验外，还根据实际情况制订了详细的会审内容，在全国率先提出了一套基于表间钩稽关系的校验标准，并利用 SQL 语句开发成自动校验模块，我们的方法在全省会审得到应用，在全国得到推广。这种方式的实现充分调动了全省的审计力量，并且我们通过制定统一的疑点核查标准，实现了对疑点落实进度和质量的有效控制。但是质量控制是有代价的，本次社保审计疑点落实进度和质量的控制是通过由各市县审计组每日报送“数据统一分析疑点问题汇总表”实现的，通过我们对市县审计组实际调查发现，这项工作占用了每个审计组不少的计算机审计力量，这实际上在一定程度上影响审计工作的效率。因此在大项目审计中如何平衡质量控制和审计效率是值得我们研究的一个课题。

二、推进管理模式、技术方法创新，深化“统一分析、分散核查”审计模式应用

“统一分析、分散核查”的审计模式在全省社保审计应用中取得了很好的效果，也存在很多的矛盾和问题，我们一直在致力于这种审计模式的研究和推广，也就存在的问题进行研究，从规范制度、加强管理、技术创新等多个角度提出改进的策略，推动“统一分析、分散核查”的审计模式的进一步深入应用。

（一）建立规范，制定统一、合理的数据采集标准和数据验收标准

“统一分析”数据标准的合理性、一致性是保证数据采集以及后续分析顺利进行的关键要素。

1. 确立规范的数据采集标准

“统一分析”的审计模式适用于统一组织的审计项目，将数据采集为标准、规范的标准表数据，有利于数据的集中分析，降低了数据分析难度，提高了数据分析方法的通用性，有利于发挥数据集中分析的优势。数据采集标准的设计就显得尤为重要，我们应当考虑以下几个方面：一是标准表设计应服从审计目标，涵盖完成审计目标要求的数据范围；二是标准表设计应符合被审单位业务逻辑关系，只有这样才能保证数据采集能够顺利实施；三是标准表设计应实现最简化原则，在保证数据能够支撑数据分析的前提下，应使用更为简单的表结构、更少的数据表；四是标准表设计应方便数据分析，易

于对表结构理解，减少在撰写审计方法时表间关联关系的羁绊；五是制定统一、简单、易于实现入库的数据格式标准，在完善的标准表设计结构下，拆分数据难度不大，而数据汇总工作量确不小，因此提交的标准库应包含最少的数据文件、最少的数据表。

2. 建立统一的数据验收标准

在完成数据采集后，接下来要进行数据集中汇缴入库。入库前的数据验收工作必不可少，数据校验的标准应如何把握呢？要确定这个问题首先要确定数据入库时数据质量校验的目的，数据质量校验的目的是为了检查在数据采集和转换中的错误，应最大限度地保留被审计单位数据的原貌，只有这样，才能为数据分析工作的开展提供更好的数据基础。因此数据质量校验应当主要纠正数据格式错误，数据类型错误，数据表、数据字段命名不规范、不完整等问题，而不能纠正原始数据库中本来就存在的数据问题，即使存在业务逻辑上的错误、数据完整性等问题，也不应该进行修改。

（二）深度挖掘，充分发挥数据统一分析优势

数据“统一分析”占有数据资源优势、人才资源优势、分析环境优势，可谓“天时地利人和”，能否充分利用这些优势，最大化利用这些资源也是我们应当关注的问题。

1. 做好数据统一分析之前的准备工作

首先要了解数据分析的基本方法和范围，然后再收集当地被审单位相关政策执行的细则。只有这样，在执行数据统一分析时才能少走弯路，使查处问题的定位更加准确。数据集中分析关注的是普遍性问题，也就是各个地区被审计单位都普遍存在的问题，但是每个地方存在的个性问题也不容忽视，因此这就需要我们在数据分析前做好功课。

2. 充分发挥好标准表数据与原始表数据的作用

标准表数据和原始数据各有优缺点：标准表数据格式统一、标准一致，在进行数据分析使用非常方便，更有利于在更大的范围进行数据分析，如跨险种、跨部门甚至跨地区的数据分析；原始数据包含的信息量更大，更能原汁原味地反映被审单位信息系统的数据质量、管理水平、内控情况等，而这些信息在转换为标准表数据时就被过滤掉了，但原始数据由于数据格式不统一，在数据分析时运用的难度较大。结合标准表数据的应用原始数据还可以从以下三个层次进行进一步应用：一是运用原始数据验证标准表数据提取的准确性；二是运用原始数据开展信息系统审计，反映审计单位信息系统使用

情况；三是运用原始数据分析标准表数据不能覆盖的范围。

3. 深入挖掘数据分析方法

数据统一分析在占有数据资源的优势上不言而喻，很多以前无法实现的分析，在数据统一分析的模式下都能够开展，如跨险种、跨部门、跨地区的数据分析；甚至可以利用大量的数据资源展开更深入的数据分析，如可以从发展趋势上预测我省社保资金的可持续性、可以从地区维度分析社保资金的地区差异性、可以将社保资金数据与我省宏观经济数据进行对比研究社保资金的发展方向等。在有了数据资源的基础上我们能够开展的课题还非常多，即使现在全国社保审计项目已经结束，我们仍然可以开展这些方面的研究。在今后的审计中要深入挖掘数据分析方法，最大限度地发挥数据统一分析的优势。

4. 充分发挥数据统一分析的人才资源优势

数据统一分析人才资源优势非常明显。成立的数据分析团队既有业务人员又有技术人员，并且都是各审计组抽调的精英人才。但是仅有这些还不行，只有在数据统一分析时建立合理的组织方式，才能充分发挥大家的积极性，使集体力量得到充分发挥。在今后组织数据统一分析工作时，要为大家提供更好的交流平台，给大家更多共享、交流自己分析思路方法的机会和方式；要实现更优的人员分工和组织管理模式，避免大家做重复的工作，通过分工协作发挥集体智慧，调动所有分析人员的积极性，充分发挥数据统一分析的人才资源优势。

（三）提高效率，完善指挥中心建设

我们从以下几个方面完善了指挥中心建设，提供大项目协同作战能力：一是依托电子政务外网，建设贯通署、省、市三级的高清视频会议系统，有条件的地市通过自行建设，购置硬件设备或软终端的方式将视频会议系统延伸到县级审计机关。二是开展了会议室大屏建设。在省厅主会议室，采用18块液晶电视技术开展大屏幕建设，提供了较好的会议效果，并为指挥中心建设奠定基础。三是在全省部署了RTX即时通信软件，实现三级审计机关每个审计人员之间的互联互通，建立审计业务用固定群组，方便每个业务处室与下级对口业务科室开展审计业务工作交流。

为更好地发挥指挥中心的作用，我们应当在保障安全的情况下实现将网络延伸到审计现场，解决最后一千米的数据传输问题。我厅网络建立在电子政务内网上，电子政务内网的建设要求是物理隔离，在物理隔离的条

件下就不可能实现与审计现场的互通。要想实现互通，就必须按照审计署的方式将部分工作转移到与互联网逻辑隔离的电子政务外网上来，既然是逻辑隔离，仍然会存在风险，这就要求我们建立健全制度，建立数据分级存放、传输的制度，应当明确什么样的文件、什么样的数据应当可以走电子政务外网，而什么样的文件和数据必须经过电子政务内网传输。这样就能在效率、安全方便性等方面找到一个平衡点，真正解决与审计现场进行交流的问题。

（四）加强创新，提升技术手段对“统一分析、分散核查”审计模式的支撑作用

1. 部署报表管理软件，做好审计质量控制，提高审计效率

为平衡审计质量控制与审计效率之间的矛盾，我们可以通过部署报表管理软件来实现。在填写报表运用B/S版报表汇总软件，既可以做到审计质量控制，又能够提高审计效率。报表汇总软件可以从以下几个方面做到审计质量控制：一是疑点落实进度实时监管，可以很方便地从报表填制情况反映疑点的落实率、完成率；二是可以做到疑点落实过程的留痕，方便对疑点落实过程的控制；三是可以对表格实现实时审查，这样就可以不采用集中会审的方式检验填表质量了。它还可以从以下几个方面提高审计效率：一是保证全省表格样式统一，由于系统是在线填报数据，因此如果省厅修改表格样式能立即反映到全省的表格中；二是免去了全省汇表的工作量，由于表格本身就是填写在系统中，因此就能使审计人员彻底摆脱市级审计组汇总市县表格，省级审计组汇总省、市、县三级表格，然后再上下级数据核对的烦琐工作。

2. 严把数据的安全关，保证了数据分析过程安全可控

为确保数据统一分析时的数据安全，我们采取了以下几项措施：一是数据统一分析的网络环境搭建在与其他网络物理隔离的专用网络中，这样首先保证了数据存储的安全；二是由厅里配备专用的客户机给数据分析人员使用，在客户机上安装安全保密软件，对客户机所有的端口和输出设备进行封锁，主要是封锁USB接口、光驱，这样防止通过拷贝等方式泄露数据；三是对专用网络实施IP地址MAC地址绑定，防止外来计算机接入网络取走数据；四是采取单一出入口进出数据，我们专门配备两台机器负责数据进出，一台装有杀毒软件，在移动存储介质接入前，先对移动存储介质进行病毒和木马的查杀，另一台装有USB接口审计软件，软件全程记录数据的进出操

作，对数据的进出进行严格把关；五是在数据服务器安装机房以及数据分析场所安装视频监控，全程监控数据分析过程。

3. 引入云技术，实现软硬件资源高效、统一管理

云指的是一些可以自我维护和管理的“虚拟”网络资源，包含网上的应用服务及在数据中心提供这些服务的软硬件设施，通常为一些大型服务器集群，包括计算服务器、存储、宽带资源等。云技术有以下几个特征：软硬件资源分配动态化、以网络为中心、资源的池化和透明化。云技术的这些特点与“统一分析、分散核查”审计模式在应用中面临的问题有很高的契合度，云技术的采用能够很好地解决本文在上一部分提出的一些问题如对数据统一分析的分析方法的挖掘，更好地整合硬件资源、人力资源，解决数据安全问题等。“统一分析、分散核查”审计模式与“云技术”的结合能够产生以下几个方面的优势：

（1）搭建云数据分析平台，实现硬件资源统一调配。数据统一分析的特点非常适合云技术的应用，因为进行数据集中分析时计算资源占用是离散的，即分析人员在进行数据分析时也不会一直占用硬件资源，每个分析人员对硬件资源的使用只会占用很小的时间片段，因此在同一时间节点上占用服务器资源执行数据分析的人员就会相对很少。传统模式构建的数据分析平台很可能出现几台服务器在运转，大多数服务器在闲置，闲置的资源浪费，正在运转的资源性能不够的问题。采用虚拟化技术搭建的云数据分析平台，就能实现计算资源的自动分配，能够最大限度上充分利用有限的硬件资源。

（2）通过云平台，为每个分析人员建立独立的虚拟机。在社保审计的组织方式中，我们按照地市分组，通常三至四个地市的分析人员共用同一台服务器进行数据分析，我们在服务器上划分数据权限，为各地市的分析人员建立共享目录存放文件，这样既不方便管理，也不方便分析人员使用。在建立了云平台以后，我们就可以为每个分析人员建立独立的虚拟机，他们就好像在自己的机器上一样工作，不受干扰地支配独立机器开展数据分析工作了。

（3）云平台实现数据资源的统一管理。在集中数据分析的过程中，传统模式需要在服务器上划分数据权限给用户，而如果数据分析人员使用的数据分配在不同的服务器上就会给这种权限的划分带来非常大的麻烦，并且真正应用起来也比较困难。而在云平台上这些都不是问题，数据资源被云平台统一管理，这样数据管理人员就能很方便地把平台上任何分析人员需要的数据资源划分给他们使用，而数据分析人员在使用时也不用关心这些数据实际上是放在哪个服务器上，他只要专心完成数据分析就行了。

（4）云平台实现更优的安全管理。云平台的特点决定了更优异的安全管理。普通的应用模式网络中传递的是数据，安全边界范围大，在我们“统一分析、分散核查”的审计模式中，数据的边界在分析现场的客户机，因此，我们需要在客户机上安装很多的安全技术手段，防止数据从客户机泄露出去。一旦实现了云平台后，安全边界的范围就大大缩小了，我们完全可以把数据限制在机房的服务器和存储中，大家通过客户机访问运行在云平台上的虚拟机，实际上网络上传输的仅仅是图像信息，很显然机房的环境和设施远远优于数据分析现场，这就很好地把数据圈在机房环境中，能够最大限度地保障数据的安全。

社会保障资金审计信息化实现研究

审计署西安特派办　柴　明

【摘要】　社会保障部门办公信息化和社保审计数据存储方式信息化程度越来越高，为社会保障资金审计信息化提供了客观条件，另外，审计技术手段信息化为社会保障资金审计信息化提供了内在动力，本文从国家治理的战略、信息化审计人才培养，审计数据规范化和联网审计四个方面阐述了如何更好地实现社会保障资金审计信息化，并展望了社会保障资金审计信息化的未来发展方向。

一、社会保障资金审计

（一）社会保障资金审计的内容

社会保障资金审计是对社会保障政策执行情况和效果进行评价，以确定社会保障项目是否达到预期目的，审查社会保障部门及其下属机构管理和运作基金的活动，对他们在取得、维护和使用基金方面的经济性、效率性和效果性进行评估。通过对基金的筹建、管理和使用等环节的经济性、效率性和效果性（通常所说的“3E”）的审计，客观反映和分析评价我国社会保障制度在保护民生、促进发展、维护稳定等方面所发挥的保障功能，我国目前社会保障审计内容有以下方面：①社会保障资金征收的审计。②社会保障资金使用的审计。③社会保障资金管理的审计。

（二）社会保障资金审计的定性评价指标

（1）保障对象的真实性情况，反映领取社会保障金的人员是否参加社会保障并符合领取条件，有无虚报、冒领行为。

（2）保障水平情况，反映支付社会保障资金是否按照统一的标准，有无任意扩大或缩小支付范围。

（3）信息获取情况，反映参保单位和个人是否能够随时获得有关社会保障政策法规、管理制度、基金管理成果等方面的信息。

（4）参保对象满意度情况，反映参保对象对社会保障机构的管理和服务水平是否满意、满意的程度如何，以及满意群体在参保总群体中所占的比重是多少。

（5）社会保障金发放及时情况，反映社会保障基金经办机构是否及时准确足额发放社会保障金，有无拖欠、截留现象。

按照《审计署“十二五”审计工作发展规划》对社会保障资金审计的规划，要求深化各项社会保险基金审计，加强对全国社会保障基金投资运营的审计监督，促进基金管理规范、安全，促进各项社会保险政策的落实和制度的完善，推进多层次的社会保险体系不断健全；关注社会保险基金预算编制和执行情况，推进社会保险基金预算制度不断完善；强化保障性安居工程资金和住房公积金审计，促进完善住房保障制度和保障性安居工程建设目标任务的完成；加大社会保障和就业财政专项资金、社会捐赠资金的审计力度，促进相关惠民政策的落实，促进社会救助体系建设和社会福利事业、慈善事业的发展。伴随社会保障部门管理信息化的提高，传统的审计方法已不能完全适应新形势下社会保障资金审计的需要，因此实现社保资金审计信息化对社保资金审计未来的发展具有非常重要的意义。

二、社会保障资金审计信息化

（一）社会保障资金审计信息化现状

1. 社会保障部门信息化程度逐渐提高

目前，社会保障部门及相关单位已经普遍实现信息化。从社会保障基金的征收、使用到管理，已经普遍使用软件系统来开展工作，信息化程度越来越高，同时很多地方政府都正在按照统一规划、统一标准、统一建设的要求，整合党政机关信息资源，构建统一的电子政务信息，建立公共基础数据库。

2. 审计技术手段信息化

面对当前全球信息化发展的趋势，社会保障资金审计也不可避免地在审计技术与手段上要实现信息化。一方面，随着社会保障部门账务处理和相关业务等日益电子化、信息化、网络化，传统的审计手段和审计方法遭遇了新的挑战，审计机关要有效地履行审计监督职责，必须顺应这种形势的发展，积极探索新的审计途径和方法。当前，金审工程为审计人员提供了硬武器，全国审计机关充分利用OA实现了审计过程中各审计小组的信息共享，同时使用AO软件实现了审计过程的自动化。另外，联网审计作为新兴的审计方式非常适合社保审计项目，社保审计项目关系到老百姓的最根本利益，从医保、就业到住房保障，涉及的相关部门非常多，通过联网审计，可以将民政、公安、工商、银行、房管部门、医院，住房公积金管理等部门联络起来，搭建一个平台，实时对一些保障部门和保障对象进行监督，大大提高了审计质量和效率。构建各部门的信息共享平台，也有利于提高社会保障部门的工作效率。无论是社会保障部门还是住房保障部门，通过共享平台，可以确保保障家庭认定的高效、准确。同时，社会保障部门通过该平台随时核查其家庭的收入状况，做到收入核定全面、准确、适时、科学，确保每一分社会保障资金都用在最需要的困难群众身上。总之，联网审计有助于提高社保审计效率，通过联网可以实现智能的自动化审计，大大提高审计质量和效率。当前涉及地社保基金和保障性安居工程审计等，都可以实行联网审计，通过联网审计，可以更好地保证社会保障基金发挥其功能，促进相关惠民政策的落实，促进社会救助体系建设和社会福利事业、慈善事业的发展，减少一些不符合保障条件的人员享受保障基金的可能，有利于维护社会公平。

3. 审计数据存储方式信息化

随着审计信息化不断发展，近年来审计机关计算机审计工作水平不断提高，审计中获取的被审计单位数据资源不断积累，涵盖财政、地税、社保、公积金、住房维修基金、银行等多个行业，数据量已达TB级别。2012年全国社保审计中，审计机关取得了大量的社保相关数据，这些丰富的审计数据资源为社保审计提供了很高的参考价值和比对价值，为今后的社保跟踪审计提供了横向和纵向的比对数据，也为国家社保预算体系的建立和保障资金的筹集提供了参考依据。为了解决数据的高效利用问题，审计署适时提出了建立国家数据中心的要求，同时要求各省建立省级数据分中心，地市和有条件的区县建立地方数据分中心，数据资源的不断积累为社会保障基金绩效审计提供了更多的参考价值。目前，各级审计机关已经根据审计署要求，建立了数据中心，为社保审计信息化提供了更有力的保障。

（二）如何更好地实现社会保障资金审计信息化

1. 以国家治理的战略为导航

随着国家治理实施以科学发展为主题、以转变发展方式为主线的战略重点转移，要求国家审计实施转型发展，即实施以监督财政财务收支及其相关经济活动的真实、合法和效益为基础，以监督和评估公共权力机构的权力运行和责任履行为重点，以维护国家经济安全、推进民主法治、促进廉政建设、保障科学发展和人民利益为目标，全面发挥国家审计在国家治理中保障国家经济社会健康运行的“免疫系统”功能。在这一转型发展过程中，社会保障资金审计要破解要素制约、实现转型发展，必须依托现代信息技术和方式，实现审计思想革新化、审计资源集约化、审计业务信息化、审计管理数字化、审计方式现代化。

2. 加强信息化审计人才的培养

人才是审计工作开展的关键因素，信息化人才是国家审计工作的技术创新核心，是现代审计的基本思路，因此必须做好国家审计信息化人才培养工作，以应对传统社保资金审计向现代社保资金审计转变。首先，应该加强计算机技术培训，壮大社保业务相关的计算机审计能手队伍。在个人自学、派送培训、网上培训、专门培训等多种学习方式的基础上，重点以计算机中级、Oracle 数据库知识、信息系统审计培训和社保方向的高级计算机审计人才培训为重点，并能学以致用，切实发挥计算机审计人才的功能。其次，在人员配置上，应当将精通计算机数据库知识、对数据采集分析有丰富经验并且熟悉相关业务的人员编入“数据分析组”，实现信息化环境下审计组织方式的转变[3]，在社保资金审计过程中，应该充分将计算机专业人才和具有丰富社保审计经验的业务人才紧密结合起来，发挥“1 +1 >2”模式的效果。

3. 对采集到的数据进行规范化

审计署在 2007 年制定了《国家审计数据中心基本规划》[1]，对审计工作中获取和形成的基础数据，以及对基础数据的审计应用、共享和交换进行了规划。制定了目录体系的资源分类和编码规则，信息资源的数据元素和数据表的业务界定与编制规则，交换体系的技术构架、交换方式和技术实现规范。其目的就在于实现各种审计信息资源的规范化与标准化。不管是什么样的单位，只要你的业务相同，就可以用标准化的数据进行表示。只有依托数据的标准化，我们才能谈到审计资源的共享，我们才能谈到审计分析的自动化、模块化，甚至是智能化。近年来审计机关计算机审计工作水平不断提高，审计中获取的被审计单位数据资源不断积累，2012 年审计署组织全国审计机关开展了全国范围的社保审计，各审计机关利用这次社保审计取得了工商、公积金、社保、车辆等相关部门的电子数据，由于数据标准不统一，数据量大，如果不对大量的电子数据进行规范化、标准化，不利于各种数据的比对分析，也不利于采集到的数据在今后的审计工作中的使用，这样会造成审计数据资源可利用性和利用效率低下，甚至导致很多采集到的数据成为“数据垃圾”，失去利用价值。正是因为数据分析团队对采集到的电子数据进行了规范化，在2012年下半年开展的保障性安居工程跟踪审计中，审计组充分利用了社保审计时取得的电子数据，结合在房管部门采集的保障房保障对象的电子数据开展了计算机审计，审计思路如下。

（1）保障对象或者家庭成员购房情况的审计。主要检查所有申请保障性住房人员及家庭成员是否同时拥有其他房产的问题。利用基础数据中所有表的保障对象的身份证号和“房产信息”表中的产权人的身份证号进行关联筛选，生成《保障对象已有房产情况表》疑点信息。

（2）保障对象或者家庭成员购车情况的审计。主要检查所有申请保障性住房人员及家庭成员是否拥有车辆的问题。利用基础数据中所有表的保障对象的身份证号和“车辆信息”表中的车主的身份证号进行关联筛选，生成《保障对象已有车辆情况表》疑点信息。

（3）廉租住房保障人员为非低保、低收入人员的审计。主要检查廉租住房保障对象不符合保障条件的问题。利用“廉租住房租赁补贴人员信息”和“廉租住房实物配租人员信息”中的保障对象身份证号与“低保人员信息”和“低收入人员信息”中的人员身份证号进行关联筛选，生成“非低保低收入享受廉租住房人员信息表”疑点信息。

（4）保障对象收入超标情况的审计。主要检查保障对象的收入情况不符合保障标准的问题。利用基础数据中所有表的保障对象的身份证号和“个人公积金信息”中的身份证号进行关联，并筛选出公积金缴纳金额大于某一值的人员信息，生成“收入超过标准的保障对象信息表”疑点信息。

（5）同一保障对象重复享受各种保障房的审计。主要检查保障对象是否重复享受多种保障政策的问题。取出基础数据中所有表的有效字段，将所有表中的数据进行合并，按身份证号进行分组，查找出一个身份证号出现2次以上（含2次）的记录，生成“重复享受保障人员信息表”疑点信息。

另外，结合笔者在社保审计中的经验，对社保资金可以从征缴、管理使用等方面进行计算机审计：

（1）社保资金征缴审计。审计思路及方法：根据以往审计的经验来看，社保基金征缴环节问题主要体现在“五大社保基金参保覆盖范围不一致，缴费基数、征收率不统一”，其中源头是企业参保覆盖面不到位。征缴范围不一致、覆盖不彻底，导致参保企业和未覆盖企业存在一定的成本差异，造成企业间的攀比，严重影响参保率和征缴率，给地税的征缴操作增添了难度。审计中采用 AO 系统等计算机技术查询，查找出欠缴或漏缴社保资金的一些企业。通过取得的社保资金征缴数据，查找出未按规定完全缴纳“五大社保基金”的企业名单，通过“五大社保基金”，即基本养老保险人数与医疗、工伤、生育、失业保险参保人数横向对比，发现某些企业参加医疗保险却未参加养老保险或其他保险的情况。

（2）社保资金管理使用审计。对于社保资金管理使用计算机审计，主要列举养老金冒领和套取医保资金计算机审计思路及方法。

审计思路及方法：针对在以往社保审计中养老金冒领问题，在审计中，首先需要采集养老保险系统中的业务数据和公安、民政部门的相关外部数据，并导入 AO 系统进行分析，通过计算机采集养老金发放明细表、户籍登记表等数据，编写 sql 语句对领取养老金的人员、次数和金额等进行筛选，进一步核查是否存在冒领养老保险金的情况。对于套取医保资金的问题，首先需要从医院的住院系统中采集病人住院信息表并进行整理，构成“医保患者住院信息表”，然后利用 AO 软件进行查询，生成“住院 2 次以上医保患者信息表”，根据相关规定，同一患者在同一科室两次住院时间间隔不能少于 15 天，因此，在生成的“住院 2 次以上医保患者信息表”的基础上查询同一病人出院时间与新入院办理时间少于 15 天的记录，进一步调查落实。

4. 运用联网技术开展审计

社会保障资金的涉及面广，财务和业务数据量大，传统的审计技术方法已无法满足要求；随着社保事业的信息化程度越来越高，社保信息系统实现了征收网络化、发放社会化，这也给计算机辅助审计和联网审计创造了条件[2]。借助于计算机辅助审计和联网审计可以提高工作效率，减少工作时间，节约人力资源。

社保联网审计是利用计算机网络技术，采用一定的传输接受方式将社保单位数据和由财政、税务、公安、卫生、房产、国土、统计、教育、金融和其他政府各部门组成的信息共享平台的数据、其他数据管理方的计算机网络与审计机关计算机相连接，通过审计业务操作平台及配套的审计应用软件系统对采集的共享资源进行数据转换，开展异地远程实时的联网核查、分析、排疑、预警，更高效地为社保资金的安全高效运转服务。

联网审计将实现审计实务的五个转变：一是从事后审计向事中、事后审计相结合的转变，随需随取地采集数据，审计数据涵盖的周期大幅缩短。二是从静态审计向静态和动态审计相结合转变，被审计对象是网络上的实时数据，可有效发挥审计预警功能。三是从现场审计向现场和远程审计相结合转变，原始数据经过审计软件系统处理后，再经分析比对，寻找出异常点，为审计提供重点和线索，针对性地开展现场审计，能够有效提高跟踪核查和现场取证的审计效率。四是从财务审计更多地向财务和业务审计相结合转变，大量业务数据纳入审计视野后，有利于掌握整体情况，将更加有效地防范审计风险。五是从对社保信息化建设进行审计向信息化的建设、维护、安全运行进行审计的转变。因为社会保障信息系统管理着数以万亿计的资金和数亿的人员信息，牵涉每一个劳动者和参保人员的切身利益，出不得半点问题。未来，数据集中管理和各系统的整合将成为信息系统建设的主要趋势，系统能否安全稳定运行就变得愈发重要。与此同时，随着公共服务系统的建设和应用，系统的用户范围将急剧扩大，通过互联网的访问和信息传递将逐步增多，系统面临的风险逐步增大。要主动应对信息安全的挑战，在信息化建设审计中同步进行信息安全审计。

由此可知，开展联网审计必将成为未来社保审计的发展趋势，将推动社保审计再上一个新的层次。

（三）在社保资金审计信息化过程中如何保证信息的安全性

1. 对审计人员的保密要求

社保资金审计的电子数据涉及保障人员的个人信息，同时也关系到国家社会保障体系的建立，因此电子数据的重要性不言而喻，因此在审计过程中一定要保障电子数据的安全性，如何保障电子数据的安全性，首先要强化审计人员的保密意识，以确保信息安全。在平时的工作中，要对审计人员定期进行信息安全知识培训，进行信息保密宣传，同时，要针对软件正版化和计算机信息安全进行专项检查，及时纠正和杜绝安全隐患。例如西安办在 2012 年社保审计中，专门制定了《关于审计电子数据使用管理的规定》，对审计人员提出了要求，确保了社保审计数据信息的安全。

2. 运用成熟的技术和手段

要保证社保资金审计数据的安全性，除了对审计人员的保密要求外，还必须运用成熟的技术和手段，金审工程为审计人员的提供的保险箱功能，能够充分保证社保资金审计数据的安全性，因此，在审计工作中，对社保资金审计涉及的电子数据和电子资料，一定要存放在保险箱中。

三、社保资金审计信息化的发展方向

（一）利用数据挖掘技术实现社保资金审计信息化

随着我国信息化水平的快速发展，数据海量化的趋势已不可逆转，作为审计机关如何应对被审单位数据日益海量化的挑战，如何对被审单位的海量数据进行总体分析和控制是一个亟待解决的问题。

随着我国覆盖城乡居民的社保体系基本建立，并随着经济发展，保障水平逐步提高，实现保障对象全民化，保障方式多样化，筹资渠道多元化，管理服务社会化，为全面实现小康社会提供和谐、稳定的保障网。参保人员越来越多，信息也就越来越多，而且整个社保体系本身涉及的部门就比较多，因此所生成的电子数据也会越来越多，面对越来越多的电子数据，我们该如何处理，如何分析，这对社保审计信息化具有非常重要的决定意义，然而，如果靠人工来实现这些分析，存在很多的困难，所以我们必须利用一些新的技术来实现。数据挖掘技术的出现为我们解决这些困难提供了一些保障，数据挖掘技术是采用机器学习、统计、神经网络、遗传算法、聚类分析等方法进行数据分析的过程，其中数据挖掘的算法是直接影响数据挖掘质量的决定性因素[4]。目前大多数的研究都集中在数据挖掘算法及应用上，但如果要实现审计数据的分析，关键是审计数据的采集，面对纷繁复杂的被审计单位电子数据，我们需要通过一些软件完成对审计数据进行采集和转换，之后才能对社保资金审计数据进行挖掘和分析，因此当前的首要任务是开发数据采集软件，以保证更方便、更快捷地采集不同格式、不同类型的电子数据，然后利用数据挖掘技术对数据进行分析。

（二）利用云计算实现社保资金审计信息化

云计算是基于互联网服务的增加、使用和交付模式，通常涉及通过互联网来提供动态易扩展且经常是虚拟化的资源。狭义云计算指 IT 基础设施的交付和使用模式，指通过网络以按需、易扩展的方式获得所需资源；广义云计算指服务的交付和使用模式，指通过网络以按需、易扩展的方式获得所需服务。这种服务可以是 IT 和软件、互联网相关，也可是其他服务。它意味着计算能力也可作为一种商品通过互联网进行流通。结合社保资金审计工作的实际情况，云计算如何应用，应该考虑两个方面：一方面是云计算计算能力的应用，另一方面是云存储空间的应用。金审工程的一项重要成果就是使各级审计机关在信息化程度上有了大幅提高，审计系统内具备了不少的硬件资源和软件资源。但这些资源往往分散在不同的审计机关和众多的审计人员手中，独自发挥着作用，并没有发挥出应有的功能。如果能将这些审计资源统一调配，综合利用，形成审计云服务，将会给社保资金审计带来一笔巨大的财富。

参考文献

［1］审计署计算机技术中心，审计署信息化建设办公室. 国家审计数据中心基本规划——计算机审计实务公告第5号. 2007年6月.

［2］胡奕. 浅析我国社会保障审计发展趋势［EB/OL］. 审计署网站，2012年5月.

［3］陕西省审计厅课题组. 信息化条件下大型审计项目审计组织方式研究［J］. 现代审计与经济，2009（1）.

［4］王忠. 数据挖掘在审计信息分析中的应用［J］. 计算机应用研究，2009（1）.

“大联网”审计模式构想

云南省大理白族自治州审计局　潘银仙

【摘要】　随着计算机信息技术的飞速发展，信息化成为世界经济和社会发展的趋势，推进政务信息化也成了实现“高效”政府的必然选择。财政一体化平台初步实现了政府管理的一体化和基础业务信息共享，构建起横向信息共享、纵向信息贯通、上下一致的平台一体化管理信息系统，更好地服务于财政科学化、精细化管理。财政一体化建设的发展，尤其是财政账务的集中管理，给现有的联网审计模式带来了新的机遇和挑战，本文论述的“大联网”审计模式将为建立多行业统一、人性化管理的审计新平台提供参考。在实际运用中也可能产生很多问题，要想“大联网”审计设想能够真正成为现实，需要制度、技术及人才等多方面的支持。

一、财政一体化建设和联网审计发展

（一）财政一体化

财政一体化是将目前使用的与预算执行关系密切的预算指标管理、国库集中支付管理、拨款管理、工资统发管理、总会计账务管理，以及与收入进度相关的财税库银联网信息、非税收入信息和综合统计查询等系统，统一整合替换为基于“金财工程①”应用支撑平台开发的一体化管理信息系统，并在今后的发展完善中逐步把采购资金管理、公务卡管理、专户资金管理、一

① “金财工程”即政府财政管理信息系统（简称 GFMIS），是利用先进的信息技术，支撑以预算编制、国库集中管理和宏观经济预测分析为核心应用的政府财政管理综合信息系统，是财政系统信息化建设目标和规划的统称。

般性转移支付资金管理和债务管理等纳入一体化系统，构建起横向信息共享、纵向信息贯通、上下一致的平台一体化管理信息系统，更好地服务于财政科学化、精细化管理（图1）。

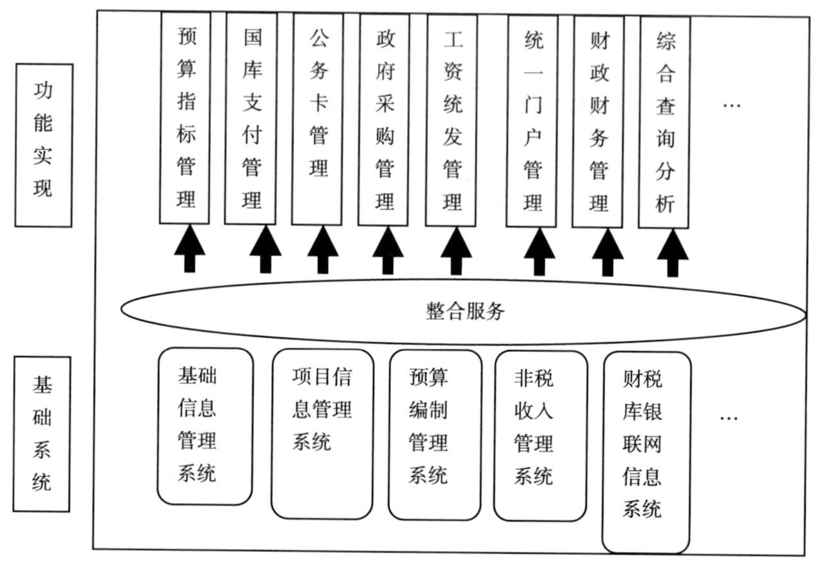

图1 财政一体化建设情况

（二）联网审计

联网审计是指通过网络与被审计单位信息系统进行互联后，在系统测评和数据动态采集分析的基础上，对被审计单位财政财务的真实性、合法性和效益性进行实时远程监控的行为。

联网审计作为一种新兴的审计模式，是推动审计信息化发展的必然之路。联网审计以确定的采集周期在线获取对方系统中审计所需数据，对数据进行实时的审计处理，及时发现问题及反馈，督促被审计单位及时规范管理。该模式采用动态、远程审计的方式，达到事中审计的效果和效益，并对积累的历史数据进行趋势分析和预测评价，提出审计评价和审计建议。联网审计系统业务模型如图2所示。

（三）财政一体化促进现有联网审计模式的改良

联网审计在现代审计中发挥了极大优势，但现有联网审计模式仍存在诸多缺陷。

首先，现有联网审计局限于各行业与审计部门单独联网进行审计，各行业、各部门数据不能进行全面共享和关联，无法掌握财政资金整体走向，不

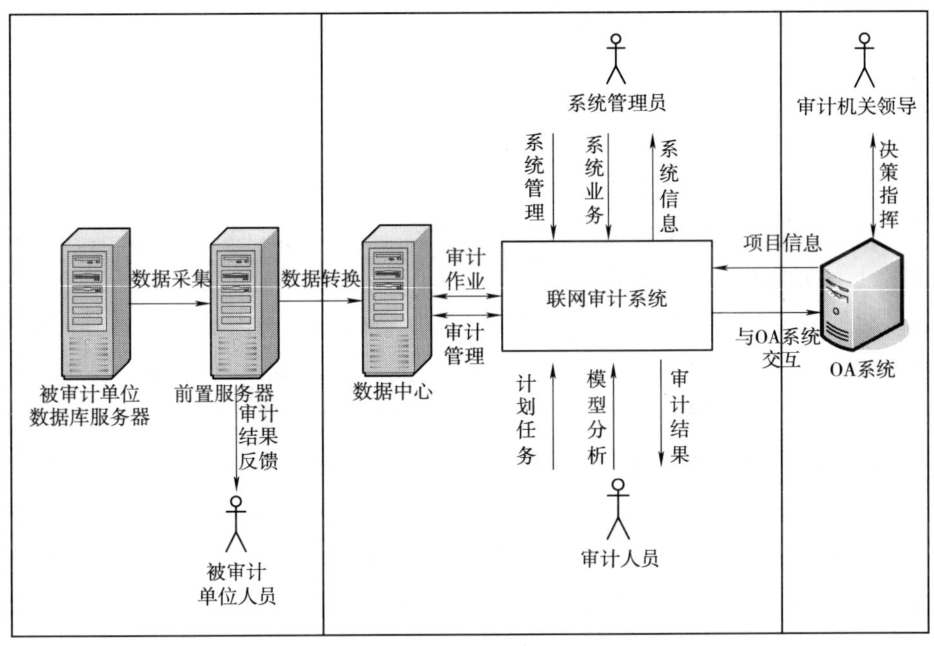

图 2　联网审计系统业务模型

能及时、全面地对财政资金进行监督。目前，云南省使用比较成熟的联网审计系统是地税联网审计系统，社保联网审计系统也已初步完成部署。两大系统审计的侧重点各有不同，关联的部门和数据间没有建立联系，同时与其他财政预算部门的资金也没有建立联系，无法全面摸清财政家底，实现对财政资金的全过程跟踪监管。

其次，当前联网系统数据存储功能和分析功能较弱。随着信息化进程的逐步推进，数据量越来越大，现有系统功能已无法满足海量数据的存储和计算需求，大数据时代的来临对数据管理和应用提出了新的要求。

因此，当前联网审计模式有待进一步改进。财政一体化平台专门为财政审计提供了接口功能，为联网审计的改良提供了数据支持。财政一体化管理信息系统集成了指标管理、国库集中支付、工资统发、采购资金管理等与预算执行相关的子系统，初步实现了政府管理的一体化和基础业务信息共享，尤其是财政账务的集中管理，便于审计掌握财政资金整体走向，同时，进行全部财政资金的全面监督。因此，研究一种多行业统一平台的联网审计模式成了计算机辅助审计发展的趋势，本文将重点探讨这种模式，暂将这种模式称为“大联网”审计模式。

二、“大联网”审计模式构想

（一）“大联网”审计模式的背景

目前，财政一体化已初具规模，我国已经进入全国数据大集中阶段。同时，国务院对审计越来越重视，要求审计建立、健全统一完整的政府预算体系，把握整体财政资金的流向，对重大投资项目和重点民生资金进行深入跟踪审计，在促进中央和省重大决策部署，国家重大经济决策和宏观调控方面提供数据支撑。纵观近几年，审计机关组织实施了扩大内需调控资金、地方政府性债务、普通高中债务、社会保障资金、农村中小学布局调整、保障性安居工程、对口支援新疆等一系列事关全局的专项审计和调查，推动了重大决策部署落实到位，为科学决策提供了参考。当前，审计在项目立项、审计内容、审计重点以及组织方式等方面，越来越强调全国“一盘棋”的思路，实行“五统一”原则，因而深化审计方式大变革，建立多行业一体化的“大联网”审计模式势在必行。

（二）“大联网”审计体系架构

“大联网”审计模式涉及被审计端、传输端和审计端三个环节，它们的功能及相互间的关系（图3）如下。

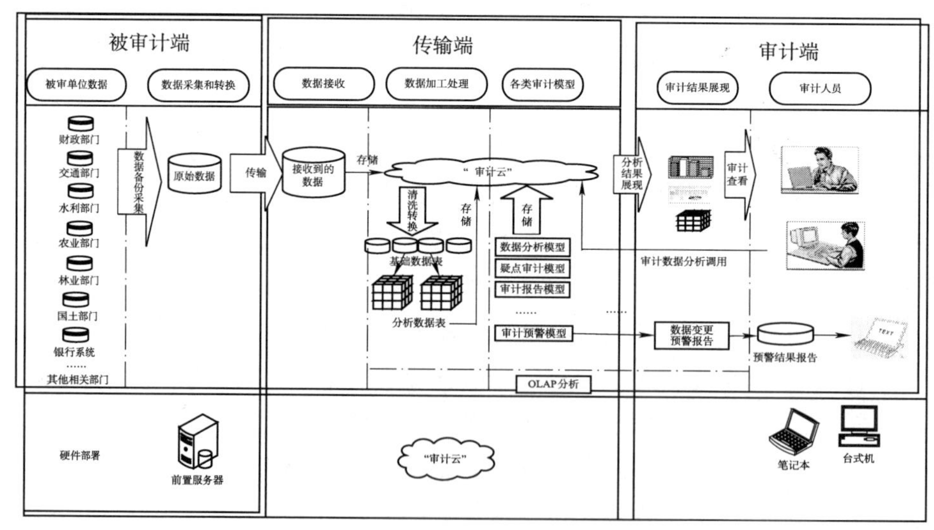

图3 “大联网”审计模型体系架构图

首先，被审计端涉及财政、预算单位和银行等部门。部署在被审计单位的联网审计前置服务器，通过数据备份将被审计单位数据从财政一体化数据库采集到前置采集服务器。包括财务数据、业务数据以及一些纸质形式存在的数据资料。

其次，传输端负责对在被审计端备份和采集的原始数据进行加工处理和传输，这些操作均由“云计算”[①] 来完成，称为“审计云”。“审计云”实现各类审计信息的数字化，以促进信息的交流和共享，使审计资源得到充分优化利用。一是实现对原始数据进行合理的清洗与加工。按照审计需求并结合被审计单位业务特点转换成符合审计要求的标准数据，根据预选规划的相关主题重新汇聚，形成满足审计分析使用的基础表和分析表。二是实现对海量数据的分析。“审计云”自动分析这些表之间的关系，将这些数据实时更新并且有机集合起来，通过各类审计模型，包括审计对象、审计数据、审计疑点、审计底稿等模型，实现自动化、智能化审计。三是海量数据存储。“大联网”审计模式下，所有数据和分析结果都存储在“审计云”，审计人员随时可以调用进行查看。四是实现数据预警功能，“审计云”将根据数据库内容和数据表的自动分析生成的数据结构变更分析报告，预警结果按不同分类提供给审计人员，以便能够及时把握审计线索，规避审计风险，提高审计效率。

最后，审计端是纯 web 的交互界面，简化审计人员的操作。审计人员通过浏览器就可以登录到“大联网”审计平台，简单的界面操作即可调用存储在“审计云”上的审计数据及审计模型，无须掌握后台技术，自动生成审计分析结果。在审计端，审计人员还可以通过笔记本电脑、PDA[②]、手机等便携设备进行项目审计。

要完成以上三个环节，需要有先进计算机技术的支持。一方面，要完成传输端强大的数据存储和分析功能，“云计算”将是最佳选择。第一，“云计算”是一次计算技术的革命，它使用户不需要购买服务器、存储器等硬（软）件，而是通过网络直接使用自己需要的服务，它所拥有的 SaaS[③]、PaaS[④] 和 IaaS[⑤] 等服务，

---

① 云计算（cloud computing）是基于互联网的相关服务的增加、使用和交付模式，通常涉及通过互联网来提供动态易扩展且经常是虚拟化的资源。

② PDA，Personal Digtal Assistant 的缩写，又称为掌上电脑，可以帮助我们完成在移动中工作、学习、娱乐等活动。

③ SaaS 是 Software as a Service（软件即服务）的简称，它主要通过互联网为用户提供软件及应用程序，这些应用程序只有在用户需要时才被使用。

④ PaaS 是 Plartform as a Service（平台即服务）的简称，它主要通过 web 以服务的方式将操作系统、应用开发环境等平台及产品提供给用户，因此用户不需要购买服务器也可以进行应用程序开发。

⑤ IaaS 是 Infrastructure as a Service（基础设施即服务）的简称，是把数据中心、基础设施硬件资源通过 web 分配给各种用户使用的商业模式。

能够为“大联网”审计的被审计端、传输端和审计端提供更高效的技术支撑，这样不仅能够提高审计工作效率，还可以降低工作成本。第二，“云计算”本身可以将安全作为服务提供给用户，改善信息安全，以安全作为服务的形式逐渐实现安全服务的专业化、社会化，改变当前“人人都在打补丁、个个都在杀病毒”的状况。第三，“云计算”还可以把备份作为服务的形式，实现专门的“云备份”服务等。另一方面，“蓝牙①”技术简化数据传输功能。我们可以利用“蓝牙”技术简化不同移动通信终端设备之间的通信，也能够简化设备与 Internet 之间的通信，从而使数据传输变得更加迅速高效，为无线通信拓宽道路。

（三）“大联网”审计模式优越性

1. 实现了对财政性资金的全覆盖监控

“大联网”审计模式将掌握国家资金和资产的政府部门及国有企业、组织机构等的资源进行整合，特别是将财政部门的财政预算管理、预算计划指标管理、国库集中支付、专项资金管理、非税收入管理等所有信息系统的原始电子数据，统一采集转换，实现所有审计人员共享审计数据。“大联网”审计将所有预算单位纳入审计监督范畴，实施对口监督，实现对所有财政性资金的实时跟踪，全面把握资金流向，全程监控，拓展了审计监督的范畴，使审计监督由“局部”向“全面”、由“个体”向“系统”的转变。

2. 实现了数据的动态采集、集中管理、主动分析

被审计端的前置服务器通过网络技术定期对被审计对象数据进行动态采集，采集到的原始数据在传输端被“审计云”集中存储和分析，减轻了审计端的处理负担，使审计端简化成一个单纯的输入输出设备，审计人员无须掌握专业的计算机技术就能完成审计分析。在传统模式中，每一个审计组开始项目审计前，都需要到被审计单位采集数据，采集过程中经常出现采集不成功的情况，或者同一个被审计单位需要提供数据给不同审计组，造成重复作业，耽搁审计进度，给被审计单位资料管理带来不便，增加审计人员的工作难度。“大联网”审计模型实现与被审计单位数据的“无缝”连接，相较于传统的数据采集功能，避免了很多不必要的麻烦。

3. 为多行业数据建立庞大的关系网，提高审计分析质量

相较于地税联网审计系统和社保联网审计系统审计对象狭窄的弱点，

---

① 蓝牙（Bluetooth）是一种支持设备短距离通信的无线电技术，能在包括移动电话、PDA、无线耳机、笔记本电脑、相关外设等众多设备之间进行无线信息交换。

“大联网”审计模式建立更大的行业数据关系网，而不仅限于地税相关部门或社保相关部门，更有利于跨行业、跨年度多维度审计分析。例如，财政为抗旱救灾下拨资金到水利、林业、国土等部门，传统审计单一线索的审计方式容易形成“一叶障目、不见泰山”的情况，而“大联网”审计模式下，审计人员不仅对各部门使用抗旱救灾资金情况能够有整体掌握，还能纵向追踪资金流，横向对比其他部门使用情况，有利于资金的使用效率的比较分析，提高审计质量。

4. 具有预警功能，有效发挥审计监督作用

“大联网”审计模式预先设定了常规的疑点审计模型，通过调度引擎自动进行 OLAP 分析，对关键问题进行动态监测，发出预警信息，将数据分析结果自动汇总并生成数据分析报告，及时反馈给审计人员，为进一步延伸落实审计疑点奠定基础，有效地发挥审计监督功能。

5. web 浏览器简化客户端操作，展现形式直观

基于“大联网”审计的云应用，通过不断提高“云”的处理能力，减少用户终端的处理负担，web 终端的设计最终使用户终端简化成一个单纯的输入输出设备，并能按需享受“云”的强大计算处理能力。同时，web 浏览器的界面设置，一方面，减少了用户安装、升级、维护的过程，使审计人员在终端操作简单、方便；另一方面，纯 web 式的交互界面能更加直观地展现审计结果，更好地为审计人员提供的审计分析。

三、“大联网”审计需要重点关注的问题

“大联网”审计是推动审计信息化发展的必经之路，是适应经济规模不断增长的新形势的必然选择，然而它也是一种理想的审计模式，在实际运用中也可能产生很多问题。例如，被审计单位信息化发展不平衡，虽然大部分单位已实现会计电算化，但也有信息化相对滞后还停留在手工做账阶段的单位；又如，在审计过程中，有的被审计单位也会以各种理由拒绝提供数据，或者提供虚假数据，给审计工作带来风险。要想“大联网”审计设想能够真正成为现实，应从以下几个方面给予支持。

（一）制度建设

联网审计是审计机关与被审计单位进行网络互联后，在对被审计单位财政财务管理信息系统进行测评和数据高效采集与分析的基础上，对被审计单位财政财务收支的真实性、合法性、效益性进行实时远程检查监督的行为。

联网审计的本质是审计，是在网络互联环境下进行的审计。联网审计由于审计环境的变化，审计机关的审计方式也发生了变化，目前的法律法规不能满足“大联网”审计模式的需求。因此，“大联网”审计模式的实现，需要相关部门积极健全配套的法律法规，完善制度建设，制定和出台规范性文件，为“大联网”审计提供完善的法律环境，例如，提供审计机关实时采集和监控电子数据的法律权限，使“大联网”审计做到有法可依、有据可行。

（二）信息安全

“大联网”审计模式是面向服务的审计模式，充分利用“云计算”的优势，给审计过程和审计人员带来很大的便利，但是集中管理的数据也会带来不容忽视的安全隐患。云端使用浏览器来接入，浏览器自身漏洞可能导致客户证书和认证密钥的泄露；存储在云端的数据安全容易遭受“黑客”等网络技术高手的威胁。因此信息安全成为“大联网”审计模式向前推进的重点问题。Amazon 的 virtual private cloud 提供了一套全新的企业级私有云构建方案，将重点放在如何构建针对企业的虚拟网络与现有的 IT 架构安全无缝连接，该方案可以在 Amazon 的公有云平台上创建 VPC[①] 虚拟网络，并通过自身的加密 VPN 将 VPC[②] 虚拟网络与局域网络连接起来，并将整个 VPN 虚拟网络加入企业现有的安全架构下，防火墙便能够保证这些数据的安全。

（三）人员素质

人的因素也是开展“大联网”审计的关键，就审计现状而言，基层审计机关工作人员中，懂计算机专业知识的审计人员大多不懂会计，而精通会计的审计人员大多又不掌握计算机专业知识，因此，大部分审计人员仍然采用手工账审计的方式，AO（现场审计实施系统）审计软件使用也较少。

原审计长李金华强调“审计人员不掌握计算机技术将失去审计资格；审计机关领导干部不掌握信息技术将失去指挥的资格；审计机关的管理人员不运用计算机技术将失去任职的资格”。“大联网”审计模式遵循“重服务轻技术”的理念，未来的发展趋势是使每个审计人员都能熟练使用计算机进行审计，为此，培养审计工作复合型人才是审计转型的战略性选择。第一，培

---

① VPN，Virtual Private NetWork（虚拟专用网络）的缩写，指的是在公用网络上建立专用网络的技术，其之所以称为虚拟网，主要是因为整个 VPN 网络的任意两个节点之间的连接并没有传统专网所需的端到端的物理链路，而是架构在公用网络服务商所提供的网络平台。

② VPC，Windows Virtual PC（微软虚拟机）的缩写，是一款微软虚拟化软件，使用此技术在一台计算机上同时运行多个操作系统。

养计算机专业人才，专攻“审计云”管理及数据安全维护，专门管理和维护“大联网”审计信息系统，如设置云端数据访问权限、管理数据备份恢复功能保证系统安全。第二，科学配置科室人员，确保每个科室形成计算机专业人才和会计审计业务专业人才互相配合共同审计的模式。第三，开展计算机审计研讨，通过面对面交流和审计论坛的经验分享，使审计系统内部实现成果共享、资源优化配置。

信息技术条件下的审计业务模式的思考

云南省昆明市审计局　张天一

【摘要】　当今的世界，是信息化的世界。随着信息革命的进程，信息技术已经影响到人类社会的各个方面，从社会结构到政治理念，从经济模式到基础技术，整个经济社会已经发生了翻天覆地的变化。审计工作要适应信息化发展趋势，在信息化环境下，通过创新审计思路、增加审计成果，通过创新组织方式、提高审计效率，通过创新技术方法、扩展审计空间，全面推进审计工作方式的转变，这是当前各级审计机关树立科学审计理念、构建创新型机关的迫切需要和必然选择，也是审计工作适应新形势发展变化要求、建设现代化全局的重要战略举措，更是对每一位审计人员刻不容缓的行动要求。

【引言】　伴随着信息技术的不断发展，信息化时代的进一步深入，电子信息技术和网络的发展正不断地改变着经济和社会的结构与运行方式和思维方式，其广度和深度是以往所无法比拟的。国家科技兴国战略的实施，更进一步推动了我国国家审计的信息化发展。从利用信息技术管理和改善审计工作方式和环境，提高审计信息的共享和传输效率，到后来利用计算机技术进行数据的辅助审计，再到现今的对被审计单位信息系统审计，无疑将审计工作提到了一个更高的层次。审计工作要适应信息化发展趋势，不仅局限于审计业务实施要运用计算机手段，更应从业务管理方式、项目组织模式、审计技术方法、行政工作方式等方方面面全面推进审计工作方式的转变。在信息化环境下，通过创新审计思路、增加审计成果，通过创新组织方式、提高审计效率，通过创新技术方法、扩展审计空间，全面推进审计工作方式的转变，这是当前各级审计机关树立科学审计理念、构建创新型机关的迫切需要和必然选择，也是审计工作适应新形势发展变化要求、建设现代化全局的重要战略举措，更是对每一位审计人员刻不容缓的行动要求。

一、信息化条件下审计工作的影响和变化

信息化发展给审计工作带来了深刻的影响和变化。信息技术环境下对审计工作的影响主要表现在以下几个方面。

一是审计理念的创新。审计是国家政治制度不可缺少的组成部分，从本质上看，是保障国家经济社会健康运行的“免疫系统”；审计工作的根本目标是维护人民群众的根本利益，现阶段具体体现为“推进法治、维护民生、推动改革、促进发展”；审计工作的首要任务是维护国家安全、保障国家利益、推进民主法治、促进全面协调可持续发展。就是要在新的思想高度上形成推动审计工作科学发展的共识。核心是以科学发展观作为灵魂和指南，牢固树立科学审计理念，准确认识社会主义国家审计的本质、目的、内涵和要求，充分发挥“免疫系统”功能。

二是审计的内容多元化。信息化的发展影响着社会的各个方面，被审计单位信息化技术的应用也在不断地发展，其应用领域也在不断地向业务和管理等方面进行拓展。数字化技术使得一切变得虚拟化，审计的资料和对象不再是单一的纸质资料、数据，而更重要的是信息系统软件、网络、硬件环境等。

三是审计工作方式的多样化。由于审计资料和信息介质的变化，使得审计工作的时间和空间得到极大的拓展和延伸。审计资料的数字化和联网审计工作的开展，可以让审计人员不受空间与工作时间的制约，根据需要安排核查；在审计对象的确定、跟踪范围甚至工作地点都有较大的自主性。审计人员通过网络可以在千里之外实现对被审计单位的远程审计。

四是审计数据存储方式信息化。随着审计信息化不断发展，近年来审计机关计算机审计工作水平不断提高，审计中获取的被审计单位数据资源不断积累，涵盖财政、地税、社保、公积金、住房维修基金、银行等多个行业，数据量已达 TB 级别。

五是审计方法的不断转变。审计操作手段正由手工制作向电脑操作方面发展。由于现代科学技术的进步，电子计算机在信息处理系统中得到了普遍应用，无论是会计信息还是其他各种管理信息，其处理和存储方法都起了根本的变化，如仍以手工进行审计，显然是无能为力，电子计算机将会作为执行审计职能的一种工具，即通过运用专用或通用的审计软件来检查有关信息资料及其反映的经济活动，通过计算机收集审计证据，进行分析判断，提供审计结论与决定依据。这样不仅有利于减轻审计人员的负担，提高审计效

率，同时也可以减少人为的差错，促进审计的质量。

六是审计人员的素质提出新的要求。审计职能的日益完善和审计地位的日益提高对审计人员的素质提出了新要求。培养造就一定数量的精通审计业务，掌握审计发展规律，熟练运用现代审计技术方法的高层次、高技能审计人才，是实现审计工作适应时代发展，与时俱进，保持长久生命力的根本途径。原审计长李金华曾经说过，“审计人员不懂计算机技术，将失去审计资格”。审计人员必须通过各种途径，提高自己的信息化环境下审计所需的专业知识和能力，掌握计算机审计技术与工具的应用，还要通过典型信息化项目审计案例分析、审计专家经验系统等积累审计经验，从而提高审计的效率和质量，以降低审计风险。

七是为审计领导提供了信息技术条件下高效的决策与管理手段。审计信息化环境下，通过集领导决策支持、审计业务支撑、审计办公管理、审计信息共享为一体的基础数据库平台，可以实现审计机关之间、审计现场与机关之间、审计机关和其他部门之间的数据交换和资源共享，为审计决策与管理创造了条件。

八是信息化环境为计算机审计技术的应用创造了良好环境。通过计算机审计技术的应用，提高了审计能力，扩大了审计的广度和深度，节约了宝贵的审计资源，提高了审计效率。利用审计软件提供的强大分析工具，可迅速有效地发现审计线索，提高了审计效率。通过与被审计项目系统实施联网采集数据和网上审计，可有效地减少现场审计时间。

二、信息化条件下审计业务操作模式

信息化条件下的审计工作就是通过检查和评价被审计单位信息系统的安全性、可靠性和经济性，揭示信息系统存在的问题，提出完善信息系统控制的审计意见和建议，从而防范和控制审计风险；同时，通过电子数据进行深层次分析，以确定被审计单位经济活动的真实性、合法性、效益性。审计工作的组织方式有以下几种：集中分析、发现疑点、延伸核查、系统研究审计组织模式；在线实时联网审计组织模式；三级联动联网审计组织模式；多行业统一平台联网审计组织模式；基于数据中心的多专业融合、多数据关联、多视角分析、多层级联动的审计组织模式；系统内控测评 + 电子数据审计的数据式系统基础审计组织模式；信息系统审计组织模式等。但无论是哪种模式，都应注重以下几个方面。

（一）做好审前准备工作

信息化条件下审计项目的审前准备工作除了与传统审计项目有共同之处外，还必须重点做好以下几点工作。

1. 充分了解被审计单位的信息化环境

根据2005年有关部门重点被审计对象的信息化环境调查情况显示，有87%被审计对象已实现财务管理信息化，有19%被审计对象已实现业务管理信息化。部分信息化环境好的被审计单位，如财政、金融、社保、医院、公安、法院、检察院、烟草、电业等，其财务、业务管理的信息化程度已较高，一些企业开始应用企业资源计划管理系统（ERP系统）。另外，97%乡镇已实现财务管理信息化。这些单位采用的财务管理软件有新中大、用友、金蝶、小蜜蜂、神犬、SAP等十多种，业务管理软件共有44种之多，支撑的数据库系统有SQL Server、Oracle、SyBase、Access、Foxpro、Dbase、Cobol、Vep、Notes等。

在计算机审计领域，面向数据的审计就是从被审计单位的信息系统数据库中通过各种接口工具获取审计数据。被审计单位信息系统的多样性和复杂性，审计数据的采集和获取工作一直是面向数据审计的首要难点，是推进计算机审计的“瓶颈”。因此开展计算机审计的项目，在审前调查时应对以下有关被审计单位信息化环境进行了解。

（1）被审计单位财政财务收支及其相关业务的信息化组织情况及其信息化的依存程度；

（2）使用的财政财务系统软件和相关业务系统软件的主要功能和特点；

（3）财政财务信息化系统与相关业务系统的业务内容、业务流程、业务规模、业务流、资金流和信息流等；

（4）财政财务及其相关业务信息化管理制度的建设、执行情况；

（5）其他需要了解的内容。

审计组只有在审前调查中了解清楚了有关被审计单位的信息化环境，尝试获取被审计单位的有关电子数据和数据结构文档等基础资料，才能遇到实际问题，并做到具体问题具体分析，清楚开展计算机审计的困难所在，及时就有关问题向计算机技术人员请教或邀请计算机人员参加审前调查，确定数据采集方法和范围，特别是业务数据的采集，一定要根据审计重点和审计思路，采集主要业务流程数据。单位计算机专业技术人员要密切注意审计署及有关省厅金审工程专题栏目，及时下载了解最新财务数据采集工具以及有关业务审计的审计师经验，了解数据库数据的连接方法和数据转换技术，做好审计人员的技术后盾，推进计算机审计普遍开展，深入开展。

2. 掌握必要的计算机技术

计算机环境下，审计取证和证据评价方式都发生了深刻的变化，信息系统成为审计线索的重要来源。信息系统记录了被审计单位的大量与经济活动有关的数据，审计人员通过对这些数据的分析和处理，可以判断经济活动的真实、合法、效益，并对其做出评价。而面对的被审计单位信息化环境种类多、变化快，使用不同的数据库、操作系统和硬件平台，甚至分布在不同的地理位置。审计人员在计算机审计审前准备过程中，针对被审计单位的具体信息系统和业务特点，注重学习技术，通过不断学习、不断实践、不断应用和积累，才能在计算机审计中做到游刃有余。年轻审计人员要自觉作为计算机审计的领头兵、技术骨干，通过审前准备，学习新技术、拓展技能、提高能力，成为推进计算机审计的中坚力量。

3. 制订科学的计算机审计实施方案

审计实施方案是审计组为了能够顺利完成审计任务，达到预期审计目的，在实施审计前所做的计划和安排，是整个审计实施工作的行动指南。因此，审计方案在审计质量控制体系中起到“龙头”的作用，审计方案编制质量直接影响审计实施的质量。

细致的审前调查，细化实施方案是提高审计效率的基础，审前调查结束后，审计人员要及时将被审计单位的信息化环境情况进行汇总，制作被审计单位工作流程图，包括业务流程图、内部管理控制流程图等。根据工作流程图，分析被审计单位信息系统的安全性和业务工作的关键环节和薄弱环节，确定审计方向和重点，制定包括计算机审计内容的审计实施方案，包括对以下事项进行评估和明确：

（1）拟使用的计算机审计软件、硬件配置及所需的技术条件；

（2）被审计单位相关数据的获取或转换方案；

（3）重要审计事项和关键环节的计算机审计步骤；

（4）计算机审计的人员及分工；

（5）其他。

审计质量是审计工作的生命，而审计方案的编制质量是影响审计质量的关键因素，作为计算机审计项目，一定要在审计实施方案中体现出指导性。

（二）保证电子数据安全

审计过程中获得的各种资料信息特别是采集的被审计单位财务、业务电子数据都是被审计单位的商业秘密，有些甚至涉及行业秘密及国家秘密，都有着保守秘密的责任，因此每个审计人员都要意识到自己的计算机中都或多或少地存储着被审单位的重要资料、电子数据等，意识到计算机的价值已经远远超过了它自身的价格甚至不可估量。因此审计人员如何在做好审计工作的同时做到计算机中资料安全完整、数据保密，就成为需要我们时刻注意的一大重要问题，也是保证计算机审计工作正常有序进行的当务之急。

1. 开启密码保护功能

审计人员所使用的计算机设备都应保证系统的安全，对于计算机应设置口令保护，它包括 BIOS 级的开机口令保护、操作系统级的开机口令保护和屏幕保护口令保护。此外，审计人员还可以充分利用如压缩文件、WORD 文档的密码保护功能。密码要易于记忆、不容易被他人猜到、不用个人信息（如姓名、电话号码、出生日期等）、避免使用连续同一字符或全数字或字母顺序的组合。

设置密码只是一个简单的动作，但要保守密码却是长期的需要时刻牢记的行为。所以一定不要把密码告诉外人、避免在纸上记录密码；一旦有迹象表明可能发生了系统或密码侵害时，应该立即更改密码。

2. 保证数据存储安全

审计人员使用的计算机硬盘至少要分 2 个以上数据分区，将系统和数据分别存储在不同的分区，以免系统出现问题时资料丢失。最好将工作、学习及私人资料分类存放；经常清理、备份数据盘上的文件，对已经详细阅读、经过分析确定不再需要并且不需存档的资料，应彻底删除；对审计项目中重要的工作资料，定期做一个备份，特别是现场审计实施系统形成的电子文档记录，每天要在另一个文件夹或移动硬盘或优盘上做一个备份，并妥善保存，以备硬件受损、系统遭破坏时及早恢复工作状态。

对存储在移动硬盘、闪存及优盘上的文件资料，定期清理。涉密信息和数据必须按照保密规定进行采集、存储、处理、传递、使用和销毁。确需送外维修的涉密计算机，按有关文件要求，送国家保密局指定的厂商进行维修，确保国家机密和企业秘密的安全。

3. 强化病毒防范意识

计算机病毒防不胜防，破坏性极大，计算机使用者都深有体会，审计人员一定要意识到防范计算机病毒的重要性，使用的计算机要安装杀毒软件，并及时升级。没有升级的杀毒软件，病毒代码库就没有包含新出现病毒的代码特征，就起不到查杀病毒的功能。计算机感染病毒的机会只有两个：一个是连上网络，一个是使用介质交换信息。

单位局域网一般都有设置防火墙，防止外来计算机病毒对系统和数据的破坏，局域网内的计算机通过安装杀毒软件，查杀病毒。互联网上病毒很多，一些最新病毒可能连病毒软件商都还未及时发现，杀毒软件起不到防火墙的作用，所以要有效阻止计算机病毒的侵犯，审计人员工作使用的计算机不上互联网。如果审计人员的计算机带有病毒，在连入被审计单位系统时引起计算机病毒灾难时，就有责任风险，所以审计人员一般不要将计算机连入被审计单位局域网。

审计人员使用介质交换信息是常有的事，使用前进行计算机病毒检测，就能有效地预防计算机病毒。

（三）从多方面获取数据资料

尽量从多渠道收集齐全各类技术文档、操作手册，与被审单位技术、业务人员座谈了解业务流程，充分分析系统的数据结构，各子系统、数据表、数据字段的含义和内容以及系统间、表间关系，其间查看具体数据和纸质单证来对照印证。结合业务流程以及系统中的数据流转，判断关键控制点、形成审计思路，再通过电子数据查询分析处理实现、验证审计思路，最终得出线索或疑点。数据分析思路的形成对于计算机审计的开展至关重要，关系到如何发散思维，拓展思路。

在实践中，取得被审计单位完整的电子数据，是顺利开展计算机审计的先决条件和关键环节。如果缺乏电子数据，计算机审计将难为“无米之炊”。然而对于一些审计项目，例如社保审计项目，由于其固有的项目类型复杂、资金渠道广泛、项目涉及部门和单位数量众多等特点，为开展计算机审计特别是获取有关电子数据增加了不少难度。

（四）采集电子数据，获取相关结果性报告、数据

审计人员在充分了解了被审计单位的信息化环境后，根据审计方案确定的审计内容采集相对应的电子数据，电子数据一般包括财务电子数据和业务电子数据两大类。

1. 财务电子数据

随着电算化会计信息系统不断发展，各被审计单位的会计电算化的进一步深入，现今国家审计的对象绝大多数都使用计算机作为会计核算的主要工具。目前我国的会计电算化软件品牌多样、版本众多，给审计工作带来了不少困难，但 AO 系统从 2005 版到现在的 2011 版，其采集的模板也在不断扩

充，已有300多个财务数据采集转换模板，基本能够满足审计人员的工作需要。在实际的工作中审计人员在采集被审计单位财务数据时，还应注意以下几点。

一是了解被审计单位所使用财务软件系统的基本信息，审计人员可以通过询问、了解来确定。其中包括软件的名称、版本号、后台数据库类型等。

二是获取数据的方式，由于被审计单位人员对计算机操作的能力不同，审计人员一般可要求被审单位提供财务软件系统的备份数据文件；为了保证数据的可靠，对财务软件系统提供有符合国家标准数据接口功能的，可要求提供国标数据。对于一些特殊的软件系统，可通过对系统数据库备份或导出财务系统对应“三张表”的方式进行采集和提供。

三是对被审计系统进行操作时，为了避免审计人员的风险，可在审计人员的监督下，由被审计单位人员进行实机操作。

四是对财务系统版的“追根溯源”，近几年在工作发现部分财务软件公司因企业发展，可能会将一些其他公司或产品进行收购或合并，其原产品（财务软件系统）会使用新的名称或版本。对于这些财务软件一般可使用原版本的模板进行采集转换。

五是获得的财务软件数据应确认其所需年年度财务数据是否在财务软件系统中进行“结账”处理，以保证数据转换的正确性。

做好以上几项工作一般都能顺利通过AO系统进行数据采集转换。转换完成的电子账簿应与纸质报告数据（一般可使用被审计单位所提供的资产负债表）进行对比，确定电子数据的完整性。

2. 业务电子数据

被审计单位的业务支撑系统多种多样，情况较之会计电算化软件，一般没有较为规范的标准，所运行的后台数据库系统主要有SQL Server、Oracle、SyBase、Access、Foxpro、Dbase、Cobol、Vep、Notes等，而数据量较大，为此要做好对数据采集，使之成为信息化下审计工作的重要组成部分，应做好以下几点。

一是做好审前调查，避免匆忙上阵。在计算机审计方式下，审前调查也尤为重要，应提前对被审计单位的计算机系统、业务操作系统、数据库系统进行详细了解，从技术的角度考虑需要哪些数据，所需要的数据能否获取，以何种方式能够有效获取，也避免因考虑不周而多次、零星提出数据需求而延误电子数据的获取或引起被审计单位的抵触。

二是尽量要求由被审计单位进行数据采集。为规避审计风险和保护自身，审计人员一般不应直接在被审计单位的计算机系统上进行操作。如果条件允许，应在确定审计所需数据的具体内容后，提出书面的数据需求，交与被审计单位，要求被审计单位系统管理员自行采集电子数据，审计人员只需做好数据真实性、完整性验证工作即可，或先要求被审计单位计算机管理员进行全面的数据备份并在现场，再由审计人员进行数据采集。

三是选择好数据采集时间段。为了减轻被审计单位计算机信息系统的承载压力，不应在被审计单位业务繁忙时进行采集。比如用 ODBC 的方法采集地税数据时，会导致各客户端无法顺畅运行，业务基本处于瘫痪状态。因此，一般应根据采集数据量和采集方法，预测采集所需时间，选择在非工作时间段进行数据采集。

四是做好计算机系统和数据库备份工作。数据采集前，应使用被审计单位财务或业务软件的数据备份功能或其他方法将数据库进行备份。这样，在出现意外故障时，能够及时恢复被审计单位的计算机系统和数据库数据，避免数据丢失。

五是从客户端采集数据。如果是要采集基于服务器结构的大型数据库中的数据时，可采用 ODBC 方法采集电子数据，此种采集方法只需在客户端上进行操作或是在审计人员的笔记本电脑中安装相关数据库软件后，将其接入被审计单位内部局域网完成采集操作。如地税数据的采集。

六是确保移动存储设备安全。在数据采集前，对将要使用的优盘、移动硬盘等移动存储设备进行杀毒，保证无病毒，以免移动存储设备中存在的病毒感染被审计单位的计算机。

（五）数据分析、挖掘

数据分析是审计工作中的重中之重，它体现了审计人员对审计业务知识和审计职业的判断。审计人员根据数据之间的钩稽关系来确定业务处理的正确性，通过分析业务处理中的关键环节，确定处理的关键点和风险。

1. 数据分析的思路

一是利用被审计单位业务数据与财务数据关联分析。这在我们的审计项目较常用到，有些单位的业务系统与财务系统是独立的两套系统，也有一些则是集成起来正如 ERP 中不同的子系统。例如在某医院审计中，考虑到每天的门诊以及住院收费量大，收入是否全部入账、有无截留转移等情况是审计的重点之一。首先从医院业务系统中提取出门诊收费和住院收费明细数据，计算某时间段的收费数据，然后与财务系统中的数据核对，是否存在差异，进一步分析原因。

二是利用被审计单位信息系统中不同业务类型数据逻辑关系进行关联分析。随着信息技术的发展，各单位的信息系统日益集中化、综合化，存储的数据几乎涵盖该单位涉及的所有业务，从审计的角度分析，这些数据可能存在于不同数据库或同一数据库的某些表甚至同一张表中，审计时要抛开这些物理上存储和技术设计上的概念束缚，抽取出符合审计意义的数据，找出审计突破点。例如在某银行国际业务审计中，为了审查在国际热钱大量注入国内的背景下，是否存在通过银行结汇后将发现资金流入资本市场或房地产市场的违规结汇情况或线索。审计人员从核心业务系统的外汇交易明细中筛选出结汇流水，然后通过结汇存入账号与核心业务系统中的活期交易明细关联，通过交易类型筛选出证券交易、基金交易等交易流水，得出的结果则为违规结汇进入证券市场的线索。

三是利用被审计单位电子数据与延伸单位数据比对分析。在审计延伸时，除了取得延伸单位的纸质材料外如果能取得有关电子数据，也能用于审计分析。例如在某海关审计的征税业务审计中，审计人员从总体分析入手计算进出口企业的进口货值和关税额，航空公司由于金额较大被列入重点延伸单位。通常航空公司为节约财务成本部分飞机采取融资租赁方式进口，审计人员将这类进口飞机的报关申报价是否真实完整作为审计的重点，并设法取得航空公司进口飞机对外付款的电子台账。通过将海关报关单数据与对外付款台账数据比对，如果两者存在差异，则进一步核实航空公司是否将租金和融资租赁利息以及其他为租赁飞机所支付的费用全部向海关申报。

四是利用被审计单位电子数据与公共数据平台关联分析。在审计中不孤立地分析被审单位数据，而是充分利用各类公共数据平台来关联分析，通常能收到意想不到的效果，社保、电子政务等都可看作公共数据平台。例如在城镇低保资金审计中，为了查出“非保得保”的问题，则充分利用了民政、住房公积金、公安、房产管理等部门数据。是否符合享受城市低保标准在于家庭人均收入，家庭收入水平由民政部门来核定，如果仅从民政部门取得的城市低保管理系统低保户收入数据来分析得出是否有收入不实冒领低保金的问题，由于低保资金量大且分散等原因难度较大。但是利用现有低保户的房产、车辆和住房公积金缴纳的情况，从侧面推算该家庭收入水平则会起到事半功倍的效果，因为一般情况下这类人群的收入都不会很低都不可能够格吃低保。随着公共数据的日益完整，这种关联分析的成效将愈发凸显。

这些数据分析思路都是从审计实践中总结和提炼出来的，都是建立在对审计业务的熟悉和对不同数据特点的深入分析基础之上，随着信息技术的发展和审计人员素质的提高，将会出现更多的思路和方法，进一步提高审计效率，丰富审计成果。

2. 数据分析的方法

审计中利用计算机技术进行数据分析，就是根据审计目标对审计数据作各种重组、计算、查询、分析、挖掘等工作，从而得出审计结果的过程。计算机审计中的一般数据分析主要包括如下操作。

重算：对某一项数据，按照与被审计单位相同或相似的处理方法重新计算，目的是验证被审计单位提供的数据的真实性与准确性，以及被审计单位信息系统处理逻辑的正确性，如被审计单位的个人所得税计算。

检查：按照政策或法规，对某一项数据或处理进行检查，目的是检查政策与法规的执行情况，如医院的收费项目及收费标准的检查。

核对：将某些具有内在联系的数据，按照其钩稽关系，进行逐一核对与排查，目的是验证被审计单位信息系统处理流程的正确性和控制的有效性，有无人为非法干预等，如公积金审计中的银行存款收益情况与银行利率的核对等。

抽样：依据抽样的原则与方法，按照审计人员的指令将审计人员感兴趣的或具有代表性的一部分数据挑选出来，目的是缩小审计范围，降低审计风险，如商业银行贷款审计中，抽取贷款金额大又是房地产企业的贷款笔数。

统计：为审计人员提供一系列的分析指标与工具，最大限度地方便审计人员进行信息处理，如对审计数据按被审计单位的部门、项目核算等。

推理：根据审计人员经验与规则，对已有数据进行分析与处理，给出所有可能的结论。

判断：根据审计人员经验与规则，针对某个问题给出一个参考性结论。

预测：自动运用已经存在的知识与经验进行推理与判断，预见问题的类型与可能发生的环节。

总之，计算机审计是传统审计向现代审计转型的重要标志之一，信息社会的发展，正深刻地改变着审计工作的理念和行为。计算机技术在审计工作中的运用，是审计事业发展的一个里程碑，是审计技术和手段的一场深刻变革。正如原审计长李金华指出的，“计算机审计是一场革命”。在开展计算机审计的过程中，每个审计人员都一定会遇到许多困难和问题，但只要审计人员已经有计算机审计的思想准备、技术准备，提高了数据保护安全的意识，掌握了数据分析技术，计算机审计之路一定会越走越平坦。

其实际操作中可以通过以下几种方法进行。

（1）充分运用AO软件进行数值分析。在现场审计实施系统中，对获取的财务数据经过整理，可以生成传统的电子账册，使用电子账簿导入、导出功能可实现不同审计人员之间的电子账簿数据共享，审计人员可以在现场审计实施系统的账表分析功能中，像传统审计一样查看总账、科目明细账、记账凭证等，但信息化程度高的被审单位，不仅会计核算实现电算化，其财政财务收支活动都有可能利用信息技术进行管理，信息系统中还有许多在审计时间段内的业务数据，数据量往往很大，包含着非常重要的审计资源。这些系统数据被作为业务数据采集到现场审计实施系统以后，就要利用数据分析功能实现检索查询，数据分析功能是对账表分析功能的补充与拓展，计算机审计效果如何，关键在于审计人员将数据分析技术与审计思路结合的能力。审计人员通过对财务数据的账表分析功能和业务数据的数据分析过程，及时将审计发现的疑点进行保存，最后对疑点库进行确认，针对疑问库翻阅纸质的原始凭证，记录现场审核记录单，制作审计证据和审计工作底稿，编制审计日记，最后形成审计报告。整个审计过程完全符合审计署6号令的要求，审计质量得到很大的保证。

现场审计实施系统数据分析中主要包含SQL查询器、分组表格分析工具、图表分析工具、自由表分析工具等。同时数据分析功能与Excel数据表软件有很好的接口，审计人员也可以随时将数据转换成Excel文件格式，利用熟知的Excel软件分析功能进行处理。审计人员可以通过软件交互界面操作完成一些常见的检索、统计计算、图形分析功能，进一步可以通过编写SQL语句完成复杂的审计检查、分析功能。

（2）利用常见的数据分析软件进行分析。随着计算机操作技术的培训和普及，一般审计人员已会运用各种各样的辅助工具进行数据分析，如使用Excel电子表处理软件制作一些被审计单位个人所得税的计算表单。Excel是一个很好的应用软件，是办公软件Office系统中的捆绑软件，应用已较为普遍。其用户界面使用方便且有效，工作表布局灵活，行、列可以任意安排，软件提供了大量的函数选择，并且为用户制作了大量的预定义公式，图表能够帮助直观显示数据情况，数据透视表对大量记录集合进行合成和分析进行快照。对于小规模到中等规模的数据集合，Excel提供了几乎所有用户管理数据和分析数据的方法，但Excel能处理的最大数据记录为65536条，当数据集合变得很大的时候，事情就开始变得棘手了。

于是一些计算机水平较好的审计人员和计算机人员，开始运用FoxPro、

Access、SQL Sever 等数据库管理软件来操纵数据，其中 Access 也是 Office 家族成员，目前已经成为桌面办公领域的主流产品，利用它可以非常方便地进行常用的数据库操作。利用 FoxPro、Access 数据库软件知识编制一些数据处理小模块，也是近年来审计机关出现的计算机技术应用新气象。而应用 SQL 语言进行数据分析，则又更深了一个层次。SQL 语言是关系数据库的标准语言，同时也是一种面向集合的非过程化的语言，具有灵活方便、易学易用的特点。许多审计软件中的查询分析功能就是通过 SQL 实现的。在一些无法使用审计软件的场合，SQL 恰恰发挥了不可替代的作用。学习 SQL 语言不仅可以帮助审计人员解决一些技术问题，而且有利于加深对数据库基本概念、基本原理的理解，从而增强解决实际问题的能力。当然，SQL 也向审计人员提出了更高的要求，它要求具备一定的软件知识和编程水平。

三、信息化条件下审计应具备的知识和能力

信息化是充分利用信息技术，开发利用信息资源，促进信息交流和知识共享，提高经济增长质量，推动经济社会发展转型的历史进程。在这一历史进程中，信息化正在或是已经影响到我们生活的方方面面，特别是对整个社会经济生活产生了深远影响。在信息化浪潮的冲击下，审计环境发生了变化，审计信息化成为审计发展的必然趋势，为了适应信息化这一新环境、新情况，又好又快地实现审计信息化，更好地开展审计工作，更好地发挥审计的国家治理功能，对审计人员的职业素质提出了更多更高的要求。

首先是意识层面的信息化素质，可从以下四个方面体现：一是信息意识，主要是指对信息的重要性的认识及对信息的敏感性。审计人员必须充分认识到信息对审计工作的重要性，认识到信息已经成为决定审计质量重要的甚至首要的资源，必须增强主动利用各种信息资源搞好审计工作的自觉性。二是信息安全意识，审计人员要对其在执行中知悉的国家秘密和被审计单位的商业秘密等信息保密，另外审计人员要确保其在执行职务中收集、存储的信息安全，防止被窃取造成损失。三是信息伦理意识，审计人员在审计过程中，信息资源在处理、传播、利用的过程中必须遵守社会规范，审计结束后，清理资料，不得作为他用。四是信息化思维，审计环境的信息化、审计过程的信息化要求审计人员在审计时必须时刻保持一种基于信息化的思维方式，多维地、立体地、全方位地观察问题，思考问题，做出判断。

其次是知识层面的信息化素质。主要包括：信息技术知识，审计人员要熟悉与审计工作相关的信息技术基本名词、术语的含义，熟悉这些信息技术

的特点和作用，在审计具体工作中能够熟练的应用；信息处理知识，审计人员要能熟练掌握信息的接收、存储、转化、传送和发布等方法、步骤、规范，知道如何选择信息，如何按照要求使用和处理信息；信息基础设施知识，审计人员要能熟练掌握运用计算机进行审计工作的知识，熟练掌握辅助审计工作的其他信息化装备的知识，熟练掌握 OA、AO 等审计软件使用的知识。

作为一名现代审计人员，必须利用计算机技术提高自己的工作质量和工作效率，适应信息环境下审计工作的需要，更好地履行审计职能。

参考文献

［1］董化礼，刘汝焯，等．计算机审计数据采集与分析技术［M］．北京：清华大学出版社，2002.

［2］石爱中．信息系统审计实务［M］．北京：中国时代经济出版社，2012.

［3］刘家义．我国审计信息化系统总体构架［J］．中国审计，2001（4）．

［4］王珊珊．浅析审计信息化进程中的相关问题及改善措施［J］．中国商界（下半月），2010（6）．

科学建模　深化信息化审计业务模式

重庆市审计局　汪宇鸿

【摘要】　审计署“十二五”规划中明确提出，审计工作的主要任务是加强审计监督，自觉把审计工作作为经济社会发展全局的重要组成部分，推进民主法治，维护国家安全，保障国家利益，促进国家经济社会全面协调可持续发展。在被审计对象信息化程度普遍较高的今天，要实现这一任务，必须深化信息化审计业务模式的应用，利用计算机技术将不同信息系统环境下的源数据有效地转换成审计数据环境下的数据，多专业融合、多视角分析、多方式结合构建审计分析模型，从海量数据中挖掘出有价值的审计信息。因此，如何合理、精确地构建审计分析模型是信息化审计业务模式深化应用的关键。本文结合笔者开展计算机审计的实践，介绍了构建审计分析模型的基本方法。

【引言】　审计工作的主要任务是加强审计监督，自觉把审计工作作为经济社会发展全局的重要组成部分，推进民主法治，维护国家安全，保障国家利益，促进国家经济社会全面协调可持续发展。在被审计对象信息化程度普遍较高的今天，要实现这一任务，必须深化信息化审计业务模式的应用，创新审计方法的信息化实现方式。对广大审计干部来说，面对财政、金融、企业、资源环境等不同行业、不同领域的审计对象，一定要充分运用各种数据信息，利用计算机技术将不同信息系统环境下的源数据有效地转换成审计数据环境下的数据，通过构建审计分析模型，从海量数据中挖掘出有价值的审计信息，努力探索形成多视角分析、多方式结合的信息化审计业务模式。因此，如何合理、准确地构建审计分析模型是信息化审计业务模式深化应用的关键。审计分析模型是审计人员用于数据分析的技术工具，它是按照审计事项应该具有的时间或空间状态（如趋势、结构、关系等），由审计人员通过设定判断和限制条件来建立起数学的或逻辑的表达式，并用于验证审计事项实际的时间或空间状态的技术方法。一般来说，审计分析模型可以根据法律法规、业务逻辑钩稽关系、审计人员的经验构建。然而，信息化审计业务模式已开展多年，被审计对象也大多在计算机审计中吃了一堑，并且也按审计规定进行了整改完善，或是采取更加隐蔽的手法违纪违规。因此，如果仅仅是简单地根据法律法规的条款，或是对业务逻辑钩稽关系的简单对应来建立分析模型，查处的问题也多浮于表面，难以揭示深层次的违纪违规问题。因此，笔者认为，在分析数据时应结合实际情况，关注政策和流程中的薄弱环节、明显不合常理的事项、数据钩稽的不平衡点，有条件时还可关联外部数据，通过综合分析锁定疑点，发现案件线索移交后继续追踪。因此，数据分析是关键。下面，笔者结合近年来分析建模的方法来叙述深化信息化审计业务模式的一些做法。

一、根据法律法规规定建模，关联外部数据查找问题

法律法规对于特定的业务而言，一般都规定得非常具体，在数量、性质等方面均有具体的界定。所以，可以依据法律、法规具体的条文，将定性、定量的规定具体化为分析模型中的筛选、分组、统计等条件。将反映具体业务内容的特定字段设定为判断、限制等条件，建立分析模型。而每个单位的经济活动都不是孤立进行的，和其他单位或部门的数据总会发生一定的关联关系，目前的现象是大部分的行政部门虽然都建立了计算机信息系统进行管理，但是碍于部门权限，未建立协作联系和信息互通机制，各个计算机信息系统相对独立运行。因此，审计人员要克服就被审计单位数据进行计算机审计的局限，用系统论的思维，用全局、联系的观点来构建分析模型，将被审计单位的信息系统与其他相关单位的信息系统进行数据对接，通过对比不同系统间数据的差异来查找问题。下面以对个人所得税的审计举例说明，涉及地税信息系统和工商行政管理信息系统。

审计人员通过地税信息系统对缴税单位的性质进行分析，发现国有单位的工作人员缴纳个人所得税较多，而部分民营企业主相对缴纳较少。在社会上大家看到的现象是部分民营企业越做越大，注册资本在短时间内从几千万增加到几个亿，而企业主缴纳的个人所得税如九牛一毛。部分企业主认为企业的钱就是自己的钱，发工资、分红要缴纳大量的个人所得税，因此往往工资不高，少有分红。加之企业资金开支和调拨容易，为了规避个人所得税，

往往从企业调拨资金用于增加注册资本，具体的操作方法是：从企业借款后通过循环划转，再作为企业主个人投资投入企业，造成企业注册资本剧增，应收款巨额挂账，实际未得到资金注入的“怪现象”。同时，部分企业主还让企业为自己的豪宅、豪车买单，规避个人所得税。

为了防止企业主从其投资的企业借款逃税，财政部、国家税务总局于2003年发布了《关于规范个人投资者个人所得税征收管理的通知》，明确规定“纳税年度内个人投资者从其投资企业（个人独资企业、合伙企业除外）借款，在该纳税年度终了后既不归还，又未用于企业生产经营的，其未归还的借款可视为企业对个人投资者的红利分配，依照‘利息、股息、红利所得’项目计征个人所得税”。

企业增加注册资本和代扣代缴个税的行为分属工商行政管理部门、地税部门监管，但两个部门之间未建立协作联系和信息互通机制，两大计算机信息系统相对独立运行，虽然民营企业主长期占用企业资金涉及的个人所得税金额巨大，属地税部门监管的重点，但由于没有自然人股东巨额增资的线索，无法对民营企业主的巨额增资是否来源于向企业借款，是否涉嫌漏缴个税进行全面监管，只能在税务稽查中对个案予以关注。因此，在选取延伸企业时，审计人员克服就地税数据审查税收征管的局限，大胆创新，将“地税信息系统”与工商“企业管理系统”进行数据对接。首先，借助工商局“企业管理信息系统”内登记的企业注册资本变更登记资料，运用计算机筛选自然人股东在短期内以货币资金大额增资的民营企业，假设这些股东增资的资金来源于被投资企业；其次，再到地税局“地税信息系统”中查找这些民营企业是否足额代扣代缴了股东的个人所得税；最后，对增资金额巨大但个税缴纳金额少的民营企业进行延伸，一是审查民营企业主增资的资金是否来源于向企业（或关联企业）借款，二是审查民营企业主及家庭成员是否长期占用企业资金用于个人消费。筛选出短期内巨额增资，但代扣代缴个税少的民营企业作为疑点单位，效率高。

二、根据政策和流程建模，综合分析梳理薄弱环节

近年来，各部委为了经济社会的发展出台了不少文件，但是政策的出台并不都那么无懈可击，在经济利益的驱使下，部分不法分子不顾政策的规定，铤而走险钻空子，给国家、百姓造成了不少损失。因此，审计人员应该深入分析和挖掘政策和业务流程，找出薄弱环节，再根据数据间的钩稽关系进行复算、核对，达到分析问题、发现线索的目的。下面以对骗取医保基金

的审计举例说明。

医保基金是老百姓的“救命钱”，然而，部分不法分子把医保基金当成“唐僧肉”，致使医保基金不断遭到蚕食。为揭示医疗机构、参保人员和经办机构“蓄意作假”骗取基金，窃取公众福利的行为，审计人员对城镇职工医保、城乡居民医保数据库进行分析，破解骗取医保基金的手法，取得了较好效果。

（一）民营医院骗保

民营医院作为对公立医院的有效补充扩张迅速，对缓解公共医疗卫生资源不足的矛盾起到了积极的作用，鼓励和引导社会资本举办民营医院是大势所趋。但是，当医疗市场向民营医院敞开大门的时候，一部分民营医院却对医保基金这块“肥肉”虎视眈眈，通过政策流程分析，审计人员发现了以下薄弱环节：一是医患利益趋同，容易导致医患合谋共同侵蚀医保基金；二是民政救助对象在医保基金报销之外还有民政救助资金，总的报销比例会更高，因此成为民营医院套取医保基金的“香饽饽”；三是现行监管方式使民营医院极易骗取医保基金，医保管理部门对药品费用的审核主要从是否符合医保范围、药量是否符合规定等方面进行审核，缺乏对上传至医保系统的药物是否真实用于患者进行监督的有效手段。因此，在利益驱动下，各种骗保招数悉数出现。

“骗保招数”之一：免费开药、体检加回扣政策招揽职工及其亲朋好友出借医保卡、身份证，编造虚假住院资料套取医保资金。对于医保患者来说，住院要通过一系列规范的程序，持医保卡办理入院手续，交纳门槛费及押金，出院结账等。然而有的民营医院却以免费给职工开药、体检加回扣等政策招揽职工及其亲朋好友，借用其医保卡、身份证编造虚假住院资料骗取医保基金。让虚构的病人住院，必须要在他们身上产生大量的医疗费用才能套取医保基金。在他们的病历里，每天都在接受治疗，输液检查。尽管是虚构的病人，虚假的用药治疗，但在录入医保结算系统后，真金白银的医保基金就源源不断地流入医院账户。而这一切若仅从住院报账的清单上看，合规合矩，毫无破绽。

“骗保招数”之二：以免费治疗为名，伙同乡村医生诱骗民政救助对象住院治疗，以虚开药品、虚增诊疗的方式套取医保资金和民政救助资金。由于民政救助对象在医保基金报销之外还有民政救助资金，总的报销比例会更高。因此，部分民营医院会以给乡村医生介绍费等手法，将“五保户”

"低保户"诱骗入院进行免费治疗，但前提条件是必须把医疗证交给医院。而这部分救助对象有很大一部分为老年人常见的慢性病，有的更是在无住院指征的情况下被诱骗住院，至于每次住院费用有多少、医保报账有多少、民政救助有多少他们一概不知。这样，医院让这些"五保户""低保户"构成住院的事实，但实质性的治疗不得而知，患者的病历和实际的诊疗项目、用药也是"两张皮"。病历中有的诊疗项目、药品没有，是虚拟的；有的即使有，也是尽量多开；有的则是用高价药代替患者实际拿到的低价药。

被骗取的医保基金和民政救助资金中，医疗成本仅占极小部分，其余大部分自然就成了医院的高额利润。为了破解这些骗保招数，审计人员运用计算机审计锁定疑点，结合内查外调的传统审计方法深挖细查，效果较好。一是对比药品进货量与医保结算量的差异，初步判定医院虚假用药、串换药品骗取医保基金的规模。药品是最直接的突破口，虚假诊疗由于没有实物证据难以查实取证，而药品则不然，虚假用药形成的医保结算药品数量与医院进货的实物量之间必然存在不平衡关系，从药品采购的原始单据入手，对比医保结算药品数据，锁定几种药品深入追查，可初步判定虚假用药、串换药品骗取医保基金的规模。二是筛选民政救助对象在医保中结算的人员名单，对救助对象住院集中的乡镇进行调查。三是对比医院职工花名册与医保结算人员名单，初步锁定职工虚假住院骗取医保基金疑点人员。医院职工是最直接的突破口，他们是最了解内幕的人，也是参与骗保的人，从他们口中可以掌握医院违规操作的手法与各环节的关键人物。

（二）参保人员骗保

1. 时间关联，破解同一人员同一时间在不同医院挂床或虚假住院

从逻辑上讲，同一人员在同一时间段不可能在两家医院住院，但由于部分经办机构审核把关不严、履职不到位等原因，造成部分参保人员同一时间段在不同医院挂床住院或虚假住院。为审查患者挂床住院或虚假住院情况，通过在城镇职工医保数据库和城乡居民医保数据库中筛选出患者姓名、身份证号码一致，但医疗机构名称不一致，且存在住院时间交叉的参保人员住院信息生成疑点数据，通过进一步调取原始档案，审核住院时间是否存在交叉的情况，在此基础上审核参保人挂床住院或虚假住院，唱"空城计"的疑点，发现套取医保基金的问题。

2. 外部验证，破解“无中生有”，以异地就医为名利用假发票骗取医保基金

重庆市城镇职工医保、城乡居民医保均未实行市级统筹，部分区县参保人患重病后往往要到主城区大医院住院治疗，出院后持病例、发票等回参保地医保部门报销。造成一些参保人员或与医保审核人员勾结，利用虚假的住院诊断证明、住院收费收据、医疗费用清单等到当地的医保所或乡镇城乡居民医疗办公室办理医保报销手续，骗取医疗保险基金。通过将各区县参保人员部分异地就医信息交由市内几家主要的三甲医院确认就医信息是否真实，发现参保人或与医保审核人员勾结，以异地就医为名利用假发票骗取医保基金疑点。

（三）经办机构人员骗保

按政策规定，城乡居民医保的参保率纳入各级政府考核指标，而这个考核指标的设置不科学、不合理。通过政策流程分析，审计人员认为有以下薄弱环节：一是为完成居民医保参保扩面的任务，提高参保率，各级政府按户口归属地将所有人员纳入参保，而重庆劳务输出量大，人员流动性强，特别是有的外出务工人员在不知情的情况下也纳入了参保范围，从而出现重复参保、垫资参保的现象，甚至将已死亡的人员也纳入参保范围；二是街镇社保中心负责辖区内的个人医疗保险登记、定点医疗机构的医疗费用支出和医疗保险基金补助审核等，居民医保报销流程简单、缺乏严谨性而导致经办机构相关人员监守自盗。

1. 从死亡人员参保、报销查找经办机构人员骗保

一是利用公安、民政、计生部门提供的死亡人员信息，与居民医保的参保信息、报销数据进行计算机比对，发现为完成参合指标将死亡人员纳入城乡居民医疗保险参保范围的问题；二是经办机构垫资参保后，又冒用参保人身份，报销医保门诊费用，扣除垫资参保本金后的差额用于个人私分；三是对以死亡人员名义“享受待遇”报销医保基金大的记录进行延伸，发现经办机构人员骗取医保基金的问题。

2. 金额关联，破解“偷梁换柱”，复印他人病历、发票骗取医保基金

一般情况下，病人住院费用总额很少有为整数的情况，多为有小数的情况，同一年度不同人员在同一医院住院且住院费用总额完全相同的概率非常之小。通过在城镇职工医保数据库和城乡居民医保数据库中筛选出不同参保人员在同一家医院住院，且住院费用总额一致的信息生成疑点数

据，发现经办机构工作人员或参保人员“偷梁换柱”复制其他患者住院病例、发票资料骗取医保基金的疑点，通过对比档案发现是否存在复制住院档案的问题。

三、根据审计人员经验建模，关注明显不合常理事项

审计人员在长期对某类、某个问题的反复审计过程中，往往能摸索、总结出某类问题的表现特征，特别是某些事项的发生明显不符合常理，这就需要审计人员大胆推理，反向思维，将审计人员的这种经验判断运用到数据审计中，将问题的表征转化为特定的数据特征筛选疑点，并深入核实、排查，来判断、发现问题。下面以对公交运营公司骗取政府购买服务资金的审计举例说明。

重庆的公交车分为普通车和中级车两种档次，均实行上车“一票制”，普通车票价 1 元，中级车票价 2 元。公交 IC 卡包括普通卡、成人月票卡、学生卡、免费卡四类。四类 IC 卡中，免费卡和学生卡作为优惠卡可享受政府财政补贴，由公交运营公司按月向市财政申报政府购买服务资金，市财政局审核后按月拨款、按年清算。针对市政府每年都会为相关特殊人群，如 70 岁以上老人等优惠乘车向公交企业购买服务的情况，审计人员反向思维，将公交企业据此申领财政资金的真实性、准确性作为审计重点实施计算机审计。重点关注两个事项：

（一）审核刷卡次数的真实性

按常理，70 岁以上老人、中小学生乘坐公交车，哪怕是换乘，两次乘车之间应有一定的间隔，如果间隔时间过于短暂，则有可能存在违规刷卡行为。审计人员筛选出同一张优惠卡在 1 分钟内在 2 台及以上公交车车载刷卡机上刷卡的情况作为疑点提交被审计单位，被审计单位解释为乘客乘错车辆，即第一次刷卡上错了车，马上下车换为要乘坐的公交车，两次刷卡可能在 1 分钟内完成。而审计人员又对一分钟内多次刷卡的前后间隔秒数，以及连续刷卡的次数进行了更加细致的统计分析，发现大部分的卡都是每隔几秒刷一次，有的卡甚至连续刷了 23 次。这充分印证了审计人员的推断，部分公交运营公司违规收集免费卡、学生卡，恶意反复刷卡，虚增刷卡次数，达到骗取财政资金的目的。

（二）审核结算数据的准确性

中级车和普通车的票价相差 1 元，这就意味着公交运营公司向财政申报

的结算数据中，如果乘客乘坐票价 1 元的普通车，而公交运营公司向财政申报为中级车，那么结算价格就会翻倍。那么这些结算数据公交运营公司是如何向财政申报的呢？是通过系统生成？还是人为统计呢？带着这个疑问，审计人员对公交运营公司的信息系统进行了了解和测试，发现由于系统设计早于政府购买服务财政补贴规定，系统只能提取免费卡、学生卡的“使用张数”“刷卡次数”，无法对其乘坐的车辆是中级车还是普通车进行界定，实际操作是由各运营公司在不突破系统中的“刷卡次数”范围内，根据实际线路及车辆情况区分普通车和中级车刷卡次数向市财政报送。因此，审计人员大胆推断，部分公交运营公司可能存在混淆优惠卡持卡人乘坐公交车等级，将普通车刷卡数据申报为中级车刷卡数据，骗取财政补助资金的行为。具体做法是：首先，从系统中提取每日优惠卡在各车辆上的刷卡数据；其次，以普通卡当日在该车载机刷卡的最低金额为依据，判断该车辆为普通车还是中级车，以此结果计算优惠卡当日刷中级车次数和刷普通车次数；最后，按月汇总与向财政申报的结算数据进行对比，得到的结果是部分运营公司将普通车刷卡数据申报为中级车刷卡数据，骗取财政补助资金。

四、根据业务逻辑关系建模，查找数据钩稽不平衡点

被审计单位的财务和业务数据都有一定的经济含义，并且数据间往往存在着某种明确而固定的对应关系，遵循一定的原理和规则，这些对应关系便是钩稽关系。在建立审计模型时，我们可以根据业务逻辑关系，充分利用财务数据之间、财务数据和业务数据之间存在的钩稽关系，建立分析模型进行复算、核对，达到分析问题、发现线索的目的。下面以一次性医用耗材违规收费、体校虚报冒领运动员经费的审计举例说明。

（一）医院一次性医用耗材超标准、虚计数量等违规收费审计

在医院审计中，一次性医用耗材收费审计是重点。按《重庆市医疗服务价格（试行）》的规定，部分特殊一次性医用耗材，如植入人体的钢钉、球囊等，可以按购进价加一定百分比向患者单独收费，其中：购进价小于等于 1000 元的，加收 10%；购进价在 1001 ~ 10000 元的，加收 5%；购进价大于 10000 元的，加收 500 元。而医院的收费系统与物资管理系统往往未集成，是单独运行的两套系统，所以收费系统与物资管理系统中医用耗材编码不一致，且一次性医用耗材品种、单价甚多，无法建立一一对应关系。审计人员往往采取抽查的方法，这样审查的结果不全面。笔者介绍一种对一次性

医用耗材全面审计的方法，核心是要在收费系统与物资管理系统中搭建桥梁，对一次性医用耗材进行分类，通过“医用耗材类别”在医用耗材收费编码与出库编码之间建立对应关系。运用计算机对物资管理系统和收费系统进行全面检查，根据收费系统中记录的可单独收费医用耗材，从物资管理系统中筛选出可单独收费医用耗材的出库记录，按实际发出数量及加价率计算应收费金额，与收费系统中耗材实际收费金额对比，可在短时间内查出医院一次性医用耗材超标准、多计用量、使用低价耗材按高价耗材标准计价、重复使用等违规问题。具体操作为：首先，从收费系统中提取医院当年各种一次性医用耗材向患者实际收费情况；其次，在收费系统与物资管理系统中搭建桥梁，分类建立一次性医用耗材收费编码与出库编码的对应关系，设立“耗材物资编码”“医用耗材类别”两个字段，计算机与手工共同填列，生成耗材收费编码与出库编码分类对应的审计中间表；再次，从物资管理系统中提取各类可单独收费医用耗材实际出库情况，按物价规定加价比率计算其应收费情况；最后，对比各类一次性医用耗材应收费金额与实际收费金额的差异。

（二）体校虚报冒领优秀运动员经费的审计

体校的运动员主要分为集训运动员、试训运动员、优秀运动员三类。其中，集训运动员和试训运动员不是正式职工，财政部门拨付的资金少；优秀运动员是体校的正式在编职工，享受国家规定的工资待遇及社会保险等待遇，即财政局会向体校拨付优秀运动员的工资、伙食补助等大量资金。优秀运动员具有一定的流动性，在其他省市体校给出的训练条件或待遇更好的情况下，他们可能会选择离开原来所属的体校。因此，体校在运动员离队，并明确表示今后不会再归队时，应与其解除人事关系。但出于多种原因，体校往往不会及时到人事局下编，继续用离队运动员的名义向财政申领工资津补贴、伙食补助等预算资金。审计人员在财务数据中发现某体校未向部分优秀运动员发放工资的疑点，通过将“工资发放情况表”这一财务数据与体校“人事信息管理系统”这一业务数据进行对比，对比体校向财政申领经费的运动员数量与实有在队数量，发现体校在优秀运动员离队后不下编，继续以其名义虚报冒领财政预算资金的问题。

参考文献

[1] 石爱中，孙俭. 初释数据式审计模式［J］. 审计研究，2005（4）.

[2] 刘汝卓，等. 审计分析模型算法［M］. 北京：清华大学出版社，2006.

[3] 董化礼，刘汝卓，等. 计算机审计数据采集与分析技术［M］. 北京：清华大学出版社，2006.

[4] 冯国富，刘军. 一种基于数据流图的审计分析模型构造方法［J］. 审计研究，2009（4）.

试论信息化环境下的审计组织模式

广东省审计厅　邹峰毅　林小锤

【摘要】 当下，“大目标”“大数据”“大对象”已成为影响审计组织模式的重要环境，在此格局下，我们靠怎样的一个审计组织模式去适应、去增强审计机关的审计能力，是一个重要的课题。本文认为，在信息化环境下的审计组织模式要以“大格局”的体制为框架，审计指挥中心为龙头，审计计划项目监管为主线，数据审计理念为核心，以电子审计体系为依托，充分发挥审计工作服务于国家治理的作用。

【引言】 随着经济的发展和社会的进步，国家审计肩负的历史重任越来越繁重。审计信息化发展至今，已潜移默化地改变了审计人员的工作习惯和思维方式，同时还不断地从审计作业实施的角度，对审计组织方式和技术方法产生不少的触动和改变。但由于信息化的业务流程依然还是建立在传统组织管理模式上，目前主要改变的只是信息传递的时空阻碍性，信息化带来的丰富信息资源还得不到充分的应用，效能也得不到充分的展现，无法满足适应剧烈变化的环境。生产力的发展决定生产关系，审计能力是审计事业持续健康发展的核心支撑，信息化环境下审计能力的提高将对审计组织模式产生一定的影响，提升审计工作的层次和降低审计的风险，切实有效地履行审计监督的职能和服务于国家治理。

一、审计组织模式调整

（一）“大目标”是促使审计组织模式调整的诱因

国家治理是通过在各种不同的制度关系中运用权力去引导、控制和规范公民的各种活动，以最大限度地增进公共利益的一个过程。刘家义审计长指出，国家审计是国家治理系统中一个具有预防、揭示和抵御功能的“免疫系统”。核心功能体现在经济监督、信息反映和政策分析评估三个方面。目前由于组织架构、作业方式、质量控制、决策管理等方面的限制，信息反映、政策分析评估能力还得不到充分的发挥。为了适应未来国家治理的需要，审计机关必须在原有组织模式上发展出动态适应性强、效率高、战略管理长效的审计计划项目监管模式。

（二）“大数据”是促使审计组织模式调整的外因

当前，信息技术已成为政府各部门开展政府治理的重要工具，而治理的效果和轨迹均在数据中体现。作为与数据打交道、用数据说话的审计部门，必须坚持用数据说话、用数据改进管理、用数据推动创新，通过建立一套在大数据环境下的审计技术方法及运作模式，实现利用数据直接，或间接，或显性，或隐性地反映特定时期政府治理的实际情况，是充分发挥推动和完善免疫系统功能的核心。

（三）“大对象”是促进审计组织模式调整的内因

经济监督是审计的基本职能。据统计，2012 年全国财政收入约 11.7 万亿元，全国财政支出约 12.6 万亿元。而目前审计署全年审计财政金额的覆盖率约为 50%，省厅一级审计机关覆盖率为约 30%，监督缺位严重。审计机关要对如此庞大的财政支出开展经济监督工作，必须通过调整现行的审计计划、审计实施、审计成果利用的组织模式和技术方法才能实现覆盖面的提高。

因此，“大目标”“大数据”“大对象”已成为常用审计组织模式要适应的环境要素。但现行的审计组织体系、技术方法、管理制度是不能很好地面对这些挑战，发展势必造就审计组织模式的调整、审计技术方法的创新与完善，同时促进审计信息化技术的再一次飞跃。

二、现阶段审计组织模式的局限性

审计组织模式服务于审计工作的各个环节，从整体战略决策的制定到审计管理的协调沟通，再到审计任务的具体执行。现行审计组织模式制度与标准方面的不完善、信息挖掘能力的低效、组织管理理念的落后，为审计工作带来了一定局限性。主要体现在以下几个方面：

（一）审计决策的限制

科学的决策机制，是由智囊集团和信息化资源所构成，再通过科学的决策程序和方法形成。目前业务决策架构主线的集中单一，决策依据及信息资源（社会经济运行数据、审计项目、问题、成果等历史数据）的缺乏、信息资源分类标准的不够明细、审计统计指标的不完善，制约了审计决策的科学性、指导性、全局性、长远性。

（二）计划制定的限制

审计计划是审计工作的起点，关系到审计目标的确定、审计资源的整合、分配，以及审计业务的具体实施和审计质量的高低。由于目前计划的制定缺乏立项性调查、审计对象情况的主题把握单位依旧是业务部门、信息资源没有数字化、审计对象的选择和项目确定也缺乏严格的程序和标准、存在计划全局性欠缺。重事前立项、轻事中管理、缺事后考核的现象，制约了审计工作的更大发展。

（三）审计分析的限制

经济监督、信息反映、政策分析评估是国家审计的三种必须具体的能力。由于审计对象信息化程度的飞跃及电子数据向上集中的趋势，目前以项目审计目标开展的现场审计数据分析或联网审计数据分析，均不能充分发挥信息反映和政策分析评估的审计能力。

（四）过程控制的限制

审计项目全程化质量控制，是建立在制度、标准和监督管理上。由于目前《国家审计指南》还在编制和完善中，因此，现阶段的国家审计信息系统的审计项目监督只建立在业务流程的关键控制点上，无法对全过程的细节进行监督管理，也无法将信息形成粒度更为细微的数据，从而导致质量控制的不及时、不细致、不规范，同时也无法对数据资源做深入的数据挖掘，为决策系统提供信息资源支撑。

三、审计组织模式的基本特征研究概述

审计组织模式的目的是指审计机关为达到审计目标，对审计计划、审计实施、审计成果利用等审计管理全过程所进行的合理配置资源和结构调整，实现审计人员、审计目标、资源条件和外部环境的优化组合，发挥整体大于部分之和的效果。目前常用的审计管理方式主要有审计计划项目全过程管理、全国（全省）统一组织审计项目管理、单一审计项目的全过程管理与质量控制等，但基本均由审计管理方式和审计业务组织模式两个方面组成，其中有着业务、管理、技术三个方面的基础共同特征形式。

（一）审计组织模式的管理特征

1. 战略管理特征

主要是增强审计机关在有限的资源下，决策的可行性，并保证审计工作围绕促进国家治理这一目标。战略管理分为三个层次：第一个层次是着眼于全局的战略性审计工作安排；第二个层次是在战略审计计划指导下，根据各个具体项目的具体情况而制定的审计项目实施计划；第三个层次是对于重点审计领域或事项而拟定的审计步骤和具体的审计程序，可以称之为审计作业计划。

2. 导向管理特征

主要通过面向业务流程的导向，增强审计机关管理层对业务过程的控制和协调能力，保证审计效率与质量，增强了审计结果的权威性。导向管理从三个角度出发：第一个是全局审计计划导向管理，围绕审计战略目标，引导年度审计项目实现总体目标；第二个是审计项目目标导向管理，通过全程项目控制管理、轨迹记录、配置资源、综合协调，实现审计目标；第三个是审计数据分析方式方法导向管理，根据审计目标与内容，对采用现场审计与非现场审计或项目分析和专题分析进行科学决策管理。

3. 资源控制管理特征

主要通过整合各类资源，加大调控力度，增强审计机关关于资源的利用效果。资源管理围绕三个方面：第一方面是信息资源，审计信息资源却包罗万象，不可预见，对信息的获取、分析、利用和管理模式是提高决策管理的关键；第二方面是人力资源，主要是强化审计力量上统一协调指挥，适应审计作业方式；第三个物资资源管理，服务于审计的实施过程。

（二）审计组织模式的业务特征

1. 信息流传递控制特征

信息流是审计组织模式的神经，通过对信息流传递方式的水平拓展和控制，将改变审计组各自为战、独立进行的工作模式，提高整理联动性。信息流主要影响审计组织的各要素间的连接功能、调控功能和决策功能，这是由于信息相互影响的特征决定，及时的信息能使当事人了解动态变化的状况，以减少不可避免的不确定性，从而使决策更为恰当。

2. 项目管理的扁平化和资源无缝共享的特征

主要通过对管理对象的扁平调整，缩短了组织的高层与基层之间的信息传递距离。改变一直沿袭以项目为中心，以各业务部门为主导，以自上而下的内部管理和严格的等级链为标志的传统组织管理模式。同时利用信息技术，使信息流动的速度更为高效和目标更加精确。

（三）审计组织模式的技术特征

1. 信息资源的数字化特征

数字化是信息化的前提基础和重要表现形式。审计数字化是将复杂多变的审计信息（结构化、非结构化和审计执行轨迹）转变为可以度量的数字、数据。通过利用信息技术，可对这些数字、数据进行高效监管和动态预警，同时形成数字化的决策模型，用于审计战略目标制定的数据支撑，审计各阶段数字化信息类型见表 1。

表 1

<table>
<tr><th colspan="2">审计数字化信息项目</th><th>数字化内容（结构化形式存储）</th></tr>
<tr><td rowspan="4">审计计划</td><td>审计对象信息</td><td>审计对象的名称、机构编制、重大项目政府采购信息、预算执行单位信息、专项资金信息等信息</td></tr>
<tr><td>审计基础信息</td><td>财政基本情况、财政收支预决算、财政拨款、国库集中支付、税种信息、税款征收等信息</td></tr>
<tr><td>审计项目信息</td><td>历年项目实施审计年度、项目承担处室、项目名称、项目类型、项目计划实施时间及实际实施时间、审计人数等信息</td></tr>
<tr><td>人力资源信息</td><td>审计机关人力资源实有人数、审计业务人员的人数、审计人员担任主审情况、审计工作经验情况、年龄结构、学历结构、专业结构、职称结构等信息</td></tr>
<tr><td rowspan="5">审计实施</td><td>审计实施计划信息</td><td>审计目标、审计范围、审计内容、审计事项、重点及审计措施、审计进度安排、审计组内部重要管理事项及职责分工等信息</td></tr>
<tr><td>审前调查信息</td><td>控制环境、风险评估、内部控制及其执行情况、相关信息系统及其电子数据情况、单位性质、组织结构、经济环境、行业状况及其他外部因素</td></tr>
<tr><td>审计实施信息</td><td>内部控制及其执行轨迹信息、信息系统控制信息、审计电子数据分析轨迹信息、审计函证信息等信息</td></tr>
<tr><td>审计证据信息</td><td>审计取证单、分析结果等信息</td></tr>
<tr><td>审计记录信息</td><td>审计工作底稿、审计日记、审计过程和结论等信息</td></tr>
<tr><td rowspan="2">审计报告</td><td>审计审理信息</td><td>审理过程轨迹记录等信息</td></tr>
<tr><td>审计报告信息</td><td>审计征求意见稿信息（标题、文号、被审计单位名称、审计项目名称、内容）、反馈意见稿等信息</td></tr>
</table>

2. 审计数据综合利用与现场审计数据分析相结合的特征

现场审计数据分析侧重于核查单个审计事项的真实性、合法性和效益性，是审计揭示违纪违规问题线索的有效技术手段。审计数据综合利用有利于系统研究经济发展的中心工作、热点问题，综合反映宏观经济运行中的深层次问题。在国家治理的目标下，两者的互补关系，使审计的技术手段更为丰富。

四、信息化环境下审计组织模式的实现理论

审计组织模式必定要服从于、优化于审计工作，这是审计组织模式的出发点和归宿。当下，大目标使审计规模日益扩大，大数据使审计分析方法趋向智能，大对象使审计模式交叉融合。为此，信息化环境下的审计组织模式要以“大格局”的体制为框架，审计指挥中心为龙头，审计计划项目监管为主线，数据审计理念为核心，以电子审计体系为依托，充分发挥审计工作高效服务于国家治理的作用。

(一)“大格局”的体制是审计组织模式的框架

大格局的审计组织模式框架，是以服务国家治理为总体目标，以全局决策、战略控制为着眼点，以审计质量为重点，以充分应用审计资源为手段，建立统一高效的审计项目工作架构和机制，全面提升审计效果。

1. 全局战略，通盘考虑计划制定与项目执行

战略决策是指全局性、长远性、指导性的决策。目标是决策的依据，制定审计战略目标可分为审计总体目标、审计年度战略目标和审计项目战略目标三个层次（作用见表2），制定时必须坚持实践性、均衡性和灵活性等原则，同时应该确立以战略目标为指导的理念，依靠智囊参谋团队及引入科学决策程序和方法来实现制定。

表2

层级与名称		作　用	内　容
第一层次	审计总体目标	位于主导地位，是制定审计年度战略目标基础和前提	如审计署“十二五”规划
第二层次	审计年度战略目标	审计总体目标的分解与实现途径，也是审计项目战略目标制定的基础	各个行业和领域提出了具体目标和主要任务，如财政审计，就以“维护国家财政安全、促进深化财政体制改革、推动完善公共财政和政府预算体系、增强财政政策有效性、促进依法民主科学理财和提高预算执行效果”为目标

续表

层级与名称		作　　用	内　　容
第三层次	审计项目战略目标	分类审计目标，是审计年度战略目标最终的实现形式及载体	如财务审计目标、绩效审计目标和经济责任审计目标等

2. 优化项目管理架构，重视全局项目的统筹管理

为提高全局项目的统筹管理，实现战略目标。有必要将目前以纵向层级管理的项目实施模式调整为以审计指挥中心为主的直接管理模式（图 1），在该模式下，业务主管部门以行政管理和业务指导、研究为主，审计指挥中心履行计划、实施、审理、执行的战略、执行与质量管理、项目评估考评、成果管理等。实施该模式主要的优点是审计指挥中心能通过以审计组为点的管理，审计业务为线的牵引，形成审计全局情况的面，实时把握总体情况，调控审计方向和调配资源，最大限度地实现国家治理的目标。

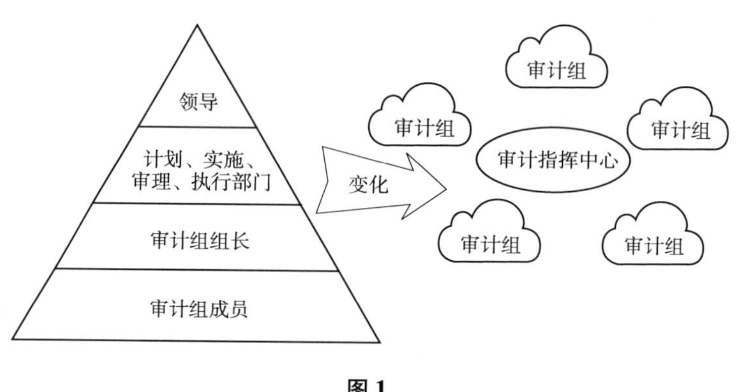

图 1

3. 全程轨迹控制，提高审计质量

全程化轨迹控制是将审计质量与审计机关战略目标相结合，带来全程质量控制提高和决策信息资源支撑。通过将审计质量管理体系和信息化监控技术的结合，实现审计信息关键要素收集，控制审计风险，提高审计质量的目的。全程轨迹控制的基础是完善审计规范要素的建立，利用信息技术对审计关键要素进行实时或亚实时的数字化收集，从审计方案的编制、审计的实施、审计证据的收集、审计日记和审计工作底稿编制、审计报告公布到审计档案的建立等全过程的轨迹控制，再配合质量责任追究机制和过程质量控制机制来规范行为。

4. 综合利用成果，提高审计成效。国家审计除了揭露处理问题，还要研

究分析并提出解决办法，这是审计作用的高层次体现。审计成果利用不够充分，在一定程度上造成了审计资源的浪费。为此，首先要提高综合分析水平，抓住问题的本质，反映问题的普遍性和倾向性。其次抓好成果的利用，通过向其他管理部门共享审计结果和大力引入社会监督、舆论监督，扩大审计成果的影响。最后抓好成果的实现，发挥审计成果的作用。

（二）审计指挥中心是审计组织模式的龙头

审计指挥中心是大格局实施的中枢神经，作用是谋划、管理、服务、指挥和协调，将国家治理、审计格局与项目实行紧密结合为一个整体去全局统筹、总体布局、总体考虑、总体监控、总体调控。主要由五层两翼组成（图2），其作用如下。

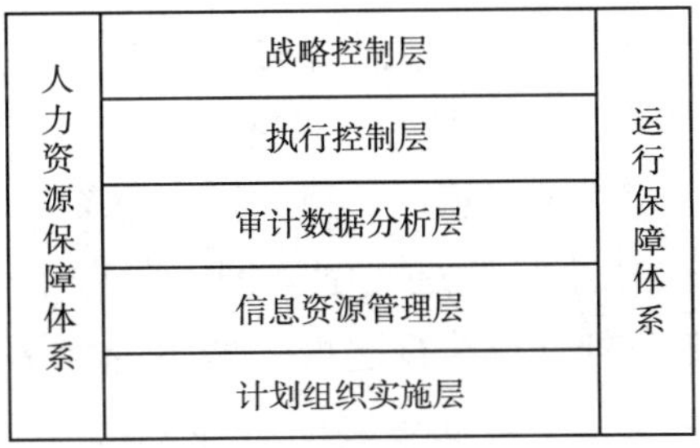

<table>
<tr><td rowspan="5">人力资源保障体系</td><td>战略控制层</td><td rowspan="5">运行保障体系</td></tr>
<tr><td>执行控制层</td></tr>
<tr><td>审计数据分析层</td></tr>
<tr><td>信息资源管理层</td></tr>
<tr><td>计划组织实施层</td></tr>
</table>

图2

1. 计划组织实施层的作用是按照计划要求，成立审计组

以目标为导向，以岗位职责为管理，项目验收为考核，执行组长负责制，由审计指挥中心，根据人力资源体系统一组建审计组，由战略管理层决策。

2. 信息资源管理层的作用是信息汇集、交流、传递、筛选和综合分析挖掘

通过信息技术对项目信息进行收集和分析，形成指导性信息、参考性信息、成果性信息，提交战略管理层决策，执行控制层执行。

3. 审计数据分析层的作用是计算机审计技术支持、数据分析和数据挖掘

主要通过归集、处理、存储被审计单位财务、业务电子数据和其他相关数据的中枢，同时利用先进的数据处理技术，如联网审计平台、审计数据分析平台、现场审计实施系统，综合分析被审计单位和相关行业、部门的电子数据，准确筛查问题或案件线索，揭示宏观经济政策运行中的深层次问题和热点问题，构建“总体分析、发现疑点、分散核实、精确定位、系统研究”的审计方式。

4. 执行控制层的作用是对审计作业计划的管理与监督、审计实施管理、项目质量监管与管理和现场审计管理

通过信息技术对审计项目的实时管理及信息交互功能，能够实时对审计实施的进度、审计目标的实现等情况进行过程控制，同时把审计项目的地域分布、人员分布、项目进度、共享信息、工作审批、复核审理等情况都整合管理，并可以对审计记录、审计证据等资料进行监督与管理，及时发现审计过程中出现的问题，防范审计风险。

5. 战略管理层的作用是促使审计机关达成国家治理目标的过程管理，在审计的工程中扮演着“罗盘”的角色

主要给予计划管理部门提出全局战略性审计计划的建议，并对审计项目工作的要点和主要方向提出参谋意见和审计方式方法的指导及审计结果的提炼方向，确保审计机关充分发挥“免疫系统”功能的作用。

6. 人力资源保障体系的作用是通过整合全部人力资源，同时形成外借专家资源管理，配合审计组织模式和审计组进行人力资源调配。

7. 运行保障体系的作用是通过机制体制，确保重大决策实行研讨、论证，并保障计划、实施、处理、执行过程中的共同交流和资源配置。

（三）数据审计理念是审计组织模式的核心

数据审计理念是指审计人员的视线由账目转向数据，综合运用各种数据分析技术、方法（结构分析、趋势分析、比率分析、对比分析、逻辑分析、数理统计、特征发现等技术）、工具对被审计单位以及审计对象的总体情况进行分析，确定审计重点，客观地从多个角度对审计目标进行定性、定量的综合分析和全面评价，常用的数据审计模式有审计数据综合利用和现场审计数据分析方法（作用见表3）。

表3

	审计数据综合利用	现场审计数据分析
作用效果	有利于系统研究经济发展的中心工作、热点问题，综合反映宏观经济运行中的深层次问题	查单个审计事项的真实性、合法性和效益性，揭示违纪违规问题线索的有效技术手段
数据要求	多行业、多部门的标准规范数据	单个部门的财务数据、业务数据分析
组织形式	集中分析、发现疑点、延伸核查、系统研究	审计项目

续表

	审计数据综合利用	现场审计数据分析
分析理念	多专业融合、多数据关联、多视角分析、多层级联动	系统内控测评 + 电子数据审计的数据式系统基础审计
常用工具	基于数据中心、审计数据分析平台	现场审计实施系统、联网审计系统

（四）审计计划项目监管是审计组织模式的主线

在“大格局”的体制框架内，以审计计划项目监管为切入点，依托电子审计体系，以项目管理为本，报告审核为末，实现审计战略目标的管理，提高审计质量的重要手段。审计项目计划管理是在相关法律法规的保障下，研究如何合理有效地分配和利用有限的审计资源，保证在给定资源的条件下充分履行审计职责。重要性有三个方面：一是对审计工作的规范和协调；二是配置资源，提高效益；三是考核评价的依据。

（五）电子审计体系对审计组织模式的功能依托

电子审计体系是国家电子政务宏观经济综合监管体系的重要组成部分，未来几年，审计署要在应用和完善金审一、二期工程建设已有成果基础上，逐步完善和建设审计管理系统（OA）、审计实施系统（CAO）、模拟审计实验室（AL）、审计数据中心（ADC）、审计指挥中心（ACC），通过上述的5A系统形成的应用体系（功能见表4），为促进规范审计管理，改进审计方式方法，为审计机关忠实履行审计监督职责，推动审计事业科学发展提供有力的资源保障和技术支撑。同时引申出“审计云”的项目管理理念，其中5A应用体系是“审计云”的云端，“审计云”是5A应用体系的运作模式，审计人员及审计工作应用是云，通过“审计云”，实现三个方面的作用。

1. 审计数字化积累

信息可以服务于审计决策，可以发现存在的问题和不足，也可以推进体制机制的创新。但信息是可以包括很宽的范围和内容，例如新闻、消息等，而数字或数据就是一种可量化的信息，它可以更直接更准确地表达事物的特征和本质。所以说，审计决策的基础依据就是审计工作数字化的积累。在“审计云”模式下，信息能够从一个高离散度的环境中获取，并聚合在一起，同时按照一定的维度，组织成为实时的、有效的、准确的信息流，从而使审计指挥中心对审计项目和审计战略的管理效率更高，以及为决策提供更加准确的信息。

2. 审计资源共享共建

“审计云”可通过5A应用体系，打破区域间、时间性的限制，使全国审计人员根据信息资源分类，将审计实施经验、自行开发的审计工具、审计数据特征等经验直接共享，让全国审计人员互惠互利，实现共同建设开发，共同分享成果。

3. 信息流的控制

目的是明确审计方向、强化统一管理、整合审计资源、有效实施审计控制，通过对信息的有机链接，使各审计组在审计过程中方向一致、标准一致，符合战略管理。

表4

5A系统		功　能	作　用
1	审计管理系统（OA）	涵盖审计计划、审计实施、审计审理、审计成果利用、审计项目绩效考核、审计质量管理、审计项目结果、审计整改和审计公文管理等全过程的数字化系统	提供决策支持、数据挖掘与审计管理数据获取，“审计云”的前端工具及审计指挥的接受命令工具。同时，也实现对审计质量控制实行“全程监控”和协调配合
2	审计实施系统（CAO）	涵盖现场地审计与非现场审计或通用审计与专业审计的软件	审计人员开展计算机审计，实现以数据中心为基础的分析平台。同时实现计算机审计技术、软件、方法共享功能，方便全国审计人员经验、技术交流
3	模拟审计实验室（AL）	以科研为主，案例教学为辅的科研平台	模拟分析及情景化培训和案例化教学，促进提高审计人员技术应用水平和审计实战能力
4	审计数据中心（ADC）	国家审计信息系统的基础。是数字化最积累的最主要存储地方。存储所有按行业划分、经过标准化处理的审计数据及审计工作中，数字化积累的审计数据与信息，实现跨行业的数据分析、挖掘	实现多专业融合、多数据关联、多视角分析、多层级联动的数据分析，及共享功能，为审计服务提供数据交换，信息共享
5	审计指挥中心（ACC）	决策管理、项目指挥、项目控制的展现平台	实现审计机关资源分布以及审计项目工作情况的进展把握。为审计组织模式的战略管理、决策管理提供数据支撑

五、信息化环境下审计组织模式实现的主要措施

近八万审计人员针对一百多万审计对象，即使在审计效率提高的情况下，也不可能改变监督缺位的情况，只有通过信息化下的审计技术与审计工作模式的改变，才能充分发挥审计在国家治理中的作用。目前，国家审计信息系统的逐步完善，促进了审计技术方法的创新，审计模式的改变，审计业务、管理、标准也在发展中逐渐规范化，国家审计机关的“人法技”建设得到了飞跃式发展，为此，笔者认为，从理念、机制、考核形成的“人本化”促进，是审计组织模式推进国家良治的措施。

（一）转变审计理念，继续强调创新

理念是行为的先导，也必须与时代发展的步调相合拍。审计工作必须将维护和改进国家治理系统有效性、保障并改善国民生存与发展状况作为国家审计总目标。审计人员也必须以维护国家整体利益和人民利益作为重大使命，并贯彻落实到审计工作中，以此成为审计工作的内驱力。同时，信息化环境下的审计技术能力已成了国家审计能力的重要支撑，是提升审计效能、改进审计手段、推动审计方式转变、增强审计权威和公信力的必然选择。审计人员要通过理解、融入创新国家审计资源管理方式、创新业务监督手段、创新审计业务管理体系来达到国家审计总目标。

（二）以运作机制规范审计组织模式的调整

运作机制是指审计组织模式运行和操作的原理和方法，是指导审计组织模式运行和管理的基本准则和相应制度，是审计组织模式中顺畅运行和有效沟通的主要保证。通过对审计指挥中心职能、架构等制度的规定，调整与信息化不相适应的审计项目组织方式，体现科学选题，战略导向的发展主线；通过对审计作业方式的规定，完善与审计信息化不相适应的审计程序，体现总体监控、智能审计的信息化审计能力；通过对审计实施流程的规定，如数据采集的方式、数据分析的模式，体现以数据为基础的审计技术方向等以实现适应信息化环境下审计组织模式的调整。

（三）以考核促进新的审计组织方式的推行

实践证明，考核是指挥棒，导向作用十分明显。建立健全有效的责任考核机制，有利于提高工作效率和调动审计干部的工作积极性、主动性、自觉性。因此，应具有考核全面（如跟进审计组织模式的进展）、体现重点（如鼓励新技术的采用、总体情况的分析量化）、鼓励竞争、提高效能的特点，

既着眼于全局绩效，也重视局部绩效，在局部中看到全局，在全局中把握好局部。通过工作考核、行为考核、业务管理等方面，达到控制审计项目质量、促进审计干部的战斗力与开拓创新能力、提高审计队伍整体素质的目的。同时要鼓励审计科学发展，不但要考核一个项目的现实业绩，而且要考核数据积累、计算机审计模型开发等有助于审计长远发展的事项是否做到位。

六、结束语

本文认为，审计工作管理用现代技术改变管理流程，依照新技术调整现有组织方式，势必要改革现行体制机制。数字化下的审计决策、审计战略、审计管理、审计模式、审计质量，将提出对审计组织模式等一系列理论依据的重新思考和改变。

参考文献

[1] 刘家义. 国家审计与国家治理 [J]. 中国审计，2011 (8).

[2] 石爱中. 国家审计信息系统必须是开放的、联系的、完整的[N]. 中国审计报.

[3] 周德铭. 电子审计体系研究 [J]. 审计研究，2011 (4).

[4] 蓝佛安. 准确把握审计本质 积极应对新的挑战——关于审计工作“不变”与“变”的辩证思考. 广东省审计系统计算机审计强化班开班典礼讲话.

[5] 王智玉. 审计信息化与审计组织方式 [J]. 审计研究，2011 (4).

[6] 周德铭，熊宛皎. 国家治理与审计信息化能力 [EB/OL]. 审计署网站.

[7] 中华人民共和国审计署. 审计署“十二五”信息化发展规划.

信息化审计环境下的矩阵式管理模式应用研究

审计署京津冀特派办　严晓健

【摘要】 随着信息技术的飞速发展，各行业的信息化应用水平不断提升，审计部门不断创新审计方式、方法，充分开展了信息化环境下的计算机审计。面对审计环境的变化以及审计方式、方法的革新，审计项目的管理模式也需要进一步的创新和完善。本文对信息化审计环境下审计项目的管理模式进行了相关研究，通过借鉴企业的矩阵式管理模式，分析其优势与劣势，在传统审计项目管理模式的基础上，将矩阵式管理理念应用到审计实践中，构建出信息化审计环境下的矩阵式管理应用模式。本文的研究，旨在通过对新审计环境下管理模式的探索，促进审计项目的管理，以提高审计质量及效率，具有一定的借鉴意义及应用价值。

【引言】 近年来，随着信息技术的飞速发展，各行业的信息化应用水平得到了不断提升，从行政机关到企、事业单位，从财政、财务收支到业务管理，信息系统的开发和应用无处不在。面对审计环境的变化，国家审计站在国家治理的高度提出，加快审计信息化建设是国家治理的内在要求，是适应信息科技高速发展的必然选择。在审计信息化不断发展的过程中，国家审计的方式、方法也得到了不断的革新，计算机审计的普遍应用在信息化环境下的审计项目中起到了至关重要的作用，审计成效也逐步显现。

面对审计环境的不断变化、审计信息化水平的不断发展以及计算机审计方式的不断创新，审计项目的组织、管理模式也需要进一步的改进和完善。随着计算机审计在审计项目实施中发挥的作用不断提高，传统审计“直线职能式”的管理模式需要进一步的改进，通过借鉴“矩阵式”管理模式，对审计项目职能划分进行创新，将有利于提升审计项目的管理水平，从而进一步提高审计质量和效率。

一、矩阵式管理模式与传统审计管理模式介绍

（一）矩阵式管理模式

矩阵式管理[①]是美国加州理工学院天体物理学家 F. 茨维基教授提出的一种通过展开影响因素、建立系统结构解决问题的方法。随后，该方法被应用于企业战略和组织机制的各种管理上，通过横向联系和纵向联系的管理方式，平衡企业运营中分权化与集权化问题，使各管理部门之间相互协调、相互监督的能力加强，从而更加高效地实现企业的预定目标。

关于矩阵结构最早的实践是 ABB 公司的前身 ASEA，一家瑞典公司。1979 年巴纳维克出任 ASEA 总经理时，着手对公司的组织结构进行改革。首先，他把公司扁平化，并在公司拓展国际业务时将公司重组为全球矩阵组织。ABB 成功之处在于其全球性矩阵组织结构的战略与执行，这种组织结构方式不仅可以使公司提高效率，而且可以降低成本。

1. 矩阵式管理模式的概念

矩阵式管理也称系统式或多维式管理，是相对于那种传统的按照生产、财务、销售、工程等设置的一维式管理而言的。“矩阵”是借用数学上的概念。矩阵式管理主要是将管理部门分为两种：一种是传统的职能部门，另一种是为完成某一项专门任务而由各职能部门派人联合组成的专门小组，并指定专门负责人领导，任务完成后，该小组成员就各回原部门。

2. 矩阵式管理模式的优、缺点

矩阵式管理克服了单向垂直管理的结构缺点，具有信息线路短、信息反馈快、工作效率高等优点，其在应用中主要有以下优势。

（1）纵横交叉、多岗多责。在矩阵式管理中，职能划分既有横向职能也有纵向职能，一个人至少承担两个及以上的岗位和分工，受不同职能项下的领导分管，职能主管之间形成相互协调、相互制约的关系，利于信息的及时反馈。

（2）弹性较强、灵活多变。矩阵式管理的组织结构不是一成不变的，根据战略需要，组织结构及职能划分可进行调整，具有较强的弹性和灵活性。

（3）专业互补、提升效率。不同专业背景的人员分布在矩阵式管理中的

---

① 常威、周秀会：基于知识管理的图书馆业务流程重组——借鉴企业矩阵式管理模式，Proceedings of the 2010 International Conference on Information Technology and Scientific Management（Volume 2），2010。

不同环节，可以为不同人员提供多向沟通，从而实现专业互补、扬长避短。

虽然矩阵式管理模式受到越来越多企业的青睐，但其管理结构的多维度使得其在应用过程中也存在一定的劣势。

（1）从管理者角度看，主要问题在于如何控制其下属。由于下属接受两个主管同时领导，不自觉的员工会利用这个机会钻空子，造成主管对他的管理真空化。因此，职能和产品主管必须一起工作，解决问题。职能主管主要解决下属的技术水平问题，而项目主管则具体管理下属在这个项目上的行为、工作结果和绩效。但这些活动需要大量的时间、沟通、耐心以及和别人共同工作的技巧，这些都是矩阵式管理的一部分。

（2）从执行者角度看，员工接受双重领导，经常会感到焦虑和压力。由于员工的两个直接主管的命令经常会发生冲突，这时接受双重主管的员工必须能够面对产品主管和职能主管的指令，形成一个综合决策来确定如何分配他的时间。员工们必须和他的两个主管保持良好关系，要显示出对这两个主管的双重忠诚。

（二）传统审计管理模式

在传统审计中，审计项目的组织管理主要还是“直线职能式”的管理模式，每个审计项目由审计组组长带领审计人员负责完成，在这过程中，一个项目的审计组对审计组组长负责，审计组具体负责项目方案的制订、审计项目的实施、审计报告的撰写以及相关审计信息的撰写等具体职能。

在传统审计的过程中，一般由审计组根据审前调查制定审计实施方案，之后会成立若干个审计小组，在实施方案的基础上对审计项目进行具体分工，各审计小组审计完毕后提交小组审计报告，由审计组负责最终报告的撰写等工作。传统管理模式见图 1。

传统审计的管理模式充分体现了直线型的职能，从项目的组织实施到项目的完成汇总，自上而下的组织管理使得审计组各成员的审计职能相对明确，可以较好地保证指令畅通。但是这种管理模式最明显的缺陷就是效率相对较低，由于审计小组承担了具体的审计实施职能，其在审计过程中的自主性较大，虽然审计组与各审计小组能保持较好的沟通，但是各小组在审计过程中发现的问题及工作重点的调整在沟通和反馈过程中需要一定的时间，尤其在沟通不及时的情况下极易造成审计组在总体方案实施及调整过程中效率降低的情况。同时，随着信息化审计环境的不断成熟和发展，数据综合分析对于审计项目的重要性越来越明显。因此，数据分析的职能需要得到进一步

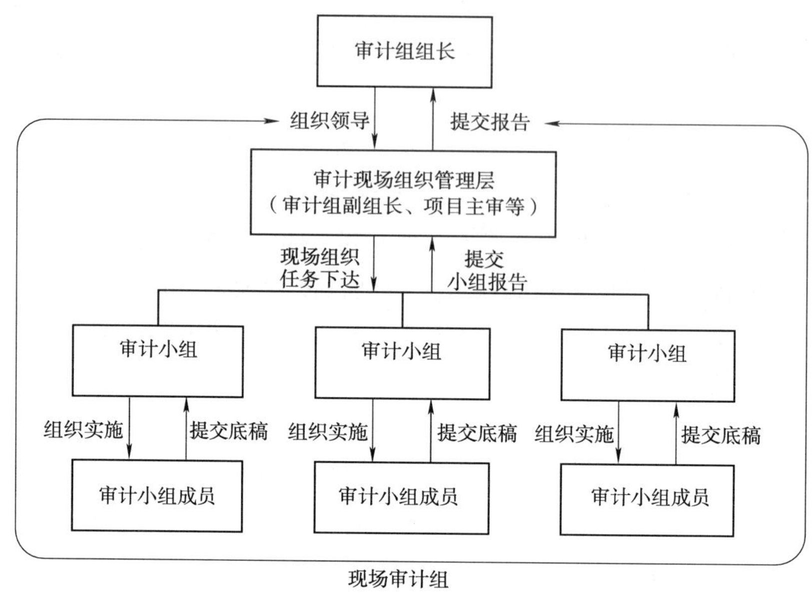

图1　传统审计管理模式

地增强，传统审计的管理模式也需要进一步的改进和完善，以适应信息化审计的发展。

二、信息化审计环境下的矩阵式管理应用模式

如前所述，信息化技术的快速发展使得各行业的信息化应用程度都不断提高，国家审计面对信息化审计环境的不断变化，自身的计算机审计应用水平也不断提升。对于一个审计项目而言，从审前调查到方案制订，再到项目实施等过程，被审计单位数据的综合分析利用对审计项目的顺利开展起到了举足轻重的作用。因此，数据分析的职能必须要纳入审计项目的管理模式中。在传统审计管理模式的基础上引入矩阵式管理概念，强化数据分析的职能地位，构建信息化审计环境下的矩阵式管理模式，将对审计项目的组织管理起到较好的促进作用。

（一）信息化审计环境搭建

审计项目的信息化审计环境搭建是开展信息化审计及构建矩阵式管理模式的基础。随着金审工程的不断深入发展，通过 CA 认证的方式，为审计人员开辟了通过互联网访问审计专网的通道，审计人员能够异地访问专网资源并进行信息的及时沟通、共享。在审计项目现场，针对被审计单位的财务、

业务信息系统搭建起现场审计局域网络，审计人员能够直接面向被审计单位的信息系统前台及后台，充分开展计算机审计和数据综合分析。信息化审计现场环境的布局见图2。

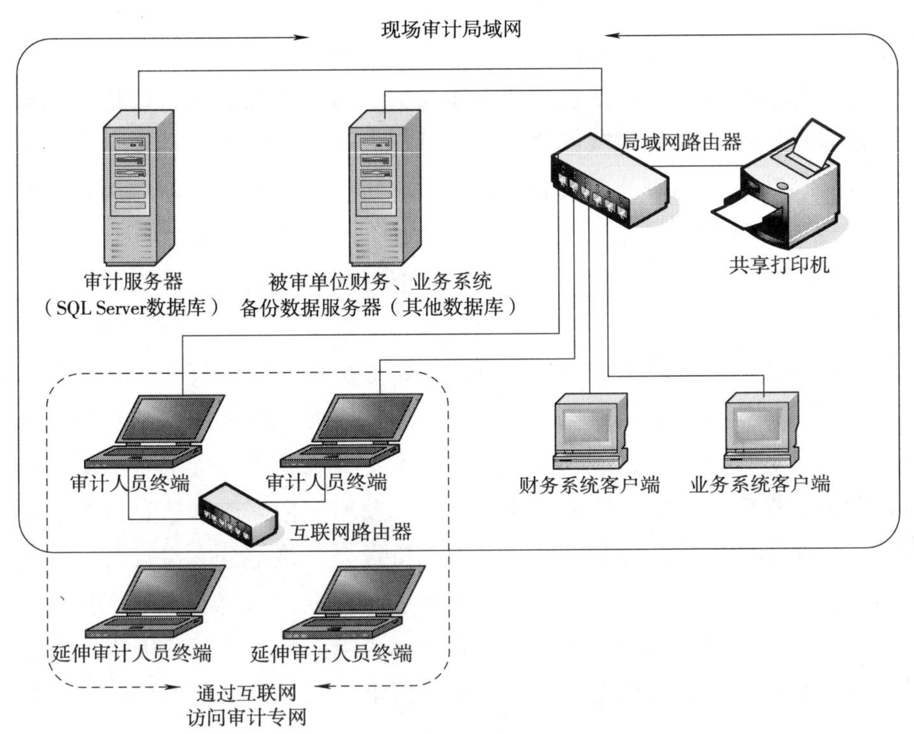

图2　信息化审计现场环境的布局

信息化审计现场的搭建主要由局域网搭建和互联网搭建两方面构成。局域网的搭建主要面向被审计单位的各类信息系统，局域网内的审计人员能够充分访问其系统前、后台的数据，通过对各系统数据结构的深入研究，开展切实有效的数据分析；互联网的搭建为数据分析人员开辟了连接互联网的通道，通过CA认证访问审计专网，能保证数据分析人员与外出延伸审计人员保持有效沟通和信息共享。信息化审计现场环境的搭建为矩阵式管理模式的构建提供了技术支持，为矩阵式管理的实现奠定了基础。

（二）信息化审计环境下的矩阵式管理模式构建

在信息化审计现场搭建完成后，信息化审计环境下的矩阵式管理模式的构建主要是在传统审计管理模式的基础上，将数据分析作为一项重要职能进行管理和分工。在具体的构建过程中，一是对项目人员进行充分整合，并合理分工；二是将数据分析职能与审计延伸职能进行矩阵式的组织和管理；三是进一步理顺矩阵式管理过程中，信息的有效传递和及时反馈。

1. 人员配备及职能划分

大中型的审计项目往往需要较多的审计人员，一方面是由被审计对象的规模决定的，对于分支机构多、涵盖业务广的被审计单位，从审计覆盖面的需求看，需要充分整合审计资源和审计人员；另一方面是由审计机关的自身审计需求决定的，大中型审计项目往往是审计机关的重点审计项目，只有将不同业务背景、不同审计领域的审计人员有效整合，才能较好地满足审计需求、实现审计目标。而矩阵式管理模式的应用也主要是针对大中型审计项目，通过不同维度的职能划分和管理，才能对大规模的审计团队起到提升效率的作用。

在信息化审计环境下，审计人员的配备根据项目所属行业及审计目标会有不同侧重，但要满足信息化审计需求，通常需要以下相关人员：一是计算机专业背景的审计人员，该部分人员主要负责信息化审计现场环境的搭建及维护职能，提供环境搭建的硬件技术支持以及不同数据库和信息系统的软件支持；二是不同审计业务职能处室的相关负责人，该部分人员具备长期的处室组织、管理工作经验，对项目的延伸审计及数据分析能有效地把控；三是熟悉计算机审计的不同审计专业领军人才和骨干人才，该部分人员具有较强的业务综合能力及计算机应用能力，能根据审计目标开展有效的数据分析及制度研究工作；四是具备一定审计经验的审计人员，该部分人员通过长期的审计工作积累了较为丰富的实践经验，在延伸审计中能重点突破、形成成果。此外，各审计业务部门的新生力量也应适当整合至审计项目中，通过不断的审计磨炼，为将来的审计工作储备力量。

2. 矩阵式管理模式构建

矩阵式管理模式的构建是在搭建好信息化审计环境并进行适当的资源整合和任务分工的基础上，对传统审计的管理模式进行相关调整，将数据分析职能与延伸审计职能进行矩阵式设计。其中，数据分析职能的划分主要根据审计工作方案确定的审计目标及审计重点，按照业务类型进行小组划分；延伸审计职能的划分主要依据前期调查的结果及实施方案确定的区域、重点进行小组划分，具体的管理模型设计见图 3。

如图 3 所示，矩阵式管理的具体职能主要由数据分析职能和延伸审计职能构成，审计人员分别承担着上述两种职能。其中，决策管理层由审计组组长、负责现场组织管理的审计组副组长、主审等人员以及各小组的负责人构

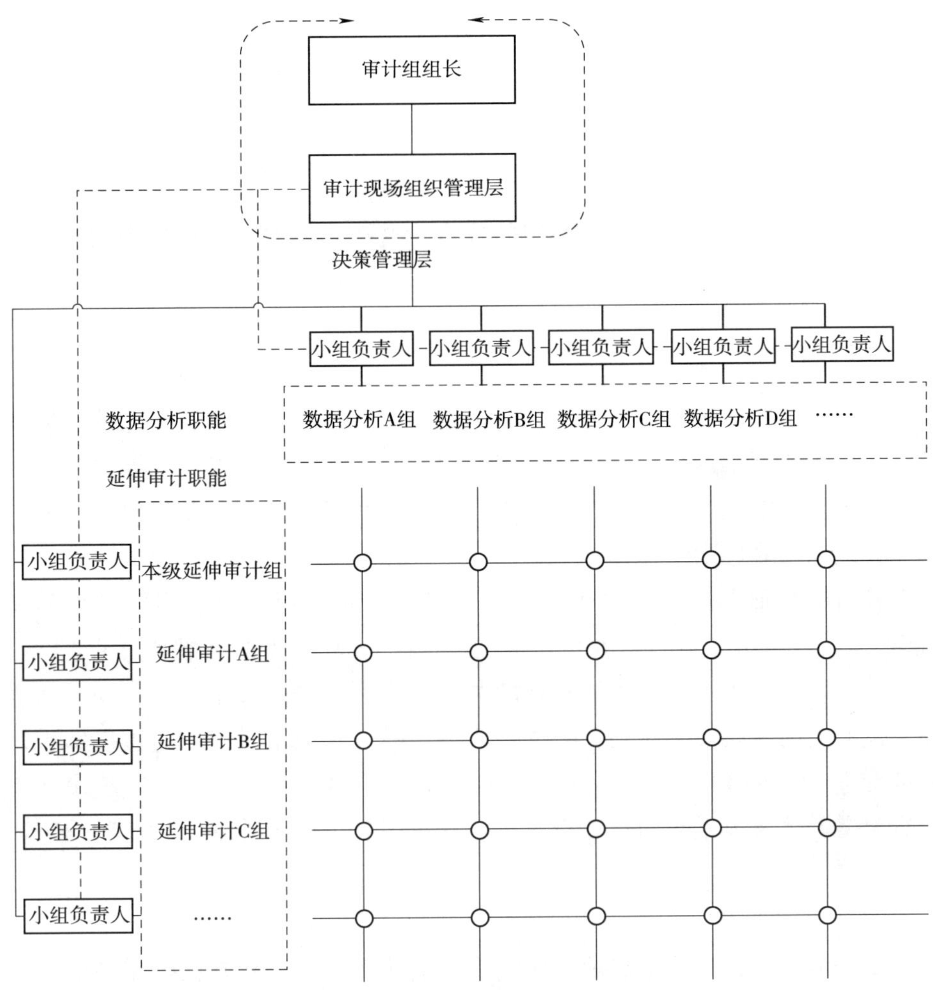

图3 矩阵式管理模式的管理模型

成；各小组负责人分别管辖本小组承担的数据分析或延伸审计职能，并受审计现场组织管理层统一管理；各审计人员分布在矩阵式管理横纵交叉点上，分别受数据分析组及延伸审计组管理。

3. 矩阵式管理模式的管理流程

在现场审计实施过程中，矩阵式管理模式的具体管理流程按照审计程序执行，在项目的审前调查、编制实施方案、审计实施、方案调整、撰写审计报告及相关审计信息等过程中按照矩阵式管理模式进行统一组织和管理。在前期构建好矩阵式管理模式，并进行人员分工的基础上，主要管理流程如下。

（1）审前调查及编制实施方案。在信息化审计环境下，审前调查及实施方案的编制主要集中在数据分析层面下。根据审计工作方案的审计目标及审计重点，审计组前期主要从被审计单位的经营业务及财务管理入手，按其业务重点确定数据分析职能的小组划分。考虑到后期的延伸审计工作，各数据分析小组成员应尽量均匀，以便在后期划分延伸审计小组时，各延伸审计小组的成员都有来自各数据分析小组的成员。这一阶段的工作在整个项目过程中至关重要，审前调查的充分与否直接影响到审计实施方案的质量和可操作性。因此，审前调查可将绝大部分审计人员编入数据分析职能组中。

（2）审计实施及方案调整。在进行充分的前期调查和编制实施方案后，审计组根据实施方案确定的审计目标及审计重点，将部分人员分配到具体的延伸审计组，同时保留各数据分析组的职能。延伸审计组根据前期数据分析确定的重点区域进行延伸审计、重点突破，同时将延伸审计过程中发现的各类业务问题及时反馈给各数据分析职能上的数据分析组；数据分析组在前期数据分析的基础上进一步深入挖掘，同时根据延伸审计组发现的其他问题（前期未编入实施方案的相关问题），通过特征发现、数据挖掘等技术进行深入分析，以查找各审计组可能存在的共性问题。在该阶段工作中，矩阵式管理模式的应用得以具体体现，数据分析组接受各延伸审计组的直接反馈，据此进行进一步的分析，并将分析结果提交审计现场组织管理层，经决策层确定后，需调整实施方案的具体事项，由各数据分析组分别下达给各延伸审计组落实。

（3）审计报告及审计信息的撰写。在现场审计结束后，各延伸审计小组根据延伸结果提交小组报告及工作底稿，审计现场组织管理层根据各延伸小组的报告复核工作底稿并汇总审计报告；各数据分析小组根据各业务线上的延伸结果提交小组报告，该报告主要是揭示同类型问题的专题报告，根据前期的政策研究及业务划分，从体制、机制和制度层面上提出相关结论及建议，审计现场组织管理层据此组织相关审计人员撰写相关审计信息。此外，对于审计过程中查处的重要审计情况，审计现场组织管理层在提交决策层集体商议确定后，组织撰写相关审计信息。

三、信息化审计环境下的矩阵式管理应用实例

以某地国税部门税收征管及预算执行审计项目为例，税收征管主要针对国税部门的日常征管业务，预算执行主要针对国税部门的预算执行及财务收支管理。由于国税部门的信息化程度较高，其征管业务主要以 CTAIS 系统

（中国税收征管信息系统，China Taxation Administration Information System）为其核心征管系统，财务系统使用的是用友财务软件，上述系统的后台数据库均为 ORACLE 数据库。审计组如前所述搭建起面向其业务、财务系统前、后台的信息化审计现场环境，通过矩阵式管理对审计项目进行组织和实施。

（一）审计目标

税收征管方面的审计目标：一是摸清情况。摸清税收收入的规模、结构，掌握税收“减、免、缓、欠、退”的总体情况。二是揭露问题。重点审计国税部门是否存在执法不严造成税收流失的问题、“有税不征”或征收“过头税”等人为调节收入进度的问题。三是研究制度。研究税收征管工作中出现的新情况，分析和揭示有无因税收征管制度、办法不科学、不完善导致税款流失的问题。四是提出建议。根据审计掌握的情况和发现的问题，提出强化税收征管、完善管理、规范权力运行的建议。

预算执行方面的审计目标：一是摸清基本情况，规范预算管理。摸清收支规模、来源结构，揭示预决算编报不统一、不完整、不规范，预算执行不严格等问题，推动建立健全统一完整、管理规范的部门预算编制、预算执行、决算编报制度。二是揭露重大问题，严格财务管理。揭露和查处各级国税部门及其所属单位存在的重大违法违规问题，推动落实问责制，促进国税系统进一步加强财务管理，严格遵守财经法规。三是关注重大项目，提高绩效水平。揭示部分重大项目管理中存在的突出问题，分析项目绩效情况，推动开展项目绩效考评工作，促进国税系统提高项目绩效管理水平，增强预算执行效果。四是关注体制、机制制度原因造成的问题，推动改革体制、完善机制、健全制度。

（二）职能设置及人员分工

根据审计工作方案确定的审计目标，按照矩阵式管理的布局，审计组将审计组副组长、项目主审、牵头处室负责人以及协作处室负责人等编入审计现场组织管理层，同时组织管理层的各人员应分别兼任各职能小组负责人。根据审计工作方案的要求，成立以下数据分析组：税收会计组（a 职能）、所得税组（b 职能）、流转税组（c 职能）、发票管理组（d 职能）、税收稽查组（e 职能）以及预算执行组（f 职能）。同时，依据前期调查确定的国税部门各下属单位的各类重点问题，成立以下延伸审计组：延伸审计 A 组（g 职能）、延伸审计 B 组（h 职能）、延伸审计 C 组（i 职能）和本级延伸组（j 职能，主要负责 A、B、C 组以外区域的审计重点事项延伸）。在此基础上，为利于前期工作的开展及项目运转过程中的有效沟通、协调，在审计现场组织管理层下设综合组（z 职能），主要负责前期的技术支持、内外协调等工作。分工完成后，各审计人员的具体职能见图 4。

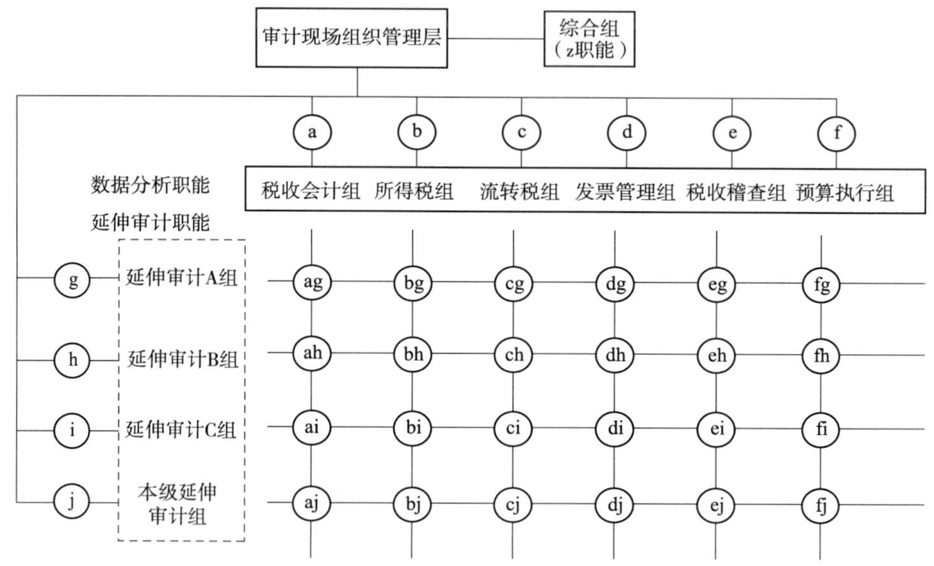

图 4 矩阵式管理模式的人员职能划分

（三）矩阵式管理流程应用

1. 审前调查及编制实施方案

根据职能划分，该阶段工作主要将所有审计人员集中在本级进行数据分析，据此编制实施方案，方案相关事项如需延伸可由本级延伸审计组负责实施，该阶段开展时间为现场审计时间的三分之一左右。根据数据分析职能的划分，税收会计组主要负责总体情况把握，减、免、缓税相关政策执行的审计；所得税组、流转税组主要负责税款征收真实、完整性审计，同时所得税组还负责工作方案中确定的所得税汇总缴纳方面的专题调查；发票管理组主要负责发票购、销、存情况以及是否存在违规代开、高开低征等问题的审计；税收稽查组主要负责稽查文书、稽查案件、处罚情况等方面的审计；预算执行组主要负责预算执行过程中财政、财务收支的真实、完整性以及相关资金使用及绩效情况的审计。各数据分析组通过审前调查确定审计重点后，提交审计现场组织管理层，并由项目主审编制审计实施方案。

2. 审计实施及方案调整

该阶段工作由延伸审计组和数据分析组同时实施，开展时间为现场审计时间的2/3左右。延伸审计区域的选取主要根据各数据分析组确定的重点事项集中区域以及税收收入占比较大的区域综合考虑确定，已选区域之外的重点事项由本级延伸审计组负责延伸审计。各延伸审计组根据实施方案将延伸审计结果及时反馈给各数据分析组，同时，延伸审计组发现的实施方案中未列示的问题，按问题分类反馈给相应的数据分析组，并由该组负责整体分析，如为共性问题需调整实施方案的，提交审计现场组织管理层统一调整后下发。此外，对于实施方案中确定的相关专题调查，由相应的数据分析组督促实施，整理汇总。

3. 审计报告及审计信息的撰写

现场审计时间截止后，各延伸审计组和数据分析组分别向审计现场组织管理层提交小组报告，并由管理层负责工作底稿复核及审计报告的撰写。在此过程中，各延伸审计组发现的重大问题，经管理层商议后，组织该事项延伸审计的相关人员撰写重要审计情况；对于延伸中发现的共性问题及实施方案确定的相关专题调查，经管理层商议后，组织该事项数据分析的相关人员撰写专题报告或其他审计信息。

通过上述矩阵式管理模式的应用，该项目在实施过程中较好地把握了项目审计重点，实现了审计目标，提升了审计效率，取得了一定的审计成果：查出税收征管、预算执行和其他财政收支方面的违规问题金额数亿元；数十个审计案例被审计工作报告、审计结果报告、专题报告或综合报告采用；揭露多起违法违规案件线索，分别以审计要情、信息转送函、审计移送处理书等形式上报和转送相关部门处理；揭露的若干体制机制问题分别被本级党委、人大、政府采用，被本级主管部门、下一级党委、政府采用或被被审计单位采用；被审计单位对审计查出的问题积极整改，完善了税收征管及预算执行方面的相关制度。

四、结论

随着经济社会的不断发展，审计监督作为国家治理的重要组成部分，其发挥的预防、揭示和抵御的“免疫系统”功能对国家良治起着举足轻重的作用。在信息化技术飞速发展的环境下，借鉴新的管理手段和方法对于审计项目自身组织和管理的完善能起到较好的促进作用。通过引入矩阵式管理模式，对审计项目的现场管理进行合理布局和规划将提升审计项目的管理水平、审计效率及审计成果，从而进一步增强审计监督在国家治理中的作用。矩阵式管理模式的借鉴源于企业管理模式的变革和应用，在审计项目中的应用还需要根据审计实践进行相应的调整，不能一味地生搬硬套。在提升审计效率、促进组织管理的目标下，要进一步理顺该模式下多重领导可能导致的效率抵消，要加强各职能之间的充分沟通和信息共享。本文通过在审计项目中构建矩阵式管理模式，在具体应用的基础上开展理论研究，对促进审计项目的组织管理具有一定的借鉴意义和应用价值。

参考文献

［1］刘云英．矩阵式管理模式探析［J］．现代商贸工业，2008，12(12)：57－58.

［2］常威，周秀会．基于知识管理的图书馆业务流程重组——借鉴企业矩阵式管理模式．Proceedings of the 2010 International Conference on Information Technology and Scientific Management（Volume 2），2010.

［3］罗捷，赵华杰．电信行业 IT 项目建设的矩阵式管理研究［J］．科技与管理，2012，3（2）：108－111.

［4］石煜．矩阵式管理模式在我国财政部门机构改革中的应用与对策［J］．西南民族大学学报（人文社科版），2009，12（12）：245－248.

浅析基于信息化环境的审计组织模式调整

审计署昆明特派办　朱立辉

【摘要】 本文从当前审计机关直线职能制组织模式分析着手，提出信息化条件下外部环境、审计业务、组织模式的挑战，提出了信息化环境下审计组织模式调整目标是实现审计手段、审计作业和审计管理的信息化，通过组织架构、现场控制、数据运用机制等内容的调整，形成决策层、执行层、参谋层“三个圈层”的组织信息传递方式，形成信息传递通道和共享平台，形成数据分析平台、数据分析团队、数据分析模式“三位一体”的数据综合利用机制。

一、组织与组织模式

（一）组织

组织可理解为为了达到某些特定目标，在分工合作的基础上构成的人的集合①。组织的含义应当包括以下四个方面：①组织是一个人为的集合体即一个团队；②组织有特定工作目标；③组织有分工与协作；④组织有权利与责任的界定。

（二）组织模式

组织模式是指为实现组织目标，在工作中进行分工协作，进行责任、权利等方面划分所形成的结构体系。对组织模式的研究和利用在企业的发展历程中经历了直线制、职能制，到直线职能制、事业部制等不同的组织模式。

① 倪杰等：《管理学原理》，清华大学出版社第2006年版。

（三）审计机关当前的组织模式

当前审计机关的组织模式采用的是直线职能制（图 1），除了主要负责人、分管领导构成的领导层外，设置了办公厅（室）、法规司（处）、人教司（处）等职能部门，还设置财政审计、企业审计、金融审计、社会保障审计等不同的业务部门，在领导方式上，各管一块、分级负责的形式。为适应大项目审计工作的需要，审计机关的组织模式会适应性的采取两种形式做局部调整，一是成建制的单独承担审计项目的某一区域或某一部分工作内容，二是人员打散重新组合成审计小组参与完成某一区域或某一部分工作，在负责形式上打破了原有的直线对上负责的方式，形成在静态组织模式下不属于分管范围内的人员对上负责的方式。

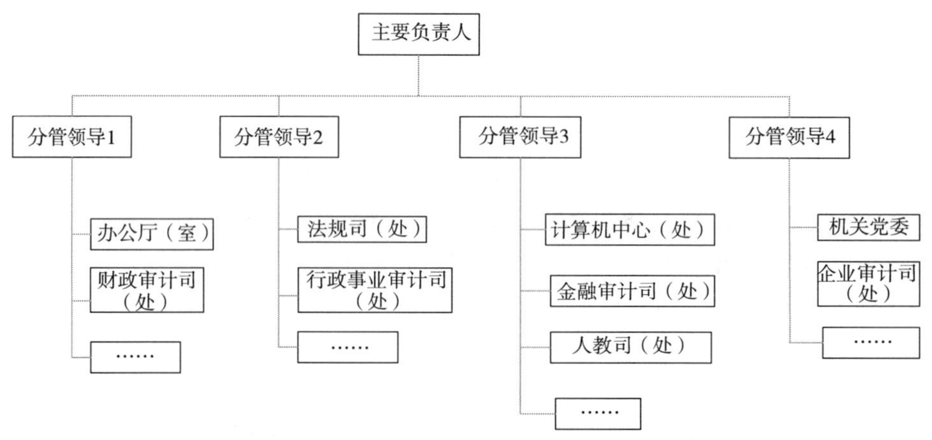

图 1　审计机关直线职能制结构图

二、信息化环境对既有组织模式的挑战

《纽约时报》资深记者托马斯·佛里德曼在其畅销书《世界是平的》中指出：当今时代，最为核心的是信息技术。随着被审计单位计算机、数据库、网络等信息技术的广泛应用，审计机关则面临如何站在更高的层面应对被审计单位信息化环境的挑战。

（一）外部环境的挑战

小型数据库向大型数据库转化。在信息化的初期，大多数被审计单位采用 ACESS、FOXPRO 等小型数据库系统，往往可以直接拷贝其数据库获取审计所需的数据。随着业务量的扩张，逐渐转为使用 SQL SEVER、ORACLE 等大型化数据库系统，这一变化给获取数据、分析数据提出了新的挑战。

财务业务数据电子化向文件资料电子化转化。信息化过程中，被审计单位往往从财务、业务等逐步开始电子化管理，随着发展深入，日常管理过程的文件资料也走向了电子化、实现信息化，在审计机关分析财务、业务等结构化数据的同时，也提出了分析文件资料等非结构化数据的挑战。

数据分散存储向集中存储转化。随着数据库技术和网络技术的发展，金融等行业数据已从分散存储向数据中心集中式存储转变，由此数据量海量增加，在减少审计机关数据采集点的同时，也给海量数据采集和分析提出了新挑战。

（二）审计业务的挑战

财务审计向业务审计深化。审计法、审计法实施条例规定，审计机关应对所监督单位的财政财务收支等内容开展审计，从业务循环的角度分析，财政财务收支是相关经济业务活动的归结点，以此向前延伸将与被审计单位的业务活动发生关联，在审计过程中，业务活动将进入审计的视野，加大了审计的难度。

数据审计向信息系统审计深化。在信息化环境下，为防止“假账真审”，需要调查、测试和评价系统内部控制，这就将审计内容由数据审计向信息系统审计深化，目前常用的是结合式信息系统审计方式，即把信息系统审计作为整个审计项目的一个组成内容，提升了审计要求。

小规模审计向大项目审计转化。大项目指由审计署统一组织的、参与审计机关多、地域范围广、时间跨度长、审计事项数据量大的项目，如2011年开展的全国地方政府性债务审计、2012年社会保障资金审计等项目，大项目作业地点分散化、异地化，加大了审计现场管理的难度。

（三）组织模式的挑战

信息传递的层级模式与大项目审计不相适应。在直线职能制的组织模式下，信息是纵向层层传递的，这种由上至下、由下至上的信息传递经过的层级较多，信息传递相对较慢，影响信息传递的效率和准确性。

职能部门的参谋作用与大项目审计不相适应。在直线职能制的组织模式下，审计机关职能部门的作用发挥来源于领导层的要求和各业务部门的需求。在大项目审计向过程管理深化过程中，职能部门的工作要求更具主动性，要紧跟审计项目需求，从审计质量控制、审计信息提炼、审计信息化运用等方面积极发挥参谋作用，既为领导层决策提供参考，为审计组业务开展提供支持。

审计机关的整体合力难以有效发挥。在大型审计项目实施过程中，审计机关不同业务部门、职能部门的人员成建制的单独承担审计项目的某一区域或某一部分工作内容，在该形式下，不同部门人员需要熟悉审计业务内容的时间，在协同效应上难以马上发挥“1 +1 >2”的效果。审计机关人员打散重新组合成审计小组参与完成某一区域或某一部分工作，这符合大项目审计可能同时涉及财务、金融、投资、信息化等不同领域的工作要求，同时由于人员进入一个新的组织环境，其能力和作用的发挥除了受其本人的道德风险影响外，还与配套的管理制度相关。

三、信息化环境下审计组织模式的调整

（一）调整的目标

信息化的发展从外部环境、审计业务等方面对审计机关组织模式提出了挑战，刘家义审计长曾指出：“要把信息化作为审计的重要手段，解决好‘靠什么审计’问题……从一定意义上讲，中国审计的出路在信息化，信息化的关键在于数字化。”目前审计机关也在探索信息化环境下审计组织模式的调整，笔者认为在信息化环境下调整审计组织模式的目标为审计手段信息化、审计作业模式信息化、审计管理方式信息化。

审计手段信息化。针对外部环境信息化的发展趋势，审计工作要通过数据库技术等信息技术手段对审计所需的数据资料进行采集、整理、分析，并利用技术手段开展信息系统审计。

审计作业信息化。针对信息化环境和审计项目大型化趋势，充分利用数据信息，建立数据综合利用的审计作业信息化模式。

审计管理信息化。审计管理包括审计项目现场管理和机关管理。目前在大型审计项目中现场管理应通过建立信息传递通道和共享平台，实现审计管理信息化，实现信息的及时传递和适时互动沟通，强化审计现场的管理和控制能力。

（二）调整的内容

审计项目所处信息化环境的变化，为适应审计手段信息化、审计作业信息化、审计管理信息化的目标，需要对组织架构、现场控制、数据运用机制进行调整，并以全国统一组织的大项目审计组织模式为例剖析审计组织模式调整。

调整组织架构，组织特征上形成“三个圈层”（图2）即决策层、参谋层、执行层。由领导成员组成的决策层，在审计项目中发挥谋划、指挥、协调、管理、服务的职能，将多个审计小组的整个项目紧密结合为一个整体，保持审计组顺畅运转，这是信息传递的核心，由此层汇集决策信息、发出决策指令；由办公室、法规、人教等职能部门和人员组成的参谋层，为项目实施提供政策法规意见和建议，分析审计项目宏观性、政策性的热点、难点问题，为决策层提供决策依据，对审计发现的问题参与综合分析研究，从体制机制上提出解决问题的措施和办法，最大限度地利用审计成果，该层辅助决策层和执行层开展工作；由不同业务部门或审计组构成的执行层，有目的性地开展审计，按照决策层的决策部署开展审计工作并及时反馈核查结果，该层是审计机关审计业务的具体执行层。

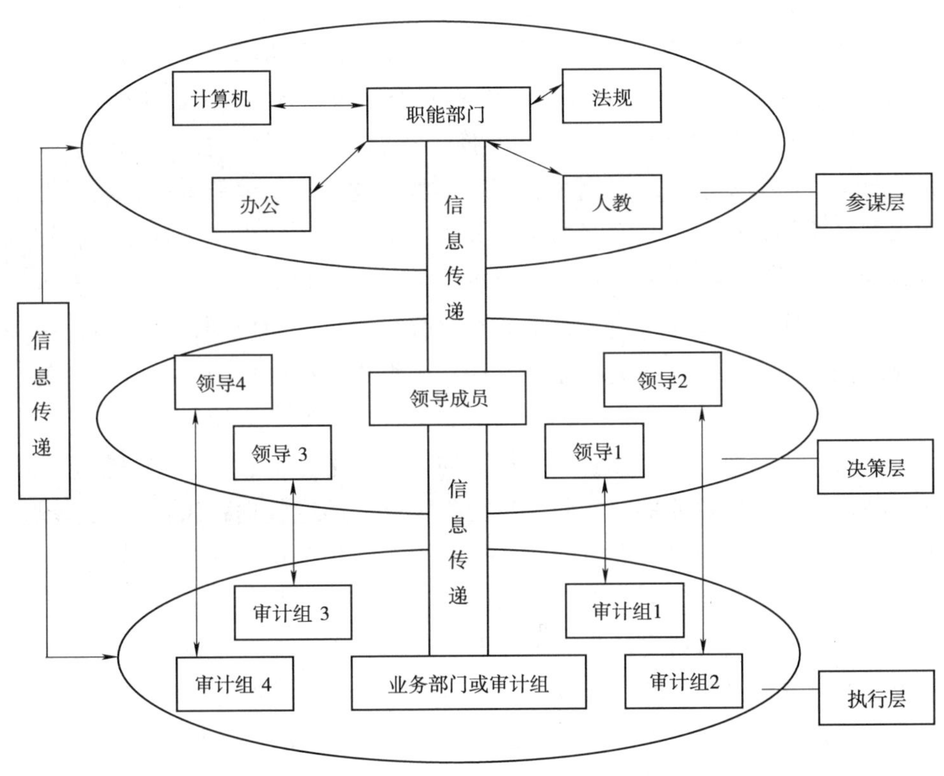

图2 “三个圈层”关系图

调整现场控制，管理特征上形成信息传递通道和共享平台。大型审计项目通常按照地域或业务内容分成许多审计小组，导致审计项目作业地点分散化、异地化，项目的各类信息分散在不同的审计小组中，存在控制点多、管理难度大的特点。通过信息技术加强审计现场管理，主要目的是提高信息传递速度和共享程度，目前可行的信息交流的通道有两类：一是利用互联网，二是通过审计专网，但互联网的安全性较差。因此，要充分利用审计专网的通道，以《现场审计实施系统（AO）》《OA 项目执行管理软件》为轴线加强信息交流，同时在阶段性信息交流的基础上，搭建实时的信息交流平台，在同一个管理平台上展现审计项目的相关信息，让领导、法规、审计信息调研等不同职责人员对相关事项开展论证研究，将传统的上下级之间的直线制信息交流方式调整为点对面的交流方式，保证信息传递的及时性、效率性，信息传递的内容可以保存，便于各圈层人员及时掌握审计项目现场情况。

调整数据运用方式，技术特征上形成“三位一体”的数据综合利用机制，即形成数据分析平台、数据分析团队、数据分析模式。数据分析平台可以是永久的也可以是临时的集数据存储、数据分析等功能为一体的“数据中心”，“数据中心”将不同方式获取的不同类型数据库的数据，应用 SQL 数据库操纵语句对数据进行字段类型转换、数据表的分割或合并、数据融合，并结合审计项目要求，对数据的合规、结构、比率、趋势等进行分析，并运用聚类分析等数据挖掘技术开展深入分析，提出疑点线索，为处于执行层的各审计组开展工作提供支持。数据分析团队由业务骨干、计算机专业背景人员组成，形成由大到小、由上到下的数据分析团队组建模式，一是审计机关层面，抽调计算机审计人员和业务审计骨干组成数据分析团队，日常负责数据的更新、维护、数据分析方式、方法和工具的开发与应用，在服务审计项目时负责利用跨部门、跨行业、跨年度的数据集中分析思路、挖掘数据隐含的问题线索；二是业务部门层面，负责特定业务类型数据的深化分析，以及根据审计项目工作需要开展分散的数据分析；三是个别分散分析层面，由既懂业务也懂技术人员单兵开展数据分析，既结合人员专长开展数据分析研究，也结合审计项目特定任务需求开展的数据分析。通过该方式将信息化素质较好人员进行组合搭配，充分发挥团队合力作用。数据分析模式是进行数据分析时采用的主要工作方式，一是使用“数据分析引领数据需求”的主动采集数据模式。结合审计项目要求和特点，获取审计所需的外部数据，为数据分析打下了良好的基础。二是使用“数据预分析验证审计思路”的数据分析模式。采用“数据分析人员深入审计现场、各审计组根据审计思路补充数据分析需求”的互动工作方式，将预分析线索发给各审计组，审计组与数据分析团队人员互动，最终形成完善的数据分析思路。三是使用“分析结果引领现场审计”的现场工作模式。数据分析人员一方面将数据分析结果交给各审计组作为审计线索进行延伸，另一方面将数据分析 SQL 脚本、数据分析经验发给各审计组，各审计组根据当地数据情况，进行必要的适应性调整后，就能进行单兵层级的数据分析，实现了“一组分析、各组共享”，提高了数据分析的效率。

参考文献

［1］倪杰等．管理学原理［M］．北京：清华大学出版社，2006.

［2］王智玉．审计信息化与审计组织方式［J］．审计研究，2011（4）．

［3］滕娇春，王沙骋，贾佳．信息共享环境的数据与技术模块研究［J］．中国管理信息化，2009（8）．

［4］杭州市审计局课题组．审计管理研究——基于信息化环境的一体化管理模式初探［EB/OL］. http：//www. zjsjt. gov. cn/art/2009/0130/art_ 128_ 47908. html.

［5］安毓环．谈企业组织结构扁平化［J］．中国统计，2005（11）．

［6］王伟，叶林．试析构建以数据分析为核心的审计组织管理模式［EB/OL］．审计署网站．

信息化审计组织模式深化应用研究

辽宁省抚顺市审计局　胡香香

【摘要】　随着信息化时代的到来，信息化技术在审计工作中的应用日益广泛和深化，审计信息化组织模式的探索和应用研究成为我国审计机关和审计人员今后一项长期的重点工作。本文从信息化对国家审计的影响入手，探讨国家审计机关在信息化的大环境下如何构建新的审计组织模式，提出了以审计信息化应用服务平台为基础，构建矩阵结构的审计组织模式的新思路。

一、我国现行国家审计组织体系的基本情况

国家审计是指国家审计机关及其人员依据有关方针、政策、法规和制度，对各级政府、国有企事业单位财政、财务收支的合法、合理、真实、正确和有效性进行审查和评价的一种经济监督活动。国家审计代表国家依法行使审计监督权，监督检查各级政府及其部门的财政收支及公共资金的收支运用情况。审计组织是为了实现审计目标而设置的机构、配备的人员和授予的职责权限的有机整体，是监督财政财务收支的真实、合法和效益的重要工具。

（一）审计机关机构设置

我国国家审计机关分为中央审计机关和地方审计机关。我国中央的审计机关即审计署，是国务院的组成部门，也是我国最高审计机关。目前审计署设置有 13 个内设机构、25 个派出审计局和 18 个驻地方特派员办事处。地方审计机关划分为省、市、县 3 级审计机关。

（二）审计机关负责人的任免

我国中央审计机关负责人由国务院总理提名，全国人民代表大会决定人选。地方审计机关负责人由本级政府行政首长提名，本级人民代表大会决定人选。地方各级审计机关正、副职领导人的任免，应事先征求上一级审计机关的意见。

（三）审计机关的领导体制

我国地方审计机关实行双重领导体制，地方各级审计机关对本级人民政府和上一级审计机关负责并报告工作，审计业务以上级审计机关领导为主。

（四）审计经费来源

由于审计机关主要对政府的财政收支活动进行审计监督，为保证审计机关独立行使审计监督权，审计法特别规定审计机关履行职责所必需的经费，应当列入财政预算，由本级人民政府予以保证。

二、信息化环境下对国家审计的影响

（一）信息化环境下审计风险呈现出新特征

1. 电算化转型风险

在信息化环境下，传统的审计思维、方法等正制约着审计的发展，过去的手工日记账、明细账等都已转变成财务软件的电子数据，书面上的审计疑点和线索逐渐减少，审计人员正面临电算化转型风险。

2. 信息系统风险

相对手工账而言，财务电子数据更容易被修改、丢失，原始数据的录入可能出现错误、遗漏风险，信息系统的可靠性等都会给审计工作带来不可预知的风险。

3. 内部控制风险

在会计与审计信息化的条件下，权限设置、职责分工会对内部约束机制、岗位相互监督失去效果，电子数据的存储和传输的安全性也面临着威胁，对业务流程的有效控制也形成一定的冲击。

4. 审计检查风险

财务软件种类繁多且更新换代速度较快，一个单位可能会有 2 个乃至数个电子账套，增加了审计人员对历史财务数据有效采集、正确汇总的难度。内部控制也较依赖于软件，难以实现审计检查风险测试。

（二）信息化环境下审计组织模式的重要性

1. 信息化环境下审计组织模式是防范审计风险、提高审计质量的重要保证

信息化环境下的审计组织模式，是随着审计信息化不断发展而形成的。计算机审计技术是基于被审计单位等信息化发展，传统的审计方式已不能适应当前审计需要，无法实现审计目标、防范审计风险、提高审计质量而逐渐发展和完善的现代审计技术。计算机审计的项目组织模式是审计工作实施的基础和前提。一个良好的审计组织模式，不但可以最大限度发挥审计人员的长处，同时还可以优化审计过程控制、提高审计效率、控制审计风险、提高审计质量。

2. 信息化环境下审计组织模式是实现现代审计管理规范化的重要手段

审计管理是集领导决策、审计计划管理、审计现场实施管理、审计质量管理、审计统计管理和审计档案管理等模块于一体的系统化管理体系。审计组织模式是实现现代审计全过程管理规范化的重要载体和手段，通过科学合理地组织实施，明确审计人员权责，利用电子数据集中采集和配置，规范现场审计有序规范实施，通过审计信息共享和上下协同，有效提高审计效率和降低审计风险，统一审计步骤和审计方法，促使审计人员严格按照规范的审计程序实施审计。利用统一的审计系统和规范的审计模板，既提高了审计质量和效率，又强化了审计统计管理和档案管理。

3. 信息化环境下审计组织模式是实现工作一体化、信息共享化的内在要求

计算机审计从项目计划管理到数据采集转换与分析应用，再到审计信息的传输和沟通等都有一整套严格而规范的方法体系。在信息化环境下，通过对审计项目的统一计划、统一组织、统一实施、统一协调、统一进度，审计信息的交流和反馈在上下级审计机关之间、同级审计机关之间、各审计项目组之间、审计组成员之间形成一条有效而及时的信息共享链。依靠审计信息化技术，把原先较为单一、独立的审计组织串联起来，形成一个整体，使得每个审计人员的工作都相互关联、相互沟通、相互协助。通过计算机审计，对审计信息进行采集、统计、汇总、报送等，实现审计信息即时交流和反馈，从而促进了计算机审计在各级审计机关之间、审计决策和现场审计之间、各审计组和审计人员之间工作一体化、信息共享化的进程。

4. 信息化环境下审计组织模式是提升审计人员综合素质的重要途径

随着金审工程二期工程的顺利验收和三期工程的开展，计算机审计技术

已日臻完善。当前，迫切需要培养一大批既精通审计业务，又灵活掌握计算机技术的复合型信息化审计人才。通过培训，促进审计人员掌握计算机审计技术，深化信息化思维，为审计人员在开展审计项目时提供新的审计思路和方法。现场审计实施系统还为广大审计人员提供了审计问题法律法规库、审计专家经验和审计模板等信息，便于各级审计人员相互借鉴、交流、提高，促进审计人员不断提高使用计算机技术开展审计工作的能力，逐步提升审计人员的综合素质。

（三）信息化环境下审计组织模式的发展

1. 集中统一组织实施审计项目

目前，各级审计机关审计项目较多，且职能审计处室之间存在着业务重复交叉的现象。近年来，随着全国地方政府性债务审计、全国社会保障资金审计等大项目、综合项目的逐渐开展，各审计机关和职能业务处室之间开始结合、交叉审计。随着审计信息化的迅猛发展，审计数据库的整合和数字化审计方法的推广，审计组织模式也迫切需要相应的发展和改变。各级审计机关集中统一计划审计项目、统一实施审计项目，新的审计组织模式应运而生。只有继承并创新原有的组织模式，才能实现审计资源的有效整合和高效利用，才能做到所有审计项目服务大局、统一指挥。

2. 不断加强非现场审计的比重

金审工程的顺利开展，审计管理系统和现场审计实施系统等审计信息化系统为非现场审计提供了重要的支撑，非现场审计必将成为国家审计的重要审计方式。非现场审计不但提高了审计效率、节约了审计成本、减少了被审计单位的工作量，还能够与现场审计有机结合、相互补充。非现场审计能够实现对被审计单位实时、在线审计监督，发现审计线索，根据已发现的线索再进行现场审计查证并延伸审计调查。

3. 不断深化大型审计项目的组织模式

在使用计算机审计的情况下，审计项目的组织模式由“松散型”向“集中型”转变，实现了每个审计组的全过程的统一指挥和协同管理。审计机关领导及审计人员不在现场也可以随时查看现场审计工作情况，了解并核查审计线索和问题。大型审计项目也从“事后监督”向“全程监控”转变，不断加大了大型工程建设项目跟踪审计的比重，逐步实现政府投资项目的全方位、立体式审计监督。

三、信息化环境下审计组织模式的构建原则和框架

（一）信息化环境下审计组织模式的构建原则

信息化环境下审计组织模式的基本原则是“一个中心，六个统一”，即以民生项目为中心，统一组织实施、统一审计工作方案、统一审计时间、统一人员协调、统一审计处理口径、统一汇总上报。在财政审计大格局、综合审计项目及“一拖N”审计项目等背景下，为了明确审计目标、保证审计质量，整个审计工程需要统一的审计实施方案来指导和控制。采取计算机审计，为提高审计效率和质量，每个项目组应当统一审计时间，统一人员协调，上下一体化实施审计项目。对审计问题的定性应统一处理口径，以维护审计的公平、公正。作为大型审计项目，为提高审计效果，发挥审计项目的建设性作用，还须统一汇总上报，供领导参考决策。

（二）信息化环境下审计组织模式的构建框架

在计算机审计的基础上，有效利用审计管理系统（OA）、现场审计实施系统（AO）以及联网审计系统等审计信息化工具，构建以“一个中心、两条通道、两个平台、三个依托”为框架的大型项目组织管理体系。即形成一个大型项目统一指挥中心，以OA、AO交互为载体，构建统一指挥平台，统一下达项目执行的各项指令，实现对大型项目审计的统一指挥和调度；以互联网和审计专网为载体，形成统一指挥信息和数据传输两条通道，实现各审计组之间的信息沟通和数据传递；以AO系统为支撑，建立一个数据平台，实现对大型项目数据的集中式处理，如图1所示。

1. 构建大型项目统一指挥中心

构建大型项目统一指挥中心，实现对大型审计项目统一的指挥和调度，对各审计组实行扁平化的管理，审计组对项目统一指挥中心负责，项目统一指挥中心对项目实施的审计机关负责。由项目统一指挥中心利用OA统一建立项目计划和项目信息，各审计组从OA中下载项目信息包，建立审计项目。在审计过程中，利用AO和AO的系统信息交互功能，实现对各个审计组的实时工作协调和掌控，对审计质量和审计风险等进行及时的控制和评估。

2. 建立“两条通道”，即指挥信息通道和数据传输通道

大型审计项目审计的核心是统一协调与组织实施和数据统一采集与处理汇总，因此，根据审计需要，建立大型项目统一指挥中心协调统一各审计组审计指令、审计信息的交流与反馈的指挥信息通道，利用审计管理系统OA

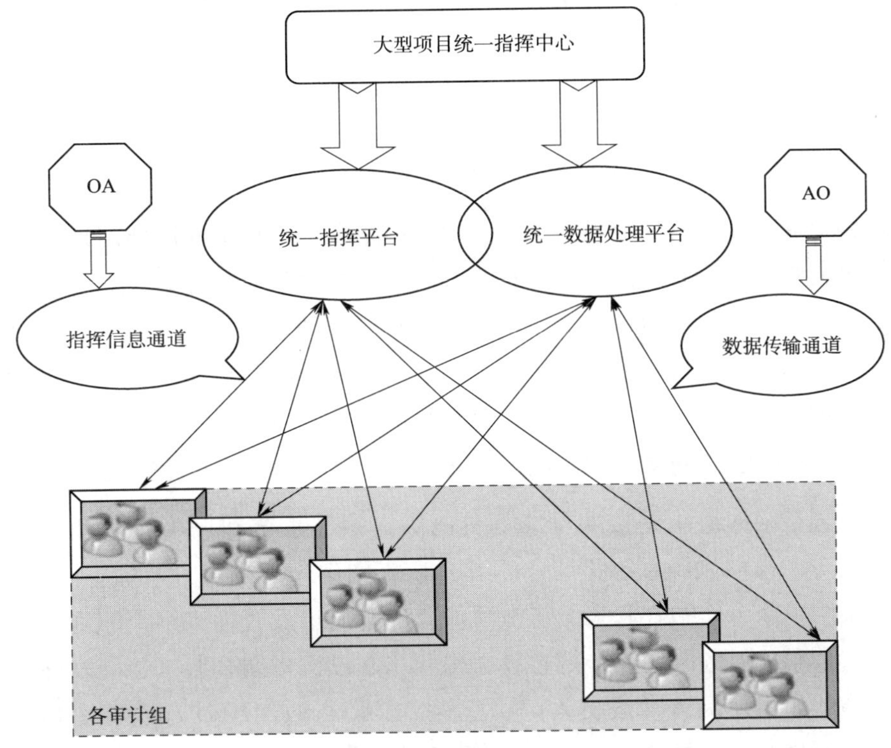

图1

等信息化系统实现项目指挥信息的及时上传和下达。为保证审计数据分发和保密性，还需建立一条审计专用的数据传输通道。以互联网和审计专网为载体，充分利用虚拟专用网络（VPN）等信息化手段实现审计机关内外均可以实现登录OA，做到审计数据安全、稳定和快速的传输。

3. 构建“两个平台”，即统一指挥平台和统一数据处理平台

构建“两个平台”是保证大型审计项目统一有序实施的有效途径。一是在大型项目统一指挥中心内部构建一个统一指挥平台。主要负责审计项目的计划安排、实施方案制定、审计组数据的统一采集分析处理和分发汇总、审计各项指令的制定与下达、控制审计质量和风险评估以及制定统一的审计处理标准、意见和汇总审计报告工作等。该指挥平台人员应由审计机关的领导、参与大型项目总协调的处室领导（如财政审计处、经济责任审计处等）、法制处领导、各审计组所在处室领导和审计业务骨干等组成。二是在大型项目统一指挥中心内部再建立一个数据统一指挥平台。主要负责依据统一指挥平台下达的指令完成数据的统一采集分析处理和分发汇总，根据审计项目的

进度对数据进行分析和筛选并及时向统一指挥平台反馈重要审计事项、负责审计数据的分发、维护、安全与保密以及为各审计组提供技术支持和指导。其人员应由计算机审计处室专业人员和审计业务骨干等组成。

四、矩阵结构的审计组织模式

信息化环境下的审计组织模式一直被全国乃至世界审计部门探索和实践，笔者认为较为成熟的矩阵结构审计模式更适合我国的审计国情。基于矩阵结构并根据审计项目的特点灵活调整的组织模式，可以充分发挥我国审计机关的体系优势，可以实现全国性大型乃至超大型项目的审计任务和审计目标。下面就矩阵结构的审计组织以及深化应用做一简要的探讨。

（一）矩阵结构审计组织模式的特征

矩阵型结构组织是按照职能划分的纵向领导系统和按项目（任务或产品）划分的横向领导系统相结合的组织形式。矩阵型结构组织的特点是把职能分工与组织合作结合起来，从专项任务的全局出发，促进组织职能和专业协作，有利于任务的完成；把常设机构和非常设机构结合起来，既发挥了职能机构的作用，保持常设机构的稳定性，又使行政组织具有适应性和灵活性，与变化的环境相协调；在执行专项任务组织中，有助于专业知识与组织职权相结合；非常设机构在特定任务完成后立即撤销，可避免临时机构长期化。工作小组的成员由若干个不同部门、不同技能、不同背景的人组成，为某个共同特定的任务而一起工作。矩阵结构的审计组织由该项目的负责人统一协调管辖，组成人员可以以各职能处室为组成单位，也可以抽调各职能处室人员，一个人也可能同时在两个或者更多的项目中兼职，审计人员随着项目的变化和需要而流动。

（二）矩阵结构审计组织模式的应用

审计机关的审计任务主要有上级审计机关委派的项目、本级政府指令的项目和本级审计机关认为需要审计的项目等。审计机关年初根据审计任务拟定相应的审计计划和工作安排。在矩阵机构审计组织模式下，首先按照审计计划的先后将审计任务划分为不同的审计项目，然后根据审计项目的要求与特点，结合各个职能审计处室及审计人员的综合情况，优化处室、人员组合，组成复合型的项目小组。由不同背景、不同部门和不同专业特长的人员组成一起形成一个审计项目组，更有利于审计人员发挥特长和优势，相互学习、相互配合，更加有效地保证审计进度和审计质量。这种审计项目组织模式，在大财政审计、经济责任审计以及大型项目审计等其他审计工程中都可以得到广泛的应用并取得良好的审计效果。矩阵机构审计组织模式实质上就是结合项目的特点和个人的专长进行人员的优化组合，打破传统处室和地域的限制开展审计工作，该组织模式示意图见图 2。

在实际审计工作中，各职能处室和审计项目组交织在一起，形成一个多方位、多角度的全面审计综合组织模式。美国联邦审计公署（GAO）近年来就积极探索新的运行机制和项目组织模式，形成了富有特色的矩阵式组织模式，实现了扁平化管理。GAO 按照专业分工划分为 12 个业务司局，每个业务司局直接与战略目标和绩效目标挂钩。GAO 业务司局内部实行以项目为核心、人员流动的扁平化管理方式。矩阵结构的审计组织模式，在具体的审计项目中还可以灵活运用。如一般审计项、信息化程度较高的项目和大型项目的审计组织模式在具体审计工作中，以矩阵结构审计组织模式为基础，根据具体审计项目特点灵活配置审计人员、制定审计方案、确定审计目标。

抚顺市审计局在近几年的审计工作中，参考其他省市审计机关审计组织模式经验，结合自身工作实际，以矩阵结构的审计组织模式为基础，不断推进扁平化管理，在大型项目的审计工作方面逐步积累了丰富的经验。例如在 2012 年全国社会保障资金审计工作中，以社保审计处为牵头，抽调全局甚至县区审计局审计骨干力量，组成社保资金审计工作组。通过利用矩阵机构的审计组织模式，集中了审计机关的审计资源，同时抽调计算机审计能手，形成一个由多个职能处室、不同专业、不同背景、不同技术共同组成的复合型审计工作组，直接由审计局领导直接指挥和协调。在这个审计工作组里，分工明确、职责清晰，严格按照审计署和审计厅的统一安排和要求，依据工作实施方案统一部署，内外协调，数据收集、分析、汇总，业务执行、过程控制等工作责任到人，实现一体化审计。在财政预算执行审计中，充分利用矩阵式审计组织模式的优势，财政审计处作为牵头处室，负责总协调，统一审计计划、审计目标，统一审计实施方案，在根据各职能处室的具体实际和人员结构等指令与其相适应的审计项目，最后以各职能处室为单位形成工作组负责组织实施。尤其是 2013 年开始，为了更加高效率、高质量地完成审计工作，同时减少被审计单位的负担，推行“1 + N”的审计方式，集中有限的审计资源，最大化地扩大审计范围和提高审计效果。各职能处室根据统一的审计方案统一时间、统一实施、统一汇报、统一处理口径、统一报告模式等，实现了审计组织模式上下联动，由“松散型”向“集中型”的转变。

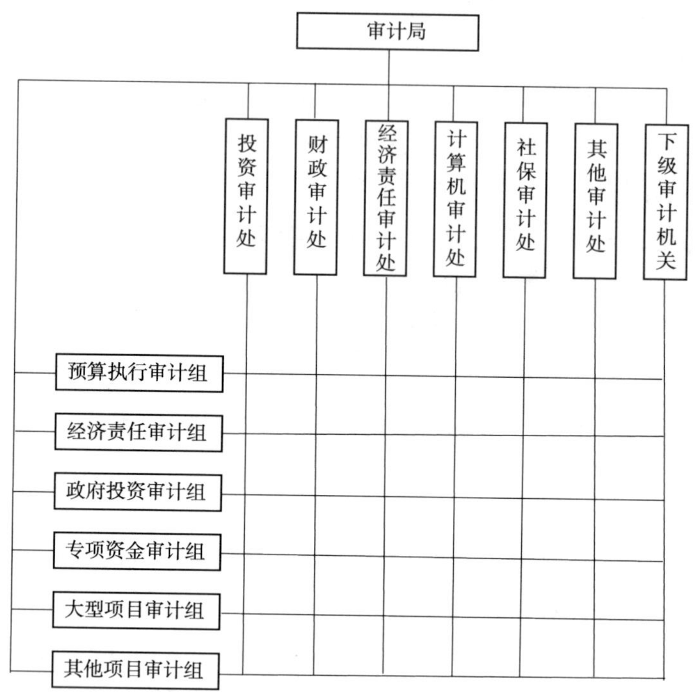

图 2

（三）矩阵结构审计组织模式的优势

目前而言，全国各级审计机关的工作量越来越大，审计业务越来越复杂，审计项目越来越综合，对审计人员的要求也越来越高。在审计资源有限的条件下，利用矩阵结构的审计组织模式在今后的审计工作中发挥着越来越大的作用，其组织模式的优势也将得到充分的体现。

（1）有效整合现有审计资源，打破职能处室界限和专业分工，以项目为导向，针对特定的审计任务，集中调配审计力量，实现优势互补，职能交叉，克服了部门之间业务量大小不均、审计资源得不到最大利用的缺陷。

（2）面对大型审计项目和综合性、信息化较高的审计项目，抽调不同专业、不同背景的审计人员共同形成一个审计工作组，可以在技术上互相交流、支持，在经验、技术等方面有效利用了有限的审计资源，增加了审计人员的审计效率，同时也有利于解决信息化条件下审计项目的“瓶颈”问题，有效提高审计项目的信息化程度。

（3）不同职能处室的审计人员根据需要不定期的组合，在保持专业性分工的同时，又增加他们之间相互沟通和交流的机会，为审计人员之间信息化交流和学习创造了良好的机会，提高了审计人员的专业技术水平和信息化审计能力。在工作的同时，既交流加深了同事间的感情，又弥补了各自专业上的不足，有利于培养一专多能的复合型审计人才。

（4）运用矩阵结构审计组织模式进行审计的时候，有利于推行“捆绑式”打包审计，把整个与之相关的审计项目全部委托该审计工作组，节约了审计成本，避免了重复审计，大大减轻了被审计单位的工作负担。如抚顺市近年来推行市直重要部门“2 年审一次，一次审 2 年”的审计模式，通过提高审计工作组人员的合理配置和工作效率，节约了审计成本，减轻了被审计单位的工作负担。2013 年在市本级财政预算执行审计时，全局不断深化应用矩阵结构的组织模式。经贸审计处不仅对市环境保护局预算执行进行审计，还捆绑了经济责任审计、排污费征收使用、专项资金使用以及环境管理影响和环评政策执行情况审计调查等内容，做到了“1 + N”的复合审计组织模式，充分利用了本处室的审计资源，提高了审计效率和增加了审计效果，也大大减少了被审计单位的工作负担。

（5）矩阵结构的审计组织模式更加注重审计人员的管理，做好优化审计人员组合工作，既能充分发挥审计骨干的业务能力，又能更好发挥审计团队的作用。同时，抽调审计工作较为薄弱的基层审计机关人员时，又能带动该审计机关的审计理念、审计方法、审计组织模式以及审计质量的提高，做到了“1 +1 >2”的原理应用。

五、深化信息化审计组织模式应用的基本要求

在信息化条件下的审计技术和审计方法，相对传统审计来说已发生了革命性的变化，网络式、扁平化矩阵结构组织模式的推行和应用也使审计组织模式体系发生了深刻的变化。从中央到地方各级审计机关和广大审计人员只有尽快转变审计理念，充分认识和学习信息化环境下审计技术方法和审计组织模式发生的深刻变革，才能掌握信息化审计技术，才能适应现在审计工作的要求。

（一）处理好“十大关系”，进一步做好信息化建设工作

2012 年刘家义审计长在全国审计工作座谈会上讲话提出，谋划审计信息化建设，重点是要处理好“十大关系”，即：一是长期性与阶段性的关系；二是统一规划与分类实施的关系；三是安全性与方便性的关系；四是适用性与创新性的关系；五是规范性与灵活性的关系；六是集中统一与纵横交互的

关系；七是行业性与全面性的关系；八是团队与个人的关系；九是行政管理与项目管理的关系；十是内部与外部的关系。厅领导在全省审计信息化工作会议也强调，进一步做好全省审计信息化建设工作，一要强化责任和使命意识，切实提高领导干部信息化素养；二要加强组织领导，努力形成齐抓共管的工作机制；三要统筹规划、有序推进；四要明确工作目标，狠抓任务落实和责任分解；五要坚持以人为本，进一步加大人才培养和后续教育力度。

（二）建立项目型结构的审计组织模式

信息化环境下的审计组织方式打破了原有的行政隶属关系，各审计工作组实际上由大型项目统一指挥中心管理，不再是传统的大型项目分级审计的组织方式。审计组实行扁平化的管理方式，审计人员平时正常在其本职能处室里工作，归处室管理，但有大型项目抽调时，审计人员在审计期间就归项目统一指挥中心统一管理，这样既实现了审计人员的流动，又确保了审计质量和审计效率。

（三）审计组织模式管理向“集中型”和“一体化”转变

信息化环境下，审计指挥平台和审计数据处理平台的构建和运行，审计组织模式由“松散型”向“集中型”和“一体化”转变的审计管理模式。通过项目统一指挥中心，全体审计人员要树立大局观和“审计一盘棋”思想。“两个平台”的有效运行，实现了审计“一体化”的工作格局，主要依靠以信息化平台进行审计工作迫使审计人员不断需要学习和掌握计算机审计技术，转变传统审计思维，适应信息化审计组织模式的要求。

（四）不断优化“一个中心、两条通道、两个平台、三个依托”框架下的审计组织模式

在这个框架下的审计组织模式，审计效率得到了极大的提高，审计工作全面而统一，实现了审计信息资源的及时共享，大型项目指挥中心通过各方面的信息的上传与下达，通过“两个通道”和“两个平台”，保证了审计指令的及时到达、反馈，审计信息资源也得到及时共享。在信息化的组织模式框架下，主要还需调动广大审计人员的积极性和主动性，保证“一个中心、两条通道、两个平台、三个依托”框架下的审计组织模式能够得到有效的运行，基层的审计机关和审计人员也不能因为上级部门统一组织而产生“等”“靠”“应付差事”等思想，项目指挥中心也不能因为统一组织而独揽大权，影响下级审计机关和人员的工作积极性和创造性，进而影响到整个大型项目的审计效率和审计质量。

（五）不断提高审计人员计算机能力，完善信息化审计的软硬件配套

要实现信息化环境下审计组织模式的转变并深化应用，就必须建立一整套成熟的计算机审计的软硬件基础设施。今后，审计工作的发展趋势将转变为由以现场审计为主、联网审计为辅到以联网审计为主、现场审计为辅，甚至可以实现对被审计单位基于“云计算”的实时动态的审计监督，这就需要不断完善计算机审计需要的硬件环境和开展联网审计需要的信息传输通道等配套设施。计算机审计终究需要审计人员来开展，不断提高审计人员的计算机能力，建立一支具备计算机、网络、数据库等专业化的审计队伍。最后通过建立和健全包含数据采集、数据筛选和整理、数据分析、数据共享以及数据汇总上报等在内的计算机审计方法体系，保证审计全过程的规范化运作。

（六）切实提升审计人员保密意识，加强数据安全管理

计算机审计改变了传统的审计方法，审计资料、数据等文档也由纸质材料为主转变为以电子数据为主。由于大型项目的数据存储和数据传输量都较大，对于数据安全提出了更好的标准和要求。这就要求各级审计机关和审计人员要切实加强计算机、网络等信息化软硬件设备的日常维护，制定电子数据的管理办法，加强对电子数据的存储安全和备份频率，保证数据传输通道的安全性、准确性和及时性。审计人员也要加强安全保密意识教育，自觉提高数据安全管理的自觉性和主动性，做好审计项目电子数据的安全管理和备份工作。

参考文献

[1] 刘家义．加快审计信息化建设步伐 全面提升审计能力和技术水平——在全国审计工作座谈会上的讲话[EB/OL]. http：//www.audit.gov.cn/n1992130/n1992364/n3067533/n3069861/3070661.html，2012-07-10/2012-07-31.

[2] 王悦．抢抓机遇 乘势而上 推动审计信息化工作再上新台——在全省审计信息化工作会议上的讲话［J］．审计文汇，2012（9）：4-8.

[3] 喻勤．HIS 数据库安全审计管理信息系统的设计与实现［J］．安徽冶金科技职业学院学报，2011（10）：24-26.

[4] 林飞腾．超文本组织国家建设项目跟踪审计的组织方式［J］．沿海企业与科技，2011（8）：36-40.

［5］王杰，孙国海．创新社会保险基金审计组织方式的实现路径［J］．审计月刊，2012（1）：25－26.

［6］熊亚明，程书萍．大型国家工程综合审计组织模式及流程研究［J］．审计月刊，2010（4）：7－9.

［7］屈方方．国家审计管理创新的实践探索［J］．现代审计与经济，2011（2）：4－7.

［8］赵俊渥．行为审计组织结构黄金分割模型研究［J］．会计与审计，2011（11）：191－193.

［9］钱水祥，金利江．基于绍兴实践的跟踪审计组织管理探析［J］．审计研究，2011（2）：17－20.

［10］李素英，王琳，薛楠．基于项目型结构的国家审计组织管理模式创新研究［J］．石家庄铁道大学学报（社会科学版），2011（12）：1－4.

［11］王智玉．审计信息化与审计组织方式［J］．审计研究，2011（4）：39－42.

［12］樊其程，王一鸣．信息化条件下审计组织管理展望［J］．理财，2011（12）：92－93.

［13］夏华国．政府性投资项目审计管理系统的设计与实现［J］．计算机与现代化，2012（4）：116－118.

信息化审计组织模式深化应用研究

辽宁省铁岭市清河区审计局 刘成海 杜佳妮

【摘要】 审计是一项系统而又复杂、目的性很强的工作，要顺利实现审计目标，审计组织方式是否得当尤为重要。科学合理的组织方式，明确了审计工作的目标和方向，指明了审计的任务和要求，是审计工作有序开展的基础。传统的审计组织模式受到了很大程度的限制，要充分发挥审计保障国家经济社会健康运行的“免疫系统”功能，必须顺应信息技术的剧烈变革和信息化发展的历史潮流，深化应用数字化审计组织模式，通过远程现场管理、信息及时传导等网状信息传导平台，有效确保决策指挥及时到位、非现场和现场有效沟通，过程控制高效顺畅。

一、信息化审计组织模式对于审计工作的重要性

（一）信息化审计组织模式是防范审计风险，提高审计质量的重要保障

信息化环境下的计算机审计技术，是基于审计对象、审计内外部环境信息化变化使得传统的手工审计方式无法实现审计目标，无法有效防范审计风险、提高审计质量而发展起来的与之相适应的现代审计技术。[1]计算机审计项目组织方式是审计工作实施的基础，组织方式的科学与否，直接影响项目的实施与质量的好坏，所以，提高项目组织管理水平是审计项目质量管理的重要环节。通过周密的组织和实施、有效的审计过程控制、及时的审计复核检查、统一的审计步骤和上下协同，审计信息及时的沟通与共享等，可以有效控制审计风险，提高审计质量。

（二）信息化审计组织模式是实现现代审计管理规范化、审计作业规范化的重要手段

审计管理包括审计计划管理、审计现场实施管理、审计质量管理、审计文书档案管理等，是一个系统化的管理体系。审计组织方式是实现审计全过程管理的具体体现和手段，通过科学地审计组织实施，明确审计权责，利用电子数据集中分析与调配，实现审计现场工作规范有序实施，通过信息共享和上下协同，有效地提高工作效率和降低审计风险，通过统一步骤和审计技术方法应用，促使审计人员按照规范的审计程序实施审计。[2] 利用统一的电子模板编制文书，既提高了审计效率和质量，又保证了全部审计文档标准一致，提高档案管理水平。

（三）信息化审计组织模式，是实现审计工作一体化、实现审计信息共享的必然要求

计算机审计项目的组织管理，在审计数据采集转化、数据的分析与使用、审计方法与技术应用、审计信息的传输与沟通等方面有一套严格而有效的方法体系，通过计划的统一组织、统一实施、统一进度、统一协调，可以实现资源有效整合，最大限度地发挥审计的功效。利用审计过程中上下协调与沟通，信息交流与反馈，在上下级审计机关之间、各审计组之间、审计组成员之间形成一个有效的信息共享链。依靠信息网络技术，对分散的信息实行统一管理和使用，将审计工作由原来的个体性很强的工作方式连接成为群体化的工作方式，使每一个审计人员的工作互相关联、互相协助。利用计算机对审计的信息进行统计、汇总、分析和上报，大大加快信息的交流反馈，从而促进了现代审计在各级审计机关之间、审计决策与审计第一线之间、不同审计组和审计人员之间的一体化进程。

（四）信息化审计组织模式是审计依法履行保密责任的基本保证

计算机审计是以采集和处理被审计单位大量的财务、业务数据为前提，这些数据许多涉及国家机密和企业商业机密，而几张光盘、一个 U 盘或硬盘完全可以装下一个被审计单位，乃至一个行业的全部电子数据，非常易于流传。如果管理不到位、不有效，就很容易泄密，甚至出现保密事故，从而严重影响审计声誉。一个科学有效的审计组织方式，通过数据集中采集与分析处理，建立安全的信息传输通道，制定严格的信息利用权限，采取严密而权责分明的数据管理责任划分，实行统一的数据清理和删除技术等，以保证电子数据的安全和商业机密的泄露，从而使审计在信息化环境下的保密责任得到充分保障。

（五）信息化审计组织模式有利于全面提高审计人员的综合素质

在信息化基础建设初具规模的条件下，尽快培养一批既精通审计业务，又掌握计算机技术，并具有信息化思维的审计人才是审计信息化进一步发展的关键。审前的培训、审计过程中的计算机运用可以促使审计人员意识到掌握计算机审计知识的重要性，认识到计算机审计是审计发展的未来趋势。在组织实施计算机审计时为审计人员提供基本的思路和方法，供审计人员在开展计算机审计工作中运用、学习和借鉴。包括开展计算机审计的总体分析、相关的审计背景、计算机审计思路、详细的操作步骤等，其中计算机审计思路标注流程图，用类 SQL 语言描述相关操作步骤，对某一审计事项进行电子数据分析的技术方法，就某一方面的计算机审计问题进行归纳等，一方面可以指导各级审计人员在工作中学习借鉴，另一方面使得审计人员在运用中学习提高，促进审计人员不断提高运用计算机技术开展审计的能力。

二、信息化审计组织模式的基本要求

信息化环境下的审计技术和方法使传统的审计理念发生了革命性的变化，网络式、扁平化的审计组织模式也使审计组织管理体系发生了深刻变革，各级审计机关和广大审计人员必须转变思想观念，深化认识信息化环境下审计技术方法和审计组织模式发生的深刻变革，以更好地适应现代审计工作要求。

（一）信息化审计组织模式打破了原有的审计组行政隶属责任关系，各参审审计组实际上是中心审计组的各专业小组，改变了以往大型审计项目分级审计的组织方式

信息化环境下，审计组“扁平化”管理模式要求各参审审计组严格按照中心审计组的工作安排、工作要求同步进行，审计质量和结果直接向中心审计组负责，从中心审计组直接获取审计指令，不再由各审计组的行政主管机关来指挥，最大限度地减少了来自地方力量的干预，保证了审计组的独立性，进而确保了审计质量和审计效率的提升。[3]这一变化，要求各级审计机关的领导和审计人员转变审计权力观念，自觉服从和支持中心审计组的工作部署和要求。

（二）信息化环境下两个审计平台的建立和运行，使传统的审计管理由“松散型”向“集中型”、“一体化”审计管理模式转变，需要树立大局观念，“一盘棋”思想[4]

中心审计组统一指挥平台和统一数据处理平台的建立与有效运行，将各

参审审计组无论从工作机制、人员管理等方面纳入一个审计主体，实现了审计“一体化”作业格局，彻底改变了传统的以会议、文件、巡回检查、定期交流等组织方式，使传统的各审计组各自为政格局逐步转变为“统一指挥、整体联动、总体作战”的组织管理模式，实现了审计组织管理模式由审计组松散型管理向以信息化工作平台为纽带的集中型管理的转变。要使这种形式上的转变化为审计质量和效率的实质性转变，需要我们各级审计机关和审计人员尽快熟悉和掌握必要的信息化技术，掌握必要的计算机审计技能，转变传统的审计思维观念，顺应现代化管理模式的要求。

（三）实现信息化环境下审计组织模式的转变，需要建立成熟的基础为保证

首先，要具备开展计算机审计所需要的硬件环境和开展联网信息传递的通信手段和通道。其次，需要有一支具有计算机、网络、数据库、信息系统等专业知识的专业队伍，具备计算机审计理念和技术的审计队伍。再次，需要建立包括数据采集、数据整理与转化、数据分析处理在内的计算机审计方法体系，从而保证审计全过程规范化运作。最后，从业务流程控制、审计质量标准等方面建立健全计算机审计工作规范，使审计过程有章可循，有规可依，规范化运行。

（四）切实加强数据安全管理

由于大型项目一般数据存储与传输需求较大，对于安全有了更高的需求。数据安全包括两个方面：一是存贮安全，二是传输安全。这要求我们：一是对审计原始数据与进程数据要及时备份存档，防止设备意外导致丢失，影响审计进程。二是加强安全管理，一方面强化制度，严格管理用户账号与密码，确保数据不被越权使用，另一方面利用“防水墙”软件等技术手段防止数据被越权使用。三是加强传输安全管理。采用合法的密钥系统、保密机、防火墙等做好传输线路上的安全保密工作，并合理指定保密界限与保密周期。

三、信息化审计组织模式的基本原则

“五个统一”，即统一组织实施、统一审计工作方案、统一审计时间、统一审计处理、统一汇总上报。[1] 在组织实施审计时，应由行业性单位主管的审计机关统一组织实施。为了明确审计目标和保证审计质量，整个审计过程需由统一的审计工作方案来控制和指导。由于采取计算机审计和提高审计质

量及效率，审计过程中各级审计组应统一审计时间，进行上下一体化作业。为了保证行业性审计项目审计问题定性、问题处理的客观公正，必须统一审计处理（或处理口径）。

为了提升审计结果的宏观性，发挥大型审计项目的建设性作用，必须统一汇总上报。

四、信息化审计组织模式的基本框架

建立“一个中心、两个平台、两条通道”为框架的大型审计项目组织管理体系。

（一）构建以项目组织实施的审计组（以下简称“中心审计组”）为中心，实现对大型审计项目的统一指挥和调度，对各参审审计组实行“扁平化”管理

各参审审计组直接对中心审计组负责，中心审计组对信息化条件下大型审计项目审计组织方式研究项目组织实施的审计机关负责。

1. 利用审计管理系统（OA），由组织实施的审计机关建立统一的项目计划和项目信息，各审计组分别从 OA 中下载项目信息包，建立审计项目。

2. 利用审计管理系统（OA）和审计现场实施系统（AO）的交互功能，实现中心审计组对各参审审计组实时工作调度与掌控。

（二）构建“两个平台”，保证大型审计项目实施过程的统一有序

一是在中心审计组内部构建一个“统一指挥平台”。主要任务和职能包括：审计工作方案的制定，组织数据统一采集、分析处理与分发，审计过程各项审计指令的制定与下达，控制审计质量与风险评估，制订审计统一处理意见和汇总报告工作等。根据“统一指挥平台”的职能和任务，其组成人员应为负责大型审计项目的领导、审计组长和审计业务骨干。二是在中心审计组内部构建“统一数据处理平台”。主要任务和职责包括：按照“统一指挥平台”下达的指令完成数据统一采集、转化与处理，按照审计工作方案确定的审计内容与重点，对数据进行初步分析与筛选，根据分析筛选的结果为“统一指挥平台”反馈重要审计事项，负责数据分发与维护，提供技术支持与指导，负责数据安全与保密等。由于“统一数据处理平台”需要完成数据的统一采集，完成初步的数据分析与筛选，为“统一指挥平台”提供审计重点关注的事项、重点查证问题等信息，因此，其人员构成应为计算机专业人员和审计业务骨干，需要两个方面人员的紧密协作。在计算机审计技术日益

成熟和被审计单位电子数据完整性、准确性不断提高的情况下，信息化环境下的计算机审计完全可以由中心审计组的“统一数据处理平台”独立完成审计全过程，由“统一数据处理平台”通过数据分析与筛选，提出审计疑点问题和事项，由“统一指挥平台”将确定的疑点问题和事项下达各相关审计组进行重点实地查证与落实，反馈查证落实结果，各参审审计组实际上成为中心审计组下属的查证核实小组。

（三）建立“两个通道”，实现数据分发与信息交流

大型审计项目的组织核心是统一组织实施和数据的统一采集与处理，因此，根据工作需求，一是需要建立中心审计组“统一指挥平台”审计指令、审计信息的组织、交流和反馈的“指挥信息通道”，利用审计局域网或者在互联网上建立专用加密信箱，实现指挥信息的上传与下达。二是需要建立“数据传输通道”，实现数据的分发和相关保密性要求较高的信息传递。在审计局域网开通的情况下，通过审计局域网实现数据信息传输，审计局域网尚未开通时，如果被审计单位办公网畅通有效，可在其办公网络项下为各审计组开辟“审计信息专用通道”，实现数据和信息的传输。或者利用远程拨号网，在项目组织实施的审计机关邮件系统中设置专用邮箱，各审计组通过拨打专用号码连接到项目组织实施的审计机关局域网，通过设置的专用邮箱提取数据。

五、信息化审计组织方式的深化发展与应用

随着信息化进程，在现有的审计组织方式即实行“五个统一”和“六个结合”基础上，一些新的审计组织方式将随着信息化进程而不断创新和发展。

（一）打破业务、行业界限，开展项目审计和建立组织机构

目前上级审计机关尤其是审计署各业务司工作重复交叉，人力也不能满足现有工作需要。发挥审计免疫系统作用，已不能停留在脚疼医脚、独立作战的阶段。大项目、综合项目逐渐开展，财政审计与金融、企业、经济责任、资源环境和涉外审计等各行业审计开始结合，在审计组织上，客观要求打破各司局界限。而要真正打破各司局界限，只能靠行政手段，调整原来的机构设置。信息技术的飞速发展，尤其是审计数据库的整合和数字化审计方式的推广，为审计组织方式的发展提供了技术支持。因而，一支强大而稳定的综合统筹指挥部势在必行。在此架构下，建立一支支数据分析非现场审计

团队，以及分布在各地以现场审计为主的审计机构，形成“总体指挥——数据分析——延伸核查”的组织模式和方式，这对按行业设置部门、分行业开展审计工作将是一次革命性的颠覆。[5]

在现有组织结构下，可以采取发挥综合协调部门的力量。如在开展财政审计大格局工作中，可进一步发挥财政审计协调领导小组办公室的作用，这将有助于打破司局界限开展工作和成果利用。在组织方式上，改变过去按派出局成立审计组，采取按财政部资金科目成立审计组，如成立教育资金审计组、科技资金审计组、卫生资金审计组、水利资金审计组、农业资金审计组、社保资金审计组、环保资金审计组、国土增值资金审计组等，确保每个审计组从资金源头到使用全过程的审计。发挥审计免疫系统功能，只有打破传统的组织方式，才能实现有效整合，服务于两个大报告的需要。

（二）非现场审计成为日常监督的重要方式

数据中心的建立以及金审三期工程规划的五大应用系统的建设等审计信息化的发展，都为非现场审计提供了保障，非现场审计将成为国家审计重要的方式。[6]非现场审计不仅可以提高审计效率、节约审计成本，能够弥补现场审计人手不足的问题，更重要的是将与现场审计有机结合、互为补充。在审计组织模式上，将形成两支审计力量：一支是非现场审计人员，这将成为审计的主要力量和监督力量，实现对被审计单位的实时、在线审计监督，发现问题线索；另一支是现场审计人员，以非现场审计人员发现的问题线索为切入点，到现场核实取证和延伸调查。

近年来，审计机关开展的财政大格局审计、社保资金审计和省长经济责任审计过程中，打破业务和行业界限，将审计机关内部有机整合，“全国一盘棋”，尝试搭建数据分析平台，组建数据分析团队，提出了“总体分析、发现疑点、分散核查、系统分析”计算机审计思路，取得了较好效果。如有的特派办创新计算机审计模式，探索构建“特派办级分析平台、项目审计组级分析平台、审计人员级分析平台”的三级数据分析平台。整合多部门、跨专业数据，搭建特派办级数据分析平台，进行数据关联挖掘和分析；根据审计组的业务需求，组建审计组级数据分析平台，开展针对性的数据采集和分析；根据具体需求，针对特定数据，构建审计人员级数据分析平台，迅速完成个性化的数据分析。通过数据信息与业务经验的紧密结合，人力资源与设备资源的科学组合，业务骨干和计算机骨干的有效整合，以及审计延伸与数据分析时间的合理安排，增强了计算机技术对审计工作支撑能力，强化了数据分析审计成果的转化率，大大提高了信息化审计能力。

（三）大型审计项目为主的审计模式

一是审计组织管理方式由“松散型”向“集中型”转变，实现了对各审计组审计全过程的统一指挥。二是审计质量控制由“事后监督”向“全程监控”转变，项目组组长和质量控制人员不在现场也可随时查看现场审计工作情况，实时了解和核查审计查出的问题。三是信息资源管理由“单点分散独享”向“全面辐射共享”转变。通过审计专网，时时实现上下左右沟通、及时反映和掌握审计情况、汇总提升审计成果。

（四）在原有公文远程办公、网上培训、异地办公、电子化计划管理的基础上，进行审计管理的统筹整合

1. 搭建信息分析平台，搜集资料，把握前沿理论动态和国家政策，以及地方政府工作重点和新出台政策，分析其政策效应及与国家大政方针的契合性，提出战略性的审计思路

将各组审计中发现的问题提升到宏观层面与全局高度进行分析研究，撰写综合审计信息，提炼审计成果。

2. 搭建决策指挥平台，实施适应决策需求的技术体系，对项目进展情况进行决策和指挥

应建立数据仓库，提供综合分析、时间趋势分析等辅助决策信息；采用联机分析处理技术，从多维数据中获取辅助决策分析数据；借助网络、呼叫中心、可视电话、无线接入、语音系统等各种高科技通讯手段，实施审计情况实时上报、相关数据实时采集、实时沟通、联动指挥、现场支持、领导辅助决策。

3. 搭建统筹管理平台，实现质量管理、绩效考核、审计团队文化建设、沟通管理、人力资源管理等功能

具体包括以下几个方面：

培养创新变革意识。信息化条件下，审计项目组的审计人员所在的组织接近扁平化组织，对于习惯于职能型管理的审计人员也是不小的挑战，甚至会有消极和排斥变化的心理，因此要加强与审计人员的思想沟通和教育，让其明白新的管理体制对审计机关发展的重要性，抛掉狭小的本位主义，积极适应项目管理方式。

健全绩效管理机制。原有的考核机制中，未解决不同部门的利益分配问题，导致了形式上项目是一个整体，实际上执行的各个部门有着各自的业绩

需求，不利于发挥整体合力，削弱了应有的团队优势。因此，应当建立以审计项目为主体的绩效管理机制。对项目进展过程进行密切跟踪，注重细节和过程控制。应科学调配审计现场的人力资源，整合审计力量，做到人尽其才，并及时检查和指导他们的工作。科学安排审计项目进度，合理安排审计时间，有效控制审计成本。加强对调查了解、审计实施、审计报告阶段的质量管理，有效防范审计风险。[7]探索建立审计现场的有效沟通机制，保障信息的上传下达，及时掌握工作动态。加强项目完成后的质量评估、经验总结工作。[4]

强化项目质量管理。应借鉴六西格玛质量管理理念，注重流程优化，把重点放在认识、改善和控制缺陷原因上，而不是放在法规部门的质量检查等活动上，要对调查了解、审计实施、审计报告过程中造成质量不稳定的因素采取控制措施，采用层层负责、全员参与的管理模式，实现审计质量目标。要将目前主要依靠定性质量管理逐步向量化管理转变，以数据作为基础，测量影响质量的所有因素，评估系统、跟踪审计结果，并追溯审计业务流程和其他可预测因素。要进行预防性的积极管理，提前采取前瞻性、预防性的控制、纠偏措施，来保证审计过程朝着预期的目标发展。

当前，金审工程一、二期已先后结束，基本建立了在信息化环境下审计人员的审计工具和审计思维方式，建设成果已在全国审计机关得到了迅速推广和应用。金审工程三期，审计署将启动以公共管理和国家经济安全为目标的审计系统建设，建立国家审计数据中心、数据分析中心和数据交换中心，而地方审计机关也将逐步建立地方审计数据中心。加强审计组织模式的研究，对现行审计组织模式重新进行审视，重构审计组织体系，将审计信息化元素纳入到审计组织系统之中，重点研究审计信息化要素对审计组织系统带来的深刻影响，将为今后的审计工作提供高效率、高素质的审计组织模式及队伍。同时，通过调整信息化审计组织方式，以管理创新和业务创新为突破口，为审计项目的有效实施提供技术支撑平台，合理、广泛利用计算机网络技术，能有效整合社会经济各方信息，及时进行综合分析，完整把握审计对象经济活动的实质，拓展国家审计领域，加强宏观经济管理和经济监督服务，是审计机关参与社会风险治理的重要工具，是提高审计效率与审计质量的一个重要技术保障。

参考文献

［1］刘家义．以科学发展观为指导 推动审计工作全面发展［J］．审计研究，2008（3）．

［2］吴震雄．信息化条件下实施大型审计项目的架构设想［J］．审计月刊，2009（8）．

［3］黄艳．信息化条件下国家审计的组织方式与方法趋势［J］．国际商务财会，2011，27（15）：72－74.

［4］审计署驻广州特派办财政审计理论研究课题组．当前财政审计工作存在的主要问题和对策建议［J］．审计研究，2011（1）．

［5］许国艺．国家审计项目管理组织模式改革浅见［J］．财会月刊，2011（6）．

［6］韩乃志，卢益群．审计机关审计项目管理研究［J］．审计研究报告，2008（2）．

［7］刘铮．信息化条件下国家审计组织方式创新研究［J］．创新，2013（2）．

小议信息化环境下审计资源整合

浙江省宁波市审计局 韩 悦

【摘要】 审计资源整合是审计事业长远发展的需要，是缓解审计资源供求失衡的必然选择，可以避免审计资源的重复投入和浪费，有利于审计资源的优化配置，缓解审计资源短缺。当我们以现代信息技术思维方式回眸审视这个问题时，整合审计资源的思路已赫然在目，在信息化的平台上，将审计的人力资源、数据资源、硬件资源和信息资源等进行合理配置，使审计资源形成最优化组合，提高审计效率，提升审计成果质量和水平，最大限度地发挥审计机关整体功效。

【引言】 电子政务的飞速发展和新的技术手段的使用给国家审计带来了新的机遇和挑战，使得审计信息化并不局限于对于审计成果产出的支持，而是贯穿于整个国家审计服务于国家治理的各个环节。国家审计处在信息化发展的历史潮流中，审计组织结构的改革是必不可少的组成部分，需要对原有的组织结构和经营模式进行重新梳理和设计，使之具有不断适应环境和自我调节能力，更好地服务于国家治理。而在审计组织结构的改革中，审计资源整合则是其核心内容之一。

所谓审计资源，是指审计组织在履行审计职责过程中所能利用的一切资源要素，是审计工作取得成果的基础，是审计力量、审计方法、审计手段、审计法规、审计成果、审计信息、审计环境等有形和无形资源要素的集合体。每一个审计项目都必须耗费必要的审计资源，在一个年度内要完成多少审计项目受制于审计资源。审计资源整合，就是要在信息化环境下通过科学、合理配置审计资源，以最小的审计成本获得最大的审计效益。

审计资源整合是审计事业长远发展的需要，是缓解审计资源供求失衡的必然选择，可以避免审计资源的重复投入和浪费，有利于审计资源的优化配置，缓解审计资源短缺。结合审计资源整合的目标，审计资源整合的原则有下列几个：整体性、相关性、层次性、结构性、重要性和高效性。在审计资源既定的条件下，运用有效的手段或者方式根据审计资源的需求将有限的资源进行分配，以保障审计资源有效供给，最终实现审计目标。

一、整合审计资源的必要性

科学整合审计资源，就是为实现审计目标，运用科学的管理方法，将审计的人力资源、数据资源、硬件资源和信息资源等进行合理配置，使审计资源形成最优化组合，提高审计效率，提升审计成果的质量和水平，最大限度地发挥审计机关整体功效。

（一）整合审计资源是国家审计发展的客观需要

党中央强调要发挥司法机关和行政监察、审计等职能部门的作用。审计工作直接关系到维护国家的财政、金融秩序，关系到加强党和政府的廉政建设，也关系到推进政府部门的依法行政，关系到整个改革开放和现代化建设事业。但是，国家审计在担负着光荣而艰巨的使命的同时，也面临着重大的风险责任。国家审计对象数量约有百万个之多，资产规模也极为庞大，仅中央企业就有 169 家，资产规模达 9 万多亿元，这些巨型企业大多内部结构十分复杂，经营业务包罗万象，下属机构遍布全国。在审计资源有限的情况下，要有效履行三项基本职能，面临着十分严峻的挑战和重大的审计风险。

（二）整合审计资源是克服审计人员不足的客观需要

全国审计机关仅有 8 万多人，以平均每人每年审计 1 个对象计算，将国家审计对象轮审一遍也约需 12 年。一些审计对象规模庞大，机构众多，远非少数审计人员可以胜任。而且审计人员现有的知识结构主体是财务会计，缺少法律、工程技术、计算机等专业人才，复合型人才更是稀缺。就全国普遍情况来说，视野宽广、业务精通、经验丰富的审计人才十分缺乏。审计机关的组织结构也不尽合理。内设机构大都按行业作分工，由于分工过细，以及计划方案缺乏科学性，造成各审计主体各自为战。有的单位审计力量严重不足，任务饱和，有的却任务量少，不够分配；有的被审计单位长期是审计盲区，有的却被重复审计。

（三）整合审计资源是防范审计风险的客观需要

要建立结构合理、配置科学、程序严密、制约有效的权力运行机制，从决策的执行等环节加强对权力的监督，突出强调要发挥司法机关和行政监察、审计等职能部门的作用。审计工作直接关系到维护国家的财政、金融秩序，关系到加强党和政府的廉政建设，也关系到推进政府部门的依法行政，关系到整个改革开放和现代化建设事业。国家审计承担着光荣而艰巨的任务，同时也面临着重大的风险责任。在审计资源有限的情况下，能否准确把握总体，得出比较准确的评价结果，审计监督面临十分严峻的挑战和重大的审计风险。

（四）整合审计资源是提高审计成果利用率的客观需要

长期以来，国家审计机关和社会审计组织缺乏沟通和协作，忽视了对社会审计和内部审计力量的人力、信息、经验资源的利用。“画地为牢”，孤军作战，甚至互不信任，互相封闭排斥，造成了审计资源的损失浪费。在一个审计项目结束后，审计人员往往习惯于发出审计意见书，下达了审计决定，向上级或有关部门写出报告，审计成果便与档案一起被束之高阁，审计结论只是在有限的范围发挥作用。而正是这种大家习以为常的工作模式，浪费了我们大量的可利用的审计信息资源，远远没有发挥出一个审计项目所能起到的最大作用。

当前审计工作现状迫使我们要寻找出路。特别是在信息化高速发展的环境下，当我们以现代信息技术思维方式回眸审视，整合审计资源的思路已赫然在目。整合审计资源是国家审计发展的现实选择。

二、信息化环境下审计资源整合的方式

以国家治理为目标的国家审计过程中的审计资源整合是以人力资源为中心，研究如何实现审计资源的合理配置。它冲破了传统的劳动人事管理的约束，不再把人看作一种技术要素，而是把人看作具有内在的建设性潜力因素，看作决定审计事业生存与发展、始终充满生机与活力的特殊资源。不再把人置于严格的监督和控制之下，而是为他们提供创造各种条件，使其主观能动性和自身劳动潜力得以充分发挥。不再容忍人才的浪费和滥用权力造成的士气破坏，而应像为子孙后代造福而爱护自然资源一样珍惜爱护人力资源。要从以物为中心的管理转向以人为中心的管理，更加重视人力资源的开发，更加重视人力资源的投入，来提高人力资源的利用程度。在信息化条件下，人力资源的利用水平直接关系着国家审计能力和水平，也直接关系着国家审计在国家治理中作用的发挥程度。其中信息化审计人才的基本特征为，

具有坚定的政治意识、宏观意识和廉政作风，精通的审计知识和娴熟的业务能力，现代信息技术的思维方式和技术技能。

1. 信息化环境下的各类人才分类

根据审计工作中的职能分工，国家审计计算机人才队伍大致可分为以下三种。

第一种是毕业于信息学科的专业人才。此类专业人才通常在高校进行过系统的本体学科学习，掌握信息源、信息组织、信息存在与运动方式等专业知识，了解信息环境，并能在信息环境中有效运用相关专业知识。国家审计机关各级组织机构中的计算机审计处室（中心）通常由上述人才组成，除了负责本单位信息系统组建、维护等基本职能外，工作重心大多侧重于国家信息化审计需求及发展方向的研究及把握，开发基于审计业务需求的数据采集分析模块，开展专业的信息系统审计，采集非标准化接口信息系统中的数据，对审计人员开展的高难度数据审计工作提供技术支持等。

第二种是系统地学习和掌握信息知识、技术的复合型人才。此类人才的主修方向通常是财务、经济、工程等非信息化专业学科，但都接受过计算机基础知识的系统培训，属于信息化技术领域的应用型人才。同时，此类人才基本都能够通过审计署组织的计算机中级考试，具备通用数据接口环境下的数据采集、数据挖掘、数据抽取、数据分析等数据审计能力以及简单的编程技能，可顺利地接受较为专业的计算机审计知识培训，是国家审计机关开展计算机审计的中坚力量。

第三种是掌握信息化基本应用技能的资深审计人才。此类人才通常不具备系统的计算机专业基础知识，但是大都接受过计算机审计的技能培训，能够应用为审计人员开发的计算机审计软件，能够较为清楚地了解并表达自己的信息需求，能够与计算机专业人员进行较为顺畅的技术沟通。此类人才的特点是开展计算机审计的动手能力偏弱，但是具备较为深厚的审计专业知识和经验，能够恰当弥补计算机专业技术人员在审计业务技能方面的不足，帮助计算机专业人员梳理、分析被审计单位的内控节点、业务逻辑、法规边界等信息要素，提高计算机审计分析模块的严谨性和精细化程度。

2. 当前审计项目中人力资源分配模式

审计项目中传统的人力资源分配往往是以一个业务部门为范围，审计小组基本是以一个业务部门的人员为主。这种人力资源的分配方式使得专业人才特别是顶尖人才的作用无法发挥最大化，计算机审计人才可能由于所处业务部门项目设置的原因，平时主要从事一般审计人员就能胜任的工作，导致

“好钢没有用在刀刃上”。

3. 信息化环境下人力资源整合模式建议

信息化环境下的审计人力资源分配应打破传统的以业务职能部门为范围，在科学分工、发挥专长、优势互补等方面下功夫。对一些大型项目、重点项目，应实行全机关“一盘棋”思想，着力对人力资源进行优化整合。根据不同的人才分类设置不同的岗位。

比如对具有熟练的计算机审计软件应用技能，或在计算机审计软件使用中能够创新，能够独自并帮助其他审计人员解决计算机审计软件应用中的难题或多种软件的综合应用的人才设置“计算机审计软件应用岗位”。

对具有较熟练的计算机审计现场临时局域网的构建能力、审计管理系统日常故障排除的能力的人才设置“计算机审计系统构建岗位”。

对具有较强的信息系统审计方面的知识和技能，能够分析被审计单位信息系统内控缺失造成审计获取数据的风险，能够独自并帮助其他审计人员解决信息系统审计方面的疑难问题的人才设置“计算机信息系统审计岗位”。

对掌握各类会计核算软件数据接口的国家标准，具有较强的对各类数据的采集和清洗整理能力，能够独自并帮助其他审计人员解决数据采集方面的疑难问题的人才设置“计算机审计数据采集岗位”。

对较为熟练地掌握审计署颁布的审计数据规划和审计数据库建设规范的知识，具有较强的审计数据库构建技能，能够独自并帮助其他审计人员解决本单位审计数据库构建方面的疑难问题的人才设置“计算机审计数据构建岗位”。

对较为熟练地掌握审计署颁布的计算机审计方法的流程图编制、语言编制、方法模型构建和方法要素等方面的知识，具有较强的计算机审计方法构建技能，能够独自并帮助其他审计人员解决审计方法构建方面的疑难问题的人才设置“计算机审计方法构建岗位”。

对较为熟练地掌握计算机审计查询分析、多维分析等技术方法，具有较强的计算机审计数据分析技能，能够独自并帮助其他审计人员解决数据分析方面的疑难问题的人才设置“计算机审计数据分析岗位”。

对熟练掌握国家审计相关准则中关于审计取证和审计记录方面的知识，具有较强的依据数据分析发现的审计疑点进行核查取证、编制审计工作底稿的技能，能够独自并帮助其他审计人员解决审计取证和编制审计工作底稿方面的疑难问题的人才设置“计算机审计核查取证岗位”。

对熟练掌握系统与网络安全的基本理论，熟练掌握信息安全和系统运行安全防护的知识和能力，能够独立并帮助完成审计业务和管理中的信息安全防护的疑难问题的设置“计算机审计信息安全管理岗位”。

在适合开展计算机审计的重点项目中，依据参审人员的能力特长在全单位范围内进行重新组合，根据审计事项的需要灵活配置各类计算机审计岗位人才，使其在各自擅长的领域发挥作用，大胆创造新的人力资源管理模式，更有效地配置审计资源，丰富审计手段，实现审计目标。

另外，还可以探索在审计项目人力资源配置中引入竞争机制，对一些有条件的项目，通过审计组组长（或副组长、主审）招标、审计组成员自由组合等方式组成审计组，进一步打破部门界限，提升审计成果。

（一）信息化环境下审计数据资源整合的方式

数据是审计立足的根本，是审计发挥建设性、参谋性作用的依据，是审计全面履行法定职责、发挥“免疫系统”功能的基础。随着被审计单位信息化程度的不断提高，审计范围在不断扩展，审计对象也不再局限于单一的部门或单位，如预算执行审计、地方政府性债务审计、社保资金审计等审计项目所面临的审计对象就包括了政府各部门和相关企事业单位。在新形势下，审计部门应主动适应审计环境发生的新变化，建立审计数据共享机制，加强对审计对象数据资源的整合力度。

数据中心是指将数据经过统一的数据定义与规范命名、实现集中存储，从而达到数据共享与利用的数据环境。数据中心的建设可以为各级审计机关很好地解决数据资源整合利用的问题，在规范审计数据的获取、存储、利用和管理的同时，加快审计转型，提高项目质量和创新审计模式，为审计项目的确定和实施、审计数据的查询和分析、审计结果的总结和利用提供足够的数据支持。

当前审计工作获取数据的类型主要有三类：一是财务数据，包括各种财务软件系统备份数据和数据库数据；二是业务数据，包括信息系统数据和业务台账数据；三是审计整理分析处理后的中间表和汇总数据。

数据中心建设目的在于：一是对当前零散数据资料的归档和整理，保证数据的整体性和安全性。二是对数据的连续存储备份，实现对数据更深入、宏观的查询与分析，发挥审计的参谋性和建设性作用。三是对部分重要单位信息系统数据运行实现亚实时监督和控制，发挥审计的预防性和抵御性作用。

按照审计署规划体系标准加强数据中心的环境和安全建设，以审计业务需求为导向，不断充实审计数据资源，真正建成具有数据存储、处理和交换等功能全面的审计数据中心，并建立起审计信息资源目录体系和交换体系，拓展信息资源收集渠道，为审计工作需要提供全面的数据支持。

在省市两级审计机关建成审计数据中心和数据备份中心，一是对被审计单位信息系统中多技术环境下的数据进行采集和转换，形成审计信息系统能够识别和处理的数据，为审计机关开展各种方式的计算机审计、审计业务管理与决策进行数据的前期处理。二是为审计业务人员提供各种分析工具和分析模型，提供计算机审计的规范数据和分析支持，实现“把握总体、突出重点、全面评价、揭示问题”的审计目标。

（二）信息化环境下审计硬件资源整合的方式

随着金审工程一期、二期的建设，各级审计机关的信息化程度都得到了大幅提升，审计系统内具备了不少的硬件资源。但一个不容忽视的事实是，这些资源都分散在不同的审计机关和众多的审计人员手中，独自发挥着作用，尚未形成合力。如果将这些资源统一调配，综合利用，形成合力，将是一笔巨大的财富。

因此，我们可以在审计资源整合的硬件资源管理中引入云计算的概念。所谓云计算是基于互联网的相关服务的增加、使用和交付模式，通常涉及通过互联网来提供动态易扩展且经常是虚拟化的资源。云是网络、互联网的一种比喻说法。过去在图中往往用云来表示电信网，后来也用来表示互联网和底层基础设施的抽象。狭义云计算指 IT 基础设施的交付和使用模式，指通过网络以按需、易扩展的方式获得所需资源；广义云计算指服务的交付和使用模式，指通过网络以按需、易扩展的方式获得所需服务。这种服务可以是 IT 和软件、互联网相关，也可是其他服务。它意味着计算能力也可作为一种商品通过互联网进行流通。

云计算根据服务对象的不同，可以分为公有云和私有云两大类。其中私有云（Private Clouds）是为一个客户单独使用而构建的，因而提供对数据、安全性和服务质量的最有效控制。该公司拥有基础设施，并可以控制在此基础设施上部署应用程序的方式。私有云可部署在企业数据中心的防火墙内，也可以将它们部署在一个安全的主机托管场所。

结合审计工作的实际情况，云计算在审计系统内的应用，应主要从两个方面考虑：一个是计算能力的应用，一个是存储空间的应用。

1. 计算云

如今被审计单位的信息化程度大幅度提升，服务器性能越来越强，后台数据动辄几十 GB，审计人员目前配备的电脑对于日渐增长的数据计算量时常不能满足需要，经常一个 sql 查询需要几分钟甚至十几分钟执行时间，且无法同时进行其他操作，大大影响工作效率。同时不同的审计机关和众多的审计人员手中也散落着大量的计算资源，通过利用这些审计系统内的资源，搭建一个私有的云平台，可以具有可观的计算能力。将大量原本应由本机进行的计算推送到服务器端，由服务器将计算任务分配到整个云网络的空闲计算机上，迅速得到结果并返还给本地计算机，可以大大节省等待时间，同时不用为每个审计人员都配备高性能的电脑，可以节约大量经费。

2. 存储云

除此之外，还可以利用审计系统内众多的存储设备的存储能力，打造一个存储云，这样不但大大扩展了国家审计数据中心的存储能力，更提高了审计系统内众多存储设备的利用率。

（三）信息化环境下审计经验资源整合的方式

经过多年的实践，每名审计人员都积累了很多行之有效的审计技巧和方法，但在实际工作中，各审计组之间未能充分交流审计经验，使审计机关的整体审计质量受到影响。尤其是目前很多审计机关出于培养审计干部和人力资源整合的目的而实行轮岗，常有不同的审计组先后审计同一类别的被审计单位，有时候审计机关也同时派出多个审计组开展某一类审计对象的审计，对同类被审计单位如医院、学校、街道办事处等，很多审计方式和技巧是通用的，在这种情况下，充分交流审计经验更为重要。

审计署每年都对计算机审计方法和专家经验进行征集评优，积累了大量的针对各行各业各种问题的优秀的审计思路，这对审计机关来说是一笔宝贵的财富。截至 2013 年，审计管理系统平台（OA）中已经收录审计方法 884 条，专家经验 1733 条，为实现审计分析业务的信息化提供了保障。审计人员利用 OA 这个平台，可以学习到各类经济运行中可能产生的矛盾和问题，把历史的、零散的、来源广泛的审计经验，围绕一定的审计目的进行整合，通过归纳分析，认清事物的本质和发展趋势，提出高水平的审计思路。实现审计人员之间由信息封闭到共享，由竞争到合作共赢的转变。

（四）信息化环境下审计信息的对外共享

当今社会是信息化社会，互联网已经成为公众获取信息资源和开展舆论监督的重要途径。审计机关通过互联网门户网站的建设，向社会公众发布审计公告、宣传审计工作、征集审计意见和建议、提供咨询服务、接受群众举报，提高审计信息的开放性和透明度，是社会公众了解政府公共权力运行情况的重要窗口，是解决权力执行者与社会公众在公共资源、公共财政、公有资产等的配置、管理、使用的权力行使和责任履行上信息不对称的重要手段，可以把审计监督与社会监督特别是社会舆论监督结合起来，促进权力在阳光下的运行，减少腐败行为的发生。

参考文献

［1］任书坤．国家治理体系框架中国家审计信息化人才队伍建设状况研究［M］．北京：中国时代经济出版社．

［2］审计数据中心建设与结果利用研究［EB/OL］. http://www. zjsjt. gov. cn/art/2012/3/5/art_ 124_ 208015. html.

［3］张磊，石岩峰．国家治理视角下国家审计信息化的发展研究［M］．北京：中国时代经济出版社．

［4］王琪．审计信息化在国家审计服务国家治理中的作用研究［M］．北京：中国时代经济出版社．

［5］中国审计学会计算机审计分会关于印发计算机审计人才库组建实施方案（试行）的函．审学计字〔2012〕2号．

信息化环境下的审计组织模式研究

浙江省宁波市鄞州区审计局　徐源忠　蔡　洲　王国新
刘海连　王进冬

【摘要】　信息技术的高速发展与广泛应用改变着信息的产生与处理方式，改变着审计环境，同时必然影响并改变着审计工作的方式方法，特别是审计组织模式的变革。近年来，我们积极探索信息化环境下的审计组织模式，审计业务与计算机技术得到了较好的融合，AO应用得到普及，审计信息化成果在审计中得到全面应用，并取得成效。但是在提升审计生产力的根本目标中，如何有效激活生产三要素，特别是在信息化环境下如何彻底推动审计生产关系的运用中，创新审计组织模式还有很多值得我们研究的内容。以部门预算执行审计为载体，探索“集中分析、分散核查、系统研究”的审计组织模式，实现部门预算执行审计的“全覆盖”，切实提高审计生产力。

【引言】　在信息化环境下，探索审计组织模式的创新，有利于审计资源的充分运用，提高审计工作效能，切实提升国家审计监督力的发挥。

一、我们为什么要进行信息化环境下审计组织模式的研究

（一）信息化环境下传统审计组织模式面临的困惑

1. 审计环境的变化

今天，我们的实际审计环境中，手工账本已被电子账全面替代，各行业的业务也基本实现了信息化管理。信息化环境下的审计组织模式，就是依托计算机技术，从传统账簿发展到电子数据化条件下产生的一种审计生产关系革新。这种审计组织模式，将计算机技术作为审计的主要工具，不仅丰富了审计手段，而且扩展了审计的内容。当前，审计业务越来越复杂，业务量越来越大，审计人员只有从内部组织方式上挖潜力，才能推动审计质量的提

高，推进审计转型。

2. 审计人员如何应对

在信息化环境下，审计对象发生了翻天覆地的变化，纸质会计凭证、账簿和报表变成了存储在计算机中的电子数据信息。审计人员存在如何应对的困惑，创新审计组织模式就必须考虑审计对象的变化，把电子数据和信息系统内部控制纳入审计范畴，从而高效率、低风险地收集审计证据，形成审计意见。

在信息化环境下，信息表现为计算机中的底层数据，会计凭证、账簿和报表都可以根据需要在底层数据的基础上生成，这种信息生成甚至可以是实时的，这为审计对象形式的变化提出了新要求。信息化环境下审计对象信息大多以数据库的方式存储和管理，数据库的存储和管理方式给审计人员带来了新的挑战。信息化环境下内部控制由原来的手工控制变成了自动控制，由原来的分散控制变成了集中控制，控制职能更加集中和程序化了。

3. 组织模式创新是必由之路

审计组织模式的改变，着眼于审计目标的可行性、审计计划制订的严密性、审计实施过程的科学性，以及审计取证的严谨性，关键是提高审计质量。

信息化环境下的计算机审计不仅要全面掌握被审计单位的内部信息，而且要重视与被审计单位相关的外部信息；在被审计单位数据、信息集中化和网络化的环境下，计算机审计要求审计组织管理方式实施变革。提升信息化环境下计算机审计能力，成为审计事业适应时代经济发展，不断壮大的必然选择。

（二）信息化环境下创新审计组织模式的思维突破

1. 以应用为导向，避免重建设轻应用

信息化化环境下的审计质量现状体现于：一方面，我们对信息化投入逐年加大，也看到了计算机审计为审计事业带来的深刻变革；另一方面，由于思路的禁锢和囿于传统观念，审计信息化应用与提高审计质量相互脱节，投入与产出比并不协调。

虽然一线审计人员都配有笔记本电脑，并装有现场审计实施系统 AO，但是由于受到审计理念束缚，运用信息化环境下的审计整体性思维不够，通过联网、联机电脑使用的效率更是不高，现场审计实施系统 AO 也没有用活，相当一部分审计人仅用电脑作为文字处理工具。在审计信息化环境下审计质量复核仍是传统的手工审计复核模式，缺乏信息环境下的质量控制标准，审计质量复核变得形同虚设。虽然审计署出台了《审计署 2008 至 2012 年审计科研工作规划》，各地开展的与地税、社保基金、财政等计算机联网审计，亦没有统一的操作规程及管理办法，各地联网审计均在探索阶段，审计质量难以评价。当前审计机关在审计软件应用中仍存在相当多的不足之处，这些也进一步影响了审计质量。

2. 以应用为牵引，围绕“数据”颠覆“常规”

当前，信息化环境下的审计组织方式下的形态是，平时业务开展中，以科室为单位各忙各的，未能形成有机整体，也不利于大项目的开展；在项目结束后，为了评优创优，表现出集中式的技术人员“忙”后期包装。这样，既不是信息化环境下的审计组织模式，也不利于审计生产力的真正提高。如何在审计实施过程中，对审计力量进行有效融合，将计算机审计提升审计效率的作用有效放大，才是关键。

现行传统审计模式，已经对推进信息化环境下的审计组织模式的创新开展和推广构成了障碍。对被审计单位电子数据信息的获取（包括拷贝和联网实时获取）；通过事先设定的审计模型，在审计立项时参照预警结果；围绕“数据”进行组织机构设置，创新审计组织模式；尝试借助和利用外部技术力量和团队，如引进审计软件的开发服务商、系统集成商、大专院校师资力量等，与他们建立战略合作伙伴关系、签订长期服务协议、搭建“审”“研”一体化平台等，都是很好地借助外脑，克服人才“瓶颈”的措施。

3. 以信息化实效为目标，“大兵团作战”贯穿全过程

计算机审计，应该是从项目进点前开始，直到项目结束，全程助推。目前，信息化环境下的审计组织实施，仍然存在着业务与技术同步进驻，结果是业务要求做到的，技术难以及时跟进支撑；当技术紧跟上了业务步伐，而业务人员已经开始思索和关注新的重点。结果是审计业务与计算机技术的脱节，甚至业务人员摒弃技术支撑。在信息化环境下，我们要实现的目标是，改变科室单打独斗，无惧项目“海量”的数据 ，以大兵团作战方式推进，在项目进点前，依托数据中心对相关数据进行集中分析和全程技术支撑，从而在项目实际实施中做到条理清晰，达到加快审计效率，提高审计质量，切实放大审计组织成果的效应。

因此，信息化环境下的审计组织模式的创新，是一种崭新的审计模式，它带给我们的不仅仅是审计技术、方法的变更，更是审计思维、审计管理、审计流程、审计规制等诸多领域的全面转变与变革。

二、我们在信息化环境下进行了哪些审计组织模式的探索与实践

信息环境下的审计组织实施，在审计业务实践中成为常态化和经常化，才能让全新审计理念和审计组织方式，焕发出生命力。在探索实践中，我们提炼总结了四种信息化环境的审计组织模式（图1）。

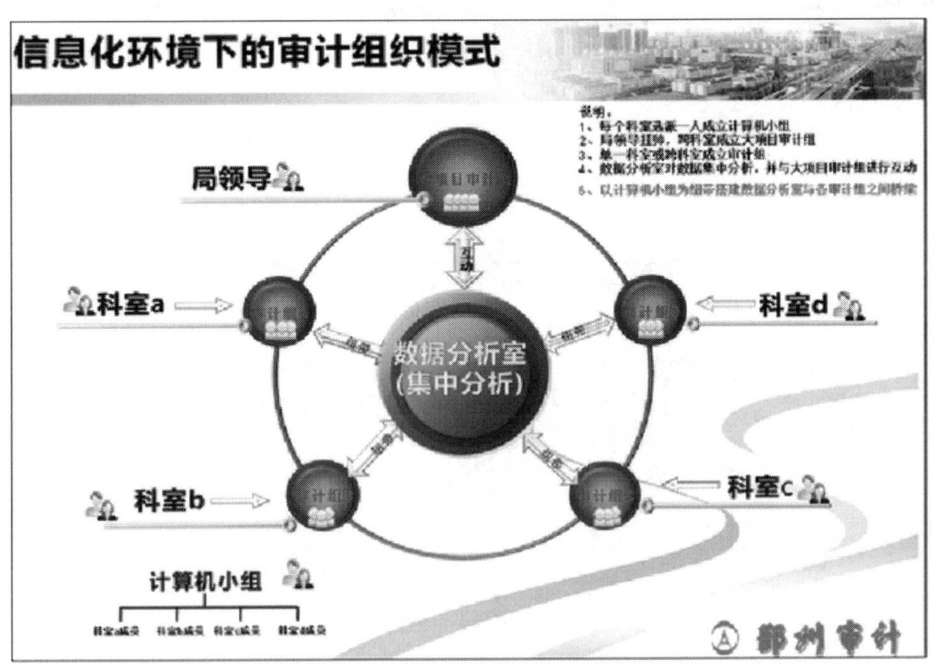

图1 信息化环境下的审计组织模式

（一）“集中分析、分散核查、系统研究”的审计组织模式

在组织模式运用中，我们以数据为基础，以数据分析为核心，通过对数据的采集、整理、加工、验证和程序化、模板化、模型化分析，运用“把握总体、突出重点、分散核查、精确延伸、系统分析”的方法来实现审计目标。“集中审计分析、分散核查取证、集中研究处理”的数据分析查证工作机制，解决了传统审计模式下跨区域查找分析问题、核实疑点的难题，拓展了审计视野。在2012年部门预算执行审计中，取得了较好成效。

1. 组建数据分析团队，实现“集中分析”

为适应涉及“海量”数据审计项目的开展，在2012年全区部门预算专项审计调查过程中，我们采取了集中进点及业务培训会议，会议由区府办统

一发文。在项目进点前，由审计业务骨干和计算机技术人员组成数据分析团队，提前介入，进行前期数据分析。数据分析团队由 1 名高级审计师和 2 名计算机技术人员组成，采取统一采集、统一处理、总体分析、分散核查、汇总提炼、成果整合 6 个步骤，将数字化审计重点放在前 3 个步骤。对纸质部门预算（草案）进行电子化处理，并与会计核算中心财务数据一起进行前期分析，形成数据分析报告，从而确定审计重点、锁定审计疑点。调查思路上强调针对性，在审计进点前依托数据集中分析结果，对部门预算中支出预算较大的部门，重点予以关注（图 2）。在现场审计实施阶段，又通过不同单位数据的交叉比对查找审计疑点，提高了审计工作针对性。

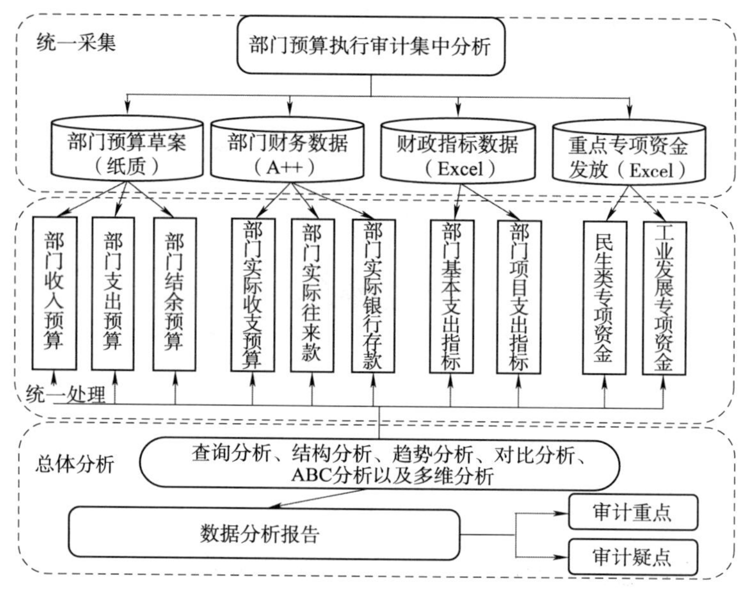

图 2　部门预算执行审计集中分析

用“团队攻关”代替“科室独斗”，在 2013 年开展的全区 2012 年度部门预算单位执行情况专项审计调查中，涉及财务账 100 多套，工作量超过一般审计项目的 10 倍。通过成立数据分析室，对数据集中分析和疑点分散落实反馈的方式，整合业务科室合力，达到群策群力。用“先谋划”取代“补程序”，改变传统项目评优确定后补程序的“事后诸葛”做法，对 2013 年科室项目，数据分析团对提前在审前调查阶段介入，先后对部门预算执行情况审计等 9 个项目进行了事前“谋划”，谋划计算机审计思路和方法，确保项目实施中计算机技术应用“提前规划”“分阶段实施”，大力推动项目成果化。

在工作突破口选择上，选择区人大安排的3个部门的预算执行审计项目和全区部门预算执行专项审计调查项目进行试点突破，先由“数据分析室”进行部门预算相关数据集中分析，再由单一部门预算执行审计组进行疑点分散核查及执行、落实情况核对，最后汇总形成综合审计报告，探索出了“集中分析、分散核查、系统研究”的“全覆盖”审计组织模式，并逐步推广应用到“同级审”、经济责任等审计。

2. 依托计算机小组，实现“分散核查”

在数字化审计业务性强、技术要求高、复合型人才短缺的情况下，组建“审计业务组+技术组”是一个有效的解决办法。每个业务科室选派1名既懂审计，又熟悉计算机的人员组成计算机小组，通过计算机小组成员“传递”数据分析室产生的审计疑点，由各科室组成的单一审计组完成疑点的落实和审计取证工作，形成审计结论。

在解决对部门预算审计监督面过窄、监督成效不大的问题上，我局采取点面结合的方式开展全区部门预算执行情况专项审计调查。同时协调部门内审力量，对二、三级预算单位延伸进行内部审计监督，构筑起深入推进审计监督工作的合力，努力消除审计监督的盲点。采取“技术互促”形成全局合力，形成“1+3”模式。在“数据分析室”对部门预算相关数据集中分析的基础上，由单一部门预算执行审计的审计组对集中分析的疑点进行分散核查，并分别完成各自部门的审计工作，全区部门预算执行专项审计调查的审计组结合其他部门审计疑点的落实情况和三个部门预算执行情况的审计结果，汇总形成审计调查报告，从而实现部门预算执行审计的“全覆盖”。

3. 跨科室成立审计组，实现“系统研究”

由局领导挂帅，跨科室成立大项目审计组，定期召开审计业务会议，研究数据分析的结果和产生的审计疑点，确定审计重点，锁定审计疑点，部署审计延伸和取证工作。对审计发现的体制、机制等重大问题进行剖析，提出切实可行的审计建议，提升审计质量。

在对全区部门预算执行情况专项审计调查中，对全区64个部门219个预算单位进行了“全覆盖”的审计调查，对预算编制中上年度账面结余是否全额纳入部门预算，做出客观评价，并建议要进一步提高预算编制的完整性。关注了部门预算执行的合理性，从资金量、执行率、资金结余等类别上，做出了客观分析评价，为完善预算执行、提高执行率提供依据和参考。关注了部门预算管理的规范性。从部门预算编报范围、民生资金发放以及对企业奖励政策执行等方面，关注部门预算管理的规范性。

（二）"传统审计与计算机技术融合"的审计组织模式

1. 以单一科室为主成立审计组

传统审计一般以科室为单位成立审计组，主要涉及财务数据分析和简单的业务数据比对，对计算机技术的支持力度要求不高，一般的审计项目计算机小组成员就能完成，较复杂的项目也只需一名计算机技术人员的支持就能满足。为切实改变单一科室难有大作为的困境，我局实施了技术组织推进模式。抽调计算机骨干组成技术组，完成数据整理、加工、汇总、校验等工作，负责将审计思路转化为审计方法模型，开展数据集中分析，并将分析结果反馈给审计组。将"教你干"替换"帮你干"，一般性技术疑难问题，通过业务科室—计算机小组成员—数据分析室的链条，逐级包教包会方式完成；特殊疑难或重大疑难问题，计算机技术人员现场跟踪指导，或依托网络，远程、随时解决。

2. 以 AO 为主平台开展计算机审计

AO 具有强大的账表分析和数据分析功能，非常适合对财务数据的分析和简单的业务数据比对，也适合审计人员（非计算机技术人员）操作使用。我局全部审计业务人员通过了 AO 认证考试，所有的审计项目在审计过程中，不同程度运用 AO 对审计项目实施管理、进行数据分析。

3. 计算机小组成员架起"融合"桥梁

目前，我局计算机小组分技术组（计算机技术人员组成）和非技术组（审计人员组成），通过计算机小组定期活动，提供交流平台，从而带动审计人员计算机水平和计算机技术人员审计业务水平的提高。一般性的计算机审计项目由各科室计算机小组成员完成；鼓励跨科室合作，成立跨科室计算机小组，采取"传统审计与计算机技术融合"的审计组织模式，带动审计人员计算机水平和计算机技术人员审计业务水平的提高。

（三）"实时联网、日常交互"的联网审计组织模式

1. 落实日常工作职责

由分管信息化的副局长任组长，审计骨干和计算机技术人员为主要力量，组建联网审计组，负责全区 24 个镇乡、街道联网审计的日常交互；启动局计算机小组，作为联网审计系统在审计项目中应用的骨干力量和先锋队伍，保证联网审计系统的持续应用，不断提高；发动全局审计人员结合审计项目应用联网审计系统，强化系统的应用水平。

2. 构建联网互动机制

在日常交互过程中，指定专人负责疑点的分析、筛选，通过联网审计系统，定期发布给乡镇，由乡镇内部审计人员完成疑点落实、反馈和监督整改，从而实现事前、事中审计监督。搭建实时沟通渠道，与镇乡、街道相关人员及时沟通。网上收集发现的问题，网上落实审计疑点，网上审计取证，网上提供技术指导，减少了现场审计时间和工作量。

在运用联网审计系统开展乡镇经责审计中，科室计算机小组成员与计算机技术人员互动。一是负责采集、校验本科室项目数据并上传联网审计平台，负责延伸查证集中分析后下发的疑点问题，完成统一要求的任务；二是根据各乡镇以及具体审计项目的审计需求提出审计思路、开展个性化审计分析，并延伸查证落实疑点；三是负责系统分析研究汇总的审计结果。

3. 创立联网审计方法

在审计实施阶段，我们组建技术团队，借助全区乡镇联网审计管理系统实时数据，结合以往审计中积累的经验，数据分析人员以多角度数据分析理论为基础，构建了多维度、多层次的数据分析模型，采取“点面结合”“点线结合”等多种分析手段，在短时间内发现了大量有价值的审计疑点和线索。对于基本能确定的一般性问题，通过《审计意见单》提出审计建议；对乡镇普遍存在的共性问题，出具《审计建议书》提出审计建议，要求各乡镇自查，并将整改情况函告；对个别乡镇存在的个性重大问题，出具《审计建议书》提出审计建议，要求整改，并将整改情况函告；对乡镇普遍存在的共性问题，需要区政府或有关部门重视的，通过《审计专报》上报区政府及有关领导。

（四）“3G + VPN 移动技术，腾讯通 RTX 交流”的远程审计组织模式

信息化环境下审计实施中，我们面临着项目核查的分散性，以及计算机技术人员实际技术指导中的难以及时性，基于联网审计的远程技术协同和疑点落实，都需要拓展新的组织模式。我们应用了基于移动技术应用的审计组织模式，在“3G 无线上网 + VPN 登录内网”基础上，通过腾讯通 RTX 交流审计思路，着力开展信息化环境下的审计组织与实施。

1. 3G 无线上网

3G 无线上网在我局已经是全面应用，在人手一台手提电脑的基础上，为了方便业务人员外出审计，在远离局机关的时候，可以不借助被审计单位

网络资源的基础上，随时开展工作。3G 无线上网让我们随时随地开展工作，进行远程协同办公。但是 3G 无线上网只能提供移动式处理平台，只能登录外网，无法应用基于内网的联机审计软件，保密处理也有一定局限性。

2. VPN 登录内网

我局利用移动办公技术，在审计现场成功通过区政务外网 VPN 接入系统登录 AO 联机版、OA、乡镇联网审计系统，并进行远程应用。AO 联机版、联网审计系统由于具有运行速度快、数据容量大等特点，在海量业务数据为主的计算机审计中，得到了广泛应用。但 AO 联机版、联网审计系统通常安装在审计机关局域网服务器上，审计组外出时，不方便应用。运用移动办公技术远程登录 AO 联机版服务器开展审计，较好地弥补了这一不足。审计人员通过 VPN 设备认证后接入机关局域网，实现对授权资源的远程加密访问。并且，通过权限设置，使用户只能够访问指定的应用系统，保障了审计数据的安全。当前我们每个审计人员不但配备了 3G，而且人人都配发了 VPN，这让我们审计人员无论何时何地，联机处理、联网协同、同步办公，就成为可能，避免了一到被审计单位，就要他们提供网络资源的局限性，在不知不觉中，审计人员已登录审计系统，开始了现场审计实施。

3. 腾讯通 RTX 交流

考虑到审计组成员不在同一地方上班，特别是联网审计，远程疑点落实过程中，为了让各个审计组成员随时沟通交流，而且要避免运用 QQ 可能造成重要信息泄密，让保密通信成为可能，我们应用腾讯通 RTX 即时通信，搭建实时沟通渠道。在 RTX 上进行审计情况交流，实现了审计专家跨区域指导，计算机人员远程技术支持等，让信息化环境下审计组织在规范、保密、便捷、畅通的信息高速公路上，大力推进和实施。在 2013 年省审计厅组织的省级公立医院审计中，我局派人参加审计，其间有较长一段时间，我局审计干部运用腾讯通 RTX，在办公室与省厅审计组进行了医院计算机审计的远程交流合作，积累了一些成功经验。

三、我们对信息化环境下审计组织模式创新的思考

信息化环境下审计组织模式的创新实践中，在人员、组织模式上我们已经做了一些有益的探索和实践，如基于新技术、科技新进步的平台或载体，审计组织模式在科技日新月异的今天，需要同步探索和推进。

（一）基于信息化环境下数据中心建立的必要性

在数据库建立中，2013 年，我局承担的“鄞州区数据式审计综合平台”

成为鄞州区智慧城市建设的重点扶持项目。数据式审计综合平台，在原有乡镇联网审计系统的基础上进行升级改造建设，完整支持原有乡镇审计业务工作，并可在平台上扩展其他行业的专业审计分析作业功能。数据式审计综合平台包括数据采集功能、数据业务关系构建功能、动态数据预警功能、审计分析功能、审计结果管理功能、联网单位交互功能和审计系统协同功能，完成对被审计单位数据的获取、处理和审计分析工作。同时，数据式审计综合平台能够与审计管理系统、审计作业系统进行数据协同，与联网单位进行信息交互工作。在综合平台建设完成后，逐步获取各行业数据，实现跨行业综合应用，在此基础上最终完成数据中心建设。

（二）基于计算机技术与审计组织有机融合的迫切性

目前，国家审计正处于从传统查账审计向现代绩效型审计及风险基础型审计转型的拐点。高效科学的组织管理方式是审计工作合理有序开展的基础，对于审计项目的成败具有重要作用。因此，组织方式方法是否得当、有效，将在很大程度上决定所实施审计项目的整体效果。

计算机技术只是工具，只是生产要素之一，组织模式才是生产关系。科学技术上的发明创造往往引起劳动资料、劳动对象和劳动者技能的重大变革和进步，这就是科学技术由知识形态的生产力转化为物质形态的“直接生产力”的过程。社会的发展，科学技术、管理、信息等对生产力的作用与日俱增，但它们不是独立的实体，只有通过人和物才能对生产力发挥影响。因此，在信息化环境下，我们只有适应环境的发展变化，适时创新开展审计组织方式的变革，才能最大限度地提高审计生产力。

（三）基于规范出台信息化审计组织模式操作规程的必然性

信息化条件下审计质量控制的重点在于审计工作规范化，健全并落实各项有关制度和内控措施，完善考核办法，发挥考核的方向性作用。审计组织管理模式的创新或转型需要在考核制度、人力资源安排等方面给予保障，这样新的审计组织管理模式才能较快成熟。同时，必须通过完善的业务流程控制来确保审计数据分析工作质量。

形成全面加强审计质量控制的操作规程。审前：做好充分的审前调查工作。获取能够满足审计需要的被审计单位的财务数据、业务数据以及其他相关数据，并对采集到的数据进行预处理，实现基础数据的分析准备工作，满足现场审计实施的需要。审中：实施标准化的审计作业流程 。审计人员应在被审计单位的技术配合和支持下，利用审前分析的成果，通过可行的技术手段，从不同层次、不同角度对电子数据进行分析，找准薄弱环节，选择审计重点，深化实施审计方案，避免审计的片面性、盲目性。要注意借助 AO 和 OA 系统，充分利用该系统已有的审计数据分析方法和审计专家经验。审后：在现场审计实施后，应该对数据采集、数据验证、证据整理、证据修改、证据复核环节等获得的审计证据进一步规范，以增强其证明力；对于审计档案管理，要实现审计档案管理标准化、信息化建设。同时，审计组成员应及时对数据式审计及信息系统审计进行归纳提炼，形成有价值的审计信息及理论、实务文章，并做好被审单位资料库的建立工作，为日后的审计监督打下良好的基础。

信息化环境下审计组织模式创新发展，相对于传统手工审计组织模式，是根本性转变和版本型的跃升，信息化环境下的审计组织模式，从无到有，是从传统审计演变的传统审计与计算机技术融合，到适应信息化环境下全过程“数据分析”的审计组织模式，我们正在探索、实践、丰富和发展，并取得了阶段性成果，没有最好，只有更好。

参考文献

[1] 石爱中．初释数据式审计模式［J］．审计研究，2005（4）．

[2] 胡克谨等．数据采集与分析技术［M］．北京：清华大学出版社，2004.

[3] 曹真臻．审计信息化建设存在的问题及对策［J］．审计月刊，2008（3）．

[4] 刘绍辉．信息化环境下的审计项目一体化管理［J］．中国审计，2007（15）．

[5] 徐宇华．审计机关联网审计［J］．中国内部审计，2008（7）．

[6] 袁冬明．联网审计技术及其实现［J］．审计文摘，2008（10）．

[7] 黄东飞．浅议审计信息化的发展方向［J］．经营管理者，2009（16）．

[8] 胡志勇．国家审计管理系统创新研究［M］．北京：中国时代经济出版社，2010.

[9] 周德铭．电子审计体系研究［J］．审计研究，2011（4）．

[10] 王智玉．审计信息化与审计组织方式［J］．审计研究，2011（4）．

[11] 谢诗芬. 论信息化时代的审计环境 [J]. 审计与经济研究，2000 (1).

[12] 谢诗芬. 论审计环境与审计理论结构——从会计信息化审计谈起 [J]. 审计研究，2000 (1).

[13] 何晓楠. 计算机审计对审计信息化的影响 [J]. 现代商业，2010 (5).

[14] 李岩. 信息化建设与审计信息化失衡性成因分析 [J]. 中国经贸导刊，2010 (5).

[15] 王珊珊. 浅析审计信息化进程中的相关问题及改善措施 [J]. 中国商界（下半月），2010 (6).

[16] 满海艳. 浅谈审计信息化的研究与实践 [J]. 科技创新导报，2010 (9).

[17] 朱雅芬. 十年铸一“剑”——记国家审计信息化十年成功实践 [J]. 信息化建设，2010 (4).

[18] 王雪峰. 审计信息化的建设与发展 [J]. 内蒙古科技与经济，2009 (3).

[19] 冯万进. 加快审计信息化建设的方法 [J]. 中国内部审计，2010 (1).

信息化环境下审计组织方式的探索研究

审计署沈阳特派办　高　尚　董德新　赵　锴

【摘要】 随着审计和审计信息化的不断深入发展，审计组织方式随之会发生相应的变化。本文深入分析了目前审计组织方式存在的问题和矛盾，对信息化环境下审计组织方式进行了新的研究和探索。

【引言】 信息化的浪潮席卷全球，审计在维护国家经济秩序的同时面临着适应信息化的重要挑战。审计组织方式、控制方法、项目管理等将随着审计信息化的进程而不断创新和发展。本文将从审计信息化的现状、审计组织方式面临的主要问题和审计组织方式的探索三个方面进行阐述。

一、审计信息化现状

近年来，审计信息化建设卓有成效，信息化基础设施已经初具规模，审计人员信息化水平日益提高。在此审计背景下，我国审计信息化现状目前主要体现在以下几个方面。

（一）信息化广度渐大

在信息化趋势的推动下，越来越多的审计对象按照统一规划、标准的要求，整合相关信息资源，建立公共基础数据库，促进了审计对象自身信息化以及管理水平、工作效率的提高。电子介质的审计数据在一定程度上扩大了审计范围，推动了联网审计的开展，有利于实现审计成果的多样性。

（二）信息化风险系数较高

信息化既带来便利，也增加了信息安全的风险。电子数据可能被滥用、篡改和丢失，电子化的审计线索与传统审计线索相比也更易于减少或消失。

原始数据的录入可能存在错漏，不可预计的突发灾害、软硬件故障等都会给系统的可靠性造成严重危害。不合理的权限设置或职责分工也容易导致约束机制失效，网络传输和数据存储故障也会使审计数据出现异常错误。

（三）信息化精确度偏低

信息化环境下，数据资源不断膨胀积累。部分单位为实现信息化，脱离实际盲目跟风。由于缺乏总体规划和顶层设计，审计数据资源存在数据结构混乱、存放不规范、数据重复、运行维护水平偏低等问题，导致人力资源乃至硬件存储容量的浪费。

二、信息化环境下审计组织方式存在的主要问题

审计信息化大大促进了审计组织方式的发展，在线实时联网审计组织方式、三级联动联网审计组织方式、多行业统一平台联网审计组织模式等新型组织方式的产生在一定程度上满足了审计工作和审计人员的需求，但从长远来看，信息化环境下审计组织方式仍存在如下问题和桎梏。

（一）审计资源疆界明显

审计人员在审计过程中通常很少从高站一级的角度来看待问题，很难着眼于全局。部门与部门之间存在明显的疆界，导致审计信息、审计资源、审计成果难以流动、整合与共享，从而产生了审计的“信息孤岛”“资源壁垒”现象。处室与处室、特派办和特派办、特派办和地方审计机关、特派办与审计署各司局之间的信息隔阂容易导致信息的不通畅或者重复提取，造成审计工作效率的低下。另外，在被审计单位与部门中，常常存在有多少个部门就有多少个信息系统，每个信息系统都由自身的信息中心负责，有相对独立的数据库、自由选择的操作系统、不同软件公司开发的应用软件和用户界面，完全是相对独立的应用体系，这变相地给审计工作带来了数据整理归纳的困难。

在保障性安居工程跟踪审计中，某市市本级和多个区县未建立住房保障与公安、人力资源和社会保障、房管、金融、工商、税务、住房公积金等部门和机构的数据信息共享机制，导致大量不符合条件家庭享受住房保障待遇；而且廉租住房、公共租赁住房、经济适用住房三类基本的保障房信息系统相互割裂，数据系统不统一，软件开发公司各异，影响了数据信息质量的提高。发展审计信息化就必须要消除“信息孤岛”“资源壁垒”，不仅是消除内部孤岛，而且要消除外部孤岛，最终形成闭环。相关部门之间需要信息

互联互通、资源共享，最终实现网上政务协同，不再让新的“信息孤岛”继续出现。

（二）审计思维方式僵化

审计人员习惯于用传统思维方式看待审计信息化，缺乏推进审计信息化的信心和远见，遇到困难时不从主观上找原因，而是简单地否定审计信息化的应用价值；对审计信息化持观望和等待的态度，认为审计信息化用场不大，不如手工审计，不愿把时间花费在掌握信息化技术上；存在技术困难和理念困惑，还没有真正认识到审计信息化必将带来人们思维方式、审计作业方式和作业流程的变革。审计机关面临的一个较大的问题是审计业务水平与审计信息化建设发展的要求不适应。一方面，审计人员虽然有丰富的财会、审计方面的知识和经验，但由于计算机知识结构上的欠缺，很难提出符合信息化规律的审计需求，将传统的审计技术方法转换为计算机审计的方法技术还需要不断磨合。另一方面，年轻的审计人员虽然掌握一定的计算机知识，但由于缺乏深层次的计算机专业知识，很难完成大规模的实质性审计程序的运用与软件设计工作。

（三）审计组织方式滞后

目前全国范围内的审计组织管理方式依然使用传统方式下的审计组织结构，审计人员的分工组织方式仍然是传统的项目式、部门式的。主流的审计组织方式包括分散式、集中式、集中分散不定式等几种，在以手工审计为主的年代，上述几种方式是开展计算机审计或者计算机辅助审计的主要组织模式，其在支持审计业务开展过程中发挥了重要作用。但是随着审计信息化的不断发展，这些组织方式越来越无法适应审计项目多专业融合、多角度分析的需要，滞后于审计信息化的发展。因此，如何将审计业务与信息资源有机地结合，如何利用信息技术促进审计业务的有机发展，避免审计组织方式给审计业务带来不必要的阻力，保证审计组织方式和审计信息化的同步发展，是信息化环境下审计组织方式必须要探索的难题。

三、审计组织方式的探索方向

信息化环境下，调整与信息化不适应的审计组织方式势在必行。审计组织方式变革的方法也应当遵循改良、渐进的原则。以往几万审计人员往往需要面对几十万乃至上百万审计对象，在这一局面下，即使在审计效率很高的前提下，也不可能得到有效的改变。在通过信息化手段获取数据的审计信息化进程中，可以实现高质量的审计监督，但仍需要在以下几个方面进行进一步的探索。

（一）创新审计组织方式

在审计组织方式方面，各审计机关一直在积极探索审计组织方式的创新。近年开展的地方政府性债务、社会保障资金等审计项目由全国统一组织，即实施全国（全省）统一组织审计项目的管理方式。审计组织管理方式由“松散型”向“集中型”转变，实现了对各审计组审计全过程的统一指挥。这种方式站在一个全局的角度阐明审计项目的背景和意义，形成统一指挥、分级负责、资源共享、信息互通、科学部署和多部门协同配合的审计机制。审计准备充分，项目培训具有针对性和实用性。既有领导动员与部署安排，又有背景资料及相应法律法规介绍，统一审计报表设计和填报要求。全国（全省）统一组织审计项目管理方式对进一步规范审计行为，提高审计工作质量，明确审计工作职责，具有积极的促进和推动作用。

但在实际实施过程中，各审计机关的组织方式可谓“八仙过海，各显神通”。审计信息化应如何充分支撑审计组织方式创新，从独立实施的审计项目看，很多项目未实现以数据分析为核心和引领，在审计实施方案中未提及计算机审计内容，也未相应安排计算机主审，计算机审计技术在项目实施过程中没有执行统一流程，未能充分发挥多兵种合成、多专业融合、多视角分析和多方式结合的作用。由此可见，审计信息化在支撑审计现场管理和领导决策方面仍有较大的拓展空间。

在职位分配方面，可以适当设置搜集外部数据、内部业务需求、数据结构研究、数据持续跟踪、数据分析、数据挖掘等适应审计信息化要求的职位。数据分析中心可以设置特定的部门或机构（如数据分析小组、数据分析研究团队等）进行统筹管理，承担联网审计中数据的跟踪、核查，以及被审计单位数据的收集、整理、归纳和分析，同时负责中心数据的共享、交换、传输、发布等。在此类机构的协助下，实施专人专管，可以深入对数据进行分析及研究，避免出现只重视信息系统建设，而忽略系统后期管理使用的弊病。

在人员管理层面，可以把精通数据库管理，拥有丰富数据采集、整理、分析经验或者具有计算机专业技能，且熟悉具体审计业务的精英骨干编纳入数据分析团队。对其日常的工作职能进行明确，但不局限于以下几个方面。

一是负责采集审计使用的大量财务数据、业务数据，展开对其的分析处理工作，并建立与之相对应的数据模板。

二是负责数据的日常运营维护工作，及时更新数据库，同时对各行业数据进行纵横向的分析比较，定期出有价值的数据分析报告。

三是负责联网数据的跟踪分析，定期对被审计单位存在的问题进行归纳汇总，并出具信息系统审计分析报告。

四是负责审计项目中数据分析方式、方法和各类汇总、校验工具的研究与应用，积极开发相应的指标分析系统，探索相关审计问题的数学建模，行使计算机审计工作中的科研职能；深入组织研究数据库管理技术、数据联机分析技术、数据挖掘技术等在数据分析中心中的核心应用；通过与重点行业、重点领域的数据比对关联，对不同类别不同层面的数据进行统一规划、归类分析，为审计业务和审计决策提供必要的数据依据和技术支持。

五是负责通过科学合理的分析，预测今后一段时间内政策的具体导向和宏观趋势；评估各类可能的环境变动条件下，自身的实际状况及应对措施，最终在本单位审计工作发展战略及目标方面提出具有前瞻性、可操作性的意见和建议。

（二）实现统一调度管理

审计计划编制方式和审计项目组织方式的变革是改进和完善审计项目管理的必要手段。审计人员应充分利用“三位一体”的审计信息化平台，进行统一的调度管理。在制定各种长、中、短期审计计划时，可以根据数据分析组定期出具的阶段性数据分析报告和全年数据分析总报告来获取数据支持，确保规划科学合理。

开展某行业审计项目时，数据分析组应及时提供数据分析，以方便业务部门制定切实可行的审计实施方案。审计过程中，审计组人员应通过“三位一体”的审计信息化平台与数据分析组保持较通畅的交流，数据分析组应及时把重要线索和数据分析疑点告知审计组。必要时，数据分析组也可派人与业务部门联合组成审计组延伸核实，以达到充分利用数据中心资源提高审计效率的目标。

对于联网审计的单位，应实时进行数据跟踪分析，定期（或不定期）给相关业务部门出具近期问题汇总报告，让业务部门及时督促有关单位进行整改落实。也可以直接把这些联网单位列为数据分析组的审计对象，数据分析组直接实时向联网单位出具报告和建议，并检查其整改情况。因此每年年初的审计工作，由于发现的问题已经实时处理的就不再需要每年单独立项审计，可视情况再审。此外，为了充分发挥审计监督的建设性作用，还需要建立与被审计单位的定期沟通反馈制度。

（三）统筹开展审计项目

当前的审计体制，使得审计署各业务司、特派办各业务处等审计机关均存在工作的重复交叉，现有人力资源不能满足工作需要。发挥审计“免疫系统”功能，已不能停留在脚疼医脚、独立作战的阶段。大项目、综合项目逐渐开展，财政审计与金融、企业、经济责任、资源环境和涉外审计等各行业审计开始不断结合，在审计组织上，客观要求打破不同司局、不同处室之间的界限。而要真正打破这些界限，只能靠行政手段，调整原来的机构设置。信息技术的飞速发展，特别是审计数据库的整合和数字化审计方式的推广，为审计组织方式的发展提供了技术支持。信息资源管理应该由“单点分散独享”向“全面辐射共享”转变。通过审计专网，实时实现上下左右沟通、及时反映和掌握审计情况、汇总提升审计成果。为此，审计署应建立一支强大而稳定的综合统筹指挥部，在此架构下，建立多支数据分析非现场审计团队，以及分布在各地以现场审计为主的审计机构，形成“总体指挥——数据分析——延伸核查”的组织模式和方式，确保在现有组织结构下，充分发挥综合协调部门作用。

如在开展财政大格局审计工作中，可以充分发挥财政审计协调领导小组办公室的作用，以便于打破司局、处室界限开展工作与审计资源的共享。在组织方式上改变过去按特派办等单独机构成立审计组，而是采取按财政部资金科目成立审计组，成立社保资金审计组、教育资金审计组、卫生资金审计组、科技资金审计组、环保资金审计组、水利资金审计组、农业资金审计组、国土增值资金审计组等，确保每个审计组能够从资金源头至使用全过程中统筹审计，实现资源整合和成果提升两大目标。充分发挥审计“免疫系统”功能，只有打破传统的组织方式，才能实现资源的有效整合，切实服务于审计工作的需要。

（四）注重非现场审计

金审工程的规划、数据分析中心的建立等审计信息化的发展，为非现场审计提供了有力的保障，非现场审计也必将成为国家审计重要的方式。非现场审计不仅可以提高审计效率、节约审计成本，能够弥补现场审计人手不足的问题，更重要的是可以与现场审计有机结合、互为补充。与此同时，基于GIS技术、移动技术、物联网技术等新兴技术的审计组织方式积极促进了非现场审计的多样性和可塑性。

在此基础上，审计质量的控制可以由“事后监督”向“全程监控”转变，项目组组长和主审不在现场也可随时查看现场审计工作情况，实时了解和核查审计查出的问题。在审计的组织方式上，将主要形成两支审计力量：一支是非现场审计人员，这将成为审计的主要组成部分，来实现对被审计单位的实时、在线全方位的审计监督，以便发现更多可能的问题和线索；另一支是现场审计人员，以非现场审计人员发现的问题及线索作为切入点，到被审计单位的现场进一步核实取证和延伸调查，落实问题及疑点。非现场审计和现场审计的有机结合将切实提高审计效率，确保审计成果的最大化。

（五）实现可持续发展

为保证审计组织方式的可持续发展，应该从人才教育培训、完善配套政策法规等多个方面加大力度。在配套政策法规上，国家要制定相应的法律法规，对联网审计、系统审计和基于数据分析中心的数据实时分析等方面进行明确的规定，便于各级审计机关工作的开展。在审计机关内部，要及时建立与信息化审计环境相适应的规章制度，如与被审计单位的定期沟通和反馈制度，以及审计人员信息化业绩考核制度等，并以此作为计算机审计的顶层。在人才培养上，一是选拔一批审计业务精湛的同志，通过计算机技术的强化培训，使之迅速掌握审计现场必备的计算机操作技能，提高其计算机审计能力，力争成为复合型人才，形成计算机审计的中间层；二是在重点培养复合型人才的同时，从审计队伍整体上提高计算机审计应用水平，争取达到一个最低应用水平的要求，并通过各种手段建立计算机审计的广泛群众基础，以此形成计算机审计的底层。通过上述方法就可以建成多层次、立体化的三层结构的审计队伍，保证审计组织方式的可持续发展。

审计信息化对审计组织方式产生了较为深刻的影响，对审计项目组织方式改革提出了更高的需求。目前的审计组织方式还存在问题和矛盾，需要在审计组织方式的创新、发展和完善中得到逐步解决。审计工作只有与时俱进，不断变革，才能始终在维护国家经济秩序，发挥国家“免疫系统”功能中处于不败之地。我们也坚信，在审计人不断地探索和努力下，审计事业的明天定会更加美好。

参考文献

［1］刘家义．加快审计信息化建设的思考［J］．中国审计，2000（9）．

［2］王智玉．审计信息化与审计组织方式．审计研究，2011（4）．

［3］黄艳．信息化条件下国家审计的组织方式与内容方法发展趋势［J］．国际商务财会，2011（7）．

［4］何晓楠．计算机审计对审计信息化的影响［J］．现代商业，2010（5）．

［5］周德铭．信息化环境下新的审计方式探索［J］．中国审计，2008（4）．

［6］熊绪．进浅谈会计信息化审计存在的问题及对策［J］．商业经济，2010（5）．

税收数据大集中形势下的审计组织模式创新应用与研究

四川省成都市审计局 黄少泉 毛军营 苟 林

【摘要】 随着信息化技术在税收征管中的运用，税收审计必须不断创新审计组织模式，才能更好地发挥审计建设性作用和免疫系统功能。此文利用计算机审计的组织形式、数据集中采集分析以及审计成果运用的探索，结合税收征管自身特点，分析总结税收数据大集中形势下如何有效组织开展税收审计。

【引言】 随着计算机网络技术和数据库技术的快速发展，税务部门打破了原有的手工记账核算税收征管模式，使传统的税务手工核算手段和账务处理程序发生了巨大的变革，对以纸质税收凭证、账簿、报表及其他可见的审计线索为主要审计对象的传统税收审计在审计技术方法、审计档案保管以及审计人员知识技能等方面都产生了深刻的影响，国家审计部门开展税收计算机审计是税收审计发展的必然趋势。近年来，税务部门信息化技术在税收征管中的运用，税收数据大集中，为国家审计部门开展计算机审计提供了必要的环境和条件，同时也促使国家审计部门不断探索研究新的审计组织模式，提高审计效率，以适应税收数据大集中形势下的税收审计。

一、税收审计组织模式发生转变的必然性

随着税收数据大集中形势下的税收审计环境的发展变化，税务部门全面实现计算机信息化税收征收、管理和稽查全过程，不论是财务还是业务数据，传统的纸质载体资料越来越少；税收工作与财政、房管、工商、国土等相关部门关联度越来越高，财务和业务数据也不再是单系统完整反映；税收

征收、管理和减免政策的执行情况，以及税收核定程序合法性和公平性，会直接或间接影响社会稳定和谐，涉及部门越来越多，部门间协同工作的作用越来越大；税收体制改革不断深入和完善，税收审计范围不断扩大，需求不断增加，而税收审计力量短时期内难有较大增加；税收数据大集中后，税收区域划分界限不再像以前那样明显，产业结构逐渐趋于合理化，传统意义上税收数据大集中下各区域审计各自为政，仅凭经验判断、瞎子摸象式的审计已不再适应当前税收全过程计算机管理下的审计。

因此，审计部门要不断更新审计理念，优化审计技术，为税收审计提供强有力的支撑。目前各项税收业务量大、被征收的企业种类繁多、同类型企业税收优惠减免政策统一，计算机技术得到了广泛应用，以省或市税收征收管理机构大多建立了集中式数据库，网络终端延伸到税务大厅或通过网上申报缴纳平台延伸到各纳税户，实现税收征收、管理和稽查等全程信息化，国家审计部门要充分利用信息化手段开展计算机审计是适应税收数据大集中新形势下对税收审计提出来的新要求。

在税收数据大集中的形势下促使国家审计部门转变审计方式，由原来的传统手工翻阅纸质账本到利用计算机技术查阅电子账本，由原来的“重财务轻业务”审计方式向财务、业务并重转变，这就引起了审计标准和准则的变化、审计范围的扩大以及审计线索越来越隐蔽，从而促使了国家审计部门的审计方法和审计人员结构的变化，最终导致了税收审计组织模式的变化。一是审计标准和准则的变化。自审计部门组建以来，逐步已经建立一整套审计标准和准则，对过去传统纸质账本审计环境是很有益的。但随着信息化技术的发展，审计环境的变化，传统审计标准和准则不再适应当前计算机环境下的税收数据大集中税收审计。二是审计范围的扩大。随着税务部门信息化技术的运用，传统纸质管理转变成电子数据管理，计算机自动控制，由此带来计算机信息系统本身固有的风险决定了审计的范围发生相应的变化。为此，在税收数据大集中形势下，国家审计部门不仅要对各种税收业务等税收资料进行审计，同时还要对税收征管信息系统本身进行审计，审计人员从审计角度审查税务部门税收征管系统在合法、安全可靠等方面是否存在问题，这就可能使审计的范围进一步扩大。三是审计线索的隐蔽。传统的税收手工会计核算中，税收凭证、账簿、报表等税收资料是比较可靠的审计线索，因此审计人员可以获得每笔税收完整的审计线索。而信息化技术下，纸质税收记录由数据处理的自动化代替，很难从中找到原始审计线索。四是审计方法和审计人员的变化。由于信息化条件下的舞弊更具隐蔽性，不再像传统纸质留有痕迹，这就促使国家审计部门在审计方法和审计人员的知识结构及审计现场组成人员搭配都要发生改变以适应税收数据大集中形势下税收审计发展的需要。

二、利用计算机技术的实现审计组织模式的转变

（一）信息化管理审计组织模式的转变

传统税收审计就是税务部门纸质财务报表、台账资料及计算器等简单工具进行数据汇总复核。然而，随着现代计算机技术的广泛应用，税收征收、管理全过程纳入计算机网络管理，国家审计机关也随着税务部门管理方式的改变而改变，由原来简单手工翻阅纸质报表转变为利用计算机技术查阅税收征收、管理全过程电子数据资料。因此，国家审计部门应利用审计署金审工程自主研发审计管理系统（OA）和现场审计实施系统（AO）、地方审计部门自主研发的税收联网审计系统、税务部门税管查询系统和比较流行实用的Microsoft SQL Server 数据库系统对税收数据大集中的税务部门实施计算机审计和审计业务信息化管理。在此模式下，利用上述计算机审计工具进行统计、汇总、分析、交互功能，项目所有审计人员进行时时沟通，各类信息具有较强的反馈能力，为管理决策、现场审计提供了更多、更及时的有用信息，能更有效地发挥审计的建设性作用。

（二）区域一体化审计组织模式的转变

区域一体化审计组织模式是在信息化建设和税收数据集中的基础上形成的。信息化环境下，系统的理念和方法被引入审计项目的整个过程。依托信息化平台和信息网络技术，各个信息子系统被有效整合在统一的管理构架下有序运行，统一组织实施、统一工作方案、统一审计时间、统一审计处理、统一汇总报告，最大限度地保证资源共享、质量优化，一体化组织模式特征尤为凸显。区域一体化组织模式下，根据审计对象信息化建设程度和审计数据集中程度，可以形成各具特色的具体组织模式。例如，在我市 2013 年税收预算执行审计中，我们建立了“总体分析、发现疑点、分散核查、系统研究”的区域一体化审计组织模式：在市级层面成立预算执行审计组并内设数据组，建立统一的指挥平台和数据处理平台，对数据集中采集、处理和分析，发现审计疑点后统一下达各审计小组进行核实查证。这种模式，可在信息化程度较高、数据较为集中的大型审计项目中推广；而在一些信息化程度不高、数据不够集中的审计项目中，可探索“分散延伸、汇总数据、全面分

析、发现问题”的区域一体化组织模式。

（三）远程联网动态审计组织模式的转变

远程联网动态审计组织模式是在网络设施和数据库及信息技术的基础上形成的。随着计算机网络技术广泛应用，国家审计部门计算机审计的组织模式由最初的单机审计方式（即审计人员将被审计单位财务数据导入审计计算机硬盘上进行简单查阅，相对传统审计翻阅纸质账来说提高了审计效率），逐步利用网络技术在审计现场建立一个现场审计局域网，实现了单机审计方式向现场网络审计方式的转变，不过这也只是计算机审计组织模式的中级形式。在现代信息化的发展大趋势下，被审计单位区域数据越来越集中，国家审计部门计算机审计的组织模式将最终实现质的飞跃，发展到借助现代信息技术将审计部门的审计网络与被审计单位的网络进行远程连接，实现对被审计单位的远程联网审计和动态时时监控。在远程联网审计动态组织模式下，审计人员将运用先进的数据处理方法、设置预警指标，对被审计单位时时动态更新的数据进行系统分析和预警，从而准确锁定审计线索和疑点。

（四）税收征管信息系统审计组织模式的转变

计算机信息系统审计组织模式是在税务部门税收数据大集中形势下，国家审计部门通过多年数据审计积累的计算机审计经验和税收征管信息系统符合性测试，发现税收征管信息系统本身存在的问题，这就需要国家审计部门在税收数据审计的基础上进一步开展税收征管信息系统审计，促使税务部门完善计算机信息系统的漏洞，规范税收业务的管理。具体做法：一是税收征管信息系统控制环境审计。根据控制测试矩阵表，与相关人员座谈了解、分对象发放调查问卷、查阅文件汇编，获取税务部门税收征管信息系统规划文档，对照税收征管信息系统设计要求，分析其规划是否得当，能否支持税收业务组织目标，满足税收业务活动需求和信息需求；审阅税务部门组织结构文件，如组织结构图、重要岗位的工作描述和作业流程，验证各项职责划分是否合理，不相容职务是否分离；实地观察与组织控制相关的作业活动，验证各项职责分离政策是否在实际作业活动中得以贯彻；观察员工的操作是否符合流程描述；检查用户权限，验证相关人员的权限与其工作描述一致。二是税收征管信息系统生命周期控制审计。审计人员通过编制检查测试表格等方式查阅税务部门提供的立项审批及论证资料，相关会议纪要，项目实施合同，升级维护合同，检查系统开发过程是否有内部人员参与，每个开发阶段内审人员是否进行审查评价；检查系统开发、采购、变更等系统开发周期的文档记录，确认开发、采购、变更等活动是否符合政策和规划；检查各开发阶段的质量管理控制和系统测试文档。三是税收征管信息安全控制审计。获取税收部门制订的各项信息系统安全控制措施；与相关安全管理人员座谈，了解其工作职责及相应的安全管理过程；采集操作系统、数据库管理系统、应用系统和网络设备的日记进行分析，确认各项安全控制措施是否有效执行；检查用户的数据存取权限表及数据读、写、修改和删除等存取控制表，确认是否合理授权；检查入侵访问报告，查看对入侵访问的追踪和审查记录；获取灾难恢复计划与操作手册，检查备份计划措施的可操作性和合理性；抽查安全控制措施进行测试。四是税收业务流程控制审计。根据系统流程图，获取用户访问权和文件权限的资料，检查授权审批控制情况，审核各个控制环节及其子环节人员的职责范围是否明确和规范，重要岗位不相容设置是否恰当，检查操作系统和数据库系统的参数设置情况。数据输入输出及处理控制的检查，通过钩稽数据测试法、重复统计法、限定数据和异常数据测试法，关联值分析法等方法测试。

三、税收审计组织模式创新实现方式

近年来，随着外部审计环境的变化，国家审计部门紧跟被审计单位信息化的发展而开展了金审工程的建设，逐步打造和完善了计算机审计基础平台和确定基本类型，税收审计必须在税收数据大集中的形势下积极探索税收审计组织模式的创新，实现信息化条件下的税收审计。

（一）科学确定有效的税收审计组织形式

信息化条件下，区域内税收数据的大集中和财税改革的深入导致财经法规政策的变动，促使审计人员知识不断更新和审计组人员搭配必须根据税务部门的管理水平及信息化程度选择不同的组织形式和审计人员。一是建立了统一的审计管理系统。采用计算机分析和延伸外调组织实施审计，计算机分析组负责结合政策制度，编制计算机审计方法和 SQL 语句，筛选出审计疑点，交延伸调查组负责核实，并及时将延伸过程中发现的问题和新情况反馈回来，修正审计方法。二是采用市县两级上下联动实施审计。在财政大格局的框架下，针对财政、税务等部门一年一度的预算执行审计是必需的，而税收数据大集中后，每年税收审计数据均由市级统一采集、转换，并分发各区（市）县审计组，采取上下联动、市县两级分级负责，由市局负责编制审计思路、计算机审计方法和 SQL 语句，培训区县审计人员，由区县审计人员在此基础上筛选出审计疑点，并延伸调查，及时将延伸过程中发现的问题和新情况反馈回来，修正审计方法。三是把税务部门个别处（科）室未纳入税收数据大集中管理分散的电子表格整理成为一个规范的数据库，再编写计算机审计方法和 SQL 语句筛选出审计疑点，延伸调查核实，及时将延伸过程中发现的问题和新情况反馈回来，修正审计方法。

（二）实现市县两级审计方法共享

为了增强地方审计部门审计的独立性，使其发挥应有的作用，强化审计署制定审计政策和实施对审计事业的宏观管理职能，上级审计部门要加强审计业务指导和对审计质量的控制措施。2013 年，我局在组织全市 20 个区（市）县开展税收审计中创新审计组织管理模式，实现上下联动，围绕一个总体目标，树立全市税收审计一盘棋的指导思想，搭建数据分析平台，组建数据分析团队，提出了“总体分析、发现疑点、分散核查、系统分析”计算机审计思路，充分发挥市县两级审计机关整体力量来提升税收审计整体成效。一是全市 2013 年税收数据由市局统一采集、转换，统一部署在统一使用的税收审计软件系统中，数据分析组进行统一分析后形成每个重点事项的计算机审计方法和数据库查询语句，通过视频会对全市税收审计组成员进行培训，讲解具体审计思路、每项政策审计的关键点及计算机审计方法和数据库查询语句，同时在审计期间召开审计现场交流会，通过现场答疑指导解决区（市）县审计组在分析筛选数据的问题；二是各区（市）县审计组负责对分析的疑点数据进行延伸调查，核实疑点数据，充分调动市区两级审计力量来共同保证审计质量和实现审计成效的最大化，在此次针对房地产企业预征土地增值税和房地产企业开发项目已具备清算条件未清算等方面成效明显；三是针对各区（市）县审计组核查的结果上报市局审计组进行统一汇总，并对产生问题的原因进行分析和归纳。

（三）实现信息数据共享

为了提升税收审计成效，必须实现审计内外数据共享，多方印证，多点开花。以 2013 年我市税收审计为例，首先是将税务部门税收征管信息系统中纳税企业登记信息在各区（市）县审计组之间实现共享，以纳税人为关键字，重点筛选异地纳税的情况，防止企业为了享受异地优惠政策，将应当在当地缴纳的各项税收在异地缴纳，造成当地税收的流失等问题；其次是将国土、房管、工商、金融、车管所、社保、公积金中心等部门的信息数据共享。例如，审计组可以根据当地国土局通过招拍挂转让的土地信息和房管局备案的土地使用开发面积等进行关联分析，计算出税务部门当年应征的土地使用税和营业税，再与该企业当年缴纳的土地使用税和营业税进行核对，分析出部分企业恶意欠缴税款或税务部门未完全履行税法赋予职责征税等问题。

（四）充分利用税务部门的力量开展审计

作为税务部门也希望加强税收征收的管理，提高税收征管水平，从这一点上说，与审计的目标是一致的。因此，审计组充分利用税务部门的力量，在提高审计效率的同时提升审计成效。在审计过程中，一方面将审计发现的疑点交由税务部门核实，通过计算机审计方法筛选出的疑点有成千上万条，若仅仅靠审计人员的核实，往往费时费力且成效不明显，此次审计中我们采取了将筛选出的疑点交由被审计单位核实，并将筛选疑点的方法与税务部门进行沟通，审计组对税务部门核实情况进行抽查，有利于提高审计效率；另一方面将审计查出的问题与税务部门沟通，充分听取税务部门意见，既做到客观公正，同时也保证了审计发现的问题能够整改落实，从而保证了审计成效的发挥。

参考文献

［1］张鸣，张兵．我国审计组织的模式选择：体制效率分析［J］．南京经济学院学报，1999（5）．

［2］李光绪．我国审计组织模式的问题与构想［J］．河北经贸大学学报，1997（4）．

［3］李光绪．中国审计组织模式研究［J］．乐山师专学报（社会科学版），1995（4）．

［4］姜灵敏，周受均，朱顺泉，聂灵敏．计算机审计［M］．长沙：中南工业大学出版社，1995.

［5］刘汝焯．计算机审计技术和方法［M］．北京：清华大学出版社，2004.

［6］董化礼，刘汝焯．计算机审计数据采集与分析技术［M］．北京：清华大学出版社，2002.

［7］孙摘飞．审计网络化初探［J］．审计理论与实践，2002（12）：21.

［8］李庆．计算机信息系统环境下审计面临的问题与对策［J］．中国注册会计师，2000（7）．

大项目环境下的计算机审计组织模式探析

审计署太原特派办　闫良汶　刘明睿

【摘要】 按照《审计署“十二五”审计工作发展规划》部署，大型审计项目日益增多，给计算机审计发展带来新的机遇和挑战。本文详细介绍了大项目环境下的计算机审计特点，明确指出了传统的计算机审计模式已经落后，提出了构建大项目环境下计算机审计新模式的方式方法，并通过实例进行了论证，最后分析了影响新模式运行的几个突出需要解决的问题，以期对“十二五”期间审计信息化的可持续发展提供一些指导性的意见。

【引言】 近年来，随着党和人民对审计工作提出了更高要求，按照《审计署“十二五”审计工作发展规划》部署，国家审计面临着越来越多诸如财政审计、省部级领导经济责任审计、全国地方政府性债务审计、全国社保资金审计等大型审计项目任务。这些大型项目打破了传统的审计机关内部管理划分界限，需全单位各部门共同参与完成，涉及的被审计单位行业多、专业性强、数据量大、部门间数据关联程度高，原有的计算机技术人员直接对口参与审计项目提供技术支撑的计算机审计模式已经难以满足需求。如何有效整合审计资源、探索计算机审计组织新模式，更好地开展“总体分析、发现疑点、分散核实、精准定位、系统研究”的数字化审计方式，促进审计信息化建设科学、协调、可持续发展，是各级审计机关落实《审计署“十二五”审计工作发展规划》和《计算机审计“十二五”研究规划》的内在要求，也是摆在每个审计人员面前需要研究解决的课题。

一、大项目环境下的计算机审计特点及带来的挑战

一般来说，大型审计项目中被审计单位规模庞大、业务复杂，涉及的信

息系统种类较多、架构复杂、数据量大且分级存储，行业和地区差异较大，这种情况对计算机审计的方式方法、内容、质量与进度都提出了更高的要求，也给计算机审计的发展带来了新的机遇和挑战。

（一）涉及的行业和被审计单位多，专业性强，部门间关联度大，数据海量存储，系统结构差异较大

大型项目中，被审计对象往往覆盖多个地区、多个部门、多种业务，横向上，部门或业务之间相互关联，纵向上，部门上下级间的业务既有关联又有差异；这些信息涉及多个信息系统，数据量巨大且分级存储，系统间平台架构差异也较大。例如，全国社保资金审计项目涉及财政部门、社保主管部门、社保经办机构、民政主管部门、经办企业、定点医疗机构和药店、基层社区7大行业和部门，还要与公安部门人员信息数据、车辆登记数据、财政人员供养数据、企业登记数据等外部数据紧密关联；全国地方政府债务审计和省长经济责任审计项目则基本覆盖所有政府部门、国有大型企业和金融机构，上述部门大都信息化程度较高，数据量庞大，信息系统差异较大，给计算机审计带来较大挑战。

（二）计算机审计已经成为大项目环境下审计机关发挥国家治理和“免疫系统”功能作用的重要保障

国家审计发展到今天，传统的财务收支审计关注的真实、有效、合法已经不能满足党和人民对我们的要求。国家审计更加关注党和国家的宏观政策运行，关注体制机制方面的问题，关注大要案的查处。这就需要审计的触角向国家的宏观政策延伸，向被审计单位的核心业务数据延伸。随着国家电子政务的发展，上述信息无一例外都存储在计算机系统内。在大项目环境下，数据海量存储、系统结构复杂，这些特点都给传统的手工审计带来巨大挑战。信息化发展到今天，计算机审计已经成为提高工作效率、推动审计事业科学发展的必然选择。这点我们在社保资金审计过程中感触尤为明显。在查看电子账簿时，我们都明显感觉到账面很干净，因为传统的手工记账中的会计人员习惯性的“痕迹”没有了，通过翻阅财务电子账簿，我们只能查找一些简单的财务问题。如果不开展计算机审计，我们将无处入手。事实证明，从业务入手，通过计算机审计关注核心业务数据，关注业务流程中容易产生问题的关键节点，并与外部数据紧密关联，成为我们制胜的关键，绝大部分问题特别是性质严重的问题都是通过对业务数据分析比对查找出来的。

（三）传统的计算机审计模式已经不能满足工作需求，新的计算机审计组织模式成为必然选择

大型审计项目涉及的部门和行业多，审计机关内部管理分工界限被打破，传统的计算机专业人员按照业务分工对口进行“点对点”支援的计算机审计模式已经落后，主要表现为四个方面：一是力量投入分散，难以形成合力；二是无法应对复杂的计算机审计局面，难以完成对被审计单位海量数据的审计任务；三是审计业务与计算机技术难以有效结合，脱节现象严重；四是组织无序，效率低下，难以实现计算机审计“有的放矢、精准打击”的功能。

《审计署“十二五”审计工作发展规划》明确指出，要创新审计方法的信息化实现方式，探索多专业融合、多视角分析、多方式结合等审计方法的信息化实现方式。信息化条件下，“总体分析、发现疑点、分散核实、精准定位、系统研究”的数字化审计模式已经形成，探索组建数据分析团队，搭建数据分析平台，实行点面结合、上下联动的计算机审计新模式成为必然选择。

（四）新技术新方法的广泛应用已经成为大型审计项目发展的必然趋势

信息化时代，科学技术飞速发展，超高速宽带网络、新一代移动通信技术、云计算、物联网、计算机仿真等新技术、新产业、新应用不断涌现，被审计单位不断采用新技术，信息系统日趋复杂，数据量急剧增长，给我们的审计工作带来了较大挑战。审计机关只有和被审计对象所使用的工具手段处于同一个量级，才能相互适应，形成有效的监督制约关系。今后一个时期，被审计单位广泛应用的地理信息系统技术、全球定位系统技术、自动监测技术等新技术必将在审计项目中推广使用。审计机关只有不断创新审计技术方法，才能提升信息化环境下的审计监督能力。

二、大项目环境下的计算机审计组织模式探析

按照《国家电子政务“十二五”规划》《审计署“十二五”审计工作发展规划》、2012 年全国审计工作座谈会议精神、《审计署关于进一步推进审计信息化建设的指导意见》《计算机审计“十二五”研究规划》以及《特派办审计数据综合利用指南》等有关文件要求，结合大型审计项目计算机审计的特点，大项目环境下的计算机审计组织模式应重点把握以下五个方面的内容。

（一）建立审计数据中心和数据分析团队，为大型项目计算机审计奠定坚实基础

审计机关应有效整合资源，建立审计数据中心、数据分析团队和相配套的工作机制及管理制度，通过完整的基础工作建设，为计算机审计提供机制运行、软硬环境及人才保障，解决大型审计项目审计机关内部协调多、外部单位数据采集困难、软硬条件差、计算机审计复合型人才短缺等方面的问题。

国家审计数据中心应由审计署统筹建立，各特派办和省级审计机关建立数据分中心，构建审计管理、人员、业务、方法和评价信息资源库，加快推进国家电子审计信息资源目录和交换体系建设，尽快建立审计信息智能化检索和资源交换系统；探索构建与财政、工商、税务、公安等部门的信息交互机制，为审计应用、业务协同提供信息资源支持；建立合理利用、信息共享、安全易用的机制，满足各级审计机关之间、审计机关与审计现场之间的信息资源共享与交换。

在建设数据中心的基础上，各级审计机关应建立数据分析团队，数据分析团队由计算机审计专业部门专职从事数据综合利用工作人员和审计业务部门骨干人员组成，负责开展数据采集、数据处理、数据管理和数据综合分析等工作。数据分析团队成员除具备必要的审计业务知识、技能和职业道德，还应当具备数据采集、数据处理、数据管理、数据综合分析、专题攻关和课题研究等能力。

（二）成立数据分析组，构建多级数据分析平台，探索“总体分析、发现疑点、分散核实、精准定位、系统研究”的数字化审计模式

针对大型审计项目涉及的被审计单位和行业多，审计机关需按工作要求在审计组下成立多个项目审计组的特点，成立专门的大型审计项目的数据分析组，直接接受审计组组长或分管副组长的领导，负责整个审计项目的数据分析工作，数据分析组挑选审计业务骨干和计算机技术专业人员参与，保证审计业务与计算机技术的有机结合，数据分析组的组长原则上由业务处领导和计算机处领导共同担任，业务处领导主要负责与审计机关内部各项目审计组和被审计单位的沟通协调及业务指导工作，计算机技术专业人员主要负责技术保障和计算机方法的实现。

数据分析组要构建“审计机关级分析平台、项目审计组级分析平台、审计人员级分析平台”的三级数据分析平台。其中：审计机关级分析平台主要任务是整合多部门、跨专业数据，按照各项目审计组提出的需求对数据进行

深入挖掘和关联分析，将结果反馈给审计组，为各专业审计组提供技术支持。项目审计组分析平台主要根据审计组的业务需求，开展针对性的数据采集和分析，及时将有价值的数据分析结果反馈给审计机关级平台进一步挖掘和推广。审计人员数据分析平台主要由一个或数个审计人员组成小型数据分析团队，依据职业判断，对采集的数据迅速完成个性化分析和研究，将有价值的分析结果反馈给审计机关级分析平台和项目审计组级数据分析平台。三级数据分析平台坚持“总体分析、发现疑点、分散核实、精准定位、系统研究”的数字化审计模式，上下联动，紧密联系，充分共享分析结果，推动审计成果深入挖掘和推广，提高数据分析的针对性和实效性，不断提升信息化条件下的审计监督能力。

（三）建立大型项目计算机审计主审制度，比照国家审计准则要求对计算机审计进行管理

大项目的计算机审计，工作量大、政策性强、涉及面广、审计投入人力多，建立有效的管理机制，解决好整个项目的组织管理工作对审计项目的顺利实施至关重要。大项目环境下的计算机审计要按照国家审计准则要求，建立计算机审计主审制度，比照审计业务建立规范的流程，从计算机审计的调查了解记录开始，到实施方案、工作动态、经验总结、审计底稿、信息系统审计报告等建立一套完整的计算机审计体系，做到有法可依、有章可循、分工明确、管理规范，确保该项工作有序推进。

（四）大项目环境下的计算机审计涉及的主要内容

一是数据的归集和处理。数据归集是指依法从被审计单位及相关单位取得数据并归集到数据分析平台，包括对相关数据进行调查了解、沟通协调、数据需求确定、数据采集、数据交接、数据处理和数据入库等。数据处理是指按照一定的规范对数据进行整理加工。数据归集处理完毕后，除了将数据在三级数据分析平台中共享外，还要在审计项目结束后，按照规定将数据归集到审计数据中心，数据分析平台的数据按照保密规定不再保留。

二是数据的综合分析。数据综合分析可以分为项目分析和专题分析两类，项目分析是指结合审计项目所开展的数据综合分析，专题分析是指结合相关研究专题开展的数据综合分析。在项目分析中，应当紧扣审计工作方案开展调查了解，要与审计业务紧密结合。在专题分析中，应当围绕现有数据资源，结合经济、社会热点问题，提出研究专题，经审计组组长研究批准后，积极开展进行。

三是数据的管理和保密。建立数据集中管理机制，建立与数据管理有关的安全保障制度、技术要求和操作流程，实现数据管理的集中化、规范化和科学化。建立规范的数据授权管理使用办法，制定完善的数据访问权限规则，对归集的数据严格加强管理，确保数据安全。

四是大力开展信息系统审计和联网审计。大型审计项目是开展信息系统审计和联网审计最好的平台和载体，按照《审计署关于进一步推进审计信息化建设的指导意见》有关要求，大型审计项目中要结合各专业审计，以被审计单位信息系统的安全性、系统功能的有效性及系统建设的经济性为着力点，探索开展信息系统审计，关注信息系统缺陷导致的信息系统安全及经济安全等风险，及时发现和反映相关问题及隐患，促进国家电子政务建设顺利推进；积极探索以在线审计、实时审计为特征的联网审计方式，积极应用部署“联网审计系统”，在具备条件的审计项目中实现及时采集数据、及时分析预警、及时调整审计方式，关注海量数据的存储与处理，开展审计数据的多维分析与数据挖掘，提高审计的及时性和有效性，推动审计方式从单一的事后审计转变为事前审计、事中审计和事后审计相结合，从静态审计转变为静态审计与动态审计相结合，从现场审计转变为现场审计与远程审计相结合。

（五）采取的数据分析方法

数据综合分析可以分为总体分析和主题分析。总体分析是从整体层次上对被审计单位的情况进行全面系统的分析，把握其主要特点、运营规律和发展趋势，指导审计人员确定审计重点。主题分析是在确定审计重点的基础上，进行深入分析，筛选线索，为审计取证提供明确具体的目标。从应用的分析工具来看，除了使用审计人员熟悉的 SQL SEVER 数据库、ACCESS 数据库等常用传统工具外，还应不断探索新型的技术和方法，学习使用被审计单位广泛应用的 ORACLE 数据库、ARCGIS 软件等专业工具。更为重要的是，在大数据的时代，应充分借鉴数据分析师的经验，利用 SPSS 统计分析软件等数据分析专业工具，运用对比分析法、分组分析法、交叉分析法、结构分析法、漏斗图分析法、综合评价分析法、因素分析法、杜邦分析法等基本分析方法，以及相关分析法、主成分分析法、因子分析法、回归分析法、聚类分析法、判别分析法、对应分析法、时间序列等高级分析方法进行数据挖掘和分析。

三、实例论证

本实例以太原办2012年年底至2013年年初开展的对某省2012年财政审计项目中的计算机审计为样本。根据审计署《2012年财政审计总体方案》要求，该财政审计项目具体包括财政收支审计、资源能源节约利用类支出科目资金审计、城镇保障性安居工程跟踪审计、国家金库系统办理预算资金收纳拨付情况审计4个项目，这4个项目互相关联，又各自独立，太原办共整合了全办8个业务处、120多人参与此项目。为适应该项目计算机审计的需要，太原办提出了“数据分析先行”的工作思路，按照“总体分析、发现疑点、分散核实、精准定位、系统研究”的数字化审计方式，探索改进财政审计管理组织模式和技术方法，构建了三级数据分析平台，探索多专业融合、多视角分析、多方式结合的计算机审计方法，有力推动了财政审计信息化建设的发展，提升了财政审计的层次和水平。

（一）组织模式

1. 总体目标

结合4个项目的数据互相关联的特点，太原办制定了数据分析以财政数据为核心，以金融数据、税务数据、金库数据、公安工商等外围数据为支撑的“一拖N”的多专业融合、多角度分析的总体目标。财政审计数据分析总体目标见图1。

2. 组织领导

计算机审计工作由太原办财政审计协调领导小组副组长、分管副特派员直接领导，在财政审计协调领导小组办公室下成立数据组和综合组，数据组总体负责计算机审计的技术指导工作，综合组和数据组紧密结合，负责对各项目审计组的组织协调和安排部署工作。财政审计计算机审计组织框架见图2。

3. 搭建财政审计“三级分析平台”

按照“总体分析、发现疑点、分散核实、精准定位、系统研究”的审计模式，构建三级数据分析平台，在财政厅搭建集中分析平台，由计算机专业人员和审计业务骨干组成，主要负责财政核心数据分析和跨专业、跨部门的数据分析；按照财政收支审计、保障房审计、科目审计和人民银行金库审计4个不同审计项目搭建了审计项目级分析平台，由审计项目牵头处室负责，计算机处提供技术支持，主要依据审计项目实施方案的具体内容提出明确需

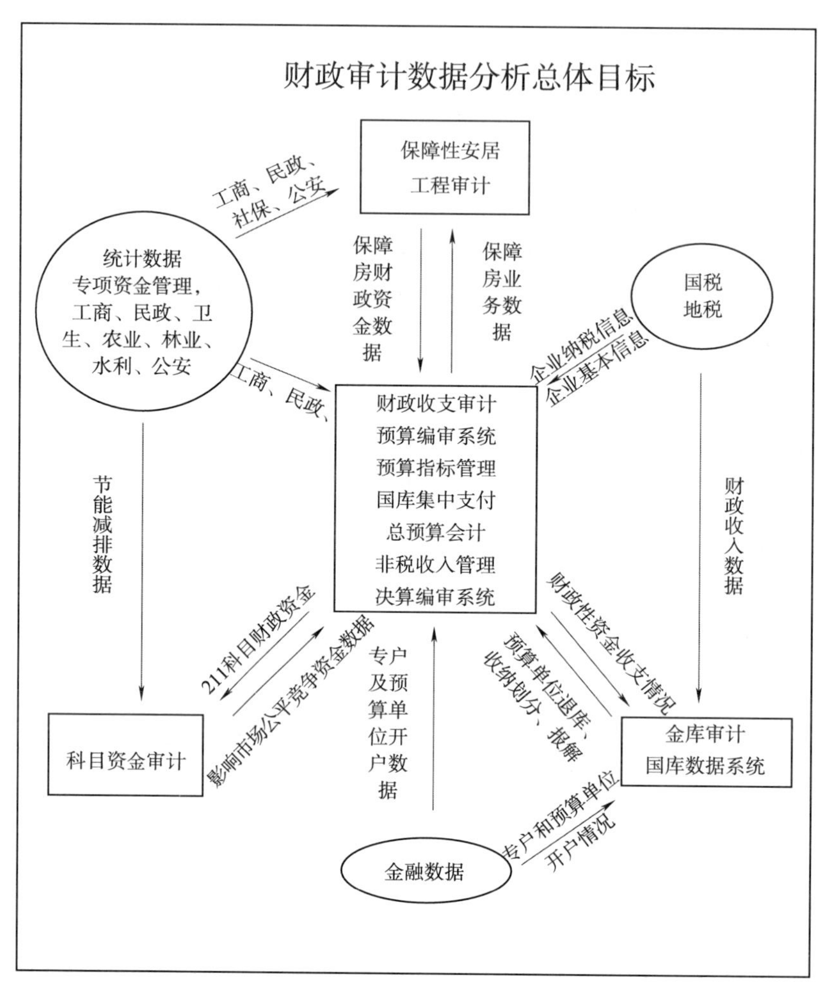

图 1　财政审计数据分析总体目标图

求，实施分析；根据审计分工，由单个审计组或延伸小组搭建了审计组级分析平台，主要利用从被审计单位采集的特定数据进行单一灵活的数据分析。三级平台上下联动，形成合力，既保证了信息的有效传递，也保证了数据分析的全面推进。三级平台构架见图 3。

4. 构建财政审计“集中分析平台”，搭建审计数据局域网

在财政厅审计现场搭建两台 IBM 高性能服务器、4 台终端查询笔记本电脑和 24 口千兆交换机支撑的数据分析核心平台，搭建审计数据局域网，采集财政部门、国税部门、地税部门、人民银行金库、公积金管理部门、住建部门等多个部门约 4T 的电子数据。按照数据使用权限不同，局域网分为核

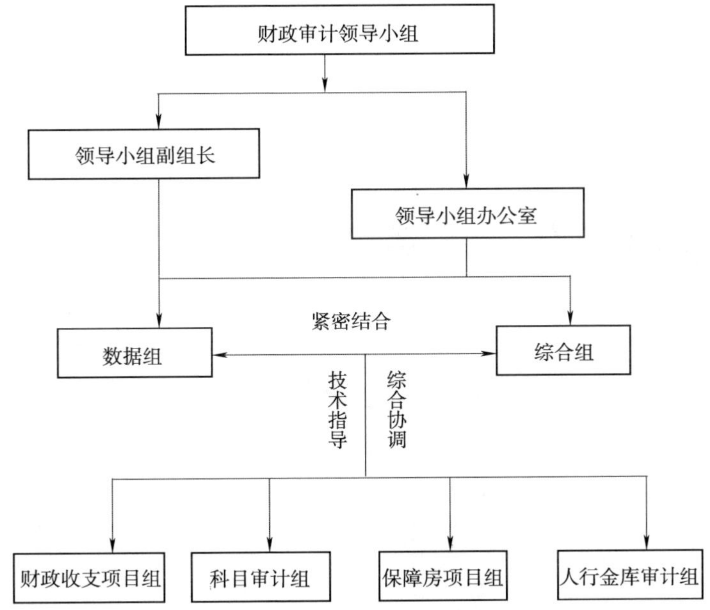

图 2　财政审计计算机审计组织框架图

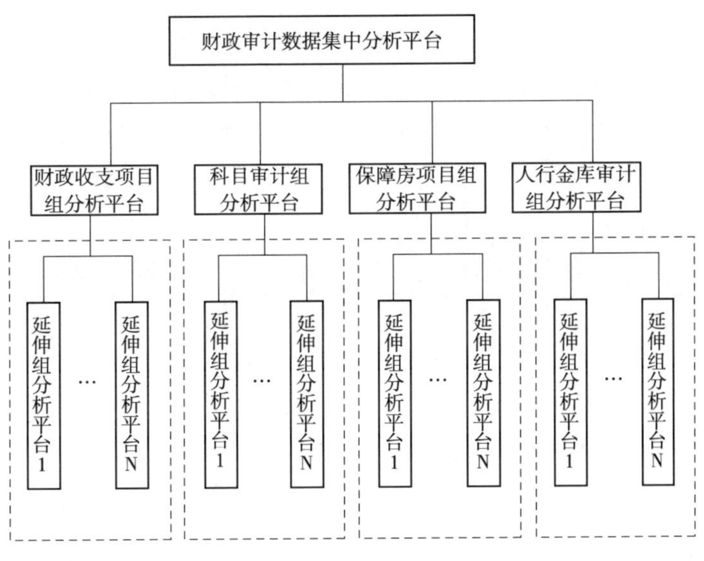

图 3　三级平台构架图

心网和外部网两个部分，核心网只能提供公共查询功能，无法下载和修改数据，外部网由数据组使用，通过摆渡机将数据下载分配，可以对数据进行整理。集中分析平台网络拓扑见图 4。

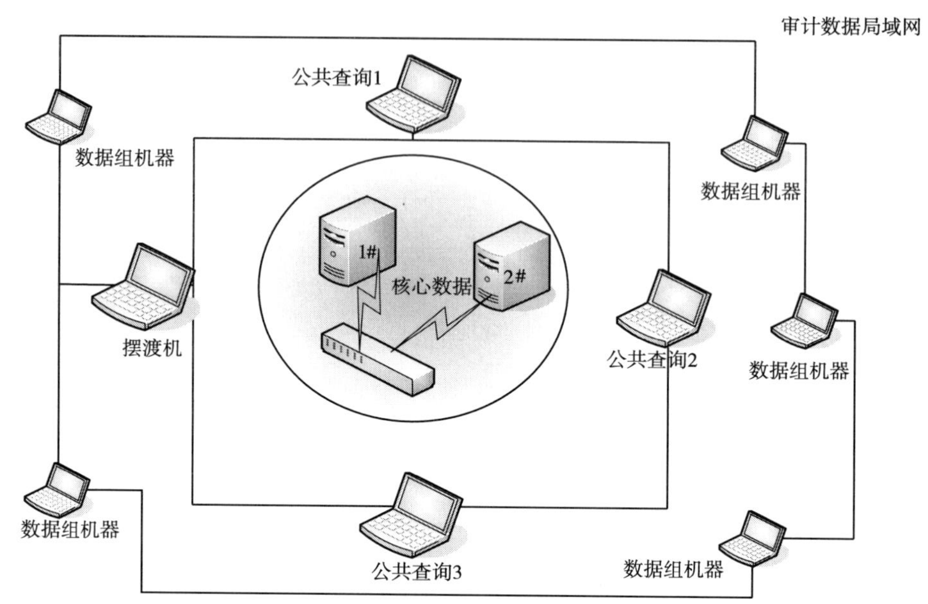

图 4　集中分析平台网络拓扑图

5. 建立数据分析流程

创新审计思维，以“数据分析先行”的理念推进数据分析，通过数据分析来实现缩小范围、精准打击和提高成效的工作目标。三级平台上下联动，加强沟通，按照“总体分析、发现疑点、分散核实、精准定位、系统研究”的审计模式，通过数据分析发现问题疑点后，组织业务骨干迅速核查落实，再将分析方法在平台网络中推广使用，实现计算机审计方法资源共享，提高工作效率。数据分析流程见图 5。

6. 建章立制、规范管理

按照国家审计准则对审计业务的标准来管理计算机审计，建立计算机审计主审制度，制定了严格的计算机审计实施方案、计算机审计工作规程和电子数据保密制度等规定，明确了财政审计计算机审计的总体目标、主要内容、方式方法和人员分工，保障了计算机审计有章可循和规范运转。

（二）实际效果

本次计算机审计由于组织模式创新，管理措施到位，取得了较好的效果，审计署办公厅 2013 年第 23 期《审计工作通讯》专文刊发推广介绍经验。一是太原办被财政审计司确定为特派办系统唯一合作单位，在该司指导下，依托某省开发的“财政信息管理系统”，顺利完成了财政审计模拟实验

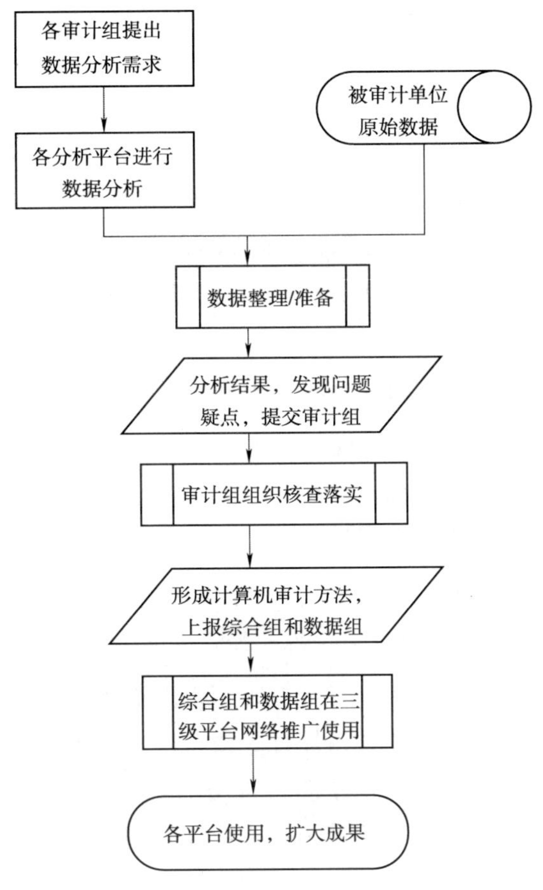

图5　数据分析流程图

室的环境搭建工作，该项工作是审计署2013年工作要点之一，受到财政审计司好评；二是上报审计署财政审计协调领导小组办公室审计信息化工作动态和经验总结11期，被单独经验采用6期，在各特派办中排名第一；三是在主流媒体就财政审计信息化相关做法投稿11篇次，被《中国审计报》和审计署网站采用6篇次，扩大了计算机审计新模式的影响；四是加大数据归集和分析力度，积累了8个部门数十亿条约4T的电子数据，加强数据分析，通过数据分析发现了大批问题线索，“总体分析、发现疑点、分散核实、精准定位、系统研究”的审计模式得到充分验证；五是积极探索开展信息系统审计，上报审计署两个信息系统专题报告，引起被审计单位高度重视，相关问题得到整改，发挥了审计“免疫系统”功能作用。

四、新模式运行亟须解决的几个问题

实践工作证明，建立数据分析团队、构建三级数据分析平台的大项目计算机审计新模式在运转过程中还有三个突出问题亟待解决。

（一）审计数据中心建设刚刚起步，计算机审计业务基础工作不够扎实

国家审计数据中心建设虽已列入金审工程三期建设任务，但金审工程三期建设还未正式启动，相关的规划和标准还未出台，各级审计机关只能依据自身实际情况进行摸索建设，建设效果和水平参差不齐。受此影响，大部分审计机关的数据收集工作刚刚起步，虽然审计署已经针对不同行业和部门特点发布了25个计算机审计数据规划和方法体系，基本覆盖了主要的被审计行业和部门，但真正能够全部熟悉和掌握这些行业信息系统的审计机关不多。加强基础工作建设是审计信息化可持续发展的首要任务。

（二）复合型人才缺乏，计算机审计实践能力不足

截至2012年9月，审计署共举办中级培训班37期，集中培训1866人，全国通过考试获得合格证书共计4580人，2013年审计署又举办了首期数据分析师高级培训班。但审计机关既懂计算机技术，又精通审计业务的人才还是比较欠缺，许多取得中级证书的审计业务人员缺乏计算机审计实践锻炼，未能发挥实际作用。培养和锻炼计算机审计复合型人才，特别是真正能够在"实战"中发挥作用的骨干人才成为当务之急。

（三）审计业务与计算机审计技术存在脱节，"两张皮"现象仍然突出

理想的数据分析模式应该是以业务需求为导向，计算机技术为支撑，业务人员和计算机专业人员紧密结合，组成数据分析平台；在总体分析的基础上，发现问题疑点，交由延伸人员分散核查，核查结果反馈至分析平台，分析平台再与业务人员沟通，二次分析，结果交由延伸人员核查，分析—核查—再分析—再核查，此过程应反复多次，才可能达到效果。实际工作中经常出现业务部门派业务骨干参与数据分析的积极性不高，计算机专业人员对业务不熟悉，提不出审计需求；或者分析平台的分析结果交由业务部门后，业务部门核实后觉得价值不大，在未与数据分析平台充分沟通协调的情况下，置之不理。因此，转变思维方式，通过有效的机制保障审计业务与计算机审计技术的紧密结合是保证计算机审计可持续发展的关键。

参考文献

［1］审计署办公厅．审计署关于印发审计署“十二五”审计工作发展规划的通知［EB/OL］．http：//www. gov. cn/gongbao/content/2012/content_2076117. htm. 2011 –06 –30.

［2］国家发展改革委．国家电子政务‘十二五’规划［EB/OL］. http://www. miit. gov. cn/n11293472/n11295327/n11297217/14562026. html. 2011 –04 –13.

［3］石深强．信息化环境下大型审计项目的管理与实施［J］．审计月刊，2013，298（2）：32 –33.

［4］吴震雄．信息化条件下实施大型审计项目的架构设想［J］．审计月刊，2009，256（8）：24 –26.

［5］李坤．探析大型审计项目背景下的主辅审制［J］．审计月刊，2012，293（9）：7 –8.

信息化环境下的审计工作组织模式发展方式探析

云南省昭通市昭阳区审计局　齐静静　蔡　峨

【摘要】　信息化环境给计算机审计带来了新的机遇和挑战，国家审计机关的计算机审计的组织和管理方式都需要深刻变革。本文针对信息化审计业务的主要内容、通过应用信息系统实现审计环节的信息化、基于审计数据中心的业务组织模式内容及特点进行了研究整理，并对信息化环境下审计业务模式深化应用发展思路和基于物联网技术应用的审计组织模式做了简要探析。

【引言】　近年来，随着国家金审工程建设的不断深入，我国基本建立了在信息化环境下审计人员的审计工具和审计思维方式，建设成果已在全国审计机关得到了迅速推广和应用，审计的职业风险暂时得到了缓解，但在“十二五”新时期时期、新形势下，如何正确认识传统的审计管理理念、管理方法、管理机制不能适应信息化时代的要求的问题，有针对性地采取有效措施持续推进现代审计组织方式深化发展应用，对提高信息化条件下审计监督能力，有效发挥审计在国家治理中的作用有着现实意义。

一、信息化环境下的审计业务的主要内容

（一）开展信息系统审计，探索信息系统审计的方式方法

围绕安全性、有效性和经济性这三个着力点，研究建立信息技术项目绩效评价体系，逐步探索开展对电子政务项目和企事业单位信息系统的绩效审计。

（二）拓展计算机审计的宽度和深度

计算机审计要向被审计单位管理领域和业务的核心技术环节渗透，关注数据产生的关键控制节点，在常规的数据式审计外，更加关注数据产生的真实性和合法性，研究和评估信息系统能否有效满足管理需要，以促进完善系统、提高管理水平，充分发挥审计建设性、预防性的“免疫系统”功能。

（三）加强计算机审计理论课题研究工作

加强计算机审计标准规范、计算机审计方法体系和操作制度体系的建设，全面提升信息化建设理论研究水平。

（四）联网审计

联网审计是计算机审计未来的发展方向，意义重大。要积极探索开展联网审计，推动审计方式从单一的事后审计转变为事前审计、事中审计和事后审计相结合，从静态审计转变为静态审计与动态审计相结合，从现场审计转变为现场审计与远程审计相结合。

二、目前我国审计工作组织模式的信息化

（一）通过应用信息系统实现审计环节的信息化

金审工程已为国家审计内部管理，履行审计职责开发了多套应用信息系统，基本满足了审计工作的各方面需求。但旧有的审计组织方式无法发挥这些应用信息系统的效益，致使工作效率依然低下，信息传递不够畅通。因此，应依托审计署应用信息系统，整合审计资源，创新工作方式，改进审计组织模式。具体以审计执行过程为主线，划分审计业务执行各环节，明确各环节工作，通过应用信息系统将各环节有机地关联起来。

1. 项目计划管理

项目计划管理统一使用 OA 中《项目执行管理软件》。审计署依据年度审计项目计划，建立各特派办项目信息，并推送至特派办。特派办计划管理员应及时接收署推送的计划项目，根据业务处情况，为每个项目设置项目管理员、指定审计地域、牵头处室、计划开始时间、计划结束时间等信息，并启动项目。项目管理员要指定项目成员，并在项目实施过程中，填写项目进度、工作量等相关信息，向本机关及时报送现场情况。特派办计划管理员依据项目管理员填写信息向审计署报送本机关项目执行情况、人力投入、工作量等。

2. 项目现场实施

项目现场实施的平台为AO。审计时，应当使用AO或其他软件采集、转换、分析被审计单位的财务、业务等数据；必要时数据可以集中存储在服务器上，采用AO联机模式或其他软件实现现场组网审计。当数据量庞大，单机或审计现场服务器不适宜存储、分析数据时，审计组也可以使用联网审计系统开展审计。AO提供起草审计报告、审计决定、审计移送处理书、专题报告、审计信息等文档初稿功能，降低了主审以及其他项目成员的工作强度。

3. 项目审理

各审计项目应将需审理的资料上传至OA《项目执行管理软件》。法规处收到业务处提交的审计文书审批单后，使用OA的审理功能对审计文书进行审理，提出审理意见。法规处负责人应当使用OA的审理功能进行签批。

4. 数据归集

审计项目结束时，项目管理员应当及时完整地将采集到的被审计单位数据提交给计算机审计处，进行集中管理。计算机处通过联网审计系统或者其他方式对各项目提交的数据进行管理存放，实现数据可控共享。同时，计算机审计处应当建立并及时更新审计文献资料库、电子档案库、审计方法库等信息资源。

5. 信息交互

项目实施时，审计署、特派办、审计项目组、审计成员之间的信息交互尤为重要，OA、AO、《项目执行管理软件》均提供了较好的信息交互功能。

6. 项目归档

特派办机关档案管理员使用OA的档案管理功能，及时收集、审核特派办机关文书、会计、基建项目的电子归档资料，以及审计项目提交的AO项目档案数据包，并将审核合格的电子资料在规定时间内上报审计署。此外，档案管理员应当及时将当前及以前年度纸质档案进行电子化处理，经过整理形成符合规定的电子档案，加载到档案管理软件中，并在规定时间内上报审计署。特派办机关公文、项目资料全部电子化后，推行网上电子档案借阅。

（二）通过审计数据中心实现审计业务系统与审计数据资源的有机结合

1. 审计数据中心的概念

数据中心是通过各个单一网络、信息系统及应用的数据迁移集中到数据中心，实现信息的集中处理、存储、传输、交换和管理。通常，一个单位的信息化建设，经历单机阶段、网络环境阶段，最终会趋向于数据集中的阶段。在数据集中的阶段是以数据中心的建成为标志。

随着信息化应用的不断拓宽和深入，审计对数据集中的要求也越来越高，数据中心建设和发展成为一种必然。金审工程启动后，审计机关在网络基础设施、硬件配备和软件开发方面做了大量工作，建成了审计管理系统和现场审计实施系统，通过内部网络实现了远程交互，并建设了国家审计数据中心，实现了审计业务系统与审计数据资源进行集中、集成、共享、分析的场地、设备、流程、机制等的有机组合。

2. 审计数据中心建设的主要内容

（1）数据的获取。当前审计过程中获取数据的方式主要有两种，根据审计的需求，一是可以将被审计单位的整个业务系统的数据库进行备份。二是审计人员也可以根据对被审计单位业务的了解，与被审计单位数据管理人员进行沟通，提出审计需求和涉及的数据内容，由被审计单位做相应的处理后提供给审计人员。

（2）数据的存储。数据存储是审计数据中心的基本功能，也是数据管理和利用的前提，数据的存储根据审计的类型可以分为两种方式：一是将被审计单位的业务数据直接存入数据库中，包括备份数据库的还原和业务表的导入。二是将被审计单位的财务软件备份数据或是台账等数据表格存储到数据库相应的表中。

（3）数据的管理。审计数据中心的管理，不仅要保证机房环境、硬件设备的稳定与安全，更要保证系统软件、数据资料的保密、稳定和安全。主要做到以下几点：一是岗位设置，配备专业人员负责数据中心日常的管理与维护，保证审计数据中心的正常运行。二是制度建设，建立数据中心相关管理制度，明确目标任务，明细职责分工。

3. 审计数据中心的特点

对比其他行业和单位的数据中心，审计数据中心具有共同点和独特之处。

首先，数据交换场景多样，需要设置多种模式满足业务要求。数据交换是解决大型机构在信息化方面长久存在的信息壁垒或孤岛的有效手段，同时也是深度拓展信息在横向部门的广泛应用，因此数据交换体系的建设都是数据层面进行整合的关键内容，以总线设计模式为蓝图，对应用系统间进行了低耦合方式的整合。审计数据中心的交换模式需要满足应用与应用之间点对点的交换；单应用与多应用之间的一对多交换；有通过交换体系进行订阅发布式的信息交换；有通过单独的交换库与外部委进行的大批量信息交换。在传输模式上有主动推模式与被动拉模式。这些都需要根据业务需要量身订制。

其次，数据中心建设周期长，涉及内容复杂，需要成熟方法论及成功经验的支持。数据中心建设不同于普通应用开发，往往建设周期长，涉及与多个系统在数据层面的整合，需要站在全局的角度，以成熟的数据中心建设方法论进行统筹的规划，并以此指导结合以往数据中心建设和实施的成功经验进行审计行业数据中心建设。

审计业务数据加工过程复杂，流程长，需要各个处理环节有相应的处理机制、容错机制。数据中心所集成的数据要能够涵盖整个审计业务各个环节的信息，要能够掌握地方审计机关、被审计单位以及署外协同单位数据，并支持审计行业业务系统正常运行。要能够通过各种途径、各种数据源取得数据信息，从粗粒度向细粒度逐渐扩展。同时，数据中心所集成的数据要真实、准确，不能自相矛盾，不能有歧义。要做到数值准确，要建立完善的标准体系，包括编码体系、指标体系、元数据体系，以保证代码、口径、途径的正确、一致。在数据采集每一个环节的出口处，设立数据准确性检查逻辑，将其与入口处的数据进行比对，检查其是否符合预期的结果，并对不符合预期结果的部分进行警告；在数据加工的各个环境记录数据加工各个环节过程中数据处理日志信息，以及记录异常产生时的上下文环境信息。

4. 审计数据中心的风险

当然，伴随着数据集中的实现，风险也相对集中。一旦审计数据中心发生灾难，将可能导致审计业务处理停顿。技术风险方面包括集中化风险、数据风险、通信风险、维护与管理风险和遭受攻击与入侵风险等。审计数据中心可能成为敌对国家军事攻击和敌对组织网络入侵攻击的目标与对象等，无法防止此类攻击会导致审计数据中心运行的全部和部分瘫痪。审计数据中心结构和运行管理的复杂性，技术维护与管理人员的水平和素质达不到审计数据中心的运行维护要求，无法及时处理系统故障、实现连续平稳的生产运行。

在数据的获取环节，面对许许多多的问题，必须加以解决。一是数据的安全性和保密性。在数据的获取过程中，必须与被审计单位签订数据获取清单和保密协议，保证被审计单位数据的安全。二是数据的连续性和一致性。在数据获取过程中，必须与被审计单位工作人员进行深入的沟通，确定数据对象，签订长期获取的协议，并且保证每次数据采集格式的一致性和时间的连续性。三是数据的真实性和完整性。在数据获取过程中，与被审计单位签订审计承诺书，被审计单位必须为其提供数据的真实性、合法性和完整性负责。

三、信息化环境下审计业务模式深化应用发展思路

紧紧围绕国家治理背景下国家审计的新需求、新要求，依托金审工程已有成果，通过改进审计业务管理方式、建设数据中心、构建计算机审计方法体系、建立高素质的信息化人才队伍等方法手段，实现审计核心业务组织管理、实施及业务人员三个方面的信息化，进而建立审计核心业务信息化的实现模式。

（一）修订制度、完善管理，实现审计业务管理信息化

一是修订审计业务组织及信息化管理制度，寓信息化于审计业务组织管理之中，创新工作机制，建立统一组织项目、联网跟踪审计组织方式。二是健全审计执行组织管理，将审计执行过程，划分审计业务执行各环节，明确各环节工作，通过各项审计应用系统将各环节有机地关联起来，使审计项目计划、现场实施、项目审理、数据归集、信息交互、项目归档、成果利用管理，紧紧依托 OA、AO 系统顺畅运行，实现审计核心业务管理信息化，提高业务管理效率和水平，确保现场实施情况上报及时有序，领导查阅方便，领导决策批阅意见反馈及时，审计项目成员内部信息共享无阻，形成上通下达、内外畅通的好局面。三是创新现场审计管理，统筹审计资源和人员，建立“数据分析、审计核查、专业审计”三者有机结合的三维立体组织模式，紧紧围绕审计方案进行数据分析—审计核查—反馈结果—改进推广数据分析方法—发现审计线索—扩大成果利用。

（二）建设数据、构建方法，实现审计业务实施信息化

审计业务信息化的关键是数据审计，而数据审计必须要有数据及数据分析方法，因此，建好标准化审计数据和审计方法尤为重要。首先，根据审计署于 2007 年制定的《国家审计数据中心基本规划》中相关规则和有关技术规范，获取和形成审计工作中的基础数据，以及基础数据的审计应用、共享和交换，实现各种审计信息资源的规范化与标准化。这样不管是什么样的单位，只要你的业务相同，就可以用标准化的数据进行表示。其次，利用 AO 系统装入的计算机审计方法开展业务审计，或者根据自己的审计思路利用取

得的各种数据及数据中心相关数据，开展数据分析，创立计算机审计方法，对取得较好成果的方法按照审计署于 2008 年制定的《计算机审计方法体系基本规划》要求，规范编写计算机审计方法，不断建立方法体系。依托标准化的数据，这些审计方法就能够做到“放之四海而皆准”，实现计算机审计方法的通用化。只有标准化的数据及计算机规范化的审计方法，数据审计开展就会更加顺利和成功。再次，积极开展联网审计和信息系统审计，探索联网审计和信息系统审计的方法及标准化数据的建设，提高该环境下审计业务实施信息化的实时性和效益性，为跟踪审计服务。

（三）占领信息技术高地，积极探索新技术的应用和推广

积极学习和研究被审计单位及行业广泛应用的地理信息系统（GIS）技术、全球定位系统（GPS）技术、自动监测技术等先进技术和方法、基于地质雷达探测技术应用的审计组织模式、基于移动技术应用的审计组织模式、基于物联网技术应用的审计组织模式等，并探索运用于审计，不断创新审计技术方法，提升信息化环境下的审计监督能力。

（四）引进人才、创新培训，实现审计业务人员信息化

创造条件引进审计数据分析拔尖人才，改善人才结构，提高审计业务信息化顶层设计、统筹规划、组织协调能力；抓好现职人员的专业培训，鼓励参加计算机审计中级培训，培养具有会计、审计、计算机等专业知识的复合人才；整合人力资源，结合信息化程度较高的项目“以战代训”，在“干中学、学中悟”，在审计实践中实际参与运用计算机审计，学习数据分析，切身体会各类审计信息系统的应用，提高审计人员计算机审计应用和综合数据分析水平，适应审计业务信息化发展，促进审计核心业务信息化的实现。

四、基于物联网技术的审计工作组织模式探索

（一）物联网的概念与运行原理

物联网（Internet of Things）是“物物相联的网络”，是指通过射频识别、红外传感器、全球定位系统、激光扫描仪等信息传感设备，依据约定的协议，把任何潜入包含其信息的可识别智能芯片的物品与互联网连接起来，进行信息的交换和通信，以实现智慧化的识别、定位、跟踪、监控和管理的一种网络。物联网由标识、感知、处理和信息传递四个环节组成，每个环节的关键技术分别为射频识别技术、传感器、智能芯片和传输网络，通过物联网络实现物物互通。

（二）基于物联网技术应用的审计工作组织模式探索的意义

信息化环境下，基于物联网技术应用的审计通常具有以下特点：一是审计方式向"非接触"式转变；二是审计取证变得更加便捷；三是审计对传感技术、通信网络以及信息处理能力有着较高的要求；四是审计信息安全面临新的挑战；五是审计面临技术手段落后的风险。由此可见，信息化条件下基于物联网技术应用的审计项目与传统的审计项目之间存在明显的差异，这些均对审计项目的组织管理提出了更新、更高的要求。

（三）物联网与审计工作的内在联系

审计是物流（盘点、询证）与信息流（复核、各种经济活动、财务信息等）的高度综合统一。云审计有效地解决了信息流的交换成本和海量信息的即时处理难题，而物联网技术能进一步提高云审计的效率，并能做到更加客观、准确。因此，如果说云审计为审计工作提供了一个大的框架和平台，那么物联网技术可以进一步加强云审计地位，提高审计工作效能。

实现云审计不可能离开物联网技术，这是审计工作本身的特点要求的。所有的审计工作无论怎样进行，都必须对应到相应项目（资产、负债、所有者权益、收入、费用和利润等）的存在性、真实性、完整性和披露等方面，并形成报告。离开具体的资产比如存货、固定资产的存在性检验，审计工作就会成为空中楼阁。而物联网技术可以很好地完成实物资产的存在性检验并即时上传数据，大大地提高了审计效率。因此，云审计平台应当包含物联网标准的兼容性，应当确保跨平台无差别接入。比如可以接入台式电脑、笔记本、手机、Ipad以及各类物联网传感器。总之，一切可以接收、发送信息的符合审计行业标准的设备都可以接入云计算审计平台。

同时，云审计是未来审计工作的发展方向，物联网是帮助云审计得以更好实现的有力武器，物联网在事业界中的运用越广泛，云审计平台的作用也就越大。在未来十年，物联网和云审计将结合得更加紧密，在当前，审计专用传感设备的硬件互联问题，制定云审计物联数据标准等是推动云审计工作进一步发展必须解决的问题。

（四）基于物联网技术应用的审计工作的三个构成要素

1. 成熟的传感技术

所谓传感技术，就是各类物理变量（如颜色、音频、视频、位移等相关数据）的采集技术。常见的有二维码、多媒体信息采集、RFID和Zigbee等。而RFID和Zigbee等无线传感技术是其中的关键。RFID（Radio Frequency

Identification），中文译为射频识别，可以实现快速读写、长期跟踪管理，可以作为电子标签，在审计工作中起到重要作用。Zigbee 是一种高可靠性的、简易的、可以自适应的无线数据传输网络，主要用于基于互联网的设备之间的机器到机器的通信（M2M）。利用该技术可以将审计专用的硬件设备连接到审计数据中心或者云审计平台，实现数据即时传输。

2. 发达的网络，包括光纤、WiFi 以及移动互联网技术

信息化环境下的大型审计其实是海量数据的处理审计。海量数据的一个重要来源是传感器通过物联网上传的各种数据。这些数据的传输必须满足足够高的带宽（如光纤通信）、足够好的移动性（如 WiFi、3G），以满足机器设备现场工作及工作人员异地协同的要求。由于网络的发展迅速，使得一些对带宽和移动性要求较高的审计平台的网络实现成为可能。

3. 高速的信息处理能力，包括云计算（Cloud Computing），普适计算（Pervasive Computing）

有了可靠的传感器，有了信息高速公路，还必须有高速的信息处理能力，以便将数据及时转换成可供审计的信息。云计算是一个海量数据处理及协同的网络，是未来信息社会的发展方向，也是实现高速海量信息处理能力的关键技术。普适计算是指数据处理无须特定工作场所（如端坐在电脑前），信息、数据以及其所处的物理空间环境实现无缝对接，也就是说物理空间环境的变化不影响数据的连续处理和任务完成。

（五）物联网技术在云审计平台下的应用举例

在云审计平台下，我们具备了处理海量数据的能力，从而也为物联网应用与审计工作提供了条件。由于云审计和物联网都是处在不断发展中的新技术，各种运用也一定会层出不穷。因此本文只是列举几种可能的应用场景，仅用于说明物联网技术对云审计的重要作用。

1. 固定资产等实现快捷盘点

固定资产盘点一直是一个令人头痛的问题，不但要耗费巨大的人力物力，效果也不一定好。物联网技术的运用，为审计存货、固定资产盘点带来极大便利。如果固定资产都能贴上电子标签（RFID），那么审计工作人员只需要手持专门的传感器设备，相关的数量、型号等信息就会即时输入云审计平台，快速生成固定资产盘点表，并可立即运行在线分析。更进一步，现场盘点和后台数据分析可以做到同步进行，从而做到盘点一结束，有关分析报告就会回传到现场工作组，以便判断是否需要采取进一步审计程序。

2. 通过物联网实现过程审计

通过物联网的传感器技术和普适计算技术，可以在不影响被审计单位内部控制运作的前提下，审计工作人员能够得到被审计单位内部过程信息。比如要测试是否所有的发票报销都得到了适当授权，传统的做法是看发票报销过程中有没有授权人的签字。但从过程来看，可能是先签字后报销，也有可能是先报销费用后再找授权人补签，还有可能是伪造授权人签字。传统的审计工作只能看到结果（即是否有签字），但无法看到过程（即签字是报销前还是报销后）。

因此，我们可以要求重要的报销凭单上贴上电子标签。电子标签的信息将包含签字人姓名、授权范围、签字时间和报销时间。从报销流程上说，每经过一个流程，电子标签上的信息就会增加或者更新一次，直到最后报销完成，电子标签上的信息便固化不得随意变更。因此，审计工作人员技能通过审计专用传感设备读取前面电子信息，并还原整个报销过程。

五、结束语

信息环境下，传统的审计组织模式正逐渐无法适应基于云计算、物联网等新技术应用的审计项目的管理需要。如何确保审计项目审计质量，较好地控制审计风险，有效提高审计效率，提高审计项目管理的敏捷度已成为审计工作所面临的最大的现实挑战。审计工作者需要探索信息化环境下审计工作的组织管理模式，不断创新审计技术方法，提升信息化环境下的审计监督能力。

参考文献

[1] 审计署计算机技术中心，审计署信息化建设办公室．国家审计数据中心基本规划——计算机审计实务公告第5号，2007年6月．

[2] 王强．信息化环境下新型审计组织管理模式思考——IT治理视角下的计算机审计管理模式．江苏省南京市审计局，2012.

[3] 高雪．政府审计职能与作用研究［D］．山东经济学院，2011.

[4] 张琼方．政府审计质量影响因素研究［D］．北京林业大学，2011.

[5] 汪旭．政府审计绩效研究［D］．兰州商学院，2011.

[6] 张诗悦．政府审计质量影响因素的研究［D］．浙江财经学院，2012．

［7］乐莹．蒋明祺政府审计思想及其启迪［D］．江西财经大学，2012．

［8］丁志．浅谈审计数据中心的内容、特点和作用［EB/OL］. http：//www. audit. gov. cn/n1992130/n1992150/n1992576/3073707. htm.

［9］齐秀清．供需方视角下政府审计控制效果研究［D］．湖南大学，2012.

［10］文峰．物联网对云审计的影响［J］．中国注册会计师，2011（4）．

浅谈信息化审计管理模式

安徽省黄山市徽州区审计局 张 卉

【摘要】 随着审计对信息化要求越来越严格，审计人员熟练掌握审计信息化的手段、审计机关建立可操作性强的信息化审计管理模式在时下变得越来越重要。本文针对信息化审计的管理模式进行了一定的探讨，从审计信息化的含义入手，认真剖析现行国内外的审计组织管理模式，在此基础上分析了我国审计组织管理模式存在的主要问题后，提出信息化条件下金融审计组织管理模式。

【引言】 原审计长李金华曾经这样说过，“审计人员不懂得计算机将失去审计的资格”。结合现在的实际工作想想，的确如此。审计人员若不懂得计算机，至少无法参与新时期的审计工作；若不会使用计算机审计软件，将无法提高审计的质量、效率并降低审计的成本；无法在更高层次上掌握计算机审计的思路和方法，将难以迎合不断发展的信息化、数字化社会的步伐。由此可见，审计人员熟练掌握审计信息化的手段、审计机关建立可操作性强的信息化审计管理模式在时下变得越来越重要。

一、审计信息化概述

（一）审计信息化的含义

审计信息化是指在被审计对象运行各自业务的过程中，审计部门及其人员为实现其监督、评价、保证的审计目标，全面收集需要的审计证据，通过合理必要的审计程序，充分利用其信息系统产生的财务、业务数据对其资金使用的合规性、有效性、效率性进行审计的工作。审计信息化的基本原则主要有以下四个。

1. 客观性原则

各地有各地的情况，每个审计机关也都有各自的情况，搞审计信息化要从客观实际和现实需求出发，当前最重要的是要防止贪大求全和“一窝蜂”。要做人力、物力和财力范围内的事，做到立足现实和长远打算相结合。

2. 重在应用原则

走审计信息化之路、目的是适应信息化社会的发展，更好地发挥审计免疫系统的功能，只有充分将其应用到审计实践中才能达到这一目的，否则搞再多的软硬件设施、装备都是摆设。

3. 开放性原则

金审工程的成果目前正在全面推广，这是审计信息化工作的统一要求，但各地审计机关在审计信息化工作中形成的有特色的工作方法、经验和成果应当予以继承和发展，不应轻易放弃，要鼓励“八仙过海、各显神通”。信息化工作不只是高层审计机关的事，应当是开放性的，各地工作中形成的好的成果，如专家经验、实用性强的小软件等，都应大力推广。

4. 全员参与原则

审计信息化涉及全部审计人员，在这场审计技术变革中，没有人可以作壁上观，否则就将失去审计的资格。

（二）开展信息化审计的意义

审计信息化是审计技术创新的最重要方面。从免疫过程看，发挥免疫作用的前提条件是免疫识别。审计要发挥“免疫系统”功能，首先要进行审计“免疫识别”。而审计“免疫识别”离不开先进的审计技术方法。就如同传统“望、闻、问、切”诊疗方法发展到现在的各种高科技诊疗方法一样。随着信息技术的快速发展，传统手工条件下的审计技术遇到了来自计算机技术的严峻挑战。审计对象的信息化要求审计手段必须信息化，否则审计人员面临进不了门、打不开账的无奈局面。因此，当前对审计技术创新而言，最重要的就是如何实现审计手段的信息化，如何走好科技强审之路。否则，面对“病毒”，免疫系统无法识别、确认，其功能也就无法发挥。

信息化审计手段的固有优势与“免疫系统”功能的特点相吻合。审计真正发挥“免疫系统”功能，其产生的作用与常规监督性审计的作用是有区别的，集中体现在“三性”上，一是宏观性，传统审计关注的都是某个具体的受托责任关系，而审计免疫系统论关注的则是整个社会经济系统中的受托责任关系。通过解剖麻雀，对审计发现的问题产生的直接原因和深层次原因全面进行分析，提出针对性强、操作性强的建议，为领导宏观决策提供依据。信息化审计则突破了原有手工条件的束缚，对单位大量业务和财务数据，包括信息化系统本身进行分析、审查，显然更有利于从宏观层面进行分析；二是预见性，免疫系统的最大功能就是在病毒入侵时，就能及时识别、确认，并将其清除，而不是等病毒扩散之后处理，体现了预见性，信息化审计则很好地契合了这一点，一方面工作效率极大提高，另一方面一些新的技术，如联网审计，可以使审计关口前移、事先介入，随时跟踪，及时发现存在的问题，并予以解决；三是建设性，审计工作建设性的作用是审计作为经济社会运行一个“免疫系统”的基本要求，要在全面认识的基础上科学分析，努力揭示体制、机制上的原因，从根本上提出建设性意见，促进国家经济平稳、健康运转。而建设性与宏观性是相辅相成的，信息化审计做到了微观与宏观的有机结合，特别是实现了数据的宏观分析，有利于提出建设性意见。

（三）推进信息化审计的主要做法

当前，各级审计机关在信息化道路上形成了各自的做法和经验，要学会取人之长，补己之短。带有规律性的做法主要有以下几点：

一是思想上高度重视。面对目前的形势，各级审计机关要理清思路，要凭着对事业发展的敏锐性和审计职业的判断，清醒地认识到审计信息化建设事关审计事业的生存发展，事关审计质量和审计效率的提高，事关审计人员的职业资格和技能，事关审计机关能力建设，只有走科技强审之路才能更好地发挥审计的职能，发挥审计“免疫系统”的功能，审计也才能有立足之地。

二是制度上提供保证。制度能够为经济社会系统中的人或组织提供一个稳定、有序、可预测的环境，减少了不确定性，降低了获取和加工信息的成本，有利于做出正确的决策、提高工作效率、实现个人或组织目标。单纯思想上重视不能保证审计信息化工作的进一步发展，要在制度上落实，各级审计机关都应将信息化建设纳入“一把手工程”，制定信息化发展规划，建章立制，将信息化工作纳入日常工作考评之中。

三是学习培训上下功夫 。复合型人才的缺乏不可能在短时期内解决，因此，现有人员的学习培训工作显得尤为重要。首先要领导带头，作出表率。榜样的力量是无穷的，领导干部迎难而上，极易带动其他审计人员；其次是要全员参与，形成氛围。要进一步增强审计人员学习应用计算机审计的主动性和自觉性，营造学习和应用计算机审计软件的浓厚氛围。最后是后续教育提供保障，要保证每年有一定的时间进行后续教育，并加大计算机审计培训的内容和力度。

四是运用上求突破。实践证明审计信息化效果如何，关键在于审计人员如何做到将计算机技术与现场审计有机结合。审计信息化的目的就是要提高审计的效率和质量，特别是审计质量，能够发现手工条件下无法发现的问题，这也是审计信息化能更大限度地发挥免疫系统功能的根本所在。计算机审计取得的效果如何是检验审计信息化工作好坏的唯一标准。唯有在运用上取得突破，我们才能认定信息化工作产生了好的效果。

二、信息化环境下审计组织管理模式国内外研究现状

（一）国外研究现状

国外学者的主要研究，集中在对独立审计、内部审计的管理，而对政府审计管理的研究则相对比较少。

（二）我国的研究现状

刘家义审计长在2009年指出，“审计管理是当今审计工作发展中所面临的一个重要的理论与实践问题”。对于审计管理体系的构建，石爱中副审计长提出了6点要求：坚持科学发展观；大胆借鉴管理学的理论与成功经验；把握审计管理体系的整体性和系统性；构造与现行审计相适应的审计管理模式；坚持审计管理的信息化方向；坚持理论与实际结合，原则与实务并重。高翔、曾俊对当前审计计划编制中存在的诸如中央和地方分别管理的模式不利于充分发挥国家审计资源的整体合力、重年度计划轻中长期计划、重计划完成轻可行性研究、交叉审计较多和审计任务安排不均衡、较少考虑审计技术发展要求等问题进行了分析，并提出了从体制上完善审计计划管理方式、提高审计资源的整体效能、加强审计计划的编制能力，科学合理地安排审计计划、加大审计计划编制理论研究力度等建议。

通过分析可以发现，现有研究主要集中于对审计管理某方面的研究，如审计计划管理、审计资源管理、审计质量控制等，对于在信息化环境下的审计管理创新的研究国内外尚处于初期阶段。而当前经济发展形势对审计工作提出了新的更高的要求，需要通过审计创新来适应形势发展和审计工作自身发展的要求，以推动审计工作与时俱进。

三、当前审计信息化现状

面对审计对象已经普遍实现信息化的现状，审计也不可避免地要在审计

技术与手段上实现信息化。

随着被审计单位账务处理和相关业务等日益电子化、信息化、网络化，传统的审计手段和审计方法遭遇了新的挑战，审计机关要有效地履行审计监督职责，必须顺应这种形势的发展，积极探索审计的新途径和新方法。于是审计机关在使用AO软件的同时，联网审计作为新兴的审计方式也应运而生。通过联网，可以实现智能的自动化审计，还可以通过系统预警功能实现同类问题的自动发现，大大提高审计质量和效率。

由于审计获取的被审计单位数据资源不断积累，为解决数据的高效利用问题，审计署适时提出了建立国家数据中心的要求，同时要求各省建立省级数据分中心，地市和有条件的区县建立地方数据分中心。

四、我国目前审计组织管理模式存在的主要问题

面对审计信息化，审计机关的组织形式却并没有同步发展，无论是人员机构的组织形式还是审计项目的组织形式，都落后于计算机审计的技术与手段。

1. 部门之间的疆界明显，存在信息孤立的现象

各部门很少从全局高度来审视相关工作，“你的”和“我的”泾渭分明。部门与部门之间的领地疆界明显，导致审计信息、审计资源、审计成果很难流动、整合与共享，产生了“信息孤岛”“资源壁垒”现象。别人很难知道你那里是否有他需要的或者可以借鉴的信息。除此之外，审计机关在整合、利用外部资源和信息方面的意识也比较落后。

2. 审计组织形式滞后于信息化发展水平

传统审计项目组织管理模式多是以人的行为结果出发的，是事后的、静态的被动式管理。

例如，在进行大型审计项目时，就不能拘于传统审计组织模式和作业方式，要以“一个中心、两条通道、一个平台、三个依托”为框架的大型项目组织管理体系。即以OA、AO交互为载体，构建一个大型项目统一指挥中心，统一下达项目执行的各项指令，实现对大型项目审计的统一指挥和调度；以互联网和审计专网为载体，形成日常事务性信息和重要业务数据两条通道，实现各审计组之间的信息沟通和数据传递；以AO系统为支撑，建立一个数据平台，实现对大型项目数据的集中式处理，其中，通过利用AO联机版对数据进行切割转换，通过建立数据库及开发应用相应软件，实现对大数据的汇总和分析。

五、信息化条件下金融审计组织管理模式

（一）金融信息化要求审计组织协作方式必须与之相适应

金融信息化的三个特点都对审计项目组织协作方式提出了更高的要求，数据的大集中愈发凸显了总行“龙头”的重要性，目前可以说数据集中在哪里，哪里就应该成为金融审计的切入点，但是数据的集中可以说是一把“双刃剑”，既把我们审计密切关注的信息聚拢在一起，同时也带来审计压力的聚集。如果总行数据集中分析这一环节卡住，直接影响到线索核查环节和问题反馈环节的效率，容易导致“无米下锅”和“导航失灵”问题的出现。在目前“集中分析、发现线索、分散核查、系统研究”的金融审计方法论指引下，实质性审计测试过程实际上是一种流水线性质的作业协作流程，如果“龙头”作用起得好，整个审计流水线都会焕发出前所未有的活力，如果不能完全发挥集中分析的指挥棒作用，会直接影响到下游流水线作业。因此在信息化条件下，金融审计项目实施组织方式就必须由网状结构逐渐向“总—分”结构靠拢，向数据集中的地方倾斜。

共享是信息化带来的一大便利，目前各家金融机构搭建的“总行—分行—支行”三级互联网络为审计共享搭建了物理共享链路。审计共享包含了两个方面，分别是实时审计数据共享和实时审计模型共享，通过联网审计，分布在不同地域的审计组可以同一时间看到同一份数据拷贝，使审计组不必拘泥于地域空间，在核查问题的同时也可以在审计延伸地区的被审计单位分支机构就地开展二次分析工作，并且就延伸中发现的一些新的情况和苗头性问题，立即补充完善审计思路，完成审计模型的二次开发，并且通过物理共享链路与总行审计组和其他分行审计组实时共享，为扩大审计成果创造有利条件，实现完全意义上的远程审计与现场审计完美结合。

信息技术的发展为审计信息传递提供了强劲动力。在金融审计中，信息的传递方向由纵向的上下传递逐渐变成横向纵向双向传递，而且信息的流量与日俱增。信息化能够从技术层面解决传递速度慢和信息失真造成的决策延误和效率低下的问题，但是这种横向的信息共享要求传统金字塔式的组织结构也必须发生相应的变化。与此同时，伴随通信领域的飞速发展，即时通信技术日臻完美，即便相隔万里，通过即时通信软件也可以达到天涯若比邻的目的，因此可以采用联网联合审计的组织管理模式，组建虚拟团队，只要能做到数据及审计模型实时共享、互动与反馈机制快速有效，就可以达到“集中分析不一定人员集中，核查问题也是集中分析一部

分”的效果。因此金融审计组织协作机制可以尝试从松耦合实体化的结构向紧耦合虚拟化形式转变。

数据的“亚实时”集中也使金融审计关口前置成为可能。跟踪审计的精髓在于事前审计与事中审计、事后审计的有机结合。数据作为金融行业日常业务经营的外在表现，它的快速集中为审计的及时介入提供了极为便利的条件。尤其是关系到国计民生的金融行业，受到宏观政策影响的波动比较大，而且宏观政策在落实成效方面也往往最先体现在金融行业，在这种前提下，实施金融跟踪审计的意义就更加突出，所以金融审计组织协作机制完全可以日常化、常规化，通过实时监控金融行业业务开展和资产质量变化情况，认真研究国务院领导关心的重大问题和社会关注的金融领域热点，使跟踪审计忠实服务于宏观调控，发挥金融审计揭示风险、维护安全的长效机制。

（二）金融信息化要求审计资源配置方式与之相适应

金融审计时间紧、任务重是有目共睹的客观现实，在金融高度信息化的条件下，如何合理配置审计资源是一个亟须探讨的课题。金融信息化对各个审计阶段资源配置的合理性提出了更高要求。

在审计调查阶段，数据准备工作被摆到了更加重要的位置，很大程度上审计效率高不高，审计项目成果多不多与数据准备工作质量的好坏有直接关系。在这一阶段，需要组织既懂业务逻辑又懂数据分析的审计人员先期进驻被审单位，完成数据采集整理、标准化以及消除信赖过度风险的分析性验证，同时在以上基础上还要根据审计工作方案，完成视图切分、访问权限配置等工作。因此就整个审计过程来说，在人力资源配置、时间完成时限方面就必须向审计调查阶段倾斜，才能保证后续的审计实施阶段的工作效率。

信息技术能使组织超越时空局限达到组织目标。时空的制约是传统组织设计过程中关键性障碍，而电子通信技术能为组织成员超越时间和空间提供帮助。在审计活动中，审计组织内部各部门之间的横向通信和协调功能都可以通过电子技术来实现，从形式上使组织变得更加开放和分散。组织的每一个成员可以分布在不同的地点，这种理想的“敏捷”型组织只有在信息化条件下才能够实现。此外，信息网络的开放性、交流性也促使不同审计组织之间寻求建立新的合作关系，形成新型审计组织形态。

组织管理的前提是承认组织支配资源的稀缺性。具有复合型知识架构的审计人员目前来看仍是一种稀缺资源，加之审计任务千变万化，时限要求越来越短，传统僵化的组织既难胜任，也不经济，因此信息化时代的审计资源应该利用信息和网络技术进行调配，以审计项目为中心，组成虚拟的动态的团队联盟。它的主要特征是：以信息技术为依托，随审计项目的需要而产生和随审计业务的终结而解散，通过业务包干、风险各担、责利对等、整体协作和优势互补的柔性管理方式来组织整合审计资源，实现审计团队投入产出比的最大化。

（三）金融信息化要求审计组织管理中风险控制能力与之相适应

海量数据的集中给获取审计信息带来了便利性，但这种把所有的鸡蛋放在一个篮子里面的做法无形中也造成了审计风险的集中，所以在这种背景下，审计风险控制应该成为组织管理模式改革中需要关注的重点。

高度信息化本身要求审计实施手段相应提高。因为金融业务高度抽象为海量数据以后，因为验证手段有限，数据的信赖过度风险被提高到了一个新的数量级。例如在数据分析中发现了一些可疑线索，实地延伸时发现是因为柜员手工录入有误造成的，这样便浪费了宝贵的人力资源和时间成本，因此为了降低依赖过度风险，内控测试程序在信息化条件下必须比过去传统的账项基础审计更加严谨，才能保证审计项目组织管理的效率。

由于数据高度抽象化，理解其真实业务含义的难度不断增加，造成实质性测试中的误受风险和误拒风险均有所提高。国内大型商业银行的信息化水平某种意义上已经走在国际化的前列，各家商业银行基本上都建立了以电子记账系统为核心，外围以业务管理系统作支撑的实时综合业务系统，以及面向主题主要服务于前端应用和决策分析的数据仓库管理系统。但是核心系统和业务系统之间，以及业务系统与业务系统之间对同一实体的数据字典描述都不尽相同，比如“币种”这一字段可能在各个系统内的编码都不一样，而且由于在构建流程化银行方面，各家银行进展程度不一，造成核心记账系统和业务系统普遍存在数据更新不一致的现象。这些信息化带来的新的问题都不同程度地提高了误受风险和误拒风险，给审计组织管理提出了新的挑战。

生产力的发展决定了生产关系的变革方向。诚然，信息化浪潮作为先进生产力的一部分，对传统审计组织管理提出了挑战。但不可否认，技术的创新也为审计创新提供了有效的实现途径。审计手段创新极大地拓宽了金融审计领域的深度和广度，审计组织方式创新为优化审计资源配置、突破时空条件约束创造了有利条件。在新的形势下，如果不能顺应金融信息化潮流，就无法找到金融审计最有效的切入点，反过来信息化也可能成为提高金融审计质量和效率的催化剂。我们相信借助于“信息化”这样一双翅膀，金融审计的前景必将更加广阔！

参考文献

[1] 刘家义．以科学发展观为指导 推动审计工作全面发展［J］．审计研究，2008（3）．

[2] 石爱中，孙俭．初释数据式审计模式［J］．审计研究，2005（4）．

[3] 刘汝焯．计算机审计技术和方法［M］．北京：清华大学出版社，2004.

[4] 刘绍辉．信息化环境下的审计项目一体化管理［J］．中国审计，2007（15）．

[5] 刘明亮．湖北创新大型项目审计组织管理方式［N］．中国审计报，2008，12.

[6] 赵军．信息时代计算机审计的风险与防范［J］．商业会计，2007（3）．

[7] 周德铭．信息化环境下新的审计方式探索［J］．中国审计，2008（4）．

信息化审计管理模式实践探索

北京市审计局 陈应兵 崔 兵 陈 华

【摘要】 为适应首都信息技术快速发展的形势，满足北京审计改革创新、审计工作科学化管理以及审计模式、审计手段转变的需要，北京市审计局自2006年起开发了北京审计信息管理系统（以下称京OA系统）。该系统2007年试点运行，2009年全面试运行，2010年开始正式投入使用。经过6年314个审计项目和政务办公的应用，京OA系统探索和实现了审计项目流程管理数字化、过程质量控制数字化和审计基础规范化，有效地提升了审计项目科学化管理水平。

一、信息化审计管理模式的实践途径

（一）审计信息化项目建设背景

2005年3月10日，在北京市审计工作会上，时任审计长李金华对北京审计信息化工作提出了殷切希望，时任北京市市长王岐山也明确要求："北京审计信息化要与首都地位相适应，要努力走在全国前列，争创全国一流水平。"

为了积极贯彻审计署和市领导的指示精神，切实抓紧审计信息化建设，北京市审计局成立了以主要局领导为组长的审计信息化建设领导小组，组织专门力量开展信息化建设的规划和实施工作。2005年4月，北京市审计局向市政府呈报了《北京市审计局2005至2007年审计信息化发展规划》，提出了开发建设审计业务应用信息系统，构筑政务管理信息系统，基本完成基础性审计资源数据库的建设，建设结构合理、安全高效、快速反应的北京审计信息网络平台，逐步完善审计信息化的标准及规范等工作目标。时任市长王岐山，副市长翟鸿祥、范伯元均做了重要批示，不仅强调要加快审计信息化建设步伐，而且还要求市府各委、办、局加强信息化工作的考核，要求市政府主管部门将信息化水平列入年终委、办、局考核的单项指标。2005 年 8 月 30 日，市发改委批复《北京市审计局信息化建设工程项目可行性研究报告》，其总投资估算为 2958 万元。

（二）京 OA 系统的开发思路

北京市审计局根据自身业务特点，着力研究和分析了审计业务，特别是研究了审计项目从审计计划、审计立项、审计实施、审计报告和审计结果落实等环节存在的制约审计项目科学化管理的突出问题。这些问题的具体表现包括：基础管理不科学，项目进度及执行情况不能全面及时掌握，项目记录中的要素填写不全，项目数据缺乏有效管理和利用；审计制度落实控制不科学，如《北京市审计局项目管理目标责任制》《北京市审计局审计项目质量考核办法》和《北京市审计局审计成果综合利用管理办法》等管理制度执行不到位；审计项目全过程质量控制和管理不科学，如制定的方案粗细不一，已定方案事项得不到有效执行，审计报告难以全面回答实施方案的要求，缺乏对过程的控制等。

为了科学地解决上述问题，北京市审计局从审计项目责任制管理、审计项目全过程质量控制、全面规范和强化审计基础以及审计工作自身特点出发，创造性地研究出审计项目全流程数字化管理、全过程数字化质量控制的系统研发技术方案：按照审计业务制度框架和数字化技术架构的总体要求，研究提出了系统开发的实施方案。即对实施方案、审计事项表、常用法律法规进行结构化设计，并利用信息化手段，将实施方案与审计事项表（对实施方案重点内容的细化分解以及对审计人员责任的明确和落实，形成审计人员可操作的审计事项表，由审计事项表定义了审计人员在审计过程中应该遵循的步骤、目的、方法、结论、取证的标准等），审计事项与审计工作底稿，审计工作底稿与审计报告进行有机关联，并形成“方案—事项—底稿”，“事项结论—审计内容—过程记录”，“问题定性—法律依据—处理处罚”的制约关系，从而达到对审计项目全过程管理和控制的目的。

最终，要实现审计项目科学管理的目标，即围绕“强化基础，规范管理，控制风险，提升质量”的总体要求，以审计计划为龙头，以审计项目管理和质量控制为核心，以各项制度规范为基础，充分利用信息化手段，统筹资源，有效提升审计工作整体水平。

（三）京 OA 系统的应用过程

2006 年，京 OA 系统开始建设，2007 年核心业务系统建成，并在北京市审计局 4 个审计项目上进行了试点，包括："涉农专项资金审计调查""市住房公积金管理中心审计""世行贷款北京环境二期项目污水管理子项目"和"首都旅游集团本部及所属酒店资产负债损益审计"。四个项目试点成功，标志着京 OA 的开发取得初步阶段性成果，也标志着北京市审计局审计项目管理科学化的实践探索取得初步成效。

从 2008 年的 11 个审计项目开始，北京市审计局逐年扩大京 OA 系统试点项目的数量。2010 年，京 OA 系统在北京市审计局全面正式运行，有 57 个项目应用了该系统。到 2012 年年底，共有 314 个项目应用了京 OA 系统进行审计。

同时，京 OA（区县版）也于 2009 年开始试点工作，先后在大兴、丰台、石景山、房山 4 个区县审计局的 11 个审计项目部署运行。2011 年，京 OA（区县版）在北京市区县审计局全面正式运行。

二、应用京 OA 实现信息化审计管理模式的路径

京 OA 系统从内容上划分，包括五大应用系统：一是审计业务系统（审计机关 + 审计现场），主要有计划管理、项目管理和质量控制及成果管理、现场审计管理等系统。二是政务管理系统，包括公文、档案、邮件等管理系统，教育培训、人事管理系统，财务、资产管理系统，以及行政办公、后勤服务、党团工会、监察工作管理等系统。三是审计资源管理系统，主要是计划决策支持数据库、法律法规数据库、被审计单位数据库、审计操作实施指导库、审计档案数据库、审计成果数据库以及审计人力资源数据库等系统。四是决策支持系统，以审计工作统计、分析、查询为主要功能的系统。五是联网审计系统（试点）。

京 OA 系统从部署方式上分为两部分，即部署在审计机关的综合管理系统和部署在审计现场的现场管理系统（现场管理系统支持单机、局域网两种方式）。

从系统功能层面分为计划管理功能、执行管理功能和成果管理功能三个部分，适用于所有类型的审计项目。

（一）审计计划管理

京 OA 系统的计划管理主要包括计划编制与调整、项目立项、计划动态监督等功能。

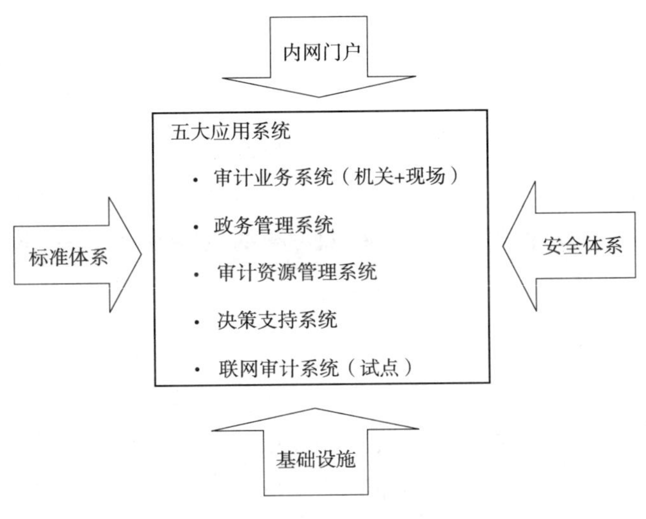

图1　京 OA 系统的构成

1. 计划编制与调整

京 OA 系统按照北京市审计局的审计项目计划管理办法设计系统流程，遵循业务部门申报、综合部门汇总、审批后征求意见、最终发布正式的年度审计项目计划的流程，即“两上两下”的模式编制年度审计计划，主要包括指导意见、计划编制、计划调整等内容。

2. 项目立项

在系统中完成计划制定后，便是计划的执行。在计划执行前，有一项重要工作就是在系统中立项，即把计划转变成可实施的审计项目，这时要组成审计组，明确相应实施责任人。

3. 计划动态监督

计划动态监督主要是对审计计划的执行情况进行动态监督。审计人员应用现场管理系统，按各自分工将每天完成的审计事项内容通过网络或移动存储介质报送审计组组长或主审，审计组组长或主审至少每隔两周将组内审计事项表、取证资料等审计现场数据汇总后上传回审计机关。京 OA 系统采用结构化设计方式，能根据上传数据即时动态统计出项目进展情况、审计事项完成情况等各种信息。

除了审计项目各级责任人能通过京 OA 系统及时了解掌握实施方案完成率、审计事项表填写质量，以及影响现场审计项目进度的有关情况外，北京市审计局还责成综合处会同法制处、复核处、绩效考评中心和计算机中心，对各审计组在系统中“两周一上传”的数据情况进行检查。检查内容包括：

审计人员在实际审计过程中是否按照批复的审计实施方案设定的目标、步骤、方法进行操作；是否按进度要求开展工作以及审计事项过程记录、结论填写的质量等。同时及时分析总结有关情况，特别是对京OA应用过程中出现的普遍性问题、好的经验做法等，采取局业务会、问题解答、案例培训等多种形式，指导审计组审计实施工作。按照《北京市审计局绩效管理办法》，检查结果最终将成为各业务处年度绩效考核的重要内容。

（二）审计项目管理和质量控制

京OA系统的审计工作方案、审计实施方案、审计通知书、审计实施和审计终结等功能，实现了审计项目全过程的数字化控制。在审计项目开展前了解被审计单位的基本情况，下发审计通知书。了解被审计单位情况时要求填制过程记录，并根据了解的具体情况，在京OA系统中编制审计实施方案。

1. 审计实施方案

京OA系统设计的实施方案区别于传统手工方式的实施方案，它是系统结构化处理的实施方案。所谓结构化（又称表格化），从技术角度讲，就是将信息按一定规则进行拆分细化，在内容上更便于使用计算机进行管理。

具体来说，应用京OA系统对实施方案、重点内容的细化分解以及对审计人员责任的明确和落实，最终形成审计人员可操作的审计事项表，由审计事项表定义了审计人员在审计过程中应该遵循的步骤、目的、方法、结论、取证的标准等，使审计人员的行为进一步规范，并提高审计质量。通过京OA系统的应用，改变了传统手工方式下审计人员不重视实施方案，随意性很强，审计质量难以保障的情况，突出了审计业务管理的核心就是项目管理和质量控制，也进一步突出了项目管理和质量控制是依靠工作方案和实施方案有效地制定、落实来实现的总体工作思路。

京OA系统的实施方案分为四个部分，即基本信息、审计内容、项目进度、方案附表。在基本信息栏，填写被审计单位名称，延伸单位名称、编制依据、审计目标等。

由于京OA系统审计实施方案内容中已规定了实施的审计事项，也就是审计工作需要审计的几个主要方面，即一、二、三级等审计事项。在一级审计事项的基础上，有必要的再拆分二、三级审计事项，依此类推，直到末级审计事项。在系统中有明确的要求，完成一个末级事项的要求、步骤方法是什么，同时也告诉审计人员下一步要做什么。项目进度功能的应用能够管控项目执行每个环节的计划开始时间和计划结束时间等。

2. 标准事项库引用

在系统中编制审计实施方案时，可根据项目实际情况应用京 OA 系统的标准事项库（审计操作实施指导库的子模块），直接引用库中的全部或部分标准事项内容，为编制审计实施方案中的审计内容提供了便利。

例如，2010 年度部门预算执行审计工作在实施审计之前，根据审计署《部门预算执行操作指南》、北京市部门预算执行的特点和 2010 年预算执行审计工作总体方案，确定了 2010 年度部门预算执行审计重点事项拆分办法，编制了《2010 年度北京市部门预算执行审计操作指引》（以下简称《指引》）。《指引》中 2010 年度部门预算执行审计重点内容（审计事项）共分为 6 个一级事项和 20 个三级事项，涵盖了 2010 年度部门预算执行所需涉及的主要内容，同时规范了审计实施的步骤方法。审计事项拆分最终形成结构化的审计事项表，并以标准事项库的形式固化在京 OA 系统内。年内 33 个北京市预算执行审计项目全部按照标准事项库中确定的标准审计事项，在系统中完成了审计实施方案的编制、审核和下达，并装入现场管理系统。通过 33 个审计项目的系统应用，京 OA 系统达到了预期效果。

3. 现场实施

在京 OA 系统中编制完成审计实施方案后，审计人员通过审计现场管理系统到被审计单位实施现场审计。到审计现场之前，京 OA 系统依据审计实施方案所规定的审计内容、审计分工，将审计事项自动分发到每个审计组组员笔计本电脑上可操作的审计事项表中。该表规定了审计人员应完成的审计事项，以及审计事项中的目标、要求和步骤方法。

（1）审计事项表（现场管理系统）。京 OA 系统的审计事项表是结构化审计信息记录平台，由四部分内容组成，即基本情况、过程记录、审计事项结论和事项的相关资料。根据审计现场情况复杂多变的实际情况，京 OA 系统在规范审计人员操作的同时，充分考虑了应用系统的灵活性。比如，根据现场实际情况，审计组组长或主审可增加二级及以下审计事项（自定义事项），审计人员也可根据现场实际情况，增加审计事项的步骤方法（自定义步骤方法）。但是对审计事项、方案事项的调整必须经过方案审核人的批准，走方案调整的流程。

（2）结构化法律法规的引用。京 OA 系统的法律法规数据库，采用结构化的设计，与系统审计事项表功能相互关联，对常用法律法规按照“条、款”等进行逐项拆分和结构化处理，并智能归集、分析、统计出以往审计项目（已在系统中结项的审计项目）审计事项表中定性名称、定性依据和处理处罚依据三者的对应关系及被引用的次数（按引用次数大小排序），供审计人员在系统审计事项表填写问题审计事项的定性名称、定性依据和处理处罚等内容时，进行选用。特别是系统法律法规数据库的问题定性功能，按照项目类型（预算执行、行政事业、企业、经济责任、固定资产投资审计等），统一规范了对审计事项问题定性名称的描述。

通过以上京 OA 系统的功能应用，逐步做到定性名称、定性依据和处理处罚依据的规范和统一，即不同审计项目（同类项目）同一审计事项问题定性名称描述一致，其定性依据和处理处罚依据相同。

（3）审计工作底稿。京 OA 系统按照《中华人民共和国国家审计准则》的规定，自动生成重要审计事项的审计工作底稿，用以支撑审计报告。只要审计人员按照事项表的要求填制了过程记录，就能在系统中自动生成审计工作底稿，避免了审计人员的重复劳动，也使工作底稿的内容更加完整规范。

（4）京 OA 系统与审计署 AO 结合应用。北京市审计局充分利用京 OA 系统项目管理优势与审计署 AO（以下简称 AO）数据采集、分析优势，实现了两者的有机结合。具体来讲，首先利用京 OA 系统分解项目实施方案，拆分审计事项，对审计目标逐级细化和分解。再利用 AO 采集被审计单位的财务和业务数据，针对具体审计事项，分析查找问题，获取审计证据。最后将 AO 检查的过程记录和审查结果添至京 OA 系统对应的事项中，作为审计事项结论的支撑，从而实现京 OA 系统与审计署 AO 的结合。

（5）审计终结。当现场审计管理系统操作完成后，京 OA 系统进入审计终结阶段的操作，将自动生成《审计小组报告草稿》，包括：审计依据、审计基本情况、审计评价意见、主要问题和审计建议。审计报告经过各环节反复修改，最终形成审计报告组长稿、处长复核稿、征求意见、处长审核稿、复核处复核稿、主管局长审定稿，将在系统中留存。

（三）审计成果利用

成果管理是最后一个步骤，在这个环节产生需要向政府或人大报送的审计信息、要情等。另外，每个审计项目完成后需要进行结项管理，相应的项目数据被转入系统的相关资源库中，为以后实施同类审计项目提供参考。审计项目终结后进行归档处理。审计人员在实践中获得的宝贵经验及时予以整理和留存，数据被归入审计对象、档案库和审计事项库，为以后审计信息的综合利用创造了条件。至此整个项目流程结束。

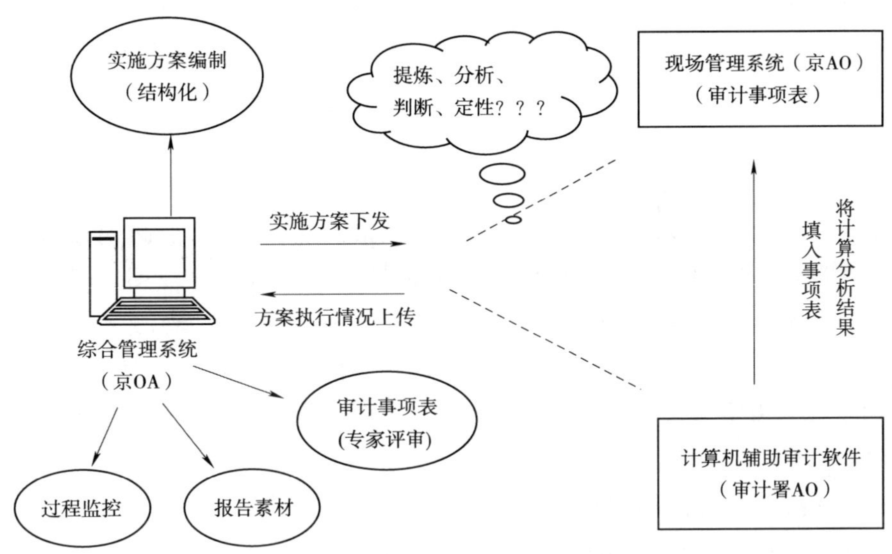

图2　综合管理系统与现场管理系统关系的示意图

三、信息化审计管理模式的实践成效

京OA系统在北京市审计局正式运行以来，在强化审计制度的执行力、提高审计质量和工作效率、实现审计数据的有效积累和共享等方面取得了积极的成效。

（一）强化了审计制度的执行力

北京市审计局以《北京市审计局审计项目目标责任管理办法》《北京市审计局审计成果综合利用管理办法》《北京市审计局审计项目质量考核办法》三个核心业务管理办法的有关规定、要求、工作流程等硬性内容为要素建立系统模型，并固化和贯彻于业务管理系统。在组织开展和实施审计时，应用系统管控审计人员的操作行为，从而增强了制度的执行力，促进了各项制度特别是审计规程的有效落实。特别是《部门预算执行审计操作指引》等审计操作规范（指引）在京OA系统中的运用，提升了审计项目的系统性和整体性，实现了审计操作规范（指引）与系统功能相互融合。

（二）进一步提高了审计质量

京OA系统设计的结构化审计实施方案和结构化审计事项表的功能，将审计项目目标、任务以及重点审计内容、步骤和方法，细化分解并落实到审计责任人。通过系统的流程控制，保证了审计实施方案所确定的审计事项和任务按照要求落实和完成，实现了审计项目从计划、实施、报告及成果利用等全过程的控制和管理。

京 OA 系统再造了审计项目各环节的工作流程，管控审计人员的作业，保障了审计项目全过程的各个环节的工作内容的落实到位，预防或避免了审计作业过程中的“漏审”“漏记”“漏报”等问题的发生，有效提升了审计质量。对审计项目在局机关的工作内容和在审计现场的作业内容分别加以管控，在局机关应用综合管理系统，到被审计单位实施审计应用现场管理系统。有效地监控审计项目的计划申报、项目立项、审前调查、编制方案、发送通知、审计实施、审计报告、结果反馈、项目结项、项目归档等全过程目标任务的落实和完成情况，不仅促进提升了审计质量，而且规范和强化了审计基础工作。

（三）有效提高了审计工作效率

京 OA 系统的应用使审计工作效率得到了较大的提高，主要表现在以下方面。

扩大了部门预算执行审计覆盖面。例如，2010 年度部门预算执行审计工作，应用京 OA 系统后，在市局审计人员、各项审计资源没有增加的情况下，组织实施了 33 个部门预算执行审计项目，比上年（11 个项目）增加完成了 22 个项目，提高了 2 倍。

缩短了审计实施方案的编制时间。审计事项拆分形成结构化的审计事项表，并以标准事项库的形式固化在京 OA 审计业务信息管理系统内，在拆分审计事项时按规定进行引用，大大加快了审计人员编制方案的速度，每个审计项目实施方案原来至少需要 2 ~ 3 天编制完成，应用系统引用标准事项后只需要半天就可以完成，极大地提高了审计工作效率。

实现了审计计划执行情况的及时监控。审计计划动态管理的应用，通过现场管理系统和机关综合管理系统之间的数据交互，管理部门能及时了解掌握实施方案完成率、审计事项表填写质量以及影响现场项目进度的有关情况，并根据实际情况及时合理调配审计资源，加强了审计计划的执行力度，保障了审计工作按时按要求顺利实施。

系统自动生成审计工作底稿、审计小组报告素材，以及数据统计、归集汇总，从而节省了审计人员文字处理和计算的时间，极大地提高了审计工作效率。

（四）实现了审计数据的有效积累和共享

随着京 OA 系统全面应用，北京市审计局的审计项目从审计计划、立项、工作方案、实施方案、通知书、被审计单位基本情况、审计事项表、审计底稿、取证资料、资料交接、审计报告，以及结果落实情况等各个环节，实现了数字化管理，审计项目数据开始有效积累，资源共享水平不断提高。特别是京 OA 对审计实施方案、审计事项表、审计报告等采用的结构化设计方式，可以从多角度、多纬度抽取审计项目数据，通过关联、趋势等分析，把信息资源的价值真正开发出来，为审计实施和审计决策服务。

通过应用京 OA 系统可实现审计经验持续积累和共享。京 OA 系统将实施审计时编制的审计事项表，以及形成的计算机审计专家经验和 AO 应用实例，即时存储到审计事项库、专家经验库，为北京市审计局审计工作提供审计信息服务，特别是为年轻审计人员提供借鉴。随着系统内应用项目的逐步累积，也为今后审计类似项目，或编制审计操作指南提供了经验的积累。

参考文献

[1] 于玉林，项文卫．审计管理学［M］．北京：中国时代经济出版社，2009.

[2] 胡志勇．国家审计管理系统创新研究［M］．北京：中国时代经济出版社，2010.

[3] 史宁安．国家审计项目全面质量管理［M］．北京：中国时代经济出版社，2008.

[4] 刘家义．以科学发展观为指导推动审计工作全面发展［J］．审计研究，2008（3）.

[5] 刘英来．中国审计学会审计管理研讨会综述［J］．审计研究，2004（5）.

[6] 闵青．关于审计管理的若干思考［J］．财会月刊，2005（9）.

[7] 张文婧．改善审计业务管理的思考［J］．审计与经济研究，2007（5）.

[8] 甘伟军．国家审计业务管理模式创新初探［J］．审计研究，2009（5）.

[9] 宋常．“免疫系统”理论视野下的国家审计［J］．审计与经济研究，2009（6）.

[10] 高林．关于审计创新的几点思考［J］．审计研究，2006（3）.

信息化条件下的审计组织模式探析

吉林省德惠市审计局　王　中　崔国良　张继锋

【摘要】 本文介绍了信息化条件下的审计技术手段，以及这些手段的出现带来的对审计组织模式的需求，探讨信息化对审计组织模式的影响及信息化条件下审计组织管理模式的创新。

【引言】 随着全球化的信息化发展，审计人员如果不掌握计算机，将“失去审计资格”。因此，为了在信息化条件下有效履行审计监督职责，审计署确定了“金审工程”建设的总体目标，即用若干年的时间，建成对依法接受审计监督的财政收支或财务收支的真实、合法、效益实施有效监督的国家审计信息系统。

当前，基本建立了在信息化环境下审计人员的审计工具和审计思维方式，建设成果已在全国审计机关得到了迅速推广和应用，审计的职业风险暂时得到了缓解。随着审计信息化的逐步推进，审计署将启动以公共管理和国家经济安全为目标的审计系统建设，建立国家审计数据中心、数据分析中心和数据交换中心，而地方审计机关也将逐步建立地方审计数据中心。然而，与此同时，另一个风险——审计管理风险却在不断变强，传统的审计管理理念、管理方法、管理机制已不能适应信息化时代的要求，审计管理者们面临着“失去指挥资格”的管理风险。如何防范这一风险？对策之一就是加强审计管理的研究，对现行审计管理模式重新进行审视，重构审计管理体系，将审计信息化元素纳入审计管理系统之中，重点研究审计信息化要素对审计管理系统带来的深刻影响。因此，我们有必要就一些新型管理模式展开研究性的论证，甚至付诸实践。

本文试图分析信息化对审计组织模式的影响，并探讨信息化环境下审计组织管理模式的创新，为审计工作更好地开展达到抛砖引玉的目的。

一、信息化条件下审计组织管理模式国内外研究现况

（一）国外研究现况

国外学者的主要研究，集中在对独立审计、内部审计的管理，而对政府审计管理的研究则相对比较少。较有代表性的有英国著名审计学家戴维·弗林特教授所著的《审计哲学与原理导论》，首次提出了“本质与目标—假设—概念—标准”的理论结构模式（弗氏模式），同时形成了具有突破意义的研究成果——审计控制机制论，认为审计作为一种特殊的控制行为活动，要实现其控制目标，必须拥有并遵循特定的规范即标准（非单指通常意义的审计职业标准）。

在实践上，当前世界很多国家的审计部门伴随信息化的发展都对单位组织架构进行了重组。如意大利在1975年建立了连通意大利审计法院和财政部的共享网络，实时调取所需的数据资料，美国GAO组织架构中组建了两个与信息化相关的部门。

（二）国内研究现况

“审计管理是当今审计工作发展中所面临的一个重要的理论与实践问题。”刘家义审计长在2009年指出，审计管理涉及审计工作的方方面面，是一项系统工程。如果没有系统和规范的管理，审计工作是难以搞好的。

对于审计管理体系的构建，石爱中副审计长提出了6点要求：坚持科学发展观；大胆借鉴管理学的理论与成功经验；把握审计管理体系的整体性和系统性；构造与现行审计相适应的审计管理模式；坚持审计管理的信息化方向；坚持理论与实际结合，原则与实务并重。高翔、曾俊对当前审计计划编制中存在的诸如中央和地方分别管理的模式不利于充分发挥国家审计资源的整体合力、重年度计划轻中长期计划、重计划完成轻可行性研究、交叉审计较多和审计任务安排不均衡、较少考虑审计技术发展要求等问题进行了分析，并提出了从体制上完善审计计划管理方式、提高审计资源的整体效能、加强审计计划的编制能力，科学合理地安排审计计划、加大审计计划编制理论研究力度等建议。

通过分析可以发现，现有研究主要集中于对审计管理某方面的研究，如审计计划管理、审计资源管理、审计质量控制等，对于在信息化环境下的审计管理创新的研究国内外尚处于初期阶段。而当前经济发展形势对审计工作

提出了新的更高的要求，需要通过审计创新来适应形势发展和审计工作自身发展的要求，以推动审计工作与时俱进。

二、当前审计信息化现况

（一）审计对象普遍信息化

目前审计对象已经普遍实现信息化，2010 年审计署相关部门曾对全国党政机关的信息化进行了专项调查，调查结果表明各被审计单位的信息化水平普遍较高。同时很多地方政府都正在按照统一规划、统一标准、统一建设的要求，整合党政机关信息资源，构建全市统一的电子政务信息，建立公共基础数据库。

（二）审计技术手段信息化

面对当前信息化触及各行各业，审计也不可避免地在审计技术与手段上要实现信息化。一方面，随着被审计单位账务处理和相关业务等日益电子化、信息化、网络化，传统的审计手段和审计方法遭遇了新的挑战，审计机关要有效地履行审计监督职责，必须顺应这种形势的发展，积极探索审计的新途径和新方法。于是当前全国审计机关普遍部署使用了 AO 软件。同时联网审计作为新兴的审计方式也应运而生。通过联网，可以实现智能的自动化审计，还可以通过系统预警功能实现同类问题的自动发现，大大提高审计质量和效率。当前涉及财政内预算资金，如资金拨付、国库集中支付、社保基金和住房公积金等，都可以实行联网审计。此外，还能与组织部信息系统进行关联提前做好领导干部的经济责任审计安排。

同时，随着网络技术、信息安全技术的发展，移动审计办公技术不断成熟，跨地域审计资源利用程度更加深入，资源利用方式和手段更加高效和现代化。

（三）审计数据存储方式信息化

随着审计信息化不断发展，近年来审计机关计算机审计工作水平不断提高，审计中获取的被审计单位数据资源不断积累，涵盖财政、地税、社保、公积金、住房维修基金、银行等多个行业，数据量已达 TB 级别。然而，由于缺乏统一规划、管理和有效利用，目前这些审计数据资源普遍存在内容杂乱、存放分散、数据重复导致空间浪费、可利用性和利用效率低下等问题，使如此丰富的审计资源未能充分发挥其潜能，亟待采取科学的管理措施和手段。为了解决数据的高效利用问题，审计署适时提出了建立国家数据中心的要求，同时要求各省建立省级数据分中心，地市和有条件的区县建立地方数据分中心。

三、目前我国审计组织管理模式中存在的主要问题

面对审计信息化，审计机关的组织形式却并没有同步发展，无论是人员机构的组织形式还是审计项目的组织形式，都落后于计算机审计的技术与手段。

（一）部分领导的思维方式跟不上信息化进程

面对信息化的系统，部分审计人员仍习惯以传统的思维方式做出判断和决策，尚不能充分运用网络和系统来掌控各类信息流，实现“运筹帷幄”，对完全依托信息系统做出的决策还不够放心，比如从OA上获取各个部门在审项目的进度情况。同时“恋旧”情结过重，创新和改革的动力不够。

（二）部门之间的疆界明显，存在信息难以共享

各部门很少从全局高度来审视相关工作，“你的”和“我的”泾渭分明。部门与部门之间的领地疆界明显，导致审计信息、审计资源、审计成果很难流动、整合与共享，产生了“信息孤岛”“资源壁垒”现象。别人很难知道你那里是否有他需要的或者可以借鉴的信息。

同时由于信息不通畅，导致项目计划管理很多时候也基本由各部门说了算，较少从全局或全地区的角度进行通盘考虑。

除了内部审计资源不能很好实现共享之外，审计机关在整合、利用外部资源和信息方面的意识也比较落后，比如整合社会审计资源、整合内部审计资源以及整合其他相关职能部门的资源等。

（三）审计组织形式滞后于信息化发展水平

当前审计机关的组织管理模式在全国范围内依然使用传统模式下的审计组织结构，审计人员的分工组织方式也是传统的项目式、部门式的。

以联网审计为例。虽然联网审计技术已在全国多个地区广泛开展，但拘于传统审计组织模式和作业方式，联网系统的很多功能并没有发挥出来，众多联网审计系统仅应用了数据自动定期采集、加工。联网系统只是作为一个数据采集工具，当年同级审时采集一次数据，审计完成后就很少再对该单位的数据进行分析查看，其审计分析工作仍停留在一年一审。因此，联网审计既没有实现最初的“预算跟踪＋联网核查”目的，也没有实现“对被审计单位财政财务收支的真实、合法、效益进行实时、远程检查监督”，更没有实现“事后审计转变为事中审计”的目的，造成资源的浪费。

（四）数据中心建设的隐忧

当前很多单位开始进行数据中心建设，如果建立数据中心仅仅停留在把历史数据集中存放这样的认识上，则将使得数据中心重蹈很多单位联网审计的覆辙，不仅不能提高审计工作的质量与效率，还浪费人力物力。所有工具和系统的建立，都要进行充分使用才能体现其价值。数据中心的建设一定要与审计工作密切结合，在采集处理并积累数据的基础上，对各行业的数据进行分析并建立有关业务模型。而这样的工作需要有专职的审计人员专门从事，不能像现在只是由个别人来兼职匆匆忙忙做一下。

因此，建立一个面向信息化的新的审计组织管理模式，就成为审计机关的迫切需要。一方面，需要整合人力资源，形成专门团队对联网系统中的数据和审计中不断积累的海量数据资源进行整理、分析和深入挖掘；另一方面，现有模式下，涉及大数据量的各行业审计对象分散在多个审计业务部门，视野相对狭小，各行业之间潜在的业务关联关系未能充分发掘，且审计人员素质参差不齐，使审计效果、效率及审计质量受到较大影响。因此就要把这样的审计对象进行集中管理，由专门的技术人员对其进行多维的分析处理。

四、创新信息化环境下的审计组织管理模式

（一）加强计算机审计处室职能

在计算机审计方面，我们应该把计算机审计处由服务部门转变为审计价值创造部门。笔者认为，面对审计信息化，计算机审计处室的职能至少应该包括如下几个部分。

（1）单位信息系统维护功能（部分机关的信息中心即承担该项功能），负责全局的软硬件维护，包括 OA 系统的日常维护。

（2）数据审计服务功能（这也是当前很多审计机关计算机审计处的普遍职能），负责解决各业务部门在进行数据审计过程中遇到的数据采集、处理、分析等难题。另外还可以在数据分析的基础上，对全局的项目审计提供自己的意见。

（3）计算机审计科研功能，即承担计算机审计的前沿技术方法的引进与推广，有能力的单位还可以对一些前沿计算机审计技术方法进行研究。比如当前的信息系统审计、数据中心建设等。

（二）组织结构设置与人员配置

对当前审计机关组织结构进行局部调整，并对各部门工作内容进行重新

设定。在岗位安排上，可以设置专司收集外部信息、需求、信息研究、数据跟踪、分析以及联网审计等适应信息化环境要求的岗位。例如，对数据中心可设置专门的机构进行管理，假设名称为“数据分析组（或数据分析室）”，该机构也可在计算机审计处内部设立，承担联网审计跟踪核查和各大行业审计数据的收集、整理、入库、分析，同时承担数据中心数据共享、数据交换、数据传输、审计方法积累、模拟审计指导等日常管理服务工作。设置了这样的专门岗位，就可以有专人去进行数据的分析、挖掘，从而避免以前只重视信息系统建设而忽视系统后期管理使用的弊端。

在人员配置上，将精通计算机数据库知识、对数据采集分析有丰富经验并且熟悉相关业务的人员编入“数据分析组”。他们的日常工作职责包括但不限于：①对联网数据进行跟踪分析，定期（如按月）对被审计单位的问题进行汇总并出具联网系统审计分析报告；②对数据中心中的数据进行维护，及时采集处理新的数据并入库，同时对各行业数据（包括联网系统中的数据）进行纵横向的分析比较，定期出具数据中心数据分析报告；③负责新型财务数据的采集分析处理工作，以及对应模板的建立；④负责计算机审计中的数据分析方式、方法和工具的研制（引进）与应用，开发指标分析系统，并负责相应问题的数学建模，兼具部分计算机审计的科研职能。要研究数据库技术、联机分析技术、数据挖掘技术等在数据中心中的应用；要通过与重点行业、重点领域的数据比对，为审计业务提供支持；⑤对信息进行分类研究，通过运用信息化工具对各类不同层面的信息进行系统梳理、归类分析，为党委政府的决策提供依据和来源；⑥通过科学分析、预测今后一个时期的政策走向和宏观趋势，研究面临的各类环境，评估自身的实际情况，最终在本单位审计工作发展战略目标方面提出自己的分析意见。

（三）构建“三位一体”的审计信息化平台

通过政务网络，运用审计信息技术和手段，统一组织和管理审计数据以及大型审计项目的实施。将审计机关的指挥决策中心、数据分析中心和业务处连接成一个有机整体。

首先，在建立数据中心时，把各个联网系统纳入数据中心建设，使其作为数据中心的一个重要子系统，形成统一的“数据系统平台”。其次，以 OA 为基础构建统一的“审计项目管理平台”，进行信息发布、传递，实现大型审计项目的数据指挥中心功能，统一下达数据分析执行的各项指令，实现统一指挥和调度。再次，以 AO 系统为审计人员客户端，按需求和权限对数据中心的资源进行访问。通过“数据系统平台”“审计项目管理平台”以及AO软件这样一个“三位一体”的集成化的审计信息化平台，使得审计组织管理方式实现四大转变：一是组织管理方式由“松散型”向“集中型”转变，二是审计质量控制由事后监督向全程监控转变，三是审计信息资源由“单点分散独享”向“全面辐射共享”转变，四是审计人员对计算机的应用由被动应付向主动适应转变。

（四）审计项目计划与实施的统一调度

改进和完善审计项目管理的对策之一是改进审计计划编制方式和审计项目组织方式。在审计中，应充分应用“三位一体”的审计信息化平台进行统一调度管理。

审计机关在制定各种长、中、短期审计计划时涉及数据中心中的有关行业时，可以根据数据分析组定期出具的阶段性数据分析报告和全年数据分析总报告来获取制定依据，因为数据会告诉我们哪些方面应该作为审计重点。

开展某行业审计项目时，数据分析组应给予业务部门的审计实施方案以参考性意见。审计过程中，审计组人员应通过“三位一体”的审计信息化平台与数据分析组保持较通畅的交流，数据分析组应及时把注意点告知审计组。当然，数据分析组也可派人与业务部门联合组成审计组，以充分利用数据中心资源提高审计效率。

对于联网审计的单位，平时实时进行数据跟踪分析，定期（或不定期）给相关业务部门出具近期问题汇总报告，让业务部门及时督促有关单位进行整改落实。当然也可以直接把这些联网单位列为数据分析组的审计对象，数据分析组直接实时向联网单位出具报告和建议，并检查其整改情况。因此每年初的同级审，由于发现的问题已经实时处理就不再需要每年单独立项审计，而可以隔几年审一次。当然，需建立与被审计单位定期沟通反馈交流制度。

（五）计算机审计人才储备

要对审计机关整体人员素质、能力情况进行梳理，将精通行业审计业务及计算机技术的人员进行备案，成立本地计算机审计人才库。由数据分析组对其定期进行培训，介绍当前本审计区域内数据分析中发现的新情况与新趋势，指导他们在下一阶段审计中应关注的问题。

同时让这些审计业务人员，在应用上主动与计算机技术、计算机技术人员融合；对形成的审计经验、审计方法，自觉将其信息化、资源化，在项目实施之前主动去关注已经信息化、资源化的审计经验、审计方法。

（六）建立健全法律法规与规章制度

在国家层面，要制定相应的法律法规，对联网审计、系统审计和基于数据中心的多部门数据实时调查分析等方面做出明确的规定，便于各级审计机关开展工作。在审计机关内部，要建立适应信息化审计环境的规章制度，比如与被审计单位的定期沟通交流和反馈制度，以及信息化环境下的审计人员业绩考核制度等。

参考文献

［1］刘家义．以科学发展观为指导 推动审计工作全面发展［J］．审计研究，2008（3）．

［2］石爱中，孙俭．初释数据式审计模式［J］．审计研究，2005（4）．

［3］刘汝焯．计算机审计技术和方法［M］．北京：清华大学出版社，2004.

［4］刘明亮．湖北创新大型项目审计组织管理方式［N］．中国审计报，2008，12.

［5］朱静芬．整合审计资源面面观［J］．中国审计，2007（23）．

［6］周德铭．信息化环境下新的审计方式探索［J］．中国审计，2008（4）．

［7］潘再高．基于信息化环境的一体化管理模式初探．杭州市审计局．

［8］董化礼，刘汝焯等．《计算机审计》系列丛书．

［9］史宁安．国家审计项目全面质量管理［M］．北京：中国时代经济出版社，2008.

［10］刘绍辉．信息化环境下的审计项目一体化管理［J］．中国审计，2007（15）．

［11］赵军．信息时代计算机审计的风险与防范［J］．商业会计，2007（2）．

浅析信息化条件下的审计质量管理

辽宁省审计厅信息中心　唐明璐

【摘要】　随着信息技术的不断发展和完善，数字化、无纸化的社会环境从根本上改变了人们的生产和生活方式，同时，也极大地影响了传统审计的工作方式。在信息化时代，审计工作的开展面临更加复杂的情况、审计范围也不断扩大、审计的具体内容更是进一步延伸，这充分体现了审计正发挥着越来越重要的作用。相应地，社会公众也对审计工作质量提出了越来越高的要求，审计部门也正面临着新的课题和挑战。因此，如何加强信息化条件下的审计质量管理，就凸显得十分重要和迫切。

一、审计质量与审计质量管理的含义

审计质量是指审计工作过程及其结果的优劣程度。广义的审计质量是指审计工作的总体质量，包括管理工作和业务工作；狭义的审计质量是指审计业务工作即审计项目质量，包括选项、立项、准备、实施、报告、归档等一系列环节的工作效果和实现目标的程度。即审计质量是审计工作及其结果的质量，其中审计工作质量是基础，审计结果质量是审计工作质量的集中表现和最终反映。虽然社会民众主要看重的是审计结果的质量，但是，作为审计机关和审计人员，应该重点把握的是审计工作质量。

审计质量管理，就是指对审计工作及其结果优劣程度的控制，重点是对审计过程的控制。审计质量管理是对审计工作质量全面的、连续的、及时的管理，即必须对审计系统进行全面管理，从根本上保证审计工作质量；必须贯穿审计过程始终，是连续的不可间断的管理；必须充分体现及时性，及时发现各个部门、相关人员在每个过程中存在的问题，并及时采取纠正的措施，确保审计质量。

二、信息化条件下的审计质量管理现状

审计质量是审计工作的生命线，审计质量管理涉及审计工作的方方面面，《中华人民共和国国家审计准则》第六章“审计质量控制和责任”明确规定了审计机关应当建立审计质量控制制度，完善审计质量的监控和管理。这一准则为评价审计质量提供了基本量度，同时，信息化技术的不断发展，也为审计质量管理的规范化、科学化提供了良好的技术基础。然而，信息化技术水平的提高、信息化工作环境的转变，也给审计质量管理带来了风险与挑战。

在审计信息化条件下，审计技术和方法发生了变革，审计证据的载体发生了变化，审计档案也由纸质为主转变为以磁、光介质为主等，这就要求审计工作在进行审计质量管理时，也必须进行相应的改变。尽管上自审计署下至各级审计机关都非常重视信息化建设，积极鼓励审计人员使用计算机等技术开展审计工作，但在审计工作实际开展过程中，仍存在信息化手段与质量控制间无法衔接的问题。

一是传统的审计观念制约着信息化条件下的审计质量管理。传统审计观念的根深蒂固，导致审计机关的审计人员仅仅使用计算机去实现办公自动化、完成收集整理文字资料等，而在开展审计工作时，仍采用手工查账等方式进行审计，未充分利用现场审计实施系统（AO）等信息化技术，使得数据的分析、处理、取证等没有得到充分的执行，不利于审计质量的保证。

二是审计人员的信息化水平制约着信息化条件下的审计质量管理。随着信息技术的快速发展，审计工作的开展要求审计人员除了具备一般审计所需的专业知识之外，还需具备一定的计算机知识。但是，目前审计人员队伍老龄化相对比较严重，虽然大部分审计人员具有丰富的审计经验，但是在计算机的使用方面却十分落后。而年轻的审计人员虽然能够掌握一定水平的计算机技能，但是缺乏深层次的计算机系统设计、编制检测取证程序等技术。综上，审计业务人员信息化水平不高导致审计质量得不到保证。

三是相关法律法规滞后制约着信息化条件下的审计质量管理。信息化环境下，各级财政收支活动方式、财务管理和会计核算都发生了改变，但现无明确的法律法规规定信息化审计操作流程规范，对应的审前调查、审计方案等仍使用传统的审计流程，审计立项、数据分析、审计成果利用、跟踪审计、审计后评估的重要环节也处于探索中，使得审计质量难以具体评价。

四是传统的审计复核模式制约着信息化条件下的审计质量管理。由于计算机审计与传统审计在审计环境、思维方式、审计测试对象与范围、审计技术等方面存在差异，传统的审计复核模式已经不能满足信息化环境下审计质量复核的需求，使得审计质量的管理存在隐患。

三、信息化条件下的审计质量管理途径

审计质量体现在审计的各个方面，包括：审计计划、审计实施方案、审计报告；审计现场管理；审计复核管理；审计成果质量；利用审计成果等各个环节，忽视任何过程或环节都会对审计质量产生影响。目前，信息化条件下的审计质量管理水平明显滞后于审计工作发展的需要，在一定程度上，影响了审计机关审计监督作用的充分发挥，因此，更应加强信息化条件下审计质量管理。

（一）以审计流程为主线，利用信息化技术，实现审计工作全过程的质量管理

1. 加强信息化条件下的审计质量管理应做好充分的审前调查工作

在确定审计工作重点内容、审计范围、选择审计方法和步骤、制定审计实施方案之前，除了对传统的常规审计所应调查了解的被审计单位的经济性质、管理体制、机构设置及财务隶属关系等信息之外，还应基于审计管理系统（OA）的被审计单位信息资料库，以及互联网等信息化手段，了解被审计单位相关情况，获取信息系统运转情况、数据存储方式、数据接口等相关信息，以确定在现有的审计技术水平和条件下，是否可利用审计软件分析被审计单位数据文件。在对被审计单位信息系统的概况、与审计相关的数据有了全面的了解和把握后，提出可行的、满足审计需求的数据需求，确定数据采集的范围和方式，编制可行有效的审计实施方案，为在正式审计时锁定重点打下基础，从而提高信息化条件下的审计质量。

2. 加强信息化条件下的审计质量管理应在审计现场实施标准化的审计作业流程

由于信息化条件下，计算机审计方式的程序性和逻辑性较强，各个环节的结果均对下一环节产生影响，如果对错误的数据不进行分析和处理，则会影响审计效率和审计质量，因此，计算机审计人员应实施标准化的审计作业流程以保证对审计质量的管理。

一是数据采集环节，审计人员应通过可行的信息化技术手段，及时获取

被审计单位会计核算和业务等方面的完整的数据，保证数据采集的质量。

二是数据处理环节，审计人员应使用计算机技术，对来源复杂、格式不一的数据进行慎重处理，避免数据失真，保证数据的真实性、可靠性。

三是数据分析环节，审计人员应选择合理的数据分析方法，从不同角度不同层面对数据进行分析，把握被审计单位总体情况，确定审计重点，完善审计方案，保证实施审计的方案质量。

四是数据取证环节，审计人员可对审计方案确定的重点问题，借助 OA 系统和 AO 系统中已有的审计方法、专家经验和 AO 应用实例提供的审计思路，使用计算机建模等技术，对具体数据进行深入的挖掘，形成有效的审计证据，并由主审、组长层层复核，确保审计现场获取的证据的质量。

3. 加强信息化条件下的审计质量管理应实现审计档案规范化管理

在信息化审计环境下，审计记录的载体发生了变化，对审后审计档案的归结质量提出了新的要求，因此，为保证审计档案质量，应规范电子数据、审计档案和审计成果的管理。

一是建立相关电子数据管理制度，实行电子数据的采集、保存和使用责任制，从而提高电子数据的质量，保证审计组使用的电子数据真实、可靠、无误。

二是建立审计档案管理规范和技术标准，借助网络等技术，实现档案实体管理向信息管理的转变，将档案管理由传统的纸质保存方式逐步转变为使用计算机技术、光盘技术等方式保存，扩大审计档案涉及的范围，增加审计档案的有效性、完整性和全面性，并实行审计档案归档责任制，由相关负责人层层复核，进而实现审计档案全面的信息化管理，保证审计档案的质量，为不断完善与丰富审计档案信息数据库提供有力的保证。

三是建立审计成果总结制度，要求审计组在完成审计档案的归结后，通过对项目的整理、分析，对所用到的审计模型、审计思路、数据分析技术、数据建模方式等内容进行总结，形成计算机审计方法、AO 应用实例等审计成果，为提高日后相关审计项目的审计质量打下良好的基础。

（二）以培训机制、考评制度为基础，强化审计人员信息化理念，提高审计人员素质，保证审计质量

信息化条件下的审计质量管理，其关键在于审计人员的素质，在于审计队伍的建设。首先，应加强审计机关组织领导，带头牢固树立质量第一的理念，积极研制审计质量管理的方针、制度，确定复合型审计人才的培训计

划，为加强审计质量管理提供良好的工作环境，确保审计项目质量目标的实现。其次，应加强审计资源的整合，建立网络信息交流平台，拓宽信息共享渠道，实现审计机关之间、审计人员之间信息的畅通交流和有效共享，方便优秀计算机审计方法的推广。再次，应加大对审计人员的培训力度，加强审计队伍的建设，通过网络课件培训平台、现场授课等方式为审计人员培训计算机基本应用、数据库和审计软件的应用等内容，不断提升审计人员的计算机审计水平。最后，应制定完善的信息化工作考评制度，为提高审计质量提供激励手段，例如，完善信息化优秀审计项目评选细则，鼓励审计人员主动学习计算机审计新技能、参加计算机类培训考试，并对获奖获证的审计人员予以一定的奖励等办法，调动审计人员重视信息化技术和提高审计项目质量的积极性。

（三）以审理复核制度为手段，建立审计质量管理部门，实现对审计资料、审计信息、审计结果等多级多层面的审理复核，确保审计质量

信息化条件下的审理复核制度应以《中华人民共和国国家审计准则》为核心，落实审理复核责任制，逐级审理，提高复核质量。审理机构不仅要对电子数据的采集、整理、转换、分析进行审理复核，以保证数据的真实可靠，而且还要对审计结果的确定性、描述的事实是否符合审计工作底稿、法律法规是否使用恰当等方面进行多级审理复核，以保证审计结果的真实性、完整性，进而加强审计质量的管理。

“中国审计的出路关键在于信息化”，信息化条件下的审计质量管理需要审计机关和审计人员的共同努力和探索，不断在实际工作中提升审计机关信息化建设水平、提高审计人员计算机技术能力，将信息化与审计工作紧密结合起来，完善审计质量管理方法，提高审计质量。

县区级审计机关审计项目管理信息化探究

陕西省汉中市汉台区审计局 李 波 唐 丽 徐 霄

【摘要】 本文介绍了县区级审计机关在当前审计机构实行信息化管理的发展趋势下，在信息化环境下出现的新的审计技术手段，以及这些手段的出现带来的对审计组织模式变革的探究。

【引言】 在审计机构实行信息化管理是审计项目管理的发展趋势，信息化环境下项目审计的组织管理将直接影响项目的实施与质量的好坏，乃至直接关系审计项目的成败。因此，做好信息化环境下的审计项目组织管理是项目管理的重要环节。审计署在《审计署2004至2007年审计信息化发展规划》中明确要求“强力推行计算机技术在审计业务和管理中的应用；加快审计数据库建设，促进信息共享；加快审计系统网络互联基础设施建设”的要求。在信息时代审计管理工作只有改革创新，不断探索新的技术方法和手段，才能适应生存、与时俱进、向前发展。

根据审计署“十二五”审计工作发展规划的相关精神，各县区在提高审计管理数字化水平，完善并推广审计管理系统，基本形成以审计项目计划实施、审计质量控制、审计成果利用、审计资源调配、机关事务处理为主线的审计管理数字化。创新信息化环境下的审计管理方式，是摆在每一位审计工作者面前的重要课题。形成符合县区特色的审计管理方式、审计信息推动模式是推进工作，促进审计信息化深入开展的重要条件。在信息审计推广之际，我局于2012年年初成立了计算机攻关小组，就如何加强审计项目的信息化管理进行了探索，2012年，我们通过运用计算机审计软件对某医院财务收支情况以及其他一些审计项目进行了审计，逐步在实践中探索我局信息化审计项目管理的道路。

一、信息化环境下审计项目组织管理

信息化下审计投入审计力量往往较多，这也成为此类审计项目现场管理的重点及难点。如何加强人员管理，选择何种组织模式，是审计项目成功与否的关键。要有效使用审计资源，调动审计人员的积极性，充分发挥审计人员的能动性，就要做好审计现场的组织管理。

（一）建立业务驱动型的分工体系①

要合理使用审计资源、充分发挥审计人员能力，就要建立业务驱动型的分工体系。审计人员，术业有专攻，各人有自己的个性特色，如何组织好人员，调配审计资源，需要科学、合理安排。我局在进行医疗系统审计时，首先就以业务的属性建立审计组，按大类审计组配备适当的人员，由项目领导指定组长，由组长对项目领导负责，直接领导各自分组成员；由各分组在各自分工范围内进行互相的协助，同样由审计分组组长根据自己的工作经验将一些能够互相复核的内容进行人员交叉分工，各专业小组组长对审计分组组长负责，直接领导各自审计成员。采用层次型管理模式的具有以下优点：一是分工明确，责任清晰，便于管理，有效地提高工作效率；二是对于大型单位审计，由于采用了层次型管理，项目领导可以全面掌握整体情况，特别是交叉复核，避免在一些问题上产生以偏概全的错误。

（二）数据交换平台

在建立了业务驱动型的分工体系基础上，由于大型项目往往存在关联的组织架构，同时审计的财务报表本身也是平衡概念的延伸，那么项目领导人为了整体把控，使得他能够具有牵一发而动全身的地位，因此就要使审计信息在各专业审计小组之间互通有无，充分实现“上情下达、下情上报”。采用这种方法，可以搭建一个沟通的平台，使将各自发现的问题线索同时摆出来，审计组可以共同对此线索进行分析，群策群力，同时也有助于提高各个审计人员的工作能力，使审计风险水平大大降低。

审计平台的搭建可分为现场平台和电子平台。审计现场平台，可用白板将审计工作中任何指示、问题、疑点等直观展示出来，将任务、观点明确表示出来，明白审计所处阶段，及时了解审计动向。电子平台，则通过数据平台，如数据库远程平台、及时通信平台，尽可能利用 OA 软件中局域网功能，

---

① 于丽：《如何进行审计项目管理》，《财经纵横》，第 79 页。

将信息上传下达。我局在审计社保时，搭建了数据共享平台和业务联系平台，通过通信软件及时传达审计动态信息，使全局人员参与社保审计，使审计中出现的盲点、疑点都有效得到验证，同时群策群力，发挥了集体的优势，使审计工作圆满完成。

（三）合理安排审计现场的延伸

在审计项目实施中，毕竟审计的内容大部分是由被审计单位提供的，有很多资料可以设计成模板交给被审单位，由被审计单位有关人员填写，这些资料只是将被审单位的资料转换成另一种形式，并不会损害审计的不可预见性。而且以书面形式形成的审计工作联系单记录，使审计过程有据可查，在过程之中加强了控制。进驻之前根据小组人员的工作能力进行合理的分配是最有效推进工作进度的关键，制订人员分工表，建立每一个人员的日清日结状况表并和前期要求进行对比，进而可以全面、直观地反映实施审计的进程，发现各专业项目审计进展的快慢，掌握实施审计的节奏。但是，由于在工作中会遇到一些新的情况，特别是事先没有预料到的或者和以前了解的情况发生变化的，前期工作节点可能会发生相应的调整，这样就可以适应新的情况，为审计项目又好又快地完成赢得先机。对不能定性的事件或凭据要做好备查。

（四）审计现场的信息管理

实现将审计信息转化为审计成果的前提是信息共享，只有在审计人员之间充分实现信息共享，才能在最短的时间里凝聚最多的智慧，发现更多的问题。随着科学技术的日新月异，特别是计算机程序技术的发展，很多单位都实行了财务信息的电算化，那么审计工作也发生了相应的变化，能够用 AO 审计软件把被审单位财务数据和业务数据进行电子审计，审计人员应根据不同单位的情况，尽可能地利用有关的电子信息，当我们利用财务信息时，就可以通过运行审计软件，发现一些违反普遍规律的问题，所以要对信息的对接做好安排。其次，审计过程也就是审计信息的产生过程，一定要做好保存工作，指定收集人员进行保管，特别是对所有人员都有用的信息，如单位的财务数据和业务数据等信息一定要做好保管，以便使用。我们审计中利用被审单位数据备份，使用虚拟机技术对被审单位的数据完整还原，然后由计算机攻关小组对数据进行转换，形成各科室需要数据，然后对原始数据进行专项整理，上传至专网数据库系统，使用 B/s 系统对数据库授权访问，完成了数据的原始积累。在数据原始积累的基础上，按单位进行归档，使用 NET Frame 构架，对所有审计单位建立审计情况明细。

我局正在筹建区级审计数据集群，完成审计工作流程全电子化，将从档案到数据模式，从审计现场到被审单位财务管理，提供完整的数据平台支持。转变审计事后监督角色，把审计监督转变为审计预警，事前对被审单位财务提出意见和管理建议，工作模式由被动变主动。

二、信息化环境下审计项目成本控制

审计项目成本是审计机关以审计项目为归集对象，在项目执行过程中发生的全部支出，通常表现为人力、货币、时间支出等。审计成本控制是在审计目标既定的情况下，通过合理配置资源，力求以最小的成本实现审计目标的一系列控制手段。在实践中，可以从成本管理的薄弱环节入手，分析加强审计项目成本控制的几个关键点，采取多种方式降低审计成本。

（一）细化审计计划，强化预算约束

审计计划工作是审计成本控制的第一步，以有限的审计成本实现最大的审计成果是计划制定的目标导向。审计机关应按照“全面审计、突出重点”的要求，对审计项目的成本和效益进行分析，做到审计所产生的效益大于实施审计所付出的成本。审计评价存在一定困难，通常考虑审计项目的政治影响、社会效果和公众的关注程度等。确定某一审计事项后，通常由单位领导牵头，抽调业务骨干，选择有代表性、涉及面广、较为复杂、疑点较多的单位进行试点审计，深刻剖析，确定审计重点、控制薄弱环节和风险领域，为后续开展工作提供借鉴，以少走弯路，并估算实现审计目标所需要的人数、时间、工作量等，为下步项目经费预算提供基础数据。①

（二）加强项目管理，落实成本控制

审计项目的执行一般包括审前调查、现场审计、审计报告阶段，审计项目成本相应分为审前调查、现场审计的外勤审计成本和为该项目进行非现场工作的内勤审计成本。项目的执行过程同时也是一个成本控制的过程，成本控制贯穿项目执行的始终，加强项目的现场管理、执行适当的审计程序是成本控制的重中之重。

---

① 细化预算控制执行评估结果，南京办全过程强化审计项目计划管理（2005－05－26）。

（三）建立和谐的审与被审关系，营造良好的审计氛围

审计和被审计是一对矛盾，其关系既对立又统一。对立，就是既要深入查清被审计单位存在的问题，又要科学分析产生问题的根源，提出具体可行的改进意见，帮助被审单位整改、规范管理。统一，就是双方最终目标是一致的，就是要达到依法管理、科学管理，从而形成工作互动、信息共享、和谐共进的关系，营造和谐审计氛围。

审计现场中被审计单位不配合或者消极应对无疑将增加审计工作的时间。审计组负责人应在进点伊始与被审计单位的领导充分沟通，对可能出现的因业务性质不同，在理解上存在偏差问题进行交流，争取支持配合。对于有争议的审计事项，应与被审计单位及时沟通，认真听取意见，进一步查清事实真相，避免现场审计结束后才发现取证有瑕疵、定性不准确、需要重新取证定性的情况。这样有利于降低审计成本，控制审计风险。另外要进一步加大审计的宣传力度，争取各级党政领导、社会各界、各部门单位的关心、支持和帮助，造就一个和谐的审计外部环境。

（四）利用现有审计管理软件，探索有效的审计技术方法程序

审计程序和方法需要随时调整和完善，能采取送达审计的就不采用就地审计方式，能就地取证的就不到异地取证，开展以内控制度测评为基础的风险导向式抽样审计，合理运用分析性复核程序和重要性原则，减少详细测试的工作量，对有条件的项目进行计算机辅助审计。加强现场管理，审计组组长要因地制宜调配人力物力财力，将审计目标逐层分解落实到人，AO 软件就具有人员、进度和工作量的动态管理的功能。在 AO 中进行审计分工，承担各审计事项的审计人员及时向负责人汇报工作的进展情况，负责人能够从总体上把握工作量并及时了解已经投入的工作量，按照项目预算适时调整审计分工和调配工作量，将人员管理与成本管理相结合，实行动态管理。

三、信息化环境下审计项目质量控制

信息化环境下审计质量，是信息化环境下各个具体审计项目的质量，也是通过计算机审计能够实现审计实施方案制定的审计目标。正确全面地实现了方案的既定审计目标，计算机审计质量就会得到保障，否则质量难以保障。审计项目质量是审计质量的核心。①

---

① 任有泉，刘汝焯：《计算机审计质量控制模型》，清华大学出版社 2005 年版。

（一）充分的审前调查

审前调查工作是确保审计项目质量的基础，每进行一项审计，审前调查工作必不可缺。只有通过充分的审前调查，才能对被审计项目对象有全面了解，进而便于审计时能集中力量，直奔主题和突出重点，以提高审计质量和效率。在信息化环境下，审计对象、审计线索均发生了变化，审计项目审前调查的内容和范围也都发生了变化，审前调查的控制目标包括：①调查了解被审计项目单位的有关基本情况和主要经营状况；②详细调查了解被审单位计算机系统和相应的数据库管理系统的详细情况，以及被审计系统的电子数据、数据结构和系统对数据的处理流程等有关情况，重点关注能否获取被审计单位的财务数据和其他信息系统数据，获取的数据能否满足审计的需要，获取数据的时间成本、技术成本和转换成本；③围绕本次审计目的和审计重点，提出全面完整、合理可行的书面数据需求说明书，注意及时与被审计单位计算机技术人员沟通，确定所需数据的格式以及获取数据的最佳方法途径，尽量不要直接操作被审计单位的计算机应用系统，以免造成不必要的后果。我局在进行医疗系统审计时，与被审计单位的信息管理员充分沟通联系，深入了解被审计单位的信息化管理的情况，制定了合理可行的数据采集方案，确保审计采集的数据真实全面，保证了审计项目的质量。

（二）科学制定审计方案

科学合理的审计方案能够有效控制审计工作程序、进度和方向，保证审计实施质量。根据审前调查的情况，分析被审计单位工作的关键环节和薄弱环节，确定审计方向和重点，编制内容全面、操作性强的计算机审计实施方案，有利于组织协调，整合审计资源，忙而不乱，达到提高工作效率和质量的目的。在信息化环境下的项目审计方案的内容主要包含：①计算机审计实施背景；②计算机审计所需软件、硬件配置及所需的技术条件；③数据采集方案；④数据检查与整理方案；⑤数据使用说明；⑥重要审计事项和关键环节的计算机审计步骤和方法；⑦计算机审计的人员配置及工作分工；⑧其他事项。[①]

（三）标准化的审计作业流程控制

信息化环境下采取的计算机审计方式的程序性、逻辑性较强，每一环节的结果都直接影响下一环节，某一环节的错误会产生“累积放大”效应。因此，要保证审计作业实施的质量，就需要审计人员实施标准化的审计作业流

① 邱银河，木南：《计算机审计实务操作》，人民邮电出版社 2006 年版。

程，防止错误的递延，避免审计的片面性、盲目性。审计机关要确保审计质量，提高工作效率，必须要着眼于审计作业流程控制。通过对审计全过程的分析、控制和改进，控制影响审计项目质量的各个环节和所有活动，对相关的资源进行科学管理，减少重复无效的环节，从而提高审计质量和工作效率。我局于2012年制订了审计项目流程图，对审计开始到结束所有流程进行规定，确保审计的程序规范。

（四）审计取证的质量控制

审计证据是审计人员在从事审计活动中，通过实施审计程序所获取的，用以证实审计事项，做出审计结论和建议的依据。审计实施过程就是进行审计取证的过程，审计取证的质量，直接关系到整个审计工作的质量。信息化环境下的项目审计出现了新的电子审计证据的形式存在，电子审计证据具有计算机证据最本质的特征，即计算机证据的脆弱性。计算机证据的脆弱性指计算机信息很容易被修改，并且修改后不会留下任何痕迹。这使审计人员面临电子审计证据获取方法的适当性、证据内容的真实性、完整性等一系列新问题，因此须加强信息化环境下电子证据的质量控制，以增强其证明力。在取得审计证据的过程中注意。

（1）审计人员应在被审计单位的技术配合和支持下，通过可行的技术手段，及时获取被审计单位会计核算和业务等方面的完整数据，并及时进行真实性、完整性验证。

（2）由于被审计单位数据来源复杂，数据格式不统一，信息代码化，数据在采集的过程中出现数据失真，被审计单位有意更改、隐瞒数据真实情况等诸多问题，对采集到的数据必须进行预处理，转换成审计软件可以操作的数据。

（3）选择合理的数据分析方法，从不同层次、不同角度对电子数据进行分析，并对被审计对象信息系统的科学性进行分析评估，确保数据真实、完整、有效。

（4）在确保数据真实、完整的基础上，借助AO和OA系统，充分利用该系统已有的审计数据分析方法和审计专家经验，建立多种审计分析模型，对具体的财务、业务、关联数据多角度、多维度、多对比分析，形成有效的审计证据。①

---

① 刘晓峰：《浅谈审计信息化条件下的审计质量控制研究》，《中国商界》2013年第8期。

（五）审计工作底稿的质量控制

审计工作底稿是内部审计人员在审计过程中形成的工作记录，是联系审计证据和审计结论的桥梁。利用审计软件，实施底稿及相关文档的统一管理，确保底稿的内容完整、要素齐全，以及经过必要的审核程序和手续，从而提高底稿的质量，以保证审计项目质量。

（六）建立严格的审计复核工作及制度

审计复核工作及制度是审计质量控制的控制单元，为了保证计算机审计质量控制的有效运行，应建立实时的、分级的、严格的复核制度。在审计项目的执行过程中，必须及时进行复核，重点对实施审计的步骤和采用的技术与方法，专业判断和取证的合法性、相关性、充分性、合理性进行判断。

（七）落实好审计报告的质量控制

审计人员在审计实施结束后，以经过核实的审计证据为依据，形成审计结论与建议，出具审计报告。审计报告应当客观、完整、清晰、及时、具有建设性，并体现重要性原则。具体来说，报告的编制应实事求是、客观公正地反映审计事项；应要素齐全、格式规范，不遗漏审计中发现的重大事项；突出重点、简明扼要、易于理解；编制应及时，以便适时采取有效纠正措施；报告应针对被审计单位经济活动和内部控制的缺陷提出可行的改进建议，促进组织目标的实现；报告形成的审计结论与建议应当充分考虑审计项目的重要性和风险水平。在信息化环境下，应引入审计软件等计算机工具，实现审计报告的规范化编制和管理。

四、信息化环境下审计项目风险管理

计算机审计的风险是指审计人员在对被审计单位信息系统及其数据进行审计后做出的审计结论与被审计事项实际情况相背离的可能性。① 也可以理解为审计人员不能正确合理地运用计算机审计技术，从而导致审计结果与事实不相符，发表不恰当的审计意见。比如审计人员的计算机水平较低、计算机审计过程中的操作不规范、选用的审计方法与技术不恰当以及信息系统本身存在未知缺陷等都可能导致产生的审计结论不可靠。在信息化环境下，由于被审计单位内部的各种要素，包括管理、经营、业务流程和交易方式等都发生了极大的变化，审计风险防范与控制涉及面增大，并呈现出新的特征。

① 赵军：《信息时代计算机审计的风险与防范》，《商业会计》2007 年第 2 期。

如电子数据存在易于减少或消失审计线索的可能性，内部控制主要依赖软件本身，增加了难以全面检查测试的可能性等。为此，需加强信息化环境下的审计项目风险管理。

（一）树立信息化环境下审计风险意识

为了有效规避计算机审计风险，在计算机审计流程各步骤中，必须设置相关的质量控制点，进行风险点防范，才能有效地发挥计算机审计的作用，提高审计质量，否则可能导致整个审计项目的失败。

信息化环境下的项目审计与传统审计相比风险加大，这就要求审计人员更要树立风险防范意识，并贯穿于审计全过程。在审计实施过程中，尽可能从多角度通过建立分析模型对被审计数据进行深入分析，以避免遗漏；审计终结做出审计结论时，应经过充分交流、沟通和讨论，保证审计结论的准确性。

（二）注重信息化环境下内部控制的测试与评价

信息化环境下的审计模式是以系统内部控制测评为基础，通过对电子数据的收集、转换、整理、分析和验证，来实现审计目标的审计方式。信息化环境下内部控制的健全性、有效性，直接影响所获取的被审电子数据的真实性、完整性和可靠性，从而可能会带来电子数据失真的风险。① 因此，应注重和实施对被审计单位信息化环境下的内部控制（包括一般控制和应用控制）审计测试，全面评价信息化环境下内部控制风险，以合理确定实质性测试范围，控制审计风险。

内控制度检查。信息化环境下内部控制上的弱点没被发现，将会在很大程度上影响审计结果，增加审计风险。审计人员可以从多个方面调查了解被审计单位相关内部控制及其执行情况：首先是控制环境，即管理模式、组织结构、责权配置、人力资源制度等；其次是风险评估，即被审计单位确定、分析与实现内部控制目标相关的风险，以及采取的应对措施；再次是控制活动，即根据风险评估结果采取的控制措施，包括不相容职务分离控制、授权审批控制、资产保护控制、预算控制、业绩分析和绩效考评控制等；然后是信息与沟通，即收集、处理、传递与内部控制相关的信息，并能有效沟通的情况；最后是对控制的监督，即对各项内部控制设计、职责及其履行情况的监督检查。

① 石爱中，孙俭：《初释数据式审计模式》，《审计研究》2005 年第 4 期。

被审计单位的信息系统检查。在审计过程中，审计人员认为存在下列情形之一的，应当检查相关信息系统的有效性、安全性：一是仅审计电子数据不足以为发现重要问题提供适当、充分的审计证据；二是电子数据中频繁出现某类差异。审计人员在检查被审计单位相关信息系统的一般控制与应用控制时，应当避免对被审计单位相关信息系统及其电子数据造成不良影响，减少人为风险。在信息系统审计实践中，笔者认为还要注意根据信息系统规模确定信息系统的（补偿性）控制程度。①

（三）做好信息化环境下的审计风险评估

信息化环境的风险导向审计模式下，要做好审计风险的管理和控制，审计人员必须通过审计调查和了解，分析信息化环境下被审计数据系统面临的系统风险因素和非系统风险因素（即传统风险因素），判断重大错误风险可能存在的领域，合理确定重大风险的存在范围。在此基础上，根据审计风险模型，合理确定检查风险，以合理配置审计资源，对风险较大的环节或区域实施重点审计，以最大限度地避免重大审计遗漏，规避审计风险。

（四）合理选择和综合运用适当的审计技术与方法

信息化环境下的项目审计，需根据不同的审计工作内容，合理选择和综合运用适当的审计技术与方法，特别是注重计算机审计技术与方法的运用，以控制审计风险。如为了防范信息化环境下的内部控制风险，除了采用传统的面谈法、问卷调查法、审阅法等外，还需运用计算机审计测试法，以测试信息系统应用程序、控制程序和系统的可靠性。再如，在对审计数据的分析中，通过采用计算机审计分析技术，如审计软件、数据库多维分析技术、数据挖掘技术等。通过数据分析和模型构建等数字化手段，可有效地把握总体、锁定重点和精确延伸，扩大审计的广度和深度，避免手工抽样审计等的缺陷，有效降低审计风险。

参考文献

［1］于丽．如何进行审计项目管理［J］．财经纵横，2007.

［2］任有泉，刘汝焯．计算机审计质量控制模型［M］．北京：清华大学出版社，2007.

① 审计署．中华人民共和国国家审计准则．2011 年施行．

［3］邱银河，木南．计算机审计实务操作［M］．北京：人民邮电出版社，2006.

［4］刘晓峰．浅谈审计信息化条件下的审计质量控制研究［J］．中国商界，2013（8）．

［5］赵军．信息时代计算机审计的风险与防范［J］．商业会计，2007（2）．

［6］石爱中，孙俭．初释数据式审计模式［J］．审计研究，2005（4）．

［7］吕新民．信息化环境下审计项目管理问题探讨［J］．财会通讯，2010（13）．

适应数据式审计的三维矩阵型现场管理模式应用研究

审计署上海特派办　刘　海　胡　明

【摘要】　本文以当前综合审计中大规模电子数据处理的常态化为背景，从数据式审计中海量数据处理所需的设备和人员前提出发，以提高通过数据分析发现审计线索的效率为目标，提出了将数据分析人员作为独立的信息维度构造三维矩阵型的现场管理模式。通过详细分析三维矩阵型的现场管理模式的特点和内容，进而结合社保审计的典型特征在实践中检验了其有效性，并提出了新模式下需关注的审计现场管理重点。

【引言】　审计现场作为整个审计项目的主体部分，审计现场管理理所当然成为审计项目管理的重中之重。当数据式审计围绕海量数据的处理延伸审计线索时，如何在审计现场协调各个执行具体任务的审计小组、人员之间的信息沟通也必然成为重中之重。广义的审计现场是指审计机关及审计人员实施完成审计项目的工作场所、成员间组织协调关系等；狭义的审计现场是指审计组及成员实施审计的工作场所。本研究主要关注狭义的审计现场，即审计项目组进入被审单位开展现场审计取证过程中各个执行审计任务之间的审计小组、审计人员间的协作管理。

一、研究背景及相关进展

（一）研究背景

随着办公自动化系统和财务会计软件的普及，架构在互联网和数据库系统上的各类信息系统将各类资金的收支及相关信息以数字化的形式生成了海量数据。当数量有限的审计人员需要在有限的时间内对各项资金的收支、监管进行合规性、准确性、效益性等方面的审计，传统的审计方式无法有效地将海量信息转化为审计线索，审计人员要从来源于各类管理信息系统的海量数据中有效地筛选关键信息和冗余信息必须依赖于大规模电子数据处理的技术和手段。目前审计项目通常以层次型的体系进行现场管理，自顶向下分为项目统筹、专业分工、地域内容、具体人员四个层次。在综合审计中，审计小组由各专业审计人员组成，负责特定地区内的审计任务。各审计小组分区治理，成为按地区分布的分权管理中心，以自我秩序和自我生长的自组织行为协同形成项目统筹的统一和联合作用。

当审计线索的发现依赖于对海量电子数据的分析处理，有效的信息处理结果依赖于充足的设备和人力资源，但是审计机关拥有的海量信息分析处理的设备资源和人力资源是有限的，只有统一集中调配这些设备和人力资源才能形成有效的信息处理结果。在分区治理的结构中，各个审计小组对各自地区审计任务对应的电子数据各有不同的分析处理需求，都需要信息分析处理的设备资源和人力资源提供支持。有限的人员规模使专业人员只能以项目服务的形式执行任务，即各小组中只有少量的计算机审计专业人员和设备应对大量的数据分析处理需求，因此，各个审计小组之间存在共享稀缺的专业计算机人员和设备资源的矛盾。

（二）相关研究进展

目前，审计现场管理的研究受到了各级审计机关的重视，审计署各机关对审计现场的业务管理、信息化管理、人力资源管理、现场进度管理、现场沟通管理等各个方面进行了系统的研究。其中，代表性的有审计署重庆特派办承担的《国家审计现场管理研究》[1]，审计署长沙特派办承担的《审计现场管理研究》[2]，审计署审计科研所承担的《审计机关审计项目管理研究》[3]等课题。这些研究认为审计现场管理的现状并不容乐观，审计现场人力资源管理调配不够科学；审计现场的质量管理缺乏一整套科学、严密的控制体系；在审计现场的成本、成果、风险和沟通管理等方面也同样存在不可忽视的问题；还存在重经验轻制度、审计考核重成果轻过程和重业务管理轻综合管理等问题。针对直线职能制横向联系差、缺乏弹性的缺点，审计署审计科研所在《矩阵型组织结构在审计项目管理中的应用》[4]研究中提出了二维矩阵结构的项目管理模式，这种组织模式在职能式组织的垂直层次结构上叠加了项目式组织的水平结构。

二、传统审计现场管理模式所面临的挑战

层次型的职能组织结合分区治理的模式，就形成传统上的“二维矩阵”型组织模式，即审计人员在横向上按审计区域、纵向上按审计内容进行分组，数据审计人员作为各审计小组的成员执行具体任务。在需要进行大规模电子数据处理的情况下，这样的现场组织模式具有显著的缺陷，面临着应对大规模数据集中处理，专业人员与计算机设备资源有限，不能充分实现信息共享等方面的挑战。

（一）大规模电子数据处理技术的挑战

电子数据的爆炸式增长决定了审计项目组必须具备处理海量数据的能力，而这一处理能力首先是对数据处理设备的要求。“工欲善其事，必先利其器”，目前现场审计人员大都配备笔记本式计算机，其运算、存储性能都明显弱于主流的通用台式计算机，用于数据处理都勉为其难，因此，在审计现场配置高性能计算机成为不可或缺的条件。围绕数据库服务器建立的服务器/客户端（C/S）结构是开展大规模电子数据分析处理的基础软硬件设施，这需要具备数据库服务器配置、局域网组建和服务器/客户端联接知识和实践经验的专业技术人员来实现。同时，要让配置好的软硬件发挥出最大的效用，需要熟悉数据库服务器承载能力、局域网工作瓶颈的专业计算机审计人员来操作。由此可见，高性能的计算机及网络设备和专业的计算机和网络设备操作维护人员成为大规模电子数据处理的基本前提，因此，熟悉服务器、局域网等底层软硬件配置的计算机专业审计人员及相应的设备的充分配属成为现场审计实施中面临的第一个挑战。

（二）充分应对深入分析海量数据的挑战

进行大规模的电子数据处理需要专业的计算机审计人员围绕构建在数据库服务器之上的数据处理平台进行数据分析作业。审计中基于层次结构的分区治理现场管理模式使得每一个行政区域内的审计小组都有独立的审计方式和规划，都需要按自己的进度获得独特的数据分析处理支持，这就要求每一个审计小组能得到数据库服务器分析环境的支持，而传统的二维矩阵组织模式将有限的数据分析人员和设备分散到每个审计小组中，审计小组中少量的人力和设备资源不足以实现对海量数据的深入分析。此外，审计机关能够提供的高性能计算机设备和能够调用的专业计算机技术人员是有限的，搭建在审计现场的数据处理平台作用范围也是有限的，只能将有限的高性能设备及

专业技术人员集中配置在少数一两个审计小组的工作现场内，按层次结构模式在审计现场设置单独的数据分析组并完全独立于分区自治的审计小组。由此便产生了分区自治模式下大规模数据深入处理与审计资源相对分散的矛盾，形成了数据分析专业人员人手分配困难的第二个挑战。

（三）综合利用各方信息拓展审计线索的挑战

最后一个挑战来自于审计线索的发现方面。受限于高性能数据库服务器设备的数量以及服务器/客户端（C/S）结构的局域网工作有效范围，层次型的现场管理组织模式将大规模电子数据的分析处理独立设置为一个小组，并且该小组直接受同一层级的协调组指挥开展数据分析工作。这种组织结构模式使得大规模数据分析处理以一种自上而下的方式开展，采用无差别穷尽搜索的方法处理全部数据，关注的是海量数据中的异常变动。这种数据处理方式不能及时确认分区治理模式下的独立需求情况，不能有效地利用分区治理的反馈信息，从而造成效率低下，难以迅速发现不具备普遍性的审计线索。此外，传统的二维矩阵组织模式使得数据处理以一种分散的方式展开：各审计小组的数据审计人员搜集该组的审计需求，并在此基础上开展独立的数据分析。这种数据处理方式往往更为关注审计小组内特有的审计线索，而在各小组之间无法实现有效的沟通与交流，难以挖掘具有综合性、普遍性的问题类型。这也使得各审计小组的数据分析经验与方法不具通用性，很难加以推广和利用，即使小组中发现了具有普遍性的问题也难以在整个审计项目中快速推广有价值的数据分析经验与方法。

三、三维矩阵结构的现场管理模式

针对当前审计中现场层次型分组管理所遇到的瓶颈，改变现场管理的模式，加快数据分析组与分区治理的审计小组之间的信息双向流动，将是突破二维矩阵型现场管理模式中瓶颈的有效方法。本文针对大规模数据分析处理的特点，提出了构建三维矩阵结构的现场管理模式。

（一）数据式审计下现场管理模式的新要求

在依赖大规模数据处理的数据式审计中，审计线索的筛选离不开大规模的数据分析，海量数据的深入分析工作成为审计项目深入开展的必然要求之一。通过对海量数据的分析，审计思路可以得到初步验证，审计证据获取中可能出现的遗漏也能被尽早发现，数据间关联所反映的异常情况也能揭示隐藏的审计线索，串联零散的审计证据。数据分析获取的审计线索必须经过调查取证才能转化为审计成果，数据分析人员与审计查核人员的快速信息传递成为审计目标实现的必然要求之一。数据分析人员通常是计算机专业人员，对具体的审计业务很难具备足够的审计经验。要通过数据分析来验证审计思路或发现审计线索，数据分析人员必须与审计查核人员直接沟通，对接并融会双方的经验和知识，才能将审计思路转化为数据分析的过程。只有分析与复核人员反复通过调查取证，核实与修正数据分析思路，才能实现数据式审计的目标。

（二）“三维矩阵”组织模式的特征

传统的审计现场管理采用二维矩阵结构组织模式，即在综合领导组的统一协调安排下，审计人员在横向上按审计区域、纵向上按审计内容进行分组。针对二维矩阵结构组织模式忽视数据式审计中对专业设备和专业人员需求的瓶颈，“三维矩阵”组织模式以人员设备的“两集中”和信息传递的“两扩展”为特征，即以提高数据审计的效率为目标，集中配置使用高性能设备、集中组织配属计算机审计人员，充分发挥高性能设备的大负荷连续运转能力，调动有限的计算机审计人员以全方位服务为目标投入数据分析作业；扩展需求反馈通道、扩展经验传递通道，使数据分析人员与一线审计核查人员直接对接，直接为审计线索的发现服务，同时将有效的分析模式通过分析人员快速应用到海量的电子数据上。在三维矩阵中，独立成为一维的数据分析维度体现了两集中的原则，而矩阵中三个维度间两两交互的立体信息流动则充分体现了两扩展的原则。

（三）“三维矩阵”对传统组织模式的改造

以大规模数据分析处理为基础的数据式审计决定了数据分析在审计任务中自始至终的贯穿形式，这就使得数据分析组必须独立于各审计小组，成为直接对综合领导组负责的第三类审计力量，并且具有直接与各审计小组进行双向沟通的能力。数据分析作为独立的工作组，能够根据审计项目领导小组的安排从事总体性的数据整理归纳工作，也能够直接与审计一线的审计小组成员直接就具体核查思路进行沟通验证，还能够在组成数据分析小组的内部随时交流专业的数据分析的有效经验。在此条件下，三维矩阵组织模式就成为审计现场管理的最佳选择。以综合领导组为中心，在原有的按审计区域、审计内容进行职责划分的二维矩阵组织模式的基础上，添加数据分析这一新的独立支撑维度，从而形成“数据分析组”“区域审计组”“专业审计组”共同支撑的三维立体式矩阵组织模式。三类审计组由综合领导组统一负责，各自承担相应的审计任务；同时相互之间进行直接的信息传递与沟通，确保审计项目的协调有序开展。三维矩阵组织模式如图1所示。

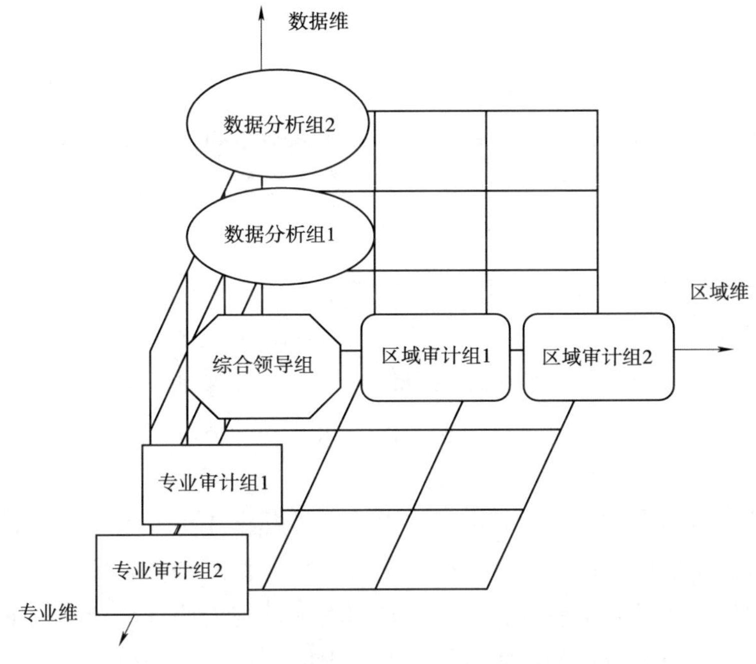

图1　三维矩阵结构的现场管理组织模型

（四）三维矩阵的立体渠道对信息利用率的提高

在三维矩阵组织模式中，数据分析组、区域审计组、专业审计组围绕综合领导组形成基础的立体管理架构。三维矩阵的构造使得三组之间可以直接进行立体式的信息沟通，数据分析组、分区自治的审计小组、组成审计小组的各个业务部门都不是一个单独的整体，而是可以自行在组内拆分或合并成多个具体的执行单元，各个执行单元都能够直接与领导小组在自己的维度上进行双向信息交流，也能够相互之间直接进行信息沟通。尤其重要的是，数据分析组可以将大规模数据分析处理所获取的审计线索迅速传递给各审计小组开展审计查核，而审计核查的结果可以迅速从一线审计人员反馈到数据分析组以验证和改进数据分析方法。反之，一线审计人员对某项审计内容的数据分析需求可以直接传递给数据分析小组，得到人员和设备的快速支持响应，这就减少了层次型组织结构中信息传递的中间环节，提高了数据分析对现场审计的支持力度。此外，数据分析组作为独立的一维信息通道，可以在海量的电子数据中进行信息共享，经审计一线验证有效的数据分析方法以及审计一线反馈的核查线索重点可以由数据分析人员迅速应用到同类电子数据上，从而帮助其他分区自治的审计小组发现类似的审计线索。

四、地级市社保审计中的实践

在社保资金数据审计中，针对传统的审计现场组织模式弱化数据式审计的瓶颈，审计人员实践了“三维矩阵”组织模式，加快数据分析组与各审计小组之间的信息双向沟通，有效地提高了数据分析和发现线索的效率。

（一）地级市社保审计中的现场组织管理

社会保险基金具有覆盖面广、种类较多、收支渠道复杂、管理和经办机构多、相关部门多等特点，而社保审计要全面涵盖各个方面，必须对审计任务进行适当的分解，充分发挥团队合作的力量。社保基金的种类设计和征缴管理本身就是由各级地方政府根据本行政区域内的情况自行设置的，要对全部的基金项目进行详细的核查，必然要按照各个行政区域的情况分别进行，因此，按地区分布的分权管理中心将审计人员配置成审计小组负责局部的审计任务，各中心的协同行为形成整个系统的统一作用和联合作用，分区治理成为社保审计中的基本模式。另外，社保审计的规模使得审计模式不得不依赖大规模社保电子数据的检索分析，但有限的高性能计算机设备和计算机专业人员必须集中起来统一协调各项数据分析任务才能应对海量的社保数据，这就要求必须形成一个既可以集中执行大规模数据分析任务又可以满足分散的审计小组专门进行数据深度分析的现场工作模式。

（二）地级市社保审计中三维矩阵组织的优势

地级市社保审计的现场资源分布和人员配属情况使得三维矩阵组织模式的现场管理方法成为可行的最优选择。建立独立数据分析组的合理性首先是出于高性能计算机设备和局域网的有限以及计算机专业人员的缺乏这些现实的情况，其次是社保电子数据的规模使得只有集中设备和人力才能充分应对海量数据分析的工作需求。三维矩阵组织模式的可行性在于现有的腾讯通、电子邮件等网络信息传递方式可以及时地将电子数据传递到多个审计现场，固定电话、移动通信等联络手段可以确保审计人员相互之间随时沟通传达工作意图。三维矩阵组织模式的优势在于数据分析组作为单独的一维，可以集中设备和人员的优势进行大规模的数据处理分析，同时利用便捷高效的信息沟通渠道，将分析结果传递给一线的各审计小组；审计小组将分析结果的复核情况及分析需求直接反馈至数据分析组，数据分析组再根据反馈情况进行数据的深入挖掘或分析方法的横向推广，由此形成数据分析组与分散的审计小组之间高效的信息循环利用。在审计实施阶段，数据分析组、区域审计组、专业审计组可随时根据项目进度调整任务安排，进而确保整个审计项目按预定计划顺利开展。

（三）地级市社保审计中的实践成果

三维矩阵组织模式在地级市社保审计中首先发挥了集中数据分析资源进行重点突破的优势。如在“重复参保”问题的核查中，数据分析组将各统筹区的社会保险基金业务数据进行汇总，形成全市范围的汇总数据库。在此基础上开展查询分析，突破了因统筹区不同带来的数据壁垒，解决了同一参保对象在不同统筹区重复参保的问题核查难点。同时，数据分析组通过集中设备和人员优势，一方面利用高性能的数据处理平台进行并发作业，提高数据分析效率；另一方面统筹考虑工作量，将数据分析任务按险种分解后下达至组内每名审计人员，使有限的人力资源得到最充分的利用。通过三维矩阵组织模式的有效应用，审计组先后查实某地级市多人在不同统筹区重复参加各项社会保险、涉及各类社会保险基金上百万元等违规问题，揭示了社会保险统筹级次低、经办机构间信息沟通不畅等体制、机制问题，引起市社会保障管理部门的高度重视。

三维矩阵组织模式在地级市社保审计中成功地将独立的审计线索迅速提炼为普遍模式从而扩大审计成果。例如在生育保险基金的审计中，地级市本级审计组通过对生育保险参保人数、领取对象、待遇金额等要素开展特征分析，发现了部分企业涉嫌虚构劳动关系骗取生育保险待遇的问题线索。该组随即将此情况反馈至数据分析组。数据分析组对审计思路的有效性进行验证后，集中人力对全市数据开展汇总分析，并将查询生成的审计线索按统筹区分解后迅速反馈至各区县审计小组进行核实。凭借三维矩阵组织模式下便捷有效的信息沟通渠道，审计人员在最短的时间内实现了生育保险数据分析方法的推广应用，扩大了审计成果，最终将相关问题的涉案人员移送公安机关立案查处。

五、“三维矩阵”组织模式应用中需关注的重点

三维矩阵组织模式的应用实现了大规模电子数据的高效处理和分析，解决了分散的审计小组之间数据信息的沟通和传递，有效化解了传统二维矩阵组织模式在数据审计中遇到的瓶颈。审计实践中，应用三维矩阵组织模式需

重点关注以下几个方面。

（一）管理理念与现场组织模式的转变

管理模式的转变也意味着管理理念的转变，相应也要有管理制度的调整。三维矩阵组织模式要求将数据分析作为审计任务的一个支撑维度，成为审计流程中承上启下的一个独立环节。审计项目领导小组要充分考虑在项目管理中对数据分析进行针对性的管理，设置专门的数据分析统管职位，安排专人负责数据分析工作的规划，组织计算机技术专业审计人员围绕审计任务开展数据分析工作。审计业务流程设计也应充分考虑数据分析的参与，将数据分析作为任务执行的规范步骤，充分利用数据分析结果的导向作用。数据分析人员与一线审计人员的对接是现场管理和工作流程的一个重要方面，需要从管理的角度确定对接双方的沟通模式、信息传递和确认手段、任务分工和工作职责等内容，使得数据分析和线索核查能够良性互动。同时，审计现场管理的规章制度也要做出相应的调整，明确开展数据分析的规范流程、数据分析人员的职责和权限、数据分析组与其他审计小组之间的职能划分与任务交接等。

（二）资源和人员配置模式的转变

三维矩阵组织模式将数据分析作为单独的支撑维度，改变了原有平面式的人员组织方式，即要对现场审计人员进行重新配置。人员的重新配置实际上是对审计资源的重新调配，需要按照三维矩阵的支撑维度安排适应大规模数据分析的审计人员，以及相应的管理人员，同时按照开展大规模数据分析的要求配置办公场地、电子设备、办公设备。资源和人员的重新配置是为了充分发挥数据分析在审计任务中发现审计线索、推广审计方法以扩大审计成果的作用，这就要求在配置资源和人员时要充分考虑数据分析的特殊性，要将电子设备以适应大规模数据分析的方式集中使用，构造适于海量数据处理分析的服务器/客户端结构的局域网，将计算机审计人员合理组成团队，分工协作，充分发挥高性能服务器的计算性能。同时，在领导小组中也要配置专职负责人对数据分析组进行管理，以便于在审计现场直接组织数据分析的工作，使数据分析真正成为一个支撑性的审计业务组。

（三）信息传递和责任模式的转变

三维矩阵结构的关键点在于改变审计现场管理中的信息传递模式，三维矩阵的结构使得数据分析人员与一线审计人员之间可以点对点无缝对接有用的信息。虽然三维矩阵结构中的各个维度都存在管理者的调配，但强调的是数据分析组及一线审计小组的管理者将具体任务的节点判断和操作方式决定权直接交给负责任务的执行者。数据分析及一线审计的执行者需要对各自的工作职责高度负责，要随时根据自己的决定和判断与现场执行者相互间直接沟通，从而使一线审计人员随时获得数据分析的支撑，而数据分析人员随时可获得审计一线的复核结果反馈，进而达到高效利用数据分析成果的目的。这一过程要求数据分析人员与一线核查人员责任明确，能够及时沟通响应对方的需求，才能真正发挥三维矩阵立体信息沟通的优势。

六、总结

本文主要关注数据式审计中对大规模电子数据分析依赖程度强化的条件下改善审计现场管理的方法，为了加强数据分析结果在审计现场的应用，本文提出了独立设置数据分析组成为现场审计中支撑结构的三维矩阵型的现场管理模式，并在地级市社保审计中进行了实践，证明了三维矩阵型管理模式的有效性，最终进一步明确了需持续关注的方面。

参考文献

[1] 审计署重庆特派办课题组．国家审计现场管理研究．审计研究报告，2011（6）．

[2] 审计署长沙特派办课题组．审计现场管理研究．审计研究报告，2011（4）．

[3] 审计署审计科研所课题组．审计机关审计项目管理研究．审计研究报告，2008（2）．

[4] 审计署审计科研所课题组．矩阵型组织结构在审计项目管理中的应用．审计研究简报，2012（1）．

浅议审计业务廉政风险科技防控模型的构建

审计署深圳特派办　项　荣

【摘要】 信息技术的发展及其在审计机关中的广泛应用，为审计机关降低内部管理协调成本、防范审计业务廉政风险提供了基本的技术平台。审计风险与廉政风险的相互交织决定了这一技术平台需要同步防控风险、同步构建系统的性质，在利用现有审计管理系统（Office Automation）和现场审计实施系统（Auditor Office）应用系统的基础上，通过分权定责、流程管理、风险管理、信息化支撑开发一体化平台，在审计项目实施各阶段融入廉政风险防控，实现大数据和大管理，以此探寻审计业务廉政风险的科技防控之路。

【引言】 审计机关廉政风险防控内容主要包括审计监督权和人财物管理权，人财物管理权的防控相比较其他部门而言，具有一般普遍性，不是审计机关廉政风险防控的重点，或者说可以借鉴的实践经验和理论成果较多，因此不作为本文研究的范畴，本文重点讨论审计机关审计执法权的廉政风险防控问题。

一、审计风险和廉政风险同步防控的必要性

风险防控的逻辑点是风险的存在，审计机关在权力行使过程中，不仅面临着较高的审计风险，同样也面临着廉政风险。审计风险和廉政风险均是长期、广泛存在的，并随着改革深入和权力配置变化，风险可能会转移、隐蔽或分散，但被彻底消除的可能性并不大，这就要求持续不断地加强重点业务岗位和环节的风险调研，加强风险预警和处置工作。充分认识这两种风险之间的关系，对于坚决惩治和有效预防腐败，具有较强的指导性和实践性。

国家审计风险是指审计机关及其审计人员没有按照法定职责、权限和程序实施审计，对被审计单位的财务收支报表和履行相关职能的情况发表不恰当意见的可能性，导致达不到预期审计目标要求，致使法律法规和规章制度得不到有效执行，国家利益遭受不同程度的损害。审计风险蕴藏于行政权力运行过程，体现于具体行政行为之中，其产生的因素包括法律法规不健全、执法程序设计存在漏洞等，但审计人员自身素质和能力是决定性因素，主要表现为职责划分、业务流程不合理，法律法规和内部运行管理制度不健全等，应当发现的重要审计事项查不深、查不透、审计事实不清楚、定性不准确等等。廉政风险是指在行政执法、行政管理等权力运行过程中发生腐败行为的可能性。导致廉政风险的因素可能是由于制度缺失、制度不落实、管理不规范、监督不到位，也有可能是执法人员素质较差和执法环境复杂等，主要表现为不作为、乱作为，私自“放水”，搞“人情审计”，以权谋私，利用审计执法权与被审计单位做交易，对审计事项的定性畸轻畸重、有失公正等。

国家审计风险和廉政风险虽然表现形式有所不同，但均产生在公共权力运用过程中，有着紧密联系并有可能相互演变，这就要求将两种风险一起加以考虑，同步防控，统筹制度设计，才能达到理想的预防和控制效果，本文将这种模式统称为审计业务廉政风险防控，这种同步预防的理念决定了审计业务廉政风险防控模型的技术架构。

二、审计业务廉政风险科技防控的意义

信息是促进包括审计业务廉政风险在内的各类风险管理的核心因素。由于信息手段的落后，早期的风险管理只能依靠内部牵制、业务控制和会计控制这些手段来实现。随着信息技术的发展，信息采集、传递和使用成本大大降低，信息与沟通这一要素在风险管理体系中发挥越来越重要的作用。伴随着管理信息系统、互联网络、人工智能等技术手段在政府行政管理中的广泛应用，信息化手段已经不仅仅局限于内部控制要素的范畴，而成为政府行政管理的一种基本方式，由此也深深地影响了审计机关。信息化条件下审计机关的风险管理在信息与沟通方面与传统审计机关内部管控明显不一样，在信息化条件下的风险管理是在实时及充分的信息与沟通基础上实施的控制活动。为此，需要建立一个信息化条件下的审计机关风险管理框架模型：一个以新型 OA 审计综合管理系统为依托，在审计执法和行政管理中有机嵌入廉政风险防控管理功能，探索一条上下联动、部门协调、科技防腐的

路线。

一是实现从手工操作到信息化的转变。利用信息化手段后，可以全员、全天候、全方位、自动化地采集、整理、统计、分析和发布廉政防控信息，并及时进行预警，极大提升了防控的效率。

二是实现从拾遗补缺到系统预防的转变。依托科技防控平台，对审计执法和行政管理进行全面、系统和实时监控，实现对审计工作的各个薄弱环节和风险环节进行系统预防。

三是信息化提高制度的执行力。在传统格局下，制度建设往往难以有效执行，效果不佳。信息化手段实现教育、监督、预防制度的信息化、数字化，强化了制度约束，提高了制度执行力。

三、审计业务廉政风险科技防控的思路

适当分解决策权、执行权、监督权，从审计业务决策指挥、实施执行和监督控制三个环节入手，形成不同性质的权力相互关联制约、协调运行的权力结构，做到决策更加科学，执行更加高效，监督更加有力，最大限度地防止权力滥用现象的发生。在具体开发过程中，构建集审计业务管理、行政管理为主要内容的分权定责、流程管理、风险管理、信息化支撑的一体化平台，实现业务质量管理、廉政防控、绩效评价、机关事务运行等多元化的综合管理目标，本文主要讨论审计业务管理一体化平台。

（一）分权定责

对各部门各种权力事项，采取分权、限权、控权等多种制衡方式，合理进行权责配置，形成责任明确、管理科学、约束有力的内部岗责体系。

一是按照权责一致的要求，规范和明确部门中各个岗位的职能、职责及事项，编制内部岗责手册，使部门全体人员掌握权力事项、岗位职责等具体要求；二是集体决策控制。重大权力事项应实行集体决策审批或者会审制度，涉及重要事项决策等活动，通过业务会等形式实行集体决策。

（二）流程管理

一是优化运行程序。建立岗位之间相互制约、部门之间联动制约的权力运行流程，形成环环相扣、节点控制、关联制约的权力运行程序。制作权力图，以图形的方式表达出来，让权力按照规定的流程运行。

二是明确控制节点。在优化流程的基础上，进一步明确每项权力运行流程中的重要节点，通过合理设置制约措施，强化流程制约的功能。具体来

看，审计执法权有审计计划、实施方案、审计事项、延伸外调、审计定性、发现问题与评价、移送处理、决定执行、审理复核、整改检查10个主要程序点。按照部门权力运行类别来看，在决策权运行中，依职能提出事项、调研论证、提出决策建议、研究预案、公开征求意见、集体研究决定是关键环节；审理复核权运行中，材料接收、初审、集中审议、发表审理意见是关键环节。

三是制定作业标准。制定作业规范，明确操作要求、时限、权限等标准，明确“在何时、做何事、如何做、做到什么程度”，实现管理的系统化、标准化，使工作环节、业务步骤清晰可见，内容要求明确，为执行、监督、检查、考核提供依据。

（三）风险管理

从分析权力运行风险入手，对审计执法活动中可能引发或增强风险的各种信息进行识别，根据风险度和风险成因，采取相应的风险应对策略和措施，以实现风险的有效防范、控制和化解。

（四）信息化支撑

充分发挥信息技术的规范性、信息共享的开放性、电子监控的严密性、关联制约的实时性的作用，将权力行使过程转变为信息处理过程，以淡化权力观念、弱化人为因素，遏制随意性、形成机控人防的内部控制机制。

一是按照“公开是原则，不公开是例外”的要求，对各部门的权力进行汇总统计、审核认定，编制政务公开目录，明确公开的要求、时限、范围和部门职责，并依托互联网和内部局域网，建立网上政务公开平台。

二是依托信息管理系统，逐步将审计执法全过程纳入信息化管理，并将权力流程优化、风险排查的成果运用到信息化系统中，随时掌握各类事项的受理、承办、审核、批准、办结等信息，做到全程留痕、可查可控。远期还可以进一步整合公文管理、人事管理、教育培训管理、财务管理、固定资产管理等信息系统，使各类信息资源实现互融互通。

四、审计业务廉政风险科技防控的技术框架

审计业务廉政风险防控模型以OA和AO为技术核心层，在此基础上通过对审计业务管理进行流程控制，促进AO和OA功能的使用，实现包括审计事项、审计取证等审计项目重要管理要素信息在两个系统间共享互通，并通过关键字段的预警提示等方式实现廉政风险防控（图1）。

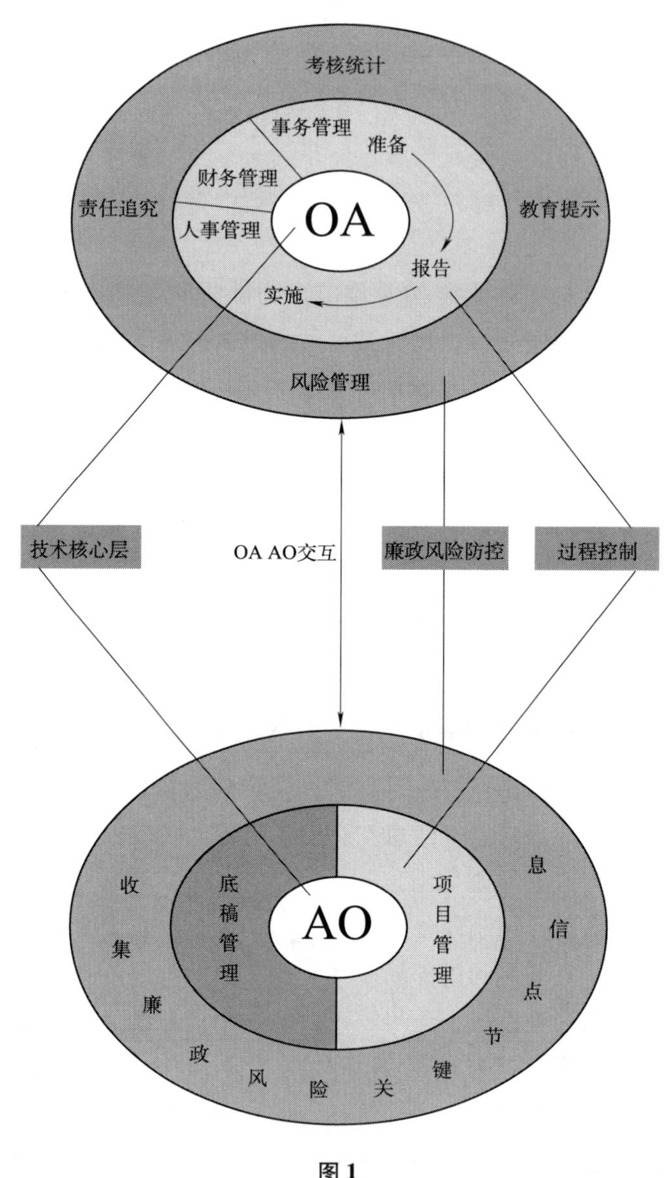

图 1

整个模型按四层结构搭建，表示层为用户提供统一入口，平台层、系统层集成各类业务系统，数据层完成信息资源的整合、管理。各层结构分述如下。

（一）数据层

根据审计署金审工程中对数据体系建设的具体要求，平台建立在配置数据、项目数据、公文数据、机关管理数据和风险防控数据等各类数据库的基础上。

（二）平台层

主要由OA平台、AO工具平台两部分构成。平台层作为审计信息化建设中的应用集成支撑，除了提供灵活的流程定制功能外，还可以实现不同的业务应用定制以及它们与AO数据分析处理工具的整合，满足不同审计项目不断变化、发展的需要。

（三）系统层

应用系统大致分为三类：业务系统，如审计项目实施管理、公文处理管理系统、数据处理系统等；人财物系统，如人事信息管理系统、财务信息管理系统和事务信息管理系统等；预警系统，如风险管理系统。系统层主要基于平台层实现应用系统之间的整合、交互，将不同应用系统集成在一起。

（四）表示层

构建了电子政务集成桌面，用户通过单点登录功能登录系统，平台对用户进行合法性的认证。用户登录后，系统根据用户不同权限，形成用户操作界面，为用户提供统一操作模式的集成环境。用户可以在一个界面中办理审计业务、查询审计成果、处理事务审批、查看风险预警等，如图2所示。

五、审计业务廉政风险科技防控的实现路径与功能模块

目前，审计机关已经针对审计执法过程明确了多项审计质量控制点，如审计组集体讨论制度、审计机关业务会议制度、审计证据评估制度、审计组审核制度等，但都缺乏信息技术支撑的管理措施。根据评估，本文设计了涉及审计业务廉政风险的关键流程控制节点。采取的信息化实现方法主要是利用AO软件中项目管理、审计底稿两大功能模块和OA中项目执行管理软件，同时基于审计业务规范的现实程度，分为三种利用模式设置廉政风险科技防控节点：一是业务规范条件下现有软件功能的利用；二是今后业务规范条件下的软件功能利用；三是业务规范条件下新增现有软件的功能，以下分别简称第一、二、三模式。

（一）实现路径（仅列举主要节点的实现方式）

1. 审计准备阶段

（1）调查了解。在开启审计项目、编制和发出审计通知书后，审计组进入调查了解节点，此节点应有调查方案，确定调查的内容和目的，完成调查

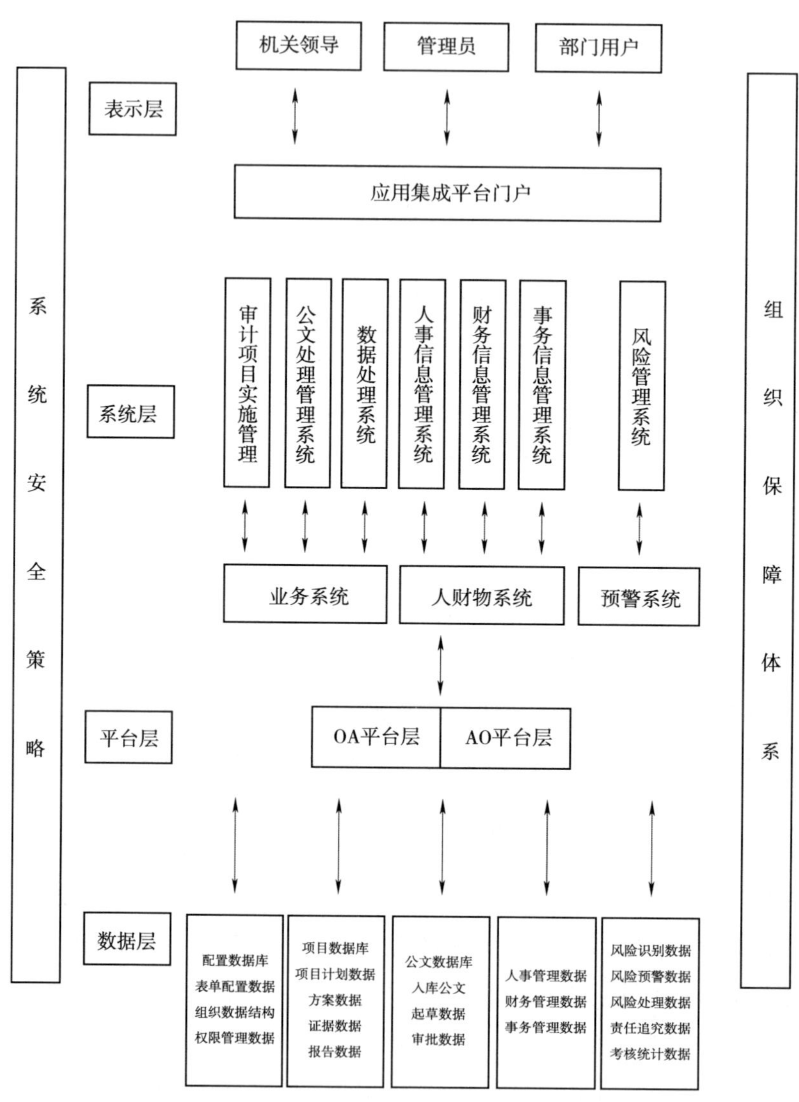

图 2

后，要形成调查了解记录，为审计实施方案的编制提供依据。调查方案和调查记录的编制，一般用系统提供的模板填写，编写完成后，列入该项目的审计资料中。

廉政风险控制点：调查方案、调查记录。

主要防控内容：调查方案未经会审、回避重要调查内容。

开发模式：第三模式。考虑在 OA 项目执行管理模块中，增加两种文书编写模块。考虑的主要字段包括：编制时间、审计项目、调查事项、调查单位、调查人员、调查结论、对应方案、审核人、会审时间。

实现路径：根据审计调查方案中的内容，编制调查任务，分配审计人员，确定任务起讫日期，任务负责人、方案审批人及会审时间。任务分配完毕后，审计人员选择任务进行资料收集，及时编制审计记录。系统对于调查方案未确定事项、未经会审程序、到期未编制记录等情况，将予以提示。

（2）审计实施方案的编制与审计事项细化。调查结束后，需要根据调查的结果，编制审计实施方案。审计实施方案的编制，可直接使用系统提供的模板工具进行编写，经过各级审核，同时保存到审计项目资料中。

审计实施方案编制确定后，审计组要将审计实施方案所确定的具体任务进行细化描述，形成审计事项。按照审计实施方案确定的审计内容相应地建立重大审计事项、一般审计事项，使审计事项的结构与审计实施方案的任务结构相一致。审计事项的编制，涉及审计实施方案的内容和重点，一般应由主审或指定人员负责，审计组组长要负责最终审计事项的审核。在审计实施过程中，上级审计机关、审计组组长或主审等具有增加或调整审计事项的权限。

廉政风险控制点：审计实施方案、审计事项。

主要防控内容：审计实施方案未经会审、重要审计内容缺失、重要审计事项不明确和不落实、重要调查结论不编入方案。

开发模式：第一、三模式。考虑在 OA 项目执行管理模块中，增加审计实施方案文书编写模块，利用 AO 项目管理模块实施审计事项发起控制。审计实施方案考虑的主要字段包括：审计项目、审计事项、审计事项等级、调查结论、审计目标、审计步骤、审计进度、会审时间、签发人、对应工作方案内容。审计事项考虑的主要字段包括：审计事项、责任人、审计目标、时间进度及要求、协助人员、协助事项。

实现路径：根据审计实施方案中的审计内容与重点、审计范围等信息，编制审计任务，分配审计人员，确定任务起讫日期、任务负责人、方案审批人及会审时间等。任务分配完毕后，审计人员选择任务进行资料收集，及时编制审计记录。系统对于审计实施方案未确定事项、未经会审程序、到期未编制记录等情况，将予以提示。

2. 审计实施阶段

（1）审计证据获取。审计人员应当按照审计实施方案确定的具体审计事项，在实施审计过程中收集相关审计证据。审计证据可以用文档、表格、图像、录音和录像等电子格式保存，获取审计证据应当附在相关审计底稿后面，可以把取得的纸质审计证据原始件转化为电子格式。

（2）审计底稿编制。对审计实施方案确定的审计事项，审计人员应当编制审计工作底稿。编制审计工作底稿时应注意以下问题：底稿以审计事项为主分类，审计人员应当选择与底稿内容相对应的审计事项，进行底稿内容的编写；底稿应当具有结论或摘要、审计法规引用、处理处罚意见等。此外，审计过程中的数据采集转换、分析等过程均要记录到审计工作底稿中。

审计证据和底稿廉政风险控制点：审计取证、审计过程记录及结论。

防控主要内容：审计取证回避问题、审计过程不全面、审计结论避重就轻等。

开发模式：第一、二模式。审计取证单考虑的主要字段包括：证据名称、编制日期、审计项目、被审计单位或个人、审计事项、审计事实摘要、审计人员、审核人员、审核意见、对方签收资料、证明附件、对方回复意见。审计工作底稿考虑的主要字段包括：底稿名称、编制日期、审计项目、延伸审计单位、审计事项、审计认定的事实摘要和结论、审计人员、审核人员、审核意见、对应审计证据、问题类别、法律法规文号、法律法规条款。

在促进审计人员规范及时上传审计资料的基础上，对于 OA 系统中审计证据和审计底稿上传模块实施升级更新，能够按照上述字段读取，提高信息的利用率和利用效果。

实现路径：审计人员将在审计实施的过程中发现与事项有关的问题，记录主要事实和情节，编制审计证明材料，运用添加各类形式证据材料的编辑功能进行证据管理。审计取证单经过现场审计组负责人审核后交被审计单位确认，并及时录入对方反馈意见。编制底稿时，根据系统提供审计工作底稿界面录入工作底稿的相关内容，并对相关内容进行控制。工作底稿管理的主要功能包括：查看证据材料、查看工作底稿内容、修改工作底稿和根据审计事项对工作底稿进行汇总等。审计组组长可对编写的工作底稿逐一审核，填写审核意见。经审核后的工作底稿，由系统对审计实施方案规定的审计事项进行自动核销，及时形成审计实施方案执行情况表。系统对审计取证和工作底稿审核、交接、意见反馈、事项核销等环节产生的信息逐一记录，保证了廉政风险防控的轨迹留痕，并可以设置对重要审计事项的实时跟踪预警。

（3）延伸审计事项。审计过程中开展的对有关单位和个人的调查如果超出被审计单位范围的，应当履行相关手续。

廉政风险控制点：审计延伸审批。

防控主要内容：审计超范围谋取私利。

开发模式：第三模式。考虑在 OA 模块中增加延伸管理的功能，主要字段包括：审计项目、审计事项、延伸目标、经办人员、审核人、审批人、延伸结果、对应审计证据、对应审计底稿。

实现路径：审计人员需要延伸外调时，须在网上办理审批事项，记载审批过程，据此开具介绍信、查询函等，办理完延伸事项后，应及时记载延伸情况。系统将主动提示各级审批、延伸过程和结果等信息的记载，对于重大延伸事项，可以设置实时跟踪功能，及时提醒。

（4）银行账户查询函管理。目前对公银行账户和个人存款的查询多数采取函件登记管理的方式，需要按规定进行领用审批、使用核销等手续，随着有关管理制度的变化，此项功能设计也将随之改变。

廉政风险控制点：查询函审批、领用、核销等。

防控主要内容：查询超范围谋取私利。

开发模式：第三模式。考虑在 OA 中增加此项管理的功能，主要字段包括：查询函文号、审计人员、个人账户名称及账号、核销人、核销意见、业务处室负责人、防范措施（主要是对工作人员如何解除该防控点产生的风险进行操作指引）、法律法规（对该防控点可能涉及的相关法律法规及审计文书进行简单列举）、信息管理、对应审计工作底稿、查询结果。

实现路径：审计人员需要延伸查询银行账户时，须在网上办理审批事项，记载审批过程。办理完查询事项后，应及时记载查询情况，及时录入银行查询结果证明。系统将对于超期未核销、核销有重大意见等异常情况自动提醒，由此进入专门的防控信息处置程序。

3. 审计报告阶段

（1）审计报告编制。经过审计组讨论后的结果，主审编制审计报告。送交审理部门审理后，经过审计机关审计业务会议审定后确定。对于所查出的问题，审计机关应按有关规定出具审计决定书。

廉政风险控制点：审计组会议、机关业务会议、审理。

防控主要内容：瞒报、漏报重大问题、调整重大定性谋取私利。

开发模式：第一、三模式。考虑在 OA 中增加审计业务会议管理的功能，主要字段包括：审计项目、会议时间、责任部门、决定事项、办理情况、对应文书、对应证据和底稿、办结时间、对应调整的审计事项、会议层级。考虑在 AO 审计报告模块中增加报告审核模块，同时增加将报告引入 OA 系统增加审理模块，审理模块的主要字段包括：审计项目、送核时间、审理复核期限、送审文书内容、审理复核结果、审理复核理由、采纳审理复核意见情况。

实现路径：该系统可以携带视频会议系统，解决审计人员分散讨论的问题，集体研究后，根据系统自带的审计组讨论情况表汇总形成审计会议决定，形成《审计取证、评价和处理等工作底稿评估一览表》《审计业务会议决定事项登记表》《未落实事项说明表》，主审据此意见编写审计报告初稿。审计组编制好的审计报告征求意见稿（初稿）可以提交给审理部门，系统自动生成相应的送审资料，包括审计取证单、审计工作底稿、对方回复意见、审计实施方案执行情况表，同时审计组可以自行添加其他必要材料。审理部门在审理过程中，系统自动形成对审理内容的记录和整理，形成审理情况对比表，审理人员在此基础上形成审理意见书。在召开审计业务会议环节，经过审理的审计项目，由系统自动提交审计机关领导和其他需要参会的人员，根据情况可以采用视频会议系统。经审计业务会议审定后，审计组编制并报送审计报告征求意见稿。审计组接到对方反馈意见后，应召开会议集体讨论、认真研究，在系统中形成反馈意见情况表，再次提交审计业务会议审定，无重大异议的，印发审计报告、下达审计决定等审计处理文书给被审计单位。系统对于审计组研究讨论、重要问题报告反映、重大问题审计处理、审理意见等环节实现了过程信息的集中管理，一定程度上防止个人操控的行为，由此形成了从审计项目审计调查了解确定审计事项直至审计延伸等取证、定性、报告的信息通道的过程管理，在此基础上对异常信息加载廉政风险防控。

（2）审计整改跟踪。审计机关出具审计报告和审计决定、审计移送处理书等文书后，系统将自动生成审计整改台账，并定期由审计人员添加信息，逾期未办理的，系统将自动提示。

廉政风险控制点：审计整改及检查。

防控主要内容：督促，瞒报、虚报被审计单位整改情况甚至为其开脱。

开发模式：第三模式。考虑在 OA 模块中增加审计整改检查功能，主要字段包括：审计项目、对应整改事项、对应文书、送达时间、审计整改期限、审计整改结果、审计整改材料、审计整改检查意见。

实现路径：出具审计报告和审计决定等文书后，系统根据送达情况，自动生成整改跟踪表，并由审计人员根据整改情况及时录入，系统根据整改时限、跟踪和检查等情况实现预警。

（二）功能模块

1. 任务提醒模块

审计人员每天打开计算机，系统将会自动提示其在各个系统中“在办任务”与“过期任务”的处理情况。工作人员根据任务提示的内容可以很方便地了解到自己应该及时地登陆哪些系统来处理事项。

2. 廉政防控管理模块

防控管理系统通过后台抓取字段、逐项比对后产生防控信息后会在电脑上对相关人员进行提示。如：系统监控到某一审计人员在某个防控点可能涉及滥用审计调查权，在其打开计算机的时候，系统会以进行提示：“您有了1条廉政防控信息，请及时处理”。审计人员可以通过点击进入系统中的防控管理模块查询详细内容以及规范化处理指引。以“使用个人存款查询书”防控点为例，模块将会提示以下内容：防控信息名称（使用个人存款查询书）；查询书文号；审计人员；个人账户名称及账号；核销人；核销意见；业务处室负责人；防范措施（主要是对工作人员如何解除该防控点产生的风险进行操作指引）；法律法规（对该防控点可能涉及的相关法律法规及审计文书进行简单列举）；信息管理（防控人员在确认消除风险后在此处做处理标志，包括检查是否编制了相应的工作底稿记录查询结果等，否则防控管理系统将会重复进行提示）。

3. 查询统计模块

“查询统计”主要是方便各层级审计人员进行防控管理而设置的对于防控信息产生以及处理情况的统计功能。审计人员可以查询自己工作范围的防控信息产生和处理情况，机关领导、部分负责人可以查询到自己管辖范围内审计人员的防控信息详细情况，可以具体到信息名称、涉及单位等内容。

4. 责任追究模块

责任追究模块主要是对防控信息的后续管理方面设置相关的监控手段。责任追究可以分为系统自动追究和人工责任追究两种。防控管理系统会根据统计结果自动对防控信息处理不达标准的人员产生责任追究任务，廉政防控部门也可以根据防控信息统计分析向相关人员发出责任追究任务。

该模块还可以自动从审计数据仓库采集数据，通过设定的考核指标、计算公式、考核对象、考核频次等进行评估、自动排名，开展数据统计和技术分析。系统可根据量化测评细则进行计算评分，对不同部门、人员综合测评排名，以图表形式显示当前及历史测评数据，并生成绩效测评报告。系统监控到低于目标值的测评指标，自动发送绩效报告和提醒信息到被测评部门，由被测评部门及时查找原因整改。如果测评指标在一定期限内连续低于目标值的，该部门必须向上级解释原因。这种一环扣一环的纠错机制促使责任人员及时整改，进一步提升审计的效能。

5. 警示教育模块

“警示教育”模块是审计机关进行廉政风险防控教育的一个基地。系统会定期在后台上传一些具有教育意义的案例，以新闻标题的形式定期进行提示，也可对一些案例进行详细解读。

当然本文提出的审计业务廉政风险模型还存在天然的缺陷，主要是以现有的技术手段，不能完全依赖于信息化手段识别廉政风险，需要借助人为识别因素；二是廉政风险科技防控范围仅限于系统中所涉及的事项，对范围之外的风险，无法识别，还有信息采集的基础还有赖于审计业务的规范等，这些问题需要对该模型的不断实践与改进后加以解决。

参考文献

[1] 冯兴国，郑贵华，岳松．权力运行风险电子监控系统的成功开发与运用［J］．审计月刊，2012（7）．

[2] 申玲．IT 环境下业务流程再造对审计风险的影响［J］．河南社会科学，2010（5）．

[3] 斯阳，李伟，王华俊．“制度＋科技＋文化”高校廉政风险防控机制建设新探索［J］．上海党史与党建，2012（8）．

构建基于云计算的国家审计资源计划

——浅论国家审计信息化持续发展

审计署沈阳特派办　赵　锴　王世权

【摘要】　在国家审计优化国家治理、审计信息化引领国家审计持续发展和云计算等新的信息技术被广泛应用等大背景下，本文提出构建基于云计算技术的国家审计资源计划（ARP），分析论述构建原则、路径选择和技术关键，重点阐述了构建ARP的主要内容，指出其对国家审计信息化持续发展的重要意义。

【引言】　自金审工程建设以来，我国已基本建成覆盖中央省市县四级的审计网络。为实现国家审计信息化持续发展，本着“边建设边完善”的原则，在金审工程后续建设中规划、构建基于云计算技术的国家审计资源计划（ARP），将有力推动国家审计资源总量增加、质量提高、结构优化，提升国家审计资源开发利用水平，提高我国审计信息化建设的综合效益，实现可持续发展，并为最终建成国家审计信息系统（GAIS）的目标提供坚实的物质保证。

一、实现国家审计信息化持续发展的背景分析

审计信息化建设应符合持续发展的要求，以下具体从政治环境影响、技术应用趋势、审计工作需求和现有缺陷改善等方面加以分析。

（一）从审计信息化面临的宏观政治环境和机遇挑战分析

我国国家审计事业发展三十年来，国家审计参与国家治理的范围不断扩大，审计信息化已进入可持续发展的良性循环轨道。① 要为实现国家良治和

① 孟秀转：《国家审计信息系统发展评价》，ITGov 中国 IT 治理研究中心 2012 年。

科学发展更好地发挥技术支撑和保障作用，国家审计机关就必须进一步加强自身的信息化建设，不断增强以 IT 能力为先导的审计监督能力。

（二）从云计算、移动互联网、大数据和移动办公等技术应用现状及发展趋势分析

近年来，云计算日益兴起，移动互联网逐渐成为主流，大数据成为各行业必须面对的新形势。硬件、软件、通信网络的升级换代，以及数据重要性的提升，对设备间同步数据、共享信息提出了更高要求，也对信息安全提出了新的挑战。开放、融合等技术特征决定了云计算、移动办公是符合审计信息化未来可持续发展的必然选择。因此，在云计算战略实施中政府的机遇和挑战、数据挖掘、大数据、灵活有效的信息工作团队等已成为一些国家审计机关的研讨主题①。

（三）从审计工作固有特征及需解决问题进行分析

（1）审计项目地点及人员分散，对统一管理提出挑战。

（2）目前审计信息资源还存在开发不足、利用不够、效益不高等情况，相对滞后于信息基础设施建设。

（3）审计工作所需数据存储、网络通信、计算能力等资源分散，较难形成合力。

（4）被审计单位众多，部门（行业）事项内容广泛、复杂多变。

（5）审计工作移动性对信息安全的特殊考虑。

（四）从审计信息系统现状、发展路径和模式分析

金审工程一期、二期构建的审计信息系统还存在一定的不足和缺陷，审计数字化及其控制还需推进和加强，审计信息资源还需进一步融合。目前正处于金审工程三期启动前的准备阶段，尚未明确云计算环境下审计信息资源整合的路径，还需对应用模式做出具体规划。

基于以上分析，我国各级审计机关经过努力，目前已经基本构建了能够统领国家审计资源的框架。为更好地应对考验，完成好、发挥好审计监督的历史重任，金审工程三期要把为充分发挥国家审计在推动完善国家治理中的作用、促进经济社会健康发展提供支撑作为建设的主要目标，把提高信息化环境下的审计能力作为着力点，把构建国家电子审计体系作为核心，把明确

① 石爱中：《总结经验 扎实工作 推动审计信息化实现新发展——在全国审计工作座谈会上的讲话》，2012 年 7 月 9 日。

审计业务需求作为关键[①]，对现有审计信息系统做进一步的分析完善、流程重组再造，明确提出基于云的国家审计资源计划（Audit Resources Planning, ARP）。

二、基于云的国家审计资源计划（ARP）的概念、构建 ARP 的总体原则、路径选择和技术关键

所谓 ARP，应是一个以管理为核心的信息系统，充分利用关系型数据库结构、面向对象技术、图形用户界面、第四代语言、新一代通信网络等信息技术成果，将各级审计机关的审计业务、计划、统计、公文、保密、档案、财务、人力资源等业务资源及被审计单位的外部数据等资源均部署、整合到一个统一的信息管理平台上，能够识别和规划审计资源，并通过最优组合实现审计业务数据标准化，信息系统运行集成化、业务流程合理化、绩效监控动态化、审计管理改善持续化，提高审计现场作业效率，实现审计监督的最佳效能，是连接审计一线人员和审计管理指挥系统的国家审计信息系统的雏形。同时，ARP 可以国家审计（及政府审计）为重点，兼顾社会审计和内部审计，逐步整合国家总体审计资源，充分发挥各类型审计监督的合力作用。总之，基于云的 ARP 的合理运用必将改变国家审计机关运作的面貌。

构建 ARP 应以体制和机制创新为动力，以审计信息资源开发利用为先导，把提高信息化环境下的审计能力作为着力点，把构建国家电子审计体系作为核心，把明确审计业务需求作为关键，完善审计信息资源开发利用的保障环境，推动审计信息资源的优化配置。

（一）把握构建 ARP 的总体原则

（1）统筹兼顾，坚持总体规划、顶层设计与“微改进”“微创新”相结合。完全采用自上而下的顶层设计模式，推行往往较慢，在地方基层审计机关和部门的边缘业务可能受到的阻力较大，而采用自下而上的模式，则易形成新的“信息孤岛”。ARP 的构建及审计应用的开发推广如果过度依赖顶层设计，则基层审计机关会失去探索和创新的动力。应始终坚持审计署统一领导，实现“蓝天白云”，坚决杜绝一哄而上、重复建设，避免形成“乌云密布”和新的“信息孤岛”。审计署应充分调动和发挥中央和地方、部门与地方不同层次、不同方面的活力、积极性和创造力，各派出机构和地方审计机

① 审计署：《关于进一步推进审计信息化建设的指导意见》，2012 年 9 月。

关应大力支持审计署，坚持“顶层设计＋微创新”和“问题导向”模式，共同去打造、去构建：网络体系建设、数据规划、审计事项数据字典等宜由审计署进行总体规划、顶层设计及统一制定、推广；审计应用等宜由各派出机构和地方审计机关通过“微创新”，依据统一的技术标准，进行自主开发和应用。可推广“审计微云”试点，针对审计工作中业务人员应用最频繁、需求最迫切、反映最强烈的最现实、最直接的问题，一个一个细节、一个一个细微之处地去逐一研究出能管用、能解决实际问题的改进办法，一点一滴地去推出完善“审计云”的细微举措。

（2）必须坚持以人为本，实现可持续发展。基于云的开发和应用模式将对审计组织方式和管理模式带来很大影响。各级领导、审计业务人员和计算机技术人员都会有一个转变和适应的过程。技术终究是为人服务，持续发展归根结底是要实现人的全面发展，必须始终坚持以人为本的原则。一要坚持用户需求至上。二要优化人机交互界面。通过完善安全客户端、订制审计专用浏览器等，简化使用操作，改善用户体验。三要改善人际交互环境，打造专业的运维服务团队，为一线审计人员提供优质的 IT 服务，保障系统平稳运行。

（3）要高度关注、充分保障信息安全。通过完善信息系统的安全防护，加强制度建设和保密检查，采取各种技术手段和管理措施，确保信息系统、业务数据、管理及项目信息等审计信息资源的安全。如借助移动办公可信环境，审计人员可随时随地接入“审计云”平台，实现审计数据和信息随时随地地“云存储”或“云备份”到“审计云”平台，实现审计现场、审计终端与“审计云”的“云同步”，确保无密可泄。

（二）构建 ARP 的路径选择要点和技术关键

ARP 的构建是一个演进提升、循序渐进的过程，其路径选择至关重要。

（1）从构建 ARP 的总体路径选择看，应先基本建成“审计云”，开展“云办公”，再实现“云审计”，这也体现了“以数字化带动信息化”“以管理信息化带动业务信息化”的指导思想。坚持资源融合，在此基础上，逐步实现从私有云到公有云的扩展和提升。

（2）构建 ARP 的详细发展路径可能是：部分审计机关以审计信息化持续发展为导向，试点审计私有云，通过迁移已有系统，接入新系统，逐步构建起相对完善的审计私有云服务；通过推广、应用成功的审计私有云模式，逐渐实现各审计私有云的互联互通和整合融合；随着 ARP 及“审计云”的逐渐构建完善和成熟发展，根据国家电子政务发展的总体情况，再逐步融入国家电子政务公有云。这也符合由简单到复杂，由低级到高级的事物发展的一般演进过程。

（3）从构建 ARP 的构件来源看，可依据使用类型，采用基于云的基础设施即服务（IaaS）、平台即服务（PaaS）和软件即服务（SaaS）等模式规划建设、开发应用或购买取得。即时通信软件、邮箱、云存储、视频会议等通用型应用或产品，可直接选用腾讯、网易、金山、华为等公司相应的成熟商品，只需进行适当功能订制或修改，即可满足审计工作需要，大大缩短构建和开发周期，增强可用性和稳定性。国家审计机关应优先支持国产化和自有知识产权，减少研发通用性产品；可多应用基于 HTML5 等新技术开发的 WebAPP 等，以适用为原则，预留接口和扩展空间，降低维护成本，分步实施，逐步推进。

三、构建 ARP 是实现国家审计信息化持续发展的现实考虑，其主要内容是：完善改进现有“审计云”，集聚融合审计信息资源，联通数据分析平台，积极开展基于“审计云”的“云审计”

“云”是网络、互联网的一种比喻说法，金审工程构建的审计专网、审计内网、因特网接入网等网络已具备云计算的基础。为了应对新的需求，可对现有审计网络进行适应性改造，以实现持续发展。

综合考虑目前审计网络为私有云及审计信息化持续发展需求，“平台与应用相分离，硬件绑定平台，内容资源变成应用”是大趋势，“审计云”应从构建满足审计业务需求的高速网络、基于数据中心的“审计大数据云”平台和审计应用出发，即 ARP 应包括网络系统、作业终端、审计信息资源（含审计数据）、人机人际交互环境、技术方法工具等，构成 ARP 坚实的物质基础，努力实现审计工作全业务、全流程覆盖。

（一）调整现有网络架构，丰富优化接入方式

顺应网络通信技术迅猛发展的实际情况，尤其是考虑审计项目现场的分散性，继续建设完善移动办公系统。要在总结审计信息交互安全防护技术应用经验的基础上，既要继续加强管理，又要从技术方面提出新的完善和替代方案：优化安全客户端系统，增强其适应性，推进审计系统 CA 认证体系的建立，开通支持指纹识别、人脸识别等生物特征识别及动态密码技术的审计 CA 强认证入口，优化接入集群，安全客户端可根据审计人员所处工作地点，

智能推荐或自动选择接入网络路径，提高审计人员接入审计专网的效率。结合“宽带中国”工程实施，运用云计算技术对现有审计专网及审计管理系统（OA）等进行适应性改造，实现数据集中存储、异地容灾备份，逐步建立起安全可靠、不受地域限制、支持远程办公和信息共享的移动办公系统，使各种有用信息迅速、准确、安全地在各级审计机关之间、审计机关与审计现场之间传递，为保证审计工作效能和质量提供技术支撑。

（二）对终端设备进行换代升级，使一线审计人员的作业终端轻型化

通过云计算技术可以使审计人员使用更轻薄、更低端的设备（如手机、平板电脑、GPS、物联网专用终端等），即可访问云端大量应用，享受更高端的服务：审计人员只需通过“宽带中国”的畅通网络，借助安全客户端和轻型的作业终端设备，访问“审计云”，云端高性能服务器即可响应很多原有终端设备难以支持的应用。配合安全客户端和基于 HTML5 等先进技术订制开发的审计人员专用“审计云”浏览器等，整合审计工作中必备、常用的“审计云”资源链接和内置工具，方便审计人员在开展审计时随时查阅，有利于审计机关降低总体拥有成本。

（三）整合丰富审计信息资源，开发推广审计平台、系统及应用

ARP 应是面向工作流的，可实现审计管理和业务信息的最小冗余和最大共享，传统需要几个步骤或几个部门来完成的任务，在实施 ARP 之后可能只需要一次便能完成。要让 ARP 发挥作用，有必要对审计业务流程等方面进行重组再造，增强署机关对审计机关内部事务、审计现场管理及与被审计单位信息交互的事前控制能力，把计划、人力资源、项目实施、工作环境、质量控制、报告建议、统计分析、指挥、决策支持等方面的作业，看作一个动态的、可事前控制的有机整体。同时，要构建审计管理、人员、业务、方法和评价信息资源库，建设国家电子审计信息资源目录和交换体系，建立审计信息智能化检索和资源交换系统。ARP 通过将上述各个环节的流程和信息整合在一起，完善改进“审计云”平台，它的核心是对审计机关现有资源进行合理管理、动态配置、准确利用和监控，支撑审计业务系统高效运转，为审计机关提供能够对审计质量、实施进展、完善国家治理贡献度和高层满意度等关键问题进行实时分析、判断的决策支持平台，实现审计总体资源的按需建设、随需服务和高效管理。

1. 在审计管理方面

升级 OA，全面统领审计机关内部管理信息、项目组织管理信息和审计

业务用支持信息。

（1）全面升级 OA 现有功能，开发、部署全署集中统一的机关综合管理系统。进一步分析梳理署机关、各派出机构审计管理及业务处理流程，进行业务流程重组再造。完善对人、信息、财、物等审计资源的管理，尤其是强化人与信息的互动，如结合改进 OA，将其公文管理软件升级成为全面、权威的审计知识库，作为 ARP 的重要组成部分，丰富强化公文浏览查询功能，进一步完善全文检索和高级搜索功能，实现搜寻快捷、全面，共享知识库和经验库，帮助审计人员适应复杂情况，提供强大的审计信息、知识和经验的支撑与共享；整合署机关及特派办现有人事管理软件（单机版）及 OA 中的人力资源软件（模块），开发覆盖全署人员的人力资源应用，增强查询、分析和展示等功能，为领导决策、统计分析和细化管理提供支撑；再如进一步拓展基于"审计云"的审计会商系统应用范围，增强时效性和生动性，提升审计会商的效能；综合利用海量数据处理分析、信息可视化、网络通信、地理信息系统及卫星定位等先进技术，解决因审计地点及人员分散、较难形成快速、统一管理的局面，并结合政府机构调整和职能转变的实际，分步融合各级审计机关的"审计云"，逐步建成涵盖审计署机关、各派出机构及省级审计机关的全国统一的国家审计指挥中心，实现数字化、智能化的审计决策指挥。在财务管理方面，应增加对可用财力的分析。目前署机关及特派办采用网络财务管理软件，应将相关财务数据利用数据接口等方式与 OA 相应模块进行数据交换，为开展审计现场作业成本分析和人员工资社保等财务决策提供参考。在对设备设施、车辆、信息资产等管理方面，通过机关综合管理系统，将办公室、会议室、车辆申请使用、计算机资产管理等纳入其中，形成对"物"的集中统一管理。通过对现有管理模块的全面融合，实现 OA 的升级和综合管理全覆盖；通过不断加强内容建设和信息保障，不断丰富审计管理信息资源，最终建成跨地域、全时空、全署统一的机关综合管理系统，全面实现"审计云"办公。

（2）完善优化全署统一的审计项目组织管理应用。一是在项目组织管理方面，专业司组织全国统一组织项目时，审计所需资料和数据一般使用统一组织项目管理软件和项目执行管理软件，以腾讯通（RTX）软件为辅助，在同一软件中部署工作、传输数据、共享信息、交流经验，基本可满足项目管理需要。但在应用 RTX 软件辅助项目管理时，RTX 群中参加同一项目工作的往往有上百人，造成群中会话问题多样，信息繁杂。由于群中会话不直接面向主题，各种信息交织混杂（其中不乏冗余及无关信息），在没有规范权威的信息发布机制的情况下，存在一定的信息混乱和工具滥用状态，消耗执行效率。应在“审计云”平台建立统一的论坛等协同应用程序，如可为每位项目负责人及不同专业小组组长建立博客，用于发布权威信息等。针对审计项目或工作事项主题开设讨论版面，审计人员可在此交流工作经验、作为RTX的有效补充或替代，逐步建设完善覆盖各级审计机关的规范的项目信息交流渠道和空间。

二是在审计指挥方面，基于云的审计指挥应用（模块）有审计感知方面的需求，需能获取现场审计实施系统（AO）及时传递的审计现场情况，并能够与OA、AO、联网审计系统共享数据；可通过图形图像、文字表格、音视频等方式，动态展示审计项目工作状态和进度，按需要或授权调看调用。

三是在决策支持方面，基于云的决策支持应用（模块）应能够提供审计资源分布、审计实施进度、审计成果评估等数据分析的总体情况和统计信息，为审计机关控制审计进度、动态调配审计资源、指挥审计现场等提供决策信息支持。

（3）整合审计信息资源，构建全署统一的“审计云信息中心”应用，不断丰富审计业务用信息资源。整合审计项目信息、被审计单位基础信息，优化计算机审计方法、AO应用实例、信息系统审计案例、网络培训课件、审计文献资料及参阅资料等查询功能，收集整理审计（教学）案例、课题研究、论坛精华等审计知识和信息简报等资料，建立全署统一的“审计云信息中心”，为审计分析研究提供基础信息资源，为查核问题提供技术方法和工具支持，为数据分析、培训考试、模拟实验提供实战空间，为内部管理提供环境和信息支持。

此外，为进一步完善政府信息公开制度，为审计信息公开提供渠道，可在完善审计机关互联网站信息公开的基础上，考虑开发移动终端专用APP。如美国联邦审计公署（GAO）已开发并发布基于智能手机操作系统苹果（iOS）和安卓（Android）的免费应用程序，向公众提供免费、简单、可移动访问的审计报告、证词、视频及播客等信息①，扩大了GAO的影响力和公信力。

2. 在审计业务方面

全面应用审计数据中心和交换中心，归集审计数据，发布数据交换目录，充分发挥数据中心的资源池和交换中心的集散地作用。建立合理利用、

① GAO Releases Mobile App for Android，美国联邦审计公署网站，2013年3月14日。

综合分析、信息共享、安全易用的机制，满足各级审计机关之间、审计机关与审计现场之间的信息资源共享与交换。

（1）以国家审计数据中心为核心，建立完善审计大数据云平台。建立完善审计数据定期采集、联网采集、清理转换、集中归集、综合利用等工作机制，建设以国家审计数据中心为核心、省级数据分中心参与的审计大数据云平台。其优势体现在：一是依托安全通信网络，增强审计数据存储的安全性，审计人员可将敏感的审计数据存放于数据中心，并通过数据中心提供全程全网跨专业的数据查询和审计成果查询服务等；二是依托高带宽网络，增强远程处理能力，可即时上传审计分析查询请求，共享审计大数据云平台上的服务器高性能运算能力资源，远程开展海量数据审计分析等。

（2）融合 A0 和联网审计系统，打造“云 AO”系统，依托该系统开发、推广、利用审计 APP。所谓审计 APP，是基于云的审计应用程序、工具、软件及模块的统称，是打造全新的审计技术、方法和工具“生态链”的基础构件，具体可以划分为 AT APP、AO APP 和专用审计 APP 等，其中 AT APP 和 AO APP 分别以计算机审计方法和 AO 应用实例为基础开发，是通用审计应用；专用审计 APP 是针对特定审计项目或审计事项开发订制的专用审计应用。

首先要研究提升 AO 功能，打造“云 AO”系统。可探索利用高速宽带网络、新一代移动通信技术及云计算等先进信息技术，不断拓展 AO 的审计业务处理功能，提升整体存储和计算能力。如在现有网络带宽条件下，可在审计现场搭建 AO 联机数据分析环境，在审计机关构建联网审计环境。审计现场利用局域网高速网络优势，通过审计业务人员的协同分工，发现并分享审计线索和疑点，也可通过审计专网，上传至审计大数据云平台，供同事参考或邀请相关专家会商；在审计机关的联网审计环境，可开展多行业、大数据、多专业视角的综合分析利用，未来可全面打通现场审计用的 AO 及非现场审计用的联网审计系统，将 2 个通用审计软件功能融合为一体，并联通 AO 与联网审计系统的网络通道，以软件即服务（SaaS）或平台即服务（PaaS）等模式打造全新“云 AO”系统，“云 AO”客户端可随时随地接入审计大数据云平台，充分利用该平台数据资源，以高端服务器的强大信息处理、模型构建能力为支撑，对数据、信息、知识、经验、管理、决策进行高效交互、共享、交换，开展多种形式的审计数据综合分析利用工作。

其次，审计 APP 是构建“云 AO”系统、开展“云审计”的基础构件，是该“生态系统”的基础，可通过对国家审计机关多年积累的上万个计算机审计方法和 AO 应用实例进行二次开发，打造通用审计 APP；结合特定审计项目或审计事项开发订制专用审计 APP。同时，“云 AO”系统本身也支持审计人员较为便捷地开发审计 APP，经过多渠道、经授权的第三方认证后直接提交到“云 AO”备选工具箱，使其不断得到充实和丰富。通过“云 AO”系统推广应用审计 APP，可使这些凝结了审计人员聪明才智的审计专项、专题和专家经验不再沉寂，而是得以高效复用，成为一线审计人员解决实际问题的得力助手，为审计工作提供源源不断的智力支持。

（3）与审计机关外部协同，共享信息资源，构建面向审计对象的信息交换互动应用。目前，审计机关与被审计单位的信息交换尚缺乏正式规范的信息化渠道，信息交换仍以光盘、U 盘、移动硬盘等介质为载体，审计人员直接索取所需资料，会计、财务、业务数据以数据库备份、电子表格等形式为主，缺乏标准化、统一性、规范性及历史比较，较难形成对被审计单位全面、客观、历史的了解，信息安全也缺乏控制措施和保证。可探索在审计现场向被审计单位发放专用 U 锁，用于其登录“审计云”平台，访问特定应用，提交信息、上传表格数据等，而审计机关则可在后台生成相应分析表格、图表等。应探索构建与财政、工商、税务、公安等部门的公共、公用信息交互机制，规范审计用基础信息的采集和应用，建设被审计单位信息资源目录体系和交换体系。在条件成熟后，逐步改变审计数据采集和报送模式，与被审计单位逐步形成信息交互、交换的良性循环，为审计应用、业务协同提供充分的信息资源支持。

总之，国家审计机关通过在金审工程后续建设中构建 ARP，逐步建成以 OA 和“云 AO”客户端为门户的“审计云”入口，以“审计大数据云”为平台，以“审计云信息中心”为知识社区，构建起“可视化展示呈现”为特征的综合性的 ARP 平台，最终形成“审计数据共采、审计资源共享、审计平台共建共用，审计成果分享共赢”的覆盖审计业务、管理全流程的数字化审计新模式，实现管理、技术、服务、保障的完美融合和持续发展，最终建成国家审计信息系统，这也必将有助于充分发挥国家审计在推动完善国家治理中的作用，促进经济社会持续健康发展。

参考文献

［1］石爱中．在金审工程二期项目审计数据规划研讨会上的讲话．2007年5月24日．

［2］石爱中．总结经验 扎实工作 推动审计信息化实现新发展［J］．中国审计，2012（15）．

［3］王智玉．金审工程力求可持续发展［J］．中国计算机用户，2008（38）．

［4］周德铭．电子审计体系研究［J］．审计研究，2011（4）．

［5］中办，国办．2006－2020年国家信息化发展战略．中办发〔2006〕11号．

［6］中办，国办．关于加强信息资源开发利用工作的若干意见．中办发〔2004〕34号．

［7］伍皓．“微改革”改变中国改变未来．新华网，2013年2月14日．

［8］王世权，赵锴．国家治理视角下的国家审计信息化与云计算（《国家审计信息化与国家治理》收录）［M］．北京：中国时代经济出版社，2012.

信息化条件下基层审计机关精细化管理模式探究

四川省成都市青白江区审计局　胥　欢

【摘要】　近年来，审计署提出大力实施金审工程，加快推进审计信息化建设，并取得了初步成效。在信息化建设的大环境中，审计机关应当相应地建立符合机关发展的管理模式。本文主要从率先变革观念和强化关键环节出发，对基层审计机关在信息化实践中出现的问题及原因进行了分析，同时提出了解决办法，并对其如何在信息化形式下建立审计管理体系进行了深入探究。我国的审计事业正处于传统审计向现代审计发展的技术转型期和战略机遇期。不断吸收、借鉴发达国家现代审计的经验和做法，跟上世界审计信息化的发展潮流，把信息化建设与精细化管理模式相结合，是我们提高审计效率、改善审计手段、提高审计质量、降低审计成本的一个重要途径。

一、信息化环境中基层审计机关实行精细化管理的必要性

精细化管理是一种流行于企业管理中相当有成效的管理理念和管理文化，20 世纪初期形成于欧美国家，“科学管理”之父泰勒所著的《科学管理原理》是世界上第一本精细化管理著作。20 世纪中期在日本得到普及和广泛应用，它是社会分工的精细化，以及服务质量的精细化对现代管理的必然要求，是一种建立在常规管理的基础上，以最大限度地减少管理所占用的资源和降低管理成本为主要目标，并将常规管理引向深入的基本思想和管理模式。

（一）精细化管理是社会管理的必然趋势

20 世纪 80 年代初，西方国家掀起了新公共管理运动，主张采用工商管

理的理论、方法，来提高公共管理部门的管理质量和效率。精细化管理的思想和方法被广泛应用于世界各国政府部门和公共管理领域，并取得显著成效。我国各行业现在也正引入精细化管理思想，并在各级政府和公共管理领域积极应用。纵观历史，社会管理实践必然与当时的社会制度、行政体制、发展阶段相适应。改革开放以来，在迈向现代化的过程中，专业分工、规模作业和社会管理结构不断复杂化。社会的发展、社会制度的不断革新要求政府管理不断朝着科学化、精细化的方向发展。审计部门作为政府公共管理的重要职能部门，其工作质量高低直接影响审计部门乃至整个政府的形象。精细化管理被引入审计领域，是管理模式变革背景下的大势所趋。

（二）实施精细化管理是社会经济发展的必然结果

随着社会发展，多种经济所有制成分并存，各经济主体受到利益驱动，部分公职人员不惜以身试法，超越宪法与法律赋予的权限，以言代法、以权压法、徇私枉法，经济犯罪方式呈现出多样化、复杂化的特点，犯罪手段科技化，利用做假账、两套账和账外经营等手段贪赃枉法的情况屡见不鲜。审计机关作为国家经济卫士，肩负着严厉打击财政财务及其他经济违法行为的职责。推行精细化管理不仅使审计机关的人力、财力、物力、时间等资源得到合理统一配置，对审计组在审计现场管理过程中涉及的计划、组织、领导、控制、协调、执行、监督等一系列活动进行节点控制，实时防控，更能有效应对层出不穷的经济犯罪新手段，进一步提高审计工作效率和质量。

（三）实施精细化管理是夯实金审工程的必然要求

金审工程是以计算机为平台，对传统审计方法进行网络化改造，对财政、银行、税务、海关等部门和重点国有企业事业单位的财务信息系统及相关电子数据进行密切跟踪，对财政收支或者财务收支的真实、合法和效益实施有效审计监督的信息化建设系统，能够增强审计机关在计算机环境下查错纠弊、规范管理、揭露腐败、打击犯罪的能力，更好地履行审计法定监督职责，维护经济秩序，促进廉洁高效政府的建设。

审计工作如果继续采取粗放的管理模式，不仅难以适应新的形势，更会增大审计机关的审计风险，可能出现被审计单位的财政收支、财务收支存在重大错弊而审计人员没有发现，从而做出不恰当的审计结论的情况。只有实现精细化的规划、控制及分析，以审计绩效考评体系为重点，以强化审计工作执行力为落脚点，构建审计工作决策、执行、监督、考评、奖惩一体化的精细化审计体系，才能增强审计效能，提高审计科学化、规范化水平，确保违反经济法规的行为得到查处和整改。

二、基层审计机关在信息化实践中出现问题及原因分析

近年来，审计署明确提出各级审计机关特别是基层审计机关，应当进一步加大审计信息化推进速度和应用力度，尽管信息化能够让审计成果更加显著，但基层信息化的推广也存在不少困难，精细化管理欠佳是其中一个重要原因。

（一）人才精细化管理不足导致审计队伍薄弱

基层审计机关普遍存在应用水平低、操作流程生、资源使用率低以及设备维护能力差的问题，投入与产出不对等，审计信息化成果转化率低。关键在于审计人员计算机应用水平不高，未能充分运用审计信息化的优势形成一个有效的信息共享链。

一方面，审计人员大多是财务专业出身，几乎都是“半路出家”学习软件支撑环境和操作技巧、流程，懂计算机的不懂审计，懂审计的不懂计算机的现象比较突出。审计机关中具有计算机专业知识的审计人员相当匮乏，而既懂计算机又精通审计业务的复合型人才更属凤毛麟角；另一方面，有的计算机专业人才进入单位时没有得到正确引导，就会盲目模仿普通财务出身的审计人员的工作模式，从而阻碍自己本身专业优势的发挥，基层审计机关如果不能对审计人才实行分类管理，做到人尽其才，信息工作就会相当被动。

（二）软硬件分类管理精细化不足导致发展不平衡

很多基层审计机关没有及时把审计信息化建设的重点转移到审计实施和审计管理的应用上来，对软硬件管理混乱。在软件方面表现为信息化技术手段应用程度低，处理底稿的时候多，而对数据的处理、分析少。地区之间、层级之间、科室之间管理不精细，存在重硬件、轻软件，重文字处理、轻审计实施，重设备、轻培训等发展不平衡的现象。

硬件方面主要表现在：一是与被审计单位联网审计方面比较滞后；二是被审计单位财会系统种类繁多，且没有统一透明的数据接口；三是已开发的审计软件功能和智能化程度不够高；四是已经开发成功的审计软件推广力度不够。

（三）信息化审计操作流程精细化不足导致审计质量难以评价

由于目前计算机审计操作流程不规范，计算机与审计业务难以真正融合，对应的审前调查、审计方案等仍套用传统审计流程，相关部分审计项目

审计证据未有 SQL 语句及审计思路描述。近年来，各地开展的地税、社保基金、财政联网审计，没有统一的操作流程及管理办法，审计质量难以评价。

三、基层审计机关针对不同问题的解决措施

（一）思想上高度重视，实践中加强管理

首先，各级审计机关要理清思路。除了各级领导干部要统一认识，高度重视信息化工作，革新传统的思维方式和工作方式，各岗位人员也要从思想根源上统一认识，主动加强应用，重视操作质量，提高数据利用分析能力，逐步形成全员应用、全面应用、全程应用的氛围，以应用促管理。

其次，要在人才管理和学习培训中实行精细化分类管理，对专业人才和通用人才的岗位职能进行详尽的定位和分配，做到人尽其才，物尽其用。在学习培训中实现精细化管理。坚持以人为本，采取因人施教、因需施教、分类培训、分层培训和目标考核的办法，将审计业务学习与操作流程有机结合起来，达到理论指导操作、操作落实规范的目的，不断提高岗位应用水平和能力，同时要注意后续教育的保障，培养一批既精通审计技术和审计管理，又掌握信息化技术，具有信息化思维能力的业务骨干，为信息化建设和审计事业打造一个比较坚实而且长效的基础。

（二）重视软件管理，切实保证系统功能充分应用

首先，审计机关要在充分运用上级审计机关开发的计算机审计通用审计软件的基础上，重点围绕财政预算资金和重点专项资金审计，以通用性和适用性为原则，实际开发适应地方审计工作的软件。建立具体业务审计模型，形成较为固定的计算机审计模型，注意满足不同审计对象的相同审计项目的需要，方便不同类型数据的采集、转换与分析。

同时，要从宏观监督的角度，尽快建立有关审计对象和审计情况的数据库，满足审计线索的快速检索与查阅，实现资源共享，提高审计质量和效率。

（三）加快信息化应用结果的精细化管理

一是要建立和完善审计统计资料、审计档案、审计专家经验、审计法规以及被审计单位资料、宏观经济数据等数据库，并不断更新和完善数据库内容，为审计实施提供有效支持。

二是整合审计资源加大信息共享力度。上级审计机关应采取措施，加强各个审计机关在计算机审计上的交流与宣传，如实现网路联通、建立审计经

验库等，合理整合审计资源，建立全国一体化的审计信息网络，实现审计信息的有效共享。

三是要加快联网审计的研究。基层审计机关要在不违反保密规定前提下，尝试与被审计单位或审计现场联网。但在联网之前我们应该抓紧研究联网之后我们究竟对被联网的单位可以做什么，该做什么，要实现什么审计目的，需要有一个明确、细化的量化目标，从业务层面加快联网审计的研究与实践，切实推进审计信息化建设。

四、信息化条件下基层机关精细化审计体系的构建

（一）精细化审计管理体系要率先变革观念

1. 以思想转变为先导

精细化管理是一种认真的态度，一种精益求精的文化，更是一种人生修炼。“精”就是切中要点，抓住审计机关管理中的关键环节；“细”就是管理标准的具体量化、考核、督促和执行。精细化管理的核心在于，实行刚性的制度，规范人的行为，强化责任的落实，以形成优良的执行文化。基层审计机关可以利用培训、讲座、案例详解等学习形式向审计人员灌输“精细管理”的深刻内涵，全面把握和领会“精细化管理”的灵魂和精髓，深刻认识到精细化管理方式对审计工作的重要作用，从思想根源上培养审计人员求精、求细的思维方式。

2. 以审计文化为基础

审计文化是审计机关在审计监督过程中形成的具有自己特色的审计理念、行为模式以及与之相适应的规章制度和组织机构等的总和，是审计人员在审计实践中形成并普遍遵守且得到社会大众认可的理念和共同的认知，能够把审计人员的思想和行为引导到国家审计所确定的职责要求和既定目标中来。

审计文化主要可分为审计物质文化、审计制度文化和审计精神文化。审计物质文化是指审计组织机构中所配备的各种物质设施和必备的基础设施以及审计人员队伍状况，它是审计文化的基础部分。审计制度文化主要包括审计组织体系、审计法律、法规、准则和工作制度、责任制度的建设与完善。它是审计文化的中间层次，通过约束和规范审计行为体现独特的审计文化。审计精神文化主要包括审计精神、管理思想、职业道德、文化素质、价值标准、审美观念、生活情趣等，是审计文化的核心，是审计人员各种观念形态文化的总和。审计机关精细化管理的理念主要属于精神文化层面，审计机关

不仅要灌输、引导审计人员形成精益求精、把握细节、化解问题的工作理念，而且必须将这种理念融入审计文化之中，形成一支政治素质好、业务能力强、工作作风硬、文化品位高的审计队伍。

3. 以规范程序为方法

精细化管理是将管理方式由粗放型向集约化、由传统经验管理向科学化管理转变，是对审计业务原有传统流程的变革，用审计精细化管理，必须制订明确的统一管理模式，切实建立完善责任明晰化、工作标准化、管理统一化、运行透明化的机关制度。精细化管理要求对业务流程中的每一执行环节都制定明确的执行标准，包括执行岗位、执行人、工作时限要求及责任规范四个方面。在审计中结合项目和单位特点，统筹安排并严格执行时间节点，抓好审前调查、方案制定、实施过程、形成初稿、交换意见、出具报告六大关键环节的质量管理，做好项目内部时间节点检查和督查，使审计过程每一个环节的工作效率都得以提高，从而保证精细化管理目标的实现。

4. 以制度建设为保障

精细化管理不仅要优化工作流程，做到落实到人、确保到点，一事一流程，一事一管理，还要及时废止部分不合时宜的制度，将典型有效的工作方法总结提炼，形成一套切实可行、较为完备的制度体系。审计机关上下，分工协作，齐抓共管，形成了事事有人抓、有人管，件件有回音、有落实的工作机制，才能确保审计业务流程运行顺畅。

5. 以奖惩管理为动力

精细化管理要求在细节上执行到位，实现整体绩效提升，必须建立与之相适应的绩效考核体系作为保证。考核内容主要是审计人员执行制度执行情况、目标完成情况等，严格考核兑现，将考核结果作为奖优罚劣、评优树模和提拔重用干部的第一依据，增加审计人员工作的动力，同时也增强审计人员的警惕性和工作风险意识。

（二）信息化条件下的精细化审计体系要强化关键环节

刘家义审计长曾强调，没有审计监督的信息化，没有审计管理的数字化，无异于新形势下的“刀耕火种”。谁能把握信息化先机，谁就能抢占审计发展的突破点和制高点。下面笔者以基层审计计划项目全过程管理方式为例，浅谈如何强化信息化建设下审计精细化管理体系的关键环节。

1. 审计准备工作精细化

在这一阶段，精细化管理模式主要应用于两个方面：一是项目计划管理阶段；二是影响项目质量的其他因素。

在项目计划管理阶段，一种方式是借助信息化平台，依据审计工作发展规划、国家宏观经济政策，依托人力和财力配置资源，建立包括审计项目备选库和历史库的审计项目库，同时利用统计软件对审计项目根据业务性质和难度系数的不同进行分类整理，最后结合地区发展要求和工作思路，有重点、有针对性地拟定审计项目。另一种方式是通过网络、媒体和调查系统等信息化平台，采用问卷调查、网上发文、听证会、实地走访等形式，就审计项目的选择广泛倾听民声、征求民意，通过统计软件筛选出具有代表性的建议，作为审计机关拟定年度审计计划项目的重要依据。

影响项目质量的其他因素包括对审计组成员的选择、对相关法律法规及被审计单位业务流程熟悉情况。

一是在审计组的组成上，审计机关应选择责任心强，具有专业知识和经验、能熟练掌握信息化技术与工具的审计人员，在条件允许的情况下尽量抽调不同专业的审计人员，同时要利用信息化项目的特点，健全相关管理制度、规范费用支出等有效降低审计成本，如通过建立软件招投标采购制度、设备耗材管理制度等，以节约采购资金，降低审计成本。通过建立规范费用支出制度，尽量减少审计行为的随意性造成的资金浪费。

二是审计机关可以通过建立审计统计资料、审计档案、审计专家经验、审计法规以及被审计单位资料、宏观经济数据等数据库总结经验、把握全局，促进审计工作质量和水平的提高。审计机关在审计工作开展过程中，要及时更新维护财经法规、被审计单位资料、专家经验等数据库，丰富和完善数据库内容，为审计实施提供有效支持；同时认真研究审计工作对经济类及其他行业领域共享信息需求，采取多种形式组织资源，以开拓审计人员视野，增强宏观意识，为开展效益审计、审计调查服务，为领导决策提供信息支持。

2. 审计现场作业精细化

一是强化审计调查。在制定审计方案前，由业务科室组成审计调查组深入被审计单位开展审计调查，除了通过传统上对被审计单位性质、人员情况、主要职能职责、工作目标、业绩评价体系及管理模式等方面的了解摸清单位经济活动情况，还应重点关注内控制度的薄弱环节，从而精准地找出可审点。可从被审计单位的信息系统数据库中了解其财政财务收支及其相关业务的信息化组织情况及实现程度；使用的财务系统软件和相关业务系统软件的主要功能和特点；财务信息化系统与相关业务系统的数据流向关系；财务及其相关业务信息化管理制度的建立健全情况，从而对被审计单位进行系统内控评测。

在信息化环境下，审计机关对被审计单位的内部控制制度测评可以通过对其计算机信息系统存储数据和操作情况的检查达到精细化的程度。如检查被审计单位信息系统的操作日志、软件修改记录、灾难恢复记录等；由专业计算机操作人员对其信息系统进行结构测试，检查被审计单位应用软件内部每种操作是否符合要求。具体可采用测试数据法、平行模拟、嵌入审计模块、虚拟实体、受控处理、受控再处理、程序代码检查等方法，最终审计人员还要通过观察法、座谈法及对信息系统使用频率的调查，检查内部控制制度是否得到有效执行。

二是制定精细可行的审计实施方案。在方案的制定和审批阶段，审计人员应仔细梳理出审计信息要点、计算机应用和审计方法创新，明确审计目标、审计资料需求、审计实施方法与步骤和审计重点关注的违法违规问题或机制、体制、制度问题，利用信息化平台中建立的审计历史业务查漏补缺，完善审计实施方案，增强实施方案的指导性和可操作性。所有的审计实施方案均要经过审计业务会议集体讨论研究，以正式文件形式印发，确保实施方案确定的审计事项全部完成。或者专门成立审计方案审核工作领导小组，组织人员对所有项目的审计方案进行审核，未审核的不得进入审计实施程序。

在具体的现场实施阶段，应有针对性地建立审计信息化条件下的项目组织管理体系，为指挥控制、沟通信息和分析数据提供平台。一要适时采用省市县三级联动联网审计组织模式，构建项目统一指挥平台，以 OA、AO 交互为载体、即时通信技术为手段，实现上级审计机关对审计现场的业务指导及各级审计机关之间的主题信息交互、实现对大型项目审计的统一指挥和调度，保证信息及时高效沟通。二要建立数据共享中心，完善专用数据分析环境，为综合分析数据提供基础。结合地区实际情况，加强本地政府预算执行、海关、税收、金融、企业、投资、社会保险、资源环保、外资运用、经济责任、境外审计等专业审计数据库的审计数据中心建设，实行数据规划，实现对非结构化数据的检索与分析，开展围绕审计业务开展跨行业数据关联分析，提高电子数据资源利用率和审计效率，解决以往工作中存在的电子数据分散、缺乏有效的存储和处理环境、数据无法得到充分共享和综合利用、数据分析的深度和广度不够等问题。三要制定标准化审计流程控制。为了实现精细化管理，审计机关可以结合实际情况制定审计流程标准化作业指导书，细化准备、实施、结论三个阶段的环节的程序标准及要求，对审计人员的业务工作进行标准性指导，特别是程序性、逻辑性较强的信息化环境下采取的计算机审计方式，环环相扣，任何一个环节的疏忽都会产生“滚雪球”效应，因此，要保证审计作业实施的质量，就需要审计人员实施标准化的审计作业流程，防止错误的递延，避免审计的片面性、盲目性。

三是加强审计项目的复核和审理工作，细化责任，确保审计工作的严肃性。实行审计组组长、业务部门、法制部门层层负责，规范审计项目审核、复核、法制审理、局审定的四级责任管理制度，法制人员变过去的“质检员”为“修理工”，重大项目全程跟踪审理。

为提高审理效率，审计机关应积极探索审理复核信息化管理模式，充分利用金审工程业务及办公平台，完善数字化审理复核模块，将法制机构的审理环节提前，实现对多个项目的远程跟踪，在节约人力成本的同时加强对审计项目质量的全过程控制。

四是严格质量检查和评优工作，确保审计工作的成效性。按照审计项目基础质量考核办法的要求，进一步完善审计项目质量检查和评比的方法，细化评比内容，特别是对计算机应用审计上的成效进行考核，对积极探索计算机审计领域重点创新的审计项目适当给予加分鼓励；分季度组织对完成项目进行质量检查，集中点评，建立各项目评比结果的台账。

3. 审计结论精细化

首先，审计机关出具的审计报告应准确、严密。一方面尽可能用直白、简单的手法表述审计结论和意见，使非财务人员也能读懂审计报告。切实提高审计报告的建设性和实用性，审计什么就评价什么，做到审计结论可用、好用、管用，既切合被审计单位的实际，同时又要满足被审计单位的需要；另一方面要结合实际情况，一分为二地看问题，对被审计单位做得好的方面给予肯定，并对对方提出的异议进行充分考虑，有针对性地提出纠正和改进意见与建议，使被审计单位心理上易于接受。

其次，审计机关应对审计成果进行深加工，充分运用审计信息反馈机制，建立一系列精细的审计成果运用原则及程序。例如，基层审计机关在开展审计项目后，按照有关规定提交审计报告，上级审计部门在整理、归纳审计报告后，通过信息反馈有效途径将发现的普遍性问题向基层反馈，提高审计成果的指导作用和风险警示作用，同时根据年度监督检查情况对审计发现的问题进行分析，利用审计成果开展风险评估，防止造成审计成果的浪费。

最后，是利用信息化的优势提高审计成果的信息共享程度。建立纪委、监察、人事、财政等监督部门联席会议制度，定期通报监督信息，建立部门之间的联动信息平台，最大范围内共享成果信息，避免各监督部门的重复劳动，降低监督成本。

4. 审计文书精细化

提高审计业务文书质量是进一步提升审计工作规范化水平的重要措施，而审计工作的信息化程度对审计文书的标准化工作起到了一定的推动作用，审计文书的精细化工作可以从以下几个方面来加强。

一是明确审计文书的种类和参考格式。根据国家审计准则的相关规定，结合审计机关所在地区自身特点，对现行审计文书的种类和格式进行系统的梳理、修改、补充和完善，细化文书内容和格式，包括调查了解记录、审计实施方案、审计取证记录、审计工作底稿等，为审计人员准确、完整地记录审计项目重要事项进行明确指导。

二是对审计人员就审计文书及文本从标题、内容、字体、表述格式等提出明确要求，增强审计人员的文书规范意识。规范审计实施方案的内容。

三是强化审计业务文书质量控制机制，明确把好“三关”。业务科室要对审计业务文书反映事实、数字和定性的准确性、文书种类的完整性进行把关；法制科要对审计业务文书内容的准确性、政策法规依据的适用性进行复核把关；办公室要对审计业务文书的行文规则、文稿编辑等进行把关。各环节之间要加强协调、配合，确保审计业务文书格式规范统一，用词恰当准确、内容完整，事实清楚，结论正确。

参考文献

［1］俞争红．审计信息化建设存在的问题与对策［J］．决策与信息（下旬），2009（12）：152.

［2］张维平．加强基层审计机关信息化建设［J］．现代审计，2006（6）：56－57.

［3］苏志明．高凉山州审计机关信息化建设的调查与思考［J］．现代审计，2009（6）：72－73.

［4］审计署．审计署关于印发《地方审计机关信息化建设指导意见》的通知（审计发〔2005〕26 号）［Z］.2005.

［5］魏宝全．浅谈审计项目的精细化管理［J］．商业经济，2012（5）：93－94.

[6] 徐进．基层审计信息化建设存在问题及建议．http://www.chinaacc.com/new/287_289_201111/10wa780978624.shtml，2011－11－10.

[7] 杨希文．全面加强审计信息化建设的几点思考．http：//forum.home.news.cn/thread/108109015/1.html，2012－10－26.

[8] 来明敏，颜淑姬．计算机信息系统审计准则比较研究［J］．财会通讯（学术版），2005（6）．

[9] 何旭平．信息系统审计及其框架构建［J］．财会月刊，2006（9）．

[10] 王国清，闵志刚，贺亚明．信息系统环境下审计证据的特点及其获取［J］．审计月刊，2007（1）．

[11] 吕新民．信息化环境下审计项目管理问题探讨．http：//www.chinaacc.com/new/287_289_201010/14yi231350391.shtml.

[12] 信息化环境下审计项目管理问题探讨．http：//www.chinaacc.com/new/287_289_201010/14yi231350391.shtml.

[13] 数据式审计模式的几个基本问题．http：//www.audit.gov.cn/n1992130/n1992210/n1994441/2324509.html.

[14] 项目审计准备研究．http：//www.sdaudit.gov.cn/Section/InfoDisplay2.aspx？InfoId＝a69de8ac－b152－4740－afbf－0f022a089cfc.

审计项目管理成熟度模糊综合评价体系信息化路径的研究

四川省遂宁市审计局 青小平 杨晓春 唐辉荣

【摘要】 如何用信息化技术动态考核审计项目管理过程的成熟度，是政府审计项目管理质量特征当前和今后一个时期最热门的话题，它不仅是我国经济体制改革和社会经济发展的客观需求，也是依法治国和强化国家经济运行“免疫系统”功能、对权力的制衡的内在要求。审计项目管理成熟度评价已经成为审计项目管理中的重要研究课题，由于政府审计是典型的项目驱动型行政执法机关，国有及国有控股的大企业审计项目管理过程成熟度评价已为企业审计管理提供了一种开发审计项目管理能力的基本方法，它使审计项目与单位的效率与项目管理过程的效益紧密联系起来。项目管理成熟度模糊评价模型的建立，使用 EXCEL 和 MATAB 软件进行运算，有效解决了审计机关的审计项目过程管理成功与否的定性与定量分析相结合、考核比较困难的问题，用以评价国有及国有控股企业集团的审计项目过程管理成熟度所处的位置，对审计机关提高项目管理水平和节约审计资源、提高审计效益非常必要。

【引言】 21 世纪既是信息化技术深化使用的世纪，也是项目管理的世纪，项目管理已成为一门学科、一种职业、一种技能。现代化的项目管理概念起源于美国，如著名的阿波罗登月计划、曼哈顿计划、北极星导弹计划等。他们在采用“关键路径法”管理的基础上，对项目进行计划编排，结果提前完成了预定的研制任务，之后被总结为“计划评审技术”。最早开展项目管理成熟度模型研究的是国际项目管理协会（IPMA）的部分欧洲成员，这些国家的项目管理研究者，从如何提升组织项目管理能力出发，参照美国卡内基·梅隆大学软件研究院（SEI）提出的能力成熟度模型（CMM）[1]，提出各自的项目管理成熟度模型。美国项目管理学会 PMI（Project Management Institute）从组织级项目管理层面提出的组织级项目管理成熟度（Organizational project management maturity model 简称 OPM3）将作为项目管理业界内的 ISO9000 的升级标准，会在较长时间内对项目管理的研究、培训、推广应用等产生重要影响。目前成熟度模型总数超过了 30 种[2]，其中著名项目管理专家哈罗德·科兹纳（Harold Kerzner）[3]博士提出的项目管理成熟度模型 K－FMMM 和 FM solution 提出的项目管理成熟度模型 FMS－PMMM 等最为有名。美国项目管理学会 PMI 从组织级项目管理的层面提出的项目管理成熟度模型，是从 1998 年启动 OPM3 计划，并期望作为标准模型投入市场竞争。John Schlichter 担任 OPM3 计划的主管，并在全球招募了来自包括中国在内的 35 个不同国家、不同行业的 800 余位专业人员参与。经过五年的努力，OPM3 终于在 2003 年 12 月问世，掀起继 CMM 震撼后的另一股企业开始追求建立"组织全面性项目管理能力"的风潮。

一、项目管理成熟度的定义与成熟度模糊综合评价的意义

（一）美国项目管理学会对 OPM3 的定义

美国项目管理学会（PMI）从组织级项目管理层面提出的组织级项目管理成熟度（OPM3），既是评估组织通过管理单个项目和项目组合来实施自己战略目标的能力与方法，也是帮助组织提高市场竞争力的方法。OPM3 的目标是"帮助组织通过开发其能力，成功地，可靠地，按计划地选择并交付项目而实现其战略"。OPM3 为使用者提供了丰富的知识和自我评估的标准，用以确定组织的当前的状态，并制订相应的改进计划。项目管理成熟度可提供初始化、可重复的标准化、可测制度化、控制、持续改进，其框架见图 1。现代项目管理成熟度模型提供一套系统的、递增的方法，从非成熟、无经验、不完善的层次推进至成熟的项目管理成熟度层次。每一成熟度层次包括项目管理主要的特点、因素、过程。成熟度模型论述了程序性步骤，概述了组织项目管理过程的改进过程。

（二）项目管理成熟度的实践意义

PMMM（Project Management Maturity Model）适应并采纳项目管理最新的研究成果并付诸实施，不断得到改进，PMMM 模型本身也不断地成长和走向成熟；见图 2，就是项目管理成熟发展、向上升华的历程。本质是项目管理

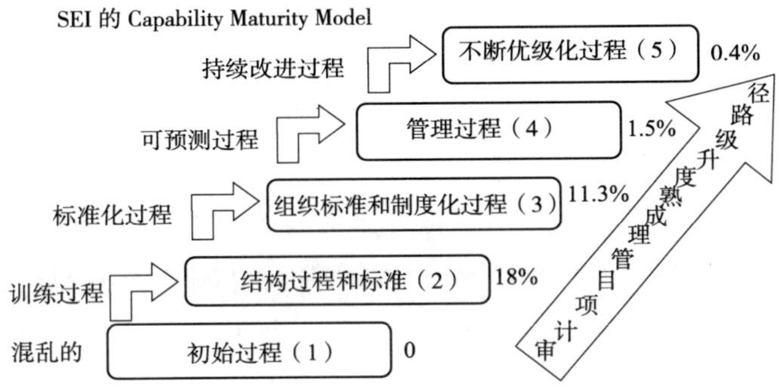

图 1　审计项目管理标准化升级途径

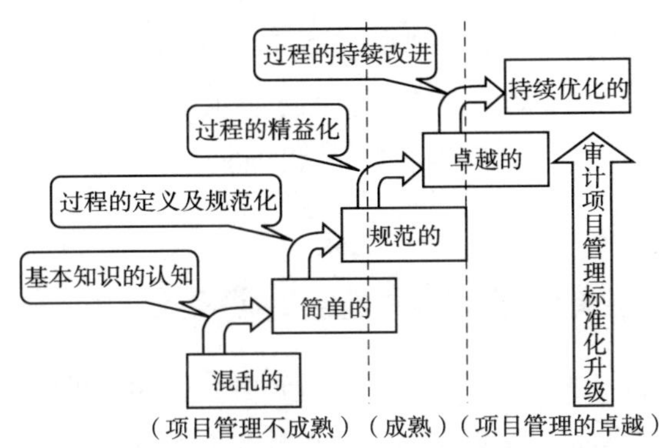

图 2　审计项目管理过程成熟度升级路径

过程成熟度的划分，中轴—是成熟，即从混乱级→（强化基本知识的认知）→简单级（重视项目管理过程的规范化）→规范级（强调项目管理过程的精细化）→成熟（“成熟”是重要“里程碑”，再进一步，即项目管理过程的持续改进）→项目管理的卓越。即项目管理过程成熟度的五级提升，三大跨越（不成熟→成熟→卓越）。中国在 PMMM 技术与方法的应用，先是在软件工程、建筑工程、航空航天、新产品开发等方面，现已渗透到各种组织、商业活动、政府公共服务管理及家庭和社会的各个领域；特别是美国著名的阿波罗登月计划、曼哈顿计划、北极星导弹计划等，中国空间技术研究院在神舟飞船项目中引入项目管理成熟度，构建其有组织环境特点的项目管理能力的评价与持续改进的方法和模型取得了较大成功[4]。

（三）项目管理成功的过程

审计项目成功和组织成功取决于，在不同成熟度阶段，把有效的项目管理策略与正确利用项目管理技术这两者相集成；大型审计项目管理成熟度较高的四个主要阶段（审计实践中把项目总体规划、项目实施计划合为审计准备阶段）和技术支撑的核心过程。其中，主成分分析法、聚类分析法、价值分析与因子分析法是审计项目接近完成后对审计数据信息进行深度挖掘并撰写提升审计成果的专题报告、综合报告或者技术论文的一类层次较高的分析方法。我国审计机关在资源较丰富且可以集成的前提下，可依据哈罗德·科兹纳博士提出的项目成熟度模型（K－FMMM），从审计年度计划对审计项目的选择、具体的审计项目目标规划入手，才能取得非常成功的业绩。审计项目管理过程控制何为成功，可借鉴哈罗德·科兹纳博士新诠释的项目成功的定义：不仅要实现项目时间、费用和性能三大目标并让客户满意，还要使项目的进展具有最少的或者双方同意的范围变更、没有干扰组织的文化氛围或者价值观以及工作进程等。这一变化，主要源于越来越多的组织机构开始由原来的面向职能、过程的管理转变为面向项目的目标管理。总体而言，PMMM就是用来帮助项目管理组织评估和改进自身项目管理水平的一种工具和方法[5]。

二、审计项目管理成熟度模糊综合评价法

本文针对国有控股企业集团审计项目管理成熟度评价的复杂性和模糊性特点，构建了基于模糊评判的成熟度评价模型，避免评估的随意性，为该企业集团审计项目管理成熟度评价提供了更加科学的方法与工具。克服审计项目管理成熟度评估涉及很多因素，避免仅依靠评价主体所做的定性分析和逻辑判断，而没有定量分析作为依据来评价审计项目成熟度是比较难的。解决审计项目成熟度影响因素的大小存在不分明性，即模糊性，很难统一明确地划分，不易进行精确判断的难题。运用一定的数量方法描绘模糊概念，采用模糊评判的方法进行判断，这样可以得到较为准确的评判值。为国家审计机关建立合适的项目管理成熟度以提高单位对审计项目过程管理的水平，促进审计事业长足发展。文章对模糊综合评价进行了一系列的介绍，并在此基础上通过实证研究，对某国有控股企业集团的审计项目的项目管理成熟度进行了评价，得出该单位的综合项目管理成熟度等级处于提高阶段和成熟阶段之间，所以该审计机关的管理水平有待提高。

（一）审计项目过程管理成熟度评价因素

审计项目管理成熟度10个关联因素分别为：项目前期谋划；审计实施方案管理；进度管理；质量管理；成本管理；风险管理；项目组织与信息管

理；审计报告阶段管理；审计成果利用管理；审计回访和立卷归案管理。

假定某审计单位的有代表性的审计项目管理关键因素集合为 $U=(U_1,U_2,\cdots U_{10})$，其中 U_i 为二级指标。

前期策划管理 $U_i=$（审计项目筛选 U_{i1}，项目审计目标与单位总目标的相关性 U_{i2}，审计组组长和主审素质状况 U_{i3}）；

审计实施方案管理 $U_2=$（审计总体目标设计 U_{21}，审计分项的目标与总体目标的相关性 U_{22}，审计事项细分化率 U_{23}，审计分工及资源的优化率 U_{24}）；

审计进度管理 $U_3=$（审计实际进度与预期的差异 U_{31}，审计现场纠偏措施落实情况 U_{32}，审计资源优化管理状态 U_{33}，审计挣值分析绩效指标 U_{34}）；

质量管理 $U_4=$（质量管理体系健全程度 U_{41}，审计项目质量措施控制率 U_{42}，审计项目质量合格率 U_{43}，审计目标质量程度 U_{44}）；

成本管理 $U_5=$（审计资源绩效指标 U_{51}，自理费用执行指标 U_{52}，进度成本变化率 U_{53}，审计项目时间控制率 U_{54}）；

审计风险管理 $U_6=$（审计风险的评估认知水平 U_{61}，审计检查风险的控制程度 U_{62}，化解审计整体风险的措施 U_{63}）；

项目组织与信息管理 $U_7=$（系统健全程度 U_{71}，审计项目组织形式优化选择程度 U_{72}，审计项目团队信息反馈率 U_{73}）；

审计报告阶段管理 $U_8=$（查证事项反映程度 U_{81}，拟定处理意见合法性 U_{82}，审计报告决定的合法性 U_{83}）；

审计成果利用管理 $U_9=$（审计决定和审计建议执行率 U_{91}，审计项目促进被审单位制度建设率 U_{92}，审计项目促进上级或党委政府出台制度情况 U_{93}）；

审计回访和立卷归案管理 $U_{10}=$（审计项目决定执行回执 U_{101}，后评价规范程度 U_{102}，项目立卷归档正确性 U_{103}）；

（二）评价等级集的规定

将审计项目管理成熟度划分为 5 个等级：①初步阶段（V_1）；②成长阶段（V_2）；③提高阶段（V_3）；④成熟阶段（V_4）；⑤持续改进阶段（V_5）。上述 5 个评价等级元素构成评价等级集合。

1. 指标体系权重确定

令目标的标准层的权重集合为 $A_i=(a_{i1},a_{i2},\cdots a_{ij})$，第一级指标层的权重必须满足归 1 化条件；

$$\sum_{i=1}^{10} a_i = 1\ (i=1,\ 2,\ 3,\ \cdots 10)$$

令指标层的权重集合 $E_i = (e_1,\ e_2,\ e_3,\ \cdots e_{10})$，$e_i$ 是各二级指标的权重且必须满足归 1 化条件：

$$\sum_{i=1}^{10} e_i = 1\ (i=1,\ 2,\ 3,\ \cdots 10)$$

为便于计算，第三级指标层 R_{ij} 的数值，满足以下条件：

$$\sum_{J}^{M} R_{ij} = 1\ (i=1,\ 2,\ 3,\ \cdots 4,\ j=1,\ 2,\ 3,\ \cdots m),$$

m：各三级指标的最大值取 5

2. 指标隶属度（第三层）的确定

请审计专家或项目管理专家及其相关人员对审计项目管理成熟度的评价是一种模糊映射（详见表 1），即是对同一评价指标，由不同的评价人员、按规定的量分区间可以做出不同的评定值，所以评价的结果只能用对第 i 个指标做出第 j 评价尺度的可能程度的大小来表示，这种可能程度称为隶属度。

我们对该审计项目相关的 7 位高级审计项目管理专家对项目管理成熟度进行了打分，运用层次分析法对 7 位专家的评价结果进行统计分析，用 EXCEL 表统计并进行算术平均后计算出指标权重及隶属度（基础表见表 1）。

（三）模糊评价矩阵与评价向量的确定

1. 单因素模糊评价矩阵及评价向量的确定

将各指标隶属度、按审计项目管理成熟度评价指标体系中的顺序及 5 个等级评分的次序对其进行排列，得到如下形式的审计项目管理成熟度模糊评判矩阵 R，可用 MATAB 软件完成以下矩阵运算。

$$R = \begin{bmatrix} r_{11} & r_{12} & r_{13} & \wedge & r_{15} \\ r_{21} & r_{22} & r_{23} & \wedge & r_{25} \\ \wedge & \wedge & \wedge & \wedge & \wedge \\ r_{101} & r_{102} & r_{103} & \wedge & r_{105} \end{bmatrix}$$

表 1　企业审计项目管理成熟度模糊评价指标体系分值表

目标层	标准层	成熟度评价值	指标层	权重	成熟度等级隶属度				
					1 初步	2 成长	3 提高	4 成熟	5 持续改进
企业审计项目管理成熟度模糊综合评价	前期策划管理 U_1（0. 1184）	2. 42363	审计项目筛选 U_{11}	0. 1184	0. 1	0. 5	0. 4	0	0
			项目审计目标与单位总目标的相关性 U_{12}	0. 2817	0. 2	0. 5	0. 3	0	0
			审计组长和主审素质状况 U_{13}	0. 5999	0. 1	0. 4	0. 3	0. 2	0
	审计实施方案管理 U_2（0. 0869）	2. 9850	审计总目标设计 U_{21}	0. 16	0	0. 4	0. 5	0. 1	0
			审计分项的目标与总体目标的相关性 U_{22}	0. 062	0	0. 2	0. 3	0. 5	0
			审计事项细分化率 U_{23}	0. 461	0. 1	0. 2	0. 2	0. 2	0. 2
			审计分工及审计资源的优化率 U_{24}	0. 317	0. 1	0. 2	0. 4	0. 3	0
	审计进度管理 U_3（0. 1165）	2. 7344	审计实际进度与预期的差异 U_{31}	0. 25	0	0. 3	0. 3	0. 3	0. 1
			审计现场纠偏措施落实情况 U_{32}	0. 316	0	0. 4	0. 3	0. 1	0. 2
			审计资源优化管理状态 U_{33}	0. 249	0. 2	0. 4	0. 4	0	0
			审计项目挣值分析绩效指标 U_{34}	0. 185	0. 2	0. 4	0. 4	0	0
	审计项目质量管理 U_4（0. 1472）	3. 0400	审计质量管理体系建全程度 U_{41}	0. 4	0. 1	0. 1	0. 5	0. 3	0
			审计项目质量控制措施执行率 U_{42}	0. 2	0. 1	0. 1	0. 5	0. 3	0
			审计项目质量合格率 U_{43}	0. 2	0. 1	0. 1	0. 4	0. 3	0. 1
			审计目标质量程度 U_{44}	0. 2	0. 2	0. 1	0. 3	0. 3	0. 1

续表

目标层	标准层	成熟度评价值	指标层	权重	成熟度等级隶属度				
					1 初步	2 成长	3 提高	4 成熟	5 持续改进
企业审计项目管理成熟度模糊综合评价	审计项目成本管理 U_5（0. 1160）	3. 0790	审计资源绩效指标 U_{51}	0. 166	0	0. 4	0. 4	0. 2	0
			审计项目自理费用执行指标 U_{52}	0. 243	0	0. 4	0. 4	0. 2	0
			进度成本变化率 U_{53}	0. 32	0	0. 3	0. 4	0. 2	0. 1
			审计项目时间控制率 U_{54}	0. 261	0	0. 2	0. 3	0. 3	0. 2
	审计项目风险管理 U_6（0. 0823）	3. 5438	审计项目风险评估认知水平 U_{61}	0. 102	0	0. 3	0. 2	0. 4	0. 1
			审计检查风险的控制程度 U_{62}	0. 642	0	0. 1	0. 3	0. 5	0. 1
			化解审计项目整体风险的措施 U_{63}	0. 256	0	0. 2	0. 3	0. 3	0. 2
	审计项目组织与信息管理 U_7（0. 0866）	3. 1504	审计项目系统管理健全程度 U_{71}	0. 492	0	0. 2	0. 3	0. 4	0. 1
			审计项目组织形式优化选择程度 U_{72}	0. 232	0	0. 4	0. 4	0. 2	0
			审计项目团队信息反馈率 U_{73}	0. 276	0	0. 3	0. 5	0. 1	0. 1
	审计报告阶段管理 U_8（0. 0835）	2. 9514	查证事项反映程度 U_{81}	0. 244	0	0. 3	0. 2	0. 4	0. 1
			拟定处理意见合法性 U_{82}	0. 301	0	0. 3	0. 3	0. 3	0. 1
			审计报告决定的合法性 U_{83}	0. 455	0. 2	0. 2	0. 4	0. 2	0

续表

目标层	标准层	成熟度评价值	指标层	权重	成熟度等级隶属度				
					1 初步	2 成长	3 提高	4 成熟	5 持续改进
企业审计项目管理成熟度模糊综合评价	审计成果利用管理 U_9（0.0791）	3.1792	审计决定和审计建议执行率 U_{91}	0.486	0	0.3	0.4	0.2	0
			审计项目促进制度建设率 U_{92}	0.25	0	0.3	0.4	0.2	0.1
			审计项目促进上级或党委政府出台制度建设率 U_{93}	0.264	0	0	0.6	0.4	0
	审计项目回访和立卷归档管理 U_{10}（0.0830）	2.7840	审计项目决定执行回执 U_{101}	0.432	0.2	0.4	0.2	0.1	0.1
			审计项目后评价规范程度 U_{102}	0.234	0	0.4	0.3	0.2	0.1
			审计项目立卷归档正确性 U_{103}	0.334	0	0.4	0.3	0.2	0.1
	成熟度综合评价值			2.964621					

根据指标隶属度得 $R_2=\begin{bmatrix}0.1 & 0.5 & 0.4 & 0 & 0\\ 0.2 & 0.5 & 0.3 & 0 & 0\\ 0.1 & 0.4 & 0.3 & 0.2 & 0\end{bmatrix}$

由此求出经责审计 B_1 单因模糊综合评价的向量：

$$B_1=E_1\times R_1=(0.1184\quad 0.2817\quad 0.5999)\times\begin{bmatrix}0.1 & 0.5 & 0.4 & 0 & 0\\ 0.2 & 0.5 & 0.3 & 0 & 0\\ 0.1 & 0.4 & 0.3 & 0.2 & 0\end{bmatrix}$$

$B_1=(0.12817\quad 0.44001\quad 0.31184\quad 0.11998\quad 0)$

同理可求出其余 9 个经责审计单因素模糊综合评价的向量：

$$B_1=E_{ij}\times R_1=(e_{i1},\ e_{i2},\ e_{i3},\ \cdots e_{ij})\times\begin{bmatrix}r_{11} & r_{12} & r_{13} & \wedge & r_{15}\\ r_{21} & r_{22} & r_{23} & \wedge & r_{25}\\ \wedge & \wedge & \wedge & \wedge & \wedge\\ r_{j1} & r_{j2} & r_{j3} & \wedge & r_{j5}\end{bmatrix}$$

（其中 i = 1，2，3，…10）

为便于计算，此数据来源于该市审计局工业企业审计项目管理过程的假设评判信息，实践中必须挑选 7 名经验丰富的审计专家和项目管理专家共同组成评估组，按设定规则进行科学评价收集数据，将 7 位专家数据用 EXCEL 工具汇总取平均值。

同理可得出其余 9 个单因素的综合评价向量，进而得出 B：

$B=(B_1,\ B_2,\ \cdots B_{10})^T=$

$$\begin{bmatrix}0.12817 & 0.44001 & 0.31184 & 0.11998 & 0\\ 0.0778 & 0.2781 & 0.3176 & 0.2343 & 0.0922\\ 0.0868 & 0.375 & 0.3434 & 0.1066 & 0.0882\\ 0.12 & 0.1 & 0.44 & 0.3 & 0.04\\ 0 & 0.3157 & 0.3739 & 0.2261 & 0.0843\\ 0 & 0.146 & 0.2898 & 0.4386 & 0.1256\\ 0 & 0.274 & 0.3784 & 0.2708 & 0.0768\\ 0.091 & 0.2545 & 0.3211 & 0.2789 & 0.0545\\ 0 & 0.2208 & 0.4528 & 0.2528 & 0.0736\\ 0.0864 & 0.4 & 0.2568 & 0.1568 & 0.1\end{bmatrix} B=AR=\begin{bmatrix}0.1184\\ 0.0869\\ 0.1165\\ 0.1472\\ 0.1160\\ 0.0823\\ 0.0866\\ 0.0835\\ 0.0791\\ 0.0830\end{bmatrix}^T\times$$

$$\begin{bmatrix} 0.12817 & 0.44001 & 0.31184 & 0.11998 & 0 \\ 0.0778 & 0.2781 & 0.3176 & 0.2343 & 0.0922 \\ 0.0868 & 0.375 & 0.3434 & 0.1066 & 0.0882 \\ 0.12 & 0.1 & 0.44 & 0.3 & 0.04 \\ 0 & 0.3157 & 0.3739 & 0.2261 & 0.0843 \\ 0 & 0.146 & 0.2898 & 0.4386 & 0.1256 \\ 0 & 0.274 & 0.3784 & 0.2708 & 0.0768 \\ 0.091 & 0.2545 & 0.3211 & 0.2789 & 0.0545 \\ 0 & 0.2208 & 0.4528 & 0.2528 & 0.0736 \\ 0.0864 & 0.4 & 0.2568 & 0.1568 & 0.1 \end{bmatrix}$$

$= (0.064482 \quad 0.279063 \quad 0.353457 \quad 0.233346 \quad 0.069651)$

这个综合评判矩阵综合了单因素结果，由此得到的综合评价矩阵 B 就是该项目管理成熟度的模糊综合评判集，它不仅考虑了一级指标的影响，同时也考虑了二级指标的影响，因此保留了各级评价的全部信息。

2. 模糊综合评价值的计算

该项目的评价因素积为 $U = (U_1, U_2, U_3, \cdots U_{10})$，评价等级集为 5 个等级，$V = (V_1, V_2, V_3, V_4, V_5)$，$V^T$ 为 V 的转置矩阵。

（1）成熟度各单因素模糊评价值：

$U_1 = B_1 \times V^T = (0.12817 \quad 0.44001 \quad 0.31184 \quad 0.11998 \quad 0) \times (1 \quad 2 \quad 3 \quad 4 \quad 5)^T = 2.42363$；

同理可得，其余 9 个模糊综合评价值 $U_2 = 2.985$；$U_3 = 2.7344$；$U_4 = 3.04$；$U_5 = 3.079$；$U_6 = 3.5438$；$U_7 = 3.1504$；$U_8 = 2.9514$；$U_9 = 3.1792$；$U_{10} = 2.784$。

（2）成熟度多因素模糊评价综合值：

$$(0.064482 \quad 0.279063 \quad 0.353457 \quad 0.233346 \quad 0.069651) \times \begin{bmatrix} 1 \\ 2 \\ 3 \\ 4 \\ 5 \end{bmatrix} = 2.964621$$

（四）该审计项目管理成熟度的模糊评价结果分析

1. 单因素评价结果

通过分析单因素模糊综合评价值，采用 5 分制单因素评分值：在 2 ~ 3

区间的有 5 个，分别是前期谋划管理、审计实施方案管理、审计进度管理、审计报告阶段管理和审计项目回访和立卷归案管理；单因素评分值在 3 ~4 区间的有 5 个，分别是审计项目质量管理、审计成本管理、审计风险管理、项目组织与信息管理、审计成果利用管理。

审计机关的前期谋划管理、审计实施方案管理、审计进度管理、审计报告阶段管理和审计项目回访和立卷归案管理处于成熟度等级的成长阶段和提高阶段之间，并且前期谋划管理、审计进度管理的分数较低，说明该审计机关在这方面的项目管理能力较弱，急需提高这方面的能力。审计机关领导应当从上至下对这方面的项目管理的重要性有充分的认识，召开专门会议对这方面的项目管理所出现的问题进行讨论。收集过去成功的经验，制定比较规范的项目管理程序和项目管理制度。

审计机关的审计项目质量管理、审计成本管理、审计风险管理、项目组织与信息管理、审计成果利用管理处于成熟等级的成熟阶段和提高阶段表明审计机关在项目管理过程中这几个方面比较成熟。审计质量管理和审计项目成本管理的分值不高，说明该单位在这方面有较大的上升空间。总体上说，该单位能够运用项目管理的工具解决问题。

2. 多因素评价结果

审计机关的综合项目管理成熟度为 2. 964621，处于成熟度的成长阶段和提高阶段之间，表明该审计机关项目管理的总水平一般，有待提高。

因此，审计机关作为项目驱动型国家经济的免疫系统的行政监督机关，提升其项目管理能力本身有其很强的必要性。如何提高审计机关的审计项目管理的能力，提升审计机关整体的工作效率具有特殊的重要意义。由于审计机关审计项目管理成熟度评价的复杂性，运用 EXCEL 和 MATAB 软件替代手工操作，大大减少了人工运算数据的工作量，可快速地构建基于模糊综合评价审计机关项目管理成熟度评价模型，仅利用对市县审计机关所掌握的评判数据进行对审计项目管理成熟度评价实践的研究，也只是提供一种借鉴的思路和方法。为了完善我国审计项目管理成熟度评价研究，并付诸实践，还需要做大量的工作。

三、结论

本文运用 EXCEL 和 MATAB 软件系统地构建了审计机关企业信息化审计项目管理成熟度模糊综合评价模型。由于审计机关企业审计项目管理成熟度评价的复杂性，因此本文对审计机关审计项目管理成熟度模糊综合评价的研究所提供的一套思路和方法对审计机关项目管理成熟度评价也不失为是一种较好的借鉴，它将审计项目过程管理分十大体系、三个层次进行整体量化考核，解决了多因素影响因子不分明，不好统一明确地划分，不易进行精确的判断的问题，杜绝了仅仅依靠评价主体所做的定性分析和逻辑判断的主观随意性。这就构成了它具有广泛的应用前景，它既可移植到党政领导干部和国有及国有控股企业领导的经济责任审计难以定量评价工作中，也可将评价指标体系略加改进后，引入各级党委政府对部门领导干部、公务员和企业领导的综合考核评价，将其作为重要的业绩考核体系的改进完善，具有深远的现实意义。通过项目管理成熟度模糊综合评价在审计实践中运用，还可鼓舞广大审计人员不断学习积累新技术、新方法，更加高效使用审计资源，提高审计项目管理成熟度等级，促使审计机关的审计项目管理从“重视项目管理过程的规范化”→“强调项目管理过程的精细化”→“成熟”——重要“里程碑”；再进一步、上一个新台阶，即“项目管理过程的持续改进”→“项目管理的卓越”。可以使审计项目管理实现三大跨越“不成熟→成熟→卓越”，逐步完成“项目管理过程成熟度”的五级提升，从而进一步强化审计对权力的监督，也为党委政府管人用人、发展经济提供了重要依据，为地方审计机关节约大量的人力、物力和财力。随着审计项目管理制度的不断建立和完善，可以使审计结果更具科学化，将为现代审计注入新的活力。

参考文献

[1]［美］杰弗里·K. 宾图．项目管理［M］．北京：机械工业出版社，2012.

[2] 赵金星．通信工程建设项目审计与成本控制[J]．通信管理与技术，2006（1）．

[3] 哈罗德·科兹纳著，张增华，吕义环译．组织项目管理成熟度模型［M］．北京：电子工业出版社，2006：59－176.

[4] 袁家军，欧立雄等．神舟飞船项目管理成熟度模型研究［J］．中国空间科学技术，2005（5）．

[5] 杨国平，邱菀华．项目管理成熟度模型发展动态探析［J］．北京航空航天大学学报（社会科学版），2010（5）．

图书在版编目（CIP）数据

国家审计信息化持续发展研究报告 ：全2册/ 石爱中主编．
—北京：中国时代经济出版社，2014．4
ISBN 978-7-5119-1917-5
Ⅰ．①国… Ⅱ．①石… Ⅲ．①审计－信息化－研究－
中国 Ⅳ．①F239．1
中国版本图书馆 CIP 数据核字（2014）第053104号

书　　名：国家审计信息化持续发展研究报告
作　　者：石爱中

出版发行：中国时代经济出版社
社　　址：北京市丰台区玉林里25号楼
邮政编码：100069
发行热线：（010）68320825　88361317
传　　真：（010）68320634　68320697
网　　址：www. cmepub. com. cn
电子邮箱：zgsdjj@ hotmail. com
经　　销：各地新华书店
印　　刷：北京嘉恒彩色印刷有限责任公司
开　　本：787×1092　1/16
字　　数：971千字
印　　张：59．75
版　　次：2014年4月第1版
印　　次：2014年4月第1次印刷
书　　号：ISBN 978-7-5119-1917-5
定　　价：148．00元（全二册）

中国计算机审计研究报告 2014
中国审计学会计算机审计分会

国家审计信息化持续发展研究报告（上）

REPORT SERIES OF IT AUDIT RESEARCHES IN CHINA

主　编：石爱中
副主编：周德铭　王智玉　杨蕴毅

中国时代经济出版社

序

中国审计学会计算机审计分会成立之际，石爱中副审计长从学会副会长和分管信息化署领导的双重角度，给分会交代的工作任务之一，就是总结近年来审计信息化工作的经验。在全国各级审计机关领导和各地审计人员的支持下，中国审计学会计算机审计分会相继组织编制、出版了四部研究报告：国家审计信息化发展报告、国家审计信息化与国家治理、国家审计信息化创新模式成果报告、国家审计信息化绩效报告，历数国家审计信息化发展过程、功能作用、模式创新、成果绩效等一般意义上的经验。其实，近年来审计信息化的实践还有一个重要的成果——对审计科学发展途径的探索，所做、所得、所思、所盼，也弥足珍贵。于是就有了实践基础上对国家审计信息化持续发展的研究以及这部研究报告。

持续发展，是改革开放经历一个躁动过程之后进行冷静思考确定的理想发展模式，其实它是人类既有思维在社会运行领域有所追求的一个反映。人对个体生命持续发展的追求是长生不老，古有炼丹巫术，今有遗体冷冻；资本对企业持续发展的追求是持续经营，期望在可以预见的将来，生产经营活动将按照既定的目标有序进行，投资得到回报，不被破产清算；程序员对软件持续发展的追求是过程改进，以不断完善的计算机编程技术去理解和抽象现实的世界，构建相对独立的高内聚、低耦合的业务模块，提高软件的重用性、灵活性和扩展性，延长软件生命周期。凡此种种。持续发展可以说是理想，也可以说是状态，是信心、决心、恒心的基础。那么审计信息化需要不需要持续发展？能不能持续发展？在今后一个时期内如何持续发展？这些都是审计机关确定发展目标和途径、审计人员思考职业前程和方向的重要因素。

本部研究报告共有 83 篇研究文章，选自各级审计机关各地审计人员提交的 300 余篇论文。入选者相对落选者自然在观点明确、论述充分、语言通顺、格式规范等方面有一定的优势，但对审计信息化是审计科学发展的重要途径、审计科学发展需要审计信息化支撑等关键问题上看法趋同，这就确保了研究活动的基本方向和研究成果质量。作为征文评选专家，我有幸较早、较全面地接触了入选论文，由衷感到：党中央科教兴国战略深入人心，审计署科学审计理念深入人心，本次研究确定的三个专题、13 个分专题，都有可喜的研究成果和解决方案。

第一专题：基于国家审计职能业务发展的信息化持续发展研究。这项研究需要把握两个方面，一是对国家审计职能业务发展趋势的走向，二是国家审计职能业务能否并且如何以信息化的方式实现。从早年的审计就是查账，到审计是国家治理的重要组成部分，国家审计的职能业务随着审计职业的成熟、外部对审计需求的扩展而不断深化、丰富。中国审计机关为此做出了充分的探索努力，相关成果融入了最高审计机关国际组织（INTOSAI）第21届大会形成的《北京宣言》。今后，注重促进国家良治、保障财政政策长期可持续性，不但是中国国家审计职能业务的发展趋势，而且也将形成国际审计潮流。对此业务发展趋势进行分解，大体上可以从五个方面体现：提升公共财政绩效、促进国家经济安全、促进国家调控政策落实、促进国家政务信息化绩效提升和强化公共权力制衡。也许还有更好的分解方法，但是从这五个方面去研究信息化持续发展对业务趋势发展的支持已经足够。15 篇入选论文对基于国家审计职能业务发展的信息化持续发展的研究成果是乐观而现实的。

——在提升公共财政绩效方面。可以通过建立公共财政资金绩效动态评价指标体系、审计评价系统和联网审计数据库，实现分类指标的量化评价和总体态势的量化评价。

——在促进国家经济安全方面。建立包括财政金融、战略资源、产业、社会、对外经济、环境、信息七个领域的国家经济安全审计监测评价指标体系，依赖信息共享获取的各部门数据，能够识别过滤数据安全态势信息、准确及时感知大数据变化、监测“蝴蝶效应”；能够通过反复执行“定性—定量”分析的预警系统，开展针对国家经济安全的综合性审计监测评估，揭示国家经济运行中苗头性、趋势性问题和潜在风险。

——在促进国家调控政策落实方面。从推进“依法执政、科学执政、民主执政”出发，以促进国家调控政策有效执行、为政府调整决策提供可靠依据为目标，按照“控制标准→控制目标、控制点→实现的技术与方法”的思路，实现了解信息系统、掌握数据信息、构建分析模型、促进政策落实、评价调控效果、提出完善国家政策的建议的目标。

——在促进国家政务信息化绩效提升方面。将电子政务的绩效构成分解为项目绩效、系统绩效、综合绩效、发展水平四个模块分别设定评价指标，将系统分解为服务、技术、可持续性、成本效益、可利用性五个角度分别设定评价指标，通过原始数据采集、计算得分，与内部基线进行纵向比较与衡量，与外部基线进行横向比较与衡量，得出对评估客体的评估结果。

——在强化公共权力制衡方面。审计机关要力争建立和完善公共管理语境下的部门协同机制和最大限度的信息共享，为履行法定职责打造实现环境，在此基础上整合有效信息，构建国家电子政务信息资源交换平台，结合金审工程建设成果的应用，完成对公共权力部门信息获取、行为判断、控制实施的完整监督过程，能够较为理想地呈现监督主体与监督客体权力之间的对等状态，并由此形成有效的监督关系。

第二专题：利用新技术推进计算机审计的持续发展研究。这个专题是本项研究作者群的长项。除有所期待的仿真和人工智能高深莫测无人涉及外，其余凡是审计使用过以及可能使用到的技术都被津津乐道。应当说，近年来，信息技术进入一个快速发展期。例如，电子计算机诞生之后，数据管理经历了一个漫长的过程，从穿孔卡片记录数据到 1956 年 IBM 生产出第一个可以储存 5MB 数据的磁盘驱动器大约用了 10 年时间，再到 IBM 提出关系型数据库的概念又用了 15 年时间，继而发展到支持联机分析处理、数据挖掘需求的数据仓库则用了 20 多年的时间。然而，能够对大量数据进行分布式处理的软件框架——Hadoop 2006 年 1 月才由雅虎孵化成一个可在网络上运行的系统，2007 年即在百度和中国移动开始使用，2008 年淘宝基于 Hadoop 研制的云梯即可存储处理 9. 3PB 的数据。现在政府和行业用户论及数据处理而不讲 Hadoop 似乎已经是外行。机遇留给有准备的人，幸运的人总是撞着机遇。中国审计人既是有准备的人，又是幸运的人。就相当多的审计人员来说，对于计算机技术信服、信任、信赖，有接受它、驾驭它的思想准备，同时对于更新的计算机技术，有着需求、渴求、追求的主观愿望。38 篇入选论文对利用新技术推进计算机审计的持续发展进行研究，涉及数据挖掘、特征发现、地理信息技术、云计算和移动办公 5 个方面，意犹未尽又另辟一类其他。

——在数据挖掘技术方面。数据挖掘是审计思路、审计目标遍历查询分析、多维分析之后而引入的分析技术。从信息技术角度观察，数据挖掘能够从大量的数据中通过软件运行，以自动或者半自动的方式来发现数据中崭新的、隐藏的或不可预见的潜在“知识”，将此技术应用于审计，有可能在预防和发现电子数据中潜在的经济犯罪，所应用的模型如被证实则可以丰富计算机审计方法，提高审计的效率和质量。尽管数据挖掘模型是模式认知、统计、数学等科学理论和技术的综合应用，对审计人员的知识结构是一个新的挑战，但以关联分析、聚类分析、相关性分析、序列模式为主要内容的归纳性分析技术和以分类预测、回归预测为主要内容的预测性分析技术在其他领域的应用已经比较成熟，相信引入到审计领域应当没有不可逾越的沟壑。

——在审计特征发现方面。该项技术刘汝焯先生已有专著论述，特征枚举、特征捕捉、特征分析是其论述的三大基础。审计特征发现技术对于经验积累总结的依赖不言而喻，而近年来的实践丰富了案例库、样本库、知识库，加之数据来源进一步广泛，数据品种进一步丰富，数据处理手段进一步强大，在数据分析方法中进一步融入审计特征发现技术，将成为普遍采用的做法，从而成为丰富审计成果的重要手段。

——在地理信息技术方面。把广泛用于自然资源、地理环境、基础设施管理领域的地理信息技术及其计算机软件、数据，用于农业、资源环境、固定资产等专业审计领域，是信息化审计对审计业务工作向纵深发展的拉动。正是由于地理信息系统技术的应用，地理实体的空间属性特征、空间位置特征与被审计单位财政收支、财务收支以及有关经济活动的关系才凸显出来，左右甚至颠倒了审计评价，提升了有关真实、合法、效益判断的质量。这在人民群众对政府监督越来越挑剔的外部环境下，对于保障审计工作的公信力将起到重要作用。目前应用地理信息系统技术的实践和研究相对集中于审计署、特派办、省级审计机关，其实应用地理信息系统技术审计项目的微观效用，要比宏观效用更直截了当，它的普及推广对基层审计机关有更多的现实意义。

——在云计算技术方面。云计算是一个新词，但对审计机关来说不是一个新应用，目前审计机关的 OA“一拖 N”部署模式及应用就是云计算的思路与方式：所谓 IaaS——基础设施即服务就是设在“一”端的服务器、防火墙等设备和连接上级审计机关、同级审计机关的网络；所谓 PaaS——平台即服务就是操作系统、数据库、中间件、安全认证体系和金审平台等；所谓 SaaS——软件即服务就是 OA“一拖 N”版及其所集成的大大小小的软件，专用云（也可称私有云）的相对方就是“N”。理念和习惯已经不会成为推广云计算技术的障碍，反而真正意义上的云技术，将进一步推进完善审计机关现有云计算模式的应用，给 OA“一拖 N”的扩展提供了更大的发展空间，联网审计云、数据存储云、远程分析云等将成为下一阶段审计信息化建设的重要内容。

——在移动办公技术方面。相对于其他行政机关，移动办公对审计职业更为急需，特别是在需要大量数据分析的客观环境下，没有移动办公，对于审计职能的充分发挥不可能完美实现。审计署对移动办公的探索着手比较早，囿于商品化解决方案的技术和市场成熟度没有作大范围推广。互联网时代的移动办公技术近期得到较快发展，成熟度、多样性都有提高，市场竞争也趋于充分，选择余地变大。“云管端控”总结的是一种架构，移动办公端将不仅仅是台式机、便携机，掌上终端一定会成为审计的工具。

——在其他相关技术方面。联网审计技术中的关键技术（包括 OLAP 动态联机分析处理）是国家 863 课题的重点内容，本次研究没有出现太新太多的突破在意料之中。但是正如前述，其他技术应用于审计的前景之美好亦令人心动。非结构化数据分析技术展现的用大数据技术处理文本形式存放的文档资料，从中快速发现、定位审计线索的前景；知识发现分类与表示技术的应用，虽然很大程度上还依赖审计人员思维技能模拟，但通过联想推断、甄别筛选，可以在一定程度上实现审计技能的程序化、数据查询的精准化，更好地达到提高审计工作效率、降低审计工作强度、计算机审计自动化的目标；分析性复核是传统的审计方法，伴以计算机技术和审计模型，可以使其成为成本最低、最容易发现舞弊和差错、定位非常准确的审计方法；基于动态推荐模型的审计资源共享模式则是通过建立资源模型、标识资源特征、匹配审计需求等方法，根据审计人员业务进展阶段的需求，提供审计资源支持；可视化技术用于审计数据分析，是把多种数据信息转换成合适的图形图像，从而更便于接受、理解原始数据信息，有助于减少海量电子数据环境下传统的验证型审计方式在审计宽度、审计深度方面的风险；地质雷达无损检测技术以隧道衬砌质量审计为例，无损检测技术以铁路桩基为例，揭示了“偷工减料”的发现过程以及对工程质量的影响，推而广之，无疑将会丰富审计的工具和手段；连续审计技术基于计算机设备与技术，采用持续进行的自动控制和风险评估，将以往对交易进行抽样测试的方式改为对所有交易进行全面的关注，与传统审计相比，连续审计更具“免疫系统”功能。

第三专题：持续推进现代审计组织管理方式发展研究。信息技术显然属于生产力的范畴。如果以生产力的发展决定生产关系的原则来描述审计信息化对审计组织管理方式的影响，会有相当多的人难以苟同；那么如果我们换一个角度说，审计能力的提高将对审计管理组织方式产生一定影响的说法，则会得到更多人的认同。然而，审计能力的提高不正是信息技术使用的直接成果么？29 篇入选论文从审计业务模式、审计组织模式、审计管理模式 3 个方面，对信息技术如何促成现代审计组织管理方式的发展进行了研究，求解这个涉及层面更高、触动面更广的难题。

——在信息化审计业务模式方面。信息化条件下的审计业务模式将以数据为核心展开，可以把它看成审计就是查账的升级换代产品，是发生质变的“螺旋式上升”。数据获取将具广泛性，对数据的检查将充分体现多专业融合、多视角分析、多方式结合，构建审计分析模型的场所将不局限于审计现场，非项目审计的比重将会扩大，检查被审计单位的信息系统以保证审计对象的真实性是常规审计项目的“规定动作”，发现信息系统的瑕疵是更为重要的审计成果，而保障电子数据的安全则成为不可小觑的审计风险点。

——在信息化审计组织模式方面。信息技术的应用，使审计有了参与国家治理的“大目标”，监督处理的是反映政府及其相关部门治理的效果和轨迹的“大数据”，全面检查的是构成数十万亿财政收支经济活动的“大对象”。“大目标”是诱因，“大数据”是外因，“大对象”是内因，三者构成了调整审计组织模式的环境要素。与之相适应，审计组织模式在管理上要体现出战略管理特征、导向管理特征和资源控制管理特征；在业务上要体现出信息流传递控制特征、项目管理扁平化特征和资源无缝共享的特征；在技术上要体现出信息资源的数字化特征、现场数据审计微观揭示与数据综合利用宏观分析相结合的特征。为此，以“大格局”的体制为框架，以审计指挥中心为龙头，以审计计划项目监管为主线，以数据审计理念为核心，以电子审计体系为依托，都是审计工作高效服务于国家治理必不可少的审计组织条件。

——在信息化审计管理模式方面。对于信息化审计管理的研究分析是多角度的。在单点上研究分析得相对深入的是将数据分析人员作为独立的信息维度构造三维矩阵型的现场管理模式，它以大型综合审计项目中大规模电子数据处理常态化为背景，针对数据式审计中海量数据处理所需的设备和人员条件，以提高数据分析发现审计线索的效率为目标而提出，并在社会保障审计项目中实践检验了其有效性。同样研究分析得相对深入的还有县区级审计机关审计项目信息化管理，所提出的设想包括建立业务驱动型的分工体系、依赖数据交换平台进行合理的审计现场延伸、对审计过程进行有效的信息管理、细化审计计划强化预算约束为手段进行的审计项目成本控制、利用审计管理软件实现标准化审计作业流程以及审计质量控制等，相信结合云计算技术的应用和数据中心的建设，这些设想都可以落在实处。还有研究分析提出构建以管理为核心的国家审计资源计划——ARP（Audit Resources Planning）。ARP将运用面向对象技术、图形用户界面、第四代语言、新一代通信网络等信息技术成果，将各级审计机关的审计业务、计划、统计、公文、保密、档案、财务、人力资源等内部资源及被审计单位的外部数据等，均部署、整合到一个统一的信息管理平台上，能够识别和规划审计资源，并通过最优组合实现审计业务数据标准化、信息系统运行集成化、业务流程合理化、绩效监控动态化、审计管理改善持续化，提高审计现场作业效率，实现审计监督的最佳效能。这又是一个宏伟的设想。

写到这里，是不是该写掩卷长思了？那是儒雅人士的做派，我只是在算计：十年之后、二十年之后，这部研究报告中有多大比例言中了审计信息化的发展实际。

再回到开始的话题。研究审计信息化的持续发展，看似比石爱中副审计长交办的总结经验的任务范围多走了一步，其实只是半步：一半在圈里——根据经验有感而发而非空想，一半在圈外——目力所及还要如此这般做下去。希望读者带着体恤、理解去浏览这部研究报告，希望评者带着宽容、谅解来审视这部研究报告。

是为序。

中国审计学会计算机审计分会顾问、专家委员会主任
审计署计算机技术中心、信息化建设办公室原主任　王智玉

2013年12月

中国审计学会计算机审计分会

审学计字〔2013〕4号

中国审计学会计算机审计分会关于“国家审计信息化持续发展研究”论文评选结果的通知

各省、自治区、直辖市和计划单列市、新疆生产建设兵团审计学会、审计厅（局）信息中心（计算机审计处），各特派办审计理论研究会（组）、计算机审计处，中国审计学会计算机审计分会各位理事、会员：

中国审计学会计算机审计分会印发《关于征集国家审计信息化持续发展研究论文的通知》（审学计字〔2013〕2号）后，得到了广大会员和审计人员的积极响应。到论文报送截止日共收到论文333篇。经过计算机审计咨询专家委员会专家评审，83篇论文获奖，其中一等奖5篇，二等奖10篇，三等奖22篇，优秀奖46篇。获奖论文及单位作者名单见附件。

获奖论文将汇编成《中国计算机审计研究报告》（2013：国家审计信息化持续发展研究报告）。《研究报告》公开发表，如获奖论文中涉及不宜公开发表信息的，请获奖作者及时与分会联系。

中国审计学会计算机审计分会希望广大会员继续深入开展国家审计信息化持续发展等各类主题的计算机审计理论和实务研究，积极参与分会组织的各项活动，推进计算机审计的深入发展。

有关事宜请与中国审计学会计算机审计分会联系。

联系人及电话：熊宛皎，010-88317610。

附件：2013年“国家审计信息化持续发展研究”论文获奖名单

中国审计学会计算机审计分会

2013年12月30日

附件

2013年“国家审计信息化持续发展研究”论文获奖名单

一等奖：五项（排名不分先后）

序号	论文名称	论文完成单位	主要完成人
1	国家电子政务绩效审计评估及实现研究	审计署驻长沙特派员办事处	徐磊
2	可视化技术在审计数据分析中的应用研究	上海市审计局	李强
3	云计算的审计应用研究	海南省审计厅	吴多巍
4	试论信息化环境下的审计组织模式	广东省审计厅	邹峰毅、林小锤
5	适应数据式审计的三维矩阵型现场管理模式研究	审计署驻上海特派员办事处	刘海、胡明

二等奖：十项（排名不分先后）

序号	论文名称	论文完成单位	主要完成人
1	对有效促进国家审计信息化持续发展的展望	黑龙江省审计学会	史青衿、徐立君、郝丽波
2	公共财政资金绩效审计评价及信息化实现途径研究	大连市审计局	朱琨、窦丹
3	国家政务信息化绩效审计实现途径及评价探讨	审计署驻长春特派员办事处	宋泊微
4	ERP系统中基于事务集数据挖掘的疑点行为检测	审计署驻南京特派员办事处	孔伟宁
5	银行间债券市场审计特征发现研究	审计署驻上海特派员办事处	赵蕾
6	GIS在审计中应用的标准、方法和路径研究	四川省成都市审计局、四川省成都市金牛区审计局	戴志勇、何敏、刘鄉、陆军、杨平
7	非结构化数据分析技术审计应用研究及其实现	审计署驻昆明特派员办事处	蒋超博、成光普、赵辉、陈顺辉、朱立辉

序号	论文名称	论文完成单位	主要完成人
8	深化“统一分析、分散核查”审计模式应用研究	山东省审计厅	陈东
9	信息化审计环境下的矩阵式管理模式应用研究	审计署京津冀特派员办事处	严晓健
10	构建基于云计算的国家审计资源计划	审计署驻沈阳特派员办事处	赵锴、王世权

三等奖：二十二项（排名不分先后）

序号	论文名称	论文完成单位	主要完成人
1	国家经济安全审计评价及信息化实现	审计署计算机技术中心、审计署科研所	曹洪泽、唐志豪
2	以信息化审计推动国家调控政策落实	审计署驻成都特派员办事处	廖姝凝、宁波
3	电子政务绩效审计评价指标体系研究	黑龙江省大庆市审计局	何海东
4	促进政务信息化绩效审计评价及其实现研究	深圳市审计局	张悦
5	部门协同 资源共享 构建政府公共权力国家审计监督机制	审计署驻重庆特派员办事处	肖敏
6	数据挖掘技术在计算机审计中的应用研究	广东省审计厅	梁蘅、祝青、王志榕、何静姝
7	基于审计线索挖掘的数据分析技术方法研究	审计署驻广州特派员办事处	王位庆
8	数据仓库及数据挖掘技术在审计中的应用研究	审计署驻深圳特派员办事处	杨晓毅
9	企业审计国有资产流失问题线索特征发现方法与应用研究	审计署驻昆明特派员办事处	段琪炜
10	审计线索特征发现方法在金融领域的实践研究	审计署驻兰州特派员办事处	赵晓东
11	浅谈地理信息系统技术在审计中应用及其深化	审计署驻南京特派员办事处	杨海荣
12	基于云计算的审计资源“云管端控”体系的研究	审计署驻哈尔滨特派员办事处	张端
13	云计算技术在审计信息化中的应用前瞻	审计署境外审计司	陈旭丹

序号	论文名称	论文完成单位	主要完成人
14	浅谈大数据审计时代“审计云”建设的必要性	云南省审计厅	谢健、刘晓冬、汪小松
15	基于云计算的审计资源平台架构研究	审计署驻郑州特派员办事处	何晓蕾、毛少东、陈四良
16	基于动态推荐模型的审计资源共享模式研究	上海市审计局	刘锦
17	铁路桩基无损检测方法的审计实践研究	审计署驻武汉特派员办事处	顾嘉
18	基于财政信息化平台建立财政安全审计预警机制	审计署驻成都特派员办事处	石磊、曹晟
19	“大联网”审计模式构想	云南省大理白族自治州审计局	潘银仙
20	信息化审计组织模式深化应用研究	辽宁省抚顺市审计局	胡香香
21	浅析信息化条件下的审计质量管理	辽宁省审计厅信息中心	唐明璐
22	县区级审计机关审计项目管理信息化探究	陕西省汉中市汉台区审计局	李波、唐丽、徐霄

优秀奖：四十六项（排名不分先后）

序号	论文名称	论文完成单位	主要完成人
1	提升公共财政绩效审计评价及信息化实现研究	湖北省宜昌市审计局、宜昌市长阳县审计局	郑红卫、李作信、秦红力、邱卫平
2	公共财政绩效审计数字化评价及实现探索	山东省青岛市审计局	高会伟
3	公共财政绩效审计评价及信息化构建初探	浙江省湖州市国家建设项目审计中心	杨舒媛
4	论国家政务信息化绩效审计评价及实现	安徽省淮北市审计局	罗明
5	国家政务信息化绩效审计评价研究——基于系统生命周期理论视角	审计署京津冀特派员办事处	张小丽
6	借鉴平衡计分卡理论促进完善地方政务信息化绩效审计评价体系及实现研究探索	青岛市城阳区审计局	张一帆

序号	论文名称	论文完成单位	主要完成人
7	国家政务信息化绩效审计评价及实现模式研究	审计署驻深圳特派员办事处	陈慧丰、孙雨、胡彦波
8	数据挖掘技术在社保审计中的运用研究	河南省洛阳市审计局	宗勇、王博
9	数据挖掘技术在计算机审计中的应用研究	黑龙江省大庆市审计局	李冰
10	数据挖掘技术及其在计算机审计中的应用	南京审计学院	陈海勇、王素云
11	基于数据挖掘技术的审计数据质量控制探析	重庆市审计局	张莉
12	信息系统环境下审计线索特征发现的方法研究	湖北省襄阳市审计局	崔纲
13	信息化环境下审计特征发现方法深化研究	审计署驻沈阳特派员办事处	于霄、孟林
14	Google Earth 和 ArcGIS 软件在土地审计中的应用	审计署京津冀特派员办事处	李超、韩云翔、王光辉
15	基于 GIS 系统构建的数字城市审计研究	山东省青岛市黄岛区审计局	咸夭杰、王芳、荣巧梅
16	地理信息技术在审计中的应用	四川省成都市青白江审计局	刘清清
17	国土地理信息系统审计技术	浙江省审计厅	王春雷、杜良文
18	浅谈云计算在审计数据中心的应用	福建省审计厅	王丰
19	面向大数据的云审计平台架构及关键技术研究	审计署驻济南特派员办事处	王大涛
20	审计云计算应用建设的必要性和可行性	浙江省临海市审计局、杭州易审软件技术有限公司	方程、严烈虎、杨浩
21	联网审计技术应用研究	审计署京津冀特派员办事处	侯绍林
22	地质雷达无损检测技术在隧道衬砌质量审计中的应用	审计署驻兰州特派员办事处	杨溢来、赵彦强
23	浅议连续审计技术的运行原理及其在国家审计中的应用	辽宁省抚顺市审计局	索超

序号	论文名称	论文完成单位	主要完成人
24	动态 OLAP 技术在审计中的应用	云南省楚雄州审计局	段加平
25	浅析人工智能在计算机审计中的应用	云南省玉溪市审计局	唐文有
26	分析性复核与计算机技术结合在审计中的应用研究	浙江省青田县审计局	蒋萍
27	浅析投资联网审计的实现途径和发展趋势	审计署驻郑州特派员办事处、审计署计算机技术中心、审计署投资司	陈四良、曹洪泽、宋晖、蒋沙
28	浅议信息化条件下审计业务模式应用	安徽省宿州市埇桥区审计局	王伟
29	项目审计框架下的信息系统审计模式及其运用	宁波市海曙区审计局	周学军
30	社会保障资金审计信息化实现研究	审计署驻西安特派员办事处	柴明
31	信息技术条件下的审计业务模式的思考	云南省昆明市审计局	张天一
32	信息化审计业务模式深化应用研究	重庆市审计局	汪宇鸿
33	浅析基于信息化环境的审计组织模式调整	审计署驻昆明特派员办事处	朱立辉
34	信息化审计组织模式深化应用研究	辽宁省铁岭市清河区审计局	刘成海、杜佳妮
35	小议信息化环境下审计资源整合	宁波市审计局	韩悦
36	信息化环境下的审计组织模式研究	宁波市鄞州区审计局	徐源忠、蔡洲、王国新、刘海连、王进冬
37	信息化环境下审计组织方式的探索研究	审计署驻沈阳特派员办事处	高尚、董德新、赵锴
38	税收数据大集中形势下的审计组织模式创新应用与研究	四川省成都市审计局	黄少泉、毛军营、苟林
39	大项目环境下的计算机审计组织模式探析	审计署驻太原特派员办事处	闫良汶、刘明睿

序号	论文名称	论文完成单位	主要完成人
40	信息化环境下的审计工作组织模式发展方式探析	云南省昭通市昭阳区审计局	齐静静、蔡峨
41	浅谈信息化审计管理模式	安徽省黄山市徽州区审计局	张卉
42	信息化审计管理模式实践探索	北京市审计局	陈应兵、崔兵、陈华
43	信息化环境下新型审计组织管理模式思考	吉林省德惠市审计局	王中、崔国良、张继锋
44	浅议审计业务廉政风险科技防控模型的构建	审计署驻深圳特派员办事处	项荣
45	信息化条件下基层审计机关精细化管理模式探究	四川省成都市青白江审计局	胥欢
46	信息化审计管理模式深化应用研究	四川省遂宁市审计局	青小平、杨晓春、唐辉荣

目 录

第二类：利用新技术推进计算机审计的持续发展研究

对有效促进国家审计信息化持续发展的展望

黑龙江省审计学会 史青衿 徐立君 郝丽波

【摘要】 审计信息化作为国家审计的重要组成部分，面临着外部压力的考验和内在动力的突破。要充分发挥国家审计在国家治理中的作用，离不开国家审计信息化的发展和应用。实践证明审计工作信息化的创新发展有力促进了国家审计在国家治理系统中监督作用的实现，是国家审计服务于国家治理良好目标的有力工具。对此，本文提出有效促进国家经济安全审计评价及信息化实现路径的展望：树立战略思维，科学谋划审计信息化建设；健全完善机制制度，确保审计信息化建设取得实效；坚持以人为本，切实加强审计信息化人才队伍建设。把握目标方向，着力提升审计信息化的能力和水平；创新工作思路，积极推动信息资源共享和理论研究；加强组织领导，扎实推进审计信息化建设。

【引言】 随着国民经济管理信息化的发展，我国许多关系国计民生的重要行业开始广泛运用计算机、数据库、网络等现代信息技术进行管理。国家机关、企事业单位不仅在会计核算实现了电算化管理，而且在业务流程环节也实现了计算机信息化管理，以查账为主要手段的审计职业遇到了来自计算机技术的挑战。刘家义审计长强调：“社会信息化、经济信息化必然要求国家管理方式信息化。作为国家管理工作重要组成部分的审计监督也必须信息化。否则，我们将失去审计监督的资格。”因此，我们必须审时度势，提高认识，切实增强审计信息化建设的责任感和紧迫感。

一、促进国家经济安全需要加强审计信息化

随着计算机和互联网技术的飞速发展，国民经济和社会管理进入了信息化时代，信息化水平的高低已成为衡量一个国家、一个行业、一个部门、一个企业发展水平的重要标准。审计工作也不例外，必须主动适应科技发展和外部环境的深刻变革，不断创新审计思路和方式方法，全面提升审计能力和审计质量，充分发挥在信息化条件下促进经济社会发展的监督职能、建设性作用和“免疫系统”功能。实践证明，凡是审计工作搞得好的，对审计信息化建设重要性的认识就比较到位，审计信息化建设的成效就好。因此，审计机关必须做出相应的调整，重视并加强审计信息化建设，以应对变化，有效履行审计监督职责。

（一）加强审计信息化建设是适应新形势新任务的迫切需要

当今世界正经历以信息化为重要标志的新的产业革命，信息化已成为全球经济社会发展的大趋势。我国制定实施了一系列信息化发展的战略和规划，新技术、新产业、新应用不断涌现，全面提升了国民经济的信息化水平；从审计的角度来看，被审计单位不断采用新技术，信息系统日趋复杂，统计数据急剧增长，这就要求审计机关和被审计对象所使用的工具和手段必须处于同一个层级水平，才能形成有效的监督制约关系。在这样的情况下，正如刘家义审计长所讲：没有审计监督的信息化，没有审计管理的数字化，无异于新形势下的“刀耕火种”；如果无法在信息化的潮流中趁势而上，就可能被时代的浪潮所淘汰。刘伟平省长在对审计信息化建设的批示中要求：“全省各级审计机关要主动适应新形势、新任务对审计工作的新要求，加快构建电子审计体系，进一步提升审计信息化技术水平、监督能力和服务水平。”因此，加强审计信息化建设，是适应新形势新任务的迫切需要，是解决“审计技术老化，审计监督能力弱化”和应对“审计客体信息化”的必然选择，也是审计信息化发展的必然趋势。我们必须努力适应、快速跟进形势发展的要求，牢牢把握信息化发展的先机，努力抢占审计发展的突破口和制高点。

（二）加强审计信息化建设是推动完善国家治理的迫切需要

牢固树立科学的审计理念，充分发挥审计的职能作用，推动完善国家治理，是审计事业科学发展的方向，也是审计机关的职责所在。审计信息化是推动完善国家治理的重要手段。在信息化背景下，国家审计依托现代信息技

术，通过对被审计对象相关信息的有效获取和综合分析，对重大问题、管理漏洞、突出矛盾及潜在风险的揭示和评估，向被审计对象及时反馈并跟踪整改，向决策和管理部门提出完善体制、机制和制度的建议，从而推进完善国家治理。因此，加强审计信息化建设，构建电子审计体系，不仅是适应电子政务发展，提高履职能力和工作效能的迫切需要，也是推动审计事业科学发展的迫切需要。我们必须紧紧围绕推动完善国家治理，促进经济社会又好又快发展这个中心，依托现代信息技术和方式，着力突破人力、财力、物力和时间等方面的“瓶颈”，重点破解思想认识、思维方式、工作方法以及审计组织模式和管理机制等方面存在的突出问题，努力实现“审计思想革新化、审计资源集约化、审计业务信息化、审计管理数字化、审计方式现代化”。

（三）加强审计信息化建设是提高审计质量和效率的迫切需要

温家宝同志强调，财政资金运用到哪里，审计就要跟进到哪里。刘家义审计长指出，要更好地发挥国家审计在国家治理中的作用，为实现国家良治发挥好预防、揭露、抵御的“免疫系统”功能，必须进一步加强审计信息化建设，坚持用数字化带动信息化，用信息化推动审计技术方法创新，增强在信息化环境下查错纠弊、打击犯罪、规范管理的能力。当前，我省的财政、税务、社保等多个行业管理已经广泛使用计算机、数据库、网络等信息技术，党政部门、企事业单位的会计信息化也相当普遍；同时，审计涉及的项目和资金也在逐年增多，审计任务重与审计力量不足的矛盾十分突出。在这种情况下，如果实现不了信息化，我们的工作能力、质量和效率都将大打折扣，发挥审计的职能作用也就是一句空话。因此，加强审计信息化建设，不仅是提高审计质量和效率、提升审计监督的层次和水平的迫切需要，也是充分发挥审计职能作用的迫切需要，不发展信息化就难以肩负起法律赋予审计的光荣使命。我们要抢抓审计署即将部署实施“金审工程”三期建设的机遇，夯实信息化建设的基础，运用先进的信息技术和手段创新审计方式方法，进一步提高审计工作的质量和效率，提升审计监督的效能，更好地发挥审计在促进经济社会又好又快发展中的监督职能、建设性作用和“免疫系统”功能。

（四）加强审计信息化建设是打造高素质干部队伍的迫切需要

当前，审计工作已进入一个新的发展时期，各级党委、政府对审计工作越来越重视，社会各界对审计工作越来越关注，人民群众对审计工作也寄予了很高的期望。审计工作面临的任务十分繁重，不仅要关注财政资金的真实、合法和安全性，而且要关注其综合效益；不仅要关注宏观调控政策的贯彻落实，而且要关注民生、资源、环境等方面的薄弱环节和潜在风险；不仅要关注重大违法违规问题，而且要注重揭示体制性障碍、制度性缺陷和管理上的漏洞；不仅要关注领导干部的经济责任履行情况，而且要大力推进政务公开，防止权力失控、决策失误和行为失范。要实现这些新期待，完成这些新任务，我们仍然面临着严峻的挑战，既有审计工作任务重与审计力量不足的矛盾，又有各单位单兵作战、各自为政，难以适应现代审计组织方式的矛盾；既有信息技术快速发展与复合型人才结构性短缺的矛盾，又有现有技术水平难以满足海量数据处理需求的矛盾。应对这些挑战，出路只能是加快审计信息化建设，靠人才兴审、科技强审，通过打造一支高素质的信息化专业人才队伍，来提高审计监督能力、过程控制能力、决策支撑能力和机关事务管理能力。因此，我们必须充分运用信息化的最新成果武装审计人员，着力建设一支政治坚定、业务精通、装备先进、作风扎实的审计干部队伍，不断提升审计的公信力和执行力，努力成为党和政府信任、社会各界满意的公共财政“卫士”。

二、审计信息化建设亟待解决的问题

（一）思想认识不到位

一些审计机关的领导，特别是主要领导对审计信息化建设的重要性认识不足，重视程度不够，没有战略思维和长远眼光，缺乏责任意识和危机意识，不求进取、满足现状，工作思路不清、工作措施不硬、工作效果不明显。

（二）工作进展不平衡

目前，审计信息化发展水平参差不齐，市与市之间、县与县之间，省、市、县三级之间的发展也不平衡，总体来讲，省级好于市级，市级好于县级，越往基层，差距越明显。另外，每个单位内部处（科）室之间和审计人员之间，计算机应用水平也存在较大差距。

（三）能力水平不适应

一些干部的思想作风、工作作风、业务能力，特别是计算机审计的能力还不适应新形势下审计工作发展的要求，缺乏开拓创新的意识和积极进取的精神，习惯于过时的传统思维方式、审计方法和工作模式，不勤于学习，不善于钻研，不能及时掌握应用新知识、新技术，造成审计资源浪费，工作质量差、效率低。

（四）机制制度不完善

近年来，我们立足实际，制定出台了一系列审计信息化建设方面的规章制度、办法和措施，但从目前情况看，一些制度办法的针对性和操作性还不够强，有些制度还没有建立起来，有些制度还不够完善、不够科学，有些制度的落实还不到位，从而影响了审计信息化建设的成效。

（五）基础建设滞后

一些审计机关向党委、政府汇报衔接不够，财力投入不足，信息化基础设施比较薄弱，办公条件、人员编制、经费保障等方面还不能满足日益现代化的审计工作需要；信息化条件下的审计专业人才比较缺乏，审计手段和技术方法比较滞后，特别是计算机审计的覆盖面和水平还急需提高。这些问题，我们必须高度重视，认真研究，采取有效措施加以解决。

三、促进国家经济安全审计评价及信息化实现原则

（一）要在“快”上下功夫，要加快谋划、加快布置、加快实施

审计信息化在近年来发展的基础上，已经到了一个十分关键的时刻：加快发展，就能把握机会、赢得主动；贻误时机甚至发展缓慢，就会陷入被动甚至丧失审计资格。审计机关应及早谋划加快推进审计信息化建设的目标，及早制定加快推进审计信息化建设的措施，及早落实加快推进审计信息化建设的责任。一定要以强烈的使命感、时不我待的紧迫意识和勇于担当的责任意识，加快推进审计信息化建设和发展。尤其是当前审计信息化建设处于停滞状态的个别审计机关，如果不奋起直追，就会拖后腿、影响大局。大家一定要切实增强紧迫感和危机感，抓紧补课，迎头赶上，努力形成审计信息化工作协调均衡发展的良好局面。

（二）要在“新”上下功夫，要革新理念、更新思路、创新机制

迅速转变“让我做、要我做”的思想，牢固树立“率先做、做则优”的意识，以创新之举、求非常之效，强力推进审计信息化建设。要大胆吸收借鉴新思想、新知识，积极探索推进审计信息化建设的新方式、新方法，努力推动审计信息化建设加速发展。要积极建章立制，对项目实施、网络管理、安全保密等做出具体规定、提出明确要求，为审计信息化建设顺利推进提供制度保障。

（三）要在“实”上下功夫，要立足实际、狠抓落实、务求实效

要紧密联系当地实际开展审计信息化工作，不能“搞花架子”，做表面文章，要提出硬标准，拿出硬措施，采取硬手段，扎扎实实地推进审计信息化建设。要紧密结合审计工作实际，将审计信息化技术实实在在地用到审计实践中，不断提升审计工作实效。在审计信息化工作推进过程中，计算机部门要切实担负起责任，做好组织、推广、指导、管理、检查等工作，形成审计信息化建设的长效机制。

（四）要在“优”上下功夫，要积极学优、大力评优、创先争优

要积极学习借鉴信息化建设的先进经验，广泛开展计算机审计交流与合作。对在审计信息化建设过程中形成的特色项目和先进做法，要大力推广宣传，对进展不大、动作迟缓的地方，要明确要求，督促改进。在审计实践过程中，各地也要创新思路，争优创优，力争做出一批优秀项目，涌现一批优秀人才，形成一个优质品牌。

（五）要在“先”上下功夫，要身体力行、率先垂范、发挥示范引领作用

审计信息化建设提速创优能否顺利推进，这和审计机关的“一把手”有着直接关系。加快推进审计信息化建设，领导一定要率先垂范，身体力行。高水平的审计机关领导，要自己懂信息化、又重视信息化，又能推动开展信息化；如果自己不懂信息化，也要重视信息化，推动开展信息化。如果自己不懂信息化，又不重视信息化、不推动信息化，这样的领导在信息化条件下必然会失去领导资格。可以说，作为审计机关的“一把手”领导，不抓审计信息化建设就是失职，不会抓审计信息化建设就是不称职。因此，各级审计机关的“一把手”领导一定要带头学习、带头参与审计信息化工作，努力站得更高一些、看得更远一些、研究得更深一些。

四、促进国家经济安全审计评价及信息化实现研究路径的展望

审计信息化并不仅仅是个技术应用的问题，它是一项涉及思想观念转变、审计管理体制机制改革、审计业务流程再造、审计队伍结构调整的深刻革命，是今后一个时期审计机关一项重要的基础性、战略性任务。刘家义审计长指出：“从一定意义上来说，中国审计的出路关键在于信息化，信息化的关键在于数字化。”我们要牢固树立科学的审计理念，进一步解放思想、科学谋划，统筹兼顾、突出重点，明确目标、落实责任，完善机制、优化措

施，全力打好审计信息化建设攻坚战，不断提高信息化条件下的审计监督能力和水平。

（一）树立战略思维，科学谋划审计信息化建设

今后一个时期审计信息化建设的目标任务，重点是建设、完善和提升“一个中心”“五大体系”和“五大系统”，即：数字化审计指挥中心，国家电子审计体系、计算机审计方法体系、信息化标准规范体系、国家审计信息资源体系、信息安全保密体系，审计实施系统、审计管理系统、联网审计系统、移动办公系统、模拟审计系统，逐步形成涵盖决策指挥、现场审计、业务管理、质量控制、机关事务管理等各环节的审计信息化、数字化格局，推动审计能力和技术水平全面提升。各级审计机关和广大审计人员要牢固树立“审计信息化是一场革命”的理念，把审计信息化建设作为提高审计质量和效率、推动审计转型升级、增强审计监督能力和服务水平的重要举措，科学谋划，攻坚克难，扎实推进。

一要统筹兼顾，协调发展。要紧紧围绕“十二五”审计工作发展规划，站在宏观、全局和战略的高度，结合各自实际，认真研究制定审计信息化建设的总体规划和年度实施计划，统筹兼顾，分步实施，整体推进审计信息化建设向更高层次迈进。在具体工作中，要按照刘家义审计长的讲话要求，重点处理好长期性与阶段性、统一规划与分类实施、安全性与方便性、适用性与创新性、规范性与灵活性、集中统一与纵横交互、行业性与全面性、团队与个人、行政管理与项目管理、内部与外部“十大关系”。

二要突出重点，攻坚克难。要针对审计信息化发展不平衡的实际，突出重点，集中力量解决工作中存在的困难和问题，切实改进薄弱环节，决不能眉毛胡子一把抓，最终却什么也没有抓好，流于形式、疲于应付。要重点在完善软硬件设施、健全完善机制制度、推广普及计算机审计、提高审计人员的信息化素养和提升审计效能等方面下功夫、求实效。

三要正视差距，奋力赶超。在信息化技术快速发展的今天，前进的步子慢了就等于停滞，发展的速度慢了就等于后退。现在一些市、县审计局和省厅一些处室的信息化建设还比较滞后，若不奋起直追，就会拖全省的后腿。对此，我们要深刻分析自身存在的差距和不足，进一步高度重视审计信息化建设，加大投入、抓紧补课，争取迎头赶上。

（二）健全完善机制制度，确保审计信息化建设取得实效

审计信息化建设是一项系统工程。我们要建立完善机制制度和办法，强

化制度落实，通过提出硬要求、拿出硬措施、采取硬手段来落实硬任务。这次会议印发的《甘肃省审计厅关于进一步推进审计信息化建设的实施意见》《甘肃省审计厅计算机培训及技术应用成果奖励办法》和《甘肃省审计厅计算机技术培训实施办法》征求意见稿，会后将根据讨论的意见进一步完善后印发实施。各级审计机关要认真抓好落实，市、县审计机关也要结合各自的实际，制定加快推进审计信息化建设的具体措施，建立完善相关机制制度，扎实推进审计信息化建设。

一要建立资金投入机制。各级审计机关要认真研究制定审计信息化发展规划，主动向地方党政领导汇报，特别是要将这次会议精神和刘伟平省长的批示专题向党委、政府汇报，把审计信息化建设纳入各级政府电子政务体系建设，多渠道筹集资金，努力增加投入，为加快审计信息化发展打下良好的物质基础。要坚决克服“等、靠”的思想，把经费向信息化建设倾斜，“不惜千金买宝刀”，把有限的资金用在刀刃上。同时，要贴近审计工作实际，既要适度超前，又不能盲目追求高标准，力争少花钱多办事、花小钱办大事。

二要健全完善培训制度。要坚持把培训作为审计信息化建设的重要任务，建立科学合理的培训规划和制度，确保培训的质量和实效，全面提高审计人员的信息化能力和水平。

三要建立技术推广应用制度。要建立完善审计信息化技术推广应用的相关制度，强化信息技术普及应用的力度，确保审计信息化建设不断上台阶、上水平。

四要健全完善考核激励机制。要建立完善计算机审计考核奖惩制度，加大考核力度，把考核结果作为评选优秀审计项目、优秀审计工作者、先进单位和干部选拔任用的重要依据，严格落实奖惩措施。

五要建立工作通报制度。要加强对审计信息化建设的检查指导，省厅将通过调研督导等形式，深入检查各市州、县区、厅机关各处室审计信息化建设的情况，并及时通报检查情况。省厅计算机信息中心要加强对“金审工程”应用和信息化建设工作的业务指导，推动“金审工程”成果的高效利用，推动审计信息化、数字化加快发展，促进信息化条件下审计能力、审计质量和效率大幅提升。

（三）坚持以人为本，切实加强审计信息化人才队伍建设

审计信息化建设的成效如何，关键在于有没有一支既精通审计业务，又掌握计算机技术、具有信息化思维的审计人才队伍。目前，审计信息化人才

缺乏的问题，是制约我省审计信息化建设和发展的重要因素之一。我们要牢固树立人才资源是第一资源的理念，切实抓好人才选拔、教育培训、管理使用，加快审计信息化人才队伍建设。

一要有重点地选拔人才。在新录用人员时，要根据审计信息化建设的需要，优先招录计算机专业人才，逐步提高计算机人才的比重。同时，要拓宽视野，面向省内外引进一些高水平、专家型的计算机人才，优化审计人员的知识层次和专业结构。

二要有针对性地培养人才。要着眼于审计人员信息化素质的提高，构建符合信息化发展要求的教育培训体系，开展多层次、分类别、多形式、重实效的教育培训，加强审计信息化人才的培养和后续教育。要加大教育培训的力度，既要组织长期培训，又要根据“缺什么，补什么”的原则，组织实用性的短期培训；既要开展普及性学习，又要加强骨干培训与中高级人才的培养，着力培养一批掌握信息技术和技能的管理型人才、专家型人才、复合型人才、技术保障型人才，努力造就一支素质较高、结构合理、梯次衔接、适应审计信息化建设需要的人才队伍，为审计信息化建设提供有力的人才支撑和智力支持。

三要不断优化人才环境。要从审计机关的实际出发，健全完善科学的考核评价机制，搭建公平竞争的平台，使优秀审计信息化人才脱颖而出、得到重用，形成选人用人凭工作、凭实绩、凭人品的良好风气。要注重人文关怀，关心爱护审计人员，主动帮助干部职工解决工作和生活中遇到的困难，着力营造一个团结奋进、温馨和谐的工作环境。

（四）把握目标方向，着力提升审计信息化的能力和水平

审计信息化建设的根本目的是要紧紧围绕审计业务和审计管理，将信息化建设的成果转化为实实在在的审计能力。

一要在提升审计业务能力上下功夫。在信息化环境下，进一步提高现场审计的信息化和数字化水平，是强化审计业务能力的关键所在。要不断总结地税联网审计的经验和做法，在进一步完善的同时，积极破解技术、体制等方面的障碍，逐步将联网审计扩展到预算执行、国库集中支付、社保等领域，积极探索开展省、市、县上下互通的联网审计，努力构建在线审计系统，提高审计的及时性和有效性。要逐步推广“集中分析、发现疑点、分散核查、系统研究”的审计模式，开展跨部门、跨行业的数据分析和预警分析、预测分析，提高审计实战能力和审计建议水平。

二要在提升审计管理能力上下功夫。近年来，随着审计工作向纵深发展，特别是在上下级审计机关业务协同和大型审计项目日益增多的情况下，对审计管理的信息化和数字化提出了更高的要求。要积极探索建立数字化审计指挥中心，加快构建覆盖全省的电子审计指挥系统，进一步提高科学决策和业务管理能力。要积极推进审计项目管理系统建设，完善优化项目执行管理等软件，不断提高对审计项目的组织实施、业务指导和过程控制能力，确保审计质量。

三要在提升机关管理能力上下功夫。审计机关内部管理信息化是电子政务体系建设的重要内容，也是提高工作效率和管理效能的内在需要。要把审计管理系统作为提升效能的重要载体，进一步加大推广应用的力度，打造基于计算机网络和信息技术的机关内部管理平台，提高公文处理、计划统计、项目实施、党群工作和廉政建设等管理工作的水平，提升审计机关工作的效能和水平。

（五）创新工作思路，积极推动信息资源共享和理论研究

审计信息化建设需要着眼现实需求，立足解决实际问题，创新思路和方法，将先进的信息技术转化为现实的审计生产力。

一要着力提高信息共享度。实现信息资源共享，关键是要解决好信息系统重复建设却又各不兼容、信息系统林立却又互相分割形成的“信息孤岛”问题。各级审计机关要主动与当地政府、有关部门和单位沟通交流，着力解决审计工作“联网难”“取数据难”等问题，积极推进审计机关与政府相关部门、单位之间以及审计系统内部的信息资源共享，确保获取数据的完整、及时和有效。

二要加快建设审计数据库。建立审计数据库，是信息化条件下开展审计工作的必然要求，有利于提高审计工作的效率和成果。要制定数据中心建设规划，逐步建立涵盖各个行业的省级数据分中心。当前，要抓紧进行地方法规数据库、被审计单位数据库和计算机审计专家经验库的建设，着手整理和采集相关的政策法规、数据资料，注意收集和积累具有代表性的典型案例，使其成为审计人员的“智囊”和“参谋助手”，为做好审计工作提供强有力的支撑。

三要加强实用审计软件的研究开发。要结合工作实际，大力提倡和鼓励开发一些实用性强、通用性广的审计小模块和小软件，提高审计工作效率，降低审计工作成本。软件开发属于科学技术发明和创造，要尊重其知识产

权，对于产生积极效益的，要给有关单位和开发人员进行精神和物质上的奖励，为审计自主创新营造良好的环境和氛围。

四要加强经验总结和理论研究。要及时总结审计信息化建设中的成功经验和做法，认真寻找差距，积极学习借鉴省内外的先进经验，加强对外交流与合作，相互促进，共同提高审计信息化水平。要积极开展计算机审计理论、审计方式和技术应用等方面的研究，系统归纳和总结梳理各行业的计算机审计思路，不断开拓计算机审计方法体系等理论研究新领域，力争多出成果、出好成果，用以指导审计实践。

（六）加强组织领导，扎实推进审计信息化建设

各级领导干部特别是“一把手”，要牢固树立不抓审计信息化建设就是失职，抓不好审计信息化建设就是不称职的理念，无论是厅长、局长、处长，还是科长，都要自觉主动地成为审计信息化建设的组织者、推动者、参与者，决不能置身事外、原则要求、甩手指挥。

一要高度重视，真抓实干。各级领导干部要切实增强责任感和使命感，转变思想观念，破除惯性思维，克服消极畏难情绪，消除“恐高症”和神秘感，对审计信息化建设始终充满信心、充满激情，把这项工作摆在重要位置，亲力亲为、真抓实干。要把加强审计信息化建设与开展创先争优活动紧密结合起来，着力选树一批审计信息化典型；与开展效能风暴行动紧密结合起来，着力提高审计工作的整体效能。

二要落实责任，强力推进。各级审计机关都要健全完善审计信息化建设的领导机构，明确工作目标，落实工作责任，整合优化资源，完善相关工作措施，通过目标考核、干部选任、奖惩激励加强引导，形成全员参与、全力以赴推进审计信息化建设的良好工作局面。

三要率先垂范，身体力行。打铁先要自身硬。各级审计机关的“一把手”要自我加压，主动适应形势发展的需要，带头学习信息化知识，带头应用信息化技术，认真研究解决信息化建设中存在的困难和问题，做好表率、树立标杆。要加强工作研究，认真总结和学习借鉴审计信息化建设的先进经验，积极探索规律，指导实践，力争做到研究得深一些、懂得多一些，站得高一些、看得远一些，切实提高领导审计信息化建设的能力和水平。

在审计信息化发展的历程中，我们已深深感到信息技术对审计发展所产生的强大推动力，深刻体会到审计信息化建设是提升审计效能、改进审计手段、推动审计方式转变的必由之路、必经之途、必奠之基，只能加强，不能

削弱；如果稍有停滞，不仅会影响审计职能作用的发挥，而且会影响审计事业科学发展的进程。审计机关要在思想上深刻认识、行动上高度自觉，坚决克服在信息化建设过程中轻言放弃的畏难情绪、一曝十寒的懈怠情绪、小进即满的自大情绪、不以为然的无所谓情绪、不思进取的“等”“靠”情绪，以强烈的使命感、责任感、紧迫感和危机感，加快推进审计信息化建设，为审计事业科学发展奠定坚实的基础。

参考文献

[1] 刘家义．国家审计与国家治理．2011 年 7 月 8 日在中国审计学会第三次理事论坛上的讲话．审计署《审计情况通报》，2011 年第 14 号．

[2] 石爱中．在中央地方审计信息化情况沟通协调座谈会上讲话．2005 年 4 月．

[3] 王智玉．审计信息化与审计组织方式［J］．审计研究，2011 (04)：39 -42.

[4] 高秋美．从发展角度看国家治理与国家审计信息化．http：//www. audit. gov. cn/n1057/n1072/n258889/1778436. html，2012 -03 -14.

[5] 王晓宁，蒯化平．国家治理视角下的国家审计信息化人才培养．中国内部审计协会，2012 -05 -22.

[6] 何振中．树立战略思维 抢抓发展机遇 全力打好审计信息化建设攻坚战．

公共财政资金绩效审计评价及信息化实现途径研究

大连市审计局　朱　琨　窦　丹

【摘要】　随着社会主义市场经济体制的建立和完善，公共财政支出规模不断扩大，积极开展公共财政资金绩效审计并做出科学的审计评价，对于促进财政管理、提高资金效益具有重要的现实意义。本文阐述了公共财政资金绩效审计评价的原则、依据、内容和重点，并结合大连市审计局联网审计实际，对信息化实现途径做出了初步研究。

【引言】　公共财政是为市场提供公共服务的国家财政，在社会主义市场经济下，公共财政具有资源配置、收入分配、调控经济和监督管理等职能。随着我国市场经济的发展与社会生产力水平不断提高，公共财政支出规模不断扩大，其绩效性是社会关注的一大重点。如何提高公共财政支出的管理水平，使有限的资金产生最大的经济效益，显得尤为重要。通过积极开展公共财政资金绩效审计并做出科学的审计评价，不仅可以及时关注公共财政资金使用和管理中存在的问题，而且对促进政府各有关部门合理、节约使用公共财政资金、提高资金使用绩效有着积极作用。

一、公共财政资金绩效审计的概念界定

在我国，1991 年全国审计工作会议上，审计署首次提出：“在开展财务审计同时，逐步向检查有关内部控制制度和效益审计方面延伸。”这是我国政府部门首次提出绩效审计的概念。2003 年审计署开始研究探索绩效审计，截至 2012 年，按照《审计署 2008 至 2012 年审计工作发展规划》的要求，

审计机关每年所有的审计项目都要开展绩效审计，并建立起符合我国发展实际的财政绩效审计评价体系。

世界审计组织的审计准则规定："绩效审计是经济性、效率性和效果性审计，它包括：（1）根据健全的管理原则与实施以及管理政策，审计管理活动的经济性；（2）对被审计的单位，审计其人力、财力和其他资源的利用效率；（3）对被审计单位，根据其目标完成情况，审计其业绩效益，并根据原来预期的影响，审计其活动的真实影响。"

结合我国具体情况，公共财政资金绩效审计的概念可以归纳为国家审计机关和审计人员根据我国相关法律、法规的授权，通过收集、分析、评价审计证据，在对财政预算单位的财务支出及其经济活动的真实性、合法性审计的基础上，对公共财政资金的经济性、效率性、效果性进行监督、评价和鉴证，提出改进建议，促进其管理、提高效益的一种监督活动。其审计目的是通过审计监督，分析评价其公共资源的使用效率，最终提高公共财政资金的使用效率。其审计范围是公共财政资金支出，根据资金不同用途可分为行政事业单位的部门经费支出，国家投资基本建设项目，支农、科教文卫等各种专项公共财政资金等。

公共财政资金绩效审计是财政财务收支审计的发展和提高，是更高层次的国家审计形式。开展公共财政资金绩效审计，有利于实现我国政府审计现代化，有利于提高公共支出有效性，有利于建设廉洁、高效和负责任的政府。

二、公共财政支出绩效审计评价的现实意义及开展情况

公共财政资金绩效审计评价是从财政支出经济性、效率性和有效性的总体要求出发，科学、客观、公正地衡量比较公共财政支出的行为过程、支出成本及其产生的最终效果，并对其进行综合评估。

（一）公共财政资金绩效审计评价的现实意义

公共财政资金绩效审计贯穿于公共财政支出安排和实施的全过程中，通过对公共财政支出的效益、管理水平等方面进行审计评价，可以有效地提高财政资金安排的科学性，规范财政支出和推动依法理财。

一是优化公共财政支出分配环节。通过审查预算编制中对财政支出结构安排情况，围绕是否按市场经济和公共财政要求编制与安排财政资金、分配是否体现效益原则、是否存在分配不公或财政资金分配浪费现象等方面作出评价，促进财政支出的科学合理分配。二是降低公共部门行政管理成本。通

过审查财政预算单位运行成本有关情况，对行政成本有关的人员经费、公用经费进行审计监督，综合评价其经济性、效率性、效益性，促进降低公共部门行政管理成本。三是促进公共财政投资建设项目管理。通过公共财政投资建设项目全过程审计，对立项的科学性、项目建设的进度、资金管理使用及建设成本等方面作出审计评价，并及时反馈，促进项目决策科学化、程序规范化、操作透明化，减少损失浪费现象。四是为政府决策服务，通过公共财政资金绩效审计评价获取有效的信息，并反馈给政府决策机构，有效地规避政府投资风险和短期行为。

（二）公共财政资金绩效审计评价的开展情况

我国绩效评价开始的时间还比较短，对于公共财政资金绩效审计评价来说更是如此。一是缺乏审计评价体系构建的指标体系。对于公共财政支出的绩效审计，目前尚没有一个明确的指标评价体系。二是缺乏审计评价体系构建的评价标准。由于财政绩效审计是一种新兴的审计，起步较晚，目前尚处于研究探索阶段，从实践过程看，目前使用的评价标准操作性不强、适用性差、且不统一。三是评价方法单一。目前我国财政支出绩效审计的技术和方法单一，基本上是采用简单的数字对比分析方法，审计的科技含量和知识含量较低，信息化程度不高，手段比较落后，计算机辅助审计业务开展范围较窄。

三、公共财政资金绩效审计评价的原则、依据、内容和重点

由于绩效审计在不同时期、不同视角下审计内容的侧重点也不同，如何准确把握审计评价的原则、内容和重点，是做好绩效审计并作出审计评价的前提和基础。

（一）公共财政支出绩效审计评价的原则

1. 系统全面原则。财政支出绩效评价应该是系统的，是全过程的。支出过程中的有效控制，资源是否有效合理地利用，社会、经济和环境效益充分兼顾与否，都是评价所需考虑的方面。

2. 突出重点原则。要将从体制、机制、制度层面揭示、分析和反映问题作为工作重点，提出改进和完善的建议，促进提高政府绩效管理水平。

3. 分类管理原则。各项公共财政资金支出具有不同的特点，根据其各自特点制定分类的绩效评价指标及方法。

4. 客观公正原则。绩效审计评价工作应从评价对象的实际出发，实事求是、公平合理地评价财政支出的绩效情况。

5. 科学规范原则。公共财政支出绩效审计评价应以公共财政支出的经济性、效率性和有效性为出发点，按照规范的程序，采用定量与定性分析相结合的评价方法，科学、准确地确定评价结果。

（二）公共财政资金绩效审计评价的基本依据

1. 国家和省有关法律、行政法规及规章制度。

2. 财政部门、被审计单位自行制定的绩效评价工作规范。

3. 财政部门制定的专项资金管理办法。

4. 行业、地区或系统内的参数、指标、数据等行业标准，如行业规章、部颁标准、平均利润率、速动比率等。

5. 被审计单位的职能、职责及绩效目标和年度工作计划与中长期发展规划。

6. 被审计单位预算申报的相关材料和财政部门的预算批复，被审计单位的单位预算执行的相关材料。

7. 投资建设项目的预算申报论证材料和项目验收报告。

8. 其他相关资料。

（三）公共财政支出绩效审计评价的内容和重点

根据公共财政资金的不同用途，审计评价内容和重点也各有侧重，主要包括以下三个方面：

1. 部门经费支出绩效审计评价的内容和重点

行政部门的经费支出是政府机构在履行其公共职能等相关活动中发生的各项运转支出，是公共财政支出的重要组成部分，按支出对象主要分为人员经费和公用经费，可从以下两方面把握评价内容及重点。

（1）部门经费支出的总体分析。通过对比政府运转支出和财政支出，对比政府运转支出增长速度和经济增长速度，从总体上把握政府运转支出的总体规模，并分析评价政府运转支出增长的合理性。

（2）部门经费支出的效率和效果。对于人员经费支出，主要审查是否按预算编制定员、有无超编人员、人均人员经费是否在定额标准之内。通过财政负担人数与在职人数的比例、人员经费占经费支出的比重、工资占经费支出的比重、人均人员经费等指标的分析，可以对人员经费投入是否合理、节约进行评价。

对于公用经费支出的审计与评价，一是关注经费支出的增长情况和超支情况。二是分析经费支出的结构，以便判断其投入和使用是否有效。如在部门经费中公用经费的比率占多少；在公用经费中，公务费、业务费、燃修费、汽车费、房屋建筑物日常开支费各占多少，结构是否合理，人均标准如何等。这些内容，均可通过有关的数字计算、分析而得到。通过这些指标的横向和纵向的比较，评价效率和效果，及时发现问题，找出原因，提出改进措施，挖掘潜力，提高政府部门经费的使用效益。

2. 基本建设项目绩效审计评价的内容和重点

基本建设资金是公共财政专项用于基本建设项目的资金。对基本建设资金进行绩效审计，可以及时发现建设资金管理使用中的低效率问题，提出改进的建议和措施，提高建设性资金的使用效率。

（1）建设资金计划实现情况。主要关注财政资金的拨付实现情况。将财政拨付资金与计划资金相对比，审查资金拨付实现情况，是否存在资金不到位等现象，以及时发现问题并提请相关部门注意调查原因。

（2）建设项目竣工验收情况。一是关注建设项目质量完成情况。审计中，一方面可以将投入与产出的数量进行比较；另一方面还应将投入与产出的质量相比较，通过对建设项目投产后的实际产量、成本、质量进行核实，并与项目设计文件中规定的指标进行比较，评价项目的质量效益。二是对工期效益暨建设项目达到设计能力状况的审查。可以将实际达到设计生产能力的时间，与计划时间进行比较评价。

（3）建设项目经济效益的实现情况。对经济效益实现情况的审计评价可以通过审查投资项目的效果效益如投资对 GDP 增长贡献、新增利税、投资效益等，对建设项目的经济效益进行客观、科学的评价，发现问题、提出问题，及时向项目建设单位和决策部门反馈。

3. 其他公共财政资金审计评价的内容重点

支农、科学、教育、文化、卫生等公共领域是公共财政的重要供给范围，通过这些领域的支出，公共财政以此提供教育、安全、秩序和其他等经济发展的基本社会条件，这部分专项资金对社会效益影响长远、群众关注度高，对其实施审计应抓着影响效益的关键所在，围绕公共资金的投入、利用效率和产出效益等方面，进行科学评价。

一是关注财政资金投入情况。主要审查是否按预算安排资金并及时到位；通过横向对比专项公共财政资金投入的增长情况，分析支出趋势；关注财政投入是否带动其他资金投入，是否发挥了公共财政资金的积极引导作用。二是关注财政资金利用效率。主要审查资金是否专款专用，有无擅自改变项目，违规挪用；专项支出是否按照计划完成并能够在农业、科教文卫等各自领域发挥积极作用，并考核其运用的效率和效果。三是关注公共财政资金的产出效益。围绕贯彻国家经济政策、对地方经济建设的影响、对地方社会进步的影响、改善社会和生态环境、改善群众生活水平等方面对项目所带来的经济效益、社会效益进行检查和评价。

四、基于联网审计平台的财政支出绩效审计评价信息化实现途径

由于公共财政支出绩效审计评价一方面需要提取被审计单位（专项资金）的数据资料，另一方面需要围绕审计评价的内容和重点对财政支出开展绩效审计评价，仅以手工操作将面临数据庞大、操作烦琐、计算复杂、验证困难等现实问题，而信息技术正可以快速、高效、准确地实现这一过程。

（一）基于联网审计数据平台的绩效审计评价系统

自 2011 年起，大连市审计局按照金审工程要求，开始设计部署多行业统一联网审计数据平台，截至 2013 年，已经基本完成了财政联网审计、地税联网审计、公积金联网审计等系统的开发，这种全新的审计理念与审计模式，显著提升了审计效能和效果，充分发挥了审计威慑力，进一步强化了审计“免疫系统”功能。

在财政联网审计系统中，我们整合了以往数年采集的被审计单位和审计项目数据资料，建立了被审计单位（项目）基本信息数据库，将设计的财政支出绩效审计评价指标体系内嵌至财政联网审计系统中，针对不同财政资金性质，围绕不同的审计评价内容和重点，依据绩效审计需要提取相应的指标，进行指标构建和指标量化等操作，以信息化手段实现了财政支出绩效审计评价的操作。

（二）公共财政支出绩效审计评价指标体系的设计

财政支出绩效审计评价指标体系是反映财政支出绩效总体现象的特定概念和具体数值，是衡量、监测和评价财政支出经济性、效率性和有效性，揭示财政支出存在问题的重要量化手段；是根据绩效评价工作的要求，按照一定的分类标准，对财政支出内容进行科学合理、层次清晰、实用可行的分类形成的指标体系。

财政支出绩效审计评价指标包括基本指标和个性指标。基本指标包括基本财务指标、国家（国际）通行指标、公众关注指标等被广泛应用在综合性绩效评价以及公共支出项目绩效评价的指标。个性指标包括绩效指标和修正

指标，是在确定具体评价对象后，通过了解、收集相关资料、信息，结合评价对象不同特点和财政支出具体设定目标来设置（选定）特定的指标。其中绩效指标按照前文阐述的支出类型，划分为三大类：基本建设支出指标、其他公共财政专项资金支出指标和部门经费支出指标。

基本指标和个性指标共同构成财政支出的绩效审计评价指标体系。体系是动态、可扩充的，具体体现在所选用的指标既可从每类指标和备选指标库中选取，也可以根据评价对象的特性设置指标，从而保证评价结果的科学性和真实性。

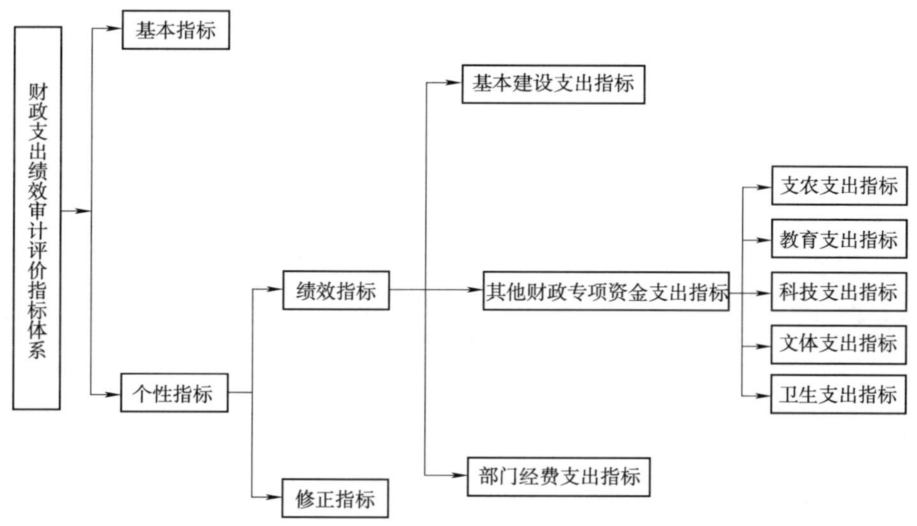

图 1　财政支出绩效审计评价指标体系

1. 基本指标

基本指标主要评价财政支出绩效的共性方面，它是每个评价对象都必须采用的指标，具体包括资金到位率、资金使用率和支出效果率三项系数。

表 1　基本指标

二级指标	指标系数
基本指标（3）	资金到位率
	资金使用率
	支出效果率

2. 绩效指标

绩效指标是评价指标体系的核心。在设置个性指标时，我们按照财政支出资金类型分别设置了基本建设支出、其他财政专项支出和部门经费支出三项二级指标，其中每个二级指标下又设置了相应的三级指标。

（1）基本建设支出指标。主要涉及基本建设支出、企业挖潜改造支出、地质勘探支出等财政支出，具体包括直接效益指标、资金利税率、固定资产交付使用率、项目建成投产率、基建投资回报率、投资效益率、工期效益指标、质量效益指标、经济建设投资对 GDP 增长贡献率九类。

表 2　基本建设支出指标

二级指标	指标系数
基本建设支出指标（9）	直接效益指标
	资金利税率
	固定资产交付使用率
	项目建成投产率
	基建投资回报率
	投资效益率
	工期效益指标
	质量效益指标
	经济建设投资对 GDP 增长贡献率

（2）其他财政专项资金支出指标。我们在其他财政专项资金支出指标下设置了支农支出指标、教育支出指标、科技支出指标、文化体育支出指标、卫生支出指标 5 项二级指标，在每个二级指标下面按照资金性质又设置了相应的指标系数。

一是支农支出指标。包括支持农村建设、支持和促进农业发展、农业产业化三类指标，每类指标又分设若干指标系数。

表 3　支农支出指标

二级指标	三级指标	指标系数
支农支出指标（14）	支持农村建设指标（4）	项目配套资金到位率
		农村城镇人口增长率
		非农劳动力占总劳动力比重
		农户对项目实施结果满意率

续表

二级指标	三级指标	指标系数
	支持和促进农业发展指标（7）	农业科研费用占财政支农支出的比率
		项目区农业生产总值增长率
		劳动生产率提高率
		农户人均纯收入增长率
		土地治理面积提高率
		贫困人口减少率
		农业保护水平
	农业产业化指标（3）	支柱农业规模扩大率
		支持农业企业产值提高率
		农产品附加值提高率

二是教育支出指标。由投入资金分析、财政资金产出效益、财政资金利用效率和发展潜力四类组成，每一类都包括若干指标系数。涉及的财政支出科目包括教育事业费等。

表4　教育支出指标

二级指标	三级指标	指标系数
教育支出指标（16）	投入资金分析（3）	财政投入乘数
		创收能力
		教师人均科研经费
	财政资金产出效益（4）	万元财政投入培养学生数
		教师人均发表论文、专注数
		教师千人均科研成果获奖数
		科研成果应用转化率
	财政资金利用效率（5）	师生比
		专任教师占全体教职工比例
		业务费、设备购置费占公用经费比例
		生均培养成本
		毕业生合格率

续表

二级指标	三级指标	指标系数
	发展潜力（4）	专任教师中具有博士、硕士学位比例
		连续三年教育经费投入平均增长率
		总资产增长率
		连续三年评价毕业生一次就业率

三是科技支出指标。由投入资金分析、财政资金产出效益、财政资金利用效率和发展潜力四类组成，每一类都包括若干指标系数。

表 5　科技支出指标

二级指标	三级指标	指标系数
科技支出指标（14）	投入资金分析（3）	财政投入乘数
		创收能力
		科技人员人均科研经费
	财政资金产出效益分析(4)	财政供养万人当中科技人员数
		科技人员人均发表课题、成果数
		科技人员人均获科研成果获奖数
		科技人员科研成果应用转化率
	财政资金利用效率（3）	投入产出率
		高科技投入成功率
		项目成功率
	发展潜力（4）	科研支出和财政支出增长率的比率
		连续三年科研经费投入平均增长率
		科研人员队伍稳定率
		应用研究在国际国内的先进性

四是文化体育支出指标。由投入资金分析、财政资金产出效益、财政资金利用效率和发展潜力四类组成，每一类都包括若干指标系数。涉及的财政支出科目包括文体广播事业费等。

表 6 文化体育支出指标

二级指标	三级指标	指标系数
科技支出指标（14）	投入资金分析（3）	财政投入乘数
		创收能力
		人均文体经费增长率
	财政资金产出效益分析（4）	每千人拥有公共图书馆藏书册数
		每年举办文化项目数
		每万元供养专职教练员数
		每万元培养“优秀运动队”队员数
	财政资金利用效率（3）	投入产出率
		获奖成果比率
		项目成功率
	发展潜力（4）	文体支出和财政支出增长率的比率
		连续三年文体经费投入平均增长率
		从事文体事业人员队伍稳定率
		项目在国际国内的水平

五是卫生支出指标。由投入资金分析、财政资金产出效益、财政资金利用效率和发展潜力四类组成，每一类都包括若干指标系数。涉及的财政支出科目包括医疗卫生等。

表 7 卫生支出指标

二级指标	三级指标	指标系数
卫生支出指标（14）	投入资金分析（3）	财政投入乘数
		创收能力
		人均卫生经费增长率
	财政资金产出效益分析（5）	本地区每所医院负担人数
		医疗设备购置费占卫生经费比率

续表

二级指标	三级指标	指标系数
		医疗设施先进性和完好率
		婴儿和孕产妇死亡率
		农村卫生和县乡三级服务网络的完善性
	财政资金利用效率（3）	投入产出率
		治愈率
		社会公众满意率
	发展潜力（3）	培训费占卫生经费的比率
		科研成果转化率
		卫生科研在国际国内的水平

（3）部门经费支出指标。包括：趋势分析指标、结构性指标和定额指标。

表 8　部门经费支出指标

二级指标	三级指标	指标系数
部门经费支出指标（17）	趋势分析指标（3）	政府运转经费支出增长与财政支出增长的比例
		政府运转经费支出增长与 GDP 增长的比例
		政府运转经费支出占同期财政支出的比重
	结构性指标（7）	在职人数与编制人数的比例
		财政负担人数与在职人数的比例
		人员经费占经费支出的比重
		公用经费占经费支出的比重
		业务费占其经费支出比重
		三公经费占公用经费支出比重
		工资占经费支出的比重
	定额指标（7）	人均人员经费
		人均公用经费

续表

二级指标	三级指标	指标系数
		人均三公经费支出
		人均工资
		人均汽车比例
		车均燃修费比例
		人均房屋建筑物日常开支费用

（三）公共财政支出绩效审计评价框架的构建与标准的选用

绩效审计评价指标体系涵盖了全部公共财政支出的审计评价指标，当确定对某一项财政支出作绩效审计评价时，联网审计数据平台将首先将自动调用该项财政支出的审计信息数据库数据，再根据需求由审计人员手工补充填选其他的必要信息，形成绩效审计评价的数据基础；然后根据财政支出类型选取基本指标、相应的绩效指标和修正指标，再从选定的绩效指标、修正指标和备选指标库中分别选择若干个指标或添加反映其特性的指标，构成评价对象的一套完整指标；最后系统将按照事先设定的指标系数量化公式，计算该项财政支出的各项绩效分值。

1. 各项指标量化过程

（1）基本指标。

表9　基本指标系数量化表

指标系数	量化公式
资金到位率	=实际拨付到位金额/计划使用金额×100%
资金使用率	=实际使用金额/实际拨付金额×100%
支出效果率	=实际达到效果/目标效益×100% 目标效益：项目申报时，可行性分析报告中指出所要达到的效益。 实际达到的效果：项目完成后，实际达到的效益。 1. 当效益是可以量化的数额时，则采用相应的数额； 2. 当效益不可量化时，则可以采用专家评议、委托中介机构调查问卷、涉及对象评议等方法，得出结论。具体如下：评议分为很好、好、良好、一般、差五等，目标效益为100。

（2）基本建设支出指标。

表 10　基本建设支出指标系数量化表

指标系数	量化公式
直接效益指标	=新增固定资产/财政经济建设投资×100%
资金利税率	=新增利税/财政对经济建设投资总额×100%
固定资产交付使用率	=同期交付使用的固定资产价值/基本建设投资总额×100%
项目建成投产率	=全部建成投产项目个数/全部施工项目个数×100%
基建投资回报率	=项目完成后年平均新增利税/基建投资总额×100%
投资效益率	=由该项目投资引起的国民收入增加额/基建投资总额×100%
工期效益指标	达到设计能力的实际工期/合同工期×100%
质量效益指标	验收质量/计划达成质量×100%
经济建设投资对 GDP 增长贡献率	该项目投资引起的 GDP 增加额同期基建投资总额×100%

（3）支农支出指标。

表 11　支农支出指标系数量化表

指标系数	量化公式
项目配套资金到位率	=实际到位的配套资金/计划到位的配套资金×100%
农村城镇人口增长率	=项目实施后新增城镇人口/项目实施前城镇人口×100%
非农劳动力占总劳动力比重	=非农劳动力数量/总劳动力数量×100%
农户对项目实施结果满意率	=非常满意和满意的人数/调查的总人数×100%
农业科研费用占财政支农支出的比率	=财政对农业科研费用的投入/本地区财政支农支出总额×100%
项目区农业生产总值增长率	=项目区农业生产总值增加额/项目实施前农业生产总值×100%
劳动生产率提高率	=项目区实施后投入因素的净差额/项目区实施前投入因素的总额×100%
农户人均纯收入增长率	=项目实施后农户人均纯收入净差额/项目实施前农户人均纯收入×100%
土地治理面积提高率	=项目实施后土地治理面积的增加额/项目实施前土地治理面积×100%

续表

指标系数	量化公式
贫困人口减少率	=贫困人口减少净额/原有贫困人口数×100%
农业保护水平	=（财政对农业支出的增长速度/财政对所有行业支出的平均增长速度）-1
支柱农业规模扩大率	=项目实施后农业规模扩大净额/项目实施前农业规模×100%
支持农业企业产值提高率	=项目实施后农业企业产值提高净额/项目实施前农业企业产值×100%
农产品附加值提高率	=项目实施后农产品附加值增加净额/项目实施前农产品附加值×100%

（4）教育支出指标。

表 12　教育支出指标系数量化表

指标系数	量化公式
财政投入乘数	=财政投入后带动其他资金投入总额/财政投入金额×100%
创收能力	反映财政投入外自我创收能力，由专家评定
教师人均科研经费	=教育事业费中用于科研的经费/教师的总人数×100%
万元财政投入培养学生数	=培养学生人数×10000/财政投入用于培养学生的金额
教师人均发表论文、专注数	=发表论文、专注数/教师人数
教师千人均科研成果获奖数	=科研成果获奖数×1000/教师人数
科研成果应用转化率	=已经成功运用的科研成果/科研成果总数×100%
师生比	=在校学生总数/教师总数×100%
专任教师占全体教职工比例	=专任教师总数/全体教职工总数×100%
业务费、设备购置费占公用经费比例	=（业务费+设备购置费）/公用经费×100%
生均培养成本	=培养经费总额/毕业生数
毕业生合格率	=合格的毕业生人数/本期应毕业的学生人数×100%
专任教师中具有博士硕士学位比例	=具有博士、硕士学位的专任教师数/专任教师总数×100%

续表

指标系数	量化公式
连续三年教育经费投入平均增长率	=三年教育经费投入增长率之和/3×100%
总资产增长率	=（年末总资产－年初总资产）/年初总资产×100%
连续三年评价毕业生一次就业率	=三年毕业生一次就业率之和/3

（5）科技支出指标。

表 13　科技支出指标系数量化表

指标系数	量化公式
财政投入乘数	=财政投入后带动其他资金投入总额/财政投入金额×100%
创收能力	反映财政投入外自我创收能力，由专家评定
科技人员人均科研经费	=科研经费/科技人员人数
财政供养万人当中科技人员数	=科技人员数×10000/财政供养人员数
科技人员人均发表课题、成果数	=课题成果数/科技人员数
科技人员人均获科研成果获奖数	=获科研成果奖数/科技人员数
科技人员科研成果应用转化率	=已经成功运用的科研成果数/科研成果总数×100%
投入产出率	=产出的成果/投入的总数×100%
高科技投入成功率	=高科技投入项目成功数/高科技投入项目数×100%
项目成功率	=财政投入项目成功数/财政投入项目总数×100%
科研支出和财政支出增长率的比率	=科研支出增长率/财政支出增长率×100%
连续三年科研经费投入平均增长率	=三年科研经费投入增长率之和/3×100%
科研人员队伍稳定率	=（科研年初人数－因非客观因素离开人数）/科研年初人数×100%
应用研究在国际国内的先进性	由专家评议

（6）文体支出指标。

表 14 文体支出指标系数量化表

指标系数	量化公式
财政投入乘数	=财政投入后带动其他资金投入总额/财政投入金额×100%
创收能力	反映财政投入外自我创收能力，由专家评定
人均文体经费增长率	=人均文化体育经费的增长额/上年人均文化体育经费×100%
每千人拥有公共图书馆藏书册数	=公共图书馆藏书册数×1000/本地区人数
每年举办文化项目数	
每万元供养专职教练员数	=财政供养的专职教练员数×10000/财政投入体育经费
每万元培养“优秀运动队”队员数	=“优秀运动队”运动员数×10000/财政投入的体育经费
投入产出率	=产出的成果/投入的总数×100%
获奖成果比率	= 获奖的成果数/财政投入的成果数×100%
项目成功率	=财政投入项目成功数/财政投入项目总数×100%
文体支出和财政支出增长率的比率	= 文体支出增长率/财政支出增长率×100%
连续三年文体经费投入平均增长率	=三年文体经费投入增长率之和/3×100%
从事文体事业人员队伍稳定率	=（文体年初人数－因非客观因素离开人数）/文体年初人数×100%
项目在国际国内的水平	由专家评议

（7）卫生支出指标。

表 15 卫生支出指标系数量化表

指标系数	量化公式
财政投入乘数	=财政投入后带动其他资金投入总额/财政投入金额×100%
创收能力	反映财政投入外自我创收能力，由专家评定
人均卫生经费增长率	=人均卫生经费的增长额/上年人均卫生经费×100%

续表

指标系数	量化公式
本地区每所医院负担人数	=本地区人数/本地区医院数
医疗设备购置费占卫生经费比率	=医疗设施购置费/卫生经费×100%
医疗设施先进性和完好率	专家评定
婴儿和孕产妇死亡率	=婴儿和孕产妇死亡人数/婴儿和孕产妇人数×100%
农村卫生和县乡三级服务网络的完善性	专家评定
投入产出率	=产出的成果/投入的总数×100%
治愈率	=治愈的病人/病人总数×100%
社会公众满意率	可以采用调查问卷的形式确定结果
培训费占卫生经费的比率	=人员经费/卫生经费×100%
科研成果转化率	=已经成功运用的科研成果数/科研成果总数×100%
卫生科研在国际国内的水平	由专家评定

（8）部门经费支出指标。

表16　部门经费支出指标系数量化表

指标系数	量化公式
政府运转经费支出增长与财政支出增长的比例	=政府运转经费支出增长速度/财政支出增长速度×100%
政府运转经费支出增长与的比例	=政府运转经费支出增长速度/同期 GDP 增长速度×100%
政府运转经费支出占同期财政支出的比重	=政府运转经费支出/同期本地区财政支出×100%
在职人数与编制人数的比例	=在职人数/编制人数×100%
财政负担人数与在职人数的比例	=财政负担的在职人数/在职人数×100%
人员经费占经费支出的比重	=人员经费/政府运转经费支出×100%
公用经费占经费支出的比重	=公用经费/政府运转经费支出×100%
业务费占其经费支出比重	=业务费/政府运转经费支出×100%
三公经费占公用经费支出比重	=三公经费/公用经费×100%
工资占经费支出的比重	=工资/政府运转经费支出×100%

续表

指标系数	量化公式
人均人员经费	=人员经费/实有人数
人均公用经费	=公用经费/实有人数
人均三公经费支出	=三公经费/实有人数
人均工资	
人均汽车比例	=实有人数/汽车数量×100%
车均燃修费比例	=（车辆用燃料费+维护保养和修理费）/实有汽车数×100%
人均房屋建筑物日常开支费用	=房屋建筑物日常开支费用/实有人数

2. 指标总分量化

就绩效审计评价对象总体而言，基本指标（A）占20%，绩效指标（B）占60%，修正指标占（C）20%，每类指标总分都为100分，根据其明细指标的得分（Pi）和设定的权重（Ii）计算出得分，再将每类指标得分与权重的乘积加总，得出评价分数（S）。通用公式为：

$$S = A \times 20\% + B \times 60\% + C \times 20\%$$

$$A = \sum_{i=1}^{n} (Pi \times Ii)$$

其中各项权重可以根据财政支出类型的不同进行适当的调整。

3. 绩效审计评价结论

根据计算结果，将绩效审计评价的结论分为优、良、中、低、差五档。

结论	优	良	中	低	差
分值	[90，100]	[80，90]	[70，80]	[60，70]	[0，60]

五、公共财政支出绩效审计评价信息化运用的思考

（一）不断完善审计信息数据平台和评价指标体系

绩效审计是一门不断发展演变的动态科学，是现代审计发展的必然趋势，与国外先进地区相比较，我们还有很长的路要走。面对不断变化的经济社会需求与日益庞杂的财政资金支出，没有一套绩效审计评价指标可以包打天下，这一方面要求我们在日常的审计工作中注意收集整理审计信息数据，尽快建立完善审计机关的数据平台，积极探索审计云应用技术；另一方面要

做到审计业务与指标构建的良性互动，“以审促建、以建施审”，不断充实、完善和修订指标体系。

（二）进一步拓展对绩效审计评价结果的运用

绩效审计是现代审计的必由之路，而审计的根本出路在于信息化，这二者的巧妙结合必将推进国家审计加快向纵深发展的步伐，例如实施对预算单位个体绩效评价模块化、建立财政资金联网审计预警机制、将绩效审计评价结果纳入预算安排考虑因素等，以绩效审计为切入点，发挥审计“免疫系统”功能，强化审计在国家治理中的关键作用。

（三）保持人员素质与信息化发展水平相匹配

时至今日金审工程已经开展了 11 个年头，与蓬勃发展的审计信息化进程相比较，我们审计人员的信息化水平提升进入了“瓶颈期”，如何在“后金审”时代寻找审计人员的审计业务与信息技术的平衡点，不使人员素质成为审计信息化纵深发展的“绊脚石”，是摆在审计机关面前的现实难题。从地方审计机关角度来说，应以设定分层人员培训规划、成立数据分析小组等方式，构建不同层次的信息化人才资源，做到“全体掌握、重点突破”，保持审计信息化发展旺盛的生命力。

参考文献

[1] 张馨．公共财政论纲［M］．北京：经济科学出版社，1999.

[2] 詹红梅．关于推进地方财政绩效审计的几点思考［J］．审计月刊，2011（11）.

[3] 刘媛．地方审计机关开展财政绩效审计初探［EB/OL］．http：//www. jssj. gov. cn/newsfiles/179/2010 -03/14944. shtml.

[4] 王留华．财政预算执行审计中开展效益审计的方法和途径［J］．财经研究，2006（7）.

[5] 金保仁．财政绩效审计的难点与对策思考［J］．审计与理财，2004（10）.

[6] 金玉洁．公共财政支出绩效审计初探［EB/OL］．http：//www. audit. gov. cn/n1992130/n1992150/n1992576/3053782. html.

提升公共财政绩效审计评价及信息化实现研究

湖北省宜昌市审计局 郑红卫
宜昌市长阳县审计局 李作信 秦红力 邱卫平

【摘要】 公共财政绩效审计评价是由审计机关利用专门审计方法和依据审计标准，对公共财政资源效率进行评价开展的活动。主要是关注预算执行过程及效果，通过三个结合的审计思路来实施：公共财政绩效审计评价和信息系统审计相结合、财务数据和业务数据审计相结合、内部数据和外部数据审计相结合。充分利用现有信息化条件，取得一定审计方法进行，主要是通过多维数据处理方法，提供多种数据分析模型，得到结果。经过一定时期的数据积累，实现当前、历史的审计分析，对审计评价产生积极作用，最终提高公共财政资金的使用效率。

【引言】 开展公共财政支出绩效审计评价既是市场经济下政府职能对审计提出的要求，也是社会主义民主政治制度建设的需要；从近几年来开展公共财政支出绩效审计情况来看，如何利用现有公共财政支出的信息化条件，实现公共财政支出绩效审计，提升公共财政支出绩效审计评价可能涉及的内容、面临的困难以及解决的对策，在此尝试作一阐述。

一、公共财政绩效审计评价概述

（一）公共财政绩效审计评价定义

公共财政绩效审计评价是指由审计机关利用专门的审计方法和依据一定的审计标准，对被审计单位或项目利用公共财政资源的经济性、效率性、效果性进行的评价。

（二）公共财政绩效审计评价的目标

公共财政绩效审计评价的目标是对被审计单位或项目对公共财政资源利用的经济性、效率性、效果性的评价，帮助被审计单位或项目采取必要的措施加强管理，最终提高公共财政资金的使用效率。

通过开展公共财政绩效审计评价，揭露财政支出管理中违法违规问题，维护财政经济秩序；及时揭示财政运行中的不安全因素和潜在风险，维护财政安全；促进将所有政府收支纳入预算管理，推动建立完整协调的政府预算体系；推动预算公开和财政管理的规范化，促进提高预算执行效果和财政资金使用效益；推动财政体制改革，优化财政支出结构，合理分配社会有限财力，逐步实现财权与事权相匹配，提高财政资金的使用绩效。

（三）公共财政支出绩效审计评价的主要内容

公共财政支出绩效审计评价要关注预算执行过程，更要关注预算执行效果；既要关注资金收支情况，又要关注项目进展和事业发展情况。预算执行效果包括：资金收支是否按照预算执行，是否符合经济性原则；公共财政支出是否按预算开展，按时完成；已完成的公共财政支出是否达到预期目的；预算执行是否达到事业发展政策目标等。

1. 财政部门及其他主管部门具体组织预算执行情况的审计

围绕财政一般预算、政府性基金预算、国有资本经营预算和社会保障预算等政府预算体系开展审计，关注政府预算与部门预算、部门预算与部门决算草案的差异，促进完善部门综合预算管理。促进优化财政支出结构，加大民生投入。促进提高年初预算到位率和预算执行的均衡性、严肃性。关注政府债务的规模和结构，揭示各类财政风险。关注财政体制运行情况和转移支付制度运行情况，促进基本公共服务均等化和主体功能区建设。积极推动财政部门启动政府会计制度和财务报告制度改革。

2. 加强对政府性投资情况及重大投资项目的审计

围绕政府投资项目绩效这条主线，关注政府性投资资金的分配依据、分配标准、投向结构、预算执行率、资金使用、项目建设、项目效果等内容。尤其要加大对国家基础产业和基础设施投资、关系国计民生的政府重大投资项目的跟踪审计力度，加强对工程建设领域重大违法违规问题的揭露和查处，促进政府投资项目提高管理水平和投资效益，维护国家经济安全，推进深化投资体制改革。

3. 加强对部门预算执行情况的审计

要对财政一级预算单位至少每三年轮审一遍。重点一级预算单位要每年必审。扩大对一级预算单位所属二、三级预算单位的审计覆盖面。加强对基本支出和项目支出的审计，促进做好部门预算公开的基础性工作。进一步推进绩效审计，促进降低行政运行成本，增强行政效能。完善部门预算执行审计与部门主要负责人经济责任审计相结合的审计模式，对部门决算草案的真实性和预算执行情况发表总体意见。

4. 加强对财政收入征管情况的审计

加大对税收征管的审计力度，扩大非税收入征管审计的范围。揭露财政收入征管中存在的问题，促进严格依法征收。揭示税收制度漏洞和税收征管的薄弱环节，分析税收政策的执行效果，促进完善税收政策制度和征管体制改革。

5. 加强对农业、教育、科技、文化、卫生、社会保障、环境保护等民生支出的审计

每年要选择若干民生支出进行重点审计，既要关注本级支出，还要对转移支付资金的管理使用情况进行审计。严肃查处民生支出管理使用中的挤占挪用行为，维护人民群众的切身利益，促进各级财政加强管理，保障资金安全。关注民生支出的政策目标实现情况，提出增大投入、完善制度的建议。

6. 加强对下级政府财政收支的审计

“上审下”要与“同级审”有机配合，相互促进，避免不必要的交叉重复。重点关注“同级审”的难点和盲点，关注执行统一财税政策情况、上级转移支付资金预算管理和分配使用情况、财政支出结构情况、财政体制运行情况和地方政府债务情况。完善下级政府财政收支审计与下级政府主要领导人经济责任审计相结合的审计模式。对地方政府债务实行动态化、常态化的审计监督，重点摸清政府融资平台及 BT 等新融资方式的真实状况，揭示问题，防范风险。推动政府债务纳入预算管理，增强透明度，接受人大监督。

二、公共财政绩效审计评价体系

（一）公共财政绩效审计评价体系的基本框架

公共财政绩效审计评价体系是审计主体为了对财政支出行为过程及其效果（包括经济、政治和社会）进行科学、客观、公正的衡量比较和综合评判，按照绩效的内在原则，而建立起来的一套规范的、系统的评价体系。除绩效审计的目标外，绩效审计的评价体系一般应包括：绩效审计的评价标

准、评价指标和评价方法。

1. 公共财政绩效审计评价标准

审计评价标准是审计绩效分析判断的标杆和准绳，标准的正确选择对结果具有较大影响，应体现客观、公正、科学等特点，具有普遍的适用性和个别的指导作用。常用的标准有：

（1）法规标准。法律法规制定的标准，属于强制性标准，是审计人员评价的主要标准，是审计评价的有力依据。

（2）理论标准。学术理论研究得出的被规范认同的定理、推论或原则。

（3）行业标准。行业协会或有关组织公布的行业规范、技术经济标准、参数等。

（4）专业标准。专业机构在特定领域研究与实践后，发布的技术经济规范、标准或信息，具有规范的社会认同性。

（5）内部标准。职工代表大会、股东代表大会、社员代表大会决议，内部规章制度，预算计划、经济合同等。

（6）经验标准。在审计实践中形成的、审计公认的参考标准。

财政绩效评价标准的确立必须要经过总体规划设计、研究指标与标准的对应关系、研究不同评价对象的标准选择、通过各种渠道广泛收集整理各种分类标准数据的基础上形成。要根据评价的具体目标、组织实施机构、评价对象来确定相应的标准，并以一定量的有效样本为基础，测算出标准样本数据，用来衡量财政支出的绩效水平。

2. 公共财政绩效审计评价指标

审计评价指标是审计内容的具体化，它本质上解决了一个“审什么”的问题。指标的设置一般应遵循定量与定性指标相结合、基本与专用指标结合的原则。

（1）根据指标的性质不同，可以将各类财政支出绩效评价指标划分为定量指标和定性指标。定量指标是具有一定的计算方法和标准，用来评定财政支出效益状况的指标；定性指标是运用相关知识、参照一定的标准，对评价对象作出主观判断而确定的指标，如公众满意度等。由于财政支出执行的结果有的直接可以用定量化指标来计算衡量，如经济效益指标。有的不能用定量指标来计算衡量，如公众满意度。虽然定性指标具有难计量的缺点，但单纯使用定量指标进行财政支出绩效的评价，势必会影响评价结果的客观性，因此需要定量评价与定性评价相结合，形成互为补充、彼此修正的评价体系。

（2）从指标的适用性角度考虑，可以将各类财政支出绩效评价指标划分为基本指标、专用指标。基本指标又可称为通用指标，它包括基本财务指标、国家通行指标、公众关注指标等被普遍应用在公共支出项目绩效评价的指标。专用指标是在确定具体评价对象后，通过了解、收集相关资料、信息，结合评价对象不同特点和目标来设置（选定）的特定指标。基本指标和专用指标均可根据财政支出的不同功能和类型分为教育支出项目评价指标、农业支出项目评价指标等，用来反映不同财政支出的产出效果。在实施审计评价时，要针对不同项目需求选取一定比例的指标形成评价“指标表”，对支出项目进行系统、客观的分析评价。

3. 公共财政绩效审计评价方法

审计评价方法是对绩效审计最终结果产生影响的环节，除了常规的财务审计方法外，目前被审计理论界认可的主流公共财政绩效评价方法有成本效益分析法、最低成本法、综合指数法、因素分析法、生产函数法、模糊数学法、方案比较法、历史动态比较法、目标平价法、公众评判法等。

（1）成本—效益分析法，即将一定时期内项目的总成本与总效益进行对比分析的一种方法，通过多个预选方案进行成本效益分析，选择最优的支出方案，该方法适用于成本和收益都能准确计量的项目评价，如公共工程项目等，但对于成本和收益都无法用货币计量的项目则无能为力，一般情况下，以社会效益为主的支出项目不宜采用此方法。

（2）综合指数法，即在多种经济效益指标计算的基础上，根据一定的权数计算出综合经济效益指数，该方法目前虽然被我国多个部门采用，评价的准确度较高、较全面，但在指标选择、标准值确定及权数计算等方面较复杂，操作难度相对较大。

（3）最低成本法，适用于那些成本易于计算而效益不易计量的支出项目，如社会保障支出项目，该方法只计算项目的有形成本，在效益既定的条件下分析其成本费用的高低，以成本最低为原则来确定最终的支出项目。

（4）方案比较法，主要用于财政项目资金管理。首先评价各方案有无经济、社会效益，然后，对各方案的经济效益、社会效益进行事前估算，并根据估算结果进行方案选择。

（5）生产函数法，通过生产函数的确定，明确产出与投入之间的函数关系，借以说明投入产出水平即经济效益水平的一种方法。用公式表示就是：$Y = f(A, K, L \cdots)$，其中 Y 为产出量，A、K、L 等表示技术、资本、劳动等投入要素。生产函数法不仅可以准确评价综合经济效益，而且对评价资源配置经济效益、规模经济效益、技术进步经济效益等都有重要作用，但函数关系的确定较为复杂。

以上各种评价方法，均有其自身的特点和使用范围，在绩效审计过程中，应结合不同的审计对象，有针对性地应用，使审计评价全面、客观、公正。

三、提升公共财政绩效审计评价及信息化实现审计思路

利用公共财政支出信息化条件实行公共财政绩效审计，得出公共财政绩效审计评价，提升公共财政绩效审计评价及信息化实现。

为适应信息全球化发展的趋势和我国政府管理现代化、信息化发展的要求，财政部从 1999 年开始规划建立“政府财政管理信息系统”。2008 年“金财工程”全面建成。与“金财工程”相对应，审计署在同一时期部署了“金审工程”，建成了对财政、银行、税务、海关等部门和重点国有企业事业单位的财务信息标准系统，以及对相关电子数据进行采集和财政收支或者财务收支的真实、合法和效益实施有效审计监督的信息化作业系统。

（一）公共财政绩效审计评价和信息系统审计相结合

不仅要对计算机管理的数据进行审计，而且要对管理数据的计算机信息系统进行审计；通过对财政信息系统“用户、权限、流程”的审计，查找系统漏洞和缺陷，揭露由于信息系统管理不规范，对财务结果和经济效益产生的不良影响。

（二）财务数据审计和业务数据审计相结合

随着被审计单位财务核算的不断规范，要求审计人员将审计方法从账目转向数据，从以审计财务数据为主向以财务数据与业务数据关联相结合审计转变；通过对各种业务数据信息与财务数据信息的验证比对发现问题，再利用业务信息追根溯源，分析问题产生的原因，提出完善管理的建议。

（三）内部数据和外部数据相结合

外部数据是指存于被审计单位信息系统以外的，能帮助审计人员通过外部数据核对被审计单位自身业务数据的电子数据。由于外部数据由被审计单位以外的信息系统处理和保存，被审计单位难以按自己的目的进行篡改，利用外部数据进行关联查询进行审计分析，有效解决了审计中信息不对称问题，提高审计的效率和质量。因此，公共财政绩效审计评价要从单个项目的孤立审计，向相关联行业关联审计转变，根据具体的审计目标，对多部门的业务数据进行关联分析核对，推进审计工作一体化。

（四）在公共财政绩效审计评价中，要全面贯穿绩效审计的内容

利用多维数据处理方法进行相关绩效分析，灵活采用关联比较法、纵横对比法、因素分析法和经济活动分析、统计分析、经济预测等技术方法，将财政收支数据与其关联的经济数据进行比较，将审计资料进行历史的纵横对比分析，从而发现新情况、新问题。

四、实现公共财政绩效审计评价的信息化方法

现场审计实施系统（简称 AO）是金审工程建设的重大成果，是国家审计信息系统的重要组成部分，是当前审计人员使用计算机技术实现各项审计的必备工具。运用 AO 系统强大的数据采集转换和分析功能可以很好地实现公共财政绩效审计评价工作。

利用 AO 系统实现公共财政绩效审计评价主要包括以下工作方法：审前调查、获取必要和充分的信息；采集数据，全面掌握情况；数据转换、清理和验证；多维数据分析、把握总体，锁定重点；延伸核实、进行审计取证；总结提高。

（一）审前调查，获取必要和充分的信息

审前调查以审计目的为依据进行。在进行调查时，首先应对被审计单位组织结构和计算机信息系统总体设置情况进行了解，在此基础上对计算机信息系统的硬件、操作系统、应用软件、数据库管理系统和数据的组织与存储等进行深入的调查，根据审计目的确定要审查和访问的数据。

（二）采集数据

在审前调查提出的数据需求基础上，审计人员要按照审计目标，采用适当的工具和方法，对被审计单位信息系统中的数据进行采集，以备审计处理使用。

（三）数据转换、清理和验证

因为计算机审计要面对不同的信息系统，数据转换技术必须解决对被审计单位不同类型数据库格式的识别问题，将具有各种不同形式的数据转换成 AO 处理的统一数据。

数据验证是要确认被审计单位提供数据及审计人员采集数据的真实性、正确性和完整性。数据验证的方法主要是：将 AO 系统中生成的财务账簿、凭证与被审计单位生成的账簿等资料相核对；业务数据用 SQL 查询语句的结

果与被审计单位账面生成结果和纸质相关资料核对，查找不一致的地方，分析产生差异的原因，最终与财务数据保持一致。

（四）多维数据分析、把握总体，锁定重点

多维数据分析也称为联机分析处理（on-line analytical processing，OLAP)，是以海量数据为基础的复杂分析技术。它支持分析人员从不同的角度、快速灵活地对数据库中的数据进行多角度查询和分析，并以直观易懂的形式将查询和分析结果展示给审计人员。

利用审计 AO 作业系统，把相关单位的电子数据集成在一起，整合相关的信息资源，运用多维分析技术对集成数据进行综合分析，把握审计总体情况，扩展计算机审计的思路和覆盖范围，发现问题线索，对被审计单位的管理状况和财务核算作出科学的评价，查找主要疑点，根据审计疑点做好延伸核对取证工作。

（五）善于总结提高

1. 建设审计标准基础数据库

根据每年的审计情况，要注重总结审计工作的经验和做法。生成标准的数据和构建标准数据仓库。

由于被审计单位原始数据类型和计算机软件不同，且处于不断变化之中，审计人员也要根据工作需要进行不断调整，因此为保证多年数据的对比分析和数据共享，提高公共财政绩效审计的效率和质量，审计机关应构建标准数据库。

以审计需求为出发点，构建审计模型，通过建立具有数据采集转换、数据分析处理和数据积累功能的数据库，进行信息化条件下的数据式审计服务。具体功能目标：一是明确数据采集的依据，通过数据的清理、转换和对应等处理过程，实现异构数据的标准化处理；二是在完成标准数据的基础上，实现预定程序式自动进行数据整理汇总和分析；三是实现对业务数据的跨年度纵向和多维分析，满足审计人员对资金收入与支出、结构比例与变动趋势、管理与绩效评价的需要；四是数据积累、信息查询，以满足实现不同时期、不同审计目标的需要；五是建立能够适应需求不断变化的指标和分析模型维护机制。

2. 加强公共财政审计信息化建设，构建审计分析模型，提升公共财政绩效审计评价

公共财政审计的信息化建设要着眼于增强财政审计的整体性和时效性。

创造条件扩大计算机审计覆盖领域，大力开展联网审计，推动与财政、国库、税务、预算单位等部门的联网工作。审计人员在建立审计标准数据库的基础上，以AO系统作业平台为基础，研究分析预算编制、预算指标管理、财政资金收支、总预算会计等信息系统，全面、系统地掌握资金收支规模、支出方向和重点、结构及其变化发展趋势。

开展数据的多维分析和挖掘分析，设计制作实用的审计分析方法模型，构建审计方法，形成审计结果表，提高审计工作质量；不断完善审计方法，充实审计方法库，形成多种审计数据分析模型，推广公共财政绩效计算机审计。

3. 重视对公共财政支出绩效审计结果的利用，创造良好审计环境

绩效审计首先必须得到地方党委、政府和领导的重视和支持，才可能创造一个良好的政治环境。所以审计机关要进一步进行宣传工作，使领导清楚绩效审计能够在转变和优化政府职能、提高公共资源使用效益、服务社会大众等许多方面发挥更加积极的作用。这就要求，一方面审计人员在审计报告和审计信息中分析影响财政资金效益的主要因素，力求反映具有普遍性、前瞻性的问题，提出的对策、建议具有宏观性、权威性，能够在更高层次上促进财政资金管理水平和使用效益的提高。另一方面，审计机关将政府关心和百姓关注的重大项目、重点资金审计结果向社会公布，既能满足社会公众的知情权需要，又能促进被审计单位加强整改、提高绩效意识，争取广泛的信任和支持。

参考文献

[1] 杭州市审计局课题组．公共财政绩效审计初探［EB/OL］．http：//www. hzsj. gov. cn/art/2007/2/12/art_ 562_ 5251. html.

[2] 审计署．审计署关于进一步加强财政审计的意见（审财发〔2010〕143号）．

公共财政绩效审计数字化评价及实现探索

山东省青岛市审计局　高会伟

【摘要】　审计署“十二五”审计工作发展规划明确提出，全面推进绩效审计，构建和完善绩效审计评价及方法体系。本文结合专项资金审计、政府部门审计、投资审计、企业审计等多个行业，从经济性、效率性、效果性、公平性和环境性等多个层面，提出公共财政绩效审计的主要目标和评价指标，并针对不同审计领域的绩效审计评价指标进行了归纳和总结，形成了85个具体可行的公共财政绩效审计评价指标。同时，结合不同行业绩效审计案例，对现场审计实施系统、联网审计等信息化手段在绩效审计评价实现方面进行了有益探索，从理论角度和实践层面提出合理化建议和可行性对策，为推进公共财政绩效审计提供了一条可行的路子。

【引言】　自2002年审计署提出开展绩效审计以来，经过十多年的探索与实践，绩效审计工作已成为审计业务的重要组成部分，各级审计机关也都积累了比较丰富的理论和实践经验。但从总体上来看，绩效审计究竟审什么、怎么审、如何评价，还没有统一的模式。在这种情况下，本文从公共财政绩效审计评价内容出发，从审计目标、评价指标等方面分行业、分层次进行了分析，并对公共财政绩效审计信息化实践应用进行了探索。

一、公共财政绩效审计及评价的主要内容

公共财政绩效审计是审计机关对依法属于审计监督对象的财政财务收支及其经济活动的真实性、合法性进行审计的基础上，审查其管理和使用财政资金及其他公共资源所达到的经济性、效率性、效果性、公平性和环境性，并进行分析、评价和提出改进建议的审计行为。

1. 经济性指在保证质量的前提下，以最低的投入达到目标，即投入是否节约。

2. 效率性是指产出与投入之间的关系。

3. 效果性是指目标的实现程度，以及一项活动的实际效果与预期效果的关系。

4. 公平性指审查财政财务收支活动是否符合社会公平的要求。社会公平主要是指合理地分配社会资源，贯彻社会保障措施，减少不平等和绝对贫困，维护社会公正。

5. 环境性指对生态环境的保护，主要是指生产经营活动是否形成了对生态环境的破坏，是否符合环保的要求，环保资金的使用是否合规有效等。

二、当前开展公共财政绩效审计及评价的难点

1. 公共财政绩效审计评价指标体系尚未健全。随着绩效审计的深入开展，各地审计机关都在探索公共财政绩效审计，但仍然缺乏一套通用的评价标准作为指导和依据，这就给成本与效益的估算带来相当大的难度，也给绩效审计的评估造成了很大的困难。

2. 公共财政绩效审计的技术方法仍需进一步改进。由于评价对象的不同，无法为绩效审计提供一个统一的方法和技术，这给提升审计能力和技术水平带来了一定的困难。同时，绩效审计方法和技术的不统一，给审计人员提供了选择的余地，但也使审计的风险随之加大。

三、深化公共财政绩效审计评价及信息化实践

刘家义审计长指出，中国审计的出路关键在于信息化，信息化的关键在于数字化。面对信息化和数字化浪潮，审计机关必须主动应对、积极推进信息化环境下审计方法的转变和审计能力的提升，切实增强在信息化条件下查找问题和分析问题的能力，探索多专业整合的计算机审计方法，将不同来源的数据与不同类型绩效审计的具体要求结合起来，不断探索多角度分析、多专业融合、多方式结合的绩效审计新路子，进一步提升公共财政绩效审计成效。

（一）专项资金绩效审计（调查）

专项资金绩效审计的目标是通过专项资金绩效审计，在保证专项资金真实、合规的基础上，揭露专项资金管理中存在的效益性问题，揭示落实

有关政策不到位、政策目标未实现的突出问题，提出加强和完善专项资金管理的意见和建议，促进专项资金的规范管理，提高专项资金的使用效益。

专项资金绩效审计（调查）中，涉及的审计事项和评价指标主要有：经济性评价，包括资金节约率、财政节约率等；效率性评价，包括项目招投标率等；效果性评价，包括满意率等，常用的评价指标见表1。

表1　专项资金绩效审计（调查）评价指标

评价分类	评价指标	计算方法
经济性评价指标	项目可行性论证比重	符合要求的项目可行性论证项目数/所有项目可行性论证项目数
	资金到位率	实际到位的资金总额/项目计划投入额
	资金节约率	资金节约额/项目计划投入额
	财政节约率	资金节约额/财政总支出额
	实际利用率	实际用于专项的资金/配套资金总额
效率性评价指标	可行性	可行性的实际效益值/可行性目标效益值
	管理制度健全有效度	健全有效制度的个数/要求执行的管理制度总数
	项目招投标率	实际项目招投标的资金额/制度要求项目招投标的资金额
效果性评价指标	宏观经济效益增长率	实施后的增加额或者增加比率/实施前的实际额或者实际比率
	社会效益增长率	实施后的增加值/实施前的实际值
	宏观环境变化率	建成后的变化值/建成前的实际值
	满意率	根据专项资金性质设计相应调查指标评价满意率

在开展专项资金审计（调查）项目时，可灵活选用相关指标进行评价。在经济性上，重点审查专项资金在使用中的节约程度，判断专项资金的使用是否遵循了最经济的原则等内容；在效率性上，重点审查专项资金的使用结果或产出与投入的关系，检查专项资金在安排和使用中是否以一定的投入实现了产出的最大化，或者在取得一定的产出时实现了投入的最小化等内容；在效果性上，重点审计实际投入和预期效果两个目标，是否达到了预期的经济和社会效果，实际效果与预期效果差异多大等内容。

专项资金审计（调查）时，可充分利用现有的信息化手段。具备电子审计条件的项目，一般涉及财务数据和业务数据，财务数据一般直接通过备份数据库文件或者通过财务软件前台导出的方式取得；业务电子数据一般有文本文件、Access 数据库、SQL Server 数据库、DB2 数据库、Oracle 数据库等格式储存，通常直接取得数据库备份或者拷贝即可。在具体操作层面，获取数据的方式主要有两种：一是由被审计单位管理人员将数据从数据库导出，然后采用光盘或移动硬盘等介质拷贝；二是借助网络采用的联网方式主动挖掘获取数据。《现场审计实施系统》（以下简称 AO）提供了连接网络利用取数模板直接获取数据工具；联网审计系统则是系统自动获取联网单位数据，它的取数模板和取数工具是内置的，通过内部控制程序定期获取数据并自动进行加工整理和转换，无须人工参与。获取的数据经过人工或计算机自动加工整理、转换处理，形成审计人员可以读取使用的格式。

有了财务业务电子数据，就具备了可以审计的条件，审计人员就可以直接使用 AO 开展审计分析。AO 对数据分析提供了两种数据分析和处理的模式，一是数据分析和处理的简易模式，即 AO 提供的强大的可视化分析工具，如查询向导、数值分析等图形化工具，只需选择查询分析条件实现对数据的处理，这种方式操作性强，使用简便，但灵活性较弱；二是编写 SQL 语句或者 AO 审计脚本语言（以下简称 ASL）方式，审计人员可以在审计实施中充分发挥自己的能力，编写程序语言对数据进行处理，设定各种复杂条件进行查询、过滤，这种方式操作性弱，灵活性较强，但有一定技术要求。审计人员如通过审计署中级考试等具备一定的计算机知识，这种方式更容易发现问题。

例：在实施的某区政府采购专项审计中，审计人员根据专项资金评价指标，结合政府采购业务情况，针对经济性、效率性和效果性三方面进行了绩效评价。

在经济性上，重点关注政府采购项目投入成本的最小化程度，即支出是否节约，主要通过政府采购节支率和财政支出节支率两个指标来评价。政府采购节支率 =（政府采购预算金额 - 政府采购实际金额）/政府采购预算金额，政府采购对财政支出的节支率 =（政府采购预算金额 - 政府采购实际金额）/财政总支出，在计算两项指标时，分别涉及采购明细表和财政支出汇总表，通过编写 ASL 代码，在 AO 中运行就能够高效汇总计算这两项指标（具体的 ASL 代码不再罗列），综合评价采购经济性。

在效率性上，主要检查应招标未招标情况，通过项目招投标率这一指标来反映。计算方法为：通过 AO 汇总实际项目招投标的资金总额、按规定要求的招投标资金总额，两者相除，即可得出相应结果。

在效果性上，主要评价政府采购部门对政府采购的满意度，通过发放调查问卷，在采购程序、采购价格、采购效率和代理机构服务质量等方面，了解对政府采购满意度。在 AO 中汇总调查问卷明细后，按照调查的内容分别统计相应满意率，并通过 ASL 生成图表，以更加直观的方式展现结果、形成结论。

在技术手段上，专项审计项目充分运用 AO 强大的数据采集、转换功能，采集了涉及财政部门、82 个采购部门、6 家社会代理机构、50 多家供货商的相关财务、业务数据，并运用 ASL 和图表展示等功能，设计了政府采购绩效评价模型，高效完成了该项目的绩效评价，取得了显著成效。在经济性评价方面，政府采购节支率达到 15.2%，政府采购对财政支出的节支率达到了 1.13%，整体上节约了财政资金。效率性评价方面，项目招投标率为 100%，没有应招标未招标现象。效果性评价方面，在采购程序、采购质量上满意度较高，但在采购价格、采购效率和代理机构服务质量等方面的满意度不高。

（二）政府部门绩效审计

政府部门绩效审计目标是通过审计，分析和评价政府部门履行职责效果和资源（主要是财政资金）管理使用所达到的经济性、效率性、效果性，揭露部门职责履行中存在的违法违规、成本过高、效率低下、损失浪费等影响财政资金使用效益和行政效果的突出问题，深入分析原因，提出完善制度和改进管理的建议，推动建立、健全政府绩效管理制度，促进各部门提高政府绩效管理水平和建立健全政府部门责任追究制。

政府部门绩效审计中，涉及的审计事项主要有：履行职责情况和效果，包括工作目标或考核指标完成程度、公共产品或服务满足社会需要状况、公众满意度等；资源管理使用的经济性，包括三公经费情况超标与否、人均行政成本、人均固定资产、本部门行政经费节约额、资金节约率等；资源管理使用的效率性，包括公共产品和服务的单位成本、某项事项或服务的平均办理时间、突发紧急事件的反应速度、某公共项目或服务的成本收益分析等内容。具体指标见表 2。

表 2　政府部门绩效审计评价指标

评价分类	评价指标
履行职责情况和效果性指标	工作目标或考核指标完成程度，用实际完成数量或金额与计划目标数量或金额比较
	公共产品或服务满足社会需要状况
	公共产品的质量、服务设施的利用率
	某项政策及服务的受益人数及比例
	公众满意度
	公众投诉率
	专项资金的使用效果
资源管理使用的经济性指标	本部门年人均行政成本（与本地区政府部门平均人均行政成本比较）
	本部门招待费、会议费超过标准或限额的金额
	本部门人均固定资产（与本地区政府部门平均比较）
	本部门公务员、工勤人员超编人数及每年支付的工资费用总额
	本部门超额配备的公务用车数量及全年增加的支出
	本部门违反政府统一采购规定自行采购的物资金额及比例
	资金等资源浪费率（比总量）
	本部门行政经费节约额、资金节约率（比预算）
资源管理使用的效率性指标	管理制度健全性
	制度执行程度（率）
	公共产品和服务的单位成本
	某项事项或服务的平均办理时间
	突发紧急事件的反应速度
	某公共项目或服务的成本收益分析等
	资金到位及时性
	资金（资产）闲置率
	预算完成率

目前，大部分政府部门都实行了会计集中核算或国库集中支付，数据集中为开展联网审计提供了必要条件。因此，开展部门绩效审计，联网审计是主要的技术手段。一方面，可以通过联网直接取得纳入会计集中核算或国库集中支付的单位的财务账套进行远程财政财务收支审计。另一方面，对具备

大数据量的重要行业单独实施联网审计，如社保部门、地税部门、住房公积金等部门，它们的业务系统数据量一般比较大，大都在 TB 级别，这些部门的数据需要专业设备和人员来处理，通过联网审计系统开发的专业取数模板，就可以很好地解决数据采集的质量和采集效率等问题。

实施联网审计，审计人员可以运行丰富的查询分析模型对相关数据表进行查询、分析和处理。也可以利用系统内置的自动控制预警模块，提前设置好预警条件，定期对获取的数据进行分析和查询，筛选出异常数据供审计人员作进一步分析。

例：在对某单位经济责任审计项目中，审计人员对履行职责情况和效果、资源使用的经济性、资源管理使用的效率性等 3 大类 24 个指标进行了分析，评价政府部门履行职责过程中管理和使用公共资源的情况。

以“三公”经费政策贯彻执行情况为例，审计人员运用联网审计平台采集到了近三年的相关数据，运用联网审计内置的“三公经费总体分析”模型，计算三公经费的实际支出金额。具体的过程为：用实际支出情况和控制指标进行对比，审查是否超标，核实本部门招待费、会议费和公务用车费用超过标准的金额。

运用三公经费分析模型计算的过程：从取得的财务电子数据中，对“公务接待费”“因公出国（境）经费”“公务车购置及运行费”支出情况分别以相关内容的摘要为关键字进行筛选，汇总计算出各年度三公经费的实际支出数。同时，根据联网审计采集到的该部门的三公经费指标数，与实际支出数进行对比，分析超过标准的金额。在联网审计中运行该审计分析模型后，运行结果见图 1。

年度	公务出行支出数	公务出行预算数	公务出行超支数	公务用车支出数	公务用车预算数	公务用车超支数	公务招待支出数	公务招待预算数	公务招待超支数
2008	185402.5000	186200	-797.5	1785594.0900	1760000	25594.09	282305.4100	285500	-3194.59
2009	148500.0000	148500	0	758570.5500	759300	-729.45	285964.7000	286900	-935.3
2010	149773.0000	158800	-9027	3193001.3700	1232600	1960401.37	479644.1800	499600	-19955.82

图 1　三公经费支出和预算数对比

经以上分析，2008 - 2010 年，该单位仅公务用车 2008 年、2010 年超标，尤其以 2010 年公务用车超标严重，超标 196.04 万元。

对于没有实现联网审计的单位，仍然可以选用 AO 和其他数据分析处理软件进行绩效审计。

（三）政府投资项目绩效审计

政府投资项目绩效审计的目标是通过项目资金的绩效审计，在保证项目资金真实、合规的基础上，揭露项目资金管理中存在的效益性问题，提出加强和完善项目资金管理的建议，促进资金的规范管理，提高资金的使用效益。

政府投资项目绩效审计涉及的主要事项有：经济效益，包括财务净现值（反映的是项目在整个寿命期内的获利能力）、财务内部收益率（IRR）、投资回收期、投资利润率；社会效益，包括就业效益、收入分配效益、节约自然资源效益；环境效益，包括项目对自然环境的影响程度、项目对森林植被生态环境的影响程度、项目废弃物再利用指标等内容。政府投资项目绩效审计评价指标见表3。

表3 政府投资项目绩效审计评价指标

评价分类	评价指标	计算方法
经济效益评价	财务净现值（NPV）	反映的是项目在整个寿命期内的获利能力， $NPV = \sum_{t=0}^{n} \frac{各年的现金流入量 - 当年的现金流出量}{(1+i)^t}$ （$t=0, 1, \cdots\cdots, n$） $NPV=0$，表示折现效益流量仅够补偿费用流量而无剩余，$NPV>0$ 则有剩余，$NPV<0$ 则效益不足以补偿费用，也即直至计算期末投资仍然未能被全部回收
	财务净现值率（NPVR）	表示项目单位投资现值能够获得净收益现值的能力。其计算公式为： $NPVR = NPV/I_P \times 100\%$
	财务内部收益率（IRR）	$\sum_{t=0}^{n} A_t/(1+i)^t = 0$ 式中 A_t 项目计算期内各年（期）的净现金流量（亦即各期的资金回收额），解出的 i = IRR（须通过解析求得）。 当项目的财务内部收益率大于或等于基准收益率时，说明该项目获利能力大于或接近于该行业现有生产企业的平均收益水平
	投资回收期	投资总额/年平均利润
	投资利润率（税后）或投资利税率（税前）	$投资利润率 = \frac{年利润总额或年平均利润总额}{项目总投资} \times 100\%$ $投资利税率 = \frac{年利润总额或年平均利税总额}{项目总投资} \times 100\%$
	单位功能投资	建设投资/设计服务能力或设施规模
	实际达到能力年限	项目从建成投产之日起达到设计生产能力为止所经历的全部时间

续表

评价分类	评价指标	计算方法
社会效益评价	就业效益指标	直接就业效益 = 本项目就业人数/本项目投资
	收入分配效益类指标	员工分配效益 = 员工收益/项目总收益 企业分配效益 = 企业收益/项目总收益 地方分配效益 = 地方从项目获益/项目总收益
	节约自然资源类指标	单位投资占用耕地 = 项目占用耕地面积/项目总投资 单位产品生产耗水量 = 项目年生产耗水量/主要产品生产量
环境效益评价	项目对自然环境已知的各种不利影响是否都已采取了措施，有哪些未采取措施，其中近期和远期的影响如何	
	项目有无破坏森林、植被、导致水土流失、影响野生动植物保护和破坏生态平衡等问题，其影响程度	
	是否按国家规定缴纳超标准排污费	
	是否引进不符合我国环境保护规定要求的技术和设备	
	是否存在将产生严重污染的生产设备转移给没有污染防治能力的单位使用的行为	
	是否执行了“三同时”制度	
	建设项目试生产期间，建设单位是否对环境保护设施运行情况和建设项目对环境的影响进行过监测	
	环境质量（优、良、轻度污染、严重污染）	
	废弃物再利用指标	

政府投资项目绩效审计涉及金额巨大，建设周期长，受公众关注较多，审计涉及的范围和内容广泛，是融管理、绩效、经营、效益等多方面内容为一体的综合性审计。当前，大部分的被审计单位已经实现了会计电算化，建设单位、施工单位普遍使用工程造价管理软件，工程测绘部门的地理信息系统正在成为投资审计的新宠。审计过程中可采集到的业务数据类型众多，如招标资料、投标资料、合同、会议纪要、联系单、甲供材料资料、施工组织设计资料、地理影像资料等。作为审计人员，要想从大量、冗长的工作中解放出来，只有依靠信息化对海量的财务数据及业务数据进行检索、查询、追踪、转化、抽取、比较、归类、合并、统计，才能从看似无序、分散的业务数据中抽丝剥茧，寻找审计证据。

目前，投资审计可以运用的计算机审计工具主要有 AO、联网审计系统、地理信息系统（GIS）、视频监控系统、工程造价管理软件及数据库技术等。

例1：在某中心医院竣工决算及绩效审计中，审计人员重点对项目施工过程、建成修复和投入运营三个阶段对周边环境的影响进行了环境效益评价。评价指标及流程图见图2。

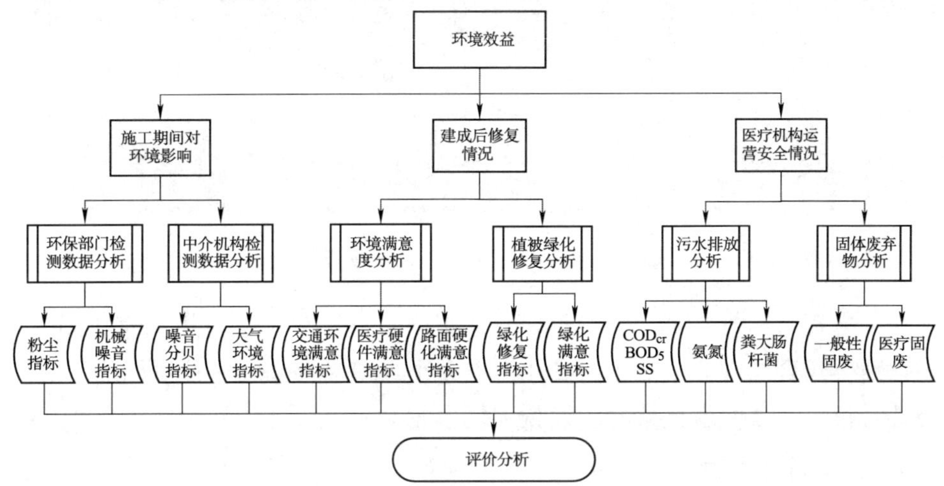

图2　环境效益评价指标及流程

在审计过程中，审计人员利用AO采集到了工程造价软件的业务数据、被审计单位财务数据和环境保护部门、建设单位委托中介机构的专业监测数据，在验证工程真实合法性的基础上，以AO为平台，编写SQL语句对环境效益进行了对比分析，发现该项目在施工期间环境保护措施到位有效，声环境和大气环境主要指标均控制良好，对周边环境产生的影响较小。投入运营后，患者对其总体环境给予了认可并肯定，较为突出的问题是周边公交出行条件较不方便，交通配套亟待完善。同时，该项目在营运过程中对产生的高危污水、固体废弃物均采取了应对措施，总体而言控制还是有效的，尤其是对污水的处理基本控制在允许排放的标准内。但由于其内部管理存在一定的漏洞和薄弱环节，导致部分一次性耗材对外流向废品回收站，给社会环境和群众的身体健康埋下了隐患，审计的总体成效比较显著。

例2：在某世园会拆迁补偿审计中，审计人员在核实资料过程中发现，由于历史原因，该项目前期拆迁工作主要由区、街道两级政府承办，存在政策执行不到位、多计多补、测绘补偿工作匆忙等隐患。

审计人员充分利用地理信息系统，将拆迁合同、第三方测绘结果和原始

图 3　未拆迁前的原始地形航拍图

地图三方资料进行核对，最终发现原地图中的自行车棚和公共绿地（图 3），在征地拆迁合同中分别被作为商业网点和小煤屋（存储仓库补偿标准）进行补偿，仅此一项，就核减财政拨款 1 亿多元。

（四）企业绩效审计

企业绩效审计的目标是通过对企业财务绩效和管理绩效的审计，在保证企业财务信息真实、完整、合法的基础上，揭露企业发展中存在的效益性问题，提出加强和改进企业管理的意见和建议，促进企业规范、健康和可持续发展。

企业绩效审计中，涉及的审计事项主要有：经济性评价，包括净资产收益率、总资产报酬率、销售（营业）利润率、盈余现金保障倍数、成本费用利润率、资本收益率等；资产质量评价，包括总资产周转率、应收账款周转率、应收账款平均余额、应收账款余额、不良资产比率、资产现金回收率、流动资产周转率、平均流动资产总额等；债务风险状况评价，包括资产负债率、已获利息倍数、速动比率、速动资产、现金流动负债比率、带息负债比率、或有负债比率、或有负债余额等；经营增长评价，包括销售（营业）增长率、资本保值增值率、销售（营业）利润增长率、总资产增长率等；社会效益评价，包括贯彻政策情况、社会稳定贡献情况等内容。具体指标见表 4。

表4 企业绩效审计评价指标

评价分类	评价指标	计算公式
盈利能力状况	基本指标	净资产收益率＝净利润/平均净资产×100%
		平均净资产＝（年初所有者权益＋年末所有者权益）/2
		总资产报酬率＝（利润总额＋利息支出）/平均资产总额×100%
		平均资产总额＝（年初资产总额＋年末资产总额）/2
	修正指标	销售（营业）利润率＝主营业务利润/主营业务收入净额×100%
		盈余现金保障倍数＝经营现金净流量/（净利润＋少数股东损益）
		成本费用利润率＝利润总额/成本费用总额×100%
		成本费用总额＝主营业务成本＋主营业务税金及附加＋经营费用（营业费用）＋管理费用＋财务费用
		资本收益率＝净利润/平均资本×100%
		平均资本＝［（年初实收资本＋年初资本公积）＋（年末实收资本＋年末资本公积）］/2
资产质量状况	基本指标	总资产周转率（次）＝主营业务收入净额/平均资产总额
		应收账款周转率（次）＝主营业务收入净额/应收账款平均余额
		应收账款平均余额＝（年初应收账款余额＋年末应收账款余额）/2
		应收账款余额＝应收账款净额＋应收账款坏账准备
	修正指标	不良资产比率＝（资产减值准备余额＋应提未提和应摊未摊的潜亏挂账＋未处理资产损失）/（资产总额＋资产减值准备余额）×100%
		资产现金回收率＝经营现金净流量/平均资产总额×100%
		流动资产周转率（次）＝主营业务收入净额/平均流动资产总额
		平均流动资产总额＝（年初流动资产总额＋年末流动资产总额）/2
债务风险状况	基本指标	资产负债率＝负债总额/资产总额×100%
		已获利息倍数＝（利润总额＋利息支出）/利息支出
	修正指标	速动比率＝速动资产/流动负债×100%
		速动资产＝流动资产－存货
		现金流动负债比率＝经营现金净流量/流动负债×100%
		带息负债比率＝（短期借款＋一年内到期的长期负债＋长期借款＋应付债券＋应付利息）/负债总额×100%
		或有负债比率＝或有负债余额/（所有者权益＋少数股东权益）×100%
		或有负债余额＝已贴现承兑汇票＋担保余额＋贴现与担保外的被诉事项金额＋其他或有负债

续表

评价分类	评价指标	计算公式
经营增长状况	基本指标	销售（营业）增长率 =（本年主营业务收入总额 - 上年主营业务收入总额）/上年主营业务收入总额 ×100%
		资本保值增值率 = 扣除客观增减因素的年末国有资本及权益/年初国有资本及权益 ×100%
	修正指标	销售（营业）利润增长率 =（本年主营业务利润总额 - 上年主营业务利润总额）/上年主营业务利润总额 ×100%
		总资产增长率 =（年末资产总额 - 年初资产总额）/年初资产总额 ×100%
		技术投入比率 = 本年科技支出合计/主营业务收入净额 ×100%

企业审计可以运用的计算机审计工具主要有 AO、联网审计系统、数据库技术等。目前，高度集成的 ERP 系统已在企业中广泛应用。ERP 系统中，财务数据、业务数据和管理数据都实现电子化并高度关联。这种高度关联的集中数据为开展企业绩效审计提供了较好的分析基础，但目前大多数企业应用的 ERP 系统都由 Oracle、SAP 和 IBM 等大型软件公司开发设计，其数据量之大、关系之复杂，与用友、金蝶等国产 ERP 差异很大，在开展审计工作时有一定难度。这时候，审计人员需要专门学习和研究，或者借助外部力量，了解业务流程、主要功能、数据构成和逻辑关系，以便进行数据的采集和分析。

基于 ERP 的企业绩效审计一般采用和 ERP 对应的数据库技术来实现，由于数据量一般达到 TB 级别的容量，因此，从硬件上看，需要大容量的存储和高性能的服务器和小型机来处理；从软件上看，需要借助通用数据分析工具如 Oracle、DB2 等数据库平台进行分析。如对于 Oracle 的 ERP 系统，一般直接采用 Oracle 数据库为平台进行数据采集、清理和分析；对于 IBM 的 ERP 系统，一般直接采用 DB2 为平台进行数据采集、清理和分析。同时，对于 AO 2011 来讲，仍然可以发挥在财务数据采集上的优势，AO 2011 版还提供了连接大型数据库的功能，审计人员可以直接利用此功能，在采集数据前连接 DB2、Oracle 等数据库对象，浏览分析数据情况，决定采集的数据范围；在分析数据时，可以利用此功能生成分析数据、保存疑点。

例：在某银行审计中，涉及财务会计管理系统、核心业务系统、信贷管理系统等 5 个信息系统，规模复杂，延伸范围广、涉及部门较多，审查的数据量多达4T，后台数据库分别采用Oracle和DB2系统。审计人员针对核心系统采用的Oracle系统，直接采用Oracle为平台进行数据采集和分析。在实施过程中，审计重点关注了社会效益评价，重点对银行对信贷政策的贯彻进行了绩效分析。根据银监会相关要求，银行业应加大对农业科技和农村基础设施等重点领域和薄弱环节的支持力度，确保小微企业和“三农”金融服务继续实现贷款增速不低于平均贷款增速和贷款增量不低于上年“两个不低于”目标。本次审计重点审查财政存款在维护区域经济金融稳定、引导商业银行支援地方经济建设、缴纳地方税收所发挥的杠杆效用。具体流程图见图4。

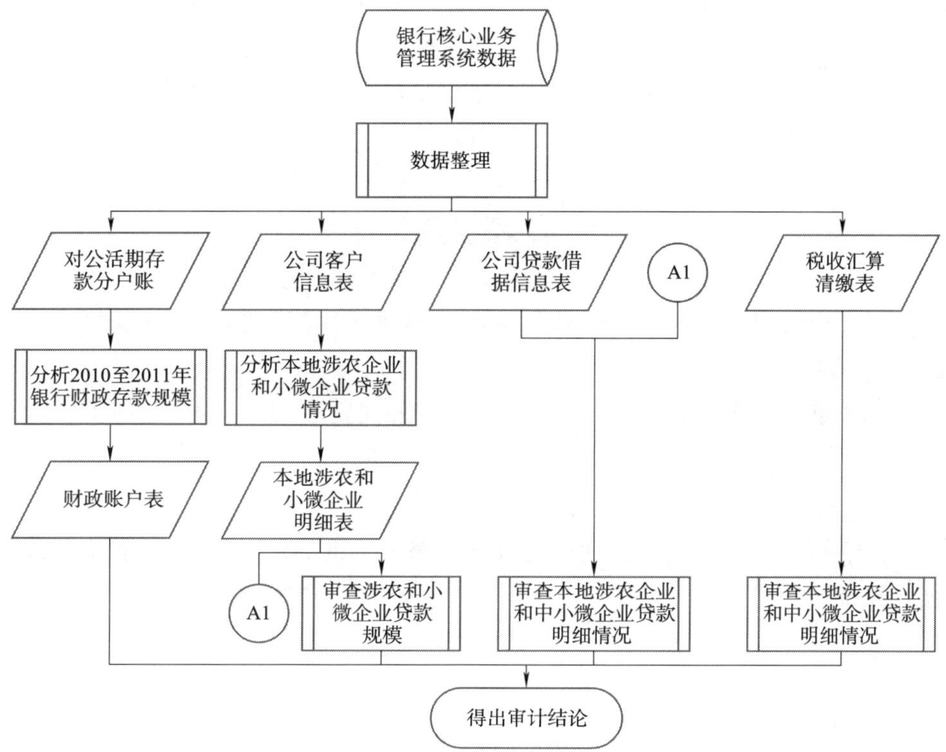

图4　银行对信贷政策的贯彻情况绩效分析流程图

首先，分析本地涉农企业和小微企业贷款名单，根据公司客户信息表中的客户类别标识，生成“本地涉农和小微企业明细表”。其次，审查本地涉农企业和中小微企业贷款明细情况。以“本地涉农和小微企业明细表”关联“公司贷款借据信息表”，生成“本地涉农企业和小微企业贷款表”。再次，分别审查涉农和小微企业贷款规模。对“本地涉农企业和小微企业贷款表”

以客户类别或企业经济性质分类汇总涉农及小微企业贷款总额（具体的 SQL 语句不再罗列）。最后，根据以上计算结果审查银行对地方的税收收入贡献度。

审查结论：2011 年对本地小微企业贷款总额亿元，2010 年小微企业贷款总额 × ×亿元，增长率为 14%，高于全部贷款平均增速（13.26%）。2011 年某银行对本地涉农企业贷款总额 × ×亿元，2010 年涉农企业贷款总额×亿元，增加 × ×亿元；2011 年缴纳各项税金×亿元，2010 年缴纳各项税金×亿元，增长率 119.22%。财政存款在引导商业银行支援地方经济建设中较好地发挥了引导效用。

综上所述，提升公共财政绩效审计评价成效，一方面，要不断总结提炼绩效审计评价指标，从审计事项和审计评价上进行系统的探索和总结；同时只有不断创新审计信息化技术手段，全面提升审计能力和技术水平，公共财政绩效审计才能不断向前推进、持续深入发展。

参考文献

[1] 石爱中．国家审计信息化与国家治理［M］．北京：中国时代经济出版社，2012.

[2] 袁野．进一步深化财政审计 当好公共财政卫士［J］．中国审计，2012（14）．

[3] 杨雅君．财政审计大格局下的审计管理［J］．中国审计，2011（1）．

[4] 韩明升．“三资”绩效审计［M］．北京：中国时代经济出版社，2011.

公共财政绩效审计评价及信息化构建初探

浙江省湖州市国家建设项目审计中心　杨舒媛

【摘要】 随着预算、绩效、绩效审计等职能的兴起，公共财政绩效审计评价正在发展为一个系统性工程，但现阶段审计系统内部尚不存在一个科学、公允、合理的绩效审计评价体系。信息化构建可以为公共财政绩效审计评价拓展更多的审计内容，因此急需构建实际可应用的操作平台。构建成熟的公共财政绩效审计评价体系能够促使政府责任意识的加强，促进建立高效、廉洁的政府，同时也是公共财政绩效审计工作发展的必然导向性要求。作者结合财政绩效审计工作实践，就公共财政绩效审计理论的界定，国内外研究现状以及当前我国公共财政绩效审计的不足之处进行了分析，得出信息化构建的必要性、重要性所在，因此就如何构建公共财政绩效审计评价体系和具体信息化构建细节等问题，提出一些思考和建议。

【引言】 信息化构建可以为公共财政绩效审计评价拓展更多的审计内容，因此急需构建实际可应用的操作平台，从目前财政绩效审计来看，这些操作平台应包括公共财政绩效评价管理机制、绩效评价工作流程、绩效评价数据体系（方法体系、专家库、指标库、项目库、后台标准数据库、信息化处理体系）、评价结果应用规范、社会中介评价机构辅助等。这些平台的构建是一个庞大的工程，是实践与技术相融合的一个漫长的过程。

一、公共财政绩效审计理论界定与国内外研究现状

（一）公共财政绩效审计理论

公共财政绩效审计评价就是采用绩效审计评价标准和绩效审计方法，评价被审计单位使用公共财政资金的经济性、效果性、效率性。对政府来说，

其活动的真正目标是如何综合运用预算、税收、国债、投资等财政政策和调控手段实现社会效益和宏观经济效益的最大化。开展公共财政绩效审计，就是要揭露我国财政支出管理中普遍存在预算约束软化、项目安排失控、支出监督缺乏、投资效益低下等问题，分析和评价由于管理缺损、体制缺陷而导致的影响经济社会全面、协调、可持续发展的更深一层次问题，满足社会公众对提高公共财政资金使用效益的要求，促进政府及有关部门优化财政支出结构，加快公共财政体制建设，合理分配社会有限的财力、提高财政资金的使用绩效。

（二）国外公共财政绩效审计概述

美国作为第一个采用效益审计的国家，它把效益审计与常规审计结合起来，称作“综合审计”，审计过程着眼于公共资源、民生等的安全保障和有效利用以及政府治理的有效性等内容。通过深入绩效审计工作，美国提升了政府工作效率，同时也使社会公众对审计工作认同度和关注度不断增强，美国的政府绩效审计工作已走上了规范化、科学化的道路。

（三）我国公共财政绩效审计的现状及不足之处

加快发展公共财政的绩效审计，是促使我国经济社会迅猛发展的内在要求，各级审计机关和学术界完成了大量的研究和探讨工作，取得了一定的成绩，但与美、英等西方国家相比，当前我国公共财政绩效审计尚处于起步阶段，还面临着不少体制上、标准上、程序上的问题，制约了我国公共财政绩效审计评价体系的构建。目前我国公共财政绩效审计比较突出的不足之处主要有：(1）缺乏法律约束和制度保障，至今尚未出台统一的公共财政绩效审计工作的法律法规，使得绩效审计评价工作缺乏法律约束和制度保障，绩效审计的客观性、独立性和公正性受到影响。(2）缺乏社会环境基础，政府的绩效评价缺乏政府的服务对象的参与、监督和批评，内外之间也呈现单向性。(3）缺乏绩效评价指标，公共财政绩效审计评价过程中指标设置呈单一性和平面化特征，缺乏一套建立在严谨数据分析基础之上的统一、科学、完整的指标体系，影响财政绩效评价结果的科学性和合理性。(4）缺乏绩效评价标准，公共财政绩效审计是一种全新的审计模式，目前正处于探索阶段，在实践中面临的困难有许多，突出体现在绩效评价标准的建立上，审计系统尚没有一套公认的、可接受的适用于各种情况的绩效审计标准可供使用。

二、公共财政绩效审计评价信息化构建必要性分析

信息技术快速发展给审计机关带来新的挑战。审计机关应抓住机遇，应对挑战，适应全新的外部环境，提升审计工作的现代化技术水平。在信息化大潮流中，公共财政绩效审计评价应实现在信息技术的支持下，对各种对象进行公正、科学的绩效评价，并根据不同类型的对象划分并形成绩效评价数据体系。

（一）信息化构建是实施公共财政绩效评价管理的必然路径

建立一套科学、系统、完整的绩效评价体系，综合评价财政支出的社会效益、经济效益、环境效益以及政府绩效，是公共财政资金绩效监督的主要目标，也是当前推进公共财政绩效评价工作难以跨越的难点。信息化构建中的关键是绩效评价数据体系，评价标准作为财政资金绩效评价体系的核心要素之一，是评价工作的基本准绳和标尺，能够具体评价对象的优劣好坏，它决定了评价目标能否实现以及评价结果是否准确，它充分体现客观、公正、科学等特点，具有普遍的适用性和个别的指导作用。

（二）信息化构建是保证公共财政绩效公信力的科学机制

实施公共财政绩效评价工作，必须建立规范统一的财政支出绩效评价制度，制订科学规范的评价指标和公正合理的评价标准。由于缺乏科学、规范的方法及指标评价标准，直接影响了财政支出绩效评价结果的公正合理性。对于财政部门而言，建立定量与定性相结合，通用性指标与专用性指标相结合的多层次的绩效评价标准体系，对财政支出绩效结果进行公开公正的衡量和评价是必须要做到的职责，这样通过绩效评价标准数据库的建立有助于促使财政管理方式的创新与改革，从根本上提高公共财政资金使用的有效性。

（三）信息化构建是保障公共财政绩效有序实施的基础平台

目前，各地开展的公共财政绩效审计评价工作基本上处于初推广阶段，纵观整个推进情况，进展缓慢甚至处于被动应付的局面，过程中出现的种种问题都要求我们必须建立较为权威、科学合理的标准数据库解决平台，为评价各类项目的绩效提供技术支持，这样实施部门、绩效组织单位、项目本身以及第三方机构都能找到一个互信的共同平台，并在这个平台上有序地工作，才能更好地促进公共财政绩效审计评价工作不断前行。

三、公共财政绩效审计评价及信息化构建的初步建议

（一）完善我国公共财政绩效审计体系的若干对策

现阶段我国公共财政绩效审计面临的不足之处，阻碍了绩效审计评价体系的建立，制约着公共财政绩效审计的发展，不利于审计质量的提高和审计成效的发挥，必须采取积极有效的措施予以解决。

1. 建立公共财政绩效审计评价的法律法规体系

进一步探索国家审计组织管理体制的改革之路，借鉴国际公共财政绩效审计实践经验，结合我国实情及审计环境对绩效审计的新要求，完善我国绩效审计的组织及制度保障。立法工作中应考虑到绩效审计专项法规的建设，对公共财政绩效审计评价的工作程序、工作规则、组织方式等进行明确。对评价工作结果的运用程序、目的、范围、权限等做出具体规定，制定依法处理的条例，有效监督和制约公共财政资金使用的具体执行行为和相关责任人。

2. 确立公共财政绩效审计评价标准集合和动态指标资源库

目前，在评价标准缺乏的情况下审计部门暂时可以借用其他来源的标准来充实，在遵循审计发展规律的基础上，以多渠道、多形式共同探索绩效评价标准：首先，可借鉴投资审计和其他审计的评价条件，评价被审计单位的效率性，是否实现了最低的投入取得最大的产出。其次，可借鉴财政财务收支等审计评价标准，评价被审计单位的经济性，评价其是否以最低的费用实现了预期目标。再次，可借鉴党政领导干部任期经济责任审计的评价标准，评价被审计单位的效益性，评价其工作目标结果最终所达到的程度。同时，还可以根据我国政府目前的收支项目分类，把指标按不同类型和功能进行适当的分类。通过设置各项公共财政绩效审计评价指标，形成一套科学、完整的绩效审计评价指标库，并实行动态管理。要充分收集公共财政资金使用全过程的实际发生和实际结果的各类指标和数据资料，并同预期进行对比分析，找出差距，并总结原因。

评价标准的确立要尽可能解决可操作和标准统一问题，要避免不同区域各项标准之间的冲突，逐步建立起与财政绩效审计评价指标相适应的评价标准体系。

3. 创新公共财政绩效审计的评价方法

如何借鉴和运用国外的公共财政绩效审计的评价方法，为我国的绩效审计服务，需要我们去探索、去实践，并逐步形成符合当前审计工作需要的审

计评价方法。在实际财政审计中，大胆引入公共财政绩效审计的理念和评价方法，尝试运用各种创新审计评价方法开展工作，以求取得一定的审计成果，最终促成了一项全国性重要政策的调整，这充分体现了公共财政绩效审计在党和政府宏观决策中的重要作用。

（二）信息化构建初步建议

针对当前公共财政绩效评价工作面临的问题，作者结合目前财政绩效审计工作开展过程中的一些经验和机制创新，试提出公共财政绩效评价信息化构建的初步建议。

1. 信息化构建的总体思路和具体原则

信息化构建的总体思路是：以公共财政精细化管理为手段，采用研究式的审计方法，围绕财政支出经济性、效率性、效果性的目标，从方法论角度构建一套个性与共性标准相统一的评价标准，即形成一组接近“公式化”的通用标准，最大限度地解决公共绩效审计框架与方法的一致和统一。同时，通过设置行业个性化标准的不同权重范围，以解决不同行业和部门间的差异造成的不可比性，建成可操作的共享平台。通过科学设计公共财政绩效评价动态指标体系及其分类标准，持续更新和发布标准数值和权重值，完善标准数据库信息系统，促进公共财政绩效评价机制的不断完善。

2. 信息化构建的基本框架

作者结合财政部发布的《政府收支分类科目》以及公共财政绩效审计的具体实践尝试搭建标准体系框架：通用指标标准数据库、专用指标标准数据库和补充指标标准数据库构成公共财政支出绩效评价指标标准数据库。通用指标标准数据库包括基本财务指标、项目实施效果、支出项目基础管理水平、支出项目预定目标规划与执行、发展创新能力与战略、综合社会贡献、服务环境与服务满意度等被普遍应用在财政支出项目绩效评价的指标标准数据。专用指标标准数据库是在确定具体评价对象后，通过收集、了解相关资料，结合评价对象不同目标和特性来选定的特定指标标准数据。按财政支出功能分为基本公共管理与服务、科学技术、公共安全、文化体育与传媒、教育、社会保障和就业、环境保护、社会保险、医疗卫生、城乡事务、政府采购、农林水事务、交通运输、基本建设等指标标准数据，反映不同财政支出的产出效果。补充指标标准数据库是根据财政支出评价对象以及所处的政治、社会、经济、国际环境而设置的可供选择的评价指标标准数据。按标准的针对性分为社会状况、社会责任、经济环境、风险控制等指标标准数据。

各类指标举例见表 1：

表 1 公共财政支出绩效评价指标举例

指标大类	指标名称	评价标准
通用指标	人均地方财政收入	地方财政收入 ÷ 年平均常住人口
	人均财政民生支出	地方财政支出中用于民生的支出 ÷ 年平均常住人口
	地方政府性债务三率达标	（1）地方政府性债务负债率 = 政府性债务余额 ÷ GDP 总额，标准 10% 以内 （2）地方政府性债务债务率 = 政府性债务余额 ÷ 当年可支配财力，标准 100% 以内 （3）地方政府性债务偿债率 = 偿还债务本息额 ÷ 当年可支配财力，标准 15% 以内
专用指标	按土地出让收入充实民生资金	（1）用于农业土地开发的土地出让金。按土地出让平均收益的 15% 计提 （2）廉租住房保障资金。按国有土地使用权出让收益的 10% 以上或国有土地使用权出让收入总额的 2% 以上计提 （3）被征地农民基本生活保障。被征地农民的基本生活保障资金中，政府承担部分不低于保障资金总额的 30% （4）教育资金。按国有土地使用权出让收益的 10% 计提（该项 2011 年开始执行） （5）多渠道筹措社会保障资金。按不低于国有土地使用权出让收入总额的 5% 计提
	按国资收益总额充实社保资金	按照不低于当年实际收缴国有资产收益总额的 30% 提取充实社会保障资金
补充指标	财政税收优惠政策制定权公开化程度	所有执行的政策是否都在规定载体公布，计算结果以百分比计量
	税收优惠政策执行的公平性	是否存在特殊政策，对优惠政策兑付有无进行明确的权限设置，政策兑现过程中是否经过集体会议研究讨论等程序。计算特殊政策实际兑现金额占地方财政收入的百分比

公共财政绩效评价标准是以一定量的有效样本为基础，测算出来的标准样本数据，用来衡量和评价公共财政支出的绩效水平。这个不同的标准按照科学的梳理、分类、归结，构建适合我国实际情况的标准数据库。

评价标准数据库构建过程中的标准数据分类是一项十分复杂的工作，既要与部门政策标准、社会认知度及其他标准相衔接，又要依赖庞大的系统支撑；既要解决社会效益量化问题、标准值的层次性问题，又要尽可能解决标准值的可操作性和统一性问题，因此需要在实践中摸索。

3. 信息化构建的应用框架

（1）信息化构建的资源支持。公共财政绩效评价体系的构建是一个社会前沿课题，需要勇于探索创新的勇气和长期的实践，同时需要社会环境和政府层面的资源支撑。绩效审计评价体系的信息化构建更是需要现代化技术的支持。绩效评价是一项技术性强、工作量大的工作，需要强大的计算机网络技术的支持和完善的绩效评价数据体系（方法体系、专家库、指标库、项目库、后台标准数据库、信息化处理体系）的支撑。在构建过程中，可以将绩效审计评价与发展电子政务有机结合起来，充分利用先进的信息网络技术，构建信息化的公共财政绩效审计评价体系，并在此基础上完善绩效评价信息交流与沟通机制。

（2）构建联网审计平台，确保源数据合规合法。公共财政预算、基金预算实时联网审计，并与人民银行地方金库实时比对；非税收入管理系统、核算系统实时联网审计；社会保障基金管理系统实时联网审计；各种专项资金实时联网审计；税务征管系统实时联网（包含国税系统、地税系统），完成地税、农村合作金融机构、部门预算执行、社保、住房公积金、高校、企业、环境资源、重大投资项目、市县长经济责任审计等重点行业审计数据库，为开展数据式审计服务。实现对审计数据的深度分析利用，提高信息化环境下的审计监督能力，确保源数据合规、合法。构建全面的联网审计平台，为构建公共财政绩效审计评价体系提供全面、可靠的数据基础。

（3）构建公共财政绩效审计评价体系，确定评价标准。构建公共财政绩效审计评价体系需要联网审计平台的数据基础，在此基础上正确选择对公共财政绩效评价结果具有较大影响的评价标准。在进行标准取值时，从标准数据库中选取与评价项目指标体系相对应的通用指标标准数据库、专用指标标准数据库和补充指标标准数据库进行标准数值取数。同时根据评价实际需要，在标准数据库外对评价标准数据进行调整、增设和补充，构成评价对象的一套完整指标评价数值。选用的指标标准数据可以从每类标准数据库中选取，也可以根据评价对象的特性重新采集所需标准数值，保证评价结果的适用性、科学性和指导性。

（4）标准数据库实行动态管理机制，建立数据收录和定期发布制度。标准数据库要实行动态管理机制，要对标准数据库及时更新发布。为此，一要以现有财政支出数据为基础，按不同类型、行业的财政支出项构建初始数据源，并在此基础上逐步扩大评价信息的收集范围，推动数据采集进入标准化阶段；二要充分利用现代信息技术，构建有效的公共财政绩效评价信息收集网络，确保财政支出数据信息采集工作的有效开展；三要确定一个权威机构负责公共财政绩效评价标准数据的收录、管理、审核以及定期发布，可参考业内成熟企业的绩效评价标准管理经验，建立数据收录和定期发布制度。

4. 信息化构建的具体实现

信息化构建的具体实现依托于细化评价方法、量化指标及评价标准，以下作者将结合近年来财政审计及相关绩效审计的实践经验，提出信息化构建的具体实现步骤，详细阐述信息化实现的思路、方式及手段。目前课题研究尚处于初探阶段，构建的标准数据库尚不完善，具体选取的指标及权重值的设置，还需要通过具体的项目进行应用、验证及不断的调整。

（1）数据指标的采集及分析。基于目前尚未有全面铺开的联网平台，因此，需要分别采集财政部门的公共财政预算、基金预算执行数据、非税收入管理系统数据、核算系统数据、社会保障基金管理系统数据、各种专项资金情况、税务征管系统数据，初步构建地税、农村合作金融机构、部门预算执行、社保、住房公积金、高校、企业、环境资源、重大投资项目、市县长经济责任审计等重点行业审计数据库，为开展数据式审计及指标采集分析服务。

根据我国政府目前的收支项目分类，可以把指标按不同类型和功能分为以下几个大类：经济建设支出项目评价指标、农业支出项目评价指标、社会保障支出项目评价指标、教育支出项目评价指标、文化体育支出项目评价指标、科技支出项目评价指标、卫生支出项目评价指标、政府采购支出项目评价指标、政府运转支出项目评价指标。在实际审计过程中，可以根据需要对指标进行进一步的细化。

指标要能全面、客观地评价项目的绩效，充分考虑重要性原则，结合以往审计经验及对已采集的各重点行业数据分析的基础上，作者对各项指标进行了细化：按照基本框架的设想，指标分为通用指标、专用指标和补充指标三种，基础框架中已对各类指标进行了明确的规定。考虑到需要反映绩效审计项目的效率性、效果性和经济性，需要纵向设置贯穿于整个项目的立项、建设、运作和管理维护各个阶段的指标。通用指标中选择不少于 6 个反映效率性的指标，选择不少于 4 个反映经济性和效果性的指标，从而避免出现绩效评价出现极端的情况。各指标举例详见表 2。

表 2　公共财政支出绩效评价细化指标举例

指标类别	细化指标
经济性指标	立项审批情况评价
	项目建设节省情况评价
	项目社会效应评价
	项目收入及民生支出评价
效果性指标	项目建设的实现程度评价
	项目管理制度建立、健全及执行情况评价
	社会公众满意度评价
	项目创新程度评价
效率性指标	项目目标完成情况评价
	已完成部分的有效率评价
	行政成本的节约率评价
	项目管理覆盖率评价
	项目资金到位率评价
	项目资金使用率评价
	项目建设工期评价

专用指标和补充指标需要根据不同行业和部门，不同的项目情况的实际情况进行设置，并根据项目类别积累专用指标和补充指标，在广泛听取专家和建设单位的意见的基础上，结合多年的绩效审计经验及对已采集的各重点行业数据分析的基础上，初步建立起部分项目类别的专用指标和补充指标，以支持绩效审计评价平台的初步运作，以此为基点，在今后实际项目中，不断地积累、填充各类项目类别的新的专用指标和补充指标，同时对指标库中已经存在的指标进行调整，包括计算公式的调整和权重的调整。需要注意的一点，权重的调整仅限于一类指标之间的调整，整体指标的总权重应该保持不变。

（2）权重值的设置。根据谨慎性和可比性原则，绩效评价指标和权重的设置要保持稳定性。但同时也要考虑到不同时期、不同行业、不同项目的实际情况的不同，这些可能导致评价的侧重点也会有所不同，因此通用指标的动态调整机制就尤为重要。根据初步研究，通过不同评价视角，对三个评价层次进行了权重的初步分配，详见表3。

表 3 公共财政支出绩效评价指标和权重的设置

第一评价视角	定性指标	权重设置 40%
	定量指标	权重设置 60%
第二评价视角	经济性指标	权重设置 25%
	效率性指标	权重设置 45%
	效果性指标	权重设置 30%
第三评价视角	立项阶段评价指标	权重设置 10%
	建设阶段评价指标	权重设置 20%
	运作阶段评价指标	权重设置 60%
	项目管理评价指标	权重设置 10%

（3）模型假设。考虑到实施公共财政绩效审计评价的特殊性，对模型进行如下假设：

第一，通用指标缺失基础数据，扣减评分；

第二，专用指标或补充指标缺失基础数据，其权值进行合理调配；

第三，专用指标和补充指标可以根据实际项目情况进行个数的增减变动及权值的动态调整；

第四，当指标个数增加，权值就相应地进行调整，以保持既有总权重框架的稳定性。

（4）模型验证审计。每个指标总分 100 分，根据每个指标的得分和设定的权重值相乘得出该指标评价得分，各指标得分相加得综合评价得分。

验证审计主要选择个别重点行业（本课题选用交通和环保）的建设项目进行绩效审计评价，直接运用设定的指标评价方法、分值设置和权重设置，同时结合验证实际，细化评价方法，验证过程中，引入了分档计分制和累进计分制等多种计分方法，使评价方法更加合理、准确。验证审计发现，针对不同行业，对通用标准进行必要的微调，同时嵌入专用指标和补充指标后，现有的绩效审计评价模型就能基本准确地得出一个可比的绩效评价综合得分。

作者采用的公共绩效审计评价模型充分考虑了项目效率指标的权重比例，重点关注项目运作阶段绩效情况，定性与定量指标分配合理，三视角评价标准分布适当，每项通用指标都能在基础数据库中取得对应数据，并且指标值的计算公式简单，具有较强的可操作性，得出评价结果能有效地促进被审计单位加强管理，提高服务绩效，模型具有一定的合理性和科学性。

（三）下一步研究方向

下一步计划将模型应用于各个重点行业的政府公共管理类项目，以进一步微调通用指标，完善专用指标和补充指标。同时，就数据采集情况提出联网平台搭建的建议，保证数据采集的便捷、完整和安全性，在此基础上，实现公共绩效审计评价体系的定期更新、动态管理的机制，包括：指标库动态调整、权重动态调整，最终实现评价体系能够全面应用于公共管理项目绩效评价的一般原则，实现评价标准的通用性。

参考文献

［1］范开诚．世界主要国家审计［M］．北京：中国大百科全书出版社，1996.

［2］陈全民，杨秋林，李建新．中西方政府绩效审计环境比较［J］．审计研究，2005（2）．

［3］董丽英，孙拥军，周海鸥．中外政府绩效审计比较研究［J］．现代经济探讨，2006（12）．

［4］段兴民，罗春艳．关于我国政府绩效审计的几个问题［J］．贵州财经学院学报，2000（1）．

［5］方宝璋．中国审计史稿［M］．福州：福建人民出版社，2006.

［6］罗美富．英国绩效审计［J］．理财，2012（3）．

［7］邢俊芳．最新国外效益审计．北京：中国时代经济出版社，2004.

［8］〔美〕尼尔·布鲁斯．公共财政与美国经济（第2版）［M］．北京：中国财政经济出版社，2005.

［9］财政部会计准则委员会．政府绩效评价与政府会计［M］．大连：大连出版社，2005.

［10］董大胜．审计技术方法［M］．北京：中国时代经济出版社，2006.

［11］赖火云．走进深圳政府绩效审计［M］．北京：中国时代经济出版社，2005.

［12］深圳市绩效审计评价标准构建研究课题组．绩效审计评价标准体系构建研究初探［J］．中国审计，2013（14）．

国家经济安全审计评价及信息化实现

审计署计算机技术中心　曹洪泽
审计署审计科研所　唐志豪

【摘要】 国家审计是国家治理的组成部分，当前的主要任务是维护国家经济安全。本文在明晰国家经济安全关键及相关领域的基础上，提出政府审计应从七个方面维护国家经济安全，并构建了相应的审计监测评价主要指标体系，最后文章通过分析国家经济安全审计监测评价的难点，探索设计了国家经济安全审计监测分析支持系统的目标与功能模块。

一、国家经济安全的概念与特性

从20世纪60年代后期开始，美、日、俄等国就着手研究国家经济安全问题，先后出台了国家经济安全战略。各国政府以及国际货币基金组织（IMF）、世界银行等国际机构，国外的斯坦福研究院、加州大学伯克利实验室，以及国内雷家骕、叶卫平、王铮、徐根钱、赵蓓文和年志远等众多学者也在研究国家经济安全问题。

国家经济安全，是指一个国家作为一个主权独立的经济体，其根本的经济利益不受伤害，表现为国家经济主权独立、经济基础稳固、经济稳健增长、经济结构合理、经济富于活力和具有可持续发展的动力①。国家经济安全可以使一国在国际经济生活中具有自主性、自卫力和竞争力，不会因为某些问题的演化而使整个经济受到过大打击或使国民经济利益受到过多损失；国家经济安全能够避免或化解局部性或全局性经济危机。

国家经济安全不是国家一般的经济利益不受破坏和威胁的状态，而是重

① 刘家义：《中国特色社会主义审计理论研究》，中国时代经济出版社2013年版。

大特别是根本经济利益没有受到破坏和威胁的状态，因而具有六个基本特性：国家性、根本性、整体性、基础性、国家特色和复杂性。

国家性即国家经济安全强调的是国家利益，而不是个体利益；根本性是指国家经济安全强调的是根本利益，而不是一般利益；整体性是指国家经济安全强调的是国家整体利益，而不是局部（地区、行业）的利益；基础性是指国家经济安全是政治安全、国防安全和文化安全等的基础；国家特色是指不同国家对国家经济安全的理解是不同的，对安全态势的追求是不同的，影响各个经济安全态势的因素也是不同的；复杂性是指国家经济安全的构成要素及其相关领域间存在复杂互动关系，这些要素构成复杂，运行也存在“复杂性”和“突现性”，甚至具有“蝴蝶效应”，国家经济安全问题是典型的复杂科学问题。

二、政府审计维护国家经济安全的主要途径

近十年来，信息技术的发展和互联网络的普及，给世界政治、经济、文化和社会带来了十分深刻又复杂的变化。网络空间新兴热门技术纷至沓来，大数据、云计算、移动互联、物联网、智慧地球的应用逐步普及。统计数据表明，截至2012年12月底，全球互联网用户数量约24亿人，全球固定线路宽带连接数量约5.91亿条，全球活跃移动宽带用户数量约12亿人，全球域名注册总数约2亿个，全球即时通信账户数量约26亿个，全球社交网络账户数量约24亿个，全球电子邮件账户数量约314.6亿个，全球互联网接入设备数量约60亿台，全球数据中心总量约339万个，全球运行的服务器数量约5000万台。我国在信息化建设与应用发展方面成绩斐然，互联网进入高速发展期，信息化取得巨大成就，国家电子政务工程和重大专项取得重大进展，三网融合在54个地区（城市）全面试点铺开，网民数量突破5.91亿，微博用户3.3亿，社交网站用户2.88亿。

经济全球化的不断推进，世界主题是和平与发展。过去以军事安全为主的传统安全观转向了以经济安全为核心的综合安全观，全球各个国家都把经济安全战略作为国家安全战略的重要内容，经济安全的维护手段也随着信息化的发展而层出不穷。党的十五大报告中首次将国家经济安全问题提到议事日程，并明确提出“维护国家经济安全”。十八届三中全会决定进一步提出“设立国家安全委员会，完善国家安全体制和国家安全战略，确保国家安全”。从美俄等国国家安全委员会的运行经验看，中国国家安全委员会也有经济职能和经济内容。国家经济安全对于国家治理具有重要

意义。

国家经济安全理论认为，国家经济安全主要包括战略资源安全、本土关键产业安全、金融和财政安全等关键领域以及人口、就业与经济增长，生态环境，信息安全和科技发展，国际经济关系和重大冲突问题等重要相关领域①。

国家审计本质是国家治理中的一个内生的具有预防、揭示和抵御功能的"免疫系统"，我国政府审计工作自开展以来，就一直在履行保护国家经济安全的相关职责。如关注国有资本的安全完整，关注金融风险和金融安全，关注国家财政资金的合规合法，关注社会保障资金和支农专项资金的使用，关注经济秩序和打击经济犯罪，所有这些无一不关乎国家经济安全。

借鉴国家经济安全理论和国家审计理论，可知当前阶段政府审计要维护国家经济安全，主要涉及如下七个方面：

（一）关注财政安全，防范财政风险

财政安全是财政处于基本平衡、稳健增长且足以保证国家正常运行的状态。审计机关通过对本级政府预算管理、决算草案和预算执行效果，以及下级政府财政管理情况进行审计和审计调查，查处重大违法违规问题，维护财政经济秩序，促进提高预算执行效果和财政资金使用效益，揭示财政运行中的不安全因素和潜在风险，提出加强财政管理、深化财政体制改革的意见和建议，维护财政安全，保障经济社会健康发展。

（二）关注金融安全，防范金融风险

金融安全是货币资金融通正常运行和金融体系基本稳定的状态。审计机关通过对各类金融机构的资产负债损益、内部控制、风险管理以及金融政策的实施的审计，重点揭露金融机构经营管理中存在的重大违法违规问题、金融资产的质量以及影响金融机构健康发展的风险，从金融体系、金融监管体系和金融政策层面分析原因，提出建议，从而促进规范管理、防范风险、提高效益、健全稳健的金融运行机制。

（三）关注国有资产安全，监控重点行业的安全态势，保障国民经济重要部门及核心行业、产业安全

国有资产安全是国有资产的管理使用处于真实、合法和保值增值的状态。审计机关通过对被审计单位财政收支、财务收支的真实合法效益，以及

① 雷家骕：《国家经济安全理论与方法》，经济科学出版社2000年版。

国有资产管理使用情况进行审计，揭露国有资产管理使用中存在的严重违法违规、损失浪费、资产流失及效益低下等问题；除此外，当前还可重点对战略能源（石油等）的对外依存度，主要粮食作物产业安全，公共基础设施产业的外资控制，垄断产业经营绩效等重点行业领域进行审计调查，提高到维护战略能源和产业安全的层面。

（四）关注对外经济领域的安全，防范外经类经济风险

审计机关应调查国家对外投资的投向结构以及资金安全、资金效益情况；应关注政府对外债权的贬值风险，定期报告权益变动情况；加大对国有企业海外子公司进行专项审计的力度，延伸调查国有资金在海外的投向结构，关注资金使用效益，提前化解投资风险。同时，还要强化国有企业领导人的经济责任审计，防范国有资产流失。

（五）关注民生安全，防范社会类经济安全风险

民生安全，是指一国民众的生存权、发展权得到保证和实现，在现阶段主要表现为教育、就业、收入分配、住房、医疗、社保等方面的权利得到保障。审计机关通过对民生资金、民生工程和民生政策执行情况进行审计和审计调查，保障民生资金筹集、使用、管理合规有效，促进民生政策的有效执行和体制、机制、制度的健全完善，减少和防止民生领域各种问题的发生。

（六）关注资源环境安全，防范生态环境风险

资源环境安全是指国家资源环境处于有效管理和合理使用的状态。审计机关通过检查国家资源环境政策法规贯彻落实和资金管理使用情况，重点揭露和查处资源无序开发、低效利用，生态环境破坏，以及节能减排政策落实不到位等重大问题，保护生态环境。

（七）关注信息安全，防范信息风险

信息安全是指在社会发展信息化的趋势和环境下信息和信息网络、信息系统的整体安全。审计机关通过开展信息系统审计和对信息安全政策执行情况的审计调查，揭示国家信息安全的风险和隐患，维护国家信息安全。

三、国家经济安全审计监测评价指标

国内众多学者在借鉴国外研究的基础，提出了不少监测国家经济安全的指标，如年志远、李丹从财金安全、社会安全、外经安全、资源安全和产业

安全等方面构建了经济安全预警指标体系。余根钱从财政金融类安全、社会类经济安全、外经类经济安全、粮食安全、矿产资源类经济安全以及其他经济安全（国有企业经营困境与宏观层次的产业安全）构建了国家经济安全监测指标体系。此外，蔡春、杨建荣、唐建新等还从政府审计视角探讨了国家经济安全审计内容与指标。

借鉴上述相关研究，本文认为国家经济安全审计监测的评价指标，主要包括如下方面。

表 1　国家经济安全审计监测指标

经济安全领域	风险子域	主要监测指标
财政金融安全领域	政府债务风险	国债负担率
		财政赤字率
	外债风险	外债偿债率
		外债负债率
	金融机构运营风险	资本充足率
		不良贷款率
	货币流通失控	货币供应量增长率
		居民消费价格涨幅
	外汇储备	经常项目逆差与 GDP 的比率
		外汇可供进口的月数
	泡沫经济风险	房地产价格指数
		股票价格指数
战略资源安全领域	石油安全	石油进口依存度
	粮食安全	粮食进口依存度
		抵御自然灾害的能力
	其他重要生产资料安全	综合进口依存度
产业安全领域	产业绩效	国有企业利润率
	产业控制	重点品牌的外资控制率
		我国产业对国外高新技术产品的依赖
	产业结构	第三产业、科技教育、高新技术产业增加值占 GDP 的比重

续表

经济安全领域	风险子域	主要监测指标
外经类经济安全	外资风险	外资企业市场占有率
		外商直接投资占 GDP 综合比重
	贸易领域安全	出口依存度
		进口依存度
社会类安全领域	收入分配公平	基尼系数
	就业风险	失业率
	社保基金的支付危机	社保支出占财政支出比重
环境安全	环境风险	环境污染治理投资占 GDP 比重
		环境污染事故造成经济损失
信息安全	信息安全风险	重大信息安全事故造成经济损失

表 1 中共包括财政金融安全、战略资源类安全、产业安全、社会类安全、外经类安全、环境安全以及信息安全七大领域。上述七大领域之下，分别设计一些主要指标。各领域主要指标的选取以政府审计工作能够收集到的数据为基础，在具体审计评价工作中，还需要进一步设置各指标相应的安全值范围，并赋予相应的权重，通过比较各项指标实际值与安全值范围，就可以识别威胁国家经济安全的风险因素，计算相关指数并适时预警。

四、国家经济安全审计评价的难点与条件

一般来说，科学分析评价国家经济安全需要满足三方面的条件。

（一）明确国家经济安全的影响因素及相互间传导机制

按系统递阶分解原则，经济安全预警指标体系是一个分层的树状结构，最上层的指标即为国家经济安全预警指数，是衡量国家整体经济安全态势的依据。但是，国家经济安全不是各子领域风险的简单累积。简单累积需要合理设置指标重要性，在实际中十分困难；而且，经济安全态势的恶化，往往是一个或少数几个风险演化和交互作用的结果，指标层层加权会弱化某些影响，导致评价值的不准确。在评价国家经济安全风险时，需要考察各因素间的交互作用关系，清晰风险传导机制，建立经济安全的影响因素模型，以此来判断国家经济安全的运行态势。

对审计机关来说，需要整合各方专家力量，特别是国家宏观经济研究专

家，组成虚拟团队，提高从整体层面把握国家经济安全宏观状况的素质与能力。

（二）具备准确、及时感知、采集和汇聚与国家经济运行相关的结构化、非结构化数据的能力

国家经济安全是一个宏观问题，涉及面宽广，没有来自各方面的相关领域大数据基础，预警经济运行态势只能是空想。在大数据时代，国家经济安全的相关数据已经广泛存在于不同的部门、机构，包括财政、金融、税收、社保、重点行业等数据。不同领域大数据的整合无疑将极大地提高国家对经济安全的监控能力、对风险的预知能力和出台经济政策的合理性。国家经济安全所具有的综合性特征从根本上决定了对国家经济安全的监督需要多领域、综合性的大数据基础。

对国家经济安全的评价与监督已经不能局限在某一特定领域或单纯依赖宏观统计数据。局部的数据不利于反映国家整体的风险；单一行业的数据不利于揭示行业内部危机及其对整体经济安全的传播效应；宏观统计数据不利于揭示微观行为的合法合规性，及其对国家经济安全的“蝴蝶效应”。因此，有必要整合能够反映国家经济安全运行状态的综合性、全国性、涵盖宏观及微观的大数据，作为监测评价国家经济安全的坚实的大数据基础。根据国家经济安全理论，以及政府审计维护国家经济安全的七大途径，这个范围应该涵盖财政、金融、税收、能源、海关、外资、社保、重点行业央企的业务、财务和宏观统计数据等。此外，还应包括大量非结构化数据，比如国内外或历史上有代表性的经济安全案例，形成经济安全案例库，当需要进行经济安全态势评价时，利用相应的评价技术进行类比推理预警。

对审计机关来说，目前国家经济安全相关数据的整合和综合性分析仍然处于起步阶段，国家审计数据中心的数据存储量在 TB 级别。而且由于缺少获取其他部门数据的法律依据，跨行业、跨区域的数据汇聚还存在一定障碍，目前相关实践状况亟须改善。

（三）掌握复杂科学的分析方法

国家经济安全风险的判断预警问题不是一个结构性问题，难以建立完全结构化的数学模型。需要采取“综合集成”的方法，反复进行“定性—定量”的分析；除监测指标的层次分析外，类比推理、经济建模、计算机模拟等方法的运用也非常重要。

雷家骕等认为“类比推理”在分析国家经济安全风险时具有独特优势。较为初级的是一般类比推理，较为细密的是基于案例群的类比推理，较为严密的是使用神经网络技术的模糊类比推理。通过类比推理，美籍华裔教授刘遵义发现当时东南亚国家的情况与早年墨西哥的情况极为相似，得出了东南亚国家将发生金融危机的判断。还有，美国世界观察研究所布朗教授20世纪90年代对于中国粮食安全的预测，采用的都是类比推理的方法。

对于审计机关来说，掌握高级数据分析、非结构化数据分析、数据可视化、复杂系统建模等分析技术的人力资源尚比较匮乏，需要进一步加大人才培养力度。

五、探索国家经济安全审计监测评价的信息化实现

国家经济安全审计监测评价的信息化是一个新兴事物，目前尚无相关实践。我们借鉴国家经济安全监测评估，以及金审三期规划的相关思想，对该系统的主要功能进行分析与设计。

（一）系统设计目标

国家经济安全审计监测分析系统是基于与国家经济安全密切相关的领域、汇聚跨部门、跨行业、跨区域的全量数据资源，利用审计评价指标、宏观经济建模仿真、类比推理、社会计算等手段，开展针对国家经济安全的综合性审计监测评估，揭示国家经济运行中苗头性、趋势性问题和潜在风险，促进国家审计在保障国家经济的健康运行中发挥“免疫系统”作用。

（二）系统主要功能模块

国家经济安全审计监测系统主要包括全量数据抽取转换、数据辅助分析工具、风险监测指标预警、经济安全风险分析、宏观风险态势仪表盘等功能模块，如图1所示。

（三）全量数据抽取转换模块

该模块主要负责汇聚来自跨行业、跨部门和跨区域各业务数据库的结构化数据，互联网、电子邮件、视频和文档的非结构化数据，以及统计部门的宏观数据等信息，并按照相关的数据标准存储和转换。对于非结构化数据如文本数据等，由该模块进行数据预处理，包括文档数据采集、文档标准化、文档标记化，特征向量提取，等等。

（四）数据辅助分析工具模块

数据辅助分析工具模块主要提供非结构化、结构化数据两大类分析工

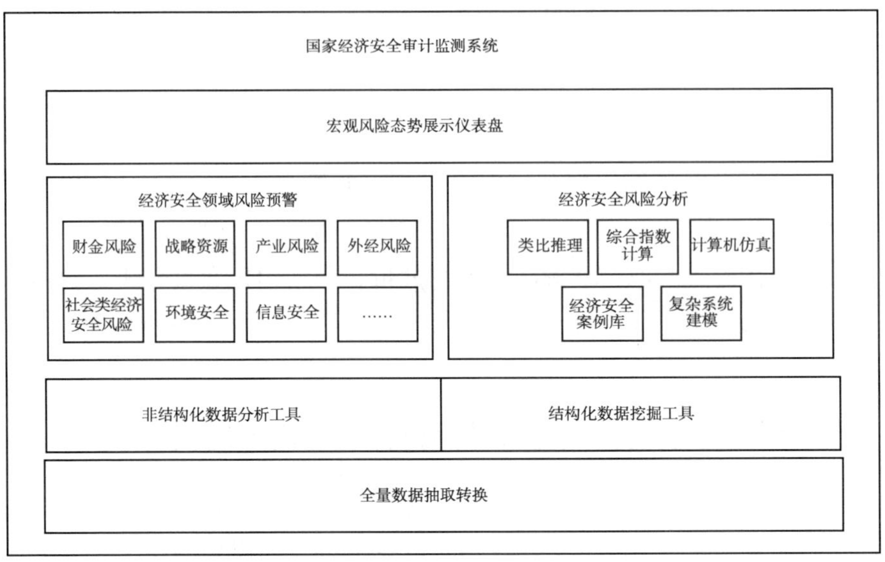

图 1　国家经济安全审计监测系统

具。主要面向海量分布式或者集中式存储的结构化和非结构化数据，进行分类、聚类、预测、关联分析、时序分析、偏差分析等数据挖掘任务，利用分布式计算方法，高效完成经济风险挖掘任务，并支持挖掘算法库包括分类、聚类、趋势预测、关联分析、时序分析、偏差分析、组合模型等的不断扩展。

（五）风险监测指标预警模块

在数据积累的基础上，依托数据中心的存储计算能力，应用计算机模拟仿真、多维分析和数据挖掘等技术，建设审计风险监测指标预警模块，对审计涉及的国家经济政策实施、国家经济运行指标安全阈值、指标权重维护以及指标预警等进行深层次数据利用，注重从体制机制等制度层面揭示问题、分析原因，从而在更深层次上发挥国家审计在国家治理中的作用。

此外，在国民经济的重要领域，信息系统安全关系到国家财政安全、金融安全、国有资产安全、重大投资建设项目安全，进而关系到整个国家的经济安全，因此在完善国家安全体制与战略，确保国家安全的新形势下，作为国家治理的一个监督层面，信息系统安全风险监测应引起持续关注，仍应以承载财政财务收支等经济活动的业务系统作为切入点。当前阶段政府审计要维护国家经济安全，审计机关应多措并举，结合风险监测指标预警分析，开展信息系统安全审计和对信息安全政策执行情况的审计调查，揭示国家信息安全的风险和隐患。

（六）经济安全风险分析模块

风险分析模块主要运用统计分析、指标综合计算、经济建模和复杂网络分析等方法实现对国家经济安全领域的财政风险分析、金融风险分析、社保风险分析、战略资源风险分析、产业风险分析和外经风险的领域风险分析，以及复杂系统的综合风险分析。

统计分析方法是指利用统计分析工具对经济社会安全风险进行统计分析，主要包括描述性统计、数据探测、异常检测、层次聚类、方差分析等方法；经济建模工具主要利用经济建模工具实现某种经济行为，从不同层面、不同角度对宏观经济安全系统的运行进行模拟；复杂网络分析提供了复杂网络的构建、导入、修正、分析、可视化等功能，用户根据不同的需求构建不同的网络模型，用户选择不同角度对网络进行分析，得出相应的分析结果为实际需求提供数据支持，最后用户将得到的最终的网络状态以及分析结果进行可视化以便有效显示网络状态，并可对分析结果进行导出。

财政风险分析主要对国家财政运行数据进行全方位的风险分析，包括财政资金的预算执行情况、财政可持续性、政府外债风险等；金融风险分析基于金融领域产生的海量数据预测大规模金融危机、评估金融机构风险，房地产和金融创新产品的泡沫风险等；社保风险分析以海量的社保数据为分析对象，为社保政策执行、政策评价与政策预测提供可靠的数据支持，分析社会保险基金支付的可持续性、人口老年化和延迟退休政策等问题。除此外，该模块还可以利用经济建模、复杂系统分析和经济安全案例库类比推理等复杂系统分析方法实现对整个经济安全领域的宏观风险分析与判断。

（七）宏观风险态势仪表盘模块

仪表盘（Dashboard）是一种先进的数据可视化技术，仪表盘上的信息对象是由数据构成的思维“逻辑视图”，以图形化的方式展示信息，以方便管理信息的反馈与策略的制定；还可以根据使用者需要进行信息定制、分类与查询等。风险态势仪表盘是一个集成性的决策支持系统，能实现关键监测指标的高效识别与跟踪评估，并以可视化形式展现当前国家经济安全风险及其变化趋势，不断监控经济运行的有效性。

参考文献

［1］雷家骕．关于国家经济安全研究的基本问题［J］．管理评论，2006（7）．

［2］谢洪礼．国民经济运行安全评价指标体系研究［J］．统计研究，2000（7）．

［3］余根钱．国民经济安全指标体系研究［J］．中国统计，2004（9）．

［4］叶卫平．国家经济安全的三个重要特性及其对我国的启示［J］．马克思主义研究，2008（11）．

［5］杨建荣．经济全球化下我国政府审计与国家经济安全［J］．审计研究，2009（5）．

［6］蔡春，李江涛，刘更新．政府审计维护国家经济安全的基本依据、作用机理及路径选择［J］．审计研究，2009（4）．

［7］年志远，李丹．国家经济安全预警指标体系的构建［J］．东北亚论坛，2008（6）．

［8］赵蓓文．外资风险视角下的中国国家经济安全预警指标体系［J］．世界经济论坛，2012（1）．

［9］王铮，孙翊，王珏，顾高翔．国家经济安全监测预警平台的组织机制与管理模式探讨［J］．中国科学院院刊，2011（1）．

［10］崔振龙．政府审计职责及其展望［J］．审计研究，2004（1）．

以信息化审计推动国家调控政策落实

审计署成都特派办 廖姝凝 宁 波

【摘要】 本文从国家审计信息化当前状况和国家调控政策具备的特殊性功能角度入手，对国家审计提出了促进国家调控政策落实信息化能力的客观要求，研究了信息化环境对审计工作产生的影响、国家调控政策落实信息化审计的功能、目前信息化审计面临的困难等方面，重点探究了在信息化条件下，全面提高国家调控政策落实的审计方法，以期促进审计信息化建设，推动国家政策落实审计的发展，进一步提升国家审计的监督功能。

【引言】 随着国家治理实施以科学发展为主题、以转变发展方式为主线的战略重点转移，国家治理的主要目标是实现决策系统、执行系统和监督控制系统的良好运行，确保国家经济社会健康运行，以维护国家经济安全、推进民主法治、促进廉政建设、保障科学发展和人民利益。作为保障国家经济社会健康运行的国家审计在全面推进审计信息化的进程中，审计信息化技术在对系统信息的有效获取、对各类信息的综合分析、对重大违法违规行为的准确评估上已经发挥了其不可比拟的作用。

为了进一步确保国家治理政策的落实、更快速地对政策执行效果作出反馈、更有效地向决策系统提供完善体制机制的建议，审计需要更全面地依托现代信息技术和方式，实施对执行系统权力运行和责任履行的有效监督，促进执行系统实现决策系统确定的目标和任务，并将执行系统运行中的突出矛盾和潜在风险准确地报告给决策系统，推动决策系统各项决策的不断完善，从而推进国家良好治理。

一、当前审计信息化的形势

（一）国家审计信息化现状

审计机关作为各级政府的组成部门，自20世纪90年代末期以来，特别是自金审一、二期工程实施以来，按照国家治理在信息化建设方面的总体规划，建立了应用系统和信息化相关设施，为履行审计监督职责发挥了积极的促进作用。

1. 审计信息化建设发展迅速

一是审计机关建成了以审计管理系统（OA系统）为基础的审计业务管理和网上办公应用平台。在审计业务方面，将审计业务工作流程中审计业务文书的审理、核稿、签发，内部使用的审计实施方案、审计报告代拟稿等审计业务资料等工作均纳入OA系统进行管理，实现了审计项目从方案制订、通知书发出到审计报告征求意见和最终审计报告、审计决定报出的全过程统一管理。在机关事务处理方面，将领导决策、公文流转办理、信息资源共享等功能集于一体，对加强审计业务工作决策、组织、指导、管理、督办发挥了技术支持作用。二是建成审计实施系统，在审计计划管理、审计法律法规检索、审计底稿、报告等文书管理以及审计业务的综合、统计、分析中得到了广泛应用，是审计人员开展计算机审计、强化审计项目管理、实现审计信息共享的重要系统，为提高审计工作效能和审计质量起到了重要作用。三是建立了审计项目管理系统，实现了项目计划、组织统一协作。审计管理信息化建设有效促进了审计工作从提高审计效率到提升审计效能的转变、从单一部门审计到跨部门跨行业关联审计的转变、从传统审计方式到现代审计方式的转变、从关注财政财务收支审计到关注国家经济安全审计的转变、从查处违纪违规问题到督促规范管理的转变。

2. 建立了部分信息化审计准则和规范

为规范国家审计人员开展信息化审计工作，国务院办公厅、审计署、中国注册会计师协会等部门发布了一系列信息化审计准则。例如，《审计机关计算机辅助审计办法》《独立审计具体准则第20号——计算机信息系统环境下的审计》《关于利用计算机信息系统开展审计工作有关问题的通知》等，指出了利用信息化手段辅助审计的内容、提出了对审计人员和被审计单位的要求、明确了审计机关与审计人员的责任，并对信息系统数据接口、电子信息保存要求、系统测试、网络远程审计等方面作出了规定。

3. 计算机辅助审计成果显著

近年来，在审计署加大力量推动信息化审计发展的带动下，我国在利用计算机辅助审计方面做出了许多探索，完成了大量工作、取得了不俗成绩，在财政预算执行审计、金融审计、海关审计、企业审计等方面广泛运用了计算机辅助审计，大大提高了审计效率，完成了常规审计不能完成的内容，取得了良好的成果。例如，在社保政策落实情况审计中，审计抽查的某地区城镇职工基本医疗保险由社保部门管理，新农合医疗保险由卫生部门管理，因两个管理部门未统筹管理、信息共享机制不完善，可能形成重复参保、重复报销问题，而参保业务数据量庞大烦琐，依靠传统手工方式根本无法进行比对，利用计算机方法则能迅速在海量数据库系统中查找出重复参保人员和重复报销现象，反映报销制度漏洞，促使社保政策落实。

（二）信息化对审计产生的巨大影响

计算机技术和信息化系统的日益成熟，使会计处理发生了重大变化，大量的会计数据可以通过计算机从被审计单位相关部门直接采集，甚至能够通过网络直接获取数据信息，审计环境、审计技术和审计方法也随之产生了巨大变化，对传统审计工作提出了新的挑战，主要表现在以下方面。

1. 对审计标准的影响

在信息化前提下，由于审计线索、审计方法、审计对象等都发生了重大变化，原有的审计准则及审计标准，诸如审计人员标准、现场作业标准、审计报告标准、审计效果衡量标准等已不能完全适应新的情况，不能最准确地判断新条件下的经济活动。因此，应在原有的审计标准和准则的基础上修改有关的审计标准与准则，建立起一系列与新情况相适应的，适合 IT 环境的审计标准与准则，诸如内部控制审计准则、会计软件审计标准、系统开发审计标准等，同时随着会计网络环境的发展，也要不断地修改、更新相应的准则、标准，以适应新条件下审计工作的需要。

2. 对审计对象的影响

信息化数据环境下，被审计单位的组织结构与手工数据处理环境相比传统审计发生了很大的变化，这给审计工作既带来了有利影响，也产生了不利因素。

（1）对审计对象产生的负面影响。由于信息化审计环境下数据存储介质、存储方式、处理程序等关键因素的改变，凭证、明细账、总账、会计报表、业务数据等审计线索不全是原先的纸质形式，而是以电磁形式在网络上传递并存放在计算机硬盘或者其他电磁介质上，会计账务处理程序也是根据业务流程按照计算机提前设定好的应用程序进行操作，并由程序自动生成会计报表。这些改变使得企业的交易轨迹模糊，传统的审计线索在网络系统中变得不明显，使得可视化程度降低。

同时，由于存储于磁性介质的电子证据有可能被篡改，而且篡改痕迹不明显，隐蔽性很强，会计信息在网络传输过程中可能被人截取、修改和拷贝，使审计证据的安全性难以保证，从而增大了审计人员取证风险。

（2）对审计对象产生的正面影响。在传统审计中，审计数据数量庞大、存储分散、不易获取，而在信息化审计环境下，反映经济业务性质的会计资料以及反映业务流程的业务数据都集中存储在计算机中，通过计算机进行抽样、计算及分析可以方便快速地得到结果，同时还会提高收集审计证据的及时性。

同时，网络信息系统中的数据信息具有动态性和跨空间性，审计可以在线连接实时的数据库，根据数据的动态变化对被审计单位的经济活动进行实时监督，获取所需要的最新资料；由于审计取证可以跨时空进行，因此大幅度地降低了审计成本，极大地提高了审计取证的效率。

3. 对审计人员的影响

在计算机处理的背景下，由于对会计数据的采集、处理、存放等诸过程都发生了许多变化，因此必须采用新的审计技术与手段，才能适应这种变化。在这种新的条件下，审计人员的审计手段、审计技术必须由手工操作方式向计算机方式转变。因此，审计人员要尽快掌握计算机技术与方法，把计算机作为一种工具充分提高自身计算机素质，提高审计质量。

4. 对审计方法的影响

在传统会计方式下，审计工作采取手工操作方式，但在网络环境下，如仍沿用传统的手工操作方式则很难达到审计的目标，但通过利用信息化手段进行抽样、计算及分析可以得到有效运用。例如，要查找某一段时间内，发生额在某个范围内的会计资料，传统审计需要耗费大量时间精力将所有相关的会计资料审阅一遍，但在信息化审计环境下，用一个简单的操作命令即可实现该功能，这样就使得审计人员从烦琐的数据核对中跳脱出来，将主要精力放在对审计证据的分析评价上。

5. 对审计工作重点的影响

在信息化环境下，审计依然作为国家经济健康发展的“免疫系统”，发挥着经济监督职能，但由于网络技术和计算机技术应用于会计工作的特点，审计工作的重点发生了变化。在手工方式下，审计的重点主要集中在对书面资料的审查，而在电算化系统和网络环境中，由于会计业务的各项工作均由计算机按事先编制好的程序集中自动处理，因此诸如手工方式下所产生的因为疏忽大意等所引起的记账错误的机会大为减少，审计工作的重点转移到了对政策规定执行程度的审查、对业务数据文件的审查、对会计软件合理性的审查、对部门控制措施的审查等。

二、促进国家调控政策落实信息化审计的功能

国家调控政策落实情况审计主要是指审计机关就政府制定的一系列调控政策的实际执行情况进行专门监督，以保证调控政策得到有效执行，促进整个国家良性运行、健康发展。

（一）有利于推行“依法执政、科学执政、民主执政”

审计机关作为国家重要职能部门，强化国家调控政策落实情况审计有利于政府各部门依法执政。宪法和审计法赋予了审计机关维护经济秩序、促进廉政建设、保障国民经济健康发展的综合监督职能；审计法实施条例进一步加强对财政资金的审计监督力度，审计机关对其他取得财政资金的单位和项目接受、运用财政资金的真实、合法和效益情况，依法进行审计监督。

国家审计信息化取代了传统以手工作业、纸质媒介为主的作业方式，通过计算机、互联网等科技手段实现基础数据的对接、采集和汇总，将大量庞杂的基础数据，通过信息转换形成按一定逻辑关系排列的数据库，通过遍布全国的信息网将可用数据传送到目标人员，节约了人力成本，提升了作业效率，扩大了数据审计范围，缩短了信息流传送时间，特别是使对财政资金的分配、管理、使用过程更加公开透明，更加易于查询，使政府行为更加有效，为大力推进决策科学化、民主化，强化政策的落实到位作出了贡献。

（二）为政府决策提供及时可靠的依据

国家审计机关是国家唯一的专司经济监督的部门，相对于国家的立法、司法、行政机关而言，国家审计机关进行的政策落实情况审计是一种高层次的监督，通过审计行为促进其他社会主体有效利用国家和社会资源，防范风险，维护国家经济安全，形成良好国家治理。

国家调控政策落实情况信息数据既是政府制定政策的依据，又是评判政策效果的基础，国家审计信息化并非一个单通道系统，它强调的是信息的交流和共享，最终达到服务决策的目标，作为监督控制系统的国家审计，依托

现代信息技术和方法，可以实施对执行系统权力运行和责任履行的有效监督，促进执行系统实现决策系统确定的目标和任务，并将执行系统运行中的突出矛盾和潜在风险准确地报告给决策系统，推动决策系统各项决策的不断完善，并能防止一些地方和部门不从大局出发，为本地区、本部门的利益虚报、瞒报数据，从而为政府政策调控和完善提供准确决策依据。

（三）能够促进国家调控政策有效执行

政策执行是实现既定政策目标的过程，各政策客体的行为是否符合调控要求，是宏观调控部门关注的焦点。国家审计依托现代信息技术和方式，有效获取执行系统相关信息，综合分析各类信息，对大案要案、突出矛盾和潜在风险进行准确评估，审计信息向执行系统快速反馈和整改跟踪，通过对信息数据的跟踪分析，对国家财政资金流向实行监督，及时发现哪些执行政策的行为偏离了宏观调控方向，以及对宏观调控目标产生什么样的影响，依法通过审计处理程序要求被审计单位纠正偏离宏观调控的行为，来保证宏观政策的执行。例如，在国家全面推行农村医药卫生体制改革制度过程中，审计机关围绕医药卫生体制改革制度对制度落实情况进行了审计，并通过计算机手段对医院药品价格加价情况是否超过国家政策规定范围进行了比对，从医院业务信息系统中查询药品进货单价、数量和药品销售的单价、数量，检查药品销售单价是否超过药品进货单价的 1. 15 倍，然后对超过药品进货单价 1. 15 倍的药品进行核实和延伸调查，得出审计结论。通过计算机审计揭示的问题，对中央和地方有关健全农村医疗卫生服务体系建设方案和发展规划的落实情况提出建议，以促进农村医疗卫生服务体系建设，推进各项惠民政策落实，推动农村医药卫生体制改革。

三、目前国家调控政策落实信息化审计面临的问题

（一）政策执行部门信息化建设程度制约了信息化审计应用的推广

数据采集是计算机审计的首要前提与基础。如果被审计单位信息化程度不高，尚未实现会计电算化，则不能满足开展计算机审计的基本条件；而如果被审计单位的信息化程度太高，如金融、海关、税务等行业，其数据库过于复杂，或审计对象使用了非主流财务软件，审计人员需根据其特殊的数据结构另行设计采集转换数据的接口，这两种情况都要求审计人员具有较高的计算机水平。同时审计软件缺乏标准、统一的软件规则也将给审计人员采集、处理、分析以及后续跟踪追查数据带来一定的困难。对数据采集转换风

险的识别与控制，要求审计人员具有更高的专业素质和计算机能力。因此，计算机审计能否在实务中得到应用，既依赖于审计对象信息化建设的程度，也依赖于审计部门信息技术的应用水平。

（二）前期投入与应用水平的不对称影响了信息化审计的推进

为满足计算机审计的应用需求，审计部门需要建设信息基础环境，包括网络建设、硬件建设、系统软件、机房建设，配置应用支撑系统、审计信息化安全系统、AO应用系统、联网审计系统、数据库系统、大型审计项目管理系统等软硬件设施。虽然这些年加大了审计信息化的应用力度，审计信息化应用水平也有了一定的提高，但在应用层面上仍然存在较多问题，需要投入大量的资金，由于经费投入不到位，部分单位项目进度缓慢，有些项目没有按规定要求实施；一些单位硬件和网络设施标准较低，导致运行速度、计算和存储能力不足；一些地方还处于起步阶段，地区间存在发展不平衡。

（三）信息化审计人才的缺乏成为影响信息化审计发展的“瓶颈”

审计人员对信息技术的掌握，是衡量审计信息化水平高低的核心标准，信息化审计要求审计人员既要掌握财会、审计等专业知识，又要掌握信息系统、数据库系统及网络技术。目前审计署加大了软硬件设施的投入，通过开展计算机审计中级培训班及后续培训等方式逐步培养了大批兼具计算机应用能力与审计业务能力的计算机审计人才，审计人员的整体素质有了提高，但相对于全国审计系统庞大的审计人员数量，培训班能涵盖的范围毕竟是少数，并且有部分以前年度已获得计算机审计中级资格证书的审计人员由于对信息化应用的意识不够强，参与的积极性不够高，目前已无法熟练应用计算机技术进行审计。若缺乏计算机审计人才，尤其是计算机审计骨干力量的支撑，信息化审计的应用必然无法在全国各级审计机关普及，更无法全面推动审计信息化水平的提高。

（四）对数据安全保障的考虑限制了信息化审计广泛深入的应用

随着信息化审计的发展和应用，审计人员获取的被审计对象的审计数据证据大都为电子数据。一方面由于计算机病毒泛滥、黑客攻击，电子数据的安全性日益脆弱，一旦出现问题其后果不堪设想；另一方面，部分对安全性要求高、密级程度强的审计数据不便在审计人员中广泛流传，以免涉及泄密风险。审计人员出于对数据安全的担忧，有时只能舍弃应用信息化审计，从而对信息化审计应用的广度与深度产生不利的影响。

四、促进国家调控政策落实信息化审计的具体方法

（一）促进国家调控政策落实信息化审计的重点环节

信息化审计主要以利用计算机进行数据审计的流程为主线，按照“控制标准→控制目标、控制点→实现的技术与方法”这一思路，审计工作人员可以根据规范化的标准流程逐步深入按顺次完成各阶段的审计任务，以最终达到促进国家调控政策落实的审计目标。对于一个审计项目，可对其进行如图1所示的逐步细化和分解。

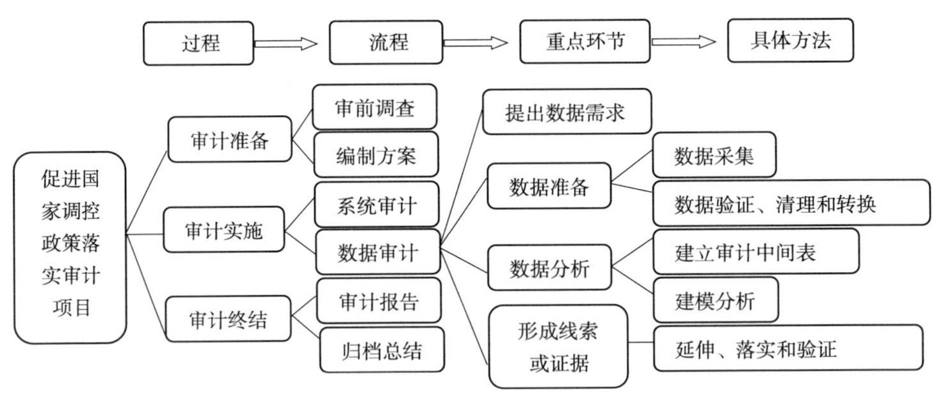

图1 促进国家调控政策落实信息化审计的重点环节

（二）促进国家调控政策落实信息化审计的具体方法

根据图1所示信息化审计的具体步骤，在整个审计项目中，需要进行点对点、线对线的目标设定和追踪，针对各个任务明确相对应的控制目标，对各个流程制订出符合需求的审计方法，实现对审计工作的分层把握。

1. 深入领会国家政策，把握审计目标

利用信息化审计手段促进国家调控政策落实主要是要围绕国家制定的宏观政策，从项目预算到项目执行，监督检查财政政策的贯彻情况和实施效果，促进各项政策尽快启动和落到实处。国家调控政策具有较强的时效性，这就要求审计人员时刻关注各类政策的变动，全面收集和认真学习各级相关文件，认真分析，加强理解，同时树立“全局和全过程”观念和“审计关口前移”理念，做到事前预防、事中控制和事后监督有机结合，实现全过程跟踪监督，充分发挥审计工作预警、预防和纠正的作用，不能局限于个体经济，而应重点关注宏观政策落实情况以及有关体制障碍、制度缺陷、管理漏洞等问题，注重反映带有普遍性、倾向性的问题，在揭示问题、查处问题的

同时，关键要找出未能落实的原因，以便提出有效的办法和建议，真正发挥审计免疫功能。

在国家制度层面，审计信息化要立足科学发展，坚持四项基本原则，为完善国家制度建言献策；在基础体制层面，审计信息化应放眼宏观经济全局，以财政审计、经济责任审计为突破口，洞察社会现象本质，揭示腐败弊病，检验各级政府运行效率，评价政治参与度和透明度，发现体制机制问题，为完善政府运行机制，改善政府绩效建言献策；在公共政策层面，国家审计信息化应聚焦民生话题，关注社会热点、难点问题，站在体制、机制的高度发现问题，采纳民智民意，并注重收集政策的制定和运行的数据，分析政策运行的可行性、风险性、社会效益性，研究相关改进策略；在实际运行层面，审计信息化应强调信息网络的全覆盖和事前事中事后的全程监控，基础数据的去粗取精、化繁为简和抽象加工在本层次格外重要。

2. 调查研究信息系统，完成数据准备工作

要通过审计信息化工作更好地促进国家调控政策落实，就必须认真做好信息化调查了解工作，主要包括对被审单位所使用的信息系统、电子数据、业务流程、与信息系统有关的管理机构及管理方式以及开展数据分析的环境条件等情况，为下一步开展计算机审计奠定基础。通过调查了解，主要掌握以下内容：一是被审计单位审计信息化建设总体情况，主要包括信息系统建设总体结构、各信息系统的功能、相互间关联、数据存储方式、数据备份、信息化建设制度等；二是被审计单位计算机的软硬件配置情况，包括操作系统和常用软件，了解业务系统的类别、名称、版本、开发商、功能等内容，从而为下一步数据的采集、清理和转换提供支持；三是数据库系统情况，了解被审计单位业务系统所使用的数据库系统的基本情况，包括数据库系统的名称和版本，数据库系统本身的数据格式，数据库系统本身可导出的数据格式，数据库中各表的表结构及相互关联，信息系统与审计总体目标的关联程度、数据库系统成熟程度，数据规范性程度等因素；四是业务操作准则情况，了解部门业务中所使用的会计准则，包括国家制定的各种规定和部门内部制定的各种守则，为审计中发现问题、查证问题提供依据；五是业务流程情况，要详细了解整个业务从头至尾每个环节的具体操作方式和目的，并根据了解的情况绘制业务流程图，使审计人员有一个初步的审计思路，更好地设计切实可行的审计方案，同时初步确定数据采集的范围。

3. 分析数据，选取适当的审计方法

分析被审计单位的数据情况，结合审计目标选择适当的审计方法开展审计。首先，对于时间跨度长、样本容量大的对象，应充分运用计算机审计方法，扩大审计范围，提高审计效率。多角度、多层次收集与审计调查相关的数据，充分运用计算机进行数据筛查和分析，把握住审计对象的总体特征，迅速锁定重点，大大增强审计的科学性。选择开展审计的信息系统时，除综合考虑信息系统与审计总体目标的关联程度、审计资源的充分程度和被审计单位对业务系统的依赖程度外，还要考虑系统使用是否成熟，数据规范性、数据质量以及所支撑的业务是否具有重要地位等因素。

其次，针对不同项目、不同的审计重点，设计不同审计方法。例如，国家新医改制定的诸多解决群众“看病难、看病贵”问题的政策审计，除了要实地走访医院查看医改政策落实资料、深入群众了解真实情况等，还要将医院业务数据通过计算机方式进行比对，全面反映医改政策前后医疗费用的变化，并根据计算机方法筛选出的异常费用明细，发现各类线索，从而详细了解各类具体政策的执行效果。

最后，应采取“全面审计”和“重点审计”相结合的方式。围绕业务流程，将信息系统中各项数据相结合，由此及彼、互为支撑，完成对重点审计事项的审计，扩大审计成果。但同时鉴于信息系统数据量庞大而审计人力、时间相对有限，要突出重点，着力对信息系统的核心控制点进行审计，以求取得事半功倍的效果。

4. 对部分审计事项，构建数据分析通用模型

国家制定的宏观调控政策因行业不同而有所侧重点和差异，但针对国有资金流动中的某些过程，可以构建一些适用于各个行业的审计通用模型。

例如，在各个行业申报项目建设这一流程，可以利用计算机手段在审批项目的数据库中比对项目申报情况，查找通过审批的项目情况，关注同一个项目多头申报的情况，将审批项目比对形成的疑点表加入未落实疑点，随后到业主单位进行延伸，检查以同一项目的名义在不同部门申请的中央资金到位情况，是否存在项目多头申报时隐瞒已经获得中央资金补助的事实、导致中央资金使用效益低等问题，从而提出提高资金使用效益的建议，发挥审计的监督作用，让中央资金真正发挥作用。

针对上述特定流程，对不同行业的共性部分进行总体分析，利用审计经验或业务处理逻辑构建重点审计事项的通用分析模型，再根据具体问题展开财务数据和业务数据的关联分析。

5. 将信息化审计结果和理论研究相结合，促进完善国家政策

国家调控政策落实审计面临的是一项政策实施后产生的一系列新问题，这就要求审计工作在探索发现问题的基础上，将审计成果上升到政策层面，全面检查政策、措施落实情况，检查评价资金使用效益，以及相关的政策落实绩效、计划规划执行绩效、建设项目环境绩效和民生绩效等，同时对政策的制定及执行过程提出更切实可行、更易于落实的建议。

例如，在国家全面推行养老保险制度过程中，根据国家养老保险的有关规定，参保人员养老保险缴费基数为本人上年度月平均工资。但由于社会保障部门的养老保险缴费数据未与地税、公积金等部门数据共享，造成部分人员和单位少报缴费基数，进而少缴养老保险的情况。通过计算机审计手段，将在社保部门采集的社保标准表和地税部门采集的个人所得税缴纳数据进行对比，比较养老保险社保应缴数和实缴数的差异，反映降低养老保险缴费基数少征基金的问题。根据计算机审计揭示的问题，剖析其产生原因，并在此基础上从政策制定部门、政策执行部门及企业角度分别研究其背后可能存在的机制体制问题、政策执行问题等，从而对养老保险政策落实情况提出建议，以促进社会保障体系建设，推进各项国家调控政策落实，充分发挥审计的免疫系统功能。

面对国家治理对国家审计提出的新标准、新要求，审计转型升级的一个关键点在于审计信息化的发展。现阶段，各级审计机关要认清形势，找准突破点，以审计信息化为抓手，结合审计信息化发展现状，在积极推广、大力应用已有的技术方法的同时，注重探索和创新，逐步形成信息化条件下对促进国家调控政策落实审计的方法体系，不断提高审计信息化服务国家治理的层次和水平。

参考文献

［1］刘东喜，陈斌．从服务国家治理角度谈企业审计信息化［J］．审计月刊，2012（12）．

［2］朱雅珊．国家审计信息化的空间维度界定——基于国家治理视角［J］．审计月刊，2012（4）．

［3］马社昌，董寒光．国家审计信息化现状及发展方向［J］．现代审计与经济，2012（4）．

［4］范天伟．基于计算机审计的质量控制模型分析与探讨［J］．会计

之友，2012（7）.

［5］严永斌．我国计算机审计的现状及发展建议［EB/OL］. http：//wenku. baidu. com/view/d168709151e79b8968022622. html.

［6］周德铭，熊宛皎．国家治理与国家审计信息化能力［EB/OL］. http：//wenku. baidu. com/view/bf4b110976c66137ee0619bb. html.

［7］崔飚．宏观经济政策落实情况审计研究［J］．商业时代，2011（20）.

论国家政务信息化绩效审计评价及实现

安徽省淮北市审计局　罗　明

【摘要】　科技革命日新月异，我国政务信息化迎来了前所未有的大建设、大应用，促进了政府行政职能的转型，提高了效率。对于政务信息化项目所取得的成果或产生的不足，更加引起国家相关部门的关注。本文主要针对国家政务信息化的概念、状况、绩效评价标准、体系框架、实现等方面做了一些论述。

【引言】　作为信息化浪潮中的生力军和领头羊的国家政务信息化建设，为我国政府系统实现转变工作职能、转变工作方式、转变工作作风，有效提高工作质量和效率，建立高效、协调、规范的行政管理体制，起到了积极的促进作用。政务信息化是提升国家和地区竞争力，促进社会和经济发展的重要因素。目前，我国的政务体系已经离不开信息化的支持，对信息化的依赖程度也达到了一个更高的阶段。政务信息化涉及各级党政机关、行业主管、职能部门，它已经发展成为具有高整合性及互动性的开放式服务平台。为了对政府采用信息化手段后完成工作的效果和成绩进行真实、客观、全面、科学的评价，对政务信息化开展绩效审计尤为重要，从而进一步推进我国政府职能转变，提高政府工作透明度，发挥审计工作在国家治理中的重要作用，保障政务信息化健康发展的良好势头。

一、政务信息化绩效概念及现状

要理解政务信息化绩效，首先要对政务信息化和信息化有一定的认识。前总理温家宝曾经对信息化的重要意义做出以下诠释：“大力推进国民经济和社会信息化，是覆盖现代化建设全局的重大战略举措。要紧紧抓住信息化发展的机遇，进一步增强加快信息化进程的紧迫感和使命感，推进经济结构调整和经济增长方式转变，推动经济社会全面协调可持续发展。”这里我们要说的政务信息化是政府机构应用网络和通信技术，将政府的职能通过精简、优化、整合后在网络上实现运作，为社会大众提供超越时空和部门分隔限制的全方位、优质、规范透明的、符合国际水准的政府管理和服务的技术手段。政务信息化，从内容范围方面，能够运用信息技术实现政府机关内部事务处理、业务管理职能的开展，并为公众提供高效、可靠的服务；从功能领域方面，它在传统的公务、档案、信息、督查、应急处理这些政府内部事务信息化处理的基础上，又增加了管理职能实施和向公众提供服务两大内容；从系统特征上看，它强调应用系统的智能化、个性化、构件化；从技术手段上看，它要求信息资源的统一管理和系统标准的一致以实现总体集成。实现政务信息化，其主要目的是促进政府信息资源的开发利用和共享，提高行政效率和决策水平，改善公共服务质量和增加服务内容，增加办事执法的透明度，加强政府有效监管，建立政府与人民直接沟通的渠道，推动国民经济和社会信息化发展。

普遍认为，我国的政务信息化萌发于 1985 年的“海内工程”提出的电子政务，当时的建设目标为：在中央政府开展办公自动化建设，逐步实现决策与政府行政管理的信息网络化。而大规模的政务信息化建设始于 90 年代初期，1993 年年底，为适应全球建设信息高速公路的潮流，中国正式启动了国民经济信息化的起步工程——“三金工程”，即金桥工程、金关工程和金卡工程。“三金工程”是我国中央政府主导的以政府信息化为特征的系统工程，是我国电子政务的雏形。而此后进一步开展的“两网一站四库十二金”建设，使得电子政务在我国得到蓬勃发展（两网是政务内网和政务外网，一站是政府门户网站，四库是建立人口、法人单位、空间地理和自然资源、宏观经济等四个基础数据库，“十二金”是建设金宏、金桥、金财、金税、金卡、金关、金审、金盾、金保、金农、金水、金质十二个业务系统工程）。1999 年由 40 多家部委倡议发起了“政府上网工程”，迄今为止我国已逐步建立起了 73 个国务院部委级相关单位网站、32 个省级政府网站、332 个市级政府网站及 448 个区县政府网站，形成了由中央到地方的政府网站群，网页内容日益丰富，在政策传递、网上服务等方面都取得了一定的进展，使得政务信息化开始了全面发展。

所谓绩效（Performance），英文可以翻译成“执行”“履行”“表现”“完成”等含义，很多时候引申为“性能”“成果”等。国家政务信息化绩效可以简单地理解为对政府采用信息化手段后完成工作的效果和成绩。政府作为社会管理的公共组织，评价其绩效是十分复杂的，从宏观角度而言，政府绩效涉及面太广，包括稳定、发展、创新等成绩在内的宏观绩效。从微观角度而言，以特定的政府部门为分析对象，政务绩效体现为工作成本、质量、群众满意度等多个方面。

二、政务信息化绩效审计及评价标准

（一）开展政务信息化绩效审计的必要性

1. 开展政务信息化绩效审计是政府审计的法定职责

政务信息化是建立在信息技术基础设施上的基础应用的开展，也是世界各国信息技术投入的主要领域之一。政务信息化项目大多因为投入巨大、建设周期长、产品公共性等特点，常常由政府财政资金进行投资建设。我国的政务信息化活动以政府为主导，政府在政务信息化项目方面投入了大量的财政资金。根据审计法的规定，审计机关对各级政府及其部门的财政收支以及政府投资和政府投资为主的建设项目的预决算进行审计监督，监督的范围包括财政财务收支的真实、合法、效益性等。政府在电子政务方面投入了大量财政资金用于电子政务的建设、运营，对这部分政府财政投入及其效果的真实、合法、效益进行审计，是政府审计的法定职责。

2. 开展政务信息化绩效审计是政务信息化发展现状的要求

经过多年的探索和研发，我国的政务信息化水平已经取得了突飞猛进的增长，在政务信息化方面的投入取得了巨大成就的同时，也产生了诸多问题：一是缺乏统筹规划。中央政府与地方政府的政务信息化开发往往各自为政，在业务流程、数据标准和用户界面方面缺乏整体规划，这与电子政务的统一性、开放性和交互性的特征发生冲突，给信息共享和业务整合造成很大困难。二是忽视应用和服务。电子政务建设不是简单地将软硬件拼凑起来，而是通过业务流程重组和再造，理顺政府对内应用和对外服务，促进政府行政效率和服务水平的提高。我国政务信息化建设中，往往过于重视软硬件的建设，而忽视了对内应用与对外服务的深入开发，造成电子政务项目应用率和公众满意度不高的结果。三是法律体系不够完善。目前我国还未正式出台专门规范项目建设、运营及信息管理、信息共享的法律，现行法律大多属于部门规章或者地方立法，法律效力层级比较低。政务信息化建设过程中存在的问题，需要国家审计机关介入对政务信息化绩效进行评价，这也是政务信息化健康发展的客观要求。

3. 开展政务信息化绩效审计是转变政府职能、提高政府透明度的要求

开展政务信息化建设，对加快政府职能转变、建设服务型政府以及提高政府透明度具有十分重要的意义。对政府部门来说，可以通过信息技术手段完善和优化其内部业务流程，提高处理公共事务的能力和水平，更好地为公众服务。同时，政务信息化运行过程中积累的海量信息资源，也为实现信息公开提供了基础。信息公开透明有利于公众对政府信息的了解和反馈，完善公共决策的科学性，提高政府行政透明度。然而，目前我国政务信息化的发展与公众的要求还有很大差距。举例来说，在门户网站的建设方面，大量的门户网站成为政府的花瓶，久不更新或缺乏公众想了解的信息，在线办事没有或形同虚设，政府投入没能收到公众满意的效果。作为国家财政的守护人，审计机关有义务开展政务信息化绩效审计，对政务信息化绩效作用的发挥进行评价，这也是转变政府职能和提高政府透明度的客观要求。

（二）把握政务信息化绩效审计评价的总体要求

1. 理解政务信息化绩效评价体系建设的总体思路

根据国家信息化建设的基本方针和政府信息化建设的主要目标以及政府部门的服务理念、价值追求和职能责任等来确立政府信息化绩效评价指标体系，对信息化绩效进行宏观、中观以及微观层面的评价，通过对各行业和各部门之间的信息化发展状况的对比，来了解差距和机会，以便从宏观层面对信息化建设作整体的把握，从中观层面对信息化绩效作全面的了解，从微观层面对信息化实际项目作具体的指导。

2. 建立政务信息化绩效评价体系的框架

能否建立科学的政务信息化绩效评价体系是对政务信息化实施状况进行评价的一项切实有效的措施。科学、合理、全面、客观、公正的信息化绩效评议和考核，有助于提升政府绩效，更好地引领政务信息化建设的方向。然而，目前国内政务信息化绩效评价的研究很少有综合了政务信息化整体水平和信息化项目两个方面的绩效评价内容。

3. 搞清政务信息化绩效评价体系的运行机制

体系运行机制的主要问题是解决谁来实施、如何实施信息化绩效评价工作以及绩效评价的结果如何使用。谁来实施即是选择有效的评价主体；如何实施则是提供了评价指标体系被有效实施的方法；结果使用是指如何合理有效地利用评价结果，为政务信息化的发展、建设、运行提供对策建议。运行机制的建立是政务信息化绩效评价工作能够有效、顺利实施的根本保证。

4. 围绕中心、服务大局

审计署“十二五”信息化发展规划指出，以中国特色社会主义理论和科学发展观为指导，依照国家信息化发展战略总体要求，紧紧围绕审计事业发展的中心任务，探索创新审计方式，加强审计队伍信息化能力建设，全面提高信息化环境下的审计监督能力，为审计发挥保障国家经济社会健康运行的免疫系统功能提供信息技术支持和保障。要求坚持围绕中心、服务大局，紧紧围绕审计促进国家经济社会又好又快发展这个中心，围绕审计促进经济平稳较快发展和经济发展方式转变的目标大局，以信息化提升审计监督能力和实现审计方式转变为核心任务，规划“十二五”期间我国审计信息化的总体安排和各项任务。

（三）政务信息化绩效审计评价标准及框架

绩效审计中的标准是检验和评价审计事项的度量衡，也是审计过程中证据收集过程中具有指导性的尺度。审计评价标准是审计工作中重要的依据所在，也是被审计单位关注的重点内容。如何选择和确立好审计的标准，怎样选择和确立审计标准就是审计的重要工作。

根据当前我国国家政务信息化的现状，我们在对其进行绩效审计时，可以遵循四类评价标准：

1. 具有宏观指导的政策性标准

主要是符合国家法律、法规、相关政策及原则。要能在国家的宏观经济策略大前提下，依据合法的、适时地的指导理论指导审计评价的给出。

2. 符合使用环境的技术性标准

主要有国际标准、国家标准、行业标准、地方标准和企业标准。通过确定公认的技术标准，判定国家政务信息化实施的科学性、合理性。

3. 影响最终目标的经济标准

主要是能否完成主管部门下达的经济目标或年度任务指标，能否实现历史最好水平或本地区、其他地区最好水平。根据各种经济参数对比，证明能否实现预期效果的目标。

4. 反映社会效应的专家意见、公众预期、群众评议等

可以使评价标准更符合广大人民群众的利益、更加符合科学发展观的要求。

在具体的绩效审计实施过程中，我们又可以通过具体的评价体系框架来衡量国家政务信息化绩效的实际内容。考察国家政务信息化构成层次，可以

把该体系框架分为电子政务项目绩效、系统绩效、综合绩效、发展水平四个单元。

1. 电子政务项目绩效

电子政务项目可分为建设项目和运维项目，对电子政务项目绩效的评价是指对一个或多个电子政务项目从立项、招投标、实施、验收直至上线运行等建设过程绩效的评价。评价主要从项目管理、项目产出、应用效果、资金使用四个方面进行。评价指标包括项目完成率、项目持续发展保障、项目环境变革。

2. 电子政务系统绩效

电子政务系统是建设服务型政府的主要载体，电子政务系统绩效情况将直接影响政府通过信息化手段提供公共服务的能力和水平。对电子政务系统绩效的评价是指对一个或多个电子政务系统从上线运行到日常维护等应用过程的评价，主要从系统服务情况、系统技术情况、系统可持续性、系统成本效益和系统可复用性五个方面进行。评价指标包括效率、用户便利性、以服务为中心情况。

3. 电子政务综合绩效

电子政务综合绩效反映了每个政府部门政务信息化建设的整体情况以及该政府部门通过信息化手段提供公共服务的综合能力和水平，对电子政务综合绩效的评价是指对一个或多个政府部门在一个时间周期内的部门电子政务建设情况进行评估，主要从服务与应用、资源整合与利用、管理与保障三方面进行。评价指标包括提升政府履行职能的能力、带动信息化发展的情况、支持经济发展的情况、支持社会发展的情况。

4. 电子政务发展水平

电子政务发展水平反映了一个省市地区政务信息化建设的综合情况。对电子政务发展水平的评价是指对一个或多个省市地区的电子政务建设发展情况进行评价，主要从电子集中、电子安全、电子管理、电子服务和电子决策五个方面进行。评价指标包括系统集成度、资源整合程度、辅助政府提高效能程度。

（四）政务信息化绩效审计评价标准数据采集

评价数据是评价结果产生的源泉，有了评价数据才使得评价变得有意义。在应用评价框架进行政务信息化绩效审计时通常要对数据进行科学处理。

政务信息化绩效审计评价不同于已经成熟的政府门户网站评估，它所评价的是一个综合性更强、涉及面更广的对象，所需要的数据和材料要求更全面、更广泛。这也是评价的一个难点所在。在审计过程中通常可以使用的数据采集方法主要是：自评，网上采集信息，问卷反馈，案例调查，专题访问，评价主体收集到各个部门在信息化规划、项目立项、招投标、验收等环节的信息，及第三方机构调查数据等相结合的形式。对采集到的审计评价数据可以进行系统的分析、论证，确定政务信息化的处理和控制功能是否恰当有效。

在对采集到的各类数据信息进行分类和整理时，可以将各项评价指标的观测值与相应的评价标准进行对比，对评价对象的各个侧面作出单因素评价；在无量纲化处理基础上采用适当方法对各单因素评价结果进行加权综合，从而对被评单位进行整体的比较、分析、排名。

三、政务信息化绩效审计评价实现

（一）以信息系统绩效审计评价为基石创新政务信息化绩效审计评价

基于目前政务信息化的普遍推广应用，各党政机关、部门相继实施了以自身业务特点为出发点的信息化系统项目。目前审计机关已经逐步探索出了开展信息系统审计的方法，而各单位的信息系统正是国家政务信息化成果的集中体现之所在，因此可以从党政机关及部门的信息系统审计的评价中逐步摸索出政务信息化绩效审计评价的方法、套路。审计绩效评价方法是开展和深化绩效审计工作的关键，评价方法得当，审计目标就能顺利实现，否则，评价偏离主题，使审计结果信息失真，增大审计风险。政务信息化绩效审计评价方法应当贯穿于审计项目的始终。

1. 过程评价，即对财政支出的合理性，财政支出目标是否得以实现，政务信息化投资执行情况过程的评价。

2. 经济绩效评价，即对财政投资项目的盈利能力和清偿能力分析。盈利能力分析，测算主要评价指标，如成本净现值、投资利润率等主要财务指标。

3. 影响评价，即对财政支出项目的运营对地区和行业经济发展、公众交互、评价的影响评价等。

4. 持续性评价，即对政务信息化投资项目完成后，项目所规定的目标是否可以继续，项目是否可以持续发挥作用的评价等。

（二）信息系统绩效审计评价要素和内容

1. 合法合规性

系统在购买、使用、开发、更新、维护、转移等过程中必须符合相关法律、法规、准则、制度及标准的规定。

2. 安全性

系统硬件和相关设施在遭受各种外力因素破坏时仍能正常运行的物理安全概率、系统软件在遭受黑客、病毒入侵时的逻辑安全以及有关数据文件的安全性。

3. 可靠性

系统运行稳定、易于维护、恢复以及系统输入、处理和输出数据的及时、准确和完整。

4. 经济性

系统开发、运行过程中单位资源投入和成本节约的水平及程度，资源使用的合理性。

5. 效率性

是否用最少的系统资源投入产生最多的用户信息，主要是系统硬件处理能力、软件及数据资源优化利用程度、数据处理速度、查询响应时间。

6. 效益性

系统的投入产出比，在财力、人力资源和系统硬件、软件资源的大量投入下，系统实现组织目标的程度。

7. 真实性

系统数据真实反映业务及管理活动的程度。

8. 完整性

系统数据的正确生成、存储和传输，不被偶然或蓄意删除、修改、伪造、丢失的特性。

（三）政务信息化绩效审计综合评价注意事项

1. 开展工作前，重点把握审计立项

针对政务信息化绩效审计综合评价指标体系的复杂性，在审前准备阶段首先要未雨绸缪，严把审计立项关，在项目立项前进行项目筛选，根据审计机关自身业务能力情况先选定一批政务信息化项目做好审前调查，在确定政务信息化能较好地保障数据的安全性、完整性的基础上分析综合评价指标能否合理有效的取得，判断对最终的绩效评价是否准确后再确定恰当的政务信息化项目作为绩效审计项目，并最终采用政务信息化绩效审计综合评价指标体系评价该政务信息化项目。

2. 提高认识，力求降低审计风险

政务信息化绩效审计评价同样存在审计风险，在审计实施阶段从降低审计评价风险的角度出发，应增强审计人员对审计评价工作的重视程度，解决好“认识关”。充分认识政务信息化绩效审计综合评价指标体系的复杂性，不能等闲视之。只有严肃认真地对待才能做好政务信息化绩效审计综合评价，才可以降低审计评价风险，树立审计部门的威信和形象。

3. 强化研究，提高审计人员素质

强化绩效理论研究，政务信息化绩效评价的探索实践，需要遵循从理论到实践、再从实践到理论的认识过程。首先要有组织地开展绩效审计相关理论培训，其次可依据“先易后难，积累经验，分步实施”的原则积极开展绩效审计试点，在实践中提高审计人员的整体素质，增强审计人员综合分析和逻辑思维能力，解决好“能力素质关”，保证审计评价的质量。

4. 确保质量，严格执行审计实施方案

在审前调查后，根据政务信息化审计项目的实际，编制详细合理的审计实施方案，包括被审计单位基本情况、审计范围、重要性水平确定和审计风险的评估、审计内容重点和方法、绩效评价指标及方法、审计实施步骤与时间安排、审计组人员组成及分工、审计工作要求等主要内容，在审计中必须按照预先制定的审计实施方案，分析取证并客观公正、实事求是地进行绩效评价。

参考文献

［1］唐重振．试论电子政务信息服务绩效评估体系构建［J］．情报杂志，2007，26（7）．

［2］李星吾，黄江海．推进全面开展绩效审计的工作思路［J］．中国审计，2010（1）．

［3］徐越翰．政府信息化与电子政务发展研究［J］．科技传播，2011（12）．

［4］刘绍辉．论我国电子政务绩效评估体系的构建［J］．湖北社会科学，2005（11）．

［5］马连杰，胡新丽，张晓莲，等．领导行为对政务信息化绩效的影响研究［D］．吉林大学，2011（6）．

［6］白永新．信息系统绩效审计实践初探［EB/OL］. http：//www. audit. gov. cn/n1992130/n1992150/n1992576/2805528. html.

［7］郭励弘．建立我国电子政务绩效评估制度的构想［J］．国务院发展研究中心调查研究报告，2005（31）．

国家政务信息化绩效审计实现途径及评价探讨

审计署长春特派办　宋泊微

【摘要】 随着我国经济社会和电子信息技术的快速发展，政府各职能部门逐渐全面利用信息化手段管理社会事务，国家政务信息化程度逐步增加。作为政府绩效审计范畴之一的国家政务信息化绩效审计，也必将会被推上历史舞台。国家政务信息化绩效审计是对政府信息资源管理是否符合经济性、效率性和效果性等情况进行的审计，具有十分重要的理论与现实意义。本文从国家政务信息化绩效审计产生的背景入手，讨论国家政务信息化绩效审计的实现途径及评价方法，并分析目前存在的问题及解决方向。

【引言】 国家政务信息化绩效审计是对政府信息资源管理是否符合经济性、效率性和效果性等情况进行的审计，通过绩效审计可以检验政府信息化管理工作的经济性、效率性和效果性，有助于防止逆向选择，改善政府信息管理机构同公众之间的关系，帮助政府信息管理部门改进工作，因此，在绩效审计中，应将审计的内容与重点与信息化建设的现状和问题联系在一起，利用项目建设类、项目性能类指标、项目效益类和公众评价等指标评价国家政务信息化绩效审计，促进国家政务信息化绩效审计继续发展。

一、我国政府部门的政务信息化发展现状以及政务信息化绩效审计出现的背景

（一）国家政务信息化发展现状

随着信息技术的飞速发展，我国电子政务的发展已呈现全面覆盖所有政府部门甚至所有业务应用的趋势，从衣食住行到生老病死，从跑“部”办事

到一站办成，政府各项服务通过网络广泛渗入老百姓的生活，并且以精简、综合、人性化的一站式办公让公众切实获益。在此情况下，各地方政府加强整体规划和设计，构建统一的政务网络平台。虽然目前社会公共管理事务已经基本上采取信息化手段进行统一管理，但由于社会事务繁杂，且存在一个从点到面和逐步投资的过程，再加上事先没有足够的经验，很难针对各部门所利用的信息系统作出全面规划，所以出现了“分散建设”和“信息孤岛”的现象，我国国家政务信息化仍还处于起步阶段。

（二）国家政务信息化绩效审计产生的背景

在日常审计过程中，审计人员在专项资金或经济责任审计中屡次发现，目前信息化工作中存在不少问题，如数据库重复建设、信息资源利用率低、可利用的信息资源不足、信息服务的不公平、国家信息管理部门工作长期低效等问题。由于部门管理职责所限，这些问题不会自动消除，需要有一个外部力量对其进行校正、纠偏。许多政府信息资源管理部门也迫切需要有外部机构对其绩效问题进行分析，找到问题的根源，并为其出谋划策。这种政府信息资源管理部门内在自身改进工作的需求在一定条件上也刺激了政府信息资源管理绩效审计工作产生。

二、国家政务信息化绩效审计的内涵及意义

（一）国家政务信息化绩效审计的内涵

国家政务信息化绩效审计是运用绩效审计的理论和方法等对政府信息化资源的管理活动所进行的专项政府绩效审计。具体来讲，国家政务信息化绩效审计，是指绩效审计者根据国家审计法规和惯例的要求，按照授权和规定的程序通过收集、分析、评价政府信息资源管理单位在政府信息资源管理活动中形成的审计证据，对其信息资源管理活动的经济性、效率性、效果性等进行的审计，发现政府信息资源管理中存在的问题，找出产生这些问题的根源，提出改进政府信息资源管理的建议，将审计结果反馈给相关部门，帮助政府信息资源管理单位更好地履行其功能的一项专门性的审计活动。

（二）国家政务信息化绩效审计的意义

1. 通过绩效审计检验政府信息化管理工作的经济性、效率性和效果性，监督政府信息管理部门的不正当行为，有助于政府信息管理部门尽职尽责地履行受托经济责任。另外，通过绩效审计，还可以检验相关政府信息是否能够公平地被广大公民利用，促进政府信息充分发挥作用。

2. 通过绩效审计有助于防止逆向选择，改善政府信息管理机构同公众之间的关系。通过绩效审计，公开审计结果，可以让社会公众尽可能多地了解政府相关部门的工作绩效，有助于消除误会，提高政府部门在公众中的信誉度，树立权威地位和公信力。

3. 通过绩效审计有助于帮助政府信息管理部门改进工作。国家政务信息化绩效审计工作不仅是一项监督管理工作，还是一项提供建议的工作。通过绩效审计，帮助政府信息资源管理部门发现工作中存在的问题，找出产生问题的根源，并提供改进工作的参考性建议，促进被审计单位积极整改，也是提高政府部门工作质量的一项有效措施。

三、我国开展国家政务信息化绩效审计的关注重点与主要方法

在绩效审计中，应将审计的内容与重点与信息化建设的现状和问题联系在一起，当前我国政务信息化建设存在应用、资源整合以及公众服务等诸多问题。审计机关在进行电子政务绩效审计的时候，应当关注这些问题对绩效的影响，将其纳入审计的重点。

（一）关注公众的社会服务需求

在公众服务方面，审计应关注以下重点：一是政务信息化项目在立项、设计的时候公众服务模块和功能设计情况，是否包括完整的政府业务流程情况，是否依据现有的政策制度进行设计，是否设计了公众满意度调查与公众意见邮箱等；二是公众服务在线提供的能力和水平，包括公众服务项目全流程网上提供所占的比重、关键业务流程是否在网上提供等；三是政府部门利用政务平台与公众进行交互情况，包括双向信息交互所占的比重、信息交互的便利程度、公众对公共服务的满意程度、公众信息反馈的程度和水平、政府事务公众参与程度等。公众服务是电子政务绩效的重要体现方式，也是电子政务建设的出发点和落脚点。审计机关在电子政务绩效审计中关注公众服务，有利于转变政府职能，建设社会主义服务型政府。

（二）关注政务信息化项目的建设与管理情况

针对政务信息化的建设情况，审计人员应从政务信息化项目的立项入手，关注项目立项是否符合项目发展要求；项目设计时是否进行了业务流程的分析、重组和再造；是否存在已建好的项目与申报项目内容重复和功能交叉的情况；是否存在为了套取财政资金支持而忽视了实际的需求盲目立项的情况；关注项目的各个环节审批程序是否规范等。

针对政务信息化的管理情况，审计人员应关注是否建立了与业务流程有关的管理流程和制度，并审阅相关流程是否有利于提高行政效率；关注政务信息化项目运行和维护是否有专门部门或人员负责；运行维护过程中是否反映出设计和建设过程中存在的问题；是否存在建设之前缺乏严格论证，导致后期维护运行所需的资金、技术和人才都跟不上，最终使得项目难以持续的情况；信息化项目是否确实提高了政府部门的管理效率，取得了良好的效果。

（三）关注我国政务信息化过程中存在的“孤岛化”问题

由于我国政府各相关部门职责分工不同，其管理的信息系统的职能各不相同，导致各部门管理的信息系统相对单一和独立，单一社会事物也一般由一个部门负责。这种管理方式造成管理事项内部循环，信息系统的管理与使用仅局限于系统内部，由于内部监管较弱，信息系统的各职能管理岗位分工相对集中，某些人员可能既从事数据输入、处理，又负责数据的输出、报送，他们可能在数据来源的相互关系、数据处理等方面具有详细的知识，也熟知内部控制的缺陷，这就使他们有可能在未经批准的情况下，直接对使用的程序和数据库进行修改和操作处理，个别系统开发人员可以随时接触、修改系统数据，易出现各类信息系统“孤岛化”问题。

针对信息“孤岛化”的问题，审计人员应从地方政府整合信息资源，实现信息资源的互联、互通和信息共享的情况入手，了解当地信息资源整合的基础工作情况，包括软硬件和网络基础设施建设情况、数据库标准和接口协议情况、跨部门业务流程整合情况，纵向分析电子政务系统之间利用信息资源进行业务协同的情况及实际效果，关注不同部门之间由于信息的不通畅或共享程度低，信息管理权限分割的体制对电子政务绩效的影响，特别是由于“孤岛化”带来的社会事务管理效率低下等问题。

四、我国开展国家政务信息化绩效审计的评价内容

（一）绩效审计指标体系设计原则

国家电子政务的核心目标之一，就是要改善政府的公共服务，提高公共服务的水平和质量。从中国的实际情况出发，只有从广大民众最为关心的政府公共服务的角度出发，有选择地把政府对社会、公众服务的最主要业务率先实现信息化，才能真正体现电子政府的价值，并通过这样的应用，带动政府对社会监管以及政府内部的信息化。在实际应用中，必须建立一套完善的绩效审计评价指标，确保绩效审计的效果。政务信息化绩效评价指标体系的

设计是正确、合理评价信息化项目的基础，为政府部门决策提供有力依据，产生更大的经济和社会效益。为此，指标体系设计应遵循以下原则：一是指标体系全面与可信原则，即它应有效地反映信息化项目的基本特征，并能全面地反映评价对象的综合情况，以保证绩效评价的全面性和可信度；二是可计算原则，即指标含义明确，数据资料收集方便，计算简单，易于掌握；三是定性分析与定量分析相结合原则，即为了进行综合评价，必须将部分反映信息化项目基本特点的定性指标定量化、规范化，为采用定量评价方法打下基础。

（二）政务信息化绩效审计评价指标内容

一是项目建设类指标，包括设计建设的信息系统与国家的法律法规、方针政策、被审计单位制订的工作目标、政务信息化制度、社会评议结果、内部控制评价、部门职能的政策符合度等；二是项目性能类指标，主要反映系统在运行过程中的一些硬性指标，包括系统可靠性、系统维护周期、系统响应时间、系统错误率等；三是项目效益类指标，包括利用信息系统后是否政务公开、是否办事高效、是否优质服务、利用信息系统后决策水平、决策实施过程中能否根据已变化了的主客观情况适时修订决策、机关内部各部门内部协调状况等；四是公众评价，项目的评价还应当包括项目自身建设的效果性评价与公众评价，一般只能通过问卷调查取得，将问卷调查的资料经过量化处理作为评价的组成部分。

结合我国政府信息化建设情况，设计如下指标体系见表1。

表1　政务信息化绩效审计评价指标

层级1		层级2	
指标名称	权重	指标名称	权重
项目建设	10%	项目制度建立完善情况	3%
		项目目标实现程度	5%
		项目政策符合度	2%
项目性能	30%	系统可靠性	4%
		系统可操作性和维护性	5%
		系统响应时间	5%
		系统错误率	8%
		系统安全性、保密性	8%

续表

层级 1		层级 2	
指标名称	权重	指标名称	权重
项目应用绩效	40%	较好地完成本部门职责	10%
		提高社会事务管理效率	10%
		加快社会事务办理时间	10%
		决策过程是否及时修订	5%
		内部协调情况	5%
公众评价	10%	公众满意程度	10%
评分合计	100%		100%

该指标采取层次分析法，建立政务信息化绩效审计评价指标体系。主要是将多个与信息化绩效审计相关的指标组成多层次、立体式的指标体系，涉及项目建设、项目性能、项目应用绩效、公众评价等四大层面，14 个具体的定性和定量模块。在进行量化评分时，结合审计项目的逐步开展，按照权重设置分别在对应指标名称后评定分数。

（三）政务信息化绩效审计评价指标运用方法

结合上述四个层次的审计评价指标，在开展政务信息化绩效审计时主要采取如下方法：

1. 项目建设方面

开展政务信息化项目建设审计评价的主要目标是调查项目目标实现程度、项目制度建立情况、项目政策符合程度等组织层面制度与方法的合法、准确性，结合项目建设目标与具体构建措施，分析被审单位的信息化管理体制机制存在的风险点和薄弱环节，评价项目建设方面存在的问题。

项目建设评价主要需要如下资料：信息化部门组织机构及岗位职责、信息化战略规划、信息化管理制度文件汇编；项目立项文件（包括立项申请批复、招投标文件、项目实施进展表、采购施工合同、结算文件）等。重点应关注以下方面：

（1）检查被审计单位是否制定了信息化规划的起草、批准和实施管理制度，是否有明确的信息系统规划进度安排表；是否建立了信息化管理制度，能否准确执行制度。

（2）检查政务信息化项目设计（含初步设计方案和投资概算报告）是否符合编制要求；是否由招标选定或者委托具有相关资质的设计单位编制，

是否通过了有相应资质机构的评估，是否获得审批部门批复。

（3）检查政务信息化项目是否有明确的建设目标，是否形成了完善的项目建设文档，结合系统功能测试，评价项目目标是否实现。

（4）检查政务信息化项目的立项是否符合国家规定，审查被审单位的内部信息共享与资源整合绩效，如是否存在硬件资源重复建设，是否存在应用软件功能重复或部分重复，是否存在业务系统间基础数据字段不匹配，是否存在数据多头采集等现象。

2. 项目性能方面

开展项目性能审计评价的主要目标是调查项目具体运行中的稳定性与准确性，结合项目建设目标，分析被审单位的政务信息化项目性能是否达到设计目标，系统运行是否稳定，揭示系统性能方面存在的问题与风险，提出改善的意见与建议。

项目性能评价主要需要如下资料：系统设计文档、系统性能状况分析报告、变更管理、问题管理、日志管理制度文件和工作记录等文件。重点应关注以下方面：

（1）检查是否建立了系统的变更、配置和发布管理机制，重要变更升级从申请、审批、开发、测试到上线是否有详细记录；是否建立了问题管理机制，是否所有事件、问题和错误都被及时记录，分析和有效处理。

（2）检查是否建立硬件性能监控制度，设定了重要核心参数监控清单（至少包括 CPU 利用率，网络利用率和存储容量状态等）；审核硬件可用性和利用率报告，确定网络、数据库和主机等设备能满足负载和需求，或者存在高配低用的浪费现象等。

（3）审查是否建立了数据库的认证授权机制；重要网段是否采用技术隔离手段，是否在网络边界处监视端口扫描，拒绝服务攻击，网络蠕虫等攻击行为；所有关键系统启动了日志记录功能（防火墙、网关、路由器等），能对设备运行状况、网络流量、用户行为等进行日志记录，并有专人承担日志维护、报警信息分析职责。

3. 项目应用绩效

开展项目应用效益评价的目的是通过审查项目应用推广情况和软硬件的实际应用程度等方面的问题，促进被审单位提升电子政务系统的应用绩效。

项目应用绩效评价主要需要如下资料：项目设计文档、系统性能监测报告、查阅信息化应用推广的管理制度、项目应用反馈调查表。重点应关注以下方面：

（1）审查被审单位是否成立负责应用推广考核的主管部门，是否制订业务系统应用推广的培训、激励和考核制度，培训的广度与深度如何。

（2）审查交付后应用系统的实际使用状况，是否存在“建而不用”的问题。具体包括投入使用时间是否严重延期、信息系统的功能模块是否存在闲置、录入系统的数据量是否合理等；系统硬件设施如存储、CPU 和网络资源等是否存在“高配低用”问题。

（3）以业务流程为主线，关注业务流程总体控制，输入、处理和输出控制、主数据及参数和接口控制，发现是否存在业务系统各类模块程序设计存在缺陷，计算功能错误等问题，是否存在系统输入控制设定不严格，导致数据库中基础信息不完整、数据错误率较高、系统关键字段缺少输入控制等问题。

（4）以调查了解问卷的方式，下发至系统具体使用者手中，了解系统在帮助完成本部门职责，加快社会事务办理时间，提高办事效率方面发挥的作用。系统能否加快部门内部的公文流转速度。

（5）审查被审单位是否确定部门信息共享工作的责任单位，以及相关业务司局、信息化支撑单位和保密工作单位在信息共享工作中的具体职责；是否落实信息统一管理、统一查询、访问控制等支持信息共享的技术条件。

4. 公众评价方面

公众评价方面主要是站在项目的被使用方的角度去审视政务信息系统，发现项目在运行中仍然存在的错报漏报、效率低下等问题。

公众评价主要需要的资料：信息公开制度、各类调查问卷。重点应关注以下方面：

（1）是否建立了信息公开管理制度，制度的建立是否有利于公众对政府信息的了解和反馈，能否提高政府部门为公众服务的能力和水平，如果系统存在前置网站，是否设立了公众提供参与互动的渠道。

（2）开展问卷调查。将调查问卷发放至系统具体使用者手中，从系统运行、系统使用、办事效率等方面，了解公众对系统的评价与反馈。

五、我国国家政务信息化绩效审计存在的问题及今后发展对策

（一）我国国家政务信息化绩效审计目前存在的主要问题

1. 政务信息化绩效审计法律法规体系仍不健全，现有法律的规定还不够明确具体

我国审计法只提出了对“对财政收支或财务收支的真实、合法和效益，

依法进行审计监督”。但是在审计法中并未明确规定审计机关如何开展绩效审计，审计机关职责、审计机关权限、审计程序等方面也是针对财务审计进行规定的，并不适应开展政府绩效审计的需要。实际上，我国的绩效审计处于一种不完全的法律授权状态。

2. 缺乏健全的评价标准体系

政府绩效审计评价指标体系是衡量被审单位效益高低的尺度，建立一套科学合理的审计评价指标体系，对于客观评价政府绩效，防范审计风险，实现审计目标都具有重要的作用。然而，我们至今还没有绩效审计方面的指标评价标准，也没有绩效审计方面的准则性质的可操作性指导文件。这就造成了对绩效的评价无据可依，继而影响绩效审计的质量和审计结论的可信度。

3. 信息化绩效审计取证手段尚没有明确方式，影响审计效率

按照《中华人民共和国审计法》的相关要求，审计组在调取电子数据的过程中，除了要保证取证内容合法外，取证手段也必须合法。一般情况下，审计组按照本次审计的相关内容向被审计单位提出数据信息的需求，被审计单位必须按照审计组的要求提供真实、准确的数据信息。但是，在审计过程中，审计人员经常会遇到被审计单位配合不到位，或以数据丢失、找不到数据字典等理由拒绝提供，特别是电子数据信息容易被删除或者隐藏。信息化审计绩效审计条件下，审计组取得的审计证据多数以电子数据为主，而鉴于电子数据的无形性、易被修改等特征，特别是某些电子数据是由计算得出的，存在极强的隐蔽性，影响了电子数据的直观性。在取得审计证据后，除了专业计算机人员外，较少有人能够核对审计证据内容是否准确。在审计取证的过程中，往往会因为个别审计人员的专业知识不足，导致审计证据存在不完整、准确性差等问题，审计证据无法有力支撑审计结论，对审计质量造成一定的影响。

4. 信息化绩效审计取证对审计人员计算机能力的要求较高，容易导致审计需求与实际的脱钩

在信息化审计中，审计人员除了在常规审计中要熟悉被审计单位相关业务流程与政策法规，还需要对被审计单位使用的软硬件和信息系统有充分的了解，特别是要熟悉信息系统各模块的设计思路、数据传输方式，这对审计人员的综合能力要求极高。尤其是目前多数被审计单位在会计核算上实行了直接由业务数据生成财务数据，仅仅取得财务账套已远远不能满足审计需求。因此，在实际审计项目进行中，往往指定对计算机较为熟悉的审计人员进行数据取证，在不是十分熟悉被审计单位信息系统的情况下开展审计取证

容易导致需求与实际脱钩，影响了审计证据的适当性与充分性。

（二）我国国家政务信息化绩效审计今后发展思路与手段

1. 进一步健全法规政策，完善审计准则

法律依据是开展绩效审计关键的一环，是影响政府绩效审计发展的一个重要因素，依法审计是审计的基本原则，只有以法律、法规的形式把绩效审计确定下来，审计人员在进行审计时才有法可依。虽然国务院办公厅于2001年颁布的《关于利用计算机信息系统开展审计工作有关问题的通知》明确了审计机构有权检查被审计单位运用计算机管理财政收支、财务收支的信息系统，针对计算机系统的接口、网络远程审计提出了要求，但是审计法中对于信息化绩效审计方面的规定仍较模糊，构建完善的准则体系仍任重道远。具体来说，目前应制定信息化绩效审计法，从立法上给予规范，维护政府审计的权威性，并认真总结经济责任和专项资金审计中取得的绩效评价经验，结合财务收支审计的审计准则，制定比较系统、操作性较强的绩效审计准则。

2. 健全信息化绩效审计评价标准体系

首先要健全绩效审计评价组织机构，科学地确定各部门职责，合理选定考核评价方，引入第三方评价机制；其次要科学确定评价内容、量化指标和各指标的权重，制定各指标的合理分值，对不能直接量化的定性指标，要进行科学地转化；最后，评价体系要做到持续，要注重考核评价结果的反馈和应用，有效发挥绩效评价激励约束机制的作用，将评价结果作为对政府部门负责人评价、任免和奖惩的一项重要依据。

3. 提高审计人员素质，积极探索信息化绩效审计取证方式，完善电子证据采集管理制度

审计人员应积极提高自身素质，探索研究信息化绩效审计的取证方式，利用快速发展的网络技术提高取证的效率。除了提高数据取证方式外，审计人员应坚持开拓创新，积极研究开发完备的审计软件，丰富完善其功能，使其能够集审计证据采集、分析、整理于一体，提高审计效率。审计组应积极采取有效措施保护电子数据的完整与准确，在采集数据的过程中，坚持数据信息类证据的适当性和充分性开展审计取证，要保证采集的审计数据与审计目标一致，不能毫无头绪地乱取一通，尽量减少审计风险。在审计组采集、利用电子数据的过程中，加强部门复核力度，确保电子数据信息与审计需求相适应，判断电子数据信息的准确性。

参考文献

[1] 彭华彰．政府效益审计论[M]．北京：中国时代经济出版社，2006.

[2] 陈宋生．政府绩效审计研究[M]．北京：经济管理出版社，2006.

[3] 吴小芬，李永忠，许惠煌．我国电子政务信息系统审计探析［J］．情报杂志，2007（12）．

[4] 王新才，吕元智，袁文清．政府信息资源管理绩效审计背景、内涵与意义［J］．档案学通讯，2009（3）．

国家电子政务绩效审计评估及实现研究

审计署长沙特派办　徐　磊

【摘要】 由于国家电子政务投资大、风险高、周期长、见效慢，而且又是新的政府管理实践和新的研究领域，这些都亟须政府引入绩效评估工具手段，本文立足于此，详细介绍了我国电子政务的发展历程，并在分析开展电子政务绩效评估的必要性和重要性的基础上，介绍了国内开展电子政务绩效评估的研究和实践，提出了包括四个层次模块的电子政务绩效评估体系框架及具体内容。相信通过有效的电子政务绩效审计评估，可以指导电子政务的科学发展，切实提高电子政务应有的价值，加快政府职能转变，深化政府效能建设，为实现深化行政管理体制改革的总体目标打下坚实基础。

一、我国电子政务发展历程及评估现状

2002 年，《中共中央办公厅国务院办公厅关于转发〈国家信息化领导小组关于我国电子政务建设指导意见〉的通知》（中办发〔2002〕17 号）文件中明确提出以“金关”“金税”为代表的“十二金”工程，我国进入了重点以提高行政监管能力为目标的电子政务建设阶段，特别在“十五”期间有了较大发展。

国家电子政务通过十多年的发展，中央和省级政务部门主要业务电子政务覆盖率已经达到 70%。“金关”“金税”“金盾”“金审”等一批国家电子政务重要业务信息系统应用进一步深化，取得较大的经济和社会效益。电子政务在促进政府职能转变和管理创新，强化经济调节、市场监管和信息资源利用效能，降低行政成本和风险，拓展互动交流渠道，提高政府公信力，改善社会管理和公共服务质量，提升国际形象等方面发挥了巨大的作用。但在电子政务高速发展的过程中，同时也暴露出电子政务的机构和制度建设滞

后、投资利用率低、项目重复建设、“信息孤岛”大量存在、“数字鸿沟”严重影响城镇化进程，“三重三轻”（重开发轻应用、重硬件轻软件、重管理轻服务）现象普遍、安全事故时有发生等问题，都给深化我国行政管理体制改革、加快转变经济发展方式带来了制约，迫切需要解决。

随着我国电子政务的迅速发展，从国家到各省、市、地区都开始高度重视电子政务的绩效评估。《2006－2020 国家信息化发展战略》中明确指出：“建立电子政务规划、预算、审批、评估综合协调机制，加强电子政务建设资金投入的审计和监督。明确已建、在建及新建项目的关系和业务衔接，逐步形成统一规范的电子政务财政预算、基本建设、运行、维护管理制度和绩效评估制度。”

2006 年开始，我国电子政务绩效评估逐步开始向提高公共服务水平和内部运行效率的评估转移。目前，北京、上海、广州、福建、宁波等省市已经开展了电子政务绩效评估的研究和实践，取得了一定的成效和反响。但由于我国电子政务缺少相应的司令部、缺乏适当的、系统的理论指导，导致我国电子政务评估理论研究和实践尚处于初级阶段。因此，加强针对我国特征的电子政务评估理论、方法和工具的研究，强化评价结果的使用，将是我国电子政务绩效评价发展的重点领域。

二、电子政务绩效评价的意义

从实证学的角度，根据美国一家著名研究机构的调查，2000 年美国的政府和工业部门的所有 IT 项目，仅有 28% 获得成功，另外 23% 被取消，其余的 49% 部分合格。联合国在 2003 年对全球电子政务的调研也表明，经济处于发展中的国家，电子政务项目失败的概率为 60% ~80% 。

当前我国电子政务建设每年投入巨大资金，2007 年中国电子政务市场投资额为 657. 34 亿元，同比增长 19. 6% ，但实际建设效果与巨大资金投入反差强烈，且在提高政府行政效能和公众服务能力方面收效不明显。追根溯源，主要是我国电子政务建设管理的体制机制问题，而电子政务绩效评估作为破解我国电子政务建设管理的体制机制难题的有效手段，以绩效评估作为解决电子政务体制机制问题的“抓手”，有以下六点意义。一是绩效评估有助摸清现状。可以对各地区、各部门电子政务建设、应用和运维等的基本情况与应用效果进行全面、客观的认识，获得电子政务发展阶段的基本判断。二是绩效评估指导行为方向。可以消除决策者许多模糊的、错误的观念，把绩效评估与领导绩效结合起来，发挥指挥棒作用，规范和引导电子政务建设，加强其在电子政务管理部门实施过程中的领导力。三是绩效评估改善执行力。可以将明确的绩效目标转化为采取实际行动的驱动力，强化电子政务规划、实施、运维等全流程全生命周期的管理。四是绩效评估有助于增强对电子政务的理解。通过评估可以使各职能部门对电子政务的理解更为深刻，提高各方面对电子政务的认识，统一思想，促进电子政务的健康发展。五是绩效评估有助于提升领导决策能力。通过绩效评估，较早发现其中存在的问题，积累经验，为主管部门提出早期预警信号，帮助其在制定推行电子政务的政策措施时提供科学依据，同时还可以增强成本意识，保护既有投资。六是绩效评估有助于增强解决问题的能力。通过横向比较和纵向比较，通过服务对象满意度的评估，通过与标准水平的分析，发现被评估客体的差距和长项，分析根本原因，从而寻找解决问题的稳妥办法。

三、电子政务绩效评价的体系框架

（一）电子政务绩效评估定义与分类

电子政务绩效评估是指运用一定的考核方法、量化指标及评估标准，对被考评单位电子政务的建设、运行和管理全过程及其完成结果进行综合性考核与评估，以促进其电子政务管理水平和应用绩效的提高。

按电子政务绩效评估主体分类，目前可分为政府评估、第三方机构评估以及公众评估三种类型；按电子政务的构成层次分类，主要包括电子政务项目绩效、系统绩效、综合绩效、发展水平四个层次；按评估空间可分为国家、省、地市三个层面，如图 1。

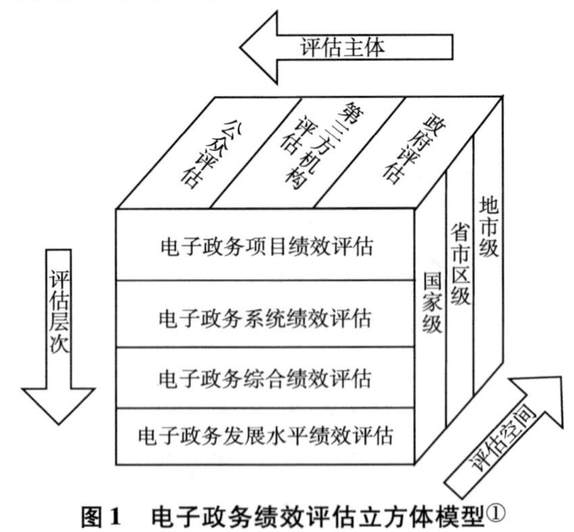

图 1　电子政务绩效评估立方体模型①

① 源于：ITGov 中国 IT 治理研究中心《中国电子政务绩效评估指引》。

（二）体系框架原则

体系框架构建应该符合以下三个原则：一是导向性原则：体系要发挥导向作用，能促进我国电子政务建设长效可持续发展。二是适用性原则：体系要适用于当前及未来电子政务发展环境，能提升电子政务建设管理水平。三是科学性原则：体系要科学、可操作，能实现体系自我完善和良性循环。

（三）体系框架要素

1. 体系框架核心

党的十八大报告从全面推进改革、深入贯彻落实科学发展观、建设中国特色社会主义的战略高度，明确提出要加快行政管理体制改革，建设服务型政府。建设服务型政府作为当前和今后一个时期继续推进行政管理体制改革的基本目标和发展方向，一方面电子政务建设必须服务和服从于建设服务型政府；另一方面建设服务型政府也不能脱离电子政务建设，只有这样，才能为构建服务型政府提供一个便捷、可靠、可信的环境。

我国电子政务建设要始终以促进服务型政府建设为核心，因此，电子政务绩效评估体系核心导向体现在电子政务建设是否有利于建设服务型政府。

2. 体系框架模块

从电子政务的构成层次上，电子政务绩效评估体系主要包括电子政务项目绩效、系统绩效、综合绩效、发展水平四个模块。

电子政务项目绩效模块：电子政务项目可分为建设项目和运维项目，因而电子政务项目绩效包括建设项目绩效和运维项目绩效。对电子政务项目绩效的评估是指对一个或多个电子政务项目从立项、招投标、实施、验收直至上线运行等建设过程绩效的评估，可以在立项阶段设定项目绩效目标和指标，项目建设完成后再对照前期的绩效目标和指标进行评估，实现了事前和事后评估的结合。评估主要从项目管理、项目产出、应用效果、资金使用四个方面进行。如金税工程体现了国家税收的电子化发展水平，可以从政府职能转变、经济效益、社会效益等方面来评估其绩效水平。

电子政务系统绩效模块：电子政务系统是建设服务型政府的主要载体，电子政务系统绩效情况将直接影响政府通过信息化手段提供公共服务的能力和水平。对电子政务系统绩效的评估是指对一个或多个电子政务系统从上线运行到日常运行维护等应用过程的评估，主要从系统服务情况、系统技术情况、系统可持续性、系统成本效益和系统可复用性五个方面进行。

电子政务综合绩效模块：电子政务综合绩效反映了每个政府部门政务信息化建设的整体情况以及该政府部门通过信息化手段提供公共服务的综合能力和水平。对电子政务综合绩效的评估是指对一个或多个政府部门在一个时间周期内（如一年或三年）的部门电子政务建设情况进行评估，主要从服务与应用、资源整合与利用、管理与保障等三方面进行。

电子政务发展水平模块：电子政务发展水平反映了一个省市地区（或区域）政务信息化建设的综合情况，体现了该地区通过信息化手段提供服务的综合能力和水平。对电子政务发展水平的评估是指对一个或多个省市地区的电子政务建设发展情况进行评估，主要从电子集中、电子安全、电子管理、电子服务和电子决策五个方面进行。

四个模块之间的关系，如图 2 所示。一个区域的电子政务发展水平取决于该地区各政府部门电子政务综合绩效情况，而各部门综合绩效情况主要取决于其部门内电子政务系统绩效情况，而系统绩效情况又取决于电子政务建设项目绩效和运维项目绩效。从另一个方面来说，一个区域的电子政务建设发展是以建设项目开始，所以从项目开始、从建设源头抓好电子政务的绩效；一个或多个建设项目构成一个电子政务系统，系统是电子政务的基本单元；多个系统完成一个部门的核心业务处理，实现政府部门的业务信息化；一个区域各政府部门的电子政务建设水平决定了该区域电子政务发展水平。而根据一个区域的电子政务发展水平情况，可指导电子政务项目建设规划和布局，实现电子政务建设的闭环管理。

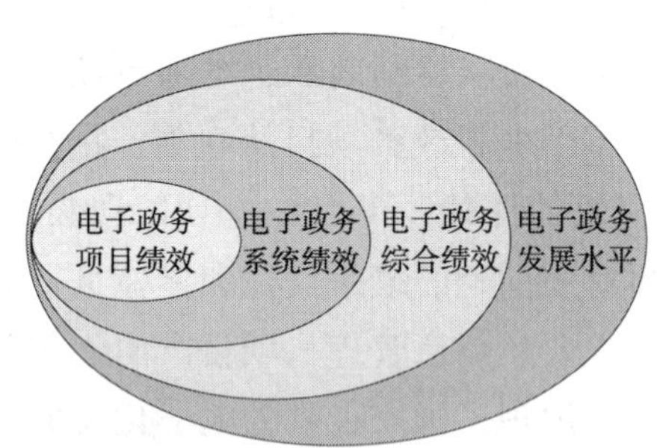

图 2　电子政务绩效评估体系框架模块关系

3. 体系实施要素

体系实施要素包括评估主体、评估目标、评估客体（评估对象）、评估指标、评估基线、评估方法、评估数据、评估结果和评估报告，如图 3 所示。

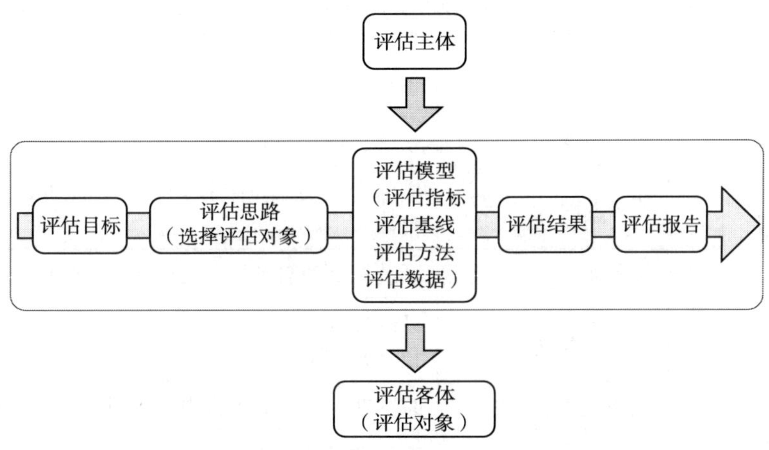

图 3　电子政务绩效评估体系实施要素

（1）评估主体与评估客体。评估主体是指主要接受委托施予评估的组织、个人或联合工作组。评估客体指的是评估的对象。其中评估主体即“谁评估”在整个电子政务绩效评估体系中尤为重要，绩效评估主体必须具备相应权力且能够影响被评估者行为向评估主体期望的方向调整，这对评估工作的顺利开展和评估结果的应用及跟踪改进至关重要。而审计的绩效评价是法律赋予的职能和权力，所以审计组能相对顺利地开展评估工作。

（2）评估指标。评估指标是评估模型的骨架。科学建立评估指标是决定评估工作成功与否的关键。如果评估指标选择不当，或者缺少关键指标，则会影响评估结论的精度，甚至给被评单位以错误的导向信号。目前国内外的电子政务绩效评估指标，大都是将所考察的指标进行层次分解。这样做的好处是有利于进行横向比较，并且末级指标都能够充分体现电子政务的具体特征，这可以使它的上一层指标得到更精确地评估，进而形成最终的评估结果。表 1 给出电子政务绩效评价指标体系，供参考。

表1　电子政务绩效评价指标体系（参考）

一级指标	二级指标	三级指标	描　　述	评价方法
服务	效率	服务速度	系统交付后主要业务处理速度的提高	定量
		服务及时性	实际业务处理时间与相关标准的符合性	定量
		服务质量	系统提供的服务的有用性和易接受性	定量
		操作简易度	系统实施后用户实际办理手续（或工作量）的减少	定量
		服务覆盖度	系统在实际业务工作中的应用程度	定量
		弱势群体覆盖度	系统在相关的社会或经济弱势群体以及残障人士中的应用程度	定量
	用户便利性	空间灵活性	地理位置对用户访问系统的影响	定量
		时间灵活性	时间安排对系统用户的影响	定量
		业务覆盖度	系统对其核心业务流程的实现程度	定量
		跨部门服务整合度	跨部门的数据共享和服务流程整合程度	定量
		业务异常识别处理能力	系统对异常业务类型是否能够识别并特别处理	定量
		弱势群体访问便利度	服务及地点对弱势群体是否方便	定性
	以服务为中心	界面友好性	用户界面是否美观方便	定量
		服务创新度	提供传统方式没有的新服务的能力及其与核心业务的相关度	定量
		投诉减少率	系统实施后市民或企业对相关业务投诉的减少	定量
		服务人员业务水平	业务人员对业务的熟悉程度	定量
技术	架构	需求覆盖度	系统提供的服务对用户相关需求的覆盖程度	定量
		资源配置	现有的技术架构是否能够满足需要，是否存在严重的软硬件资源闲置	定量
		全局性	从全局角度看，本系统的建设是否是必要的或重复的、与其他系统（或本系统之前各期建设）之间的互补性和冗余性	定性

续表

一级指标	二级指标	三级指标	描　述	评价方法
技术	架构	控制机制	是否存在适当的机制（如系统审计或监理）以保证系统在开发和后继维护中始终按照原定架构执行	定性
		互操作性	系统是否与其他部门的系统进行互操作，或者是否支持此类互操作	定量
	标准化	技术架构标准性	技术架构设计与国家/国际标准的符合度	定性
		业务数据标准性	业务数据的存储格式和输入、输出打印格式，以及编码规则等是否符合部门、国家或国际标准	定量
		数据交换标准性	系统是否使用了规范通用的数据交换标准	定量
	安全性	安全方案	系统设计中是否按照相应国家安全规范标准和保密制度设计了安全策略	定量
		安全投资比例	系统预算中安全投资所占的比重	定量
		安全控制	是否存在适当的机制（如第三方审计）以保证系统在开发和后继维护中始终按照原定安全策略执行	定性
		安全管理	是否存在健全的安全管理规程并执行	定量
		灾难恢复能力	系统在遇到重大故障时的恢复速度和程度	定性
	系统柔性	可扩充性	系统根据需要进行扩充的难易度	定量
		硬件兼容性	系统对新设备的接受能力	定量
		环境可变性	系统设计中是否允许使用备用的电源和通信系统等环境因素快速实施系统扩充	定量
	可靠性	平均无故障时间	系统可以正常使用的时间	定量
		正确性	系统处理的正确率	定量
		响应时间	从系统日志中估算的响应时间与系统的合理响应时间的一致性	定量
		平均故障恢复时间	系统在遇到故障后恢复正常使用所需的时间	定量

续表

一级指标	二级指标	三级指标	描　述	评价方法
系统可持续性	组织可持续性	管理机构	是否存在专门专业的系统管理机构，并能够统管系统的开发推广和维护协调等工作	定性
		岗位清晰度	电子政务业务处理流程中的岗位设计和分工是否清晰合理	定性
		员工培训	针对系统使用的培训工作效果	定性
		员工参与程度	员工在系统的开发和运维中是否充分参与	定性
		高层支持力度	高层领导对本系统的支持程度和稳定性	定性
		定期反馈机制	组织是否对系统的运行效果和用户意见进行定期调查整理	定性
	业务可持续性	外包合同的有效性	系统运营合同是否确切有效	定性
		外包控制	在外包机构的选择和管理上是否经过了充分的审核和控制	定性
		私营企业生存力	建设运营电子政务的私营企业是否具备持续经营能力	定性
		系统寿命	系统实际使用寿命和预期使用寿命的符合度	定量
	法规环境	法规符合性	系统业务流程与技术手段等方面与各相关法规的符合程度	定性
		相关规章制度的改进程度	为改进所有电子服务的交付效率和质量，而对旧规则的修改程度	定量
成本效益性		用户成本减少度	因该系统使企业或市民的办事成本降低比例	定量
		政府成本减少度	政府办公成本的降低	定量
		系统成本控制	系统建设和运维成本的控制力度	定性
		流程优化程度	系统实施对内部流程的简化程度	定量
		重复建设成本	本系统投资是否与其他系统投资之间存在重复性浪费	定性
		系统投资合理性	系统的实际投资与正常的合理投资之间的比例	定性
		经济效益	系统实施后通过加强监管力度而增加的经济效益	定量
		行政透明化程度	通过系统实施使政府办公流程和结果公开化的比例	定量

续表

一级指标	二级指标	三级指标	描　述	评价方法
可复用性	功能可复用性	功能通用性	本系统在其他地区、部门的适用程度	定量
		产品化程度	本系统是否已经或有潜力进行产品化	定性
	技术可复用性	平台无关性	系统可以跨平台架设运行的能力	定量
		系统安装维护的简易度	系统在其他地区部门安装实施和维护升级的简易程度	定性
		参数化定制程度	系统可以通过仅修改参数（不修改或附加程序）即实现定制的能力	定量
		模块复用性	系统允许仅对部分模块进行复用的程度	定性
		文档质量	项目文档和用户手册的可用性和格式的规范性，以及表述的清晰性	定性
		性能可复用性	系统是否可以满足其他范围的业务量需要	定量
		数据可复用性	系统数据是否可以并支持重用于其他部门	定性
	推广能力	商业复用	商业条款在何种程度上允许系统复用	定性
		复用的市场潜力	该系统复用的市场潜力，即其他地区部门对该系统的需求潜力	定量

针对上述指标，本文选取部分关键指标进行解释和说明。

①服务速度。原始数据的采集：服务速度指标考核系统实施后对主要服务的处理速度的提高幅度。在具体采集中，首先需要界定目标系统的主要业务（服务），对于复杂的大型系统，可能同时包含若干种主要业务。然后向被评单位了解这些业务在系统实施之前的一般处理周期，并通过询问和观察了解系统实施后的标准处理周期。最后，计算这些业务的处理周期平均减少比例，公式如下：

$$服务速度的提高 = 1 - \frac{\sum_{i=1}^{n} \frac{s'_i}{s_i}}{n}$$

其中：n 为目标系统的主要业务个数，s_i 为第 zi 个主要业务在系统实施前的处理周期，s'_i 为第 i 个主要业务在系统实施后的处理周期。

打分方法：服务速度的提高对于系统绩效而言属于典型的正指标，因此采用正指标类模糊量化模型①进行去量纲化②。对于正指标类模糊量化模型所需要的两个参数即指标的最大分值和最小分值，我们根据调研样本反映的情况进行设计。在调研样本中，服务速度提高最多的系统达到90%以上，而较低的系统则几乎没有提高，因此其取值的最大和最小值分别设为100%和0比较合适。

相应的得到打分量表如表2。

表2　服务速度打分量表

服务速度	20%以下	20%～37%	37%～50%	50%～63%	63%～80%	80%～100%
指标得分	0	1	2	3	4	5

②服务覆盖度。原始数据的采集：服务覆盖度是指系统主要业务的实际处理量占该类业务目标总量的比例。对于一般行政业务和专业系统而言，目标业务总量为该部门系统和人工处理的该类业务总量。对于服务性业务（如市民咨询）或非强制性业务为预期业务量的估计值（可通过历史同比业务量估算）。在这两项数据进行采集后，采用如下公式计算其取值：

$$\text{服务覆盖度}=\frac{\text{系统实际处理量}}{\text{当期目标业务总量}}$$

打分方法：服务覆盖度是系统绩效的正指标，需要按正指标类模糊量化模型进行去量纲化。从调研的实际情况看，电子政务系统在服务覆盖度方面相互差距很大，较好的如保税区物流监管系统可达100%，而其他系统最低的近乎0。因此将该指标的最大和最小值分别设为100%和0，相应地得到打分量表如表3。

---

① 正指标是指其对总目标的贡献率随着评价结果的增大而增大，即数据取值越高，说明整个绩效水平越高。其具体的量化公式为

$$R_j(x)=\begin{cases}0.5+0.5sin\left[\frac{\pi}{x_{jmax}-x_{jmin}}\left(x_j-\frac{x_{jmax}+x_{jmin}}{2}\right)\right], & x_{jmin}<x_j<x_{jmax}\\ 0, x_j\geq x_{jmax} \text{或} x_j\leq x_{jmin}\end{cases}$$

其中 x_{jmin} 代表第 j 个指标的最小取值，x_{jmax} 代表第 j 个指标的最大取值。

② 在多指标综合评价中涉及两个基本变量：一是各评价指标的实际值，另一个是各指标的评价值。由于各指标所代表的物理含义不同，因此存在着量纲上的差异。这种异量纲性是影响对事物整体评价的主要因素。指标的无量纲化处理是解决这一问题的主要手段。无量纲化，也称作数据的标准化、规格化，是一种通过数学变换来消除原始变量量纲影响的方法。［量纲］注解见 P_{126} 注④。

表 3　服务覆盖度打分量表

覆盖度	20% 以下	20% ~37%	37% ~50%	50% ~63%	63% ~80%	80% ~100%
指标得分	0	1	2	3	4	5

③业务覆盖度。原始数据的采集：不管对于内部办公系统还是对于面向企业和居民的系统，业务覆盖度是指可以通过系统处理的主要业务的环节数占该业务的总环节数的比例。所以首先需要采集的原始数据有各业务的总环节数和可以通过系统处理的环节数，然后对系统可以处理的各业务的覆盖度进行平均得到系统的业务覆盖度。

计算公式如下：

$$\text{业务覆盖度} = \frac{\sum_{i=1}^{n} \frac{s'_i}{s_i}}{n}$$

其中：n 为可以通过系统处理的主要业务数，s'_i 为第 i 个主要业务可以通过系统处理的环节数，s_i 为第 i 个主要业务的总环节数。

打分方法：业务覆盖度属于系统绩效的正指标，应采用正指标类模糊量化模型进行量纲化。通过调查发现，有些业务的文件必须通过人工传递或盖章，所以将该指标的最大值设为 90%，最小值设为 20%，得到量表如表 4。

表 4　业务覆盖度打分量表

覆盖度	20% ~34%	34% ~46%	46% ~55%	55% ~64%	64% ~76%	76% ~90%
指标得分	0	1	2	3	4	5

④安全控制。原始数据的采集：调查系统的审计文档，有合理的安全控制机制和完善的安全控制过程的，严格按照原定安全策略执行的，得 5 分；没有合理的安全控制机制和完善的安全控制过程，但在实际执行中采取了一些安全控制的，得 1 分；没有安全控制的，得 0 分。

打分方法：该指标为定性指标，根据实际情况打分。

⑤平均故障恢复时间。原始数据的采集：根据系统日志计算平均故障恢复时间，并与设计预期的恢复时间或技术支持部门承诺的恢复时间作对比。

$$\text{平均故障恢复时间} = \frac{\text{系统日志计算平均故障恢复时间}}{\text{设计预期的恢复时间或承诺恢复时间}}$$

打分方法：该指标为正指标，要用正指标类模糊量化模型去量纲化。最大值为 100%，最小值为 0。相应地得到打分量表如表 5。

表 5 平均故障恢复时间打分量表

平均故障恢复时间	20%以下	20%～37%	37%～50%	50%～63%	63%～80%	80%～100%
指标得分	0	1	2	3	4	5

⑥外包控制。原始数据的采集：外包机构的选择和管理考察对外包机构的资质审核控制和外包行为的审核控制，包括以下五部分：外包机构的资质与项目规模是否相符，外包机构是否有开发相似项目的经验；项目经理的资质和在项目过程中实际表现的水平与项目规模是否相符；外包机构的选择过程是否合理（包括选择外包机构时对空间、时间等方面的考察是否合理，比选等方面是否健全合理等）；合同执行过程管理；合同执行结果情况（按时按质按预算的开发系统、及时有效的维护）。以上五个部分每部分达到要求的得1分，达不到要求的得0分。外包机构的稳定性和专业性的得分为以上五部分的得分和。

打分方法：外包机构的稳定性和专业性分为五部分，每部分按照实际结果得0或1分，而外包机构的稳定性和专业性得分为以上五部分的得分和。

⑦重复建设成本。打分方法：该指标主要需要判断在该系统实施之前是否存在相似的系统或可以在功能上替代的系统。

打分规则如下：0——已存在相似系统或功能上可以替代的系统，但是该系统还是重新进行开发。3——已存在相似系统或功能上可以替代的系统，该系统只是在部分功能上利用相似系统。5——已存在相似系统或功能上可以替代的系统，该系统完全利用原来的系统或对原来系统进行功能改善。5——不存在相似系统或功能上可以替代的系统，因为该系统的开发可能减少以后系统的重复建设费用。

⑧平台无关性。原始数据的采集：计算该指标，可用服务器端可支持的平台类型与常用平台类型（软硬件）比例和数据库可支持的类型数与常用数据库类型比例进行算术平均得出。计算公式如下：

$$平台无关性 = \frac{n_1}{n} \times 0.8 + \frac{m_1}{m} \times 0.2$$

其中：n_1 为服务器可支持的平台类型数，n 为常用的平台类型，包括Windows，Unix，Linux，还有其他类型。m_1 为系统数据库可支持的类型数，m 为常用的数据库类型，包括 SQL server，Oracle，DB2，其他类型等。

打分方法：该指标属于系统绩效的正指标，所以用正指标类模糊量化模型来量纲化。将该指标值的最大值和最小值分别设为100%和20%，得到量化表如下。

表6　平台无关性打分量表

通用度	20%～36%	36%～50%	50%～60%	60%～70%	70%～84%	84%～100%
指标得分	0	1	2	3	4	5

（3）评估基线①。基线是正在进行的系统化的方法论，用于识别、度量、比较自身在某一时期内的工作过程或职能，或与一个或其他多个组织进行比较，以实现其内部的改善。基线是绩效评估的参考点，通过与参考点的对照可以认清单位自身所处的位置，从而识别前进的方向与目标。根据基线参考点划分为内部基线和外部基线。

内部基线是指以某一时间段的绩效情况作为参考点，反映出组织内部的绩效随时间变化的情况。内部基准的存在前提是必须以历史数据的存在为依据，在数据评估之后，组织可以选取自己的内部数据作为基线，进行纵向比较与衡量。

外部基线是指该单位与外部组织的运营绩效情况进行比较的参照物。一种是与同行业的整体最佳实践进行比较，以找出差距。另一种是只瞄准特殊的比照对象，进行比较，确定该单位目前所处的行业地位，了解当前该领域的最佳实践情况，对照最佳实践修正自身等。

基线并非是固定的和一成不变的，会随着经济的发展和客观环境的变化而不断变化。因此，如何建立和维护更新基线库也是一项非常重要的工作。一方面可以在实践过程中根据实际情况对基线库进行补充和修正；另一方面可以随着相关行业管理要求的推出，不断纳入新的基线指标，使基线库随着应用的累积而不断成熟。

（4）评估方法。评价方法包括各指标的权重确定方法和指标数据的获取方法。

权重也称权数或加权系数，它体现了各项指标的相对重要程度。在指标体系和评分标准确定的前提下，综合评价结果就依赖于指标权重了，因此指标权重确定的合理与否，关系到评价结果的可信程度。常用的确定权重的方

---

① 基线是项目储存库中每个工件版本在特定时期的一个“快照”。它提供一个正式标准，随后的工作基于此标准，并且只有经过授权后才能变更这个标准。建立一个初始基线后，以后每次对其进行的变更都将记录为一个差值，直到建成下一个基线。

法有德尔菲法（Delphi Technique）[①] 和层次分析法（Analytic Hierarchy Process）[②]。

指标数据获取方法：电子政务绩效评价指标的数据获取方法主要有下面六种。一是根据具体的评价指标，设计有效的调查问卷，获取评价指标数据。调查问卷可以获取定量和定性评价指标数据；二是依据专家的经验和知识，获取定性评价指标数据；三是邀请被评价对象的有关负责人、建设和运营管理相关人员进行评价；四是根据调查问卷填写的数据，查阅被评估单位的相关档案资料；五是现场核实根据调查问卷填写的数据，在评估单位的现场核实数据的真实性；六是公众（用户）评议，可以通过调阅用户测试报告和相关媒体、舆论的评议。

（5）评估数据。评估数据是评估结果产生的源泉，有了评估数据才使得评估工作开展得有意义。数据分为定量数据和定性数据两种，在应用评估模型时通常要对数据进行科学处理。

定性数据的处理通常采用调查问卷法及实地检查等方法。为避免主观判断引起的失误，增加定性指标的准确性，可以采用隶属度[③]赋值方法，将定性指标分成几个档次，分别对应 1 ~ 10 分。对于每一档次的评分，制定评分依据。评分依据是进行客观评估的约束条件，能够在一定程度上克服单纯主观评估的缺陷，使得评估人员在评分时具有一定的参考标准。

定量指标的处理是按照各单位具体情况进行收集，数据的收集可能需要统计、财政、发展改革、信息办等政府机构配合。由于各项定量指标的内容、量纲[④]各不相同，直接综合在一起十分困难。因此，需要将这些指标进行无量纲处理，将定量指标原值转化为评估值。

---

① 德尔菲法是在 20 世纪 40 年代由 O. 赫尔姆和 N. 达尔克首创，经过 T. J. 戈尔登和兰德公司进一步发展而成的。德尔菲法依据系统的程序，采用匿名发表意见的方式，即专家之间不得互相讨论，不发生横向联系，只能与调查人员发生关系，通过多轮次调查专家对问卷所提问题的看法，经过反复征询、归纳、修改，最后汇总成专家基本一致的看法，作为预测的结果。这种方法具有广泛的代表性，较为可靠。

② 层次分析法（简称 AHP）是将决策总是有关的元素分解成目标、准则、方案等层次，在此基础之上进行定性和定量分析的决策方法。该方法是美国运筹学家匹茨堡大学教授萨蒂于 20 世纪 70 年代初，在为美国国防部研究“根据各个工业部门对国家福利的贡献大小而进行电力分配”课题时，应用网络系统理论和多目标综合评价方法，提出的一种层次权重决策分析方法。

③ 隶属度属于模糊评价函数里的概念：模糊综合评价是对受多种因素影响的事物做出全面评价的一种十分有效的多因素决策方法，其特点是评价结果不是绝对地肯定或否定，而是以一个模糊集合来表示。

④ 基本物理单位是基本物理量的度量单位，例如长短、体积、质量、时间等单位。这些单位反映物理现象。物理现象或物理量的度量，叫作“量纲”。

（6）评估结果与评估报告。评估结果应该反馈给政府监管部门和被评单位，作为电子政务投资决策、管理改善和绩效监管的参考依据；并作为对政府机构领导任期和任职绩效考核的依据。

评估报告由正文和附录两部分组成。报告正文的主要内容包括基本情况描述、主要各项绩效指标对比分析、评估结论、评估依据、评估方法和可行性建议等。报告附录包括有关评估工作的基础文件和数据资料。评估报告要保护被评估单位的各级秘密。

4. 体系实施流程

体系实施流程可概括为评估主体根据评估目标要求，选择评估客体（评估对象），根据评估对象选择评估指标，根据评估指标确定各指标的评估基线，根据各评估基线确定各指标的评估方法（包括指标权重设定和评估数据收集方法），收集到各指标的评估数据，形成评估结果；最后根据评估结果，撰写评估报告。

流程管理①思想认为“流程决定结果”，电子政务综合绩效评估更要遵循严格的评估流程，评估流程涵盖从确定评估客体至完成整个评估工作的全过程。包括如下步骤：

第一步：确定评估主体与客体，下达评估通知书，组织成立评估工作组和专家咨询组。评估通知书是指评估组织机构（委托人）出具的行政文书，也是被评单位接受评估的依据。评估通知书应载明评估任务、评估目的、评估依据、评估人员、评估时间和有关要求等事项。

第二步：拟定评估工作方案，搜集基础资料。评估工作方案是评估工作组进行某项评估活动的工作安排，其主要内容包括：评估目的、评估客体、评估依据、评估项目负责人、评估工作人员、工作时间安排，拟用评估方法、选用评估标准、准备评估资料以及有关工作要求等。

第三步：实施评估，可采用内外部结合的评估模式，借助专业机构承担部分评估工作的实施。工作内容有收集分析评估数据，利用评估方法分析评估数据，确定评估结果，撰写评估报告，与评估客体开展综合评议等。

---

① 流程管理（process management），是一种以规范化的构造端到端的卓越业务流程为中心，以持续地提高组织业务绩效为目的的系统化方法。它应该是一个操作性的定位描述，指的是流程分析、流程定义与重定义、资源分配、时间安排、流程质量与效率测评、流程优化等。因为流程管理是为了客户需求而设计的，因而这种流程会随着内外环境的变化而需要被优化。

参考文献

［1］孟秀转，孙强．电子政务综合绩效评估体系研究［J］．中国行政管理，2008（8）．

［2］彭细正．电子政务绩效评估体系探讨［J］．信息化建设，2005（5）．

［3］彭细正．电子政务项目绩效评估——实现项目精细化管理之道［J］．信息化建设，2008.

［4］郝晓玲，孙强．信息化绩效评价［M］．北京：清华大学出版社，2005.

［5］杨洋．电子政务系统绩效评估与闭环管理——体系、方法与案例分析［M］．北京：清华大学出版社，2008.

［6］杨云飞．我来评价政府——中国电子政务发展水平测评［M］．北京：清华大学出版社，2008.

［7］王长胜．中国电子政务发展报告（2008）［R］．北京：社会科学文献出版社，2008.

［8］史达，刘媛．电子政务信息系统评价指标权重研究［J］．合作经济与科技，2008（3）．

［9］杨洋．电子政务系统绩效评价体系研究［D］．同济大学，2005.

［10］IT Gov 中国 IT 治理研究中心．中国电子政务绩效评估指引，2008.

电子政务绩效审计评价指标体系研究

黑龙江省大庆市审计局　何海东

【摘要】 电子政务作为电子信息技术与政府管理的有机结合，是当代信息化的最重要的领域之一，也是提升政府行政能力和社会管理水平的必由之路。本文在对我国电子政务的发展的现状以及存在问题进行分析的基础上，对电子政务绩效审计评价方法进行了研究，并构建了一套比较完整的绩效评价指标体系。

一、我国电子政务发展的现状

我国电子政务建设开始于20世纪80年代中期的“办公自动化”，主要表现为对办公文件进行微机存储和打印。20世纪90年代开始，以金桥工程、金关工程和金卡工程为开端，全国范围内的政府信息化建设迅速展开。随后以“金”字头为代表的多项工程陆续开发并投入使用。近年来，已经形成了以“十二金”工程为主体的重要信息应用系统，包括金宏、金桥、金财、金税、金卡、金关、金审、金盾、金保、金农、金水、金质工程等，功能和应用范围也正在不断拓展和完善。在各项“金”字工程发展的同时，20世纪90年代末以来，各级政府的门户网站建设工程——“政府上网工程”也迅猛发展，截至2012年，74个部委、直属（办事）机构（单位）和部委管理的国家局建立了网站，地方有32个省、自治区、直辖市（包括新疆生产建设兵团），15个副省级城市（包括计划单列市），以及大部分地级市、地区（州、盟）、县（区、县级市）建立了地方政府门户网站①。

① 数据来源于中国软件评测中心发布的《2012年中国政府网站绩效评估总报告》。

近几年来，随着“智慧城市”“三网融合”、云计算等概念和技术的兴起，数字城管、智能交通、电子警察、环境在线监测等高端电子政务正在蓬勃发展，使得我国行政管理和社会管理水平得到了空前的提升。如今，围绕保障和改善民生、提升治国理政能力、维护经济社会稳定为目标的新时期的电子政务建设已进入快速发展轨道，标志着我国社会管理、政府改革进入了一个新的阶段。

二、我国电子政务发展存在的问题

我国各级政府在电子政务方面的投入取得巨大成就的同时，也显现出了部分问题。一是缺乏统筹规划和相互协调，主要表现在中央政府与地方政府之间、政府各部门之间的电子政务开发往往各自为政，缺乏整体规划，造成了数据标准、操作流程等方面难以整合和兼容，给信息共享和业务整合造成很大困难，同时也导致了大量的重复开发和建设，影响了信息化资金的使用效益，一定程度上制约了政务信息化的发展。二是对应用和服务的研究重视程度不够。电子政务的本质是对内提供业务应用，对外提供便民服务，以促进政府行政效率和服务水平的提高。然而在我国电子政务建设中，往往对电子政务使用者的实际需求和使用习惯研究不够重视，造成了开发过程与应用过程相脱节，甚至许多电子政务系统上线之后便无人问津，闲置废弃，而目前已经投入使用的很多电子政务系统的实用性、效率性、便捷性也还有待进一步提高。三是电子政务系统的管理不规范。信息化迅速发展的今天，电子政务管理已经是政府管理核心内容之一。然而目前对待电子政务“重建设，轻管理”的态度仍然比较普遍，在系统开发、系统维护、安全管理等方面，部分单位的信息系统管理不够规范，甚至非常混乱，给电子政务有效性、系统可靠性、信息安全性带来了不利影响。

三、开展电子政务信息化绩效审计的必要性

综上所述，经过 20 多年的发展，电子政务已经融入我国行政管理和社会管理的各个方面，也充分显示了其服务经济社会发展和提升政府管理绩效方面的巨大作用。但电子政务体系建设过程中的问题和影响政府绩效的情况也同时存在，且不容忽视。在此背景下，为充分提高政府投资效益和提升政府管理水平，审计机关积极开展针对电子政务的绩效审计，充分发挥“围绕中心、服务大局”的作用，建立科学、实用的电子政务绩效审计评价体系，促进我国电子政务技术水平、应用水平、管理水平的全面完善，是必要而紧迫的。

四、电子政务绩效审计评价指标体系的构建

（一）绩效审计评价指标体系的构建思路

首先，绩效审计评价一定要反映我国电子政务建设过程中需要解决的关键问题。指标体系的构建，需要紧密围绕当前我国电子政务存在的突出问题，充分评价和揭示我国电子政务在建设、管理、应用、创新等方面取得的成绩，以及显示出的不足和需要面对的挑战。并根据这些评价结果，充分分析问题产生的原因，提出有建设性的意见和建议，促进电子政务建设绩效水平的全面提高，以达到进一步推动加强行政能力、提升行政管理和社会管理水平的目的。

其次，电子政务绩效审计评价指标体系的设计应该突出其政务应用的特点，从行政管理人员和人民群众的角度，来研究和评价电子政务各类应用的效率性、方便性、实用性。重点关注电子政务的应用是否满足行政管理人员和群众的实际需求，应用的操作是否简便，是否符合行政管理和行政服务的实际情况。

再次，指标体系应该全面反映电子政务各方面的绩效情况。在研究中，我们根据我国电子政务建设的特点将电子政务的绩效评价分为电子政务系统的成本效益、功能与应用、技术指标、管理体系、规划与协调 5 个方面，并对这 5 个方面进行全面的绩效评价。

最后，基本指标应该普遍适用于各类电子政务系统。我国电子政务系统的范围比较宽泛，基本上由政府投资运作的信息系统都被纳入这一范畴，成为绩效审计评价的对象。因此，在绩效审计评价指标体系的设计中，一方面要突出电子政务的特点，另一方面也要考虑到能够面向各类型电子政务系统，以使得所设计的指标体系能够适应对大部分电子政务系统的评价。

（二）指标体系的具体构建

在绩效审计评价指标体系的设计中，首先需要将建设成本效益、功能与应用、技术体系、管理体系、规划与协调 5 个方面指标进一步分解为细节的目标，并确定相关的评价标准。显然，这种分解过程具有非常明显的层次特征，相应的，指标体系的设计也应具有明确的层次性。因此，本文提出的基本指标采用了三级指标的架构，建设成本效益、功能与应用、技术体系、管理体系、规划与协调 5 个方面分别作为五个一级评价指标，并通过更细化的二级和三级指标将其分解为细节评价指标。具体指标体系设计情况如下：

1. 成本效益评价指标的构建

电子政务系统的建设和管理，属于政府投资项目的一种。在明细指标的设置上，将主要从系统建设和管理的经济性、效率性和效果性对电子政务系统进行绩效评价。

（1）经济性。指的是电子政务系统建设成本控制情况，具体明细指标包括：系统建设资金成本、系统投资合理性、系统成本控制、重复建设成本等，主要用来评价电子政务系统开发、建设阶段的绩效情况。

（2）效率性。指的是电子政务系统的开发速度，投入力量，推广速度，使用情况等。具体明细指标包括：系统开发周期、系统推广周期、系统使用比率等，主要用来评价电子政务系统开发和应用的效率性。

（3）效果性。指的是电子政务系统建成后的建设效果和使用效果，具体明细指标包括政府成本减少度、用户成本减少度、行政透明化程度、流程减少程度、经济效益等，主要用于对电子政务系统建设的效果性进行评价。

2. 功能与应用评价指标的构建

功能与应用是电子政务系统的直接产出，其效果也是系统绩效最直接的表现形式，因此对电子政务相关功能和应用的评价是电子政务系统绩效审计评价的核心内容。在进行绩效审计的过程中，审计人员要充分从用户（即相关行政管理人员和群众）的角度对应用和服务的效率性、方便性、实用性进行评价。相应的，功能与应用方面设置“效率性”“方便性”“实用性”三个二级明细指标：

（1）效率性。对于电子政务系统而言，体现服务效率的主要因素包括服务的速度、质量和应用范围三个方面。只有速度快、质量好，并且充分应用在相关业务范围内，才能认为该系统的服务具备了充分的效率性。具体明细评价指标包括：服务速度，服务及时性，服务质量，操作简易度，服务覆盖度等。

（2）方便性。用户便利性体现的是服务渠道的畅通程度，或者说服务交付方式的便捷程度。地理位置和时间、跨部门操作以及异常业务需求等因素对服务交付的影响都应纳入该指标的考虑范围。具体明细评价指标包括：空间灵活性，时间灵活性，业务覆盖度，跨部门服务整合度，业务异常识别处理能力，弱势群体访问便利度等。

（3）实用性。效率性和方便性满足要求时，也只解决了用户对于功能和应用的使用问题，而更为关键的是服务功能和应用是否能够满足用户的实际需要，是否解决了以往没有应用电子政务系统时代所难以解决的问题。具体评价指标包括：界面友好性，功能紧迫性，时间节约率，审批环节减少率等。

3. 技术体系评价指标的构建

技术平台是支撑电子政务系统运作的内在驱动，技术设计和实施的质量将影响电子政务系统的各方面表现。不过单纯从技术角度看，电子政务系统与其他管理信息系统并没有明显的差别，其评价都是以架构设计、标准规范、安全性、可靠性和灵活性等几个方面为主。因此本指标的二级指标依次为以下几方面。

（1）架构设计。整体架构设计是电子政务系统建设的基础工作，其合理性将直接决定整个系统的成败。架构指标即针对系统架构设计进行评价，重点考察的方面包括需求分析、资源配置、互操作性等指标。此外，目前国内的电子政务系统建设往往存在重复和冗余的现象，比如在某单位同时存在自行购进的和上级指定的两套 OA 系统，而该单位另一个专业数据处理系统也提供了完整的 OA 功能。这种现象不仅造成了资源的浪费，而且带来了业务上的混乱，并影响未来的数据和系统整合工作。究其原因，就是在系统设计规划中没有从全局角度进行考虑，忽视了对系统的功能定位、与其他系统之间关系等方面的分析。因此，在架构指标中还要特别提出“全局性”三级指标，以全面评价系统架构设计的合理性。

（2）标准化。系统各种设计和接口的标准化是保证系统整合与交互能力的根本。由下往上看，这种标准化体现在三个层次上，即底层的技术架构标准性、中层的数据交换标准性，以及顶层应用层的业务数据标准性。因此，对标准化的衡量也应以这三个方面为主要内容。

（3）安全性。相对于电子政务系统的其他方面特征，我国对电子政务系统的安全性有比较明确的规定和要求，比如基本的安全投资比例要求、进行软件安全测评的要求，以及根据系统业务的密级而提出的不同安全方案要求等。因此，安全指标的设计可以采纳这些国家标准，并充分利用各级软件安全测评中心的测评结果作为评价依据。

（4）系统柔性。系统柔性主要体现的是系统的灵活性、可扩展性等方面特征。由于我国目前正处于行政改革之中，因此政府部门的组织结构和业务流程的变动相对比较频繁，这就要求电子政务系统具有较高的柔性，否则一旦应用环境发生变化，系统将因无法适应而不得不被淘汰。从技术角度看，这种柔性主要体现在两个方面，即功能上的扩展能力和性能上的扩展能力，因此其三级指标的设计也应以这两个方面为核心。

（5）可靠性。系统的可靠性主要体现在正确率、平均无故障运行时间、平均故障恢复时间等可量化的指标上。需要特别说明的是，评价这些指标的前提是该系统的管理人员必须进行了详细完善的日志记录，而在实际工作中，并非每个单位都能做到这一点。因此在日志记录不完善的情况下，评价人员应该降低可靠性的评价水平。

4. 管理体系评价指标的构建

广义的信息系统管理包括信息系统的设计、实施与评价，信息系统运行管理和安全管理，组织的信息资源配置和信息技术投资评估等方面。在本文中，电子政务信息系统管理指的是狭义上的系统开发管理、系统运行管理和系统安全管理。设置的二级评价指标如下。

（1）开发管理。主要从电子政务系统是否有持续、称职的开发团队，开发的可行性研究是否充分，设计方案是否科学，开发过程管理是否规范等方面进行评价。对于开发过程的绩效评价，更适用于对电子政务系统建设的跟踪审计，使得在系统建设过程中能够及时根据审计结果，进行必要的整改。

（2）运行和安全管理。主要从电子政务系统是否有专业、专门、称职的管理人员，系统管理内部控制制度，职责分工，数据安全管理，高层重视情况，人员培训情况等。运行和安全管理的绩效审计，应关注“重建设、轻管理”问题，目的是通过绩效评价和督促整改使被审计单位能够规范管理，有效维护系统安全，充分发挥电子政务系统的作用。

5. 规划和协调情况评价指标的构建

全社会的政务信息化是由诸多的电子政务系统组成的，而且各系统之间存在着直接或间接的联系。做好信息系统建设的统筹规划和协调，共享技术和数据，是充分发挥电子政务信息系统作用、提高政府投资效率和行政效率的重要因素，而评价电子政务系统统筹规划和协调情况主要包括两个方面，一是对于同一电子政务的近期、中期、远期开发是否具备科学的统筹规划，如金审工程一期、二期、三期工程建设的统筹规划情况，有无功能冲突、数据和环境不兼容、重复建设情况；二是不同系统之间建设的规划、协调、数据和功能共享情况，如某市的政府投资项目审批系统、国土资源管理系统、招投标管理系统、档案管理系统等系统的数据接口衔接和资源共享情况等。

（三）指标体系总结

下面将以上分析、构建的电子政务绩效审计指标体系整理如下表。

电子政务绩效审计评价指标汇总表

一级指标	二级指标	三级指标	指标说明	评价方法
建设成本效益	经济性	系统建设资金成本	建设资金支出情况，与概算对比情况	定量
		系统投资合理性	系统的实际投资与正常的合理投资之间的比例	定量
		系统成本控制	系统建设和运维成本的控制力度	定量
		重复建设成本	系统投资是否与其他系统投资之间存在重复性浪费	定量
	效率性	系统开发周期	开发周期是否超过合理期限	定量
		系统推广周期	系统培训、上线到全面使用的周期是否超过合理期限	定量
		系统使用比率	是否达到预计的使用比率	定量
	效果性	行政透明化程度	通过系统实施使政府办公流程和结果公开化的比例	定量
		用户成本减少度	因该系统使企业或市民的办事成本降低比例	定量
		政府成本减少度	政府办公成本的降低比例	定量
		流程优化程度	系统实施对内部流程的简化程度	定量
		经济效益	系统实施后通过加强监管力度而增加的经济效益	定量
功能与应用	效率性	服务速度	系统交付后主要业务处理速度的提高程度	定量
		服务及时性	实际业务处理时间与相关标准的符合性	定量
		服务质量	系统提供的服务的有用性和易接受性	定量
		操作简易度	系统实施后用户实际办理手续（或工作量）的减少	定量
		服务覆盖度	系统在实际业务工作中的应用程度	定量
	方便性	空间灵活性	地理位置对用户访问系统的影响	定量
		时间灵活性	时间安排对系统用户的影响	定量
		业务覆盖度	系统对其核心业务流程的实现程度	定量
		跨部门服务整合度	跨部门的数据共享和服务流程整合程度	定量

续表

一级指标	二级指标	三级指标	指标说明	评价方法
功能与应用	方便性	业务异常识别处理能力	系统对异常业务类型是否能够识别并特别处理	定量
		弱势群体访问便利度	服务及地点对弱势群体是否方便	定性
	实用性	界面友好性	用户界面是否美观方便	定性
		功能紧迫性	电子政务实现的服务是否为用户所需	定性
		时间节约率	行政审批、行政服务等时间的节约情况	定量
		审批环节减少率	审批环节与系统运行前的对比情况	定量
技术体系	架构	需求覆盖度	系统提供的服务对用户相关需求的覆盖程度	定量
		资源配置	现有的技术架构是否能够满足需要，是否存在严重的软硬件资源闲置	定量
		全局性	从全局角度看，本系统的建设是否是必要的或重复的、与其他系统（或本系统之前各期建设）之间的互补性和冗余性	定性
		控制机制	是否存在适当的机制（如系统审计或监理）以保证系统在开发和后继维护中始终按照原定架构执行	定性
		互操作性	系统是否与其他部门的系统进行互操作，或者是否支持此类互操作	定量
	标准化	技术架构标准性	技术架构设计与国家/国际标准的符合度	定性
		业务数据标准性	业务数据的存储格式和输入、输出打印格式，以及编码规则等是否符合部门、国家或国际标准	定量
		数据交换标准性	系统是否使用了规范通用的数据交换标准	定量
	安全性	安全方案	系统设计中是否按照相应国家安全规范标准和保密制度设计了安全策略	定量
		安全投资比例	系统预算中安全投资所占的比重	定量

续表

一级指标	二级指标	三级指标	指标说明	评价方法
技术体系	安全性	安全控制	是否存在适当的机制（如第三方审计）以保证系统在开发和后继维护中始终按照原定安全策略执行	定性
		安全管理	是否存在健全的安全管理规程并执行	定量
		灾难恢复能力	系统在遇到重大故障时的恢复速度和程度	定性
	系统柔性	可扩充性	系统根据需要进行扩充的难易度	定性+定量
		硬件兼容性	系统对新设备的接受能力	定性+定量
		环境可变性	系统设计中是否允许使用备用电源和通信系统等环境因素快速实施系统扩充	定性+定量
	可靠性	平均无故障时间	系统可以正常使用的时间	定量
		正确性	系统处理的正确率	定量
		响应时间	从系统日志中估算的响应时间与系统的合理响应时间的一致性	定量
		平均故障恢复时间	系统在遇到故障后恢复正常使用所需的时间	定量
管理体系	开发管理	开发团队管理	开发团队管理人员、技术人员是否持续、称职	定性
		可行性研究	可行性研究是否充分	定性
		设计方案	设计方案是否科学，是否符合实际需要	定性
		开发过程管理	开发过程管理是否符合技术要求和管理规范	定性
	运行和安全管理	管理机构	是否存在专门专业的系统管理机构，并能够统管系统的推广和维护协调等工作	定性
		内部控制制度	电子政务系统管理岗位职责是否明晰，内部控制制度是否有效	定性
		数据安全管理	数据灾难恢复机制和数据保密机制建立和执行情况	定性

续表

<table>
<tr><th>一级指标</th><th>二级指标</th><th>三级指标</th><th>指标说明</th><th>评价方法</th></tr>
<tr><td rowspan="2">管理体系</td><td rowspan="2">运行和安全管理</td><td>高层重视情况</td><td>高层领导对本系统的支持程度和稳定性</td><td>定性</td></tr>
<tr><td>员工培训情况</td><td>针对系统使用的培训工作实施情况及其效果</td><td>定性 + 定量</td></tr>
<tr><td rowspan="6">规划和协调</td><td rowspan="3">同一系统不同开发阶段的规划和协调</td><td>功能冲突情况</td><td>有无同一系统前后两个开发周期功能冲突或不协调情况</td><td>定性 + 定量</td></tr>
<tr><td>数据和环境兼容情况</td><td>有无两个开发周期数据和系统运行环境不兼容情况</td><td>定量</td></tr>
<tr><td>重复建设情况</td><td>不同开发周期应用、功能重复开发情况</td><td>定量</td></tr>
<tr><td rowspan="3">不同系统的规划和协调</td><td>统筹规划</td><td>各系统之间统筹规划情况，系统关联和衔接情况</td><td>定性</td></tr>
<tr><td>性能可复用性</td><td>系统是否可以满足其他范围的业务量需要</td><td>定量</td></tr>
<tr><td>数据可复用性</td><td>系统数据是否可以并支持重用于其他部门</td><td>定量</td></tr>
</table>

五、结语

电子政务绩效审计是促进和完善我国电子政务体系，实现高水平政务信息化的重要途径。以上对电子政务绩效评价指标体系的研究，是针对当前电子政务的发展状况、趋势和存在的问题进行的绩效审计探索和实践，在实际应用中，还需要做更深入的研究和完善。在审计实践过程中，审计人员需根据实际情况进一步挖掘具体的绩效审计方法，不断积累电子政务绩效审计的经验，助力提升政务信息化水平，以更好地为提高政府行政效率、完善社会管理体系服务。

参考文献

[1] 李俊．关于我国电子政务绩效审计的几点思考［J］．审计研究简报，2011（14）．

[2] 孟钊．试论我国电子政务发展面临的主要问题［J］．现代经济信息，2012（4）．

[3] 中国软件评测中心．2012 年中国政府网站绩效评估总报告［EB/OL］．http：//www. cstc. org. cn/zhuanti/fbh2012/zbg1/zbg. html.

国家政务信息化绩效审计评价研究

——基于系统生命周期理论视角

审计署京津冀特派办　张小丽

【摘要】 随着社会经济的不断发展，国家政务信息化建设在中国特色社会主义建设中发挥着越来越重要的作用，同时也对国家政务信息化绩效审计提出更高要求。本文基于电子政务系统生命周期模型，对国家政务信息化绩效审计的审计目标、审计评价标准及评价指标进行初步探索。

【引言】 随着我国政治体制改革和信息化建设的不断深化，绩效审计作为评价并改善政府项目、中央政府和有关机构的运作情况、为政府或其他监管部门提供相关信息的管理工具，发挥着越来越重要的作用。研究和建立国家政务信息化绩效审计框架，发挥绩效审计对国家政务信息化建设的促进作用也越来越必要。

一、国家政务信息化绩效审计内涵

（一）绩效审计

1953 年公布的《英国国家审计法》对绩效审计的定义为：“检查某一组织为履行其职能而使用所掌握资源的经济性、效率性和效果情况。”

《美国政府绩效审计指南》认为：绩效审计是指对照客观标准，客观地、系统地收集和评价证据，对项目的绩效和管理进行独立的评价，对前瞻性的问题进行评估或对有关最佳实务的综合信息或某一深层次问题进行的评估。绩效审计还要为负责监督和采取纠正措施的有关各方在改进项目经营和决策以及加强公共责任方面提供信息。

本文认为，绩效审计是指检查被审计单位或项目在经营、管理、决策等方面使用所掌握资源的经济性、效率性和效果性。

（二）国家政务信息化绩效审计

结合绩效审计的概念，本文认为，国家政务信息化绩效审计是指检查电子政务系统在开发、管理、使用等过程中为履行政府职能而使用所掌握资源的经济性、效率性和效果性。

二、国家政务信息化绩效审计的必要性

（一）实施国家政务信息化绩效审计是国家政务信息化建设提出的要求

《“十二五”国家政务信息化工程建设规划》中提出，到“十二五”期末，要形成统一完整的国家电子政务网络，基本满足政务应用需要；十八大报告提出要充分发挥人民主人翁精神，最广泛地动员和组织人民依法管理国家事务和社会事务、管理经济和文化事业、积极投身社会主义现代化建设，更好保障人民权益，更好保证人民当家做主；公民受教育程度不断提高促使公民在政治运行过程中表达思想、意图和利益以影响国家政治决策和国家行为的能力和意愿逐年增强，立足政策要求和社会发展需求，现代政府应积极推动国家政务信息化水平，而绩效审计为提高国家政务信息化的质量和水平提供了有力保障。

（二）实施国家政务信息化绩效审计是建立节约型政府的关键举措

国家政务信息化绩效审计是贯彻落实中央“八项规定”和中央纪委十二次全会精神的要求。中央要求坚持勤俭办一切事业，大力弘扬中华民族勤俭节约的优秀传统，努力使厉行节约、反对浪费在全社会蔚然成风。各地区各部门要不折不扣执行改进工作作风相关规定，把要求落实到每一项工作、每一个环节之中。工作作风是否确实好转，要以人民满意为标准，要广泛听取群众意见和建议，自觉接受群众评议和社会监督，提高国家政务信息化的效率性、效果性和效益性是建立节约型政府、提高政府公信力和群众满意度的一条可行之路。

（三）实施国家政务信息化绩效审计是提高政府工作效率的重要方法

政府作为行政机关，是国家面向老百姓的窗口。政府机关行政效率直接影响党中央决策的执行力、对重大事件的反应力、判断力，提高政府工作效率十分必要。通过国家政务信息化绩效审计，检查电子政务系统开发、提供服务的效率性和效果性，能有效强化政务系统的效能，提高国家政务信息化

水平，从而提高政府的工作效率。

三、电子政务系统生命周期模型

根据系统生命周期理论，电子政务系统的生命周期可划分为四个阶段：规划阶段、分析与设计阶段、运行维护阶段、更新（消亡）阶段。

（一）规划阶段

规划阶段可划分为战略规划和执行规划两个层次。战略规划的主要活动包括设计系统整体结构、制订资源配置计划、确定子系统的开发次序等。执行规划是对战略规划的具体落实，即从经济方面、技术方面和系统运行方面制订可行性研究报告。

（二）分析与设计阶段

系统分析是通过对用户的需求分析建立系统的逻辑模型，明确系统应当“做什么”，从而确定系统应达到的目标。系统设计是在系统分析的基础上，解决如何开发系统的问题。系统设计可分为总体设计和详细设计：总体设计包括系统总体结构设计、数据库设计和物理配置方案设计；详细设计包括代码设计、输入/输出设计和处理过程设计。

（三）运行维护阶段

运行维护阶段有两个目标：一是确保系统日常操作的可靠性；二是通过记录系统存在的问题、用户的新需求，为系统的更新（消亡）提供依据。

（四）更新（消亡）阶段

随着内外环境的变化，当日常维护不足以使电子政务系统满足各方需求时，应当考虑更新或淘汰现有系统。

四、国家政务信息化绩效审计目标

（一）绩效审计目标

绩效审计的一般目标由绩效审计的基本特征所决定，是所有绩效审计所共有的特征，体现绩效审计的普遍性，其一般目标为：检查被审单位或对象在履行职责时利用资源的经济性、效率性和效果性，为公众、投资人、立法机构等信息需求者提供可靠的信息。其中，经济性重点关注支出是否节约，能否以最低的费用取得一定量的资源；效率性重点关注支出是否讲究效率，能否以最小的投入取得既定的产出或以既定的投入取得最大的产出；效果性重点关注是否达到目标或预期结果。

绩效审计具体目标反映绩效审计目标的特殊性，是一般目标在特定社会政治经济环境下的具体化，体现绩效审计的具体职责和任务。在实际审计中，绩效审计的具体目标随着审计环境、审计主体、审计客体等条件的变化而变化。对于不同的绩效审计来说，其具体目标往往不同。

（二）国家政务信息化绩效审计目标

1. 总体目标

最高审计机关国际组织关于绩效审计目标的定义为：一是为公营部门改善资源管理奠定基础；二是力求决策者、立法者和公众所利用的公营部门管理成果的信息质量得到提高；三是促使公营部门管理人员采用一定程序对绩效审计提出报告；四是确定较为适当的经济责任。

2. 具体目标

国家政务信息化绩效审计是对电子政务系统的经济性、效率性与效果性的审计。结合系统生命周期理论，本文认为国家政务信息化绩效审计的具体目标是审查电子政务系统生命周期四个阶段利用资源、提供服务的经济性、效率性和效果性。

电子政务系统的经济性审计关注政府电子政务系统的投入是否节约，通过验证是否以最低费用、最小支出开发电子政务系统，确定系统开发过程中有无不必要的损失浪费。

电子政务系统的效率性审计关注政府电子政务系统是否以最小的投入取得既定的产出或以既定的投入取得最大的产出，通过验证电子政务系统提供服务的质量、程度，检验系统的投入产出是否合理。

电子政务系统的效果性审计关注政府电子政务系统是否达到目标或预期结果，通过检查电子政务系统所提供的服务与预期目的之间的关系确定预期目的是否实现。

五、国家政务信息化绩效审计评价

国家政务信息化绩效审计评价应基于政府应履行的职能，依据一定的评价标准，客观公正评价政府提供服务的经济性、效率性和效果性。

（一）评价标准

评价标准是审计评价工作中重要的依据所在。如何选择和确立好审计的标准，怎样选择和确立审计标准是审计评价的重要工作，关系到审计结果的客观性和科学性，也关系到被审计单位的切身利益。

评价标准用于衡量审计对象的绩效水平，实际工作中一般使用四类标准：一是政策性标准。政策性标准主要包括：国家法律、法规、相关政策与原则。二是技术性标准。技术性标准主要包括：国际标准、国家标准、行业标准、地方标准和企业标准。三是经济性标准。即实现目标情况，是否完成主管部门下达的金额目标或各年度任务指标，是否实现历史最好水平或本地区或其他地区最好水平等。四是专家意见、公众预期、群众评议等。

（二）评价指标

评价指标作为评价体系的重要要素，需要具备以下特性：

一是审计评价指标必须和评价内容相对应。审计评价内容和审计内容是相统一的，即审计什么评价什么，评价指标也就必须和审计内容相对应，评价指标的设计不能够脱离审计内容。

二是审计评价指标必须具有可获得性。评价指标是评价内容的外化载体，需要审计人员能够通过审计手段合理获取和认定。

三是审计评价指标需要有评价标准。要形成价值判断，评价的标准也需要具有一定的确定性。

根据电子政务系统生命周期模型，根据规划阶段、分析与设计阶段、运行维护阶段、更新（消亡）阶段的主要工作和目标，设计四类指标体系。

1. 规划阶段的评价指标

（1）战略规划的经济性。检查战略规划过程的经济性，通过将战略规划各项活动的经费支出与预算支出、其他可比项目经费支出进行比较，检查是否有不必要的支出、是否存在浪费。

（2）执行规划的经济性。检查执行规划过程的经济性，通过将执行规划各项活动的经费支出与预算支出、其他可比项目经费支出进行比较，检查是否有不必要的支出、是否存在浪费。

（3）规划阶段的效率性。可用规划阶段各个主要活动的实际完成时间与预期/目标时间的比率、各个主要活动的实际投入成本与预期/目标投入成本的比率来表示。

（4）可行性研究报告的制订及批复情况。检查可行性研究报告的制订是否合理，报告是否及时获得批准等，通过将可行性研究报告制订的各项活动经费支出与预算支出、其他可比项目经费支出进行比较，检查是否有不必要的支出、是否存在浪费。

2. 分析与设计阶段的评价指标

（1）系统分析设计的经济性。检查逻辑模型和设计方案在制订过程的经济性，通过将各项活动经费支出与预算支出、其他可比项目经费支出进行比较，检查是否有不必要的支出、是否存在浪费。

（2）系统分析设计的效率性。可用系统分析设计阶段各个主要活动的实际完成时间与预期/目标时间的比率、各个主要活动的实际投入成本与预期/目标成本的比率表示。

（3）系统分析设计的效果性。通过问卷调查法、对比需求分析文件等方式检查逻辑模型和设计方案完成预期规划的程度。

3. 运行维护阶段的评价指标

（1）管理决策支持能力的绩效评价。检查电子政务系统对支持和提升组织管理、业务管理、行政管理等方面的作用，评价系统对提升管理决策能力，改善经济业务发展方面的效率、效果与效能的影响程度。可根据组织分工确定不同的责任中心，对各个责任中心成本、收益进行考核。根据实际需要对责任中心的变动成本和固定成本做出区分。对于无法直接衡量收益的管理决策活动，可对决策活动从决策次数、涉及金额、损失金额所占比率等多方面进行衡量。

（2）信息资源共享能力的绩效评价。检查电子政务系统中管理资源、业务资源、人力资源、财务资源、技术资源、市场资源等各类信息资源的共享程度和利用状况，评价电子政务系统的共享协同对改善经济业务发展的效率、效果与效能的影响程度。可对各部门采用调查问卷法了解电子政务系统的信息资源共享程度、采用穿行测试的方法跟踪观察电子政务系统中信息资源共享的有效性。

（3）经济业务协同能力的绩效评价。检查电子政务系统对提升单位内部不同业务之间、行业内部不同单位之间、与外部相关经济业务之间的业务协同情况，评价其对提升经济业务协同能力，改善经济业务发展的效率、效果与效能的影响程度。可对使用被评价系统后各个单位提供相关服务的总人次、涉及的总金额、产生的总收益、投入的总成本等方面进行评价。

（4）系统建设发展能力的绩效评价。检查电子政务系统的整体架构、技术路线、开发策略、应用模式和运维模式，以及应对职能业务发展、信息技术发展、环境风险防范等方面的适应能力，评价电子政务系统对职能业务发展可持续支持的影响程度。

（5）电子政务系统的效果性。检查电子政务系统运行对部门业务活动和国家经济社会健康发展的经济效益、社会效益的影响，与预期目标之间的差异程度。

（6）群众受益率。检查电子政务系统实际惠及的人数所占比率。

（7）公众满意度。可采取问卷调查等方法对接受过电子政务系统服务的民众就该系统所提供服务质量、服务效率、可信度等方面进行随机调查以了解公众对电子政务系统的满意程度。

4. 更新（消亡）阶段的评价指标

更新系统的年均成本。通过对更新或新建电子政务系统的现金支出进行分析，计算未来使用年限内现金流出总现值与年金现值系数比值，审查更新系统的经济性。

更新系统的效率性。检查更新系统否以最小的投入达到既定需求。

更新系统的效果性。检查更新后的电子政务系统所能提供的服务项目是否能够达到预期目的。

参考文献

［1］国家发展和改革委员会．“十二五”国家政务信息化工程建设规划，2012.

［2］李玲，刘汝焯．计算机数据审计［M］．北京：清华大学出版社，2010.

［3］《国外绩效审计理论与实务》课题组．国外绩效审计理论与实务［M］．北京：中国时代经济出版社，2010.

［4］审计署．信息系统审计指南——计算机审计实务公告第 34 号．2012.

［5］郭励弘．建立我国电子政务绩效评估制度的构想［J］．国务院发展研究中心调查研究报告，2005（31）.

［6］中国注册会计师协会．财务成本管理［M］．北京：中国财政经济出版社，2013.

借鉴平衡计分卡理论　促进完善地方政务信息化绩效审计评价体系及实现研究探索

山东省青岛市城阳区审计局　张一帆

【摘要】　政务信息化不断发展和完善，是阳光政务、便利政府的必然要求。地方政务信息化是国家政务信息化的重要组成部分。随着我国政务信息化资金投入不断加大、影响范围不断扩大，政务信息化发展绩效情况逐渐走入群众视线，也成为党委、政府关注的重点之一。本文在简要介绍平衡计分卡理论的基础上，从政务信息化绩效审计实践出发，介绍其产生的背景、意义、发展现状，并借鉴平衡记分卡理论将政务信息化绩效各类评价指标按照财务、服务对象、内部业务流程、创新与扩展分类归入四个维度，进而提出促进完善地方政务信息化绩效审计评价及实现手段的几点思考。

【引言】　政务信息化是指政务机关应用现代信息技术，深入开发和利用政务信息资源，实现政务活动数字化、网络化、标准化的活动。① 绩效审计是指审计机关在对政府各部门财务收支及其经济活动的真实性、合法性进行审计的基础上，审查其在履行职责时财政资金使用所达到的经济、效率和效果程度，并进行分析、评价和提出改进意见的专项审计行为。② 随着政务信息化审计的不断深化，促进绩效审计评价标准的统一化、客观化、明晰化、规范化、定量化，提高绩效审计质量已经成为政务信息化审计工作进一步发展的必要条件。笔者尝试借鉴平衡计分卡理论，结合目前地方政务信息化发展现状，探讨如何将政务信息化的绩效评价内容，按照财务、服务对

① 《海南省政务信息化管理办法》（海南省人民政府令第153号），2002年4月4日。

② 《深圳经济特区审计监督条例》（深圳市第三届人民代表大会常务委员会公告第十三号），2001年2月23日。

象、内部业务流程、创新与扩展四个维度进行分解，将各类指标归类、细化、标准化，初步形成比较全面、客观的绩效评价标准体系，并对地方政务信息化绩效审计实践应用进行了探索。

一、平衡计分卡理论简介

BSC（Balance Score Card，平衡计分卡）是由哈佛商学院罗伯特·卡普兰和戴维·诺顿于 1992 年发明的一种绩效管理和绩效考核的工具。20 世纪 90 年代初，美国诺顿研究所主持并完成了“未来组织绩效衡量方法”研究计划。该计划最初的动机是认为企业现有的以财务会计计量为基础的绩效计量方法变得越来越模糊，目的在于找出超越传统以财务计量为主的绩效衡量模式，以使组织的“战略”能够转变为“行动”。该概念从财务、服务对象、内部业务流程、创新与扩展四个方面考评企业业绩，强调管理理念的系统性，试图采用多视角制衡机制，制约管理者片面追求部门短期利益而不惜牺牲长远利益，或其他部门乃至整体利益的行为，是面向企业、帮助组织战略落实为可操作的衡量指标和目标值的一种绩效管理体系。平衡计分卡系统通过采取各类管理工具和方法，将组织的目标、指标、目标值和行动方案有机地联系起来，并实现将抽象而概括性的部门职责、工作任务与承接关系等比较直观地表现出来，显得层次分明、量化清晰、简单明了，使组织的战略目标得以有效执行。

二、国家政务信息化建设现状

加快国家信息化建设是党中央、国务院顺应世界信息化发展趋势的重大战略决策，政务信息化建设是国家信息化建设的重要组成部分。自 20 世纪 80 年代中后期以来，我国国家政务信息化沿着“机关内部办公自动化——管理部门的电子化工程——全面的政府上网工程”这条线展开，如今已取得重大进展。“三网、五库、十二大系统”已基本建成，政府机构 IT 应用基础设施建设已经相当完备，各级政务网站成为信息公开、网上办事、便民服务的重要渠道，是创新政府治理模式、提升政府管理和服务水平的重要手段。随着政务信息化建设人财物力的不断投入和持续使用，政务信息化运行的绩效如何，已经成为公众、政府非常关注的重点之一。

地方政务信息化是国家政务信息化的重要组成部分，地方政府部门在电子政务建设和应用中清晰地展现了国家电子政务全局的特征。国家先后出台了17号文、34号文，形成了电子政务总体规划，为克服原来电子政务建设中的各种问题、实现地方电子政务的整体策划提供了根本保证。政府各项服务逐步通过网络广泛渗透老百姓生活，以精简、综合、人性化的一站式办公为目标，让公众切实获益。多年来，地方电子政务建设经历了网络平台从粗放、分散到集约、统一，应用服务从简单、务虚到深入、务实的发展历程，“网络平台趋于整合，公众服务渐成主流”是当前地方政务信息化的主要特点。在我国电子政务建设初期，由于存在一个从点到面、逐步投资的过程，再加上经验不足、规划不全面，所以出现了“分散建设”和“信息孤岛”的现象。相关调查统计信息显示，目前地方电子政务虽然已经取得了很大的成绩，但面临的问题也不容忽视，主要表现在：部门信息亟须整合，地市级政府网站部门信息的整合目前仍主要处于信息公开阶段；部门服务亟须整合，条块分割、各自为政、资源不共享的情况还普遍存在；服务的理念还需进一步提高，部分政府网站只有发布功能，没有具体的交互式业务办理，也没有专职编辑更新信息；信息公开的质量、范围都有待提高，大多数政府网站对于政策法规、新闻动态等信息公开质量较高，但在办事指南、统计数据、业务动态等方面表现参差不齐，而人事任免、财政、投资类信息的公开普遍落后；公众服务的应用深度亟须改善，除了旅游、娱乐之外，其他方面的服务深度仍处在初级阶段，网上办事和服务项目还有待提高，与群众不断提高的服务需求存在差距。

三、借鉴平衡计分卡理论分解政务信息化绩效审计评价标准

积极跟进政务信息化建设工作，对发展绩效进行评价，发现问题、提出建设性意见是国家审计目前阶段的重要职责。各地在推进信息系统审计时，也逐渐开始尝试政务信息化建设审计。例如，江苏省在对太湖进行环境审计时，就对其生态环境信息管理系统进行了比较系统的审计。但是，政务信息化绩效审计仍处于发展的初级阶段，大部分仍作为本级预算执行审计、经济责任审计、环境审计等的组成部分，没有独立出来；独立执行的少数政务信息化审计也主要针对其单独某个或者某几个信息系统审计的建设、运行进行审查，未实现系统、全面的审查和评估；与通过审计监督，促进整合信息资源、提高行政效率、降低行政成本，从而更好地为社会服务的工作目标有很大差距。执行过程中，主要表现在审计内容还不全面、审计深度还有待提高、审计评价还不够系统公允、审计建议系统性不强。要改善目前审计现状，必须实现对政务信息化审计的全面规划，对政务信息化绩效评价标准进

行分解、细化、量化，形成系统的政务信息化审计评价体系，以指导、推进政务信息化绩效审计。而平衡计分卡理论是从组织战略角度，对组织全局发展进行分析的一种绩效评价体系，其将影响组织战略实现的要素按照维度进行分解、细化，能够实现对组织战略发展的全面评价并发现影响绩效的因素，这种思维方式和绩效评价体系值得我们在政务信息化审计中借鉴。

（一）基本原则

借鉴平衡计分卡理论基础，结合政务信息化的实现目的，将目标按照财务、服务对象、内部业务流程、创新与扩展四个维度进行分类。同时要对上述四个方面进行平衡，BSC 中各项测量指标并不是孤立地存在，它们与一组目标相联系，而这些目标自身又相互关联并最终都以直接或间接的形式与战略结果相关联。

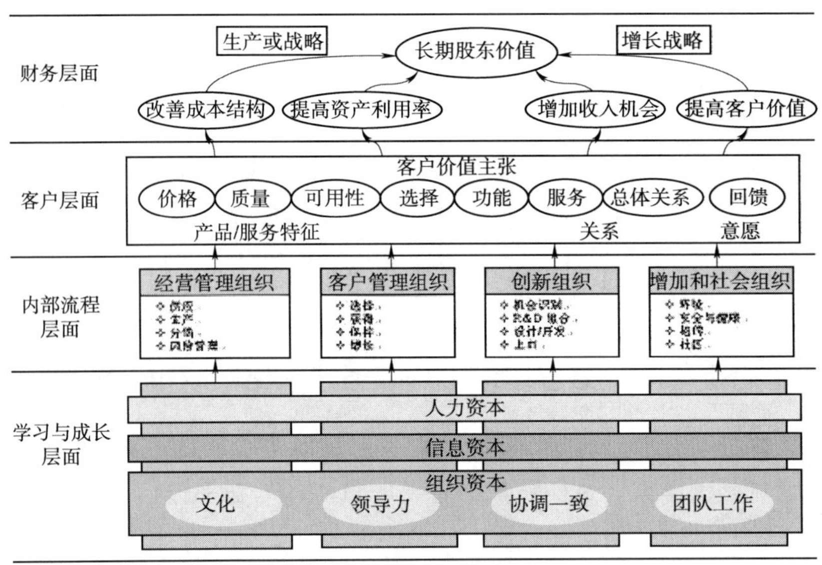

图 1　平衡计分卡从战略高度分析影响企业创造价值的相关因素及相关关系①

政务信息化是一个系统发展战略，它紧紧围绕国家政务信息化工程建设规划、结合各地发展实际，制定计划有步骤地实施，执行过程需要投入大量的人力、物力、财力，向对内、对外两个服务对象提供服务、实现办公、办事的便捷、有效，并具有可拓展性，能够按照随着需求不断创新、成长、完善。从这个角度，我们也可以将影响政务信息化战略发展的因素按照平衡计

① 刘俊勇，马建强：《战略地图：平衡计分卡的新发展》，《管理学家》，2006 年 4 月。

分卡的理论框架分为四个维度，即财务、服务对象、内部业务流程、创新与扩展。

（二）政务信息化绩效指标的分解和指标设计

1. 财务方面

围绕解决“资金使用效益如何”这一类问题，将政务信息化项目建设、运营、维护等相关的资金使用效益方面的财务指标进行整合，主要包括：一是项目成本支出方面的指标，即规划成本、建设成本（包括软硬件的开发、建设支出）、运营（包括系统运行中支出的人、财、物）、维护（包括对系统支持平台、系统维护商的租金、代理费等）资金的支出额、资产使用率，实现对成本的年度纵向对比、行业的横向对比、成本的内部组成分析等。二是因项目实施形成的综合成本节约方面的指标，即实施政务信息化前后以及政务信息化升级改造前后人力、物力、财力等方面的节约率，如因政务信息化缩减单项工作完成时限而减少人力成本的情况，因无纸化办公减少的纸张等办公用品的节约情况，因网络传输、网络会议等模式减少了差旅费等支出情况。

2. 服务对象方面

围绕解决“服务对象的需求是否得到满足”这一类问题，通过服务对象的视角来看信息化发展状况，主要包括内部服务对象和外部服务对象，即政务工作人员网上办公相关需求的满足程度和公众网上办事需求的满足程度。政府公务人员方面，具体包括政务办公界面是否友好，信息传输是否方便、流畅，利用政务信息系统是否能够提高办公效率等；公众使用方面，具体包括网上办事环节是否合理简单，程序是否便于操作，网上信息是否能够及时获取，诉求是否能够得到及时有效回复等。具体可采取网上办事办结率、网上信息公开率、信息发布及时率、服务对象满意度等指标，关注影响服务对象使用政务信息系统动力、影响政务信息化发挥作用的各项指标。

3. 内部业务流程方面

围绕解决“政务信息化建设、维护部门职能职责履行”这一类问题，分析政务信息化维护管理各相关环节分工是否明确、职责是否清晰，发现问题能否快速及时反应，关注促进整体绩效更好的过程、决策和行动，特别是对服务对象满意度有重要影响的进程。如通过相关的内部控制制度的建立和执行、相关部门的分工和牵制、定期考核、保密，以及单位维护人员维护系统数据量、系统出错率等指标来反映。

4. 创新与扩展方面

围绕解决“信息化建设是否跟进发展需要”这一类问题，以信息化建设的发展和完善为基础，涉及学习培训、系统的整合与更新、系统的后续研发、服务方式和方法的创新等。以电子政府为建设目的的政务信息化进程，光满足于现状是不够的，必须能够保持不断满足社会发展的需求，不断地创新、改进和变化。只有通过开发新功能、完善整理资源、理顺服务环节，不断改进运行效率，满足不断发展的公众需求，以提升治国理政能力为宗旨，推动经济社会各领域信息化、保障和改善民生、维护经济社会安全。

（三）绩效审计评价指标体系建设和使用

建议由审计署政务信息化审计管理相关部门根据国家政务信息化工程建设规划、行动指南等确定评价体系基本框架。在对地方政府政务信息化建设情况广泛调研的基础上，围绕政务信息化建设目标、区分建设发展阶段，确定通用指标和期间特别指标，将指标按照维度细化、量化并确定指标在维度内的权重参考区间，形成指标体系。各级审计机关在使用指标体系时，应结合本地政务信息化的发展阶段选择指标，将上述指标与相关政务信息化管理协调部门沟通一致后，确定调整权重，形成本次审计评价体系，作为审计实施和审计评价的依据。

四、以某地政务信息化建设绩效审计评价为例分析实现模式

（一）依照国家政务信息化工程建设规划，立足本地政务信息化建设发展阶段，确定审计目标

根据发展改革委《关于印发“十二五”国家政务信息化工程建设规划的通知》，到“十二五”期末，要形成统一完整的国家电子政务网络，基本满足政务应用需要；初步建成共享开放的国家基础信息资源体系，支撑面向国计民生的决策管理和公共服务，显著提高政务信息的公开程度；基本建成国家网络与信息安全基础设施，网络与信息安全保障作用明显增强；基本建成覆盖经济社会发展主要领域的重要政务信息系统，治国理政能力和依法行政水平得到进一步提升。

审计人员在制定审计计划时，要结合建设规划的工作目标和本区域的发展阶段，设立工作目标；应以国家总体规划为指导，以本地建设目标为依据，以是否达到当期建设目标为具体审计目标。例如，笔者所在的青岛市电子政务建设把提高内部办公无纸化水平、推进政务公开、发展网上审批和服

务作为应用的重点，最终实现三个转变，即由单机应用向网络应用转变、由简单事务处理向综合政务管理转变、由单向信息服务向双方交互网上的办公转变。自1998年开通“青岛政务信息公众网”以来，又开通了青岛政务网等多个网络平台，并建立了电子政务基础平台相配套的CA认证中心和政务门户网站。目前，青岛市委、市政府及各区公文全面实现无纸化传输，大部分部门利用“金宏电子政务系统”实现内部办公网络化；工商、税务、人力资源、民政等部门网上面向公众办公；相关部门网上并联审批也已全面展开，各区市也都开通网站进行政务公开、便民服务。因此，在确定本区域范围内的政务信息化绩效审计目标时，将审计目标确定为：通过对政务信息化进行系统化审计和审计调查，摸清资金投入、建设规模、建设现状、运行现状、使用效益，评价“内部办公无纸化、推进政务公开、发展网上审批和服务”的基本发展目标是否实现，在政务信息化进程是否达到国家建设规划要求，是否满足青岛政治、经济、社会发展需求，发现在政务信息化建设、发展、运作过程中出现的影响绩效发挥因素，并提出改进意见。

（二）围绕审计目标，实施审计调查，确定重点及评价标准

在具体实施过程中，紧密围绕“内部办公无纸化水平、推进政务公开、发展网上审批和服务”三个分项目标，将信息系统软硬件建设、政务公开水平、网上审批和服务建设目标按照财务、服务对象、内部业务流程和创新与扩展四个维度进行分解。财务方面，分析信息网络软硬件基层建设成本、运行成本、维护成本、后续提升成本、集约化低成本运行等情况，提取一个较长时期财务数据进行纵向分析，以国家发布的标准数据和其他类似水平城市的相关数据为参照系，进行财务成本效益横向对比分析，将各类指标细化、分析指标之间的关系，确定影响资金发挥效益的具体因素；服务对象方面，分析内部使用者、外部用户在部门信息整合、部门服务便利、服务内容深化、公众服务应用深度等方面目标的实现程度和服务对象满意度，以本地确定项目规划的目标等参照系，比较各具体指标的实现程度，例如部门联合审批的平均时间、网上行文率、回复群众诉求的平均时间等，并通过适当发放调查问卷、访谈等方式了解服务对象对政务信息化发展情况的评价，特别是查明影响内外部用户使用网络积极性的具体因素；内部业务流程方面，分析各部门信息化系统运行的制度建立健全、信息安全性、遵守法律法规、职能职责分工、绩效考核评估等，以相关国家规定、可行性方案等为参照系，比

较分析，发现内部管理漏洞，因内部管理不力造成的影响信息不安全、传输等方面的具体因素；创新与扩展方面，分析后台服务部门对不断提高的应用需求的技术支持、扩展、升级情况，系统设计与其他网络的互联、互通情况，系统的重复建设、数据冗余、功能交叉情况，系统使用、维护人员的能力培训情况等。在确定好各维度的具体指标后，将上述指标体系与政务信息化管理部门沟通确定指标之间的关联关系，将指标数字化、系统化，确定权数。

（三）针对审计重点，系统实施、科学深入

针对确定的审计重点，系统确定审计手段。对财务方面指标的审计，要以财务数据为基础，利用对比分析等方法；服务对象方面指标的审计，应重点关注系统日志反映的系统运行情况、通过网络调查问卷等手段获得服务对象对服务质量的反馈信息、通过利用内部各类统计数据反映信息利用情况；内部业务流程和创新与扩展维度，通过审查、分析工作日志、考核结果、内部控制制度审查、分析性复核、人员结构分析等方法进行。

在整个审计实施过程中，要充分发挥计算机审计对海量数据的计算、分析功能，采取穿行测试、数据挖掘等方法，对信息化实现情况进行系统、深入的分析，为审计评价的量化提供全面、客观的基础数据。

（四）归集审计结论，全面分析、综合评价

按照已经确定的平衡计分卡指标和权重，对审计结论按照四个维度进行系统归集，形成评价结论。分析实际完成情况与预期目标差异，从战略、战术、管理、操作实施等各个层面逐步细化分析成因，围绕实现目标、改善现状系统提出建议。

审计结论应服务两个层面：一是从战略角度撰写绩效审计报告，对信息化建设总体状况进行系统评价。在绩效评价中，要对成绩予以肯定；对发现的问题，更多地从战略角度分析成因，站在促进政务信息化不断发展完善、促进政务公开、实现电子政府的立场提出可行的审计建议，积极发挥绩效审计的宏观建设作用。二是针对政务信息化建设、实施各具体部门、单位，在充分沟通的基础上，分别撰写审计建议书，对各单位在职责履行中出现的偏差进行分析，锁定成因、改善运行。建议书的撰写应公允、平实，指出问题要具体、建议要系统、手段要可行。

参考文献

[1] 政务纷纷上网 百姓切实受益——各地政务信息化发展现状与特点调查报告 . www. cnii. com. cn，2006 -02 -15.

[2] 王晗 . 基于六维平衡计分卡（SDBSC）的公共部门绩效评估研究 [D] . 天津大学，2007.

[3] 发展改革委关于印发“十二五”国家政务信息化工程建设规划的通知（发改高技〔2012〕1202 号），2012 -05 -05.

[4] 罗伯特 · 卡普兰，大卫 · 诺顿，刘俊勇，孙薇，译 . 王化成，译校 . 广州：广东经济出版社，2012.

促进政务信息化绩效审计评价及其实现研究

深圳市审计局　张　悦

【摘要】　本文分析我国政务信息化发展现状，提出加强政务信息化绩效审计评价的必要性和实现路径，针对当前存在的问题和困难给予体制、机制上的研判，尝试构建政务信息化绩效审计评价指标体系，提出关于加强政务信息化绩效审计评价工作思路。

一、政务信息化的内涵、现状及发展趋势

（一）政务信息化的内涵

政务信息化，就是运用现代化信息技术处理政府机关事业单位公共管理事务、实施业务管理职能和提供公众服务的过程。政务信息化实质上是将政府管理建立在信息技术、办公自动化技术和网络技术基础之上的一种全新的政府治理模式。政务信息化促进政务公开、促进行政民主化、决策科学化、提高公务员素质，在加强行政道德观念、提高行政效率等方面起到积极作用，在改善完善宏观调控、加强社会管理、强化市场监管、提供公共服务等方面发挥了重要作用，促进了政府职能转变，已成为提升党的执政能力和建设服务型政府不可或缺的有效手段。

（二）政务信息化发展现状

当前，我国地方和部门政务信息化建设普遍开展，组织体系不断健全，专业技术队伍建设不断加强。政策、制度和标准规范继续完善，政务信息化应用持续推进，富有成效的典型应用不断涌现。中央和省级政务部门主要业

务电子政务覆盖率已经达到70%。金关、金税、金盾、金审等一批国家电子政务重要业务信息系统应用进一步深化，取得较好的经济和社会效益。电子政务基础设施建设取得成效，国家电子政务网络初步满足党委、人大、政府、政协、法院、检察院各系统推进业务应用的需要，技术支撑能力明显提高。电子政务信息安全保障系统普遍建立，管理制度规范逐步健全，网络与信息安全保障能力明显提升。

2012年，联合国对193个成员国政府近两年的电子政务发展进行了评估[①]。成员国的评选名次是以电子政务发展总指标为依据。中国电子政务发展指数（0.5359），排名第78位。韩国政府排名第一，荷兰第二，英国第三，丹麦、美国、法国和瑞典也仍保持在全球电子政务领先国家的行列。调查表明，各国已经从分散的单一用途电子政务模式向方便公众使用的“一体化”政府模式过渡。报告指出：“在信息时代，政府需要思考如何运用信息和通讯技术工具来优化法律框架、规章制度、机构重组和业务办理程序以及人力资源开发，从而顺应公民新的需求，接受新的挑战，真正做到以公众为中心来提供服务。”各国政府更加重视电子政务，发展和推进政府一体化，并提高公共服务的质量。其最终目标是开展合法、有效的公共治理，为今世后代实现包容、公平和可持续发展做出贡献。

应该看到，我国政务信息化发展成效日趋显现，政府网站服务能力和水平逐步提高。各地区、各部门进一步加强建设保障和改善民生应用、创新社会管理应用，取得显著成效。同时，也存在一些部门和地方对发展电子政务作用的认识不高，符合电子政务科学发展的机制不健全，一些领域还存在分散建设、低水平重复、投资浪费等问题[②]。总的来看，当前政务信息化主要存在三个问题，第一，认识不到位，政务信息化项目要么不建设，缺乏有效资金投入；要么盲目建设，花钱没有花在刀刃上；第二，管理不到位，政务信息化重硬件建设，轻运营管理，新项目新“孤岛”现象仍然存在，信息更新慢，有些政府政务信息化工程成了“花架子”，管理工作人员素质不适应政务信息化发展需要等等；第三，法规标准不到位，具体表现为政务信息化的系统性法规、标准、规范不完善，执行不到位。

① 联合国经济和社会事务部与国家行政学院电子政务研究中心：《2012年联合国电子政务调查报告：面向公众的电子政务》（中文版），2013年3月26日。

② 工业和信息化部信息化推进司：《2012国家电子政务发展报告》，2013年5月15日。

（三）政务信息化的发展趋势

截至 2012 年 12 月底，我国网民规模达 5.64 亿[①]，手机网民规模为 4.20 亿，微博用户规模为 3.09 亿。2012 年，国家针对下一代互联网、移动互联网等技术的研发和应用制定了一系列政策方针：2 月，中国 IPv6 发展路线和时间表确定；3 月工信部组织召开宽带普及提速动员会议，提出“宽带中国”战略；5 月《通信业“十二五”发展规划》发布，针对我国宽带普及、物联网和云计算等新型服务业态制定了未来发展目标和规划。这些政策加快了我国新技术的应用步伐，将推动互联网的持续创新。随着超高速宽带网络、新一代移动通信技术、云计算、物联网等新技术、新产业、新应用不断涌现，政务信息化依托的信息技术手段发生重大变革，深刻改变了电子政务发展技术环境及条件。电子政务在促进世界各国、各级政府管理与服务模式创新及快速变革的同时，也对人类社会的进步和发展产生越来越重要和深远的影响，从全球范围来看，电子政务已经成为世界各国和地区经济和社会发展的重要推动力量[②]。

国家高度重视政务信息化工作，专门制定了《“十二五”国家政务信息化工程建设规划》[③]，到“十二五”期末，国家政务信息化要达到以下目标：(1) 形成统一完整的国家电子政务网络，基本满足政务应用需要；(2) 初步建成共享开放的国家基础信息资源体系，支撑面向国计民生的决策管理和公共服务，显著提高政务信息的公开程度；(3) 基本建成国家网络与信息安全基础设施，网络与信息安全保障作用明显增强；(4) 基本建成覆盖经济社会发展主要领域的重要政务信息系统，治国理政能力和依法行政水平得到进一步提升。

二、加强政务信息化绩效审计评价的必要性

政务信息化发展迅猛，对于政务信息化的绩效审计评价，不仅能够有效保障政务信息化资金的有效利用，提升政务信息化规范化、科学化水平，还将推进审计管理自身信息化建设，完善现代审计模式。

---

① 中国互联网络信息中心第 31 次《中国互联网络发展状况统计报告》，http://www.cnnic.net.cn，2013 年 1 月 15 日。

② 《2012 年联合国电子政务调查报告：面向公众的电子政务》（中文版），2013 年 3 月 26 日。

③ 2012 年 4 月 18 日，国务院正式批复“十二五”国家政务信息化工程建设规划（国函〔2012〕36 号）。

（一）加强政务信息化绩效审计，促进政府职能转变

“十二五”期间，政务信息化发展将不断深化。政务信息化将更加强调顶层设计，更加注重体制和机制的完善；政务信息化应用发展将取得重大进展。以深圳市政府为例①，政府业务基本实现电子政务覆盖，政务信息资源开发利用成效明显，以市民为中心，以提升公共服务水平为出发点和落脚点，以顶层设计为切入点，以信息资源共享和业务协同为突破口，充分整合利用现有业务系统和信息资源，深化电子政务应用与服务。到2015年，基本建成技术标准统一，业务流程规范，绩效评估科学的跨部门、无缝隙的电子政务体系架构。

政府在线服务、网络问政、微博发布厅、微信服务等政务信息化服务方式不断更新演变，政务信息化的服务能力将明显加强。相应的，电子政务基础设施建设将不断发展，专业技术服务水平持续提升，应用支撑服务能力明显提高。信息安全保障需求不断提高，信息系统安全保障投入不断增加，因此，科技水平的提高，倒逼政府职能的转变，政务信息化的作用更加凸显，政务信息化的投入需求更加迫切，加强政务信息化绩效审计工作成为有效抓手，保障政务信息化项目科学、高效得以应用。

（二）加强政务信息化绩效审计，提升投入资金使用成效

审计部门应研究完善政务信息化资金投入和管理办法，推动财政部门、业务部门逐步实现集中统一、高效、低成本的管理制度，建立自身适应信息化发展的现代审计模式。

政务信息化的需求既有共性需求，也有个性需求，要针对政务信息化的特点，推动政务信息化主管部门、财政部门完善政务信息化财务管理规定，推行政务信息化项目格式合同，明确政务信息化项目检测验收规范、标准，强化政务信息化资源共享和互联互通的刚性要求，建立和完善政务信息化绩效审计的法律框架和统一的标准规范。

加强政务信息化建设发展，必须强化财政资金保障，调整和优化财政支出结构，统筹各种渠道的建设资金，建立并实行公共基础设施、业务应用和系统运维的资金分类保障制度；推进公共基础设施统建共用和统一运维服务的集中投入，确保基础设施投入效益，坚决制止重复建设和投资浪费，严肃

① 深圳市信息化发展“十二五”规划，深府办〔2011〕108号，2011年12月23日；深圳市电子政务“十二五”发展规划，深科工贸信信安字〔2011〕76号，2011年11月29日。

查处财政投入资金管理和使用中出现的问题，加大政务信息化绩效审计力度。

（三）加强政务信息化绩效审计，适应时代发展需要

当前，政务信息化还存在一些亟待解决的问题，如信息基础整体水平有待提高；核心技术创新能力不强，信息资源有待进一步整合共享；政务信息化安全保障有待进一步健全，政务信息化法制化进程有待进一步完善。信息化需求不断出现，信息化资金投入“永远不足”，政务信息化绩效审计方法单一，手段缺乏，“指挥棒”和“免疫系统”功能尚未得到充分发挥。

信息技术不断发展变化，云计算、物联网、移动互联、微博、微信等新技术、新应用不断涌现，深刻改变人类生产生活和政务活动方式；围绕信息化的政府职能转变需求日益迫切；信息化成为推动全球化、一体化的主要推动力；信息化与工业化融合日益加速，成为转变经济发展方式的关键路径；政务信息化水平已成为城市综合营商环境和竞争力的主要评价指标。因此，加强政务信息化绩效审计，是审计部门面临的重大课题，必须采取有效措施予以应对，适应时代发展需要。

三、构建政务信息化绩效审计评价体系探索

（一）政务信息化绩效审计评价目标

在真实性、合法性、完整性、安全性等审计评价基础上，政务信息化绩效审计评价目标应重点关注以下方面。

经济性。经济性目标体现了对政府政务信息化建设管理资金投入水平的评估，具体为政务信息系统开发、运行过程中政府部门资源投入和成本节约的水平及程度，资源使用的合理性。

效率性。效率性目标关注政务信息化建设管理投入资源的有效利用程度，是否用最少的资源投入产生最多信息，包括系统硬件处理能力、软件及数据资源优化利用程度、数据处理速度、查询响应时间。

效果性。效果性目标更加关注政务信息系统的应用价值，通过对信息政务系统的投入产出对比，评估在财力、人力、硬件、软件资源的投入下，实现政府内部和外部应用价值的程度。

（二）政务信息化绩效审计评价指标体系

围绕上述政务信息化绩效审计评价目标，尝试构建政务信息化绩效审计评价指标体系。

表1 政务信息化绩效审计评价指标体系

评价目标	评价指标类别	具体评价指标	绩效审计评价主要内容
经济性	政务信息系统组织规划	政务信息系统规划绩效评价指标	是否制定符合单位战略目标的发展规划
			是否符合电子政务建设总体规划
			是否进行统一规划，考虑信息共享和业务协同
			是否制作项目建议书、可行性分析报告，进行充分的效益分析
			是否充分考虑原有政务信息化资源的利用，避免重复建设、重复投资
		政务信息系统组织实现绩效评价指标	是否对单位业务人员进行细致的需求调查
			是否制定分期建设方案
			是否存在方案的调整，评估调整的必要性和影响
			是否制定实现上述规划的控制制度
	政务信息系统建设	政务信息系统建设管理绩效评价指标	政务信息系统是否制定明确的建设目标、投入计划及考核指标
			是否制定落实建设目标和考核指标的内部控制制度
		政务信息系统建设实施绩效评价指标	是否对建设方案进行经济性评估测算，通过对整体架构的搭建、技术路线的选择等控制其实现投入最低
			对采购的工程、设备和服务进行经济性评估，是否采用有效方式降低采购成本
			政务信息系统开发建设是否继承原有设备和资源
			建设工程是否如期完成，是否存在重大损失
			建设形成的信息资产总价值占建设总投资比例是否过低，是否存在投资浪费
	政务信息系统运维	政务信息系统运维绩效审计评价指标	系统运维服务供应商与开发人员的配合度是否紧密，是否可靠
			运维投入是否与需求相匹配
			对比分析运维总投资与建设总投资，评价运维经济性
			运维投资占信息资产总价值比例过高，是否存在浪费

续表

评价目标	评价指标类别	具体评价指标	绩效审计评价主要内容
效率性	政务信息系统贡献度	政务管理决策支持能力绩效评价指标	政务信息数据采集是否实现信息化
			是否实现政务信息流程的跟踪和监控
			是否为单位决策提供信息数据分析支持
		政务信息资源共享能力绩效评价指标	是否实现政务信息资源共享
			是否实现面向外部的电子数据交换
			政务信息共享的服务响应效率，即查询到回复的时间长短
			政务信息共享能力是否满足用户需求
	政务信息系统应用效率	政务协同能力绩效评价指标	政务信息系统的功能是否实现所有业务需求，各项业务子系统是否存在通信接口
			政务信息系统与外部是否存在通信接口
			政务信息系统是否降低了业务协同成本
			政务信息系统是否提高了业务协同效率
		政务信息系统建设发展能力绩效评价指标	政务信息系统是否对政府职能业务、外部环境发展等方面的适应能力，即是否具有易改变性
			政务信息系统是否具有易分析性，即可分析系统缺陷从而进行修改
			政务信息系统是否具有可检验性，即可对已经进行的修改进行确认
			政务信息系统是否具有可持续发展能力，是否具有二次开发能力
效果性	政务信息系统综合效益	政务信息资源质量绩效评价指标	政务信息资源是否符合单位的信息需求
			政务信息数据质量是否符合单位的使用要求
			政务信息数据是否及时更新
		政务信息系统贡献能力绩效评价指标	政务信息系统是否提高单位政务处理能力
			政务信息系统是否优化单位业务流程，驱动业务整合，提高行政效率
			政务信息系统是否促进行政成本节约
			政务信息系统是否提高政府部门社会服务能力、影响力、公信力

续表

评价目标	评价指标类别	具体评价指标	绩效审计评价主要内容
效果性	目标群体满意度	内部目标群体使用情况绩效评价指标	统计内部目标群体对政务信息资源的使用频率，包括登录、查询、检索、下载次数等
			内部目标群体对系统是否具有可操作性、高容错、易掌握的评价情况
		外部目标群体使用情况绩效评价指标	统计外部目标群体对政务信息资源的使用频率，包括登录、查询、检索、下载次数等
			采用调查表、访谈等方式搜集外部群体对政务信息系统的评价情况

四、促进政务信息化绩效审计评价工作思路

政务信息化的发展需要开展绩效审计评价，审计绩效评价工作的开展也离不开政务信息化的发展，审计信息系统自身就是政务信息化的组成部分。综合当前的发展现状和发展趋势，结合我国政府职能转变的大格局，就促进政务信息化绩效审计评价及其实现大胆提出以下工作设想。

（一）积极探索，组织开展政务信息化绩效审计的横向评价

政务信息化的核心是政务，信息化是实现手段。因此，各地政府的政务信息化工作一定具有相同、相似之处，可以开展横向比较。比如：中国政府网站绩效评估结果发布暨经验交流会已经开展 11 届（截至 2012 年），该绩效评估由第三方机构发起（中国软件评测中心、人民网、新浪网、百度公司共同举办），评估范围与样本包括：国务院部委、直属（办事）机构（单位）、部委管理的国家局网站（73 个），各省、自治区、直辖市（32 个）、副省级城市（15 个）、省会城市（27 个）、地市（301 个）、区县（461 个）地方政府网站，评估机构出台发布了《2012 年中国政府网站绩效评估指标体系》，组建了评估采样工作团队，对评估对象原始数据进行采集、数据核对、评估打分，然后全面分析评估数据及结果，撰写完成了《中国政府网站绩效评估报告》①，报告分为以下五类：2012 年工程建设领域专项治理工作网站绩效评估结果、2012 年部委网站绩效评估结果、2012 年省级政府网站绩效评估结果、2012 年地市级政府网站绩效评估结果、2012 年区县政府网站绩效评估结果，上述评估报告已成为各部委、地方政府建立政务网站的风

---

① 参见：http：//www. cstc. org. cn/zhuanti/fbh2012/fbh2012. html.

向标、指南针。评估内容指标主要包括信息公开透明度、互动交流能力、办事服务能力、运维保障能力、新技术应用能力、网络舆情引导能力、工程建设领域专栏等，各项能力指标体系下设分项指标。

从地方政府网站评估结果分析①来看，我国省市县政府网站总体上呈现由高到低的“阶梯式”发展，省级政府网站相对较好，绩效水平达到0.47；地市级政府网站居中，整体水平为0.35；区县政府网站较差为0.27。评估结果显示，68%的省级网站在教育、医疗、交通等民生重点领域提供服务机构一览表、政策解读及办事指南等服务资源，信息公开内容全面及时，网上互动交流渠道建设及开展效果较好；部分领先区县政府网站建设水平显著提升，重点民生服务领域内容整合程度达到较为细致、深入的程度，但大部分区县网站民生领域服务内容不足，资源分散，公众获得贴近生活的网上服务不清晰、不实用，对公众“有用”的信息更新也不够及时，区县级政府网站服务水平亟待改善。上述政府网站的评价，恰恰欠缺的资金使用效率的评价，主要是第三方机构无法通过有效的手段提取相关信息，政务信息化的预算信息尚未完全实施信息公开，因此无法开展第三方评价，这恰恰是审计部门的职能和权限，审计部门也可以充分利用“中国政府网站绩效评估指标体系”，增加绩效审计项目，构筑完整的政府网站评估体系。

政务信息化从立项到验收，从项目的所有权、知识产权到使用权，从应用到评价，最终目的都是实现政府的公共服务职能，全国各地政务信息化的目标应该是一致的；政务信息化的绩效审计评价标准是统一的，能否做到少花钱，多办事，办好事，这是政务信息化工程要掌握的原则，没有比较，就没有鉴别，没有测量，就没有改进。因此，探索开展全国各地政务信息化审计绩效评价，开展横向比较评价，可采取先易后难，先共性后个性，先政府内部公开评价结果，而后逐步转向全社会公开评价结果。

通过政务信息化指标的横向比较，经历一段时间（几年甚至长期开展）的审计绩效分析，基本可以掌握各地政务信息化资金使用情况，并通过信息公开的手段，倒逼各地政务信息化工程公开、透明、高效。

（二）顶层设计，建立完善政务信息化绩效审计的体制和机制

要做好政务信息化绩效审计工作，必须有一套制度体系，有良好的工作机制予以保障。大家知道，政务信息化的实施，必然带来审计方式从单一的

---

① 参见：http：//www. cstc. org. cn/zhuanti/fbh2012/zbg1/3. 6. 2. html.

事后审计向事前审计、事中审计和事后审计相结合的方式转变，从静态审计向静态审计与动态审计相结合的方式转变，从现场审计向现场审计与远程联网审计相结合的方式转变。审计方法的转变，必然带来审计标准的修订工作，涉及审计工作流程的调整。实施政务信息化绩效审计横向评价的前提和基础，是建立和完善政务信息化绩效审计评价模型和评价指标，评价指标的评价重点是政务信息化的安全性、有效性和经济性，只有建立横向评价的统一“标尺”，方能测量政务信息化的资金使用效能。在推进政务信息化绩效审计过程中，应着重从体制、机制上入手。

1. 建立、完善政务信息化立项与绩效审计同步实施的制度；建立、完善政务信息化绩效审计工作制度、审计流程、经费保障机制；从制度上予以明确政务信息化绩效审计工作规范、工作指南、项目流程等，夯实政务信息化绩效审计基础

建立和完善绩效审计和评估法律法规体系，这是加强绩效审计制度建设的基本保障，使绩效审计工作有法可依、有章可循。如国家发改委最近发布的《加强和完善国家电子政务工程建设管理的意见》①，明确了“电子政务项目建设的思路和原则，强化电子政务项目‘一把手’负责制，要求统筹推进电子政务共建项目的建设，充分重视电子政务项目的需求分析，大力推进跨部门信息共享，加强电子政务项目的质量管理，保障电子政务项目安全可控，推动电子政务项目建设改革创新”，使绩效审计评价得以规范化、制度化、常态化。

2. 探索建立政务信息化绩效审计评价模式，明确政务信息化绩效审计评价的目的、原则、主体、客体、评价指标、评价程序和方法

绩效审计目标是一个审计项目的出发点和归宿点，它直接影响着审计的范围、内容、所需证据类型、审计方法与技术手段，以及审计结论的表达方式和最终的处理结果。因此，审计部门要加快组织开展政务信息化绩效审计的横向评价，科学确立政务信息化绩效的审计目标，建立指标评估体系，指导建立政务信息化绩效审计评价模式（可借鉴采用中国政府网站绩效评估指标体系）。

3. 实施购买第三方绩效审计服务的探索

在现代社会，提供公共服务是政府的一项基本职能，政府购买公共服务而后提供给社会享用，是政府提供公共服务的一种形式。政府购买公共服

---

① 《关于加强和完善国家电子政务工程建设管理的意见》，发改高技〔2013〕266号，2013年2月16日。

务，其直接目的是为了满足社会对公共服务的需要，同时，对于政府自身的改革和职能转变，也能起到积极的推动作用。政务信息化是政府购买市场信息化服务的过程，审计部门可在非涉密，开放性的政务信息化绩效审计项目中，探索开展审计外包服务，并根据提供服务的数量和质量，按照一定标准进行评估后支付服务费用，引入市场化的审计力量，基于市场化的方式监管市场化的活动，解决当前审计人员不足、审计项目不熟悉，审计力量不足的问题。审计需要加强同财政预算部门的沟通协调，加大财政投入，探索通过政府购买绩效审计服务的方式。

（三）履职尽责，切实提高审计部门自身信息化水平

打铁还需自身硬，加强政务信息化绩效审计工作，必须提高审计部门自身的信息化水平，审计部门必须率先适应政务信息化的新趋势、新格局。

1. 积极落实《国务院机构改革和职能转变方案》

国务院办公厅关于实施《国务院机构改革和职能转变方案》① 任务分工中，内容涉及审计部门的事项包括以下内容：2013 年第 13 项，“减少、合并一批财政专项转移支付项目，下放一批适合地方管理的专项转移支付项目。相应加强财政、审计监督”。2014 年第 4 项，“减少、合并一批财政专项转移支付项目，下放一批适合地方管理的专项转移支付项目，相应加强财政、审计监督。出台并实施完善财政转移支付制度的意见”。这些工作涉及审计监督工作职能，还有整合建立统一规范的公共资源交易平台、推动建立统一的信用信息平台等，这些任务都是政务信息化的实体项目，也是开展绩效审计工作的重点项目。

2. 建立、完善全国性的“审计数据仓库”

加强顶层设计，建立国家审计信息数据库，应用大数据软件和技术方法，切实搞好审计数据资源的开发利用，实现审计信息资源共享。既要做到审计系统的资源共享，也要积极推进审计机关与其他部门、单位之间的信息资源共享，确保获取数据的完整、及时和有效。为此，审计主管部门要积极参与国家政务信息化的顶层设计，参与地方的政务信息化规划建设，构建政务信息化审计系统，将审计信息化作为政务信息化的子系统来规划设计，同时又要将审计信息化系统作为政务信息化的审计监督系统予以实现，打造联网审计的升级版。加快完善审计数据采集、智能分析机制。积极推行有关审

① 国务院办公厅关于实施《国务院机构改革和职能转变方案》任务分工的通知，国办发〔2013〕22 号。

计数据标准和技术接口，着力解决审计工作“取数据难”“联网难”等困难。审计数据重在分析应用，否则“海量”的审计数据资源毫无价值而言，开展审计数据智能分析，一方面可有效节省人力资源，提高工作效率，另一个方面，将从个体局部审计的单点格局提升到信息化审计的鸟瞰新格局，审计分析将更加全面、系统。同时积极推进审计管理全流程数字化、决策支持智能化。加强在线、实时联网审计应用。

3. 引进和培养高素质的审计信息化人才队伍

审计信息化人才要既能满足实施金审工程的需要，又能满足推广应用金审工程成果的需要。既要能够熟悉审计、财务专业技能，又要成为政务信息化的行家里手。因此，审计部门要以政务信息化绩效审计为实践平台，努力培养一批能够适应技术发展需要的专家型、复合型的管理人才、技术保障人才。一方面，积极引进高级审计信息化人才，另一方面，加大对现有人员的后续教育培训，强化计算机审计培训体系，打造一支适应政务信息化发展的审计专业队伍。

参考文献

[1]〔澳〕欧文·E. 休斯. 公共管理导论［M］. 北京：中国人民大学出版社，2001.

[2] 卡尔·帕顿，大卫·沙维奇. 政策分析和规划的初步方法［M］. 北京：华夏出版社，2002.

[3] 顾建光. 公共政策分析引论［M］. 北京：科学出版社，2003.

[4]〔美〕罗杰斯. 创新的扩散［M］. 北京：中央编译出版社，2002.

[5] 叶忠明. 论政府绩效审计的应用模式[J]. 审计与经济研究，2008(5).

[6]“十二五”国家政务信息化工程建设规划.

[7] 石爱中. 信息系统审计实务[M]. 北京：中国时代经济出版社，2012.

[8] 深圳市电子政务“十二五”发展规划.

[9] 中共深圳市委办公厅、深圳市人民政府办公厅关于印发《加快电子政务建设构建阳光政府工作方案》的通知.

[10] 深圳市电子政务项目建设格式合同.

[11] 深圳市电子政务项目检测验收规范.

[12] 深圳市信息化发展“十二五”规划.

国家政务信息化绩效审计评价及实现模式研究

审计署深圳特派办 陈慧丰 孙 雨 胡彦波

【摘要】 随着国家政务信息化进程推进，特别是十八大以来，我党将信息化建设提升到四化建设后，建立一套科学合理的国家政务信息化绩效审计监督体系变得越来越迫切。本文立足笔者参与组织实施的某省电子政务审计实践的成功案例，从我国电子政务发展中存在的主要缺陷及隐患、相关绩效审计开展的现状及其必要性、政务信息化绩效审计评价体系的构建和实现模式等方面展开阐述，并构建了一种政务信息化绩效审计评价标准指标体系，提出了一种基于六视图的政务信息化绩效审计实施模式，探索国家政务信息化绩效审计评价及实现模式。

【引言】 在国家政务信息化建设中，政务是核心，信息化是手段，电子政务是政务信息化建设的产品。电子政务就是指政府机构应用现代的信息和通信技术，将政府管理和服务通过计算机软硬件技术和网络技术进行封装和集成，实现政府组织结构和工作流程的优化重组，超越时间和空间及政府部门之间的分隔限制，彻底转变传统工作模式，为社会公众以及自身提供全方位、高效、优质、透明的管理和服务，更好地实现社会资源的共享以及政务运行的透明度。十八大召开以后，推进政府行政体制改革、实现由管理型政府向服务型政府转型成为当前电子政务建设的重要目标。

但是，建设和运营过程中存在的种种问题和风险一直制约着电子政务充分发挥其政府转型和公众服务作用，如何有效控制电子政务建设过程中存在的问题和风险是电子政务建设领域当前迫切需要解决的问题之一。政务信息化绩效审计以电子政务建设的既定目标为依据，以电子政务项目、资金或特定事项为审计对象，运用科学的指标体系，按照规范的程序与方法，对电子政务建设的经济性、效率性和效果性作出评判，进而调整政府行为，提高行政效能，是现代信息技术背景下政府管理制度不可或缺的组成部分。与财务审计和效益审计及常规信息系统审计相比，政务信息化绩效审计更强调系统性的评价和监督，涵盖的内容包括系统投资预算财务审计、功能方案审计、招标审计、投资审计、项目开发审计、数据运行审计、软硬件管理审计、安全审计、用户满意度审计、实际支出审计和应用水平审计等多个方面。审计署是从事国家政务信息化绩效审计的权威审计机关，应该充分发挥组织领导全国政务信息化绩效审计评价工作的作用。

笔者结合自身组织实施某省电子政务审计项目的成功经验，从我国电子政务发展中存在的主要问题、相关绩效审计的现状和开展的必要性、政务信息化绩效审计评价体系和实现模式等方面谈几点浅见。

一、国内外政务信息化绩效审计现状

根据联合国2012年发布的《全球电子政务调查报告》，韩国电子政务发展指数排名第1，总分0.9283，中国第78名，总分0.5359，比2010年下降了6位。电子政务发展指数是关于电子政务在线服务的范围和质量、电信基础设施的发展状况以及固有的人力资本三个最重要方面的常模得分的加权平均数。可以看出，我国电子政务发展水平与世界发达国家还有很大差距，一方面是由于经济实力和科技实力的差距，另一方面电子政务绩效监督评估的缺位也是重要的因素。在发达国家电子政务发展历史上，建立科学合理的电子政务绩效监督评估体系对引导电子政务科学健康高水平发展一直起到非常重要的意义。电子政务本身的绩效就自然成为政府绩效管理的重要内容。可以说，电子政务绩效评估是衡量政府绩效最直接、最有效的手段。

电子政务建设具有长期性、复杂性、不确定性和高投资、高风险以及投资不完全可逆等特征。国际经验表明，电子政务项目失败的现象非常普遍，并且失败率极高。比如，2000年美国政府和工业部门的所有电子政务项目，仅有28%成功，另外23%被取消，其余49%部分合格。联合国在2003年对全球电子政务的调研表明，发展中国家电子政务项目的失败率为60%～80%。研究认为，失败的原因是政府对电子政务项目缺乏成本效益分析、系统规划不完善、需求调研不充分、项目管理不到位等，其实质是没有对电子政务项目进行科学预判——绩效评估。

国内政务信息化绩效审计尚处于起步阶段，国家层面的系统性政务信息化绩效审计比较少，地方审计机关在这方面做了一些很有效的尝试，另外国家信息中心、国内一些咨询机构和学术机构在政务信息化绩效评估方面做了大量的理论研究和实践工作。笔者参与组织实施的某省电子政务审计项目从全省电子政务总体规划及宏观管理、项目建设管理、资金管理、效益性、安全性、电子政务信息系统业务流程控制和数据控制等多个方面对该省电子政务建设的绩效进行了全面审计，涵盖了从宏观到微观的各个方面，取得了很好的效果，相关专题报告得到三位审计长批示，并受到该省政府的高度重视。

二、我国电子政务发展中普遍存在的缺陷和隐患

（一）电子政务管理体制没有理顺，各自为政现象严重，出现“信息孤岛”

目前我国电子政务的发展是各自为政，采用的标准各不相同。机构还很不健全，作用也很有限。主要表现在：一是体制不顺。如国家信息办公室归国务院领导。但地方政府的信息办公室（或称信息中心）则有的地方归政府办公室领导，有的地方归科技部门领导，有的地方属于政府的职能部门，有的地方则成了事业单位。由于缺乏强有力的组织管理体制，导致电子政务建设缺乏统一规划、缺乏统一标准，部门之间各自为政，重复建设就难以避免。二是职能不清。政府对公众的电子政务和政府对企业的电子政务服务等，尚无统一的政府职能部门来管理。这些都是制约我国电子政务发展的重要原因。

由于电子政务建设过程中缺乏统一的规划和技术标准，各地区、各部门建设电子政务系统与网络最终成为一个个信息孤岛。目前，中国各级政府部门掌握着3000多个数据库，80%的社会信息资源，而能互相连接的数据库不到30%。各省市各行业的电子政务系统彼此不能互联互通，形成分割的信息孤岛式的信息系统，严重影响了电子政务的正常发展。

（二）存在重建设、轻应用的问题，形象工程和面子工程多，忽视公共服务

在电子政务工程建设中，为迎合国家信息化发展的潮流，各地在项目建设方面存在急功近利的现象。有的地区为了出政绩，在调研不充分的情况下，盲目上马各类电子政务项目，常常出现建设完成后由于不能适应实际需要而闲置，或“三分钟热度”过后对系统不再进行维护升级的现象，重复建设也十分严重。这不仅违背了国家建立电子政务的初衷，而且容易造成人、财、物等资源的巨大浪费，使得电子政务成为向上级领导“作秀”的工具。

电子政务应用方面，主要侧重于内部事务处理和自我服务，支撑政府决策和面向公众服务的信息化能力较弱。已建电子政务工程中，面向公众服务的业务应用功能不到3%；面向决策支持的业务应用功能不到8%。根据中国社会科学院信息化研究中心2006年对政府对政府（G2G）、政府对企业（G2B）和政府对公众（G2C）等业务进行的绩效满意度调查结果，G2C业务的负面评价比例高达64%。电子政务提高政府行政能力和普惠公众的效能尚未充分显现出来。

（三）电子政务项目建设管理水平较差，招投标环节问题多，资金使用效益较低

目前，传统的政府投资建设项目，相关部门制定了严格的法规和管理办法，形成了成熟的监管体系，然而电子政务工程建设项目与之有许多不同，因此传统政府投资建设项目管理办法、法规不能严格适应于电子政务建设项目，一些地方和部门很容易绕过传统政府投资项目的严格审批和监督管理程序，造成一些电子政务项目违规问题比较多，政府资源浪费严重。项目监理制基本形同虚设，验收时由于电子政务项目产成品“看不见、摸不着”，缺乏标准的质量评估体系，项目蒙混验收、项目实际完成情况与项目初步设计相差甚远的现象频发。

目前信息系统开发建设的利润率要远远高于普通工程项目，且建设质量难以评估，造成信息系统招投标领域乱象频生，围标陪标、操作干预招投标、借资质、转包分包和利益输送的问题层出不穷。

松散的审批监督体系带来的必然是资金使用效益的低下，许多电子政务项目沦为相关部门申请经费的工具，资金闲置、资金挪用等问题频发。

三、如何构建国家政务信息化绩效审计评价体系

从常规意义上来说，绩效评价，是指运用运筹学原理、数理统计以及特定指标体系的统一标准，按照一定的程序，通过定量定性对比分析，对系统运行和工程项目的业绩和效益做出准确、客观、公正的综合性评判。对政务信息化绩效审计评价来说，这里“特定指标体系的统一标准”就是指政务信息化绩效审计评价标准。对于绩效审计来说，建立绩效评价标准体系一直是最核心、最重要但也最为困难的一个命题，对于政务信息化绩效审计来说更是如此。但是，如果想实现政务信息化绩效审计评价的准确性、客观性、公正性，必须根据电子政务的行业特点，逐步建立一套科学合理的量化评价指

标体系。笔者通过总结电子政务审计实践经验，对如何建立一套切实可行的政务信息化绩效评价标准体系有一些粗浅的看法，现阐述如下。

由于政务信息化是一个综合性的概念，既包括宏观层面的信息化布局，也包括微观层面的具体信息系统建设；既包括国家层面的电子政务规划，也包括地方政府层面的具体政策执行，因此在制定评价标准体系时要根据层次分析的原则，分别制定宏观评价指标体系和微观评价指标体系，对国家层面的电子政务绩效评估主要以宏观指标体系为主，对地方政府层面的电子政务绩效评估则要综合两个体系，但以微观评价指标体系为主。

宏观指标体系结构图见图 1，图表解释如下。

1. 宏观指标名词解释（一级指标）

（1）体制建设水平及改革力度：主要评估政府在理顺电子政务管理体制、改革组织架构、规划顶层设计等方面所做工作的合理性、有效性和效率性。

（2）战略规划及统筹管理水平：主要评估政府在统筹规划电子政务建设、促进信息共享与资源整合、推进电子政务网络建设和使用等方面所做工作的效率性和效果性。

（3）项目决策及立项审批科学性：主要评估电子政务管理机构在项目决策及立项审批时相关流程控制的严谨性，项目投资和建设方案批复的科学性以及排除主观因素的程度。

（4）法律法规及制度配套水平：主要评估政府在电子政务法制建设和制度建设方面的推进程度。

2. 微观指标名词解释（一级指标）

（1）宏观政策执行水平：主要评估电子政务承建单位或地方管理机构在执行国家信息化领导小组相关决议和五年规划纲要、辅助国家宏观调控方面所做工作的力度和措施有效性。

（2）建设项目管理水平及招投标公正性：主要评估电子政务项目在整个建设周期的项目管理质量和招投标过程中的公正性。

（3）建设资金筹集管理水平：主要评估电子政务项目的资金筹集管理水平和使用效益。

（4）系统开发质量：主要根据单个系统的信息系统审计结果对信息系统开发质量进行评估。

（5）公共服务能力及效益水平：主要评价电子政务项目在服务公众、创造效益方面的能力。

（6）运维及管理水平：主要评价电子政务项目上线运行后的运行维护水平和人员配置充足度。

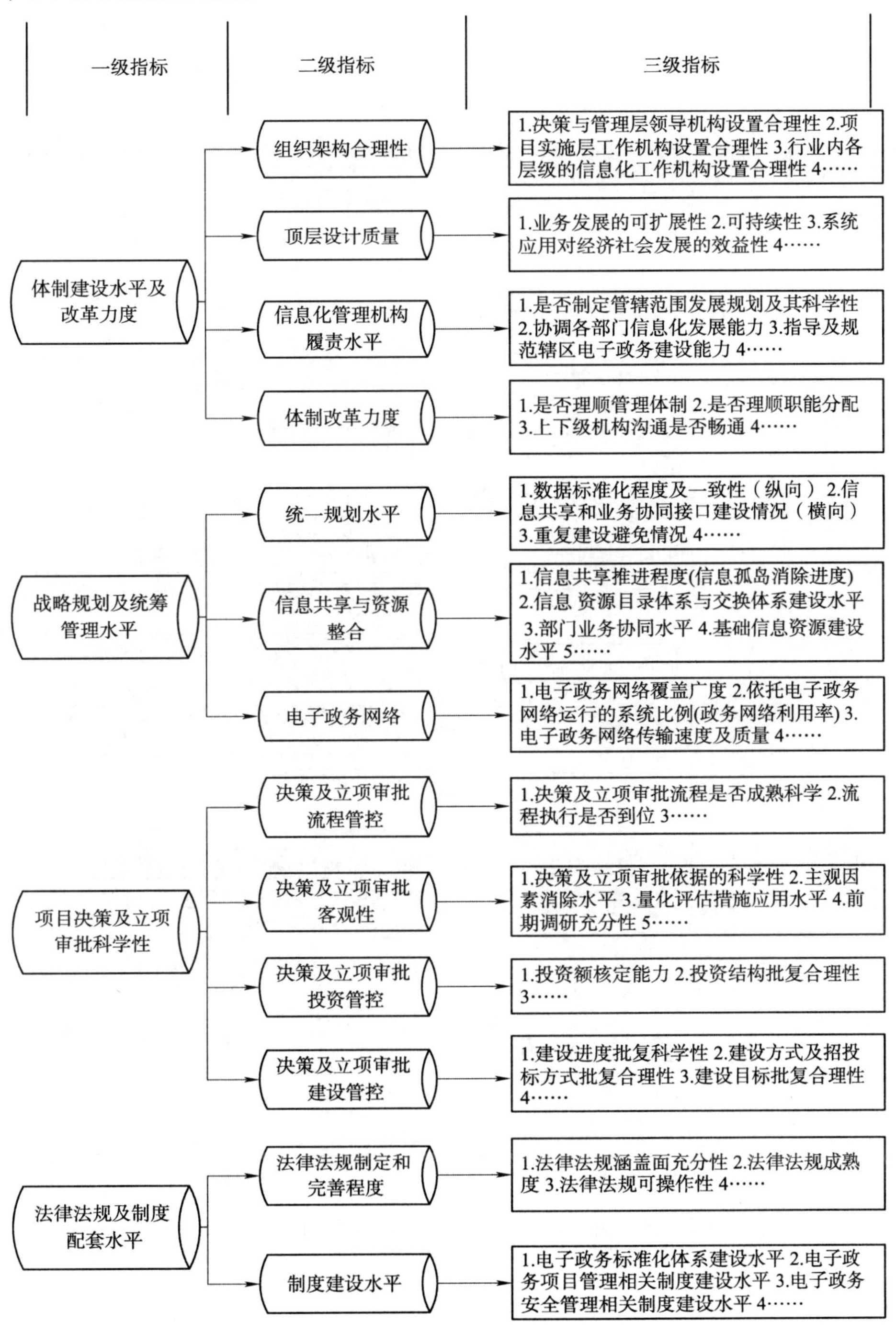

图1　宏观指标体系结构图

微观指标体系结构图见图 2。

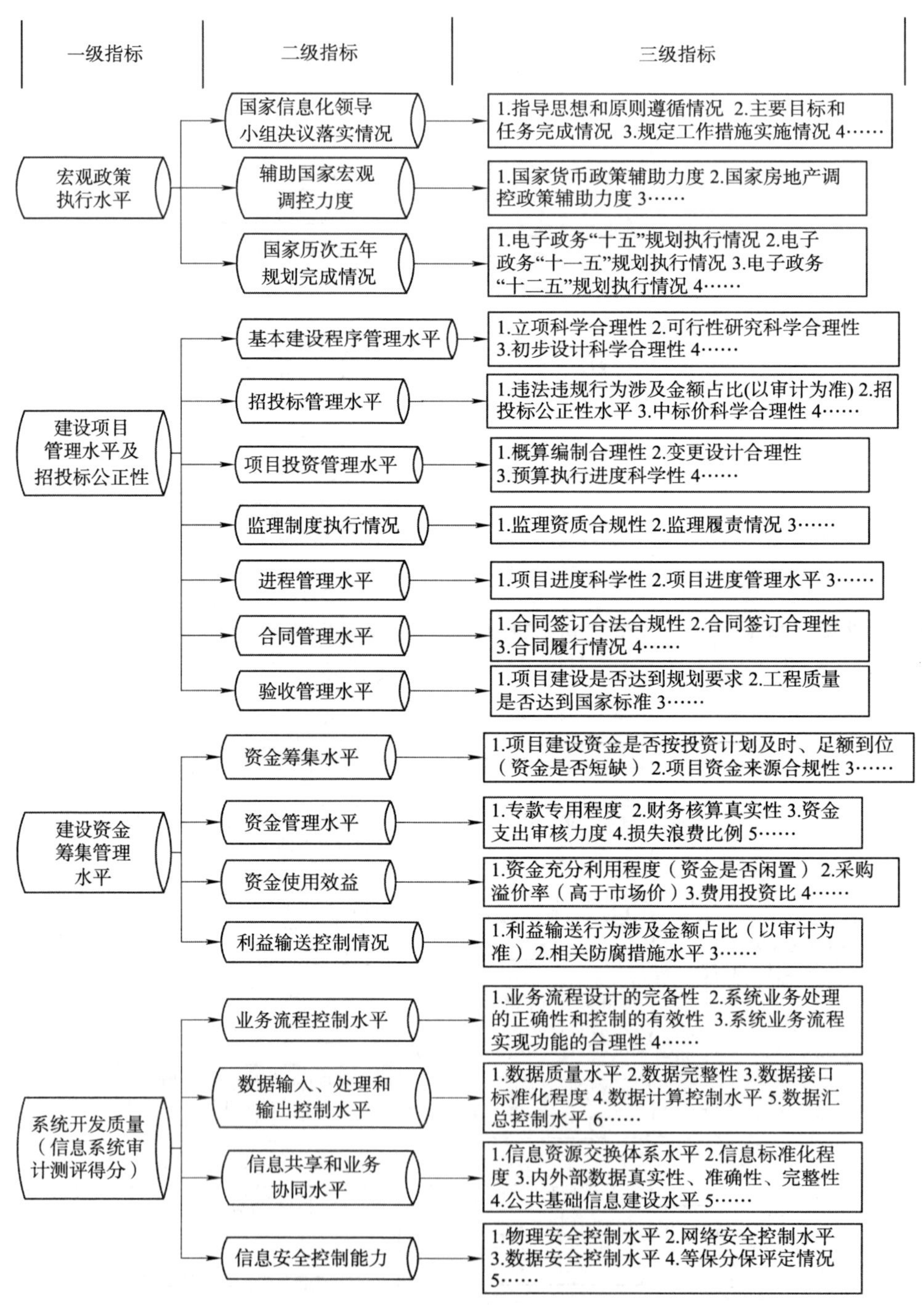

图 2　微观指标体系结构图（1）

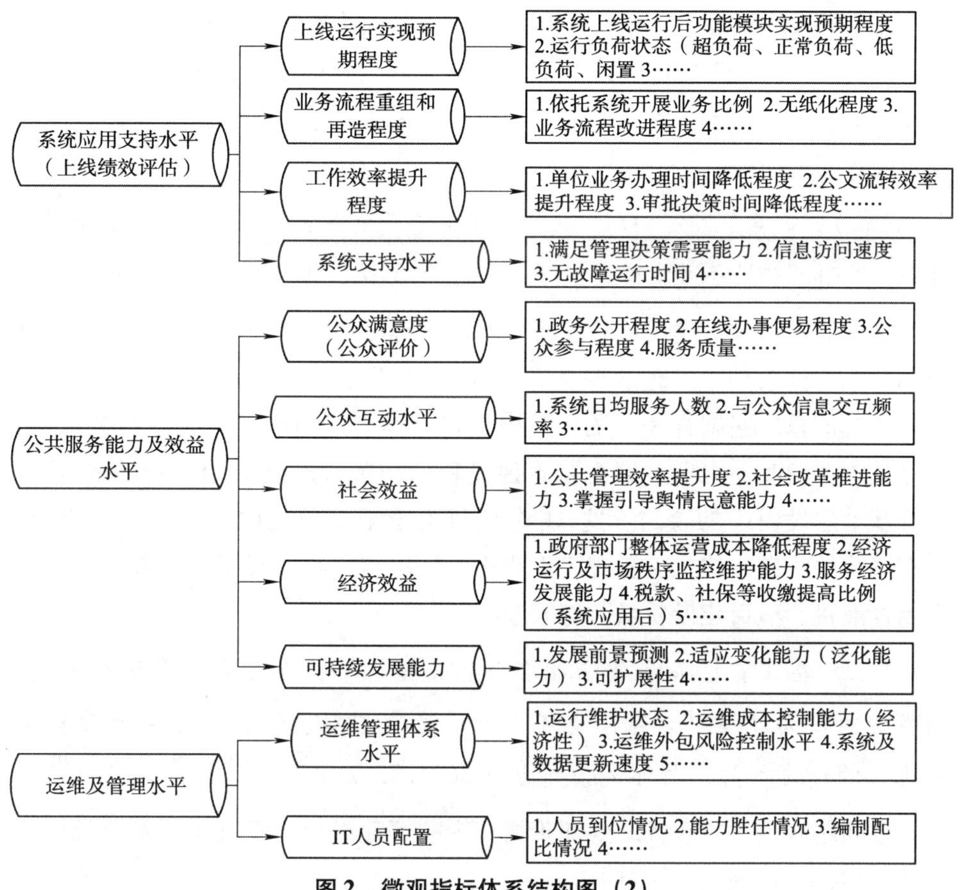

图 2　微观指标体系结构图（2）

四、政务信息化绩效审计实践案例及启示

这里笔者选取某省电子政务审计过程中发现的 3 个典型性问题，为政务信息化绩效审计中如何锁定审计重点、选择审计方式提供一些启示。

（一）该省电子政务建设工作领导小组职责履行不到位

省级电子政务建设工作领导小组的职责履行情况涉及电子政务绩效评价指标中的“体制建设水平及改革力度—信息化管理机构履责水平”和“宏观政策执行水平—国家信息化领导小组决议落实情况”两项指标。

前期调查了解到目前全省电子政务建设缺乏统筹规划，各部门各自为政现象明显，为什么会有这种情况？审计组发现实际上该省根据国家电子政务领导小组的文件规定，于 2006 年 9 月 5 日发文成立了政府系统电子政务建设工作领导小组，作为该省电子政务最高领导与决策机构，组长由时任副省长担任。但该副省长已于 2007 年调任，其他成员的职位也有很多变动，但该省此后并没有调整过小组组长和成员，导致该小组形同虚设。该小组成立后，未制订省政府系统电子政务“十一五”建设总体规划，未召开过信息化建设相关会议及出台相关文件，未能履行全区政府系统电子政务建设总体规划及宏观管理职能。

（二）该省投资总额500万以上的59个电子政务项目中，21个项目未履行立项、可研、初设等基本建设程序，占比35.59%，涉及投资总额3.91亿元

该省的电子政务建设项目履行基本建设程序情况涉及电子政务绩效评价指标中的“建设项目管理水平及招投标公正性”指标。

通过汇总前期调查表，统计其中投资总额超过500万的电子政务项目，剔除其中在发改委立项并履行基本建设程序的项目，剩余21个项目就是未履行基本建设程序的项目。这21个项目由于未立项就向财政厅申请资金，没有概算的约束，竣工决算程序不严格，所以普遍存在投资超预算严重、资金闲置浪费、项目建设质量差等问题。

（三）在该省经济信息中心“金宏工程”6个子项目和“魅力×省”项目的招投标过程中，存在无资质公司多次中标、陪标、业主排斥潜在投标人的违法行为，共涉及合同金额3651.73万元

该问题涉及电子政务绩效评价指标中的“建设项目管理水平及招投标公正性—招投标管理水平”指标。

在该省经济信息中心（发改委下属副厅级单位），我们调阅了其承建的“金宏工程”“魅力×省”和电子政务外网3个项目所有招标、评标和投标资料，深入研究发现，在“金宏工程”6个子项目和“魅力×省”项目中，投标人中总有A公司、B公司和C公司三家公司，其他投标人很少，且中标企业均为A公司。A公司2009年才成立，法人是省办公厅的一名下海干部，2009－2011年就连续中标经济信息中心7个项目包件，A公司没有软件开发资质和系统集成资质，这本身已经违反多项法律。调查发现，A公司是B公司的产品代理，与C公司是合作伙伴关系，之间资金往来很多。在这7个包件中本来有软件开发资质和系统资质的要求，但经济信息中心在投标截止日前一天修改为不需要这两项资质，这已经违反了电子政务相关管理办法。经济信息中心在无任何必要性论证的情况下，要求开发这个系统必须使用国产的Oscar神通数据库，而A公司是Oscar神通数据库在该省的独家代理，授权人为B公司。综合上述调查情况，我们做出了前述审计结论。

五、政务信息化绩效审计实现模式经验总结及探索

在信息化环境下，传统的项目审计和财务审计的方法和手段已经不能很好地满足政务信息化绩效审计的需求，因此必须整合相关的资源，有效地应用相关的信息技术和手段，变革现有的审计模式，研究和探索一种适合电子政务项目特点的、能够全方位地实施政务信息化绩效审计的方法和模式。

下面笔者阐述一种基于多维视图的政务信息化绩效审计实施模式，见图3。该模式分别从政务信息化绩效审计的目标、政务信息化绩效审计的组织形式、政务信息化绩效审计的内容、政务信息化绩效审计的过程、政务信息化绩效审计依据的标准和法律法规以及政务信息化绩效审计的方法与技术6个维度对政务信息化绩效审计的实施模式进行了分析和研究，每个维度分别由相应的视图进行描述。

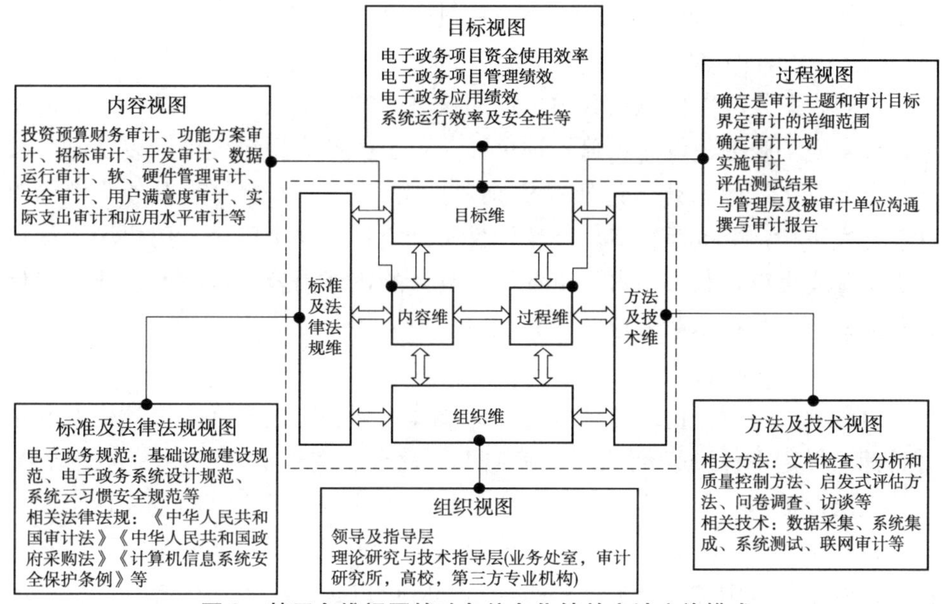

图3　基于多维视图的政务信息化绩效审计实施模式

（一）目标视图

根据电子政务项目的特点和作用，政务信息化绩效审计的目标视图由以下几个目标构成。首先，通过该次审计要从财务的角度实现电子政务项目资金使用效率审计和评价；其次，要从时间、质量、成本、组织等方面实现电子政务项目建设的相关管理绩效评价；再次，要从政务流程优化、政务公开、公众服务优化、效率提高等方面实现对电子政务项目的应用绩效审计和评价；最后，从信息系统运行效率和安全性等方面对电子政务系统本身进行审计和评价。

（二）组织视图

审计组织是实施政务信息化绩效审计的组织保障。政务信息化绩效审计不同于传统的项目审计和财务审计，它既涉及资金、绩效等传统审计的内容，也涉及信息系统本身的审计，因此我们可以尝试建立一种政学产研相结合的审计组织模式，即该组织模式由政府审计机关、高校、审计研究所及第三方的专业机构联合构成项目审计领导小组和审计实施小组。该组织模式的特点在于：（1）政府引导：项目审计的研究与实施是在审计机关的领导和指导下进行；（2）政学产研结合开展理论研究和技术攻关：项目审计的研究与实施将以审计机关为主体，联合审计科研所、高校的专家和技术人员及第三方独立的专业机构组成的研发队伍进行研究和技术攻关和审计方案确定；（3）政学产研结合开展信息化审计实践：在理论研究和方案设计的基础上，结合实际，以审计机关相关业务处室为主，与审计科研所、高校的专家和技术人员及第三方独立的专业机构的技术人员共同组成电子政务项目审计小组，开展电子政务项目审计工作。

（三）内容视图

内容视图是政务信息化绩效审计的核心，它包含电子政务项目相关的财务审计、电子政务建设的项目管理审计、电子政务应用绩效审计以及电子政务信息系统审计等，具体包括投资预算财务审计、功能方案审计、招标审计、开发审计、数据运行审计、软硬件管理审计、安全审计、用户满意度审计、实际支出审计和应用水平审计等。具体的审计内容可以按照上述政务信息化绩效评价指标体系分层次展开执行。

（四）过程视图

过程视图是政务信息化绩效审计的实施过程，它包括确定审计主题和审计目标、界定审计的详细范围、确定审计计划、实施审计、评估测试结果、与管理层及被审计单位沟通、撰写审计报告等环节。其中，确定审计主题与审计目标是实施电子政务项目审计的第一步，在这个阶段要确定电子政务项目审计的主题范围和审计目标，审计目标既可以是目标视图中提到的完整的目标，也可以围绕着特定的目标展开；界定审计的详细范围则是根据审计的目标，针对被审计单位特定的电子政务项目进行审计内容的细化和界定审计的边界；确定审计计划则是根据电子政务项目审计的目标和内容制定审计计划；实施审计阶段则是根据审计计划开展电子政务项目审计工作，包括收集资料、确定审计及测试方式、列出需要访谈的人员名单并进行访谈、查阅审计所需要的有关部门的政策、标准和准则、利用相关的审计方法和技术对所有控制进行测试和评价等内容；评估测试结果则是根据审计过程获取的相关数据和发现，根据电子政务项目审计的目标和相关指标，对电子政务项目的财务绩效、项目管理绩效、应用效果绩效和信息系统安全等方面进行评估；与管理层及被审计单位沟通则是根据评估结果与审计领导小组及被审计单位进行沟通和交底，提出初步的整改方案或建议；撰写审计报告是项目审计的最后一个环节，根据电子政务项目审计的结果完成审计报告。

（五）标准及法律法规视图

标准及法律法规视图是实施政务信息化绩效审计的法律和政策保证，是开展电子政务项目审计的依据。目前开展政务信息化绩效审计可参照的标准包括我国国家电子政务应用示范工程总体组制定的电子政务建设标准和规范，包括基础设施建设规范、政务系统设计规范、信息资源公开规范、公众服务流程规范、政务资源管理规范、系统运行安全规范等；国际信息系统审计与控制协会制定和颁布的信息系统审计标准和电子政务相关标准等；相关的法律法规包括《中华人民共和国审计法》《中华人民共和国政府采购法》《中华人民共和国招投标法》《中华人民共和国预算法实施条例》《中华人民共和国合同法》《中华人民共和国知识产权法》《国家电子政务工程建设项目管理暂行办法》（发改委55号令）、国务院办公厅《关于利用计算机信息系统开展审计工作有关问题的通知（国办发〔2001〕88号）》、审计署《审计机关计算机辅助审计办法》、财政部《关于开展中央政府投资项目预算绩效评价工作的指导意见》以及《计算机信息系统安全保护条例》《计算机信息网络国际联网安全保护管理办法》等。

（六）方法及技术视图

方法与技术视图是实施政务信息化绩效审计的技术保障，政务信息化绩效审计方法与技术既包含传统审计的一些方法，也包含一些特定的信息技术手段。涉及的技术和方法包括文档检查、分析与质量控制方法、启发式评估方法、问卷调查、访谈、集成化的数据采集、系统集成、信息系统测试、信息系统安全评估、联网审计等。

上述政务信息化绩效审计实施模式的6个视图是一个相互支撑、不可分割的完整的整体，它比较全面地描述了政务信息化绩效审计的目标、组织、依据、方法、内容和过程，通过该模式的实施，能够有效地指导和支撑政务信息化绩效审计工作的开展。

参考文献

［1］审计署审计科研所．美英澳政府信息化专项审计［R］．国外审计动态，2007，10（14）．

［2］郑伟．试析电子政务审计［J］．审计研究，2007，(4)：38－42，37.

［3］杨茁，孟宇．黑龙江社会保障基金电子政务管理网络审计监督系统研究［J］．商业研究，2003（21）．

［4］吕成戍，史达．电子政务信息系统审计的基本形式研究［J］．江苏商论，2006（7）：33－34.

［5］吕成戍，史达．电子政务信息系统审计的基本问题［J］．情报杂志，2007（12）：43－44，47.

［6］吕俊，黄宏毅．我国电子政务效益审计指标体系初探［J］．审计月刊，2006（2）．

［7］李俊．关于我国电子政务绩效审计的几点思考［R］．审计研究简报，2011（14）．

［8］王琦峰，杨静波．电子政务项目审计实施模式研究［J］．现代情报，2009，29（2）．

［9］郭励弘．电子政务绩效评估的制度缺失［J］．新经济导刊，2005（8）：84－86.

［10］谢一帆．电子政务绩效评估的国际背景研究［J］．电子政务，2005（24）：8－13.

［11］彭国甫．地方政府公共事业管理绩效评价机制的制度安排［J］．文史博览，2005（2）：25－28.

［12］〔美〕马克·波波维奇．创建高绩效政府组织［M］．孔宪遂，耿洪敏，译．北京：中国人民大学出版社，2002：139－140.

［13］李文良，等．中国政府职能转变问题报告［M］．北京：中国发展出版社，2003.

［14］张锐听．电子政府与电子政务［M］．北京：中国人民大学出版社，2011.

［15］汪玉凯，张勇进．电子政务与政府职能转变［J］．学习与探索，2005（9）：70.

［16］李习彬．电子政务与政府管理创新［M］．北京：科学出版社，2004.

［17］姜奇平．政务如何应用技术——从“电子政务为什么没有 ERP”看电子政务产业化［J］．互联网周刊，2002（41）：58－61.

［18］孙强．服务型政府电子政务绩效评估探讨［J］．电子政务，2009（9）：33－37.

［19］盛南．中国电子政务绩效评估的现状与对策分析［J］．技术经济，2006（3）．

部门协同　资源共享
构建政府公共权力国家审计监督机制

审计署重庆特派办　肖　敏

【摘要】　本文在前人研究的基础上，在中国社会各领域大力推行信息化建设的时代背景下，以优化公共权力结构、实现公共权力制衡为出发点，分析我国目前公共权力结构存在的缺陷和不足，解析国家审计对政府公共权力实施监督的内在动因，进而提出构建政府公共权力国家审计监督机制的政策理路及其信息化实现路径。

【引言】　改革开放以来，我国的宏观公共政策的价值基点和国家发展战略发生了根本性的转变。从“以阶级斗争为纲”到“以经济建设为中心”，经过“三个代表”再到“科学发展观”的提出，当代中国在经济、政治、文化和社会诸方面均发生着显著的变化。这些变化反映了我国上层建筑和经济基础之间的矛盾和互动关系，也由此拉开了国家主导的调整公共权力结构的进程。我国目前在公共权力结构配置上存在的主要问题就是权力过分集中，“异体”监督、制衡的力量明显不足，政府公共权力结构失衡。掌握公共权力的政府各部门间信息不公开、资源不共享，由此导致的实际监督权不对称是我国政府公共权力失衡的一个重要原因。

如何可靠、有效、持续、合理地实现制衡公共权力，构成了我国深化体制改革、实现可持续发展的一个基本命题。对该命题的解构，在于“权力平衡”和“以权制权”的制度设计和实现路径安排。与此相联系，通过制定明确详尽、现实可行的法律法规，包括主体、内容、权益、程序、途径、方式、时效、法则等要件实现部门协同和资源共享是我国为保障公民权益和制衡公共权力的重要手段。本文从我国公共权力失衡的现状出发，对政府公共权力的含义、现状及其存在的问题进行探讨，并结合我国实际，就如何实现政府公共权力制衡、构建政府公共权力国家审计监督机制提出建议。

一、公共权力的概念和定义

在古汉语中，“权”和“力”往往分开运用。在现代汉语中，“权力”通常被解释为“政治上的强制力量；职责范围内的支配力量”。在学术语境下，“权力”是构成哲学和诸多社会科学学科的基础概念之一，同时还是普遍的分析性概念工具之一。公共权力就是具有公共性的权力。对公共性最广义的界定认为：“举凡对所有公众开放的场合都是公共的。”公共性的狭义和可操作性定义不计其数，制度定义、规范定义、组织定义和要素定义是常见的界定方法。本文将公共权力看作是与政治权力和国家权力关联的概念，即公共权力是以国家权力为基本存在形式和作用方式的权力。公共权力与社会权力相对，是为了履行国家职能而形成的独特的凌驾于社会之上的力量。国家职能与公众息息相关，社会权力是作为个体人和群体人的公众的权力，因而公共权力与社会权力直接相关。

公共权力结构就是国家权力构成要素形成的具有整体性、转换性和自我调整性的具有一定规律性的体系。换一个角度说，结构并不是静态僵化的固定“建筑”，而是具有过程性、动态性和发展性的关系模式。在国家与社会的分析框架之下，公共权力结构包括两个层次：其一，公共权力的嵌入性结构，指国家管理社会并与社会互动所形成的相互制约、相互作用的关系模式。公共权力的嵌入性结构勾勒公共权力的边界，反映国家与社会之间的权力、职能、利益关系。其二，公共权力的实体性结构，指公共权力承载主体的构成要素、构成比例、构成的改变、构成的合理性、构成的有效性、构成的合法性所形成的关系模式。

公共权力结构失衡主要指，公共权力要素的结构失调、比例失当、价值失范、行为失序、关系失和的状况。与此相联系，公共权力的异化，主要指公共权力价值与公共权力运作的名义与实际之间的背离。公共权力的结构失衡和公共权力的异化均会导致国家功能障碍，但公共权力的结构失衡导致经济滞缓，社会不满。公共权力的异化则导致公共政策选择偏离基本的公共利益、公共责任、公共目的，进而导致社会危机。不难理解，如不能及时改变公共权力的结构失衡，那么，公共权力的结构失衡是完全可能发展成为公共权力异化的。这正是新时期我国政府主动优化公共权力结构、实现公共权力制衡的必要性所在。实现公共权力制衡、优化公共权力结构有助于形成良好的国家与社会关系，推动经济社会的全面发展，形成和谐的社会发展势态，也是履行政府职能的前提和保障。只有实现公共权力制衡、建构合理的公共权力结构才能保障政府职能落到实处，保证政治诉求、政策、执行和社会的良性发展关系。

二、我国政府公共权力结构存在的主要问题

决策、执行权与监督权力的失衡是我国政府公共权力结构存在的主要问题，“异体”监督、制衡的力量明显不足。就我国目前的行政体制而论，政府各个职能部门多同时兼有决策、执行和监督的权力，缺少“异体”监督和外部力量制衡。各部门基于多种原因往往会谋求更大的权力，同时规避相应的责任，不仅可能造成部门利益的扩张，而且可能导致部门协同、整合的困难，阻碍政府整体战略目标和政策意图的实现。

行政部门决策、执行与监督失衡主要表现在：一是决策对执行的控制力量不足，政策执行偏离政策决定的情况比比皆是。二是部门内部监督缺乏建立在客观、公正、完善的绩效评估机制基础之上的有效的控制机制，政策质量因此经常受到影响。三是不同主体之间的“异体”监督力量弱小，在国家权力结构中，行政权力强大；在公共行政权力结构中，经济部门权力强大的现象较为明显。近年来，审计署的审计监督权能虽然有所加强，但仍缺乏长期、稳定、有效的监督制约机制。

公共权力部门资源不共享和实际监督权不对称是导致目前我国公共权力结构失衡和公共监督失效的一个重要原因，就目前的状况而言，政务信息匮缺、公共监督乏力主要集中在与社会财富分配相关的三个问题上：其一，与公众或群众利益直接相关的公共政策的制定和执行，例如，拆迁、征地、物价问题等；其二，公共财政的分配原则、比例及实际执行情况，例如，普惠性的社会保障、“四公”（公宴、公车、公楼、公游）问题等；其三，政府官员资源所有，例如，官员个人、家庭财产公开申报及公众查询权等。应当说，在这些问题上具有某种体制或制度性特征，与此相联系，国家公共权力结构、政府内部权力结构多有深入审视的必要。探索决策、执行和监督的均衡、协同机制已经成为当代中国政府改革的一个重要问题。

三、构建政府公共权力国家审计监督机制的政策理路

党的十七大报告中明确提出，要“确保权力正确行使，必须让权力在阳光下运行。要坚持用制度管权、管事、管人，建立健全决策权、执行权、监

督权既相互制约又相互协调的权力结构和运行机制”。党的十八大报告进一步提出了要健全权力运行制约和监督体系，坚持用制度管权管事管人，保障人民知情权、参与权、表达权、监督权。由此，通过体制、机制改革实现公共权力的制衡，已然成为中国政府制度创新的重要组成部分。国家审计公共权力监督论认为审计是对经济权力乃至整个行政权力运作的制约和监督，“以权制权”，即以审计监督权制衡行政决策权和执行权，是实现公共权力制衡、优化公共权力结构的必然途径。为充分发挥审计对公共权力的监督和制约作用，打破部门封锁和垄断，实现部门协调和资源共享，构建政府公共权力国家审计监督机制是新时期中国政府有效监督公共权力的现实路径。

（一）实现公共权力制衡的政策理路

1. 部门信息资源共享：有效监督公共权力的前提条件

在公共管理语境下，建立部门协同机制，实现政府公共权力各部门间所掌握的信息资源的共享，通过法定形式和程序实现实时审计监督，并将审计结果主动向社会公众发布，或依申请向特定公民或组织公开，是新时期中国政府实现有效公共权力监督的前提条件。从监督的要素和过程来看，有效公共权力监督的要素必须包括监督主体、监督客体和监督行为。一个完整的监督过程首先是获取信息，即监督主体获取监督客体的行为信息；其次是行为判断，即监督主体判断监督客体行为的合法性和合理性；最后是实施控制，即监督主体依据判断结果对监督客体做出监督决定。但是，在监督过程中，监督客体的行为信息具有垄断性和隐蔽性的特点，这就妨碍了监督主体信息获得的及时准确，也就阻碍了有效公共权力监督的实现。可见，在理论层面上，实现部门信息资源共享是实现有效公共权力监督的必要前提。

在信息化时代下，我国政府将信息化作为推进国家治理的一项重要任务，电子政务已成为提升党的执政能力和建设服务型政府不可或缺的有效手段。在全国政务办公领域，以“十二金”工程为标志的全国电子政务建设工程全面开启，通过电子政务促进电子商务和家庭上网工程的发展，“以电子政务带动信息化”被看作是国民经济和社会信息化的一项基本策略。目前我国政府各部门在部门内部大力开展电子政务工程建设，已逐步建立起与部门业务职能相适应的应用系统体系，电子政务应用的基础架构已基本成型。但各部门间缺乏相应的信息沟通机制，信息交换不平衡，政务部门利益关系导致电子信息“孤岛”，极大地降低了电子政务协同运作的效率。

2. 权力平衡：有效监督公共权力的制度保障

信息资源共享虽为有效监督公共权力提供了必要条件，但还不是充分条件。有效监督公共权力最终必须依赖于权力保障，而这种保障主要依赖于公共监督权力的强弱。判断公共监督权力强弱的标准就是公共监督权力是否与监督客体的权力相对称。

平衡的原意是指“衡器两端承受的重量相等”，其引申义是指“矛盾暂时的相对的统一或协调。事物发展稳定性和有序性的标志之一”。本文所界定的权力平衡可以分为体制内权力平衡和体制外权力平衡。体制内权力平衡是指在国家公共权力体系范围内，其中任何一部分权力都不可独占优势，以致没有一种权力能超出其合法限度而不被其他权力有效地加以制止和限制。体制外权力平衡是指在国家与社会的关系层面，国家在管理社会的同时，社会亦与国家相互制约、相互作用形成的一种均衡状态。它更多的是指监督主体与监督客体权力之间的对等状态以及由此形成的监督关系的有效性。

众所周知，权力最本质的属性是强制性。“权力关系的非对称在于掌权者对权力对象的行为实施较大的控制，而不是相反。”而由权力的强制性带来的后果之一便是权力的易滥用性。“一切有权力的人都容易滥用权力，这是万古不易的一条经验。有权力的人们使用权力一直到遇有界限的地方才休止。”同时，权力的强制性也带来了另一种严重后果，即权力的侵犯性。正如麦迪逊所说：“权力具有一种侵犯性质，应该通过给它规定的限度在实际上加以限制。”不论是权力的易滥用性还是侵犯性，都表明对权力进行制约是完全必要的，而且这种制约必须有相应的强度。有鉴于此，以权力制约权力为内涵的权力平衡，便成为实现有效公共权力监督的制度保障。

（二）强化公共权力制衡的基本原则

权力过分集中，就意味着监控权力的相对弱化，就会出现权力失衡现象。权力一旦失衡，又会出现权力错位。因而，权力制衡是非常必要的。制衡，既要防止权力过分集中带来的种种弊端，又要防止因权力过于分散而造成权力效率低下的情况。为此，我们在权力配置时，要遵循以下两个原则：

1. 制约原则

制衡的目的就是通过权力分解，使权力与权力之间形成一个相互监督、相互制约的局面，就是把某些重要的公共权力分别让数个职位上的人来共同掌握，使各个职位的公职人员相互牵制，以权力来制约权力，保持权力平衡。权力平衡，是防止权力腐败、发挥权力高效率的基础，也是保持社会稳定、政治稳定和经济稳定的基础。西方资本主义国家为了巩固资本主义制度，实行立法、行政、司法三权分立的权力总体配置，对巩固资产阶级政权起了非常重要的作用。我们当然不能照搬三权分立的权力配置模式，但西方国家的一些具体权力配置方式还是可以借鉴的。权力制约原则，对我们配置社会主义条件下的公共权力也同样适用。这是因为，在社会主义条件下，公共权力仍然具有二重性，仍然存在所有权与使用权分离现象等基本特征。

2. 效率原则

公共权力配置的最主要的目的是让公共权力最大限度地发挥效能，去实现各个公共权力的具体目标。我们在权力配置时，既要注意防止某一职位权力过大、过于集中，以免产生种种以权谋私、严重官僚主义等权力错位现象，同时也要注意防止因权力过于分散或权力之间牵制太多，而使权力的既定目标难以实现。权力制约原则与权力效率原则从总体上说是一致的。权力制约有利于权力效率的发挥，但是，权力制衡原则与权力效率原则有时也会发生冲突。有时还出现“二律背反”现象。

四、构建政府公共权力国家审计监督机制的信息化实现路径

在信息化时代下，我国政府各部门将信息化作为推进国家治理和实现部门良治的一项重要任务，电子政务已成为提升党的执政能力和建设服务型政府不可或缺的有效手段。国家审计应紧跟时代大环境发生的变化，进一步加强国家审计信息化建设，紧紧围绕国家政治、经济、文化各项建设任务，在更宽领域、更高层面发挥更大作用。

（一）资源共享　建立国家电子政务信息资源交换平台

随着时代的发展，国家审计的范围在不断扩展，审计对象也不再局限于单一的部门或单位，如预算执行审计、地方政府性债务审计、社保资金审计等审计项目所面临的审计对象就包括了政府各部门和相关企事业单位。在新形势下，审计部门应主动适应审计环境发生的新变化，提倡建立国家电子政务信息资源共享机制，加强对审计对象信息资源的整合力度，积极探索多专业融合、多视角分析的组织方式，采取整合分工、上下联动、重点攻关的方式，推进审计成果的全方位、多角度运用。

1. 信息整合　构建国家电子政务信息资源交换平台

电子政务建设发展到现在，不可能把原有的基础设施和应用系统完全抛弃，也不可能全部采用新产品、新技术从头重新构建基础设施和应用系统，

可行的途径在于“整合”。由国家统一规划，依托现有基础，形成互联互通的信息交换平台，解决信息资源分散性和用户信息需求综合性矛盾，提高信息利用率，实现信息增值服务，实现政府、企业和公众间最大程度的资源共享，解决“信息孤岛”问题。

在建立信息交换平台的过程中，关键是解决异构电子政务系统信息交换的问题，在此可利用 Web Services 技术。首先，构建一个数据交换平台以解决异构数据访问的需要，它架构在电子政务系统之上，由 Web Services 提供统一数据访问的接口。异构系统的互操作遵循这样一个过程：提供数据的业务系统将制作需要被访问的信息的模块并发布到 Web Services Server 中，需要数据的业务系统通过数据共享平台的 UDDI Server 中查找到提供数据的业务系统提供的这个服务。生成调用这个 Web Service 的客户端代理程序，执行该程序，从提供数据业务系统的数据库中检索出需要的信息。其次，建立电子政务数据交换平台应用整合系统，完成电子政务系统内部各个不同的应用系统之间以及系统上下级之间的业务数据的交换和整合。各部门业务系统通过业务数据转换把数据转换成需要的格式，然后通过数据传输过程与数据整合平台进行数据交互。同时，把转换过的数据通过服务发布过程发布到 Web 服务管理（UDDI 中心）。再通过流程整合引擎将数据传给数据处理中心，这时的数据形成队列，然后进行数据传输，再转换成需要的数据格式后进行数据发布，这些过程处理结束后再进行数据的级联服务。数据监控系统对数据进行实时监控，从而保证了数据整合平台的稳定运行。系统管理中心首先记录系统的数据日志，记录的数据要进行数据注册，然后对数据进行数据差错处理，通过安全控制机制对数据进行安全的控制。利用应用整合系统，即可实现部门之间数据交换和共享。

2. 资源共享　依托国家审计数据规划加强审计信息资源体系建设

为加强审计信息资源体系建设，实现审计数据获取、建设、运用等工作的规范化，审计署陆续出台了中央部门预算执行、地方财政、社保、中央企业、国家税收、外资、住房公积金、医保及定点医疗机构等行业或领域的审计数据规划，旨在通过制定标准，逐步实现全国各级审计机关审计管理和审计业务数字化。在构建国家电子政务信息资源交换平台的基础上，依托国家审计数据规划，掌握好各类信息资源的存储、分类、挖掘、快速调用和决策支撑等工作，整合电子数据处理资源，协调数据处理和分析机制，建立审计云数据存储平台，推动重点数据库之间的数据互通；共享审计云平台上的服务器运算能力资源，开发计算机审计方法和数据分析工具，运用数据挖掘、移动办公、云计算等技术远程开展海量数据审计分析，深度分析、挖掘出审计疑点及问题线索，以实现数据分析的精准化、深层化，掌控数据审计的“金钥匙”。

（二）多方联动 以金审工程为基础开展计算机审计

金审工程是审计信息化建设项目的简称，被列为国家电子政务重点启动的 12 个重要业务系统之一并被纳入国家重大信息化工程建设规划，其总体目标是用若干年的时间，建成对依法接受审计监督的财政收支或者财务收支的真实、合法、效益，实施有效监督的国家审计信息系统。2000 年起，审计署开始筹备金审工程，按照总体规划、系统设计、分期建设、分步实施的建设原则，涉及应用系统、信息资源、网络系统、安全系统、运行服务体系和人员培训等六大方面建设内容。金审工程建成标志为“六个一”，即：一个满足现场、联网审计需要的审计实施系统；一个满足业务、管理和支持领导决策相融合的审计管理系统；一个满足审计业务管理需要的数据中心；一个满足各级审计机关信息资源共享的网络系统；一个确保对内对外的安全系统；一个确保系统运行和不断完善的服务系统。金审工程的建设要求是，融入世界审计职业组织的 IT 审计潮流、融入国家电子政务系统、全国各级审计机关和审计人员融入国家审计信息系统。

根据审计业务需要，金审工程规划了审计实施系统建设，审计实施系统是审计机关利用计算机技术开展审计项目的信息系统。根据审计实施方式的不同，审计实施系统规划为现场审计实施系统和联网审计实施系统两大部分。现场审计实施系统是审计人员实施就地审计方式的信息系统，对外交流为审计师办公室，英文名称为 Auditor Office，简称 AO 系统。AO 可以提供对财政、行政事业、固定资产投资、农业与资源环保、社会保障、外资运用、金融、企业和领导干部经济责任等审计项目的专业审计功能技术支持和扩展；联网审计实施系统是审计机关实施联网审计的信息系统，对外交流英文名称为 On－Line Auditing，简称 OLA 系统。联网审计是对需要经常性审计且关系国计民生的重要部门和行业实施“预算跟踪＋联网核查”模式的计算机审计。

笔者认为在审计过程中可根据审计需要，在整合国家电子政务信息资源的基础上，建立审计云数据存储平台，依托金审工程已建成审计实施系统的各项专项审计功能，提取多方数据进行综合分析和审计查证，最终建立一种联动审计新模式，见图 1。

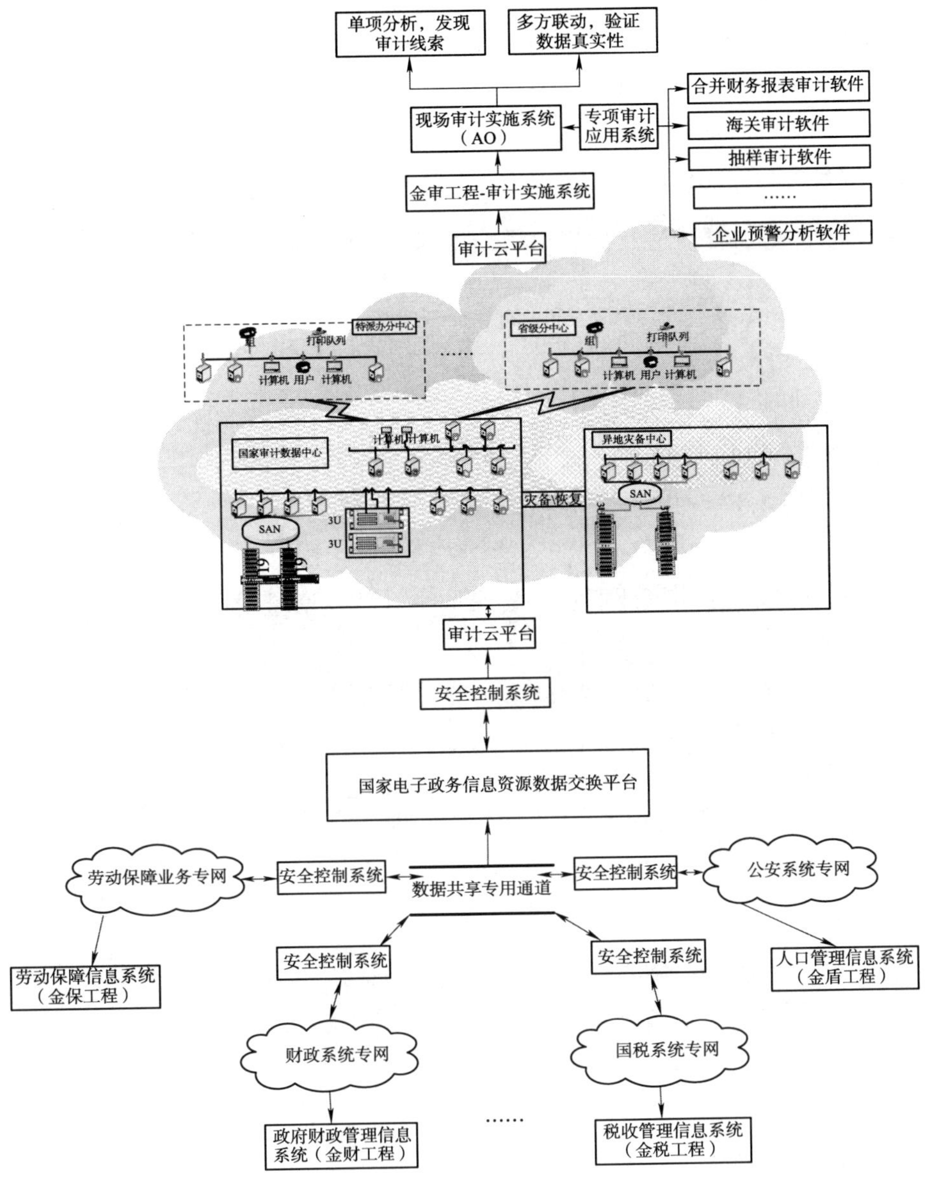

图 1　整合国家电子政务信息资源 建立联动审计新模式

五、小结

在我国社会各领域信息化高速发展的今天，国家审计必须不断加强审计信息化建设，不断调整和改进信息技术在审计实施中的应用，才能更好地发挥审计监督作用。本文从优化政府公共权力结构、实现公共权力制衡的角度出发，以金审工程已建成各项软、硬件资源为基础，研究电子政务系统信息资源的沟通和整合，构建政府公共权力国家审计监督机制，在信息化时代下充分发挥审计的免疫系统功能。

在未来的研究过程中，将进一步加强和完善政府各部门电子政务系统数据共享机制，加大数据交换力度，建立实时联网审计模式，从源头对各项信息的真实性、有效性进行严格审核，充分发挥审计的预警功能。

参考文献

［1］张国庆．权力结构与权力制衡：新时期中国政府优化公共权力结构的政策理路［J］．湖南社会科学，2007（6）．

［2］杨志丹．电子政务信息资源整合研究［J］．福建电脑，2010（9）．

［3］肖敏．基于审计信息化建设的审计软件度量的研究［J］．审计月刊，2008（2）．

［4］肖敏．多方联动 数据共享 开拓社保计算机审计新思路［J］．审计月刊，2009（10）．

第二类：利用新技术推进计算机审计的持续发展研究

数据挖掘技术在计算机审计中的应用研究

广东省审计厅　梁　蘅　祝　青　王志榕　何静姝

【摘要】　当前，国民经济各行业进入一个庞大复杂的数据信息时代。为了更充分发挥政府审计完善国家治理的功能，国家审计需进一步推进审计信息化建设，深化数据挖掘审计技术。本文从审计数据挖掘的意义、基本概况、常用分析技术方法、应用模式及主要措施等方面，对审计数据挖掘的理论和实践进行探索，力求充分发挥数据挖掘在审计中的作用，推动审计事业改善国家治理、改进国民生存、促进经济发展。

一、研究数据挖掘的意义

随着信息技术高速发展，计算机、数据库、网络等现代信息技术已渗透到人类社会的各个领域，并成为政府施政的主要工具。在国家治理过程中，财政、工商、税务、国土等部门积累沉淀了大量宝贵的数据资源。这些数据是整个社会经济活动的数字化轨迹记录，是与经济资源、自然资源、人力资源一样重要的战略资源，是可以无限次重复利用的特殊非物质财富，是不可或缺的管理和决策的重要参考依据。石爱中副审计长提出的数据式审计，已使审计人员的关注思维由账目转向数据。随着数据式审计的深入发展，经过多年的积累，国家审计部门已逐渐掌握了其他部门多年参与政府治理的核心数据，但目前常用表示数据的方式方法，不一定能直观地展现出数据本身的深入含义。审计人员正面临着大数据的积累，利用不足或者不知如何利用的尴尬境地。如何运用专业技术，从大数据中分析挖掘出规律性、指导性、系统性的宝贵信息，充分发挥审计机关在改善国家治理、推动社会经济发展的作用，是审计机关面临的巨大挑战。

二、常用审计数据分析技术方法概述

审计数据分析技术方法是审计人员实现审计思路、达到审计目标的重要信息技术方法。经过多年的探讨与实践，目前，已形成查询型分析、多维分析和发掘型分析共三个层次的技术方法与思路。这三个层次在应用上有着不同的成效与应用范围。

（一）查询型分析

主要是指审计人员根据审计事项进行检查和评价的审计思路，通过交互方式（结构化查询语言，Structured Query Language）的方法检索审计对象数据库，从中挑选出感兴趣的目标信息的过程。

1. 主要成效

查询型分析是建立在具体明确的审计目的和审计事项的基础上，进行精确的数据分析验证，从而达到揭露问题、经济监督等目的。目前，查询型分析技术已在我国的计算机审计中广泛应用，并出现了大量成功的审计案例和专家经验。

2. 应用情况

查询型分析主要通过结构化查询语言对数据库中的二维表进行分析。在数据量大、算法复杂的环境下，仅运用查询型分析方法可能面临着查询速度慢、分析目标不能实现等问题，并且无法智能地发现新知识或疑点。例如，我们想知道某种税种的征收是否存在季节性因素和扰动，这就需要专门的统计分析工具和算法，而对于某些命题常规统计学方法不能奏效的时候，审计人员可能需要用到一些更为复杂的工具和算法。

（二）多维分析

主要是指审计人员通过多维数据分析工具，展示审计对象一个主题（单位业务）的诸多属性，通过切片、旋转、钻取等各种分析动作，使审计人员能从多个角度观察审计对象数据库中的数据结构和关系。以税收审计为例，通过多维数据分析工具，将实现展示征收机关不同角度、不同层次、不同维度的年度税收数据关系的变化，从而满足审计数据分析的目的（图1）。

1. 主要成效

多维分析从多角度、多层次观察审计对象的数据，理清审计单位的多维业务关系以及多维数据关系的信息和内涵，快速实现把握审计对象总体、进一步突出审计重点、全面评价审计过程的目的。

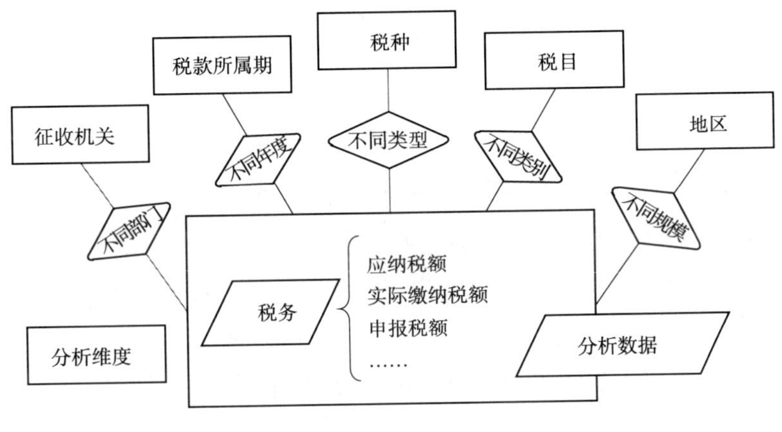

图 1

2. 应用情况

使用多维分析技术需以标准化的数据仓库或熟悉目标系统数据关系为前提，因此，目前只有在集中开发的联网审计软件或审计数据分析平台上才能使用。审计人员对直接获取的审计对象数据库，基本只应用查询型分析方法，这一定程度影响了审计人员把握审计对象总体情况的思路。

（三）发掘型分析

主要是指数据挖掘。数据挖掘主要是指审计人员针对日益庞大的电子数据而采用的一种信息处理技术，是一种采取排除人为因素而通过自动或者半自动的方式来发现数据中崭新的、隐藏的或不可预见的模式的过程，在此过程中不仅可以发现潜在的“知识”，为预防和查找电子化经济犯罪独辟蹊径，而且还能丰富审计理论经验和决策支撑，提高审计效率和质量。但目前这种优异的技术在审计中应用较少，应用的方法也不成熟。

综上所述，查询型分析是已知数据结构的情况下，对操作型数据的访问；多维分析从不同角度观察数据，处于较高的分析层次；而发掘型分析是审计人员在大数据环境下，从中找出潜在的模式或规律。例如，要找出引起贷款拖欠的风险因素，数据挖掘工具可能会帮助指出高负债和低收入是引起这个问题的原因，甚至还可能发现一些额外的、潜在的其他因素，比如年龄。因此，数据挖掘技术被誉为“大数据分析领域的重镇”，审计机关应探索、研究、深化应用数据挖掘，更好促进“免疫系统”功能的发挥。

三、数据挖掘在审计中的应用研究

目前，审计对象的数据总量在不断地增长，如何避免审计人员被大数据湮没，在海量数据集中寻找模式、趋势和异常之处，并且以简单的数据模型归纳，是当今信息时代中审计机关面临的巨大挑战之一。

（一）数据挖掘技术在审计数据分析中的应用研究

数据挖掘通过使用模式认知技术、统计技术和数学技术等深入剖析大量数据来揭示数据之间有意义的新的关系、模式和趋势。在大数据环境下，利用数据挖掘技术可提高审计数据分析的效率和质量，降低审计风险。数据挖掘的算法功能见图2。

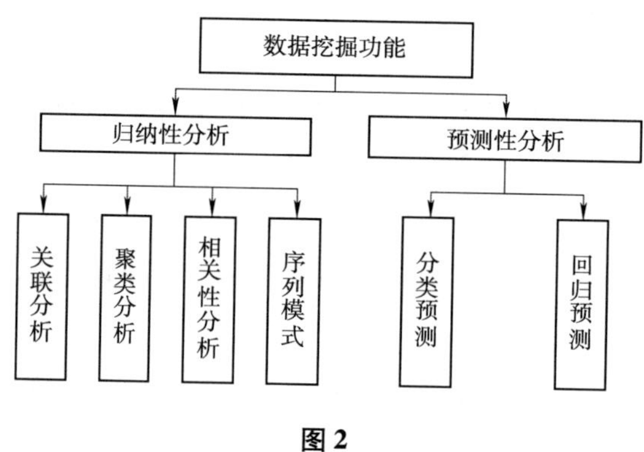

图2

1. 聚类分析的应用

主要目的：把相似的研究对象归集成类，目的是发现数据源中显著不同于其他数据或行为的异常数据和异常行为。在不知道数据特征值的条件下，通过对象的一些相似特征进行分组，便于将观察到相似的内容组织成分层结构，与常见数据模型一般规律不符合的数据对象或与其他数据不一致或非常不同的数据对象就称为离群数据或孤立点数据，其聚类流程见图3，同时，这些数据中的孤立点可作为审计线索的特征表现。

审计作用：数据集中离群数据产生的原因是多方面的，可以分为人为原因和非人为原因，因此审计人员应该关注这些离群数据。在审计中，对于特定交易记录群的聚类分析可以将不同特征划分为不同的特征群，从而描述各个群的特征，找出孤立点，对其重点分析，发现审计线索，确定审计风险。其主要分析步骤是：首先根据审计事项定义孤立点规则，然后进行聚类，最后确定孤立点。

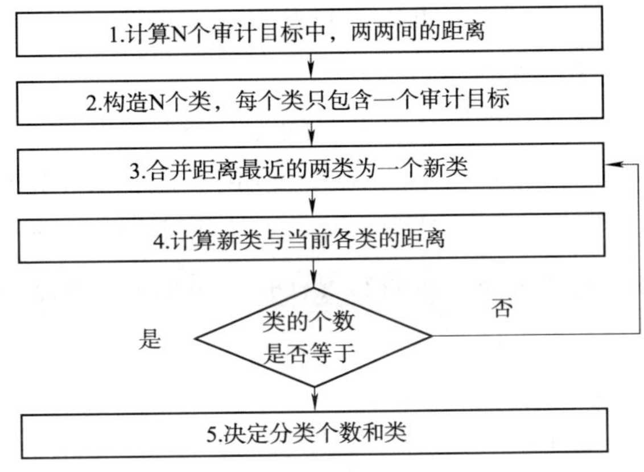

图 3

聚类分析的算法：一是基于划分的方法，如 CLARANS；二是基于层次的方法，如 CURE 和 BIRCH；三是基于密度的方法，如 DBSCAN、OPTICS、GDBSCAN 和 DBRS；四是基于网格的方法，如 STING 和 Wave Cluster；五是基于模型的方法，如 COB－WEB。

审计案例：例如税务审计中土地使用税审计，以高尔夫企业为例，通过聚类分析，发现高尔夫企业应缴土地使用税税基的数据规律如下：场地为 18 洞的、面积为 1000 亩、球场管理费约 100 万元；场地为 27 洞的、面积为 1500 亩、球场管理费约 120 万元；场地为 36 洞的、面积为 2000 亩、球场管理费约 150 万元。在进行聚类分析时，数据也许从任何特别的一个属性分析都不是孤立点，而在属性的组合上则可能是孤立的。如数据中如果出现场地为 18 洞的、面积为 1500 亩、球场管理费约 120 万元则属于孤立点（图 4）。孤立点的存在，可能是企业瞒报少报土地面积，企图少缴土地使用税的审计疑点。基于孤立点分析的方法不是发现集体的异常，而是发现异常的个体。因此，基于孤立点的数据挖掘方法对审计工作而言，在大数据环境下，帮助审计人员一针见血地发现问题，提高审计效率。

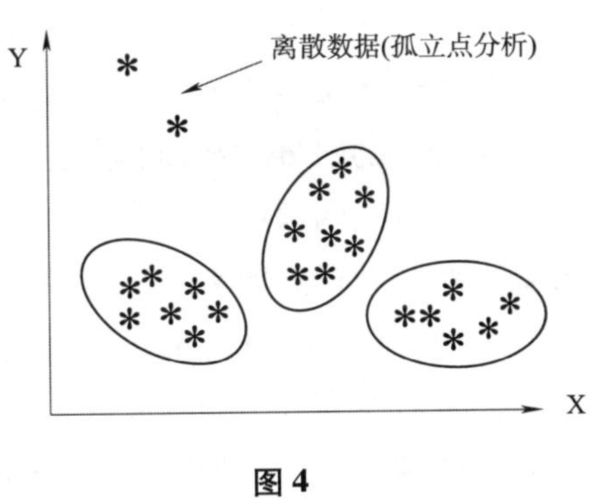

图 4

2. 关联分析的应用

主要目的：关联规则分析简单地说是发现因果关系，即从大量数据中发现项集之间的相关联系，其主要反映一个事物与其他事物之间的相互依存性和关联性。如果两个或者多个事物之间存在一定的关联关系，那么，其中一个事物就能够通过其他事物预测到。

审计作用：审计工作的实质是追根溯源，根据果回溯到因，即因果关系之间不是完全精确的，存在一定的概率。利用关联分析，审计人员通过利用关联规则从操作被审计数据库的所有细节或事务中抽取频繁出现的模式，挖掘隐藏在数据间的相互关系，从而发现存在异常联系的数据项，在此基础上通过进一步分析，发现审计疑点。

关联分析的算法：Apriori 算法和 Fp-Tree 算法。其基本模型是形如 $X \Rightarrow Y$ 的逻辑蕴含式，其中 $X \subset I$，$Y \subset I$，且 $X \cap Y = \varnothing$。如果事务数据库 D 中有 s% 的事务包含 $X \cup Y$，则称关联规则 $X \Rightarrow Y$ 的支持度为 s%，实际上，支持度是一个概率值。若项集 X 的支持度记为 support（X），规则的信任度为 support（$X \cup Y$）/support（X）。这是一个条件概率 $P(Y \mid X)$。

也就是：$\text{support}(X \Rightarrow Y) = P(X \cup Y)$

$\text{confidence}(X \Rightarrow Y) = P(Y \mid X)$

审计案例：如税收政策执行情况审计中，通过关联分析的应用，查找数据中的对应关系，可以发现娱乐业企业应缴纳的营业税（娱乐业）和文化事业建设费（娱乐业）存在正比例关系，当这个关系异于常值时，也许能据此发现娱乐业企业是否存在少缴税费的情况。如，A 企业经营范围是酒吧、歌舞厅，该企业 2011－2013 年应缴营业税（娱乐业）的计税依据呈上升趋势，而 2013 年文化事业建设费（娱乐业）的计税依据骤降，脱离了正比例的关联关系，属于关系异于常值，存在少缴文化事业建设费的审计疑点。

3. 分类和预测的应用

主要目的：分类和预测主要是指研究分析已分类数据的特征，根据对象属性建立分类函数或分类模型，运用模型计算总结出的数据特征将其他未经分类或新的数据分派到不同的组中，达到预测数据未来趋势的目的。

审计作用：审计人员通过描述预定的数据类集或概念集来构建模型，使用该模型对类标号未知的数据元组或对象进行分类，预测这些未知数据元组对象的属性和特点，为审计人员确定审计重点提供数据支持。

审计案例：通过对当期土地转让面积的数据及当期土地市场价格的增速情况的分类统计，从而预测当期土地增值税增长情况，确定审计的重点。如 2013 年第一季度某省土地转让市场出现热潮，通过对该季度土地转让面积数据、土地市场价格的增速的分类统计，预测第一季度土地增值税应增幅较大，从而确定该时期审计重点是土地增值税。

（二）数据挖掘技术在审计项目组织管理中的应用研究

刘家义审计长指出：从一定意义上讲，中国审计的出路关键在于信息化，信息化的关键在于数字化。数字化是数据挖掘的前提基础。审计数据的处理与信息提取是数据挖掘与审计业务在海量数据条件下的有机结合，是一种在审计计划、准备、实施和报告等阶段均可应用的信息技术。金审工程正逐步对审计项目实施过程中的轨迹记录、审计结果、人员组成、成果利用等信息进行数字化积累。因此，在审计计划阶段，审计人员可以通过对以前审计年度积累的内部数据、外部数据以及审计数据进行数据挖掘分析，为确定审计计划、审计项目提供数据分析支持。实现步骤为：一是对审计信息进行归集，建立审计人力资源库、审计对象库、审计项目库（图 5）；二是通过数据挖掘分析宏观经济政策对预算收支的影响、国民经济主要指标完成情况对财政预算收支的影响，分析部门、地区之间的预算收支情况差异，分析上一审计年度的审计结果，预测苗头性的问题；三是结合国家治理目标、审计目标及人力资源情况，形成审计机关长、中、短期审计项目的科学决策。

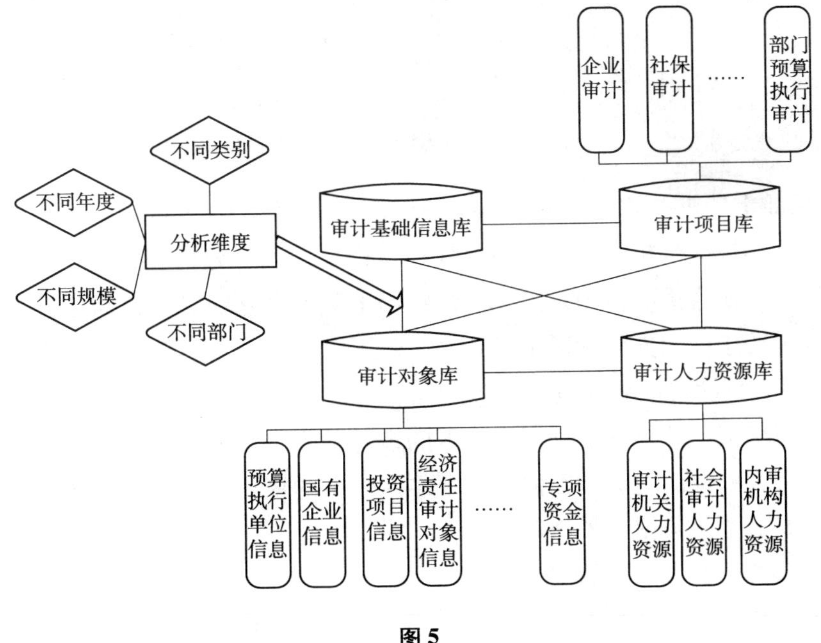

图 5

四、基于国家审计信息系统下的审计数据挖掘应用模式

数据挖掘技术与海量数据下审计业务的有效结合是未来计算机审计的一

个发展方向，从这些海量数据中获取有用的审计数据是目前计算机审计的一个重要课题。对于审计人员来说，如何从被审计单位的海量审计数据中找出全面、高质量的审计证据是一个难题。

（一）大数据环境下的工程化的数据挖掘流程

审计数据分析是指收集数据，并加以汇总、整理、分析、提取有用信息和形成结论的过程。而数据挖掘是这个过程中的特定步骤，即利用特定的数据挖掘算法生成模式的过程，不包括数据的预处理、领域知识结合及发现结果的评价等步骤。审计数据分析应用数据挖掘的主要流程有三个步骤，分别是数据获取、数据整理、数据挖掘，具体流程见图 6。

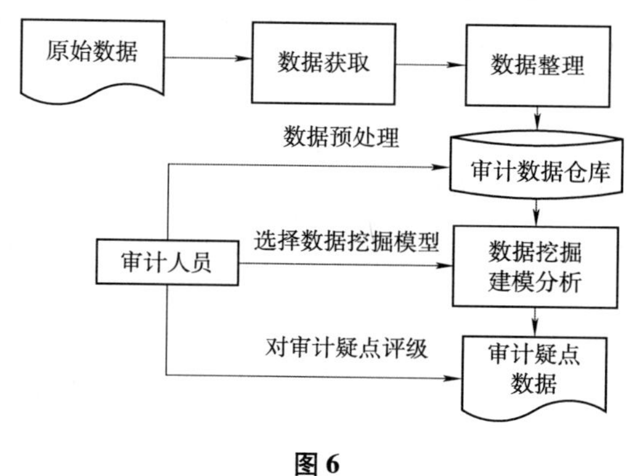

图 6

目前审计机关常用的审计数据分析模式有两种（表 1），一是依托审计数据中心和数据分析平台开展的非现场审计数据综合分析利用模式；二是依托现场审计实施系统（AO）和数据库工具开展的现场审计数据分析工作模式。两者关于应用方面的区别是：

1. 关于数据方面的区别

非现场审计综合分析利用模式下的审计数据是海量的、多专业的、多部门、多格式的，而现场审数据分析工作模式下的审计数据主要是单一部门的财务数据、业务数据和外部数据。

2. 关于软件工具方面的区别

审计数据综合分析利用模式可以选取 SAP 的 Business Information Warehouse、IBM 的 DataStage 等大型的 ETL 工具，配合 Oracle、DB2 等大型数据库实现。而现场审数据分析工作模式建议应用 Microsoft Analysis Services，IBM SPSS Statistics 作为数据挖掘工具，数据库方面配合 Microsoft SQL Server 或 Microsoft Access 实现。

表 1

<table>
<tr><th colspan="4">审计数据分析程序</th><th colspan="3">审计数据综合分析利用模式
（非现场审计数据分析）</th><th colspan="2">现场审计数据分析模式</th></tr>
<tr><th colspan="3" rowspan="2">技术步骤</th><th rowspan="2">主要作用目的</th><th colspan="3">数据中心示例平台：SAP + Oracle</th><th rowspan="2">SQL Analysis Services</th><th rowspan="2">IBM SPSS Statistics</th></tr>
<tr><th>作用</th><th>数据库</th><th>软件</th></tr>
<tr><td rowspan="4">审计数据准备</td><td colspan="2">数据集成</td><td rowspan="4">1. 对分散、异构的数据进行集成和整理
2. 建议完善的审计线索特征
3. 建议完善的指标体系</td><td rowspan="4">1. Extraction（抽取）
2. Transformation（转换）
3. Loading（加载）</td><td rowspan="4">Oracle</td><td rowspan="7">Business Information Warehouse</td><td rowspan="4">1. 以 Microsoft SQL Server 数据库为基础
2. 根据业务需求进行数据整理</td><td rowspan="4">Microsoft Access、Excel、文本、ODBC 链接数据库</td></tr>
<tr><td colspan="2">数据清理</td></tr>
<tr><td colspan="2">数据选择</td></tr>
<tr><td colspan="2">数据转换</td></tr>
<tr><td rowspan="3">审计数据分析</td><td colspan="2">OLAP
模型分析</td><td>1. 对大量的数据从各个角度进行综合分析
2. 对每个分析角度的不同层次分析数据</td><td colspan="2">1. 切块
2. 钻取
3. 同比环比
4. 指标预警</td><td>1. 切块
2. 钻取
3. 同比环比</td><td>不具有切块、钻取等功能</td></tr>
<tr><td rowspan="2">数据挖掘</td><td>设定数据挖掘参数</td><td rowspan="2">1. 归纳性分析
2. 预测性分析</td><td colspan="2" rowspan="2">1. 决策树
2. 联合分析
3. 计分
4. 进一步分类</td><td rowspan="2">关联规则、聚类分析、决策树、逻辑回归、神经网络、时序、线性回归、顺序分析和聚类分析</td><td rowspan="2">一般线性模型、广义线性模型、混合模型、回归、对数线性模型、神经网络、分类、降维、多重归因等</td></tr>
<tr><td>对审计证据评价</td></tr>
</table>

（二）审计数据综合分析利用模式下的工程化数据挖掘流程

目前，省级以上审计机关的审计对象业务数据信息系统基本向数据大集中的方向发展，这些数据有着海量性、分散性和复杂性等特点。由于大部分审计人员都是财经类专业毕业，缺乏应对大数据环境下的信息处理技术，因此，工程化的数据挖掘流程及软件部署，是挖掘出审计线索，降低审计风险，扩大审计成果的重要措施。在审计署国家审计信息系统的框架下经过多年的研究、探索和推广，全国省级以上审计机关现已逐渐形成以审计数据中心为基础、审计数据分析平台为工具的大数据综合利用模式。依托数据中心环境下的工程化条件已成熟，成熟的主要方面有：

硬件方面：建设了审计数据中心、联网审计分析系统、审计数据分析平台等一系列的硬件系统。

软科学方面：研究和颁布了《国家审计数据规划》《计算机审计方法体系》《审计数据接口标准》。

数据中心实现数据挖掘的流程：数据归集和处理阶段、项目分析和专题分析阶段。

数据中心实现数据挖掘的主要步骤：数据获取、ETL（数据提取、转换和加载）、建立数据仓库、建立模型、数据挖掘、结果分析。

数据中心功能方面：数据分析工具（OLAP、数据挖掘、查询语句分析）、数据库（元素数据库、数据仓库、数据集市）、ETL 工具组成（图 7）。

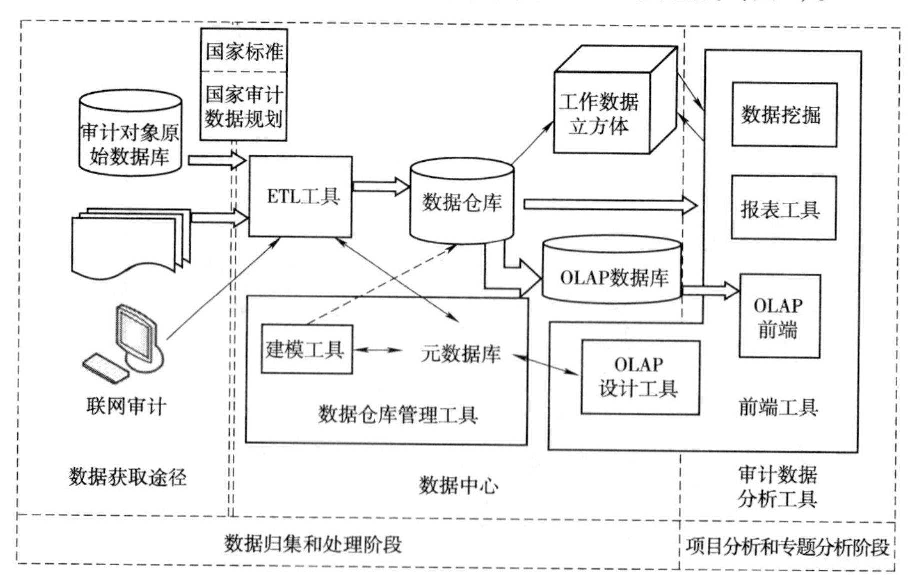

图 7

数据中心系统组成方面：SAP + Oracle，Microsoft Analysis Services + SQL，DataStage + DB2。

1. 数据归集和处理过程

主要是以审计数据中心为基础，利用 ETL 工具，将从被审计单位获取分布的、异构的数据，按照《计算机审计实务公告——国家审计数据规划》的元素类型、字段、粒度和维度的要求，抽取到临时中间层后进行清洗、转换、集成，最后加载到数据仓库或数据集市中，完成联机分析处理、数据挖掘基础的全过程（图 8）。主要有三个步骤：

一是数据获取。指对从被审计单位取得数据并归集到数据中心的前期准备。目前的数据获取途径主要有：审计项目采集的原始数据库（财务数据和业务数据）、依法报送的审计数据、联网审计采集的数据等，数据格式可以为文本、数据库文件、XML 文件。

二是 ETL 整理（Extraction – Transformation – Loading）。负责将审计对象的关系数据、平面数据文件按照《国家审计数据规划》从数据源抽取到临时中间层，进行清洗、转换、集成后完成向目标数据仓库转化的过程，是实施数据仓库的重要步骤，也是联机分析处理、数据挖掘的基础。

三是建立审计专业主题数据仓库。指根据审计目标和《国家审计数据规划》，为实现 OLAP 多维分析、商业智能（BI）、数据挖掘而设计、建立的结构化数据环境，具有面向主题、集成性、稳定性和时变性的特征。

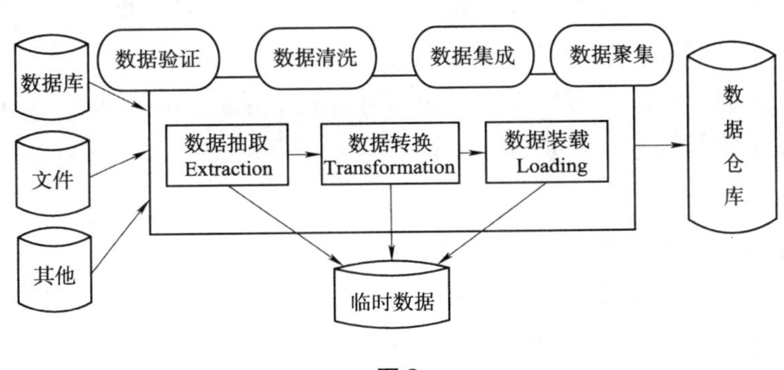

图 8

2. 数据挖掘分析

项目分析和专题分析是通过数据仓库的深加工，利用审计数据综合分析平台，根据审计目标，实现多专业融合、多角度分析、多方式结合的审计数据综合利用方式。而数据挖掘属于实现审计目标的其中一个重要的信息技术手段，实现的具体步骤如下。

一是建立工作数据立方体。在数据仓库的基础上，结合审计业务需求，过滤出所有可能有用的数据并进行数据质量的评估，必要时再将分属不同数据库的数据加以整合，建立工作数据集市（立方体）。

二是数据的预处理。在数据立方体的基础上，集成、变换、规约化多个数据立方体或多个数据库，同时将数据转换成分析模型。建立一个真正适合挖掘算法的分析模型是数据挖掘成功的关键。

三是数据挖掘。在数据预处理的基础上，对经过转换的数据进行挖掘，从数据中寻找模式。例如，审计人员可以通过概括数据的重要特征进行描述建模，也可以通过观察到的已知对象特征值预测该对象的其他特征值进行预测建模等。

（三）现场审计数据分析下的工程化数据挖掘流程

现场审计数据分析往往是针对被审计单位特定的、单一的审计事项开展数据分析的工作模式，其数据获取一般局限在被审计单位自身的财务或业务数据，数据获得的规模和范围也相对小，因此，现场审计数据分析下，数据挖掘的重点是根据目标数据，结合审计目标选择数据挖掘方向及数据挖掘模型。以 Microsoft Analysis Services 为例，现场审计数据分析的数据挖掘流程可以分为三个步骤：

1. 数据预处理

主要对被审计单位的业务数据、财务数据或外部数据进行数据采集、数据整理、数据设计，其主要内容为：一是采集到 Microsoft SQL 中，成为多维数据集的源数据；二是对数据进行格式标准化、清除异常数据、纠正错误数据、清除重复数据等；三是根据审计目标，结合数据挖掘，进行数据元素的设计。

2. 多维数据集的建立与维归约

主要是根据被审计单位的业务内容，建立多维数据集，同时以业务性质为基础，定义多维数据集的度量值和维度（可以是时间维、机构维、地域维等），对建立的多维数据集要充分考虑属性子集选择，使得模式更容易理解，多维数据集是现场审计数据挖掘工作的重要组成部分。

3. 数据挖掘模型的采用

Microsoft Analysis Services 中含有关联规则、聚类分析、决策树、逻辑回归、神经网络、时序、线性回归、顺序分析和聚类分析等数据挖掘算法，审计人员可根据审计目标，利用自带的算法对建立的多维数据集进行挖掘。

（四）大数据环境下审计人员实现数据挖掘的思路

数据挖掘步骤会随着不同的应用而有所变化，每一种数据挖掘技术也会有各自的特性和使用步骤，针对不同问题和需求所制定的数据挖掘过程也会存在差异。工程化的数据挖掘流程部署只是实现数据的标准化，实际的数据挖掘模型依旧需要由审计人员对业务与数据挖掘方法进行结合。主要步骤有：

1. 数据与业务理解

核心是围绕审计目标解决实际问题，避免为分析而分析的现象。一是根据审计目标，制定数据挖掘问题的定义和完成目标；二是理解数据和数据的来源，熟悉数据，识别数据的质量问题，发现数据的内部属性，或是探测隐含信息的假设；三是掌握业务知识，避免出现分析结果偏离实际的情况。

2. 数据建模

数据挖掘建模是沟通实际问题与数据挖掘工具的桥梁，首先审计人员要掌握基础理论（如统计、方差、概率分布等）和分析挖掘应用方法（回归分析、时间序列、聚类分析法、因子分析法等），掌握应从什么维度、哪些方面去关注，避免过度追求高级分析方法，热衷研究模型。其次是根据不同的问题需求，选择和应用不同的模型技术，同时要将模型参数调整到最佳数值。在开始部署模型之前，要彻底地评估模型，检查构造模型的步骤，确保模型可完成业务目标。

五、实现审计数据挖掘的主要措施

（一）深化理念，加强人才队伍建设

审计数据挖掘是以审计业务为主线，审计海量数据为基础，利用数学、统计等算法，分析业务深层次的潜在规律。为此，必须积极总结审计信息化建设和数据挖掘技术的经验，创新数据挖掘的采集、建模、评估、纠错、取证、管理、组织等方面的审计理论，培养审计人员对信息化条件下“大数据”的宏观把握意识及对数据理解的逻辑思路，引导审计人员自觉、自主地开展数据挖掘审计实践，在运用管理、财务、审计、统计等理论的同时，强化数据意识、明确分析目的，选取有效分析方法和分析工具。构建符合信息化发展需求的审计教育培训系统，加强审计数据挖掘技术领导和骨干人才培训，将审计数据挖掘应用效果和研究成果作为干部业务创新的考核标准，努力培养一批掌握信息技术的审计人才。

（二）探索组织模式，建立完善的运行机制

数据挖掘是审计数据分析中的一种重要技术，具有深度挖掘和整合利用审计数据资源的作用。目前，审计署已加大对全国审计数据挖掘理论和技术的研究、指导，同时也进一步完善审计数据利用的顶层设计和总体规划（2013 年 2 月，审计署办公厅印发了《开展审计数据综合利用的试行意见的通知》），并将数据挖掘技术逐步融入当前主流的审计模式中，推动组织模式的协调和可持续发展。为此，各级审计机关应围绕《审计署“十二五”信息化发展规划》等文件要求，提高认识、加大投入和研究，加强完善审计数据挖掘的运行机制，形成数据准备、数据利用、数据反馈等规范化流程，厉行节约，突出实效。

（三）优化工作环境，提升数据挖掘技术方法

要充分发挥审计数据挖掘的作用，必须实现审计工作手段、环境和技术的信息化。以审计指挥中心建设为龙头，以审计业务需求为牵引，以信息资源共享为依托，以人才队伍建设为保障，探索构建审计数据挖掘体系。建设实时高效的数字化审计指挥中心、信息丰富的数据仓库、机动灵活的审计实施系统，充分发挥审计数据挖掘在规范管理、查错纠弊、揭露大案要案、支撑重大审计业务实施等方面的重要作用，大力提升大数据环境下的审计监督能力。

六、结束语

当下及未来很长一个阶段内，国民经济各行业将进入一个庞大复杂数据信息时代。围绕国家审计服务于国家治理的目标，要在应用和完善计算机审计已有成果基础上，进一步推进审计信息化建设，继续推行数据挖掘审计技术，从大数据中分析挖掘出规律性、指导性、系统性的宝贵信息，充分发挥审计在改善国家治理、改进国民生存、推动经济发展等方面的作用。

参考文献

［1］刘家义．国家审计与国家治理［J］．中国审计，2011（8）．

［2］周德铭．部门预算执行审计方法体系研究［J］．中国审计，2008（8）．

［3］周德铭，熊宛皎．国家治理与审计信息化能力［EB/OL］．审计署网站．

［4］中华人民共和国审计署．审计署“十二五”信息化发展规划．

［5］国家863计划审计署课题组．计算机审计数据采集与处理技术研究报告［R］．北京：清华大学出版社，2006：80－96.

［6］易仁萍，王昊，朱玉全．基于数据挖掘的审计模型框架［J］．中国审计，2003（3）．

基于审计线索挖掘的数据分析技术方法研究

审计署广州特派办　王位庆

【摘要】　当前国家审计的一项重要职责是查处重大违法违规问题，这样可以有效地起到威慑作用和充分发挥“免疫系统”功能。由于人力、时间等资源的限制，充分利用计算机审计技术进行数据分析，快速挖掘审计线索就显得尤为重要。本文以审计特征发现为主线，从行为和数据两方面特征映射关系入手，对基于审计线索挖掘的数据分析过程进行研究，阐述了结合运用“从数据到行为”和“从行为到数据”两种审计线索挖掘技术方法，促进数据分析工作成果螺旋上升，整体提高审计工作效率。

【引言】　当前国家审计的一项重要职责是查处重大违法违规问题，这样可以有效地起到更强有力的威慑作用，更充分发挥审计“免疫系统”功能。在审计工作过程中，迅速发现重大线索成为摆在每个审计组面前的重要任务，由于人力、时间等资源的限制，充分利用现有的稀缺资源和应用先进的技术手段，快速挖掘审计线索就显得尤为重要，其中充分利用计算机审计技术对被审计单位及相关单位的电子数据进行分析，是行之有效的重要途径。下面以审计特征发现为主线，从行为和数据两方面的特征映射关系入手深入剖析，探讨基于违法违规行为审计线索挖掘的数据分析技术方法。

一、审计线索挖掘

审计人员往往面对分布在各行各业的不同信息系统，涵盖财务数据、业务数据及日志数据等，它们使用的数据格式、应用模型、操作方法都可能各有不同。计算机审计面临的问题主要是如何处理这些海量的电子数据，如何从中快速挖掘有价值的审计线索，因此数据分析技术方法的选用显得尤为重要。

《现场审计实施系统》（即 AO）提供了四类数据分析的功能：一是利用账表分析器分析财务数据，二是利用行业经济指标计算公式对被审计单位的经济指标进行横向、纵向间的比较，三是利用数据分析功能对业务数据和财务数据结合进行分析，四是利用审计专家经验和审计方法分析。一般而言财务审计数据分析主要利用上述一、二项的功能，涉及业务审计时就需结合利用第三项和第四项的功能。应用 AO 进行数据分析一般适用于数据结构比较简单的小型审计项目，若开展大中型审计项目，查找更深层次的重大违法违规问题线索，则需要审计人员进行较为复杂的数据挖掘，运用重算、统计、核对、抽样等数据分析方法直接对审计采集转换得到的数据库进行查询分析。这不仅要求审计人员对被审计的业务要十分熟悉，而且能够掌握 Oracle、SQL Server 等大型数据库相关知识和熟练运用 SQL 查询语句，对所采集的电子数据进行数据分析。

无论是使用审计软件还是直接对数据库进行处理，审计人员都需要通过业务分析和数据分析来发现“数据特征”。审计人员能够发现问题依赖于审计线索，后者对应的被审计事项区别于同类正常事项或合法合规事项，具备特别的征象、标志，反映在储存记录经济行为的电子数据上就是数据特征，表现为某些特定的数据，或者是一些数据的组合排列，或者是数据结构的改变等。特征发现可以视为审计人员面对大量电子数据，从中提取有用信息的过程。在信息化环境下，审计线索会通过电子数据表现出一定的特征，捕捉到这些数据特征就是审计线索特征发现，据此进行数据分析，从海量数据中提取符合条件的数据获取相关信息的步骤、程序就是审计线索挖掘。从“行为”和“数据”两方面的特征映射关系看，通常可分为“从行为到数据”和“从数据到行为”两种技术方法。

二、从行为到数据的审计线索挖掘技术方法

“从行为到数据”是一种以行为分析为主的特征发现方法。审计人员先假设存在某种违法违规行为，利用法规储备、经验积累等，对财务、业务情况进行分析，列举出违法违规问题相对应的行为方式和特征表现，然后通过数据分析来验证这些行为特征在数据中是否有反映，如果发现了对应的数据特征，那么就说明最初假设的行为是存在的，从而捕捉到审计线索。

（一）行为特征分析

审计人员对各行各业进行审计，对某类型业务往往反复审计，对此中发现的违法违规行为进行总结提炼，就形成可供借鉴的历史经验。许多审计案往往会有涉及分析相关问题的行为特征，内容题材较丰富较权威的是审计署历年评选的 AO 应用实例和计算机审计方法，如仅 2012 年审计署就分别评选出 2311 篇和 1041 篇。这些实例、方法都是审计人员对计算机审计工作的归纳和总结，归集了各类审计线索特征。此外，国内有关人员在审计特征发现方面也深有研究，甚至开始进入商业化运作阶段。如 2010 年杭州迪普科技有限公司张晓东等四人以“审计特征的检测方法及用户行为审计系统”之名申请专利并获准。

当前，随着各种新生事物出现，审计人员面对的情形也越来越复杂，一些行业中的新型违法违规行为可能还未在审计工作中被发现揭露过。在没有历史案例能够借鉴的情况下，审计人员需要大胆假设、大胆怀疑、大胆创新，比如进行角色转换，合理地虚拟违法违规行为，通过各种渠道获取、了解、掌握相关的业务信息，对这些信息深入分析后，梳理出对应的违法违规过程可能会形成的行为链条，总结出该链条上关键环节的行为特征。以重庆“地下钱庄”案件为例，审计人员在某商业银行审计调查前，根据当前“地下钱庄”猖狂的形势，深入分析和研究媒体披露的相关案件情况，模拟分析其运作情况，归纳出“地下钱庄”行为特征：公司银行账户中的资金流水巨大，而注册资金较小；账户有频繁、大量的转账行为，大部分使用网银系统转账；账户资金（或经多层划转后）转入个人账户等。审计人员据此对银行的数据进行多维分析，查找符合上述特征的账户，经过多轮筛选和再分析，最后发现重庆某商贸有限公司等 19 家单位，利用各商业银行公营账户向个人账户划转资金的平台，非法从事资金支付结算业务，涉及 9000 余个银行账户，交易金额累计达 450 亿元人民币。2011 年 3 月重庆公安局根据国家领导人对审计情况的批示，成立专案组，当年 8 月宣布破获该案，涉案金额高达 560 亿元人民币。该案手法隐蔽、查处难度大，涉及的是金融审计领域中的新问题，尽管如此，审计人员科学分析出资金异常流动的行为特征，经过一系列多维数据分析，最终发现了该线索。

（二）特征映射关系和数据查询分析

数据是对行为的记录，是对行为信息的反映，因此行为和数据之间存在对应关系，相应地行为特征将在数据中留下痕迹，形成数据特征。在审计中，要将行为特征转化为数据特征，就是要了解数据结构，查找行为特征到数据特征的映射关系，基本方法是采集行为特征所对应的数据，确定与行为特征直接对应的关键字段，再模拟行为特征所决定的数据特征。如审计人员根据所掌握的电子数据情况，将“地下钱庄”账户的行为特征映射为查找具有以下数据特征的对公账户：企业注册资金小于100万元，账户使用网银业务，日均余额少于10万元，转入个人账户超过1000万元，年资金交易额超过10亿元。在将问题的行为特征转化为对应的数据特征后，接下来就是查询分析，用适当的技术方法查找具备这些数据特征的详细信息，找出审计线索。这个过程是通过运用计算机查询语言、多维分析方法等相应技术来寻找符合相关特征的数据，或验证数据的发展趋势是否与通常的规律相一致的过程。

计算机技术方法在数据特征发现中扮演着十分重要的角色，其中利用SQL查询分析技术在我国国家审计实践工作中得到了最为广泛的应用，通过SQL语句设置各种条件对数据库中的海量数据进行多维查询分析，能得出直观易懂的分析结果，工作效率得到极大提高。但随着审计实践的发展，传统分析技术在很多项目中已经不能完全满足需求，除了前述技术方法外，其他诸如非数值型数据的文本挖掘、探索性数据分析等技术也逐渐在审计实践中得到研究并应用起来。

三、从数据到行为的审计线索挖掘技术方法

“从数据到行为”的审计线索挖掘技术方法与“从行为到数据”的方法过程相逆，是一种从数据分析角度出发的特征发现方法，通过对数据结构、数据内容、数据之间的关系等进行分析来捕捉数据特征，然后在数据特征的基础上还原其对应的经济或非经济行为原貌，继而用法律法规来判断其行为的合法性，最终形成审计线索。

计算机审计人员在采集数据的过程中，根据审计范围，全面采集被审计单位及相关外部单位相关的信息系统的相关数据，建立被审计对象与审计分析系统（如AO、审计数据综合分析平台等审计软件，也可直接使用SQL Server等数据库系统作为审计分析系统）的审计接口，进行数据整理和清洗以过滤非法数据，再运用相应数据分析方法对这些数据进行特征发现，是一种开放发散的方法。其特征分析方法可分为：数据特征发现、数据到行为的特征映射以及行为特征分析验证，这是一种较为理想的方法，由于审计权限、审计成本、被审计单位及相关外部单位配合程度等各种原因，一般情况

下无法全面采集数据，这种不完备性导致审计人员只能相对进行尽可能全面的数据分析。

这种方法适用于计算机审计人员对所审计的业务不熟悉或缺乏审计经验的情况下，对海量数据进行特征挖掘。主要前提是充分了解被审计单位及外部单位相关的信息系统，特别是电子数据结构，通过模式匹配、专家系统、数据统计、数据融合等方法，进行多角度多层次的数据分析，从海量数据中分析提取最大限度的有效信息，将这些信息映射到相应的经济行为，进一步鉴别、捕获相关对象的违规行为，这就是“从数据到行为”的审计线索挖掘方法。

近年审计揭示了一批重大违法违规案件线索，这与注重利用计算机审计技术，进行数据特征发现和行为特征分析不可分。如一起网络赌球案的揭露，审计人员先是通过分析挖掘发现一些可疑账户在资金结算方面的数据特征：在凌晨0点至2点仍有大量资金交易，交易日期与境外足球比赛日期吻合，资金通过多个账户汇集到中间账户最后到总账户，次日进行资金结算后不留余额，其中有部分资金下转中间账户、其余资金均通过网上银行转走。审计人员按照“从数据到行为”的分析方法，通过调查相关凭证来证实审计判断，经过多维分析、反复挖掘分析后，发现涉嫌网络赌博违法犯罪的案件，成为审计系统首次通过数据分析揭示的社会治安类重大案件。

四、两种技术方法的结合运用

“从行为到数据”和“从数据到行为”两种分析方法都是审计线索挖掘的重要技术方法，前者在采集特定数据后即可进行分析，无须等待全部数据采集齐全，故其针对性较强，可以较快地发现审计线索。但是由于它并非整体的数据分析，难以反映被审计单位的全面情况，因此具有一定的局部性。它一般适用于富有审计实践经验的审计人员分析运用。“从数据到行为”的方法则侧重于在了解被审计单位和相关单位信息系统的前提下，最大限度地利用计算机技术全面地进行数据分析，提高工作效率，节约审计资源。它一般适用于能独立采集电子数据的计算机技术人员分析运用。

两种方法并非各自孤立，而是相辅相成、相互呼应的，可以是先有“从行为到数据”再有“从数据到行为”，也可以反之或相互结合、循环反复，这样才能促进数据分析工作成果螺旋上升，提高审计工作效率。它适用于既有丰富工作经验又能熟练掌握计算机技术的复合型审计人员分析运用。

如在矿产资源审计中，审计人员关注重点之一是矿业权转让情况，可以从两方面判断这一行为：一是矿业权人直接到国土部门办理转让手续，二是矿业权人本身的股权转让，即在不改变矿业权人名称的基础上，矿业权人股东通过股权转让方式，间接将矿业权转让给他人，实际上规避了矿业权转让审批环节。这两种情况对应到电子数据特征上则映射为：一是矿业权人在国土部门矿业权管理信息系统中有转让记录的，二是矿业权人在工商部门登记管理信息系统中有股权变动的。由此可见，除了国土部门矿业权管理信息系统外，审计人员还应该采集、分析工商部门登记管理信息系统中的股权变动数据，这就是“从行为到数据”的分析过程。具备查询矿业权转让情况的数据条件后，审计人员可以深入分析这些数据，查找重大违法违规问题。如根据其他线索发现，对某矿业权人的工商数据进行查询，发现其5天内4次变更股东，还有另一矿业权人1天内2次变更股东，由此可以推断此“数据特征”可能对应矿业权层层炒卖问题的“行为”，这种分析就是“从数据到行为”的过程。另一方面，针对社会反应热烈的低价出让矿业权国有资产、层层炒卖牟取私利问题，审计人员又可“从行为到数据”，将这一行为映射到矿业权人具备这些“数据特征”：矿业权、股权变动次数超过3次（较多），在国企与民企、外企之间进行转让，转让价低于评估价的1.2倍（甚至可用1倍）。据此进行查询，得到一批关注名单，再抽调相关档案、延伸核查，挖掘违法违规问题线索。还可以深入分析，关联银行资金管理系统的账户流水数据查询，进一步对矿业权转让中具体权益流转、转让款资金流向情况进行核查。因此，两种方法相互结合的效果更佳。

五、零售信贷业务审计数据分析案例

下面以某商业银行零售信贷业务审计数据分析为例，介绍“从数据到行为”和“从行为到数据”两种审计线索挖掘技术方法的结合运用。

审计人员了解到目前国内商业银行的主要业务仍是贷款，在收入来源中占比最大，零售信贷则是近年发展最迅速的业务之一，从而确定将零售信贷业务作为审计重点，它的范围包括个人住房一手楼按揭贷款、个人住房二手楼按揭贷款、个人汽车消费贷款、个人投资经营贷款、商铺按揭贷款、小额质押贷款、家居装修贷款、大额耐用消费品贷款等。本案例的总体思路是：基于审计线索挖掘，分析查找银行贷款种类风险最大者（如虚假按揭、骗贷者），即运用计算机审计数据分析方法，筛选重点分支行、重点客户、重点业务品种等，获取相关贷款明细信息，挖掘需审计重点关注的问题线索。

（一）审计过程步骤

审计人员首先获取零售信贷信息系统的数据字典，了解数据库结构及相关内容。一般该系统主要数据表有借款合同表、借据表、客户信息表、业务品种表、项目信息表等，在获取电子数据后，审计人员可按以下步骤开始进行查询分析、核对。

1. 汇总数据，确保完整

将数据表中重要的常用指标（金额）汇总，与会计报表、统计报表核对是否相符，证实数据完整性，核实有无因违规问题造成数据不符。一是汇总银行全辖零售信贷五级分类情况（贷款金额、余额、笔数等）。二是汇总全辖各零售信贷品种情况。三是汇总各分支机构零售信贷五级分类情况等。

2. 纵横比较，分析差异

通过纵向和横向的比较分析，可以查找不正常的信息，作为进一步分析的基础。一是将上述汇总数与以前年度的指标比较，进行时间上的纵向比较分析。二是按分支机构分组，进行机构间的横向比较分析。

3. 分析不良，查找重点

贷款出现不良表示风险已经显现，审计人员往往据此分析以确定关注重点。一是查询各零售信贷品种的不良贷款余额、不良贷款率，进行贷款品种差异横向比较。二是查询各分支机构全部零售信贷的不良贷款余额、不良贷款率，进行机构间差异横向比较。三是利用前面的结果，分析比较各分支机构几个关注品种的不良贷款余额、不良贷款率，查找差异最大（前几位）分支机构的可疑贷款品种。

4. 数据入手，分析明细

审计人员根据所掌握信息系统数据结构，梳理数据（字段）代表的经济含义，对采集的数据进行查询分析。如根据数据表中的关键字段汇总进行集中度分析，包括但不限于：一是分析客户集中度，按客户号汇总查询一人多笔贷款情况，按担保人汇总查询一人为多人担保情况等；二是分析中介集中度，按律师行汇总查询同一律师行经办多笔贷款情况，按评估机构汇总查询同一评估机构评估多笔贷款抵押物情况等。又如在浏览二手楼按揭贷款数据时（或总体分析发现该品种不良比例较高后查询），发现较多集中在某楼盘，则可以对楼盘集中度进行分析（标的项目、抵押物、地址等）。

5. 行为入手，分析明细

审计人员依靠经验判断，归纳一些违法违规问题的行为特征，进而查找其映射的数据特征，以此对采集的数据进行查询分析。如针对虚假按揭、骗贷行为，查找数据表中具有相关含义的字段或字段集（组合）进行分析，包括但不限于：一是查询分析不同客户就职单位名称、电话、地址等相同信息，如关注个人购房贷款中就职单位为地产中介的客户群；二是查询分析由专业性金融公司、地产中介等提供担保的信息，此类担保也属于风险隐患较大类；三是查询分析短期内（如三期）断供的信息，此类贷款属于高风险已暴露者，更可能存在骗贷情况。

6. 综合应用，落实线索

为提高数据利用率，更快发现审计线索，更好锁定重点，审计人员应就上述查询结果，不断进行归纳和演绎，结合“从行为到数据”和“从数据到行为”两种方法进行综合分析，反复对相关数据信息进行二次或多次查询分析，以确定需予以关注的审计线索对应的数据：重点分支行、重点客户、重点业务品种等明细信息，再调阅相关资料，最后延伸核实审计线索。

（二）数据分析技术方法应用解析

以上6个步骤包括了“从数据到行为”和“从行为到数据”两种技术方法的分析。

第1至3项属于总体分析过程，实际上也可视为“从数据到行为”的总体分析，但未涉及审计线索挖掘，主要是核对数据完整和总体分析。

第4项是审计人员基于审计线索挖掘进行的“从数据到行为”明细数据分析。如客户集中度分析中按客户号和按担保人汇总查询，就是数据挖掘发现违法违规“行为特征”审计线索的具体过程，即每一个查询结果都对应某种类经济行为，按客户号汇总查询可以对应一人多笔贷款的行为，按担保人汇总查询可以对应一人为多人担保的行为。

第5项是审计人员基于审计线索挖掘进行的“从行为到数据”明细数据分析。审计人员可以结合当前零售信贷业务容易出现的虚假按揭、骗贷等重大违法违规问题，总结审计经验，归纳这些违规行为的数据特征，转化为使用SQL语句描述，对电子数据进行详细的查询分析。

第6项是“从数据到行为”和“从行为到数据”的两种分析技术方法的融合，即在数据分析中还应结合所能采集到的数据情况及此前各步骤的查询结果，再动态地进行多维度的分析。如在第5项“从行为到数据”的数据分析中，发现一批贷款同时期发放，部分同时停止供款，此时可归纳映射为对应的数据特征：发放贷款月份相同或差异为1个月者，停止供款月份相同或差异为 1 个月者，即同时满足此两个条件的数据视为可疑线索。而在第 4 项“从数据到行为”的数据分析中，发现某批量贷款集中在某一楼盘，此时更需综合运用“从行为到数据”和“从数据到行为”两种分析方法，将上述分析结果相结合，再查询此楼盘同时期贷款同时期断供的贷款明细数据。另外还可再查询该楼盘相关开发商基本信息、该楼盘按揭贷款总体情况等。确定上述可疑信息后，最后再延伸核查。

再如，银行的零售信贷业务系统表中一般没有二手楼按揭、经营贷款对应的“收款人”的相关信息，无法按收款人汇总查多笔贷款资金转到同一人账户的情况。若按“从数据到行为”的思路进行分析则无法达到目的，此时就有必要从银行其他系统如资金（账户）管理系统中去获取“收款人名称”“收款人账号”等相关信息，这种思路就是结合“从行为到数据”的思路，从违法违规行为具备的“数据特征”出发而采集资料、分析数据的过程。同样，仅按“从行为到数据”的思路进行分析也无法达到目的，实际上各种问题总是有差别的，相同行为的数据特征在不同系统的数据库中表现也会不一致。如有的银行“贷款分户账”中包括“已归还期数”“逾期期数”两字段，根据其含义，两者相同的数据可以视为“同时贷款同时断供”。

可见，审计人员若单纯运用其中一种方法，只能掌握局部的片面的信息，在实践工作中往往将两种技术方法结合运用，更能开拓思路，更迅速找出审计线索，提高审计效率。在对某银行审计中，审计人员正是根据上述分析思路、综合运用两种技术方法和其他方法，结合查询分析银行资金管理系统的账户流水数据，查明五年间“T 居”住宅项目发展商涉嫌组织办理虚假按揭 882 笔，骗取某支行贷款 3079 万元，重复出售物业 157 套的重大违法违规问题。

六、结语

总而言之，由于人力、时间等资源的限制，充分利用计算机审计技术进行数据分析，快速挖掘审计线索显得尤为重要。以审计特征发现为主线，从行为和数据两方面特征映射关系入手，将“从数据到行为”和“从行为到数据”两种审计线索挖掘技术方法结合运用，促进数据分析工作成果螺旋上升，对于快速查出重大违法违规问题，整体提高审计工作效率会有大帮助。当然，计算机专业技术人员与富有经验的审计人员相结合，这两种技术方法与其他方法相结合，可以更好地帮助挖掘审计问题线索。值得注意的是，应用计算机审计方法仅是发现审计线索，一般不能直接形成证据，此后还需要审计人员进一步核实，以确认经济行为是否涉及违法违规问题。

参考文献

［1］刘汝焯，等．审计线索的特征发现［M］．北京：清华大学出版社，2009.

［2］陈峰，王秦辉．从行为到数据的特征发现方法［N］．中国审计报，2011－01－23.

［3］张振亚，李金龙，罗文坚，等．基于事件发现的审计线索发现[J].审计研究，2006（S1）．

［4］缪艳娟，王明丽．关于数据式审计特征及其关键技术的探讨［J］．经济研究导刊，2010（2）．

［5］应里孟．数据式审计常用的数据分析方法［J］．中国农业会计，2011（9）．

数据挖掘技术在社保审计中的运用研究

河南省洛阳市审计局 宗 勇 王 博

【摘要】 在信息技术飞速发展的今天，社保审计面临的环境也逐步走向信息化。本文在借鉴国内外已有研究成果的基础上，以目前数据挖掘技术在社保审计运用中存在的问题和困难作为出发点，深入分析并探索数据挖掘技术在社保审计领域的实际应用，并结合应用实例探讨如何在社保审计中使用数据挖掘技术，通过数据挖掘技术在实际社保审计案例中的应用结果来看，有效地帮助审计人员提升了审计效率，提高了审计质量。

【引言】 数据挖掘是信息时代背景下发展起来的新兴技术，当前，数据挖掘技术已经取得了非常大的进展，在商业、工业、医学等领域有着成功的应用。然而，在当前社保审计领域，传统的合法性审计手段已经不能满足审计需要，不能揭示社保基金深层次、根本性的问题。如在社保审计中，定性一个问题很容易，但是预测违规问题对基金未来影响却很困难。数据挖掘技术能够发现海量社会保障数据中的异常与规律，从数据库中提取隐含的、未知的和潜在的有用信息，帮助审计人员进行数据分析。利用数据挖掘技术对被审计单位的海量数据进行发掘式审计，是现代审计技术方法一大突破，也是信息技术发展的尽然结果，具有开拓性意义[2-4]。

一、数据挖掘综述

（一）数据挖掘方法

目前，数据挖掘的主要功能以及所能发现的知识类型主要有以下五类[5]：概念描述、关联分析、分类与预测、聚类分析和异类分析。

（二）运用数据挖掘技术对社保数据预处理[4]

由于数据输入错误、重复记录、丢失值、不一致的编码等原因，容易造成脏数据，数据挖掘的预处理是生成事务模式和有效审计的基础。

首先，是审计过程中初始的数据采集，涉及的技术主要有：一是审计数据一次性采集，二是增量数据提取，在联网审计方式下，考虑到审计部门与被审计单位之间数据传输网络的速率、费用、质量等因素，一般初次使用历史数据的全备份对审计数据库进行初始化，以后只要按周期提取被审计单位业务系统中产生的增量数据就可以满足审计需求。

其次，运用具体数据预处理的方法来消除冗余与错误。一般地，数据挖掘预处理过程包括：

1. 数据提取

根据审计需要确定数据源并保留其中的关键数据，制订增量抽取方案，为下一步数据中心和预测模型的建立打下良好基础。

2. 数据清理

采集提取的被审计单位数据在各个环节可能出现的数据类型不匹配、数据溢出、二义性、不完整、违反业务规则等问题，通过填充缺失值，平滑噪声数据，识别，删除孤立点和纠正数据中的不一致等手段，将有问题的记录先剔除出来。

3. 数据集成转换和归约

数据集成即将多个数据源中的数据整合到一个一致的存储中，通过多个数据表横向比较，确定关联密切且符合已建立的数据挖掘模型需求的表。转换主要是针对数据挖掘需要而建立的模型，通过一系列的转换，如规范化（消除冗余属性）和聚集（数据汇总），来实现将数据从业务模型到分析模型，利用自定义脚本、内建库函数和其他的扩展方式，实现各种复杂的转换，它包括数据格式转换、数据类型转换、数据汇总计算、数据归并等。数据归约就是将转换得到数据集进行压缩表示，通过概念分层和数据的离散化等方法来简化，数据量小，但可以得到相近或相同的结果。

4. 数据加载

数据加载主要是将经过转换和清洗的数据加载到数据库。

通过这些处理，剔除了原数据集中的脏数据和噪声数据，补充其中被丢失的数据，将多个异地、异构的数据集转换成数据挖掘所需要的数据源的形式。

二、存在的问题和困难

首先，存在被审单位数据质量问题。数据挖掘技术的应用有赖于数据本身的质量，特别是审计对象中的数据已被被审计单位篡改，那么再先进的数据挖掘技术也无法得出有意义的结论。另外，因社保的经办单位与主管部门并非都是一家，不同地方系统数据规划不一致，不同开发商有各自的设计导致社保外部软件系统不一致，因此在进行审计时采集转换存在误差，影响审计数据采集的准确性，如在 2012 年全国社保基金审计中，各地审计部门采集本地的各项社保基金数据，采集过程就发现社保基金数据中存在大量错误、空值、重复信息，这将会影响数据挖掘工作的质量，并进而影响审计的效率和效果。

其次，使用数据挖掘技术需要的投入尚有欠缺。数据挖掘技术的应用除数据编制成本外，还需要数据维护、数据分析及人员培训等方面成本投入，一定程度上阻碍了数据挖掘技术在审计中的推广和深入。

再次，使用数据挖掘技术实施审计对人员素质要求较高[2]。使用数据挖掘技术的人员必须经过专业培训，他们不仅要能识别各种挖掘技术，而且要能正确选择和应用，最后还要对结果做出分析和评价。目前尚有不少基层审计人员掌握的计算机操作知识显然滞后，不能适应信息化环境需要。

最后，目前审计软件仍然以财务账审计和查询性数据分析为主，尚不能跟上数据挖掘的需要，审计工具的缺失影响了审计人员对数据挖掘的实践探索[6]。

三、数据挖掘技术在社保审计中应用

（一）基于离群算法的数据挖掘应用

离群数据（Outlier）就是明显偏离其他数据，不满足数据的一般模式或行为，与存在的其他数据不一致的数据。离群数据挖掘问题可以看作两个子问题：(1) 定义在给定的数据集合中什么样的数据认为是不一致的；(2) 找到一个有效的方法挖掘这样的离群数据。近年来，基于数据流数据的挖掘算法研究受到越来越多的重视，离群点检测问题作为数据挖掘的一个重要任务，在众多领域中得到了应用，如在贷款审批、破产欺骗、电信和信用卡欺骗、电子商务中的犯罪活动、客户分类和用在医疗分析药物研究，以及气象预报等领域中，以便检测出其中隐含的例外行为或模式。

1. 基于边界和距离的离群算法数据挖掘应用[7]

通常定义为如果一个点与数据集中大多数点之间的距离都大于某个阈值，它就是一个离群点，当数据集不满足任何标准分布时，基于距离的方法能有效地发现离群点。

给定一个信息表 IS，表中的数据子集为 X，首先，根据关系 IND（B）将集合 X 分成三个部分：异常边界 EB（X）、主边界 PB（X）和下近似 XB。然后，针对任意 x∈X，分别计算 x 与 EB（X）、PB（X）、XB 之间的距离，最后，根据所求得的距离值，就可以判断 x 是否是一个离群点。与传统基于距离的离群点检测不同的是我们在寻找 x 中的离群点时，首先将 x 分成三个部分，然后对来自这三个不同部分的对象采取不同的方式进行处理。具体来说，对于异常边界中的对象，我们认为这些对象是离群点的可能性最大。因此，如果异常边界与 x 的距离越近，则 x 越有可能是离群点。而对于下近似中的对象，我们认为这些对象是离群点的可能性最小。因此，如果下近似与 x 的距离较远，则 x 越有可能是离群点。另外，对于主边界中的对象，我们认为这些对象是离群点的可能性居中。因此，如果主边界与 x 保持适当的距离，则越有可能是离群点。总之，在给定的知识条件下，如果对象 x 总是与异常边界靠得很近，而与下近似离得很远，并且与主边界保持适当的距离，则我们认为 x 是 X 中的一个基于边界和距离的离群点。

实际应用思路：社保审计中审计人员采集到多年度的财务收支数据，将挑选其中认为是审计重点的若干会计科目的金额，首先可以使用 AO 中的多科目对比分析功能，从宏观上查看科目金额变化曲线，将其中波动较大的会计科目和月份初步认定为异常数据。然后利用基于边界和距离的离群算法，采取单一会计科目多月份值（即数据集 X）纵向比较的方式，根据概率论原理确定异常边界、主边界、下近似的样本空间，分别取其样本空间的平均值来设定本次算法的异常边界、主边界、下近似，以及距离偏离阈值。将数据集 X 中的所有单元 x 进行基于距离的离群点算法运算，来最终确定 x 为离群点的可能性。最后可以将离群点与 AO 中初步认定的异常数据是否大概一致来保证算法的准确度。

实际应用实例：在对某单位某年社会保险基金支出 - 企业基本养老金转移支出重点会计科目金额的审查中，具体数据如表 1。

表 1

1 月	-546.49
2 月	0
3 月	3266172.75
4 月	517727.84
5 月	438803.86
6 月	71048.77
7 月	46867.54
8 月	7211.17
9 月	365023.95
10 月	39474.51
11 月	5766.34
12 月	2281821.93

定义异常边界取值为两个最小值的平均值 -273.25 和两个最大值的平均值 2773997.34，近似误差 1000；定义下近似去所有月份平均值（除两个最大、最小值）186490.5，近似误差 80000；定义主边界取值为（｜下近似 - 异常边界｜）2587506.84 和 186763.75，近似误差为（｜所有月份平均值 - 下近似｜ ÷4）100030.96。经过测算我们可以得出 1、2、3、8、11 等月份数据值初步怀疑为离群点，需要审计人员对异常数据进一步审查核实。同理，在较大的样本空间中设定不同的参数，多次反复应用基于边界和距离的离群算法计算离群点，重点审查重复被认定为离群点的可疑数据，可以提高效率和审计精确度。

2. 基于属性相关分析的局部离群数据挖掘应用[8]

基于属性相关分析的局部离群算法适合于高维空间数据的数据挖掘，具体到审计工作中就是将涉及多个部门多个表数据之间的联合协同审查。首先分配属性相关分析任务，各个子数据集分别读取数据子集并计算各数据子集的冗余属性并将冗余属性删除，从而有效地实现数据集的降维目的；其次分配计算任务，各个子节点读取数据子集后根据用户设定的稀疏度系数阈值，采用微粒群算法合并计算后，确定最终的局部离群数据。有关定义描述如下：

定义 1 对于任意一个 d 维数据集，属性集 A = ｛A1，A2，…，Ad｝，数据对象集 X = ｛X1，X2，…，Xn｝，X_{ij}（i = 1、2，n；j = 1，2，…，d）表示第 i 个数据对象在第 j 个属性上的相关值，称 X_{ij} 是一个 d 维空间点。为了检测每一属性上的区域分布，需要计算每一个数据集 X_i 的稀疏因子。

定义 2 X_i 的稀疏因子定义为：

$$\lambda_j = \sum_{j=1}^{d} \omega \ (y - c_i^j)^2 y \epsilon p_i^j \ (x_{ij})$$

其中 $P_i^j \ (x_{ij}) = \{nn_k^j \ (x_{ij}) \ \cup x_{ij}\}$，$nn_k^j \ (x_{ij})$ 被定义为 X_{ij} 在维 Aj 上的 k－NN 集。c_i^j 是集 $p_i^j \ (x_{ij})$ 的中心：

$$c_i^j = \frac{\sum y}{k+1} y \in p_i^j \ (x_{ij})$$

ω_j 是根据属性特点确定的权衡系数，有正负相关之分。

容易发现，λ_j 很大说明 X_i 代表的数据对象处于稠密区域，反之则说明其处于稀疏区域。为了识别稠密区域，这里设置一个阈值 ε 来判断。

$$\varepsilon = \frac{1}{n} \sum_{j=1}^{n} \lambda_j$$

定义 3　如果 X_i 的稀疏因子 $\lambda_j < \varepsilon$，则令 $Z_{ij} = 0$，并称 X_i 处于稀疏区域，反之则处于稠密区域。

至此我们便可以判断位于稀疏区域的数据集作为异常数据，列为审计重点。

实际应用思路：在社保审计中对低保参保人员的资格审查，往往不能仅仅审查民政部门的数据，审计人员结合实际从民政局、车管所、房屋登记处、银行信贷、社保参保记录等多个单位调集相关记录，首先将这些数据表的冗余属性删除导入 AO，然后以身份证号为连接条件进行全联合（union join）构造成一张大表（即多维空间数据集 X），分别设定每个相关属性的正负相关权衡系数 ω_j 和中心 c_i^j，得出每个数据对象的稀疏因子 λ_j，最后与阈值 ε 比较，划分稀疏区域，确定离散数据集。

实际应用实例：在某市的社保资金审计中重点审查低保人员违规参保问题，首先将低保人员情况（共 4377 人次）、购车国税信息（共 245027 条）、住房公积金（共 691077 条）等信息表全部联合，每个人低保记录的 ω_j 值取负数 1，购车金额和住房公积金的 ω_j 值取相应正值，相应记录不存在时 ω_j 取零值。分别计算出购车金额和住房公积金属性的 c_i^j 值，设定 ε 取值为 $\lambda_j = \sum_{j=1}^{d} \omega \ (y - c_i^j)^2 y \in p_i^j \ (x_{ij})$，但其中计算不包含低保记录的 ω_j 值。在本应用实例中，计算出 4377 个低保参保人员的 λ_j 值，当 $\lambda_j < \varepsilon$ 时此记录被放入稀疏

矩阵中，我们最终可以初步断定所有在稀疏矩阵中的人员记录（即）存在异常，需要进一步审计核实。

（二）基于关联规则的数据挖掘应用[9]

关联规则是描述事物之间同时出现的规律的知识，关联分析就是给定一组对象和一个记录集合，通过分析记录集合，推导出对象间的相关性，目的是为了挖掘出隐藏在数据间的相互关系。

在审计领域中，审计人员经常发现很难理解被审单位的数据库。这可能是因为被审单位不愿或不能提供其信息系统的数据库设计文档，或因为被审单位信息系统的不断更新导致以往的审计文档失效；即使审计人员拿到了数据库设计文档，仅凭文档就理解整个信息系统的运转方式也是一件相当困难的工作。为解决上述问题，我们提出采用数据挖掘领域中的关联规则分析技术理解被审计库中数据间的关系。

1. 社保数据挖掘关联规则主要包含的两个步骤

（1）发现所有的频繁项集，根据定义，这些项集的频度至少应等于（预先设置的）最小支持频度；

（2）根据所获得的频繁项集，产生相应的强关联规则。根据定义这些规则必须满足最小置信度阈值。

2. Apriori 核心算法分析

关联规则挖掘最基本的算法就是著名的 Apriori 算法，是目前最有影响力的算法，它的基本思想是使用逐层搜索技术来探测 Apriori 的性质（频繁项集的所有非空子集都是频繁的），来找出所有的频繁项集。

Apriori 算法由两步过程——连接和剪枝组成。首先产生频繁 1－项集 L1，然后是频繁 2－项集 L2，直到有某个 r 值使得 Lr 为空，这时算法停止。这里在第 k 次循环中，过程先产生候选 k－项集的集合 Ck，Ck 中的每一个项集是对两个只有一个项不同的属于 Lk－1 的频集做一个 k－2 连接来产生的。Ck 中的项集是用来产生频集的候选集，最后的频集 Lk 必须是 Ck 的一个子集，它依据这样的一个性质：频繁项集的所有非空子集都必须也是频繁的。

核心思想简要描述如下：

（1）Ll＝ {large 1－itemsets}；

（2）for（k＝2；Lk－1≠Φ；k＋＋）do begin

（3）Ck＝apriori－gen（Lk－1）；//新的候选集

（4）for all transactions $t \in D$ do begin

（5）Ct = subset（Ck，t）；//事务 t 中包含的候选集

（6）for all candidates $c \in Ct$ do

（7）c. count + +；

（8）end

（9）Lk = $\{C \in Ck$ c. count $\geq$ minsup$\}$

（10）end

（11）Answer = $\cup$kLk；

Ck 中的每个元素需在交易数据库中进行验证来决定其是否加入 Lk，这里的验证过程是算法性能的一个瓶颈。这个方法要求多次扫描可能很大的交易数据库，即如果频集最多包含 10 个项，那么就需要扫描交易数据库 10 遍，这需要很大的 I/O 负载。

实际应用思路：在对医疗保险缴费记录进行审计中，首先在预处理时将采集的数据中记录退收和补收的数据项滤除，而在实际业务中退收和补收的情况相对少见，在数据表中就体现为记录补收和退收的数据项基本为零，所以这样的预处理结果是符合实际情况的。采用 Apriori 算法并设置最大置信度、最小置信度、规则数目、递减参数等，成功在位置数据项间关系的情况下发现了数据间的关系，如正常缴费的记录中个人缴费金额与缴费基数的比例等于 2%，那些计算结果不符合这一关联规则的数据便可认定是异常数据。在养老保险金缴费情况审计中也可采用此算法来查找不符合缴费规则的记录。

可见，关联规则分析技术对于理解未知数据项间的关系有着很大的帮助。

（三）基于划分聚类检测孤立点的数据挖掘应用[10]

所谓划分聚类是指利用算法构造一个簇集，其中簇的数目是由用户指定或系统指定。划分聚类是在一步中就产生所有的簇，而不需要几个步骤。虽然在各种算法中，可以在算法内部产生几个不同的簇，但划分聚类的结果只产生一个簇集。由于仅有一个簇集作为输出，所以用户必须输入期望得到的簇的数目 k。另外还需要用度量函数或准则函数来判定所给出的解的优劣程度。在准则函数意义下，具有最优值的解作为最终的聚类结果。常用的一个度量是平方误差度量，它表示簇中每一点到簇的质心的距离平方和。

$$\sum_{m=1}^{k} \sum_{t_{mi} \in K_m} dis(c_m, t_{mi})^2$$

其中 c_m 表示第 m 个簇的质心，t_{mi} 表示属于第 m 个簇的元组。由于可能解的数量非常多，划分方法的一个问题就是组合爆炸。显然，搜索所有可能的解是不可行的。例如，给定一个度量准则，一个简单的方法是检验所有可能的含有 k 个簇的集合，这个方法的计算量是非常大的。因此，大多数算法都是通过利用某种策略识别出合理的解，而这些解仅是全部解集的一个小的子集。那些最终同时存在两个或两个以上簇中的数据我们便认为其为异常数据。

实际应用思路：目前医院系统收费项目繁多，在审计调查中我们重点审查乱收费、重复收费等情况。可以将同类型的收费项目细化定义为相互独立的几个聚类，通过算法，若某一个病人在某一天同时被划分到两个聚类中，则此条记录存在重复收费的异常。

实际应用实例：首先将某医院住院收费业务数据经过冗余属性清理后导入到 AO 中，确定“呼吸机吸氧”“吸氧管”“吸氧面罩”等为审计重点，将收费项目名称中为呼吸机吸氧、吸氧管、吸氧面罩等关键字作为单一聚类（即簇）的质心。其中设置期望得到的簇数目 K 为 3，数据集中同一日期的数据个数 6776 个，为方便运算，我们为每个聚类增加一项“相似度”属性 λ_i（$i=1...k$），并定义为数值类型，初始值为 0。对数据集中的每一个病人收费项目与 K 个聚类的质心进行比较匹配运算，如果有一个字匹配则相关聚类的 λ_i 自增 1，否则保持原值不变。比较匹配运算结束后统计查看每个数据对象的 λ_i，如果小于 2 表示该数据不属于任何以上定义的 K 个聚类，不在本次审查范围；如果不少于 2 表示至少属于一个聚类；如果两个或两个以上的 λ_i 不小于 2，则表明该数据被同时划分到了两个聚类，应该初步列入异常数据，我们将重点审查异常数据。通过此种方法，我们发现医院在收取了呼吸机吸氧费用后重复收取吸氧管、吸氧面罩费用等，存在重复收费的现象。

四、社会保障数据挖掘案例

目前，一些大型的数据库系统提供了数据挖掘工具，我们可以借助这些专业工具进行数据挖掘，审计人员较常见的数据挖掘工具有 Sql Server Analysis Services（SSAS），它是基于 sql server 数据库的数据挖掘工具，在 2005 版本后都可以使用数据挖掘功能。

下面主要以 sql server 2008 R2 中进行的某地机关事业养老保险基金案例介绍挖掘过程。

（一）业务问题定义

（1）机关事业养老保险基金征缴记录中，需要对缴费类型进行分类，一般被分为五类，1 - 正常，2 - 补缴，3 - 退费，4 - 预交，5 - 缓缴，审计中需要审查缴费类型是否正确。为此，需要通过数据挖掘分析掌握不同缴费类型的一些特征，从而为审查缴费类型是否正确提供一些线索。

（2）一个地区的养老保险基金缴费比例是一定的，这样针对每一个参保人员来说，其单位缴费金额和个人缴费金额应该是成固定比例的，通过数据挖掘，分析单位缴费金额和个人缴费金额之间的关联关系，以期发现一些异常线索。

（二）数据准备

根据以上问题的定义，首先取得了某地机关事业养老保险基金的征缴记录和公共信息，然后进行了一定的整理和转换。整理后形成了一张机关事业单位养老保险应缴实缴明细表（SJ_ JF_ JGYL），包含了参保人 2011 年的全部应缴实缴信息，其结构如表 2。

表 2　机关事业单位养老保险应缴实缴明细

英文字段名	中文字段名	字段类型	说　明
XZDM	险种名称	C	
XZQHDM	行政区划代码	C	指社保机构所在地的行政区划代码
TCQDM	统筹区代码	C	
RYBH	人员编号	C	指系统内人员的唯一标识
DWBH	单位编号	C	指系统内单位的唯一标识
RYSF	人员身份	C	1 - 公务员，2 - 事业单位人员（包括参公管理事业单位人员），99 - 其他
RYSF_ XT	系统中的人员身份	C	
FKSSQ	费款所属期	C	指核定用人单位或个人社会保险费时的年月，表示方式为 YYYYMM

续表

英文字段名	中文字段名	字段类型	说　明
FKSSQ_ DY	对应费款所属期	C	指核定的社会保险费应收取年月或社会保险待遇应付出年月，表示方式为 YYYYMM，当对应费款所属期小于费款所属期时，为补收或补发；当对应费款所属期等于费款所属期时，为正常缴费/待遇；当对应费款所属期大于费款所属期时，为趸缴或预支付
DZRQ_ GR	个人到账日期	C	
DZRQ_ DW	单位到账日期	C	
ZJFS	征缴方式	C	1－银行托收，2－税务代征/税务全责征收，3－经办机构自收，4－学校代收，5－社区代收 ，99－其他
JFLX	缴费类型	C	1－正常，2－补缴，3－退费，4－预交，5－缓缴
JFJE_ GR_ YJ	个人应缴金额	N	指个人按规定应缴纳的社会保险费金额
JFJE_ GR_ SJ	个人实缴金额	N	指个人实际缴纳的社会保险费金额
JFJE_ DW_ YJ	单位应缴金额	N	指用人单位应缴纳的社会保险费金额
JFJE_ DW_ SJ	单位实缴金额	N	指用人单位实际缴纳的社会保险费金额
JFJE_ DWHGR	单位金额划个人账户金额	N	指从用人单位缴纳的社会保险费中划转记入个人账户的金额
JFJS_ GR	个人缴费基数	N	指个人缴纳社会保险费的基数
JFBL_ GR	个人缴费比例	N	指参保人员缴纳保险费的比例。比例以小数方式表示，如“0.08”
DZBZ_ DW	单位到账标志	C	1－已到账，0－未到账
DZBZ_ GR	个人到账标志	C	1－已到账，0－未到账

（三）进行数据挖掘

数据挖掘基本流程如图 1 所示。

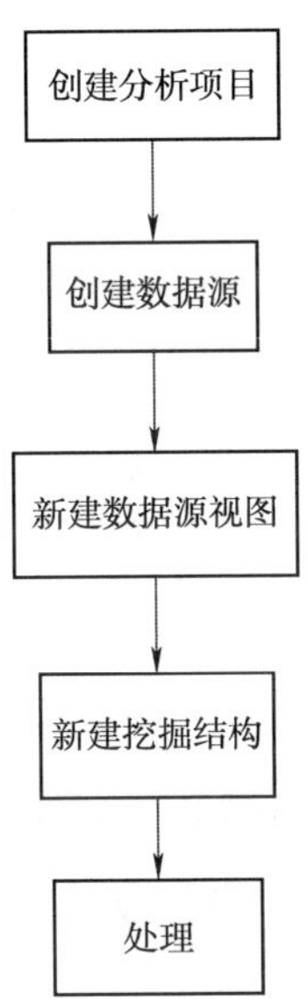

图 1　数据挖掘基本流程图

通过创建分析项目、创建数据源、新建数据源视图、新建挖掘结构，可得结果。查看挖掘模型如图 2 所示，依赖关系网络如图 3 所示，挖掘准确性图表如图 4 所示。

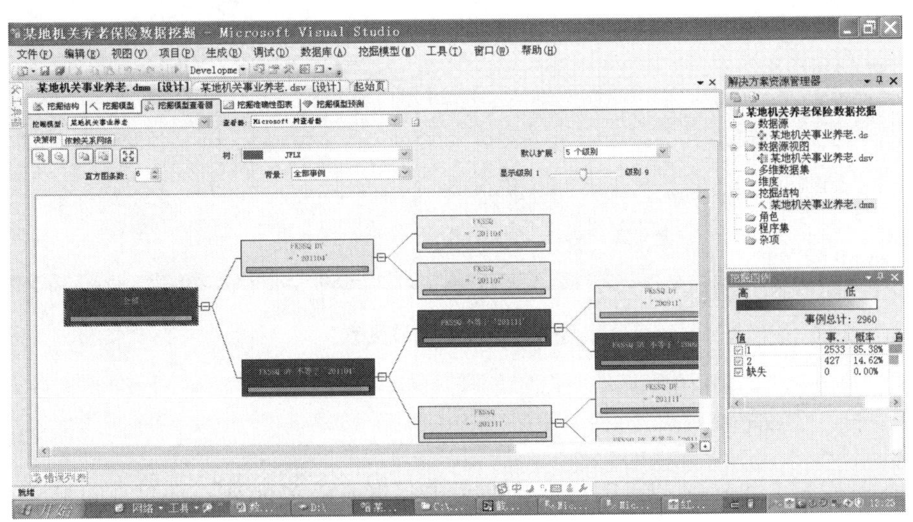

图 2　挖掘模型

选择“依赖关系网络”。

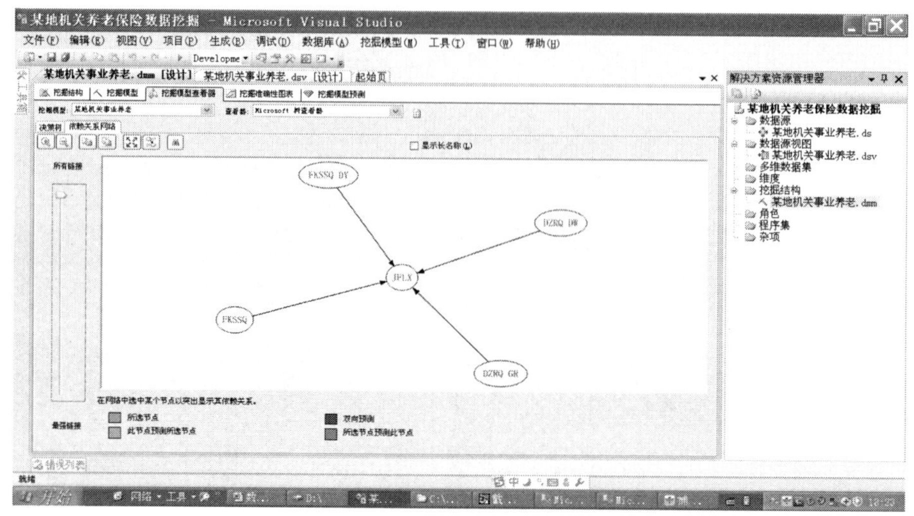

图 3　依赖关系网络

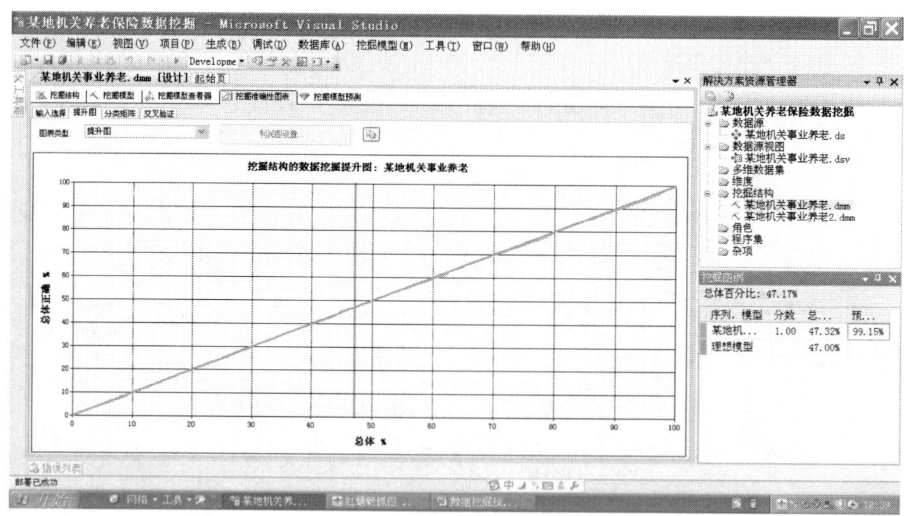

图 4　挖掘准确性图表

五、总结

社保资金审计是关系国计民生的大事，具有重要的社会意义，对社会保险资金审计中运用数据挖掘技术开展研究，是实现审计目标的有效途径，针对目前各种社保数据库系统应用过程中积累海量数据，本文较详细地阐述了数据挖掘技术，主要研究了数据挖掘在社会保险资金审计中的应用方法，通过介绍数据挖掘技术等辅助手段在社保审计的实际应用案例，再次肯定了数据挖掘技术与审计工作相结合的必要性和现实意义。

虽然目前社保资金审计中数据挖掘技术的运用还处于摸索阶段，但我们坚信随着科技和审计事业的不断发展前进，它的使用将成为一种趋势并将实现常态化，从而为我们蓬勃发展的审计事业注入新的动力。

参考文献

[1] 张铁．计算机辅助审计技术的应用研究——基于数据挖掘技术的实例验证［D］．重庆大学，2006.

[2] 陈丹萍．数据挖掘技术在现代审计中的运用研究［J］．南京审计学院学报，2009，6（2）．

[3] 马康．关联规则并行算法在社保审计中的应用研究［D］．哈尔滨工程大学，2008.

[4] 刘莉丽．数据挖掘技术在社保联网审计中的应用研究［D］．哈尔滨工程大学，2009.

[5] 曾德胜，彭灿明，陈源，等．基于数据挖掘的审计系统研究［J］．长春工程学院学报（自然科学版），2011，12（1）．

[6] 朱倩．信息环境下社保审计面临的问题及对策研究．审计与理财［J］．2010，6（11）．

[7] 江峰，杜军威．基于边界和距离的离群点检测［J］．电子学报，2010，38（3）：701－703.

[8] 王磊，张继福．基于属性相关分析的离群数据并行挖掘算法［J］．太原科技大学学报，2011，32（5）：364－367.

[9] 张璐璐，贾瑞玉．一种基于关联规则的离群数据挖掘算法及其应用［J］．计算机技术与发展，2007，17（8）：110－112.

[10] 彭丽．数据挖掘中几种划分聚类算法的比较及改进［D］．大连理工大学，2008.

数据挖掘技术在计算机审计中的应用研究

黑龙江省大庆市审计局　李　冰

【摘要】　随着信息化技术的迅速发展，审计业务范围的不断扩大，审计数据量越来越大，在这样的应用需求环境下，我们需要有新的、更有效的方法对这些大量的数据进行分析、提取以挖掘其潜能，这就是数据挖掘技术。本文首先概述了数据挖掘技术和计算机审计的现状，阐述了审计数据的采集和处理，对数据挖掘技术在计算机审计中的应用进行了研究，总结了应用数据挖掘技术实现审计数据分析的过程。

一、背景及意义

（一）数据挖掘技术现状

数据挖掘，是从海量的、不完整的、模糊而又随机的数据库中，提取隐含其中的、有用的信息和知识的过程。它是人们长期以来对数据库技术进行研究和应用的一个必然结果，同时，也使得数据库技术发展到了一个更高级的阶段，不仅能对海量历史数据信息进行查询，还能找出历史数据信息之间的某种潜在联系，从而促进数据信息的有效利用。数据挖掘可以说是基于人工智能、机器学习、模式识别、统计学、数据库、可视化技术等的一种决策支持过程，能够高度自动化地分析取得的数据，做出相应归纳性的推理，从其中挖掘出潜在有价值的信息，帮助使用人员减少风险、做出正确的决策。

虽然数据挖掘是一种比较新的技术，但是经过多年的研究，现在的数据挖掘技术在很多领域都取得了成功的应用。数据挖掘作为一种先进的数据分析手段，正逐渐在我国行政和企事业单位中得到应用，数据挖掘的应用领域也将会越来越广，通过分析目前数据挖掘的研究和应用现状，有以下几个重点方面：

1. 数据挖掘实施系统的框架

虽然现在数据挖掘实施系统的基本框架和过程已经基本清晰，但是由于受到应用领域、挖掘数据类型等因素的影响，在其实现机制和技术路线等方面仍然需要进一步细化和深入的研究。

2. 对复杂数据的挖掘和处理

随着数据采集手段和存储技术的进步，出现了许多复杂形式的数据，如多媒体数据、图像数据及各种结构化、非结构化的数据，如何对这些数据进行有效挖掘已经成为当前研究的热点和难点。尤其是随着近年来传感器网络和无线射频识别技术的普及，使得对数据流的挖掘和分析成为国内外研究的热点。

3. 可视化技术的研究

数据和结果被转化成可视化形式，例如图形、图像，使得用户对数据的理解和剖析更为明确。这样，一方面使知识发现的过程能够便于用户理解，另一方面也可以提升知识发现过程中的人机交互水平。

4. 网络环境下数据挖掘技术的研究

一是分布式数据挖掘算法可以借助网络进行研究，这样有助于提高挖掘效率；二是可以在网络上建立数据挖掘服务器，以便于与数据库服务器相互配合，从而实现数据挖掘。

5. 针对更多领域的数据挖掘技术研究

例如，空间数据挖掘是从空间数据库中提取隐含的、用户认为有价值的空间和非空间模式、普遍特征、规则和知识的过程。空间数据挖掘可以用于对空间数据的理解、空间关系和空间与非空间数据间关系的发现、空间知识库的构造、空间数据库的重组和空间查询的优化等方面有广阔的应用前景[1]。

（二）计算机审计现状

目前，各单位的财务软件种类繁多，对应的数据库类型、编译结构也不一致，财务软件的多样化直接导致审计软件很难做到统筹兼顾。一项旨在克服数据交换障碍，提高会计数据综合利用率的国家标准《信息技术 会计核算软件数据接口》（GB/T 19581—2004）于2005年1月1日在京发布，并在全国范围内实施，但是由于我国财务软件的商品化程度还是不高，ERP（Enterprise Resource Planning，企业资源规划，简称ERP）软件的利用不够充分，各单位信息系统软件的开发在行业内部还没有统一的标准可依，因此各软件公司的开发过程就比较随意，通常从财务软件中导出的文件都是采用一个格式文件带有多个数据文件的方式。例如，有的财务软件使用标准的格式文件可能是 SHZC22. txt，而国家标准的格式文件是 GSSM. txt，所以软件开发商在开发软件过程中可能存在不统一的现象，这样就导致数据库类型和数据文件类型种类繁多，甚至有的对于数据文件的提供也不完整，这些问题都使得审计软件很难及时适应所有的财务软件版本。目前，我国的审计软件也是种类众多，如审计作业软件、审计管理软件、专用审计软件、审计抽样软件、审计法规软件等。审计软件的多样化从应对财务软件多样化的角度来说是有一定好处的，但是多样化的发展反映的现象是范围广、但深度明显不够；审计软件的多样化从某种程度上来说有种盲目迎合财务软件的倾向，这种盲目的迎合倾向在一定程度上阻碍了计算机审计自身的发展[2]。

在信息化环境下，审计工作对审计人员的要求和期望更高，不但需要审计人员具有较高的业务能力、风险意识和道德意识，还需要审计人员具备一定的计算机知识，理想化的情形是要求每个审计人员都成为计算机专业人才，既精通审计专业知识，又有着丰富的审计业务经验，同时又对计算机操作非常精通，但对于目前的培养模式和现状来说，实现起来很困难，这就是期望与现实情况的反差。

随着以真实性、完整性为基础的财政、社保、金融等各项审计的深化，海量的数据信息对我们的审计工作提出了更高的要求。审计署“十二五”规划中明确提出：大力推进电子审计体系建设，努力提高审计工作的信息化水平[3]。

1. 建立健全电子审计体系

积极开展对国家信息化政策执行、规划实施和工程建设的审计监督，大力推进国家电子政务重大工程资源共享、业务协同、服务效能和标准化水平的提高，促进国家信息化建设顺利实施；继续推进金审工程建设，不断完善以审计业务信息化和审计管理数字化为主要内容的审计信息化系统。

2. 提高审计业务信息化水平

完善并推广现场审计实施系统，积极开展信息系统审计，总结计算机审计方法体系和操作制度，建立健全标准规范；组织开展对重要单位的联网审计；积极探索统一组织项目、联网跟踪等审计组织方式。加强综合数据分析队伍建设。

3. 提高审计管理数字化水平

完善并推广审计管理系统，基本形成以审计项目计划实施、审计质量控制、审计成果利用、审计资源调配、机关事务处理为主线的审计管理数字化，创新信息化环境下的审计管理方式。

4. 建成国家审计数据中心

基本完成各类专业审计数据规划和数据库建设，结合数据积累，完善对宏观经济政策执行情况的跟踪审计，深化对政府预算执行的审计评价，探索对国家经济运行安全的审计评价。建设模拟审计实验室，为审计业务、审计管理和领导决策提供仿真预测等有效支持。

5. 建成审计信息网络及安全保障系统

建成符合国家信息安全保密要求的审计专网和审计内网；国家审计交换中心投入运行，实现中央地方审计机关互联互通、资源共享，促进审计业务协同；保障视频、数据、语音等网络应用的畅通与安全。

（三）数据挖掘技术在计算机审计应用中的意义

数据挖掘技术不同于以往分析工具，主要表现在基于数据发现的方法不同，数据挖掘技术侧重于运用模式匹配和一些算法来决定数据之间的重要联系[4]。随着信息化技术的发展，被审计单位的财务数据和业务数据记录了其相关的财务和业务行为，因而其使用的各种信息系统所产生的电子数据是审计工作中不能回避的数据。数据挖掘技术作为从海量数据中获取知识的有效手段，使得审计人员能够在有经验的专家或者是分析人员的指导下对海量数据进行准确分析，满足审计人员对不同综合程度的信息的审计需求，从而获得有价值的审计线索。运用数据挖掘技术，还可以结合统计、分类、聚类、关联、序列分析、群集分析等方法，对被审计单位的会计凭证、账簿、报表中大量的财务数据以及其他各种性质的数据资料进行深层次的分析和研究，经过对数据进行预处理，能够将有缺陷的数据补全并剔除无用数据，从而可以提高数据的完整性、可靠性。同时，数据挖掘技术也能够将数据从执行系统中筛选出来，从而揭示其原来的特征和内在的联系，转化为审计人员所需要的、更直接、更有价值的信息。

数据挖掘技术是一种静态的计算机数据分析模式，通过对静态数据进行分析，获得蕴含在数据内部的模式，然后帮助审计人员对被审计单位庞大的电子数据进行分析，从而发现审计线索、确定审计疑点。充分利用好数据挖掘技术将会增强审计人员对审计数据的分析能力，提高审计的工作效率性和质量。可以说，数据挖掘技术必将在审计领域得到更多的应用和发展[5]。

二、审计数据的采集和整理

（一）审计数据的采集

审计数据的采集非常重要，是审计工作的基础，只有通过有效的手段，全面、准确、客观地采集被审计单位的各种财务数据和业务数据，才能为下一步的审计工作打下坚实的基础。如果数据不准确或者数据缺失，任何高明的审计人员都无法有效地、准确地完成审计工作任务。所以，我们必须充分重视审计工作中的数据采集工作。目前，各单位信息系统的数据量越来越大、数据复杂程度越来越高，大量复杂的数据对审计人员提出了更高的要求，如果仍然采取传统的审计模式和审计方法，审计人员将难以从大量的数据中获取有价值的审计数据，审计的工作效率和质量也就难以保证。因而，审计人员需要借助计算机技术进行辅助审计，通过计算机技术进行采集、汇总和分析相关的审计数据，针对不同的环境和不同的应用系统提出更有效的数据处理手段，在不影响被审计单位数据的前提下对其操作系统、数据库、应用系统等开展审计工作，主要包括以下几个方面：

1. 明确数据库的类型

目前，每个单位使用的数据库都不同，一部分是大型数据库，如 DB2（关系型数据库系统），一部分使用 SQL Server、ORACLE，还有的使用较为小型的 ACCESS 数据库。所以，在进行审计前，需要通过调查了解和现场查看的方式对被审计单位的财务数据库类型及相关版本进行了解。

2. 明确操作系统的环境

目前，比较常见的是 WINDOWS 环境，UNIX 环境等。

3. 对数据库进行指定

如果对单机环境下的数据库系统开展审计，首先需要确定数据库文件及其对应的位置，通过一定的技术手段将数据库文件导入审计软件中，从而开展相应的审计工作。审计人员通常可以根据数据库的默认安装路径、数据库文件的后缀名或通过与相关维护人员沟通、交流的方式来确定数据库文件的位置，从而进行复制或者备份。

4. 将数据导入到审计软件中

审计人员需要根据实际数据量的大小以及不同的审计环境决定应该采用的审计手段。如果可以通过局域网或者远程访问等方法，则可以直接通过网络进行采集数据；如果是在没有网络且有海量数据的情况下，则可通过网线双机互联的方式进行采集数据；如果是在数据量比较少、不能使用网络的情况下，则可以直接使用 U 盘或者光盘的方式来获取数据。

5. 网络型数据库的数据采集方法

一般可以通过 ODBC 工具对不同类型的数据库文件进行采集，目前大型数据库都具有数据导出的功能，都能够按照用户需求将数据库中的数据转换成需要的数据库格式，例如，在 SQL Server 中可以通过 “import and export data” 命令进行数据的导入和导出。

6. UNIX 操作系统下数据库的使用

如果通过数据库的终端驱动来直接连接到数据库，从而获取数据，或者转成单机数据库，就需要在 UNIX 操作系统下将数据转换成单机数据库，然后，在 UNIX 操作系统下用“discopy”命令将数据拷贝成 DOS 文件格式，在获得会计电子数据之后，可以用审计软件或是其他审计工具对其进行更高层次的数据分析。

（二）数据处理

在审计工作中，审计人员需要通过有效的数据处理方法来保证审计数据的质量。在采集海量数据后，往往会发现这些数据总是存在这样或是那样的问题，或是有错误、或是有一些格式不正确，还有一些是拼写有错误等，因而对采集后的数据进行预处理，整理、剔除那些存在问题的数据，对于提高审计工作效率和审计质量有着非常重要的意义。通常是对数据格式、数据输入值的范围、拼写问题、不合法字符等数据进行预处理，检查出不符合规定的数据，这样既可以从错误数据中发现审计线索和信息，还可以对错误数据进行预先整理，保证数据的准确性和有效性。目前，审计数据处理的主要方法有：

1. 保证数据的完整性

由于某些原因，数据库中有时存在一些缺省值，这会直接影响到审计数据的准确性，这时就需要对那些缺省的数据进行补充，对于要进行补充的数据值一般都可以根据其他的数据源推导出来。

2. 错误值的检测和解决办法

可以通过使用统计分析的方法找到错误值和异常值，例如偏差分析法，也可以使用规则库来检查数据值。

3. 数据类型不一致的处理方法

如果遇到数据类型不一致的情况，就需要对该数据类型的使用情况进行分析，将数据调整为符合规定的格式，例如有关金额的类型，如果输入值为空的话则表示为不合规，另外需要强调的是，记录值为空并不等同于该项记录为“0”，必须对这种类型的数据进行数据处理。

不同的审计对象所使用的数据库各不相同，因而在采集数据之后，需要通过一定的技术手段对采集的数据进行格式转换，变成相对统一的数据格式。主要分为两个方面，一方面需要正确识别数据内容和数据格式，另一方面需要采取技术手段将不同格式的数据转换成相对统一的数据格式。从计算机审计方面来说，首先需要将采集的审计数据导入到审计软件对应的数据库中，然后需要确定所导入的每一张数据库表的应用含义、表与表之间的关系。

进行数据转换是一个比较烦琐的工作，在实施数据转换之前还有许多准备工作要做，首先需要通过调阅资料或者现场了解的方式，对被审计单位的各类应用系统加以了解，以掌握被审计单位应用系统之间的关系、数据流向、操作流程，通过分析其数据字典，了解数据库中各类数据信息的内在含义及逻辑关系，这样可以帮助审计人员更为有效地了解采集到的数据的含义，从而便于进行数据转换工作。目前，几乎所有的审计软件都提供了数据转换的功能，其中有些软件提供的是通用转换功能（比如 AO 2011），能够提供常见的数据库格式的转换，比较灵活。

三、数据挖掘在计算机审计中的应用

（一）基本理念及流程

数据挖掘的过程[6]包括很多处理阶段，一般流程主要包括数据准备、数据挖掘、结果解释和评价三个阶段。

1. 数据准备

数据准备又可以分为数据选取和数据预处理两个子阶段。其中，数据选取的目的是确定发现任务的操作对象，即目标数据。目标数据是根据用户的需求从原始数据库中提取的一组数据。数据预处理一般包括消除噪声、推导并计算出有缺省值的数据、剔除重复记录的数据、对采集的数据进行降维处理以及完成数据类型的转换。需要特别说明的是，对采集的数据进行降维处理是从初始特征中找出真正有价值的特征，从而减少数据挖掘需要考虑的变量个数。数据类型的转换是指可以把连续型的数据转换为离散型的数据，从而便于符号的归纳，或者是把离散型的数据转换为连续型的数据，从而便于神经网络的计算。

2. 数据挖掘

在数据挖掘阶段，首先要确定数据挖掘的目标和数据挖掘的知识类型，然后根据数据挖掘的知识类型选择相应的数据挖掘算法，最后实施数据挖掘的具体操作，利用选定的数据挖掘算法从数据库中提取所需要的知识。

3. 结果的解释和评价

数据挖掘阶段发现的知识经过评估，一方面可能会存在冗余或是无用的知识，这时就需要将其剔除，另一方面也有可能是发现的知识不能满足用户的要求，需要重复数据挖掘过程，重新进行挖掘；除此之外，由于数据挖掘最终是要面向用户的，因而还需要对所挖掘的知识进行解释，以一种用户易于理解的方式，例如可视化方式，便于用户使用。

可以清晰地看到，上述数据挖掘的整个过程是需要不断地进行循环和反复的，因而可以对所挖掘出来的知识不断求精和深化，最终达到用户所需要的结果。

（二）实施过程

数据挖掘在数据分析过程中的实施步骤如图 1 所示。

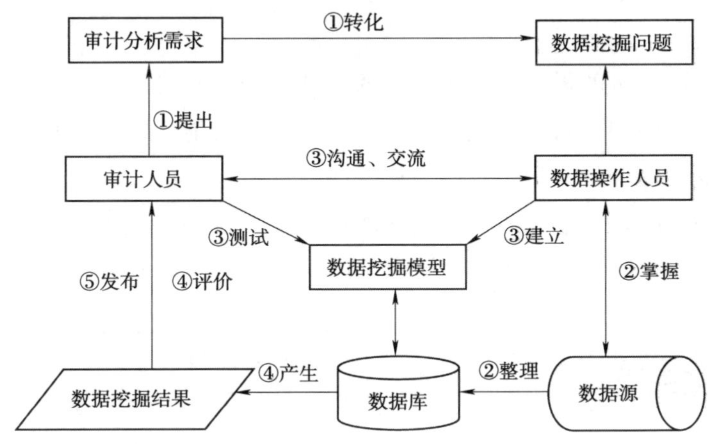

图 1　实施步骤流程图

1. 确定审计分析的需求

根据审计的目标和内容要求，描述和表达要审计的问题，将其转化为数据挖掘的问题。

2. 数据的理解和准备

熟悉了解所掌握的数据，确定数据的来源，从数据信息集中筛选出适用于数据挖掘的数据，并对数据质量问题进行识别，对有关的数据进行转换和清理。

3. 建立数据挖掘模型

针对既定审计任务的所属类别，明确将要进行的数据挖掘的操作类型，例如统计分析、聚类、关联规则等，然后设计并选择有效的数据挖掘算法，对产生的一些数学分析模型加以实现，例如要预测某国有企业的盈利能力指标，由于影响其盈利能力的因素有很多，所以可以应用人工神经网络来建立预测模型。

4. 评估

进行数据挖掘模型的评价，解释并评估数据挖掘结果，测试并评价所发现的知识，对这些知识进行一致性、效用性处理。使用的分析方法一般应该根据数据挖掘的操作而确定，一般会用到可视化技术。建立一个好的模型不是一次完成的，而是一个迭代循环的过程，根据模型对数据的分析结果对模型进行评价，如果模型建立的效果不令人满意，可以利用反馈机制重新运用数据挖掘工具进行建模、分析，直到建立的模型可以把每一次的分析结果清晰、准确、明了地表述给相关审计人员为止。

5. 发布

根据审计人员的需求，对所获得的审计知识进行充分的组织，以一种审计人员能够使用的方式进行呈现，从而使审计人员能在审计数据的分析工作中运用所发现的审计知识[4]。

需要说明的是，上述步骤不是一次性完成的，某些或者全部步骤很可能需要反复地进行，这取决于每个阶段的结果以及接下来将要实施的阶段或是某一个阶段的具体任务。

四、结束语

数据挖掘技术作为一种静态的计算机审计的数据分析方式，通过对静态数据的分析获得蕴含在数据内部的模式，从而帮助审计人员对被审计单位的海量电子数据进行分析，以获得审计线索、发现审计疑点。随着数据挖掘技术的不断发展，在计算机审计中利用数据挖掘技术方法，将会增强审计人员对数据的分析能力，提高审计数据进行分析的有效性和质量，数据挖掘技术必将在审计领域得到越来越多的关注和应用。

参考文献

[1] 佘春东．数据挖掘算法分析及其并行模式研究［D］．电子科技大学，2004.

[2] 韩付平．信息化环境下的电子审计证据采集与使用研究［D］．太原理工大学，2011.

[3] 审计署．审计署“十二五”审计工作发展规划．2011.

[4] 吕新民．数据挖掘在审计数据分析中的应用研究［J］．审计与经济研究，2007（6）．

[5] 刘莉丽．数据挖掘技术在社保联网审计中的应用研究［D］．哈尔滨工程大学，2009.

[6] 汤晓超．基于数据挖掘技术的审计抽样系统开发和研究［D］．江苏大学，2010.

数据挖掘技术及其在计算机审计中的应用

南京审计学院 陈海勇 王素云

【摘要】 本文介绍了计算机审计的现状和发展趋势，描述了数据挖掘技术及流程，就数据挖掘技术在审计数据分析、审计风险管理、联网审计等方面的具体应用进行了探讨，以及如何在审计实践中提高计算机审计的质量进行了分析。

【引言】 随着计算机、网络以及通信技术在管理中的广泛运用，传统的管理、控制、检查和审计技术都面临着巨大的挑战，因此，电子商务和网络财会条件下的审计，即计算机审计应运而生。

与传统的手工审计相比，计算机审计的特殊性主要在两方面：(1) 对执行经济业务和会计信息处理的计算机信息系统进行审计，即计算机信息系统作为审计的对象。(2) 利用计算机辅助审计，即计算机作为审计的工具。概括起来说，无论是对计算机信息系统进行审计还是利用计算机辅助审计，都统称为计算机审计。或者说，计算机审计的含义包括计算机系统作为审计的对象和作为审计的工具[1]。

计算机审计不仅仅是传统审计业务的简单扩展，随着电子商务的全球普及，计算机审计的审计对象、范围及内容将逐渐扩大，采用的技术也将日益复杂。目前，审计对象已经或正在实行会计电算化，大多数单位都建立了业务管理信息系统和电子商务信息系统，在这种情况下，缺乏计算机审计技能的审计人员经常会遇到“进不了门、打不开账、审不了电子数据”的尴尬局面。为了完成审计任务，计算机审计师必须适应潮流的发展，掌握与计算机审计相关的理论知识，具备计算机方面的基本技能。

随着信息技术的发展，审计对象的信息化使得计算机辅助审计成为必然。为了更好地完成审计任务，审计人员必须采用计算机辅助审计技术来完成审计工作。

一、数据挖掘技术及流程

数据挖掘（Data Mining）指的是从大量的、不完全的、有噪声的、模糊的、随机的实际应用数据中提取出隐藏的、不为人知的却潜在有用的信息和知识的过程[2]。为保证计算机审计工作的顺利进行，有必要对审计数据进行检查、控制和分析，从而为做出正确的判断提供基础。数据挖掘是数据库研究中的一个极富应用前景的新领域，是一类深层次的数据分析方法。

（一）数据挖掘的必要性

随着数据库技术的迅速发展以及数据库管理系统的广泛应用，人们积累的数据越来越多。激增的数据背后隐藏着许多重要的信息，人们希望能够对其进行更高层次的分析，以便更好地利用这些数据。目前的数据库系统可以高效地实现数据的录入、查询、统计等功能，但无法发现数据中存在的关系和规则，无法根据现有的数据预测未来的发展趋势。

（二）数据挖掘技术的可行性

数据挖掘技术是人们长期对数据库技术进行研究和开发的结果。起初各种商业数据是存储在计算机的数据库中的，然后发展到可对数据库进行查询和访问，进而发展到对数据库的即时遍历。数据挖掘使数据库技术进入了一个更高级的阶段，它不仅能对过去的数据进行查询和遍历，并且能够找出过去数据之间的潜在联系，从而促进信息的传递。现在数据挖掘技术在商业应用中已经可以马上投入使用，因为对这种技术进行支持的三种基础技术已经发展成熟，它们是：海量数据搜集、强大的多处理器计算机、数据挖掘算法。

Friedman 在 1997 年列举了四个主要的技术理由激发了数据挖掘的开发、应用和研究的兴趣：

（1）大规模数据库的出现，如商业数据仓库和计算机自动收集的数据记录；

（2）先进的计算机技术，如更快和更大的计算能力和并行体系结构；

（3）对巨大量数据的快速访问；

（4）对这些数据应用精深的统计方法计算的能力。

目前，数据库正在以一个空前的速度增长，并且数据仓库正在广泛地应用于各行各业。数据挖掘算法经过了这十多年的发展也已经成为一种成熟，稳定，且易于理解和操作的技术。

（三）数据挖掘的流程

数据挖掘的过程一般分为：确定业务对象、数据收集、数据预处理、数据挖掘实施，以及挖掘结果的分析与评估。

下图描述了数据挖掘的基本过程和主要步骤：

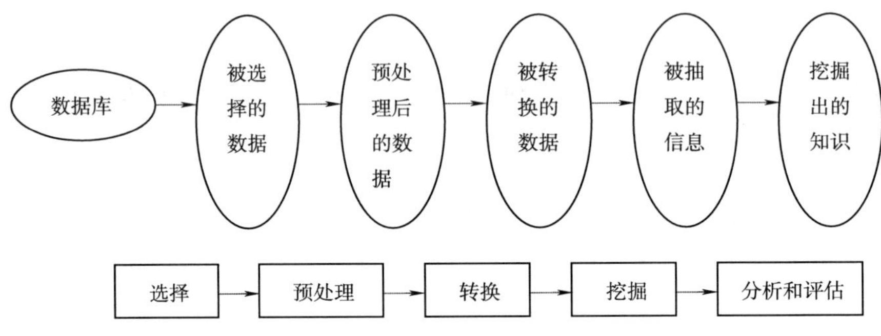

图1　数据挖掘的基本过程和主要步骤

数据挖掘过程各步骤的内容如下：

1. 确定业务对象

要进行数据挖掘首先要清晰地定义出业务问题，确定数据挖掘的目标。在这个过程中明确数据挖掘任务的具体要求，同时确定数据挖掘所需要采用的具体方法。

2. 数据准备

数据准备是保证数据挖掘得以成功的先决条件，数据准备在整个数据挖掘过程中占有较大的工作量，这个过程主要包括：数据的选择、数据预处理和数据的转换。数据的选择指搜索所有与业务对象有关的数据信息，选择出适用于数据挖掘应用的数据。数据的预处理，即研究数据的质量，为进一步的分析做准备，并确定挖掘操作的类型。数据的转换，即将数据转换成一个针对挖掘算法建立的分析模型。

3. 数据挖掘的执行

数据挖掘就是对所有得到的经过转换的数据进行挖掘，根据挖掘的具体任务及已有的方法选择数据挖掘的具体算法和相关参数的设定，然后进行相关数据挖掘软件的操作。

4. 挖掘结果的分析和评估

数据挖掘得出的挖掘结果，需要进行评估分析。用到的分析方法一般应根据数据挖掘操作而定，通常会用到可视化技术。对所发现的知识进行可视化，将挖掘结果转换为用户易懂的表示方法。

将分析所得到的知识集成到业务信息系统的组织结构中去。数据挖掘过程分步骤实现，不同的步骤需要有不同专长的人员，如业务分析人员、数据分析人员和数据管理人员。数据挖掘不仅是一个多专家合作的过程，也是一个在资金上和技术上高投入的过程。这一过程要反复进行，并且在反复的过程中不断地趋近事物的本质，不断地优化问题的解决方案。

二、数据挖掘技术在审计数据分析中的应用

基于数据挖掘技术的计算机审计可以看成是一种面向数据的计算机审计。利用计算机审计对被审计单位财会电子数据进行审计的过程如图 2 描述[3]。

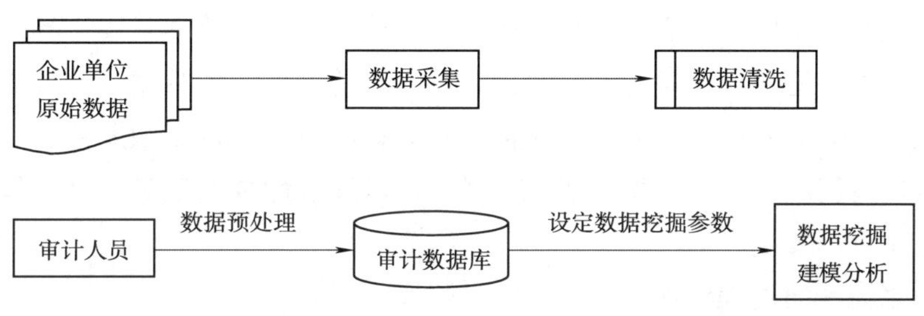

图 2　计算机审计的一般过程

（一）数据的采集

审计数据采集指在开展计算机审计时从被审计单位的财务及业务信息系统及其他数据源获得审计所需的电子数据并进行适当的格式转换[4]。

审计数据采集是计算机审计中最基础的工作。在审计数据采集前，审计人员结合本次审计工作方案的审计范围、审计内容及重点，结合调查所提出的数据需求来确定本次计算机数据审计的数据采集范围、采集内容以及采集重点，将其转换为审计软件所需要的数据形式。

计算机审计中，一般通过以下几种方法采集数据：

（1）通过被审单位信息系统的数据导出功能采集数据。审计人员直接利用信息管理系统提供的数据导出功能，完成企业财务数据的采集。

（2）通过通用的数据处理软件完成数据采集。如审计人员利用 Access、SQL Server 等具有强大的数据导入导出功能和数据转换功能的软件，完成数据的采集。

（3）通过审计软件完成数据采集。应用一些企业财务审计软件、审计数据采集分析软件等都可以完成审计数据的采集。如国家建设的金审工程就以现场审计实施系统（AO）及审计办公系统（OA）作为计算机辅助审计的工具。

（4）通过专用程序接口完成数据采集。如果被审计单位提供的审计数据的数据结构与已有的审计数据处理软件系统的数据结构差异较大，此时需由专门的程序员开发接口程序，完成数据的采集，这种方式成本相对较高。

（二）数据的清洗

利用数据挖掘对审计数据进行处理分类时，为提高分类的准确性和高效性，需对数据库进行预处理。数据预处理包括：数据的清洗、相关性分析、数据的转换等。文献[5]中给出数据清洗的定义为：发现和消除数据中的错误和不一致来提高数据的质量。一般而言，审计数据库中数据采集于异质操作数据库，不可避免存在着数据的错误或不一致等问题，如数据造假、数据重复、数据缺失等错误。文献[6]提出的审计数据质量特征，必须要对采集的原始数据进行清洗，即由“脏”变“干净”，提高审计数据质量，这是保证审计结论正确的关键。

数据清洗的过程包括：

（1）数据分析：分析数据，还包括数据的格式类别，如采集的财务数据的字段类型、宽度、含义等。

（2）模式转换：模式转换主要是指将源数据映射成目标数据模型，如属性的转换，字段的约束条件和数据库中各个数据集之间的映射和转换等。有时需要将多个数据表合并成一个二维表格，有时却要将一个数据表拆分成多个二维表格以便于问题的解决。

（3）数据校验：模式转换是否可行，需要进行评估测试，经过反复分析、设计、计算、分析才能更好地清洗数据。如果不经过数据校验，可能有些错误数据不能被很好地筛选出来。比如模式转换时将一个数据集分解成多个数据表的时候，会造成父表的主关键字的值和子表外部关键字的值不一致，形成孤立记录，影响审计人员审计证据和审计结论的正确性。

（4）数据回流：有时候数据的清洗需要反复进行，审计人员需要对采集到的电子数据进行多次清洗，这样才能得到高质量的审计数据。

（三）数据挖掘的实现

经过数据预处理后的审计数据库包含了多个数据集，每个数据集又包含了若干数据记录或者称为元组，如何从这些二维表格数据中挖掘出有意义的审计数据至关重要。本文介绍两种进行审计数据挖掘的算法[7]。

1. 聚类规则挖掘算法

聚类就是根据相似性对数据对象进行分组，按照相似性归成若干类，使得属于同一个类别数据之间的相似性尽可能大，而不同类别的数据之间的相似性尽可能小。它同分类的主要区别在于，分类事先知道所依据的数据特征，而聚类分析要首先通过分析数据库中的数据，找到这个数据特征。作为数据挖掘的功能，聚类分析可以作为一个工具，获取数据分布情况、观察每个类的特征和对特定类进行进一步独立分析；聚类也能够有效处理噪声数据，比如数据库中普遍包含的孤立点、空缺或错误数据等。从技术上看，聚类分析可以采用统计方法、机器学习方法、人工神经网络方法、模糊技术来加以实现。

2. 离群数据挖掘算法

离群数据，是指明显偏离其他数据，即不满足一般模式或行为的数据。离群数据挖掘是数据挖掘的重要内容，它包括离群数据的发现和离群数据的分析，其中离群数据的发现往往可以使人们发现一些真实的但又出乎意料的知识；而离群数据的分析则可能比一般数据所包含的信息更有价值。

离群数据挖掘有着广阔的应用前景，在实际生活中具有广泛的用途。例如，在数据分析时，错误数据的查找；如金融、通信领域的欺诈分析与监测；网络安全管理中，网络入侵监测；过程控制中，异常反应的发现等。目前离群数据挖掘技术正逐步成为数据库和统计学等方面学者的研究热点。已经广泛应用的离群数据挖掘的发现主要有以下几种方法：基于分布方法、基于距离方法、基于深度方法和基于密度方法等多策略方法[8][9][10]。数据挖掘技术与审计业务的有效结合是未来计算机审计的一个发展方向。

三、数据挖掘技术在审计风险管理中的应用

审计风险是指审计人员对实质上误报的财务资料可能提供不适当意见的那种风险[11]，审计人员在对被审计单位财务信息系统进行审计后作出的审计结论与被审计事项实际情况不相符。审计风险管理作为一种审计管理制度和方法，近年来，一直被广泛运用并在发展中不断完善。由于现代审计在国民经济活动中占有特殊的地位和作用，研究审计风险管理意义深远。

审计风险管理是人们对审计风险进行识别、估计、衡量、控制等一系列具有系统性、规范性的方法和手段的总称[12]。审计风险管理是一个连续的

过程，为了便于分析，我们可以将其分为三个阶段：审计风险识别、审计风险评价与估计、审计风险处理。这三个阶段有着内在的逻辑联系，详见图3所示。

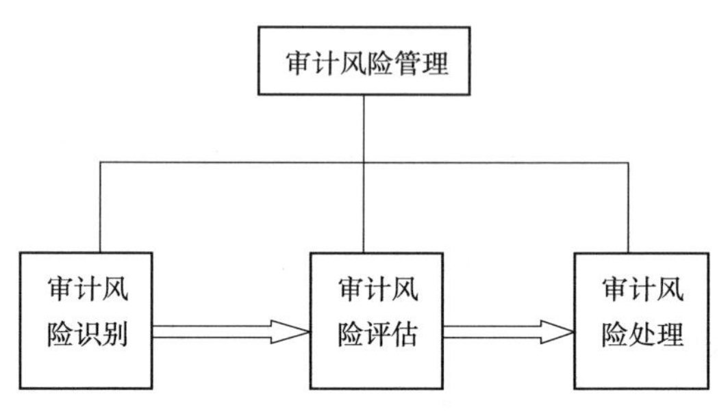

图3　审计风险管理的一般模式

审计风险识别有两大任务：一是判明审计活动中存在什么风险；二是找出引起这些风险的原因。审计人员判明了审计活动中存在什么风险，也就意味着在一定程度上找出引起这些风险的原因。审计风险识别是审计风险管理的第一阶段，正确识别审计风险将为成功的风险管理奠定基础[13]。

审计风险评估是在风险识别的基础上，通过对收集到的大量信息加以分析，运用概率论和数理统计的方法来评估风险因素发生的概率和风险发生的程度。然后根据企业的可接受风险的标准去判断风险。审计风险管理是在识别和评估风险之后，针对不同类型、不同概率和规模的风险，采取相应的措施或方法，使审计风险减少到最小程度。可见，能否采取合理的方法处理风险，很大程度上取决于风险识别和评估的准确性。

审计风险是客观存在的，它存在于审计的每一个程序之中，这种客观存在是不可避免的。造成审计风险成为事实的原因也错综复杂，如审计对象的复杂性和审计内容的广泛性；抽样审计方法的局限性；审计资源的有限性；审计人员素质与职业道德的局限性等。在审计实践过程中，各种风险交织在一起，给正确识别风险带来了一定的困难。因此必须采取一些科学的方法，积极有效地控制审计风险，而不能只凭主观臆断进行猜测。

上述原因中，抽样审计方法的局限性是造成审计风险的一个重要原因。任何一种审计工作，都不可能也不应去检查总体中的所有样本。如果审计人员对可能的项目逐条进行检查，那他就不可能在限定的时间内完成这项审计工作。因此，面对被审单位海量的数据，我们只能在大量的可能数据中选取其中的一部分作为审计样本。运用数据挖掘的分类技术或聚类算法，从被审单位的数据库中提取“有代表性”的审计样本，然后选择一个或多个审计样本进行重点分析，再用数据挖掘的分类和预测方法确定企业风险水平。数据挖掘技术能够帮助审计人员在较短的时间里筛选出代表性较强的样本，一定程度上降低了审计风险，而且审计效率显著提高。

审计过程中，审计人员还可以借助审计软件为审计计划、执行和管理提供较为全面的技术方法，帮助审计人员进行风险评估，包括事前和事后审计风险的评估。

以目前的审计环境来看，若要使数据挖掘有效发挥其作用，务必做好以下几项工作：

（1）推进审计数据仓库建设，建立灵活、规范和通用的审计数据管理平台；

（2）促进统一软件平台建设，开发统一的审计软件；

（3）加强网络系统的运行和维护工作；

（4）加强审计队伍建设，全面提升审计人员的素质。

四、数据挖掘技术在联网审计中的应用

联网审计是指运用先进的计算机网络技术、数据库技术和海量数据存储技术，应用计算机辅助软件，通过远程调用、分析和处理被审计单位相关电子数据来实施审计的一种方法[14]。利用计算机联网审计，审计机关通过网络与被审计单位互联后，可远程调用被审计单位的财务会计资料和业务数据资料，使审计机关在短时间内了解被审计单位的资金运用状况、发现其经营管理中存在的问题，对被审计单位财务收支的真实性、合法性和效益性实施审计监督。

联网审计相比传统审计具有及时快捷、效率高、审计覆盖面广、规避审计风险等优势，同时也具有无法使用传统审计中询问法、观察法、盘点法等一些常用方法的不足。联网审计要充分体现优势，必须要有快速收集审计证据的技术，而联网审计主要是通过计算机技术搜集证据，因此，联网审计对计算机的取证技术有更高的要求。

数据挖掘技术的应用需要比较专业的数据挖掘人员，如果审计人员无法胜任这一工作，可以采取审计人员和数据挖掘人员的合作来完成整个过程，结合联网审计的特点可以建立数据挖掘技术在联网审计中应用的过程模型，如图 4 所示。

数据挖掘在审计中应用各环节关系如下：

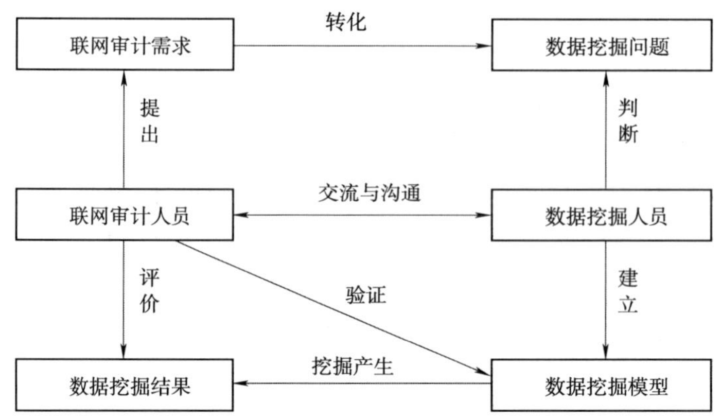

图 4　数据挖掘在联网审计中的应用过程

（1）确定审计分析需求。联网审计人员提出需求，数据挖掘人员理解需求并通过和联网审计人员的沟通来加深理解；

（2）数据理解和准备。数据挖掘人员在理解需求的前提下判断此需求能否用数据挖掘解决；

（3）建立数据挖掘模型。数据挖掘人员确定挖掘操作类型，设计有效的数据挖掘算法，建立数据挖掘模型。联网审计人员通过和数据挖掘人员的沟通来理解模型并加以确认；

（4）模型评价。联网审计人员在理解挖掘模型的基础上，对模型所产生的挖掘结果进行评价。模型的建立是一个迭代循环的过程，一个良好的模型并不是一次完成的。联网审计人员向数据挖掘人员提出和解释需求，数据挖掘人员根据需求建立挖掘模型和方法并征求审计人员的意见，以此反复。审计人员根据模型对数据的分析结果，对模型进行评价，如果模型的效果不令人满意，需重新运用挖掘工具进行建模、分析，直到模型可以把每一次的分析结果准确明了地表述给有关审计人员为止。

五、结论

数据挖掘技术与海量数据下审计业务的有效结合是未来计算机审计的一个发展趋势。随着数据挖掘技术的不断发展和完善，数据挖掘技术已显示出传统审计方法无法比拟的巨大优势，越来越多的数据挖掘技术被运用于计算机审计中。借助数据挖掘技术，结合计算机辅助软件，审计人员再凭借其专业判断，将不断提升审计质量，提高审计工作效率，降低审计风险，实现审计价值最大化。

参考文献

［1］陈婉玲．计算机审计［M］．广州：广东人民出版社，2002.

［2］黄国成，张玲．行政事业单位内部控制［M］．北京：新华出版社，2010.

［3］财政部会计司．企业内部控制规范讲解（2010）［M］．北京：经济科学出版社，2010.

［4］财政部教科文司．事业单位国有资产管理暂行办法问答［M］．中国财政经济出版社，2006.

［5］米天胜，张金城．面向数据的计算机审计中数据质量问题的探讨［J］．审计与经济研究，2006.

［6］王昊，朱文明．审计数据质量研究：从审计取证的视角［J］．南京大学学报（自然科学版）. 2007.

［7］易仁萍，陈耿，杨明等．数据挖掘技术及其在审计风险管理中的应用［J］．审计与经济研究，2003（1）.

［8］Hawkins D. M. Identification of outliers. London：Chapman and Hall，1998.

［9］Knorr E. M.，Ng R. T.，Tucakoov V. "Distance – based outliers：algorithms and applications" VLDB Journal 2000.

［10］Ramaswamy S.，Rastogi R.，Shim K. "Efficient algorithms for mining outliers from large date sets" Proc. ACM SIGMOD，2000.

［11］郭宏宇．国际审计风险准则修订后的审计风险模型研究［J］．财会通讯，2006（7）.

［12］王会金．风险导向审计［M］．北京：中国审计出版社，2000.

［13］张楚堂．论审计风险的概念［J］．审计研究，2001（2）.

［14］陈伟．审计软件现状及发展趋势研究［J］．计算机科学，2009（2）.

［15］张金城．计算机信息系统控制与审计［M］．北京：北京大学出版社，2002.

ERP 系统中基于事务集数据挖掘的疑点行为检测

审计署南京特派办　孔伟宁

【摘要】　随着信息技术的发展，大量企业开始利用 ERP 系统重整业务流程和管理模式。面对 ERP 系统的先进技术，在给企业内部带来极大便利的同时，也给企业内控管理提出了更高的要求，更给信息化审计带来了前所未有的挑战。因此，基于 ERP 系统的各种欺诈行为检测被各类研究重视，但多数是根据以往发生过的舞弊行为制定规则或策略来检测现有行为，需要审计人员对 ERP 系统有深入的了解，并具备数据挖掘的理论知识，同时还需要有编写脚本使用高级数据挖掘工具的能力，难度较大。本文尝试利用 ERP 系统中安全审计日志记录的用户事务处理记录，根据事务处理的类型和对应的用户进行数据挖掘簇分类，生成用户行为的事务集有向无环图，根据审计人员设定的一些阈值参数，来检测可能存在的舞弊行为。

一、背景介绍

（一）ERP 系统内控管理方面的研究趋势

近年来，我国越来越多的企业，特别是中央企业逐步部署并应用了 ERP（Enterprise Resource Planning，企业资源计划）系统。ERP 系统是包括一系列软件的企业解决方案，自动集成企业各项业务，ERP 系统在极大提高企业管理效率的同时也面临来自内部控制管理等威胁。现今关于 ERP 系统的有关研究，在检测和防范舞弊行为的机制上取得了一定成果，很多高端数据挖掘工具的出现增强了检测舞弊行为的手段，但检测能力存在一定局限性，而且这种方式的检测依赖于系统管理员定义的简单内建规则。审计人员在查核问题的时候还需要深入了解底层数据挖掘的机制，并具备一定的脚本编写能力才能开展有效的审计工作，操作起来的难度较高。

ERP 系统自 20 世纪 90 年代问世以来，研究人员就开始关注对 ERP 系统的内控管理并探讨如何在信息系统中防止来自内部的舞弊行为。近期很多国内外研究者都在讨论各种舞弊防范机制，如基于角色的访问控制，利用不相容职责设置的矩阵模型检测权限分配，关键信息流的加密机制等。虽然不少组织已经采用了防舞弊技术，但只是防止已经发生并被发现的各种舞弊行为，堵塞已有控制风险点，无法预测可能发生的新的异常行为。可想而知，随着时间的推移和 ERP 系统整合程度的不断提升，更为复杂的舞弊行为可能涉及更多应用系统，并且在海量级的信息数据中难以察觉和防范。为了在 ERP 系统中更好地实现舞弊检测，目前有研究倾向于构建面向服务的架构，这种体系结构可以提升业务流程的自动化程度，减少人工检查的数量，但这种模式可能增加企业不断升级系统和研发投入的成本，也需要管理者和审计人员不断跟踪学习。

（二）ERP 环境下审计人员面临的挑战

在 ERP 系统中，一旦发生财务或业务造假，随着时间的推移发现的难度会逐渐增大，给企业带来的长期危害和利益损失是巨大的。遭受舞弊的企业，不仅要承担舞弊行为本身带来的直接损失成本，也要承担今后巨大的查处和预防舞弊行为再次发生的间接成本。因此，审计如能实施有效的舞弊检测措施，有助于减轻企业内部控制的风险，保护企业及其投资者的利益。

ERP 系统的广泛应用，使得审计人员不得不改变以往的审计方法，采用新的审计模式来应对 ERP 的挑战，随着信息技术的发展，审计可以利用的技术手段也不断增多和趋于复杂。为了开展有效的审计，审计人员需要很好地理解企业业务流程，ERP 系统及其各模块的功能。ERP 系统中的舞弊检测是一个不断发展的学科，随着对检测策略的不断学习，作假者也更容易规避这些检测规则。审计人员如果能在早期发现可疑的异常行为是非常重要的，但这也是比较困难的，需要投入大量的人力和精力，并且需要较高的信息技术专业知识。因此，为了提高审计工作的可操作性和效率，通常情况下，审计人员如能很好利用 ERP 系统中自带的 ERP 安全审计日志（security audit logs），是最为简便和高效的方式。

（三）本文的研究思路

ERP 系统通常使用某种形式的基于角色的访问控制，可以实现不相容的职责分配，以减少实施诈骗的机会。许多研究者已经讨论了如何使用角色挖掘技术，自动识别出系统中用户的角色及其对应的角色权限，根据企业内部控制的不相容职责矩阵，利用信息技术分析违反职责分配的风险点。本文尝试基于角色挖掘，利用系统自动记录的用户事务处理记录所反映的用户真实活动，来检测各种可疑的操作行为。在此基础上，再利用图形展示出各种不同类型的事务处理之间的关系，期望给审计人员和内部管理者提供以下优势：

1. 较为简单的检测手段

目前，很多舞弊检测方法的运用较为复杂，短时间内难以理解，如基于神经网络和支持向量机的技术和算法。本文主要利用 ERP 系统自动记录安全审计日志，分析逐个用户产生的所有类型的事务记录来进行检测异常。

2. 提高效率，减少人工审查

以往审计人员在审查 ERP 安全审计日志时，在利用计算机筛选的基础上，还需要不断进行人工识别不正常的交易。特别是在大型企业中，人工审查审计记录是一项需要耗费大量精力和时间的工作，而且可能难以发现舞弊行为。另一方面，虽然有一些高级的商业舞弊检测软件包，需要审计人员具有编写脚本的能力，以及准确理解数据挖掘专业知识，才能开展有效的审计。因此，要尽量规避让审计人员使用复杂的技术和专业知识，能够尽可能自动地产生疑点列表提供给审计人员，将人工审查事务处理记录的时间大大减少，重点工作放在疑点核查。

3. 尽可能检测出未知的欺诈活动

目前大多数的方法都是只能检测出已知的或针对某一特定模式的舞弊行为。本文基于事务处理数据挖掘的检测方法可能检测出未知的可疑活动，便于审计人员提前发现，通过延伸调查进一步核实用户行为。

二、基于事务集数据挖掘的检测方法

该模型采用数据挖掘从 ERP 的安全审计日志中得到用户的事务集（transaction profile sets），以下用 TP 表示不同事务类型的集合，该集合对应多个用户产生的所有事务。某一个特定的事务类型可以对应一个或多个用户，但每个用户只对应一个唯一的事务集，因为一个用户产生的所有事务操作只可能包含有限的事务类型，某一特定用户被分配的角色和权限是唯一确定的。加上 ERP 系统通常是采用基于角色的访问控制，一个用户只允许操作特定类型的事务。虽然有的用户被分配予不同的角色，可以操作这些角色中的任何授权事务，但是同一时间内，各种策略只能授权用户操作一种角色。

以往有研究是按照用户被分配的角色进行权限分析，但是存在一定的局限性，忽视了用户的实际操作，即使具有相同多个角色的用户，他们在ERP系统中实际生成的事务也可能完全不同。另外，企业在用户角色的分配方面很难保证其合理性和及时性，仅依据角色分析可能会降低准确性。比如，某个用户转换了工作岗位后，需要分配新的角色，但他们以往的角色经常没有被废止。在规模较小的企业中，一个员工很有可能被分配多种角色，在这种情况下，虽然违背了职责不相容原则，可能使用户因拥有多种角色的权限而产生舞弊行为，但这种舞弊行为在实际中未必发生。因此本文不重点关注角色的分配，而重点关注ERP安全审计日志中记录的用户实际发生的事务。

（一）可能存在舞弊行为的异常事务集的形式化表达

将ERP系统中的安全审计日志导出后，通过不同用户之间的事务集对比，检测出事务处理异常的用户组。以下利用集合论定义用户和事务处理：

u：代表某一个用户

t：代表某一种事务类别

tp：代表用户事务集合，包含一系列事务的类型

ut：和某一特定tp相关的用户集合

UT：所有ut的集合

U：所有用户的集合

TP：所有tp的集合

接下来，定义三种异常类型：

类型1：检测相对于大部分用户，有具有少量例外事务类型的少部分用户，主要发现具有类似角色权限的用户间，有无少量用户比大部分其他类似用户实际操作的事务类型具有一些例外操作，这些例外操作可能存在异常行为。这些少量例外的事务类型的数量用阈值Δt表示，少部分用户和大部分用户的数量差异用阈值Δu表示。类型1的小部分用户对应的事务集tp_i定义如下：

查找tp_i，取$\forall tp_j$

$$tp_i \neq tp_j \wedge tp_j \subseteq 1$$

$$|ut_i| < |ut_j| \wedge |ut_i| < \Delta users \wedge |tp_i| - |tp_j| < \Delta t$$

类型 2：检测产生出含有大量事务类型的事务集的少部分用户。这一少部分用户在企业内部通常被分配多个角色，这部分用户的数量阈值用 $\Delta users$ 表示，产生的事务数量用 $\Delta trans$ 表示。这些事务集也有可能是拥有最高权限管理员 SAP_ ALL 产生的，这种情况就不属于异常情况，因此可以把系统管理员的数量从 $\Delta users$ 中扣除，以减少误检测，同时，$\Delta trans$ 取值为稍小于管理员 SAP_ ALL 产生的事务类型数量。类型 2 的小部分用户对应的事务集 tp_i 定义如下：

查找 tp_i，满足：

$$|ut_i| < \Delta user \wedge |tp_i| < \Delta t$$

类型 3：检测某些用户产生出和其他所有事务集完全不一样的事务集，这些用户可能是极个别具有特定角色的用户，也有可能是产生异常事务操作的疑点用户。这类事务集中任何一个事务类型在其他事务集中都不存在。类型 3 的用户对应的事务集 tp_i 定义如下：

查找 tp_i，取 $\forall tp_j$

$$tp_i \neq tp_j \wedge tp_i \cap tp_j$$

（二）用户事务集的集合关系

检测上述这些异常类型依赖于各个用户对应的事务集之间的关系。从集合论的角度来看，类型 1 中的疑点事务集是大量其他用户的事务集的超集。异常类型 2 的疑点事务集是多个其他事务集的超集。异常类型 3 的疑点事务集有一个单独的事务集，没有它对应的超集或子集。

基于上述集合的关系，可以用一个事务集的有向无环图代表子集 - 超集关系。用顶点表示一个事务集，用从父节点指向子节点的有向边表示父节点是子节点的一个子集。从事务集建立一个图可能有多个根节点，这些根顶点的事务集具有唯一的事务集合，每个事务集只包含特定的事务，且互相之间没有超集 - 子集关系。图中的节点和叶节点可以具有一个或多个父节点。另外需要注意，图中可能有一些节点不和其他任何节点相连接，涉及类型 3 中的顶点。

当建立好有向无环图后，可以通过遍历检测到上述的异常类型，同时找出异常类型对应的用户。所需的安全审计日志数据应在一个系统中积累足够长的一段时间，以减少误报的数量。

（三）生成事务集有向无环图

在获取到用户集合及所有事务类型集合的前提下，利用下面的算法生成事务集的有向无环图。

生成事务集图。用 G 表示一个有向无环图，图中的有向边集合用 E 表示，表示事务集的节点集合用 V 表示。E 中的每个有向边从一个事务集的子集连接到它的父集。从 V 中逐一取出事务集，在现有图 G 中查找是否是某个已有节点的子集，如果存在，则在 E 中增加一个指向该节点的有向边。算法中最终还需要消除闭合的环路，从叶节点往根节点遍历，将冗余的有向边从集合 E 中移除。

三、在 SAP 环境中基于事务集数据挖掘的行为检测模型的应用

（一）基于事务集数据挖聚的行为检测模型

为了不影响被审计单位 ERP 系统的正常运行，审计人员利用系统空闲时间首先抽取 ERP 系统中的后台数据，建立副本，后续检测分析完全在副本数据库中运行，主要包括三张主要数据表：安全审计日志、事务类型表和用户主记录表。下面简要介绍上述检测模型的主要模块，模型的主要结构见图 1。

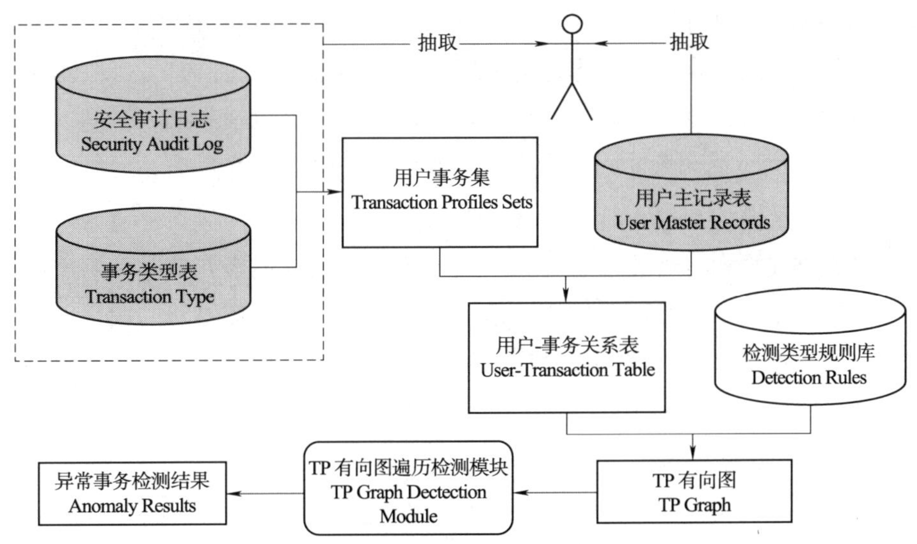

图 1 基于事务集数据挖掘的行为检测模型

1. 用户事务集：包含当前系统中各用户涉及的不同类型的事务集合，通过安全审计日志库和事务类型表关联生成，安全审计日志中的事务类型代码可以通过查找手册文档，一一对应具体的用户事务操作类型。

2. 用户－事务关系表：存储各事务类型集合和对应用户的关联关系，可以查询某一事务类型集合的用户信息，统计某一事务类型的用户总数。

3. 检测类型规则库：包括各种检测类型的定义信息，存储检测的事务类型数量差异阈值和用户数量差异阈值。

4. TP 有向图：利用链表数据结构保存生成的事务集有向无环图。

5. 异常事务检测结果：通过遍历事务集有向无环图筛选出疑点的事务和用户，供审计人员进一步核查。

（二）数据获取

本文从某运输企业股份公司的 SAP 系统中抽取数据。SAP 系统中具有主记录和配置表，用户凭各自的用户名和密码登录系统后，用户界面反映出相同的功能菜单，包括安全管理和配置功能。根据赋予的不同角色和权限，用户可以访问各自有权限访问的系统功能，用户能否访问的功能和允许操作的事务处理类型存放在用户主记录表（user master record）中。当用户发生具体的事务操作后，系统会在审计日志中自动记录下一个事务类型代码，通常事务类型代码有字母和数字组成，代表特定的事务处理类型。

SAP 系统的安全审计日志记录是用二进制形式存储的，但是可以利用系统自带的报表功能提取出来，安全审计日志中的记录包括日期、时间、客户端标识、用户标识、事务码、终端名、消息编号和事务名称。

（三）审计过程

当取得安全审计日志后，可以利用上述算法生成一系列事务集的有向无环图，便于审计人员查看根据用户活动产生的不同事务集之间的关系。图中由于根节点不是唯一，因此可能形成不同的聚类簇，疑点行为的检测分别在每个簇中执行，最后汇总异常事务和对应用户。

（四）检测疑点行为

本文中三种异常行为类型可以根据设定的例外的交易类型数量阈值 $\Delta trans$ 和用户差别阈值进行筛选 $\Delta users$。如类型 1 的检测，遍历图中每个非根事务节点，如果该事务节点包含的事务类型数量与父节点包含的事务类型数量的差额小于 $\Delta trans$，并且子节点对应的用户数量小于 $\Delta users$。检测结果如下表：

检测类型	事务差异阈值	用户差异阈值	疑点用户数
类型 1	5	2	3
类型 2	10	2	2

类型 3 检测出现了孤立的节点是 16 个，其中包含事务类型数量最多的事务集具有 23 个事务类型，包含事务类型数量最少的事务集具有 2 个事务类型。

需要说明的是，检测出的异常行为并不一定是舞弊行为，疑点用户虽然是系统内部用户，但是无法检测出系统管理员或超级用户的舞弊行为，甚至具有最高权限 SAP_ ALL 的系统管理员还可以删除审计日志。

（五）审计结果

经过审查，发现类型 1 的疑点用户，也就是他们对应的事务集比大部分用户多一些额外的事务类型，其中有一个用户的角色分配既担任了总账会计，又担任了固定资产核算的工作。进一步审查该用户不相容的职责权限发生的事务发现，该用户在 SAP 系统中资产分类变更后，未设置自动更改折旧年限等控制折旧率的参数，导致折旧额计算错误，如 201×年 12 月，编号为 10453535 的替换件入账时错误分类为核心件，201×年 5 月，将其分类更正后固定资产管理未变更折旧年限，仍根据原折旧控制参数计算折旧额，导致全年共多计提折旧 305.19 万元。

参考文献

[1] 张登银，李建根．网格安全日志及其审计策略研究［J］．电子工程师，2005：62－63.

[2] Khan, Roheena Q., Corney, Malcolm W., etc. "Transaction mining for fraud detection in ERP Systems" Industrial Engineering and Management Systems, 2010.

[3] Albrecht, W. S., Albrecht, C. O., etc. < Fraud Examination > Thomson, Mason, 2006.

[4] Cox, K. C., Eick, S. G. and Wills, G. J. "Visual data mining: recognizing telephone calling fraud" Data Mining and Knowledge Discovery 1997, 1 (2).

[5] Coyne, E. J. "Role – engineering" Proceedings of the 1st ACM Workshop on Role – based Access Control 1996, New York.

[6] Dorronsoro, J. R., Ginel, F., Sgnchez, C "Neural fraud detection in credit card operations" IEEE Transactions on Neural Networks, 8 (4).

[7] Eberle, W. and Holder, L. "Graph – based approaches to insider threat detection" Proceedings of the 5th Annual Workshop on Cyber Security and Information Intelligence Research 2009, Washington. DC.

[8] Oh, S. H. and Lee, W. "An anomaly intrusion detection method by clustering normal user behavior" Computers & Security 2003, 22 (7).

数据仓库及数据挖掘技术在审计中的应用研究

审计署深圳特派办　杨晓毅

【摘要】　随着经济和信息技术的发展，审计中所涉及的数据种类越来越多，数据量越来越大。与此同时，随着数据仓库和数据挖掘技术的发展，除了在审计中用常规的数据分析技术进行数据分析外，越来越多的审计人员在尝试将这两种技术应用于审计数据分析。本文提出了基于数据仓库和数据挖掘技术的审计数据分析系统，目的是利用新技术提高审计的效率，并降低审计风险。

【引言】　随着经济的发展和信息技术的普及，政府部门、企事业单位和各金融机构都在大力建设自己的信息系统，包括财务系统和业务系统，例如国税的税务征管系统（CTAIS2）、海关通关管理系统（H2000）、企业资源计划系统（ERP）以及金融机构的集中交易系统等，这些信息系统在使用过程中形成包含大量会计数据乃至各方面业务数据的数据库。审计人员在审计中需要下载这些财务数据和业务数据，对下载的数据进行整理和清理，然后根据审计目标和审计事项对数据进行审查和分析，并结合审计人员经验发现其中的异常情况，获取审计证据，发表审计意见。

但这种模式存在许多不足之处：一是下载的数据通常都是一次性使用，审计项目结束后很少能再利用，但很多数据通过整理归纳后是可以供以后项目使用的，如国税海关的纳税情况数据、银行对公交易数据、电网用电数据等；二是审计人员的知识和经验是有限的，被审计对象行业跨度大，各被审计单位情况千差万别，当遇到一个全新的行业时，审计人员所掌握的知识和审计经验会无法运用，面对海量数据时会感到束手无策，无从下手；三是信息技术的发展导致数据量的增长速度越来越快，审计经验相对于信息技术和数据量增长往往是滞后的，这种不一致性给审计带来潜在风险；四是对同一数据审计，不同的审计人员可能会得出完全不同的审计结论，知识的不对称性无法保障审计质量；五是传统的数据分析方法无法处理数据量庞大的数据库，技术工具的落后势必影响审计的广度和深度。

因此，本文提出在审计中引入数据仓库和数据挖掘技术，研究这两项技术在审计项目中应用的可行性，并希望在解决上述问题方面有所帮助。

一、数据仓库和数据挖掘技术

（一）数据仓库

对于什么是数据仓库，许多人提出了不同的看法，数据仓库概念的创始人 W. H. Inmon 在《Building the Data WareHouse》一书中首次提出了数据仓库的概念："数据仓库是面向主题的、集成的、稳定的、随时间变化的数据集合，用以支持经营管理中的决策制定过程。"

1. 面向主题

主题是一个抽象的概念，是在较高层次上将企业信息系统中的数据综合、归类并进行分析利用的抽象。在逻辑意义上，它是对应企业中某一宏观分析领域所涉及的分析对象，是针对某一决策问题而设置的。面向主题的数据组织方式，就是在较高层次上对分析对象的数据的一个完整的、统一的、一致的描述，能完整、统一地刻画各个分析对象所涉及的企业的各项数据，以及数据之间的联系。

2. 数据集成

数据仓库中存贮的数据是从原来分散的各个子系统中提取出来的，但并不是原有数据的简单拷贝，而是经过统一、综合的结果。数据仓库的数据不能直接从原有数据库系统中得到，在进入数据仓库之前必须经过综合、计算，抛弃分析处理不需要的数据项，增加一些可能涉及的外部数据；数据仓库每一个主题所对应的源数据在原分散数据库中有许多重复或不一致的地方，必须将这些数据转换成全局统一的定义，消除不一致和错误的地方，以保证数据的质量。

3. 数据不可更新

从数据的使用方式上看，数据仓库的数据不可更新，这是指当数据被存放到数据仓库中以后，最终用户只能通过分析工具进行查询、分析，而不能修改其中存贮的数据，也就是说，数据仓库的数据对最终用户而言是只读的。

4. 数据随时间变化

数据仓库数据的不可更新是针对应用而言，即用户进行分析处理时不对数据进行更新操作，但不是说，数据从进入数据仓库以后就永远不变。数据仓库中的数据随时间变化而定期地被更新，每隔一段固定的时间间隔后，运作数据库系统中产生的数据被抽取、转换以后集成到数据仓库中，而数据的过去版本仍被保留在数据仓库中；随着时间的变化，数据以更高的综合层次被不断综合，以适应趋势分析的要求。

（二）数据挖掘技术

数据挖掘技术是数据库系统和数据库新应用的一个前沿学科，是数据库研究、开发和应用最活跃的分支之一。它不只是对数据进行简单的查询，而是想从大量的数据中找出更多有用的知识，因此，数据挖掘的过程又称为知识发现的过程。目前数据挖掘的主要研究内容包括关联规则挖掘、决策树挖掘、聚类挖掘、分类挖掘和异常挖掘等。

利用数据挖掘技术可以从数据库中提取隐含的、未知的和潜在的有用信息，帮助审计人员进行数据分析，以便发现异常信息。利用数据挖掘技术对被审计单位的海量数据进行发掘式审计，是现代审计技术方法一大突破，也是信息技术发展的尽然结果，具有开拓性意义。

二、审计数据仓库的建立

审计数据仓库的主要数据来源有两个，一是被审计单位信息系统的数据，二是外部公共数据。

与企业数据仓库一样，审计数据仓库中存贮的数据是从被审计企业信息系统原来分散的各个子系统中提取出来的，而且这部分数据是审计必需的，和开展的审计项目是息息相关的。审计时可以将审计关注的财务数据和业务数据提取到审计数据仓库中，如企业的财务数据、物资收发存数据、企业销售业务数据、电网企业购售电数据、某市某时间段内企业纳税情况、海关报关数据以及各银行某时间段内对公流水和对公贷款数据等。

除了被审计单位数据外，还可以补充一些外部公共数据，帮助审计人员对数据进行分析。如一些建材报价网的建材价格数据、各部委公布的各种宏观统计数据以及其他审计项目中整理出来的具有公共属性的数据（如上述提到的企业纳税情况、电网企业售电数据、海关报关数据以及各银行某时间段内对公流水和对公贷款等数据）。

建立数据仓库并不是对原有数据的简单复制，而是经过统一、综合的结果。数据仓库的数据不能直接从原有数据库系统中得到，在进入数据仓库之前必须经过综合、计算，抛弃分析处理不需要的数据项，增加一些可能涉及的外部数据；数据仓库每一个主题所对应的源数据在原分散数据库中有许多重复或不一致的地方，必须将这些数据转换成全局统一的定义，消除不一致和错误的地方，以保证数据的质量。数据预处理的常用方法见表 1。

表 1 常用的数据预处理方法

方法	定 义	例 子
数据清理	去除原始数据中的噪声和无关数据的过程	对客户性别属性中“未知”或空值的处理，可以分别填入客户真实性别“男”或“女”
数据集成	将多个数据源数据结合存放在一致的数据存储中对相同属性的统一过程	一个数据源中用“元”表示收入，另一个数据源用“千元”表示收入，集成时要统一同类属性的单位
数据变换	把原始数据转换成适合数据挖掘的形式	包括对数据的汇总和聚集、概化、规范化，还可能需要进行属性的构造
数据归约	将数据范围减小，但是更适合于数据挖掘算法的需要，并且能得到相同的结果	将日销售量或月销售量归约成季销售量，使其更能反映出产品销量的季节变化情况

三、数据挖掘技术在审计中的应用

在审计中实施数据挖掘主要有审计业务问题定义、数据准备、数据挖掘、结果分析和模型调整五个步骤。

（一）审计业务问题定义

要清晰地定义出需要数据挖掘帮助我们发现什么知识、解决什么问题。审计业务问题定义驱动了整个数据挖掘过程，数据挖掘最后结果是不可预测的，但要探索的问题应该是有预见的，盲目地为了数据挖掘而数据挖掘是不可能得出正确有效的审计思路的。而且也并非所有问题都需要进行数据挖掘，如果审计思路是明确的则不需要进行数据挖掘，只有在审计思路不明确，需要通过分析数据特征来明确审计思路时，才需要进行数据挖掘。

还应该注意的是，很多人认为数据挖掘是一种高层次的、很复杂的数据分析技术，以至于只有专业的计算机人员才能实施。但事实上审计人员并不需要了解算法是如何实现的，而只需要了解数据挖掘工具的使用以及其中所使用的数据挖掘技术能够进行哪类工作。基于数据挖掘技术构造审计分析模型的真正难点在于定义审计业务问题，因此审计业务人员在进行审计数据挖掘工作的过程中是必不可少的，审计业务人员应该和计算机专业人员彼此配合，很好地进行互动，审计数据挖掘工作才能顺利进行下去，达到预期的审计效果。

（二）数据准备

主要包含数据采集、数据清理和数据预处理三项内容。

数据采集要充分考虑数据的相关性和完整性，应尽可能地采集所有与需要解决的审计业务问题密切相关的数据。

数据清理工作非常重要，并且工作量巨大。采集的数据一般都不能直接用于数据挖掘，必须经过数据清理才能使用。

如果要创建 OLAP 挖掘模型，则需要通过数据预处理，创建相应的多位数据集才能进行数据挖掘。

（三）数据挖掘

首先，选一个合适的数据挖掘工具，评价一个数据挖掘工具主要考虑以下几点：数据挖掘工具的可获得性，需考虑版权、价格等因素；是否符合解决审计业务问题的需要；挖掘能力是否满足实际需要；数据挖掘工具的友好性、易操作性。

其次，选择合适的挖掘技术。要根据审计问题的定义以及想要解决的问题来选择不同的挖掘技术（挖掘算法）。目前，主要的数据挖掘技术有以下几类。

1. 关联分析

关联规则发现是通过分析资料，找出某一事件或资料中会同时出现的东西。数据挖掘中的关联规则具有独特作用，它用于发现大量数据集合间有意义的关联或相关联系，并侧重于数据中不同领域之间的联系，其应用前景十分广阔。审计信息系统运用关联规则提取数据之间的关联特征，可以有效分析安全事件间的相关性，提高审计风险报警事件的准确率。如审计人员在对被审单位的成本进行审查确认时，面对大量料、工、费相关数据，无从入手，此时可利用关联规则技术，发现其各成本项目与生产数量之间的关联性，再根据存货仓库盘点数据及相关出、入库记录，确定其产量，根据关联规则确定的关联性，可以确定该被审计成本合理与否；还可以将一个单位的车辆数、汽油费、汽车保险费等进行关联分析，审查是否存在车辆数与各种费用不符的情况，如果存在则应该重点关注该单位是否存在未入账的车辆，或者是否存在“小金库”等。

2. 决策树分析

决策树是一个类似于流程图的树结构，其中每个内部结点表示数据的某一属性及其取值，每个分支代表一个测试输出，而每个叶子结点代表符合某些属性值的类和类分布。通过查看决策树，很容易对所有的数据做出一个大体的结论，帮助审计人员快速而准确地确定审计重点。如在对银行贷款进行审计时，可将全部贷款记录划分为两部分，一部分为根据审计范围审计人员应该关注的正常贷款，一部分为在审计范围内银行的不良贷款，利用后者创建决策树数据挖掘模型，然后用此模型对前者的五级分类情况进行“预测”，对于“预测”结果与实际分类情况不一致的记录，说明其实际分类情况与数据所反映的规律不相符，属于异常情况，应当将之作为进一步审计分析的重点。

3. 聚类分析

聚类分析算法多种多样，这些算法一般可以划分为：划分方法、层次方法、基于密度的方法和基于网格的方法。划分方法（Partitioning Method）将含有 n 个对象的数据集划分为 k 个，每个划分表示一个簇，且 $k<n$。即将数据划分为 k 组，同时满足：每个簇至少包含一个对象；每个对象属于且只属于一个簇。划分方法一般会采用一个划分准则（相似度函数），如距离，使在同一个簇中的对象彼此相似，而在不同簇中的对象彼此相异。这种聚类方法对在中小规模的数据库中发现球状簇很适用。数据聚类可以将审计资料数据中较接近的划归一类，根据不同的数据标准特征，将被查对象数据分成几个群体。如在对采购业务进行审计时，可以用聚类分析技术将被审计单位的所有采购业务按相似特征进行聚类分析。这样，审计人员就无须对大量采购业务进行单项鉴别，而是按照一定类别进行审查分析，大大提高了审计工作效率。在审计实践中，审计人员根据以往的经验，将需要分析的审计数据进行标准化，划分类别，然后用分类分析方法分析该审计数据集合，挖掘出每个类别的分类规则；接着按这些分类规则重新对这个集合进行划分，以获得更好的分类结果。

4. 异常点检测

异常点检测是在审计中较常使用的数据挖掘技术，它是从大量审计数据中挖掘少量具有异常行为模式的数据。最经常使用的有基于距离的异常点检测数据挖掘算法，其基本思想是异常数据为数据集中与大多数点之间的距离都大于某个阙值的点。基于距离异常挖掘算法的好处就在于不用知道数据分布的情况，且能处理任何维度的任意类型的数据，如果属性数据为非数值型时，只要把属性转换为数值型即可。运用该方法可进行一些“异常点”的挖掘分析，在审计数据分析中，审计人员一般都会检查数据的偏差、异常和极端值，这些异常或特殊情况信息即孤立点往往是我们审计工作中需要关注的重点。如对集团公司全国各销售点的营销费用进行审查时，可以根据各地营销规模与费用之间的关系建立模型，再利用异常点检测技术，对数据库系统中的各项营销费用进行逐笔梳理，分离出可疑信息，并对其进行详细审查和确认，确保营销数据的真实可靠。

（四）结果分析

审计人员需要对数据挖掘的结果进行解释和评估，以确认分析出来的结果是具有审计意义的异常数据，在此基础上生成审计疑点，并进行其他延伸审计。

（五）模型调整

如果数据挖掘的结果经审计人员评估分析后认为并不具有审计意义，则应该对数据挖掘选用的模型算法重新评估，如果是选用的模型不符合审计问题定义，则应该考虑重新选择模型，否则只需要对模型算法进行调整，如调整算法参数等。调整过后再重新进行数据挖掘工作。

四、基于数据仓库及数据挖掘技术的审计数据分析系统

该分析系统基于数据仓库、数据挖掘技术，是一个供审计人员进行审计数据挖掘分析的系统。用户可以利用其进行数据集成、数据探索、创建挖掘模型和查看模型结果。

整个分析系统从功能上可以分为三个功能模块，分别是数据处理模块、数据挖掘分析模块和人机交互模块，其组织结构见图1。

（一）数据处理模块

不同审计单位的异源数据在进入审计数据仓库前，需要根据审计业务的需求和审计问题的定义筛选合适的数据，并对数据进行数据清理、数据集成、数据变换、数据归约等数据处理过程。

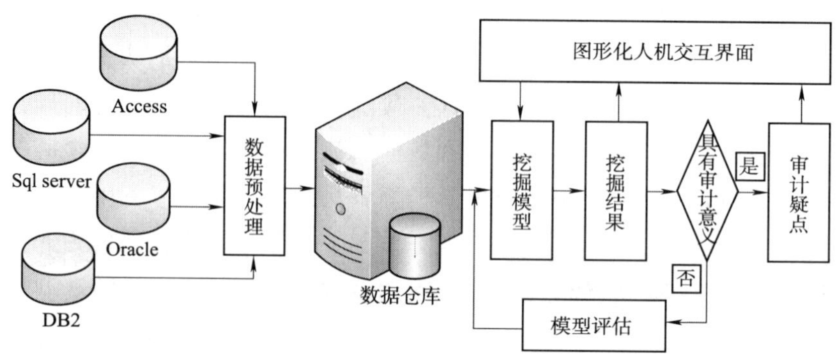

图 1　基于数据仓库及数据挖掘技术的审计数据分析系统

另外还需要解决数据仓库数据粒度的问题。粒度是指数据仓库的数据单位中保存数据的细化或综合程度的级别。细化程度越高，粒度级越小；相反，细化程度越低，粒度级越大。具体情况见表 2。

表 2　低粒度级和高粒度级对比表

	低粒度级—高细节级	高粒度级—低细节级
该粒度特性	占用空间大，处理问题能力强，查询时间长	占用空间小，处理问题能力弱，查询时间短
存储的数据	某市某税种所有企业一年内纳税的细节	某市分税种每年纳税综合情况
解决的问题	某企业某月该税种纳税额是多少	某市某税种每年同比增长情况

适当地设计数据粒度通常能达到事半功倍的效果。

（二）数据挖掘分析模块

在这个模块中可以对被审计数据进行常用的数理统计，得出一般特征，供审计人员分析使用。也可以根据审计业务问题的定义建立模型，选择合适的挖掘算法和挖掘工具，运行程序得出结果，再利用结果对模型进行评估和修改，从而得出更优的挖掘结果。

（三）人机交互模块

友好的图形化界面交互使审计人员更容易掌握挖掘工具的使用。目前流行的数据挖掘工具都有非常友好的图形化用户界面，如 SQL server analysis 和 SAS 等，都能做到将分析结果图文并茂地展示出来，能让人更好地了解通过数据挖掘得出来的结果。

五、数据挖掘技术在审计中应用的局限性

数据挖掘技术虽然可以完成普通数据分析无法完成的工作，但其应用也存在一定的局限性。首先数据挖掘技术的使用需要较大的投入，现在的数据挖掘软件价格都比较贵，在建立数据仓库过程中硬件设备、数据维护、人员培训等也需要大量费用；其次对数据质量要求很高，要求被审计单位数据有较高的真实性和完整性，如果数据遭到篡改或数据有错误，则无法进行数据挖掘工作；最后对人员素质要求较高，需要审计人员了解数据挖掘相关的知识，并能对挖掘结果进行分析和评价，因此需要对进行数据挖掘工作的人员进行大量的培训。

六、结论

数据挖掘技术在审计中能发挥出其独特的功效。传统的审计方法面对被审计单位错综复杂的数据环境和海量数据时，会缺乏有效的数据分析方法，而利用数据挖掘技术，则能够帮助审计人员发现更多的审计线索。数据挖掘作为一种先进的信息技术，能够帮助审计人员筛选出具有代表性的审计样本，在一定程度上降低了审计风险。全面审计可以有效消除抽样审计风险，而数据挖掘软件的运用，使全面审查被审计对象总体数据成为可能。

本文通过对目前审计若干不足的分析，将数据仓库技术和数据挖掘技术应用于审计工作，提出了基于数据仓库及数据挖掘技术的审计数据分析系统。通过该系统审计人员可以根据审计问题定义快速构建主题数据库，选择数据挖掘模型对数据进行分析，极大地提高了审计人员的分析能力和审计发现问题的能力，降低了审计风险。在现代审计中应用数据仓库和数据挖掘技术是未来审计发展的一个重要领域。

参考文献

[1] W. H. Inmon. Building the Data WareHouse. Wiley computer publishing, 2002.

[2] 胡荣，陈月昆．数据挖掘——现代审计处理数据的新方法［J］．中国审计，2004（7）：38－40.

[3] 陈丹萍．数据挖掘技术在现代审计中的运用研究［J］．南京审计学院学报，2009，6（2）：57－61.

［4］吕新民，王学荣．数据挖掘在审计数据分析中的应用研究［J］．审计与经济研究，2007（6）：35－38.

［5］易仁萍，王昊，朱玉全．基于数据挖掘的审计模型框架［J］．中国审计，2003（3）：55－57.

［6］米天胜，张金城．面向数据的计算机审计中数据质量问题的探讨［J］．审计与经济研究，2006（1）：40－43.

［7］曾德胜，彭灿明，陈源等．基于数据挖掘的审计系统研究［J］．长春工程学院学报（自然科学版），2011（1）：124－127.

［8］尹亮．基于孤立点的数据挖掘方法在审计中的应用与研究［J］．硅谷，2011（17）：89.

基于数据挖掘技术的审计数据质量控制探析

重庆市沙坪坝区审计局 张 莉

【摘要】 随着信息化的发展，被审计单位信息系统趋于多样性，数据来源多、种类杂，加上被审计单位可能有意更改、隐瞒数据真实情况等诸多影响因素，使得电子审计数据在真实性、完整性、一致性和有效性等方面难以满足审计工作对数据质量的要求。而利用数据挖掘技术可以实现对审计数据质量的控制，提升电子审计效率，增强电子审计证据的证明力，从而提高审计质量，降低审计风险。

一、数据挖掘技术概述

数据挖掘，是指从存放在数据库、数据仓库或其他信息库中的大量不确定的、不完全的、模糊的、随机的实际应用数据中提取有效的、新颖的、潜在有用的、最终可理解的隐藏信息和知识的过程。它在传统的 DBMS 数据处理的基础上，通过对数据进行统计、分析、综合和推理等更深层次的处理，发现更多的知识和信息。

数据挖掘也是使用数学分析来从大型数据集中发现蕴含的数据模式和规律（即“数据挖掘模型”）的过程，其基本步骤分六步：定义问题、准备数据、浏览数据、生产模型、浏览和验证模型、部署和更新模型。上述模型生成过程中，有 4 种常用的数据挖掘分析方法，即分类分析、聚簇分析、关联分析和序列分析。

二、数据挖掘技术顺应了审计数据质量控制的现实需要

审计人员的职责是从被审计单位提供的海量数据中获取有用的审计证据，并发表适当的审计意见。但是，随着信息化的发展，被审计单位信息系统趋于多样性，数据来源多、种类杂，数据格式不统一，信息表示代码化，加上被审计单位可能有意更改、隐瞒数据真实情况等诸多影响因素，审计获取的电子数据质量就很可能存在问题。评价审计数据质量主要有6个指标：准确性、完整性、一致性、唯一性、适时性和有效性。不完整、不正确或重复等有质量问题的审计数据，直接会给后续的审计分析工作带来障碍，降低审计效率，甚至影响审计证据的客观合理性。计算机审计的对象是数据，又不能简单抛弃有质量问题的数据，因为这些数据中有可能隐含着审计线索。因此，利用一定的技术手段对审计数据进行检查，对发现的数据质量问题进行分析，找出造成问题的原因并采取措施加以控制，就显得尤为重要。这也是审计信息化发展对我国电子审计技术方法和质量管理提出的新要求。

数据挖掘本身是一项通用的知识发现技术，它的应用适应了审计对象信息化的发展形势，它可以从庞大的数据库系统中提取更多有用的审计信息，并对大量原始数据进行审查和分析，从中寻找出一定的数据特征，发现可疑数据，控制审计数据质量，增强电子审计证据的证明力，从而提高电子审计的质量和效率，降低审计风险。

三、数据挖掘技术在审计数据质量控制中的应用

（一）数据挖掘分析方法在审计数据质量控制中的具体应用

将数据挖掘技术应用到审计数据质量控制上，主要是通过综合运用多种数据挖掘技术方法对审计数据进行处理，最大限度地去除无用数据，提高分析速度，确保审计数据的真实性、一致性和完整性。下面主要从数据挖掘的常用分析方法及其在审计数据质量控制中的应用展开分析。

1. 分类分析

分类的主要功能是根据数据的属性将数据分派到不同的组中。在实际应用中，需要运用一定的统计方法从数据库中选出已经分好类的样本数据库作为训练集，在该训练集上运用数据挖掘分类的技术建立分类模型，然后根据数据属性对没有分类的数据进行分类。比如，某医院将某一病种患者分为“高发人群”“一般人群”和“低发人群”三类，各类患者有不同的属性和特点，如年龄、性别、职业、居住地区等。审计根据这些关键属性建立分类

模型，将医院当年的患者进行分析，判断其属于哪一种类型，得出数据与医院当年收入结构进行对比分析，进一步判断医院当年收入数据的真实性和完整性。

2. 聚簇分析

分类分析对数据是先分类，然后发现其特性。与其相反，聚类分析面对的是一组未明确分类的数据，其任务是根据一些聚簇规则（或数据的相似性）把数据按相似特征归成若干类，即“物以类聚”。它的基本要求是属于同一个类别的数据之间的相似性尽可能大，而不同类别数据之间的相似性尽可能小，从而发现数据的分布模式和数据属性间的规律，找出对全体数据的描述。实际应用中，我们可以通过将当年数据与往年数据比较、当年各月数据比较等，分析出被审计单位数据的真实性及准确性。

3. 关联分析

关联分析的目的是发现隐藏在数据间的相互关系，通过挖掘发现一组数据项与另一组数据项的密切度或关系（关联规则置信度），并加以分析或利用，以实现对审计数据质量的验证。关联分析方法的应用可分两种情况：

一是对于关联规则明显的数据项，可通过建立简单模型加以验证。比如，选择一种折旧方法，建立“资产原值”“入账日期”“月折旧率”“资产净值”和“累计折旧”之间的数学模型，然后将采集到的某单位固定资产信息引入，重新计算其固定资产折旧额并分析其合理性，以此来判断该单位固定资产信息提供的完整性和可靠性。

二是对于一些看起来不太相关的数据项，在挖掘后发现有较高的关联程度，就需要分析原因，可能会发现有价值的结论。比如，在比对某商业银行提供的贷款数据时发现，年龄在 40 岁以上的贷款人占 30%，年龄在 40 岁以上的担保人占 33%，二者无明显关联。经抽样比对，发现存在 40 岁以上贷款人身份证号码与 40 岁以上担保人身份证号码一致的情况，在此基础上，审计建立数据模型分析所有贷款人和担保人之间的关联性，发现 15% 的贷款人身份证号码出现在担保人身份证号码中，经审计进一步核实，部分为循环担保业务，即 A、B 互相担保，或 A、B、C 封闭式循环担保等，部分则为数据错误。

4. 序列分析

关联分析发现数据项同时出现的规律，序列分析发现数据项出现的时间上或序列上的规律，从审计数据库中挖掘出被审计单位正常行为和异常行为的频繁序列模式，发现审计数据之间的前后（因果）联系。审计人员可以根据大量历史数据，对序列模式加以运用，以确认账簿数据的合理性和真实性，比如，对具有连续取值特征的凭证号进行断号、空号和重号情况检查；又如，在审核企业销售数据时，可利用序列模式对被审计单位的生产领料数据进行挖掘，通过一些频繁领料业务发生的时间序列模式表现出的统计特征来发现存在的异常现象。

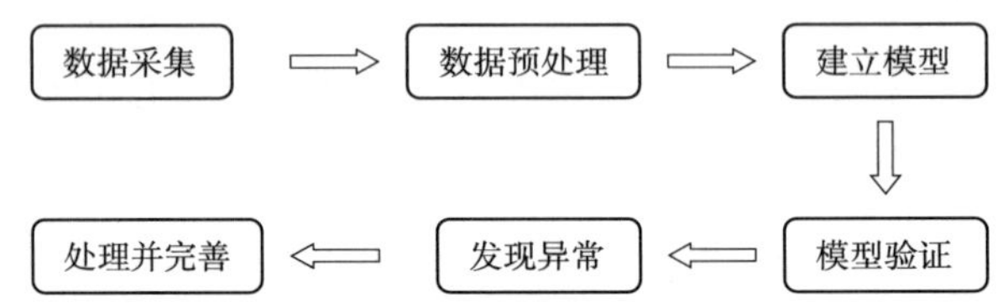

图1　数据挖掘技术在审计数据质量控制中的具体实现路径

（二）基于数据挖掘技术的审计数据质量控制具体实现路径

数据挖掘是在对数据全面而深刻认识的基础上，对数据内在和本质的高度抽象与概括，也是对数据的认识从感性到理性的升华。如图1所示，利用数据挖掘技术进行审计数据质量控制的具体实现路径可简述为：首先进行原始数据的采集；其次将采集到的原始审计数据进行预处理，目的是对数据进行初步清理、选择，并将其转换为数据挖掘算法能识别的格式；然后对转换后的数据执行数据挖掘，找出规律，建立模型；再对模型进行验证及运用，结合审计人员的职业判断，找出可疑数据；最后提出切实可能的解决方案，实现审计数据质量的不断完善。

1. 数据采集

审计数据采集是指按照审计目标，采用一定的工具和方法对被审计单位信息系统中的电子数据进行采集的过程。它是数据挖掘技术审计应用的前提和基础。审计数据的采集一般要满足两个条件：一是采集的数据应符合审计模型的要求；二是通过访谈、查看数据日志等充分了解被审计单位的信息系统及业务流程。通常，在进行数据采集前，审计人员应结合本次审计工作方案中明确的审计目的、范围、内容及重点，结合审前调查了解到的被审计单位数据的来源和形式，以此来确定本次数据采集的范围、内容及重点。常用的数据采集策略有三种：一是通过数据接口采集，如ODBC、ADO等；二是直接复制；三是通过备份文件恢复。

2. 数据预处理

原始数据的预处理也是数据挖掘的数据准备阶段，它包括数据清理、数据选择和数据转换。

（1）数据清理。数据采集成功后，审计人员首先要对采集到的数据进行初步清理，排除遗漏、冗余、明显错误和采集失误等，所采取的方法有两类：一是技术性验证，如核对总记录数；二类是业务性验证，如检查借贷是否平衡，顺序码是否有断、重号，各明细科目年末总余额与相应总账科目余额是否一致等。

（2）数据选择和转换。在这一阶段，审计人员还要根据挖掘任务从合成的数据库中选择性地提取与挖掘有关的数据，并根据数据挖掘要求进行格式转换，如调整字段属性、宽度、含义等，要剔除数据结构中的干扰项目，使其能更直接地反映对应的经济业务，以便控制数据挖掘的准确性。

3. 建立模型

模型建立与调整是数据挖掘过程的核心部分。针对准备好的审计数据，审计人员要按审计任务的所属类别，结合不同被审计单位的行业背景、业务特点和数据模式，运用关联规则发现、序列模式挖掘等不同数据挖掘技术方法，发现数据中隐藏的规律，确定将要进行的挖掘操作类型或模型并加以实现。在模型的建立过程中，还可用到图表、分类矩阵和利润图等辅助分析工具，如果模型是分类模型，可生成一个提升图，如果模型是估计模型，可生成一个散点图等。

4. 模型验证

模型的建立是一个迭代循环过程。对建立好的模型要进行试用，并由熟悉被审单位业务的审计人员对挖掘结果进行评价，如果挖掘结果不令人满意，可利用反馈机制对模型以及模型的输入参数取值等进行反复修正和完善，甚至还可以重新运用挖掘方法进行建模、分析，直到模型可以把每一次的分析结果清晰、准确、明了地表述给审计人员为止。

5. 发现异常数据

数据挖掘不仅是一项应用技术，更是一个技术应用的过程。建立数据模型的目的是将其应用于对审计数据的分析，审计人员要根据这些特征向量模型或行为描述模型对被审计单位数据进行总体评价，判断和比较出审计数据在真实性、一致性和准确性等方面的质量状况，发现异常数据。

6. 处理并完善

针对挖掘出的数据质量问题，审计人员要根据自己对审计项目的具体了解来逐一进行分析，判断其是否属于数据质量问题，属于可纠正类还是不可纠正类，对于可纠正的数据质量问题，要及时采取措施进行纠正，如手工完善或提请被审计单位人员加以改正等。其次，对重新获取的审计数据，审计人员还要利用关系模型、业务规则或抽样方法等进行再次核对，如检查空值、冗余、错误数据是否有效消除，利用已有的统计指标与纸质凭证、报表进行核对分析等，直到确定数据为不可再完善状态为止。

四、基于数据挖掘技术的审计数据质量控制应用策略探讨

尽管数据挖掘技术在一些行业已有成功的应用，在计算机审计领域优势也很明显，但在审计实践应用中尚处于初级阶段，究其原因无非两个：人的因素和环境的影响。要想更好地将数据挖掘技术应用于审计数据质量控制，以大幅提高工作效率和效果，就需要从以下几方面加以改进。

（一）优化硬件环境

重视硬件设施的建设，这是数据挖掘技术应用的基础性工作。数据挖掘需要有定存储量和运算能力的计算机，要有能提供信息传递和信息共享的畅通网络。目前，我国审计机关的信息化装备基本可以满足工作的需要，但各地情况参差不齐。条件好的地方可试点性探索一些“高、精、尖”设备，强大现场审计实施系统；条件差的地方应该根据自身的实际情况，构建适合的硬件解决方案，包括选择什么样的技术架构、进行服务器和客户端的配置等。这样既保证了数据收集、传递和处理的稳定性和可靠性，又为基于数据挖掘的审计数据分析提供了基础。

（二）树立新观念

近年来，计算机审计被大力推广，极大地提高了现场审计效率，发现和揭示了很多重大问题或风险隐患。但是，随着计算机审计技术应用的深入，审计人员感觉被审计单位提供的数据越来越“完善”了，可发现的审计线索越来越少，问题越来越隐蔽。

总结原因，一方面是由于审计环境发生了重大变化，另一方面，目前应用的工具和审计程序多是基于审计人员的经验和计算机查询技术相结合的方法进行处理的，易于发现个案，但对审计对象整体的情况缺乏全面把握，毕竟经验和知识是有限的，随着业务流程和信息技术的创新，审计人员的经验和业务技能进入“尾随”状态，审计模型相对于数据滞后，审计经验无法运用。

因此，从长远来看，要突破这种面对海量数据无从下手的境况，就必须变被动为主动，从传统的仅依靠经验和查询式数据分析技术的审计观念中走

出，逐步养成利用数据挖掘等新技术来发掘潜藏问题和线索的习惯，以实现对审计对象整体情况的全面把握。

（三）正确运用数据挖掘技术，重视人才培养和开发

应用数据挖掘技术进行审计数据质量控制，对人员素质要求较高，不仅要求审计人员精通业务，能够解释业务对象，并根据各业务对象确定出用于数据定义和挖掘算法的业务需求，而且需要审计人员对数据挖掘技术和工具有较熟练的掌握，能正确选择和应用，把业务需求转化为数据挖掘的各步操作，最后对结果做出分析和评价。

随着计算机审计的大力提倡，虽然目前国家审计系统中的审计人员在计算机审计能力方面较之前大有提高，但还不能满足实际工作需要，特别是新兴技术创新发展的需要。因此，必须对审计人员实施专业培训，要重视审计人员后续教育，完善知识结构，学习新的管理、会计、统计知识和相关财务法律法规，要注重培养审计人员的创新思维。

同时，审计机关还要把好审计人员组合关，在实施每个项目前，科学合理配置审计组人员，要考虑审计人员的经验程度、计算机应用能力高低甚至年龄的大小等，尽量组成结构合理的审计小组，这对审计实施有重要意义。

（四）注重知识和经验的积累运用

审计人员还要将数据挖掘分析得到的知识集成到审计业务信息系统的组织结构中去，使审计人员能在随后的审计工作中组织和运用这些审计经验，借鉴以前的数据挖掘思路，以提高其数据分析能力和业务水平。

随着信息化的不断推进，被审计单位信息系统日趋成熟完善，审计人员要充分了解企业海量财务数据中蕴含的极其丰富的复杂信息，全面准确分析被审计单位的经济活动，仅仅依靠传统的数据检索查询机制和统计分析方法是非常困难的，必须探索和创新审计技术和方法。在审计系统中采用先进的数据挖掘技术，对被审计单位的海量数据进行分析判断，提高审计质量，控制审计风险，这也是现代化发展对审计事业提出的新思路和要求。

参考文献

［1］李玲，刘汝焯．计算机数据审计［M］．北京：清华大学出版社，2010.

［2］周喜，曾丽．孤立点数据挖掘技术在审计信息化中的应用研究［J］.

南华大学学报（社会科学版），2011（5）.

［3］孙良文．基于 Excel 的审计数据挖掘方法与路径研究［J］．财会通讯，2011（4）.

［4］陈大峰，汪加才，韩冰青．基于离群数据挖掘的计算机审计．南京审计学院学报［J］，2009（2）.

［5］陈爱林，黄淑燕．基于审计数据质量控制的数据挖掘应用［J］．财会审计，2009（3）.

［6］程广华．数据挖掘技术在商业银行内部审计中的应用研究［J］．金融视角，2011（3）.

［7］陈丹萍．数据挖掘技术在现代审计中的运用研究［J］．南京审计学院学报，2009（4）.

［8］韩金红．应用数据挖掘技术 提升财务分析质量［J］．合作经济与科技，2007，24（2）.

信息系统环境下审计线索特征发现的方法研究

湖北省襄阳市审计局　崔　纲

【摘要】 审计线索的特征发现可以分为已知事件的特征发现、未知事件的特征发现以及征兆发现等，本文主要介绍的是审计人员面对信息化系统环境，根据已知某些违规违纪行为的特征表现，运用一定的技术方法寻找符合特征的数据，并进一步分析取证，从而分析、查找出审计线索。

【引言】 信息系统环境下审计线索的特征发现是指从大量的数值型和非数值型数据中提取有用的信息的过程。在分析过程中，既可以利用审计人员已有的经验，根据已知某些违规违纪行为的特征表现，列举出特征后运用一定的技术方法寻找符合特征的数据，并进一步分析取证；也可以运用数据挖掘、探索性分析、征兆发现等技术方法发现事件的特征，而这些特征在得出挖掘结果之前审计人员是无法预测的。

审计要发现问题，必须要有审计线索。审计线索是有特征的，这些特征首先表现为行为特征。各种经济行为，不管是正常的还是异常的，都有一定的行为特征。在信息化环境中，行为特征会反映在数据中形成数据特征。在信息化环境下，捕捉到审计线索的数据特征进而开展分析取证，是计算机审计的重要工作。这是一个从海量数据中提取符合条件的数据并获取相关信息的过程，是一种基于审计中间表的知识发现的技术。

审计线索的特征发现是指从大量的数值型和非数值型数据中提取有用的信息的过程。审计线索的特征发现可以分为已知事件的特征发现、未知事件的特征发现以及征兆发现等。已知事件的特征发现是审计人员依据历史案例、业务处理逻辑等建立模型进行特征发现。在分析过程中，通常已知某些违规违纪行为的特征表现，列举出特征，然后运用一定的技术方法寻找符合特征的数据，并进一步分析取证。未知事件的特征发现是指运用数据挖掘技术方法发现事件的特征，这些特征在得出挖掘结果之前审计人员是无法预测的。而征兆发现与一般的特征发现有很大的差异，一般的特征发现是捕捉已经发生的事件特征，而征兆发现是预示即将出现的事件特征。

审计线索的特征发现的过程均可以归纳为：特征枚举、特征捕捉、特征分析。特征枚举就是在审计线索特征发现过程中首先要尽量列举出可能的特征表现；特征捕捉就是通过运用计算机查询语言或多维分析方法等相应技术来寻找符合相关特征的数据，或验证数据的发展趋势是否与通常的规律相一致；特征分析就是根据线索分析取证。根据在“特征枚举”步骤中所采用方法的不同，特征发现方法又可以分为“从数据到行为”和“从行为到数据”两种方法。“从数据到行为”是以数据分析为主、行为分析为辅的特征发现方法，其过程是通过数据分析来发现数据特征，然后在数据特征的基础上分析其对应的行为，继而用法律法规来判断其行为的合法性，最终形成审计线索。“从行为到数据”则是以行为分析为主、数据分析为辅的特征发现方法，其过程一般是先假设存在某种行为，然后通过行为分析列举出可能的行为特征，然后通过数据分析来验证这些行为特征在数据中是否有反映，如果发现了对应的数据特征，那么就说明最初假设的行为是存在的，从而形成审计线索。这两种方法在审计实践中均有广泛的应用，从实际效果来看，从行为到数据的特征发现方法更为直接和有效。

一、从业务规律的把握入手来发现特征

规律是事物之间内在的本质联系。总结规律，通过相应的技术方法验证数据的变化趋势是否背离了业务变化规律，进而查询出异常数据，这是从业务规律的把握入手来发现特征的一般方法。审计人员在长期对某类问题的反复审计过程中，往往能摸索总结出此类问题的表征。在实践中抓住这种表征，从现象分析至实质，就可以较为方便地核查问题。无论是从案例分析入手来发现特征，还是从对业务规律的把握入手来发现特征，都是对审计经验的充分利用。将审计人员的这种经验运用到计算机审计中，将问题的表征转化为特定的数据特征，通过构建相应的系统、类别或个体分析模型，查询出可疑的数据，并深入核实、排查，来判断、发现问题，是审计线索特征发现的重要方法。

下面以对某银行的存款余额变化分析为例，说明如何从对业务规律的把

握入手来发现特征。银行存款是银行的主要负债，在商业银行业务中占有举足轻重的地位，对公存款作为银行存款的主要构成部分，其真实性的审计对于银行负债审计具有重要的意义。商业银行存款业务考核中，往往以年末存款余额作为考核指标之一，并以当年存款余额为参考，制定下一年存款任务量。因此，基层商业银行往往通过调节年末存款余额，达到人为控制下年任务量的目的，从而导致存款核算不真实。其中，对公存款转储蓄存款科目调节存款科目余额、利用虚开账户调节存款科目余额是两种常见的手法，如何从计算机数据入手，重点筛选分析大额资金的科目间流转以及年末新开账户的资金状况，核实年末存款科目余额的真实性，是对公存款审计业务的重点。

（一）特征枚举

根据商业银行按月度、季度、年度考核的特点，虚增对公存款的账户其特点为业务发生时间集中、金额大且资金存续期短，通常是在每月末新开户并突击转入大额资金而下月初又迅速转出资金的，其资金额往往不同于正常业务有整有零，大多是大额整数（能被万整除）资金。如果银行在被审计年度内各月份之间的银行存款余额出现异常波动，则往往隐藏着商业银行违规调整余额的行为。

（二）特征捕捉

首先，根据对公账户明细表生成所有对公账户的分月汇总表，包括账户名称、客户账号、子账号、月份、资金流入、资金流出、净流入。

其次，对所有对公账户分月汇总表进行分析，查找账户资金流动规律。以排序分组表查看所有对公账户分月汇总，将月份为 X 轴，对资金流入、资金流出、资金净流入求和。将分析结果表生成图表，便于直观地观察和寻找变化异常的时间点。

然后，核查这些账户的资金流入流出记录，分析、调查是否存在虚增存款的问题，重点关注其中大额整数的交易记录。

（三）特征分析

根据查询结果，结合商业银行考核特点分析单位分户账，重点针对每月末新开户且当月底大额净流入而下月初大额净流出的可疑账户，并结合其资金流入流出比例，分析是否为虚增存款在年末突击存入资金而年初又迅速转移走资金。

二、从各种数据的对比入手来发现特征

不论是被审计单位内部的财务、业务数据，还是来自相关部门或单位的外部数据，都是审计人员在开展审计项目时可以充分利用的数据资源。这些数据虽然来自不同的部门，但都是被审计单位经济业务的反映。审计人员可以充分利用各种数据之间的关联关系来进行特征发现，更好地完成审计任务。

（一）内部数据之间的对比

内部数据之间的对比是将来源于同一被审计单位的不同类型的数据按照一定的方法进行比较。在审计过程中，既可以将同一单位的财务数据与业务数据进行对比分析来发现线索，也可以将同一单位不同业务系统的数据表进行比较来发现线索。

例如，住院病人床位费应根据“计入不计出”的原则，从住院当天起计算床位费则不应再计出院当天床位费；同时住院普通床位费一天只应收取一次，不能一日多计。因此审计人员首先将所有住院病人的收取床位费天数按病人住院号汇总起来，再根据病人出院记录表中的入院、出院日期计算病人实际住院天数，将两者对比计算出医院多计天数收取的病人住院床位费。在这个审计过程中，审计人员除了用到住院病人收费清单以外，还应结合病人入院、出院记录表，核对医院向病人收取的床位费天数是否与入院、出院记录表一致。

1. 特征枚举

医院向住院病人收取的床位费天数应该与病人出院记录表中实际登记的住院天数一致，并遵循“计入不计出”的原则。从住院当天起计算床位费则不应再计出院当天床位费；同时住院普通床位费一天只应收取一次，不能一日多计。

2. 特征捕捉

首先将所有住院病人的收取床位费天数按病人住院号进行汇总。

再根据病人出院记录表中的入院、出院日期计算病人实际住院天数。

然后将医院向病人实际收取的床位费天数与出院记录表中实际住院天数进行对比，计算出医院多计天数收取的病人住院床位费。

操作流程见图 1。

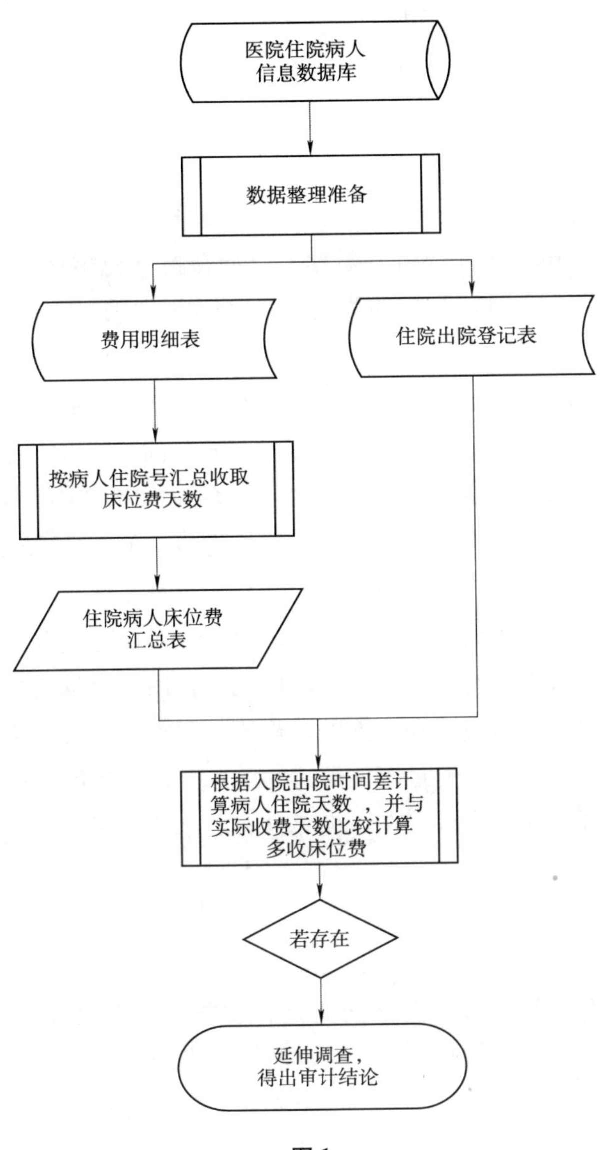

图 1

3. 特征分析

以审计发现的疑点为线索，按多收费金额和多收费天数降序排列，重点抽查金额大、天数多的部分病人病历及档案资料，查看是否存在多计天数收取病人床位费的情况。同时检查医院软件计费方式，是否严格遵循了“计入不计出”的原则，从住院当天起计算床位费则不应再计出院当天床位费；同时住院普通床位费一天只应收取一次，不能一日多计。

（二）外部数据与内部数据的对比

将外部数据与内部数据进行对比是系统论的思想在审计中的一个具体体现。任何一个单位的经济活动都不是孤立进行的，总要和外部相关的部门或单位发生千丝万缕的联系。因此，在当前的审计实践中，越来越多的审计项目不仅需要审计人员采集被审计单位内部的电子数据，还需要尽可能地采集其他相关部门、单位的外部电子数据，以便在拥有充足信息资源的基础上，充分利用内部数据与外部数据的关联关系来查找问题线索。

下面以利用税收征管数据查处商业银行虚开对公账户的案例说明如何将外部数据与内部数据结合使用，发现审计线索。对公存款是商业银行最主要的负债业务，也是商业银行生存和发展的基础。因此，各商业银行都把争取存款作为一个重要的任务指标。一些商业银行为了完成上级行下达的存款指标，不惜违规操作，采取不正当的手段拉取存款。同时，商业银行往往将存款业务视为低风险业务，对该业务的监管往往重视不够，导致近年来商业银行存款业务案件不断发生，更加凸显了商业银行对公存款业务存在的操作风险，同时暴露了商业银行内控制度薄弱的问题。由于存款业务发生频繁、分布广泛、账户众多，难以实现全面的、逐笔的审计，客观上要求必须应用计算机分析锁定审计重点。通过审前分析存款业务流程风险控制点，将发生额有异常变化的账户作为审计的重点，充分利用电子数据从多个角度锁定可疑账户。

1. 特征枚举

经过对存款业务流程风险控制点的分析，确定对公存款业务风险主要集中在开户及资金划转环节。正常的对公存款账户一般具有资金收付相对稳定，业务与账户性质、企业性质、经营规模相当的特点；疑点公司往往开户时间在商业银行考核时段的期末，资金流量金额较大而业务量却很小、资金收付缺乏连续性，而且其业务资金流量与税款缴纳情况不匹配。

2. 特征捕捉

通过将商业银行对公存款业务数据与地税征管业务数据关联查询，验证商业银行对公业务公司账户的真实性和合规性，查证有无利用虚开公司存款账户调节存款科目余额的行为，审计对公存款的真实性。

首先，按年度和客户账号汇总对公账户全年资金流入、资金流出总额，得到对公账户交易汇总表，从中查询发生额最大的待查对公账户。

其次，将对公账户交易汇总表与纳税人基本信息表进行关联，查询大额

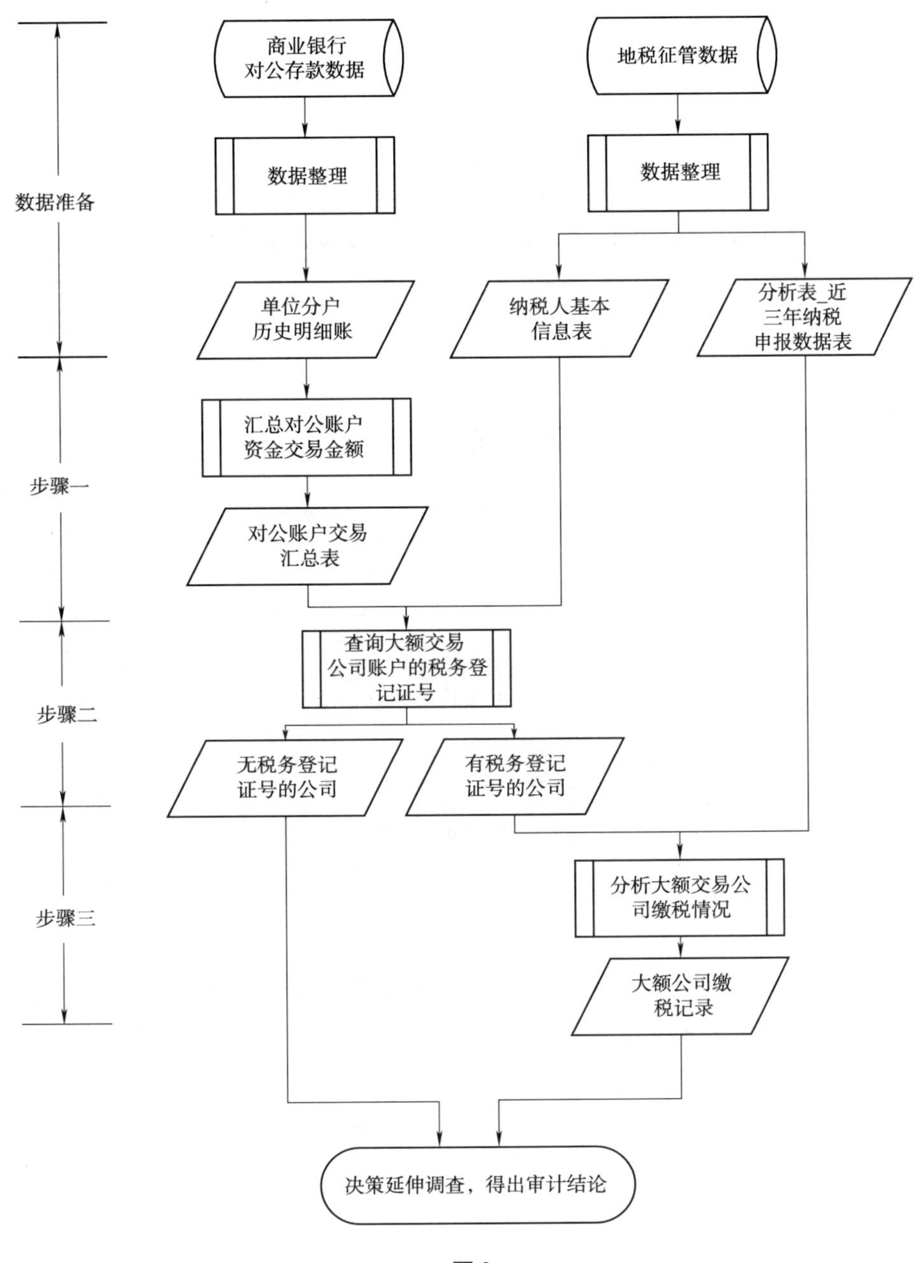

图 2

交易待查公司账户所对应的税务登记证号是否存在，将查到的税务登记证号保存在大额交易公司纳税人信息表中。如没有查到税务登记证号则将公司名称和账号作为疑点保存下来，说明公司未经税务登记。

然后，将大额交易公司纳税人信息与分析表_近三年纳税申报数据表关联，分析大额交易公司缴税情况。如果公司近三年内没有纳税记录，则将公司账号和名称记录作为疑点保存下来，说明公司相应期间内未纳税。

3. 特征分析

以查询结果为线索，调阅公司开户资料信息，全面延伸调查疑点公司账户，调查其业务发生频率是否正常、是否具有持续性，是否为应对商业银行年终考核而虚增存款。对于没有税务登记证号而有大额资金流入流出的账户其账户真实性值得怀疑，应延伸调查公司是否真实存在，其税务登记证是否虚假；对于有税务登记证号而没有缴税记录的账户，应调查公司是否真实存在，是否存在偷税漏税现象或者公司为空壳公司。

三、从业务的逻辑性入手来发现特征

从业务的逻辑性入手来发现特征是一种非常有效的方法。比如，以下情况都是不符合逻辑的：在税务审计中，税务局批准的延期纳税的金额都是万元整数；在社保审计中，居民报销的医保费用超过住院花费总金额，“看病能赚钱”；在医院审计中，药库中的药品出库量大于入库量。这些不符合逻辑的情况，背后往往隐藏着一些违规操作，比如税务局调节税收、居民重复参保或重复报销、医院进药折扣等。

例如，医院的收费项目中有按小时计费的，如果每天收费小时数超过 24 小时或超过规定小时数则显然不符合逻辑，很可能是医院在收费标准既定的情况下多计收费数量从而多收病人医疗服务费用。

（一）特征枚举

按某地物价部门的规定，病人的氧气吸入费用按每小时 4 元计费，但单日不得超过 60 元。违规收取氧气吸入费的特征是，在按小时计费的既定标准下，向病人连续收取氧气吸入费且单日收费小时数超过 15 小时（如物价部门无明确规定，则单日收费小时数不应超过 24 小时）。

（二）特征捕捉

首先，按病人住院号和住院日期汇总每人每天收取氧气吸入的小时数和费用数。

其次，统计单日氧气吸入费小时数超过 15 小时（如物价部门无明确规定，则单日收费小时数不应超过 24 小时）的人次、总金额、多收费用额。

（三）特征分析

根据查询出的病人病历首页序号，查阅相关住院病历、收费清单等资料，向医院病人、医护人员进行调查，确认是否存在多计收费小时数收取氧气吸入费的问题。根据抽查的结果，部分病人只知道氧气吸入费是每小时收4元，却不知道物价部门对氧气吸入费单日总费用有限制。审计人员按照物价部门的规定小时数计算医院超标准收取氧气吸入费。

四、从数据间的钩稽关系入手来发现特征

电子数据是对被审计单位经济业务的反映和记录，每一类、每一个数据都有其明确的经济含义，并且数据间往往存在某种明确而固定的对应关系，这些对应关系便是钩稽关系。钩稽关系一般体现为机械准确性，即不同经济变量之间在量上的依赖、对应关系。如资产负债表的资产合计应等于负债与所有者权益之和。又如在相关条件确定时，企业一定量的固定资产金额必然有一定的累计折旧金额相匹配。数据间的钩稽关系本身就是一种特征体现，在审计中能够紧紧抓住这种特征，无疑对审计线索的发现具有重要的意义。

下面以住房公积金审计中检查贷款审批额度是否超过购房价款限定比例，来判断住房公积金中心贷款审批是否严格、合规。

（一）特征枚举

《××省住房公积金管理实施办法》规定“缴存住房公积金的职工，在购买、建造、翻建、大修、装修自住住房时，可以向住房公积金管理中心申请住房公积金贷款。住房公积金贷款额度最多不得超过购房款总额的70%。贷款期限不得超过职工法定退休年限”。因此审计人员对发放贷款金额占购房价款的比例进行计算，检查贷款审批额度是否超过购房价款70%。

（二）特征捕捉

首先，计算贷款发放金额占购房价款的比例，检查贷款审批额度是否超过购房价款70%。

其次，抽查部分贷款超过房价70%的档案，特别是贷款额度明显超出房屋总价70%以上的个人贷款档案（如80%以上的个人贷款档案），逐笔核实数据的真实性和准确性。

（三）特征分析

从图3可以看出，2011年以后，某地贷款审批总体上更加严格，较少出现发放贷款额度超过房价70%的情况。经审计发现，某地住房公积金管理中心2010年至2012年存在贷款金额超过购房总价款70%以上的个人贷款共计×笔，房屋总价×万元，贷款金额总计×万元，截至2012年年底余额×

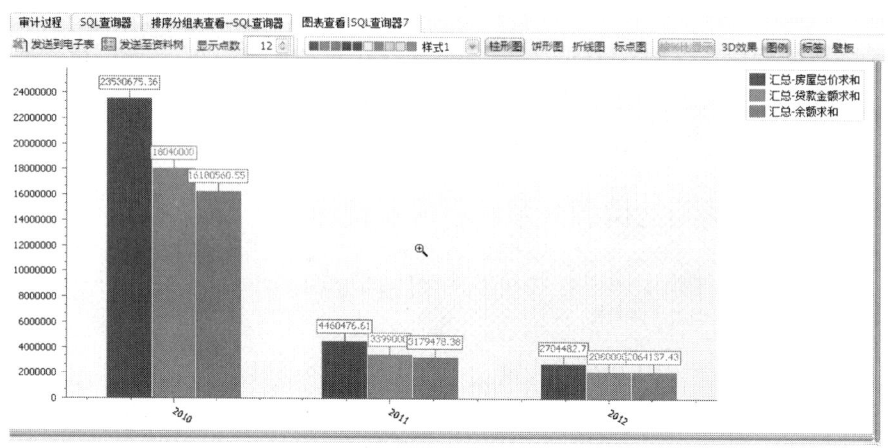

图 3

万元，超额度贷款 × 万元。在这 × 笔超额贷款中贷款比例最高的达到 83.19%，最低的达到 71.14%，总体平均比例 76.31%。

在以上几个案例中，审计人员通过运用查询分析技术，根据分析出的数据特征在相关数据中迅速发现了疑点数据，并通过进一步的分析取证，锁定了审计线索，揭露了违规问题。查询分析是审计人员在审计过程中根据不同的分析需要，从不同的角度快速灵活地对数据库中的海量数据进行多角度查询和分析，并以直观易懂的形式将查询和分析结果展现给审计人员。

但近年来，随着审计实践的发展，上述传统分析技术在很多项目中已经不能完全满足我们的全部需求，为了能够在缺乏审计经验的情况下对海量数据进行特征挖掘，为了能够处理非数值型数据等，诸如数据挖掘、非数值型数据的文本挖掘、征兆发现、探索性数据分析等技术也逐渐在审计实践中得到研究并应用起来。无论是“从行为到数据”还是“从数据到行为”，都是审计线索特征发现的重要方法。相较而言，从行为到数据的特征发现方法具有很强的针对性，能够迅速发现审计线索，但同时对审计人员要求比较高，需要有丰富的审计经验和对违规手法以及法律法规清晰的认识。在具体审计实践中，只有将各种审计方法结合使用，相辅相成，才能取得更好的效果。

参考文献

[1] 刘汝焯等. 审计线索的特征发现 [M]. 北京：清华大学出版社，2009.

企业审计国有资产流失问题线索特征发现方法与应用研究

审计署昆明特派办　段琪炜

【摘要】　由于监管法律法规滞后、监督体系不健全、监管手段有限等原因，在国有企业经营、改制等过程中国有资产流失现象还比较突出，违法违规问题层出不穷。本文对企业审计中国有资产流失问题线索特征发现及基于计算机审计技术的应用与研究，就是将加大对重大违法违纪腐败问题的揭示和查处力度作为着力点，使用信息化手段提高对问题线索的发现能力，保障国有资产安全，促进国有资产保持增值，充分发挥审计在国家治理中的作用和维护国家经济社会健康运行的免疫系统功能。

【引言】　随着国有企业改革的不断深化和现代企业制度的逐步建立，近年来，我们国家中央企业的竞争力和活力不断增强，在相应领域取得了突出成绩。但是由于监管法律法规滞后、监督体系不健全、监管手段有限等原因，在国有企业经营、改制等过程中国有资产流失现象还比较突出，违法违规问题层出不穷。

加大对重大违法违纪腐败问题的揭示和查处力度一直是审计署对中央企业审计的工作重点，仅2012年审计署对中央企业的审计中，就反映重大违法违规问题（线索）21件，涉案金额20多亿元（造成损失18多亿元），涉案人员23人。本文旨在综合分析近年来企业审计中发现的涉及国有资产流失重大问题，归纳其主要特征，并从运用计算机进行特征分析的角度对企业审计中涉及国有资产流失问题线索特征发现及应用进行研究。

一、企业国有资产流失概念及其主要表现

根据 2009 年 5 月 1 日正式实施的《中华人民共和国企业国有资产法》第三条规定："企业国有资产是指国家对企业各种形式的出资所形成的权益。"

企业国有资产与机关事业单位国有资产相比，有着明显不同的特点。首先是企业国有资产属于经营性资产，在经营过程中有着大量经济利益的流入和流出；其次企业国有资产存在的形态多样，可以是股权、货币、实物或无形资产，且容易相互转换；三是资产的价值不断浮动变化，经营和计量的方式更为复杂。鉴于以上特点，近年来，企业国有资产被侵占的次数、金额都远多于其他形式国有资产，造成大量企业国有资产流失。①

目前，对国有资产流失还没有明确的定义，在理论和实际应用中较为常见的定义为："国有资产的经营者、占有者、出资者、管理者，出于故意或过失，违反法律、法规及国家有关国有资产管理、监督、经营的规定，造成国有资产损失或有损失危险的结果。"根据该定义，国有资产流失应明确为一种结果，而非行为。1998 年 2 月 1 日，原国家国有资产管理局下发了《关于国有资产流失查处工作若干问题的通知》，则从法规的层面明确了国有资产流失的几个要件。

该通知第一条规定："依法确定国有资产流失查处的对象。作为应予查处的国有资产流失必须是法律明确禁止的、人为造成的、并应当承担责任的国有资产权益损失。认定为国有资产流失的条件是：（一）造成国有资产流失的违法主体必须是国有资产的经营者、占用者、出资者或管理者；（二）违法主体必须对违法行为的发生具有主观故意或者过失，即具有过错；（三）必须是违反法律、行政法规和规章的行为；（四）必须有国有资产流失的结果发生，或不加制止必然产生国有资产流失的后果。"②

根据上述定义和限定，国有资产流失应当限定在人为造成的现象，即强调是国有资产的经营者、占有者、出资者、管理者，存在主观故意或过失，违反了相关法律法规导致了国有资产损失或减少，而客观如自然灾害、政策、历史等原因所带来的国有资产损失或者减少不能归入国有资产流失的范畴。

在国有企业经营过程中，导致企业国有资产流失，或者说造成国有资产

---

① 谢次昌：《国有资产法》，法律出版社 1997 年版，第 189 - 192 页。

② 《关于国有资产流失查处工作若干问题的通知》（国资法规发〔1998〕2 号，原国家国有资产管理局）。

流失的高风险环节一般表现在以下几个方面：

一是国有企业改制过程中，有些企业的转让卖出没有经过法定程序，内外勾结造成国有资产流失。

二是改革过程当中，有些企业逐步把一些优质的国有资产分离到副业中去，主业的管理人员在副业参股甚至控股。

三是有些效益很好的国有企业的领导利用亲朋好友成立民营企业，将大量效益很好的业务转包给民营企业，自己从中获利。

四是企业内部分配不公，损失浪费严重。

五是非经营类国有资产，包括国家机关、事业单位办公楼、培训基地，大量的财政补贴等的流失问题。

从企业审计角度来看，可从完善法律法规体系、改进体制机制、加大对违法问题的查处力度等方面加强对国有资产的监督和管理。本文对企业审计中国有资产流失问题线索特征发现及基于计算机审计技术的应用与研究，就是将加大对重大违法违纪腐败问题的揭示和查处力度作为着力点，使用信息化手段提高对问题线索的发现能力，保障国有资产安全，促进国有资产保持增值，充分发挥审计在国家治理中的作用和维护国家经济社会健康运行的免疫系统功能。

二、特征发现及其在查找审计线索中的应用

（一）特征发现方法

1. 特征及特征发现

特征，是指可以作为事物特点的征象、标志等。

在国有企业的运营过程中，时间、金额、价格、交易对象等都可成为其特征，侵吞国有资产的犯罪行为往往隐藏在这些大量特征的背后，难以发现。但是，作为一种犯罪行为，其往往需要与常规的经营活动不同的行为方式和手段，这些不同的行为方式和手段在整个经营活动中就体现为某些方面的异常，这些异常也就是国有资产流失线索的特征。

特征发现，在以计算机处理为基础的信息化环境下，可以定义为从大量的数值型和非数值型数据中提取有用的信息和知识的过程。审计线索的特征发现可以分为已知事件的特征发现、未知事件的特征发现以及征兆发现等，其中对已知事件的特征发现是指审计人员主要依据历史案例、业务处理逻辑等建立模型进行特征发现①，是审计人员最常用的特征发现方法，也是较易

---

① 刘汝焯等：《审计线索的特征发现》，清华大学出版社2009年版。

于通过计算机处理的一种方法。

2. 特征发现方法的一般步骤

审计线索的特征发现可以归纳为三个步骤：特征枚举、特征捕捉、特征分析。[①] 特征枚举是在经验判断、科学统计或审计人员假设的基础上，尽量列举出所期望发现线索的特征表现，该步骤是特征发现的关键步骤，一般需要由具有较丰富审计经验并且具有一定计算机审计水平的审计人员完成，往往决定了整个特征发现成果的好坏。

特征捕捉可以视为一个建模和运算的过程，通过运用数据库查询或多维分析等技术来寻找符合相关特征的数据，或验证数据的发展趋势是否与通常的规律相一致，发现异常，从而得到一系列疑似线索。

特征分析则是对特征捕捉阶段发现的疑似线索进行分析验证的过程，需要取得充分的证据对线索进行核实。

特征枚举是特征发现的关键步骤，其确定的一系列特征表现的质量，决定了特征捕捉过程中建模的质量，进而决定了得到的疑似线索质量。特征表现列举过于严格，则可能会使得真正的线索被排除在结果集之外；反之，若特征表现列举过于宽松，则捕捉到的疑似线索数量过于庞大，真正的线索湮没在大量的正常业务中，也就失去了特征发现的价值。

正是因为特征枚举的关键性，根据在“特征枚举”步骤中所采用方法的不同，特征发现方法又可以分为“从数据到行为”和“从行为到数据”两种方法。“从行为到数据”一般是先假设存在某种行为，然后通过行为分析列举出可能的行为特征，然后通过数据分析来验证这些行为特征在数据中是否有反映，如果发现了对应的数据特征，那么就说明最初假设的行为是存在的，从而形成审计线索[②]。该方法更符合“已知事件的特征发现”这一模式，效率更高，也更容易复制和推广。

（二）特征发现在查找审计线索中的应用

审计特征发现应该是在以计算机处理为基础的信息化环境下，通过对被审计单位大量电子数据和非结构化数据进行分析，从而提取有用信息和知识的过程。国家审计机关对各个领域的审计特征发现进行了大量研究和实践，而实践中的效果也取决于一些客观因素：

一是被审计单位信息化程度高低。即使较容易实现的“从行为到数据”

① 刘汝焯等：《审计线索的特征发现》，清华大学出版社 2009 年版。

② 刘汝焯等：《审计线索的特征发现》，清华大学出版社 2009 年版。

的特征发现，也需要被审计单位业务中的行为能够映射到数据中，较完整地体现业务全过程。

二是业务流程的复杂程度与模式化程度。被审计单位的业务越简单，业务模式越单一，则越容易提取其行为特征，异常也越明显。

三是审计机关对该审计方向的熟悉程度及经验积累程度。审计人员实施现场审计的时间有限，对其越熟悉，越能够尽快建立准确的特征分析模型，取得成果。最理想的状态是能够建立了一套成熟的特征分析模型及方法体系，并且可以实时（相对）地远程获得被审计单位的数据，不需要专门到达审计现场即能发现线索，该模式也就是目前正大力推广的联网审计模式。

综合来看，金融审计、海关审计，因被审计单位信息化程度较高，主要业务较完整地集成了其信息系统，能够客观地反映业务情况，且该领域开展信息化审计研究实践较早，相对企业审计取得了较多的成果。如在海关审计中，就通过审计特征分析，确定了以出口货物申报重量大于码头装船过磅重量为主要特征，发现企业虚假出口、涉嫌走私问题；分析报关单与放行数据不一致的特征，发现内外勾结走私偷逃税款问题。企业审计中，虽然也发现了航空公司暗扣等问题，但在企业审计领域，特别是发现重大国有资产流失案件线索方面，特征发现的应用还有所缺失。

三、国有资产流失问题线索的主要特征及发现

为此，本文通过梳理近年来审计署查获的国有资产流失重大案件，按照“已知事件的特征发现”这一模式，从企业投资决策、经营管理和股权资产处置三个重点环节归纳出常见的国有资产流失特征，从行为入手，进而达到特征发现的目标。需要指出的是，此处的特征发现，是在被审计单位的业务等已经一定程度上实现了信息化，有大量的电子数据做支撑的基础上实现的。所使用的特征发现方法也是在结构化和非结构化数据多维分析的前提下展开的。

（一）资产评估缺失或过程不规范导致国有资产流失

《国有资产评估管理办法》及相关规定明确了国有资产在拍卖、转让等情形应当进行资产评估。在应当进行资产评估时，不按该规定进行资产评估，或者先剥离一部分净资产再评估、随意压低评估值，或夸大资产价值，抬高评估价格，造成国有资产损失。

1. 主要特征

一是在应当进行评估时，不进行评估或仅按照账面价值确定国有资产价值。

二是评估过程中，对企业所拥有资产评估不完整，部分资产提前剥离被评估企业或未纳入评估范围。

三是人为干预评估过程，通过提供虚假资料或者直接授意评估公司等方式，压低或抬高评估价值。

2. 特征发现

一是电子台账中评估价格一栏为空白或不规范字符，或者在台账中填列虚假评估报告文号，可结合非结构化数据分析发现。

二是评估价格与资产净值差异较大，超过设定的比例或设定的阈值。在分析过程中将两栏数据进行比较，差额超过一定范围或者在净资产一定比例以上的，可作为疑点。

三是对某单项财产或权利的评估与市场公允价格偏离较大，或未纳入最终评估价值。

四是在评估前财务账目发生异常波动，有大额的减值提取等。分析对应科目（固定资产、累计折旧、资产减值准备等）的日均余额或月均余额，将明显变化的月份作为疑点，特别是在实施评估前有较大变化的。分析月均发生额，对发生额大于月均的加以关注。

（二）在进行国有企业改制、国有产权转让和处置国有资产时，违反规定，无偿地或者以明显低于市场的价格转让给非全民单位或者个人，造成国有资产流失

这类情形常常发生在股权及设备和土地、矿权等无形资产的转让过程中，常常伴随着违法违规行为。

1. 主要特征

一是违反权限，不遵守法律法规或企业内部控制制度确定的流程和权限，未经批准和集体决策。

二是受让方是民营单位或者个人，也就使原本由国资控股或拥有的资源流出了国有的范畴。

三是转让价格低于市场公允价格或评估后的价格，或者将仍有价值的资产作无偿处置。

这三个特征也是构成此类流失行为的要件。

2. 特征发现

一是在处置事项的台账中重点查询交易的对方为非公有制法人或个人。

二是重点关注涉及矿权、土地等价格操纵空间大，及易为所有权方带来大额溢价的交易。

三是可对照市场公允价格进行数据比对，发现差异较大项目。

四是在通过以上三步锁定高风险交易后，从被审计单位提供的公文系统和会议纪要、记录中使用非结构数据的查询方法查找相关处置事项是否经过了审批，是否经过集体会议决策。

（三）在国有资本与财务管理中，违反国有资本与财务制度，私分、隐瞒收益，随意投资、随意担保、非法侵占国有资产，造成国有资产流失

1. 主要特征

一是职工持股企业、多种经营企业和合作的民营企业占用企业国有资产的状况得不到真实反映。

二是减少企业国有资本所占所有者权益比例，国有股权被稀释。

三是未经批准对外进行投资、借款或担保，使国有资产处于高风险状态。

四是利用财务制度或业务流程上的漏洞，非法侵占设立小金库或形成账外资产，为少数人任意挪用。

2. 特征发现

一是企业内控制度不完善，或内控失效，在内控测试环节得分较低。

二是生产企业的产品主要由关联职工持股企业或多种经营企业购买后转销售，向这些企业出售价格低于市场均价。

三是往来科目中往来企业金额大小与业务量不一致，存在将违规投资、出借资金伪装为货款，在往来科目核算的过程。

（四）在股份制企业和中外合资、合作企业中，对损害国有股权益和中方权益的行为不反对、不制止，造成国有资产流失

主要特征及发现。这类行为的主体是国有持股单位和中方投资单位，行为的特征一般表现为不作为，对国有资产的侵占来自于国家所有权外部。具体地说，在股份制企业中，对国有股同股不同权、同股不同利，对国有股不分红或少分红，以及在转配股时，对国有股实行不平等待遇，变相损害国有股的权益。

在中外合资、合作企业中，外方侵占中方权益的做法多种多样，主要有以下几种特征：

一是利用控股权把持财务，不承认或擅自减少中方出资额。

二是低价甚至无偿占用中方资产和流动资金。

三是投资不到位或者将所投资金抽走，仍按原比例分红。

四是在投入技术设备时高报价格，在代购设备时转手加价。

五是控制交易伙伴（进货和销售渠道），借“两头在外”，实行原材料高进，产品销售低出，转移利润。

四、总结

通过对典型企业国有资产流失行为及进行分析，掌握了这些行为到特征的具体表象，审计人员就可以运用数据库查询分析、多维分析、非结构化数据分析等技术手段，在被审计单位海量数据中迅速地发现疑点数据，为后续取证核实提供有利条件。

参考文献

［1］谢次昌．国有资产法［M］．北京：法律出版社，1997：189－192.

［2］原国家国有资产管理局．关于国有资产流失查处工作若干问题的通知．国资法规发〔1998〕2号．

［3］刘汝焯，等．审计线索的特征发现［M］．北京：清华大学出版社，2009.

［4］陈峰，王秦辉．从行为到数据的特征发现方法［N］．中国审计报，2011（23）．

［5］韩喜平，丁天舒．国有资产流失形式及法律对策［J］．北方论丛，2006（6）．

［6］余松林，周小舟，吴颖霞．论国有资产流失及治理的法律对策［J］．山西高等学校社会科学学报，2006（8）．

审计线索特征发现方法在金融领域的实践研究

审计署兰州特派办　赵晓东

【摘要】　审计线索特征发现运用什么方式、方法或技术手段实现，是审计线索特征发现的关键所在。本文结合近年来金融审计实践，分别对从业务逻辑性、从钩稽关系、从政策法规、从内外部数据对比和从违法犯罪手段等5方面入手，分析研究审计线索特征发现在金融审计领域的实践应用过程，以此反映出运用特征发现方法进行数据分析是及时发现审计、特别是金融审计领域违法违规问题线索的一种行之有效的方法。

一、审计线索特征发现概述

所谓特征，是指可以作为事物特点的征象、标志等。在信息化环境下，审计线索会通过电子数据表现出一定的特征，审计人员在以往经验基础上，通过学习可以快速、准确地捕捉到这些特征进而进行分析取证，是审计发展到现阶段的一种有效做法。审计线索的特征发现是指从大量的数值型和非数值型数据中提取有用的信息和知识的过程。审计线索的特征发现强调的是一种思路，不是脱离审计业务也就技术谈技术，而是现代审计向前迈进的又一个坚实的步伐。

特征发现，在以计算机处理为基础的信息化环境下，可以定义为从大量的数值型和非数值型数据中提取有用的信息和知识的过程，对金融审计工作而言，如何准确定义各种金融犯罪行为的特征及其在金融系统数据中的表现，进而从海量数据中提取符合条件的数据并获取相关信息、还原事实真相，往往是发现审计线索的关键所在，这就是特征发现方法。

二、审计线索特征发现的过程及方法

所谓过程，是指事物进行或事物发展所经过的程序。审计线索特征发现的一般过程就是为了达到最终发现审计线索特征这一目的而采取的步骤、程序。审计线索的特征发现可以归纳为三个过程：特征描述、特征捕捉、特征发现。特征描述就是在审计线索特征发现过程中首先要描述出可能的特征表现；特征捕捉就是通过运用计算机查询语言或多维分析方法等相应技术来寻找符合相关特征的数据，或验证数据的发展趋势是否与通常的规律相一致；特征发现就是根据线索分析取证。

目前，审计线索特征发现的一般方法，主要包括从业务逻辑性入手来发现特征、从钩稽关系入手来发现特征、从政策法规入手来发现特征、从内部、外部数据的对比来发现特征和从违法犯罪的手段来分析行为特征五种方法。其实，在具体审计实践过程中，上述五种方法常常会同时运用，以实现审计成果的最大化。接下来，笔者结合近年来金融审计的实践，分别阐述上述方法的实际应用过程。

三、审计线索特征发现在金融领域的实践研究

（一）从业务逻辑性入手来发现特征

从业务的逻辑性入手来发现特征是一种非常有效的方法。审计人员在长期对某类问题的反复审计过程中，往往摸索、总结出一类问题的表征。在实践中紧紧抓住这种表征，从现象分析至寻找数据特征再到对审计经验充分利用。将审计人员的这种经验运用到计算机审计中，将问题的表征转化为特定的数据特征，通过构建相应的个体分析模型，查询出可疑的数据，并深入核实、排查，来判断、发现问题，是从业务逻辑规律入手发现审计线索的整体实践思路。简单说，这种方法就是通过对某种业务的学习掌握，发现该业务数据中存在的异常情况。

我们以发现利用远期信用证诈骗的违法案件线索为例，研究该种审计线索特征发现方法。

1. 特征描述

商业银行信用证业务的管理和核算分散在各业务部门，其基本业务逻辑流程是授信—开证申请—交存保证金—开证—承兑—付款（垫款）。相应地，信用证业务的数据流由核心账务、信贷管理和国际业务等系统综合完成，即开证人先向国际业务部门申请开证，审核后信贷管理系统在批准的授信额度

内向国际业务系统发送开证指令，同时核心账务系统将交存保证金的信息传递给国际业务系统，国际业务系统据此通过 SWIFT 系统对外发送标准开证和承兑等报文，信用证到期后国际业务扣收保证金或在垫款科目向外支付款项。

2. 特征捕捉

审计人员在对开证企业总体授信情况和开证的总体金额、频率、信用证垫款余额分析的基础上，以 1/3 提单、过期交单、免费放单（撤证）和延期付款等异常开证情况，以及开证保证金缴存比例与开证金额不配比等预警情况，并结合开证企业的行业风险，信用证在开立、付款和结清等环节表现出来的各种可疑特征建立数据模型，最终较为准确地选出可疑企业和异常信用证。

3. 特征实现

（1）查询分析信用证垫款余额表，从中选择垫款金额较大，开证时间较为密集的企业。信用证垫款表中垫款余额来源自信贷系统的贷款分户账，通过垫款科目名称可以从贷款分户账中检索出当前有信用证垫款的企业；关注历史上曾经发生过垫款情况的企业也十分有意义，通过科目号或科目名称可以从贷款历史记录中检索出曾经发生过垫款，但当前垫款余额为零的企业，这样做的目的是通过追查归还垫款的资金来源，判断是否存在掩盖垫款的行为。

（2）按照开证的客户名称、开证月份等字段对开证金额进行分类汇总和排序，结合图表分析开证大户以及每户开证企业的开证频率是否呈现周期性规律等。由于远期信用证最长期限为 1 年，实务中通常为 6 个月，如果不考虑季节因素，正常开证客户每月的开证量一般比较均衡，而如果利用循环开证，套取银行资金的非法客户通常会在某一时点集中开证，6 个月后集中到期，还款后继续开证，因此分析开证周期有助于直观判断企业开证是否存在异常。

（3）以客户代码等字段将正常贷款明细表、贴现承兑明细表和信用证汇总表进行关联，分析在银行有流动资金贷款、承兑汇票、贴现和福费廷等各种融资的开证客户。利用信用证诈骗的企业为了取得银行的信任，会加大授信额度，与银行合作的初期通常保持着信誉良好的假象，从申请流动资金贷款入手逐步开证，中后期开始大量虚开远期信用证，套取银行资金，从事高风险暴利行业，一旦投资出现失误，就会采取各种融资手段弥补窟窿，保证资金链不至断裂。

（4）将开证保证金余额和信用证汇总表进行关联，通过分析某个时点上保证金和开证余额的比例匹配情况，关注银行扣收未到期信用证保证金归还到期信用证的情况。按照银行的规定，开立远期信用证需要收取一定比例的保证金，开证金额和开证保证金金额之间存在固定的比例关系，如果客户违约无力还款，银行会扣收保证金归还垫款；因此，在某一时点，一旦该比例低于规定数值，则有可能是开始出现了大量垫款，需要引起审计人员的重点关注，会发现潜在的可疑客户。

（5）查询分析信用证开证明细，设定条件，检索过期交单（解除付款责任）、延期付款等异常特征，重点关注过期交单、提交与规定不符的物权凭证和承兑金额远远大于开证金额等严重不符点。过期交单是指实际的交单日期晚于信用证规定的日期，这里有两种情况，一种是交单日不符合信用证条款规定的日期，另一种是交单日晚于装船日 21 天；在信用证明细中多次出现此类“撤证”的情况应引起高度重视。还有一种特殊情况是延期付款，国际贸易的交易双方因货物问题出现延期付款的情况比较常见，但对于出口商经常出现要求进口商延期付款的情况比较反常，表明出口商在信用证的议付和贴现环节出现问题，在为进口商继续开证争取时间。

（二）从钩稽关系入手来发现特征

电子数据是对被审计单位经济业务的反映和记录，现实中的联系在信息化条件下往往体现为数据间的明确而固定的对应关系，这就是钩稽关系。如果数据不符合这种钩稽关系，不符合的记录就将作为我们的审计线索，将进行进一步审计核实。

我们以某保险公司审计中，对其重要业务数据存在的内在对应关系或逻辑性进行分析发现问题线索为例，研究该种审计线索特征发现方法。（由于涉及保险公司的几类问题，我们把特征描述、特征捕捉和特征实现结合在一起描述）

1. 对农业险理赔周期进行分析

农业保险可持续发展是该险种需要关注的一个重要问题。可持续发展主要体现在农业保险的理赔周期是否合理，是否存在长期拖欠不赔或理赔效率不高，从而影响国家农业产业政策实施效果的问题。所以，审计人员在理赔系统中建立农业保险立案中间表，将政策性农险保单的出险日期、立案日期、结案日期等重要时间字段通过连接，生成到一张表中，按立案日期与结案日期间隔超过60天，且出险日期与立案日期不超过10天（即排除应农户报案不及时而造成的理赔周期较长的情况）的案件，调阅案卷进行检查，分析理赔周期较长案件的原因，发现是否存在大量积案、死案。根据数据查询结果发现，该保险公司大量存在政策性农险保单理赔周期较长，超过2个月以上的保单。经过深入调查核实，大量存在违规未处理的积案、死案，影响政策性农业保险保障功能落实到位。

2. 保单号码连续性分析

保险公司的各险种保单号码正常情况下应连续，如果保单号码不连续，可能会存在“撕单”“埋单”、缮制“阴阳单”等问题。审计人员通过分析保单基本信息表中的保单号码，按各分支机构、各险种分组，选出每组中最小、最大保单号码，并统计该组中实际存在保单数量，用最大最小保单号码对应存在保单数量与实际保单数量进行比较，发现部分二级分公司的部分险种存在断号情况，选择保单号码断号较多的分支机构进行延伸调查，追查导致断号的各种异常情况。

3. 违规压低车险折扣率分析

根据有关规定，车险折扣率不得低于基准费率的七折，如果实际执行中低于七折，则属于恶性价格竞争的违规行为。审计人员在承保系统中标的子险信息表上，按保单号码分类汇总每张车险保单的标准总保费、实际总保费，筛选出实际总保费/标准总保费的值小于0.7的车险保单，进行重点检查，从而发现大量违规压低车险折扣率进行恶性竞争的问题。

（三）从政策法规入手来发现特征

政策法规是审计的基础，也是衡量审计结果的标尺。依照政策法规来检查后台数据，有理有力。当违法犯罪行为本身比较隐蔽，或者具有很强的伪装性，或者利用行业漏洞、钻法律法规空子不易察觉时，直接通过分析违法犯罪的手段来发现行为特征会比较困难，此时可以进行换位思考，从法律法规的要素来分析行为特征，即在各种法律法规的约束下，从事违规行为的当事人可能会采取哪些手段来进行违法违规活动，进而分析总结出行为特征。

我们以某政策性银行在向贷款企业收取正常利息外加收管理费和违规核销贷款两个例子，来研究从政策法规入手来发现特征方法。

如根据中国人民银行的相关规定，某政策性银行为船舶、机电和高新技术产品等发放的人民币出口卖方信贷执行政策性优惠利率，不得上下浮动。

经过数据分析发现该行在贷款发放过程中，利率执行情况存在通过收取管理费的名义变相提高政策性贷款利率，影响政策性金融支持的效果。审计人员筛选出贷款类别为“出口卖方信贷”且收取管理费的贷款项目，统计贷款笔数；分析贷款类别为“出口卖方信贷”且收取管理费的贷款项目，统计涉及贷款金额，收取管理费金额，并选取管理费收费率较高的项目进行延伸调查，核实发现了通过收取管理费变相提高政策性贷款利率的问题。

又如根据财政部的相关规定，金融企业经采取所有可能的措施和实施必要的程序之后，符合十种条件的债权或者股权可认定为呆账。商业银行往往存在一些核销贷款的当年或前一年仍有贷款的企业，或者在核销期内贷款的净投放为正的企业，审计人员通过检索这些企业的存款流水，检查核销期间的贷款是否为借新还旧，找出那些有实际资金流动的企业进行重点延伸。一是调查银行呆账核销流程和审批权限，调取每年的核销计划和进度，掌握实际核销的总体情况，重点检查是否存在超计划或突击审批的情况。二是在银行的数据库中，抽取核销的明细数据，与前述计划进行核对。按规定，银行对核销的呆账是“账销案存”，有专门的表外登记簿，还可以从贷款主档或存款明细中，按照科目号或摘要等字段进行筛选，并对业务数据和账务数据进行核对，对完整性进行检验。三是根据财政部的规定，一笔贷款从发放到认定为呆账，至少要逾期 3 年以上。根据时间条件，做以下统计查询：按年度分类汇总核销贷款明细，生成各年度的核销金额；按年度分类汇总核销企业的贷款明细，生成各年度的贷款发放金额和收回金额；对以上两类金额进行比较，找出那些核销贷款的当年或前一年仍有贷款的企业，或者在核销期内贷款的净投放（发放金额—收回金融）为正的企业；检查这些企业的存款流水，看核销期间的贷款是否为借新还旧，找出那些有实际资金流动的企业，进行重点延伸核实。

（四）从内部、外部数据对比入手来发现特征

将外部数据与内部数据进行对比是系统论的思想在审计中的一个具体体现。一个单位的经济活动不是孤立进行的，总要和外部的相关单位、部门发生千丝万缕的联系。在当前的审计实践中，越来越多的审计项目不仅需要我们采集被审计单位内部的电子数据，还要尽可能地采集其他相关单位、部门的数据，我们从对比过程中往往能发现审计的线索。

我们以金融机构投资业务审计中发现债券交易价格异常问题为例，来研究从内部、外部数据的对比来发现特征方法。

1. 特征描述

商业银行等机构投资者，采取在全国银行间债券市场彼此之间询价方式，进行一对一的债券交易。结合目前银行间债券市场大量存在通过“倒券”“养券”等各种非正常交易，进行虚增规模、熨平利润、逃避监管，甚至利益输送的问题，审计重点将关注债券收益的合理性，检查是否存在“倒券”“养券”、内部交易、价格异常交易等异常交易行为。

2. 特征捕捉

审计人员应先掌握“倒券”“养券”等非正常交易的特征。所谓“倒券”，是指金融机构之间为虚增交易量，通过对一笔债券在同一天内的多次买卖来做大规模，可以以任意相同价格来操作，因此也容易引起价格的异常波动。所谓“养券”，是指金融机构以现券的方式卖出债券后，跟交易对手私下签订协议，在将来的某时点以成本价再买入这些债券，并不断滚动续作，期限可能长达几月甚至数年，“养券”往往会使得债券的成交价和市价产生较大的偏离，直接导致异常交易价格的出现。

3. 特征实现

针对“倒券”，审计人员可以设计程序按照券种正序、清算时间倒序、交易标志正序排列，分析是否存在对同一债券当天进行价格相同、数量相同的买卖交易；针对“倒券”，审计人员可以按照券种正序、清算时间倒序、交易标志正序排列，分析是否存在对同一债券当天卖出隔天买入的数量相同的债券交易。

发现异常交易行为后，关键要分析债券交易价格的合理性，这时，就需要将债券内部交易价格和外部中债登发布的国债、金融债历史公允收益率进行关联对比，从而发现内部交易价格的异常波动，具体是：一是将国债、金融债交易明细中间表与中债登发布的国债、金融债历史公允收益率表进行关联，关联字段是交易日期，并新增每笔交易的交易时间与债券到期日的时间间隔字段，以年计量，最终生成国债、金融债交易分析中间表；二是对国债、金融债交易分析中间表进行分析，按国债、金融债交易距到期日的时间间隔，确定国债、金融债交易实际到期收益率的合理上限、下限公允收益率，生成国债、金融债交易分析表；三是计算国债、金融债实际到期收益率与公允收益率上限、下限的偏离情况，将偏离度超过10%的交易筛选出来，合并生成国债和金融债交易价格异常结果表，并进行延伸调查。

（五）从违法犯罪手段入手来分析行为特征

在审计工作中，对违法犯罪行为的揭露是从发现审计线索开始的，这就需要审计人员根据这些违法犯罪的行为特征去捕捉审计线索，实践中比较直接有效的方法是针对违法犯罪的手段进行深入分析，进而总结出其行为特征。违法犯罪的手段对审计人员来说往往会有以下两种情况：

一种是在以往的审计工作中出现过、查处过的。审计人员在长期的对各行业进行审计后，对发现的违法犯罪行为进行总结提炼，形成了非常宝贵的历史案例，在审计实践中，可以直接借鉴这些历史案例，总结出违法犯罪的行为特征。此外在对某类问题的反复审计过程中，审计人员往往能摸索、总结出业务的规律及问题的表征，在实践中掌握这些规律、抓住这种表征，从现象分析至实质，就可以较为准确地发现违法犯罪的行为特征。我们以商业银行信贷资金流入股市违规问题为例。

在银行客户的账户交易流水数据中，利用交易代码找出贷款发放金额、银行转入证券金额，根据贷款前该账户余额、贷款发放与银行转入证券这两个特定交易之间其他正常资金流入、流出金额，按照资金进出量存在一定的逻辑关系，判断银行转入证券的资金是否使用了新增贷款资金。

审计人员检查具有这样特征的账户，即有资金转入证券市场且曾有贷款的账户。将这些账户的交易分为六类：放贷、还贷、银转证、证转银、其他流入、其他流出，逐个检查这些账户的明细账，判断客户是否存在将新发放贷款转入证券市场，判断的依据是客户进行银转证业务时，转账金额大于账户中的存量资金除去贷款的部分。具体实现过程如下：

一是将所取数据中的最小交易时间和最大交易时间之间的时间段定义为一个会计期间。活期存款明细账中有交易时间、发生额、余额等字段，取每个账户第一笔交易发生的时间，根据发生额和余额计算出期初余额，生成余额表。二是查询每个账户每笔银转证业务发生时间，生成银转证时间表。三是按账户汇总交易金额，生成交易汇总表。汇总每个账户从期初到每次银转证业务发生时为止的贷款余额、银转证余额、累计其他流入、累计其他流出，连接余额表，计算每次银转证业务以后的账户余额。四是查询将贷款转入证券市场的账户和交易。根据条件：贷款余额 > 期初余额 + 累计其他流入 - 累计其他流出 - 银转证余额。判断贷款是否流入证券市场，将可疑账户和交易存入可疑账户交易表，进行进一步调查核实。

另一种则是审计人员还未接触过、新出现的。随着审计职能的转变，审计人员面对的情形越来越复杂，面对的新生事物也越来越多，一些行业中的新型违法犯罪行为可能还未在审计工作中被发现揭露过。在没有历史案例能够借鉴的情况下，审计人员需要大胆假设、合理虚拟违法犯罪行为，通过各种渠道获取、了解、掌握相关的业务信息，对这些信息深入分析后，梳理出对应的违法犯罪过程将会形成一个怎样的行为链条，总结出该链条上关键环节的行为特征。

以金融审计参与到社保资金审计这一完全陌生、未接触过的领域为例。

医保资金是社保部门对定点医疗机构上传的处方明细进行审核、复核后，按月与定点医疗机构进行结算的资金。这一结算特点表明，医保资金支付是否真实、准确，不仅有赖于社保部门的责任心和技术水平，更取决于定点医疗机构上传处方明细的真实性。因此，我们将一级医院处方明细数据作为定点医疗机构的重点分析对象，处方明细是医保数据的核心。

根据《社保三大目录》的要求，就某种药品而言，个人每天的用量是有一定上限的，在处方明细数据中，审计人员统计出每个医院某个人每次住院使用某类药品的数量，并判断其合理性，以此发现带有可疑特征的定点医疗机构。分别统计某个病人在所有定点医疗机构就医的次数、涉及医院个数和金额，包括门诊、住院和慢性病，分析每年住院总费用、住院次数、所住医院的个数都比较大的病人主要集中在哪些医院。分析一级医院的住院处方明细中发现，有大量病人每年的住院总费用、住院次数、所住医院的个数都比较大，特别是 A 市 B 社区一家民营卫生中心存在重大疑点：大量住院病人使用甲乙类药品的总费用和平均药品日用量均比较异常。有一些病人几乎全年在多家医院多次住院，这种情况非常不合常理。与 A 市社保局稽核部门共同对 B 社区卫生中心用量最大的几种药物的库存、近几年采购情况进行盘点，并与上传社保局的药品数量进行对比。审计人员与 A 市社保局稽核部门一起进驻该卫生中心，审计人员一方面利用社保局专家熟医懂药的特点，由他们负责清查病房和诊疗仪器，发现有无挂床住院、虚报诊疗项目的情况，一方面自己负责对药品盘库。

经过盘点和检查，审计人员发现该医院几乎所有药品的库存与账面都不相符，用量最大的几种药品的入库单与财务的付款凭证和发票严重不符，多数入库单没有对应的付款和发票，住院病人病历开出的药品数量和金额要小于实际上传的数据。进一步审计抽查发现，该医院上传至社保局结算的 10 种药品数量远远大于其实际采购的药品数量。通过以上调查，审计人员确定 B 社区卫生中心利用虚假库存骗取医保资金的事实。

参考文献

［1］刘汝焯等．审计线索的特征发现［M］．北京：清华大学出版社，2009.

［2］陈峰，王秦辉．从行为到数据的特征发现方法［N］．中国审计报，2011－11－23.

银行间债券市场审计特征发现研究

审计署上海特派办　赵　蕾

【摘要】　本文创新思路，将非金融机构参与银行间债券市场交易行为作为重点，充分发挥计算机审计的优势，克服了传统审计无法处理海量数据的弱点，通过数据分析，揭露了我国国债招标发行过程中的重大漏洞，同时针对发现问题进一步分析深层次的原因，提出了相应的建议。

【引言】　由于我国金融市场的特殊性，债券市场的场内市场（交易所市场）和场外市场（银行间市场）是同时独立存在、各自封闭运行的，因此对债券市场的监管涉及多部门，相关的法律法规和规范性文件不健全，导致银行间债券市场在审批、发行、交易各环节都存在着大量利益输送和内幕交易等重大违法违规问题。而银行间债券市场参与主体多，交易数量大，区域跨度广的特点，更使其成为传统审计和传统金融监管从未涉及的全新领域。

一、银行间债券市场的发展历程及现状

新中国成立后，我国于1950年、1954至1958年发行过国内公债。1968年国家偿付了全部内外债本息，自1968年至1980年，我国是一个既无内债又无外债的国家。1981年1月，国务院通过了《中华人民共和国国库券条例》，决定重新恢复发行国债以弥补连续两年出现的财政赤字。由于当时国债二级市场缺失，国债缺乏流动性，所以，当时的国债基本上都是采取行政摊派方式由国有企事业单位和个人认购。1988年，财政部在全国61家城市进行国债流通转让的试点，通过银行柜台交易的场外市场初步形成。1990年12月，上海证券交易所成立，开始接受实物债券的托管，并在交易所开户后

进行记账式债券交易，形成了场内市场和场外交易并存的格局。1996 年至 1997 年，股票市场过热，大量商业银行资金通过各种渠道流入股票市场，其中交易所的债券回购成为银行资金进入股票市场的重要形式之一。为了更好地开展公开市场操作，切断信贷资金流入股市的途径，1997 年 6 月 6 日，中国人民银行发布《关于商业银行停止在证券交易所证券回购及现券交易的通知》，商业银行的国债现券交易和国债回购交易退出证券交易所，改在银行同业拆借市场进行，全国银行间债券市场就此形成。至此，我国债券交易所场内交易和银行间债券市场场外交易同时独立存在、各自封闭运行的格局基本形成。目前我国的银行间债券市场是依托于设立在上海的中国外汇交易中心暨全国银行间同业拆借中心进行报价、撮合交易，主要由商业银行等金融机构及部分非金融机构进行债券买卖的市场。该市场主要由交易所债券市场、银行间债券市场和商业银行柜台市场组成，其中交易所市场属于场内市场，后两者属于场外市场。

从债券市场发行量、托管量和交易量来看，我国债券市场正处于快速发展阶段。1997 年，我国债券市场发行量仅为 0.4 万亿元；2009 年和 2010 年，我国债券市场的发行量分别高达 8.7 万亿元和 9.4 万亿元，处于历史高位；2010 年和 2011 年，债券市场的发行量略有下滑，但也稳定在年均 8 万亿元左右。债券市场交易量从 1997 年的 0.56 万亿元增加到 2012 年的 253 万亿元；债券市场托管量从 1997 年年末的 0.5 万亿元，增加到 2009 年年末的 26.3 万亿元，与 GDP 的比值由 6% 上升到 55.7%。截至 2012 年年末，我国各类债券总市值超过 24 万亿元，债券市场规模已经跃居亚洲第二、世界第六。银行间债券市场作为我国债券市场最重要的组成部分，我国绝大部分的债券均在银行间市场交易和托管，如 2012 年全年发行的 5.86 万亿元各类债券中，有 5.68 万亿元是在银行间市场发行上市，占比 96%；截至 2012 年年末全部 24 万亿元的债券有 22.84 万亿在银行间市场托管，占比 90%。

由于银行间债券市场具有参与主体多，交易数量大，区域跨度广的特点，又因为我国债券场内市场（交易所市场）和场外市场（银行间市场）同时独立存在、各自封闭运行的特性，对于银行间债券市场的监管存在着监管过于分散、监管标准不统一，以及部分政策法规存在制度漏洞等系列问题，银行间债券市场审批、发行、交易各环节都存在着大量利益输送和内幕交易等重大违法违规问题，严重阻碍了债券市场的功能发挥和利率市场化进程。而作为最重要的金融要素市场之一，净化银行间债券市场交易环境，维护银行间债券市场的公平公正性，完善银行间债券市场交易体制，对于上海金融中心建设作用非常重要。

二、目前我国银行间债券市场存在的主要问题

通过近几年对银行间债券市场的调查发现，众多民营投资咨询公司在无任何交易保证金的情况下，与金融机构从事债券发行、交易业务的工作人员或者财政部负责国债发行的工作人员相串通，以“空手套”方式获得了巨额利润，严重损害了国有资产。

（一）债券发行环节，利用债券定价、分配的权力进行寻租

在银行间债券市场发展初期，由于信用债供给大幅增加，中期票据和短期融资券供需关系恶化，一级市场发行压力很大，因此发行利率定价较低，而较低的发行利率又会刺激发行人更强的融资意愿，从而导致一、二级收益率倒挂和交易型需求萎靡。为了扭转银行间交易市场的颓势，相关机构开始对中期票据和短期融资券的发行利率进行窗口指导。经过近几年的发展，逐渐形成了由22家作为主承销商的金融机构按照主体信用级别、债项级别及发行期限定期公布各类债券的发行利率报价，相关机构在该报价基础上上浮5至25个基点作为指导发行利率。对债券发行利率实行窗口指导的做法在特定历史背景下确实起到了促进债券市场发展、保护投资人利益的作用。但随着债券市场规模的不断扩大，这一做法不仅增加了发行人的融资成本，真正承担风险的投资者也未能获得二级市场溢价，而高额的溢价收益却落入了众多无本金交易的民营机构手中。

（二）债券交易环节，利用现券买卖价差将本应归属金融机构的收益转移给相关人员控制的民营投资咨询公司，实现利益输送

银行间债券市场的债券投资者分为甲类成员、乙类成员和丙类成员。甲类成员指具有自营和结算代理资格的投资者、乙类成员指具有自营和自行结算资格的投资者、丙类成员指拥有自己的资金账户但交易须经结算代理银行完成结算的投资人。经调查发现，在银行间债券市场以非法手段获利的民营投资咨询公司绝大多数为不具有自营结算资格的丙类成员（以下将该类民营投资咨询公司简称为丙类成员），其与金融机构从事债券交易的相关人员串通，在无任何保证金的情况下，采用从其指定的金融机构以大幅低于合理估值的价格购入债券，并于当天以市场价格抛出，或者平价买入新发行债券，同日加价向其指定金融机构出售的手法，获取本应属于金融机构的差价收益。而丙类成员以“空手套”方式取得的非法获利大部分划入金融机构相关

人员及其亲属的个人账户或者为个人购买住房及高档消费。经进一步调查发现，向丙类成员输送利益的金融机构多为国有或国有控股金融机构，上述做法极大地损害了国家利益。

三、丙类成员获利的主要特征

（一）债券的买卖交易在同一日完成

丙类成员户参与的债券买卖由四个环节构成：（1）丙类成员指定的金融机构将债券卖给甲类代理银行；（2）甲类代理银行将债券卖给丙类成员（步骤（1）（2）完成了丙类成员从指定金融机构购入债券的过程）；（3）丙类成员将上述从甲类代理银行买入的债券再卖给甲类代理银行；（4）甲类代理银行将债券卖给丙类成员指定的金融机构（步骤（3）（4）完成了丙类成员将债券出售给指定金融机构的过程）。由上述四个环节可以看出债券的买入和卖出交易在同一天完成，也就是说丙类成员实际并没有真正支付或收取交易资金，其资金账户结算的仅为债券交易的获利部分，这就使得丙类成员在无任何保证金的情况下，能够以“空手套”的方式非法获利。

（二）赚取的债券买卖差额巨大，但注册资本与债券投资规模极不相称

由于丙类成员从事债券交易并不需要交易资金，大量注册资本仅有 10 万元至 50 万元的民营投资咨询公司在银行间市场开户，公司经营规模与银行间市场动辄几亿元、几十亿元的投资规模极不相称。

（三）债券交易、持有总量比例极低

丙类成员主要以居间联系、赚取差价为主，实际交易和持有债券的总量极低。2008 年至 2012 年，全部丙类成员参与银行间债券市场现券交易的总量占市场总成交量的比例分别 1.22%、0.83%、0.99%、0.46%和 0.05%，在上述年份年末持有债券总量的占比分别为 0.26%、0.12%、0.20%、0.17%和 0.12%。换言之，民营投资咨询公司类的丙类成员完全丧失了其原本活跃市场、实现价格发现的功能，已经彻底沦为银行间债券市场中实现“利益输送”的载体和工具。

四、计算机审计模型的目标功能及模型所需数据

（一）模型的目标功能

针对银行间债券市场参与主体多，交易数量大，区域跨度广的特点，如

果使用常规审计方法，难以在短时间内从海量数据中发现线索，锁定目标。本模型大胆创新技术方法，充分利用计算机审计技术，通过采集和分析银行间债券市场发行系统、承销/分销系统、各类成员之间的债券交易系统、报价系统及估值系统数据，针对丙类成员利用银行间债券市场非法获利的特征，重点剖析其操作手法与交易流程，发现并揭示丙类成员利用银行间债券市场，与指定金融机构通过“低买平卖”或者“平买高卖”的手法非法获利，损害国有资产的问题。并针对发现问题进一步分析深层次的原因，立足解决制度性障碍、体制性缺陷，为国家相关监管部门尽快制定、完善银行间债券市场的交易规则，加强制度和体制建设提出建议。

（二）模型所需数据

1. 债券发行系统

债券注册发行表，主要数据元素包括：债券代码、债券简称、发行人名称、债券品种、发行金额（亿元）、发行期限、主体信用级别、债项级别、票面利率、发行起始日、发行截止日、上市流通日、主承一、主承一承销占比、主承二、主承二承销占比。

2. 债券承销/分销系统

承销/分销明细表，主要数据元素包括：债券代码、债券简称、发行人名称、债券品种、发行金额（亿元）、承销商名称、承销金额、分销商名称、分销金额。

3. 债券交易系统

（1）甲类与丙类结算表，主要数据元素包括：日期、债券代码、债券简称、甲类成员、丙类成员、净价、买入面额（亿元）买入资金额（亿元）、卖出面额（亿元）、卖出资金额（亿元）。

（2）甲类与乙类结算表，主要数据元素包括：交割日、债券代码、成员简称 A、成员简称 B、净价、全价、买入面额（亿元）、卖出面额（亿元）。

4. 债券报价系统

债券发行报价表，主要数据元素包括：日期、金融机构名称、债券品种、主体信用级别、债项级别、发行期限、票面利率报价。

5. 债券估值系统

历史估值表，主要数据元素包括：估值日期、债券代码、估值净价。

五、模型分析步骤

（一）对新发行债券的发行价格（票面利率）进行分析

针对债券发行环节票面利率与报价利率的差额可能被利用作为向丙类成员输送利益的工具之一，本模型按发行债券的主体信用级别、债项级别及发行期限将各类新发行债券票面利率与22家金融机构提供的报价利率进行比对分析，将票面利率与报价利率的差额超过10个基点的新发行债券作为进一步分析的重点。

（二）以票面利率与票面利率报价的差额超过10个基点的新发行债券作为基础，对上述债券在上市首日的换手率进行分析

票面利率与报价利率的差额为债券发行一级市场和二级市场的利率差，票面利率高于报价利率意味着新发行债券从一级市场进入二级市场即可产生溢价（溢价的多少取决于债券的久期等因素）。以中期票据为例，票面利率高于票面利率报价10个基点，意味着上市首日可产生约0.8元/百元面值的溢价。而债券一级和二级市场利差的存在直接导致债券上市首日产生高频的换手率，因此本模型将债券上市首日的换手率作为可能被利用作为利益输送工具的另一个因素，并将上市首日换手率超过100%的债券作为进一步分析的重点。

（三）确定某一时间段内代理交易总额（包括买入交易金额和卖出交易金额）排名前十位的甲类代理银行

目前，在银行间债券市场拥有结算代理资格的甲类成员有百余家，其与丙类成员之间的交易结算数据量十分庞大。考虑到样本的合理性及效率，本模型以交易日期和交易总额（包括买入交易金额和卖出交易金额）作为抽样依据，确定进行下一步分析的甲类成员样本数据。

（四）确定某一时间段内，委托上述甲类代理银行，通过银行间债券市场非法获利的可疑丙类成员名单及相关债券交易信息

甲类代理银行与丙类成员之间的交易分为两种情况：一是甲类代理银行与丙类成员进行买卖交易的债券来自甲类代理银行的自营盘。这种情况下，甲类代理银行为真正的债券出售方或买入方；二是甲类代理银行与丙类成员进行的买卖交易属于受托交易，这种情况下，甲类代理银行履行的是代理结算职能，真正的债券出售方或买入方为丙类成员指定的金融机构。本模型需

要考虑的为第二种情况，即甲类代理银行作为丙类成员的受托代理行进行交易。从前文的分析可以看出，丙类成员获利的手法主要有以下两种：一是从某金融机构以大幅低于市场价格或者合理估值的价格买入债券，当天按照市场价格抛出，赚取差价；二是在上市当日或者次日平价买入新发行债券，同日加价抛出。无论采取上述哪种手法，丙类成员的获利特征决定了其对债券的买卖必须在同一天内完成，即某一天内丙类成员从甲类代理银行购入的债券数量与丙类成员出售给甲类代理银行的债券数量相等。

（五）确定可疑丙类成员购入及出售债券的相关信息

确定了同一天丙类成员从甲类代理银行购入的债券数量与丙类成员出售给甲类代理银行的债券数量相等的交易数据，只取得了丙类成员与甲类代理银行的债券交易信息，为了获得完整的丙类成员的债券交易信息，还需要获取向丙类成员出售债券以及从丙类成员购入债券的指定金融机构相关信息和债券交易信息。

（六）确定可疑丙类成员从事的交易价格明显偏离合理估值的逐笔债券明细交易信息

丙类成员获利的另一个重要特征为：从指定金融机构买入债券的价格大幅低于市场价格或合理估值，或者向指定金融机构出售债券的价格大幅高于市场价格或合理估值。本模型将丙类成员与指定金融机构之间债券交易价格与合理估值的可容忍偏离值确定为1%，审计人员在实施审计过程中，可以根据审计工作的实际情况，调整可容忍偏离值。

（七）综合考虑债券上市首日的换手率、承销商、分销商情况，以及可疑丙类成员的逐笔债券明细交易信息，获取债券发行、承销/分销、交易各环节的全面信息，为跟踪获利资金走向进一步明确范围

（八）跟踪追查可疑丙类成员获利资金的走向，关注获利资金是否流向债券发行人、承销商/分销商，以及丙类成员指定从事债券买卖交易的金融机构的相关人员及其亲属

六、案例剖析

运用本模型对银行间债券市场的数据进行了分析，筛选出了2006年至2010年年末债券买卖交易总额排名前十的甲类代理银行。经过对十家甲类代理银行资产规模、信贷规模、成立时间、业务种类、债券受托结算手续费占

中间业务收入比例等因素进行综合评估，将A银行确定为审计重点。2006年至2010年年末，丙类成员同一天从A银行购入某种债券数量与其出售给A银行该种债券数量相等的交易共计3396笔（买卖两个环节的完成算一笔交易），涉及丙类成员97家。

将上述3396笔交易与"甲类与乙类结算表"数据进行了关联，获取了完整的丙类成员与指定金融机构之间的债券交易信息。经将丙类成员与指定金融机构买卖债券的交易价格与中央国债登记结算公司提供的同一天同种债券的估值进行比较，发现B公司存在较大疑点：①债券交易的时间集中：B公司共进行了四笔债券买卖交易，交易时间分别为2008年11月28日、12月12日、12月19日和12月30日，集中在一个月内；②指定交易的金融机构集中：四笔债券买卖交易中指定的债券买入和债券售出金融机构分别只有两家；③交易的债券集中：四笔债券买卖交易中，B公司只交易了两种债券；④债券交易价格与债券估值的偏离值很大：四笔债券买卖交易均采取了"大幅低于合理估值的价格买入债券，当天按照市场价格抛出"的获利手法，购入债券净价与估值净价的偏离值均超过1.5%，其中三笔交易的购入债券净价与估值净价的偏离值高达4.45%、5.8%、6.75%；⑤单笔债券交易的收益高：B公司四笔交易共获利1724万元，平均单笔获利高达431万元。

经进一步追查B公司的获利资金走向发现，1724万元获利资金中有1200余万元被个人C取现，而个人C正是低价向B公司出售债券的金融机构的法人代表的亲兄弟。

七、模型应用成果

作者所在单位通过对该计算机模型的运用，发现了808.8亿元的国债存在违规招标发行问题，揭露了我国国债招标发行过程中的重大漏洞，避免了在国债发行中违规向民营金融机构非法让利的行为，显著降低了国债发行成本。同时，还查处了一批金融机构相关人员通过非金融机构参与银行间债券市场交易进行内幕交易，输送利益的数起重大案件线索。案件线索经国务院领导批示后，由中纪委、公安部对相关案件进行了立案查处，超过10名犯罪嫌疑人已经被采取司法措施，为国家挽回直接经济损失近2亿元，产生了巨大的经济效益。

对发现问题进行深层次分析，揭示了国债发行管理中存在的制度性缺陷，并提出了规范国债招标发行、银行间债券市场交易等方面的制度建议，促使财政部、人民银行连续出台了多项制度和规范性文件，极大地完善了我国国债招标发行及银行间债券市场的交易制度。如财政部制定了《记账式国债发行远程招标现场管理与监督办法》和《记账式国债发行管理岗位工作规范》等规定，完善了我国国债发行制度；中国人民银行于2011年4月发布《中国人民银行公告第3号》，强调“不得利用代理交易活动进行利益输送的违规活动……”同年6月又发布《银行间市场债券投标发行管理细则》规范银行间债券市场债券招标发行等行为，取得了较大的社会效应。

对银行间债券市场系列问题的查处，在有力打击金融要素市场违法犯罪行为的同时，为各金融机构加强内部控制，防范合规风险起到了很好的推动和促进作用。2011年9月，就各城市商业银行代理非金融机构参与银行间债券市场交易中存在的突出问题，中国银监会刘明康主席还专门向各城市商业银行董事长和行长发出一封公开信，要求上述金融机构加强内部控制、加强对参与金融市场交易行为的监督，防范金融风险。2013年4月，中国人民银行联合审计署、公安部，就银行间债券市场不规范代持、利益输送及风险防范等问题，召集银行、证券公司、基金公司等金融机构召开专题会议，带来了巨大的示范效应。

八、进一步规范银行间债券市场的几点建议

“十二五”规划提出“加快多层次资本市场体系建设，显著提高直接融资比重，积极发展债券市场”。而银行间市场的权力寻租和利益输送行为，严重破坏了正常的债券价格形成机制，扰乱了金融市场秩序，应予大力整顿。为规范丙类成员参与银行间市场的交易行为，保证合理的价格形成机制，促进银行间市场健康发展，提出以下建议。

1. 开展打击银行间市场非法获利的丙类成员的专项行动

建议由中央纪委牵头，公安部、中国人民银行、银监会、证监会、保监会、审计署配合，对在银行间市场非法获利巨大的非金融机构逐户进行排查，梳理利益输送的来源，追踪非法获利资金去向，追究相关人员责任，最大限度地挽回金融机构资金损失。

2. 加强银行间市场的交易监管，规范交易行为

第一，建议修订和完善银行间市场交易规则，明确界定银行间市场“异常交易”的定义和范围，为规范市场交易提供指引；第二，建议明确银行间市场各交易监管主体的职责和权限，提高对银行间市场异常交易的监测跟踪能力，探索建立异常交易全市场公示制度；第三，建议提高丙类成员参与银行间市场交易的门槛，从注册资本、经营规模、实际投资需求等方面对参与

银行间市场的非金融机构进行限制和考察；第四，严格限制无本金方式的买空卖空交易，推行丙类成员参与债券交易实行 DVP（券款对付）结算方式；第五，探索建立债券代持交易线上备案核销制度，堵疏结合，规范代持行为。

3. 加强监管合作，进一步发挥行业主管部门的监督作用

由中国人民银行牵头，银监会、证监会、保监会配合，建立金融市场异常交易通报机制，由中国人民银行或其授权机构将银行间市场异常交易的金融机构名单及交易记录通报行业主管部门，由行业主管部门在机构监管和稽查中加以重点核查。

4. 坚持债券发行市场化定价，缩小一、二级市场价差

中期票据和短期融资券等的发行利率应遵循市场利率，随行就市，取消强制加点的做法；严格规范簿记建档发行现场的管理，坚持债券分配销售过程中的集体决策和公开透明；在各类债券发行中倡导使用人民银行招标发行系统进行招标发行，逐步提高招标发行的比例，促进形成健康的市场价格发现机制。

信息化环境下审计特征发现方法深化研究

审计署沈阳特派办　于　霄　孟　林

【摘要】　审计信息化建设是适应信息科技高速发展的必然选择，是推动完善国家治理的内在要求。新审计方法的应用是推进信息化建设的重要内容，本文对信息化环境下审计线索特征和特征发现这一新审计方法进行阐述，结合审计实践中的具体案例，分析当前审计机关利用审计线索特征发现方法推进信息化审计持续发展的必要性和主要方式。

【引言】　随着信息技术的飞速发展和广泛应用，信息化已经成为经济社会活动中重要的工作方式、生活方式和管理手段。审计信息化建设是适应信息科技高速发展的必然选择；是推动完善国家治理的内在要求。如刘家义审计长所强调的“信息化是解决‘靠什么审计’这个关键问题的重要手段，审计信息化建设必须紧密结合审计实践。要在‘新’上下功夫，应用新技术、探索新方法、走出新路子①”。《审计署关于进一步推进审计信息化建设的指导意见》中提出“增强计算机审计分析和信息资源支持功能，审计人员能够比较方便地开发计算机审计方法和数据分析工具②”。可见，加强审计分析的新审计方法的应用既是拓展审计工作空间、实现审计工作目标的有效途径，也是现阶段推进审计信息化建设的重要内容。

本文结合审计工作实践，对信息化环境下财政、税收、企业的审计线索特征发现这一新审计方法进行论述。

---

① 刘家义 2012 年 7 月 10 日在全国审计工作座谈会上的讲话。

② 《审计署关于进一步推进审计信息化建设的指导意见》（审计发〔2012〕119 号）。

一、信息化环境下审计线索特征及特征发现

（一）审计线索特征和特征表现

特征是指可以作为事物特点的征象、标志等。任何政治、经济活动都有一定的行为特征，这些行为特征会反映在数据中，形成数据特征。在信息化环境下，审计线索的特征会在电子数据和信息系统中显现，分为数值型数据和非数值型数据。

1. 审计线索特征在数值型数据中表现

数值型数据是指数据库系统中的数值类型、货币类型、日期类型等，审计线索特征表现在数据内容、结构和功能模块上，主要以数据内容的异常特征为主。数值型数据的异常特征往往为查找问题提供较为直接的、有价值的审计线索。

2. 审计线索特征在非数值型数据中的表现

非数值型数据是指文本文件、图像、声音等其他结构的数据，主要以线索提示为主。在实践中，验证非数值型数据提供的线索往往是突破重大审计事项的关键。

（二）审计线索特征发现

所谓审计线索特征发现即是指从大量的数值型和非数值型数据中提取有用的信息和知识的过程。在实践中针对数值型数据，一般运用数据分析手段发现审计线索特征；针对非数值性数据，一般运用审查、谈话等方式捕捉线索特征，在信息化环境下，可将数值型数据与非数值型数据相结合，很多重大审计事项的突破往往是从非数值性数据进行切入的，利用非数值性数据给予线索提示，数值型数据起到验证、取证作用。

二、审计线索特征发现的基本步骤和推进信息化审计持续发展的主要方式

（一）审计线索特征发现的基本步骤

由于审计线索特征分为从数值型和非数值型两类数据，信息化环境下一般从数值型数据入手，审计线索特征发现的基本步骤是特征枚举、特征捕捉和特征分析①。从非数值性数据入手，首先是线索提示，之后回归到数值型

① 刘汝焯等：《审计线索的特征发现》，清华大学出版社 2009 年版。

数据的特征发现步骤中（图1）。

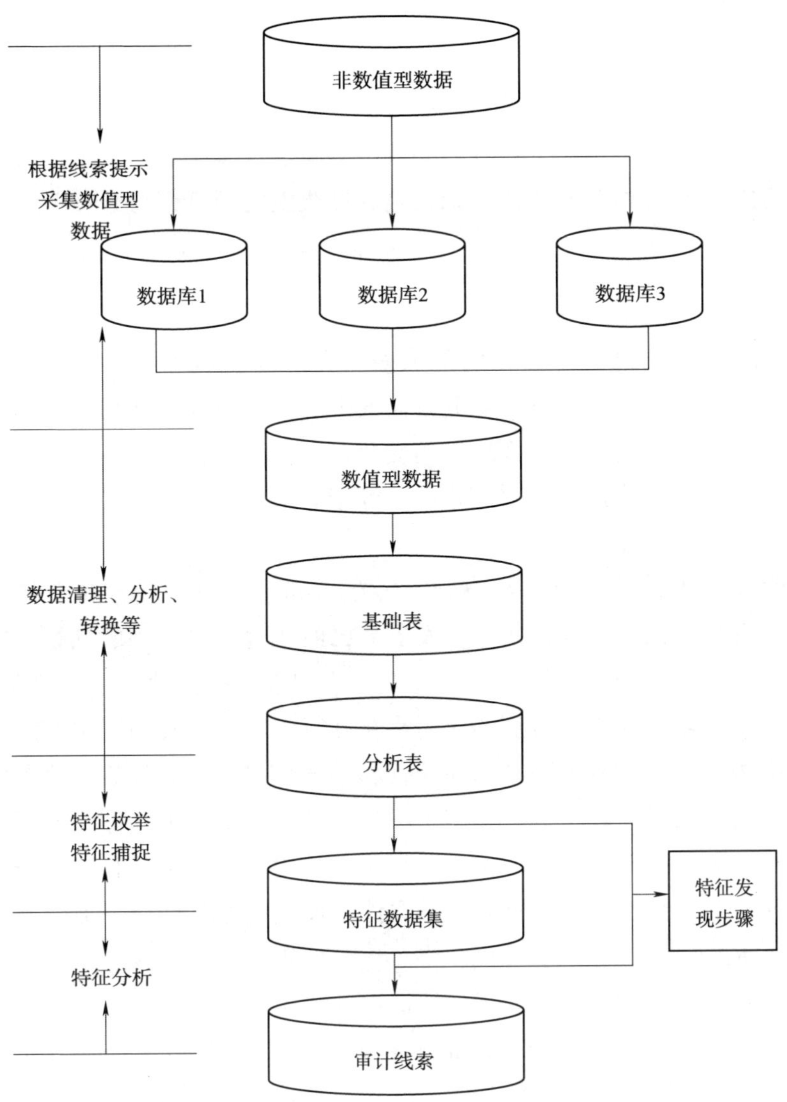

图1　审计线索特征发现的基本步骤

特征枚举是指在审计线索特征发现过程中列举可能的特征表现，该过程需要一定的经验积累。

特征捕捉是指运用计算机技术寻找符合相关特征的数据，或验证数据的发展趋势是否与通过的规律相一致的过程。

特征分析是指分析取证，根据特征枚举和特征捕捉到的信息进行分析取证的过程。

在实践中，上述3个基本步骤是相互渗透、相互影响的过程，如特征枚举和特征捕捉可以合二为一，对数据进行充分挖掘，该方法为数据挖掘技术（Data Mining），从大量数据中搜索隐藏于其中有着特殊关系性的信息的过程。此外，特征捕捉和特征分析在必要时需反复进行，异常的数据特征并非一两次分析即能得出结论，往往需要反复验证、反复捕捉。同时，在分析出审计线索后，审计经验和法律知识也是验证线索是否可行的有效手段。

（二）审计线索特征发现方法等新审计方法更有效推动信息化审计可持续发展的必要性和展望

当前，审计信息化取得了明显成效，在规范被审计单位管理、查错纠弊、打击犯罪和支撑重大审计业务方面发挥了极其重要的作用，推动和服务了国家治理的发展。随着外部环境的变化，审计信息化的不断创新仍有较大的改进空间，审计线索特征发现方法等新审计方法的全面应用仍需不断加强。

当信息技术正以空前的影响力、传播力和渗透力改变着社会的经济结构、生产生活方式时，加快信息化发展，已经成为世界各国的共识。审计信息化工作的全面、协调、可持续发展是适应信息科技高速发展的必然选择。面对当前的环境，新审计方法的应用势在必行。一方面我国制定实施了一系列信息化发展战略和发展规划，新一代移动通信技术、云计算、物联网、计算机仿真等新技术、新产业、新应用不断涌现，需要新审计方法不断创新并努力适应；另一方面被审计单位不断采用新技术，信息系统日趋复杂，数据量急剧增长，审计机关需要不断提升方法手段才能相互适应，形成有效的监督制约关系。

与此同时，审计机关仍需清楚地认识到加快审计信息化建设、全面应用新审计方法是推动完善国家治理的内在要求和提升审计监督能力的重要途径。在信息化背景下，国家审计依托现代信息技术方法和方式，可以对各类信息进行综合分析，对重大问题、管理漏洞、突出矛盾及潜在风险进行有效揭示和评估，向决策系统及时提出完善体制制度机制的建议，推进国家的良好治理。在这一过程中，大型审计项目、现代审计组织方式、海量信息数据处理需要以新方法手段为依托。

因此，审计线索特征发现方法等新审计方法能够实现审计工作方式的根本转变，推进信息化成果的转化和审计能力的提升。

（三）审计机关应用审计线索特征发现方法的主要方式

在过去审计实践中，审计机关在查处重大审计事项时往往运用部分审计线索特征发现方法，尤其是 SQL Sever 查询技术应用较为广泛。由于重视和总结不足，该方法未系统地开展和应用。在信息化高速发展的现阶段，审计机关广泛应用审计线索特征发现方法势在必行，当前可以采取如下方式。

1. 从以往的审计案例和业务规律入手

以往的审计经验始终是开展信息化审计的宝贵财富，对财政、税收、企业等行业的审计经验和案例为类似项目提供了较为丰富的特征枚举、特征捕捉方法。在审计初期，审计人员常常需要借鉴以往的审计案例，参考从某审计事项突破能查处哪些违规违纪行为；相关的违规违纪行为会在哪些系统或数据中留下什么样的特征；运用哪些审计方法可能对这些特征进行捕捉或分析；哪些法律法规对违规违纪行为进行约束和控制。

近年来，审计署广泛征集 AO 应用实例和计算机方法既提升了信息化审计能力，又为审计机关提供了丰富而优秀的行业信息化审计案例。相关资料的信息化分析过程，均包含特征枚举、特征捕捉和特征分析的个别步骤，可能某些案例注重特征枚举，可能注重特征捕捉和分析，适当的参考和借鉴会对信息化审计起到事半功倍的作用。财政大格局、领导干部任期经济责任等重大审计项目和社保资金等跟踪审计项目基本为审计署年度重点审计项目和常态审计项目，上述项目的信息化审计经验即可以应用到新的审计实践中。如社保资金审计中骗取补贴、保险金，财政收支审计中财政收支的真实性和完整性等信息化审计方法均可以直接应用审计项目中。

规律是事物之间内在的本质联系。对某行业、某类问题的反复审计可以逐步摸索和总结出该行业、该类问题的线索特征，特征枚举过程有较为成熟的规律可循，特征捕捉和特征分析过程通过构建相应的系统、类别分析模型，深入分析、核查，得出审计线索。该方式与从以往的审计案例入手相同，都是对审计经验的充分运用。

审计人员长期对税收、企业、金融等行业审计所总结和摸索的业务规律可以直接应用于对该行业的反复和跟踪审计中。如在税收审计中，虚开增值税普通发票的商贸企业，其增值税普通发票销项认证数据一般存在“低于正常值的小金额开票”“小金额开票占比大”等特点，以此构建信息化审计模型，应用该模型审计人员可直接采用特征捕捉、特征分析过程查找线索，锁定问题企业。

在从业务规律入手应用审计特征发现方法时，审计人员应注意不能简单套用已有的业务规律，应在充分进行审计调查的基础上，摸索审计业务规律，使用已有的审计经验和方法。

2. 加强数据分析对比

在加强审计信息化建设过程中，审计机关“要逐步推广‘集中分析、发现疑点、分散核查、系统研究’的审计模式，加强深度分析，尝试跨部门、跨行业的数据关联分析、预警分析和预测分析①”。加强数据分析已成为决定审计特征方法是否成功的关键所在。在开展审计项目过程中，审计人员应充分关注被审计单位内部数据之间的关系，更应注重内部数据与外部数据之间的关联和对比。数据之间的分析和对比需贯穿特征发现的全过程。

内部数据之间的对比分析是将被审计单位的不同数据进行比较，如财务数据与业务数据的对比分析；不同业务数据之间的对比分析等，该方法常用于企业审计项目中。内外部数据之间的关联分析是当前加强信息化建设的重点。被审计单位的内部数据已不能满足于现阶段的审计工作，尤其是开展地方政府性债务、社会保障资金、领导干部任期经济责任等全国组织的大型审计项目，涉及跨行业、多部门的数据，其间的关联分析常隐含着审计线索，如何运用多维分析破解其中的关系是审计人员应用特征发现方法的重点。

如社会保障资金审计时，为调查医保药品流通领域的问题，审计人员采集了省级政府药品集中采购平台药品交易数据、医保中心的医保药品结算数据、医药经销企业药品供销存数据、税务部门医药经销企业增值税发票认证数据等多部门、跨行业的数据，通过开展多专业融合、多视角分析的审计线索特征发现方法，揭示医保药品流通过程中存在的药品价格虚高、经销企业获取暴利问题突出等行业性问题。

三、审计线索特征发现的方法和案例

在信息化环境下，根据上述基本步骤，结合具体案件介绍审计线索特征发现的几个方法。

（一）应用 Microsoft SQL Sever 的审计线索特征发现方法和案例

Microsoft SQL Sever 是广泛使用的数据库管理系统之一，诞生于 1988 年，当前 SQL Sever 2008 为最新版本。利用该系统进行采集、清理和分析数据是

① 刘家义 2012 年 7 月 10 日在全国审计工作座谈会上的讲话。

审计人员必需掌握的技术之一，同时该系统也为审计人员分析海量数据，寻找隐含的重要审计线索提供技术支撑。

以某企业大量接收虚开的增值税专用发票案件为例。当前企业增值税发票犯罪问题屡禁不止，作为我国第一大税种，在税收审计和企业审计过程中，企业是否足额缴纳增值税问题始终是审计重点之一。增值税是对销售货物或者提供劳务的单位和个人就其实现的增值额进行征收的税种，增值税纳税人销售货物、提供劳务时必须向对方提供增值税专用发票或普通发票。虚开增值税发票是指为他人虚开、让他人为自己虚开等行为。围绕上述行为，审计人员主要关注“业务是否真实、金额是否完整”的特征枚举和捕捉。

1. 数据采集和准备

为调查某企业采购、销售业务情况，审计人员采集涉及上述业务的企业内部、外部数据，包括企业财务数据、采购（销售）业务数据（SQL Sever 备份数据）、国税系统企业增值税专用发票（进项、销项）认证数据、银行系统企业资金往来数据。审计人员将此整理为审计线索特征发现过程需要的数据库和分析表，并导入 SQL Sever 2008 中。

2. 特征枚举

某企业接收虚开的增值税专用发票的数据特征主要有：（1）企业接收或开具增值税专用发票涉及的采购、销售业务是虚假的；（2）接收或开具增值税专用发票涉及的部分采购、销售业务是虚假的；（3）与其他企业资金往来情况与采购、销售业务金额不符；（4）与其他企业资金往来情况与采购、销售业务无关；（5）大量取现情况。

3. 特征捕捉

根据上述枚举的特征，审计人员在审计某企业采购业务时，首先将企业采购业务数据按“供货企业”进行分组，汇总从各企业采购金额；其次将企业增值税专用发票进项数据按“企业名称”“销方识别号”进项分组，汇总从各供货企业取得发票价税合计额；关联上述表，一是查询企业在完全无真实采购业务情况下，取得的增值税专用发票情况，将查询条件设定为“从供货企业实际采购情况表”的“供货企业”为空值，而“从各供货企业取得发票情况表”的“供货企业”不为空值（1）；二是查询企业在有真实采购情况下，取得的大于真实采购业务额的增值税专用发票，查询条件设定为“从各供货企业取得发票情况表”中供货企业的“采购发票价税合计额”大于“从供货企业实际采购药品情况表”中供货企业的“含税采购金额”（2）。

部分 SQL 语句如下：

（1）Select b.［供货企业］AS［虚开发票企业］，b.［销方识别号］，b.［采购发票价税合计额］AS［虚开发票价税合计金额］

From 从供货企业实际采购情况表 AS a

Right Join 从各供货企业取得发票情况表 AS b On a.［供货企业］=b.［供货企业］

WHERE a.［供货企业］Is NULL AND b.［供货企业］Is NOT NULL

ORDER BY b.［采购发票价税合计额］DESC

（2）Select b.［供货企业］AS［涉嫌虚开发票企业］，b.［销方识别号］，a.［含税采购金额］AS［实际采购金额］，b.［采购发票价税合计额］，(b.［采购发票价税合计额］－a.［含税采购金额］）AS［虚开发票价税合计金额］

From 从供货企业实际采购情况表 AS a

Right Join 从各供货企业取得发票情况表 AS b On a.［供货企业］=b.［供货企业］

WHERE b.［采购发票价税合计额］>a.［含税采购金额］

ORDER BY（b.［采购发票价税合计额］－a.［含税采购金额］）DESC

部分查询结果见下表1。

表1　查询结果

编号	企业名称	接收增值税 发票价税合计额（元）	实际采购 入库金额（元）
1	广州市××贸易有限公司	7292789.82	0.00
2	赤峰××有限公司	4100144.22	0.00
3	雷山县××有限公司	3526110.90	0.00
4	雷山县××有限公司	3333754.70	0.00
5	吉林省通化××有限公司	3252947.91	0.00
6	××集团××有限公司	2991379.17	0.00
7	石家庄市××有限公司	2608000.05	0.00
8	黑龙江××有限公司	2325250.00	0.00
9	吉林××股份有限公司	2262054.30	0.00
10	安徽××有限公司	23389418.90	587231.20
11	××集团有限公司	22147032.70	14481537.00
12	广东××有限公司	11937194.60	5245200.00

上述企业涉嫌为某企业虚开增值税专用发票，将某企业银行账户资金往来表按“对方企业名称”进行分组，并与上述查询结果相关联，检查上述涉嫌虚开发票的企业与某企业是否真实发生资金往来或有以“支付开票费”为目的资金往来情况。

4. 特征分析

通过特征枚举和特征捕捉，审计人员得到符合特征条件的数据。分析数据是否可以作为审计线索进一步取证即为特征分析阶段的工作。通过上述案例发现，某企业涉嫌通过全国400余家企业为其虚开增值税专用发票2亿元。该案件已触犯刑法，审计取证工作的准确性尤为重要。审计人员反复验证上述步骤分析出的结果，剔除数据有误的企业，确保采购业务数据和增值税专用发票认证数据中“企业名称”一致，最终确定部分虚开发票金额超过500万元的企业作为重点调查对象。此外，在发现涉嫌虚开发票的企业后，采集对方企业内、外部数据，开展特征枚举、特征捕捉和特征发现，对该企业是否为“开票企业”进行审计又是一个特征发现方法的有效应用。

通过上述案例可以看出，特征捕捉与特征分析是一个交叉重复、不断深入的过程，在初步发现审计线索后再次捕捉审计特征、反复进行特征分析，如对比银行业务往来等数据，直至发现审计线索是运用Microsoft SQL Sever的重要方法。

5. 适用性

应用Microsoft SQL Sever主要适用于对海量数据进行分析时，尤其适用于分析跨行业、多部门的多维数据，能够快速有效地把握数据中蕴含的规律和特点。

（二）基于孤立点分析的审计线索特征发现方法和案例

孤立点检测①是用来发现显著不同于其他数据或行为的异常数据和异常行为。对审计工作而言，孤立点成为审计的重点，它可能会反映审计线索的特征，以此发现违法违纪行为。

1. 基于孤立点分析的审计线索特征发现方法

孤立点是指与众不同的数据，其产生原因分为人为因素和非人为因素。人为因素包括人为错误、舞弊、欺诈导致的；非人为因素包括数据自然偏差、设备系统故障导致的。信息化环境下，孤立点往往是审计线索特征表

---

① 王秦辉：基于孤立点分析的审计线索特征发现方法探讨，审计署网站，2010。

现。对孤立点的检测即为审计线索特征发现中特征枚举和特征捕捉阶段；对孤立点的分析即为特征分析至发现线索阶段。

孤立点的检测方法包括基于统计的方法，根据统计学原理检测给定数据中的孤立点，如假设数据概率分布，检测偏离标准与既定分布不符的数据；基于距离（密度）的方法，如果一个数据与大多数数据之间的距离都大于某个阈值，即为孤立点；基于聚类的方法，将数据对象分为若干类，不属于任何类的数据即为孤立点。此外，还包括基于偏差的方法、统计分析等检测方法。

孤立点的分析方法，被检测出来的孤立点不能直接被看作是审计线索，一是分析其是否为疑点，某些非人为因素产生的孤立点虽是异常但也是合理的，这需要审计人员根据实际情况进行筛选；二是利用专业判断，最终发现审计线索。

2. 骗取财政补贴资金案例

在某省，补贴给种粮农民的某专项资金是按种粮农民的耕地面积乘以地区补贴标准计算，并直接由地方财政下拨至各农户。在对此专项资金进行审计时，审计人员分析“耕地面积”是农民享受补贴资金的决定因素，也是各地财政计算拨付各农户补贴资金的基数，根据我国土地政策在一定年度内（3 年内）具有稳定性的特点，各农户耕地面积变动数据分布图应为一条值为 0 的直线，只有在虚报耕地面积的情况下，才可能突破 0 值。

（1）孤立点检测。在对某财政补贴资金进行审计时，审计人员对近两年内某省某县领取该补贴资金排名前列的 50 余农户的耕地面积、补贴标准和资金领用情况进行调查，同时确定 2 年内耕地面积变动数为审计关注重点。审计人员利用 Excel 对相关电子数据进行处理，汇总每个农户耕地面积变动数，生成数据透视图（见图 2）。

如图中曲线所示，有 3 处明显突起，其中编号 4、编号 8 农户面积增长分别为 147 亩和 99 亩；编号 10 农户面积减少 10. 6 亩。审计人员将这三处异常的数据点列为孤立点。

（2）孤立点分析。对上述 3 处孤立点进行分析，经实地延伸，审计人员发现某省个别地区虚报补贴面积，套取财政补贴资金的案件，如编号 4 农户由上年的 12 亩耕地增长到 159 亩，虚报 147 亩耕地骗取补贴资金；编号 8 农户原本无耕地，其所在乡镇为套取补贴款用其名义虚报 99 亩耕地；编号 10 农户上年虚报 10. 6 亩耕地，其所在乡镇经核查后将其修正。

利用基于统计的孤立点分析方法，审计人员在某财政补贴资金审计中共

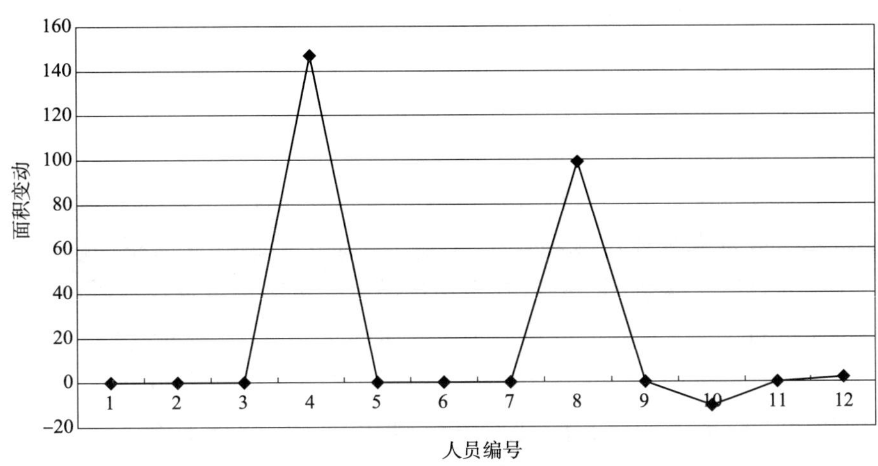

图 2　农户耕地面积变动情况分布图

查处百余起虚报冒领补贴的情况，涉及县、乡、村级干部 10 余个。

3. 适用性

基于孤立点分析的方法适用于骗取、重复申领财政、社保等资金和违规发放、贪污挪用财政、社保等资金项目中。尤其是基于统计学的孤立点检测对查找个案线索起到了积极的作用。

（三）从非数值性数据切入的审计线索特征发现

根据审计线索特征在非数值型数据中的表现形式，在信息化环境下，如何从非数值型数据中找准审计线索提示为当前审计人员关注的重点。在财政、企业审计中，非数值型数据信息量都占据很高的比例，面对大量被审计单位内部、外部及互联网等媒体数据，审计人员研究和破解非数值型数据都具有重要的意义。同时如绩效报告、实施方案等文本资料往往包含审计所需的数值型数据，更需要引起审计人员的关注。

依据现阶段审计经验，笔者主要介绍对非数值型数据进行必要处理，以便更有效锁定审计线索提示的几个步骤。

1. 收集

在审前调查和审计实施阶段，审计人员需要收集与审计事项相关的若干文件，包括被审计单位内部资料、行业管理等外部资料和媒体资料。

2. 分类

审前调查阶段将搜集的资料整理为政策法规类、财务类、业务类、综合总结类、决策类、举报类等大类资料，审计实施阶段结合具体审计事项进行细分，易于审计人员查找、翻阅。

3. 搜索和寻找关键点

将每一个文本、谈话资料映射到相应的审计事项中，锁定其中的关键词和隐藏的信息是该步骤的重点。

如在领导干部经济责任审计中，依托政府文件、会议记录、会议纪要、指示批示等决策类载体，梳理其中与领导干部履行经济责任相关的财政收支、土地管理等工作事项，并根据重要性原则确定审计重点。同时对搜索和整理出来的每个文本事项，一是确定其非数值型关键点，如经办人、待办事项、需承担责任等，二是重点关注其中的数值型数据，项目投资额、财政补贴额、时间等，将其采集、整理到数值型数据库中，以备下阶段特征发现过程使用。

4. 适用性

非数值型数据类型直观，在财政、经济责任、企业审计中，审计人员应加倍重视其中包含的重要信息，充分挖掘其中的价值，使其成为审计数据的有机组成部分。

四、通过审计特征发现创新计算机审计手段

（一）模块化设计思想的引入

现有的计算机审计没有实现标准化，审计人员往往是凭借单纯个人能力开展审计，一方面不能达到全面审计的要求，另一方面也导致审计人员如果不能持续工作别人无法代替的尴尬局面。可以根据审计特征发现制定符合我国国情的计算机审计准则和操作规范，使计算机审计实现标准化，包括流程规范、数据整理格式标准化、数据分析标准化、系统审计流程化、被审计单位资料库建立和使用的规范等多项内容，使审计人员能够真正有效地开展计算机审计。

（二）计算机审计创新的激励机制

计算机审计创新虽然在审计实践中已经被应用，但是还没有形成规模，也没有制度化。每个成熟创新事项的实现，过程都非常复杂，需要经过反复推敲和实验，只有完善创新的制度，对于创新有合理的奖励机制，在一定范围内，不一味地要求审计成果，给创新某种程度的探索空间，提供一定创新方面的服务和资金支持，创新才能作为一项制度和文化发展并延续，从而促进计算机审计的新鲜度和活力，保证计算机审计的可持续发展。

参考文献

［1］刘汝焯等．审计线索的特征发现［M］．北京：清华大学出版社，2009.

［2］刘家义．2012 年 7 月 10 日在全国审计工作座谈会上的讲话．

［3］王秦辉．基于孤立点分析的审计线索特征发现方法探讨．审计署网站，2010.

［4］陈峰，王秦辉．从行为到数据的特征发现方法［N］．中国审计报，2011.

［5］陈峰．当前我国金融犯罪特点及特征发现方法［EB/OL］．审计署网站，2012.

Google Earth 和 ArcGIS 软件在土地审计中的应用

审计署京津冀特派办　李　超　韩云翔　王光辉

【摘要】　为实现社会可持续发展和建设“美丽中国”的目标，我国资源环保审计方法需要不断创新发展。地理信息系统软件在获取和处理空间数据方面具有独特优势。本文以高尔夫球场专项审计调查为例，详细介绍了利用 Google Earth – AcrGIS 联用技术开展土地资源审计的应用实例。利用 Google Earth 软件获取高尔夫球场历史影像图片，通过自带地标定位和土地边界矢量属性功能测绘区域边界，以 ArcGIS 软件对目标区域进行面积测算。运用定性和定量相结合的方法，发现问题线索。该方法的探索使用，为开展土地资源审计提供了一种全新的思路，对资源环境审计工作的开展具有实际的指导和借鉴意义。

【引言】　刘家义审计长提出：“做好‘十二五’期间的审计工作，更好地发挥审计的‘免疫系统’功能，需要不断总结和深化国家审计实践，不断丰富和创新国家审计理论。”国家审计是国家治理的重要组成部分，资源环境审计是国家审计的一部分。尤其是随着党的十八大胜利召开，“美丽中国”概念深入人心，生态文明建设也融入到我国经济建设、政治建设、文化建设、社会建设各方面和全过程。因此，发展资源环境审计工作，对建设美丽中国，实现中华民族永续发展具有重要意义。我国资源环境审计起步较晚，但发展较快。近年来，审计署从财政资金和绩效评价两个层面，多次组织对全国土地出让金和土地开发整理、节能减排、黄河流域水资源防治与水资源保护、资源能源节约利用类财政支出科目资金等专项审计调查。但是，随着国家建设“美丽中国”的提出和社会公众对生态环境的日益关注，我国资源环境审计要达到高标准的审计要求，推动国家审计和国家治理的发展，还需强化审计理念、创新审计方法，突破传统资金审计定式，丰富审计内涵。

以土地为例，它不仅是一项资源，更多是被当地政府作为一种“生财”资产，形成“土地财政”。这种热潮折射出当今土地出让和开发整理规模越来越大、范围越来越广的情况。在利益驱动下，违法违规占地、少交欠缴土地出让金、挪用截留被征地农民补偿安置费等问题随之而来[1]。依据我国土地政策和“耕地红线”的要求，国土资源审计一直是审计的重点，同样也是难点：一是我国地形地貌多样，山区、林地等区域内部违法占地情况不易发现；二是人工测绘土地外围边界，耗时久、工作量大、效率低；三是人工GPS测绘边界点分散不连续，土地边界不准确；四是现时审计无法判定土地历史形态，不易发现违规占地建设开发的问题线索；五是一般二维地图不直观，土地状态和占地面积不具有时效性。

针对以上问题，国土资源审计可采用地理信息系统（GIS）技术[2]，充分利用国土部门地籍数据、卫星图片，以及Google Earth三维地图信息、定位技术等，可以解决违法占地难发现、土地边界难测定、面积不易丈量、历史状态不掌握等审计难题，提高审计效率。

一、地理信息系统软件简介与应用

地理信息系统（Geographic Information System或Geo-Information system，GIS）是在计算机软硬件支持下，对整个或者部分地球表层空间中的有关地理分布数据进行采集、存储、管理、运算、分析、显示和描述的技术系统。目前已发展为集遥感、全球定位系统、互联网技术于一身的综合集成化技术系统，主要用于分析和处理一定地理区域内分布的各种现象和过程，解决复杂的规划、决策和管理问题。地理信息系统（GIS）可把目标地理事物各种属性数据与电子地图等空间数据相结合，并在一定的空间位置上分析目标物特征，满足对以地块或区域为分析单位的相关领域工作要求[3]。目前，GIS在资源调查、环境评估、灾害预测、国土管理、城市规划、邮电通信、交通运输、军事公安等领域成熟应用。

谷歌地球（Google Earth，GE）是Google公司开发的一款虚拟地球仪软件，兼具全球定位系统（Global Positioning System，GPS）和地理信息系统（GIS）功能。用户可以在电脑客户端免费浏览全球各地的高清晰度卫星图片。这些数据主要来源于美国Landsat－7卫星数据（空间分布率30米）、法国 spot 5 卫星数据（2.5 米）等及航空摄影数据[4]。拍摄精度方面，我国有效分辨率普遍为 30 米以上，高精度影像的地区有：北京、上海、香港、澳门、四川、新疆库尔勒、台湾等[5]；更新时间方面，我国主要地级以上城市更新至2007 年以后，主流县级城市 2004 年以后[6]。Google Earth 将 GIS 矢量地图、地形数据、3D 建筑物等信息加载于卫星遥感数据上，被广泛应用于地球探测、工程勘察、土地管理、生态环境保护、农林调查等领域。因此，Google Earth 卫星图片可满足一般面积测绘需求。

ArcGIS 软件是美国环境系统研究所（Environment System Research Institute，ESRI）开发的地理信息系统（GIS）软件，是世界上应用最广泛的软件之一。ArcGIS 软件通过空间分析、查询、可视化、空间统计、空间建模等功能实现数据编辑、处理、分析和显示，呈现图片化地理数据分析统计、模型构建等结果，被广泛应用空间信息、地图相关的领域，如区域规划、资源预测，土地利用管理等。

二、Google Earth 和 ArcGIS 在土地审计中的应用举例

地理信息系统（GIS）在多领域的成熟应用为土地资源审计提供了应用基础和方法借鉴。通过 Google Earth 和 ArcGIS 软件的空间分析方法，对审计目标区域的历年土地利用现状图和遥感图像进行高效率的分析处理，可为土地利用、开发整理等审计事项提供基本信息源和问题线索。

（一）审计项目背景和概况

2004 年，国务院办公厅印发了《关于暂停新建高尔夫球场的通知》（国办发〔2004〕1 号），明确要求暂停新建高尔夫球场，清理已建、在建的高尔夫球场项目。同年，国务院又下发了《关于深化改革严格土地管理的决定》（国发〔2004〕28 号），要求继续停止高尔夫球场等用地的审批。2006 年，国土资源部、国家发展和改革委员会下发《关于发布实施《限制用地项目目录（2006 年本）》和《禁止用地项目目录（2006 年本）》的通知（国土资发〔2006〕296 号），将高尔夫球场项目纳入《禁止用地项目目录（2006 年本）》范围内。但禁建令之后，各地高尔夫球场建设情况没有得到有效遏制，球场数量不降反增。国土资源部公布的数据显示：2011 年上半年，12336 违法举报中心接到涉及违法占地、违规建设高尔夫球场的违法违规线索 34 个，比去年同期上升 31%。高尔夫球场建设多以偷换概念形式，以生态园、体育休闲俱乐部、城市公园、绿化项目等名义立项，避开发展改革委

等部门的审批。高尔夫球场立项打“擦边球”美化经营范围，甚至未批先建，占用大片土地开发建设。

为加强对土地资源管理，促进耕地保护和节约用地，保障经济社会健康发展，对某市高尔夫球场占地、建设及运营情况进行专项审计调查，重点关注已投入运营及在建高尔夫球场的审批手续、占地数量及性质等总体情况；查清高尔夫球场在履行审批手续、征转用土地等环节中是否存在违规租用集体土地、侵占基本农田等问题以促进地方政府严格贯彻执行国家有关禁止建设高尔夫球场的土地管理和宏观调控政策，切实保护耕地安全资源。

（二）审计思路和方法

高尔夫球场具有项目名称多样性、施工建设历史性、占地面积广（300亩至2000亩不等）、场地不规则、地形地貌多样（沙地、湖泊、丘陵等）等特点，不易采用常规审计方法对国土部门或高尔夫球场建设方提供的实际占地面积和土地性质等数据进行核查，且实地取证工作量大、难度较大。因此，审计中采用地理信息系统技术，借由 Google Earth（GE）、ArcGIS 等软件充分利用卫星图片（以下简称卫片）、国土部门地籍数据，追溯土地形态变化挖掘违法违规占地线索，解决界定占地区域边界、计量实际占地面积等难题，极大地提高审计效率。具体步骤如下：

（1）统计某市高尔夫球场数量及分布信息，主要通过以下两种渠道：

①某市国土部门提供当地高尔夫球场名单及相关信息；

②利用搜索引擎、主题网站等网络资源搜索当地高尔夫球场。

（2）确定审计调查重点区域。

（3）利用地理信息系统软件（Google Earth）获取某高尔夫球场占地形态变化的卫片资料。

（4）在 Google Earth 软件平台添加地标点和待测算多边形区域封闭线并存取（.kmz）后缀文件。

（5）保存 Google Earth 软件平台卫片成像图片。

（6）将（.kmz）后缀文件导入 ArcGIS 软件，测算多边形封闭区域面积。

（7）将测算数据与被审计单位提供资料进行核对。

（8）若存在违规占用耕地的问题，同上步骤可对违规占地面积进行测算。

（三）应用实例举例

1. 高尔夫球场分布

在 Google Earth 软件“搜索”中输入查询目标，结果如图 1 所示。

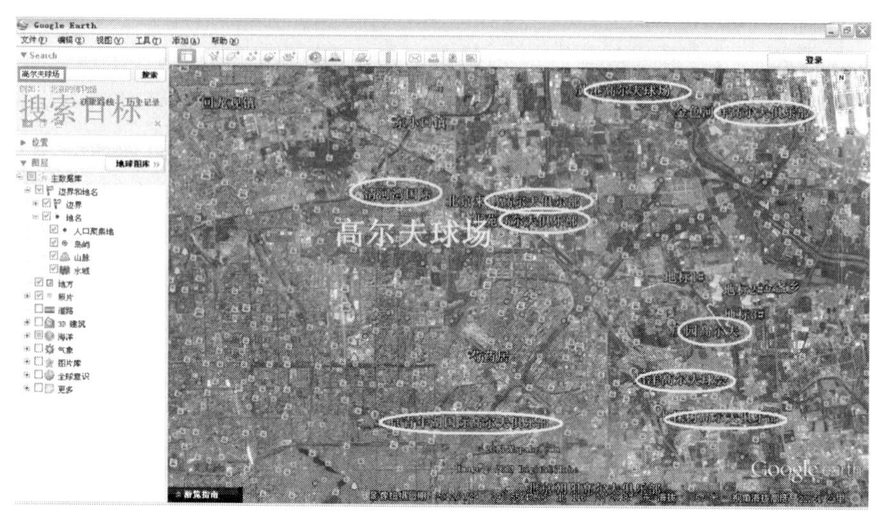

图 1　某市高尔夫球场搜索结果图

2. 高尔夫球场建设用地性质核查

以某高尔夫球场为例，利用 Google Earth 软件“历史图像滑块”功能，可观察并获取目标区域土地自 2003 年至审计日利用状况的卫星图片资料，如图 2 所示。

图 2　Google Earth 软件历史图像查询功能

历史影像资料可清晰反映出目标地块被占用、开工建设的过程情况（如图 3），并可判断出项目开工建设的时间范围和球场达到预定可使用状态的大致时间。目标地块由耕地变为高尔夫球场，是否存在违法违规占地问题需进一步核实延伸。

图3　某高尔夫球场土地占用、建设施工变动图

3. 高尔夫球场边界及占地面积测算[7]

（1）Google Earth 卫片坐标定位。如图4，利用“添加地标”按钮在某高尔夫球场区域附近选择三个点进行坐标定位，以备图像变为矢量图，将坐标位置经纬度等数据另存 *. kmz 文件。

（2）Google Earth 卫片图像多边形量取绘制闭合空间曲线。利用“添加多边形”按钮选定高尔夫球场区域边界，形成闭合曲线，如图5，并将多边形数据另存为 golf 边界 . kmz 文件。

图 4 Google Earth 卫片坐标定位

图 5 Google Earth 卫片多边形量取绘制闭合空间

（3）多边形量取法测量区域面积。通过 ArcGIS 软件解译高尔夫球场 GE 影像图片，建立目标区域边界矢量图层，并进行数据分析。首先，将文件 golf 边界 . kmz 导入 ArcGIS 软件，显示出目标地块边界区域图层，保存为 golf. shp 文件，如图 6。加载 SHP 文件，通过图层属性表进行 add fields 操作，在 name 栏输入 area，选择合适的长度，如图 7。在 area 属性下，选择 calculate geometry，自动计算出占地面积，如图 8。将 Google Earth 软件的 KML 文件与 ArcGIS 等 GIS 软件关联，以矢量数据为基础进行空间分析，可达到一块或多块不规则区域边界测定和占地面积测量的要求，操作简单。

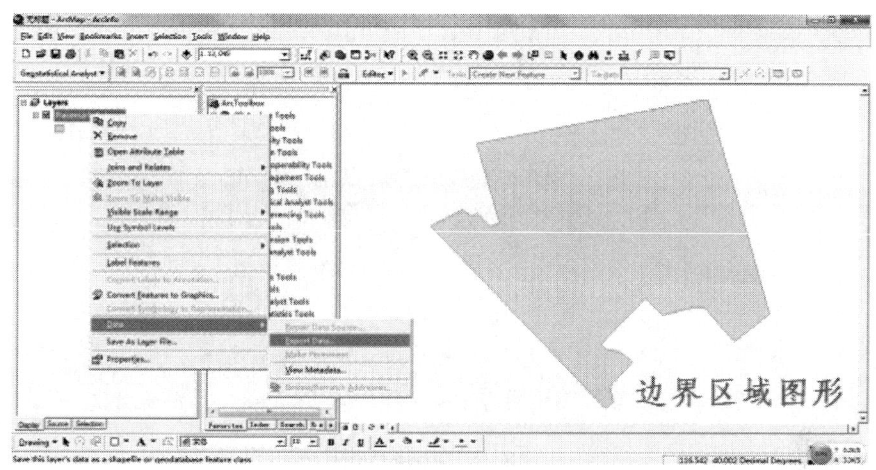

图 6　ArcGIS 软件形成卫片区域边界图形

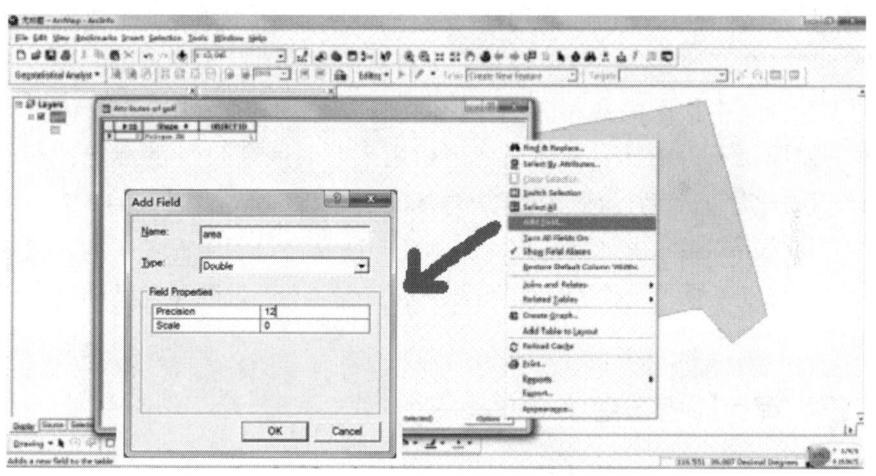

图 7　图层添加域面积测算模式

4. 审计线索分析

通过 Google Earth 软件逆时追溯查询目标区域历史图像，可直观、动态观察高尔夫球场占地、新建和改扩建情况，易发现违规占用耕地和 2004 年后违反国务院有关规定开工建设等问题线索，时间短、效率高。利用 Google Earth 和 ArcGIS 软件测算封闭区域面积的方法，在地理信息系统、土地管理等领域的使用十分成熟，操作简单、数据真实可靠。本方法可与实地延伸取证相结合，用于审核被审计单位提供土地信息资料的真实性。

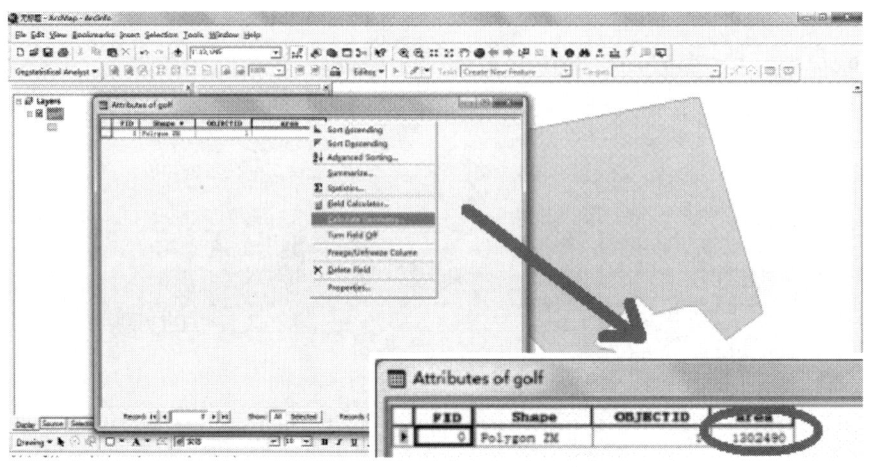

图 8　计算区域面积

（四）审计结果

审计发现，某市存在部分用地单位于 2004 年 1 月之后，违规租用农民集体土地（包括绿化隔离带用地）和国有河道建设高尔夫球场的问题。以上问题不符合《中华人民共和国土地管理法》第六十三条“农民集体所有的土地的使用权不得出让、转让或者出租用于非农业建设”的规定；不符合《国务院办公厅关于暂停新建高尔夫球场的通知》（国办发〔2004〕1 号）第一条“暂停新的高尔夫球场建设。自本通知印发之日起至有关新的政策规定出台前，地方各级人民政府、国务院各部门一律不得批准建设新的高尔夫球场项目”的规定。

三、审计思考与建议

一是创新审计方法和理念，推动资源环境审计发展，关注民生保障点。

二是整合资源环境审计内容，丰富审计事项，将土地资源审计与耕地保护、水源地保护相结合，将土地资源审计与节能减排项目专项审计相结合等。

三是土地审计与其他专项审计相结合，在经济责任、企业、金融、财政农业、投资等专项审计时对土地问题同样须引起关注和重视。

四是有效利用地理信息系统软件，突出审计重点，提高审计效率。如 Google Earth、MapInfo、ArcGIS、GPS 定位等软件。

参考文献

[1] 审计署农业与资源环保审计司．守土有责 土地审计任重道远——审计署2002年以来四次土地审计会回顾［J］．中国审计，2010（19）．

[2] 晔华，杨海荣．审计署运用地理信息技术解决国土资源审计难题［J］．中国测绘，2011（6）．

[3] 张新长，赵玲玲，袁绍晚．地理信息系统支持下的城市土地利用变化研究［J］．资源科学，2002（24）．

[4] 叶丰明，韩正梅．Google Earth 在铁路勘测设计中的应用［J］．铁道勘察，2009（6）．

[5] 唐东跃，熊助国，王金丽．Google Earth 及其应用展望［J］．地理空间信息，2008（6）．

[6] 韩皓．Google Earth 在铁路勘测设计前期工作中的应用［J］．铁道勘察，2010（6）．

[7] 谢春平．基于 Google Earth 的面积快速测量法［J］．湖北农业科学，2011（50）．

浅谈地理信息系统技术在审计中的应用及其深化

审计署南京特派办　杨海荣

【摘要】　近年来，地理信息系统技术在社会经济各领域得到广泛应用，熟悉并应用地理信息系统技术开展审计必将成为我们绕不过去的坎。过去几年中，部分单位的审计人员使用地理信息系统技术取得了很好的审计成果，本文首先对地理信息系统的一些基本概念作了简单介绍，然后重点对创新地使用地理信息系统技术开展国土资源审计进行了系统阐述，最后总结出一套较为实用的利用地理信息系统技术开展审计的方法，并对深化其在审计中应用还存在的主要问题进行了探讨，旨在让地理信息系统技术更好地服务于我们的审计工作。

一、地理信息系统概述

地理信息系统（GIS－Geographic Information System）是20世纪60年代后期发展起来，并引起世界各国广泛重视的新技术。它是介于信息科学、空间科学和地球科学之间的交叉学科。它的发展，同计算机技术，遥感技术，信息工程及现代地理学息息相关。目前，同地球资源与环境有关的各学科中，地理信息系统应用极为广泛。

（一）地理信息的基本概念

地理信息（Geographic Information）是指与空间地理分布有关的信息，它表示地表物体和环境固有的数据、质量、分布特征，联系和规律的数字、文字、图形、图像等总称。

地理信息属于空间信息。它与一般信息的区别在于它具有区域性，多维性和动态性。区域性是指地理信息的定位特征，且这种定位特征是通过公共的地理基础来体现的。例如，用经纬网或公里网坐标来识别空间位置，并指定特定的区域。所谓多维性是指在一个坐标位置上具有多个专题和属性信息。例如，在一个地面点上，可取得高程、污染、交通等多种信息。动态性是指地理信息的动态变化特征，即时序特性，从而使地理信息常以时间尺度划分成不同时间段信息。这就要求及时采集和更新地理信息，并根据多时相数据和信息来寻找时间分布规律，进而对未来作出预测和预报。随着现代科学技术的发展，特别是借助近代数学，空间科学和计算机科学，人们已能够迅速地采集到地理空间的几何信息，物理信息和人文信息，并适时适地地识别、转换、存储、传输、显示并应用这些信息，使它们进一步为人类服务。

（二）地理信息系统的基本概念

1. 信息系统

信息系统（Information System）是具有采集、处理、管理和分析数据能力的系统，它能为单一的或有组织的决策过程提供各种有用信息。从计算机的角度看，信息系统是由计算机硬件、软件、数据和用户四大要素组成的系统。

由于计算机技术的飞速发展及计算机应用的普及，不同问题领域的各种信息系统相继出现，且种类繁多，从系统结构及处理方法看，主要可以分为管理信息系统（MIS）、决策支持系统（DSS）、智能决策支持系统（IDSS）、空间信息系统（SIS）等。由于空间数据的特殊性，空间信息系统的组织结构及处理方法与一般信息系统有较大差异。

2. 地理信息系统

地理信息系统是用于采集、存储、查询、分析和显示地理空间数据的计算机系统。它是一种特定而又十分重要的空间信息系统，在计算机硬件与软件支持下，运用系统工程和信息科学的理论，科学管理和综合分析具有空间内涵的地理数据，以提供对规划，管理，决策和研究所需信息。

地理信息系统是一门多技术交叉的空间信息科学，它依赖于地理学、测绘学、统计学等基础性学科，又取决于计算机硬件与软件技术、航天技术、遥感技术和人工智能与专家系统技术的进步与成就。此外，地理信息系统又是一门以应用为目的的信息产业，它的应用可深入到各行各业。

3. 地理信息系统分类

地理信息系统发展迅速、应用面广、发展潜力巨大，为了便于我们了解各种地理信息系统及它们之间的差异，我们通常从以下几个角度对其分类。

如从研究对象性质和内容分，可以分为综合性地理信息系统和专题性地理信息系统。综合性地理信息系统是按统一标准，存储管理全国或全球范围内各种自然和社会经济数据的地理信息系统，如美国国家地理信息系统。专题性地理信息系统指以某一专业、任务或现象为目标建立的地理信息系统，如森林资源管理信息系统。

从研究对象分布范围分，可分为全球性地理信息系统和区域性地理信息系统。后者如我国某省市土地管理信息系统。

从地理信息系统应用功能分，可分为工具型地理信息系统和应用型地理信息系统。工具型地理信息系统为地理信息系统的使用者提供一种技术支持，使用户能借助地理信息系统工具中的功能直接完成应用任务，或者利用工具型地理信息系统，加上专题模型完成应用任务。目前国内外均已有很多商品化的工具型地理信息系统，如美国的 ARC INFO 和国内的 SUPERMAP GIS 产品。应用型地理信息系统借助工具型地理信息系统开发或为某专业部门应用自行开发，针对性强，系统开销小，适于在本专业中使用。

以地理信息系统数据结构类型分，可分为矢量数据结构地理信息系统、栅格数据结构地理信息系统以及混合数据结构地理信息系统。矢量数据结构地理信息系统指以 x、y 坐标来表示空间数据的点、线和面等图形的地理信息系统，栅格数据结构地理信息系统指以二维数组来表示空间各象元特征的地理信息系统，混合数据结构地理信息系统为上述两种数据结构并存的地理信息系统。

（三）地理信息系统给审计带来的影响

中国科学院地理信息研究所专家、北京超图地理信息技术有限公司董事长钟耳顺给了地理信息系统这样一个描述：它神通广大，上能助“神六”飞天，下能监测印度洋海啸，有人把它形象地称为科学家手中的显微镜；它能把薄薄的脆黄的古老图纸变成了鼠标轻点永不褪色的电子地图，沧海桑田的变化，它成了最好的载体；Google Earth 的横空出世让普通大众更直观感受到了它的魅力。当我们在感受、领略 GIS 给予我们的无穷惬意和遐想时，我们已在不知不觉中体味着 GIS 带来的便捷服务。“在人类生活中，80% 的信息与地理信息有关。”这句话让我们深刻地认识到地理信息无处不在，也为

GIS 上千亿的市场来源做了最好的诠释。也许从今天开始，我们可以这样说，属于 GIS 的大时代已经来临。

2010 年 8 月 5 日，国务院发展研究中心发布两份研究报告，建议选择和确定地理信息产业为战略性新兴产业。报告列举了将地理信息产业确定为战略性新兴产业的依据，包括良好的高增长性，广阔的市场前景，新应用带动新增长，地理信息产业与物联网融合，产业链长、带动系数大，是国家创新体系和信息化建设的重要组成部分，技术先进性和劳动密集性并存等。报告同时指出，地理信息产业是地理信息资源生产和服务行业，地理信息资源是数据量最大、覆盖面最宽、应用面最广的信息资源之一，是一种具有全局意义、长远影响和持续作用的基础性信息资源。由 3S（或 3S + C，即地理信息系统 GIS、遥感技术 RS、全球定位系统 GPS 和卫星通信技术 C）为基础形成的电子地图、卫星导航、遥感影像等地理信息产品，已经广泛应用于政府管理决策、基础设施建设、自然资源管理、公共安全和卫生、交通运输、应急管理、产业规划与布局、生态环境监测评价等人类经济社会活动的许多领域。

在审计关注的众多领域中，地理信息系统也得到了广泛的应用，如国土资源管理、矿产资源管理、环境保护、大型工程建设等。由于地理信息系统对数据的组织结构及处理方法与一般信息系统有较大差异，审计人员如果不熟悉地理信息系统、不借助地理信息系统软件，将被关在相关部门核心业务的门外。同时，地理信息系统易于对地理信息直观展示等特点，还可以帮助我们以更好的方式体现审计结果，甚至对审计管理工作本身也能起到积极的推动作用。

二、创新使用地理信息系统开展国土资源审计的典型案例

随着国土资源管理内在需求的提高和科技的不断发展，国土资源管理的信息化水平也越来越高。特别是近十年，航天、遥感、无人机、地理信息系统软件等新装备、新技术在国土系统得到了大量应用。国土资源部以数字国土工程和金土工程为主要依托，基本建成以国土资源遥感监测“一张图”和综合监管平台、电子政务平台、公共服务平台“三大平台”为主体的国土资源信息化框架体系，信息技术在国土资源调查评价、管理决策、监测监管和社会服务中的应用也不断深化。

国土资源管理的信息化，特别是地理信息技术的引入，在给审计工作带来挑战的同时，也给我们创造了更加广阔的空间，国土资源管理新的方式方

法和海量地理信息数据，也可以成为审计人员手中的利刃。国土资源审计也是目前应用地理信息系统较为成熟的领域，在近年审计署农业与资源环保审计司组织的国土资源审计项目中，广大审计人员积极思考，在土地宏观政策的落实、农用地转用和土地征收、土地整治项目等多个领域，借助地理信息系统创新性地开展计算机审计，查出了多个典型的重大违法违规问题，总结出了许多优秀的案例和方法，并初步建立起一套较为有效的方法体系，包括应用地理信息系统技术开展基本农田保护责任落实情况审计、建设用地审批情况审计以及土地整治项目管理和效益审计等。

（一）应用地理信息系统技术开展基本农田保护责任落实情况审计案例

1. 案例概述

我国实行最严格的耕地保护制度，保护耕地最重要的是把基本农田保护好，确保基本农田总量不减少、质量不下降、用途不改变，它也是国家保证粮食安全最重要的举措。国家通过下达耕地和基本农田保有量的任务并进行考核的方法以及其他多种措施，确保各地保证耕地和基本农田的数量和质量。但由于农业对地方经济的贡献远不如其他产业，地方政府往往缺乏内生动力保护耕地和基本农田，在“一张图”管理还未全面推行的情况下，部分地方为完成考核任务，甚至弄虚作假，将不符合要求的地块也划为基本农田。即便是农民，由于种植经济作物的收益往往优于粮食作物，他们也常常会在优质耕地中种植果树、茶树甚至挖塘养鱼等，影响了耕地保护的大局。

耕地和基本农田的特点是面积大、分布散。通常仅一个县的基本农田面积就要几十万亩甚至几百万亩，而且分布在全县的各个地方。在传统的技术方法条件下，我们最多通过举报、网络等渠道获得一些线索，通过现场核实等方式发现一些个案的问题，但在整区域的耕地和基本农田保护责任的评价上完全是无能为力的。而地理信息的区域性、多维性和动态性的特点，让我们可以在地理信息系统环境下，通过对土地利用现状和规划数据进行比较，并借助外部数据，在三个层面上分析发现地方政府基本农田保护责任落实的整体情况和存在问题：一是通过耕地和基本农田现状数据与上级下达指标和规划指标比对，分析某地方有无突破土地利用总体规划确定的耕地及基本农田约束性指标；二是比较基本农田数据和土地利用现状数据，统计其中可调整地类、坡度大于25度的耕地以及建设用地的情况，全面分析某地方基本农田的总体结构与质量；三是引入林业等外部数据，借助遥感影像图、

Google Earth 地图等地理信息数据和技术手段，将重点抽查地方的基本农田数据与对应影像图进行对比分析，以快速有效地确定疑点图斑；最后采用全球定位技术（GPS）对疑点图斑进行实地核实，以甄别重点抽查地方的基本农田现状的真实性，核实虚假划定及违法占用基本农田的情况。通过上述步骤，为评价区域基本农田保护责任落实情况提供数据支撑。

要落实上述审计思路，我们需要从被审计单位获取以下四类原始数据，包括：土地利用现状数据库（包括所有地类图斑和基本农田保护现状数据）；土地利用规划数据库（包括基本农田规划数据、土地规划指标数据）；遥感影像图（相关年份带坐标信息遥感影像数据）；其他数据，如林业资源数据库（包括所有林地分布数据）。需要的分析软件可以为 SuperMap Deskpro6、ArcGIS 等常规地理信息系统软件或审计署与西安特派办合作开发的地理信息辅助审计系统。

2. 耕地及基本农田约束性指标总体评价审计过程

围绕审计目标，我们主要通过对耕地和基本农田现状数据进行统计，将统计结果与上级下达指标和规划指标比对，分析地方有无突破土地利用总体规划确定的耕地及基本农田约束性指标的情况。主要操作过程如下：

（1）获取电子数据并进行整理。地方国土部门的基本农田保护现状和规划数据通常使用相关的地理信息系统和数据库进行管理，上述数据通过一到两次转换均可以导入审计人员所用的地理信息系统软件中。如在某次审计中，我们使用 SuperMap 软件，建立“A 市国土审计分析”工作空间，并新建“GIS 数据分析”数据源，将 A 市相关数据导入后，形成如下基础分析数据：①从土地利用规划数据库导出的数据，分别命名为“A 市规划基本农田保护数据库”“A 市土地规划指标数据库”；②从土地利用现状数据库导出的数据，分别命名为“A 市土地利用现状图斑数据库”“A 市现状基本农田数据库”。数据导入界面如图 1 所示。

（2）计算耕地保有量和基本农田保护现状面积。从“A 市土地利用现状图斑数据库”数据表中，根据“DLMC（地类名称）”和“DLBZ（地类标志）”字段筛选出水田、水浇地、旱地及可调整地类等符合耕地定义的地块，形成“A 市耕地数据”新图层，通过其属性表直接读取“TBDLMJ（图斑地类面积）”字段，并统计出实际保有的耕地面积。在“A 市现状基本农田数据库”图层中，直接读取“TBDLMJ（图斑地类面积）”字段，并汇总出现状基本农田保护面积。属性表如图 2 所示。

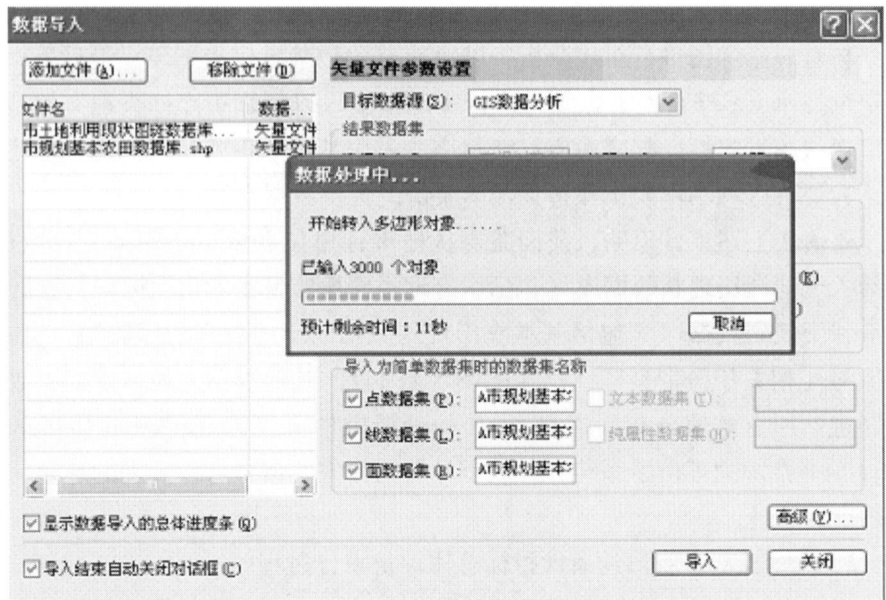

图 1　SuperMap 数据导入界面

编号	XCDLBM	TKXS	XZDWMJ	LXDWMJ	TKMJ	TBMJ	TBDLMJ	SFBH	DLBZ	OBJECTID	shape_Leng
1		0	0	0	0	3844.7	3844.7	Y	K	1	248.803476753
2		0	0	0	0	43026.98	43026.98	Y	K	2	1148.1304575
3		0	452.52	0	0	10779.42	10326.9	N		3	903.410397215
4	123	0	0	0	0	894.06	894.06	N		4	163.249605261
5		0	340.92	0	0	17044.34	16703.42	Y	K	5	549.957070573
6		0	563.4	0	0	3595.15	3031.75	N		6	329.345956775
7		0	0	0	0	5671.59	5671.59	N		7	372.18938309
8	123	0	0	0	0	19045.78	19045.78	N		8	1114.46748883
9		0	229.48	0	0	1501.34	1271.86	N		9	292.032591722
10		0	229.47	0	0	466.64	237.17	N		10	158.735313018
11		0	0	0	0	41338.92	41338.92	Y	K	11	1374.46738843
12		0	821.76	0	0	41652.3	40830.54	Y	K	12	1029.77152701
13		0	0	0	0	12929.25	12929.25	Y	K	13	635.426264414
14	123	0	755.82	0	0	43582.23	42826.41	N		14	1392.17423407
15	123	0	516.29	0	0	3343.2	2826.91	N		15	368.345876902
16		0	0	0	0	7537.5	7537.5	Y	K	16	363.20967811
17	123	0	217.19	0	0	8487.94	8270.75	N		17	390.318958537
18	123	0	424.5	0	0	3555.73	3131.23	N		18	461.752762633
19	123	0	664.03	0	0	6149.35	5485.32	N		19	551.789210114
20	123	0	217.2	0	0	3533.31	3316.11	N		20	284.984854791
21		0	1221.75	0	0	5723.13	4501.38	N		21	770.537927641
22	123	0	771.94	0	0	5820.82	5048.88	N		22	645.83622863
23	123	0	1888.25	0	0	34483.27	32595.02	N		23	808.685010892
24		0	4590.37	0	0	103768.94	99178.57	N		24	2490.53798117

工作空间管理器　A市现状基本农田数据库@GIS数据分析　属性表 A市现状基本农田数据库@GIS数据分析

图 2　A 市现状基本农田数据库属性表

（3）获取或计算土地利用总体规划下达的耕地和基本农田约束性指标数。我们可以从两个渠道获得上述指标。一是直接取得规划审批文件，从文件中得到上述指标。二是仿照上一步的操作，在“A 市规划指标数据库”中，汇总计算出耕地和基本农田指标数。

（4）最后将前两步计算得出的耕地保有量和基本农田保护现状面积分别与指标数进行比较，检查该地方是否完成约束性指标任务。

3. 基本农田的总体结构与质量审计过程

通过将基本农田数据和土地利用现状数据进行比较，可以统计出其中的可调整地类、坡度大于 25 度耕地等情况，通过将基本农田数据和林业等外部矢量数据进行比较，可以统计出其中种植对土壤层破坏大的树种的情况，从而全面分析某地方基本农田的总体结构与质量。

（1）建立规划基本农田图层。从“A 市规划基本农田保护数据库”中，根据实际情况设定条件，筛选出新一轮规划期需保护的基本农田地块数据。如设定“NTTZZT”（农田调整状态）等于“1”（现状基本农田）或“2”（规划新调入基本农田）为条件，命名为“A 市规划基本农田分布”图层。

（2）统计基本农田中可调整地类的情况。仿照上一步做法，从“A 市土地利用现状图斑数据库”中，根据实际情况设定条件，筛选出可调整地类（原有耕地因农业结构调整而改为非耕地且未破坏耕作层的土地）数据。如设定“DLBZ”（地类标志）为“K”（可调整地类），命名为“A 市现状可调整地类分布”图层。

利用地理信息系统软件的功能，将“A 市现状可调整地类分布”图层与“A 市规划基本农田分布”图层进行叠加分析，执行“裁剪”操作，即可得到规划基本农田为可调整地类的情况。打开分析结果图层的属性数据表，即可进行面积汇总、占比等计算。在 SuperMap 软件中实现叠加分析的界面如图 3 所示。

（3）统计基本农田中坡度大于 25 度的耕地的情况。与上一步类似，从“A 市土地利用现状图斑数据库”中，根据实际情况设定条件，筛选出耕地中坡度大于 25 度的数据。如设定“GDPDDJ”（耕地坡度级）为“5”，并将结果图层命名为“A 市现状坡度大于 25 度耕地分布”。

利用地理信息系统软件的功能，将“A 市现状坡度大于 25 度耕地分布”图层与“A 市规划基本农田分布”图层进行叠加分析，执行“裁剪”操作，即可得到规划基本农田中耕地坡度大于 25 度的情况。打开分析结果图层的属性数据表，即可进行面积汇总、占比等计算。

（4）建立可用于比较的外部矢量数据图层。如从“A 市林业资源数据库”中，以“林种分布”等于“水土保持林”“水源涵养林”等，或“优势

图 3　SuperMap 软件叠加分析界面

树种”等于“桉树”为条件，筛选出经林业部门认定目前种植生态公益林、优势树种等不宜划作基本农田保护或对土壤层破坏大的树种的地块，分别命名为“A 市生态公益林”“A 市桉树分布”图层。

（5）计算并统计基本农田中种植生态公益林、桉树的情况。利用地理信息系统软件的功能，将“A 市生态公益林”图层、“A 市桉树分布”图层分别与“A 市规划基本农田分布”图层进行叠加分析，执行“裁剪”操作，即可得到规划基本农田实际种植生态公益林、桉树的情况。打开分析结果图层的属性数据表，即可进行面积汇总、占比等计算。

根据上述计算统计的结果，我们就可以全面评价 A 市基本农田的总体结构与质量。

4. 虚假划定及违法占用基本农田审计过程

借助国土部门提供的遥感影像图、Google Earth 地图等数据，将某地方的基本农田数据与影像图进行对比分析，以快速有效确定虚假划定及违法占用基本农田疑点图斑。主要操作过程如下：

（1）通过坐标转换、几何校正、影像配准等步骤，叠加规划基本农田分布图和遥感正射影像图；按地类属性设置渲染方案，使规划基本农田分布图成为灰色背景、耕地类图斑镂空的状态，以便于查看。实际操作中读者可根据自身喜好进行设置。设置后的状态如图 4 所示。

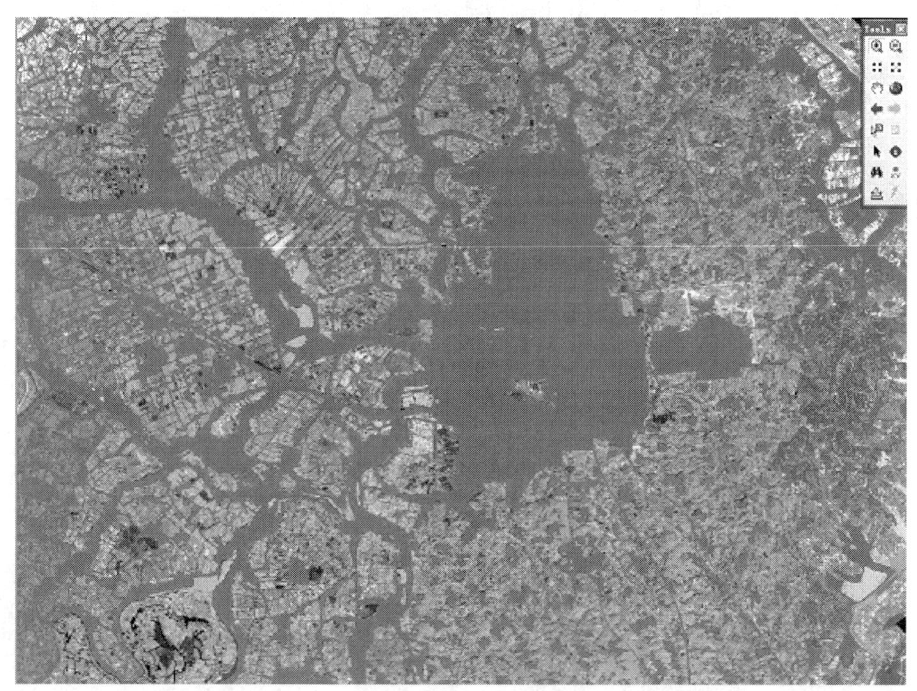

图 4　规划基本农田与遥感影像叠加图

（2）通过查看划定基本农田的影像，查找虚假划定及违法占用基本农田疑点图斑。查看镂空部分的影像图，根据基本农田区域影像的大小、形状、阴影、颜色、纹理、图案、位置及与周围的关系等要素，判别耕地是否已改变性质甚至被建设占用；根据判别结果，利用软件的编辑工具对发现的疑点绘制疑点图斑。绘制出的疑点图斑如图 5 所示。

国土部门提供的遥感影像图虽然精确，但其更新较为缓慢，且其时点并非审计人员所能控制，而 Google Earth 影像图版本较新，而且还具备多个时间点数据，因此还可利用 Google Earth 软件及其影像数据进行辅助核实。

（3）基于 Google Earth 开展进一步分析。首先将“规划基本农田分布”图层进行坐标变换、几何校正后导出为 KML 格式图层。在 SuperMap 软件中，上述操作可通过“导出数据集”功能实现。导出界面如图 6 所示。

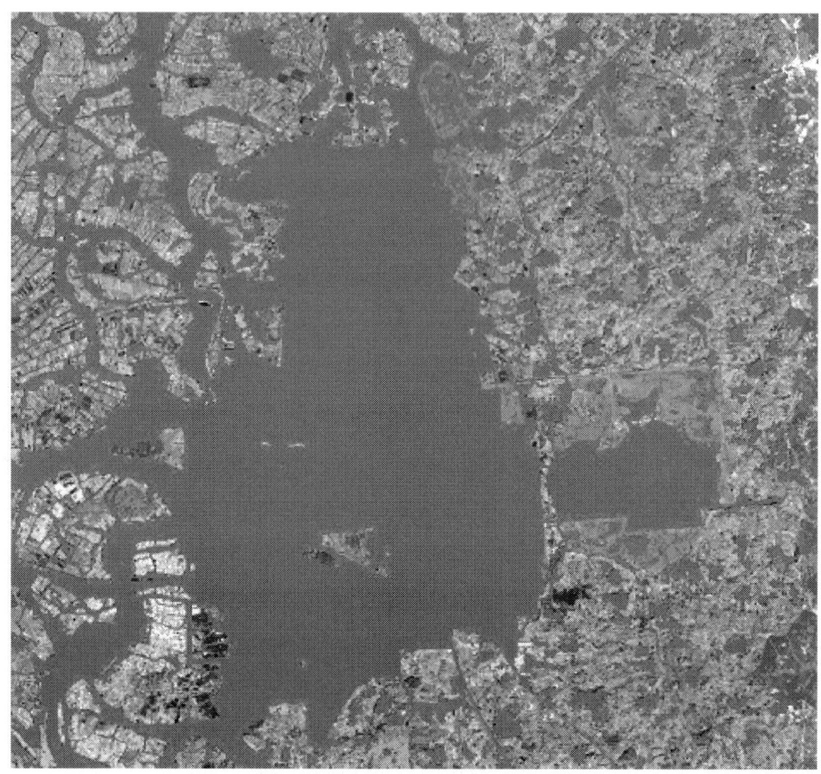

图 5　虚假划定及违法占用基本农田疑点图

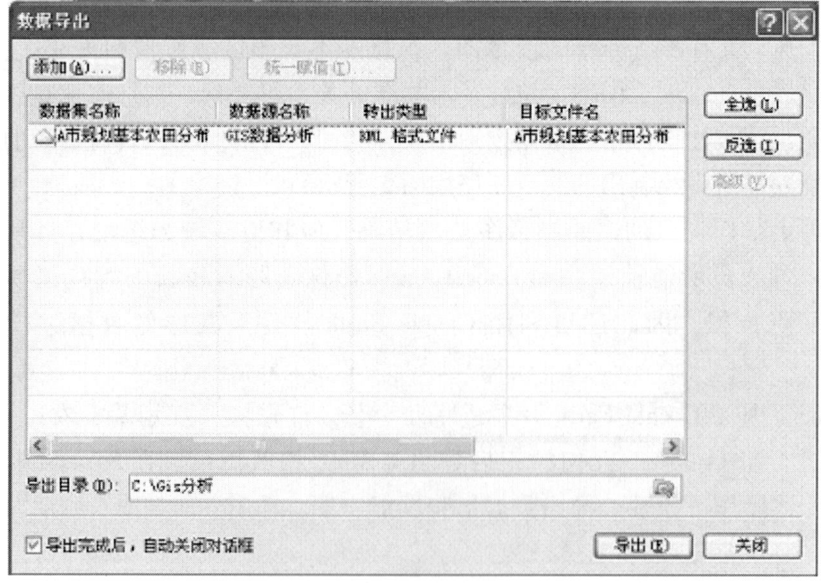

图 6　KML 格式文件导出界面

导出KML文件后，将其在Google Earth中加载，实现将规划基本农田图层与Google Earth影像图叠加，采取与上一操作步骤类似的方法，得到虚假划定及违法占用基本农田疑点图斑。然后利用Google Earth的“时间倒流”功能，对疑点图斑各个时间点上的图像进行对比，增加判断的准确性。图7显示了违规占用基本农田地块2008年、2009年和2010年三期Google Earth影像图的对比情况。

图7 Google Earth按年份对比核实图

（4）疑点图斑的核实。上述步骤（2）和步骤（3）中得到的疑点图斑，都需要进行进一步核实才能确认为问题。根据软件分析出来的疑点图斑示意图、属性表以及地块坐标，结合GPS全球定位系统定位仪实地查勘，审计人员可以迅速准确地检查核实国土部门是否存在将一直不属耕地而虚假上报为可调整地类，将建设用地、水域、未利用地等虚假上报为基本农田，基本农田被违法占用、撂荒而国土部门查处不力等问题，并且还可以利用GPS技术对虚假划定及违法占用部分进行测绘，最后在软件中导出相关地块详细信息。

5. 审计方法发现的典型问题

某特派办审计组在某省开展国土资源审计时，采用上述方法查实的典型问题有：

（1）地方将大量非耕地划为基本农田。大量非耕地（可调整地类）划为基本农田。2010年，某县的基本农田保护面积为696944.40亩，其中有265104.38亩为非耕地（属可调整地类），占比38.04%，包括园地129428.63亩、林地80830.81亩、坑塘水面54826.32亩、牧草地18.62亩等。

虚假上报可调整地类并上报为基本农田。在2010年某县265104.38亩基本农田（可调整地类）中，审计重点抽查了11222.40亩林地，发现有

7443.17 亩从未属于耕地，而是一直为未利用地和山林地等（其中园地 150 亩、林地 1712.37 亩、牧草地 1305.15 亩、未利用地 4275.65 亩），该地块在 1999 年之后才定为可调整地类，占抽查总面积的 66.32%。目前，这些非耕地既没有排灌设施，也没有合理的田间道路布局，部分地形坡度达 28 度，不符合农业耕种要求。

（2）地方将一些不符合耕地标准的地块划为基本农田。某地 5 区县将 2308 宗坡度超过 25 度 325 公顷的耕地或园地，违规划定为基本农田；某县规划基本农田中坡度大于 25 度的地块总面积为 311 公顷（4665 亩）。

《某地土地利用总体规划（2006－2020 年）》中规划的基本农田中有 800.47 公顷 529 个地块在林业局林业资源数据库中认定为林地，且其优势树种为桉树；有 1551.96 公顷 554 个地块在林业局林业资源数据库中认定为林地，且林种分布为水土保持、水源涵养、沿海防护、自然保护小区林等生态公益林。

（3）地方虚假划定基本农田或基本农田被违法占用。2010 年，某地将建设用地及以前年度已取得用地批文的 1140 亩土地，违规划定为基本农田，占该区当年基本农田总面积的 0.44%。

某地将在洪水期经常处于被淹没状态，不符合农业耕种要求的地块 763.80 亩，上报补充为基本农田。

某地基本农田已被非法建设占用 1603.05 亩，包括已被非法占用堆沙、被河涌整治项目建设为水利堤围、被非法圈占用于堆放处理设备和原材料等。

（二）应用地理信息系统技术开展建设用地审批情况审计案例

1. 案例概述

我国相关法律明确：国家保护耕地，严格控制耕地转为非耕地。法律规定，建设占用土地，涉及农用地转为建设用地的，应当办理农用地转用审批手续；建设项目确实需要占用基本农田，涉及农用地转用或者征用土地的，必须经国务院批准；征用基本农田以外耕地超过 35 公顷的、其他土地超过 70 公顷的必须由国务院批准。另外，国土资源部每年都会下达计划，严格限制各省新增建设用地以及新增建设占用农用地和耕地的规模。

根据我国当前的国情，地方政府的首要任务就是发展，其最重要的手段就是招商引资。而绝大多数引来的项目，都会涉及落地问题，涉及农转用和征地问题。时间的紧迫性和指标的不足以及审批过程烦琐之间的矛盾，让很多地方选择违规，采取分拆批地的方式回避国务院审批，甚至未批先用、占用基本农田进行建设。

对于典型的未批先建等违规问题，由于其没有履行规范的政府审批程序，我们无法从主管部门得到相关的项目资料，因此通过常规的审计手段我们无法系统地查找到此类问题线索，而只能通过举报、网络查找等非常规手段零星地查找一些问题线索。而地理信息的区域性和动态性的特点，让我们可以在地理信息系统环境下落实以下两种分析思路，一是将土地主管机关不同管理部门掌握的土地利用数据以及反映土地真实状态的影像数据进行比较，以发现违规占用耕地或基本农田进行建设的问题；二是查看一定时间内获得审批的多块建设用地间的相邻关系，以发现分拆批地的问题。

要落实上述审计思路，我们需要从被审计单位获取以下四类原始数据，包括：相关年度土地利用现状数据库（含土地利用变更调查数据库）；土地利用总体规划数据库；地方政府审批的建设用地界址点坐标数据；遥感影像图（相关年份带坐标信息遥感影像数据）。

2. 违规占用耕地或基本农田进行建设问题审计过程

我国的基本农田由土地利用总体规划确定，国家对其实行最严格的保护制度，划定后不得更改。一般情况下，基本农田的划定由专门的规划管理部门主要负责。而在土地利用过程中发生的地类变更，以及土地调查的结果的管理，往往由地籍管理部门负责。在一定意义上，土地利用规划数据和土地利用现状数据相对独立，审计可以将两者进行比较以查找问题。基本农田即使被违规占用进行建设，规划部门通常也不会轻易调整其性质，而土地利用现状数据会及时调整其地类，因此，结果就表现为规划划定的基本农田，在土地利用现状图中的地类是建设用地。本步骤就是通过将规划部门掌握的基本农田保护区数据与地籍部门掌握的土地利用现状数据进行比对，查找基本农田保护区中存在建设用地的情况，进而发现未批先建的问题。主要操作过程如下：

（1）生成某地建设用地图层。以第二次土地调查结果为例，土地利用现状图中的建设用地共有五类，分别是：201（城市）、202（建制镇）、203（村庄）、204（采矿用地）、205（风景名胜及特殊用地）。以 MapGIS 软件为例，首先进入“空间分析”模块，点击“文件”下拉菜单，选择“装区文件”，导入某县地类图斑；然后点击“检索”下拉菜单，选择“条件检索”，设定筛选条件为：地类编码 = “201”，点击确定；最后选择文件下拉菜单的“另存当前文件”，就生成了地类代码为“201”的建设用地图层。

重复上述步骤将地类编码为“202”等的其他建设用地提取出来，点击“图形处理”菜单下的“输入编辑”，在左边工作台点击鼠标右键，选择“添加项目”，将前面提取的所有建设用地都添加进来，全部选择后再点击鼠标右键，选择“合并所选项”后保存。这样就得到了某地建设用地图层，如图 8 所示。

图 8　某地建设用地图

（2）叠加分析查找违规占用基本农田疑点。将某地建设用地图层与基本农田保护区图层一起加载，点击“空间分析”下拉菜单，选择“区空间分析”中的“区对区相交分析”，设置合理的模糊半径（如 0.01），点击“OK”后软件会自动分析并生成一个新的图层，其内容就是基本农田保护区内建设用地图斑明细。

（3）落实违规占用基本农田疑点。对分析得出的疑点，我们还需要选择重点进行现场查看，以验证其是否确已被建设占用。确认后还要检查其是否有合法的建设用地审批文件，如果没有，我们就可以确认违规占用的问题。

其实在很多时候，未批先建和耕地或基本农田被建设违规占用是同一事情的两个方面，前者表达的是过程和行为，后者表达的是现象和结果，对这两种问题的认定主要依据我们的审计目标，两者可以互用。如针对本文所述基本农田保护责任落实情况审计中的虚假划定及违法占用基本农田查出的疑点中涉及建设用地的，我们只要再对其审批程序进行追查，落实后就是未批先建问题；而本部分介绍的方法，其主要形式与虚假划定及违法占用基本农田审计的方法也没有很大的差异，落实的疑点也可以表述为基本农田被违规占用。

3. 分拆批地问题审计过程

对于部分地方采取分拆批地的方式回避国务院审批的情况，我们可以推测：分拆出的地块在地理上一定是相邻的，各地块的审批时间通常也比较接近。本步骤的主要思路就是借助地理信息系统软件，将某地连续几年审批的建设用地上图，然后查看其相邻关系，查找疑点。以地理信息辅助审计系统为例，主要操作过程如下：

（1）取得某地几年内审批的建设用地界址点坐标数据，并整理成符合软件要求的标准 Excel 格式数据。整理后的文件如图 9 所示。

Microsoft Excel - 征地拐点坐标汇总（带38）.xls

文件(F) 编辑(E) 视图(V) 插入(I) 格式(O) 工具(T) 数据(D) 窗口(W) 帮助(H)

C4 38506536.535

	A	B	C	D	E	F
1	ID	POLYID	X	Y		
2	1	1	38506515.84	3859847.83		
3	2	1	38506570.2	3859811.759		
4	3	1	38506536.54	3859748.458		
5	4	1	38506495.35	3859775.076		
6	1	2	38492472.2	3853360.398		
7	2	2	38492508.63	3853351.464		
8	3	2	38492498.57	3853315.582		
9	4	2	38492463.18	3853324.51		
10	1	3	38492256.46	3852560.769		
11	2	3	38492321.71	3852550.033		
12	3	3	38492317.89	3852530.229		
13	4	3	38492316.58	3852515.865		
14	5	3	38492315.54	3852500.939		
15	6	3	38492241.29	3852509.156		
16	1	4	38487889.24	3846352.966		
17	2	4	38488018.52	3846336.208		
18	3	4	38488017.27	3846328.707		
19	4	4	38487993.9	3846188.243		
20	5	4	38487991.96	3846176.581		
21	6	4	38487991.85	3846175.958		
22	7	4	38487857.95	3846193.843		

图 9　经过整理的建设用地界址点坐标数据

（2）生成审批建设用地图层并进行观察，查找分拆批地疑点。利用软件"数据导入"下的"GPS 采集数据导入"功能，对整理好的数据进行数据采集，生成审批建设用地图层，进行观察分析。重点关注在同一年度审批的、相邻的地块，并对其面积进行计算，检查合计面积是否超过地方审批权限。生成的审批建设用地图层及疑点如图 10 所示。

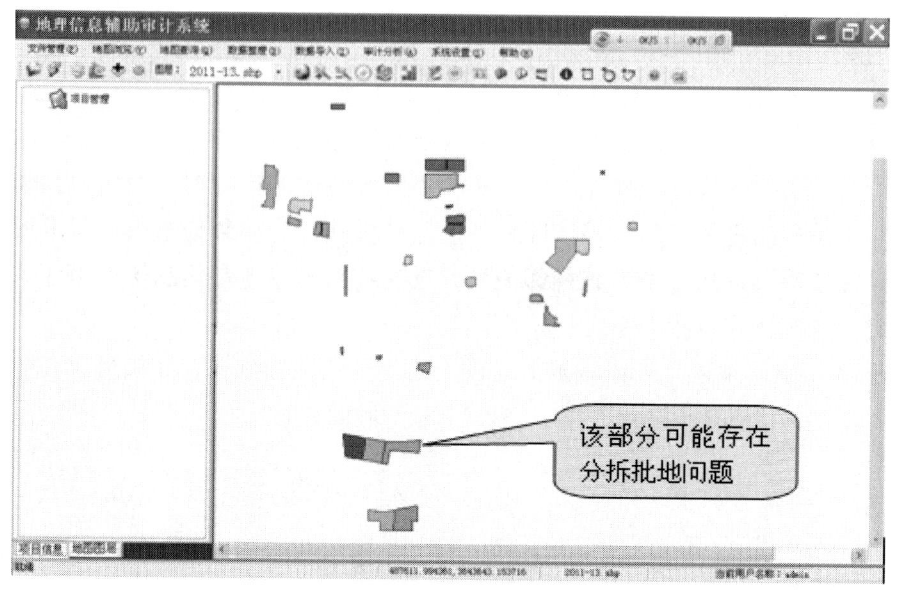

图 10　审批建设用地图层及疑点

对发现的疑点，可以结合遥感影像进行进一步查看，并可借助 GPS 定位仪进行实地延伸核实。

4. 审计方法发现的典型问题

某特派办审计组在开展国土资源审计时，采用上述方法查实的典型问题有：

（1）某县企业和个人违法占用未经建设用地审批的基本农田保护区内土地 1128.83 亩，用于工业、住宅、商业、教育等建设。

（2）某公司开发的文化产业园项目用地面积大，实际占用耕地 90 公顷，地方政府为规避国务院审批，将其分拆成第 4 批、第 5 批、第 20 批 3 个批次申报并获批。

（三）应用地理信息系统技术开展土地整治项目管理和效益审计案例

1. 案例概述

我国为保护耕地，在严格控制耕地转为非耕地的同时，实行占用耕地补偿制度：非农业建设经批准占用耕地的，按照“占多少，垦多少”的原则，由占用耕地的单位负责开垦与所占用耕地的数量和质量相当的耕地，即耕地占补平衡。随着我国的城市化进程和经济的发展，建设规模不断扩大，地方政府投入大量人力、物力，采取各种手段加大耕地开垦力度，想方设法增加耕地面积，以保障建设占用耕地的占补平衡需要。随着工作的推进，规模较大的、容易开垦为耕地的资源越来越少，耕地开垦的成本也越来越高。部分地方由于找不到项目进行土地开垦，转而向其他地方和单位购买其开垦形成的“新增耕地指标”，用于自己建设项目的占补平衡。由于耕地后备资源的稀缺性，“新增耕地指标”的价格也一路飙升至每亩数万元。

在耕地占补平衡的巨大压力和耕地指标巨大利益的诱惑面前，很多地方和单位动起了脑筋，采取诸如重复立项虚报新增耕地、修改地类虚报新增耕地、违规占用林地、湖泊开垦耕地等各种违法违规手段，来获得“宝贵”的“新增耕地指标”，以满足占补平衡需要或得到巨大的经济利益。

土地整治项目有三个特点，一是项目面积大，一个市一年内验收确认的土地开发整理项目面积往往达几十万亩，单个项目动辄上千亩，即便是实地测量项目区面积都很困难，更谈不上对项目区内耕地、园地等明细地类进行深入分析；二是项目分布散，中央、省、市、县和乡镇各级政府都有土地整治项目的投入，项目数量多，由于资金分配会考虑区域平衡，项目会遍布各个区县、各个乡镇甚至各个行政村，单个项目平均投资比较小，项目和资金都非常分散；三是地形复杂、交通不便，很多项目分布在沟垅里、山头上，现场很难到达，项目查看效率非常低。在这种情况下，依靠丈量、观察和计算等传统的审计方法，根本无法实现审计目标。在地理信息系统环境下，我们可以通过对项目区域、合适时点的土地利用现状数据、合适时点的遥感影像等数据进行分析，并借助外部数据，发现和分析地方政府及项目单位在土地整治项目申报及管理中存在的问题。审计思路主要包括三个方面：一是通过新的耕地整治项目范围与以往耕地整治项目范围叠加比对，分析有无重复立项虚报新增耕地问题；二是查找项目申报图件中的异常现象，分析有无修改历史地类虚报新增耕地问题；三是引入水利、林业等外部数据，借助遥感影像图、Google Earth 地图等，检查有无违规占用林地、湖泊开垦耕地。通过上述步骤，实现对土地整治项目管理和效益的审计分析。

要落实上述审计思路，我们需要从被审计单位获取以下四类原始数据，包括：土地整治项目资料（包括项目现状图、项目规划图、项目竣工验收图等）；相关年度土地利用现状数据库（包括所有地类图斑现状数据）；遥感影像图（相关年份带坐标信息遥感影像数据）；其他数据，如某蓄洪区地形图、Google Earth 地图等。分析软件可以为 ArcGIS 等常规地理信息系统软件或地理信息辅助审计系统。

2. 重复立项虚报新增耕地问题分析

重复立项一直以来都是审计的常规问题。基于目前的财税体制，特别是对于财力不足的地方政府，中央财政资金是保障政府机构正常有效运转的重要口粮，因此尽量多地争取中央资金也是这些政府及相关部门的重要工作，重复立项就是最常用的违规手法之一。中央通过集中部分资金实施较大规模的土地整治项目，此类项目不但资金量大，而且还能给地方增加耕地面积，因此也成为地方政府努力争取的对象。在资金和新增耕地的双重诱惑下，部分地方就有可能将地方已实施过整治的土地重新包装立项，并申报中央项目。

中央投资的土地整治项目往往规模较大，项目区面积动辄上万亩。土地整治项目完成后，如果仅到项目实地进行查看，我们只能看到平整的土地、整齐的沟渠路，而无法对是否重复立项进行判断。对于不熟悉当地地理环境的审计人员，面对一个土地整治项目，即使被审计单位随便把你拉到一片耕地边，告诉你这就是项目区，你也很难判断其真假。因此，虽然重复立项问题属于常规问题，但在土地整治项目中，其查处落实是非常困难的。

借助地理信息系统软件，我们可以通过将老的土地整治项目范围及其新增耕地与新的土地整治项目范围及其新增耕地进行叠加比对分析，查找有无项目区重叠和新增耕地区域重叠的情况，以落实重复立项虚报新增耕地问题。主要操作过程如下：

（1）从各种渠道获得项目区域和新增耕地的图件资料，并进行整理整合。

（2）将整理过的新的土地整治项目图层分别与其他老的土地整治项目图层进行拓扑求交，得到重叠范围的新图层，打开新图层的属性表后，就可以计算得到重叠的面积。

3. 修改历史地类虚报新增耕地问题分析

由于耕地后备资源越来越稀缺，个别地方在申报土地整治（主要是土地开发）项目时，有可能会在申报材料中将项目实施前耕地的地类调整为非耕地，从而获得更多的新增耕地指标。本步骤主要通过查看土地整治项目现状图，并与项目实施前的遥感影像图叠加，寻找问题线索，并设法找出项目实施前真实的土地利用现状图，计算虚报新增耕地的面积。以 ArcGIS 软件环境和 Google Earth 地图为例，主要操作过程如下。

（1）对项目申报材料中的土地利用现状图进行整理，并分析其中的异常。

图11为审计发现某项目申报材料的土地利用现状图中，多个地类为耕地的图斑（黄色）在项目边界处异常截断，不符合常理。疑点处以红圈标记。

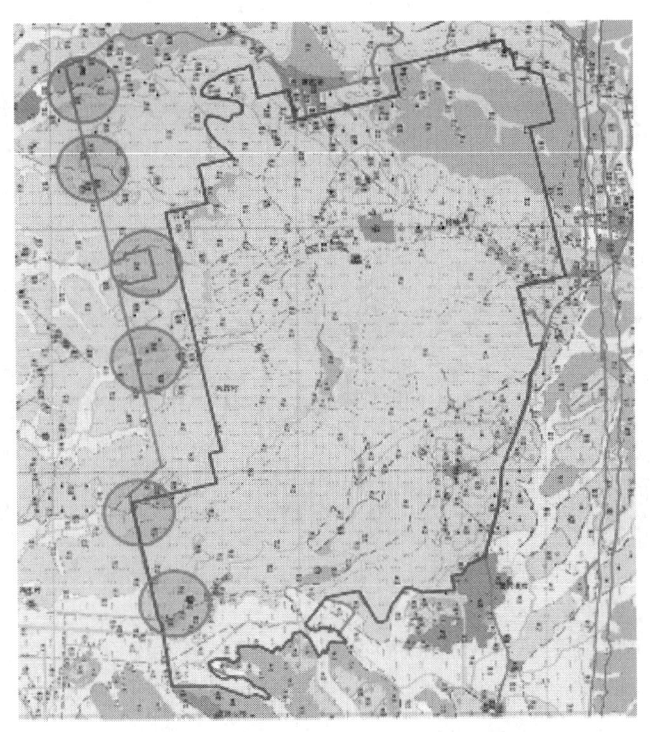

图11 项目实施前土地利用现状图及疑点

（2）从Google Earth取得项目申报前的影像图，将其配准后与项目土地利用现状图叠加，验证我们的判断。叠加后如图12所示。

（3）设法取得真实的土地利用现状图，计算通过修改地类虚报新增耕地的面积。

将项目规划图进行整理，提取新增耕地图斑，形成新的图层；将新增耕地图层与项目实施前真实的土地利用现状图叠加，拓扑求交；对求交结果图层的属性表进行筛选（设置条件为“地类等于耕地”），并进行统计，计算出通过修改原耕地地类虚报新增耕地的面积。

4. 违规占用林地、湖泊开垦耕地问题分析

毁林造田、围湖造田都是法律法规明令禁止的行为。但由于耕地后备资源越来越稀缺，很多地方已很难找到较大规模的可开发成耕地的土地资源，因此便将目标转到湖泊、林地等不允许开垦的资源。土地整治项目的特点使

图 12 项目区与 Google Earth 影像叠加图

得发现此类问题线索非常困难，而要落实违规的面积更是难上加难。以 ArcGIS 软件环境下查处围湖造田问题为例，我们可以通过将土地整治项目范围与合适的土地利用现状图叠加，寻找问题线索并落实具体的违规面积，进而利用外部数据进一步加以分析验证。操作过程如下：

（1）对项目区域或项目新增耕地的图件资料以及相关年度的土地利用现状数据进行整理整合，形成可以进行叠加比对的图层。

项目区域或新增耕地图件的整理与前述类似。对土地利用现状数据，本例中我们需要提取其中的湖泊水面地类，在只需要查看的情况下，我们可以采用按地类分属性渲染的办法，仅显示湖泊水面；如果要进行计算，则需要采取属性筛选的方法（设置筛选条件为“地类等于湖泊水面”）提取满足条件的图斑并生成新的图层。原数据及提取结果如图 13 所示。

（2）将项目区域和新增耕地图层与湖泊水面地类图层叠加查看，寻找围湖造田的疑点。在软件中，通过调整图层的显示顺序、设置多边形的填充色、透明度等方法即可实现上述目标。叠加结果如图 14 所示。

（3）对于发现的疑点，进一步确认违规的面积。

使用 ArcToolbox 下的 Intersect 功能将上述两个图层进行拓扑求交，得到

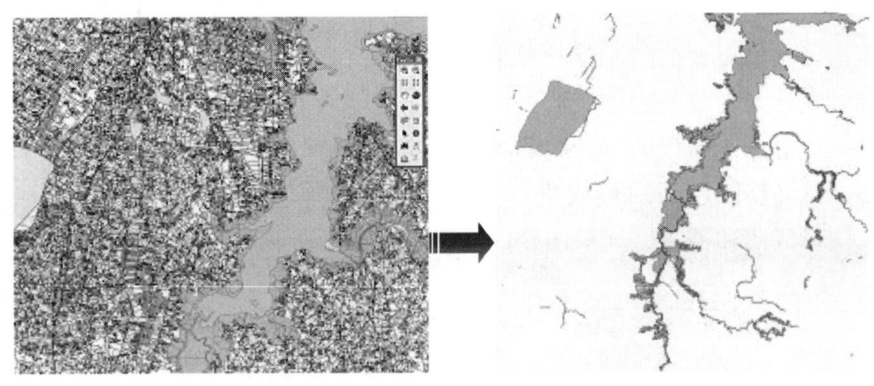

图 13　提取湖泊水面地类图斑示意图

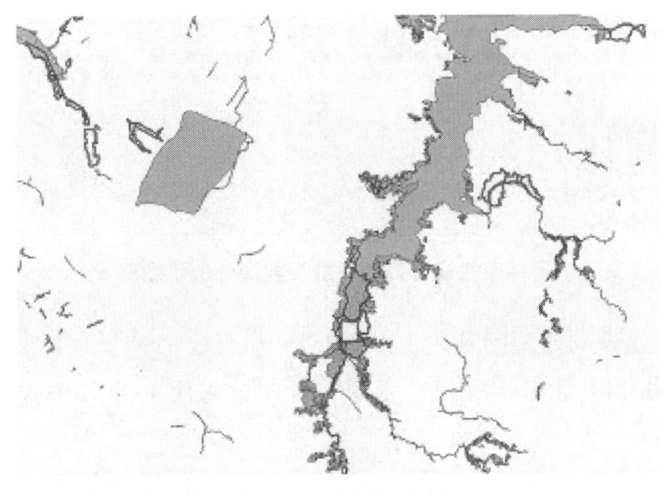

图 14　新增耕地与湖泊水面叠加示意图

重叠范围的新图层，打开新图层的属性表，就可以计算围湖造田的面积。

虽然围湖造田的概念在多个法律法规中均有提及，但没有一个法律法规对其进行了准确的界定。为了把问题做实，还需从另外一些角度进行进一步的分析取证。就本例来说，该湖泊正好处于某流域的蓄洪区，而蓄滞洪区是江河防洪体系中的重要组成部分，是保障重点防洪安全，减轻灾害的有效措施，是禁止围垦的。我们就可以从蓄洪区角度对上述土地整治项目进行进一步的分析。

（4）根据蓄洪区地形图以及洪水位线，计算出蓄洪区范围，并将其与项目区域叠加分析，计算出项目位于蓄洪区的范围，从而确定土地整治项目对蓄洪区的影响。

蓄洪区地形图是CAD格式的文件，首先将其加载到ArcGIS软件并进行整理，隐去不需要的图层，只显示审计分析需要的高程点和等高线图层；按照统一坐标系、统一比例尺的口径叠加项目区域图和蓄洪区地形图，并根据蓄洪区地形图各高程的等高线和项目边界重叠情况，分别得到相交部分的新图层；打开新图层的属性表进行分析计算，统计各个项目在蓄洪区内的面积。项目区图和蓄洪区地形图叠加情况如图15所示。

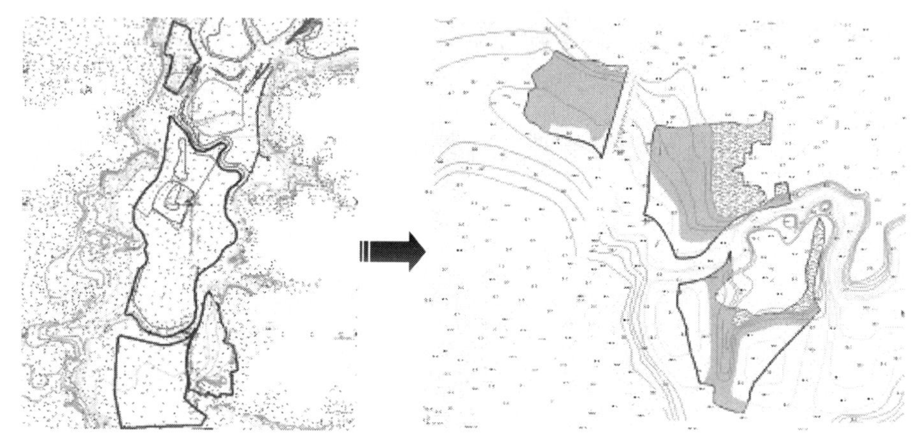

图15 生成等高线并进行叠加分析示意图

5. 方法发现的典型问题

某特派办审计组在开展国土资源审计时，采用上述方法查实的典型问题有：

（1）某地方国土资源局重复立项，将已完工的23个地方投资土地整理项目重新包装，分别向国家申报两个项目（以下简称国投项目），申报的国投项目与23个地方投资项目的重叠面积达36735.59亩，占国投项目建设总规模的90.72%，相关部门由此套取中央补助资金5011万元，占项目申报资金总额的88.08%。项目由此虚报新增耕地2910.91亩。

（2）某地方国土资源局在土地开发项目中，通过将已有耕地的地类修改成未利用地，多申报新增耕地1308.06亩。

（3）某省部分地方政府在25个土地整治项目中，通过围湖造田产生新增耕地29136.41亩，其中13个项目直接围垦湖泊水面，产生新增耕地8175.74亩；2个项目围垦湖堤内滩地，产生新增耕地1343.53亩；10个项目在蓄滞洪区内修筑堤坝，围垦位于设计洪水位线以下的湖泊滩地，产生新增耕地19617.14亩。

（四）地理信息技术在其他领域的应用案例

根据笔者掌握的资料，除了在国土资源审计领域，广大审计人员还借助地理信息系统，在环境保护、退耕还林资金、矿产资源等多个领域创造性地开展审计工作，并取得了许多成果，总结出了许多案例，如污染源数据与中小学布局数据结合分析案例。

1. 案例概述

根据相关法规，学校选址不应与集贸市场，娱乐场所，生产、经营、贮藏有毒有害危险品、易燃易爆物品的场所，噪音等污染源，医院太平间，殡仪馆，消防站等不利于学生学习、身心健康和危及学生安全的场所毗邻。

在某节能减排资金审计审计项目实施过程中，我们了解到行政事业司组织相关特派办开展中小学布局审计调查项目，就考虑借助地理信息系统，将节能减排资金审计项目中从环保部门取得的污染源数据，与中小学的位置信息相匹配，查找受污染风险比较高的学校，并进行延伸核实。

要落实上述审计思路，我们需要从被审计单位获取以下两类原始数据，包括：一是从教育部门取得的义务教育学校信息，二是从环保部门取得的废水排放、废气排放和污水处理厂监控企业信息。分析软件可以为 SuperMap Deskpro6、ArcGIS 等常规地理信息系统软件。

2. 审计主要步骤

正常情况下，如果要评估污染源对环境的影响，需要借助专业软件，综合考虑当地的气候、水系、污染物排放浓度和排放量等因素，建立污染物扩散模型，然后对特定地物的影响情况进行计算和评估。由于审计人员缺乏相关的专业知识，而且要实现审计目标也不需要如此精确的计算，因此我们仅以污染源跟学校间的距离作为唯一因素进行简单的测算。

首先将带坐标的学校信息、废水排放、废气排放和污水处理厂监控企业分别导入软件，生成四个图层；然后分别计算学校和三类污染源之间的距离；将结果数据导出到数据库后综合分析：对三种污染源分别计算每个学校的污染因子，由于专业知识所限及审计要求不高，对污水处理厂，我们考虑 3 公里之内的情况，污染因子确定为“2 公里/距离”；对于废水排放监控企业，我们考虑 2 公里之内的情况，污染因子确定为“1 公里/距离”；对于废气排放监控企业，我们考虑 5 公里之内的情况，污染因子确定为“3 公里/距离”；然后将以上述三个污染因子之和作为综合污染因子。最后选择综合污染因子较高的学校，作为延伸重点。

3. 审计取得的成果

通过上述分析发现，某县 B 中学的污染指数最高。学校附近共有 3 个污染源区，分别为 C 化工园区、D 化工园区和垃圾堆积场，分别位于距离学校 2 公里、5 公里和不到 1 公里处。

通过审计延伸，审计人员了解到目前 B 中学校区内有时能闻到臭鸡蛋气味，该中学的毕业学生中存在因体检肝肺指标不合格导致未能参军的情况，垃圾堆积场也对学校环境造成了负面影响。

审计指出该问题后，该县人民政府高度重视，对 B 中学进行了重新选址，目前该校异地新建已取得立项批复。

三、利用地理信息系统技术开展审计方法总结

笔者通过对掌握的案例进行分析，初步总结出一套借助地理信息系统软件开展审计的方法，并对深化地理信息系统技术在审计中应用尚存在的一些问题进行初步探析。

（一）利用地理信息系统技术开展审计的过程

与常规的计算机数据审计类似，在地理信息系统环境下，审计过程也分成四个主要步骤：审计准备、数据采集整理、审计分析、核实取证。

1. 审计准备

审计准备首先要对审计人员开展必要的培训，使审计人员掌握必需的知识和操作方法；其次是了解被审计单位地理信息系统的有关情况，包括了解被审计单位使用的地理信息系统的结构、使用的软件和平台、空间数据采用的坐标系统和投影参数、是否涉密等；最后还要搭建适合审计工作的软硬件平台。

2. 数据采集整理

对于矢量数据的采集整理，我们通常遇到的是以下三种情况。

第一种情况是被审计单位信息化管理水平较高，已完成相关的地理信息系统数据库建设，此时我们只需要将其转换成审计所需要的格式。图 16 为某市土地整理项目图。

第二种情况是我们能取得相关项目的界址点坐标数据。此时我们需要对其进行整理，并通过地理信息系统软件的相关功能导入形成相应的图层。如利用地理信息辅助审计软件的“GPS 采集数据导入”功能，将整理好的标准 Excel 格式数据进行采集，形成新增耕地图斑。如图 17 所示。

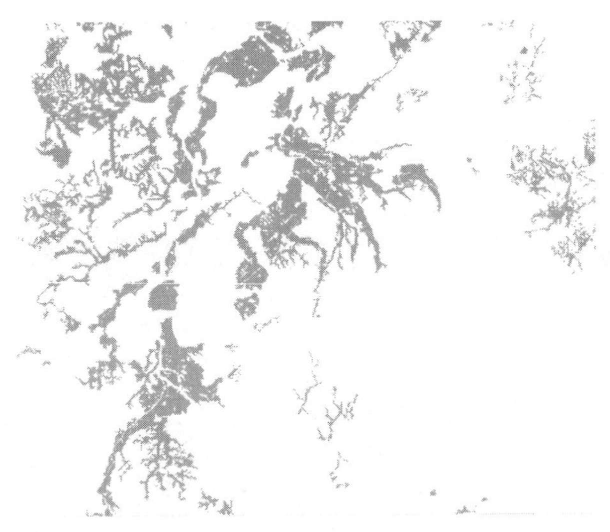

图 16　某市土地整理项目图

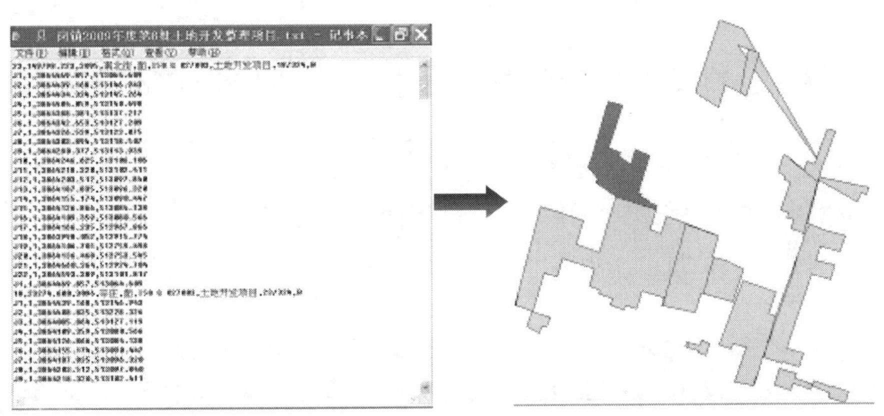

图 17　界址点坐标生成新增耕地图斑示意图

第三种情况是只能取得 CAD 格式的地图。此时我们需要借助地理信息系统软件的功能，通过一系列操作将其转换成我们需要的格式。以 ArcGIS 软件为例：首先用软件打开 CAD 文件，使用要素提取及图形编辑功能提取出项目区边界；其次在软件中将他的坐标系定义为合适的坐标系；最后从其他测绘资料中得到该项目边界上若干个关键位置的坐标值，以此为基础来配准项目区边界图在坐标系中的位置。转换结果如图 18 所示。

对于栅格地图的采集整理，我们最好直接采集经过标准化之后的影像数据，以避免复杂的融合及正射处理过程。

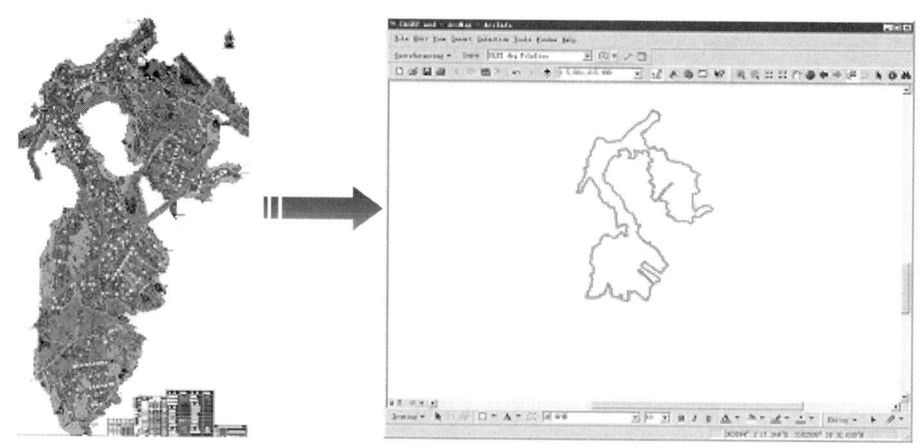

图 18 CAD 文件转换示意图

如果同时涉及两个及以上基于不同坐标系的地理图形数据，需要将它们转换到统一的坐标系才能进行比较分析。

3. 审计分析

完成了繁杂的数据采集和整理工作之后，下一步就是计算机审计的核心部分——审计分析。

绝大多数情况下，不同的分析思路就是要将不同的地图进行叠加分析。我们将它们初步归纳为：将不同项目的地图进行比较分析；将不同时点的地图进行比较分析；将不同来源的地图进行比较分析；将不同用途的地图进行比较分析。

审计分析的过程就是将相关整理过的不同地图进行加载，进行求交、裁剪等运算分析，然后对结果图层的数据集进行分析，得到相应的结果。图 19 为 ArcGIS 软件的求交功能示意图。

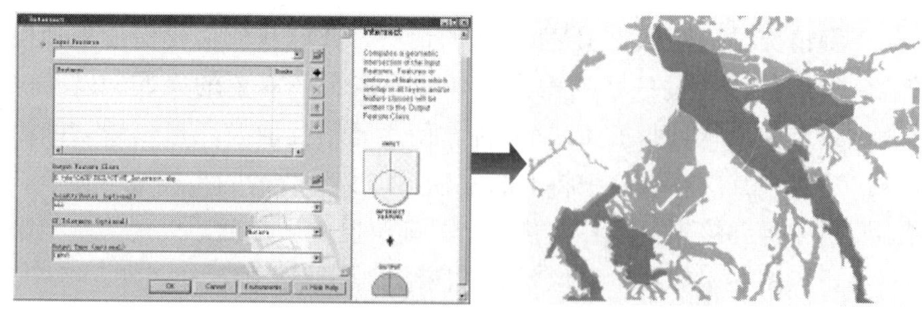

图 19 图层叠加分析示意图

4. 审计取证

对通过计算机审计发现的问题和得到的计算结果，都要根据审计程序进行核实取证。由于通过计算机计算得到的结果很难通过其他数据进行核实，因此此类问题的复核把关尤显重要。

（二）深化地理信息系统技术在审计中应用存在的主要问题

地理信息系统技术在我们被审计单位中的应用不断扩展，它在审计工作中的深化应用也是必然的趋势，但在推进的过程中，还存在一些障碍和问题，需要我们认证研究并克服解决，主要包括审计人员自身的问题、软硬件成本的问题以及被审计单位配合提供数据等问题。

1. 审计人员自身的问题

一是意识的问题。由于审计接触地理信息系统时日尚短，大部分审计人员对此并不熟悉，看到别人的案例后大都表现出新奇，但很少有人在自身的审计工作中主动地思考并提出相关的思路、主动地去获取相关地理信息数据并用于审计。特别是审计项目的现场组织者和指挥员，往往都是处长，年龄偏大，对这种又新又难的东西不容易掌握，更容易缺乏借助地理信息系统技术开展审计的主动性。

二是学习能力的问题。对大部分审计人员来说，计算机审计就已经是一道不低的坎，再加上地理信息系统技术涉及的遥感、地理科学等领域更是以往审计所没接触过的，专业跨度特别大。因此对审计人员来说，要熟练地使用地理信息系统技术，从而深化它在审计中的应用，学习能力是非常关键的因素。

2. 软硬件成本的问题

一是硬件成本较高。地理信息数据的一个特点就是数据量特别大，因此我们在使用地理信息系统技术开展审计时，通常都需要有计算能力和图形处理能力强、内存空间大、磁盘读写速度快的计算机硬件设备，这种设备价值相对比较高，对大部分审计项目来说，由于经费所限，这种设备不易获得。此外还存在性能和便携性的矛盾。

二是软件成本较高。截至目前，不管是国外软件厂商的产品如 ArcGIS，还是国产地理信息系统软件如 SuperMap，价格都比较昂贵，一份授权动辄上万甚至十几万，对大部分审计机关来说，购买这样的软件也都很困难。

因此软硬件成本偏高也是阻碍地理信息系统技术在审计中深化应用的一个重要原因。不过从 2012 年起，审计署已开始了联合开发适合审计的地理信息系统软件的进程，软件成本问题应该在近期内能够得到很好的解决。

3. 被审计单位配合提供数据的问题

地理信息的最大特点就是其空间属性，就是带有精确坐标。根据我国的保密办法要求，大范围带坐标的数据都是涉密的，因此我们在获取被审计单位相关数据时往往会遇到较大的障碍，即使最后能取得数据，往往也要协调半个月以上，严重影响整个项目的进展。因此到目前为止，使用地理信息系统技术开展审计并取得较好成果的，只出现在时间较长的项目中。

地理信息系统技术来势汹汹、势不可当，地理信息的应用将涵盖各个审计范畴和对象。快速发展的审计形势让我们感到，不掌握处理地理信息的技术必将在很多领域举步维艰。经过广大审计人员的努力，我们使用地理信息系统技术在部分领域已经取得了很大的成果，在今后的工作中，我们还需要提升思维的主动性、加强学习，平衡好性能和成本的矛盾，进一步加大协调力度，从而不断深化地理信息系统技术在审计中的应用。

参考文献

［1］〔美〕张康聪著．陈健飞，张筱林译．地理信息系统导论（第 5 版）［M］．北京：科学出版社，2010.

［2］沈晔华，杨海荣．未批先建占用基本农田数据分析审计方法．审计署南京特派办计算机审计方法，2011.

［3］沈晔华，杨海荣．围湖造田数据分析审计方法．审计署南京特派办计算机审计方法，2011.

［4］杨海荣，余向阳．AO 在国土资源审计调查中的应用．审计署南京特派办 AO 应用实例，2009.

［5］李朝旗．地理信息技术在国土审计中的应用．审计署广州特派办计算机审计方法，2011.

［6］郭亚汾．《地理信息辅助审计软件》在国土审计中的应用．审计署西安特派办计算机审计方法，2011.

［7］姜林森．应用 MapGIS 软件审计基本农田保护情况的审计方法．审计署西安特派办计算机审计方法，2012.

基于 GIS 系统构建的数字城市审计研究

山东省青岛市黄岛区审计局　咸天杰　王　芳　荣巧梅

【摘要】 随着城市信息化建设步伐日益加快，一些地方进行了“智慧城市”“数字城市”的理念与实践探索。本文以山东省青岛市黄岛区为例，探讨针对基于 GIS 系统构建的标准统一、权威可靠的数字城市在应用上的审计深化研究，以促进政府科学决策、精细管理、高效服务。

一、数字城市构建及应用

（一）青岛市黄岛区数字城市的构建

青岛市黄岛区数字城市建设紧密结合区域经济发展现状，以促进信息资源共享，服务领导宏观决策为出发点，依托已建成的电子政务公共服务平台，基本建成了一个基础地理信息数据库、一套地理信息公共平台和三项示范应用系统[1]。

基础地理信息数据库建设是在基础地理数据（GIS）的基础上，通过数据采集、更新、整理、入库，配置空间数据管理软件，建立显示性强、多类型、多尺度数据一体化管理的基础地理信息数据库。目前，已建成了覆盖城区 200 平方公里 1∶500 的基础地形数据库，覆盖全区 1894 平方公里分辨率 1∶2000的影像数据库，覆盖全区 1894 平方公里分辨率 1∶10000 的 DEM 数据库。同时，已完成核心城区 23.5 平方公里的精细化建模工作，建立了具有准确平面位置和高度信息的三维模型。内容包括：进行模型测高、外业纹理拍摄、纹理处理工作；基于 1∶500 地形图，利用 3DMAX 软件，建成重点城区精细三维模型数据；将模型以主干路进行分块、以单体建筑为独立存储单元，采用文件库形式组织管理。地理信息公共平台依托完善的基础地理信息数据库，通过信息提取、实体加工、地理编码、整合重组、数据加密等处理，建设网络化运行的、符合国际通用开放式服务标准的、能够提供丰富地理信息服务组件或资源的应用服务与运行维护系统，建成黄岛区唯一的、权威的、全覆盖的、多尺度无缝集成的数字地理空间框架。

（二）青岛市黄岛区数字城市应用

1. 建设土地规划网格化管理系统，创新土地管理模式

基于数字地理空间框架平台，胶南市财政投资 200 多万元建立了土地规划网格化管理系统，创新了土地管理模式，完善了土地开源节流机制，探索出一条土地集约高效利用的新路子。以城市主干道、次干道、支线和街巷为骨架，将地籍数据、土地利用规划、土地利用现状、地形图、航摄图像、数字高程模型、城市总体规划、城市控制性详细规划、城市修建性详细规划及地下管线等海量数据进行有效整合，建成了全市标准统一、精确高效、层级合理、全面覆盖的二维土地规划网格化管理系统。土地规划网格化管理系统的应用有效解决了国土、规划信息资源共享问题，在城市规划、土地管理、项目建设等领域发挥了重要作用。土地规划网格化管理系统可与国土资源的计划、审批、供应、补充、开发、执法等行政监管系统叠加，共同构建统一的综合监管平台，从而实现国土资源动态监管的目标。

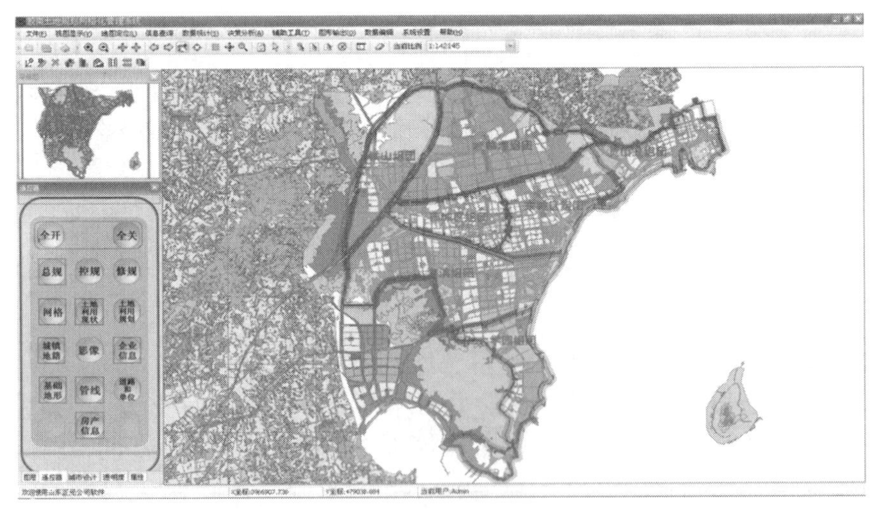

图 1　土地规划网格化管理系统操作界面图

近几年，国土部门依托土地规划网格化管理系统，加强建设用地指标管控，重点对土地利用率、项目质量、投资强度、用地规模、建设周期、用地

结构等重要指标进行强制性前期审核，坚决防止批少占多、擅自改变用途等行为。此系统在土地执法检查中发挥了重要作用，直观呈现了辖区内土地档案与利用现状的差异，执法人员可及时处罚和纠正违法用地行为，实现土地管理由粗放型向精细化转变，建成了集数据掌控、监察督办、责任落实等功能于一体的长效管理平台。基于多源数据的土地规划网格化信息管理系统，实现了对城市规划数据的显示、查询、统计、更新、服务等功能，解决了现有土地、规划数据的分散问题，实现了对土地规划的无缝隙管理，为政府管理工作提供软件支撑。通过系统可以查看城市土地利用的规划、现状，分析土地使用的趋势和发展热点，为领导决策提供全方位的地理数据支持，提高领导决策效率。

2. 建设税收网络化管理系统，创新税收管控模式

基于数字地理空间框架平台，开发建设了税收网络化管理系统，运用先进的网络信息技术构建信息化应用支撑环境，实现对各类税收信息数据资源综合管理，确保土地使用税无缝隙管理，推进税收管理的科学化、专业化、精细化，营造公平的用地和税收环境。系统以基础地籍数据为载体，以土地使用税为切入点和突破口，以土地衍生税源和房产税、耕地占用税、土地出让或转让契税为主要管理对象，延伸管理链条，以地籍控户籍、以户籍控税基、以税基控税源，构建“以地控税、信息管税”的征管模式，实现“以地为基、全程跟踪、分类监控、一体管理”的目标。另外，系统集成了城市空间地理信息与财税管理有关数据，在地理信息系统中精确定位到各个纳税单位，直观地跟踪监控各辖区内纳税企业的属性、土地占用状态及税源状况，做到对“静态土地”与“动态纳税人”的双向交叉监控。税收网格化管理系统使用以来，彻底解决了由于土地信息掌握不全面、土地涉税交易监控不到位而造成土地使用税漏征漏管问题，共清缴土地使用税及滞纳金共计7000多万元。

为确保税收网格化工作的长效发展，市政府还成立了税收网格化管理工作领导小组，建立了联动工作机制，由市工商、地税、国税、国土等部门根据责任分工通过网络定期上报业务数据，实现各类税收资源的即时共享，全方位提供税务信息动态，为领导决策提供参考。

3. 建设三维数字城市管理系统，创新城市管理模式

三维数字城市管理系统以1:500基础地形数据为基础，应用GIS、遥感、多媒体及虚拟现实技术，整合国土、城建、规划、安监、税务、环保等部门信息资源，建成了全市唯一、权威、通用的基础地理空间信息公共服务平

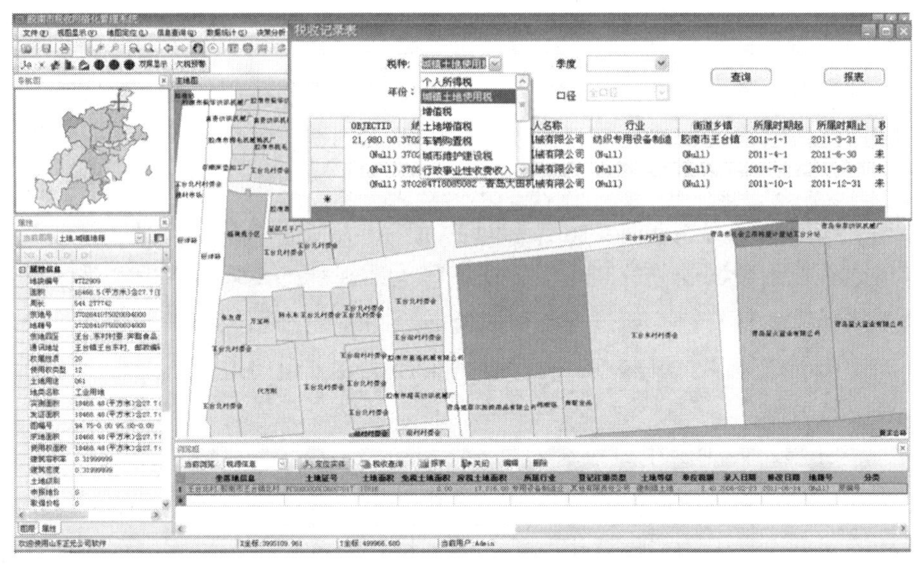

图 2　税收网格化管理系统界面图

台。针对目前城市建设和管理的实际需求，基于三维数字城市管理系统，推进应用了城市规划、土地管理、数字城管、安全生产等业务系统，实现了各业务部门的网上协同作业，完全打破了传统的孤立、平行的城市管理模式。系统可进行规划设计方案对比、筛选，可以将规划设计方案以三维仿真的模式在系统中展现，查看规划区域的现时状况和开发后的样貌，可形象地对比出两个方案的优劣，并提供准确的数据支持；系统可查看城市发展变迁的历史影像数据，并以数据说明城市各个阶段的发展状况。三维数字城市管理系统相当于一个功能完善的公共决策服务平台，决策者可从城市管理海量信息中提取相应数据，实现城市管理的信息集成共享化、图文互访一体化、领导决策可视化，全面提升政府决策水平，服务社会管理创新。

4. 打破“金财”“金税”“金盾”“金保”等行业信息孤岛，构建数据大集中的数据中心

我国电子政务建设围绕“两网一站四库十二金”展开。“十二金”是面向政府办公业务建立的十二个重点信息应用系统，按“2523”分为四个层次，第一个“2”指提供宏观决策支持的金宏工程；“5”指涉及金融系统的金财、金税、金卡、金审和金关工程；第二个“2”指关系到国家稳定和社会稳定的金盾工程、金保工程；“3”指具有专业性质但对国家民生具有重要意义的金农、金水、金质工程。

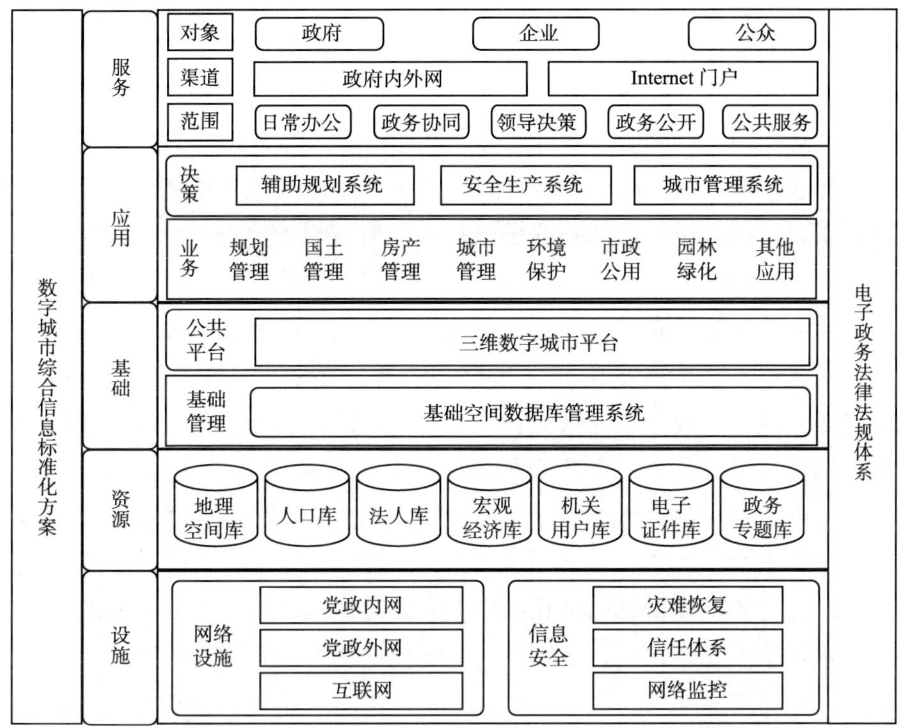

图 3　GIS 数字城市构架

在数字城市中，凡是"十二金"工程中的非涉密数据的服务器统一存放于区委区政府计算机中心机房，只有相对应的应用系统及数据空间，没有物理意义上的服务器归属，以此为基础构建了详细而有序的数据中心。数据中心数据与 GIS 底层数据库互联互通，应用单位依据数据授权可方便地调用、关联自己业务系统数据。目前使用较为成熟的是综合治税信息系统、电子监察与行政效能信息系统、联网审计信息系统、中小微企业管理服务信息系统。

二、审计职能与 GIS 数据支撑

国家审计的基本职能是监督。审计是独立于管理者之外，不参与具体的管理活动，不履行决策、计划、组织、指挥、协调职能，对财政、财务收支专司监督的例行行为[2]。不论被审计单位有无问题，审计机关均应当履行其监督职能，进行例行审计。因此，监督是国家审计的基本职能。具体来讲，审计监督就是检查被审计单位在经济活动中是否按授权或既定目标履行经济责任，有无弄虚作假、违法违规、损失浪费行为，并督促其采取措施加以改进，促使其依法行政、依法管理、依法经营。在履行监督职能的同时，审计机关还可以对某些管理职能履行情况作出评价，如被审计单位经济效益的优劣、内部管理制度是否健全、有效等，并提出改进经营管理的建议。

审计法和审计法实施条例及有关法规赋予审计机关的审计监督权限比较广泛，主要包括：(1) 要求报送资料权，即有权要求被审计单位按照审计机关的规定提供预算或者财务收支计划、预算执行情况、决算、财务会计报告，运用电子计算机储存、处理的财政、财务收支电子数据和必要的电子计算机技术文档，在金融机构开立账户的情况，社会审计机构出具的审计报告，以及其他与财政、财务收支有关的资料；(2) 检查权，即有权检查被审计单位的会计凭证、会计账簿、财务会计报告和运用电子计算机管理财政、财务收支电子数据的系统，以及其他与财政、财务收支有关的资料和资产；(3) 调查取证权，即有权就审计事项的有关问题向有关单位和个人进行调查，并取得有关证明材料；经县级以上人民政府审计机关负责人批准，有权查询被审计单位在金融机构的账户；有证据证明被审计单位以个人名义存储公款的，经县级以上人民政府审计机关主要负责人批准，有权查询被审计单位以个人名义在金融机构的存款；(4) 行政强制措施权，即对被审计单位正在进行的违反国家规定的财政、财务收支行为，有权予以制止或通知暂停拨付款项、责令暂停使用款项；对被审计单位转移、隐匿、篡改、毁弃会计凭证、会计账簿、财务会计报告以及其他与财政收支或者财务收支有关的资料，或者转移、隐匿所持有的违反国家规定取得的资产的行为，经县级以上人民政府审计机关负责人批准，有权封存有关资料和违反国家规定取得的资产；(5) 提请协助权，即有权提请公安、监察、财政、税务、海关、价格、工商行政管理等机关予以协助；(6) 移送权，即需要给予有关责任人员行政处分或者纪律处分的，有权移送纪检监察机关；需要追究有关责任人员刑事责任的，有权移送司法机关；有权建议有关主管部门纠正被审计单位执行的违法规定；(7) 处理处罚权，即对被审计单位违反国家规定的财政、财务收支行为，有权依法予以处理处罚；(8) 通报或公布审计结果权，即审计机关可以向政府有关部门通报或者向社会公布审计结果。

（一）专项资金审计

专项资金审计是审计机关对专项资金收支的真实性、合法性和效益性进行的监督活动，专项资金具有项目多、金额大、使用范围广的特点，主要包括扶贫、农林水、教科文卫、交通能源和开发等资金。上述专项资金中有很大一部分是与GIS地理信息系统息息相关的，如水利、农垦、农补、造林、拆迁补偿、耕地保护等，传统的审计方法是通过查账本和调查组下乡入户来开展核实，不仅覆盖面窄、效率低下，而且还很容易困扰在某一空间，失去需要审计核实重点的方向。如利用GIS技术进行地理空间交叉比对分析，不仅能发现符合条件却未发放资金的疑点地块，还能发现不符合条件仍发放资金以及重复发放资金的疑点地块，再通过工作人员现场勘验，就能核实确定审计问题。

数字城市的GIS数据基础犹如一张清晰的网格，基础数据、卫星图像、实景图像与专项审计资料的叠加，审计组能够极大地掌握审计主动权，快捷高效地实现审计目标。

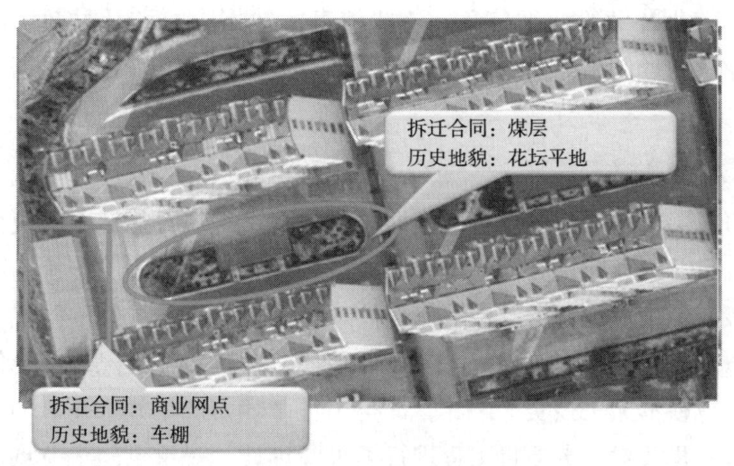

图4 GIS在专项资金审计中的应用

如在某专项审计中，涉及拆迁补偿项目，审计人员在核实资料过程中发现，由于历史原因，该项目前期拆迁工作主要由区级政府和街道办事处两级政府承办，存在政策执行不到位、多计多补、测绘补偿工作匆忙等隐患。

审计人员充分利用GIS，将拆迁合同、第三方测绘结果和原始地图三方资料进行核对，最终发现多记拆迁面积、多计地面附着物、低价网点按高价住宅补偿、简易棚房补偿标准过高等问题，经过审计核减财政拨款数千万元。

（二）社保审计

由于社会保障资金在每个环节当中都对社会保险资金的整体运行效率有

着重要的影响，提高社会保障资金的运行效果的重要手段主要是对审计的监督与管理工作，目前，金保工程实施较为到位，数字社保在数字城市中扮演重要角色，数字社保的数据大集中为社保联网审计创造了条件，浙江、青岛等地区率先实施应用了社保联网审计系统，经过多年的实践应用，形成了一系列的计算机审计方法体系，综合来看，这些应用主要是依据审计署的社保数据规划及社保审计方法体系将数字社保的数据转化为审计人员可方便调用和使用的数据及审计模型。

在基于 GIS 系统构建的数字城市中，数字社保不是孤立的，数字社保除了有社保本身的财务、业务数据构成外，还与数字财政、数字规划、数字城管等行业有着有机的联系。如选定在一个 GIS 系统中自然村（社区），可方便地查看该行政区域内的低保人员构成、每年度低保家庭补助、低保家庭子女学习、就业补助等详细信息，这些信息的数据支撑涉及财政、低保、教育、就业、地理信息等系统。通过数字城市这一平台，审计的数据视野更加宽广。

（三）政府投资审计

政府投资审计是指审计机关依据国家法律、法规等规定，对使用财政资金、国有企业资金等投资的基本建设项目实施的监督行为。传统的政府投资审计一般采用核对现场后采用造价软件进行实际工程量计算的模式，但是涉及土石方工程、地面测量工程等，审计组要想了解实际情况或需要使用大量人财物，或根本无法核实，因此，此类工程极容易产生弄虚作假的现象。近几年，审计机关对重点项目工程进行了跟踪审计，对重点施工节点进行现场取证，这种做法避免了审计取样的弊端，但是挤占了本来就紧张的审计资源。

如审计人员借助数字城市中的城市主干道、次干道、支线和街巷、地籍数据、土地利用规划、土地利用现状、地形图、航摄图像、数字高程模型、城市总体规划、城市控制性详细规划、城市修建性详细规划及地下管线等海量数据，抽取与政府投资审计直接相关的城乡道路网、市政给排水管网、电力通道、燃气管道、房屋建筑、河道渠系、地形地貌情况等详细数据。通过计算机直观准确的掌握，为投资审计工作快捷地提供可靠、准确的地理数据。以前需要通过破坏性检测才能查到相关数据的项目，现在则可以轻松而准确地查到距离、长度、建筑面积等信息，有效减少了破坏性检测对工程项目的影响。

如前期审计的某道路两侧绿化带工程，全长 8.2 公里，两侧绿化带宽 50 米，绿化带原地形复杂，不适合栽植苗木，需根据设计回填大量种植土。审计核查工程结算资料时发现，该工程回填土方 2624000 立方米，审计人员认为该回填量偏大，对整个绿化区域平均回填 3.2 米厚度的土方心存疑虑，最终审计人员调取了该系统中记录的该区域施工前与施工结束后的地形数据，通过进一步计算发现，实际回填土方约为 1394000 立方米，仅此一项核减结算值近 4000 万元。该系统的使用，让施工过程能够从一定程度上还原，为审计人员核实施工实际情况提供了必要的技术和数据支持，同时大大降低了审计风险。

（四）环境资源审计

传统的环境资源审计缺乏操作性强的资源环境审计程序、办法、评价标准等一系列规范的审计指南。其根本要求是对环境资源的工作或决策做出正确的审计评价。作为审计来讲，首先，是审计证据的取得有一定难度（国土、矿产、林业等能取得审计证据，但只限于资源方面，而对生态环境方面的就不是很容易取得审计证据）。其次，对于地方而言，资源的开发利用是与本地的经济社会发展相关的，资源的保护和合理的开发应该有一个通用的标准来衡量。再次，审计结论是证据和标准的产物，不是凭空而来的。

在基于 GIS 基础上的数字城市就为环境资源审计创造了比较好的审计评价条件，一是审计的数据是实时的，能够清晰地比对 COD、碳氮化合物、PM2.5 等数据，为审计评价提供较好的数据支撑。二是审计组能够方便地查看某一区域内的设施、厂房、水源等环境影响因素，能够快速定位某条河道的污染源。三是环境资源审计的关口可以前移，在项目立项环评阶段即可及时介入，避免投产后再关停整顿的投资浪费。四是审计可以方便地计算排污单位是否真正做到无害化排放，能够计算出每日的进水量及往污水处理厂的输送量，切实避免暗排放情况。五是审计组可以方便快捷地审计环保部门是否准确地收取了治污费。

审计组在排污费收取及使用项目定期审计时，使用该系统记录的动态检测监视数据，通过汇总计算，与环保部门实际征收的排污费做对比，发现部分企业存在偷排问题；通过该系统记录的动态检测数据，与国家排放标准作比较，发现部分重污染企业排放的污水严重超标，审计人员现场进一步查验发现，此部分企业或未建设污水处理系统，或污水处理系统实际未运作，环保部门对该部分企业的监督上存在严重失职行为，通过该系统的使用，将原以人监督为主改为以采用先进技术和设备监督为主的方式，不仅降低了人治到来的不利影响，还进一步提高了对企业的监控力度，企业污水的排放指标也进一步改善。

三、审计宏观应用效果

审计机关通过电子政务系统接入 GIS 数字城市的底层数据库，建立新型的联网审计平台，总体框架分为审计预警监测服务、传输、数据处理及模型加工、开展审计四部分。审计预警监测服务利用数据采集组件采集 GIS 数据库（比如国土、社保、环保、地税、财政）等电子数据。其中，利用预警组件对数据进行增量预警，即对数据增加、删除、修改等数据自动预警产生数据变更预警报告，形成基础表和分析表，构建审计数据库；然后利用系统分析模型组件构建审计分析功能；审计人员直接利用模型开展相关的审计分析。

（一）全面提升政府决策水平，服务社会管理创新

数字地理空间框架全面整合涉及城市规划、建设和管理等各类数据，深度扩展政府决策信息源，审计人员根据审计事项需要从城市管理海量信息中提取相应数据，提供直观、有效的决策依据，成为全市社会、经济、人文、环境等信息的数字化、网络化、智能化和真三维可视化载体，审计机关可实时全面掌握城市发展情况，回顾城市发展历程，实现与城市的有效沟通，全面提升服务政府决策水平，服务社会管理创新。

（二）促进信息资源共享利用，避免重复投入和浪费

利用好权威、唯一的城市地理信息公共平台，为各类专业信息的交换、整合以及应用系统的搭建提供支撑，搭建审计数据中心，避免了重复投入、重复建设，也避免了因定位基准、技术标准不统一导致的“信息孤岛”等问题，降低了信息资源的建设和使用成本，大大提升了信息综合利用的水平和能力。

（三）推进工作机制体制创新，提高政府行政效能

依托 GIS 系统的数字城市积极构建新型联网审计平台，将国土、城建、规划、安监、税务、环保、公安等部门各类业务信息资源进行数字化整合，建成的各应用系统既相互独立又相互依托，由各审计组各负其责、相互监督、协同服务，完全打破了传统的孤立、平行的审计管理模式，通过动态和交互式、虚拟与现实结合的方式对城市的社会、经济、人文、环境等元素进

行综合审计。同时，新型联网审计平台建设将城市元素数字化，对城市基础设施、功能机制进行信息自动采集、实时在线更新、动态审计监督，实现了精确、敏捷、高效、全时段、全方位覆盖的审计管理。

参考文献

[1] 孙国琴．国家审计的基本职能、权限和主要职责［N］．宜春日报，2012 -03 -31.

地理信息技术在审计中的应用

四川省成都市青白江区审计局　刘清清

【摘要】　在信息技术快速发展的今天，将地理信息技术运用在审计实施中，可以大幅提高审计的工作效率，特别是运用在大型工程建设项目、民生项目以及环境资源项目的审计中。本文主要介绍了地理信息技术及其在审计实施中适用的领域，并举例介绍了拓宽运用领域的途径。提高对地理信息技术的认识水平和运用水平，大力推广地理信息技术在审计中的运用，不断拓宽地理信息技术在审计中的运用领域，是今后审计发展的一个重要方向。

【引言】　在审计事务中常涉及高速公路修建、水库修建、环境资源保护等大型项目的审计，这些项目具有工程沿线长、布点广泛、位置偏远、数据量大、时间跨度长等特征，单纯依靠审计人员进行实地测量计算等传统方法不仅效率低而且得到的结果并不十分精确。如果有一项技术能够为审计人员提供一个被审计对象的全局视角，并且能够进行局部的缩小放大以及前后期对比的直观图像，就能低成本高效率地完成审计项目，而地理信息技术就能很好地解决这个问题。

一、地理信息技术简介以及我国开发利用的现状

地理信息技术由三部分组成：地理信息系统（GIS）、遥感系统（RS）、全球定位系统（GPS），简称 3S 技术。它能对整个地球表层（包括大气层）空间中的有关地理分布数据进行采集、储存、管理、运算、分析、显示和描述，分析和处理在一定地理区域内分布的各种现象和过程，解决复杂的规划、决策和管理问题。现在地理信息技术已经被广泛地用于国土、交通、环保、水利等方面。比较常用的地理信息软件包括美国 ESRI 公司推出的 Arc-

GIS、美国 MapInfo 公司推出的 MapInfo、中国地质大学的 MapGIS，以及使用普遍且有免费版本的谷歌公司的 Google Earth。我国也十分重视地理信息技术的开发与利用，如国家测绘局和国务院办公厅秘书局现在利用地理信息技术联合研建了国务院综合国情地理信息系统（简称 9202 工程），该系统现已成为国家制定宏观决策过程中必不可少的科学决策辅助工具。

在审计实施过程中利用地理信息技术解决审计难点已经有很多成功案例。审计署驻南京特派办在国土资源的审计项目中，开创性地使用地理信息系统技术，将国土部门地籍数据、遥感影像等多种地理信息数据结合起来，引入外部测绘地形图、谷歌地图等地理信息开展审计，着力探索解决违法用地难以查找、土地区域难以界定、面积无法丈量等国土资源审计难题，极大地提高了审计效率、拓宽了审计思路，并且取得了较好的成效。

二、地理信息技术在审计工作中运作的必要性及优势

地理信息技术的运用是审计工作发展的客观要求和必然选择，也是推动审计工作转型的重要措施。随着我国社会经济的发展，审计工作面临着时间紧、任务重、困难大的新形势。利用地理信息技术是提高审计工作的科学性和效率性的必然路径，地理信息技术具有快速、准确、高效、实用的特点，对提高审计效率、实现审计对象全覆盖具有重要意义，是推动审计信息化现实过程中不可或缺的一股力量。

地理信息技术是计算机技术和空间信息技术结合的产物，利用地理信息技术，可及时获取大范围数据资料，并且获取信息的速度快、周期短、准确率高，在实际应用中存在明显的优势。利用全球卫星定位系统，还可以对地球上的每一个点进行精确的三维坐标定位，从而计算出所需要的长度、面积、体积。在审计工作中，利用地理信息系统可以避开地形阻碍等不利因素，特别是在对不规则物体进行测量、对河流径流量进行测量、对开挖量进行测量方面具有传统方法不可比拟的优势，不仅大量节约了工作时间，而且提高了数据的精确度。

三、运用地理信息技术进行工程审计的实例

作者在完成一个审计项目时需要对某村近几年的农业综合开发资金进行延伸审计，审计重点是要核实该村水渠和塘堰等工程的修筑是否按照施工计划进行，是否存在偷工减料、虚报谎报等现象。

审计小组到了现场之后，按照传统的审计方式运用滚轴、卷尺等测量工

具对修筑渠道的长度以及渠顶的宽度厚度进行了实地的测量和质量检测，查看是其否符合相关标准。审计小组成员投入了大量的时间和精力进行测量，取得了比较精确的数据。但是按照审计小组设计的审计思路，我们还需要掌握某村最近几年修筑水利工程的情况并将其与现在的情况进行对比，对一个工程重复修建、多次报账，水渠修筑的实际长度、塘堰周长与竣工图长度不符等情况进行排查。由于最近几年该村一直在进行新农村建设，很多地方都进行了规划改造，部分原有的水渠和塘堰也被填平甚至原址已经修成了房屋，这对我们了解真实的情况带来了很大的困难。这个时候审计小组想到尝试使用地理信息工具作为辅助手段来对近几年该村的水利工程建设情况进行一个全面的了解，不仅要从宏观角度看到该村整个水利工程面貌的变化，还要将角度缩小到一条渠、一方塘。审计小组经过对各种地理信息技术软件的筛选，最终选择了谷歌地球（Google Earth），Google Earth 推出了对公众开放的免费版本，操作简单，成图清晰，而且还具有 3D 模型。Google Earth 不仅可以测量不规则物体的长度、高度、体积，还能反映同一地区不同时间范围的地理状况，提供相对准确的参数。审计小组在 Google Earth 中输入详细的地区名称迅速地进入了该村的界面，仔细地对照施工图所列的经纬度进行搜索确定工程的地点，将卫星照片尽量放大，利用标尺准确的圈定测量范围得出数据，审计人员将测得的数据同竣工资料中的数据进行对比看二者是否一致，并将差异记录下来。审计人员还使用了历史图像，在时间轴上选择审计关键时间节点，读取卫星照片并且截取下来同近几年工程示意图对比。Google Earth 不仅帮助审计人员对该村近几年的水利工程概况有个宏观全面的了解，使审计小组快速有效地找出了虚报谎报工程项目的情况，而且节约了大量的时间和精力去进行深入的调查。

图 1、图 2 是在审计过程中审计小组收集的截图，图 1 反映了某村 2007 年的地面概况，可以清楚地看到当时该村一片广阔的农田；图 2 反映了该村 2010 年时已经按照相关文件规划建成了一个观光度假景点，大力发展生态旅游业，促进区域的经济发展的情况。

这是审计小组初次尝试使用 Google Earth 进行审计，为了验证其准确度，确保取证数据的严谨，审计小组对取得的数据进行了验证。由 Google Earth 测得一条村道的长度为 840 米，由审计人员使用滚轴测得的数据为 831 米，相差 9 米，差异在可接受的范围之内。经过对比研究，审计人员找出了差异所在，利用卫星照片测得的数据较大是因为在使用标尺定位时，起点和终点定位不准确造成的，如图 3 所示。

图 1

图 2

2012/3/18
标尺
线条
路径
Pro
测量地面上多个点之间的距离
长度：
83,959.92
厘米
鼠标导航(M)
保存(S)
清除(C)

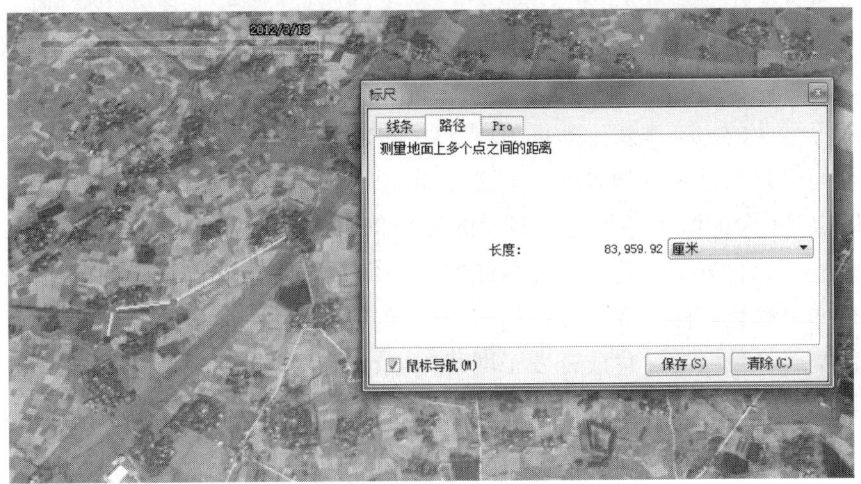

图 3

四、拓宽地理信息技术在审计实施中运用领域的思考

现在地理信息技术虽然已经比较广泛地应用在国土资源、退耕还林等大型工程项目的审计，但是在其他类型的审计项目中的应用还比较少。其实地理信息技术不仅仅适用于工程项目审计，在新形势下，其他审计项目更加需要地理信息技术的支撑，如环保审计、救灾款物审计、海洋资源审计。

近年来我国对环境保护极为重视，相继出台了多项政策措施来支持人才的培养和技术的创新，投入财政资金的力度也逐年加大，特别是在节能减排、转变经济发展方式等方面。环境保护既是经济发展的重要环节，也是惠民利民的重要工作，今后环保审计将是审计工作的又一个重心。就环保审计的实践来看，审计工作重点是对环保部门履行职责职能的情况以及环保资金的使用和管理情况进行审计，如节能减排任务的落实情况、垃圾的处理利用情况、环保资金的使用管理是否规范、是否存在被截留挪用等重大违法违规行为等。对于以上重点环节的审计都需要审计人员收集大量数据并进行专业的数据比对，但环境保护工作具有极强的专业性和技术性，是专家型的工作，审计人员又缺乏相关的专业知识，传统的审计方法不仅不能快速地收集、计算如此大量和跨年度的数据，而且不能对数据进行科学地分析和提取，这是审计工作开展的一个瓶颈，要使环保审计工作要取得突破就必须利用先进的地理信息技术。

环保审计所需的数据资料大部分与空间地理位置有关，而地理信息技术的优势就在于它采集、编辑、处理空间数据的能力以及对空间数据的管理能力。审计小组查阅相关信息发现，目前全国已经有 27 个省级环保部门购置了 ESRI 公司的 ARCGIS、ARCVIEW 地理信息系统平台软件和相应的硬件设施，并且同步建立了本地区相关的各项环境基础数据库，包括工业、农业、交通等行业的污染源发生地域范围、污染源数量、污染源属性等在内的污染源空间信息数据库，以及空气、水、光、噪音等相关环境质量信息数据库。ARCGIS 平台能够将各种复杂多元的环境信息与其所在的地理位置特性结合起来进行综合分析与管理，并且能实现空间数据输入输出、查询分析、筛选对比的可视化。注重环境保护的厦门市就建立了城市环境空间数据库与污染源监测属性数据库，集成开发了网络化城市环境质量地理信息系统，该系统涵盖了对大气、地表水、声学环境的监测信息，以分布图、专题图、三维模型等形式，生动直观地反映环境质量状况。

在实际的环保审计过程中，审计人员可以拟定一条思路——首先根据审

计实施方案的重点审计内容确定所需要的数据；其次利用地理信息平台对我们所需要的数据进行收集、统计、归类，特别是一些关键指标如水环境评价指标（pH 值、生物化学需氧量（BOD）、悬浮物（SS）），大气环境评价指标（PM2.5、大气污染排放量等）；最后再以取得数据为基数对本次审计的内容做一个基本的评价。通对关键的环保指标进行数据同比环比的科学分析，对环保部门的履职情况给予客观公正的评价，如在审计时间范围内历年环境保护目标的完成情况、节能减排工作量的情况、水污染空气污染的治理情况、城市绿化覆盖率的变化情况等来评价环保工作是否取得预期的成效、环保资金使用量是否合理、使用效益是否达到要求。同时，由于地理信息技术具有连续性和前瞻性，可以发现一些隐藏的问题，也可以遇见未来可能出现的问题，比如说购置的环保设施投入使用的地点是否合适、对周边环境的净化效果是否达到预期、是否有必要增添更多的环保设施，从而使审计人员能够给被审计单位提出更加专业、更加具有针对性和预防性的审计意见，使审计工作真正起到事前预警的作用。

地理信息系统大量有效的数据对审计实施有非常大的作用，其应用领域非常广阔，如在对地震、洪水等灾后进行的救灾款物的审计中，地理信息技术就能起到重要作用。审计人员要评价救灾资金的使用和管理情况，首先就要对该地区的受灾情况有一个全面的了解，要掌握灾害造成的损失情况以及救灾所需资金量。在对灾情的评估中，地理信息系技术够给审计人员提供相关的背景数据和灾难的演进过程，能够进行历史数据管理和实时数据的动态加载，并且对灾情的数据进行提取和分析，最后再进行可视化的表达。这样审计人员就能够对灾情进行一个全面客观的一个评估，对损失的核算和灾后重建的情况就有一个直观的了解和数据的掌握。

再如目前国家非常重视的海洋资源利用绩效审计。海洋资源的审计主要涉及海洋功能区分是否合理、围海造地面积是否符合相关标准、海岸工程建设对海洋环境的影响、海洋渔业的发展等。利用地理信息系统的制图功能，可以制作出海洋资源的分布图和利用图，对图形进行叠加还能制作出资源利用变化的动态图。这些图形可以让审计人员很直观地看到海洋资源的利用程度和利用现状，找出资源利用的不足之处；其次通过卫星图片审计人员还可以清楚地观察到海岸线历年的变化，得出围填海造地的面积和变化的准确数据，评价其是否未按规定进行围海造地。

五、对地理信息技术在审计运用中存在的相关问题的思考

地理信息技术的开发和利用历史比较短，而审计使用地理信息技术的时间更为短暂，在运用过程中还存在很多问题，比如说技术上的缺陷、意识上重视程度不够、缺乏相关制度的支撑。

在技术上，地理信息技术提供的数据存在一定的滞后性。对于基层的审计机关来说，由于受经费开支额度和使用频率限制，一般都不会购买高级别专业版的地理信息软件，他们往往会选择使用免费的地理信息系统工具，而通常情况下免费版的软件系统提供的卫星照片和数据都会存在滞后的情况。比如说免费版的 Google Earth，其卫星地图更新时间会长达一年甚至更久。除此之外，地理信息技术还存在一些自身不可克服的技术难题，比如因卫星轨道误差、无形钟差、折射及地球自转等因素产生定位误差而造成测量结果失准。其中造成测量结果失准的最大原因，一是折射，二是高差。GPS 信号通过电离层时，信号传播路径会发生弯曲，产生距离差，使测得数据与实际数据“差之毫厘，谬以千里”，并且 GPS 在进行定位计算时，常常会因为海拔和坡度的差异造成误差，地球是个椭圆形并且地表起伏不平，我们在使用 GPS 进行测量坡度时，得到的长度是平面上两个点之间的距离，而在实际中坡地之间的长度远大于二点之间的直线距离。还有地理信息技术本身无法提供部分所需数据，如在工程审计项目中，常常涉及审计工程的建设进度，虽然通过卫星照片能够看出工程修建前后的地貌变化，但是修建过程中的变化却不明显，不能有效地反映出工程的即时进度。

在思想意识方面，审计人员受到传统思维、工作方法和工作模式的制约，对地理信息技术的学习和利用还有待加深，在工作中不能很好地将审计和地理信息技术融合运用，因此阻碍了这一项工作的推进。有部分审计人员没有认识到地理信息技术本身具有的优越性，或者仅仅是重形式轻实效，引进了设备却没有充分发挥起功效。这些都对推广地理信息技术在审计工作中的运用带来了巨大的阻力。

虽然地理信息技术在审计工作中的运用还存在很大的困难，但是我们应该看到其对未来审计工作的重要性，我们不能因噎废食，而是应该积极采取措施来克服困难。

（一）上级审计机关积极进行地理信息技术的建设

上级审计机关应该加强地理信息技术平台的建设，如购买专业的应用软

件和硬件设施，构建一个涵盖交通、水利、国土等信息的完整的地理信息系统，使其成为金审工程的重要组成部分。同时，审计部门可以同建设、交通、水利等部门进行数据的互联，利用云技术建立一个可以相互沟通、相互利用资源的平台，实现数据的共享，进行数据的对比、更新、纠错，提高审计数据的精确度。基层的审计机关可以通过与上级审计机关进行信息共享，利用上级审计机关的技术支撑快速收集所需数据，避免将时间浪费在测量等基础工作上，从而大大提高基层审计机关的工作效率。

（二）充分进行数据的验证、整合、对比

为了确保取得数据的准确性，在选取数据时还需要审计人员对数据进行验证、整合、对比。为了确保数据准确、提高工作效率，审计人员可以通过选择部分容易出现误差的环节进行实地的测量，算出运用软件测出的数据和实地测量数据的相差比值，对整个数据进行评估、修正，以得出相对精确的结论。在实践中单一使用一种工具得到的数据往往会比较片面，因为每个软件的着重点以及长处各不相同，审计人员在使用地理信息技术的时候，应该根据项目的特征和审计重点选择一个核心的软件作为主要途径，再结合其他相关软件进行数据的整合，这样得出的数据才更加科学。

（三）重视专业人才的培训和引进

计算机能力是地理信息技术运用的基础，要推广地理信息技术在审计中的运用就必须提高审计人员的计算机操作水平，只有提高审计人员的信息化水平才能提高审计的信息化水平，才能适应新形势、创造新的审计方法、解决新问题，才能顺利建成金审工程。要对审计人员进行有针对性的培训，特别是对常用的地理信息技术软件的操作方法，快速建立起一支既有较高审计业务水平又能熟练操作地理信息技术的人才队伍。各级审计机关还可以根据实际工作的需要，引进一些计算机专业人士和地理信息技术专家参与审计，加强交流学习。

（四）建立有效的制度和规范，加强理论研究

技术的推广往往需要制度的支持，目前我国各级审计机关关于这方面的制度还比较空白。地理信息技术经历了近半个世纪的发展，如今已具备了在审计项目中发挥积极作用的功能，各级审计机关应该将地理信息技术的运用纳入审计制度建设中，为其推广使用创造有利条件。同时，审计部门在制度建设中还要规避新技术带来的风险。前不久，江西某地打着地理信息技术的

幌子，使用卫星地图对拆迁房进行测量，骗取国家赔偿款近 200 万元，这不仅给国家带来了巨大的经济损失，还损害政府在人民群众心中的形象。审计部门应该加强实践，加强理论研究，在大规模运用地理信息技术开展工作之前，要研究总结出一套科学合理的工作机制和工作方法，并加强对具体操作人员的培训，降低失误和风险。

（五）加大宣传力度

审计部门要加强对地理信息技术优势的宣传，引导广大干部职工转变观念，通过有效的宣传推动，使领导和审计人员全面准确地理解地理信息技术在审计工作中的重要性和意义，切实将地理信息技术的推广运用作为整体工作的重要组成部分。鼓励广大干部职工学习地理信息技术，将其与自身工作有机结合，运用新方法解决好相关问题。

地理信息技术是信息化发展带来的优秀成果，具有传统审计方式不可比拟的优势，而且运用范围十分广阔。它能够为审计人员提供准确客观的信息，能够提高审计工作的效率，并且能够有效提高审计的连续性和前瞻性。大力推广地理信息技术在审计中的运用领域和创新运用方式，是审计的重要发展方向。各级审计机关应该注重地理信息技术的实践和理论创新，为审计的信息化建设作出新的尝试和探索。

参考文献

［1］王相江．大型基建项目跟踪审计方法初探［J］．经济研究导刊，2010（7）：68－69.

［2］泰灏如．GIS 和 GPS 在工程项目审计中的运用［J］．现代交通技术，2011［Z］.

［3］唐东跃，熊助国，王金丽．Google Earth 及其应用展望［J］．地理空间信息，2008，6（4）：110－112.

［4］陶本藻．GIS 空间数据误差分析［J］．四川测绘，2000，23（4）：147－149.

［5］樊小龙．地理信息系统在环境保护中的运用．中国环境科学学会学术年会优秀论文集，2007：2013－2016.

［6］王桥，魏斌．地理信息系统在我国环境保护中的运用［J］．测绘通报，1999（10）：10－13.

［7］董旭琴．浅谈地理信息系统及其运用领域和发展［J］．地理空间信息技术论坛论文集，2005.

［8］杨铁利，于小平，杨国东．基于网络的地理信息系统在海洋工程中的应用与实现［J］．鞍山科技大学学报，2004（1）.

［9］侯侠，刘国富．ArcGIS 中地统计功能的应用研究［J］．黑龙江科技信息，2007（6）.

GIS 在审计中应用的标准、方法和路径研究

四川省成都市审计局 戴志勇 何 敏 刘 娜
四川省成都市金牛区审计局 陆 军 杨 平

【摘要】 本文提出了 GIS 在审计中应用的条件及 GIS 能解决的主要审计问题；以同一个审计项目为例，给出了应用 GIS 开展审计时，对审计事项的真实性、合法性、效益性审计评价意见所对应的评价对象及评价标准；以审计评价为核心，提炼和总结出应用 GIS 实施审计的一般方法及其主要路径，以期形成应用 GIS 对具有空间特征的审计事项进行审计的较为系统的知识。

【引言】 GIS 作为一种地理空间信息的采集、处理、存贮、应用和分析技术，能较好地解决基于时空框架的数据建模问题。自 20 世纪 70 年代面世，已广泛运用于自然资源与环境、基础设施建设管理领域，人口管理、税收征管、房产管理、城市管理等社会经济管理领域 GIS 应用也逐渐拓展和深化。近几年来，审计在资源与环境审计、基础设施建设等审计项目中对如何应用 GIS 进行了积极的探索，但存在应用领域有待拓展、应用程度有待深化、个案的审计经验未提升转化为具有普遍指导作用的审计知识等问题。本文通过发掘 GIS 知识与审计知识的结合点，并结合 GIS 的发展趋势及相关案例的分析，旨在形成在审计中应用 GIS 的具有普遍指导作用的知识，促进 GIS 在审计中更广泛、深入、高效的应用。

一、GIS 在审计中的应用条件及能解决的主要问题

审计项目中，若被审计单位财政收支、财务收支以及有关经济活动所作用的对象可对应为现实世界中特定的地理实体（是一种在现实世界中不能再

划分为同类现象的现象。例如城市可看成一个地理实体，并可划分成若干部分，但这些部分不叫城市，只能称为区、街道之类），且这些地理实体的空间属性特征（如高速路的等级、名称、路面材料、路面宽度等）、空间位置特征（如地理坐标以及地理实体相互间包含、覆盖、相离合衔接等空间关系）对被审计单位的财政收支、财务收支以及有关经济活动产生直接或间接的影响，并进而影响审计评价，则在这个审计项目中，与该地理实体有关的经济活动的审计就适合应用GIS开展，传统的信息技术对此无能为力。换言之，该项目若不依托GIS实施审计，则不能准确地发表与该地理实体空间分布有关的经济活动的真实、合法、效益的审计评价，对与该地理实体空间分布信息有关的决策行为的科学性更无法发表审计意见。GIS因提供了空间查询和叠置分析、缓冲分析、网络分析、DTM分析等强大的空间分析工具，从而能有效地解决以下用非空间信息系统（MIS）不能解决的审计问题。

（一）相关地理实体空间分布位置及数量的精确测量

GIS通过将地理实体抽象成GIS应用系统中的空间实体，对线、面、体及其组合的空间图形的量测，实现对地理实体长度、面积、体积的计算。借助这一功能，对于被审计单位提供的有关地理实体的空间分布数据，审计可以有效地进行核实，如耕地面积的核实、工程量的核实等。

（二）审计疑点的快速发现、精确定位及有关空间分布数量的计算

应用GIS，将来自第三方的规划数据、可用来替代真实情况的相关空间数据与被审计单位反映的GIS空间数据进行对比分析，其结果要么互相印证，要么互相否定。互相印证的不能保证在真实情况下100%都正确，但互相否定的可以有效确定审计疑点，从而实现对审计疑点的快速发现、精确定位并对其空间数量（如长度、面积、体积等）进行精确计算，实现定性和定量的结合。

（三）实施充分的数据挖掘为科学决策服务

目前，GIS在处理异构多源的地理信息、智能化与空间数据挖掘、3S集成、多维时空、便携性方面有了长足的进步，被审计单位GIS应用也在不断拓展和深化，并由管理向决策支持转变，这使得同一部门GIS数据和业务信息的综合集成成为可能，也为审计对不同部门的GIS数据进行数据挖掘提供了可能。对多源的GIS空间数据进行充分挖掘，能够发现潜藏在数据表面下的历史规律，并对未来进行预测，从而把数据分析的范围从已知扩大到未知领域，这就完成了从数据、信息向知识的转变，在此基础上，能够为资金预

算、规划选址、投资强度、建设质量的科学性和效率性等决策行为提供更优质的审计服务。

（四）实现系统审计

空间数据一般是海量数据，空间分析占用计算机资源较大。以我国人口多、土地使用权分割密度很大的特点来看，参与空间分析的空间实体碎片化程度很高。将 GIS 与批处理技术结合，可以实现空间分析的批处理、空间分析结果的自动存储和自动统计汇总，甚至还可以包括批处理脚本文件的“批处理”生成等，从而真正将抽样审计转变为系统的全覆盖审计。

二、应用 GIS 开展审计的评价对象及标准

审计评价，包括对被审计单位财政收支、财务收支以及有关经济活动的真实性、合法性、效益性评价，是实现审计工作目标的重要途径，国家审计准则对其评价对象、评价标准分别进行了定义。对于应用 GIS 开展的审计项目，由于影响审计评价的地理实体具有时空特征，决定了审计评价对应的评价对象、评价标准也具有鲜明的时空特征，并可以将其抽象表示为具体的空间数据集合，只有在对这些空间数据集合进行空间分析，并对空间分析结果进行核实的基础上，才能做审计评价。

以下结合某山脉植被恢复项目，对真实性、合法性、效益性这三类审计评价对应的审计对象、审计标准分别阐述如下。

（一）真实性评价

真实性是指被审计单位反映的某一时段地理实体的空间特征与实际真实情况相符合的程度。评价的对象是被审计单位提供的财务、业务信息反映的某一时段特定区域的地理实体及其空间特征，评价的标准是该时段中同一空间区域地理实体的真实情况。

就某山脉植被恢复项目，要对 2012 年竣工图上造林小班发表真实性评价，评价的对象是竣工图上的造林小班，评价的标准则是对应空间位置的真实情况。检查的内容为竣工图上的造林小班在实地是否真实存在，造林小班的形状和面积等空间几何特征、造林小班内所栽树种等属性特征是否与实地一致。

（二）合法性评价

合法性评价应建立在真实性评价的基础上。合法性评价所检查的对象，是经真实性评价已证明客观存在且其属性特征与空间特征符合真实情况的地理实体。合法性评价的检查标准，应是法律法规、政策载明的对地理实体在

空间属性、空间分布上的具体规定和限制。

如在某植被恢复项目中，被审计单位提供了造林小班设计图和验收图。该项目作为一项工程，其一定幅度的变更必须通过变更程序，以设计图为评价标准可检查竣工图上造林小班的设计变更情况。除此之外，还可以把土地利用总体规划图上的基本农田、2009 年全国第二次土地利用现状调查图上的林地作为评价标准，检查基本农田内发展林业、将以前的林地作为新造林骗取专项补贴的疑似违法违规问题。

（三）效益性评价

效益性评价，评价对象为有关政策施行或基础设施建设后对应区域内与期望目标有关的自然地理、人文地理的综合情况。评价标准分为两类：一类是未实施前相关自然地理、人文地理的综合情况；第二类则是按照效率性、效果性、经济性原则构造的理想模型，理想模型的构建比较复杂，建模工作尚在不断建立和完善之中，没有统一的标准，且不能一蹴而就。用这两种评价标准，一是可以评价实施后较实施前取得的成绩，二是可以评价实施后较理想期望的差距，提出相应建议，为科学决策提供支持。

同样在某山脉植被恢复项目中，可以分析新造林地为提高森林覆盖率而做出的生态贡献，将新造林中经济林面积及结构并结合经济作物的产量、单价，计算该项目的实施给当地农户带来的经济效益，以此来评价新造林后取得的生态效益和经济效益。

此外，该政策的理想预期之一是将该山脉上所有裸土区域全部进行造林覆盖。审计通过对新造林的坡度分布进行统计分析，发现由于坡度大的地区一般土壤贫瘠、植被恢复成本更高、造林成活率低，农户和企业更愿意在平缓地区植树，使坡度大的地区植被仍然得不到恢复，水土流失仍然得不到有效改善。为实现造林的理想效果，审计提出了结合坡度等因素实行差异化补贴的审计建议。

审计实务中，与科学决策有关的各类空间信息往往在不同部门的信息系统中存在，各部门对各自业务的决策在一定程度存在“信息孤岛”的问题，这也为应用 GIS 开展科学决策审计提供了作为空间。

三、应用 GIS 开展审计的一般方法和主要路径

应用 GIS 开展审计，其基本方法就是将评价对象、评价标准对应的地理实体转化为各自的 GIS 空间数据集，采用合适的空间分析方法，就其属性特

征、几何特征进行多角度的符合性测试，并结合时间特征将核实后的空间分析结果与具体的审计评价建立对应关系。

下面结合某市耕保基金的审计，介绍应用 GIS 开展审计的主要路径及具体方法：

（一）逐个建立从审计事项—地理实体—空间实体—审计评价的映射关系

在一个审计项目中，审计评价与地理实体空间分布特征有关的审计事项才适合应用 GIS 开展审计。审计之初，应逐个建立从审计事项—地理实体—空间实体—审计评价的映射关系。现结合某市耕地保护基金的审计，对相关映射关系的建立分别予以阐述：

1. 建立审计事项—地理实体的映射关系

在该市耕地保护基金的审计中，该市耕地保护情况应作为一个重要的审计事项，而该事项应该是该市行政区划范围内所有耕地状态的集合反映，由此耕地保护审计事项与耕地之间建立了映射关系。

2. 建立地理实体—空间实体的映射关系

空间实体是地理实体在 GIS 中的抽象。对于耕地这类地理实体，在国土管理部门的 GIS 应用系统中具有唯一的编码，用具有各自定位特征（如坐标、形状、面积等）及拓扑关系（如相交、相离等）的面的集合表示，并赋予了相应的属性特征（如地类为水田、旱地等，权属性质为国有、集体所有、农户所有，使用权人等）。每个面，在该市耕地保护 GIS 中都是不可再分的最小单元，即空间实体，其特征代表了某一时点下（耕地调查数据更新时间）耕地的特征。因此，耕地这一地理实体与 GIS 应用系统上的空间实体之间也建立了映射关系。

3. 建立空间实体与审计评价的映射关系

空间数据集合，是具有某一类特征的空间实体的集合。审计项目中应用 GIS，与之相关的真实性、合法性、效益性审计评价均对应各自的评价对象与评价标准，且均可以表示为相应的 GIS 空间数据集合，这样就将空间实体与审计评价建立了映射关系。

以某市耕保基金审计为例，有关政策规定“本办法适用于在我市范围内拥有土地承包经营权并承担耕地保护责任的农户”，基金的发放对象为“种植农作物的土地，包括水田、旱地、菜地及可调整园地等”，发放标准为“基本农田：400 元/亩·年；一般耕地：300 元/亩·年”。根据这三个条件，对空间实体的属性特征、几何特征进行多角度测试，并将测试结果进行核实，就可以完成真实性、合法性审计评价。空间实体—审计评价的具体映射关系见表1。

表1

评价内容	评价对象及空间数据集	评价标准及空间数据集	检查内容	核实方法	具体评价意见
真实性	2009年耕保地块图上为耕地的空间实体	客观现实（暂用2009年二调图上的耕地集合来参考替代）	耕保地块图上的地块在实地是否为耕地	卫星影像图室内预核实，实地勘验落实疑点	对于检查结论为否并经现场核实的，应发表不真实地块的数量、面积及占比的评价
合规性	2009年耕保地块图上发放标准为基本农田的空间实体	对基本农田的政策规定（用土地利用总体规划图的基本农田保护区范围）	不是基本农田的耕地是否按基本农田标准发放耕保基金	实地勘验落实疑点	对于检查结论为是的，应发表将一般耕地视为基本农田提高基金发放标准的面积、金额及占比的审计评价
	2009年耕保地块图上的空间实体	耕保基金发放对象的政策规定（二调图上的非耕园地集合）	二调图上的非耕园地是否按耕地发放了耕保基金	卫星影像图室内预核实，实地勘验落实疑点	对于检查结论为是的，应发表违规对非耕园地地块发放基金的面积、金额及占比的审计评价
	（略）……				

（二）充分搜集GIS空间数据并研究其特征

确定了审计思路后，应尽量充分收集与该审计事项有关的GIS空间数据。这些数据，有些来自于被审计单位的GIS应用系统，有些来自于其他有关单位，有些则可以从互联网上下载。如在审计某山脉植被恢复项目中，我们从被审计单位某市园林局获取了设计图和验收图，从国土局获取了二调图，为了分析新造林的坡度分布，我们从互联网上下载了坡度图。

在收集GIS空间数据时，要关注以下内容。

1. 内容的相关性

分析和评估GIS空间数据表示的地理实体的属性特征与审计事项的相关性和支撑审计结论的充分性，有无重要的信息缺失？在空间分布上是否能完全涵盖审计地域？如现有能够收集到的GIS空间数据不足以满足审计需要，则需分析是调整审计目标还是通过其他方式进行弥补。

2. 来源的独立性

分析不同 GIS 空间数据的来源是否独立，即在不同的空间数据中，同一地理实体的属性信息、空间信息的生成必须来自于不同的渠道、用不同的方式独立获取其信息，这样空间分析才能实现互相印证或互相否定的作用。如一种 GIS 空间数据由另一种 GIS 空间数据直接生成，未经过数据更新，则没有将两者进行空间分析的必要。

3. 坐标系的可统一性

不同 GIS 空间数据能否转化为统一的坐标系，这是空间叠置分析首要的地理基础。因此，在收集 GIS 空间数据时，应获得该数据的坐标系相关参数，空间分析前利用 GIS 通用软件的"投影转换"功能，将其转换为统一的坐标系。

4. 从地理实体在不同 GIS 空间数据上的"快照"可以推断其在审计时点的空间分布状态

现阶段，GIS 对地理实体和地理现象的空间分布状态及相互关系的描述是静态的，只能用序列快照的方式来描述，加之 GIS 空间数据更新周期较长，导致 GIS 并不能完整表示地理实体的时态信息和时空关系。对于给定的审计期间，我们只能根据某一地理实体在不同时态的 GIS 空间数据上的特征，根据常识、经验、知识等推断出符合逻辑、合理的发展演变过程，并进而推断其在审计期间的空间分布状态，从而发现审计疑点或做出审计评价。以某市耕保基金审计为例：如耕保地块图的更新年代为 2011 年，二调图年代为 2009 年，对于同一个地块，在 2009 年二调图上反映为建设用地，而在 2011 年耕保地块图上显示为耕地，从近几年城镇化的发展趋势判断，我们认为这种发展演变不合理，值得关注。再调用 2009 年的卫星影像图，该地块影像上显示的确为建筑物，因此我们更加坚定起初的判断，将其纳入审计疑点。但是，若该区域在农村"增减挂钩"集体土地整理项目区域内，则该地块在 2011 年有可能已还耕，需要到现场进行核实或者利用 2011 年的其他资料进行验证。

需要说明的是，如果对某事项审计只能获取一种具有证明力的 GIS 空间数据，则可以采用实测的方式，将实测数据与已有的 GIS 空间数据进行比较。如在某植被恢复项目中，被审计单位提供了 2012 年新造林竣工验收图，但无法获得同一时段其他数据（如影像图）相佐证。为了验证竣工图上造林小班的真实性，审计从竣工图上抽取一定比例的造林小班，到现场利用 GPS 测点方式获得该造林小班的范围线。通过将同一造林小班的实测数据与验收数据进行叠置分析，判断验收图的真实性及造林面积的准确性。

一般来说，卫星影像数据因是某一个时点某一区域上地形地物的“快照”，不易篡改，因此其证明力大于 GIS 应用系统矢量数据。

（三）将审计思路用 GIS 功能实现

审计思路和方法确定后，就进入 GIS 的实际操作环节，将审计思路转换为具体的 GIS 实现。其关键在于两点：一是根据评价对象和评价标准确定用来空间分析的空间数据集合，二是确定用何种方式开展空间分析，需掌握和运用好空间分析的主要技术手段。

1. 空间分析数据集的生成

还是以耕保基金审计为例，我们需要找出不符合耕保基金发放条件但已发放了耕保金的地块，同时还要核对发放面积是否真实。若要查找 2009 年二调图上反映为非耕园地而 2010 年发放了耕保基金的地块，且设定分析的范围为某行政村，我们可以定义：

集合 A：为某行政村 2010 年耕保地块图上的耕园地集合；

集合 B：为某行政村 2009 年二调图上非耕园地的集合；

则数据集合 A、B 的定义用数据库查询语言定义如下：

集合 A：Select * from 耕保地块图 where 年度 =2010 and 行政区 = ‘某行政村’

集合 B：Select * from 二调图 where 地类名称 not in （‘水田’，‘旱地’…）and 行政区 = ‘某行政村’

为了发现其他不合规问题，需要从其他侧面进行真实性和合规性测试，我们对此项目还可定义其他数据集合，如：

集合 C：为某行政村 2009 年二调图上权属性质为非农户所有的（集体所有或国有）的耕园地集合；

集合 D：为某行政村 2009 年二调图上的耕园地集合。

2. 空间分析方法的确定

常用空间分析包括查询分析、叠置分析、缓冲分析、网络分析、DTM 分析等等。其中审计中用得较多的是叠置分析。叠置分析是地理信息系统中常用的提取空间隐含信息的方法之一，它将有关主题层组成的各个数据层面进行叠置产生一个新的数据层面，其结果综合了原来两个或多个层面要素所具有的属性，同时叠置分析不仅生成了新的空间关系，而且还将输入的多个数据层的属性联系起来产生新的属性关系。其中，被叠加的要素层面必须是基于相同坐标系统的，基准面相同的、同一区域的数据。其中，多边形叠置是

GIS 空间分析中的最常用的功能之一，也是叠置分析中最经典的形式。

多边形叠置是将两个或多个多边形图层进行叠加，产生一个新的多边形图层。新图层的多边形是原来各图层多边形相交分割的结果，每个多边形的属性含有原图层各个多边形的所有属性数据。

多边形叠置的主要运算有：

图层擦除（Erase）运算：根据擦除图层中的要素，擦除输入图层内相应要素。从空间逻辑运算的角度，可表示为 A－AB（A 为输入图层，B 为擦除图层）

图层合并（Union）运算：把两个或更多多边形图层的区域范围联合起来而保持来自输入图层和叠置图层的所有要素。从空间逻辑运算的角度，可表示为 AB。

交集操作（Intersect）运算：通过交集操作得到两个或更多图层的交集部分，并且原图层的所有属性将同时在得到的新图层上显示处理。从空间逻辑运算的角度，可表示为 AB。

识别叠加（Identify）运算：用识别图层（必须是多边形）裁剪输入图层，并将识别图层的属性赋给裁剪所得到的要素。从空间逻辑运算的角度，可表示为 ABA。

根据以上运算原理，我们将可能存在的问题及数据集的空间叠置方式建立了对应关系，如表 2。

表 2

问题描述	输入图层	叠置图层	运算方式	GIS 通用软件中的函数及参数（以 FME 软件为例，每个 GIS 通用软件可能函数的参数不同）
非耕园地发放耕保基金	集合 A	集合 B	Intersect 运算	clipper_ inside（A，B）
权属性质为国有或集体经济组织所有	集合 A	集合 C	Intersect 运算	clipper_ inside（A，C）
超出二调图行政村耕园地范围发放 2010 年耕保基金	集合 D	集合 A	identity	clipper_ OUTside（D，A）
耕园地减少	集合 A	集合 D	identity	clipper_ OUTside（A，D）
耕地与耕地重叠发放耕保基金	集合 A	集合 A	Intersect 运算	AreaONareaoverlayer（A）自相交分析，将重叠次数－1 乘以重叠面积等于重叠发放面积

（四）审计疑点的核实

应用 GIS 技术核实审计疑点要关注以下几点：

1. 经空间分析未生成为疑点的不能保证绝对没有问题；

2. 未经其他资料或实地核实，空间分析生成的疑点仍然为审计疑点，不应纳入问题；

3. 疑点的核实可以采用利用第三方 GIS 或非 GIS 数据或资料、现场勘验等方式进行核实。如在某市耕保基金审计项目中，我们对空间分析的疑点加载卫星影像图，在室内就对部分疑点进行了确认或排除。选择现场勘验的，有条件时可以采用 GPS 定位的方式，保证实地勘验地块的确为在室内确定的需要核实的地块，无 GPS 定位时可采用相邻地物参照定位的方式，但对审计人员读图的能力要求较高；

4. 若生成审计疑点数量较多且碎片较多，且现场审计时间不能保证审计人员到每一个疑点现场核实，则现场疑点的核实可以采用抽样的方式，审计评价中也仅对确认为问题的疑点数量（个数、面积等）来进行审计评价。但在数据分析中，可以反映空间分析生成的总疑点、现场核实疑点、确认为问题的疑点的数量（个数、面积等），同时反映现场核实样本的确定方法。

四、结语

应用 GIS 开展审计，是审计知识、GIS 知识、计算机知识、被审计单位的行业知识及有关政策法规的融合应用，审计思路的有效性、可行性和开阔性与审计人员的知识结构有关，无论哪块知识短板，都会制约 GIS 在审计中应用的广度和深度。当前，政务工作中 GIS 的应用在加速拓展，如国家测绘地理信息局主导建立的“天地图”已部署了公众版、政务版与涉密版，为各类政务信息的空间化集成与深度应用提供了统一规范、动态更新的地理信息支撑。同时，GIS 也正在加速与物联网技术、云计算技术融合，以解决我们长期面临的“信息孤岛”的问题、大众化应用对超大规模并发访问给 GIS 平台架构带来的严峻挑战等问题。这些发展动态，将为 GIS 在审计中的应用提供越来越广泛深入的空间，因此也亟须研究 GIS 在审计中应用的规律，形成具有普遍指导意义的审计知识，并给出具体可行的实现路径。审计人员只有掌握了这种基本知识，才能在审计工作中把握本质和核心，在 GIS 不断追赶云计算、物联网等发展潮流的过程中，审计人员才不至于无所适从，舍本逐末，这也是本论文研究的目标所在。

参考文献

［1］华一新，吴升，赵军喜．地理信息系统原理和技术［M］．北京：解放军出版社，2001.

［2］涂子沛．大数据［M］．桂林：广西师范大学出版社，2013.

［3］高峰，潘滨．地理信息系统在税收征管中的应用［J］．GIS 开发者，2005.

［4］严荣华，许礼林，吉建培等．GIS 在电子政务中的应用．第四届海峡两岸 GIS 发展研讨会暨中国 GIS 协会第十届年会论文集，2006.

［5］陈正．市政管理信息系统：北京市西城区解决方案［J］．中国建设信息，2007.

［6］张显峰，崔伟宏．基于 GIS 和 CA 模型的时空建模方法研究［J］．中国图像图形学报，2000.

［7］王育红．GIS 空间分析课程第四章［EB/OL］．百度文库．

［8］王者婧．Esri：云计算模式为 GIS 带来新机遇［EB/OL］．中关村在线，2010.

国土地理信息系统审计技术

浙江省审计厅　王春雷　杜良文

【摘要】　文章归纳总结了地理信息系统结合审计在土地利用总体规划、土地利用现状、耕地与基本农田保护 、土地开发整理、违法用地等方面的应用及其方法 ，提出了 GIS 在国土审计应用中存在的一些问题，并对 GIS 在国土资源审计应用的前景作出了展望。

一、地理信息系统相关知识介绍

（一）地理信息系统简介

地理信息系统（ Geographic Information Systems ， GIS）是一种采集、存储、管理、分析、显示与应用地理信息的计算机系统，是分析和处理海量地理数据的通用技术[1]。它与其他信息系统的主要区别是其存储和处理的信息是经过地理编码的，地理位置及与位置有关的地物属性信息成为信息检索的重要部分[2]。一个完整的地理信息系统主要由计算机硬件系统、计算机软件系统、地理数据（或空间数据）、系统操作人员等四部分组成。

（二）地理信息系统在国土资源中的广泛应用

随着 GIS 技术的不断发展和深入应用，从国土资源部到各个省、市甚至县级国土资源管理部门，都已基本建成国土资源数据体系，其中用于信息服务和分析决策的空间基础数据库及相应的信息系统已经成为国土资源管理必不可少的重要手段。

（三）审计职能的扩展与审计信息化建设的发展

随着经济的发展和社会的进步，审计的职能早已超越了查账的范畴，涉及对各项工作的经济性、效率性和效果性的查核。这就需要与之相配套的审计信息化产品不再局限于财务收支审计，而应拓展到对各类业务数据的审核。

刘家义审计长在《加快审计信息化建设步伐，全面提升审计能力和技术水平》的讲话中提出[3]，要深刻认识加快审计信息化建设的重要性和紧迫性，努力适应形势发展的需要。要审时度势，清醒看到加快审计信息化建设是适应信息科技高速发展的必然选择，不发展信息化就要被时代所抛弃；要牢记职责，深刻理解加快审计信息化建设是推动完善国家治理的内在要求，不发展信息化就难以肩负起法律赋予的光荣使命；要居安思危，充分认识加快审计信息化建设是提升审计监督能力的重要途径，不发展信息化审计事业就没有出路。

（四）“土地”这一特殊审计对象的技术需求

“土地”与其他审计对象的一个显著不同在于它的空间属性：土地的地理位置、范围、大小都是其他对象所不具有的。而以往的关系型数据审计方法无法处理空间数据，因此基于“空间数据”的审计技术的推出势在必行。

二、基于 ArcGIS 的国土地理信息系统审计方法研究

（一）总体思路

利用计算机技术辅以地理信息展示，完善与加强国土审计方法，完成Z省内国土地理信息数据库的构建，实现审批与监管系统的数据交互共享，为Z省国土审计提供辅助决策，提高政府决策的科学化、现代化水平，推进Z省国土审计信息化进程。

（二）平台结构

1. 空间数据分析平台

ArcGIS是美国环境系统研究所公司（ESRI）开发的地理信息系统系列软件，具有强大的地理数据管理、编辑、显示、分析等功能。作为一个可伸缩的平台，无论是在桌面、服务器或是通过Web形式都具有较好的可移植、可扩充性。因此我们选择Visual Studio 2008 C#及ArcGIS Engine二次开发包开发出审计系统软件作为国土地理信息系统审计辅助平台。

2. 遥感影像处理平台

ENVI是一个完整的遥感图像处理平台，其软件处理技术覆盖了图像数据的输入/输出、图像定标、图像增强、纠正、正射校正、镶嵌、数据融合

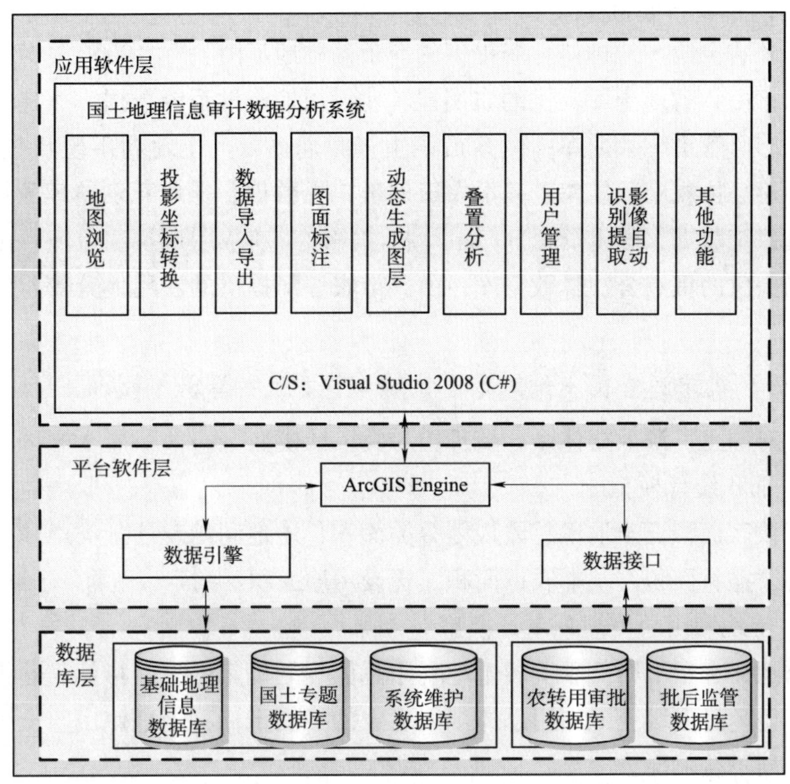

图1　系统结构

以及各种变换、信息提取、图像分类、基于知识的决策树分类、与 GIS 的整合、DEM 及地形信息提取、雷达数据处理、三维立体显示分析等功能。

3. 数据存储处理平台

为更好地与金审工程结合，我们采用 SQL Server 2008 R2 作为数据库平台。空间数据库使用 ArcGIS 软件体系中的 GeoDataBase 空间数据组织模型，它可以同时管理矢量数据、栅格数据及表格数据等。

（三）研究对象、目标及图文资料准备

1. 研究对象及目标

应用 ArcGIS 地理信息系统，在信息标准化的基础上，采用统一的技术框架，整合包括空间数据和非空间数据在内的国土各职能部门业务数据，通过不同空间处理方法，提供数据存储、信息浏览、查询统计、地图服务等应用服务，形成“天上看、地上查、网上管”的国土资源审计体系，为全面提高国土部门审计信息化水平，加大信息审计力度提供顺畅的技术支撑。

2. 图文资料准备

由 Z 省测绘与地理信息局提供的 S 市基础地形图、1∶10000 高分辨率卫星影像；由 Z 省国土厅提供的农用地转建设用地审批系统数据库、建设用地批后动态监管系统数据库；由 S 市国土资源局提供的土地利用现状数据库、土地利用总体规划数据库、基本农田划区定界数据、土地开发整理数据、地籍信息系统数据、国土资源部门卫片执法图斑、违法用地执法台账；由 S 市林业局提供的重点公益林数据库；由 S 市农业局提供的农用地分等定级数据库等。

（四）确定适合国土地理信息系统审计方法的审计模型

针对国土资源数据体系，梳理出 8 类审计模型。

1. 面积统计模型

行政区面积、土地里总体规划分类面积、土地利用现状分类面积、林地及生态公益林面积、基本农田面积、建设用地面积。

2. 土地利用总体规划审计模型

耕地保有量不得低于上级土地利用总体规划确定的控制指标、建设用地总量不得超过上级土地利用总体规划确定的控制指标、土地使用与土地利用总体规划不符情况。

3. 耕地与基本农田保护审计模型

耕地与基本农田占用情况、耕地与基本农田质量情况 。

4. 农转用审批审计模型

农转用审批权限、农转用地类检查、未批先用检查。

5. 建设用地供应审计模型

供地项目是否符合土地利用总体规划、未批（供地手续未批）先建、化整为零及少批多建。

6. 已供土地管理审计模型

已供土地闲置情况、已供土地改变用途是否符合规划、供地率。

7. 土地整理，土地整治、土地复垦、土地开发数量质量审计模型

8. 违法用地查处审计模型

（五）主要技术方法及审计应用

1. 空间数据检查、整理

基于国土各业务部门使用不同信息系统，对当前主流的矢量数据格式（如 DWG、DGN、SHP 等），通过格式转换与矢量数据投影定义、拓扑修复

等数据处理操作，如表 1。

表 1

数据类型	扩展名	备注
CAD 文件	DWG、DGN、DXF	本地文件
Shape File 文件	SHP	本地文件
图层文件	LYR	本地文件
栅格图层文件	JPG、PNG、BMP、GIF、TIF、IMG	本地文件
Access /Personal GeodataBase	MDB	本地数据库
File Geodatabase 数据库	GDB	本地数据库
Sde 数据库	SDE	远程数据库

2. 动态生成图层

（1）数据库访问。审计数据分析需要获得农转用审批图层和供地图层，为了实时生成满足条件的农转用图层和供地图层，系统会访问农转用审批数据库与批后监管数据库，根据条件返回查询记录。

因为数据库的结构不同，需要查询的逻辑顺序也不一致，两套接口将遵循各自的规则，查询满足条件的记录。每一条记录对应一块地块项目，同时记录中保存了数据库中的各个属性字段值。项目的图形信息需要根据记录的主键在其他的数据表中查找，因为一个项目可能指向多条图斑记录，所以检索到的图斑记录会保存在一个临时空间中，等待编译。项目与图斑的逻辑关系如图 2。

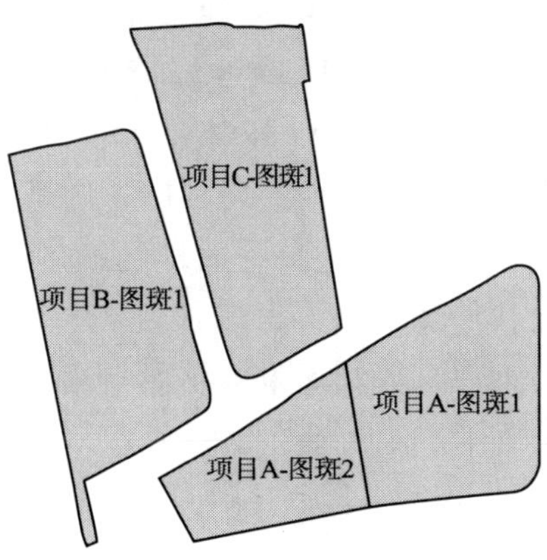

图 2　项目与图斑逻辑结构

查询获得该项目下所有的图斑后，系统遍历图斑记录，数据库中的图斑信息是以界址点坐标的形式保存的。审批系统与批后监管系统数据库的格式不同，界址点坐标数据表结构也不同，因此编译的任务就是将不同结构的界址点坐标数据表结构统一为标准格式，然后再调用方法生成图斑面（Polygon）。系统在数据库的查询过程如图 3。

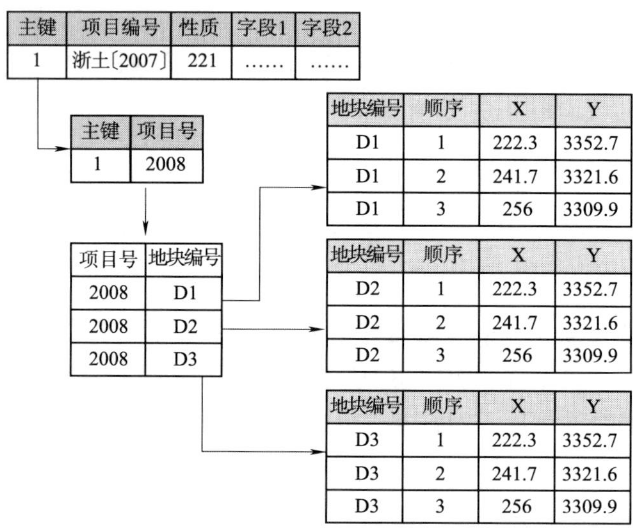

图 3　界址点对应项目查询过程

实际情况中界址点坐标表的格式是不规则的，但是属于一个数据库中的界址点格式必须一致。

图斑面的几何类型是面（Polygon），面是由环（Ring）组成的，一个面可以由外环（External ring）与内环（Internal ring）组成，环是由一串首尾相接的坐标点组成的闭合图形，所以首点（From Point）和末点（To Point）必须为重合点，外环为带顺时针方向的坐标串，内环为带逆时针方向的坐标串。最后系统会将界址点坐标由外环—内环的顺序排列，并且附带类型信息，供后续方法生成面状图斑。

此外，由于界址点坐标可能是在不同平面坐标系下采集的，所以将坐标值归算到系统参考坐标系下的坐标值也是标准化过程的一部分。其他情况例如，数学坐标系与测量坐标系的转换：X 坐标表示南北方向；坐标值的投影带：转换到 120 度高斯三度带投影；坐标点号顺序的排列；字符处理方法等。

要素类（Feature Class）的组成如图 4 所示。

系统遍历查询结果，以项目为单位生成要素（Feature），赋予图形（Shape）与属性值（Fields Value）。

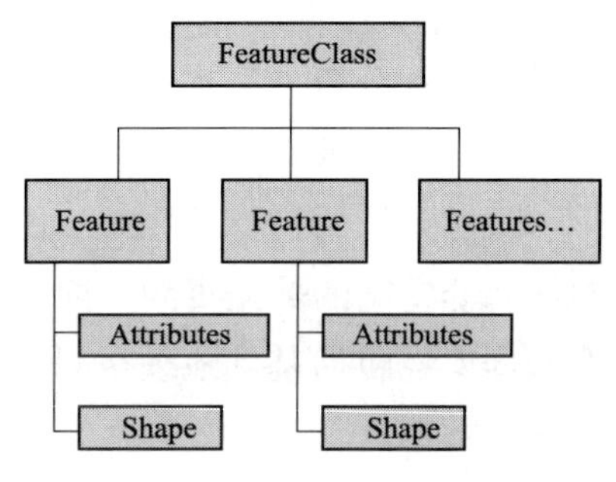

图4 要素类结构

动态生成得到的农转用或是供地图层，可能因为数据源的错误而发生不可预见的图形拓扑问题，所以系统同时提供图形拓扑的检查；检查结果会以列表的形式展现，需要用户手工修复有问题的图形后再进行审计分析。

（2）界址点文件访问。通过标准格式的 Txt 文档，获取文档中的界址点信息数据，创建面图层，并添加至目标图层路径（存在同名图层则删除）。根据地方的标准界址点格式提取项目信息来构成一个图层。

（3）审计应用。在 S 市耕地与基本农田专项审计调查中，通过《农用地转建设用地审批系统》数据库数据生成 2009 – 2012 年农转用矢量图，再与土地利用现状及卫片影像进行空间分析处理，发现该市 2009 – 2012 年（按批准文号）×××亩农用地转为建设用地后，土地利用现状性质未变更（仍为农用地）。

图5 已农转但用实际地类未变更

通过导入2009－2011年土地开发整理项目坐标生成矢量图并与卫片影像数据叠加分析，发现有××个项目坐标与实际不符。

3. 空间数据管理

根据系统的目标，在统一的软件平台上利用大型关系数据库，整合各种空间和非空间的数据资源，建立满足为国土审计数据分析提供各种依据的综合数据库，包括基础地理空间数据库、国土专题信息数据库、系统维护数据库三类数据库。

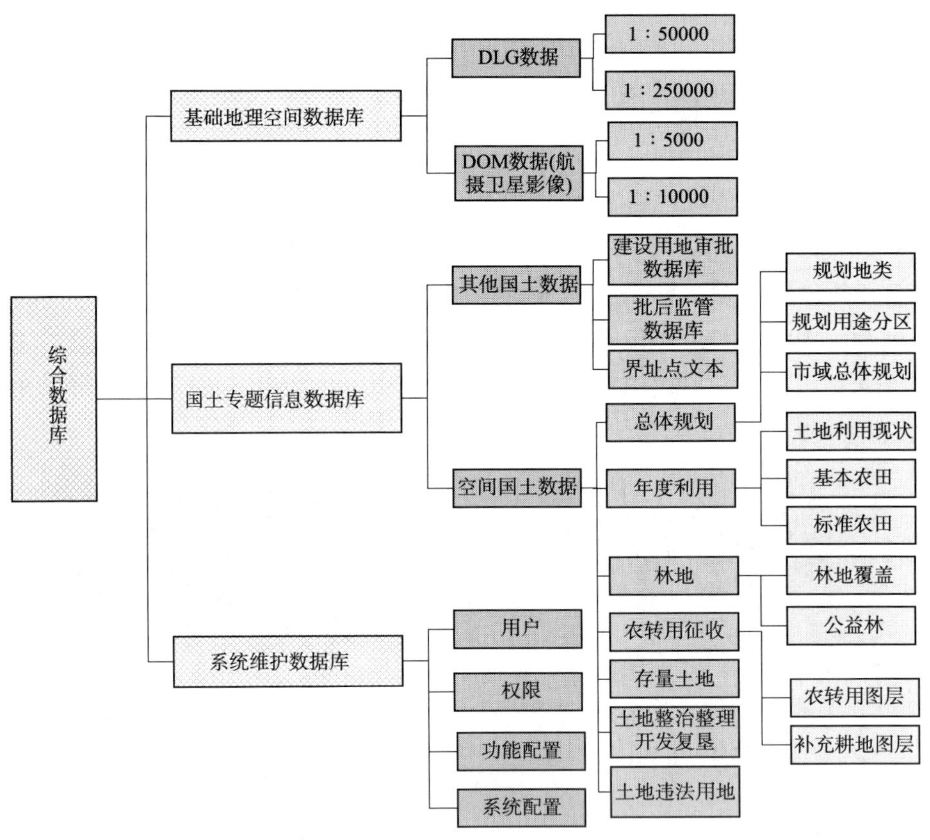

图6 系统数据库结构

4. 影像数据的信息提取、分类

系统中需要频繁调用矢量与影像叠置后分析目标范围内的影像并识别地类。影像识别提取是计算量较大，耗时较长的过程，所以在系统中使用1：10000标准分幅影像，平衡分析区域与分析耗时。同时采用这样的方法还因为影像的不同批次所呈现出来的色相与饱和度之间的差别。

图 7　遥感影像批次差异

如图 7 左侧山区地带影像，同样的植被覆盖所计算得到的绿度值就会有差异。如图 7 右侧，河流的反光会使得河流偏亮，极易造成水体与建筑用地的误判。所以为了获得较准确的结果，通常需要为个别区域单独调整影像分类的参数值。

整个影像叠置分析流程如下：

（1）矢量范围切割影像。用户只需要分析感兴趣区域内的影像分类成果，所以系统只需要识别部分的影像而不是所有范围的影像，这样做的优点是可以节约识别时间。

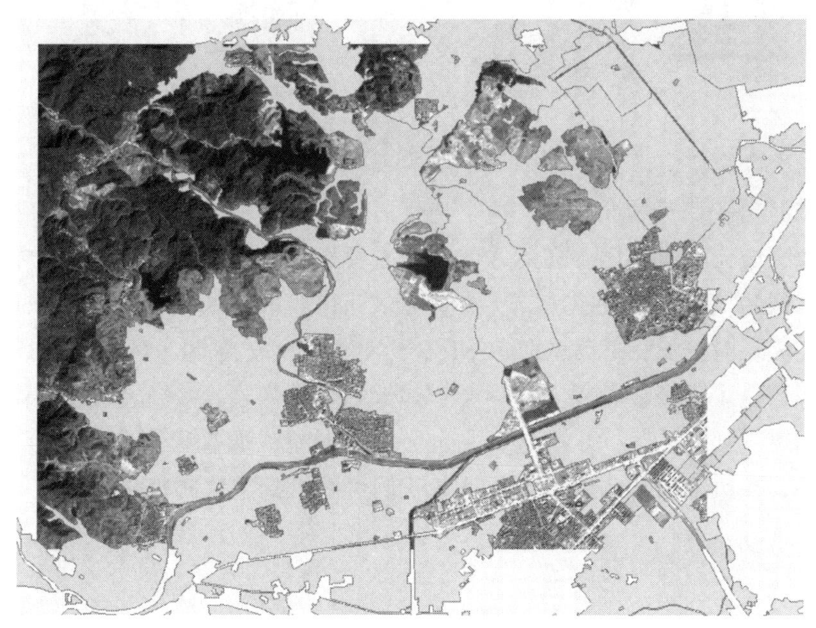

图 8　遥感影像与矢量重叠

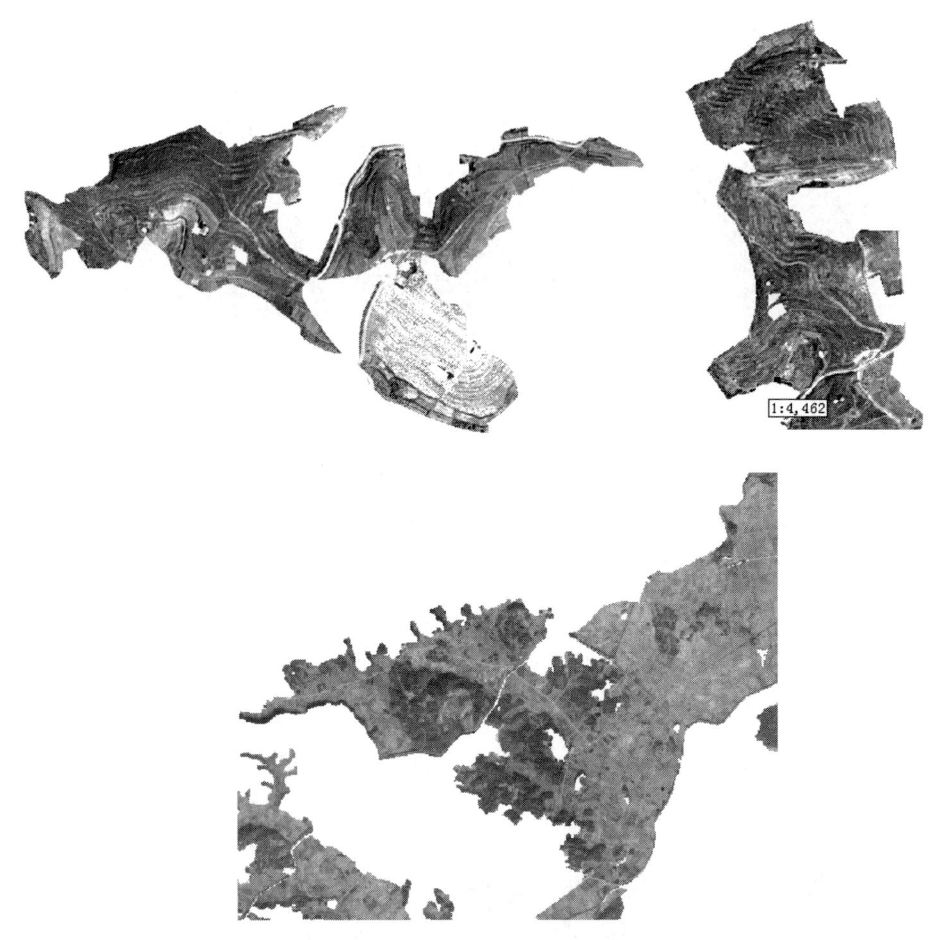

图 9　遥感影像分割后的结果

（2）分割影像成果识别。这个步骤消耗时间较长，具体与需要分析的遥感影像区域大小成正比。在此之前首先需要指定分割与融合参数，分割参数越小影像初次分割时就越细，优点是可以获得较准确的地类边缘，缺点是数据量庞大耗时较长，通常我们在初次分割时设参数为 50 ~ 60 来获得较准确的边缘信息。融合参数越大，则会合并较相似的像素点，优点是获得整片大块的图斑，缺点是下一步骤地类判定会出现误差，通常我们选择融合参数为 91 ~ 96，在边缘信息明确的情况下，我们可以得到整块的矢量图斑。

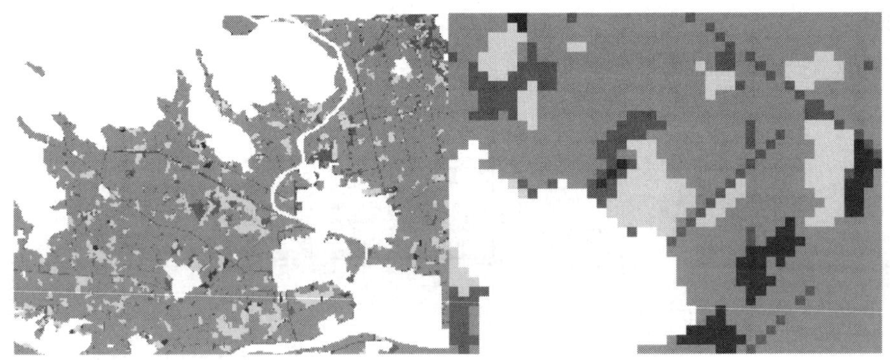

遥感影像识别过程数据

原始影像

图 10　遥感影像分割为矢量图斑

特征优化与地类判定

上一步得到的影像分类成果是一些细碎的图斑面，如图 10，里面包含了各种图斑参数信息（面积、纹理、熵值、波段信息等等）。主要判定部分如图 10 所示，主要根据绿度指数、纹理均值、纹理范围、波段均值来进行判定。判定中所涉及的参数都需要根据实际情况作微量调整来达到最大的准确度。

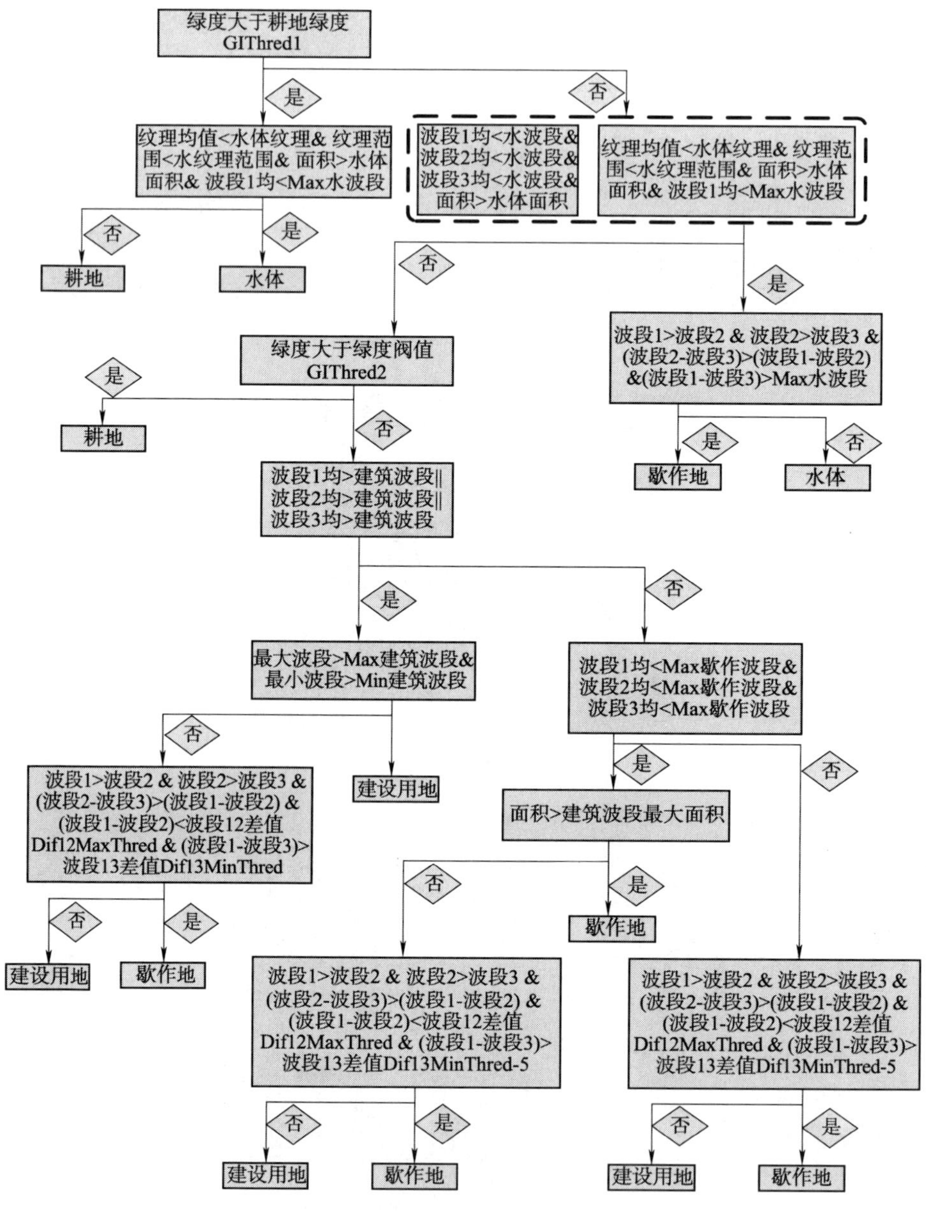

图 11　地类判定决策树

（3）合并相同地类。地类判定完成后，相对于最后成果数据量还是比较庞大，所以需要将相同地类，且空间位置相邻的图斑合并在一起。通过最后的地类代码 CCID（地类结果代码）用 Dissolve 工具进行合并。最后 1∶10000 图幅分类的地类图斑一般会有 1 万 ~2 万个图斑（根据地域会有差别），这样的图斑对与操作员人工检查还是不方便，其余60% ~80%是非常小的零星面（阴影、绿化等），面积在400平方米以下，最后通过Eliminate工具将面积小于400平方米的图斑归并到邻近的大图斑中。

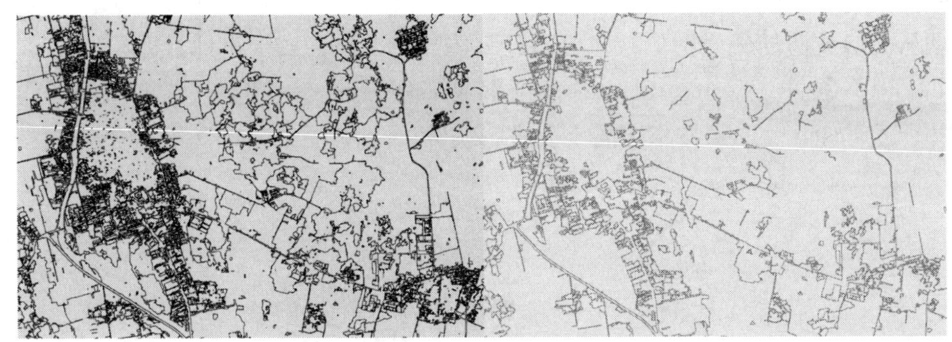

图12　合并相同地类图斑Dissolve前后对比

（4）分类后处理。将合并后的地类图斑根据土地专题图配色方案，对成果图层进行渲染与符号化后加载到地图中，同时获得各个地类的统计面积供操作员参考。

审计应用

图13为S市某区域经过影像分割处理并与基本农田矢量数据叠加后形成的疑点影像。其中颜色标记部分为道路、违法建设、水面等占用基本农田情况。

图13　自动分割后不同地类图斑

5. 地理分析

国土、林业等部门有许多专题图形矢量数据，比如土地利用总体规划、基本农田划区定界、土地利用现状、生态公益林等，不同图形数据具有不同属性。针对不同审计需求，往往需要将不同图形的相关属性进行相关空间处理从而形成新的矢量图形，主要通过下述分析方法，实现审计目标。

（1）缓冲。Feature Class 中的全部或部分图形统一按某一指定值进行缓冲，或 Feature Class 按指定的字段进行缓冲。

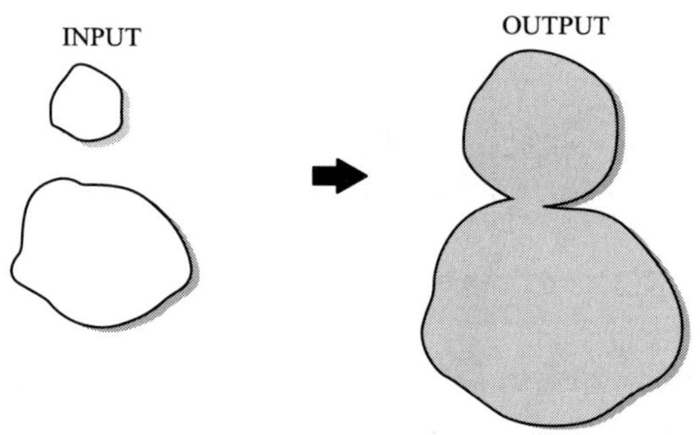

图 14 缓冲

审计应用：本类方法主要应用于“批小建大”审计，通过导入已批准供地项目界址点坐标形成供地图斑，设定一定缓冲值后与影像数据分析建设项目是否超出批准范围。

（2）求交。Feature Class（A）与 Feature Class（B）的拓扑交集，限制为面类型数据。

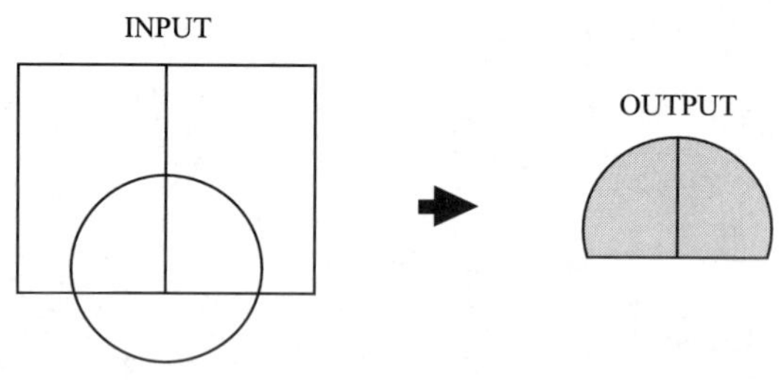

图 15 交集

审计应用：本类方法在实际审计中应用较多，如判断土地现状是否符合土地利用总体规划、土地现状与基本农田是否相符、林地与耕地存在重复统计等。图 16 显示了同一地块在不同数据中不一致现象。

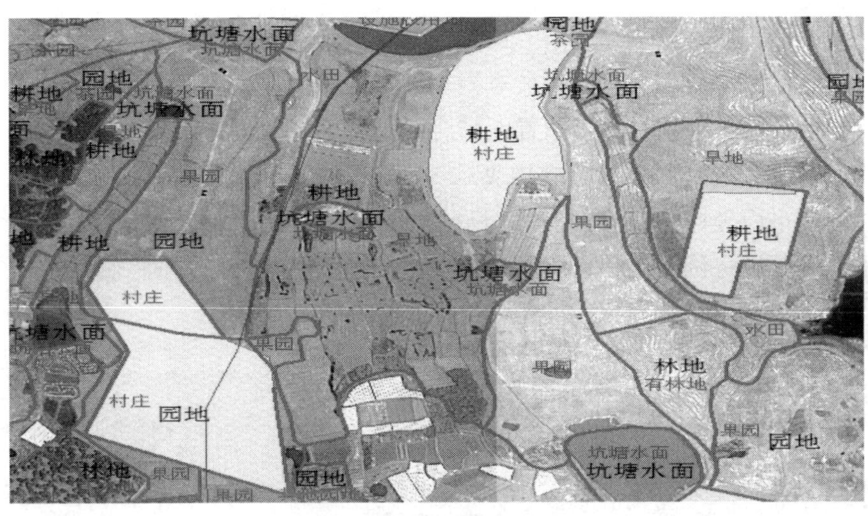

图 16 总规与现状地类不同

（3）擦除。Feature Class（A）拓扑减 Feature Class（B）。

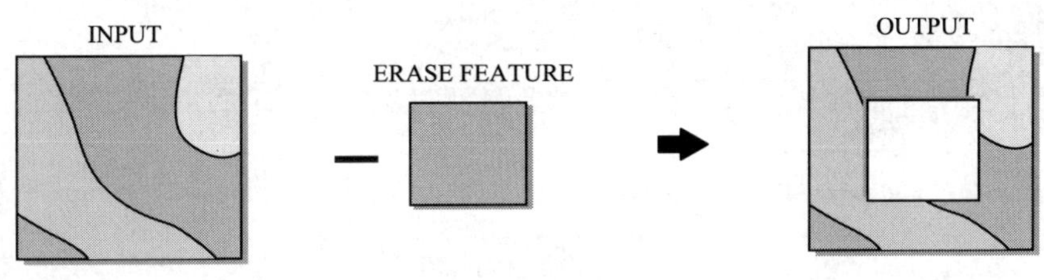

图 17 擦除

审计应用：本类方法主要应用于“批而未供”审计，通过已批准农用地转用图斑与已批准供地项目供地图斑擦除处理，形成“批而未供”疑点图斑。

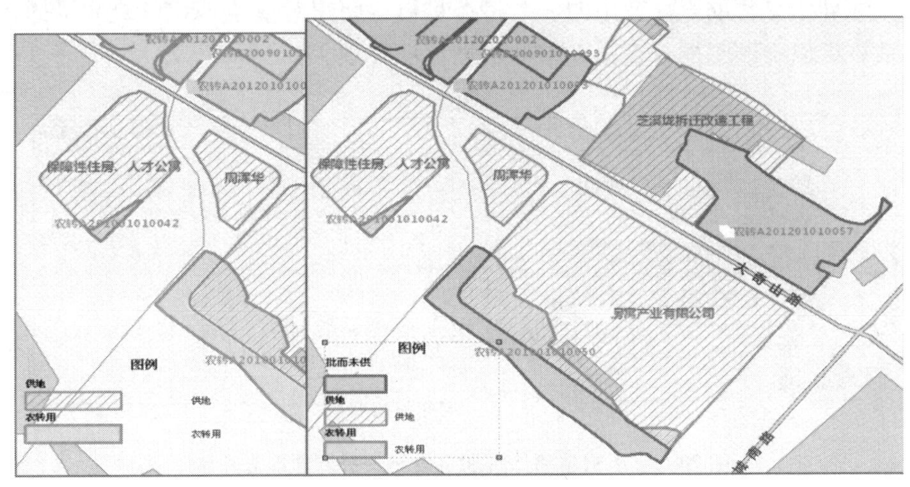

图 18 擦除产生“批而未供”

6. 坐标转换

审计过程中，由于审计人员对当地地形地貌几乎完全不清楚，如何确定需延伸审计的土地项目实际位置？结合手持式 GPS，通过批量或手工添加数据，经系统事先内置 Z 省范围内 WGS84 椭球下的空间直角坐标、大地经纬度、高斯平面坐标转换到西安 80 椭球下的空间直角坐标、大地经纬度、高斯平面坐标后定位至地图，从而达到项目实际位置与图形数据一致性。

图 19　坐标转换

7. 空间数据分析结果表达

地理信息辅助审计突出的一个特点是可以将审计疑点或审计结果通过图形渲染后以专题图进行表达，审计结果更加直观。

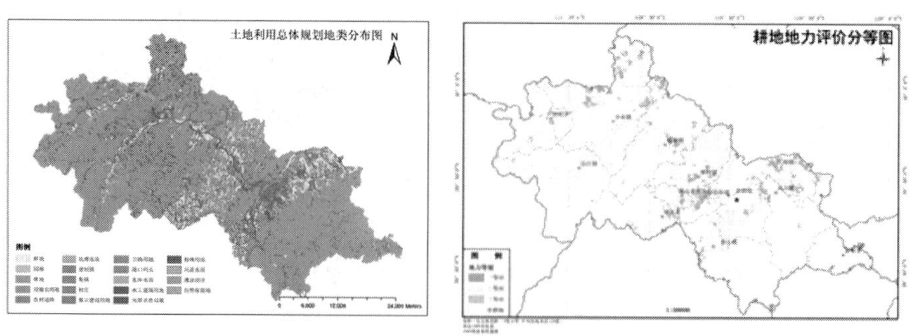

图 20　土地利用总体规划及农用地分等定级专题图

图21 土地现状酸化严重专题图

三、国土地理信息系统审计技术创新的结果

一是扩大了审计范围。审计范围从日常的纯资金审计，扩大到土地总体规划、耕地保护、建设用地审批监管、地籍管理、违法用地查处等涉及国土各业务部门多方面、多层次的审计。

二是提高了审计效率、提升审计效益。通过“天上看、地上查、网上管”的国土资源审计模式，一是可以解决以前无法对国土部门业务深层次的审计，二是可以使少量审计人员在较短的时间内对大范围土地的数量、使用、管理等情况全面了解，提高审计效率，提升了审计效益。

三是推进了Z省数字化审计工作模式的建立，提升信息化环境下的国家审计监督能力并形成示范作用。

四是根据不同需求制作专题地图，更加直观形象地反映审计成果。

四、存在问题

GIS在国土审计领域的应用虽然有了初步的发展，但仍然存在着一些问题。

（一）地理信息数据库的支持问题

GIS系统在与审计领域相结合时，要求相应的审计环境的支持，而目前各种现场审计软件对地理信息数据支持十分缺乏。导致GIS系统这一先进的“武器”在国土审计领域发挥不了它应有的作用。同时国土各部门之间存在着重复数据建设问题，但是却没有做到数据共享，合作开发，导致了信息数据库建立过程中步骤的重复，数据的不统一，造成了人力、物力和财力的浪费以及审计工作的难度。

（二）GIS 与专家系统的结合问题

GIS 是一个基于地理数据的空间信息系统，它必须具有自动采集和处理数据的功能，而且能够智能化地分析和运用数据，提供科学的决策咨询，以回答用户可能提出的各种复杂问题。从这个意义上 GIS 与专家系统相结合，形成智能化的高度集成 GIS 系统是一个发展方向。在国土审计领域中专家的知识是任何技术手段以及数学模型无法替代的。GIS 应用于国土审计领域中，如何考虑专家意见以及 GIS 系统与专家系统相结合等问题仍在探索之中。

（三）识别影像的分辨率、前期处理问题

首先，影像的自动识别对其分辨率有较高的要求，经测试，1：10000 的高分卫片影像的识别率比航片影像高 20% 左右，由于成本原因，目前 Z 省高分卫片影像并未全覆盖。其次，影像的自动识别处理需要一定的专业知识，而审计人员普遍缺乏遥感软件使用经验。

五、结语

当今世界土地问题日益严峻，这种严峻的形势促进了 GIS 等先进的技术手段在国土领域中的应用，并且应用的范围越来越广。GIS 结合审计技术应用于国土审计不仅节省大量的人力、物力、财力，最主要的是获得成果的速度快，精度高。GIS 在国土审计领域中的应用系统的开发过程中，应该打破部门界限，合作开发，数据共享，这将大大加快开发速度，同时可以使得系统发挥最大的效益。

参考文献

［1］陈述彭．地理信息系统导论［M］．北京：科学出版社，1999.

［2］邬伦，刘瑜，张晶，等．地理信息系统——原理、方法与应用［M］．北京：科学出版社，2001.

［3］刘家义．加快审计信息化建设步伐 全面提升审计能力和技术水平．2012 年在全国审计工作座谈会上的讲话，2012.

浅谈云计算在审计数据中心的应用

福建省审计厅　王　丰

【摘要】　随着金审工程二期的实施，国家审计数据中心的硬件、网络建设和数据中心基本规划已纷纷建成。如何有效地信息交互和资源共享，提高数据中心的应用效率，避免信息孤岛，更好地服务于审计实际工作，需要新的技术和模型。云计算就是这样一个好的技术。笔者分析了传统数据中心的现状，应该用云计算来跳出传统数据中心的束缚，就基于云计算的数据中心的建设目标、服务体系架构，关键技术和安全部署等进行探讨。

一、云计算的概念

云计算（Cloud Computing）是基于互联网的相关服务增加、使用和交互新模式，通常以互联网来提供动态易扩展且经常是虚拟化的资源。云是网络、互联网的一种比喻说法。以往，云用来表示电信网，后来也用来表示互联网和底层基础设施的抽象。狭义的云计算指 IT 设施的交互和使用模式，指通过网络以按需、易扩展的方式获得所需资源；广义的云计算指服务的交互和使用模式，指通过网络以按需、易扩展的方式获得所需服务。这种服务可以是 IT 和软件、互联网相关，也可是其他服务。它意味着计算能力也可作为一种商品通过互联网进行流通。

（一）云计算的提出

2006 年 8 月 9 日，Google 首席执行官埃里克·施密特（Eric Schmidt）在搜索引擎大会（SES San Jose 2006）首次提出“云计算”（Cloud Computing）的概念。Google“云端计算”源于 Google 工程师克里斯托弗·比希利亚所做的“Google 101”项目。而早在20世纪60年代，麦卡锡提出把计算能力作为一种像水和电一样的公用事业提供给用户的理念，这就是云计算思想的起源，让云计算变得实用而浪漫。

目前，全球主要的大型IT企业都在研究云计算技术和基于云计算的服务，提出了“云计划”，亚马逊、谷歌、微软、戴尔、IBM等IT国际巨头以及百度、阿里、淘宝网、腾讯等国内业界都在其中。几年之内，云计算已从新兴技术发展成为当今的热点技术。

（二）云计算的内涵

云计算（Cloud Computing），是分布式计算（Distributed Computing）、并行计算（Parallel Computing）、网格计算（Grid Computing）、效用计算（Utility Computing）、网络存储（Network Storage Technologies）、虚拟化（Virtualization）、负载均衡（Load Balance）等传统计算机和网络技术发展融合的产物。

云计算的分类有很多种，可以分为私有云、公有云和混合云，还可以分为桌面云、计算云、测试云、灾备云和云数据中心。

云计算可以认为包括以下几个层次的服务：基础设施即服务（IaaS），平台即服务（PaaS）和软件即服务（SaaS）。这里所谓的层次，是分层体系架构意义上的“层次”。IaaS、PaaS、SaaS分别在基础设施层、软件开放运行平台层、应用软件层实现。

云计算依托分布式数据处理技术，能实现可靠、安全的数据存储，即用户将数据存储在云端，不用再担心数据的丢失、病毒入侵等麻烦，不必担心数据存放位置及安全性问题。用户也不需要安装和升级电脑上的各种应用软件，只需要具有网络浏览器，就可以方便快捷地使用云计算提供的各种服务和资源。

云计算可以通过集中管理、虚拟化等方式，减少设备数量，达到数据中心的节能降耗，降低运营成本，提升运行效率。

（三）云计算几个主要特征

1. 以网络为中心

云计算的组件和整体构架由网络连接在一起并存在于网络中，同时通过网络向用户提供服务。客户可借助不同的终端设备，通过标准的应用实现对网络的访问，从而使得云计算的服务无处不在。

2. 需求服务自助化

云计算为客户提供自助化的资源服务，用户无须同提供商交互就可自动直接得到自助的计算资源能力。同时云系统为客户提供一定的应用服务目录，客户可采用自助方式选择满足自身需求的服务项目和内容。

3. 资源配置动态化

根据消费者的需求动态划分或释放不同的物理和虚拟资源，当增加一个需求时，可通过增加可用的资源进行匹配，实现资源的快速弹性提供；如果用户不再使用这部分资源时，可释放这些资源。云计算为客户提供的这种能力是无限的，实现了 IT 资源利用的可扩展性。

4. 资源的池化和透明化

对云服务的提供者而言，各种底层资源（计算、储存、网络、资源逻辑等）的异构性（如果存在某种异构性）被屏蔽，边界被打破，所有的资源可以被统一管理和调度，成为所谓的“资源池”，从而为用户提供按需服务；对用户而言，这些资源是透明的，无限大的，用户无须了解内部结构，只关心自己的需求是否得到满足即可。

5. 服务可计量化

在提供云服务过程中，可针对客户不同的服务类型，通过计量的方法来自动控制和优化资源配置。即资源的使用可被监测和控制，是一种即付即用的服务模式。

（四）云计算的优势

1. 资源来自网络

这是云计算的根本理念所在，即通过网络提供用户所需的计算力、存储空间、软件功能和信息服务等。云计算是利用大规模数据中心和超级计算机集群建立庞大的运算系统，用户能够通过互联网获取所需的各种软件及服务，而无须再为每台计算机购买独立的操作系统和各种软件。其“聚集供应”模式能对所有软件、数据进行整合，从而打破地域限制以及系统与软件间的不兼容，真正实现信息化和网络化。“云计算”赋予用户前所未有的计算能力，让每位用户以极低的成本享受超级计算机的服务，可以只需花费少量资金、几天时间就能完成以前需要大量资金、数月时间才能完成的任务。

2. 性价比优势

云计算将数量庞大的廉价计算机放进资源池中，用软件容错来降低硬件成本，通过规模化的共享使用来提高资源利用率。其超强的运算能力将大大降低技术应用门槛。“云计算”可以动态管理几十万、几百万甚至几千万台计算机资源所具有的总处理能力，并按需分配给网络用户，而所有数据处理都是远程，用户无须知道计算如何进行、资料存储在哪里。这就是说用户可以随时获得超级计算机才拥有的强大处理能力、巨量数据存储及复杂数据分析能力。国外代表性云计算平台提供商达到了惊人的 10～40 倍的性能价格比提升。国内由于技术、规模和统一电价等问题，暂时难以达到同等的性能价格比，但其性能价格比随着规模和利用率的提升还有进一步提升空间。

二、传统数据中心的现状与问题

数据中心（Internet Data Center，IDC），随着金审工程二期的完成，全国各地的审计机关数据中心的硬件、网络建设和数据中心基本规划已经纷纷建成。未来 5 年我国对数据中心流量处理能力需求将增长 7～10 倍，机房面积至少翻一番才能满足未来建设需求。全国有 13 省规划了超过 10 万台的数据中心，投资估算总额达到 2700 亿元，总服务器建设规模达到 1000 万台。

笔者认为，如此大规模的数据中心（IDC）建设需求带来了挑战的同时也带来了机遇，同时也带来了极大挑战：如何应对数据中心需求增大的压力？如何面对数据中心业务转型？如何实现数据中心节能降耗？云计算数据中心如何发展等问题都摆在了我们的面前。

（一）传统数据中心的情况

在没有云计算的时候，传统企业数据中心大多出身名门，属于足不出户的大家闺秀。想当初，只有大型制造业、银行等才买得起计算机，那时候基本是大型机的天下。后来虽然经过数十年的发展，中小型企业往往还是享受不起企业级数据中心，因为企业级数据中心依赖于 IT 厂商的成熟产品，硬件和软件都比较昂贵，即使进行了某些客制化，仍然主要是业务逻辑层的客制化，架构层还是以标准的小型机、网络、存储设备，外加标准的操作系统、数据库、中间件等构成。

21 世纪初的审计系统大规模开展网络建设，各地审计机关中心机房建设陆续展开，基于应用的各种服务器、应用系统和数据存储设备也相继建立，基于相对的应用需求和技术水平，多个应用系统都是独立建设的。

传统数据中心一般由三部分组成：（1）由机房网络设备、消防系统、供电系统、空调通风系统等组成的基础设施硬件平台；（2）服务器、存储设备等；（3）业务应用系统、数据库和存储管理系统等软件平台。

数据中心架构大多围绕复杂、多样的服务器和存储系统构建，数据中心只是多个应用系统放在一起，它们分别拥有独立的网络连接设备、网络安全设备和网络资源设备。因此，传统的数据中心存在各个独立的数据中心，不能实现物理硬件资源的共享；不能安全地实现多个用户统一的访问需求；独立的数据中心需要人为地管理，不能智能化，这就增加了人为犯错的潜在安全威胁，响应用户的速度也慢等多种弊端，消除“信息孤岛”、统一数据来源和实现统一身份认证成为新一代数据中心的必然要求。

（二）传统数据中心的问题

1. 数据中心的应用系统、服务器等逐年增多，增大了管理难度和维护成本；

2. 软、硬件各自独立，其计算、网络、存储的利用率较低；

3. 现有电力已不能扩容，机房的面积也不能再增大；

4. 有90% 的服务器，在多数的时间里，CPU 占用低于10% ，这表明资源存在着较大的浪费。

因此，数据中心需要引入新的技术，以充分利用现有的资源，发挥出更高的效率。

三、云计算数据中心的构建

据工信部网站显示，工信部、发改委、国土资源部、电监会、能源局五部委联合发布《数据中心建设布局指导意见》、加速我国数据中心，特别是大型数据中心的合理布局和健康发展。《指导意见》要求，数据中心建设和布局要遵照市场需求导向、资源环境优先、区域统筹协调、多方要素兼顾和发展与安全并重等原则；新建超大型、大型数据中心，要重点考虑气候环境、能源供给等要素；新建中小型数据中心，要重点考虑市场需求、能源供给等要素；已建数据中心，鼓励企业利用云计算、绿色节能等先进技术进行整合、改造和升级。结合我们审计实际，对新建的审计数据中心，要利用云计算等技术。

（一）审计数据中心建设目标

1. 构建安全、可扩展、管理方便、低能耗的服务运维环境，为审计机关应用提供硬件支撑。

2. 构建安全、高效的数据集中存储体系，建立重要数据的备份容灾机制。

3. 构建安全、稳定的数据中心，防止单点故障，保证各应用系统不间断运行。

（二）服务体系架构

传统数据中心的技术在云时代通常被组合成 Infrastructure as a Service (IaaS)，再考虑应用支持与开发方面，如中间件、业务逻辑、应用系统、WEB、测试管理等构成了大数据中心，或云时代的数据中心的基础，通常称之为 Platform as a Service（PaaS）和 Software as a Service（Paas）。

云计算的审计数据中心是服务于审计办公自动化（OA）、审计现场软件(AO)、网站腾讯通、网络培训、邮件系统、新闻发布、公众交流、公众留言等需要的网络基础设施和公共支撑平台，其应用服务体系架构包括物理层、虚拟层、管理层和应用层，其中管理层是保障审计机关运转和服务的核心。

1. 物理层

物理层是位于云计算数据中心的最底层，也称为 HaaS（Hardware as a Service，硬件设施即服务）。该层主要包括机房环境和带宽资源，主要是硬件和交换机等网络设备，是云的基础骨架。可以通过使用 PC 级的服务器获得极高的性能，降低了硬件成本。

2. 虚拟层

虚拟层是云计算数据中心基础设施层，也称为 IaaS（Infrastructure as a Service，基础设施即服务），它是一个虚拟化环境。该层将物理层的基础设施硬件（服务器、存储与网络设备）全面虚拟化，建立一个共享的、按需分配的基础资源设施；建设分布式的数据存储系统，用于海量数据的存储和访问。本层可按用户的需要，组成新的云软件环境或应用，然后通过虚拟机提供给用户。

3. 管理层

管理层是云计算数据中心的决策层，也称为 PaaS（Platform as a Service，平台即服务），它通常基于虚拟层来支撑其上的云应用，主要实现用户管理、任务管理、资源管理和安全管理。该层在总体上规划分布式的数据和计算资源，设计相应的分布式数据存储系统，定义资源的单元和生命周期；负责检测和响应应用层提交过来的服务请求，动态分配虚拟化资源，提供和释放计算资源，实时更新可用资源库，达到负载平衡和电源减耗；实时侦测各种资源的工作状态，做到非正常状态时能够报警并自动调整资源的分配；保证数据的安全性。

4. 应用层

应用层是数据中心的接口层，也称为SaaS（Software as a Service，软件即服务），为用户使用云计算数据中心资源提供规范的接口。面向不同层次的用户需求提供差异化的云计算服务。

（三）数据中心的关键技术

建设云计算数据中心时，需要重点考虑虚拟化、资源池化、资源动态管理和资源动态扩展等技术，他们是实现云计算数据中心的关键环节。

1. 跨地互联技术

因为远距离、供电、制冷以及容灾和备份的要求，数据中心必须在物理上相互分开，但是逻辑上要保持一体，通过该网络，要使得计算能力能够在不同数据中心间自由流动。这时就提出了OTV（Overlay Transport Virtualization）技术。OTV能够实现打通数据中心的IP骨干网络，并通过ISIS建立Adjacency关系，从而方便管理交换数据中心的MAC表。OTV技术通过IP网络实现了多个数据中心间网络的虚拟化和整合，使得资源能够在不同数据中心之间自由流动，大大简化了对网络的维护，提高了网络的整体稳定性，同时也为数据中心提供了网络保证。

2. 超大规模扩展技术

目前的大型互联网数据中心大都采取基于map reduce的编程模式，从而实现对海量数据的高效并行处理。但是由于map reduce框架要求开发人员必须在超大规模计算集群上分配计算任务并进行并行处理，这样就会造成计算集群之间和服务器之间较大的吞吐量，因此网络需要具有足够承载该计算集群而无交换阻塞的能力。因此，面向云计算的数据中心网络应该具备在二层网络上提供超大规模网络扩展的能力。VPC（Virtual P0rt. Channel）是一种通过合理整合2个交换机的转发平面，从而应用Port-Channel技术实现接入设备能够同时链接2个汇聚交换机而实现双倍聚合带宽的扩展技术。另外，业界还提出了Fabric. Path协议，该技术以MAC地址学习为基础，有效减小边缘交换机的MAC地址表压力。通过该技术能够构建一个扁平的、高效的和超大规模的数据中心网络，是目前大规模虚拟化数据中心的最重要技术之一。

3. 虚拟交换机技术

云计算环境具有显著的多租户特点，在同一套物理设备上运行不同用户业务要求网络的隔离能力必须完善，这样才能保证多业务能够整合在同一网络系统上。现在的网络技术在传统网络技术的多层面逻辑隔离的基础上，对数据中心核心交换机提供了进一步隔离技术，即通过虚拟交换机技术在逻辑上将一个实体交换机分成多个虚拟交换机，不同虚拟机之间彻底隔离，各自独立拥有二层、三层协议栈、进程和管理员。该技术能够保证系统的高安全性和可靠性、对资源调度的灵活性和高效性。

4. 客户端路由感知技术

在面向云计算的数据中心网络中，计算资源能够在不同数据中心之间自由地流动。这时，就需要知道流动发生以后，客户端怎样感知到流动的计算资源，这样才能保证正确地把数据包发送到新的数据中心。新一代路由技术LISP很好地解决了上述问题，LISP通过应用BGP协议来构建控制平面，并应用MS（map server）记录RLOC与EID之间的相互对应关系。虚拟机一旦流动到新数据中心就必须到MS重新注册得到新的RLOC和EID对应关系，这样客户机就可以通过查询MS来找到新的RLOC，进而把数据包送到新的数据中心内。

5. 虚拟化I/O技术

传统数据中心存在多种网络类型且性能差别较大，使得数据中心网络相互分割，无法形成一个统一的虚拟资源池，对网络I/O的整合与节能减排非常不利。想要通过以太网对数据中心网络进行整合，就必须对现有以太网进行改进，从而实现不丢帧和提高服务质量的结果，这就是以太网DCB。DCB包括一系列相关协议，包括进行流控和保证服务质量的重要协议IEEE802.1qbb与IEEE802.1qaz。除此之外，T11还通过FC.BB.6对DCB网络上的FC帧承载方法进行了定义，即FCOE。通过这些技术就可以把以前需要多张网才能承载的流量整合到使用一张网进行承载，实现了网络I/O虚拟和整合。

（四）云计算的安全部署

1. 建设基于VEPA的安全防护体系

VEPA方案的目标是要将虚拟机之间的交换从服务器内部移出到接入硬件交换机上，实现各个虚拟机之间的“硬交换”。

采用VEPA方案，虚拟机的流量都是通过物理接入层交换机完成，它的访问控制和报文下发策略也是基于物理接入层交换机，因此很好地避免了网络和服务器设备管理边界模糊的难题。VEPA标准协议VDP还能准确地感知虚拟机的工作状态，当虚拟机发生迁移时，VEPA协议会将与此相关的访问控制和报文下发等策略重新部署到新的接入交换机。

2. 建设以虚拟化为技术支撑的安全防护体系

目前，虚拟化已经成为云计算环境下数据中心的关键技术手段，包括基础网络架构、存储资源、计算资源以及应用资源都已经在支持虚拟化方面向前迈进了一大步，只有基于这种虚拟化技术，才可能根据不同用户的需求，提供个性化的存储计算及应用资源的合理分配，并利用虚拟化实例间的逻辑隔离实现不同用户之间的数据安全。安全无论是作为基础的网络架构，还是基于安全即服务的理念，都需要支持虚拟化，这样才能实现端到端的虚拟化计算。

从安全即服务的角度，云计算服务商联合内容安全提供商提供类似防病毒和反垃圾邮件等服务，也必须考虑配合 VMware 等中间件实现操作系统层面的虚拟化实例，同一服务器运行多个相互独立的操作系统及应用软件，每个用户的保密数据在进行防病毒和反垃圾邮件检查的时候，数据不能被其他虚拟化系统引擎所访问，只有这样才能保证用户数据的安全。

3. 建设高性能高可靠的网络安全防护体系

较传统网络，云计算网络的流量模型发生了两个显著变化：一、从外部到内部的纵向流量加大；二、云业务内部虚拟机之间的横向流量加大。为保证未来业务开展，整个云计算数据中心必须具有高的吞吐能力和处理能力，在数据转发和控制的各个节点上不能存在阻塞，同时具备突发流量的承受能力，具体体现在以下两个方面。

一方面，参照云计算数据中心对于核心交换机设备的要求，安全设备要具备对高密度的 10G 甚至 100G 接口的处理能力；无论是独立的机架式安全设备，还是配合数据中心高端交换机的各种安全业务引擎，都可以根据用户的云规模和建设思路进行合理配置；另一方面，考虑到云计算环境的业务永续性，设备的部署必须要考虑到高可靠性的支持，诸如双机热备、配置同步、电源风扇的冗余、链路捆绑聚合、硬件等特性，真正实现大流量汇聚情况下的基础防护。

四、结束语

此外，笔者还有一点担忧，审计人员的知识结构还不能满足云计算的技术要求。云计算技术的应用需要既懂审计又懂网络、数据库、计算机的复合型人才。为培养计算机审计的复合型人才，审计署开展了计算机审计培训和考试。截至 2012 年，通过审计署计算机审计中级考试的审计人员仅有 4400

多人，占全国审计干部比例仍然偏低。当前还应继续加大审计人员知识结构转变力度，完善计算机审计培训的课程结构，以适应云计算技术对审计的要求。

据了解，天津市政府的政务云、河西区政务云建设已经可以整合全市的大信息资源，是省级特大城市、政府间的应用树立的成功案例，对政府间的审计机关交互做出参考。与此同时，我们的审计同行，审计署沈阳特派办已经开始积极探索“云计算”技术理论研究与实际应用，他们的步伐也很快，开始了技术培训还成立了攻关小组。希望他们能把云计算这一技术成功运用到审计数据中心，为全国审计机关树立榜样。

参考文献

［1］工业和信息化部电信研究院．云计算数据中心［J］．数据通信，2012（4）．

［2］审计署沈阳特派办．审计署沈阳办积极探索“云计算”技术理论研究与实际应用［J］．审计月刊，2012（11）．

［3］孟湘来．基于云计算的数据中心构建探析［J］．现代企业教育，2012（11）．

［4］岳利敏．云计算在审计中的应用［J］．群文天地，2013（1）下．

［5］肖永钦．浅谈云计算环境下数据中心的网络安全［J］．福建交通科技，2012（5）．

［6］赵磊．面向云计算的数据中心网络体系结构设计探析［J］．计算机光盘软件与应用，2012（24）．

基于云计算技术构建审计资源“云管端控”体系的研究

审计署哈尔滨特派办　张　端

【摘要】　面对全球化、信息化的时代特征，为了更好地发挥审计“免疫系统”功能，有效推动国家治理，国家审计应顺应时代的趋势，采取先进的信息技术手段，有效地实现审计资源的合理化配置和使用，提高审计资源利用效率，最终实现审计目标。本文针对审计资源的基本特征和云计算技术自身的优缺点，阐述了研究云计算环境下审计资源“云管端控”体系的重要意义，从云服务三种模式的角度研究构建审计资源“云管端控”体系。

【引言】　刘家义审计长曾指出，审计实质上是国家依法用权力监督制约权力的行为，其本质是国家治理这个大系统中一个内生的具有预防、揭示和抵御功能的“免疫系统”，是国家治理的重要组成部分[1]。近年来，随着社保、财政、海关、税务等部门及金融、铁道、电力、石化等关系国计民生的重要行业信息化程度不断提高，国家审计的审计内容、审计对象、审计资料、审计证据线索等都呈现出电子化、数字化的特点。为了实现国家审计的国家治理功能，国家审计必须顺应时代的趋势，这从客观上要求国家审计必须借助先进的信息技术，有效地实现审计资源合理化配置，提高审计资源利用效率。本文结合云计算技术的研究与应用现状，对审计资源“云管端控”体系的架构及实现进行了探索和研究。

一、研究基于云计算的审计资源“云管端控”体系的重要意义

（一）审计资源的概念

审计资源是指为实现审计目标所需要的基础性条件的总称。广义上是指

一切直接或间接地为审计监督活动所需要的资源，包括人力资源、信息资源、技术资源、社会资源等，是国家审计机关在履行审计职责过程中所能利用的一切资源要素[2]。

（二）云计算的原理及特点

1. 云计算的概念

到目前为止，云计算还没有一个统一的定义。按 Gart2ner 专家的定义，云计算是一种新兴的、极具延展能力的运算方式，它能将包括计算、储存及视频等以服务的形式透过网络方式提供给用户[3]。也就是说云计算是一种商业计算模型，它将计算任务分布在大量计算机构成的资源池上，使用户能够按需获取计算力、存储空间和信息服务[4][5]，这种资源池称为“云”。这就好比是从古老的单台发电机模式转向了电厂集中供电的模式，它意味着计算能力也可以作为一种商品进行流通，取用方便，费用低廉，最大的不同在于，它是通过互联网进行传输的[6]。

2. 云计算的服务模式

根据 NIST 定义，从用户体验的角度出发，云计算可以提供三个层次服务，分别是基础设施即服务（IaaS），平台即服务（PaaS）和软件即服务（SaaS）[7]。

3. 云计算的特点

就目前云计算研究现状而言，使用云计算主要具有以下优点（Armbrust 等，2010）[8]：一是按需对服务进行配置和管理，可提供动态变化的计算环境；二是按需进行数据存取，支持海量数据管理和存储业务；三是提高硬件利用率，减少成本；四是具有强大、高效的数据处理能力；五是能够提供专业、高效和相对安全的数据存储。

（三）科学整合审计资源的必要性

科学整合审计资源，就是为实现审计目标，运用科学的管理方法，将审计的信息资源、技术资源和社会资源等进行合理配置，使审计资源形成最优化组合，提高审计效率，提升审计成果质量和水平，最大限度地发挥审计机关整体功效[9]。

1. 整合审计资源是国家审计发展的客观需要

在国家治理视角下，国家审计作为国家治理决策、执行、监督三大系统中的监督子系统，在“坚定反腐、加强问责、促进透明、强化良治”等方面发挥着积极的作用。但是国家审计在担负着光荣而艰巨的使命的同时，也面临着重大的风险责任。国家审计对象数量约有百万个之多，资产规模也极为庞大。统计显示，截至2012年11月末，仅145家中央企业的资产规模就超过30万亿元，这些巨型企业大多经营业务包罗万象，下属机构遍布全国。在审计资源有限的情况下，要有效履行审计基本职能，面临着十分严峻的挑战和重大的审计风险。

2. 科学整合审计信息资源有利于“提高三个水平”

信息资源包括以往的审计成果、被审计系统的各种资料、政府其他部门发布的法律、法规等各种信息。科学整合审计信息资源一是有利于提高审计成果的利用水平，即把历史的、局部的、零散的审计资料，按照一定的目的整合起来，通过去粗取精，归纳分析，加工提炼，在更高层次和更高质量上再现审计的成果；二是有利于提高审计成果的转化水平，即经过精心提炼，将专业性、针对性及代表性强、涵盖性高的审计结论整合为综合反应社会经济活动中出现的新情况、新动向、新问题的专项报告，作为党政领导决策依据；三是有利于提高资源共享水平，即充分利用信息技术将类相关资源整合分置，运用网络化技术实现资源共享。

3. 科学整合审计技术资源有益于做到“四个结合”

一是传统审计手段与计算机审计相结合。在手工审计与计算机审计两种手段的整合中求效率。二是传统的审计技术与现代审计技术相结合，使以账项基础审计为主的审计方法，逐步转向制度基础审计、风险导向审计，把现代审计技术恰当地运用到审计工作中。三是利用网络建立审计资源基础平台，为审计事业提供及时有效的支持。在这个平台上建立人力资源、信息资源、技术资源和社会资源数据库，使各项审计资源形成互补，以适应知识经济时代信息化、数字化、网络化的需要。四是审计基础理论创新与审计实践运用相结合，用审计理论研究的成果指导审计实践，使审计基础理论创新作为最先进的审计资源，在审计实践活动中体现出更大的资源价值。

（四）云计算技术的发展为审计资源“云化”提供了机遇

云计算技术的发展为审计资源“云化”提供了机遇。主要表现为以下四个方面。

1. 云计算技术在一定程度上可以降低审计资源“云化”的实施与运行成本

审计资源中的信息资源、技术资源、社会资源均属于审计信息化建设中的公共审计资源，而审计信息化建设的成本可分为一次性成本和经常性成本两部分。一次性成本是指审计信息化建设系统开发和执行的初始投资，主要包括硬件成本、软件成本、人员培训费用、场地成本；经常性成本是指在审计信息化系统建设整个生命周期内反复出现的运行和维护成本，主要包括人员成本、硬件和软件软件维护成本、耗材成本、风险控制费用等。现有的信息技术手段造成目前的审计信息化建设实施与运行成本较高，这影响了我国审计信息化建设的进一步发展[10]。一般来说，采用云计算技术则无须负担上述成本，在一定程度上可以降低审计资源“云化”的实施与运行成本。

2. 云计算技术的应用使得研究审计资源“云化”成为必然

近年来，云计算的理念已广泛被人们所接受，越来越多的信息系统将运行在云计算平台上，在我国“十二五”规划中云计算技术是重点发展的新一代信息技术。将来会有更多的被审计单位开始采用云计算平台运行自己的应用系统，这使得云计算平台成为审计单位的审计对象，因此，研究审计资源“云化”将成为我国未来一段时期内审计的重要组成部分。

3. 政府信息化建设为实施审计资源“云化”提供了机遇

近年来，各级政府投入了大量的资金用于信息化建设，有些政府已经建设了自己的云平台，如金融、电力、民航、铁路等重点行业大都实现了电子化、信息化和联网化经营，国家机关和国有企业信息化水平的显著提升，为实施审计资源“云化”提供了机遇。

4. 用云计算技术能更好地满足新形势下审计发展的需要

随着被审计单位信息化水平的显著提高，国家审计的审计内容、审计对象、审计资料、审计证据线索等呈现出电子化、数字化的特点，国家审计面临着审计资源存在海量数据分析、跨系统跨行业数据分析、多层次多兵种联合审计等问题，云计算技术恰恰为上述问题提出了很好的解决办法。

二、基于云计算的审计资源“云管端控”体系设计及实现

（一）审计资源“云管端控”体系总体架构设计

根据各类审计资源信息的转换、传递、存储和利用阶段划分，该体系由“云”“管”“终端”和“控制”四个子系统组成（图1）。

图1中整个体系以“云”处于核心位置，相当于人体的大脑。按照微软云计算解决方案，白皮书采用了私有云、公共云和混合云的部署方式[11]，本文重点阐述审计资源私有云的构架。其中“审计私有云”以国家审计数据中心为核心，由各个省市审计机关和特派员办事处的数据中心为分中心构成，既含有审计部门收集的来自不同行业、不同部门的财务、业务数据，又含有国家审计机关的办公自动化系统、审计业务系统、审计专家系统等应用

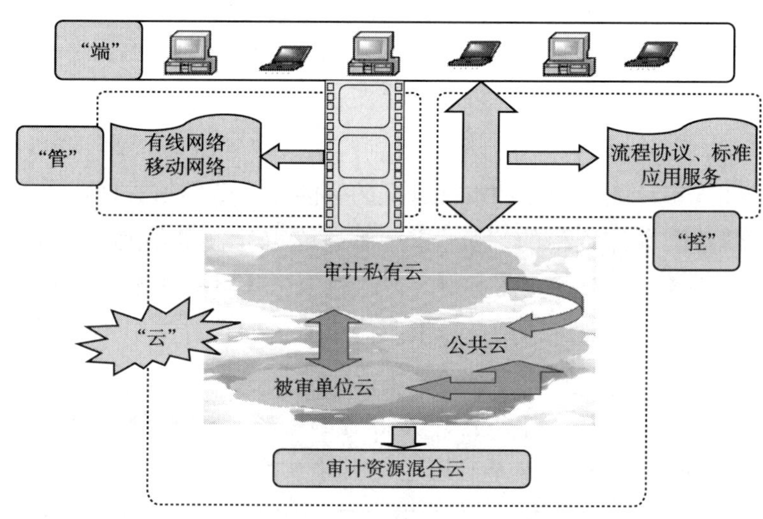

图1　审计资源"云管端控"体系技术架构图

服务和数据，关联着被审计单位信息、公共信息、审计信息，是审计资源流通的枢纽；被审单位云以被审计单位的数据中心为核心，包含被审计单位的业务、财务、管理信息系统和相关数据，是审计资源的最重要源泉；公共云是以公共社会资源的数据中心为核心，包含公共社会资源的相关业务信息系统和数据；是审计资源的补充源。"管"处于基础位置，是指"云"和"终端"的沟通渠道，一般以有线网络、移动网络等为途径，相当于人体的经脉，是审计信息资源流通的渠道。"端"处于机动位置，指审计组用来获取"云"服务的终端，一般是经过加密处理的办公台式机、笔记本电脑等，相当于人体的手足，充分利用审计资源进行审计活动。"控"处于关键位置，是一组流程协议、标准以及应用服务，用来协调云与云、云与终端的通信和协作，使得审计资源按照标准格式、约定时间、既定路径进行转换、传递、存储和利用，是审计资源有序转换、传递、存储和利用的保障。

（二）"审计资源私有云"的架构

"审计资源私有云"是以云的基本架构为基础，以云计算技术为保障，以审计业务需求为核心而构建的审计云平台。审计署在金审二期工程里已经建设了审计数据中心，因此构建"审计资源私有云"将是利用云计算技术在审计数据中心的基础上对其进行改造，建设一个能容纳各类审计所需资料的系统平台，用于归集审计数据和管理数据，实现资源共享。包括：审计管理数据、现场审计数据、联网审计数据、历史数据、AO 和 AO 系统导入的数据、法规政策文件、图片、影像等，并将这些数据时时更新并且有机集合起来，建立在一个统一的平台上，建立并运用各类审计模型（审计对象模型、审计数据模型、审计数据分析模型、审计程序模型、审计证据模型、审计工作底稿模型、审计报告模型、审计疑点模型、审计处理模型、审计管理模型）从而实现审计的自动化和审计管理的智能化，节约审计时间，提高审计效率，实现各类审计资源的“云化”。通过“审计资源私有云”，审计人员在进行审计业务处理时，只需通过客户端接入“审计资源私有云”并提出相应服务请求，云就会向审计人员提供所需服务，而审计人员不必考虑相应服务所需的数据、软件、硬件等资源的情况。

“审计资源私有云”符合云计算架构的基本层次划分，即软件即服务SaaS，平台即服务PaaS以及基础设施即服务IaaS（图2）。

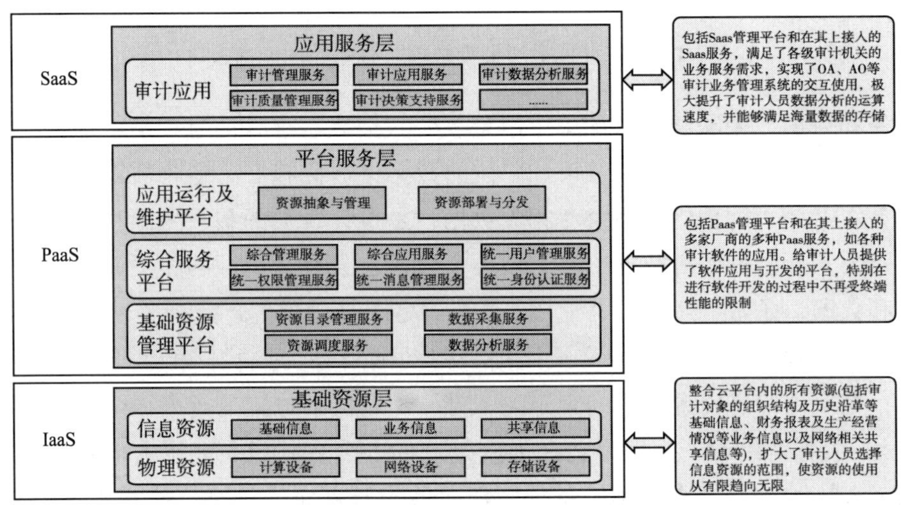

图2 审计资源私有云架构

IaaS层处于总体架构的最底层，为上层提供基础设施支持，主要包括硬件资源和信息资源两部分。其中，硬件资源包括网络设备、计算设备和存储设备，为电子政务公共平台提供网络、计算和存储基础服务；信息资源通过对信息资源的采集、存储、分类、组织、表现等为上层提供信息服务，包括各级审计机关基础信息资源库、共享主题资源以及各类主体业务数据库组成的业务信息资源。

PaaS层为上层应用服务提供运行、维护等软件生命周期管理基础服务，为下层基础资源提供资源的各类管理服务。应用运行与维护平台提供业务服务与基础软件部署、运行、维护、升级所需的环境与工具集；综合服务平台为整个云平台提供基础的综合管理服务、综合应用服务、统一用户管理服务、统一权限管理服务、统一消息管理服务和统一身份认证服务。基础资源管理平台为基础资源层提供资源目录管理服务、数据采集服务、资源调度服务和数据分析服务。

SaaS 层是针对审计业务框架的软件服务集合，实现审计部门业务的核心功能，依赖于底层的 PaaS 平台构建，并为上层的展现层提供业务支撑。根据审计机关的业务要求，形成各类审计应用服务，并实现各分类下应用的云部署。SaaS 层提取了各级审计机关应用系统之间的共性服务，构建专用的应用服务，并实现各业务系统之间的协同，包括服务资源、服务实现和服务内容三个领域的所有业务应用服务。

（三）“审计资源私有云”的实现

1. 审计“1 拖 N”云

随着全国各级审计机关金审工程二期的陆续验收，审计“1 拖 N”云逐渐成为了审计云平台实现的主要方式，审计管理系统（OA）以及联网审计平台的搭建均是审计云平台应用的例证（图 3，图 4）。

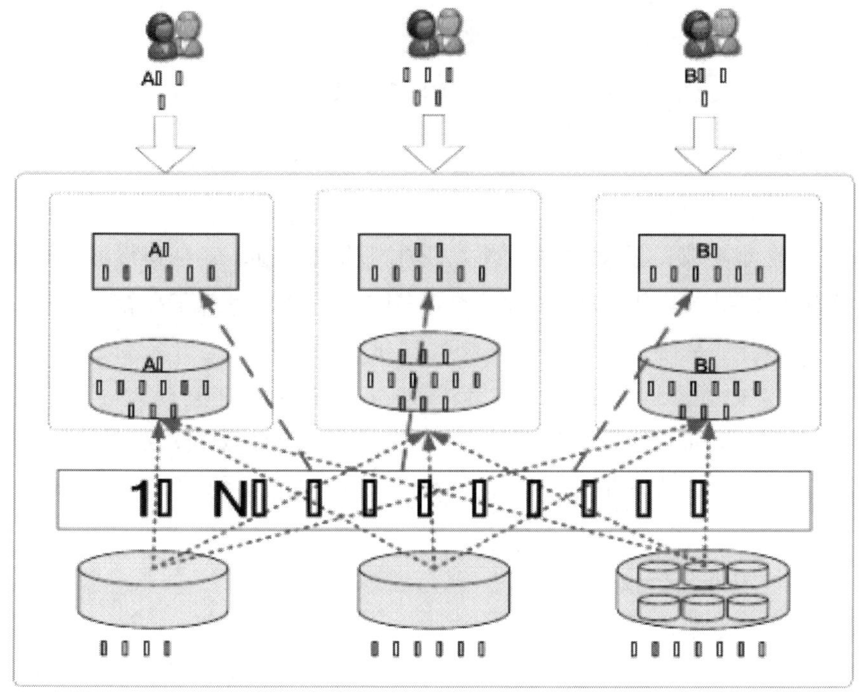

图 3 “丽水模式”OA 审计系统构架

图3所示的审计管理系统“1拖N云”为典型的IaaS与SaaS混合模式，即下级审计机关不需要购买基础设施和软件，统一由审计管理系统“1拖N云”来提供基础设施服务和软件服务。

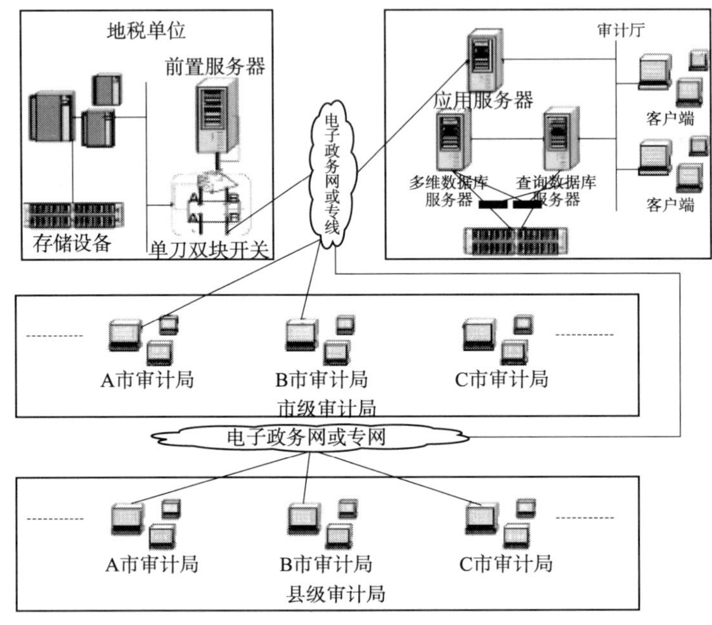

图4　某省地税联网审计系统构架

图4所示的联网审计“1拖N云”是典型的SaaS、IaaS、PaaS的混合模式，即一是建设联网审计平台为下级审计机关提供了基础设施服务IaaS，下级审计机关无须购买服务器、存储、安全等基础设施；二是建设联网审计平台为下级审计机关提供了平台服务PaaS，联网审计平台是审计数据分析的基础平台，部署了基础平台，审计人员可以在平台的基础上开发自己的审计模型和审计方法；三是建设联网审计平台为下级审计机关提供了软件服务SaaS，上级审计机关按照审计署统一规划的行业审计模型，统一数据采集、数据转换、模型和方法制作，下级审计人员直接能够使用行业的分析模型软件。

2. 审计数据分析云

随着被审计单位业务和财务工作的信息化程度的提高，审计机关开展审计工作的模式不再是传统的纸质查账和翻账，目前我国国家审计基本都已经采用的计算机审计的模式，按照常规的审计计划对被审计单位进行数据分析、调查取证，并出具审计报告。在实际的审计过程中，审计人员会因审计行业、审计业务分类、审计思路、审计项目类型等不同，提出不同的审计数据分析需求，同时审计人员对审计数据分析结果的时效性、正确性、周期性、随意性也有一定的要求，已有的信息化系统支撑不能够完全保质、保量地提供分析服务，因此基于审计数据中心构建的审计资源云平台，为不同审计数据分析需求提供分析服务将是目前最好的选择。

按照审计分析需求的不同，审计云平台能够提供一切基于审计数据中心的分析服务，如全国社保同步审计分析服务、常规专业审计项目分析服务、临时性审计分析服务等，快速构建好的审计分析服务，犹如构建在审计专网中的一朵一朵的审计分析服务云，审计人员唾手可得。2012 年全国社保资金同步审计项目中，浙江审计厅率先探索基于国家审计数据中心浙江分中心的云平台应用，收集全省社保资金数据集中到省厅，集中分析、分散核查，最终将数据分析模型及结果，以服务的形式提供给各地市审计机关，服务于本次同步审计项目。

审计分析服务云是典型的单一软件服务（SaaS）模式。

3. 审计数据存储云

金审工程二期对数据中心的建设定位为审计署建设国家审计数据中心、省和直辖市建设国家审计省级分中心、地市和区县建设数据中心的存储区。省级分中心存储全省所有审计数据，从目前来看除省本级的数据其他地市和区县的数据基本都存储在各自审计机关，且数据量还未上 TB 级存储，但随着审计业务发展和年度数据的积累，今后各地市、区县的审计数据会越来越大。因此提出了依托审计云平台来解决省、市、县的数据存储问题。

依托审计数据中心改造的审计云平台，地市和区县可将各自的审计数据存储或托管到省一级审计云平台里，统一由省一级云平台运营商进行管理和支配，超出省厅费用承担能力时按存储量进行投资分摊，由省级云平台提供集中存储的服务，即基础设施即服务。审计数据存储云是单一的基础设施服务（IaaS），地市、区县审计机关无须投资或者以低成本的投资获取更多的服务。

4. 审计灾备中心云（虚拟计算机、云存储等）

金审工程规划的审计灾备中心为“两地三中心”，即在本地建立两个数据中心，互为备份，在异地建立第三个备份中心（异地备份中心），与另外两个互为备份。如何找到经济有效的方案实现业务和应用系统对备份数据完整性、可靠性的验证，一直是异地建设灾备中心和远程异地数据备份的关键所在。

2012 年，在充分考虑审计署灾备中心业务系统数据校验的需求并结合自身产品特点后，普华基础软件为审计署灾备中心部署了具有自主知识产权的 i - VirtualCloud 云计算管理平台。该云计算管理平台包含一个管理服务器和多个计算节点服务器。从硬件上看，仅需要几台高性能 X86 架构物理服务器，分别安装普华 i - VirtualCloud Server 软件，构建硬件 Hypervisor 层。另外只须在一台 PC 机上安装普华 i - VirtualCloud Manager 管理软件，就可统一管理计算服务器。这样，可根据全国各点应用环境的业务使用情况创建虚拟机模板，并通过模板创建虚拟机，根据实际业务需求为虚拟机分配计算和存储资源。

由于审计署长沙异地灾备中心是通过存储阵列的远程复制功能实现与全国其他各点数据异地备份，但只是实现了数据级容灾，对数据完整性、可用性的验证只能做到存储设备级验证，无法实现应用级数据验证。若要做到应用级数据验证，就需将全国 19 个点的应用和数据库服务器都在长沙灾备中心搭建部署，每个点都拥有 10 台左右的服务器，如果全部使用物理服务器，就需采购部署近 200 台物理服务器设备，这将是一笔很大的开支。而且，这些服务器仅用于验证备份数据的安全完整性，不承载业务系统，甚至不必总是开机，这显然是对计算资源的巨大浪费。

通过部署普华 i - VirtualCloud 云计算管理平台，为审计署长沙灾备中心创建了近 200 台虚拟机。由于虚拟机仅在业务数据校验时使用，可以分批次校验各点的业务数据，所以用户无须担心 6 台主机无法承载 200 台虚拟机并发运行，如果一次校验 6 个点的业务数据，就只需开启这 6 个点相应的 60 台左右的虚拟机，这样就不会发生负载过大、计算资源不够用的情况，从而做到最大限度地节约资源，降低 IT 应用成本[12]。

审计灾备中心云也是典型的单一基础设施服务（IaaS），审计机关无须耗费巨额的投资就完成了存储级、应用级的数据备份验证。

三、结论

“云管端控”审计资源体系是信息化条件下数字化审计的一条好途径，可以有效整合各种审计资源，提升审计成效，有力地推动国家治理向着民主、公正、惠民方向发展。在这种体系的审计实践中，需要不断提高审计的计划、组织、管理实效，不断加强审计的质量控制实效，不断提升审计的成果实效，不断优化流程，使得我们的审计工作真正地发挥好“免疫系统”功能，有力地推进国家治理的不断完善，从根本上维护人民群众的利益。

参考文献

[1] 刘家义．中国审计学会第三次理事论坛，2011.

[2] 张跃进，樊建斌，徐清．基层审计资源整合利用研究［J］．审计文摘，2008（8）：41－42.

[3] 马瑞．云计算环境下图书馆自动化系统发展探索［J］．图书馆学研究，2009（7）：36－40.

[4] Michael Armbrust，Armando Fox，and Rean Griffith，et al. Above the Clouds：A Berkeley View of Cloud Computing，mimeo，UC Berkeley，RAD Laboratory，2009.

[5] Ivan Foster，Carl Kesselman，and Steve Tuecke. The Anatomy of th grid：Enabling Scalable Virtual Organizations. International Journal of High Performance computing Applications，2001，15（3）.

[6] 孙剑华．未来计算在“云端”［J］．现代教育技术，2009（8）：60－63.

[7] 刘鹏．云计算（第二版）［M］．北京：电子工业出版社，2011：31－33.

[8] Armbrust M，Fox A，Griffith R et al. A view of cloud computing. Communications of the ACM，2010，53（4）：50－58.

[9] 张爱勤．科学整合审计资源 提高审计工作质量［J］．财经界，2010（14）：212.

[10] 尹平，陈伟．信息化环境下审计机关审计成本控制对策探究［J］．审计研究，2008（4）：21－24.

[11] 让云触手可及——微软云计算解决方案白皮书，2009.

[12] 审计署灾备信息化建设实施云计算管理．中国政府采购网，2012.

云计算的审计应用研究

海南省审计厅　吴多巍

【摘要】　云计算的提出和发展已经有些年头了，到了今天，云计算从概念转化为产品在越来越多的行业得到广泛应用，云时代正在大步向我们走来。云计算所包含的资源整合、高效应用的思路切合了新时期审计工作的发展方向，也是审计信息化建设的研究重点之一，本文将从云计算特性的角度，研究分析其在审计工作各方面的应用。

一、云计算的概念

2006 年 8 月 9 日，Google 首席执行官 Eric Schmidt 在搜索引擎大会上首次提出“云计算”（Cloud Computing）的概念，经过数年的发展和完善，形成了较为完整的概念体系。我们可以将云计算理解为一种通过计算机网络技术整合信息资源以提升信息系统计算能力、存储能力和资源利用效率，并将整合后的信息资源通过网络提供给用户的服务。

二、云计算的特性

云计算技术是网格计算、分布式处理、并行计算、效用计算、网络存储技术、虚拟化以及负载均衡等传统计算机网络技术发展融合的产物。其核心思想是将大量网络连接的计算机资源统一管理和调度，构成一个计算资源池向用户提供按需服务，用户则更加专注于应用，根据具体的业务需求随时随地便捷访问计算和存储资源，有效实现工作目标。对比传统的应用，云计算有着鲜明的特性优势。

（一）较低的建设成本

云计算降低信息化建设综合成本。用户无须在软件、硬件和人员方面投入大量初始成本，主要承担可管理的、可改变的运行支出；用户的支持成本与维护成本大幅度降低，不再需要经过良好培训的、代价昂贵的 IT 专业人员；此外，部署周期短，资源使用的效益更高。

（二）可扩展性、高利用率和灵活性

云计算的可扩展性提供了远程优化能力，计算资源可以按照效益最大化进行组织，可根据用户需求快速便捷地增加或削减计算资源。用户无须组织服务器升级、无须安装软件补丁、无须关注维护细节；能够便捷地获取新的服务和技术、以按需方式取得更多资源、集中精力在业务创新上。

（三）强大的计算能力

云计算通过并行运算、集群、列数据库等技术，极大提升了信息资源的计算能力，有效满足企业级大规模数据计算应用。

（四）安全可靠的机制

云计算通过多个冗余资源和地域分布来实现可靠性，其内置的灾难恢复和业务连续性规划，自管理和自修复机制可以有效确保提高云计算资源的安全可靠。为用户提供安全可靠的数据存储，专业的备份与维护，远离数据丢失、病毒入侵等麻烦。

三、云计算的应用模式

根据美国国家标准与技术研究院（NIST）的定义，从用户体验的角度看，云计算可以提供三个层次的应用（服务）模式，分别是基础设施即服务（IaaS – Infrastructure as a Service）、平台即服务（PaaS – Platform as a Service）和软件即服务（SaaS – Software as a Service）。

（一）基础设施即服务（IaaS）

指将虚拟机或其他资源作为一种服务提供给用户。用户可以从服务供应商那里获得他所需要的虚拟机或者存储等资源来装载相关的应用，无须关注这些基础设施的维护管理，这些工作由服务供应商负责。IaaS 主要的用户是系统管理员。

（二）平台即服务（PaaS）

指将一个开放的开发平台作为一种服务提供给用户。用户可以在一个包括 SDK、文档和测试环境等在内的开发平台上非常方便地编写应用，而且在部署或运行的时候无须关注服务器、操作系统、网络和存储等资源的管理，这些工作由服务供应商负责。PaaS 主要的用户是开发人员。

（三）软件即服务（SaaS）

指将应用作为一种服务提供给客户。用户无须购买软件，而是向软件提供商租用基于 Web 的软件来管理相关的业务活动。只要接上网络，通过浏览器随时随地安全地使用在云端上运行的应用，无须关注安装、维护等各类琐事，SaaS 面对的主要是普通用户。

四、云计算在审计工作中的应用

（一）审计工作的实际需求分析

经过金审工程一、二期建设，我们已逐步构建了较为完整的硬软件资源、数据支撑、开发平台、应用工具、运行维护体系，较好地推动审计工作发展。但是随着审计信息化建设成果应用的进一步深化，许多新的矛盾不断出现，新的审计工作需求呈现在我们眼前。

1. 资源供需矛盾

目前的审计信息存储分散，有的存储在部门自行部署的服务器上，有的存储在相关介质中，还有的存储在审计人员个人电脑设备中。信息共享不充分，审计数据进一步的关联、分析存在很大的困难。为了满足审计业务开展数据分析、存储和管理以及审计管理过程中产生的对海量数据资源的需求，审计机关需要审慎地研究如何更好地配置有限的人（专业技术服务队伍）、财（资金预算）、物（服务器及存储设备）资源。云计算为解决审计资源供需矛盾、有效降低成本、保证安全可靠提供了方法。

2. 研发供需矛盾

目前的审计应用系统主要由金审工程相关承建公司研发，在统一标准、统一规范、统一应用环境上发挥了重要作用，但是存在一些难以克服的矛盾。一是缺乏竞争环境，随着金审各应用系统在全国审计机关的部署实施，研发新应用的竞争不断弱化，有可能逐渐形成技术垄断和壁垒，不利于审计信息技术应用上的创新。二是成本抬升，排斥竞争的技术垄断和壁垒直接提高了研发的成本，不利于审计机关有限资金资源的使用。三是效率降低，系统整体建设和地方个性需求之间难以有效平衡，地方个性需求的收集反馈和应用系统升级周期漫长，导致供需脱节，不利于应用系统的实际推广使用。

云计算通过构建开放的平台为解决研发供需矛盾，降低成本，提高效率提供了措施手段。

3. 应用供需矛盾

目前审计人员的电脑桌面应用需要配套大量的辅助软件和工具，任何应用环境的改变和软件的升级都会给审计人员带来不小的工作量，相关的维护保障工作使得审计人员难以专注于审计业务。审计人员的需求是将桌面工作简化为输入和输出，所有的处理工作和更新维护都由后台来完成，这正是云计算为最终用户提供的服务。

（二）基于云计算的审计应用

审计署在金审工程二期建设中就已经规划、设计了国家审计数据中心，并将以此为基础引入云计算技术进行改造升级，构建国家审计云平台，容纳和归集审计管理数据、现场审计数据、联网审计数据、OA/AO 交互数据、案例经验数据、被审单位数据、政策法规数据、影音图像数据等信息资源，设计运行各类审计模型，实现审计作业的自动化和审计管理的智能化。在国家审计云平台上，先后提出并产生许多具体的云计算应用，有些方向的应用已经在不断深化过程中，有些方向的应用在不断摸索和丰富中。

1. 审计管理平台“1 拖 N”云

2006 年浙江开始试点审计管理平台“1 拖 N”模式，主要做法是通过由省（或设置区县的地市）一级审计机关搭建审计管理平台，建设审计管理平台“1 拖 N”云，拖带下级审计机关开展网络办公，为下级审计机关提供基础设施服务、平台服务和软件服务，下级审计机关无须购买服务器、存储、安全、研发、运行维护等服务，只需开展具体的应用和数据交互，这是一种典型的 IaaS、PaaS、SaaS 混合应用模式。在试点取得成功之后，审计署向全国各地审计机关进行了大规模的推广应用，各地审计管理平台“1 拖 N”云相继建成并投入使用，为审计署进一步整合审计信息资源，发展国家审计信息系统奠定坚实的基础。海南省审计厅依托省政务外网部署审计管理平台 1 拖 18 云，全省共 18 个市县审计局（不含三沙市）访问该平台进行办公，审计厅配套构建了支撑全省系统的运维体系，使得市县审计局以较小的投入即获得了省厅数据存储和运算资源，目前，审计厅正在集中汇总需求，整合和改进审计管理系统，计划引进部署和开发大项目管理系统、审计工作绩效管理系统，不断深化审计管理平台 1 拖 18 云端应用，提升审计工作管理综合水平。

2. 联网审计云

联网审计是一个基于对行业或个体审计对象数据进行采集、分析、取证的过程，所采集的数据往往具备大数据的特点：行业数据集中，数据规模大，结构复杂，关联度高等。2009 年云南开始试点建设全省地税三级联网审计系统，主要做法是确定行业数据集中点，由省（或地市）一级审计机关搭建联网审计平台，为全省审计人员提供基础设施服务、平台服务和软件服务，审计人员无须关注联网审计平台的建设、部署和维护，只需专注于联网审计工作的开展实施。审计人员既可以自行分析所采集数据，也可以在平台上根据工作实际需求开发使用相应的审计模型和方法，或直接使用按审计署发布统一的数据规划和方法体系制作的审计模型。这同样是一种 IaaS、PaaS、SaaS 混合应用模式。在试点取得成功之后，各地审计机关对联网审计云平台进行了推广应用，联网审计模式正在逐步成为各级审计机关开展审计作业的重要方式和手段。海南省审计厅部署的部门预算、地税联网审计云，该云与省财政厅和省地税局业务云紧密联接，省审计厅与相关部门配套建设了数据常态化提供机制，通过联网审计云及时向审计人员提供所需的数据资源，目前，审计厅正积极进行多方协调，拓展联网审计云接入的重点行业领域，力求不断发挥联网审计模式的作用。

3. 移动审计执法云

2010 年海南采用 3G 技术建设了移动审计网络平台，主要做法是省级审计机关构建数据交换平台，审计人员无须关注移动审计网络平台的建设、部署和维护，只需结合审计工作需要开展应用。审计人员可与各类系统进行实时异地数据交互；可在线获取各类审计信息资源；各级领导可对外派审计组进行视频现场指挥；可在出差期间开展正常办公；可发布各类非密审计业务信息确保政令通畅。在成功部署移动审计网络平台之后，海南于 2013 年启动了新的移动审计执法平台研究工作，主要设想是基于最新的移动技术构建移动审计执法云，研究部署审计管理系统虚拟桌面，简化审计人员应用。审计人员可通过工作手机、平板电脑等更加轻便的工具和更简便的操作方法完成各类紧急、现场、实时的工作，研究与之相配套的 CA 安全身份认证体系。这是一种 IaaS、SaaS 混合应用模式。移动审计执法云的建设满足了审计工作异地、实时、高效开展的需求，是审计工作云计算的一个重要应用方向。

4. 审计数据分析云

审计数据分析服务是一种按需的、订制的服务，是以国家审计数据中心为基础的国家审计云平台所提供的服务。这些服务是根据具体行业项目、业务类型或相应的审计目标思路，在国家审计云平台中构建的应用云，终端审计人员只须等待和索取分析结果服务，开展下一步的核查取证工作。审计署在统一组织的2011年全国地方政府性债务审计调查、2012年全国社保资金审计调查项目中，先后探索尝试了国家审计云平台的应用，通过大规模数据采集，数据集中汇总至省级审计机关后报审计署，审计署组织数据分析并将数据分析模型和分析结果下发各地审计机关分散核查。这是一种典型的SaaS应用模式。审计数据分析云的运行模式切合了审计署整合全国审计人力资源，集中组织开展大项目的需求，也是审计工作云计算应用的新内容。海南省审计厅部署的数据分析平台，将采集的数据进行集中，按数据规划和相应的规范标准使用集成工具ETL（Extract - Transform - Load）进行数据抽取、清理、转换和加载，将历史数据分主题构建数据集市，提供审计人员使用。目前，审计厅正积极贯彻审计署关于建设数据分析团队的要求，筹划建立符合审计专业和数据分析技术要求的队伍，通过对现有数据分析平台进行完善，补充诸如商业智能BI（Business Intelligence）的相应功能，构建各类统计分析方法模型，对集中积累的各行业数据进行不设定条件的模拟研究和综合分析，将分析成果提交给相应的用户，如为厅领导提供开展重点行业重点问题事项审计的决策依据；为审计人员提供重要审计线索等，形成真正意义的审计数据分析云。

5. 审计数据存储云

在金审工程二期建设中，审计署承担国家审计数据中心建设，省（直辖市、自治区）级审计机关开展国家审计数据中心省级分中心建设，分级存储审计数据。实际上就是在国家审计云平台基础上，各省由省一级审计机关投资建设审计数据存储云，实行全省数据大集中战略，对省本级、地市、县区各级审计机关数据进行集中存储或托管，除了省一级外的下级审计机关无须投资购买服务器、存储、安全、运行维护服务等，或以较低成本即可获得数据存储、管理等服务。这是一种典型的IaaS应用模式。审计数据存储云符合审计机关节约投资成本、规范数据管理、提高使用效率的需求，逐步成为未来审计机关数据存储管理的主要模式。目前，海南省审计厅正在构建本省审计数据存储云，构建存储区网络SAN（Storage Area Network），未来只需要增加磁盘阵列中的磁盘或增加新的磁盘阵列，即可简便地扩展存储容量。该项部署简化了管理，较好地实现了数据的集中存放和控制。

6. 审计数据灾难备份云

当前，国家政务信息化建设已经将灾备信息化作为工作重点，政府机构的灾备建设正在向“两地三中心”的目标发展，即在本地设立两个数据中心互为备份，在异地建立第三个数据中心与另两个数据中心互为备份。2011 年审计署启动灾备中心（审计署长沙特派办）建设，由于最初的异地备份策略属于传统磁盘阵列复制存储的数据级容灾，如要实现业务过程完整性、可用性验证的业务级容灾需将审计署机关和各特派办 19 个点的应用和数据库服务器部署在灾备中心，巨大的资金投入和可能产生的消耗浪费是审计机关难以接受的。在通过国家审计云平台为灾备中心创建了近 200 台虚拟机实现负载均衡之后，云计算技术的使用取得了显著的效果，实现了提升灾备中心容灾等级的目标，最大限度地节约资源，降低应用成本。审计机关无需投入巨大资源就完成了业务级容灾建设。这也是一种典型的 IaaS 应用模式。审计数据灾难备份云的建设探索，为审计机关灾备信息化建设指明了方向。目前，海南省审计厅计划参照审计署灾备中心建设模式采用虚拟化技术建设本省审计数据灾难备份云。

7. 审计应用开发云

为了满足审计工作方向各异的开发需求，可探索在云计算环境中建设审计应用软件开发整合平台，符合条件的软件开发公司、社会团体或个人均可自行在平台上开发并提交审计应用工具，或接受审计用户的订制需求开发提交相应的审计应用，并通过向最终用户出售服务获得相关收益。由于平台上运行的审计应用软件、工具和功能模块底层数据结构是统一的，同时遵循审计署发布的数据规划标准，有利于不同应用软件间的数据共享；开放性的平台引入并鼓励竞争，既推进了技术创新，也有效降低开发成本；实现对各个使用层面需求的快速反应，能够较好地适应快速变化发展的审计工作要求，提升审计工作的综合效率。这是一种典型的 PaaS 应用模式。审计应用开发云完全显现了云计算服务的按需、高效、低成本、扩展灵活等特性，是符合未来审计信息化建设要求的应用开发思路。

五、云计算在应用中需要解决的问题

云计算技术在审计工作中展现出不可替代的优势，但在目前的应用中存在着一系列的问题和风险，需要及时着手研究。

（一）法律风险分析

目前，我国已经建立起基本的信息安全法律法规体系，但随着信息技术的飞速发展，信息技术法律环境已经面临着严峻的挑战，有关云计算技术应用的法律法规需要建立和完善。主要体现在以下几个方面：

1. 版权和数据归属问题

尽管我国于2001年对著作权法进行了修订，但是对如何构成和限制数字化复制、发表、播放和网络传播的行为没有清晰的规定。此外对云计算平台存储的数字归属需进行严格的法律定义。

2. 信息监管和隐私保护问题

在我国现行的法律法规中涉及隐私保护的条款较少，而目前网络环境下隐私泄露情况泛滥，需要及时制定和完善针对性的法律法规进行有效监管，规范应用环境。

3. 跨境法律管辖问题

互联网是没有国境的，对保密和安全性要求高的领域和行业将产生极大的风险。审计对象如中石油这样的大型国企，就存在大量的境外业务和数据，审计中必须考虑跨境法律适用的问题。

（二）数据资源风险分析

云计算环境下，审计机关软硬件资源和电子数据都由云计算供应商负责，这些数据资源的控制权并不在审计机关，由此带来以下几个方面的问题。

1. 数据的完整性问题

云计算环境下，服务供应商会对用户存储的数据进行相应的访问控制和采取加密措施和相关的管理手段，如果管理手段或技术方法存在不足或者漏洞，就会造成一定概率的数据检校错误甚至是数据被破坏，对数据完整性造成威胁。

2. 数据安全性问题

云计算环境下，审计机关缺少对数据的物理控制，不了解软硬件资源本身可能存在的安全性不足；缺乏对云计算供应商的内部管理控制情况的掌握，不了解相应数据管理职责分离的控制措施以及各环节应具体履行的职责和应承担的责任。此外，不了解云计算供应商的服务团队和个人情况导致无法评估因职权滥用或恶意入侵系统和数据的风险。存在的这些风险都对数据安全性提出了挑战。

3. 灾难恢复问题

云计算环境下，云计算供应商的数据灾备及业务持续策略是否合理完善；审计数据完整备份及业务过程的完整性；可用性验证是否采取可靠有效措施；灾难发生后审计人员如何访问使用备份数据；数据恢复采取了何种措施，恢复时限是否进行了严格定义和规定。这些都是云计算应用中灾难恢复所应考虑的问题。

（三）供应商能力风险分析

审计机关开展国家审计云平台建设面临着云计算供应商的选择问题，需要审计机关紧紧把握自身的工作实际和服务需求，通过审慎地调查、分析、测试，最终选择适应审计发展要求的云计算供应商。应从以下几个方面进行分析。

1. 供应商经营状况问题

对云计算供应商经营状况和持续发展能力的评估，是审计机关选择云计算服务时首先要考虑的问题，在对云计算供应商进行业绩择优的基础上，还需配套考虑相应的救济途径，如向审计机关提供服务的云计算供应商破产或被兼并后数据的保全和迁移应急预案或措施。

2. 服务水平问题

在选择云计算供应商的过程中，审计机关还应重点关注云计算供应商提供服务的可靠性、技术服务质量水准等。包括：平台兼容性程度、网络连接可靠程度、数据传输稳定程度、灾难恢复效率和业务持续性标准、服务响应速度、相关配套补偿措施等内容。这是直接影响审计工作质量的关键因素。

3. 云桌面的易用性问题

云计算供应商所提供的桌面应用应具备良好的易用性，友好的操作界面，符合使用习惯且易学的操作方式，对审计人员来说，尽量合理化、简化的操作能够使其将更多的精力放在对审计业务问题的分析中去，也是审计机关选择云计算供应商的评判标准之一。

六、云计算的审计应用前景展望

云计算是代表着人类信息社会的发展趋势，审计机关及时主动开展云计算应用研究，是积极应对来自经济社会发展、科学技术发展所带来严峻挑战的具体体现，各种研究成果将极大地提升我国审计技术水平和工作质量，在世界上处于审计信息技术应用的前列。关于云计算的审计应用前景展望，有以下几点：

（1）国家审计云平台将继续以审计署建设国家审计数据中心、各地建设国家审计数据中心省级分中心为基础，将分散在全国各地的审计云汇聚形成

“云海”，建成真正意义的完整的国家审计云平台。

（2）向资金资源匮乏、软硬件基础薄弱、计算机技术人才稀缺的审计机关提供信息化基础设施服务（IaaS）和以大数据为代表的审计数据分析平台服务（PaaS）。

（3）向全国审计机关提供审计管理（OA）、审计现场实施（AO）、联网审计数据预警以及为救灾抗灾等突发审计需求订制的各类应用服务（SaaS）。

（4）加快进行云计算审计应用的规划和准则研究，推动我国在这一方面的研究和应用处于世界领先地位。通过规则制定获得先发优势，也将使中国国家审计的国际地位进一步提高。

参考文献

［1］陈伟，Wally Smieliauskas. 云计算环境下的联网审计实现方法探析［J］. 审计研究，2012（3）.

［2］文峰. 云计算与云审计——关于未来审计的概念与框架的一些思考［J］. 中国注册会计师，2011（2）.

［3］李振汕. 云计算安全法律风险分析［J］. 网络安全技术与应用，2012（6）.

［4］马社亮. 从服务模式谈云计算在审计中的应用［EB/OL］. 百度文库.

［5］秦也升. 云计算与审计行业探索［EB/OL］. http：www. hbaudit. gov. cn/html/2012/0303/19280. htm.

面向大数据的云审计平台架构及关键技术研究

审计署济南特派办　王大涛

【摘要】 针对我国审计事业在信息化条件下的发展尤其是大数据审计面临的问题，为实现全国审计机关的资源、数据共享和业务协同，本文提出了一种新的审计模式——云审计，阐述了云审计平台的架构、主要核心理论和技术，并提出了面向服务的异构数据集成方法，解决了云审计中不同来源、格式的大数据集成和共享的问题，满足了审计业务大数据化的需求，为进一步深入和系统开展云审计平台的研究、开发、实施和推广应用奠定了基础。

【引言】 近年来，随着审计信息化的发展以及被审计单位信息化水平和对信息技术依赖度的不断提高，审计机关获取被审计单位数据并开展审计的深度、广度以及频率都大幅提升，审计数据量日益增大[1][2]。由于被审计单位数据愈发呈现出分散性、异构性和复杂性，审计获取的数据往往具有数据量巨大、数据来源分散、数据格式众多的特点，基于大数据的审计分析变得非常复杂。因此，传统的工作模式已经越来越不能满足当前海量数据审计的需求，传统审计软件的架构也逐渐不再适用于信息化审计模式。此外，随着审计组织方式的不断演进，审计机关间实现信息共享、数据互操作的需求也不断增加[3]。而目前由于数据标准规范和软件接口等相关支持尚不健全，审计机关之间、行业审计之间难以实现公共信息、数据、资源的整合、传递和共享，一定程度上浪费了审计资源，不利于审计事业的长久发展[4]。

目前，“云计算”正成为信息领域研究的热点，它在用户通过网络及云计算平台随时随地“按需”获得计算服务能力方面取得了较大进展[5]。而服务计算技术，包括面向服务的架构（Service Oriented Architecture，SOA）和

Web Service 技术的发展，也进一步促进了云计算理念的实现和推广。云计算和服务计算技术的出现和发展，为全面整合审计数据资源和深化数据审计提供了机遇。

因此，本文针对上述当前我国审计尤其是大数据审计业务面临的问题，基于云计算的理念，进一步融合虚拟化、服务计算和协同计算等技术，提出“云审计”的思想，即通过构建一种新的面向大数据的云审计平台，将包括硬件资源、软件资源、数据资源、知识资源等在内的审计资源封装成服务，实现异构、分布式的审计资源的聚集和共享，以整合全国各级审计机关的审计资源，实现我国审计信息化资源的共享和审计业务协同。针对异构大数据的存储、分析、跟踪、监控等需求，提出基于统一数据接口和规范的异构数据集成方法。下文将对云审计平台的技术内涵、特色、体系结构及异构大数据集成方法进行阐述，并给出了云审计平台下一步的工作展望。

一、云审计平台的内涵与应用模式

数据是审计业务的核心所在，本文提出的云审计平台是围绕大数据的存储、分析、处理等建立起来的审计作业环境，是一种新型的网络化审计平台，是计算机辅助审计与联网审计的进一步发展。它以审计业务需求为背景，基于云计算理念，采用面向服务的架构，综合应用各类技术，包括服务计算技术、存储技术、虚拟化技术、协同技术、普适计算技术等，及各个审计领域的专业技术，实现审计机关各类资源（包括硬件计算资源、存储资源、网络资源、软件资源、项目参与单位有关的模型资源、数据资源、信息资源以及审计案例、审计成果、审计方法体系等知识资源等）尤其是大数据资源安全地按需共享与重用[6]，即审计人员可以通过平台随时获得审计所需信息、资源、数据并得到技术支持，基于平台实现审计人员的多用户按需数据共享和协同工作，以提高审计效率，实现系统资源动态优化调度运行，进而支持审计领域内的审计项目进行事前审计、事中审计、事后审计等审计全生命周期活动。此外，审计项目负责人和审计专家可通过云审计平台实时地监控审计实施过程，予以监督、指导，保证审计质量。

云审计平台支持一种新的审计模式——“云审计”模式，它是一种利用网络和云审计平台聚合各类审计资源尤其是大数据资源，形成一个大的审计资源池，为审计人员提供透明的、开放的、按需使用的审计相关服务的审计模式。上述模式的实现涉及审计云的构造和使用。审计云的构造过程，是由各级审计机关在安全体系的支持下，按照定义好的标准向平台发布各类审计资源，包括大数据资源、计算资源、存储资源以及知识资源等，这些资源通过标准的接口对外提供服务供审计人员访问，统称为审计云服务。审计云的应用步骤如下：审计人员首先定义所需审计云服务的特征，云审计平台按照用户的需求自动查找和发现所需资源服务，如满足业务需求的数据存储资源、计算资源、相关业务数据等；进而在云审计平台对资源的动态管理下，实现审计人员间的业务协同，并且支持按需构造的云审计业务流程，完成云审计（图1）。

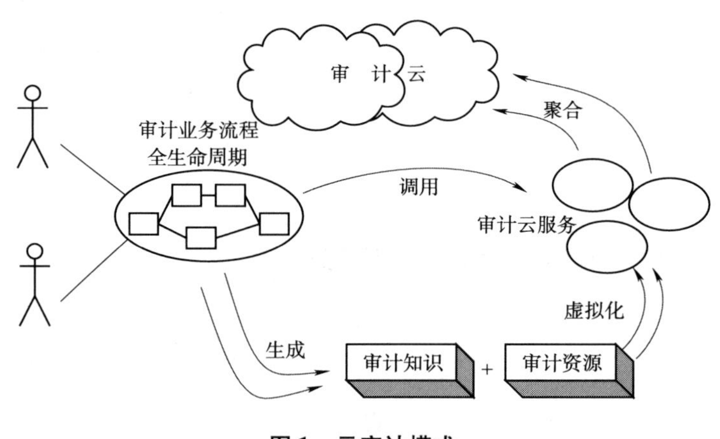

图1 云审计模式

二、云审计平台体系架构及关键技术

云审计是结合我国审计事业发展的新需求，在云计算提供的 IaaS（基础设施即服务）、PaaS（平台即服务）和 SaaS（软件即服务）基础上的延伸和发展[7]，是计算机审计、联网审计的进一步深入。在借鉴云计算理念的基础上，基于面向服务架构和 Web Services 技术，下面提出云审计平台的架构和关键技术。

（一）云审计平台架构

为实现前文所述的云审计模式，提出如图 2 所示的云审计平台架构，它是一种面向服务的层次化体系结构。

资源层（基础设施层）：由各级审计机关提供审计业务使用的各类审计资源，包括硬件计算资源、存储资源、数据资源、知识资源等，形成庞大的审计资源池，构成了审计云基础设施层（相当于云计算中由机器硬件组成的基础设施层）。这些资源来源于不同的审计机关，因此它们具有自治、异构、分布式的特性。

服务层：各类审计资源通过虚拟化技术和云端化技术，以服务的形式发布到云审计平台，成为审计云服务，构成服务层。各类服务的信息，包括服务类型、名称、接口信息等，存放于平台的服务注册中心，由云审计平台统一管理。除审计资源服务外，该层还包括面向云审计业务模式的共性支撑服务，如面向多用户的资源调度管理服务、智能化资源发现服务、异构数据集成服务、审计业务流程建模服务、基于虚拟化技术的审计资源动态管理与优化配置服务、审计业务流程执行服务及安全服务等。在该服务层，除包含由审计资源虚拟化出的基本审计服务外，还包括由多个基本审计服务构建出的复合服务，即审计业务流程。

应用门户层：为审计人员登录云审计平台进行审计活动提供浏览器和桌面形式的门户支持以及支撑工具集，包括审计项目管理、协同审计环境、审计业务流程监控、审计知识库管理工具、用户安全认证管理等。门户层还可提供多样化的终端交互设备接入、个性化用户环境的灵活定制技术等，为审计人员提供智能化云审计平台使用环境，支持云平台的普适、透明使用。

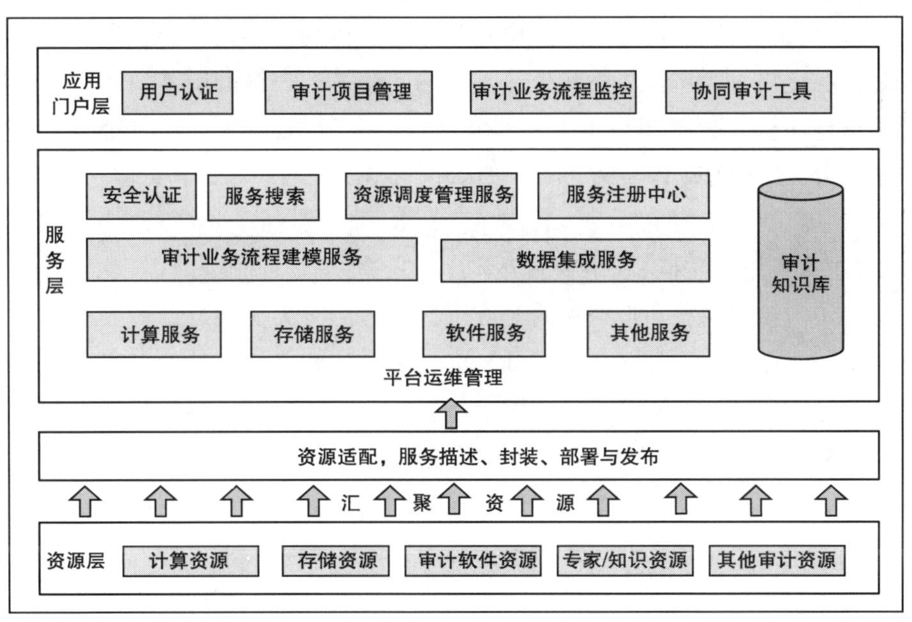

图 2　云审计平台架构

其中，审计知识库汇聚了面向行业的审计知识、审计成果、审计案例和审计方法体系等，它是审计人员共享审计知识与交流的平台。由各级审计机关和审计人员将审计工作特别是信息化审计的成果、经验进行系统化总结和提炼，形成审计知识并发布到平台，实现国家审计机关范围内的知识和经验共享，为后续工作提供支持。

（二）云审计平台关键技术

云审计平台的实现，需要解决一系列关键技术，下面分别进行简要介绍。本文重点研究的异构大数据集成技术，将在下文详细阐述。

1. 审计资源虚拟化和服务化技术

审计资源的虚拟化和服务化，是实现云审计模式、构建云审计平台的首要问题。虚拟化是当前云计算的核心所在，是指对资源提供逻辑和抽象的表示与管理，使其不受各种物理限制的约束。通过虚拟化技术，一个物理的审计资源可以构成多个相互隔离的、封装好的虚拟资源，多个物理资源也可以组合形成一个粒度更大的虚拟资源。审计资源的服务化，是指为审计机关的各类资源设计实现标准的适配器，将资源通过适配接口进行封装，然后通过服务描述过程将服务发布到平台，形成审计业务过程中所需要的服务，如审计计算资源服务、大数据服务、审计分析软件服务等，实现将资源作为服务接入云审计平台，从而屏蔽了底层资源分布异构的复杂性，并提供了可互操作的服务接口，为审计人员提供按需使用的服务。合理的服务描述形式将提高云审计平台的效率和解决问题的能力，可采用 Web Service 的通用标准接口描述语言 WSDL（Web Service Definition Language）来定义服务的接口信息。

2. 基于语义的审计服务发现技术

各级审计机关将审计资源封装成审计服务后，为实现资源的共享和审计业务协作，需要将审计服务发布到云审计平台，即将服务的信息写入平台的审计服务注册中心。审计人员使用审计服务时，首先到平台服务注册中心查找所需的服务，即“服务发现”。目前云计算平台中常用的服务发现技术包括基于关键字的搜索和基于语义的匹配等[7]。基于关键字的搜索虽然实现起来比较简单，但是缺乏对审计服务语义层次的匹配，要求审计人员较精确地掌握所需服务的名称，因而搜索效率不高，缺乏准确性和智能性。因此，引入本体概念，由审计专家建立审计领域服务本体，采用标准通用的资源描述框架（Resource Description Framework，RDF）和 Web 本体语言（Web Ontology Language，OWL）来描述平台内的审计资源和审计服务。基于审计本体，规范和指导审计服务的建模、组织和管理，采用基于本体推理的匹配算法，能够从语义层面进行更为智能和精准的服务匹配，从而提高审计服务的搜索效率。

3. 审计资源服务管理和调度技术

云审计平台中的资源管理器，负责管理“审计云池”，即由庞大的各类审计资源服务聚合而成的资源集，统一调度注册到平台的各类审计服务，并实时监控各个审计机关计算节点的负载状况，根据网络负载、计算集群负载、存储资源利用率等实时监控到的信息与审计人员对服务的访问情况，自动优化审计人员的服务访问请求，实现负载均衡，从而提高云审计平台的整体效率，更好地支持各级审计机关间的数据资源共享与业务协同。审计人员无须直接和各个资源节点打交道，也无须了解各资源节点的具体位置和情况，只需在终端上提出服务需求，云审计平台将自动从虚拟审计云池中为其取出相应服务。

4. 基于服务的审计业务流程建模技术

在云审计平台中，一个审计业务流程是由自治、分布、异构的审计资源服务动态组合而成的，而实现这一过程的关键技术就是基于服务的业务流程建模技术。一个审计业务流程往往包括多个独立的子审计服务，调用多种审计资源。审计人员根据所要实现的具体审计业务，在业务流程建模工具的支持下，通过对平台内已有审计资源和服务的选择、组合及配置，以复合服务的方式动态构建审计业务流程，实现按需重构审计业务。

5. 安全技术

被审计单位的业务数据往往关系到其生存发展，而各级审计机关的数据也多具机密性，因此，云审计平台系统必须具有较好的保密性能，以免数据泄露，威胁国家、审计机关和被审计单位的数据安全。云审计平台的安全体系包括用户身份认证、资源的访问控制、数据的加密传输等。平台维护每个用户的代理证书（Proxy 证书），在用户登录时进行身份认证，采用基于权限的访问控制，防止未授权的数据、资源访问和复制。平台以代理证书和证书链机制保证用户的单点登录（Single Sign On），即用户只需要登录平台一次，便可根据其权限按需访问其被授权的资源和服务。基于证书链的机制对资源进行访问控制，不仅可以满足云审计平台数据访问的安全需求，而且具有良好的可扩展性。

对数据传输过程采取加密和哈希验证的措施，可有效地保证审计机关数据传输的安全性。数据传输前首先使用 MD5 算法生成消息摘要，然后使用数据加密标准 DES（Data Encryption Standard）对称加密算法对扩展消息进行加密传输，并且采用 RAS 非对称加密算法实现进行数据传输的端点间对称密钥的分发，进一步保障审计数据的安全性和机密性。

审计机关现行的迷彩 U 锁安全客户端加密技术，可用于云审计平台的前端，实现用户的身份识别，并在云审计平台中形成审计机关专用 VPN，实现云审计平台的双重安全认证。

三、面向服务的异构大数据集成方法

审计机关及被审计单位信息化水平的提高与审计业务协同的不断深化，带来了审计机关、人员间或审计机关与被审计单位之间信息共享、审计数据互操作需求的增加，审计数据从单一、集中、静态向异构、分布、动态演化。数据是审计业务的核心所在，而数据集成是实现信息共享和审计机关间业务数据互操作的基础。因此，如何高效地实现审计机关间的数据集成，成为云审计模式需要解决的关键问题。集成数据源往往存在于不同审计机关中或同一审计机关的不同信息系统内，具有分布式、异构性、自治性等特点，而面向服务的架构具有松散耦合、平台无关等特性，因此，本文采用面向服务的架构实现异构数据集成，能够在维护数据自治性的基础上更加容易地屏蔽底层数据源的异构性。数据集成服务以 SOA 服务组件的形式部署于云审计平台，审计人员可以随时随地按需通过互联网调用服务，数据集成服务能够从数据源中提取数据并将数据转化封装为平台统一的中间文件，从而达到屏蔽底层数据源异构性的目的。下面对本文提出的异构数据集成方法进行详细介绍。

（一）基于服务组件的数据集成框架

本文采用面向服务的架构和基于组件的形式实现异构数据集成框架，将异构数据集成系统按照功能划分成不同的服务组件，每个服务组件遵循统一的服务接口标准，各个服务组件独立运行，组件之间的交互通过接口进行，这些组件以松耦合的方式按需组合在一起实现异构数据集成的目标，对底层数据资源进行封装并统一管理。面向服务的实现框架如图 3 所示，在客户端即数据源端和平台端各自实现一组集数据接收、数据转换于一体的数据同步服务。客户端的数据同步服务由数据适配器组件、数据传输组件和监控组件等构成，平台端的数据同步服务由数据传输组件、数据目录管理组件等构成。每个审计人员拥有各自的数据集成配置信息，数据适配器通过数据传输组件与数据同步服务的数据接收组件建立连接后，将数据转换后的中间数据文件传送至数据同步服务，按照用户配置信息对数据进行清洗、转换，最后将数据加载至目标库或在相应文件夹生成指定格式的数据文件。

采用面向服务的架构，基于服务组件实现数据同步服务，有利于软件的复用和提供增值服务，可以根据实际的需求按需灵活构建数据集成应用，动态增加新的功能组件或去除不需要的服务组件。例如，数据同步服务还可以提供数据转换、数据清洗、数据加载、数据预测等服务，用于帮助用户实现对数据文件或数据库数据的相关处理，每个审计人员均可以通过浏览器使用数据同步组件提供的相关服务。

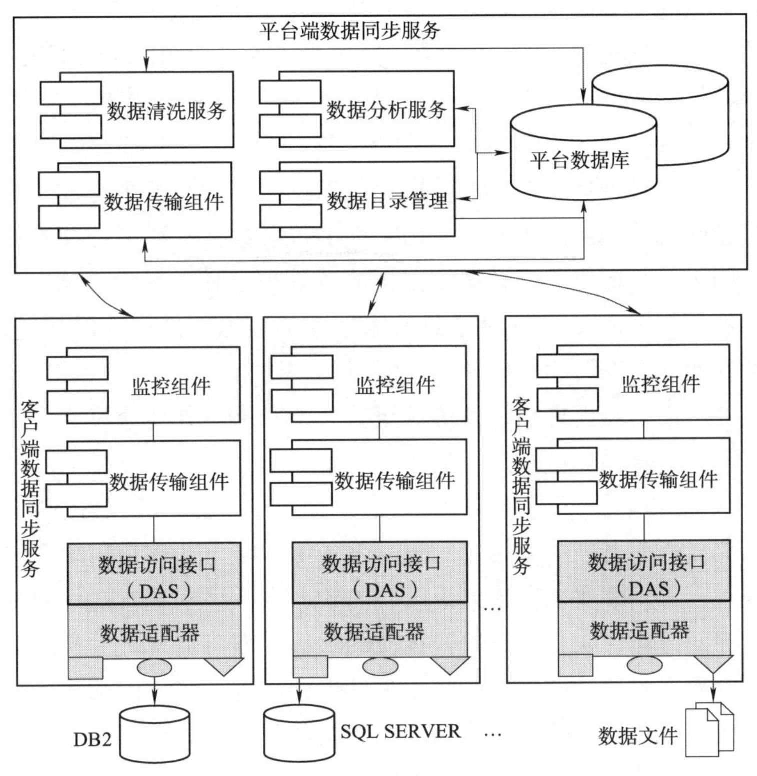

图 3　异构数据集成框架

（二）基于 XML 的数据服务接口描述

1. 审计数据的异构性

来自不同领域不同行业的被审计单位以及不同的审计机关，在数据存储和获取阶段所采用的设备、手段往往千差万别，因而取得的数据往往具有异构性。异构性主要表现为阻碍数据集成和业务协作的各种不兼容形式或者结构，主要有三种异构形式：一是系统异构，即各个单位信息系统采用不同结构的数据库管理系统之间的差异；二是数据模式异构，即数据库中不同数据表格式的结构化数据、Excel 表等半结构化表数据以及不同格式的数据文件等之间存在的数据结构和表现形式的不一致性；三是语义异构，主要是指不同信息系统间数据含义的异构性。因此，需要数据集成服务能够通过对数据内容进行分析和映射来忽略底层数据源间的差异，实现底层数据源对用户的透明化。

2. 基于 XML 的数据转换

XML，即可扩展标志语言，是 World Wide Web 联盟制定的一个开放标准，包含一组规则和准则的集合，具有良好的数据存储格式、易操作、可扩展、开放性、自描述性等优点。因此本文采用基于 XML 的数据交换模型，即在进行数据传输前，首先将数据按照平台定义好的标准将数据转换成 XML 文档，再将已转换成标准格式的 XML 数据文档传至目标端，来屏蔽不同来源的数据之间的异构性。该数据转换功能通过数据适配器来完成，它是一个轻量级客户端，采用面向服务的架构实现，包含数据抽取组件和数据封装转换组件，用于对所要集成的数据做出集成预处理，其过程为：首先，通过数据抽取组件对数据库表、Excel 文件或者独立的数据文件中的数据进行加载、封装，然后使用数据转换组件将其转化为云审计平台统一的 XML 中间格式的数据文件，最后经由传输组件传送至数据请求端，在传输过程中，使用线程池和监控组件来保证传输过程的高效、稳定。

基于 XML 的数据集成服务使得审计人员只需在被审计单位端安装轻量级的数据集成适配器来提供相应的数据服务访问接口即可访问多个异构分布式数据源，而无须改变被审计单位已有的数据源。该适配器提供简单易用的用户配置界面，审计人员只需设置相应的参数，即可完成数据集成工作。数据集成后以数据服务的形式存在于云审计平台，具有统一的标准接口，实现了对分布式异构数据源的统一管理。审计人员不必关心数据存储的物理位置和格式，实现了异构数据源对审计人员的透明化，为审计人员提供统一的操作界面和接口，可实现我国审计机关乃至全国电子政务系统中的数据共享。此外，基于统一的数据接口规范，审计常用的数据分析软件的数据接口也可以得到统一，从而增加了不同软件和数据间的互操作性，避免了在不同软件之间转换数据的麻烦，能够提高审计软件的可重用性。

（三）增量式数据同步机制

为了保证数据集成的实时、高效，本文提出的数据集成框架分别采用基于时间和事件驱动的增量式数据同步机制。由于审计业务中越来越多地涉及大数据，若采用数据清零式同步的方式会给审计信息系统带来很大的负担，因此本文采用增量式数据同步，即每次只同步发生变化了的数据。

基于时间的增量式数据同步机制中，在源数据端设置定时器，由审计人员通过数据集成服务操作界面设置同步频率。源数据端的数据同步服务按照审计人员设定的时间间隔，定时将数据源节点中新增或修改的数据传送至数据接收端。基于事件驱动的增量式同步机制中，当源节点数据发生变化时，会立即触发数据同步服务。在基于时间和事件驱动两种增量式数据同步机制中，都需要监测数据源节点的变化情况，即在数据源的监控组件中记录数据源的变更信息，用于标识发生变化的数据块。

（四）基于副本的高效大数据存取方法

为了保证数据的高可用性和高可靠性，对数据采用分布式冗余存储，即为同一份数据在云审计平台中存储多个副本。数据的副本个数由平台数据管理中心根据当前审计平台系统内存储资源的利用率、可用存储空间数以及该数据的历史访问次数来动态决定。例如，对于访问率较高的数据，可在平台系统内为其创建多个副本，以增加其访问效率。访问某数据时，平台数据管理服务自动为使用者分配距其较近且所在节点负载较小的数据副本。

同一数据源在云审计平台中会有多个副本存在，因此，必须维护其一致性。数据源可以分为只读数据源和可写数据源两类。对于只读数据源不存在一致性维护的问题。而对于可写数据源，在发生写操作时，平台必须对其所有副本进行更新以保证数据一致性，以版本号的方式来确保同一数据的所有副本处于一致的状态。

四、结论与下一步的工作

初步的研究实践表明：本文提出的面向大数据的云审计服务平台能够整合全国各级审计机关的审计资源，实现资源、数据共享和审计业务协同，能够加强当前的计算机审计和联网审计的能力，进而建立一种新的动态、敏捷、高可扩展的审计模式——云审计。本文提出的数据集成方法，采用面向服务的架构，能够有效地解决异构的审计数据尤其是大数据共享和集成问题，实现审计机关间的资源整合，满足当前审计业务大数据化的需求。

云审计平台的构建是一项庞大而复杂的战略性工程，它的发展将是一个长期的阶段性渐进过程，本文的研究还处于起步阶段，下一步将研究基于服务的审计业务流程动态构建、优化等关键技术，进一步推动云审计平台的建设和发展。

参考文献

［1］周德铭．电子审计体系研究［J］．审计研究，2011（4）．

［2］国家863计划审计署课题组．计算机审计数据采集与处理技术研究报告［M］．北京：清华大学出版社，2006.

［3］武海平，余宏亮，郑纬民等．联网审计系统中海量数据的存储与管理策略［J］．计算机学报，2006（4）．

［4］陈峰，董永强．联网审计模式初探［J］．中国审计，2003（5）．

［5］陈康，郑纬民．云计算：系统实例与研究现状［J］．软件学报，2009（5）．

［6］李国杰．大数据研究的科学价值［J］．中国计算机学会通讯．2012（9）．

［7］张建勋，古志民，郑超．云计算研究进展综述［J］．计算机应用研究，2010（2）．

云计算技术在审计信息化中的应用前瞻

审计署境外审计司　陈旭丹

【摘要】　本文从云计算技术的概念入手，分析了在审计管理和审计业务的信息化中应用云计算技术的优势，并探讨了现有的审计管理框架和审计业务运行模式下，有利审计发展的云系统功能设计以及应用云计算技术的一些需要考虑的问题。

【引言】　云计算的概念最早可以追溯至 Sun 公司在 20 世纪 80 年代提出的“网络即计算机”的理念。21 世纪的第一个十年，伴随着网络带宽的不断发展、虚拟机和分布式计算等一些关键技术的不断成熟，云计算技术因其本身的优势逐渐被业界关注。在国际化大型 IT 企业的推动和一些成功的应用的示范带动下，金融机构、中小企业等正不断拓展云计算技术在各行各业信息化中的应用[1][2][3]。

一、云计算的概念和特征

按照美国国家技术标准研究院 SP800－145[4] 以及维基百科[5] 中的定义，云计算是一种通过随处可用的、便捷的、按需的网络访问，进入可配置的计算资源共享池（包括网络、服务器、存储、应用软件和服务）获取资源的一种计算模式，这些资源只需投入很少的管理工作，或与服务供应商进行很少的交互就能够被快速获得。

云计算具有以下五个基本特性：一是按需分配的自助服务。消费者可以在需要的时候，不必与服务提供商人员接触，单方面地自动获取计算能力，比如服务器时间、网络和存储。二是宽带网络访问。用户通过基于网络的标准机制访问计算能力，这些标准机制提倡使用各种异构的胖/瘦客户端（包括手机，平板电脑，笔记本和个人工作站）。三是资源池化。服务提供商的资源使用多租户模式，服务多个消费者，依据用户的需求，不同的物理和虚拟资源被动态地分配和再分配。同时还有位置无关的特性，用户通常不能掌控或者了解资源的具体物理位置。典型的资源包括存储、处理、内存和网络带宽。四是快速弹性。弹性地提供或者释放计算能力，以快速伸缩匹配等量的需求，在某些情况下，这种伸缩是自动的。对消费者来说，这种可分配的计算能力通常显得几乎无限，并且可以在任何时候自助获得。五是可计量的服务。通过利用与服务匹配的抽象层次的计量能力（比如存储、处理、带宽和活跃用户账号数），云系统自动控制和优化资源的使用。资源使用状况可以被监控、控制和报告，并给服务提供商和服务使用者提供透明度。

云计算可以采用三种服务模式，分别为软件即服务（SaaS）、平台即服务（PaaS）、基础设施即服务（IaaS）。

SaaS 提供给消费者的计算能力是：服务商的运行在云设施上的应用程序。应用程序的访问使用不同的设备，或者通过瘦客户端界面，比如 Web 浏览器，或者通过一个程序接口。消费者并不管理或者控制底层的云基础设施，包括网络、服务器、操作系统、存储甚至个别的应用程序能力，当然有限的用户特定的应用程序配置属于例外。

PaaS 提供给消费者的计算能力是：用户部署自己创建或者购买的应用程序到云基础设施。这些应用程序使用服务提供商的编程语言、程序库、服务和工具。消费者不管理或者控制底层的云基础设施，包括网络、服务器、操作系统和存储，但是消费者控制要部署的应用程序，以及可能控制应用所托管的部署环境的一些配置。

IaaS 提供给消费者的计算能力是：分配处理、存储、网络和其他基础性的计算资源，消费者可以在其上部署和运行任意软件，包括操作系统和应用程序。消费者不管理和控制底层的云基础设施，但是控制操作系统，存储和部署的应用程序，同时也可能对部分网络组件如主机防火墙有有限的控制力。

从部署方式上看，云计算分为四种。私有云，云设施为一家单独的组织所独享，组织内部可能有多个消费者（比如不同的业务部门）。此类云可以由此组织或者第三方，或者两者的联合体所拥有、管理和运行，此类云可以物理部署在该组织的房产中，也可以不在其中。社区云，云由一个特性的社区所独享，该社区由一群有共同考量（比如共同目标，安全要求，政策考量和合规性考量）的组织组成。社区云可以由社区中的一个或者多个组织，或者第三方，或者它们的混合体所拥有、管理和运行，此类云可以物理部署在该社区的房产中，也可以不在其中。公共云，云设施向公共开发使用，它可能由商业机构、学术机构、政府机构或者它们的联合体所拥有、管理和运行。混合云，云设施是一个上述两种或多种不同云设施（私有云、社区云和公共云）的混合体。

二、云技术在审计中应用的优势

（一）资源分配弹性

由于面向的审计对象不同，在计算机辅助审计中所需要的计算机资源（如计算能力，存储能力）也不同。如果给每位审计人员都尽可能地购置高能力计算能力和大容量的存储设备的计算机，势必造成资源的浪费，而且面对当前越来越大型的行业信息系统和企业 ERP 系统，海量的业务财务数据，个人计算机的处理能力和存储能力往往捉襟见肘。金融审计、海关税务审计、社保审计和一些大型的企业审计常常动用专门的服务器进行采集和分析数据也印证了这样的发展趋势。采用基于云计算技术的审计辅助系统，可以做到资源的弹性分配，在需要的时候向资源池申请动态的计算资源和存储资源，用以审计分析。此外，通过基于分布式计算技术的云审计平台，还可以将成千上万审计人员的桌面计算机的空闲计算能力集中起来投入到资源池中，用以辅助进行大规模数据分析，将一些最耗费资源的庞大的数据表进行切分查询、比对、统计、汇总，从而提升审计分析的效率。

与审计分析作业过程类似，审计办公自动化系统同样是一个耗费资源的信息化建设项目。当前，审计署各特派办和地方各级审计机关，为了实现办公自动化，都投入大量资金购置服务器、存储设备，部署本级的 OA 系统[6]。单点进行信息化建设，对存储和计算能力一般需要做适量超前规划，以满足一定期间内不断发展的需求，这增加了信息化的总成本。而采用基于云计算技术的 OA 系统，计算能力、存储能力能为弹性的资源只需在需求增长时提出申请，即可获得相适应的资源并按需付费即可，地方审计部门的信息化资源不再会出现“过剩”或者“不足”的情况。依托云计算技术，采用弹性的资源分配策略，能够有效地降低单位计算能力的配置价格，提高审计信息化资金的使用绩效。

（二）信息共享和协同工作

云端存储和文件共享技术可以使团队的协同工作变得高效。审计是一个团队性很强的工作，需要团队的密切协作配合。如今审计的项目组织越来越趋向于大型化，对一个行业、一类资金或者一些大型组织的全球分支机构的审计往往统一部署、多点开展、同步实施，审计组之间的距离非常遥远，通过云端共享可以方便地交换和有效地获取所需的信息资源。面对着全球大数据的趋势，审计需要建设大数据的存储能力也势在必行，得益于近年来各业务司局和派出审计机构的不断积累，当前国家审计数据中心积累了大量审计数据，将这些数据部署在云端能够对其利用最大化。云端数据首先具备更好的共享性，可以通过给审计人员授权使得所有审计人员在不同审计点上都方便地查询所需数据，其次，对云端集中存储的数据，具备更好的操作性，可以统一进行诸如格式转换，备份等操作，确保数据的一致性和安全性，此外，在不同行业、不同单位审计数据的横向分析、数据挖掘等应用上，云端数据更有着无可比拟的优势。

同时，作为审计的工作成果，审计报告和审计信息要通过审计组、业务司局、复核审理部门、政策研究部门和审计机关领导的多级修改审核，才能最终发布，而电子文件也可以需要转入相应公文系统，相应审计资料和证据等也需要转为电子档案。通过云储存进行信息传递和共享，充分利用了云计算系统允许多种终端接入，多平台共享信息并进行协同工作的特征，能够满足审计现场分散的状态下的信息共享需求和日趋规范严格的审计质量控制环境下的不同控制层级的协同工作需求，既避免了文件数据在单机和移动介质之间复制，增强了安全性，也克服了通过一般即时通讯软件传递文件资料或者在不同的系统中导入导出的版本难管理和格式不归一的弱点，提高了效率。

（三）维护管理集中

在审计信息化的潮流的推动下，各级审计机关都设立了计算机审计处室，并架设了自身的办公系统，有些机关还采用了审计署开发的现场审计实施系统进行计算机辅助审计，一些计算机应用水平比较高的单位还开发了与自身业务相关的信息管理系统、数据采集或分析软件等。由于信息技术的飞速发展，审计机关在运营维护上的力量投入往往滞后于计算机软硬件的快速更新。各级机关的服务器、防火墙、系统软件和数据库软件的定期维护对于审计业务繁忙的审计机关是一个巨大的挑战。云平台通过将服务器和软件资源虚拟化，可以最大程度地减少终端用户的维护工作量，用户只需要将注意力集中于资源取得和软件开发和应用的层面，其他的诸如终端用户的软硬件兼容性问题，服务器的系统升级漏洞修补问题以及网络连接和防火墙的策略等问题将大大减少，底层的软硬件维护则集中在审计署或者其他服务商的数据中心，通过其专业的维护减少了维护层面的风险，提高了 IT 服务的可靠性。

传统的现场审计实施系统，财务数据和其他业务数据都储存在客户端或者前置机中，数据的保密责任点分散，风险点多，特别是对于在现场审计的审计人员，为了最大限度地减少数据失泄密的风险，需要所有的审计人员都能够及时修补漏洞，更新防杀毒程序，一旦计算机感染病毒或者被木马控制，数据失泄密的风险很大。相比之下，基于云技术的应用平台，数据的储存和分析在云数据库中，客户端更多只是提交指令和展示分析汇总结果，只要云端专业管理员做好身份验证识别、防火墙管理和数据备份工作，就可以大大减少数据失泄、损毁的风险，提高了保密性。

三、云计算在审计中应用前景

从目前国际国内的商用形势看，国外公司如谷歌、亚马逊等公司提供了比较成熟的商用平台，个人和企业可以按需购买资源、进行程序托管或者在云端部署自身的信息化系统，资源可以伴随业务增长弹性扩张并按使用支付费用；微软、谷歌等公司也面向所有用户开放了云储存平台，通过 SaaS 的方式提供了一些配套的通用的日程管理、邮件处理、办公和多媒体等软件，其功能和效率逐渐向传统的桌面程序靠拢，而在使用方便性、多平台多系统的可适应性和移动终端 APP 的交互性等方面则已经超越了传统的桌面程序。国内如金山、华为、百度等公司也在云储存和云应用上做了一些探索，但是目前软件托管、资源租赁等服务还鲜有提供。从行业应用上看，金融行业，大型工商企业等对于云计算比较感兴趣，这些企业由于自身业务的特点，对于信息系统非常依赖，期待通过云计算来扩展自身信息处理和储存的能力，提高信息利用的水平，减少分支机构在信息化建设的投入和提高整体信息化服务的安全性和可靠性，一些中小企业则出于降低自身在信息化建设的投入以及提升信息化效率的目的，倾向于购买第三方提供的云服务。

从审计业务和审计管理的实际出发，考虑到保密性的要求，审计部署云系统应以“私有云”为主，政府审计信息在“公有云”或者“混合云”上的储存处理是有风险的，但是一些被审计单位如一些政府税收社保部门，金融电信企业，其业务数据和管理系统已经在其自建的“私有云”或者其他的“公有云”“混合云”上存储并提供相关程序和接口的，对应的审计业务系统可以按需求接入这些云平台，并在此基础上对其数据和信息进行开发利用，有学者对审计云的设置提出了较为具体的构想[7]。在提供服务方式上，审计云计算应以 SaaS 的形式为主，提供标准化的日常办公、信息分享、质量控制、项目绩效管理等平台，以 SaaS 或者 PaaS 的方式提供审计数据的存储和分析平台，通用的功能以 SaaS 方式提供，并提供 PaaS 的平台和开发接口，集成通用的系统和数据库平台，支持有能力的业务部门自行开发审计方法、审计软件或托管自行开发的专用信息系统。具体而言，笔者认为可以从以下几个方面开发和部署与审计业务相适应的云计算应用，以利于审计业务和审计管理的发展。

（一）审计办公和质量控制系统

基于当前 OA 系统所实现的功能，以 SaaS 的方式架设云端的审计办公系统，并提供给各级审计机关应用。通过 SaaS 的方式能保证地方审计机关拥有与审计署相同的用户体验（包括界面、多平台支持、操作习惯等），审计署可以通过同一源将需要发布的公文、培训视频、业务指南等资源指定给对应的地方和下级审计机关的 OA 系统共享，OA 系统的任何升级也能够第一时间同步部署到地方和下级审计机关。审计署对于地方审计机关的业务指导可以通过办公系统的维护和升级同步地植入到地方审计机关的工作流程之中。地方审计机关不但可以节省以往的开发、部署、维护一套类似的办公平台的费用，更可以避免为专门接收上级机关的公文而专门设立终端，增加信息节点，延长信息路径。当前审计质量的控制很大程度体现在审计业务文书的处理上，审计组可以随时提交审计信息和审计报告，任何一个业务层级都可以根据各自的权限，随时对审计组提交的文书进行查阅、修改并提出意见，存储系统可以保存并记录每一个层级复核的意见和修改的版本以备追溯，审计人员可以收到各级复核修改的意见并按要求增加或者补充材料，最终机关领导审定的文件可以向指定渠道发布并转入公文系统和电子档案系统，其他审计证据也可以直接转入电子档案系统，并且可以按需开放查询，在评选优秀审计项目、交流审计经验等纵横向业务往来时，只需给目标用户指定相应权限即可访问对应项目的审计文书和相关档案。

（二）审计大数据管理和分析系统

基于云平台的审计分析系统以 SaaS + PaaS 的方式提供，其中 SaaS 方式向审计用户提供类似 AO 现场审计实施系统的数据分析功能，PaaS 方式提供内置通用的数据库和开发环境的虚拟机。大规模的数据通过专用的导入导出系统从个人工作站或者被审计单位的系统接口采集到云端大数据管理系统中分门别类组织。用户既可以使用云端的数据分析系统，按照原有使用 AO 现场审计实施系统的习惯在一个集成的环境中进行账表查询分析等工作，也可以在通用的数据库环境中编写审计查询和分析语句，提交给审计分析系统，甚至可以自行开发符合平台要求的分析查询软件，部署在云服务器上，对目标数据进行特殊处理。审计分析系统审核用户的需求后，调用资源池中的计算资源对数据进行分析，并根据负荷动态地调配计算资源。分析后的结果可以反馈给个人工作站或者作为审计中间数据存储，供有权限的人查阅或者做进一步分析。审计过程可以在分析系统中记录，并可以被具备权限的用户直接阅读，也可以被调用用于对其他的审计项目进行分析。优秀的计算机审计方法和专家经验能够通过云共享直接发布到审计方法平台和培训系统，可基于实际的业务数据进行演示和培训。云分析平台使得在大数据背景下对被审计单位的数据挖掘也成为可能，审计人员只要取得授权，就可以对云储存中积累的行业数据的或者被审计单位的历史数据进行多维分析，而不必担心受限与个人工作站的计算能力和存储容量。

（三）审计作业系统、项目和绩效管理系统

审计机关在提升审计绩效上做了很多探索和努力，在金审工程的带动下，各级审计机关开发了许多适用于业务需求的审计作业系统、审计项目和绩效管理系统，如 AO 现场审计实施系统（包括单机版和联网版）、大项目管理软件、审计现场管理绩效跟踪平台、联合国审计信息化平台等。将这些系统迁移到云平台，基于云存储、云共享和 LBS（定位服务）技术，以 SaaS 方式提供的审计作业、项目和绩效管理系统能够更加充分地发挥其功能。审计人员一旦开始工作就需要登录到作业系统中，在特定的审计项目中进行证据采集、底稿编写、信息汇编等工作，登录到作业系统的同时也报告了自身所处的位置和参与的项目，实现了“签到”的功能。多平台作业的特性允许用户采用相机、手机等移动终端采集图像、声音等信息，用平板电脑查阅文件、档案和计划工作，用桌面计算机撰写报告、分析数据。基于云储存的同步特性可以使用户在所有的终端上处理的工作保持一致性，不同用户之间指派工作和交接工作资料非常容易，只需简单同步，新用户可以在其他用户的工作进度上按逻辑审阅前期工作并直接继续工作。用户工作生成的审计证据和审计信息自动地带有人员信息和项目信息，成为前文所述的审计办公系统的输入内容，并在办公系统中完成后续一系列如信息审核、修改，公文发布、报送的流程，最终审计成果是否使用、如何使用的信息传回绩效管理系统。管理者通过绩效管理系统能够实时地、直观地了解到审计人员在哪里，在干什么，取得了多少成果；可以了解到一个审计项目在执行过程中投入了多少人力物力，共取得了多少成果；可以了解到一个指定的统计周期和统计范围内所有项目的进度情况和成果统计等。通过 SaaS 方式向下级机关和地方审计机关提供绩效管理工具，可以既避免各地重复开发类似工具的投入，又能保证所有地方和下级单位采用一致的绩效管理标准，管理者可以根据权限直接调阅下级机关的绩效数据，进行纵横向比较、考评以及辅助审计任务分配、审计计划编制跟踪等。

（四）审计方法平台和培训系统

长期积累的计算机审计方法和专家经验是审计信息化重要成果，但是目前的审计方法管理与培训系统（如视频课程，模拟审计实验室等）实际是割裂的。以 SaaS 的方式提供统一的审计方法平台和培训系统平台，有利于将当前分散的知识积累和培训资源集中，提高对于专家经验利用效果。

审计人员在审计分析系统和审计作业系统中形成的优秀审计方法或者审计成果文件成为审计方法系统的输入内容，与从审计大数据系统中取得模拟数据共同组成培训案例。数据的开放深度可以定制，可以根据培训的需求截取的部分数据，也可以是完整的实际数据。审计作业系统形成的审计成果以及其在后续公文系统中整个处理流程中产生的所有修改、批示和发布公文都能成为培训和学习的内容。案例培训与其他渠道输入的培训视频、音频和文档等资料共同组成云方法平台和培训系统。这个系统与办公系统紧密集成，培训信息可以通过公文发布，可以指定培训内容给同一云办公平台任何地方和下级单位的目标用户群，用户只需通过链接就可以进入审计方法和培训系统的入口。基于云平台的培训系统还使得审计模拟实验室不再受物理局限，只要用户取得授权，在任何位置，任何平台上都能获得一个模拟审计的环境，受训用户可以在基于真实业务数据和审计工作环境下进行模拟实战。审计方法平台还应当成为一个交流中心，用户可以就一个审计方法中的细节提出疑问，方法的创建者和其他用户都可以进行解答讨论，用户也可以就实际审计过程中的遇到的情况提出问题，相关专家可以提供协助或者建议，从而将知识积累和运用产生的效益最大化。

四、应用云计算需要解决的问题

前文讨论了当前审计工作模式和技术条件下，采用基于云技术的信息平台可能实现的有利于审计工作发展的一些系统框架和功能构想。在 2012 年的审计工作座谈会上，刘家义审计长提出了扎实有效地推进审计信息化建设，重点是建设、完善和提升“一个中心”“五大体系”和“五大系统”，即，数字化审计指挥中心，国家电子审计体系、计算机审计方法体系、信息化标准规范体系、国家审计信息资源体系、信息安全保密体系，审计实施系统、审计管理系统、联网审计系统、移动办公系统、模拟审计系统[8]。根据前文的分析，笔者相信在上述“一个中心”“五大体系”和“五大系统”的审计信息化建设项目中，恰当地应用云计算技术，能够有效降低建设成本，提高信息资源复合利用的效率。实际操作中，云端无论是 SaaS 系统或者 PaaS 平台的开发，都需要在开发中将现有的信息平台和软件工具进行功能梳理、系统迁移并再次开发集成到云端，系统的整合工作涉及从云端软硬件架构设计到系统开发等许多复杂的工作，需要严格规划选型，在计算能力和存储能力的选择上既考虑可用性也保证可扩展性，面向未来技术发展。云计算作为一个新的概念和技术手段，在 IT 行业之外可借鉴的案例还不是很多，如何能够在审计信息化有效应用云计算技术并提供新的生产力，还需要不断探索。由于审计工作的特殊性，笔者认为以下一些问题需要在建设基于云技术的审计信息系统中同步考虑。

（一）审计证据的法理依据

按照现行审计准则和审计程序所要求的，对于关键审计证据要求相关人员在纸质材料上的签字盖章无法适应信息化的需要。这要求通过制定和修订相应的法规制度以及采用有效的电子签名等技术手段确立对于通过相机或者其他手持设备采集的电子证据的合规性和合法性。一方面可以开发相应的电子签名手段（或者专用终端），允许被审计单位及相关人员通过电子签名（或者生物签名）的方式确认审计人员所取得的电子证据的效力；另一方面，从国外的审计实践看，通过电子邮件的确认等同于书面确认，具有同等的效力，对于一些办公自动化程度较高，电子认证业务比较可靠的被审计单位，如果邮件系统是经过签名认证许可使用的，可以采用电子邮件确认的方式来进行审计证据的确认。

（二）安全的登录认证和良好的接入性

当前审计信息系统通过 USB 接口物理介质个人数字证书来验证 VPN 安全链接以提供远程接入，提供了较为充分的安全性，但是只适用于个人电脑和 Microsoft Windows 操作系统。当采用基于云技术多终端的审计信息系统开展工作时，对于登录的认证需要更加通用，以保证不同平台和不同设备（如相机、手机、平板电脑等移动设备）的接入性，值得借鉴的是目前金融业广泛使用的以个人介质、安全证书、动态密码器、浏览器安全控件和手机随机密码等多种技术混合构成的认证体系，提供较为充分的安全性的同时还具备多平台、多终端的认证服务。只有一个足够安全的认证体系，才能保证审计系统具有良好的接入性，才能充分发挥云技术的最大优势，提供无处不在的信息服务。

（三）以云端审计信息系统为背景的审计业务规范化建设

采用云系统作为新的生产力工具在带来极大的便利的同时，也对审计人员计算机能力和规范化操作提出了更高的要求。云端系统集中存储数据相比分散的数据采集处理更为安全，但是由于终端的多样化和云端应用需要全时网络连接，基于网络的入侵风险大大增加，而不规范的管理和操作如弱密码或无密码设备丢失或被木马控制、在云平台之外无认证无加密存储敏感信息数据等行为引起的失泄密等将抵消云存储的安全效益，这也对审计信息系统规范化建设和云平台的使用者的培训要求提出了更高要求。

参考文献

［1］黎映宸．金融信息化发展中的云计算效应探讨［J］．商业时代，2012（18）．

［2］卢加元．中小企业信息化建设模式创新的取向与路径——基于云计算的分析［J］．江海学刊，2012（6）．

［3］邓川，杨文莺．基于云审计的会计师事务所机遇、挑战及对策［J］．财会通讯，2012（10）．

［4］Peter Mell，Timothy Grance. The NIST Special Publication 800 – 145. The NIST Definition of Cloud Computing［S］．2011.

［5］云计算 – 维基百科［OL］. http：//zh. wikipedia. org/zh – cn/云计算. 2013 – 04 – 01.

［6］审计署. 地方审计机关信息化建设指导意见（审计发〔2005〕26号）. 2005.

［7］陈伟，Wally Smieliauskas. 云计算环境下的联网审计实现方法探析［J］. 审计研究，2012（3）.

［8］刘家义. 加快审计信息化建设步伐，全面提升审计能力和技术水平. 全国审计工作座谈会，2012.

浅谈大数据审计时代“审计云”建设的必要性

云南省审计厅　谢　健　刘晓冬　汪小松

【摘要】　本文通过对云计算、大数据等新技术新概念的兴起，剖析了当今审计信息化所面临的问题，在探索审计机关应用新技术的方向的同时，以已经建成的信息化系统为例，做了系统的归纳和总结，提出了审计机关未来信息化建设的方向和思路。

【引言】　随着互联网时代信息与数据的快速增长，科学、工程和商业计算领域需要处理大规模、海量的数据，对计算能力的需求远远超出自身IT架构的计算能力，这时就需要不断加大系统硬件投入来实现系统的可扩展性。另外，由于传统并行编程模型应用的局限性，客观上要求一种容易学习、使用、部署的新的并行编程框架。在这种情况下，为了节省成本和实现系统的可扩放性，云计算的概念被提了出来。云计算是分布式计算、并行处理和网格计算的进一步发展，它是基于互联网的计算，能够向各种互联网应用提供硬件服务、基础架构服务、平台服务、软件服务、存储服务的系统。通常云系统由第三方拥有的机制提供服务，用户只关心云所提供的服务。

为了区分云计算的部署使用方式，现在经常提到的还有“公有云”“私有云”和“混合云”的概念。公有云通常是指开放给公众的云基础设施。可以是企业、院校、政府机关，也可以是一些合作机构来持有、管理和运营公有云。私有云通常是指为一个客户单独使用而构建的云基础设施，因而提供对数据、安全性和服务质量的最有效控制，并可以控制在此基础设施上部署应用程序的方式。通常，多数中小型企业可以从不同服务商提供的各种公有云服务中受益，而鉴于现在企业所需面对的用户量、数据量及系统复杂度都在快速增长，即便是一个小企业所面临的压力，从过去的大型企业的角度来看也都已经是“大”问题，因此通过建设私有云来应对系统压力、满足业务系统需求，正在成为越来越多企业和组织的选择，并且随着企业规模的增加，私有云建设所能带来的收益也在愈发突显。

一、信息化高速发展给建设带来的问题

随着经济的快速进展，审计机关处于一种新的竞争环境中，审计机关竞争环境的变化促使审计机关向信息化寻求出路，IT 技术的迅速发展推动了审计机关的信息化进步。这里需要指出的是审计机关所处的竞争环境并不是不同地区的审计机关之间的竞争，而是同被审计单位之间信息化水平的竞争。我国审计机关的信息化程度参差不齐，经济较发达的地区的审计机关起步较早，由于采用先进的技术和管理模式，对信息化要求比较高，这些审计机关的信息化比较先进；经济欠发达的地区的审计机关起步较晚，由于资金、生产技术、管理等多方面的原因，信息化水平比较低，少数偏远地区的审计机关甚至还停留在手工办公的阶段。即使信息化程度较高的审计机关，也存在着如下问题。

1. 系统的开发周期过长

系统投入使用时，业务往往已经发生了改变，使得信息系统不能满足业务的需求。

2. 信息化建设投资成本太高

这使得区县一级审计机关没有能力拥有自己所需要的先进技术。

3. 信息化规划不能从整体业务出发

容易产生“信息孤岛”，各部门间的数据和信息不能共享，从而影响管理的效率。

4. 信息化建设存在风险

系统在开发过程的任何阶段都有失败的可能，但是在开发的初期就要开始投资，一旦失败，前期的投资将不能收回。

5. 资源浪费严重

有些系统使用的频率并不高，但是这些系统却永久地占用着硬件资源。

6. 系统的维护成本太高

很多系统的维护成本甚至超过它们的开发成本。

随着审计机关信息化的发展和竞深化，传统的 IT 管理模式在时效性和灵活性上已不能满足日新月异的工作需求，客观上需要一种灵活、动态的，能够为企业提供实时支持的 IT 管理模式。云计算技术的兴起，提供了一种

适应于审计信息化发展需要的具体方式。

二、大数据时代的来临对数据管理和应用提出了新的要求

（一）什么是大数据

在未来几年中，各种新的、强大的数据源会持续爆炸式地增长，它们将会对高级分析产生巨大的影响。事实上，每一个行业中，都将出现或者已经出现了至少一种新颖的数据源。其中一些数据源被广泛应用于各个行业，而另外一些数据源则只对很小一部分行业和市场具有重大意义。这些数据源都涉及了一个新术语，该术语受到人们越来越多的讨论，这个术语就是——大数据。

大数据具有一些区别于传统数据源的重要特征。并非每个大数据源都具备所有这些特征，但是大多数大数据源都会具备其中的一些特征。

首先，大数据通常是由机器自动生成的。在新数据的产生过程中，并不会涉及人工参与，它们完全由机器自动生成。在很多情况下，大数据的产生并不是简单个人活动的记录。大量大数据源的产生根本不涉及与人的互动。例如，引擎内置的传感器，即使没有人触摸或下达指令，它也会自动地生成关于周围环境的数据。

其次，大数据通常是一种全新的数据源，并非仅仅是对已有数据的扩展收集。例如，通过联网审计平台，审计人员可以调用系统内的分析模型。然而，这些调用和在本地对模型的调用没有本质上的区别，审计人员仅仅是通过不一样的渠道进行工作。数据中心可以收集调用的数据量的具体信息，但是同多年来拥有的数据相比，这些数据仅仅是数量上更多的相同数据而已。然而，对审计人员在调用前浏览的数据进行收集，却产生了一种本质上全新的数据。

再次，很多大数据源的设计并不友好。事实上，一些数据源根本没有被设计过。以社交媒体网站上的文本流为例，我们不可能有求用户使用一定标准的语法、词序或是词汇表。

（二）大数据给审计分析带来的压力

大数据会给审计分析带来一些风险，其中一个风险就是审计单位可能被大数据压得不堪重负。另一个风险是当收集如此庞大的被审计单位大数据时，其成本的增长速度会快到令被审计单位措手不及。和处理其他事物的方法一样，避免这种情况出现的方法是既要保证以适当的步伐前进，不能一步

到位，又要保证审计单位的信息化程度不落后于被审计单位。

目前来看，我们审计单位没有必要从明天开始行动，一条不漏地收集所有的新数据，而应当立即去做的是，开始收集一些新数据源的样本并试图了解它们。可以使用这些初始样本进行一些实验分析，从而弄清楚数据源中哪些数据是重要的，以及如何使用它们。

对于被审计单位的大数据，其最大的风险就是涉密信息。在处理大数据时，必须考虑涉密信息和敏感信息的处理问题，否则就无法完全发挥其潜能。

（三）为什么审计机关要关注大数据

目前为止，很多被审计单位在大数据上所做的事情还比较少，虽然社会保险等大量公用数据在逐步集中，但都处于起步阶段。然而，随着势头的飞快增长，这种情况会很快改变。迄今为止，大部分被审计单位所错过的仅仅是做领导者的机会。事实上，这对很多被审计单位并不是问题。现在开始，它们仍有机会迎头赶上。然而当“十二五”规划即将结束的时候，如果被审计单位的数据还是分散的，那将不再适应工作的需要。

既然被审计单位对大数据的需要已经迫在眉睫，那么我们审计机关对大数据的提取、分析以及应用上的升级也将呼之欲出。

（四）云计算技术在处理大数据方面的优势

云计算的基本思想，简而言之是“集中力量办大事”。语义重点之一在于“大事”，这对应之所谓的“大用户”“大数据”以及“大系统”。反映在技术层面，如果只需要增加数台服务器就能应对用户并发访问的压力，或者增多个别网络管理人员就能解决维护机器设备的问题，则在现阶段采用云计算未必有明显的投入回报。但是，以云南省全部审计机关为例，云南省下辖16个州市审计单位，再分设129个区县审计单位，包括审计厅机关所使用的服务器已高达120台左右，数据存储总量早已跃升PB级；设备维护工作难度不断加大，数据规模更是每年以几何级数的方式增长。特别是在进行统一指挥大项目的时候，处理大数据的工作时长也在近几年有所突显。因此，在审计工作中应用云计算技术，特别是应用在大项目中处理大数据将成为新一轮信息化建设的趋势。

针对新技术的不断发展和应用，国外先进企业的经验和模式值得我们借鉴。

1. 谷歌云计算技术

Google在2003年的SOSP大会上发表了有关GFS（Google File System，

Google 文件系统）分布式存储系统的论文，在 2004 年的 OSDI 大会上发表了有关 MapReduce 分布式处理技术的论文，在 2006 年的 OSDI 大会上发表了关于 BigTable 分布式数据库的论文。这三篇重量级论文的发表，不仅使大家了解 Google 搜索引擎背后强大的技术支撑，而且克隆这三个技术的开源产品如雨后春笋般涌现，比如使用 MapReduce 的产品有 Hadoop，使用 GFS 的产品有 HDFS，而使用 BigTable 的产品则有 Hbase、Hypertable 和 Cassandra 等。这三篇论文和相关的开源技术极大地普及了云计算中非常核心的分布式技术。

Google 利用以上三项技术，对自己的产品线进行了系统的整合，在不同的层次开发了不同的应用。

SaaS 层：企业级 SaaS 服务统称为 Google Apps，它可以有效降低 IT 成本，有助于提高现有员工的工作效率，并且有超过 200 万家企业已经购买了 Google Apps 服务，而且每天新注册的企业有数千个。Google Apps 主要包括 6 大组件：企业版 Gmail，Google 日历，Google 文档，Google 网上论坛，Google 协作平台和 Google 视频。

PaaS：Google App Engine 提供一整套开发组件让用户轻松地在本地构建和调试网络应用，之后能让用户在 Google 强大的基础设施上部署和运行网络应用程序，并自动根据应用所承载的负荷对应用进行扩展，免去用户对应用和服务器等的维护工作。同时提供大量的免费额度和灵活的资费标准。

IaaS：由于与 Google 本身的业务相比，普通 IaaS 层的业务在利润率上相对较低，再加上其他一些原因，到现在为止，Google 只推出类似 Amazon S3 的名为 Google Storage 的云存储服务。

Google Storage 是一次构建在 Google 基础设施之上的云服务，开发者可以非常容易地使用基于 REST 模式的 API，将他们的应用程序和 Google Storage 连接起来。这些数据将保存在若干机房内，所以将非常可靠。Google Storage 支持数据的强一致性，同时每个请求都可以调用数 GB 的大数据对象。Google Storage 内置基于 Google 账户的验证与访问控制机制，但目前它只支持个人的 Google 账户，未来会加入对 Google Apps 账户的支持。Google Storage 首先向小批开发者开放，在此期间每个开发者将有 100GB 免费的数据存储空间，每月的数据流量限制为 300GB。

正是由于 Google 针对云计算研发的三项核心技术以及针对不同层次云计算的应用模式，才使得 Google 有能力在全球范围内调用数以 PB 的大数据资源，完成企业的核心业务。

2. 亚马逊云计算技术

Amazon（亚马逊）是一家世界著名的电子商务公司，以 B2C（Business to Consumer，商家对客户）为主要的商业模式。起初，它只是一家网络书店，经过多年的发展之后，它的 B2C 业务范围已经得到了极大的扩展，从图书到 DVD，从软件到电子产品，等等。但在最近两年，人们对 Amazon 津津乐道的不仅是它传统的强项 B2C，还有它的用以处理大数据的 AWS 架构。

AWS 是 Amazon 构建的一个云计算平台的总称，它提供了一系列云服务。通过这些云服务，用户能访问和使用 Amazon 的基础设施，配置自己的服务，同时在服务之上管理自己的数据，根据数据量的大小灵活定制服务内容。同时，这些基础设施经过 Amazon 多年的建造和优化，已经达到了一个非常高的水准，并且在自动化、稳定性和能耗等方面都处于业界的前列。用户通过 AWS 的云服务能在几分钟内而不是传统的几周时间快速获得一定的计算和存储的资源，同时这些资源是弹性的，可以根据需求进行扩展和收缩，免去了基础设施方面的投资和维护成本。这样让用户能把时间更多的集中在更关键的业务创新上，而不是消耗在维护复杂的基础设施上。另外，在功能上，由于 Amazon 所提供的这些云服务并不是普通的企业数据中心所能提供的，所以用户可以通过依赖这些服务来设计许多功能强大的应用。

Amazon 的云服务包括：Amazon S3（Amazon Simple Storage Service，亚马逊云存储服务）、Amazon EC2（Amazon Elastic Compute Cloud，弹性云服务）、Amazon SQS（Amazon Simple Queue Service，信息传递云）、Amazon SimpleDB（结构化数据查询云）、Amazon CloudFront（内容分发云）、Amazon RDS（Amazon Relational Database Service，关系型数据库云）、Amazon Elastic MapReduce（分布式数据处理）以及 Amazon VPC（Amazon Virtual Private Cloud，虚拟私有云）。

正是因为基于以上服务的分工和架构，Amazon 才可以将繁杂的大数据进行分布式的存储和管理，在提高效率的同时降低了消耗。

三、针对审计业务中大数据的分析应用构建计算云

云南省金审工程从 2007 年着手建设，通过 5 年的努力，完成了昆明、昭通等 12 个州（市）审计局及所属 90 个县（市、区）审计局审计专网建设和审计管理系统（以下简称“OA 系统”）“1 拖 N”版的部署，并推广应用了现场审计实施系统（以下简称“AO 系统”），从而全面实现了省州县三级审计机关业务专网的互联互通，OA 系统和 AO 系统在全省 147 个审计机关的

部署应用，以及初步完成了国家审计数据中心云南分中心基础设施建设等目标；同时，还建成了全省地税联网审计系统、省州两级审计会商系统等应用系统。全省审计机关信息化硬件环境明显改善，软件应用不断深化，人员素质全面提高，有力地促进了审计“免疫系统”功能的发挥。

截至目前，我省三级审计机关已经实现审计专网的互联互通和 OA 系统的部署应用，各级审计机关实施的审计项目均使用了 AO 系统，利用计算机技术开展审计项目的覆盖面已经达到了 100%；同时，初步完成了国家审计数据中心云南分中心和全省审计数据异地备份中心的建设任务，实现了对全省 147 个审计机关 OA 系统备份数据和省本级审计数据的集中存储，此外还初步完成了全省税收征管联网审计系统以及省本级部分行业数据库的建设。

审计专网建设情况。通过 4 年的建设，昆明、昭通等 12 个州（市）审计局以 2M 帧中继专线接入了审计专网，所辖 90 个县（市、区）审计局（含畹町开发区审计局）以 2M SDH 数字专线接入了审计专网。至此，我省 147 个审计机关全部实现了网络互联互通。此外，州、县两级审计机关还根据《审计署办公厅关于印发地市县区审计机关局域网工程建设指导书的通知》要求，进行了机房改造和局域网建设；我厅和部分州市审计机关还建成了 3G 移动办公网络。审计专网建设完成，为完成云南地税省市县三级联动联网审计应用提供了有力的硬件保障。

如图 1 所示，经过 5 年的信息化建设，云南省的审计信息系统已初具规模，云计算平台的雏形已经具备，如果按照 SaaS、PaaS 以及 IaaS 三层的标准进行划分，则各个层次已经逐渐完善。

IaaS 层：包括安全管理、部署管理、节能管理、用户管理、计量管理、资源调度管理、资源虚拟化以及数据管理七项管理方法，高性能计算服务器集群、大数据存储设备以及审计内网光纤骨干网网络设备。高性能计算服务器集群又包括地税联网审计、社保联网审计、财政联网审计以及 OA 服务器；大数据存储设备又包括审计署数据中心云南省分中心、云南省审计数据容灾备份中心以及云南省审计数据存储中心。

PaaS 层：包括数据库服务和中间件服务。数据库服务又包括 SQL Server 2008、SQL Server 2005 以及国产化改造后应用的国产达梦数据库；中间件服务包括以往的 IBM WebSphere，以及目前国产化改造后应用的东方通 TongWeb 中间件。

SaaS 层：总体来讲云南省审计信息系统如果按照云计算 SaaS 层服务的理念进行划分，可分为三个主要的云应用即联网审计云应用、移动办公云应

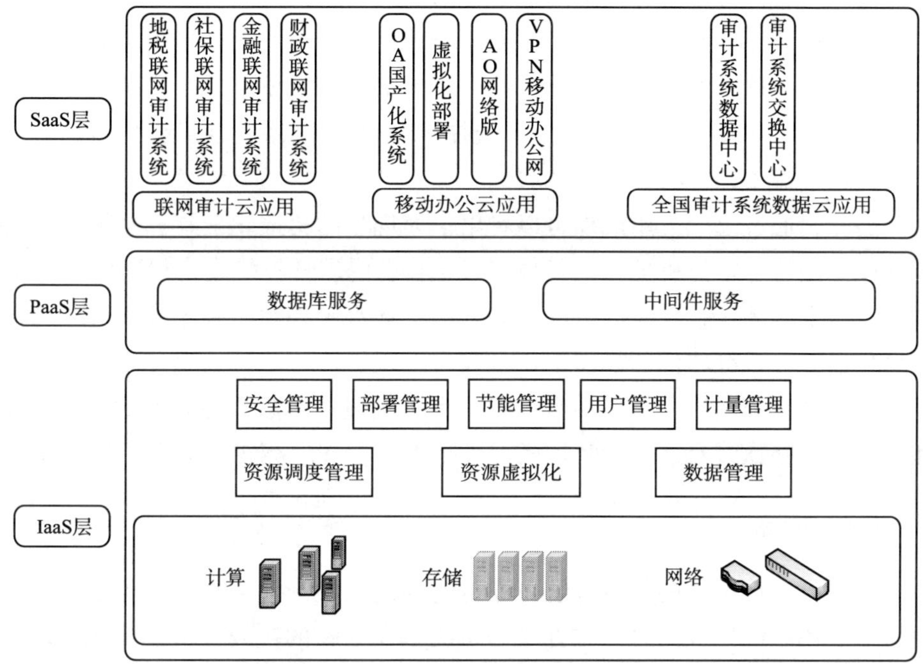

图1　云南省审计信息系统分层架构

用和全国审计系统数据云应用。

目前，联网审计云应用包括已经部署完成的地税联网审计系统、社保联网审计系统以及计划部署实施的财政联网审计系统和金融联网审计系统。移动办公云应用包括 OA 2011 “1 拖 N” 国产化系统、虚拟化部署系统、AO 2011 网络版以及 VPN 移动办公网络。全国审计数据云应用包括已经建设完成的数据中心和准备启动的交换中心。

通过强化 IaaS、PaaS 和 SaaS 三层的无缝接合，同时强化 SaaS 层的应用，云南省审计系统利用信息化手段，大幅提高了审计效率，扩大了单位时间内审计工作覆盖的范围。地税联网审计系统经过三年的发展，已经成为覆盖云南全省 147 个审计机关的大审计系统，成为每年处理地税业务系统大数据不可或缺的工具。目前地税联网审计系统已经完成模型 424 个，累计处理数据量 10TB。这样庞大的数据规模在手工时代是无法想象的。地税联网审计系统不仅在工作方式和业务流程重组方面转变了审计形式、拓宽了审计思路，同时也是卓有成效的。如 2010 年的全省地税征管审计，集中揭示了 82 个地税部门违规延缓征收 222 户企业税款 5.68 亿元、47 个地税部门违规委托代征税款 3.39 亿元、全省车船税漏征 2.4 亿元、房地产税收征管不力造成税收流失、税收征管系统存在漏洞 5 个方面的问题。

不仅如此，云南省目前所具有的云计算初级平台在大项目中更是发挥了重要的作用。移动办公云在地债审计、社保审计等重要审计项目中累积传送 500G 左右的数据，同时大量的公文依托 VPN 办公网络实现了异地流转和批复，大幅缩短了办理时间和环节。

因此，通过以上应用成果可以看出，大规模的集成化云计算平台是信息化发展的趋势，审计机关应用新技术强化自己的审计技能是行得通的。在 IT 技术高速发展的今天，我们审计机关的信息化水平必须略高于被审计单位的信息化水平，只有这样才能在审计过程中发现被审计单位信息化中存在的问题，警惕其系统的后门，提高审计的效率，增强对大数据的利用效率，以便在审计中不断通过对已有达数据的深度挖掘，发现埋藏在数据之下的问题。

四、结语

当前被审计单位的信息系统正在迅速演进为大规模复杂系统，因此审计单位需要用系统工程的思路和方法去解决自身面临的挑战，不仅要能读取提取的数据，更要能高效地利用被审计单位的数据，这就离不开云计算技术对大数据的分析和管理。基于云计算的新一代信息系统不仅在技术上具有一定的渐进性，而且在架构的思想和设计上表现出很大的革新性。它强调“数据是企业的战略资产，企业信息系统架构的发展重点从业务应用为核心转变为以业务数据为核心”这一观点，而这一观点在审计机关的信息化建设上同样适用。将这一观点实践为使审计机关信息系统架构的设计和构建逐步转向以数据流和大数据为中心的数据驱动架构、灵活自适应的松耦合积木式架构、完善的能力抽象和平台服务及以事件驱动的自动化运维手段。

这些云计算平台下各种新技术、新架构的使用，不仅可以在中短期为使用者节约成本提高运营效率，还将使使用者能够把握机会，提升自身的中长期核心竞争力。以 Google、Amazon 等为代表的互联网企业已经向人们展示了基于此类技术和架构推出服务、整合应用的快速与便捷，相信随着云计算平台的推广和大数据的不断出现，更多的单位会在信息系统建设中选择进行云计算改造，并在使用中受益。

当然，在使用新技术的同时我们也应该看到新技术的使用是手段，不是目的，不能为了云计算而云计算，更不能忽视目前云计算存在的一些问题。

现阶段，云计算在技术成熟度方面、安全方面以及标准方面都存在不同程度的问题。特别是安全方面，已经引起了相关部门和高层领导的关注。

安全性问题主要集中于安全管理、高可用、数据安全、人才培养以及广域网五个方面。这五个问题必须在部署云计算平台之前完成周密的应对策略，完成各项规章制度的制定，为平台的安全运行奠定基础。

任何事物都存在其两面性，只有在使用新技术的同时克服其弱项、扬长避短，才能达到平台整体升级的目的，才能更好地为审计工作服务，也才能更好地为经济建设保驾护航！

参考文献

[1] 吕元智．基于云计算的电子政务信息资源共享系统建设研究[J]．信息系统，2010，33（4）：106－109.

[2] 马彬．基于云理论的普适计算协同信任模型［J］．计算机工程，2008（9）：162－166.

[3] 李婷，李晓龙．云计算的资源管理方法研究［J］．学术探讨，62－64.

[4] 张秀菊．云计算及其对企业信息化的影响［J］．北京石油管理干部学院学报，2010（1）：74－77.

[5] 王鄂，李铭．云计算下的海量数据挖掘研究［J］．现代计算机，2009（11）：22－25.

[6] 张建勋，古志民，郑超．云计算研究进展综述［J］．计算机应用研究，2010（2）：429－433.

[7] 吴朱华．云计算核心技术剖析［M］．北京：人民邮电出版社，2011.

[8] Bill Franks. 驾驭大数据［M］．北京：人民邮电出版社，2013.

[9] 姚宏宇，田溯宁．云计算——大数据时代的系统工程［M］．北京：电子工业出版社，2013.

审计云计算应用建设的必要性和可行性

浙江省临海市审计局　方　程
杭州易审软件技术有限公司　严烈虎　杨　浩

【摘要】 审计云是单个单位的审计向整个系统审计的转变，当前的审计云应用刚起步，主要以联网审计的概念推行，但是远没有达到云计算的效果，况且审计对云计算系统及其建设水平的要求很高，这就需要我们做详尽的必要性的讨论和可行性的研究。

一、什么是审计云计算应用建设

（一）什么是审计云计算

审计云是单个单位的审计向整个系统审计的转变，实现由单个部门的审计向开展横向多部门综合分析的转变，实现由定期立项审计向随时“提醒建议式”审计、随时综合分析式审计转变，推动全市审计机关在审计理念、审计方式、审计手段、审计管理等方面不断创新，增强审计工作的主动性、整体性、预防性、促进性，更好地发挥审计工作的“免疫系统”功能。

（二）审计云计算的具体内容

按照不同审计对象的审计目标实现需求，以审计思路为核心，应用查询功能、分析功能、预警功能、审计作业管理功能等标准且自动化的审计技术，实现“资金走向跟踪 + 云计算核查 + 在线实时监控”，对“跟进”有关财政和民生资金使用轨迹，达到全过程跟踪监控。

监督范围上基本包括了管理使用政府性资金的全部系统和单位，按照职能和资金性质，总体上划分为财政分配及收支管理（财政地税部门）、部门预算执行（集中核算中心）、社会公众资金（社保资金及住房公积金管理机构）等；监督控制内容上既包括全部财务数据，也包括重大业务管理数据。

通过审计云系统的完整性和对象数据采集的全面性而构建的全部政府性资金框架，能直观反映全部政府性资金的分布状况及总量规模，从资金投向上看政府行政理念，从支出重点看公共行政体制是否到位、履行经济调节、市场监管、公共服务等基本职能状况；反映评估全部政府性资金在各个职能管理单位的管理现状与结果。

二、审计云计算应用建设的必要性讨论

（一）审计云计算发展的背景

1. 金审工程的推进

国家信息化领导小组 2002 年第一次会议，决定在“十五”期间建设电子政务一期工程，把电子政务建设作为我国信息化工作的重点，政府先行，带动国民经济和社会信息化建设，加快 12 个重要业务系统的建设①，其中包括审计系统“金审工程”的建设。金审工程列入国家电子政务一期工程，使审计信息化工作进入了一个崭新的阶段。金审工程的全面实施对审计机关的工作将带来巨大的影响，审计机关应凭借金审工程的契机，转换审计工作的管理模式，以高效率、高质量、高利用率更好地为审计事业服务。随着金审工程一期的顺利完成，各审计机关不断地对审计信息化提出了更高的要求，同时对审计云的探索也在不断地进行着。

2. 社会发展对审计信息化的要求

在社会经济快速发展下，我们跨入了信息化时代。审计的对象逐渐开始演变为系统内部控制和电子数据，审计人员开始面对众多数量和类型的数据，怎样才能对数据进行有效的分析，使之转化为审计人员有用的信息？现实“倒逼”着我们必须扬弃传统的审计方法，迅速向现代审计方法转型。

现代审计方法必须要能够适应这种审计环境，要能够对海量数据进行筛选分析，从而实现审计目标。这就要求我们应当将工作重点转向审计技术方法体系的系统开发和应用——就是在明确审计对数据需求的基础上，进行数据规划，借用平台对这些数据开展系统化、层次化的研究，以满足审计业务

① 我国电子政务建设围绕“十二金”展开。“十二金”是面向政府办公业务建立的十二个重点信息应用系统，包括提供宏观决策支持的金宏工程、涉及金融系统的金财、金税、金卡、金审和金关工程，以及金盾、金保、金农、金水、金质工程等。

发展的需求。按照系统分析把握总体，关联分析确定重点、验证分析筛选线索的思路，运用多维审计分析方法，对财务数据和业务数据的逻辑关系进行综合分析。

3. 审计云探索推进的现状

当前的审计云应用刚起步，主要以联网审计的概念推行。

2005 年年底，嘉兴市提出实行在线、实时监控的要求，开始了政府资金综合监控平台的建设。2009 年，根据统一数据标准、自各存储数据、共享审计方法体系的要求，嘉兴市与海宁县在数据规划、专业数据库、分析模型、审计方法等方面实现市县一体化，海宁以“三横三纵三竖”工作方法为指导，总结了一批社保、公积金审计方法和公积金信息系统审计案例，并以社会保障、住房公积金数据进行交叉测试，检验了市县一体化平台功能。

2010 年审计署刘家义审计长到嘉兴调研后，确定组织全国审计系统先进工作者到嘉兴集中学习考察，并要求学习嘉兴审计云的经验。嘉兴的联网审计覆盖面广，已占全部部门预算单位的 81%，审计资金总额已达到市级部门预算资金的 79%，受国家工信部邀请在“全国地方电子政务信息共享和业务协同经验交流会”上做典型经验交流发言，与会代表认为在服务政府履行监管职责方面起到了十分重要的示范作用。

同时，杭州市部门预算执行联网审计建设完成，首次利用审计信息系统对市财政纳入信息化核算管理的 A、B 两类 392 家会计结算单位进行全覆盖审计，首次在部门预算审计实践中践行了全面审计、突出重点和“财政资金用到哪里，审计跟进到哪里”，通过对两类预算单位的横向到边、纵向到底的地毯式审计，所反映出的问题更具有客观性、公正性，也更具普遍性、典型性，因此，能让被审计单位更加信服，从而也进一步增强了审计的公信力。

（二）基层审计工作的现状和普遍性问题

1. 无法充分应用计算机信息系统数据进行综合审计分析

近年来，基层计算机审计在地税、社保、公积金、再就业资金、医院等各个领域的应用程度上取得了可喜的成效，但是考虑到审计工作对时效性的特殊要求，审计工作任务重与力量不足、审计资源分散与整合利用不够、审计重复交叉与部分单位监督缺位、审计要求高与审计人员素质参差不齐、基层工作发展不平衡与实际困难较大等体制性与结构性矛盾，很难开展大范围的计算机审计。面对数据相对集中、规模相对较大单位的海量数据，仅使用现有的计算机辅助审计模式，已显得力不从心。

2. 抽查式的分散审计，缺少统一的审计规范和标准

近年来，基层通过计算机辅助审计查处了一批大案要案，形成了很多优秀的计算机审计方法和经验。但由于基层审计机关审计资源分散与整合利用不够、审计人员的知识面和计算机技术水平参差不齐，在将分散掌握在审计人员手中的审计经验全部转化成计算机审计方法、审计模型的过程中受到很大限制，急需实现模型共享管理。同时，由于每年的项目分工到各业务科室开展，以至于审计的角度和深度不一，缺少统一的审计业务规范和评价标准，很难进行管理。

3. 缺少对审计全过程实时监督的技术手段

目前审计工作存在一定的滞后性，无法真正满足“财政资金运用到哪里，审计就跟进到哪里”的对审计时效性的新要求。迫切需要建立一套能对我市资金使用情况进行全过程跟踪监督的信息系统，同时加强财务管理，提高资金使用效率，确保地方经济社会发展目标的实现。

（三）审计云应用研究的必要性

开展审计云应用研究工作，是健全政府资金监管机制、创新政府资金使用跟踪问效措施的一项重要内容，是推进电子政务建设，强化行政管理，促进科学执政、民主执政、依法执政的有效途径。

建立“预算跟踪＋云计算核查”的审计云模式，实现从单一的事后审计向事中审计与事后审计结合的转变、从单一的静态审计向静态审计与动态审计相结合的转变、从单一的现场审计向现场审计与远程审计相结合的转变，是进一步强化审计监督、预防和评价职能，实现“资金走向哪里，监督紧跟到哪里；资金支出到哪里，审计跟踪到哪里，绩效评估开展到哪里，对政府资金进行全过程实时监督”，完善政府资金管理制度、创新政府资金使用跟踪问效机制、加强政府资金监管和绩效评价的重要举措。

首先，审计机关可通过网络远程访问被审计单位的财政财务管理系统及其数据库或数据库备份，不需要审计人员和计算机专业人员一次一次地到被审计单位现场采集转换数据，节省人力和时间；其次，审计云可采集所有预算单位和部门的业务、财务数据，随时通过在一个系统的多个单位之间、不同系统间的数据查询、分析、比较、核实，在动态的监督中关注资金与项目的效益，从而提高审计质量，充分发挥审计监督的作用；再者，审计云可以实现对海量财务、业务数据的快速查询分析，解决以前 AO 单机系统只能对

财务单账套小数据进行查询分析的缺陷，大大地提高了审计效率。

三、当前审计云发展需要正视的问题

（一）审计对云计算系统提出的基本要求

由于审计云还处于发展阶段，没有标准的模式可供借鉴，为降低创建、运行、维护、升级和扩展成本，减少功能的重构和流程重组的工作量，必须将审计云的应用框架建立在功能强大的审计云业务基础平台之上，审计云业务基础平台应具有以下功能：

（1）具有高度的可扩展性，能适应审计机关的人员、部门调整的变化，满足审计业务调整和扩展的要求，降低运行维护、升级和扩展成本。

（2）能在市审计机关已建成的内网门户平台上实现单点登录、无缝集成。

（3）用户只需进入平台一站式系统，即可直接方便调用、访问审计云业务基础集成环境下的功能模块、数据单元等。

（4）能针对不同用户的特定的信息需要，定制出个性化的用户界面，可以直接阅读，处理个性化的信息内容。

（5）能提供安全可靠的保障，通过安全机制保证数据的机密性及完整性，保障审计业务的正常运转。审计云业务基础平台提供的安全机制包括认证、角色分配、用户和组的特权、用户操作监督等。

（6）审计云业务基础平台使用可重用的组件使工作成果得到最大限度的使用。

（7）能保证系统内多功能协同工作，系统中所有传输数据的表征都将采用 XML 格式并定义统一的 XML Schema 协议标准，保证传输数据的兼容性、通用性和开放性。

（二）建设相对独立又可纵横关联的数据中心

金审工程的最终目标是建成国家审计信息系统，增强审计机关在信息化条件下履行审计监督职责的能力。国家审计信息系统的一个重要内容是建设国家审计数据中心，包括审计署建设的国家审计数据中心，省级审计机关建设的地方分中心。

基层审计云系统的建设过程中，同时将进行基层审计云数据中心的建设，主要建设的内容为行政事业单位审计数据中心、社保审计数据中心、财政业务审计数据中心等。数据中心的建设将参照审计署《国家审计数据中心基本规划》，打造基层审计云数据中心，为下一步的审计云建设提供完整、规范的数据，供审计人员进行数据分析和挖掘。

（三）必须要有明确的建设原则

（1）统筹兼顾。要统一规划、统一标准、分步实施、尽量利用现有设备。

（2）突出实用性。一切从审计工作实际出发，急用先行，边建设、边开发、边应用、边完善。

（3）强调前瞻性。力求采用先进的技术平台和开发工具，使审计软件和数据库有较长的生命周期。

（4）确保安全可靠性。硬件、软件选型和管理模式制定都要充分考虑安全保密，尽量采用成熟可靠的产品和技术，保证建成的系统稳定运行。

（5）重视资源配置效率性。在建设信息化网络等物质条件的同时，注重人力资源开发利用，改善审计人员的知识结构，使之与物质条件相适应，综合发挥资源效能。

四、当前可实现的功能例举与分析

（一）数据传输功能

数据采集接口是整个审计云系统的关键，须突出实时性、周期性、动态性以及非现场性等特点。要采用数据解压缩等技术，提高系统的数据传输效率，通过防火墙、数据加密等手段，确保数据传输中的安全性。

（二）数据采集与转换功能

注重数据质量，确保采集过来的数据具备真实性、完整性、一致性、自治性和可用性。需要对数据进行预先清洗和转换，并形成审计中间表。

清洗，是对冲突数据进行选择，对冗余数据进行清理，对缺失数据进行修补，来提升数据的自治性、可用性和完整性。当数据内部出现不自治时，需要在几个互相冲突的数据间作出选择，选择出正确的数据来利用。当数据出现大量无用数据时，容易分散审计人员的精力和干扰职业判断，须对其进行清理，提升数据可用性。同时，对缺失数据进行修补，提升数据的完整性。

转换，则是对数据的存储格式、类型、值域和特殊值等进行转换，提升其一致性和可用性。生成审计中间表是对被审计单位的数据进行清理、转换和验证后，面向审计分析建立起来的一个目标模式，是为审计人员提供的一个数据资源平台。

上述功能可以批量完成数据抽取、清洗、转换、装载等任务。支持对多数据库、多数据源、多种类型的数据来源，如 oracle 数据库、sql server 数据库、Access 数据库等的数据抽取、清洗、转换、装载等任务。同时，能自定义数据抽取、清洗、转换、装载过程的功能，提供将自定义过程作为资源进行管理、灵活调用和维护的功能。

（三）数据处理功能

提供数据整理和数据切分的功能，可以处理大数据量的信息，也可以根据不同的业务需求按照时间段、管辖范围以及权限划分数据。能够自定义对数据进行特定处理流程的功能，提供将自定义过程作为资源进行管理、灵活调用和维护的功能，对数据处理的中间结果进行管理、清除、导出等功能。

（四）审计分析与预警功能

系统必须对分析性复核等审计方法提供全面的支持，支持下列技术和方法：一是财务分析。支持财务管理工作中总结的各种财务分析方法和技术，如趋势分析、对比分析、结构分析、比率分析、因素分析等。二是数理统计。为审计的总体分析、判断和预测服务，如数据分布情况分析、异常值分析、横向对比分析等等。

系统提供大量简捷适用的审计辅助工具，如明细账、总账、日记账、会计凭证等审计查询工具。

根据被审计单位业务逻辑关系建立分析模型，根据审计监督要求，将一些定量、定性规定具体化为审计分析模型中的筛选、分组、统计等条件。系统支持审计分析指标的建立和提取功能，提供自定义审计分析指标及在审计分析指标中设置预警属性的功能。将模型计算出的结果设置阈值或边界条件，系统根据分析模型计算数值结果，如果符合条件就以预警信息的形式提示审计人员。

系统提供自定义建立审计分析模板功能、自定义审计分析结果和预警指标设置模板功能，建立审计分析模板、审计分析结果表和预警指标模板，提供对上述模板的创建、管理、删除和维护功能。

（五）结果展现功能

审计结果可通过统计报表或图表的形式展现给审计人员，辅助统计表达功能、图形表达功能等，用趋势图（柱状表、圆饼图、折线图等）的方式来反映审计分析与预警的结果，能直接关注要点，初步判断出哪些点是正常的，哪些点是异常的，能快速把握审计重点。另外，还需具备表达结果与关联数据的钩稽引用功能、结果展现数据导出功能。

（六）决策支持功能

决策层根据预警信息、疑点信息，结合审计管理系统（OA）提供的被审计单位基本情况及历年审计情况，确定重点审计对象及审计范围，符合条件的分别纳入下一年度审计计划或及时立项，实施现场审计。

五、审计云的经济效益和社会效益

国家政府审计是国民经济运行和国家宏观经济调控的重要经济监督部门，发挥着越来越重要的作用。因此采用现代信息技术，建设金审工程不仅对当前制止重大的违规违法问题的发生有着迫切的现实意义，而且对于促进廉政建设、完善市场经济秩序、维护国家的长治久安具有深远的意义。

（一）经济效益

第一，有利于节约办公成本。随着网络技术的发展及信息化工作的不断提升，被审计单位普遍实现会计电算化和网络化，这对审计工作的作业方式有了新的要求。由于被审计单位众多，随着国民经济的发展，需要审计的资金总量也越来越大，传统审计审计方式和人员编制已经无法承受如此繁重的审计任务，这将直接影响审计的覆盖面和效益。计算机辅助审计的实践表明，先进的审计技术较之传统的手工审计，一般提高工作效率 3～5 倍。审计资源单位时间耗用量的减少，有利于审计覆盖面的扩大。审计信息化将从根本上提高审计的工作效率，节约办公经费。

第二，规范审计作业，保证审计工作质量、降低审计风险。随着财务、业务信息失真问题近年来有蔓延发展的趋势，影响经济持续、快速、健康发展，干扰宏观调控。审计信息化系统的建设和逐步成熟，能够大幅度地提高对重点单位、重要资金的详查比例，从作业手段的现代化和工作程序的规范化两个方面控制和提高审计质量、降低审计风险；同时，也是防止可能发生的以审谋私行为的重要措施。

（二）社会效益

第一，有利于贯彻依法治国方略，保证国民经济健康发展。审计信息化系统的建设和逐步成熟，为审计机关加大审计监督力度，特别是查处利用计算机技术从事的高技术、跨区域、隐蔽性犯罪，提供有力的保障，审计监督将发挥更大的作用。

第二，有利于提高审计的效果和质量。目前的审计大多只能是事后的审计，致使相当部分国有资产损失无法挽回。通过审计云，将实现审计工作实时的、远程的动态监督，并实现行使事中甚至事前的监控。审计云的建设为审计人员提供了大量的审计方法和审计分析，既能通过对相关审计模型的固化、沉淀形成审计方法，使审计经验得以共享和传承，发挥审计整体效能。

第三，审计信息将成为国家重要的信息资源。审计信息是国家加强宏观管理和各级政府科学决策的重要依据。审计信息化系统的建设和逐步成熟，通过审计云平台可实现多部门、多年度的信息资源共享，可以充分利用对相关政策执行的分析成果，开展宏观经济绩效审计，为区域经济发展和社会建设提出建设性意见，产生间接经济效益和社会效益。审计信息化系统和其他政府部门网络系统的有效合作，将成为我国宏观经济调控的重要工具。

六、对于云计算应用项目建设的建议

审计云计算的发展是必然的，其建设实施是必要的，也是可行的。

但是，基层审计机关审计云建设是一项复杂的系统工程，涉及系统、网络、集成、软件开发、业务规范、政策、体制等多方面因素，因此我们建议，根据实际情况开展下述工作。

(1) 基层审计机关具体负责部门确定信息化建设的工作程序，根据市政府关于政府部门信息化建设的要求，建立第三方咨询、监理机制。

(2) 以应用开发为主导，推进基础网络和平台的建设。信息化建设的核心是应用，要以需促用，以用促建。对应用系统要在充分的需求调查基础上，精心建设。

(3) 充分利用已建的信息化资源。审计云应是基层审计机关联网审计的延续性项目，基层审计机关已经建成了内部局域网、审计管理系统应用平台、现场实施系统应用平台、财政社保综合数据分析平台，本期建设可在现有软硬件平台基础上进行开发建设，以缩短建设周期，降低建设成本，增强审计机关信息化系统的协同性。

(4) 注重与已有信息化资源的交互能力。要使审计云建设的软件真正发挥作用，离不开与已有的软硬件资源，如现场审计系统、办公自动化系统、审计管理系统应用平台、现场实施系统应用平台、财政社保综合数据分析平台等软硬件的数据交互，所以建设审计云必须考虑这些软件之间的通信协议能够相互兼容，保证数据正常交互。

（5）应加强信息化建设中的管理，对涉及安全保密要求的应根据国家、省、市保密委员会的规定，对相应的采购、施工、安装调试等选择有准入许可的设备和产品。

（6）考虑到信息化设备技术更新快，建议在项目实施中尽量根据实际数量需求购买，以免造成投资浪费。

参考文献

［1］《国家信息化领导小组关于我国电子政务建设指导意见》（中办发〔2002〕17 号）.

［2］《电子政务工程技术指南》（国信办〔2003〕2 号）.

［3］《国务院办公厅关于利用计算机信息系统开展审计工作有关问题的通知》（国办发〔2001〕88 号）.

［4］《金审工程建设管理暂行办法》.

［5］《审计软件开发指南》.

［6］《审计署办公厅关于〈审计信息化系统建设规划（摘要）〉的通知》（审办办发〔2000〕125 号）.

［7］《审计署关于〈全国审计信息化发展第十一个五年规划纲要〉》.

［8］《浙江省审计信息化系统建设五年规划》.

基于云计算的审计资源平台架构研究

审计署郑州特派办 何晓蕾 毛少东 陈四良

【摘要】 在云计算技术逐渐成熟和“十二五”规划的共同促进下，各个行业的云计算应用发展如火如荼。本文提出建设基于云计算的审计资源集中利用、协同共享的公有和私有“审计云”平台，试着从平台功能、实现目标、技术支持等方面进行分析，为适应审计事业发展、推动并完善审计管理体制和组织模式改革创新提供参考。

【引言】 有统计称，随着信息技术的高速发展，近几年每18个月产生的数据量大约等于过去几千年产生的总和，并且有不断增加的趋势。工欲善其事，必先利其器。审计面对如此海量的数据和信息，必须强化和提升自身信息化技术水平，才能应对日趋复杂的社会环境。云计算的出现给审计带来更为广阔的发展空间和机遇。

本文首先从云计算在审计中的应用基础和前景入手，以审计资源集中利用为研究目标，着重分析了平台的实现基础、基本功能、技术支持等，提出以云计算数据中心为依托，搭建面向社会和公众的公有“审计云”平台和面向内部资源利用的私有“审计云”平台。私有云平台以“三横一纵”的审计数据资源共享利用平台为基础，扩展审计数据利用的广度和深度，最大限度地提升信息化审计成果。“三横”即以提高审计效率为目的的审计信息查询云平台、以促进审计经验向审计能力转化为根本的审计成果利用云平台、以发挥审计监督和评价作用为任务的审计行业跟踪云平台，“一纵”是以发现重要问题线索为目标的审计数据分析云平台。其次从网络虚拟化、存储虚拟化及应用虚拟化简要讲述云计算实现技术。最后本文提出在各种云应用已经开始积极探索并取得一定成效的同时，政策法规、数据安全和标准规范等各方面存在的问题和挑战，这些挑战直接关系到“审计云”应用的落地实效。

一、云计算及其应用前景

（一）云计算概述

何谓云计算？云计算（Cloud Computing）就是一种通过网络统一组织和灵活调用各种 ICT（Information Communication Techonology）信息资源，实现大规模计算的信息处理方式。“云”是对云计算服务模式和技术实现的形象比喻。云计算利用的是分布式计算和虚拟资源管理等技术，通过网络将分散的 ICT 资源（包括计算与存储、应用运行平台、软件等）集中起来形成共享的资源池，并以动态按需和可度量的方式向用户提供服务。用户可以使用各种形式的终端（如 PC、平板电脑、智能手机甚至智能电视等）通过网络获取资源服务。

云计算的概念一出现即被世界各个领域所重视。实践证明，云计算本质上是一种更加灵活、高效、低成本、节能的信息运作平台，是信息技术利用和获得快速发展的最优模式，它的广泛应用将给经济社会的各个领域带来根本性变革和深远影响。

（二）云计算在审计领域的应用

云计算为审计信息化建设提供了更为广阔的发展空间，构建集中共享的资源利用平台有了方向指引和技术支撑。

一是审计署历来高度重视信息化建设，经过十多年的信息化建设和应用实践，金审工程一、二期顺利实施，三期工程正在规划构建过程中，审计信息化框架基本确立，要重点建设、完善和提升“一个中心”“五大体系”和“五大系统”，即数字化审计指挥中心，国家电子审计体系、计算机审计方法体系、信息化标准规范体系、国家审计信息资源体系、信息安全保密体系，审计实施系统、审计管理系统、联网审计系统、移动办公系统、模拟审计系统，逐步形成涵盖决策指挥、现场实施、业务管理、质量过程控制、机关事务管理等各环节的审计信息化、数字化格局，推动审计能力和技术水平提升。在《关于进一步推进审计信息化建设的指导意见》中审计署明确提出“要广泛利用高速宽带网络、新一代移动通信技术、‘云计算’等先进信息技术，不断拓展 AO 的审计业务处理功能，提升存储能力和计算能力”。云计算的部署和应用势在必行，“审计云”也将成为促进审计发挥“免疫系统”功能的重要途径和实现方式。

二是云计算技术能更好地满足新形势下审计发展的需要。随着被审计单位信息化水平的提高，审计内容、审计对象、审计资料、审计证据线索等都呈现出普遍大数据、电子化、数字化的特点，国家审计面临着海量数据分析、跨系统跨行业数据分析、多层次多兵种联合审计等问题，适当应用云计算技术可以解决以上多数问题。

三是云计算技术在一定程度上可以降低审计信息化建设的实施与运行成本，现有的信息技术手段使目前的审计信息化建设实施与运行成本较高，影响了我国审计信息化建设的进一步快速发展。采用云计算技术可以减轻信息化建设在基建投资、硬件设备购置、软件升级、机房管理、电力以及人力等方面的投入成本。综上所述，云计算技术的应用使得构建审计资源利用平台成为必然。

二、基于云计算的审计资源平台架构研究

目前，审计工作统一性、综合性和开放性的特征逐渐凸显。其一，在“财政大格局”的引领下越来越多的“大项目”由上而下全面铺开，审计署与地方审计机关上下联动频繁，统一审计目标、统一审计过程、统一审计进度、统一审计报告，这种集约要求与目前审计对象资源的同步互通和共享不相适应；其二，不论企业审计或是金融、投资领域的审计，都不是单一的就杯论盏，只关注财务会计信息，而是各方面综合元素的考察，以盘活以往的审计成果，促使其转化为审计人员的审计能力和帮助审计人员客观判断为目的，建设基于云计算的审计资源利用平台，更好地提高审计质量和效能；其三，审计是政府监督行为，公众较以往更加关注审计结果和审计整改情况，为促进审计的公正和公开，提升审计公信力，构建服务型审计资讯共享平台可以推动审计职能优化和政务公开。

由此，笔者提出构建审计资源平台，即通过集中利用、协同共享的公有或私有“审计云”平台，运用科学的管理方法，将审计的人力资源、信息资源、技术资源和社会资源等进行合理配置，目的是使审计资源形成最优化组合，提高审计效率，提升审计成果质量和水平，最大限度地发挥审计机关整体功效。本文试着从平台功能、实现目标、技术支持等方面进行研究分析，为有效推动并完善审计管理体制和组织模式改革创新提供参考。

（一）“审计云”架构分析

“审计云”是审计资源整合和利用的基础平台，它改变现有的审计信息化管理体制和模式，实现真正意义上的集约型管理。从应用领域来分，“审

计云”未来将分为面向公众和社会服务的公有云和面向内部利用管理的私有云。

1. 搭建面向社会和公众的公有“审计云”平台

（1）现状分析。现今，审计署通过多种途径披露审计结果和相关信息。一是通过编发《审计结果公告》及时向社会披露审计结果，内容包括审计查出的问题、处理情况及审计建议、整改情况等。二是通过审计署门户网站“政府信息公开”专栏，使得公众可以在方便的时间、地点，运用信息化便捷的途径查阅审计署公开的政府信息。三是通过新闻发布会、新闻通气会、署领导和新闻发言人接受媒体采访等多种形式，积极向社会发布审计信息。但这些都是基于审计机关及部门主动并有选择地公开信息基础上的，若要做到实时、全面、连续、客观地反映审计情况和结果，就需要借助“审计云”平台。

（2）平台功能及目标。通过“审计云”所构建的审计信息平台，可以借助网络的力量实现审计结果及时披露和审计信息及时交换。第一，“审计云”为政府、企业、社会公众提供专门查询和综合服务，可以对审计项目选定、审计人力投入、审计执行进度、审计阶段结果、审计整改情况等进行实时跟踪，提高审计监督的透明度，保障公民、法人和其他组织对审计的知情权、参与权、监督权；第二，社会公众及相关知情人可将掌握的资讯或线索通过云服务提供给相应审计组而不受地域或人事干扰，促进审计监督职能充分发挥的同时提供权益保护；第三，“审计云”的实施，将进一步促进审计机关或部门依法审计、文明审计，坚持践行“依法审计、服务大局、围绕中心、突出重点、求真务实”的审计二十字方针，自觉接受社会和公众监督；第四，被审计单位通过相应云服务可以系统查询相关审计结果和审计决定，促进审计整改的实施到位，并结合以往审计情况发现和修补自身薄弱环节，为调整发展重点和决策提供智力判断。

（3）平台实现基础。构建面向社会和公众公有“审计云”平台是推动审计信息公开、促进公众参与互动的重要手段，要想真正实现审计信息在“审计云”平台上完整、真实地在各方传递，还需通过完善信息公开制度、建立监督和反馈机制等强化实现基础。

首先，应提高对审计信息公开重要性的认识。在信息社会，传统的以权力行使为特征的管理制度正在逐步向信息交换与服务制度演化，这就要求各级政府和审计机关要对审计信息公开问题予以高度的关注，并设立高层次的协调机构来统一协调理顺相关政策，否则，很难应对信息化、全球化与民主

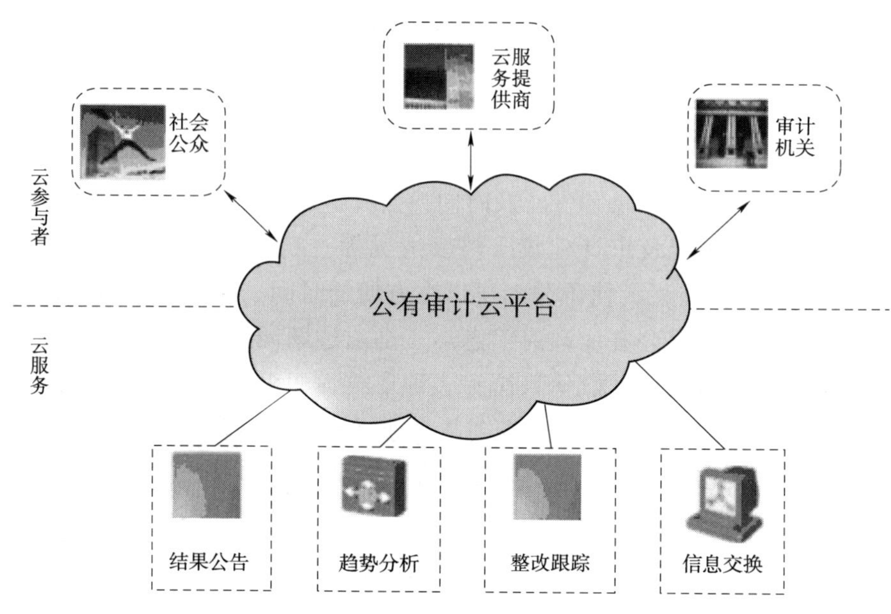

图1 “审计云”平台体系架构图

化的挑战。各级审计机关应从制度上规范审计工作，提升审计工作质量和水平。与此同时，还要不断提高审计人员自身对审计信息公开重要性的认识，不断提高政治思想素质和职业道德修养，增强责任意识、法律意识和安全意识，通过扎实的工作推进审计信息公开制度的完善。

其次，要增强审计信息公开透明度。当前信息网络已经成为人们获得信息和实现社会多种功能的主要载体，已成为各国实现政府建设现代化的重要手段。社会发展的不断信息化，也为加快审计信息公开制度建设提供了有效的条件与设施保障，有利于更快地建立有序、良性的审计信息公开的运作机制。审计机关可以通过积极建设门户网站等方式，运用先进的现代信息和通信技术，借助网络的信息流动性和传递快捷性，保证审计信息公开的公用性与透明度。同时，通过网络进行政府审计信息公开，还可以极大地降低政府审计信息公开的成本，因此，除了使用传统渠道公开信息外，审计机关还要充分利用信息网络的优势，全方位、多途径地实现审计信息的公开。

最后，需建立信息公开后的监督和反馈机制。审计机关在披露审计结果时要充分考虑审计信息公开的效果和社会影响，不能让制度流于形式，既要积极推行信息公开制度，还要注重是否能达到信息公开的根本目的。审计信息公开的目的并不是简单地把审计结果予以公布，最终目的是为了督促被审计单位纠正审计发现的问题。所以审计机关在公开审计信息中不但要公布审计结果，还应该在一定期限内公布被审计单位的整改落实情况和责任追究情况，以督促被审计单位积极整改落实审计建议，追究责任人相关责任。同时为了更好地发挥审计信息公开的效能，更大程度地提升审计信息公开的社会影响力，使审计工作在促进社会经济发展中发挥更大作用，建立审计结果公告后的信息反馈机制十分重要。一方面，要建立社会公众评议和建议的反映渠道，设置专门媒介，广泛听取社会各界的意见。另一方面，要及时处理信息反馈结果，使社会监督的作用得到有效发挥。

2. 搭建面向内部资源利用的私有“审计云”平台

搭建面向内部资源的云平台，主要利用四个方面的有效结合。一是传统审计手段与计算机审计有效结合。在手工审计与计算机审计两种手段的整合中求效率。二是传统的审计技术与现代审计技术有效结合。使以账项基础审计为主的审计方法，逐步转向制度基础审计、风险导向审计，把现代审计技术恰当地运用到审计工作中。三是利用网络建立审计资源基础平台，为审计事业提供及时有效的支持。在这个平台上建立人力资源、信息资源、技术资源和社会资源数据库，使各项审计资源形成互补，以适应知识经济时代信息化、数字化、网络化的需要。四是审计基础理论创新与审计实践运用有效结合。用审计理论研究的成果指导审计实践，使审计基础理论创新作为最先进的审计资源，在审计实践活动中体现出更大的资源价值。

通过私有“审计云”平台，旨在提高审计成果的利用、转化和共享水平。审计资源平台将以往的审计成果、被审计系统的各种资料、政府其他部门发布的法律法规等各种信息汇集整理，一是有利于提高审计成果的利用水平，即把历史的、局部的、零散的审计资料，按照一定的目的整合起来，通过去粗取精，归纳分析，加工提炼，在更高的层次和更高的质量上再现审计的成果；二是有利于提高审计成果的转化水平，即经过精心提炼，将专业性、针对性及代表性强、涵盖性高的审计结论整合为综合反映社会经济活动中出现的新情况、新动向、新问题的专项报告，作为党政领导的决策依据；三是有利于提高资源共享水平，即充分利用信息技术将类相关资源整合分置，运用网络化技术实现资源共享。

因此，要以云计算数据中心为依托，搭建“三横一纵”的审计数据资源共享利用的“审计云”平台，扩展审计数据利用的广度和深度，最大限度地提升信息化审计成果。“三横”即以提高审计效率为目的的审计信息查询云平台、以促进审计经验向审计能力转化为根本的审计成果利用云平台，以发挥审计监督和评价作用为任务的审计行业跟踪云平台，“一纵”是以发现重要问题线索为目标的审计数据分析云平台。

（1）审计信息查询平台。建设审计信息查询平台，目的是为审计人员根据审计需求随时随地查询使用。在审计无法获取或不方便从被审计单位直接取得审计证据的情况下，随时为审计项目提供信息调查援助，缩短审计人员外围调查程序和时间，提高审计效率，为审计决策提供有力支持。搭载该云平台的数据主要是工商、税务、银行、社保、公安等涉及单位或个人基本社会信息，一方面通过历次审计采集和获取，另一方面可以探索实现和上述政府主要部门的业务信息在云端共享。后者可以为审计系统构建健壮、灵活的基础信息架构，帮助做到“集中部署、各取所需、灵活应变、简化维护”。云平台构建在虚拟服务器集群之上，通过分布式技术解决集群系统的协同工作问题，为用户提供统一认证、统一消息通讯、查询分析、结果统计等平台级服务。

（2）审计成果利用平台。通过分类梳理审计项目相关数据和信息，以审计项目为“经”、以项目形成的各类档案资料为“纬”，将审计实施方案、审计底稿、审计报告等审计项目基础资料，审计项目组织实施、重要问题发现处理、审计法规引用等审计项目分析资料，审计编发信息、信息系统审计、计算机审计方法、AO 应用实例等审计项目成果资料加以汇总和整理，建成审计成果利用平台，为审计实施提供依据，为审计判断提供参考，促进审计经验快速精准地向审计能力转化。

（3）审计行业跟踪平台。建立金融、企业、社保、医疗、资源环保、重大投资项目等涉及经济社会热点和民生问题的重点行业数据库，搭建审计行业跟踪平台，持续关注重点行业发展趋势，动态监控宏观政策的执行效果及社会经济运行中的风险隐患。积极探索创建宏观经济运行的审计评价模式和机制，在研究建立财政、金融、国有资产和民生资金安全的审计评价指标体系的基础上，开展数字化审计评价工作，对资金密集、问题频发、风险系数高的行业行为进行重点监控，开展经济活动的关联分析、预警分析和趋势分析，完善审计评价体系，发挥审计的服务保障作用。

（4）审计数据分析平台。充分利用数据仓库、数据挖掘等先进技术，构建面向需求、面向研究的数据分析平台，以发现重要问题线索为目标，统一管理庞大的数据库资源，提高不同业务数据之间的共享度，高效准确地检索审计数据信息并加以分析利用；并逐步探索模拟被审计单位信息系统环境，建设完善数据分析模型和运用模式的案例培训机制，开展数据分析案例培训，有针对性地启发和提升审计人员数据分析意识水平，实现审计业务工作与审计资源体系之间的良性互动，为审计人员的决策和判断提供强有力的技术支持。

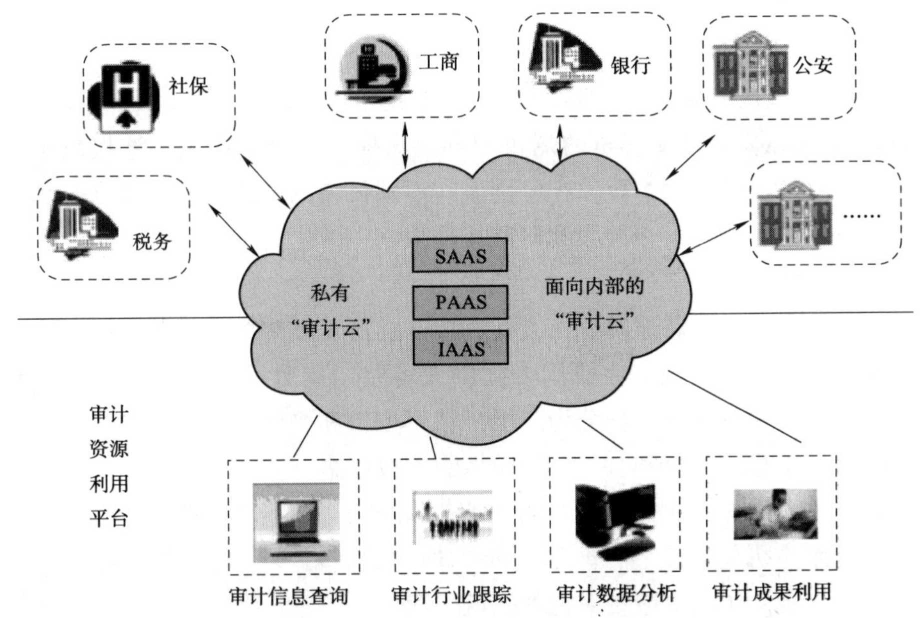

图2　数据分析平台架构示意图

（二）实现“审计云”的技术支持

不论构建面向公众的公有云或面向内部的私有云，“审计云”的建设和实现必须依托以云计算为技术基础的数据中心。由于云计算技术的逐步发展，传统意义上的数据中心存在资源利用率低、维护成本高、电力消耗严重等诸多弊端，已经不能满足高速、扁平、虚拟化的网络要求。因此，通过虚拟化手段实现物理资源的共享，节约单一系统使用成本，构建以云计算平台实现动态基础架构的新一代数据中心势在必行。

数据中心利用虚拟化技术将物理资源进行整合，动态分配及调度资源，是整个云计算平台的核心。虚拟化的优势在于它能将所有可用的计算和存储资源以资源池的方式组成一个单一的整合视图，通过提供虚拟功能，可将资源看作一个单一公共的平台，最终资源池就像我们日常生活中的水和电一样，成为信息系统中的“公用设施”。虚拟化技术在数据中心的应用主要有以下三个方面。

1. 网络虚拟化

网络虚拟化主要指的是数据中心核心网络设备的虚拟化。它要求核心层网络具备超大规模的数据交换能力，以及足够的接入能力，并提供虚拟机箱技术，简化设备管理，提高资源利用率，提高交换系统的灵活性和扩展性，为资源的灵活调度和动态伸缩提供支撑。传统端口信道通信的最大限制在于端口信道只能在两个设备之间运行，当大型网络需要同时支持多个设备来提供硬件故障备用路径时，虚拟端口捆绑组技术即 VPC 技术（Virtual Port - Channel）可以实现跨交换机的端口捆绑，这样在下级交换机上连接属于不同机箱的虚拟交换机时，可以把分别连向不同机箱的链路用兼容技术实现以太网链路捆绑，提高冗余能力和链路互连带宽，简化网络维护。

2. 存储虚拟化

存储虚拟化就是将多种存储设备通过一定的手段集中管理起来构成一个存储池，进行统一管理，为使用者提供大容量、搞数据传输性能的存储系统。存储虚拟化的实现层面分为三层：基于主机和操作系统的虚拟存储、基于存储设备的虚拟存储和基于存储网络的虚拟存储。

（1）基于主机和操作系统的虚拟存储依赖于主机上的逻辑卷管理软件，针对分配给主机的逻辑卷实现进一步的虚拟化，对多个逻辑卷进行统一管理、配置，屏蔽了上层应用对物理磁盘的管理。

（2）基于存储设备的虚拟存储将具有虚拟化功能的存储控制器和相应的存储设备接入 SAN 网络中，可以绕过传统网络的“瓶颈”，使得服务器与存储设备之间直接进行高速数据传输，实现真正的高速共享存储。

（3）基于存储网络的虚拟存储，存储网络虚拟化设备可以是特有的虚拟化设备，也可以是在网络交换机上安装的虚拟化软件来实现。在 SAN 交换机上加入具有虚拟化的模块来控制存储的分配和管理。

3. 应用虚拟化

应用虚拟化就是将客户端进行集中统一部署和管理，使所有用户的应用和数据在同一平台上进行计算和运行，用户对应用进行透明的访问，并最终获得与本地访问应用同样的感受和计算结果。简单来说，应用虚拟化就是将用户使用的所有软件安装在服务器端，用户的客户端实现零安装，用户通过使用服务器上的软件进行工作。这种方式通常可以给用户带来更高安全性和更好性能的应用体验。

虚拟化和云计算是什么关系，虚拟化即是云计算？不完全是。云计算的目标是实现应用的按需使用，虚拟化只提供了构建资源池的一种手段。云计算的核心问题不是资源的池化，而是应用是否能够真正无缝地按需扩展。

三、“审计云”应用面临的挑战

尽管各种云应用已经在各地开始了积极探索并取得一定成效，然而在建设和推进“审计云”过程中还需要面对来自政策法规、数据安全和标准规范等各方面存在的问题和挑战，这些挑战直接关系到“审计云”应用的落地实效。

1. 现有信息化政策法规不尽完善

云计算既是一种新兴信息技术，也是一种新的 IT 建设和运营模式。“审计云”的建设，将会改变未来的审计信息化管理体制和项目组织模式，而这种改变目前并没有相应的政策法规的支撑。所以，要推进“审计云”应用的建设，需要对现有的政策法规进行修订和完善，包括数据保护、隐私保护、信息安全等级保护等相关政策法规，打破政策障碍，推动“审计云”应用快速发展。

2. 应用与数据安全风险问题突出

自从云计算概念产生，安全问题一直就是阻碍云计算应用的关键障碍，是云计算的短板。而对国家和社会来说，审计数据关乎经济和社会稳定，安全问题尤为重要。从理论上讲，云服务商相当于银行，提供的应用和数据托管服务既安全又方便，然而云计算刚刚起步，并未产生像银行一样有足够信誉的云服务商，服务水平难以保障，出现问题的责任也难以确定。

3. 资源过度集中使风险加剧

俗语说“不要把所有的鸡蛋放在一个篮子里”，强调的就是分散风险，避免集中失败之后造成巨大的损失。使用独立的服务器、存储和网络，虽然利用率不高，但是相对可靠，而虚拟技术对资源进行高度集中整合后，一旦物理服务器宕掉，可能会影响到一大批虚拟机和服务的应用。云计算相关的新技术正以惊人的速度发展，借助虚拟化技术带来的优势不容置疑，资源整合、应用部署灵活、资源利用率高、空间节省等。但凡事都有两面性，云计算带来的弊端和安全隐患也逐渐显现。

参考文献

[1] 百度百科. 云计算[EB/OL]. http://baike.baidu.com/view/1316082.htm.

[2] 中国电子信息产业发展研究院. 中国政府云计算应用战略研究（2012年）.

［3］工业和信息化部电信研究院．云计算白皮书（2012 年）. 2012.

［4］刘鹏．云计算［M］．北京：电子工业出版社，2011.

［5］王鹏．云计算的关键技术与应用实例［M］．北京：人民邮电出版社. 2010.

［6］钱文静，邓仲华．云计算与信息资源共享管理［J］．图书与情报，2009.

［7］周超凡．基于云计算平台的电子政务系统研究［D］．中山大学，2010.

联网审计技术应用研究

审计署京津冀特派办　侯绍林

【摘要】　联网审计的产生既是客观环境发展的外部要求，也是审计“免疫系统”本质的内在要求。进入21世纪以来，世界各国的政府审计部门都在联网审计方面做出了有益的尝试和探索，但是由于缺乏丰富的实践积累和系统的理论指导，联网审计的发展受到了技术瓶颈的严重制约。本文密切结合实践，对一些技术瓶颈进行应用研究，并提出了解决方案，例如对联网模式这一技术“瓶颈”提出了“前置服务器”解决方案，对联网审计作业模式这一技术“瓶颈”提出了“日常监督＋系统维护＋专项审计”解决方案，对联网审计数据中心这一技术“瓶颈”提出了“数据仓库”解决方案，对联网审计免疫功能这一技术“瓶颈”提出了“风险预警”解决方案。

【引言】　人类刚刚跨入21世纪，一场足以与工业革命相提并论的革命，正悄悄地改变着企业竞争的格局和国家力量的对比，并日益渗透到人们的工作、生活、学习和娱乐之中，这场革命的到来，已充分地向世人昭示：人类正在步入一个全新的经济时代——网络经济时代。网络经济的产生和发展对被誉为经济“看门人”的传统审计带来了巨大的冲击，迫切需要有一种全新的审计模式与之相适应，在这样的时代背景下联网审计应运而生。从世界范围看，美、加、英、德等许多国家审计部门依托政府信息化的支持，大力开展审计信息化建设，特别是在财政、金融等重要经济领域实施了联网审计监督，在联网进行并行审计，及时发现问题，堵塞漏洞，已经显示出明显的效益。近年来，国内审计机关相继开展了联网审计的实践探索，从地方审计机关到国家审计署都在各自的审计项目中开展了联网审计试点，联网审计对象涉及财政、金融和国有企业等专业领域，初步形成了“预算跟踪＋联网核查”审计模式，特别是审计署最近将联网审计列为金审工程的重点内容，联网审计正在而且必将成为我国政府审计的重要形式之一。

然而，作为一个前沿课题，联网审计理论研究和实践应用都处于起步阶段，在技术上还存在一些“瓶颈”问题，例如联网审计中审计机关如何搭建网络并与被审计单位实现远程连接？联网审计是否还应延续传统审计的作业模式？联网审计中如何有效地管理和使用被审计单位内外部庞杂的审计数据？联网审计应该如何发挥审计的“免疫系统”功能等。如果这些问题得不到很好的解决，联网审计就是一句空话，将永远驻留在传统审计的“泥沼”之中。本文作者结合多年大型国有骨干企业联网审计的实践经验，对上述“瓶颈”问题逐一开展技术应用研究，并提出解决方案，以供大家共同研究和探讨。

一、联网审计联网模式解决方案——“前置服务器”模式

网络系统是联网审计的物理基础环境。联网审计中采用何种联网模式，直接决定着网络交换能力、软硬件处理能力和信息安全等多个方面。下面给大家介绍的联网模式的解决方案就是“前置服务器”模式。

“前置服务器”联网模式，就是审计机关在被审计单位网络系统中放置一台审计前置服务器，负责实时或亚实时地采集与被审计单位的财政财务收支相关的财务、业务、管理及其他数据，并根据审计人员确定的转换规则自动形成审计中间表，审计人员在审计中间表的基础上建立审计分析模型进行分析，实现对被审计单位的远程实时监督。

“前置服务器”联网模式下，网络系统主要由被审计单位网络、审计机关联网审计专用网络和这两个网络之间的远程连接三个部分组成，网络拓扑结构如图 1 所示。

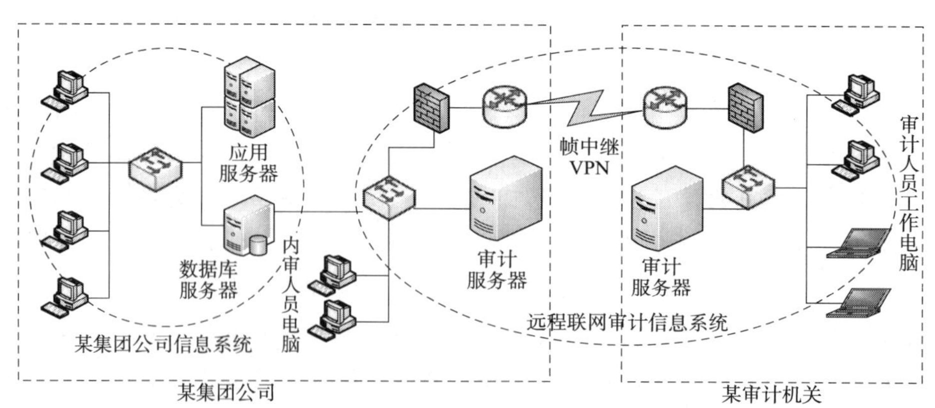

图 1 “前置服务器”联网模式网络拓扑图

（一）被审计单位网络系统

被审计单位网络从逻辑上可以划分为两个部分：生产网络和内审网络。生产网络是被审计单位生产经营、处理其主要业务所使用的网络系统；内审网络则是被审计单位内部审计人员开展联网审计所使用的网络系统。内审网络并不是必需的，但建立内审网络使内审人员也能够采取联网审计模式开展工作，对于加强内部审计监督、提高被审计单位自身“免疫力”是非常有益的。通常情况下，要将内审网络与生产网络划分为两个不同的网段。

审计前置服务器通过网关实现对生产网络中数据库服务器的访问。

（二）审计机关联网审计专用网络

审计机关联网审计专用网络可以利用审计机关现有的网络布线系统构建，该网络属于小型局域网。该网络系统的核心是审计服务器，它承担的任务包括负责与审计机关的连接，接收数据采集、数据传递指令；负责存储采集的业务、财务及相关数据，并转换为审计中间表；负责数据分析、处理等。

（三）远程连接

远程连接的作用是将被审计单位网络与审计机关联网审计专用网络连接起来，其实质是实现两个局域网之间的互联。局域网之间的互联可以采用专线连接的方式，也可以借助于一个广域网进行连接。由于实施联网审计的审计机关与被审计单位之间一般相隔距离较远，通常不在同一个城市，铺设专线进行连接不仅实施困难，而且费用高昂，因此不宜采用。采用借助广域网的方式，被审计单位网络和审计机关联网审计专用网络各自接入电信等网络运营商的广域网中，从而实现两个网络的互联。这种方式比较灵活，实现也比较容易，并且能够节约费用。

广域网（WAN）通常跨接很大的物理范围，它能连接多个城市或国家并能提供远距离通信。目前，电信等网络运营商所运营的广域网主要有数字数据网（Digital Data Network，DDN）、帧中继（Frame Relay，FR）、异步传输模式（Asynchronous Transfer Mode，ATM）和同步传输体系（Synchronous Digital Hierarchy，SDH）等。

借助广域网实现互联，安全是一个必须要考虑的因素，虚拟专用网（Virtual Private Network，VPN）技术的出现有效地解决了这个问题。VPN 是在公用网络上建立专用网络的技术，即通过对网络数据的封包和加密传输，在公用网络上传输私有数据，形成一种逻辑上的专用网络。它向用户提供一般专用网络所具有的功能，但本身却不是一个独立的物理网络。在 VPN 中，任意两个节点之间的连接并没有传统专用网所需的端到端的物理链路，而是利用公用网络资源（如 Internet、ATM 网络、帧中继网络等）动态组成的，但又具有与内部网络相同的安全性、易管理性和稳定性。目前，电信等网络运营商已经能够为客户提供 VPN 组网服务。

二、联网审计作业模式解决方案——“日常监督 + 专项审计 + 系统维护”的工作模式

联网审计的作业模式就是在联网的工作环境下，对审计工作中反复出现的问题的解决方案，是对联网审计工作程序的高度概括和提炼。联网审计实施中最核心、最能够代表联网审计特征，并且贯穿于联网审计全过程的三个工作环节，即日常监督、专项审计和系统维护有机地结合在一起，形成了联网审计作业模式，如图 2 所示。

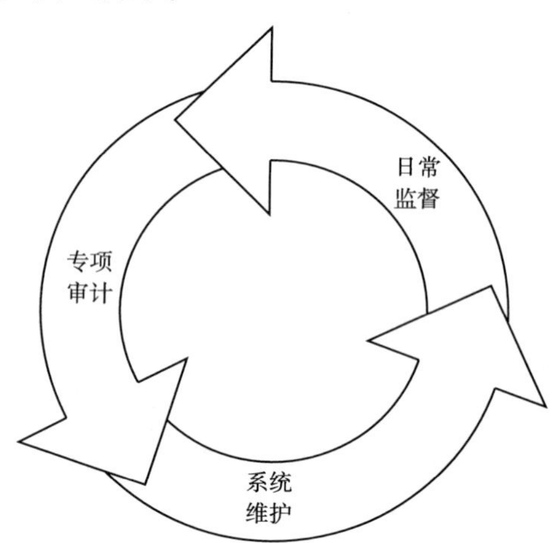

图 2　联网审计作业模式示意图

在联网审计作业模式中，日常监督、专项审计和系统维护三个工作环节没有固定的先后顺序关系，但每一个工作环节在这个作业模式中都是必不可少的，他们之间存在密切的联系。这种联系体现在以下三个方面。

首先，日常监督和专项审计是联网审计的核心内容。日常监督是对被审计单位电子数据进行分析，在把握被审计单位总体情况的基础上，寻找问题线索，揭示风险内容。日常监督对于发现的问题线索和风险内容，首先利用非现场的手段进行落实取证，对于不能落实清楚的问题线索或风险内容，就转交给

专项审计组进行延伸落实取证。专项审计是根据日常监督等提供的重大问题线索进行的专项延伸审计、落实并取证，它是日常监督的延伸和补充。

其次，系统维护是联网审计的保障。系统维护是在联网审计的一系列内部、外部因素发生变化时，对联网审计系统实施的相应地更新和完善。当这些变化发生时，如果联网审计系统没有相应地随之变化，那么就无法保证通过联网审计系统实施的审计行为能够得出正确的审计结论，系统维护工作的重要性可见一斑。

最后，从上述三个工作环节的发生时间来看，日常监督贯穿于联网审计的全过程，是实时的和持续的；专项审计是对日常监督的补充和延伸，当日常监督发现了一定数量的问题线索后或发现了特别重大的问题线索时，审计机关就要组织实施专项审计；系统维护常常根据自然年度来组织实施，但当被审计单位的信息系统发生变化时往往也要针对变化部分开展此项工作。

三、联网审计数据中心解决方案——“数据仓库系统”

联网审计中，审计人员取得的绝大部分审计资料都是电子数据。不论是被审计单位的财务核算信息、业务管理信息，还是经营决策信息，都记录在这些电子数据之中。我们要对被审计单位财政财务收支的真实、合法、效益进行审查，就必须直接对取得的电子数据进行审计，这一点就如同我们在手工审计阶段，必须对取得的账簿、报表和凭证进行审计一样。

然而，联网审计中我们取得的电子数据通常是实时的、海量的、零散的和类型不统一的，但这些电子数据之间却存在一定的联系。我们在联网审计中不能孤立或者割裂地来利用这些数据，而是要尽力地去统一相同类型数据的格式，寻找数据之间的关联关系，把它们作为一种资源很好地组织起来加以综合利用。数据仓库为我们提供了这样一种环境。

联网审计中，数据仓库的运用是一个连续的过程，形成了一个有机的系统即数据仓库系统，如图 3 所示。

从图 3 可以看出，联网审计中我们构建并利用的数据仓库系统分为以下四个层次。

（一）数据源

数据源是数据仓库系统的基础。联网审计中，按照数据源的不同类型可以把数据分为数值型数据和非数值型数据两种。其中，数值型数据主要来源于被审计单位财务核算和业务管理等信息系统，主要为数据库或电子表格类

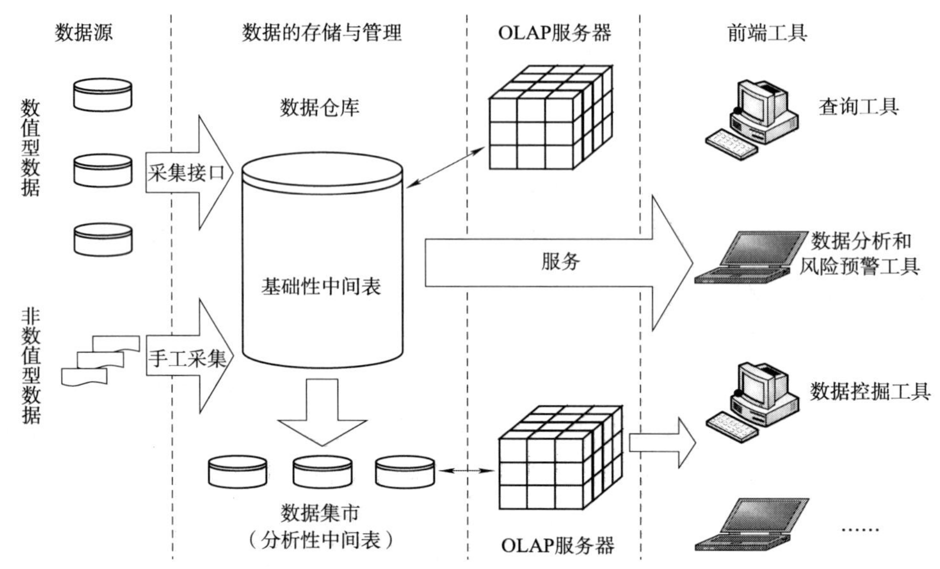

图 3　联网审计数据仓库系统示意图

型文件；非数值型数据主要来源于被审计单位经营决策信息系统、历史档案和外部单位，主要为被审计单位的基础资料、会议纪要、收发文件、审计报告、总结材料、业务流程、合同协议、内部控制制度、说明材料、制度汇编、政策法规资料以及来自于被审计单位之外的查询材料和举报材料等。数值型数据和非数值型数据共同组成联网审计的数据源。下面以企业审计为例，用分布图来说明数值型数据和非数值型数据的分布情况，详见图 4。

联网审计中，数据源的数据主要通过两种途径进入数据仓库。

其一，通过预先设置的数据采集接口，自动采集、转换、清理和验证数据，生成审计中间表。这种数据采集方法，充分利用了联网审计中审计对象固定，需要处理的原始数据的结构基本相同，审计的范围和内容也变化不大等特点，由审计人员预先定义好审计中间表的结构，确定数据采集、转换、清理和验证的规则，然后由审计前置服务器根据审计人员设置的调度指令，自动执行数据采集过程并形成审计中间表。

其二，审计人员手工采集、转换、清理和验证数据，手工将数据纳入审计中间表。这种数据采集方法与常规审计中的数据采集方法类似，从数据的采集到数据验证，都需要审计人员手工操作，而且在联网审计中，手工采集的数据，要纳入联网审计的资源平台，作为审计中间表的一部分。

在联网审计的实践中，上述两种方法往往结合起来运用，要针对不同的

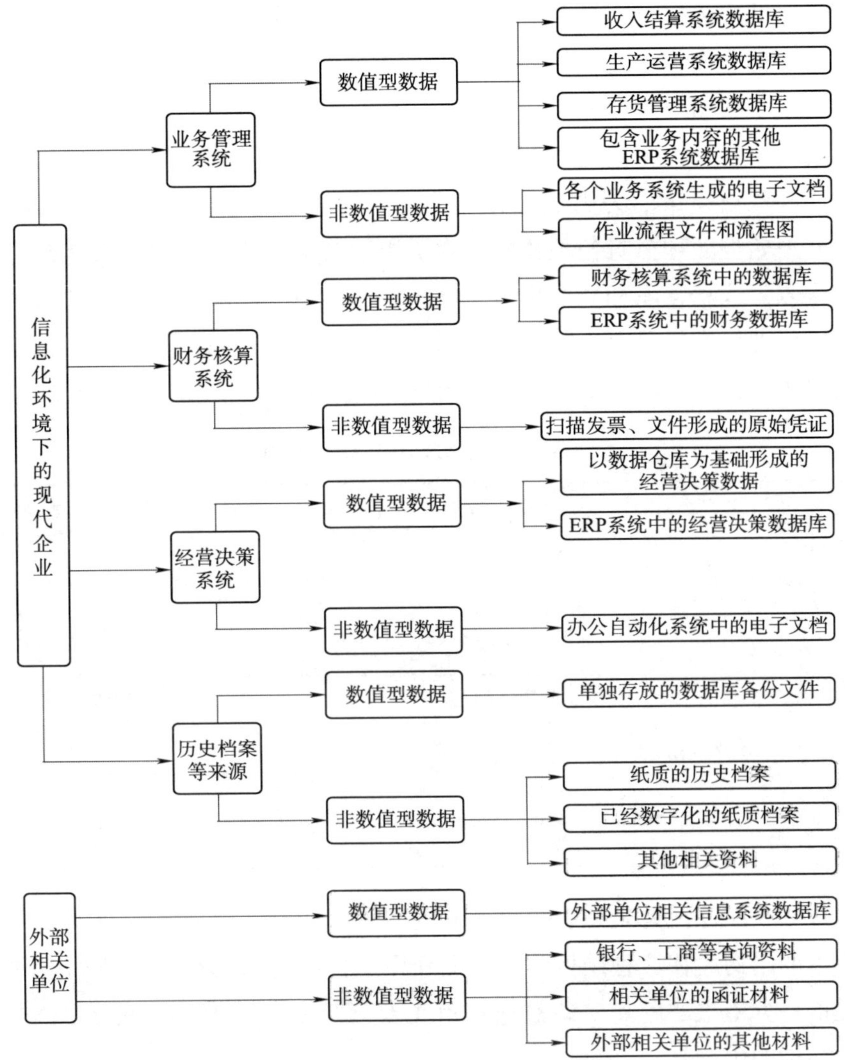

图4 企业审计中数值型数据和非数值型数据的分布图

数据源和不同的数据格式，采取不同的数据采集方法。对于数值型数据主要采取第一种方法，而对于非数值型数据则主要采取第二种方法。

（二）数据的存储与管理

数据的存储与管理是整个数据仓库系统的核心。在此过程中，存储和管理的是数据仓库和数据集市。

联网审计中，数值型数据通过数据采集接口自动进入数据仓库（基础性审计中间表）；非数值型数据往往通过手工方式进行采集、转换、清理和验证，然后纳入数据仓库。不同类型和格式的电子数据通过采集接口或手工转换进入数据仓库，主要包括了电子数据的采集、转换、清理和验证等过程，最终将电子数据组织起来，作为一种共享资源加以利用。数据仓库还可以按照不同的审计分析主题进行组织，形成数据集市（分析性审计中间表）。数据仓库和数据集市均为电子数据的集合，这些电子数据来自于不同的数据源，其原始类型和格式各不相同。为了便于共享利用，我们有必要制定一个标准来限定数据仓库和数据集市中电子数据的格式。当然，不同的人可能会制定不同的标准，只要在同一个联网审计项目中执行同一个标准就行了，下面就电子数据格式标准举一个简单的例子，见表 1。

表 1　电子数据格式标准举例

数据源大类	数据源类型	数据仓库统一格式
数值型数据	数据库	SQL SERVER
	电子表格	
非数值型数据	电子文档	PDF
	纸质资料	
	图片、照片等	
	音频	RM
	视频	

数据仓库往往是要能够提供不同的应用，所以一般应采取数据仓库—数据集市的结构。在这种结构下，数据仓库主要满足数据整合、数据清理和通用性审计分析主题的需要，数据集市主要满足专用性审计分析主题的需要。这种结构的优点是：

（1）数据仓库不仅为 OLAP 提供了数据源，还为数据仓库的查询处理，数据挖掘的应用提供了数据基础。同时数据仓库还充当了联网审计的数据资源平台。

（2）数据集市是直接为 OLAP 服务的，在建立数据集市的过程中，可以自由地根据分析的需要对数据结构和内容进行加工，而不必担心损害数据仓库的通用性。只建立数据仓库或者只建立数据集市的结构很难在专用性和通用性上取得平衡。

（3）数据集市的构建可以完全不考虑最初数据源的结构和内容，而直接面对的是结构优良，数据质量良好的数据仓库。数据仓库在数据源和数据集市之间形成了一个缓冲，大大减少了数据源的变化对数据集市的影响。

（4）先建立数据仓库，再建立数据集市，避免了直接在数据源上建立数据集市所带来的数据不一致和重复抽取等问题。

（三）OLAP 服务器

OLAP（联机分析处理，英文名称为 On - Line Analysis Processing）是一种软件技术，它使分析人员能够迅速、一致、交互地从各个方面观察信息，以达到深入理解数据的目的，这些信息是从原始数据直接转换过来的，它们以用户容易理解的方式反映企业的真实情况。OLAP 服务器对分析需要的数据进行有效集成，按多维模型予以组织，以便进行多角度、多层次的分析，并发现趋势，具有以下显著特征。

1. 数据的多维性

首先，多维视图反映了一个现实中的审计模型，几乎没有一个审计模型可以用少于三维的数据来描述。

其次，一个数据的多维视图不仅仅是“切片切块”，它提供了灵活获取信息分析过程的基础。审计人员能够以自然的方式，跨维度、跨层次地使用数据，而不是依靠于复杂的查询语句。

2. 强大的运算能力

OLAP 提供了强大的运算功能，它不仅能够做到简单的聚集运算，还能进行分层次的聚合运算以及其他更复杂的运算，这就为审计提供了一种复算和数据分析的强大工具。

3. 时间智能

时间几乎是所有的分析应用的必不可少的一维，OLAP 对时间维度的利用可以从三个方面来看。首先，利用时间的顺序性，可以分析一年中连续数个月的数据趋势；其次，利用时间的层次性，可以对某一数据从年到日进行分层次的分析；最后，利用时间核算的概念，可以对某一时间段内的数据进行汇总或求平均数。

（四）前端工具

前端工具主要包括各种查询工具、数据分析工具、风险预警工具、数据挖掘工具以及各种基于数据仓库或数据集市的应用开发工具。联网审计中联网审计平台提供了这些前端工具，供审计人员对数据仓库或数据集市进行查询和分析等。目前，联网审计中对数据查询工具和数据分析工具的运用较为普遍，也在查出问题和揭露风险方面发挥了重要作用，但对于风险预警工具和数据挖掘工具的运用尚处于起步阶段，还需要审计人员在今后的联网审计理论和实践中不断研究、探索，寻找更加便于操作和有效的工具，总结方法和经验。

四、联网审计“免疫功能”解决方案——风险预警

审计本质上是一个国家经济社会运行的“免疫系统”，它能够最早地感受到病害侵蚀的风险，更早地揭示病害侵蚀带来的危害，更快地运用法定权限去抵御、查处这些病害，也能及时建议政府或相应的权力机关，运用各种政治资源、经济资源、社会资源去消灭这些病害，从而健全制度，保护国家安全。与传统审计方式相比，联网审计具有的及时性和灵活性等特征，进一步增强了审计的“免疫系统”功能；特别是风险预警的引入，将联网审计“嵌入”被审计单位的“肌体”之中，通过预警模型去感知和发现被审计单位发生“病患”的风险，及时通过预警的方式提示风险，并采取一定的抵御措施。

风险预警机制包括更新数据、调度模型、比较筛选和预警风险四个部分，这四个部分的工作原理如图 5 所示。下面分别针对风险预警机制的各个部分进行介绍。

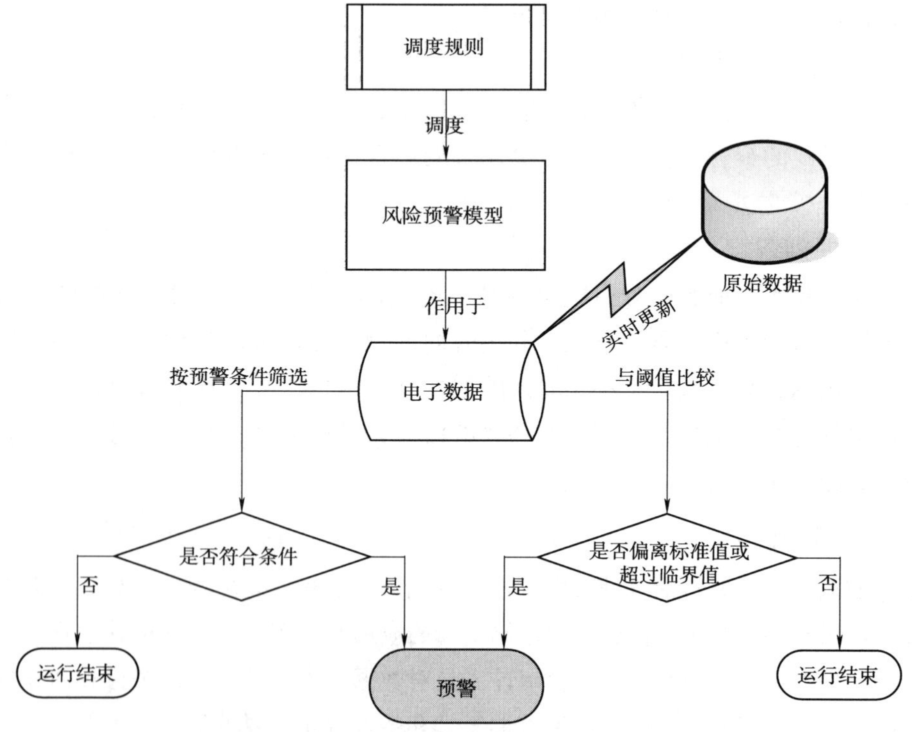

图 5 风险预警的运行机制

（一）更新数据

在联网审计中，风险预警直接作用于数值型电子数据。要想实现风险预警的实时监控和预警功能，就必须保障数值型电子数据也具有实时性的特征。数值型电子数据是由数据采集接口自动采集过来的，即通过运行调度，按照一定的时间和频率对原始数据进行采集、转换、清理和验证。在定义数据采集规则时，一定要考虑风险预警模型的运行周期，使数据更新的周期小于或等于风险预警模型的最短运行周期。

（二）调度模型

风险预警主要通过计算机调度自动运行预先构建的风险预警模型来完成。在构建风险预警模型的时候，审计人员就要有针对性地制订风险预警模型调度计划，包括模型运行时间和运行周期等内容。在日常监督过程中，联网审计系统会按照调度计划自动运行风险预警模型。

（三）比较筛选

在风险预警模型运行过程中，通过比较或筛选实现对风险内容的预警。在这个环节，风险预警模型的参考标准起着重要作用。参考标准可以分为阈值和预警条件，每一种参考标准的作用是不一样的。阈值主要是作为模型运行结果的比较标准，对偏离标准值或超过临界值的情况进行预警。预警条件主要是作为模型的筛选条件，利用风险预警模型将符合筛选条件的数据筛选出来进行预警。

（四）预警风险

风险预警模型通过比较或者筛选，对偏离、超过阈值或者符合预警条件的风险内容进行预警，通过联网审计系统提请审计人员进行审查、核实。审计人员在日常监督中，应及时查看风险预警模型所发出的风险预警信息，对其揭示的风险内容进行分析，查找风险形成的原因，研究和采取防范风险的措施。